世界银行报告

名义账户制的理论与实践

——社会保障改革新思想

罗伯特·霍尔茨曼（Robert Holzmann）
爱德华·帕尔默（Edward Palmer） 主编

郑秉文 等译
郑秉文 黄念 校译

世界银行，华盛顿特区

中国劳动社会保障出版社

图书在版编目(CIP)数据

名义账户制的理论与实践——社会保障改革新思想/(美) 霍尔茨曼 (Holzmann, R), (美) 帕尔默 (Palmer, E.) 主编；郑秉文等译. —北京：中国劳动社会保障出版社，2009

书名原文：Pension Reform：Issues and Prospects for Non-Financial Defined Contribution (NDC) Schemes

ISBN 978-7-5045-7393-3

Ⅰ. 名… Ⅱ. ①霍…②帕…③郑… Ⅲ. 养老金-劳动制度-体制改革-研究 Ⅳ. F241.34

中国版本图书馆 CIP 数据核字(2009)第 006049 号

本书中文版的出版得到了华信惠悦咨询公司的赞助，在此表示感谢。华信惠悦咨询公司是全球领先的财务和投资咨询公司，为世界上最大的机构投资者提供具备坚实研究基础的财务管理和投资咨询，客户涵盖了各类养老基金、主权财富基金、银行和保险资产、各类基金会和大学捐赠基金。www. watsonwyatt. com，www. watsonwyatt. com. cn

The publication is financially supported by Watson Wyatt Worldwide, a leading investment consulting firm which provides financial and investment consulting services globally to pension funds, sovereign wealth funds, banks and insurance assets, foundations and endowment funds. www. watsonwyatt. com, www. watsonwyatt. com. cn

中国劳动社会保障出版社出版发行

(北京市惠新东街 1 号　邮政编码：100029)

出版人：张梦欣

*

世界知识印刷厂印刷装订　　新华书店经销

787 毫米×1092 毫米　16 开本　41.5 印张　921 千字

2009 年 2 月第 1 版　　2009 年 2 月第 1 次印刷

定价：88.00 元

读者服务部电话：010-64929211

发行部电话：010-64927085

出版社网址：http：//www. class. com. cn

中文版前言

呈现给中国读者的《名义账户制的理论与实践——社会保障改革新思想》这本书，是世界银行与瑞典“国家社会保险委员会”于2003年9月28—30日在瑞典山德汉姆岛（Sandhamn）联合召开的名义账户研讨会的一项重要成果，是世界银行参与并组织各国高级经济学家研究世界养老金制度改革的一个重要工作，是名义账户制诞生10年来对其研究的重要著作。

待遇确定型（以下简称DB型）现收现付制是传统的社会保障制度，大多数高收入国家实行的都是这个模式。但是，20世纪70年代以来，欧洲许多国家的老龄化使他们越来越感受到这个模式带来的财政压力，尤其是在21世纪头两个十年里，“婴儿潮”进入退休年龄阶段以后，这些国家的社会保障制度将面临着由老龄化导致的财务不可持续性。全球化对各国社会保障制度的冲击是巨大的，设计良好的社会保障制度要求其具有良好的便携性和公平性，在缴费和待遇之间建立密切的联系，以适应要素市场流动性的要求。社会经济的变化是导致养老金制度改革的另一个压力，它迫使各国必须要面对不断变化中的家庭结构、女性劳动参与率、赡养率等后工业化社会的许多经济社会变化。

从1981年开始，智利等拉丁美洲和加勒比地区的一些国家率先进行了缴费确定型（以下简称DC型）完全积累制的改革，目前大约有十几个国家采取了这个模式。智利模式在世界各国改革中产生了深远影响；一些中低收入国家尤其是20世纪90年代以来转型国家在经济改革过程中开始寻找一个适合本国经济发展模式的养老金制度，DC型完全积累制给研究者和政策制定者带来了很多启发。但是，这些国家同样存在着老龄化带来的财政压力问题，同时他们还要面对社会保障制度的转型成本困难。

1994—1995年间，瑞典和拉脱维亚引入了一个新的养老金制度：名义账户制。这个新制度的出现立即引起了世界各国研究者和政策制定者的极大兴趣，越来越多的经济学家开始专注于对这个新制度的研究工作，并且取得了很大的成就。引入名义账户制的国家随之增加，现在已有七八个国家；关心名义账户制并对其进行可行性研究的国家也日益增多，包括一些发达国家，本书有些经济学家就对这些国家实行名义账户制的可行性和适用性进行了探讨。

继瑞典和拉脱维亚之后，名义账户制之所以很快在其他一些国家开始流行，之所以受到这么多经济学家的关注，之所以还有一些国家对其非常感兴趣，是因为这个新制度具有一些DB型现收现付制和DC型完全积累制所不具备的优势。首先，对成熟的发达经济体来说，它们如果克服DB型现收现付制财务不可持续性的困难，就需要制度转型；向积累制转轨是有成本的，即存在着“隐性养老金债务”（以下简称IPD），它来源于国家养老金制度对退休人员和就业人员所承担的一种义务。从非积累制向积累制进行转轨将使IPD显性化。但是，这个显性化的转型成本常常是不可承受的，在一个成熟的养老金制度下，公共养老金年度支出占这些国家GDP的5%～15%，其IPD累计总量可达公共养老金年度支出的20～30倍，相当于隐性债务占GDP的100%～450%。瑞典和意大利引入名义账户制就避免了巨大的转型成本的困难。其次，对前东欧一些经济转型国家来说，他们除了要克服转型成本以外，采用名义账户制还避免了这些国家金融市场幼稚和资本市场不成熟的困难。拉脱维亚、波兰、蒙古和吉尔吉斯斯坦等转型国家引入名义账户制的目的之一就是为了避免其金融市场不成熟的障碍。

所谓“名义账户制”是一种模仿DC型计划的制度设计，其养老金的待遇支付最终取决于个人缴费与投资回报之和，个人缴费全部划入个人终身账户之中。但名义账户制的缴费收益率是由政府设定的，或说是虚拟的与名义上的，而不是市场投资收益的真实结果。这种“名义利率”与非积累制的利率非常相像，在一个成熟的制度里，它基本等于制度内缴费工资的增长率。在退休时，一般对个人账户引入年金因素，以终身年金的形式予以发放，其给付水平一般是指数化的，只要超过最低退休年龄，可在任何时候予以申领。年金包含的收益率是建立在账户累积增长的内部收益率及同龄组年金申领人的寿命预期基础之上的，反映了预期余命，因此从理论上看，名义账户制是一种基于精算意义上的公平的养老金制度。名义账户制的出现彻底改变了传统的待遇结构，即将DB性质改造成DC性质，但同时又保留了非积累制的融资方式。

名义账户制度的特征之一是它不具有再分配的性质，但可以引入一些再分配的因素，例如进行某些显性和透明的转移支付；第二个特征是它非常透明、简单、易懂，个人缴费与未来收益紧密联系起来，对劳动供给和退休决策具有正面的激励作用，个人缴费不被看成是一种税收，从而减少了劳动力市场的扭曲；第三个特征是一般来说需要一个稳定性质的基金，以应对经济和人口波动的冲击；第四个特征是名义账户制虽然将个人资源分配在不同生命周期之中，但它可在全国范围内进行统筹，即在现收现付制的框架内进行分配；第五个特征是政治家必须要对其精心设计，否则就不能达到制度的最优设计，例如，如果名义利率选错了，或者寿命预期预测出现误差，制度的财务可持续性就要受到影响。

名义账户制的诞生与发展是世界社会保障制度改革进程中一件值得注意的事情，对社会保障制度改革的影响是深远的。对名义账户制的利弊优劣还需深入研究，因为毕竟只有10

年的历史，有些问题还需要更多的时间去进一步观察。对于那些不适用名义账户制的情况和背景，也要充分予以认识；对此，各国经济学家们需要加强合作研究。

尽管如此，这本书汇集了世界经济学家迄今为止研究名义账户制的主要最新成就，对进一步研究名义账户制和养老金制度改革是一个重要贡献。本书的主题是探讨名义账户制能否成为21世纪养老金政策面临诸多问题的一个选择，评估以往10年中名义账户制的实践效果等。

本书紧紧围绕这个主题，在以下四个方面作出了贡献。

第一，从理论高度对名义账户制一般性的基本概念进行了探讨，为研究名义账户制奠定了理论基础。本书首先对名义账户制若干基础概念进行了理论演绎，对名义账户制与实账积累制不同条件下对分配与效率的影响进行了比较，对名义账户制的诸多属性进行了逐一讨论；从养老金政治经济学的角度讨论了名义账户制的条件限制和背景要求，将之作为一个制度安排，分析了养老金改革政策设计和策略问题；从福利经济学和福利国家经济学的角度评估了名义账户制的特征与优势，并将之与其他模式进行了比较；从微观和宏观经济学的角度分析了名义账户制对劳动供给和储蓄等方面产生的影响和内部激励问题，论述了名义账户制的微观条件和宏观条件；从保险和社会保障经济学的角度，分析了名义账户制在以下养老金制度频谱中的位置和特征，即积累制和非积累制、精算制和非精算制、DB制和DC制；值得注意的是，作为一个基础理论，本书还对德国和法国的积分制进行了比较分析。在此基础上，将名义账户制的透明性、充足性和稳健性与之做了对比。书中认为，名义账户制具有抵抗各类经济和人口风险冲击的能力，具有边际上和平均上的精算公平性，德法两国的积分制与瑞典体制具有一定的概念等价性，甚至是名义账户制的某种变体，积分制向名义账户制转型具有一定的可能性。

第二，从对理论和概念的研究转向并延伸到对名义账户制若干政策设计的研究。这一部分内容比较丰富，讨论热烈，内容包括从DB型现收现付制向名义账户制转型过程中的成本计算和“既得权利”等多方面的政策设计细节，包括名义账户制“内部收益率”的计算依据及其参考系的选择等相关考虑因素，这是名义账户制最重要的核心设计问题；还包括欧洲背景下人口演变对名义账户制的影响，讨论了“自动平衡机制”的设立和作用及其与保持财务稳定的关系，以求建立起对名义账户制的一个基本逻辑的认识；还探讨了在欧洲高收入国家背景下建立起一个以名义账户制为核心、以相互协调的积累制养老金为补充的多支柱制度的理想与现实之间的选择问题，其中对名义账户制在中低收入国家的有用性与适用性也进行了研究，例如，中低收入国家实行名义账户制对其减少经济扭曲，提高制度支付能力和财政可持续性等方面所具有的优势比较等，甚至还讨论了一些国家在引入名义账户制过程中的得失和教训，很富有启发性；此外，对名义账户的制度设计中需要考虑的预期寿命问题、平衡机制问题、税收积压问题、最低收入保障问题、名义账户的规模问题、再分配因素的引入问题、残障待遇给付问题和配偶共享账户问题等，都做了详尽的政策分析，既有案例国家的经验之谈，也有纯粹的理论分析。

第三，对引入名义账户制的几个典型案例国家进行了评估。名义账户制已经运行了10年。那么，这些国家的实际情况如何？效果到底怎样？本书对他们的早期经验进行了回顾，对运行效果给予了客观的评估，对发展前景做出了认真的预测，得出的结论是，有些国家的情况好些，有些则存在不确定性。拉脱维亚1996年1月1日进行名义账户制改革，是第一个也是唯一一个在名义账户制实施的第一年就覆盖了所有劳动者的改革案例；作者对其财政核算预测的结果是，在各种极端的经济和人口假定条件下，未来3/4个世纪里，即使最悲观地假定在今后5年内工作年龄人口减少50%的条件下，名义账户制在财政上也是稳健的。波兰1999年1月1日引入名义账户制以来，制度运行较好，对未来50年财政状况的预测结果是，这个制度能够从财政严重失衡的状况逐渐转向财政平衡，几十年内经济正规化将能够抵消工作人口逐渐减少产生的影响。瑞典1995年建立了名义账户制，其基本经验是，实现财务稳定的前提是应以人均缴费增长率作为收益率的依据，这是建立“自动平衡机制”的一个前提，作者为此强调，制度成败的关键就在于这个机制的设计，所以，这个机制究竟对代际资源分配能够产生什么影响，还有待于时间的考验和深入的考察。意大利20世纪90年代初的改革曾出现反复，1995年第二次改革中选择了名义账户制，但其经验证据表明，这个改革的进程还远未结束，需要加快改革步伐，否则，路途漫长将可能产生不确定性，鉴于此，意大利名义账户制的前途也有待进一步观察。

第四，对有些正在考虑引入名义账户制的国家进行了可行性分析。本书选择了西欧、东欧和东亚几个国家作为样本，对他们向名义账户制转型可能存在的潜在问题与收益进行了比较研究。这些国家采取的模式基本都是俾斯麦式社会保障制度，养老金支出占GDP比重高达9%～15%，以往的参量式改革效果不佳，财务压力依然很大。例如，对奥地利的研究表明，如果建立名义账户制，奥地利将可获得未来的财务可持续性，但其负面影响是替代率将不得不有所下降。捷克共和国社会保障制度改革的迫切性更为明显，20世纪90年代以来的所有改革措施都不足以为其带来财政稳定性，向DC型完全积累制转轨显然不可行，而引入名义账户制也不足以带来完全的财政稳定性，还必须辅之以其他改革措施。德国和西班牙的制度都过于慷慨，预测结果证明，其现存的社保制度不具有财政可持续性，而名义账户制对他们则具有一定适用性。日本案例的研究结果说明，当前DB型现收现付制如果过渡到瑞典式的名义账户制就能大大克服现行计划中的很多问题，包括激励兼容问题，但它需要解决旧制度下已形成的巨额债务。上述案例国家的研究结果可以归纳为这样一个结论：向强制性积累制支柱转型并不是一个可选方案，因为为转型成本筹资是个巨大的障碍；参量式改革不足以给制度带来长期财务可持续性；名义账户制可以成为一个把微观经济激励与无需转型成本的现收现付融资方式相结合起来的可行思路；但是转型所面临的问题在于要解决名义账户制度下待遇下降等一些潜在问题，所以，有建议认为在名义账户制之外应再引入一个完全积累的强制性第二支柱予以补充。

本书上述对名义账户制10年历史的总结作出的四方面贡献说明，名义账户制虽然不是一副包治百病的良方，它的适用性不是全方位的，不是万能的，还存在着一个配套改革的问题，但是，对某些情况和背景各异的国家来说，例如，对没有条件立即建立DC型完全积累制的国家来说，对三支柱比例欲进行调整的国家来说，对老龄化趋势明显并在短期内导致其财务不稳定的国家来说，对金融市场不发达的国家来说，名义账户制可以成为他们考虑的一个备选方案、改革思路，甚至是一个最佳选择，至少也是一个参考框架。这些国家均应仔细考虑名义账户制，这是本书明确提出的、也是斯德哥尔摩研讨会完全达成的第一个共识。第二个共识是，我们不应该将名义账户制从养老金改革的概念中分离出去，恰恰相反，应该将之作为一个不可分割的组成部分纳入到一个更广泛和多支柱的养老金概念之中。

作为最大的发展中国家，中国自1978年实行改革开放政策以来，养老金制度转型进程迅速，改革成就显著。1993年中国提出了建立多层次社会保险体系和实行社会统筹与个人账户相结合的基本原则；1997年正式将个人账户确定为11%；2000—2003年进行了辽宁试点方案，将个人账户下调至8%并予以做实，还制定了计发办法；2004—2006年社保试点扩大到吉林和黑龙江，完善了计发办法，增强了账户资金的财务支付能力，同时，个人账户规模下调至5%～6%，并且继续做实；今年决定将试点扩大到全国其他8个省市。与其他国家一样，在养老金制度向统账结合的部分积累制转型过程中，中国也存在着为转型成本筹资的困难。中国政府在为其进行转移支付的同时，积极扩大覆盖面，很好地解决了做实账户的资金来源问题，在东北三省实现了部分积累制的转型。未来其他省份试点甚至向全国推广做实账户的进程中还将面临着筹资的挑战。此外，由于受到金融市场的较大限制，东北三省试点中个人账户的投资收益率只有3%～4%，远远低于社平工资增长率，就是说，效率问题可能是第二个挑战，也是最大的挑战。这两个挑战是中国较长时期内需要应对的。本书对某些国家经验的总结和论述对中国应该是有益的；本书对名义账户的研究成果对中国研究者和政策制定者深入了解社会保障制度和名义账户制也应该是有益的；加强学术交流与沟通对世界银行和中国提升社会保障制度研究水平也是有益的。

举例来说，对中国的一个启发可能在于，在稳态下的经济体中，从效率上看，名义账户制与做实的账户计划是一样的；但是，在其他经济状态中情况就并非如此了，例如，如果资本市场中资产收益率高于经济增长率（即人口增长率与生产增长率之和），就效率而言，做实的计划就要优于不做实的计划。但目前中国资本市场不太成熟，波动比较大，收益率比较低，做实账户的效率就显然赶不上不做实的名义账户的效率。对此，中国读者也许能从本书中有所收获。

世界银行历来十分重视社会保障制度的改革，尤其重视对世界银行客户国养老金制度的改革和资助。

1994 年世界银行出版了《防止老龄危机——保护老年人及促进增长的政策》，首次提出了建立养老金制度三支柱的思想和建议；这个思想在世界各地很快得到了广泛传播，受到了研究者和政策制定者的重视；在此后的 10 多年里，各国政府在政策选择取向上将三支柱和多支柱作为他们的一个优先考虑；迄今为止，绝大部分国家采取了（多）三支柱的模式。

2005 年世界银行出版了《21 世纪的老年收入保障——养老金制度改革国际比较》，成为世界银行参与养老金研究工作的又一个里程碑。这本著作的中文版已由中国劳动社会保障出版社出版。读者可以发现，这本书扩展了三支柱的思想，进而提出了五支柱的概念和建议：提供最低水平保障的非缴费型“零支柱”；与本人收入水平挂钩的缴费型“第一支柱”；不同形式的个人储蓄账户性质的强制性“第二支柱”；灵活多样的雇主发起的自愿性“第三支柱”；建立家庭成员之间或代际之间非正规保障形式的所谓“第四支柱”。

“五支柱建议”与本书一些专家提出的政策措施一拍即合，它强调建立的非缴费型“零支柱”和雇主职业计划实际上就是对名义账户制某些不足和局限性的弥补。所以，在这个意义上讲，这两本书相得益彰，读者可以将之一起阅读。

最后要强调的是，本书的观点和结论均来自作者个人，不代表世界银行官方看法。

罗伯特·霍尔茨曼（Robert Holzmann），世界银行社会保护局局长
冼懿敏（Yvonne Sin），世界银行养老保险处处长
郑秉文，中国社会科学院研究员，拉美所所长

前　言

过去的10年是全世界养老金改革的10年。对高收入国家来说，改革的驱动力来自于当前制度对未来10年的不可负担性，而且人口老龄化的发展将成为主要的风险。在另一种背景下，处于从计划经济向市场经济转型过程中的国家正面临着引入公共养老金制度的挑战，这个制度既要提供老年的社会保障，还要支持市场经济的基本原则。对后者来说，重要的是要仔细考察发达的市场经济体的经验。即使在这些国家，改革背后的驱动力也是人口老龄化和可负担性问题。在第三种背景下，中低收入国家面临的问题是采用什么样的制度能够最好地服务于他们未来的国家目标。在所有上述三种背景下，名义账户养老金制度已作为讨论的可行选择被提到议事日程上来。

瑞典是20世纪90年代少数几个采用名义账户制的国家之一。瑞典的名义账户制养老金改革与1991年底启动的“养老金工作小组”的工作颇有渊源。在经过了对这项改革核心思想的公共大讨论的大约两年之后，随着1992年“工作小组”建议的改革框架的问世，改革建议的最终文本于1994年2月正式出版，随后于1994年6月在议会作为立法正式通过。1994年秋大选之后曾出现了短暂的政治停顿，1996年执行程序开始启动。这包括待遇标准和税收立法的重新计算与设定，包括转型困境的立法问题和开发新型信息技术，还包括向参保人发布的全新的年度陈述书制度和电子信息制度。为确保资产与债务之间的长期平衡，“自动平衡机制”得以最终建立，它是最后一个要解决的概念问题，标志着最后一颗螺丝钉正式到位。1999年首次发布并寄出了账户陈述书，2001年开始根据新规则支付待遇。到2005年，这个制度所有的零部件已全部各就各位，并顺畅运行了若干年。

此外，2005年的瑞典养老金改革背后达成的政治共识，与1994年时的政治共识完全一致。自20世纪90年代中期名义账户制应运而生以来，它已在欧盟4个国家开始实行，另外3个国家是意大利、拉脱维亚和波兰。在这些样板国家之外，名义账户制已经并正在成为许多国家考虑的一个可选改革方案。

现在可以肯定地说，欧洲4个名义账户制创始国的改革不但激发了欧洲邻国的极大兴趣，而且吸引了全世界的目光。欧洲国家对其产生浓厚兴趣非常容易理解，因为大部分欧洲国家采取的是传统的现收现付制，名义账户制可为其提供一个将强制性和普救式现收现付养老金制度重新“组织”起来的崭新方法。尽管欧洲绝大部分国家正在探讨其各自养老金制度改革的其他种种出路，但我们已获得了名义账户制在20世纪90年代运行的经验。正是在这个背景之下，瑞典感觉到有必要组织一个会议，专门对名义账户制的理论问题和制度问题进行研讨，为瑞典的改革家们提供一个机会，在众人面前，让学术界和政府的国际养老金专家，对瑞典的制度设计进行反思。其目标是宏大的，即为当前这个崭新课题的知识进行总结而作出贡献。本书就是实现这个目标的一个形式。

瑞典国家社会保险委员会十分高兴与世界银行共同举办这次会议，它是为了拓宽讨论范围，包括名义账户对世界银行客户国的适用性问题。这次会议于2003年9月下旬在山德汉姆岛进行了两天，来自世界各地的贤达圣士和专家学者济济一堂，他们侃侃而谈，无拘无束，极富思想性和挑战性。

我的经验告诉我，研讨会也好，座谈会也罢，它们极少会产生思想火花的碰撞；走马观花，我行我素，老调重弹，这是一般的规律和现象。但是，这次在山德汉姆岛却截然不同，一反常态。在这里，专家们不仅是发言者，也是倾听者。感想有交流，思想有创新，学术气氛浓郁。这给人们一种预感，好像这里要发生什么；也给人们一个印象，认为最终达成的是一个崭新的共识。我相信，所有与会者都有这样的感受，即在他们离开山德汉姆岛时，同时带走的还有这样一个深刻印象，那就是，他们参加了一个使他们的思想境界提升到崭新高度的会议。

虽然瑞典开始并没有将其新养老金制度称为名义账户制，但就我个人来说，我早已踏上“名义账户之旅”，告别过去，面向未来驰骋了整整10年。从1991年年底到1994年6月，我代表社民党在“政府养老金工作小组”中工作；后来，1994年大选之后我成为社会保险部的副部长，负责改革的全过程；再后来，到1996年中期，作为国家社会保险委员会的主席，我成为执行这次改革的负责人；2005年，即在瑞典议会做出那次历史性决定的10年之后，我非常荣幸地能够与广大读者分享山德汉姆岛会议的硕果，并且我非常高兴地说，自从那次2003年秋山德汉姆岛会议以来，这本书的内容得到了极大的充实，不仅对那次会议论文进行了修改扩充，而且还增添了几篇新的论文。我相信，对各国和各界的养老金专家和养老金政策制定者来说，这本书的内容将极富启发性。

安娜·赫德博格（Anna Hedborg）

目 录

第二部分　设计与执行的理论问题

第三部分 名义账户制改革试点国家的经验

第四部分　可能实施名义账户制改革的国家

第一章 名义账户制的研究现状：导论和概览

罗伯特·霍尔茨曼 爱德华·帕尔默*

第一节 导 论

养老金改革是一个世界性问题。全世界几乎所有国家都把改革现行养老金制度列入了改革日程。在不同的国家和地区，养老金改革动因多少有些不同，但它们有三个共同点：首先，短期财政压力通常要求立即采取行动，而由人口老龄化和制度缺乏长期适应力所导致的日益迫近的重大问题却没有得到恰当的解决；其次，经济社会的变化要求对支撑养老金制度的基本理念（有些可追溯到100多年以前）进行反思。全球化的挑战和机遇要求各国更多关注养老金计划的经济效应，包括建立一个覆盖各个职业、行业和部门的更大的风险池，并要求养老金权利具有便携性，易于在国内外转移[①]。

在这种背景下，在20世纪90年代，很多国家对其养老金制度进行了全面的改革，特别是拉美国家和中东欧转型国家。这些“根本改革”是在“参量式改革”难以奏效的情况下实施的，其目的在于至少使养老金计划具有财政可持续性。这些系统性改革既显示出潜力，又面临着难以向全面积累制推进的局限。尽管积累制的潜在收益很高，但从现收现付制向积累制转型往往需要高额转型成本，并且建立积累制计划要求的条件也很高。为了应对人口和经济的改革压力，并且避免给未来的劳动者增加额外负担，国际社会对一种新型养老金制度——“非积累制”或“名义的”的缴费确定型制度，即“名义账户制”产生了极大的兴趣。“名义账户制”既能够满足改革的财政、政治、社会及经济需要，又不会增加改革的财政负担。然而，名义账户制是养老金改革的一剂灵丹妙药呢，或仅仅是最新的一个时尚？

为了更系统地回答名义账户制为养老金改革带来了什么的问题（优势和缺点），世界银行和瑞典国家社会保险委员会联合组织了一次国际研讨会，会议于2003年10月在瑞典斯德哥尔摩郊外的山德汉姆岛上举行。该研讨会的动机是非常清楚的：世界银行想知道在什么条件下可以向其客户国推荐名义账户制，这种新制度有什么局限性。尽管拉脱维亚和波兰的经验令人鼓舞，但这个样本太小，不足以从中得出关于名义账户制对转型国家的适用性的一般性结论。瑞典是率先实行了名义账户制改革的国家，瑞典的改革者希望分享他们的经验，同

---

* 罗伯特·霍尔茨曼（Robert Holzmann），世界银行养老金经济学家；爱德华·帕尔默（Edward Palmer），瑞典社会保险委员会委员和瑞典乌普撒拉大学教授。

① 见 Holzmann 等（2005）。

时也希望集中一批专家来讨论这种创新在设计和实施上有什么可能的改进之处。

本书就是这次会议的论文集，它反映了世界一流的经济学家、养老金专家和政策制定者们深思熟虑的成果，还包括很多深刻的评论。本书论述了理论问题和“试点”国家的具体改革经验。书中大部分章节是研讨会上的演讲，但后来也做了较大修改，另外又加入了几篇论文以拓宽本书的内容，使本书成为关于名义账户制的理论基础及其实践问题的初级读本。

本章结构如下：第二节总结了改革压力的背景和名义账户制可能具有的优势和缺陷。第三节对各章做了简短的评论并概括了各章的主要结论。最后一节做了前景展望：迄今为止名义账户制实施中得出的教训、名义账户制改革的潜力以及有待填补的研究空白。

第二节　改革的压力与名义账户制的前景

养老金制度的主要改革压力是什么？从更广泛的经济和政治的角度来看，名义账户制为养老金改革的工具箱提供了什么？本书各章对关于名义账户制框架在解决这些问题时有何观点？我们在回答这些问题之前，将简短地阐述21世纪初养老金改革所面临的压力。

一、财政压力

财政压力一直是引起养老金改革的导火索。公共养老金制度财政上的不可持续性导致其成本日益上升，由此引起的短期预算压力是改革的驱动力量。然而，在政治讨论和相关的改革过程中，由人口老龄化引起的更严重的长期持续性问题却通常不太受重视。

养老金改革的短期财政压力总表现在预算上。原因几乎总是由于养老金领取人数太多，而缴费人数太少所致。发达国家现行养老金制度的根本问题是制度成熟导致待遇水平上升，而且实际退休年龄下降、人口老龄化和“人口赡养率”（老年人与工作年龄人口的比率）上升使这些问题愈加恶化。政府常常为高额福利支出所困的原因之一是法定退休年龄是在以前预期寿命低得多，并且经济环境以高增长率和高就业率为特征时规定的，这种法定退休年龄太低而且不灵活。发展中国家通常还面临另外一个问题是非正规部门比重大，因此虽然这些国家的劳动力在增加，却无法降低“制度赡养率”（受益人数与缴费人数的比例）。相反，由于发展中国家封闭的制度（公务员制度）或刺激人们留在非正规部门的其他因素，包括养老金计划的设计和执行特征，或阻碍人们加入正规经济的因素等，导致其养老金制度的赡养率居高不下。控制养老金缺口的紧急行动可能使制度向短期财政平衡接近，但它使改革重心偏离了为对付制度长期失衡而需要解决的设计问题，并偏离了为一国公共养老金制度提供一套透明而持久的规则的要求，因此可能是反生产力的。

长期财政压力明显与人口老龄化相关。由于出生率朝着人口再生产所必需的水平下降或甚至降到这个水平以下，并且老年人口平均寿命大幅上升，所有国家或多或少都受到长期财政压力的影响。这不是一个在一国是否会日益严峻的问题，而是何时到来的问题。

在过去十年间，各国越来越关注养老金制度改革的必要性和不同改革路径包含的更广泛的政治和经济含义。有三个问题对养老金制度的设计特别重要：（1）未来老龄化主要发生在资源更稀缺的发展中国家。仔细设计养老金制度和节省制度执行成本对所有国家都很重要，但拙劣设计导致的财政负担对较贫困的国家来说更难以承受。（2）北半球较富裕国家的人口老龄化和人口停滞甚至减少，将创造与南半球人口较年轻而且还在增长的发展中国家进行套利的机会。这要求建立便于养老金“既得权利”跨国携带的制度。(3) 用能够促进资本和劳动力有效使用的制度来应对人口老龄化是最符合国家利益的。

二、社会经济的变化

社会经济变化是改革的第二个主要原因。在现代发达国家，政府为私人部门劳动者提供退休收入的制度起源于19世纪末期，是城市化和工业化的政治反映。建立养老金计划依据的模式是丈夫工作而其配偶负责家务和照顾孩子，配偶很有可能比丈夫活得久而成为寡妇，并且这种可能性随着年龄的增长而上升，因此养老金制度的首要目标是为了给遗孀和遗孤提供一些救济。值得注意的是建立于1900年前后的欧洲养老金制度的最低退休年龄起初定得很高，通常在67～70岁，只有一小部分男性缴费者有望达到那个高龄。20世纪六七十年代，很多发达国家的政治家为了迎合工会和企业管理者的共同期望而降低了养老金领取年龄，但没有考虑到这种做法的长期成本。这个时尚是短命的，因为到了20世纪90年代，所有国家都不得不对制度规则进行调整，提高退休年龄并严格其他资格条件。到今天人们健康生命期的提高似乎没有可知的限制，这种趋势要求养老金制度设计应激励人们在劳动力市场上停留更久，因为健康和工作条件的改善促使健康生命期的延长，这给人们在年老时能够工作提供了理由，同时出生率下降也要求劳动者推迟退休。

到20世纪末还出现了两个社会经济变化，即女性劳动力参与率的上升和家庭结构的改变。高女性劳动参与率、高离婚率和新伴侣关系的形成，都要求对遗属待遇（一个世纪前诞生的公共计划存在的理由之一）进行反思。尽管这些变化在后工业化国家最为明显，但在发展中国家也在日益显现。

三、全球化的挑战

全球化的挑战也是养老金改革的一个重要原因。随着产品与服务市场、生产要素市场和技术市场的日益一体化，全球化要求包括养老金在内的公共计划的运作方式做出改变。要求对公共计划进行改革不仅是为了收获全球化带来的好处，也是为了应对全球化带来的挑战，包括由于技术创新、产品、生产要素的供给和需求变化等因素带来的重大冲击。这要求养老金制度不扭曲劳动力市场决策、支持劳动力在职业和部门以及国家之间的流动、有利于金融市场发展，并且鼓励人们终身学习。

名义账户制在如此之多的改革压力面前能有什么作为？它应该如何设计？在回答这些问题之前，让我们来看看名义账户制到底是什么。名义账户制计划是一种设计上模仿“实账积累制”(Financial Defined Contribution，FDC) 计划并在实践中具有实账积累制很多特征的现收现付计划①。在名义账户制下，基于固定缴费率的个人缴费被计入个人账户，并按某一记账回报率积累增值。只要参保人工作并缴费，账户价值就会继续积累。名义账户计划下没有“全额待遇”年龄，在个人要求领取待遇之前（有时需要达到一个最低养老金年龄），所有新缴费都增加个人年金水平。年金是用账户资产除以退休时的预期余命而得的年度待遇。名义账户制与实账积累制相比有两个最重要的区别。首先，名义账户制的内部收益率取决于生产力增长率、劳动力增长率以及与缴费和待遇给付流相关的因素，而不取决于金融市场回报率。其次，名义账户制下可能的唯一金融储蓄是以储备或缓冲基金的形式出现，而不是实账积累制的预筹积累特征。为名义账户制建立缓冲基金是为了把较大群组的缴费所产生的盈余储蓄下来，以备他们将来成为养老金领取者时的支付需要，但基金也有其他缓冲功能，这取决于具体制度设计。

一方面，由于金融回报率通常比经济增长率高，为获得相同的待遇水平，名义账户制要求的缴费率高于实账积累制，因此名义账户制在经济上是一个次优安排。另一方面，与从现收现付制度转向实账积累制不同的是，名义账户制的好处在于它不需要转型成本。名义账户制不要求建立金融储蓄，而实账积累制则必须建立金融储蓄。然而，名义账户制可能通过明确设立公共养老金承诺的限度，间接地促进人们为退休生活建立金融储蓄。名义账户制强调由个人为自己的老年生活负责，即要求人们通过工作并在个人账户中积累“基金”为自己提供老年收入。

相对于传统DB制度的反事实设计，名义账户制有两个适宜的设计特征。首先，名义账户制是公平的，因为同一年龄群组中的两个人如果在相同期间做了同样多的缴费，他们就有望获得相同水平的养老金权利。其次，一个典型的名义账户制原则上是具有财政可持续性的。名义账户制正是以固定的缴费率来维持资产和负债之间的长期平衡，要达到这种平衡，既是通过根据预期寿命来确定年金，也通过使内部收益率同时反映生产力（并因而反映实际工资）增长和人口状况的变化，特别是与劳动力规模相关的出生率下降，最后是通过使制度设计符合使资产至少等于负债的长期条件。

由于这些特征，一个典型的名义账户制可以保证自动地应对人口老龄化的效应，而无需政治干预。它是根据立法规则，在既定缴费率下完全自动地维持财政稳定。名义账户制还需要向成员提供账户信息，能够（应该）每年制作财务报表并公布于众。然而，名义账户制不能保证避免政治干预，但它使政治干预的结果比传统DB型现收现付制更透明。然而，在实践中，从旧制度向名义账户制的转型可能对典型名义账户制的充分执行带来一些限制。例如，政治家可能选择兑现旧制度中的承诺，从而产生“税收积压”，尽管它可能不符合新的

---

① 请注意，我们采用了戈拉和帕尔默（Góra and Palmer，2004）提出的术语，一方面要对“待遇确定型计划”（DB）和“缴费确定型计划（DC）”加以区分，另一方面对“积累制”和“非积累制”计划也要加以区别。一个积累制计划是资产以金融市场工具的形式持有的计划，而非积累制计划是资产仅为劳动者当期缴费的计划。这给出了四种不同的养老金计划：实账缴费确定型（FDC，实账积累制）、实账待遇确定型（FDB）、名义缴费确定型（NDC，即非积累制或名义账户制计划）和名义待遇确定型计划（NDB）（至于为什么这样翻译，请见书末的《术语翻译说明》——译者注）。实账缴费确定型在某些养老金文献中被称为个人账户计划。由于名义账户制也是个人账户计划，因此在选择术语时对计划的积累制和非积累制加以区分似乎更为确切。

名义账户制的逻辑。

名义账户制有几个特征可能使它在劳动供给效应方面特别具有吸引力。第一，名义账户制下的缴费被个人看作向一个保险制度缴纳的保险费，即名义账户制像一个在退休之前不能支取、到退休时以年金形式给付的职业储蓄计划。第二，对于老年劳动力在工作与闲暇之间选择的影响而言，名义账户制的规则（加上对养老金和收入同等对待的税收规则）是中性的。第三，名义账户制的账户是“无限”可设计的，这意味着决定（在达到最低养老金年龄之后）个人在任何时点能够要求领取全额年金的多大百分比只是实际的考虑。老年劳动力可以继续工作但工作得少一点，并且对工作多少可以改变主意，因为年金可以随时重新计算——新缴费可以包括在计算中。第四，账户可以在配偶之间共享。第五，名义账户制（像实账积累制一样）根据个人账户来确定待遇，从而有利于劳动力流动。在名义账户制（和实账积累制）世界里，个人无论在什么职业、行业、地区或国家工作，其养老金并没有区别。名义账户制的便携性按其定义是可能的，名义账户制没有把工人锁定在特定就业状况的待遇条件中。最后，在非正规部门很普遍的经济环境中，名义账户制奖励那些选择加入正规经济的人。此外还应该记住，用某种形式的“修饰”来补充名义账户制计划是很重要的，这在非正规部门比重很大的贫穷国家有时是一个主要的好处，在此环境下名义账户制提供了一个把新兴正规部门纳入收入关联型的强制性养老金计划的明确结构。

总而言之，名义账户制有希望解决 21 世纪养老金政策面临的问题。那么，它的效果如何呢？这将是本书的主题。

第三节　本书结构与各章纵览

本书分为上下篇，四个部分。上篇提出了名义账户制的概念和问题。第一部分界定了名义账户制并集中于概念问题。第二部分讨论了一组广泛的概念、政策和跨国问题。下篇介绍了具体国家的名义账户制改革经验和前途，其中第三部分各章评论已经引入名义账户制的国家的经验，而第四部分各章是讨论正在考虑把名义账户制作为现行 DB 制度的改革选择的几个国家采取名义账户制的前途。

一、第一部分：名义账户制的概念

第一部分针对不同主题从不同角度讨论了名义账户制的概念，它是本书的基础。其中，第一章定义了一般的名义账户制。本章旨在作为本书的“导论”，为各章提供共同的基础并简要介绍各章内容和观点。第二章讨论名义账户制能够给养老金改革策略带来什么。第三章从福利经济学的角度评估了名义账户制。接着是在斯德哥尔摩研讨会特别小组讨论中得出的三篇书面评论，它给关于名义账户制的性质及其在养老金制度及改革中扮演角色的讨论，带来更深刻的启示和概念上的细微差别。

第二章由爱德华·帕尔默（Edward Palmer）撰写，他从界定一般的名义账户制是什么开始，提出并讨论了具备一般名义账户制特征所必需的条件。如上所述，名义账户制类似于缴费被计入个人账户的个人储蓄计划，但名义账户制遵循的是现收现付原则，即工人们的当期缴费用来支付当期退休者的养老金。界定名义账户制的一个关键微观条件是，在任何时候个人账户资产价值都是参保者养老金权利的现值。名义账户制的宏观条件是资产必须至少等于负债，这个条件在实践中可以通过很多办法来实现。该章还在代内和代际分配的环境下讨论了名义账户制，并考察了在配偶之间共享账户的可能性。

第三章的作者是阿克瑟尔·H·伯尔施一苏潘（Axel H. Börsch-Supan），他介绍了支持名义账户制的基本观念并讨论了它的主要优势和劣势。他认为名义账户制主要是一个政治策略，它使得在全世界为稳定“现收现付制”支柱所迫切需要的参数改革变得比较容易实施，因为名义账户制摆明了消费与闲暇之间的取舍关系，并澄清了观念。名义账户制还改变了劳动供给和储蓄的微观经济学，但却没有改变现收现付制度的宏观经济学，因此不能代替对积累制第二和第三支柱的需要。名义账户制可以设计为个人账户制度，正如瑞典所做的那样。但伯尔施一苏潘指出，在传统 DB 型现收现付制度中也可以引入一套模仿名义账户制的规则，这表明名义账户制与其说是一种经济方法，还不如说是一种政治策略。他在第一节中指出，德国 2003 年夏末制定的养老金改革提案有效地引入了类似于名义账户制的制度，只是没有明确的名义账户式记账方式。

第四章由尼古拉斯·巴尔（Nicholas Barr）撰写，他就三个问题从福利经济学的角度评估了名义账户制养老金制度：名义账户制的特征是优势吗？如果是，该优势是名义账户制固有的还是在其他制度下也可以实现呢？该优势是一种政策设计还是一个政策现实？该章指出，名义账户制养老金有助于合意的设计特征，例如弹性退休年龄、随着预期寿命上升对待遇进行自动调整、提高应对风险和不确定性的能力、增强制度可持续性、提高透明度、消除负面激励等。但他也指出，这些优势不是名义账户制的专有特征，而是可以通过其他设计来实现。该章进而讨论了名义账户制养老金的不确定方面及其劣势。最后一节提出了三个战略性的结论：首先，名义账户制养老金不是一个在理论上占主导地位的政策——它是一种政策改革，而不是唯一可取的政策改革；其次，名义账户制计划可以采取很多形式——名义账户制应作为更广泛的养老金制度的一部分，而不是一个孤立的设计；第三，名义账户制在解决制度不可持续的根本原因上无所作为——因为最低养老金领取年龄并没有与预期寿命联系起来。

彼得·戴尔蒙德（Peter Diamond）、阿萨尔·林德贝克（Assar Lindbeck）、萨尔瓦多·瓦尔迪斯一普累托（Salvador Valdés-Prieto）出席了研讨会，表明会议成立了专家组来对名义账户制的理论予以概括，并评估名义账户制在可选择的养老金制度中间的地位。把他们在会议上的讨论整理成书面评论，构成本书第五章。该章对养老金概念化和名义账户制在可选制度中间的地位提供了非常有价值的见解。他们三人评论的出发点都是林德贝克和佩尔森(2003）建立的养老金制度三维分类法：（1）积累制（funded）对非积累制（non-funded）；(2）精算制对非精算制；(3）DB 制对 DC 制。但他们对这些特征的解释和名义账户制在养老金制度频谱中的位置的看法却有很大的不同。这三位专家对名义账户制的总体评价都很好，但也指出了其他制度设计的优点，并警告不要“过分称赞”名义账户制。

二、第二部分：更广泛的概念和政策问题

第二部分讨论了与改革要求和名义账户制有关的若干概念和政策问题，包括人口演变在养老金制度中的作用、名义账户制的内部收益率、从 DB 型现收现付制度向名义账户制计划的转型、跨国界的考虑，如名义账户制作为协调欧洲养老金制度的有用性或名义账户制对中低收入国家的适用性，以及名义账户制养老金改革的政治学。

第六章是第二部分的第一章，由尤哈·阿尔霍（Juha M. Alho）、尤卡·拉西勒（Jukka Lassila）和塔尔莫·瓦尔科伦（Tarmo Valkonen）三人撰写，它考察了一般名义账户制设计将面临的人口和经济“冲击”，但没有运用一个典型的名义账户制计划的所有工具。因此，该章阐明了养老金改革者面临的问题，把随机人口模拟和经济模型相结合，为我们提供了对公共福利制度可持续性的新思维方式。该章讨论了欧洲人口的年龄分布及其对欧洲养老金制度产生的后果。此外，作者用四个样本国家说明了人口风险如何能在群组之间及时转移。

第七章由奥利·塞特格伦（Ole Settergren）和博古斯瓦夫·米库拉（Boguslaw D. Mikula）完成，他们介绍了现收现付养老金制度内部收益率的一般计算方法。这种一般方法在名义账户制计划中最容易运用。他们认为，除了平均缴费工资增长率和覆盖人数增长率（在稳态下，这两个因素共同决定了内部收益率）之外，还有一个重要因素：缴费和养老金给付的时间结构或称之为“周转期”，即从向制度缴费到领取养老金的资金加权的预计平均时间。他们指出，在任何时候资产价值都可以被评估为制度缴费周转期和在评估期间实际缴费的产物。名义账户制的负债是所有债务的当前价值。评估资产周转期使我们能够估计资产负债表的（隐性）资产方，从而可能确定在给定期间的资产负债比，即决定养老金制度是否满足财政平衡条件。

萨尔瓦多·瓦尔迪斯—普累托在第八章中提出了瑞典自动平衡机制（ABM）的一种替代平衡机制。但名义账户制设计在20世纪90年代早期被采纳时，人们已经知道，名义账户制除了对生产力和劳动力增长率做出反应外，名义账户制流动性还受到给付时间的影响，即受到缴费年龄分布与支付年龄分布的影响。但起初人们不清楚如何把这一认识纳入公式中。瑞典政策专家积极应对这一挑战，制定了表达现收现付制内部收益率的方法，并利用这一知识创造了自动平衡机制来保证财务平衡。该章提出了另一种同样能够在短期内赋予名义账户制自动财政稳定性的方法，即“融入金融市场”（IFM）方法，它可以替代自动平衡机制。与自动平衡机制正好相反，融入金融市场方法是基于金融市场确定的贴现率和就不可保风险与市场投资者（既非计划成员也非纳税人）进行的交易。该章讨论了融入金融市场方法相对于自动平衡机制的比较优势和风险问题。

爱德华·帕尔默写的第九章评论了从DB型现收现付制向名义账户制计划转型中出现的问题，并提出了转型模式。第一种转型模式是基于名义账户制公式，而第二种是基于DB的既得权利。采用名义账户制公式要求人们：（1）在信息不完全的情况下确定近似估计过去收入的方法；（2）如果不采用名义账户制实施之后的前瞻性缴费率，应该为过去收入确定多大的缴费率；（3）过去缴费的推定回报率应该是多少。该章还回顾了引入名义账户制的国家对既得权利（包括已存在的特权）的处理办法，并讨论在向名义账户制的转型中，对DB计划其他成分，即低收入领取者的非缴费性权利、残障待遇及遗属待遇等，该如何处理。该章讨论了转型速度，相对于主要针对新加入者（如意大利）或完全针对新加入者（如吉尔吉斯共和国）的缓慢转型而言，完全和立即的转型（如拉脱维亚）有什么后果。逐步转型保护了旧

DB制度下的既得权利，但就名义账户制的政策目标而言，逐步转型是反生产力的。第九章在权衡了逐步转型和立即转型的利弊之后，得出的结论支持立即转型。

第十章是佛罗伦斯·勒格罗（Florence Legros）写的，她讨论了名义账户制与法国和德国积分制之间的相似之处和不同点，关注的是这些不同制度在面对外来（人口、经济等）冲击时的表现有何不同，讨论了从积分制转向名义账户制的后果。法国的积分制（没有自动指数化机制）可以每年根据预测来得以调控，勒格罗指出这可能是应对经济和人口环境变化的最佳办法，但这要求首先要有可靠和频繁的预测，其次是计划管理委员会应完全独立于退休者和劳动力游说者。她指出尽管第二点可以用规则来处理，而不用视情势而行事，但第一点能否实现却是很成问题的。德国为了纠正计划的过度慷慨，已采取了一个被她称之为“回报弹性”的办法，即养老金收益根据合意的缴费率而相应降低的机制。这种机制通过明确引入赡养率并考虑到预期寿命变化的“卢瑞普（Rurup）可持续因子”得到加强。她指出，采取这种战略后，德国养老金制度在几年内可产生盈余，从而允许建立代际转移所需要的储备基金。她在结论中问到为什么要引入名义账户制时，她的回答是，实账积累制计划可以促进个人责任，而名义账户制则维护了公共养老金计划中的社会团结原则。

在第十一章中，罗伯特·霍尔茨曼（Robert Holzmann）首先评论了欧盟成员国养老金制度因财政、经济和社会原因而产生的改革需要；第二，认为欧洲应建立一个更协调的养老金制度；第三，描绘出那样一个制度可能是怎么样的、它会产生什么结果。该章的中心观点和内容是，以名义账户制（即名义缴费确定型）为核心、以相互协调的补充性积累制养老金和社会养老金为其侧翼的多支柱制度是一个理想制度，它适应不同的财政和社会改革要求。这种方式既允许建立一个和谐的结构，同时又考虑到了各国具体的覆盖率和缴费率取向。尽管该章关注的是欧盟，但其观点和提议的对次国家实体有一定自主性的更加协调的制度结构，对其他国家或一体化区域，如中国或南美洲的“南方共同市场”（Mercosur），也是有效的。

第十二章是大卫·林德曼（David Lindeman）、大卫·罗巴利诺（David Robalino）和米哈乌·鲁特科夫斯基（Michal Rutkowski）等人共同写作的。这章讨论了名义账户制对中低收入国家的适用性问题。迄今为止多数政策讨论关注的是瑞典和意大利等高收入国家。作者发现，中低收入国家宏观经济环境更不稳定，费基狭窄而且高度敏感，收入分配比发达国家更不平等，并常常处于人口转型之中。该章关注的是影响名义账户制的适用性和绩效的一般宏观经济、人口和制度变量，还讨论了中低收入国家实行名义账户制对其减少经济扭曲和提高现收现付养老金计划财政可持续性等方面带来的好处，还识别了可能影响这些好处能否实现的初始条件和设计因素，涉及中低收入环境下的实施问题、再分配和贫困、机构能力要求和名义账户制计划的政治经济学等。

安尼卡·森登（Annika Sunden）写的第十三章的出发点是论证向DC型计划转变可以增加对一般理财知识的需要。无论名义账户制还是实账积累制，都把退休计划的责任更多地转移到个人身上。在对人们知道什么的研究中发现，人们对决定他们待遇的条件缺乏了解，也表明了解养老金是困难的。该章利用从瑞典新名义账户制计划中收集的数据，讨论了人们应该知道什么和调查表明他们知道些什么。该章的结论认为，有必要提供帮助成员理解养老金计划的信息和培训，普及养老金文化，并且有必要使养老金制度的设计易于理解。后者是反对复杂规则的理由，例如，对不同群组或同一群组中不同人产生不同影响的名义账户转型规则就过于复杂，因而是不可取的，并且要求建立起对名义账户制基本逻辑的认识。

萨拉·M·布鲁克斯（Sarah M. Brooks）和R·肯特·韦弗（R. Kent Weaver）写的第十四章集中讨论名义账户制的政治问题。该章一开始就列出了名义账户制的优势，将之与DB型现收现付制和实账积累制的反事实进行了比较，并指出名义账户制所传递的“产权”印象具有产生“锁定”效应的负面特征。用作者的话说，名义账户制的提倡者认为，名义账户制的政治优势在于它“免除了政治家对将来可能发生的待遇削减的责任”，例如人口老龄化所引起的。换句话说，政府采取名义账户制是摆脱了政府的责任。该章讨论了两个问题：第一，名义账户制改革在可能某种特征的国家更有可能被列入改革日程吗？第二，名义账户制真的具有免除政治家的责任吗？或者名义账户制最终会引发可能削弱其期望效果的抵抗？

三、第三部分：名义账户制改革试点国家的经验

第三部分包括对已引入名义账户制国家的实践经验进行评论的文章；更确切地说，这些国家把传统DB型现收现付养老金改革成了名义账户制。这一组国家包括建立了成熟的名义账户制的所有国家：意大利、拉脱维亚、波兰和瑞典。对意大利改革甚至有两篇文章来评论它。

第十五章是爱德华·帕尔默、桑德拉·斯塔比纳（Sandra Stabina）、英厄马尔·史文森（Ingemar Svensson）和英塔·瓦诺夫斯卡（Inta Vanovska）等人合作撰写的，他们介绍和分析了拉脱维亚1996年1月1日引入的名义账户制改革情况，它是第一个、迄今为止也是唯一一个在名义账户制实施的第一年就覆盖了所有劳动者的名义账户制改革案例。最困难的设计问题是如何把旧制度的既得权利转换成名义账户制下的权利，因为在拉脱维亚只有过去服务记录而没有缴费记录，并且改革是发生在经济转型之初的总体经济混乱期间。该章讨论了所选方法的优缺点。该章介绍了在各种极端的经济和人口假定下，名义账户制在未来3/4个世纪里的财政核算结果。最初，名义账户制缴费率是20%，但20%的总缴费率正在被成功地逐渐转移到实账积累制计划中，到2010年，转入实账积累制计划的缴费率将达到10%。该章说明了把缴费转入实账积累制计划并把名义账户制缴费率降低到10%会产生什么影响。引入实账积累制计划要求用一般税收来支付以前超过10%以上的缴费率产生的名义账户制承诺。文章还评估了如果缴费率不是10%而是6%（把14%留给名义账户制计划）的雄心较小的实账积累制支柱的情况。该章还表明在多种假定情况下，即使最悲观地假定在今后5年内工作年龄人口将减少50%，名义账户制在财政上也是稳健的。作者强调指出，要完善养老金制度设计，需要正式建立储备基金，并建立更全面的做实账户，包括伴随引入实账积累制计划而产生的用税收筹资的名义账户计划的债务。

第十六章是马雷克·戈拉（Marek Góra）和阿格尼斯卡·克洛恩—多明扎克（Agnieszka Chłoń-Domińczak）合作撰写的。该章介绍了波兰在1999年1月1日在“保障多元化”的旗帜下建立的新养老金制度。对于在引入新计划时不满50岁的大多数工作者，新养老金制度自动取代了以前关于旧养老金制度的所有法规。该章介绍了波兰在 1999 年实施的整个养老金体系背景下的名义账户制设计，评估了早期实施经验，讨论了波兰名义账户制养老金制度的前景，估算了未来 50 年内的财政状况，指出制度能够从财政严重失衡的出发点转向财政平衡，并且在今后几十年内经济正规化会抵消工作人口逐渐减少的影响，这也有助于制度实现财政平衡。尽管波兰名义账户制的总体设计保持不变，但其原始结构的一些因素引起了争议。其中争论最大的是最初的立法允许女性 60 岁退休而男性 65 岁退休。此外，改革把农民排除在外，随着农民融入正规经济，这可能产生覆盖面的问题。从波兰名义账户制实践中得出的一个主要教训是要避免发生重大问题，改革的实施就必须有良好的管理支持。

第十七章是波·孔伯格（Bo Könberg)、爱德华·帕尔默和安尼卡·森登（Annika Sundén）等人对瑞典名义账户制经验的介绍。瑞典养老金改革可以追溯到 1992 年夏天，那时，国会养老金工作组公布了包含几乎所有关键改革成分的“改革框架”。1994 年 6 月瑞典国会通过了瑞典名义账户制计划的改革立法，从 1995 年开始实施，并且分阶段推进。该章讨论了瑞典名义账户制改革的开端、改革的内容、公众形象和遗留的问题。瑞典名义账户制建立的动因是，在以人均缴费增长率作为账户收益率的同时要达到财务稳定的目标这就导致了“自动平衡机制”（ABM）的建立。作者讨论了这样一个事实：尚存的挑战之一是使公众普遍认识到，自动平衡机制只不过是名义账户收益率的一个成分。作者强调了这样一个观点：对制度自主性的潜在风险恰恰是为达到自主性财政平衡而设计的机制——自动平衡机制。他们在结论中说，瑞典在旧制度下已经积累了巨额储备来应对战后婴儿潮带来的人口负担，这将有助于在婴儿潮一代和下一个婴儿潮（战后婴儿潮一代的后代）都退休后支付他们的养老金。与其他正在考虑引入名义账户制的很多国家相比，瑞典在旧制度下积累的巨额储备基金使其处于非常有利的状况。计算表明，到 21 世纪 40 年代，人口老龄化将给财政造成压力，在解决余留的“平衡”问题——即确定储备金何时大到足以分配给其时活着的参保人的方法时，需要考虑到这一点。作者最后总结说，建立平衡机制对代际资源分配的含义还有待于深入考察。

丹尼尔·佛朗哥（Daniele Franco）和尼古拉·萨尔特（Nicola Sartor）写的第十八章是对意大利的第一个案例研究。从 1992 年以来，养老金改革就成为意大利为巩固公共财政所做努力的一个核心。改革过程始于 1992 年，当时 1/4 的潜在公共部门养老金债务被突然取消。1995 的第二次重大改革引入了名义账户制，但它是从新进入者开始的，并对参保不满 18 年者实行比例公式。作者提供并讨论了改革结果的经验证据，得出的结论是改革过程尚未结束。根据他们的分析，需要进一步调整的是：(1) 加快引入名义账户；(2) 避免养老金支出占 GDP 的比例不断上升；(3) 加强新养老金制度的自我平衡机制，例如每年重新评估用于计算新名义账户年金的预期寿命。在这些作者看来，之所以会产生目前的问题，是由于在 1995 年改革实施之前，没有进行全面的分析和公开的公众讨论。伴随着“未完的改革”（接续 1992 年第一阶段的改革）的漫长和逐渐的过程产生了不确定性，并且在作者看来，可能限制名义账户制方式中体现的微观经济收益。1995 年之后讨论的新改革提案没有明确要求考查 1995 年改革，但这些新改革提案大都与不符合 1995 年。作者据此得出结论说，意大利名义账户制的前途是不确定的。

格龙基·山德罗（Sandro Gronchi）和塞尔焦·内斯蒂科（Sergio Nestico）写的第十九章是对意大利的第二个案例研究，他们对意大利和瑞典的改革进行了比较。其出发点是，突出意大利和瑞典名义账户制模式的不同实施方式的含义及其理论框架，该章深入地研究了意大利和瑞典名义账户制计算终身年金时考虑的实际增长“范数”——这是其他国家所没有实行的一个特征。该章的独特之处在于对这种特征进行了分析。意大利年金正如瑞典年金那样包含了经济增长因素——在意大利案例中，它是在整个年金期间每年增长 1.5%的实际增长因素（在瑞典是 1.6%）。“意大利式”名义账户制计划的主要概念缺陷是，养老金指数化应该反映可持续的回报率（以 GDP 增长率来表示）与用于计算年金的 1.5%值之间的差别，而瑞典名义账户制养老金指数化就考虑到了这种差别。意大利名义账户制缺少这种矫正机制，它将损害制度可持续性目标和公平目标。该章还讨论了意大利改革的缺点和不协调之处，作者得出结论是，尽管意大利从 1995 年开始就制定了改革蓝图，但继任政府没有采取必要的措施，比如建立专家委员会来“填补名义账户制理论基础和实施中必然带来的无数细节问题之间的差距”。

四、第四部分：名义账户制在五个改革国家的前途

第四部分是本书最后一部分。有些国家正在考虑引入名义账户制，至少在作者看来，有些国家应该仔细研究名义账户制，并应将名义账户制作为改革其现行现收现付制度的一个有前途的选择，第四部分就是对这些国家的案例研究。正如所预料的那样，一些国家比另一些国家考虑得更成熟。该部分对五个国家进行了研究：奥地利、捷克共和国、德国、西班牙和日本。这些国家养老金制度的特征是历史上继承下来的俾斯麦式退休制度，其规模占 GDP 的比例在 9%（日本）和 15%（奥地利）之间；过去零碎的参量式改革方式迄今为止还没有能够使公共养老金计划获得可持续性；这部分还讨论了引入名义账户制对既定退休年龄的影响。

1. 奥地利。奥地利在公共养老金支出方面可以和意大利、波兰和乌拉圭争夺“世界冠军”了。这几个国家的养老金支出都接近 GDP 的 15%，但有一些国家在实行了养老金制度改革之后开始“落后”了（如波兰）。迄今为止，奥地利在竞赛中仍处于“领先地位”。正如在伯恩哈德·费尔德莱（Bernhard Felderer）、莱茵哈德·科曼（Reinhard Koman）和乌尔里希·舒（Ulrich Schuh）等人写的第二十章所讨论的那样，奥地利近来的改革减轻了持续性问题的压力，但不会根本解决制度缺乏可持续性的问题。本研究指出了不同改革方案到 2050 年时的支出、收入和替代率的情况，提供了证明奥地利养老金制度需要更激进的改革的新证据。该章第二节考查了从 DB 型现收现付制向名义账户制转型的潜在效应，考察结果表明，名义账户制改革能够使公共养老金计划获得可持续性，但名义账户制方式体现的养老金算术结果显示出了对替代率的影响：对男性来说，替代率将从 80%下降 20 个以上的百分点（取决于劳动力情况），女性的替代率将从 50%下降类似的幅度。基于这些明确的计算，作者建议在名义账户制计划之外再引入一个完全积累的强制性第二支柱，以便为未来的退休者提供可接受的待遇水平。

2. 捷克共和国。捷克共和国拥有与其南部邻国相同的许多特征，包括养老金制度的历史沿革。根据联合国的人口预测[①]，捷克人口老龄化将比以前的预测更严重，到 2050 年，捷克（连同希腊、意大利和西班牙）65 岁以上人口比例可能是最高的。预计在未来几十年里，为避免未来的财政危机，人口老龄化将使得捷克养老金制度改革的需要更加迫切。尽管在 20 世纪 90 年代已经采取了各种改革措施，但都不足以带来财政稳定，因而需要采取更深刻的改革措施。捷克案例研究（第二十一章）的作者阿格尼斯卡·克洛恩－多明扎克（Agnieszka Chłoń-Domińczak）和马雷克·莫拉（Marek Mora）在考察了可选的改革途径之后，认为向强制性积累制支柱转型看上去并不是一个可行的改革，因为公共财政无力为转型成本筹资。并且由于自愿性养老基金效果非常糟糕，政治家和社会大都不支持引入积累制养老金制度。新一轮参数改革受到日益严重的政治抵制。在此背景下，引入名义账户制提供了一个把积累制的微观经济激励和不需要转型成本的现收现付融资相结合起来的框架。该章对名义账户制作为捷克养老金制度改革的一个可行选择做了分析，特别从捷克共和国的角度关注名义账户制选择的优势和劣势。补充该分析的财政模拟表明，仅从目前的两层次现收现付制度转向名义账户制是不足以带来财政稳定性的；还必须辅之以其他变革措施，如提高男性和女性的退休年龄（并使之相同）和降低养老金指数化率等[*]。

3. 德国。德国仍然有一个非常慷慨的现收现付养老金制度，其特征是实际退休年龄非常早，而且实际替代率非常高。实际上多数参保者的所有退休收入都从该公共退休保险中领取，养老金成本几乎是 GDP 的 12%，超过了美国社会保障制度的 2.5 倍。人口老龄化对德国单一支柱的压力，再加上负面激励效应，引发了从 1992 年开始并且目前还在进行中的改革进程。对这一进程的研究是伯尔施－苏潘和克里斯蒂那·B·威尔克（Christina B. Wilke）的第二十二章的主题。该章分为两部分，第一部分描述了德国养老金制度到 2000 年之前对劳动力市场的影响，第二部分描述了在 2000 年以后，把单一的典型俾斯麦式公共保险计划变成了综合性多支柱制度（其中现收现付支柱模仿名义账户制）的三阶段改革过程。该章还对这些改革能够在多大程度上解决典型现收现付制养老金的迫切问题进行了评估，并希望为面临类似问题的国家提供一些经验教训。

4. 西班牙。与其他欧洲国家一样，西班牙人口因预期寿命日益上升而呈现出老龄化趋势，但其出生率是世界上最低的。卡罗斯·维达尔－米莉亚（Carlos Vidal-Meliá）和因玛库拉达·多明格斯·法维安（Inmaculada Domínguez Fabián）写的第二十三章有两个目的：首先，为西班牙缴费型养老金制度的当前状况及其未来的前途给予客观技术评估；其二，讨论与建立名义账户制有关的一些问题。为此，该章概括了现行制度依据的基本因素，并在讨论一些根本问题之前强调了制度的主要指标。这些根本问题包括，按行业组织的不同养老金计划的隐含回报率高度不平等，从而导致产生公平问题。对西班牙专家和机构预测结果的考察证明，西班牙原有养老金制度不具有财政可持续性。该章在考察名义账户制对西班牙（及

① 见 UN（1998）。

* 2003 年捷克劳动与社会事务部制定了一个中期改革战略，目的是对其第一支柱进行改革，并沿着名义账户制的思路设计方案，第二支柱的改革目标是试图引入一个储蓄型的职业年金计划。2004 年捷克政府成立了一个专家小组，目的是为捷克寻找一套行之有效的改革方案，并对各种方案进行计算和比较。据悉，名义账户制的计划可能将于 2010 年左右正式开始实施。——译者注

其最大的子制度时）的有用性和适用性时，采用了两个有趣的方法：参考瑞典、意大利、巴西、波兰和拉脱维亚改革的待遇公式，运用西班牙数据，把现行制度与名义账户制选择的替代率做了比较。与不同待遇基准进行比较的结果显示出一定的差别，但对所有待遇基准进行比较之后就清楚地表明，西班牙现行待遇公式是完全不可持续的，因为它太慷慨了。该章论述的第二个方法分析了缴费和养老金潜在名义利率选择的替代实现途径，并对哪一个或哪一组公式最适合缴费人/受益人风险状况提出了建议，进而讨论了应采取何种转型过程。

5. 日本。日本人口老龄化程度是世界上最高的。自 2001 年以来，日本主要养老金计划的收入报告变成了赤字。越来越多的非领薪劳动者退出了基本老年收入保障制度。为了使慷慨的现行养老金制度具有激励兼容性，需要对其进行改革。在这篇短文章中（第二十四章），高山宪之（Noriyuki Takayama）指出，日本现收现付制度如果朝着瑞典式名义账户制改革，能够克服现行计划中的很多问题，包括激励兼容问题。日本还面临着一个额外的特定挑战：需要处理过去由过去养老金制度所带来的巨额债务，在 2004 年这个债务已高达 GDP 的 130%。如果日本要转向名义账户制，文章建议通过指定用途的消费税和从一般预算中转移支付等预算机制来处理历史遗留的超额债务问题。

第四节　总结和研究展望

正如对本书内容的总结所表明的那样，在山德汉姆岛上举行的名义账户制研讨会是一次盛会，对名义账户制这个主题做出了非常重要的贡献。本书对下述国家而言是有帮助的：那些希望对其运转不良的 DB 型现收现付支柱的改革途径进行考察的国家，那些希望重新调整非积累型支柱和积累型支柱之间的比重的国家，或那些希望引入名义账户制作为基础并在其上加入强制性公共或私人积累制计划的国家。名义账户制作为应对人口老龄化导致的财政不稳定的一个途径，是值得考虑的；名义账户制为满足现代养老金制度面临的大部分要求提供了一个框架；在不具备引入积累制账户制的条件情况下，名义账户制不失为一个最佳选择。

这次名义账户制研讨会的结果是提供了一些答案，但正如所预料的那样，它同时也提出了需要政策制定者和研究者多加注意的一些问题。此外，仅仅少数几个采取了名义账户制改革国家的经验相对来说还太短暂，不足以从中得出有力的结论。然而在斯德哥尔摩研讨会上，各组研究者和政策制定者之间完全达成了一个明确的共识：所有国家都应仔细考虑名义账户制方式，作为应对其养老金计划的各种改革压力的一个可行选择。

在此背景下，我们不打算给出一个详细的结论性概括。尽管如此，有三个主题始终贯穿于各章，它们既能够产生一些结论，同时也可提出未来有待研究的问题。

首先，研讨会的结果表明，名义账户制改革在理论上的承诺——特别是在财政可持续性上的承诺——是可以兑现的。然而正如其他改革方式那样，名义账户制改革面临的挑战在于改革的实施。更确切地说，实行名义账户制改革国家的经验表明，名义账户制并不是一种尽善尽美的方法，它在政治上还需要良好的管理。与其他改革一样，名义账户制改革也需要与利益相关者沟通，以得到他们的支持，而且管理准备工作也是十分关键的。有限的国家经验还表明，如果从传统 DB 制度向名义账户制转型的速度较快，优势会更大。旨在达到财政可持续性的平衡机制概念尽管似乎已得到专家的理解和支持，但由于技术（数据质量）和政治方面的原因，平衡机制可能难以实施。在已采取了自动平衡机制的国家瑞典，它还没有经历过自动平衡可能产生的政治反应。或许最重要的是，对“税收积压”问题尚欠考虑，由于名义账户制固定的缴费率没有覆盖旧制度的某些承诺，从而产生了转型赤字，它需要额外的财政资源来融资，或需要其他改革措施来处理。

其次，名义账户制引入的时间太短（拉脱维亚时间最长，但也才 9 年），加上与其他改革措施的相互作用，使我们不能对名义账户制改革的经济效应做出仔细评估，并且，分配效应在政治和学术讨论中还没有受到重视。因此，对名义账户制的理解还非常不够，特别是对代际分配效应和对配偶养老金还缺乏研究。名义账户制对劳动供给特别是对退休年龄可能产生的效应也缺乏经验性的证据——尽管改革国家的有限的证据看上去很有希望。因此，当个人在提前退休时只能得到较少养老金的情况下，这将促使其做出推迟退休的决定还是宁愿领取非常低的养老金？这在多大程度上受到总体制度设计（如最低养老金担保）或来自制度外的约束的影响？对此，我们不得而知。

最后但同样重要的是，在本次研讨会上达成了一个共识，必须将名义账户制作为一个更广泛的（多支柱）养老金概念的一个组成部分来对待，而不能将其割裂开来。需要给予更多关注的一个问题是，如何把职业计划融入总体养老金框架之中。这对诸如公务员养老金等来说是相对容易的，但在发展中国家，对农民或在非正规部门或半正规的农业部门就业的人来说，就可能需要予以仔细研究。由于名义账户制的逻辑是待遇仅仅取决于个人缴费，并且终身待遇水平还取决于预期寿命，所以，对任何既定缴费率和退休年龄来说，其待遇水平将低于（或许明显地低于）以前 DB 型现收现付计划的待遇水平。个人可以用推迟退休来予以弥补，但也可能以更多的个人储蓄来予以弥补——但问题在于用什么形式（强制还是自愿）、用什么工具（金融资产还是年金）、如何监管等。因此，选择名义账户制也要求对补充性的支柱（第二或第三支柱）有一个策略安排，这其中涉及很多问题。此外，由于名义账户计划没有再分配的特征，在总体制度选择中，还需要关注对贫困老年人的基本收入的扶持，这应以既能达到社会目标、又不会损害名义账户制的预期行为效应的方式进行。

我们能够提出这些问题及其他研究的问题，或至少非常清楚地提出这些问题，是得益于本次研讨会的结果和本书各章作者的贡献。欢迎阅读本书。

参考文献

Góra，M.，and E. Palmer. 2004. “Shifting perspectives in Pensions.” IZA Discussion Paper 1369，The Institute of the Study of Labor，Bonn.

Holzmann，R.，R. Hinz，and Bank team. 2005. *Old Age Income Support in the 21st Century：An International Perspective on Pension System and Reform*. Washington，DC：

World Bank.

Lindbeck，A.，and M. Persson. 2003. "The Gains from Pension Reform." *The Journal of Economic Literature* 41（1）：74—112.

UN（United Nations）. 1998. *World Population Prospect*：*The 1998 Revision*. New York：UN Population Division.

第一部分

名义账户制的概念——不同的观点

第二章 什么是名义账户制

爱德华·帕尔默 *

对一种思想追本溯源总是很困难的事。但就目前已知的国际学术界已出版的著作来看，布坎南（Buchanan，1968）大概可被视为第一个提出类似名义账户（NDC）养老金计划建议的人。追溯名义账户的思想源头，我们还可以发现鲍斯金（Michael Boskin）、克里克夫（Larry Kotlikoff）和肖文（John Shoven）1988年的建议，而且德、法两国所实行的“积分制”也包含了名义账户制的萌芽**。然而，只有在20世纪90年代欧洲国家对重新设计养老金制度进行了一系列卓有成效的改革之后，名义账户制才逐渐成为目前我们所看到的这个样子。

我们目前基本可以认为，名义账户可被视为养老金专家或政治家们在那些执行名义账户制的国家致力于养老金改革问题时进行思想交流和讨论的一个结果。自从20世纪90年代以来，名义账户制能否对养老金政策工具箱做出潜在的贡献的学术交流就已经真正地国际化了，无论是对那些积极推进的支持者，还是对那些为数众多的怀疑论者而言，都是如此。无论如何，时至今日，瑞典与意大利两国通过名义账户制的立法已经达10年之久，但仍没有一篇专业论文试图将众多源头结合起来，从而提供一个有内聚力的技术框架。本章研究的目的正是要改变这一状况。

本章第一节是一般性的讨论，旨在对名义账户制和其他强制性全民养老金计划所适用原则之间的差别进行论述。但目的并不在于论证名义账户制相对于其他养老金计划的比较优势，也不对已实行名义账户制的国家的实际政策评价，而在于揭示名义账户制到底是什么。第二节将简要讨论与名义账户制有关的效率和分配问题。第三节对一般性的名义账户制进行阐述。本书将简要论述在将社会政策融入名义账户框架时所须考虑的问题，并简单涉及在构建名义账户制时所可能产生的其他原则性问题。最后将进行简要总结并做结论性的评述。

---

* 帕尔默是瑞典乌普撒拉大学保险经济学教授，瑞典社会保险署研究局的局长。作者非常感谢罗伯特·霍尔茨曼提出的慷慨评论。欢迎给予评论。

** 对布坎南、鲍斯金、克里克夫和肖文名义账户思想的研究，见郑秉文：《养老保险“名义账户”制的制度渊源与理论基础》，载《经济研究》，2003年第4期。——译者注

第一节 名义账户制总体评述

一、名义账户制概要

名义账户制是一项“缴费确定型”（以下简称“DC 型”）现收现付制的养老金计划。缴费的确定依据是个人收入的某一个固定比例的缴费水平，并被计入个人账户。与“实账缴费确定型”（FDC）相反，参保者计入个人账户的缴费并未被“做实”。更为明确的表述是，个人账户中的资金并未投资于金融市场工具。与“实账缴费确定型”将个人账户的资金投资于金融市场资产相比，从定义上说，“现收现付制的个人账户缴费确定型计划”是“名义上”的缴费确定型计划。

于是，在使用术语“做实”（financial）与“不做实”（non-financial）的时候，我们说“做实的缴费确定型”（实账积累制——译者注）和“不做实的缴费确定型”（名义账户制——译者注），这样的表述也许更为准确，这是因为我们要更好的区分这两种类型的缴费确定型计划（即两种 DC 计划——译者注），从而强调“做实的缴费确定型”计划（实账积累制——译者注）中的账户资金被投资于金融市场资产，但名义账户却并非如此。值得注意的是，在有关养老金的文献中，实账积累制通常被称为“个人账户计划”。考虑到名义账户制实际也是一种个人账户计划，因此，使用“个人账户计划”一词被用于指称“做实的账户计划”看来容易引起混淆。戈拉和帕尔默（Góra and Palmer，2004）认为，做实的个人账户计划应该被称为 FDC 计划（“实账积累制”——译者注），而名义的或不做实的账户计划应被称为 NDC 计划（“名义账户制”——译者注），以下研究都采用了这样的术语。

“实账积累制”和“名义账户制”在两个方面是有所区别的。首先，他们对国民储蓄的（潜在）贡献不一样。除了人口总量增长所导致的储蓄增长以外，名义账户制对储蓄并没有什么直接的贡献。然而，我们可以观察到，实账积累制在到期之前有助于促进国民储蓄，但要取得长期效果则取决于参保者的人口结构分布。此外，如果不考虑政府财政结构的话，我们就无法认定养老金计划是否能对国民储蓄产生影响。国民净储蓄也取决于政府到底是一个净储蓄者还是一个净借贷者。其次，名义账户制和实账积累制在制度收益率方面也有所区别。实账积累制的参保者可获取资本市场的收益率，而名义账户制的参保者获取的是一种内部收益率，而内部收益率是经济发展过程中各种因素综合作用的一个函数。

那么，名义账户制到底是什么？我们可作如下概述。下一节我们将对一般性的名义账户制的标准进行广泛的论述。通常，在一个名义账户制度中，参保者——或是代表参保者利益的雇主——在其整个职业生涯中对其收入进行缴费。尽管申请年金有一个最低年龄规定，但并没有所谓的“退休金年龄”之说。只要人们持续从工作中获得收入，这些收入就会对其个人账户发生缴费。即使当个人在达到申领年金的最低年龄后每年部分地或全部地申领了年金，但只要有收入就仍需缴费。每一阶段的缴费仍被计入个人账户。这种名义上的个人账户随着新的缴费而增长，并被计入某种收益率。在一般的名义账户计划中，这种收益率是内部收益率。

名义账户制的给付是一种终身年金。只要超过规定的最低年龄，可在任何时候予以申领。一般的名义账户制下，年金包含了这样一种收益率，这种收益率是建立在账户累积增长的内部收益率及同龄组年金申领人的寿命预期基础之上的。既然新发放的年金反映了预期余命，从原则上来讲，名义账户制就是一种基于精算意义上的公平的养老金制度。

然而，名义账户制是将个人资源分配给不同的生命周期，但它是在全国范围（统筹的）现收现付制的保险计划框架内进行分配的。在这个意义上，我们可以将其与一个非流动的个人“现金余额计划”（是一种 DC+DB 的混合型计划——译者注）进行比较，一个最重要的区别就在于，名义账户制是一个“保险”计划，换言之，名义账户制在计划框架内将已故者的资本再分配给了生者。它成功地实现了保护个体寿命长于参保者平均寿命的风险的功能。

由于名义账户制的给付来自个人收入的个人缴费，所以，它也许不能为每个人在年老时都提供足够的保障；由于种种原因，一些人在退休前没有充足的收入为其年老时提供充足的保障，但这并不是名义账户制内生的一个问题，相反，这是所有与收入挂钩的给付计划都存在的特征。与其他许多 DB 型计划不同的是，名义账户制的养老金给付模式并未包含任何再分配的内置机制，即制度的收入向低收入人群进行转移的机制。所以，名义账户制须补充一些低收入的支持措施，例如某种形式的给付保障或最低收入保障等。这也反映出名义账户制的一个重要特征，那就是，个人的给付仅仅取决于他本人的缴费。

二、效率与分配

名义账户制和 DB 型现收现付制，即不做实的 DB 计划，与做实的计划相比在经济效率方面都存在着差别。为明天的消费而在今天进行的储蓄的贴现率实际就是资本市场的收益率。因此，风险调整收益率低于风险调整的资本市场收益率的养老金计划必将产生一个“税收楔子”（tax wedge），这意味着参保者将因为资本市场收益率的问题而终身获得更高的消费水平。

如果将效率进行量化，在名义账户制度中，从潜力上讲，不做实的养老金计划的效率仅仅或说至少可以与做实的养老金计划旗鼓相当，不相上下。在稳态的（封闭的）黄金定律经济体系中[①]，它们与做实的计划的效率是一样的，但在其他经济状态中情况就并非如此了。如果资本市场交易中资产收益率 r 高于经济增长率 $\lambda+g$，就效率而言，做实的计划就要优于不做实的计划；这里 λ 为人口（劳动力）增长率，而 g 是生产率增长水平，或更精确地说是名义账户制（参见下一节的内容）的内部收益率（以下简称 IRR）[②]。尽管过去一个世纪的经验表明事实应该如此，至少是如果账户资产组合中包含了股票的话，情况应该如此[③]，但并非在所有特定国家及特定时期中情况都是如此。

在其他条件相同的情况下，尽管 $r>$IRR 意味着实账积累制要优于名义账户制，但仅就个人给付与个人缴费紧密相联系而言，名义账户制并不能像 DB 型现收现付制的给付那样产生扭曲的税收效应。但更准确地说来，最终的分析依据还应考虑到税收体制的因素[④]，因为

① 见 Samuelson（1958）。

② 这是经济学中公认的，可参见 Lindbeck 和 Persson（2003）；Valdés-Prieto（本书第八章）。

③ 见 Burtless（2003）。

④ 见 Diamond（2003）。

一国对收入和资本的征税体制是存在差别的。

此外，尽管名义账户制的内部收益率从定义上讲取决于一国的经济发展水平，但与实账积累制相比，考虑到其他两个因素也是相当重要的：第一，如果实账积累制的主要资产或全部资产的组合都投资于本国的负债，那么，它的风险将来自于本国，这就与名义账户制没什么两样。第二，如果实账积累制的资产组合还是全部或主要持有政府债券，那么，它就与“布坎南债券”（Buchanan bonds）的完全货币化形式的名义账户制也没什么区别*，也就是说，如果政府债券收益率高于内部收益率，那么就可以通过对全国范围的保险群体征税而抵消这种“优势”，这是因为，这些保险群体本身就是较高收益率的受益人；但是，由于可能存在着税收的再分配效应，所以，两种方式可能还是有所区别的。

名义账户制下养老金的预期价值在任何时期（t）都正好完全等于当期个人账户的金额。反过来讲，这个金额实际是由个人缴费及其账户收益率所决定的。换言之，对于一个一般性的名义账户计划来说，无论是显性的还是隐性的，都不存在内置的收入再分配机制，而DB型计划则相反。从定义上来说，DB型计划在制度内部至少要包含再分配性质的因素。

此外，名义账户制之所以区别于DB型现收现付制，还在于它们对不断变化的人口因素及经济因素所带来的影响方式的处理是不同的。在名义账户计划中，经济和人口波动的影响都内置于制度之中，这是因为，在整个累积期和支付期，名义账户制的内部收益率是对账户价值进行调整的，年金也会根据退休时的寿命预期的变化而进行调整。

DB型现收现付制中参保者获得的权利是被“契约”限定死的——至少是在原则上——对外生的经济和人口波动的调整是通过调整缴费率来解决的。很明显，应对外生的经济和人口风险时，这两种模式有很大的区别，因而也就产生了不同的分配结果。

名义账户制的缴费率在一个时期内是不变的，甚至连续几代人都可以预期到为这个制度支付其收入中相同比例的固定缴费率。如果将代际之间的公平作为其特征之一，那么名义账户制在不同代之间就是公平的。每代人都只需将其终身收入中的固定百分比缴入计划就可以获取预期给付的现金流，这种待遇给付是由个人缴费和制度收益率所决定的。

然而，名义账户制中对不同年龄组所产生的结果却可能是不同的。这是因为个人待遇给付的价值取决于跨期的收益率，而这种收益率在不同时期又是经常变化的。但这个特点适用于所有的养老金计划。个人所获得的结果或是市场收益率的函数（在实账积累型计划中），或是某种指数化形式的函数（在DB型现收现付给付计划中），相应地，在一段时期内，个人获取的分配结果或是资本市场发展的函数，或是经济发展的函数，它们分别取决于制度规则是如何将该计划与金融市场或经济发展联系起来的。在不同的阶段，名义账户制的跨期收益率是不同的，这意味着，就一定数额缴费的实际价值的结果而言，不同年龄组之间还是有差异的，甚至同一年龄组的不同个人之间也存在差异，这取决于他们何时开始就业，以及何

---

* 诺贝尔经济学奖1986年得主J·M·布坎南（Buchanan）1968年发表的一篇题为《经济增长中的社会保险：为彻底改革提出的一个建议》的重要论文；虽然这篇重要论文只有10页，但却为美国社会保险制度改革提出了一个重要建议和一个重要的思想：用强制性购买“社会保险券”来代替征收工薪税。美国社会保障制度是典型的现收现付制，为对其进行“彻底改革”，布坎南认为必须用一个“完全不同的思路”来代替现行的制度。布坎南提出的“社会保险券”被后人称之为“布坎南债券”，主要设想包含六项内容。——译者注

时退出就业市场。

一般的名义账户制是依据内部收益率的时间维度来分配制度资源的，我们将在下一节对这种情况进行更为详细的阐述。此外，注意到以下这一点也是很重要的：迄今为止，所有引入名义账户制的国家，在其设计中都通过实际采用的年金公式而引入了某种形式的转移机制，最明显的就是采用了无性别差异的寿命预期。而且，由于政府可以将一般税收收入转移到名义账户制参保者的账户中来，所以，通过外部（对名义账户制来说）税收和转移的制度，税收和转移支付因素也可间接地纳入到该计划中来。

在这种意义上讲，名义账户制实际所发挥的作用就在于为流入整个制度的资金流以及这个资金流的资金来源提供透明的簿记。名义账户制并未完全排除这个意义上的政治风险，但是就一国养老金体系的透明性而言，名义账户制提供了一个透明的框架，使我们可以在这个框架内从正反两方面来衡量关于税收及转移支付的政治决策。

总而言之，在效率方面，名义账户制如果不是优于实账积累制，至少也和它不相上下。在实践中，某一个特定的实账积累制是否优于一个典型的名义账户制，将取决于实账积累制的实际架构及其背后税收体制。此外，优越性不仅取决于这些制度性因素，也与时间有关，金融市场收益率与内部收益率之间的关系取决于本国经济，间接地取决于国际经济，同时还取决于国内和国际金融市场。从定义上说，DB 型现收现付制通过一般的名义账户制所不具有的内部再分配机制在代内和代际之间造成了税收扭曲，但是，名义账户制也并非就没有税收扭曲效应。名义账户制规定了稳定的缴费率，这意味着每代人都要支付同样比例的收入缴费。这些缴费的价值虽然取决于收益率，但 DB 型现收现付制的情况也是如此。下面将要讨论的是，就代内再分配的目标而言，名义账户制与 DB 型计划相比还是占优势的，因为名义账户制可以使任何形式的分配及其资金来源都透明化。

第二节　一般的名义账户制

一、设计

名义账户制的核心要素就是个人的终身账户。本节将讨论账户价值是如何形成的，以及年金是如何计算的。我们将从“名义资本”的概念开始。必须注意的是，整个讨论都是就实际价值而言的。但在实践中，由于该制度是根据名义价值所建立起来的，因此该制度是“通胀中性”的。

1. 名义资本

按照名义账户的公式，对个人 i 来说，在某个会计期限 t 内，就其工资（或收入）W 支付缴费，缴费率为 c，在任一期间 T 结束时其名义资本为：

$$K_{i,T}=\sum_{t=1}^{T}cw_{i,t}I_t \tag{2.1}$$

其中：$cw_{i,t}$ 代表在 t 时期的个人缴费（请注意，在制度内通常会对收入设定上限）。

I_t 是一个指数，它是根据内部收益率 α_t 进行计算后得出的，公式如下：

$$I_t=\prod_{t+1}^{T-1}(1+\alpha_t) \tag{2.2}$$

$$I_T=1$$

下面我们将对内部收益率进行详细阐述，但现在我们足以认定，在缴费率固定的情况下，在一段时间内得以维持财务平衡的指标是收益率。

某些参保者寿命较短，去世时还来不及申领养老给付，这种情况会导致“继承资本”的形成，在一个封闭的体系中可以将这种“继承资本”进行分配以增加保险群体中生存者账户的价值。在实践中，可以在同年龄组人群的基础上，按照这代人总的资本额中个人资本所占份额计算出他所应分配的“继承资本”额。分配“继承资本”与某种设定的年龄有关，如申领年金的最低年龄。这种分配将导致退休时个人资本中增加了另一个组成部分，并且这种分配会增加生存者的资本收益。

2. 年金

从 τ 时期开始一直到退休，这段时期的总资本是个人账户在退休期之前所累积的资本总额。退休期前的总资本 $K_{\tau-1}$ 除以影响年金的因素 G，可以得到养老金的原始价值 P_τ：

$$P_{j,\tau}=\frac{K_{j,\tau-1}}{G[LE_k,\alpha(LE_k)]} \tag{2.3}$$

年金是两个因素的函数：第一个因素是同年龄组人群的寿命预期（LE），即对于 k 代人来说的在退休时的 LE。第二个因素是在计算 LE 同期内的内部收益率 α。

3. 寿命预期因素

原则上，男性和女性有着不同的寿命预期因素。然而，在那些已经建立了名义账户制的国家中，计算年金时使用的是无性别差异的预期寿命。使用无性别差异的预期寿命计算年金的过程实质是建立起了一种明确的再分配机制，即实现了从寿命较短的人向寿命较长的人进行的收入转移，为此，在给定的当前寿命模式和无性别差异的预期寿命因素下，必然伴随着收入由男性向女性的转移。

4. 收益率和终身年金

名义账户制提供了一种终身年金，其实际收益率是由以下所论述的内部收益率决定的。

领取年金的整个时期所实现的收益率是事后形成的，而计算领取多少年金却是事前发生的。这就意味着，实际上是通过对计算规则加以规定从而确定如何将 α 纳入年金计算公式。

规则之一是在公式中事先设定 α 值。实践中，它可以是任何一个接近于内部收益率的合理值，但出于实际原因的考虑，α 值应接近于内部收益率的预期趋势。这就需要在计算年金使用的公式中事先设定第二条规则，以处理实际结果与 α 值的离差。一个简便的方法就是针对养老金计算公式中包含的收益率（又被称为标准收益率）和基于事后实际情况所决定的实际收益率这二者之间的差，（例如可以按年）去调整这二者的差。如果实际收益率低于年金计算公式中使用的标准收益率，就要求进行负向调整，反之亦然①。

在实践中，与直接按年指数化处理的措施相比，用经济学术语来说，使用公式 2.3“前置”年金的做法将在整个年金支付期的一开始就要支付较高水平的年金，但是与直接按年指

① 时至今日，意大利和瑞典两国已在年金中包含了收益率。这两国都是以人均收入作为标准，而不是以内部收益率作为标准（见下文）。瑞典的纠正程序我们在本文中已作阐述，而意大利则没有立法通过纠正程序。

数化处理的措施相比，在整个年金支付期的后段时间也将产生较低水平的支付。我们先前假定个人的时间偏好是相对于未来的消费，个人更倾向于当前的消费，上述处理方式与这种时间偏好假定是一致的，可以产生反映这种偏好的年金。

另一种可供选择的将收益率纳入年金计算公式的方式是仍然使用内部收益率指标，但却要对年金进行年度指数化调整。这种每年进行实际指数化处理的方式将使得未来消费水平更高——只要存在经济体系的实际增长——但付出的代价就是年金的初始价值较低。这是因为个人可供分配的终身年金给付资金流是固定的。这实际上也意味着如果通过在初始给付水平的计算中考虑到标准收益率的情况，那么一开始给付的年金水平就会较高，那么年轻时可用于消费的基于给付待遇的资源也较多。但是，由于个人终身可供分配的资金是固定的，这样，年老时的资金来源（相对于同时期就业者领取的工资收入水平来说）就较低了。

应注意，在个人去世之前个人账户始终是作为一个实体存在的。出于两个原因的考虑，个人账户是一种有很多便利的财产。首先，在实践中，即使已经全额领取了年金，但个人也有可能继续就业并对获得的收入进行缴费。这种额外的就业和缴费可以增加账户价值。其次，按照公式 2.3，年金可以在退休后的任何时点转化为账户价值，反之，账户价值也可以在任何时点转变为年金，这种转换是按照预期支付期来完成的。还应该注意到，按任何百分比计算的年金都是可以的，因为从技术上说，将年金还原为账户价值以及逆向将账户价值转换为年金都是非常简单的。名义账户制的这个特征使其非常适用于将就业和养老金紧密联系起来，不管是什么比例组合，以实现其逐渐从劳动力市场退休的目的。

总之，自退休之日起，个人 j 的终身资本是由其退休时的账户、退休时同年龄组人群的寿命预期和内部收益率三个因素所共同决定的，其中内部收益率可采取基于（离差纠正因素后的）内部收益率基础上的标准收益率或对内部收益率进行年度指数化处理后的形式。换言之，在名义账户制中所有（可获得的）个人终身待遇给付均可在整个退休后的生命周期内进行分配，既可偏重于退休初期并给予初始水平较高的年金，也可在整个退休期内随着国家经济的不断繁荣和发展而逐渐提高年金。

5. 内部收益率和财务平衡

内部收益率是指维持名义账户制财务平衡所必需的收益率；财务平衡指的是这样一种状态，即整个名义账户计划的全部资产现值 $PV(A_t)$ 等于整个计划负债的现值 $PV(L_t)$，用公式表述如下：

$$PV(L_t) = PV(A_t) \tag{2.4}$$

在任何时期 t，名义账户制度的全部负债都是名义账户制度对所有“活着的参保者”即就业者和领取退休金人员的义务的总和。其中，对就业者 i 的负债是 $K_{i,t}$，对退休人员 j 的负债是 $P_{j,\tau}$。就是说，为简化起见，τ 代表 k 代人成为退休人员的时间①，则 t 时间的总负债为：

$$PV(L_t) = \sum K_{i,t} + \sum P_{j,\tau,t} \tag{2.5}$$

① 其中暗含着假定 κ 年龄组人或者全都在 τ 时间成为退休人员，或者是在 τ 时间呈正态分布地成为退休人员，这样 τ 就可以成为退休的“货币加权”平均日。

资产现值就是未来缴费流的现值，再加上积累起来的储备（从技术上来说），公式表述如下：

$$PV(A_t) = TD \times \sum_{i=1}^{\phi} cw_{i,t} + Fund_t \qquad (2.6)$$

其中，TD 表示缴费资产的周转期。TD 是一个密度函数，塞特格伦和米库拉（Settergren and Mikula，本书第七章）对这个函数进行了深入研究。就具体条件来说，t 时期的密度函数是以下两个因素的乘积，其中一个因素是对参保者在 t 时期已经工作的年份数基于年龄和收入情况进行的收入加权平均数，另一个因素是对所必须进行支付的 t 时期内基于支付情况的 t 时期支付加权平均年份数。缴费资产的周转期是一单位货币（如 1 美元或是 1 欧元）在制度内的平均时间。就具体的时间框架而言，TD 意味着 t 时期可观察到的、名义账户制度资金流在静态时点时有代表性的密度函数。随着每一个新的时期 t 的开始，总会有潜在的新资金流密度函数，因此也总会产生新的 TD 值。

在一般性的名义账户制模式中，所有处于积累期的就业者账户和退休者账户——转化为年金——在给定的 t 时期内都可以获得相同的收益率。

在稳态下，如果就业者、年龄、工资、分配情况都是限定的，老年死亡率也是限定的，那么，基于（即时的）费基增长率之上的名义账户制度的收益率就足以支撑财务平衡。收益率是由以下两个因素决定的：一个因素是生产增长率 g，另一个因素是人口或就实际养老金领域更为特定地来说是指劳动力增长率 λ。在稳态下，劳动力这一因素是由就业年龄人口的增长率所决定的，就业年龄人口的增长率也就是萨缪尔森（Samuelson，1958）所称的生物性的收益率（biological rate of return）。

在很多情况下，收益率 $\lambda+g$ 不足以维持财务平衡[①]。在任一既定经济增长率 $\lambda+g$ 下，缴费和给付现金流的不同流向和分配都将影响到名义账户制维持其资产负债短期平衡的能力。用保险的术语来说，在支付之前仍处于制度内的当期资金对制度的当期流动性是产生影响的。这种情况在塞特格伦和米库拉（本书第七章）中关于两代人以上的模型中已经有所阐述，因为“两代人模型”（two-generation models）还不足以产生这种情况。

如果已知在 t 时期内单位货币将处于制度之中，从而使得 TDt 大于或小于 TD_{t-1}，那么按照公式 2.6 资产的价值将仅因该因素而发生变化，这种变化还会成为内部收益率的一个组成部分：

$$\rho = [PV(A_t)/PV(L_t)] - 1 \qquad (2.7)$$

在一般的名义账户计划中，可由下述公式求得内部收益率：

$$\alpha = g + \lambda + \rho \qquad (2.8)$$

同样可参见塞特格伦和米库拉（本书第七章）。ρ 这一要素构成了对实际增长标准 $g+\lambda$ 的一个调整，这种调整将导致非稳态。实践中，必须基于对负债和资产的估算（见下），找到一种可操作的程序来判定 ρ 值。同时，在实践中，ρ 值将由一个单纯的给付时间因素和被称为制度“噪声”的加速因素所构成，即设计特征可以导致一个次“理想”结果。

① 见 Palmer（1999）和 Valdés-Prieto（2000）。

还有一种基于市场的融资选择可以决定内部收益率，即由政府发行布坎南债券(Buchanan bonds）以弥补名义账户制度的负债。但是完全通过发行布坎南债券从而对名义账户计划实行完全市场货币化，也会在以下两个方面引致批评。首先，如果工资总额与国民收入成比例的话，或长期内存在大致固定的比例关系的话——如果国民收入中的利润份额长期内是稳定的，这种情况就会成立——此处使用 $\sum w_{i,t}$ 来表示（见公式 2.1）工资总额，那么构成新账户资产的缴费与国民收入和税基也会形成稳定的比例关系。这意味着新的布坎南债券可获得政府强制规定的收益率，等于收入增长率 $\lambda_t + g_t$，对于任何给定的缴费率 c（和任何给定的利润率），政府布坎南债券负债对国民收入的比率可以从 $\lambda_t + g_t$ 的速率增长。但是，如果政府将布坎南债券的收益率设定为 $\lambda_t + g_t$ 的话，这就如同运作一个内部收益率为 $\lambda_t + g_t$ 的非货币化的名义账户计划，但为了弥补市场交易成本却导致一个无谓损失(deadweight loss)。这可以使得未进行货币化处理的名义账户计划运行更有效率①。此外，这种发行债券的方式不能很好地解释 ρ 因素对制度财务状况所可能产生的影响。

其次，如果选择发行的债券是普通政府债券的话（如果在长期内则是一系列的债券），收益率取决于政府作为借贷人在市场的状况。在这样一种制度安排中，如果债券的收益率大于经济增长率，通过这种机制转入名义账户计划的账户资金实际上还是由名义账户计划的就业者和退休者来负担的，实质上相当于对名义账户计划的就业者和退休者开征了一个新的税种，通过征税的收入来对转入名义账户制度的账户资金提供资金支持。这种制度安排不仅引入了交易成本，还出现了收益率和与时间相关的分配，它们将取决于政府的信用资质和市场对政府政策的评估情况。

二、名义账户制的属性

1. 属性问题

如果按照上述措施去设计建立名义账户计划的话，在对名义账户制的界定中就存在着一系列属性。这些属性包括：

属性 1：个人的终身给付的现值在任何时候都等于个人账户的余额

对任何一个参保者在任何一个时点来说，账户余额 K 就是他可领取到的待遇的预期价值（终值——译者注）或现值。账户价值取决于个人自己的缴费和名义账户制的内部收益率。这是名义账户计划的第一个属性。这个属性可以表述如下（E 代表预期价值）：

$$E(P_t) = K_t \tag{2.9}$$

这是 DC 型制度的一个基本属性。请注意，这个属性包含着一个重要的经济学含义：缴费是为个人自己养老金所支付的金额，如同对一个积累制账户制度支付预筹资金一样。对一个养老计划来说，实现了这一属性就等于满足了其必要条件，那么，这个计划就可以被称之为名义账户制。

属性 2：为了维持一个固定的缴费率，名义账户制的总资产必须大于或等于总负债

在一般性的名义账户制度中，如上所述，资产永远等于负债。这是界定养老制度是否是

① 见 Góra & Palmer（2004）。

名义账户制的第二个属性，其公式如下：

$$A_t \geqslant L_t \tag{2.10}$$

满足这一属性对于维持长期稳定的缴费率是必要的。这也是满足资产＝负债（$A=L$）的DC型积累制计划的一个属性。个人账户价值的评估过程就是将收益在制度成员之间进行分配，以实现公式2.10。在现实中，制度设计时就会给这种分配活动设定许多限制条件。按照这个定义，只要满足资产＞负债（$A>L$），那些不是纯粹意义上的名义账户计划也可以被称之为名义账户制。

属性3：名义账户计划的给付是由终身年金构成的，它反映了退休后的寿命预期

名义账户计划的一个关键特征是年金建立在寿命预期之上。寿命预期的正确估值将会决定与年金支付相关债务的正确估值。即使一次性支付在理论上也是可行的，但对强制性养老制度来说这是不理想的，强制性养老制度应保护人们免于因短视的诱惑或个人不善理财而在老年时困顿不堪。

属性4：要实现制度的财务平衡，就要以内部收益率 $g+\lambda+\rho$ 对账户进行估值

如果实际收益率设定得低于典型名义账户制的虚拟值，例如由于实施阶段的政策限制，没有将实际经济增长率的因素完全纳入年金的计算之内，那么就会产生盈余，如果将这种盈余用于其他方面，那么它就应被视为税款[①]。如果该制度发行布坎南债券来提供资金支持的话，那么这种货币化的过程就会产生较高的交易费用，这种交易费用也是一种税，尽管这种税的资金来源对名义账户计划来说是外生的。此类情况下，这种交易费用并不会阻碍内部收益率发挥作用。

2. 储备金

在其他条件相等的情况下，如果未通过发行布坎南债券来把名义账户计划货币化，出生率高低的波动就将意味着，如其他条件相同，较大群组的缴费应该积累起来，以备这群人退休后的待遇给付需要。否则，这个制度的财务状况就将失衡。例如，在一个只有两代人或两代人以上的世界中，如果工作的人口较多，人口的波动将导致这样一个结果，即负债＞资产（$L>A$），这种状况与资产＝负债（$L=A$）的状况相比就会形成一个差，这个差就被称为“消失的基金”。如果建立了自动平衡机制（见以下论述）并予以启动，就可恢复到资产＝负债（$L=A$）的状况。此外，储备金的收益率至少也应达到内部收益率的水平。

储备金的功能是调整人口结构变化导致的对财务平衡的影响。如果不建立储备金，要进行这样的调节，既使不是不可能的但也是相当困难的。更一般地说来，储备金是一般性的“缓冲基金”。是否建立及何时撤销储备金，那完全取决于制度的设计机制。

我们可以给出许多例子来说明设计机制如何影响储备金。其中一个例子是可以通过规定一些“非缴费性权利”来增加账户的金额。这需有提供资金的支持，并将这些收入转入储备金，例如一般税收或专项缴费，其资金来源正好等于账户持有人负债中的资产部分。从原则上讲，这笔资金应由储备金基金持有，并且要求获得至少是个人账户可接受的收益率。另一个例子是来自于旧制度的“税收积压”问题，我们将在下面详加阐述，对此要予以量化并建

① 见帕尔默（本书第九章）。

立相应基金——在这个意义上说，该基金也应获得内部收益率。

使用储备金的第三个例子是瑞典的改革，其原则是用 g 来对账户和给付进行指数化，计算的原则是将给付的价值的增长率与人均收入增长率挂钩。流动性区间被界定为 $A/L=1$ 和大于单位 1 的值之间的区域。只要 A/L 处于流动性区间之内，制度内就会出现流动性盈余，并且该制度也"免于受到公式 2.8 中 $\lambda+\rho$ 变化的影响"。超过流动性区间上限的流动性盈余按照某种规则进行分配，如果 $A<L$ 的话，则自动平衡机制（见下文）会对这个制度进行平衡。在流动性区间内，就不会出现支付储备金的情况。

在现实中，正如我们在下面将要讨论的，可能由于其他原因而需要建立储备金。

3. 自主性

名义账户制可以自我进行财务调节而无需外部干预就可自主运行。满足了前述 4 个属性并存在一个储备金就能建立一个典型的制度，如此这个制度就可以自主运行了。当然，政治家是否会让该制度免受干预而自主运行，那又是另外一个问题了。

最后一点是，没有一个国家是按照我们前面论述的那样去建立这个模式的。那些已经实行了各种各样的名义账户制的国家，其具体实施方案都有相当大的区别。通常他们所选择的指数化规则就有所不同，时至今日，只有瑞典一国立法建立了"自动平衡机制"（ABM）。由于各种原因，与典型模式不一致的差异性总是存在的，比如在转型阶段中新的名义账户制的给付指数化问题，转型中政治目标和数据信息要求与养老金给付的存量问题等（本书第九章）。

三、自动平衡

因为现实中制度设计会偏离一般性的模式，所以，公式 2.7 给出了包括所有模式设计对一般性模式的偏离因素。所以，现实中，公式 2.7 又可演变为下列公式：

$$b_t=[PV(A_t)/PV(L_t)]-1 \tag{2.11}$$

其中，如果是一般性的模式的话，$b_t=\rho_t$，否则该条件则不成立。为维持体系平衡，就业者的账户和退休者的年金是需要调节的，这种调整就是 b_t 值的因素在起作用。这就是"自动平衡机制"。

自动平衡机制可表述如下：如果 $PV(A_t)<PV(L_t)$，无论是何种原因造成的，就业者账户的价值和退休者的年金都将只能获得较低的收益率，从而使该制度重新恢复到财务平衡状态。而且，如果 $PV(A_t)>PV(L_t)$ 的话，该制度将向参保者分配较高的收益率。瑞典以前创造的这种自动平衡机制目前还在继续使用①。其他采取了名义账户制的国家主要是依靠预期的 $A>L$ 的机制设计，而不是将所有可能的内部收益全都予以分配。这就等于对收入征了税，并将这部分税收用于其他目标②。

下面我们来看一些最普通的一般性设计偏离的例子。其中一种情况是事后的死亡率可能会偏离事前计算的寿命预期，它是按月发放年金的死亡率的值。另一种情况是按月发放的年金成本可能要比事前设想的高或低。例如，那些平均收入水平较高并且缴费也较多的人，他

① 塞特格伦（Settergren，2001）在其国际研究文献之中首次提出自动平衡机制（ABM）这一概念。

② 例如，拉脱维亚正在开征该税，其目的是为其引入强制性的个人实账积累账户制度提供资金来源而做准备。

们的余命也可能会更长，而计算养老金的因素也许没有考虑到这种情况，或即使考虑到了，但对这种情况持续的程度可能估计得不足。另一种形式的一般性偏离是指选择使用人均收入增长率 g 作为收益率，而不是更接近于内部收益率的其他指标。这种选择的目的是将平均养老金长期维持在平均工资的一定比率上。此外，还有一种形式的偏离是选择使用了工资总额的增长率 $g+\lambda$ 作为指数化的指标，而不是 $g+\lambda+\rho$。我们还可以注意到，在其他条件相同的情况下，选择使用 $g+\lambda$ 并予以指数化，与使用 g 指数化并辅之以平衡机制的作用，这两种方式的实际效果是一样的。

还有许多财务失衡的例子。如果储备金的收益率与计入个人账户的收益率出现偏离也会导致财务失衡。另外一种情况也可能会导致潜在的财务失衡：现实中用于计算收益率的指标都是基于历史数据，或经过了一种烫平机制，这意味着这些指标总是落后于当期实际情况或落后于一个和几个时段。如果波动是正向与负向随机发生的话，这种指标的滞后性并不会成为一个问题，或至多只是一个小问题，但如果波动的趋势呈负向，并选择 g 作为制度收益率的话，这种指标的滞后性就会成为一个严重问题了，特别是对 λ 来说。最后，在从旧的DB型制度向新的名义账户制转型之后，也许会存在一个“债务积压”的问题，因为转型后会形成一些无资金支持的负债。我们将在下一部分讨论如何处理“税务积压”问题。

瓦尔迪斯一普累托（Valdés-Prieto，本书第八章）提出了一种替代性的“自动平衡机制”。设想了一种通过发行限量“附带产权”债券的办法，由市场决定并恢复平衡的机制，他将这种机制称之为“融入金融市场”机制或“IFM”。他认为，要支付名义账户制的负债，其关键并不在于对其所进行的评估，通过限量发行债券就足以使名义账户收益率由市场来决定。但为什么市场决定的收益率比 $\lambda+g+\rho$ 更可取，其中的理由是不明显的。

四、寿命预期的计算

对退休后余命的计算必须要采取一定的方式方法。实践中使用的方式至少有三种，这里将对这它们进行简要描述与讨论。

第一种方法是组建一个人口统计专家委员会，负责提供政府制定对各代人的不同政策规划所必需的政策分析。会议纪要、分析报告和经过思考后形成的备忘录都应公开出版，以确保整个过程尽可能地透明。每年都可对预测规划进行修订，但如果起初就做了较为准确的长期预测，修订的频率就比较低，修订幅度也比较小。如果只对还未退休的那几代人进行预测规划与修订，并且他们距离退休年龄越远，修订的幅度就会越大。这种方法的关键在于其透明的过程免受政治因素的干预，以确保名义账户制的自主性。

第二种方法是建立在事后已知的横截面余命数据基础之上，对同组年代人群寿命预期进行的估算。由于这种方式的整个过程都不涉及主观判断，因此也可以有效地避免政治因素的干扰。但是这种方法固有的缺点在于可能产生以下风险并且几乎是不可避免的，预测总是滞后于现实，其结果将是，在其他条件恒定的情况下，从制度上讲老一代就业者可获得较高的年金，从而将成本转移给下一代人。如果名义账户的设计中包含了自动平衡机制，还可以逐渐矫正名义账户制度中这种财务紧张的状况，但保留了再分配效应，在其他条件恒定的情况下，这种方法将导致出现没有资金支持的赤字。

第三种可供选择的方式是使用当前的（事先的）横截面数据，并根据新的生命表定期调整所有退休人员的待遇。与第一种方法在一开始就试图获得正确的预测规划相比，或是与第二种方法将所有问题掩藏于一般性的纠错机制中相比，第三种方法实行的是一种无保护的永久性变更模式，尽管其目标是正确的，但却是政策制定者所最不愿意采取的方法。在其他条件相同的情况下，第三种方法意味着当新的生命表的统计结果出来时，管理当局就会据此不断地削减所有年龄退休者的给付价值。对一些寿命较长的养老金领取者来说，这种恶化的过程将会持续超过 25 年以上。在其他情况相同的条件下，第三种方法与第二种方法一样，都存在一个缺点，即自动平衡机制的任务在于平衡资产与负债之间的所有可能出现的偏离，包括寿命预期预测中的误差。

概而言之，第一种和第三种方法显然实现了财务平衡的目的，而第二种和第三种方法则至少在原则上具有较大的自主性，因为它们主要是建立在实际结果基础之上，不容易受政治影响。如果第一种方法的运作与执行都具有较好的公众透明度，那么，第一种方法也将会有很好的机会获得较大的自主性。

五、从旧的 DB 型制度向名义账户制度转变过程中的“税收积压”问题

即使一国非常希望引入名义账户制，但它也不得不面对来自于新旧体制转变过程中的所谓“税收积压”的问题。假定某国从一开始就建立了名义账户制，包括将缴费率固定在某个特定水平之上，我们可以在与此相反的情况下为“税收积压”这一概念做出定义。看上去这是一个相互矛盾的表述，但其内在逻辑在于，如果政策制定者决定名义账户制是最佳选择，那么，将过去现收现付制所承诺的义务视为“税收积压”就是一件完全合乎情理的事情，对于这个承诺，名义账户制选定的缴费率是无法予以资金支持的。

税收积压的一个实例是，对于一组职业生涯的绝大部分时间都在向名义账户制转型过程中的度过的人而言话，由于没有办法为他们创建一个基金而产生的税收积压。另一个例子是，旧体制的承诺也许要比名义账户制提供的待遇更为慷慨，但政府却决定兑现这种旧体制的承诺，作为向名义账户制转型的内容之一。总而言之，税收积压是可以估算的，通过公式 2.11 将负债作为一项基金资产纳入体系中来，政府兑现这种义务就将变得更为透明。

为了给税收积压提供资金支持，政府可以转移支付，或发行债券，由养老基金持有并给予内部收益率，就是说，这是一种在需要为税收积压提供资金支持时将政府的义务进行货币化的行为。或者，所欠金额可以被记录在册，当需要进行支付时，政府就为这个金额（连同内部收益率）提供资金，这种资金支持需要通过对待偿债务开征一个税种来实现。在实践中，尽管发行债券对于一项更为坚定的承诺来说具有更为正式的优势，但是这两种方法并没有什么区别。

第三节 名义账户制与社会政策

一、名义账户制的规模

引入名义账户计划并不意味着社会政策的全面消亡，相反，通过建立强制性保险制度，它为社会政策目标从烫平生命周期的个人消费目标中分离出来提供了一个工具。

第一个需要考虑的问题是，名义账户制——如同其他强制性养老金制度一样——规模范

围应当加以确定，从而避免对消费时间的个人偏好施加不利的影响。例如，在较为贫穷的社会，以牺牲当前消费为代价换取将来较高退休金收入的情况，与贫困人口明显的时间偏好之间是容易产生冲突的，因为他们更偏好于当前的消费。这意味着应该建立一个规模范围较小的名义账户制和一个水平较高的最低养老金制。另一方面，在那些较为富裕的社会，许多人——但从来都不是所有的人——更偏好于养老制度为其不同生命周期的工作与储蓄之间的个人选择留出较小的空间。对于一个发达的市场经济体来说，这个制度规模的一个较为理想的尺度目标应该是，为那些将要退休或接近于最低退休年龄的普通就业者提供一个足以维持生存的名义账户制的老年待遇，但同时一定要为消费与闲暇之间的个人选择留出空间。最低退休年龄的设定应考虑到人们在达到申领退休金的年龄时其年金的平均水平过低，这是因为，退休待遇是根据退休之日起的寿命预期计算的。

年金的多少取决于个人在工作和闲暇之间的偏好。在名义账户计划中，决定他们退出劳动力市场的时间与范围的是他们自己。如果税制对退休金和工资收入采取同样的税收办法，名义账户制（至少在最低保障收入水平之上）对老年劳动力工作和闲暇之间的抉择产生的影响就是中性的。

此外，名义账户制的账户在设计上应是“开放式的”。这意味着，只有个人的实际行动才能决定其达到最低退休年龄之后的任意时间申领全额年金的某个比例，并意味着将工作和退休金有可能在任意比例上结合起来。最后，名义账户制如同实账积累制那样，由于给付是基于个人账户的计算并与之挂钩，所以，它有助于劳动者在不同职业、不同行业、不同经济部门、不同地区甚至不同国家之间流动起来。

二、为老年人建立最低退休收入

根据定义，名义账户制只为全体就业者及其缴费者提供一定的待遇给付而已，无须为其提供使之足以维持生存的待遇给付。但总有那么一些人，由于遗传和人力资本方面的原因或其他个人特质与环境方面的原因，他们从名义账户计划中难以获得足够的待遇给付。

这里我们继续讨论前面说过的内容。一般说来，强调以下这点是很重要的，即名义账户制的待遇给付是否充足将取决于申领最低退休金年龄的设定。对全国退休金制度的调查数据表明，人们通常是在其达到最低退休年龄时开始退出劳动力市场——即使这将导致只能获得较低的终身给付水平。强制性养老制度的一个重要目的就是不让人们做出错误的判断。此外，在现实中，如果对妇女设定较低的退休年龄，她们退休的时间就有可能与其配偶（年龄往往要大几岁）退出劳动力市场的时间正好重合，这样，在其配偶去世后，女性将可能面临非常窘迫的境地。最后，最低退休年龄的设定（指数化）要合理，要经过仔细计算和测量，并要根据不断变化的寿命进行调整。

一旦设定了合理的最低退休年龄，设定某种形式的最低退休收入保障底线（例如，某种保障线或统一给付）就成为必然。由于种种原因，总会有一部分老年人口无法依靠缴费性待遇给付生存下去。因此，名义账户制总是需要辅以由一般税收收入的外部转移支付融资的

"零支柱*"。

最后，在为社会弱势人群建立某种形式的最低收入转移的底线之后，在这个底线水平之上就可能会产生门槛效应，即指老年人对名义账户制的额外缴费并不一定意味着其待遇给付的额外增加，换言之，额外缴费并没有把缴费者带到保障线以上。不过，或由于个人对工作和闲暇的偏好，或由于环境恶劣等，持续就业也许是值得的。在一些国家，非正规市场是经济领域的一个重要组成部分，人们可以领取最低待遇给付，并且可以（继续）在非正规部门工作。这可被视为非正规的退休制度，相当于完全市场经济体中的弹性退休制度。

三、在名义账户制中建立分配政策

在名义账户制（和实账积累制）中加入一些补充性的"非缴费性权利"也是可行的。重要的是，为获得财务平衡，当名义账户计划保证要提供非缴费性权利时，对这些权利进行外部融资就是必需的了，因为这些非缴费性权利作为一项负债，需要在资产负债表上存有一块资产与之对应起来，还因为，名义账户计划的所有缴费都来自于工资收入，它已直接为缴费者赋予了权利，所以，在名义账户制的个人缴费中已没有任何空间对非缴费性权利予以额外支持。于是，这就不得不需要从其他公共收入来源中予以支付。

在同一会计期限内为这部分非缴费性权利提供资金来源是名义账户制的一个重要任务。会计制度的解决方式之一是在国家预算中提出一项支付申请（包括内部收益率），当该项申请作为当前的一项负债在未来将要履行该项义务时，国家要对该负债支付部分款项。这种情况会产生不同的分配结果，但最坏的情况就是未来的政府将决定不再提供这种非缴费性权利。

最后，把政策性分配因素从纯粹的名义账户保险制度中分离出来，将有助于制定透明化的分配政策。在引入所有新的分配性权利的政策时，都必须清晰明确，包括资金的来源。

四、与残障给付建立联系

在过去一个世纪里，绝大部分社会养老金制度设计中残障给付都是整体一揽子给付计划的一个组成部分。但在名义账户计划中情况则不同，它只是一个养老保险计划。正是由于这个原因，将残障给付融入名义账户制度框架之中是一个很重要的问题。在领取残障给付之前，个人必须在名义账户制度中开设一个账户。原则上讲，将残障给付与名义账户制二者予以融合起来的最直接方式就是设计一种支付规则——即从外部为名义账户制进行融资——为残障者支付缴费，一直持续到最低退休年龄为止（或退休给付可以替代残障给付的其他年龄），那时，来自名义账户制的养老给付将替代残障给付。为残障给付选择的缴费规则将对残障期间的覆盖范围起决定性作用。

五、配偶共享的名义账户

在名义账户制度中，实行配偶共享账户制是可行的。适用于配偶间财务事项的法令法规同样适用于名义账户制度中的账户管理。以下的讨论阐明了它们在实践中是如何运作的。于

---

* 关于非缴费型"零支柱"的设想与政策建议，请参见世界银行刚刚出版的新著，罗伯特·霍尔茨曼与理查德·欣茨主编的《21世纪的老年收入保障——养老金制度改革国际比较》，中国劳动社会保障出版社，2006年出版。——译者注

是，将累积缴费期和领取年金期区分开来就是非常重要的。

在累积缴费期，结婚（或是合法同居等其他国家法律认可的形式）之前名义账户中获得的资本仍归个人，但在婚姻存续期内获取的资本则在配偶双方之间平均分配。离婚后这项资本将仍然存在，而再婚时又成为个人自己的资本。

以下两种考虑是很重要的。第一，账户的分割规则是强制性的还是自愿性的；第二，默认的选择应该是共有账户还是独立账户。反对建立强制性共享账户的一个主流观点认为，在同居受到法律认可的国家里，对共享账户不感兴趣的人将选择不结婚，而有些已婚者将选择假离婚真同居的方式，从而逃避强制性制度建立后对其共享账户的规定。后者的存在意味着要对同居这种方式也需设计出一种合理的机制，否则就要对上述行为予以承认。

由于存在上述这些可能出现的行为，自愿性的共享账户看起来更令人容易接受。这样，问题就在于应该使独立账户成为默认账户，从而让配偶双方共同积极决定去开立一个共享账户，还是应该使共享账户成为默认账户，并且规定在开立单独账户时需要双方共同决策。规定联合账户是默认账户自然与其他的配偶财产共享的法律安排是一致的。共享账户应该总是有利于配偶中收入较低的一方，应该有利于弥补那些在非市场活动中花费了较多时间的一方。

下一个问题是，在名义账户计划中，配偶或同居者的共享年金应该是强制性的、自愿性的，还是二者都不允许？共享年金的目的在于为存活的配偶（通常是女方）提供更好的年金。通过建立共享年金机制是否可以实现这个目标呢？这个问题的答案完全是经验主义的。如果在计算个人年金时使用无性别差异的寿命预期，我们就有可能发现存在着这样的案例，即女性将失去名义账户计划中的共享年金。

为了说明这一点，假定女性平均终身收入是男性平均终身收入的 80％，再假定计算年金时使用无性别差异的寿命预期，我们还假定女性由于寿命上的差异平均可从男性那里获得 15％的预期收入转移。于是，共享账户平均就可使女性的给付达到其配偶终身收入的 90％。但是，如果另一种可供选择的独立给付方式可使普通女性由于男女平均寿命预期的差异而获得高出 15％的待遇给付的话，她们可领取的给付总额就将达到其配偶收入的 92％（0.8×1.15），与养老金权利直接分割相比较，这对女性来说是更为有利的。通常来说，如果女性的终身收入接近或超过男性的终身收入，共享账户对于女性来说就是不利的，但随着终身收入差距的扩大，它就变得更为有利了。

上述分析显示，看上去简单的问题实际上并不简单。如果一个强制性的制度要求退休时实施共享年金，那么，对于为女性提供一个更好的给付水平的目标来说，它事实上的结果就恰恰是相悖的，这个目标从长期来看也是不能达到的，因为性别收入差距正在日益缩小。如果一个自愿性的制度为终身收入差距较大的配偶提供了一个机会，他们得到的是共享账户，那么，对于那些终身收入水平较低的配偶来说，他们获得的机会就是一个较好的给付保障。一个自愿性的制度安排需要配偶双方的一致同意，就是说，一定要包括有较高终身收入的配偶一方的同意。这种情况通常不会有理想的结果，但作为一项法律规定，它将能够实现合意的社会目的。总而言之，以共享作为默认选择的自愿性共享账户，在积累缴费期内它反映了大多数国家对夫妇共享财产法律安排的一种选择方式，但需对同居者做出特殊的规定。自愿性的共享年金比强制性的共享年金更受欢迎，但在选择默认账户时应考虑到谁将有可能成为得利者，这是因为女性的收入水平与男性日益接近，按无性别差异寿命预期计算得出的独立年金对存活下来的女性来说更为有利——因为她们是可能的存活者。

最后评论 本章为名义账户养老金制度确立了一个一般性的理论框架，并讨论了重要的设计问题。名义账户制是 20 世纪 90 年代中期的一个创新制度。随着我们经验的增加，许多问题还有待发现，制度设计还有待改进。

参考文献

Boskin，M.，L. J. Kotlikoff，and J. Shoven. 1988. *A Proposal for Fundamental Social Security Reform in the 21st century*. Lexington，Mass.：Lexington Books.

Buchanan，J. 1968. "Social Insurance in a Growing Economy：A Proposal for Radical Reform." *National Tax Journal* December 21：386—97.

Burtless，G. 2003. *Asset Accumulation and Retirement Income Under Individual Retirement Accounts. Evidence from Five Countries*. Washington，DC：The Brookings Institute.

Diamond，P. 2003. *Taxation，Incomplete Markets，and Social Security*. Munich Lectures in Economics-Center for Economic Studies. Cambridge，Mass. and London，England：MIT Press.

Góra，M.，and E. Palmer. 2004. "Shifting Perspectives in Pensions." Institute for Study of Labor（IZA）Discussion Paper 1369. Bonn，Germany.

Iyer，S. 1999. *Actuarial Mathematics of Social Security Pensions*. Geneva：International Labour Office（ILO）.

Lindbeck，A.，and M. Persson. 2003. "The Gains from Pension Reform." *Journal of Economic Literature* XLI（March）：74—112.

Palmer，E. 1999. "Individual Decisions and Aggregate Stability in a NDC PAYG Account Scheme." Avaliable on：www. rfv. se/english.

——. 2000. "The Swedish Pension Reform Model：Framework and Issues." Social Protection Paper 0012，*Pension Reform Primer*. Washington，DC：World Bank.

——. 2006. "Conversion to NDCs—Issues and Models." *In Pension Reform：Issues and Prospects for Non—Financial Defined Contribution（NDC）Schemes*，ed. R. Holzmann and E. Palmer，chapter 9. Washington，DC：World Bank.

Samuelson，P. 1958. "An Exact Consumption—Loan Model of Interest With or Without the Social Contrivance of Money." *The Journal of Political Economy* 6（December）：467—82.

Settergren，O. 2001. "The Automatic Balance Mechanism of the Swedish Pension System：A Non-technical Introduction，" *Wirtschaftspolitishe Blätter* 4/2001：339—49.

Settergren，O.，and B. D. Mikula. 2006. “The Rate of Return of Pay-As-You-Go Pension Systems：A More Exact Consumption-Loan Model of Interest.” In *Pension Reform：Issues and Prospects for Non-Financial Defined Contribution*（*NDC*）*Schemes*，ed. R. Holzmann and E. Palmer，chapter 7. Washington，DC：World Bank.

Valdés-Prieto，S. 2000. “The Financial Stability of Notional Account Pensions.” *Scandinavian Journal of Economics* 102（3）：395—417.

——. 2006. “A Market Method to Endow NDC Systems with Automatic Financial Stability.” In *Pension Reform：Issues and Prospects for Non-Financial Defined Contribution*（*NDC*）*Schemes*，ed. R. Holzmann and E. Palmer，chapter 8. Washington，DC：World Bank.

第三章 名义账户制及其对改革战略的影响

阿克塞尔·伯尔施—苏潘*

人口老龄化的压力在提前退休的负面激励效应下更为加剧，这种老龄化的压力使全世界的公共养老金制度难以持续。由于欧洲人口已经相对老化，欧洲面临的人口压力很大。亚洲人口也正在快速老龄化，日本人口发展趋势则兼具欧洲的老龄化程度和亚洲的老龄化速度，这是一个特别危险的组合。即使人口结构较为年轻的美国也避免不了老龄化趋势，尽管其老龄化的速度和程度较轻。老龄化还影响发展中国家，使它们本来就困难的经济和政治问题更加恶化。所以不奇怪的是，全球几乎所有国家都把养老金改革提上了议事日程。

养老金改革看上去呈波状模式。世界银行 1994 年的报告《防止老龄危机：保护老年人和促进增长的政策》掀起了一股强调积累制养老金的改革浪潮和改革努力，最近的这次改革浪潮则形成了“名义账户”制的浪潮。本章旨在从经济层面和政治层面对这种改革战略进行系统地评估。

本研究提出了两个问题：名义账户制是什么？它为养老金改革带来了什么？有些奇怪的是第二个问题比第一个问题更快（而且常常更肯定）地得到了回答。

本章从第一个问题开始。虽然贝弗里奇式 DB 型养老金计划和名义账户制之间、名义账户制和实账积累制之间有很大差别，但无论从根本经济内涵还是从政治观念来说，俾斯麦式 DB 型养老金计划和名义账户制之间的差别却不太明显。

为了帮助回答这两个问题，本章为养老金制度提供了一套分类法。本章表明，揭示传统的 DB 型现收现付制与名义账户制之间的区别可以变得非常模糊，并努力提炼出名义账户制的经济学含义。

我们对第二个问题的答案采取了同样的方法。设计恰当的名义账户制包含有助于养老金改革的、强有力的经济和政治机制，如透明度和责任制等。但设计全面的 DB 制度通常也能达到同样的效果，在某些情况下甚至能做得更好。因而名义账户制能否给养老金争论带来新

---

* 阿克塞尔·伯尔施—苏潘是德国曼海姆大学老龄经济研究所（MEA）所长，美国国家经济研究局（NBER）研究员。本章以迪斯尼（Disney，1999）的研究为出发点，并借鉴了他的很多观点。在斯德哥尔摩会议期间以及其后的热烈讨论中，本章的分析得到了理查德·迪斯尼（Richard Disney）、彼得·戴尔蒙德（Peter Diamond）、爱德华·帕尔默（Edward Palmer）、赖尔—黑尔德（Anette Reil-Held）、克里斯蒂娜·威尔克（Christina Wilke）等有益而细致的评论。作者还要特别感谢尼古拉斯·巴尔（Nicholas Barr）安娜·赫德博格（Ana Hedborg）、罗伯特·霍尔茨曼（Robert Holzmann）、阿萨尔·林德贝克（Assar Lindbeck）、米哈乌·鲁特科夫斯基（Michal Rutkowski）和萨尔瓦多·瓦尔迪斯—普累托（Salvador Valdes-Prieto）等专家。德国国家科学基金会（DFG）和德国保险协会（GDV）提供了额外的经济支持。本章文责自负。

的活力，是一个取决于各国历史路径和争论性质的问题。

第一节从强调名义账户制需要解决的最严峻的挑战开始。第二节是概念性的，专门讨论本章提出的第一个问题。本节在技术层面上界定了名义账户制，然后提炼出其经济学和政治学的内核，并把名义账户制（NDC）与DB型现收现付制和实账积累制（FDC）计划做了对比。第三节回答第二个问题，讨论了名义账户制在经济学、就业者和养老金领取者的观念以及政治过程等方面的优势和劣势。第四节提供了一个几乎完全模仿名义账户制的传统DB制度的生动例子：德国政府改革委员会为了加强“社会保障制度的财政可持续性”，提议在其DB制度中加入所谓持续性因素，形成了德国“积分制”。第五节对本章做了总结并回答了第一节提出的挑战：名义账户制能应对其中的哪些挑战？哪些挑战必须由其他政治和经济机制特别是预筹积累制来解决？

第一节　挑　战

全球养老金制度面临的首要和最重大的挑战是人口老龄化，多年前经济合作与发展组织（OECD，1988）和世界银行（WB，1994）在其发行的出版物中就预告了人口老龄化的挑战。许多国家都感觉到了人口变化的后果。人口老龄化成为新世纪几个长期“大趋势”之一。

人口变化中有两个不同的因素：出生率的下降和寿命的提高。出生率下降在欧洲最明显，是史无前例的，在许多国家，出生率下降是20世纪50年代末和60年代初生育高峰及其后70年代出生低谷所导致的相当突然的后果。在发展中国家，出生率虽然下降得不是那么突然，但其下降也是稳定而明显的。预期寿命的长期上升主要是由于医疗技术的进步。在退休年龄不变或者甚至下降的情况下，预期寿命的延长已导致养老金支出的严重膨胀。

应对这两种人口变化需要实行两个战略。要应对由生育高峰向出生低谷的转变导致的出生率突然下降，必然要求这些国家削减婴儿潮在现收现付养老金制度下的替代率，并同时提高私人筹资的积累制养老金，以代替部分现收现付养老金。而寿命上升自然要求延长工作期限，提高退休年龄。

人口老龄化并不是现行养老金制度面临的唯一挑战。欧洲各国（当然不仅仅是欧洲）面临两个根深蒂固的宏观经济问题：低增长率和高失业率。因此，经济政策最迫切的目标是提高就业率（并从而提高增长率），这是提供社会保障制度特别是养老金制度的经济基础。如果养老金缴费中至少有一部分被看做扭曲性税收，养老金缴费推动雇主劳动力成本上升，并导致雇员净收入下降，从而使人口老龄化和宏观经济挑战相互发挥作用。在人口老龄化和宏观经济疲软相结合造成严重经济困难的国家中，德国是一个突出的例子。在欧盟国家中，德国经济增长率是最低的，同时德国劳动力成本远远高于欧盟其他国家①。目前一个共同看法是：高增长的目标要求较高的就业率，较高的就业率要求至少稳定（最好是削减）工薪税和类似于税收的缴费。正是在这一信念引导下，德国对其养老金制度进行了改革。

① 见IW（2003）。

要稳定或削减养老金缴费率，就要削减养老金支出。这可以通过改变退休年龄或降低养老金待遇来实现，但这两种改革都会极大地“侵犯”现有的养老金权利。把必要的结构性改革措施作为“双赢”结局来兜售是不切实际的，因为无论是削减替代率还是提高退休年龄都是不受欢迎的。为了最大限度地削弱抵制改革的反对联盟，应该给予雇员在这两个不受欢迎的选择之间尽可能灵活的选择权。

很多人（特别是欧洲人）把养老金制度看作是一种必须捍卫的一种社会进步，而无论人口和经济环境发生了多大的变化。因此应该改变思维范式，应该从考虑人们希望得到什么，转变到考虑什么是可以负担的。这要求改变对我们养老金制度的褒奖，并还要求对支持这种褒奖的现行养老金制度的成本做出明晰的解释。

改革中还存在着政治挑战。在过去的20年中，人们对现收现付养老金制度的信心在不断下降（Börsch-Supan and Miegel，2001），它造成了一个很大的政治挑战，因为每当需要改革时，政府都必须证明，改革的结果要比不改革好。单靠雄辩已不能恢复人们的信心，尤其是因为制度在过去已经丧失了信誉，因此，养老金制度改革要求透明度和可信的改革过程（不仅为了改变范式，也为了恢复信心）。制度调整过程应该是渐进的，因为任何突如其来的实施都有损于政府的信誉。近来德国的改革历史提供了反面的例子，包括2000年人们没有预料到的酌情指数化规则的改变和2002年缴费率突然上升，这是在上一个经济周期好转期间、大部分流动储备被放弃之后发生的，使养老金制度受到突然的改变，并进一步破坏了人们对现收现付制度的信心。

还有一个挑战存在于现行现收现付制度的很多不良的微观经济设计特征之中，造成了负面激励效应。例如，DB制度如果完全根据退休前一年的工资来确定待遇，这种特征不奖励额外工作，并且激励人们在最后几年大幅度提高工资。有力的证据表明，那种制度带来的负面激励效应大大提前了有效退休年龄，并因此增加了现收现付制的财政压力①。在德国，提前退休使养老金预算增加25%，相当于使缴费率上升了约5个百分点②。

要消除对劳动力供给的负面影响，就需将养老金待遇与缴费紧密联系起来（“等价原则”或“保险原则”），这将最大限度降低缴费的税收特性。最理想的养老金制度应该使内部回报率等于适当风险调整的资本回报率，这种养老金制度是完全等价的，根本没有税收特征。反之，养老金制度如果违背等价原则、提供的回报率较低并且缺乏可信度，就会强化缴费的税收特征和劳动力市场扭曲。同样地，养老金制度如果给予人们灵活选择退休时间的权利，并废除收入调查，就能够最大限度降低对人们在劳动和闲暇之间选择的扭曲，并因而也能最大限度降低类似于税收的扭曲。

总之，养老金制度面临多重挑战。人口老龄化对养老金制度造成财政压力，要求对待遇和退休年龄做出不受欢迎的削减。如果养老金缴费被看成是扭曲性的税收，宏观经济和就业问题就将更为恶化。正如现收现付制已失去信誉那样，改革可能缺乏政治可信度。为了最大限度降低负面效应，在微观经济层面上设计不良的很多因素都需要纠正。

① 见Gruber and Wise（1999）；Börsch-Supan and Schnabel（1998，1999）；and Börsch-Supan（2000）。

② 见Börsch-Supan，Kohnz，and Schnabel（2003）；Börsch-Supan，Schnabel，Kohnz，and Mastrobuoni（2003）。

第二节 名义账户制

名义账户制是为了解决上述经济和政治的挑战。名义账户制的提倡者认为，名义账户制使养老金改革迈进了很大一步，一举解决了所有这些问题①。怀疑者认为，名义账户制并没有增加什么新的东西，反而可能偏离了深层次的改革②。

在实施名义账户制的国家中，瑞典在 1994 年、意大利在 1995 年通过了名义账户制改革的立法。在瑞典，新制度是为所有雇员建立的，转型期为 15 年，从现在开始的未来几年之内，瑞典名义账户制将完全实施。帕尔默（2000）对瑞典名义账户制及其建立做了很好的描述。意大利作为所谓的迪尼改革（Dini-Reform）的一部分建立了名义账户制。意大利名义账户制只针对婴儿潮之后出生的较年轻的人群，因此其转型期很长。佛朗哥和萨尔特对它进行了批判性的评估。虽然瑞典和意大利是被引用最多的名义账户制的例子，但拉脱维亚和波兰实际上成了这些改革的试验田③。名义账户制是什么？其机制和经济学内涵是什么？

一、名义账户制的机制

名义账户制是将现收现付制作为 DC 制来对待的一个会计工具。与传统现收现付制一样，名义账户制也是用当期缴费来支付养老金待遇，但待遇和缴费之间的联系却被个人化了，并由名义账户的会计机制予以确定。本章稍后再对作为"纯"现收现付制的一种特殊形式的一种"纯"名义账户制进行描述。在实践中，几乎所有现收现付制，特别是名义账户制，都建立了缓冲基金，这使它们成为现收现付制与积累制的混合型。

和任何其他 DC 制度一样，名义账户制是从向养老金制度的个人缴费开始，个人缴费被计入养老金制度为个人建立和维持的个人账户，并进行积累增值。名义账户中的资产是虚构的（或"名义的"），因为实际上并没有资本积累，账户积累金额代表虚构的（或"名义的"）养老金财富。

账户资产按照一定的回报率取得利息。在名义账户制下，回报率是一个主要参数，由于没有资本积累，并且对资产的要求权不能交易，没有市场机制来确定回报率④。从宏观经济的角度来看，名义账户制的"自然"回报率是现收现付制的隐含回报率，即缴费总额的增长率。然而，一些名义账户制（如瑞典）选择的回报率高于现收现付制的隐含回报率，如工资增长率。

在退休时，名义养老金财富根据精算规则转换成终身年金（年金化）。年度养老金待遇取决于三个变量：

1. 名义养老金财富（NPW）（均衡性保证了等价）

---

① 见 Palmer（2000）；Chłoń，Góra，and Rutkowski（1999）。

② 见 Disney（1999）；Valdés-Prieto（2000）。

③ 见 Rutokowski（1998）；Góra and Rutkowski（1998）；Fox and Palmer（1999）；Chłoń-Domiszak and Góra（本书第十六章）。

④ 瓦尔迪斯—普累托（2003）建议了一个可能的交易机制。

2. 用于计算年金的利率（采用现收现付制的隐含回报率能够保证每个年龄群组内部的等价）

3. 退休余命（采用最新的群组生命表能保证精算可持续性）

后两个因素通常结合起来，在瑞典和意大利分别被称为“年金化除数”或“G 值”①。意大利把这些价值编制成表。待遇 B 由公式 $B=NPW/G$ 决定，其中 NPW 代表“名义养老金财富”。

在计算待遇时考虑到现收现付制的隐含回报率和预期退休余命，就把养老金待遇与人口及宏观经济环境下的就业参数相挂钩。这使得名义账户制比传统 DB 制度更具有可持续性，因为人口和宏观经济环境的变化会自动调整待遇。

在计算待遇时考虑到预期余命，就在个体层次上把待遇和退休年龄联系起来。这使得名义账户制保持精算中性（在采用的利率上）。

由于“养老金待遇贴现值”（PDV）与实际退休年龄无关，因而年轻一代每个群组的经济负担是固定的，并取决于 G 值，即取决于名义利率和退休时的预期余命。

名义账户制的精算性取决于很多具体的设计特征，下面将予以讨论。在这一点上，有三个特征值得注意。首先，“名义”利率的确定是个关键，这一点最为重要，因为它既支配着制度的人口和宏观经济可持续性，也决定了微观经济激励效果。其次，采用哪个生命表也有很大的后果差异。第三，雇员在未来冲击面前受到保护的程度是可能与财政可持续性相冲突的重要参数。

名义账户的记账制度并没有改变现收现付制的机制，即让缴费率或替代率（或两者）适应人口或宏观经济环境变化的必要性，这是很重要的一点。当前的年轻一代支付当前老年一代的养老金。确定名义利率并估计退休期就等于确定了待遇（以某一替代率表示的）和缴费（以某一工薪税率表示的）之间的联系。通过改变这种联系，名义账户制可把人口老龄化的负担在年轻一代和老一代之间转移。然而，一个纯粹的名义账户制仍然是现收现付筹资的，而它不能模仿预筹积累制，因为在积累制下每一个群组的养老金待遇的经济负担是由同一群组承担的。

这一点的重要性在从生育高峰到出生低谷的突然转型中看得最清楚。如果生育高峰一代要用他们自己的收入而不是用出生低谷一代的收入来为他们的大部分退休收入筹资，生育高峰期出生的人就应该放弃他们早期的一些消费，并将相应的资源保留到其退休期。这要求生育高峰期出生的人进行储蓄并建立起实际的资本储备。名义资本储备不能达到这个目的，因为从生育高峰期一代人积累的国民财富中计算的年金必须由出生低谷一代人的缴费来筹资。

二、名义账户制的经济学本质

分析名义账户制的经济学本质时，有三个关键机制使现收现付制变成名义账户制：

① 在瑞典，G 值是在退休年龄时的不分性别的预期余命，减去退休期复利的效应。假定利率是 1.6%。如果增长率过低，它要根据“自动平衡机制”予以修改。详情请参阅塞特格伦（2001）。

1. 所有终身收入的记账机制。
2. 把最终资产与人口和宏观经济环境挂钩的机制。
3. 把最终资产转换成年金的精算规则。

为了强调前一小节的最后一点，可以加入下面第四个因素，以把典型名义账户制与DC型完全积累制区别开：

4. 对未来待遇的权利不是由实际资本做担保，而是（几乎总是）由相关政府机构做出承诺。

名义账户制中第一个机制是通过把终身缴费计入个人账户而实现的，正如在积累制DC计划那样。在很多方面，它类似于德国和法国的积分制，不同之处只是在于记账单位是通货（欧元）而不是后者的收入积分①。名义账户制与很多仅考虑收入最高的某几年（在极端情况下，只考虑最后一年的收入）的养老金制度有极大的差异，当然也不同于提供定额式待遇的贝弗里奇制度。

第二个机制是通过名义利率来实现的。如果选择了现收现付制的内部回报率作为名义利率，这样的名义利率就能够反映人口变化、就业变化和生产力变化，因为缴费总额增长速度等于缴费人数增长率与劳动生产力增长率之和。这种机制类似于传统DB制度的指数化规则：多数养老金制度把退休待遇按照当前工资水平指数化。多数传统现收现付制还根据人口变化酌情调整替代率；而名义账户制的一个主要特征是，一旦名义利率反映的是费基增长率，它将直接而且自动地与人口挂钩。在实账积累制计划中，人口和宏观经济环境决定待遇的机制与名义账户制相同，都是通过利率，尽管适用的利率通常是不同的。

第三个机制是$B=NPW/G$规则的本质。待遇（B）与名义养老金财富（NPW）之间的比例和精算准确的G值的确定，使名义账户制呈精算中性，并且在每个群组内也是精算公平的［见迪斯尼（2003）对此分类法的讨论］。一些传统的现收现付制也对待遇进行精算调整，特别是美国社会保障制度对于在62岁和65岁之间退休者做出的待遇调整。多数DC计划是自动精算中性的，因为DC计划资产在成员实际退休时被转换成年金。然而，很多DB型现收现付制没有或很少把年度待遇与退休年龄挂钩②。

三、养老金制度的分类法

名义缴费确定型（名义账户制）与实账缴费确定型（实账积累制）有多少相似之处？它们与传统现收现付融资的DB制度又有多少相似之处？表3.1的分类法阐明了这个问题。它根据与前一小节所列的四个因素紧密相关的四个方面来区别养老金制度。然而，现实生活中有很多可能的设计特征，在这四个方面之外又增加了复杂性。我们不能说本章已经囊括了所

---

① 见Legros（本书第十章）。
② 见Gruber和Wise（1999）。

有方面（例如自愿性与强制性的对比）[①]。

表 3.1　　养老金制度的几个维度

1. 缴费记录	
费基	终身——最高的 X 年——最后工资——水平
权重	早期缴费获得利息——同等（积分制）
2. 利息积累	
利率	r（市场利率）——g（工资增长率）——$n+g$（艾伦－萨缪尔森内部回报率）
3. 转换成退休待遇	
转换	线性（等价）——凹性（再分配）
指数化	名义账户制：$B=NPW/G$——DB：$B=f$（记录，其他；回报率）
精算	退休时为中性（边际上）——统一
风险	退休时待遇冻结——指数化规则——完全可调整
4. 融资	
程度	根本没有积累——缓冲储备——完全积累
担保	没有——政府债券——商业债券或股票

表 3.1 的一个主要特征是，它为养老金制度每个维度内部的分布都提供了一个连续频谱。名义账户制通常处于一个方面的极端位置，但传统的 DB 制度在表 3.1 中的某些方面上可能与之相近。

就缴费记录而言，名义账户制确实处于一个极端位置：它考虑到终身缴费，并且较早的缴费通过复利被赋予较高的权重。虽然德国积分制也记录终身所有缴费，但它对任何时候的缴费都同样对待，这相当于忽视了复利（见下文）。法国积分制只考虑工资最高的 25 年。美国社会保障制度允许把工资最低的 5 年排除在外，与法国积分制相比，美国社保制度对劳动供给的负面激励作用较轻。发展中国家的很多养老金制度只考虑工作最后一年的收入[②]。在严格的贝弗里奇制度如荷兰或英国的基本养老金中，由于待遇是统一定额式的，缴费对待遇的确定没有什么影响[③]。

名义账户制有一个特征是通过记账机制来实现“自然”利息增长。然而，退休待遇和工作期缴费总额之间的转换因子可以被解释为在退休时考虑到所有积累的利息[④]。DB 制度不考虑缴费的时间并因而忽视了复利，但如果 DB 公式在退休时（隐性地）考虑了积累利息，这样的 DB 制度与名义账户制就没有其他实际差别了。利率的确定又是另一回事。在积累制中，内部回报率是市场利率 r；在现收现付制中，内部回报率是 $n+g$，其中 n 是费基增长率，g 是劳动生产力增长率。在瑞典，政府选择了 g 作为名义利率，忽略了缴费收入增长率

① 见 Homburg（1988）和 Valdés-Prieto（1998）。

② 见 Börsch-Supan，Palacios，and Tumbarella（1999）。

③ 严格说来，只有在基于居民身份或居住情况的定额待遇制度下才是如此，例如在澳大利亚。在英国，要取得养老金待遇资格，只需要有较少的缴费记录。

④ 见 Ruland（2000）。

与人口变化之间的直接联系①。在人口老龄化情况下，由于 n 为负，$n+g$ 往往小于 g，并且在多数情况下 $n+g$ 还小于市场利率 r②。

第三个方面涉及在退休时和退休后，累积名义养老金财富向退休待遇的转换。在转换中有四个因素。首先，个人缴费如何与个人待遇相联系？名义账户制根据 $B=NPW/G$ 规则，采取了单一比例法。一些 DB 制度也有同样的比例法，如法国和德国的积分制，还有一些养老金制度实行的是简单收益率规则。美国社会保障制度以递减的价值认可额外缴费，它通过缴费和待遇之间的凹性联系函数实现再分配。在严格的贝弗里奇制度下，如前所说，缴费多少与待遇水平根本没有关系。

第三个方面包括实际养老金政策的一个重要因素：即待遇确定的规则是否得到严格坚持。瑞典名义账户制和德国 DB 制度力图避免“酌情决策”，在这两个国家，待遇规则实际上作为计算公式被载入了法律。迄今为止，这种努力在瑞典取得了成功，在德国也算成功，除了在 1999—2001 年之间有几次明显的例外。意大利名义账户制为适应政治气候的酌情调整留下了很大的空间。名义账户制的政治风险是否比传统 DB 制度的风险小，还有待将来予以证明。

第三个方面的第二个因素是，待遇如何与人口和宏观经济相联系。在名义账户制下，待遇与人口和宏观经济之间的联系是由年金化除数（G 值）来表达的。传统 DB 制度通常有待遇指数化规则，在退休时把待遇同当前工资或收入水平相挂钩，并在退休期继续根据物价、工资或二者的组合来对待遇进行指数化调整③。它们没有直接把人口因素考虑在内，但可能与人口有间接的联系。例如，净工资指数化中，“净”意味着扣除税收和缴费，它包含着待遇与人口的间接联系，因为人口老龄化导致的缴费上升会降低待遇。但没有什么会阻止 DB 制度为了增强待遇对人口变化的弹性，而在 DB 公式中包含与人口的直接联系。本章在下面将给出一个具体例子。

第三个因素是退休年龄和待遇之间的联系。名义账户制是自动精算中性的，因为如果待遇现值是根据名义账户制的内部回报率来计算的，待遇现值就不受实际退休年龄的影响。然而，个人在计算待遇现值以做退休决策时，可能采用不同于内部回报率的利率。这种贴现率差别在精算中性和无劳动供给负激励之间插入了楔子。无劳动供给负激励指的是，如果按个人贴现率来计算待遇现值，待遇现值与退休年龄无关的情况。那么关键问题是，劳动力的个人贴现率是多少？如果它是市场回报率，则它通常高于名义账户制的内部回报率，特别是在人口老龄化时期④。

这一点很重要：名义账户制是精算中性的，但它仍然可能对劳动供给带来诸多阻碍，根

① 人口通过由预期寿命决定的年金直接发挥作用，并通过改变 g 的反馈而间接发挥作用，例如通过不同年龄的生产率。瑞典也有一个在现行制度失灵时对人口做出反应的再平衡机制（见 Settergen，2001）。

② 在稳态之外和之下，r 与 $n+g$ 之间的理论关系及其与动态效率的关系很复杂，它不是本章的主题。见瓦尔迪斯一普累托（1998）。关于一些启发性的经验结果，见 Schnabel（1998）。

③ 对新进入者流量在退休时的初始指数化与对现有退休者存量在退休后的待遇指数化之间的区别，敬请注意。

④ 经验衡量的个人贴现率往往比 r 还大，并且大得多。见弗雷德里克（Frederick）、勒文斯泰因（Loewenstein）和奥多诺休（O'Donoghue）（2002）等人所做的调查。

本原因在于用于精算调整的贴现率的差别。有三个贴现率可供选择：（1）内部回报率，在现收现付制下（无论是名义账户制还是传统 *DB* 制度）为 $n+g$；（2）市场利率 r，即积累制的内部回报率；（3）做出退休决策的雇员的“时间偏好率”。前文已指出，市场利率往往高于 $n+g$。虽然可以认为平均时间偏好率应该大致等于市场利率，经验证据表明，引导工人退休行为的时间偏好率甚至比市场利率还要高。

因此，名义账户制如果采用较高贴现率，就可能比 DB 制度更具有激励中性，因为 DB 制度下年度待遇与退休年龄关系不大。例如，德国在 2001 年后将逐渐引入 3.6%的调整（即每提前一年退休，待遇降低 3.6%——译者注）；详见下面的讨论。与年度待遇与退休年龄完全无关的 DB 制度（例如德国 2001 年的制度）相比，显然名义账户制扭由程度较轻。但与待遇随着退休年龄而大幅调整的 DB 制度（例如，英国养老金制度调整率为每年 9%，可能接近于个人时间偏好率）相比，名义账户制可能会更严重地扭曲退休决策。名义账户制可能提供一种最“自然”的方式来计算按退休年龄具体调整的待遇；但与实行精算中性或根据退休年龄对待遇做较大调整（如美国社会保障制度在 62～65 岁之间的待遇调整）的 DB 制度相比，名义账户制与之没有本质区别。

第四个因素是对退休后待遇的指数化调整（不同于在退休时的待遇指数化或确定）。传统 DB 制度在退休后按照生活费用指数化（美国，意大利的新制度）或净工资指数化（法国、德国）或两者的某种组合（瑞典）。在实账积累制（实账缴费确定型）中，指数化取决于年金的类型（实际或名义，或其他任何程序表）。瑞典名义账户制冻结了实际待遇，这相当于按生活费用指数化，但其他国家的名义账户制采取了其他指数化机制。同样，在退休后待遇的指数化调整方面，名义账户制并没有独特之处。

现在可以看出，名义账户制是一种会计工具，其记账特征也可以引入 DB 制度（尽管在政治上不那么容易实现）。名义账户制具有更高的透明度和可信度，因为名义账户制的某些特征比通过 DB 制度的复杂公式显得更“自然”；然而，使名义账户制不同于 DB 制的，与其说是经济学的内在本质，不如说是一种表达方式。实际上，正如林德曼、罗巴利诺和鲁特科夫斯基等人指出，有条件可使 DB 制与名义账户制实现算术等价。下面的讨论提出了德国新 DB 制度的例子，它完全模仿了名义账户制。表 3.1 表明了纯现收现付制可能互相区别的复杂性，并且名义账户制和“现代”DB 制度之间的区别比“现代”和“传统”DB 制度之间的区别小得多。

名义账户制（名义缴费确定型）与实账积累制（实账缴费确定型）有多大的差别？表 3.1 中第 4 方面是针对这个问题的。多数现收现付制都有一定的储备基金，尽管其规模差别很大。瑞典储备基金相当于 5 年的养老金支出，而德国的储备基金是最小的，仅够几天的支付。但关键问题在于，资产积累是否有担保，哪种养老金权利代表这种担保？名义账户制从它根本没有担保的意义上来说是“名义上的”。名义账户制的资产是对未来纳税人的要求权，并且没有金融工具的支持①。实账积累制通常被理解为拥有有形资本作为担保，通常是通过

① 通过把对未来工人缴费的隐性要求权转换成由政府债券支持的对未来税收的显性要求权，可以改变这种状况（见 Valdés-Prieto，2003）。

商业债券或股票等金融工具，我们只把这些计划叫做“积累制”。一些作者把用政府债券担保的DC计划也叫做“积累制”，我们认为这是对“积累制”这个词的误用。尽管对以政府债券担保的DC计划的待遇要求是可交易的，并会产生定义明确的利率，但它们并不代表对实物资本的要求权。通过把名义账户资产与政府债券挂钩，名义账户制允许以一种自然的方式使现收现付制的隐性债务显性化，由此人们易于理解未来的待遇和缴费，从而可在微观经济层面上产生储蓄激励①。然而，名义账户制和传统DB制度都具有现收现付制的宏观经济的关键特征：名义账户制不能以实际资产积累储蓄，不会对国民储蓄率、资本市场发展和经济增长产生有益的潜在负效应②。因此，名义账户制不能代替预筹积累制养老金。

第三节　名义账户制的利弊分析

现在考虑本章第二个问题：名义账户制为养老金制度改革带来了什么？它们的优势和劣势是什么？如上文所述，传统DB制度完全可以模仿名义账户制。因此本章集中在一个表达方式的心理和政治方面。这并不表示本章忽视了透明度和可信度的微观经济含义，本章将着重说明它们对养老金改革的重要性，然而，它们有时是非常微妙和间接的。

一、优势

名义账户制有很多优势：

1. 它通过内部利率机制，自动适应缴费人数与养老金领取人数之间平衡的变化（生育高峰/出生低谷问题），而无需政治上的“酌情干预”。

2. 它通过名义养老金财富向终身年金的精算转换，自动适应寿命预期的变化（长寿问题）。对提前退休的待遇削减是自动的，并且自动适应人口情况（但如果在退休时冻结待遇，并且养老金领取者不受随后寿命变化的影响，这种适应是不完全的）。

3. 它避免了待遇指数化规则、调整因子等的随意性——这些随意改变已损害了很多DB型现收现付制度的可信度。

4. 它加强了等价原则，并因此最大限度地降低了总收入和净收入之间的税收楔子——这种税收楔子来源于税收和税式缴费的扭曲性影响*。

5. 它通过明确识别个人缴费及其产生的待遇权利，提高了现收现付支柱的透明度，从而重新获得了可信度。

6. 它加强了养老金基于终身收入的原则，并对较早进入劳动力市场的雇员待遇予以认可。

7. 它使转移支付机制容易被识别为“代缴费”：特别是税收融资对高等教育和职业教育的“缴费”记录和抚育儿童的类似缴费记录。

---

① 见 Góra and Palmer（2003）。

② 见 Holzmann（1997）；Schmidt-Hebbel（1998）；Börsch-Supan and Winter（2000）。

* 税收楔子是DB型制度的再分配特征，即收入较高者缴纳的工薪税较高，而待遇并不与缴费成比例地提高，从而人们总收入增加并不导致净收入成比例的增加，这就在总收入与净收入之间插入了楔子，故被称为税收楔子。——译者注

8. 它产生了一个可以一致地扩展到所有现收现付制子制度的一般“记账制度”的框架。在这种记账制度下，加入子制度（如公务员和自雇者的制度）的优势和劣势将立即变得很明显。

9. 它为配偶的独立养老金提供了一个恰当的框架。

10. 它为多支柱养老金体系的第一、第二和第三支柱创造了类似的范式；因此，在原来建立了由第一支柱主导的单一养老金制度的国家，名义账户制提高了被认为是“外来”制度成分的第二和第三支柱的被接受程度。

11. 它使雇员在选择退休年龄上有了很大的灵活性；而无需确定在政治上成问题的僵化的“正常”退休年龄；并以内在一贯的方式显明了累积缴费和退休年龄之间的替代关系。

12. 它使养老金权利具有便携性，易于在工作、职业和部门之间转移。

二、劣势

名义账户制的主要优势之一是透明度，这也使得它在政治方面具有明显的劣势：

1. 现收现付制不可持续的财政状况变得更加明显，因为就业者“看到”其自身的待遇在下降（在缴费率上升的同时），导致对养老金制度财政状况的一般性了解变成了个人的担心。这是透明度的不利一面：这可能会更加削弱人们对养老金制度的信心，从而变成一种劣势。

2. 如果缴费率固定，替代率取决于将来收入和人口的变化，从而变得不确定。替代率不能再作为政治工具。当然，这是DC型制度（包括名义账户制）的本质，但不确定性在名义账户制记账系统中将令人痛苦地显现出来。

3. 名义账户制不能消除与经济周期有关的收入减少和长期支付承诺之间的矛盾冲突。因此在名义账户制下，有必要建立一个真正的流动性储备。在储备已被耗尽的国家，它必须重建起来，哪怕需要牺牲低缴费率或规定更高的缴费率，特别是在经济周期上升期间。一些国家如瑞典，很幸运地拥有历史上留下来巨额缓冲基金，它足以使瑞典能够应对今后几十年内的大部分人口冲击。

4. 如果年金在退休之初冻结了，则在遇到预期寿命意外上升时，稳定传导机制就会失灵。如果缴费率固定，名义账户制将不能自动遵守传统现收现付制的年度预算约束①。瑞典引入了一个复杂的“自动平衡机制”来克服这个问题②。

5. “酌情决策”并没有消除，而不过是更隐蔽罢了。它们可能出现在生命表的选择、内部回报率的计算规则（如烫平回报率）、最低退休年龄的确定等方面。

6. 名义账户制不能改变这一事实：只有预筹积累才能改变既定养老金待遇的买单者。如果希望使某一代人至少部分地支付他们自己的养老金，而不是把负担完全转嫁给后来人，就需要一定程度的预筹积累。名义账户制不能代替那种部分积累，它只是现收现付制支柱的最优化设计。

---

① 对该点的详细数学说明，见于 Valdés-prieto（2000）。

② 详细讨论可见于 Settergreen（2001）。

三、设计细节

这里不准备讨论建立名义账户制需要解决的诸多设计问题[①]。下面只讨论一些特别重要的设计问题。

1. 正如任何其他现收现付制一样，必须确定健康的劳动者可以开始领取养老金的最低年龄。确定最低退休年龄是必要的，除非加入现收现付制是自愿性的（但这不是一个稳定的解决办法，特别在人口老龄化时）。现行名义账户制都没有根据寿命变化自动调整最低退休年龄。因此现有制度只是部分地应对了人口变化。

2. 生命表的规格和更新对待遇有直接后果。迄今为止多数国家采用的是基于代表性数据的不分性别生命表[②]。精算的正确应体现在对预期寿命变化做出一定预测的群组生命表上，但很多国家还没有一个可靠的机制来计算这种生命表。应该成立一个独立的精算委员会来监督生命表的制作，并且生命表应该与私人部门采用的相一致。

3. 缴费的内部利率（缴费总额的增长率）必须在不同时间内烫平。烫平内部利率有几种模式可以采用。在经济周期内的移动平均似乎是自然的选择，在增长高峰时降低记账利率，相应地把剩余缴费放入流动储备中，以备补充周期波谷时提高记账利率之用。设计这种烫平机制并不是一件容易的事，因为一个经济周期的波动幅度和持续期事先并不为人所知，并且没有有效机制来从周期中辨别趋势。

4. 由于现收现付制的内部回报率通常比劳动力的个人贴现率低得多，如果较晚的养老金领取受精算中性支配，提前退休的激励效应仍然很大。从宏观经济的观点来看，精算中性（用现收现付制的回报率）或消除激励效应（采用工人的贴现率）中的，哪个能使福利最大化，这是不明显的。

5. 设计年金有很多种办法。年金可以选择随通货膨胀、工资增长或其他因素而增加；为了使待遇现值在预计的退休期内不变，初始年金水平要相应调整。选择的自由或许比潜在的逆向选择问题更重要。但迄今为止，在全世界还没有那种取舍的经验。

6. 待遇是在退休之初确定的，但在确定了待遇之后人口和经济环境可能发生意外的变化。如果按名义衡量的缴费增长率很低，养老金的实际价值就可能下降，这在政治上是不受欢迎的。制定某种适应新情况的办法或许是最优设计，但养老金领取者似乎非常看重保护的价值。总体的福利最大化政策目前还不清楚。正如前面已经强调的，如果养老金领取者受到完全保护，而不受在他们退休后发生的人口和经济冲击的影响，名义账户制将失去重要的反馈机制，这可能破坏其长期财政持续性。如果养老金得到一个最低保证（例如，实际或名义价值不降低），名义账户制度可能失去财政平衡，因为支出和缴费是不对称的：支出不能低于一定底限，而缴费却可能降低到底限以下。

7. 转型期规则应该采取瑞典模式而不是意大利模式[③]。意大利过长的转型期使名义账户制不能解决最紧迫的财政问题，即婴儿潮退休时将出现的养老金预算压力。一个更困难的问

① 详情请参阅 Palmer（2003）。

② 拉脱维亚是个例外，它使用的是群组生命表。

③ 拉脱维亚和波兰的转型规则类似于瑞典规则，而吉尔吉斯斯坦的转型规则类似于意大利。

题是现有养老金应该得到保护的程度。如根据工人受新旧制度覆盖的时间长度比例来确定待遇，就可以建立起“自然”的转型路径。如已具备了名义账户制的重要设计特征，转型就可以快一点。例如，因为德国现行的积分制已有了名义账户制的重要特征，其转型期可以相对较短（2005—2020 年）。

第四节　DB 制与名义账户制的混合制：德国积分制及其可持续性指数化

本节以德国积分制为例，以论证德国新提出的公共养老金制度是一个非常近似地模仿名义账户制的 DB 制度。它有三个主要因素：记录积分的制度、精算调整以及待遇指数化公式。在德国近来的养老金改革过程中[①]，这些因素在朝着名义账户式养老金的方向改变。

积分制是德国养老金制度自从 1957 年变成现收现付制以来的一个重要特征，后面将予以详细描述。精算调整是 1992 年改革中立法通过的，1997 年以来逐渐引入，到 2007 年之前大部分调整将付诸实施。因此，有效退休年龄在今后 10 年内预计将提高两岁左右[②]。2001 年所谓的里斯特改革（Riester Reform）迈出了从纯现收现付制向有资本积累的养老金制度转变的第一步。它规定了缴费率上限、中止了待遇指数化公式并大幅降低了养老金水平。同时，为了弥补即将出现的养老金缺口，里斯特改革引入了政府补贴的补充性私人养老金（“里斯特养老金”）。然而，这些改革措施不足以稳定公共养老金财政。在 2002 年晚秋，政府成立了改革委员会，以实现“社会保障制度筹资的可持续性”。该委员会中大多数人认为，必须坚持里斯特改革中立法确定的缴费率上限，并因此改变了待遇指数化公式，以遵循收入导向政策。这个改变提案得到了政府的批准并在 2003 年秋天的联邦议院初审中通过。这种新指数化机制的细节将在下面描述。这是把德国 DB 制度变成名义账户式养老金制度的最后一步。

一、德国积分制

德国公共养老金制度根据下面这个公式计算待遇：

$$B_{t,i}=PVt\times EP_i\times AA_i$$

其中：$B_{t,i}$＝养老金领取者 i 在 t 年的待遇；

PVt＝在 t 年的当前养老金价值；

EP_i＝养老金领取者 i 到退休时积累的个人收入积分数；

AA_i＝精算调整，取决于养老金领取者 i 的退休年龄。

如此一来待遇结构就比较简单：个人成分 $EP_i\times AA_i$ 取决于个人的工资历史和退休年龄，它在整个退休期保持固定；总体成分 PVt 对所有养老金领取者同样地随时间而调整。

EP_i 代表“收入积分”，AA_i 则取决于精算会计规则。一个工作了 40 年并且每年的收入

① Börsch-Supan 和 wilke（2003）详细介绍了养老金改革过程。

② 经济计量估计是 Berkel 和 Börsch-Supan（2003）提供的。

相当于平均工资的典型劳动者获得 40 个收入积分。如果该劳动者在 65 岁退休，则其待遇不受精算调整（$AA_i=1$）。在 2002 年下半年，当前养老金价值 PV_t 是 25.86 欧元[①]。因此，这个典型劳动者可得到每月 1 034.4 欧元的养老金。一名挣平均工资且工作了 20 年的劳动者或一名挣二分之一平均工资且工作了 40 年的劳动者获得的养老金待遇是典型劳动者的一半，而挣两倍平均工资且工作了 40 年的劳动者获得的养老金待遇是挣平均工资且工作 40 年的劳动者的两倍。

二、精算调整

在 1992 年之前，待遇随退休年龄的调整只是通过额外收入积分隐性地进行调整。对一名挣平均工资且工作了 40 年的劳动者来说，每多工作 1 年，没有进一步的精算调整，其年度养老金待遇提高 2.5%。1992 年的改革改变了这种状况，目前，改革还在逐步引入之中[②]。于是，65 岁将成为待遇计算的“枢轴年龄”。每提前一年退休，待遇将被减少 3.5%（最多减少 10.8%）。1992 年改革还引入了对延迟退休的奖励：每推迟一年退休，待遇可提高 6%。这个调整百分比是否呈精算中性，对此还存在一些争议[③]。德国改革委员会持谨慎立场，声称“调整幅度小，但可能足以接近精算中性”[④]。按照传统的贴现率，它们仍然造成可观的提前退休负面激励[⑤]。

三、待遇指数化公式

每年 6 月 1 日，当前养老金价值 PV_t 都要根据待遇指数化公式重新计算。直到最近，这种待遇指数化公式本质上还是一个简单的指数化规则，按照净收入增长率增加养老金：

$$PV_t=PV_{t-1}\times\frac{ANW_{t-1}}{AMW_{t-2}}$$

其中：PV_t＝在 t 年的当前养老金价值；

ANW＝强制性保险制度下，所有雇员扣除税收和社会保险缴费之后的平均收入。

由于当前养老金价值 PV_t 对每个个体的养老金都有直接影响，待遇指数化公式是养老金领取者的福利和公共养老金计划支出水平的关键决定因素。人口通过净收入间接反馈到养老金待遇，较高的缴费抑制了净收入，因此控制了养老金待遇的增长，在一定程度上在代际之间分摊了负担。但是，待遇指数化公式既没有直接参考制度人口，也没有考虑雇用人数。这种反馈机制的局限是德国现收付制度不可持续的一个原因。

从 2005 年开始，德国待遇指数化公式将增加“可持续性因子”，把人口和就业包含进待遇指数化公式中。具体地说，它根据缴费人数和养老金领取者人数的变化，对待遇进行指数化调整。缴费人数和养老金领取人数之比例，即所谓的制度赡养率（德文缩写为 PQ），是

① 这一价值是由提供平均养老金和平均收入水平之差的 70%的目标决定的。

② 见 Berkel 和 Börsch-Supan（2003）对转型过程的详细描述。

③ 对德国公共养老金制度正确的精算调整率存在着争议性讨论，见 Ohamann，Stolz，and Thiede（2003）及 Börsch-Supan（2000）。

④ Kommission für die Nachhaltigkeit in der Finanzierung der Sozialen Sicherungssysteme（2003）。

⑤ Börsch-Supan（2000）；Börsch-Supan and Schnabel（1998，1999）；Börsch-Supan，Schnabel，Kohnz，and Mastrobuoni（2003）；Börsch-Supan，Kohnz，and Schnabel（2003）。

养老金融资最重要的长期决定因素。

$$PV_t = PV_{t-1} \times \frac{ANW_{t-1}}{ANW_{t-2}} \times \left[\left(1 - \frac{PQ_{t-1}}{PQ_{t-2}}\right) \times \alpha + 1 \right]$$

其中：PV_t＝在 t 年的当前养老金价值；

ANW＝扣除公共和私人养老金缴费的平均净收入[①]；

PQ＝制度赡养率［养老金领取人数/（缴费人数＋失业人数）］。

把可持续因子加入待遇指数化公式，就把养老金年增长率与生产力增长率和费基增长率联系起来。加权因素 α 考虑了这两个决定因素各自的重要程度，它在缴费者与养老金领取者之间有效地分摊了经济负担。如果 α 为零，当前待遇指数化规则将保持不变，赡养率上升所产生的经济负担将完全由劳动力承担。条件 α 为 1 意味着一个纯粹以收定支的养老金支出政策。德国改革委员会把 α 定为 1/4，从而把缴费率稳定在里斯特改革确定的水平上（到 2020 年缴费率低于 20％，到 2030 年缴费率低于 22％）。

四、德国养老金的名义账户制特征

德国公共养老金制度虽然不是与名义账户制完全等价，但它的三个主要因素（积分记录制度、精算调整、根据收入和制度赡养率的指数化）模仿了名义账户制的本质特征[②]。

积分制包括一生中的所有收入；德国老年养老金制度的再分配特征是对没有实际收入的情况都采取补贴收入积分记录的形式（例如，对失业年限、高等教育期间、抚育孩子期间按照推定收入水平记录积分）。积分制和名义账户制之间的等价是不完全的，因为在德国积分制中，所有收入积分占的权重都一样，而名义账户制是按复利计息，为获得一个积分所需要的收入在早期价值更高[③]。

德国养老金制度的精算调整没有直接与预期寿命挂钩，因此它并不完全符合等价原则。实际调整率有些随意，可能太小，当然它是有争议的[④]。名义账户制的一个优势在于年金化的机制是自动产生调整率。

德国 DB 制度的待遇指数化公式按照收入增长率和制度赡养率的变化来进行指数化，这相当于名义账户制中积累利息的效果，因为在名义账户制中，内部回报率是缴费总额的增长率 $(1+n) \times (1+g)$。

这一点在一开始就计入所有缴费（规范为一个单位）的最程式化案例中很容易看出。在程式化的名义账户制案例中，T 年后的名义养老金价值为 $T \times (1+n)^T \times (1+g)^T$。因此养老金待遇为 $P = T \times (1+n)^T \times (1+g)^T / G$，其中 G 表示年金因子（或“G 值”）。在德国 DB 制度中，普通劳动者获得 T 个收入积分。在这 T 年中，平均养老金价值 PV 将随着工资

① 细心的读者可能会注意到 ANW 定义的差别。我们这里之所以忽视了这种差别，是因为我们希望关注名义账户制的特征。目前的公式没有排除税收和税收之外的社会保险缴费，但根据估计的比率，排除了向第二和第三支柱养老金的缴费。它还采用就业者和养老金领取者全职等价物计算了制度赡养率。计算详情可见于 Börsch-Supan 和 Wilke（2003）。

② 鲁兰（Ruland，2000）把收入积分看作养老基金持有的“金融资产”中的“股份”，从而简洁地表达了收入积分和当前养老金价值之间的关系。当前养老金价值对应于当前“股份价格”。

③ 注意度量标准是收入积分。如果度量标准是欧元，这种关系就复原了。

④ 见 Berkel 和 Börsch-Supan 的评论（2003）。

增长率（g）和赡养率增长率（n，如果养老金领取人数保持稳定）而增长。因此，养老金待遇是 $P=T\times PV_0\times(1+n)^T\times(1+g)^T$，这与名义账户价值相对应。

这种程式化的比较可能忽视了很多细节上的差别。不稳定的缴费率对两个公式有不同的影响；净工资与总收入的增长率可能不同；制度赡养率可能比劳动力收缩得更快。但原则是相同的。一个国家倾向于采取什么样的养老金政策——采取经典的教科书式的名义账户制如瑞典，还是人口指数化的DB制度如德国——可能在更大程度上取决于一国的历史路径和政治争论的具体环境，而不是取决于抽象的经济学。

第五节　结论：名义账户制能应对挑战吗

本总结从对名义账户制三个不正确的说法开始。第一，名义账户制不是自动平衡的，当经济参数变化时，名义账户制不能自动满足现收现付制的预算约束。特别是年金在退休时被冻结，而且缴费率固定的情况下，自动平衡将不能实现，因为对当前养老金领取者寿命未预期到的上升缺乏反馈机制。第二，名义账户制不是自动可持续的，除非缴费率固定且利率等于缴费总额增长率（或制度采取了等价的路径）。第三，名义账户制不能代替预筹积累制。名义账户制不改变根本的现收现付机制，即由工作人口支付退休者的养老金，并且它不能产生储蓄，除非它能削减待遇从而沉淀出储蓄。

但名义账户制如果设计正确，它将自动对人口和宏观经济的变化做出反应，因为待遇是根据寿命（由于年金化机制）、出生率以及就业率（通过名义利率，如果按照缴费总额指数化）来指数化的。

而且，名义账户制还有潜在的重大宏观经济效应。它将带来精算公平（因为待遇与终身缴费挂钩）和精算中性（因为制度根据退休年龄对待遇进行自动调整）。

名义账户制改变了养老金制度的表达方式，使人们的思维方式以账户而不是以权利为导向，从而使得向部分积累制的转型在心理上更容易为人们所接受。而且，通过显示第一支柱养老金资产的不断减少，它能够激励人们在第二和第三支柱中多做储蓄。名义账户制使工人和管理层以“养老金财富”的方式进行思考，从而方便了它在一国之内和国家之间的携带。它还使养老金财富能够在人们之间转移（例如，在丈夫和其配偶之间转移），并使遗属养老金能够容易地被独立的养老金权利所替代。

名义账户制还把某些问题排除在政治议事日程之外，从而可能使改革比较容易进行。名义账户制最大限度地降低了“正常退休年龄”的作用，并允许人们在消费（推迟退休）和闲暇（得到较低的替代率）之间更灵活地进行选择。这种灵活性的局限在于，精算中性和消除劳动供给负激励与制定较早退休年龄的必要性之间存在着冲突。名义账户制还设立了一组新的“参数”，这是表达方式的另一个方面，它可使改革较为令人愉快。它允许重新定义和重新调整，并把争论的中心从参数改革转移到了“一个新制度”的引入（尽管从经济内涵来说并非如此），从而使参数得以改变。这一点也不是没有缺陷的，即便如此，我们认为，名义账户制通过透明度提高了可信度，尽管我们现在是通过采用一种新的表达方式，用它来作为消除反对情绪的一个工具。

运用名义账户制作为表达方式和心理手段的作用不可轻视，并且这种新的表达方式可以促进劳动者和养老金领取者对养老金制度的理解，可产生实际经济效应。名义账户制把现收现付制的经济学显露出来，使养老金制度的预算约束容易为人了解，并使退休年龄和替代率之间的取舍变得实在，从而可能引发经济上的反应，例如激励人们推迟退休或提高储蓄率。

此外，名义账户制这种新的表达方式还可能有助于养老金改革的进展，因为它提供了一个引入精算调整的框架（由于它们是“自动的”）、一个分散退休年龄变化的爆炸性的框架（因为退休年龄的灵活选择最大限度地降低了反对阻力）、一个在真正意义上改变代际再分配的框架（仅仅当名义账户制使工人做更多储蓄时）。

回到本章第二部分提出的挑战，名义账户制比较容易应对长寿挑战。如果内部回报率被恰当地确定为缴费总额的增长率，它们也能很好地对出生率的缓慢变化做出反应。然而，名义账户制不能很好地应对出生率的突然变化，例如生育高峰向出生低谷的突然转变。因此，那些年轻一代已承担着养老金经济重负的国家需要实行部分预筹积累，以使老一代自己承担一部分养老金负担。

现行 DB 制度的设计缺陷（如劳动供给负激励）在名义账户制下相对容易解决；改变表达方式是有帮助的。但我们已经强调了消除劳动供给效应和精算中性的重要区别。

名义账户制只是促进增长、储蓄和改善资本市场绩效的间接手段。由于名义账户制仍然是现收现付制的方法，它没有改变宏观经济机制；然而通过改变微观经济激励，至少通过心理手段，它也能产生重大的实际效应——通过延迟退休和增加储蓄。因此为了改变一国经济的增长路径，名义账户制必须辅之以第二和第三支柱养老金的强化措施予以配合，名义账户制与预筹积累制的结合看起来是养老金改革最富有成效的路径之一。

参考文献

Berkel，B.，and A. Börsch-Supan. 2003.“Pension Reform in Germany：The Impact on Retirement Decisions.”MEA Discussion Paper 31－03，Mannheim Research Institute for the Economics of Aging，Mannheim University，and NBER Working Paper 9913，National Bureau of Economic Research，Cambridge，Mass.

Börsch-Supan，A. 2000.“Incentive Effects of Social Security on Labour Force Participation：Evidence in Germany and Across Europe.” *Journal of Public Economics* 78：25－49.

Börsch-Supan，A.，and M. Miegel，eds. 2001. *Pension Reform in Six Countries.* Heidelberg，New York，Tokyo：Springer.

Börsch-Supan，A.，and R. Schnabel. 1998. Social Security and Declining Labor Force Participation in Germany. *American Economic Review* 88（2）：173－8.

——. 1999.“Social Security and Retirement in Germany.”In *International Social Security Comparions*，ed. J. Gruber and D. A. Wise，Chicago：University of Chicago Press.

Börsch-Supan，A.，and C. Wilke. 2003.“The German Social Security System：How it Was and How it Will Be." MEA—Discussion Paper Prepared for the MRRC—Conference on Social Security, May 2003, Washington, DC.

Börsch-Supan, A. and J. Winter. 2001. "Population Aging, Savings Behavior, and Capital Markets." Working Paper 8561, National Bureau of Economic Research (NBER), Cambridge, Mass.

Börsch-Supan, A., R. Palacios, and P. Tumberello. 1999. *Pension Systems in the Middle East and North Africa: A Window of Opportunity*. Pension Reform Primer. Washington, DC: World Bank.

Börsch-Supan, A., S. Kohnz, and R. Schnabel. 2003. "Micro Modeling of Retirement Choices in Germany." In *Incentive Effects of Public Pension Systems*, ed. J. Gruber and D. Wise. Chicago: University of Chicago Press, in press.

Börsch-Supan, A., R. Schnabel, S. Kohnz, and G. Mastrobuoni. 2003. "Budget Effects of Pension Reform in Germany." In *Budget Effects of Reforming Public Pension Systems*, ed. J. Gruber and D. Wise. Chicago: University of Chicago Press, in press.

Chłoń, A., M. Góra, and M. Rutkowski. 1999. *Shaping Pension Reform in Poland: Security through Diversity*. Social Protection Discussion Paper 9923, World Bank, Washington, DC.

Chłoń-Domińczak, A., and M. Góra. 2006. "The NDC System in Poland: Assessment after Five Years." In *Pension Reform: Issues and Prospects for Non-Financial Defined Contribution (NDC) Schemes*, ed. R. Holzmann and E. Palmer, chapter 16. Washington, DC: World Bank.

Disney, R. 1999. "Notional Accounts as a Pension Reform Strategy: An Evaluation." Social Protection Discussion Paper 9928, World Bank, Washington, DC.

——. 2003. "Are Contributions to Public Pension Programmes a Tax?" Paper prepared for the Fourth Annual CeRP Conference, Turin, September 16.

Fox, L., and E. Palmer. 1999. "Latvian Pension Reform." Social Protection Discussion Paper 9922, World Bank, Washington, DC.

Franco, D., and N. Sartor. 2006. "NDCs in Italy: Unsatisfactory Present, Uncertain Future." In *Pension Reform: Issues and Prospects for Non-Financial Defined Contribution (NDC) Schemes*, ed. R. Holzmann and E. Palmer, chapter 18. Washington, DC: World Bank.

Frederick, S., G. Loewenstein, and T. O'Donoghue. 2002. "Time Discounting and Time Preference: A Critical Review." *Journal of Economic Literature* 40: 351—401.

Góra, M., and E. Palmer. 2003. "Shifting Perspectives in Pensions." Revised version of working paper published by CASE in Warsaw, 2002. National Social Insurance Board, Stockholm.

Góra, M., and M. Rutkowski. 1998. *The Quest for Pension Reform: Poland's Secu-*

rity through Diversity. Social Protection Discussion Paper 9815, World Bank, Washington, DC.

Gruber, J., and D. A. Wise, eds. 1999. *Social Security and Retirement Around the World*. Chicago: University of Chicago Press.

Holzmann, R. 1997. "Pension Reform, Financial Market Development, and Economic Growth: Preliminary Evidence from Chile." *IMF Staff Papers* 44 (2): 149—78.

Homburg, S. 1988. *Theorie der Alterssicherung*. Berlin, Heidelberg, New York: Springer. IW (Institut der deutschen Wirtschaft). 2003. *Deutschland in Zahlen*. Köln: Deutscher Instituts Verlag.

Kommission für die Nachhaltigkeit in der Finanzierung der Sozialen Sicherungssysteme. 2003. Abschlußbericht. Bundesministerium für Gesundheit und Soziale Sicherheit. Berlin. http://www.bmgs.bund.de/deu/gra/themen/sicherheit/kommission/index.cfm.

Legros, F. 2006. "NDCs: A Comparison of the French and the German Point Systems." In *Pension Reform: Issues and Prospects for Non-Financial Defined Contribution (NDC) Schemes*, ed. R. Holzmann and E. Palmer, chapter 10. Washington, DC: World Bank.

Lindeman, D., D. Robalino, and M. Rutkowski. 2006. "NDC Pension Schemes in Middleand Low-Income Countries." In *Pension Reform: Issues and Prospects for Non-Financial Defined Contribution (NDC) Schemes*, ed. R. Holzmann and E. Palmer, chapter 12. Washington, DC: World Bank.

OECD (Organisation for Economic Co-operation and Development). 1988. *Ageing Populations: Social Policy Implications*. Paris: OECD.

Ohsmann, S., U. Stolz, and R. Thiede. 2003. Rentenabschläge bei vorgezogenem Rentenbeginn: Welche Abschlagssätze sind "richtig"? *Die Angestelltenversicherung* Heft 4, 119—124.

Palmer, E. 2000. "The Swedish Pension Reform Model: Framework and Issues, Social Protection." Discussion Paper 0012, World Bank, Washington, DC.

Palmer, E. 2003. "Conversion to NDC-Isssues and Models." Paper presented at World Bank and Swedish Social Insurance Agency Conference on NDC Pensions, Sandhamn, Sweden, September 28—30.

Ruland, F. 2000. *Neugestaltung der Rentenformel im bestehenden Umlageverfahren*. Vortrag bei Speyerer Sozialrechtsgesprächen. www. vdr. de.

Rutkowski, M. 1998. "A New Generation of Pension Reforms Conquers the East: ATaxonomy in Transition Economies." *Transition* 9 (4, August): 54—76.

Schmidt-Hebbel, K. 1998. "Does Pension Reform Really Spur Productivity, Saving, and Growth." Working Paper 33, Central Bank of Chile, Santiago.

Schnabel, R. 1998. "Rates of Return of the German Pay-As-You-Go Pension System."

Finanzarchiv 55 (3): 374—99.

Settergren, O. 2001. "The Automatic Balance Mechanism of the Swedish Pension System." *Wirtschaftspolitische Blätter* 2001/4.

Valdés-Prieto, S. ed. 1998. *The Economics of Pensions: Principals, Policies, and International Experience*. Cambridge: Cambridge University Press.

——. 2000. "The Financial Stability of Notional Account Pensions." *Scandinavian Journal of Economics*, 102, 385—7.

World Bank. 1994. *Averting the Old-Age Crisis: Policies to Protect the Old and Promote Growth*. New York: Oxford University Press.

第四章　名义账户制养老金：轮廓描述

尼古拉斯·巴尔*

第一节　背　景

这项研究从福利经济学角度对名义账户制做出评价，并对其管理和执行进行一些简短的讨论。第一节提出了养老制度或养老计划的目标、名义账户制的概念和简明的养老经济学。第二节对名义账户制的政策设计进行了评价。名义账户制的某些方面尚处于争论之中，这些方面是这个制度的优势吗？如果是的话，这些优势是名义账户制所特有的吗？这种优势是来自政策设计还是政治现实？第三节将简要讨论引入名义账户制并使其有效运转所必需的制度先决条件。最后一节提出三点结论：名义账户制从理论上讲不是一种主导政策，而是一种与其他养老金制度相比较而言既有优势又有劣势的制度；名义账户制最适合于作为一种广义的养老制度的一部分，而不是一种孤立的制度设计；它并没有解决养老金融资的核心难题，即人们有资格申领养老金的最低年龄问题。

一、养老金制度的目标

从个人角度看，养老金制度有两个目的：

第一是烫平消费，即在生命周期烫平消费；

第二是保险，特别是关于长寿风险方面的保险。

从公共政策方面看，养老金制度还有额外的目标：

第一是缓解贫困。如果某人在他的整个生命过程一直处于贫困状态，养老金就显得尤其必要。作为一个现实问题，即使是短期贫困者也应当获得救助。

第二是分配目标。政府可以有更为广泛的分配目标。政府出于责任方面的考虑，通常希望能保障人们获得养老金的权利，也希望通过发放津贴来烫平那些虽在贫困线以上但接近贫困线的人群的消费。

上述四个要素是养老金计划的主要目标。在以下的分析尤其是第二节的分析中，将会讨论不同类型名义账户的制度安排所能涉及的范围或未能涉及的范围，以及这些不同类型名义账户制的成就。后面将讨论一个重要的约束条件——可持续性问题。

二、名义账户制

名义账户制的基本思想是把国家运作的“DB 型现收现付制”分解为两部分：一个是严

---

* 巴尔（Nicholas Barr）是伦敦经济学院的公共经济学教授，著述颇丰，包括《福利国家经济学》（牛津大学出版社，2004 年第四版）。

格精算的部分（即名义账户制），它在现收现付制的基础之上运行，但模仿的是DC型积累制养老计划（即“实账积累制”）的运行方式；另一个是来自于一般税收中再分配的部分①。

精算的成分按下列方式计算：

· 某人收入的$x\%$的缴费计入名义个人账户，即国家“假装”有一部分金融资产处于不断积累的状态。

· 账户定期按名义利率计算利息积累。

· 退休时名义账户转化为年金。

这样，名义账户制对一个人在其退休后预期余命期间支付收入流的现值就会等于这个人从开始工作一直到退休时在其个人账户内积累起来的资金总额，从而模拟了传统的（积累制）DC计划。

1. 与国家养老金制度设计相关的问题

政策制定者会面对一系列问题，国家养老制度的规模应当有多大？怎样才能实现从富人到穷人的再分配？待遇给付应当是DC型的还是DB型的（随后将对其进行定义和讨论）？再进一步的问题还有，如果建立一个新的养老金制度，例如名义账户制，这种制度转型所需的资金怎样筹措？而且，这里还有一些与名义账户制的设计有关的特殊问题：

问题1：什么是最低养老金？这种最低养老金是在名义账户制之外给付的？还是采取在只有当名义账户制养老待遇降到事先确定的最低水平以下时才予以给付的担保形式？如果是前者，是最低的定额式待遇还是有收入关联的成分？它是最低的还是较大的？

问题2：存在最大规模的名义账户制吗？

问题3：当可以根据一个人的退休年龄对养老金进行全面的精算调整时，有资格领取养老金的最低年龄是不受限制的吗？或者，对推迟退休做出精算调整时，是否存在一个法律规定的最低退休年龄？抑或当预期寿命延长时，有没有依据一些与预期寿命有关的公式调高最低退休年龄？

问题4：职业生涯期间的养老金名义利率是基于劳动者人均收入增长率从而名义利率不受失业率影响？还是名义利率是基于总体收入增长率从而在失业率比较高的年份名义利率会降低？对个人来说，养老金公式是否随预期寿命而调整？一些名义账户制的养老计划有一种等同于下列平衡方程的积累率：

费基增长率＝生产增长率＋就业增长率

大多数名义账户计划将包括一种随预期寿命而变动的调整。

问题5：年金一旦开始支付，是每年随消费价格的变化而做调整，还是随实际工资增长率的变化而做调整？

① 现收现付养老金给付通常由国家在现行的税收收入之外解决。在积累制计划中，养老金给付从一个基金中解决，这一基金从其成员缴费建立。

2. DC 制和 DB 制：一个简单的比较

在 DC 型计划中，一个人所获得的退休金是年金，在预期寿命和养老金资产回报率给定的前提下，其规模仅仅取决于其生命周期所积累起来的养老金缴费额。于是，这就导致个人去面对其养老金投资组合可能营运不好的风险。而 DB 型计划常常在公司或行业层面运行，一个人的养老金以其工资和服务年限为基础。这样，他的退休年金就是其工作时期工资的指数，如果公司使用某时期的盈余去支持另外一些时期的养老金，养老金资产回报率变化的风险就会由雇主来承担，也会影响行业当前就业者（通过影响工资率），影响股东和纳税者（通过影响利润），还会影响消费者（通过影响价格），或会影响过去和将来的就业者。

在 DC 和 DB 型养老金制度之间的争论中经常形成完全对立的局面，它们是两个极端，一个是严格精算的 DC 制，一个是按最后薪金确定待遇的 DB 制。然而，正如戴尔蒙德（Diamond，2002：55－57）所指出的，实际情况是比较微妙的。假设某人在某一特定年份的收入是这一年平均收入的 70%，我们称之为变量 x，计算 x 在 n 个年份的平均值，计作 $\overline{X}$，该值就成为测量这个人年度收入随工资增长率调整的一种尺度。这样，当某个人在 DB 型计划中的养老金被决定后，$\overline{X}$ 就是一个以确定的养老金作为基础的收入。如果 n 与退休之前最后一年的收入相关联，该计划就是一个最后工资型的 DB 型计划。相反，如果 n 指的是横跨一生的职业生涯周期，该计划就是一个养老金以生命周期缴费为基础的 DB 型计划，并且这种生命周期的缴费每年按工资增长率获得复利。在 DC 型计划中，年度缴费在个人工作生涯中根据资产回报（简称利率）不断累积生息。如果利率和工资增长率是相近的，DC 型与 DB 型计划的差别就比较小，当把生命周期型 DB 制和积累率等同于工资增长率的名义账户制相比时，两者的差别就会更小。

在一定限度内，假设有一种 DB 型计划，该计划的待遇建立在个人整个职业生涯基础之上，该计划有一种与年龄相关的收益率（即对早期年份的缴费给予较大权重，正如复利那样），并且该计划所提供的年金率仅在一个人退休时宣布，在这种情况下，DB 型和 DC 型计划就将呈现趋同的态势。

这样，DB 型计划可能就非同一般，其经济影响更是非同一般，这一点对名义账户制也是一样的，下面的分析试图明确哪种类型的制度可以比得上该制度。

三、简单的养老金经济学

在对名义账户制做出评价之前，先简单介绍一下养老金经济学的知识，由于许多著作往往关注诸如金融资产投资组合分析等金融方面的知识，所以就可能使人们对养老金经济学产生一定的误解。这里的讨论试图通过集中分析基本的经济问题使事情简单化，这些经济问题包括商品和劳务的生产和消费*。

有两种（而且仅有两种）寻求老年保障的方式①。首先，通过存储现在的产出以供未来

---

* 关于巴尔教授这里提出的“简单的养老金经济学”及可能对其产生误解的问题，读者可同时参阅巴尔的另一篇重要论文：《养老金改革：谬误、真理与政策选择》，载《保险与社会保障》，中国劳动社会保障出版社，2006 年 1 月。该文是巴尔教授的代表作之一，对其“简单的养老金经济学”做了较为深入的研究；对照阅读之后读者会发现，本文许多观点与核心思想均出自该文，包括对名义账户制度的看法。——译者注

① 见 Barr（2001），第六章。

消费的方式来储存当前产品，这是可能的，尽管这是对诸如鲁滨孙·克鲁索（Robinson Crusoe）这样的个人在退休后确保能继续消费的唯一途径，但这种方法事实上是非常缺乏效率的，因为成本很高，并且不能应对不确定性——例如，一个人的偏好或约束条件可能改变。这种方法不能应用于源自人力资本的服务，另一个特别重要的例子是医疗服务。抛开一些例外，通过大规模储存当前产品来组织养老保障基本上没有成功的可能。

一个可供选择的办法是使个人通过交易当前的产品保持对未来产品的要求权。有两种主要的方法可以供一个劳动者做出选择：通过每周把他工资的一部分储存起来，他就可以积累起一笔钱，这笔钱用于他退休后与年轻人生产的产品进行交易；或者，他可以获得一个承诺——这种承诺可能来自他的后代或政府——即他可以在他退休后获得他人生产的商品。这两种组织养老保障的最普遍方式都各自并行不悖地展示了索取未来产品的两种方法。积累型计划建立在积累金融资产的基础之上，而包括名义账户制在内的现收现付制是建立在承诺基础之上。

考虑到储存当前产品有其不足之处，唯一可取方式是拥有对未来产品的要求权。这样，核心变量就是一名就业者在退休后索取的产出水平。一个基本道理是：养老金获得者对金钱（一种印有国家英雄肖像的彩色纸片）并不感兴趣，他们感兴趣的是对食物、取暖、医疗服务、足球赛座位等实际需求的消费。除非有产品可供养老金获得者去购买，否则金钱是没有意义的。

因而这里的讨论提出一系列意义深远的命题，这些命题对于正确评价名义账户制（或其他制度）是有帮助的。

(1) 从可持续性角度看，核心变量是一国的国民产出水平，而不是通过哪些特别的方式为养老金融资。既然名义账户制本质上并没有增加产出，那么对于可持续性的主要贡献就是人们接受低水平的养老金、推迟退休年龄或者提高缴费水平。

(2) 国家养老计划的设计至关重要，如果国家养老计划是不可持续的，唯一的解决办法是修改国家养老计划（的设计）。这样，向名义账户制的转型就可以通过把养老金降低到可持续水平的方式来实现，从而使养老计划的可持续性成为可能。或者，通过免除或减少对特定群体的特殊养老待遇，从而使可持续性成为可能。

(3) 保险、烫平消费、缓解贫困等这些因素都非常重要。但是，如果纯粹的名义账户制仅仅关心的是保险和烫平消费，这就提醒我们应该对这些因素加以研究探索，以使养老金制度具有更广阔的设计空间。

第二节　对名义账户制的评价

在评价名义账户制时，有必要区别下列不同的问题：

这里所讨论的名义账户制的特征是该制度的优势吗？

这些优势是名义账户制设计自身所固有的吗？这些优势是否可以通过其他的制度安排获得？

这些优势是来自政策设计还是政治现实？

最后一个问题将在结论中讨论，即名义账户制是否是一种占支配地位的政策？

一、优势

本部分对名义账户制被声称具有的一系列优势进行评价。

1. 使思路清晰

有必要区分养老制度常常混合起来的三个要素：公共的还是私人的；现收现付制还是积累制；DC型还是DB型。名义账户制方法提醒我们，“公共的＋现收现付制＋DC型”是一种可能的选择，换句话说，现收现付制并不自动地意味着就是DB型。必须注意这一点。

2. 有助于使养老金制度的设计具有合意的特征

名义账户制有助于很多合意的设计特点：

（1）弹性退休年龄。弹性退休年龄是一种福利改进，因为它增加了个人选择的范围，在这一选择范围内可以烫平消费。当然，这个优势也可以是其他类型养老计划的特点。在退休决策方面，我们需要一种缴费和养老金之间的边际精算关系，而不需要把覆盖整个就业时期的缴费情况纳入精算①。

（2）工作与退休之间的弹性结合。工作与退休之间的弹性结合增加了个人的选择空间，包括在工作与闲暇之间的选择和收入路径的选择。当然，在其他养老制度安排下这也是有可能的，比如国家提供的从65岁开始的给定待遇的养老计划，该计划也可以对延迟退休和边工作边领取养老金的选择做出精算调整。

（3）随预期寿命的增加做自动调整。假设预期寿命会持续增加，名义账户制养老金计划的这个特性对于其长期运行能力来说是不可或缺的。但这同样可能是其他养老金制度的特性：例如，如果养老金首次给付的年龄根据与预期寿命的联系并随之提高的话，就属于这样一种情况。如果说名义账户制在这方面有一些优势，那么这种优势就在于，政治方面的调整可能会相对容易一些，而设计可能仅仅与名义账户制有关的特性可能要困难许多。

3. 增强应对风险和不确定性的能力

风险和不确定性降低了厌恶风险者的个人福利（人们自愿花很多钱购买保险就可以证明这一点），如果人们能获得保障，以避免过度的风险和不确定性，消费水平就能保持稳定，这会使经济运行得更有效率。风险和不确定性二者之间的区别是明显的：对于风险而言，投保事件发生的概率是已知的；对于不确定性而言，这种概率是未知的。精算保险能够适用于风险，与此形成对照的是，对不确定性而言，由于无法识别潜在可能性的各种情形，导致估计精算的保险费变得很困难，甚至成为不可能。这样，如果完全由精算保险来解决不确定性，一般来说就没有好的解决办法。在养老金的案例中，如果对预期寿命估计的偏差足够小，年金制度就成为了可能。相反，当发生通货膨胀时，未来利率的波动是如此之大，以至于难以获得完全防止通货膨胀的私人养老金并且很昂贵。简言之，购买人寿保险是可能的，

① 关于养老金是否应当在边际意义上精算，或者是否应就一个人在全部缴费期间的情况精算的问题，在以后的章节中会讨论。

而购买通胀保险则是不可能的，这就决非偶然了①。

什么样的风险和不确定性会构成烫平消费的障碍*？所有的养老计划都将面对宏观经济的冲击、老龄化的冲击和政治风险。私人的积累制养老计划还将面对其他风险：

（1）管理风险。这可能是由于管理者无能或欺诈而产生的，信息不完全的消费者则不能有效监测（养老金运营）这种风险。

（2）投资风险。积聚起来的养老金受股票市场的约束，容易遭受股票市场价格波动的冲击。在极端情况下，如果一个人被要求在其65岁生日退休，并在其退休的当天取出他所积累起来的养老金，这就有些类似买彩票中奖，有太多的不确定因素。

（3）年金市场风险。对于给定的积累额，年金的价值取决于预期寿命中的余命，也取决于保险公司未来年景中的期望回报率，这两个变量都存在风险和明显的不确定性。

名义账户制避免了一些私人养老金制度所面对的风险，特别是管理风险和投资风险。如果有一个单独的、全国范围的年金统筹制度，仅仅是这个原因也会使大数法则发挥作用，而大数法则可以减少保险人（这里指国家）所面对的波动，因此名义账户制也就减少了年金市场风险。这些都是一些毫不含糊的优势。当然，这些优势也是国家运作的现收现付制计划的内生优势，而不仅仅是名义账户制计划所特有的。

名义账户制对私人部门机构能力的需求不太迫切。私人养老金制度对公共部门和私人部门都有很高的机构要求。在一些贫困国家，私人部门机构是缺乏的。即便有私人部门机构，私人养老金制度在使用稀缺的私人部门技能的时候也可能不是最能增进福利的，因为这些技能可能会优先用于增进生产能力。名义账户制养老金制度对私人部门没有什么需求，尽管其优势是所有的国家养老金制度中所特有的。当然，正像第三节所讨论的那样，名义账户制养老金制度对公共制度能力有较大的需求，这种需求超过了那些政府运营的、缴费与待遇关联程度不太密切的养老计划。

名义账户制不仅能够应对风险，而且还能应对不确定性。在社会保险中，合同并不是完全具体化的。正是因为这个原因，社会保险可以对变化的条件和不可预见的意外事件做出调整。阿特金森（Atkinson，1995：210）指出，“在多年前人们已估计到了在可能发生的意外事件集合中没有包括大家庭分化、现代医药发展进步等情况，因为这些事件是难以想象的”，因此，社会保险与精算保险形成鲜明的对照之处在于社会保险不仅可以应对风险，而且可以应对不确定性。

这样，名义账户养老金制度就具有一种潜力，能够以私人养老计划做不到的方式应对不确定性。一个人一旦退休，就有能力向其支付完全指数化的养老金，这就是一个例证。出于对责任的关注（这不是一个不可保的风险），有能力保护人们获得养老金的权利，这是另外一个例证。这是一个显著的优势——当然，需要再次声明，这一优势一般也存在于社会保险之中，而不是名义账户制的制度设计所特有的。

---

① 见Barr（2004），第九章。

* 巴尔教授上述列举的参考书目《福利国家经济学》已有中文版，由中国劳动社会保障出版社于2003年1月出版。这本中文版译著是第三版。——译者注

4. 增强可持续性

如果一个名义账户制养老计划确实是精算的，那么未来的支出从定义上讲就等于收入，这样，这种计划——同样是从定义上讲——就是可持续的。当然，这一特性也不仅仅见于名义账户制。考察一个平衡的现收现付制，有：

$$sWL = PN \tag{4.1}$$

其中：s＝现收现付制的社会保险缴费率；W＝平均实际工资；L＝劳动者人数；P＝平均实际养老金；N＝养老金领取者的数量。

如果社会保险法案指定一种养老金公式，在该公式中：

$$P = sWL/N \tag{4.2}$$

同样，从定义上讲，支出＝收入。

这样，可持续性就不是名义账户制设计所独有的。但在名义账户制下，维持可持续性在政治上可能相对容易些。

5. 提高透明度

这种论点认为，名义账户制有明确的规则，使该制度以两种方式体现出透明度：一是每个人都知道其养老金计算的基础；二是政府试图改变计划的努力可以被公众所观察到。这些特点是重要的，但并不是名义账户制所独有的。英国在 1975 年以前的体系是高度透明的，在该体系下，所有有权获得定额养老金给付的就业者的缴费率都是统一的。另一个透明度的例子是，待遇确定但其退休年龄与寿命预期有明确联系的现收现付制计划大大减少了对其他参数变化的需求。一种最后工资型的计划对于接纳该项计划的人同样是透明的，政府试图改变待遇的努力也完全能被观察到。

6. 减少欺诈动机

在名义账户制中，像所有现收现付制那样，唯一的资金来源就是当年的缴费：这里指的是缴费的流量而不是存量。这样，只有为数不多的资产可以供国家或个人去“掠夺”。特别是，如果国家想要增加养老金的税收，它只能通过对其所支付的待遇征税，而不是通过对基金征税来实现，因为这里没有基金。同样地，这两个特点通常是现收现付制所固有的，而不是名义账户制所独有的。

这样，名义账户制计划就有很多优势，但是几乎所有这些优势通常都是公共养老金制度的特点，而不是名义账户养老金制度所独有的。个别地，有些法则的优势对政府的能力会有较高的要求，我们将在第三节回到这个话题。

二、模棱两可的方面

可以认为，名义账户制的一些特点既不是优势也不是缺点，这取决于理论观点、经验事实或价值观。

1. 非扭曲性

在讨论养老金对劳动市场决策产生的影响时，区别两种论断是有帮助的：设计低劣的养老金制度会导致劳动市场扭曲；完全精算的养老金制度能减少这种扭曲。本章认为第一种论断是正确的，但第二种论断并非如此。

设计低劣的养老金制度无疑会导致劳动力市场的扭曲，会影响劳动者的退休决策和退休前的安排[①]。如果所关注的是退休决策，养老金应当与个人缴费在边际上相联系起来。这种论点是重要的。政策制定者可以制定一个再分配性的养老金公式，例如，如果劳动者 A 在整个职业生涯的收入是 B 的两倍，A 得到的养老金就应当比 B 多一些，但是不能超过两倍。当然，如果无论是 A 还是 B 提前退休，他的养老金应当加以调整，数额应当少于他在 65 岁退休能得到的养老金。相反，劳动力市场的较早决策不仅取决于缴费和待遇之间的边际关系，还取决于收入增加对一揽子养老金总额的效应。在这种情形下，考虑一种在缴费和待遇之间更加完全的精算关系是非常必要的。

这些论点怎样被应用于类似名义账户制这样完全精算的养老金制度呢？设计低劣的国家养老金制度会导致劳动力市场出现较大的扭曲，当然，公共养老金计划不论是名义账户制还是 DB 制都避免了一个重要的经济扭曲——由私人 DB 型计划导致的劳动力缺乏流动性的问题。另外，DB 型计划在长期平均来看，不如短期内导致的经济扭曲严重，正如上面讨论的那样，这一点与 DC 型计划非常相似。下一节将从更基础的意义上阐述，完全精算的待遇在一个次优世界里并不是最优。

我们之所以说完全精算的设计可能并不是最理想的另一个原因是，减少扭曲仅仅是一部分。这个论点含蓄地假定，所有与之有关的和要紧的事情只是劳动供给，但是有人会争辩说真正要紧的事情是经济福利。这可能是对的，例如，一种 DB 计划在边际上减少了劳动供给，但是如果由于较低水平的产出导致效用的损失被由于烫平消费方面的较大确定性而增加的效用大大抵消，这样，尽管劳动供给减少了，但 DB 型制度安排也许可以是福利增进的。最起码，由确定性导致的福利应当可以抵消劳动力供给减少的所有代价。

关于名义账户制减弱了经济扭曲程度的争论远远还没有定论。如果这种观点是正确的，其他缴费与待遇之间有精算关系的计划中也是这种情况，例如，一种具有统一缴费率和定额待遇的计划，如英国在 1948—1975 年实施的那种计划就是这样。精算型待遇的合意与否将在下节进行讨论。

2. 公平性

精算的待遇是公平的，这一论点是基于这样一种信念，即再分配应当仅仅适用于缓解贫困，此外还适用于照顾儿童这样的特殊情况。一个相反的观点是，政府运作的养老金在缓解贫困的同时，还应当对烫平消费的再分配给予支持。还有一种看法是，尽管名义账户制有利于应对风险和不确定性，但该制度仍会使个人因收入波动而有重大风险。诸如 DB 型计划的其他途径则可以广泛地分散风险，这一点已在上一节讨论过。

因此，名义账户制就不能宣称其必然具有公平性。如果政策制定者或者选民们相信社会保险可以扮演一种比缓解贫困功能更为重要的、广泛的再分配的角色，或者如果政策制定者希望把风险在比精算性待遇所允许的更广的范围内分担，名义账户制就是不公平的。

3. 束缚政府的手脚

这种说法意指建立在精算基础上的名义账户制限制了政府的行动自由。这就引发了以下两类问题。

① 见 Gruber 和 Wise（1998，2002）。

名义账户制的设计真的能束缚政府的手脚吗？首先，从理论上说，契约是确定了的，但政府可能会改变契约。其次，束缚政府的手脚会增进福利吗？这个问题的核心在于两类更深入的问题。第一个问题是与政府的能力和动机有关的经验主义问题，民众可能会持有不同的看法，不同的国家可能会有不同的结论。一些学者对政府持怀疑态度，他们认为政治家们为了获取短期的政治支持而对特殊利益群体妥协让步，并把妥协让步的成本留给将来的纳税人，而到时候那些政治家们早已退休了。相反的观点则认为名义账户制的劣势是由于采取完全具体的契约而减少了政策的灵活性，从而放弃了通过降低个人面临的不确定性而提高消费烫平的选择。第二个问题涉及在一个被认为是刚性方案的确定性和在一个比较灵活方案下为了分担风险而设置的更多选择权之间如何取舍。

如果束缚政府的手脚被认为是一个优势，但只有名义账户制能办到这一点吗？原则上说答案是否定的：名义账户制正如其他现收现付制计划一样，也是建立在社会保障法之上的。不过，改变名义账户制养老金在政治上确实较难。

三、劣势

除了优势和模糊的方面以外，名义账户制具有两方面严重的劣势：它的效率低，在福利方面是次优的。

1. 低效率

养老制度的一个核心目标就是让每个人对自己消费的时间和路径做出有效率的选择，这套烫平消费的制度应该尽量减少扭曲。

表面上看，这似乎意味着一套严格精算的制度将是高效率的，但实际上，戈拉和帕尔默（2003：15－16）指出：

> “在名义账户制和实账积累制下，除了在个人生命周期的工作时间和退休时间之间进行再分配以外，就没有再分配的目标了。实际上，政府的再分配政策……由从一般财政收入中明确的税收提供资金支持……这样，保险及其资金来源、社会政策及其筹资方式就被分开了，以增进其透明度。”

这种方法带来了一系列的问题。第一，让第一层和第二层养老金同时组合在DC型计划之上为何能达到高效率？更根本的是，在最优化的世界里，虽然严格精算的方案可能是高效率的，但政策设计需要应对严重的市场不完善性问题。

人们可能目光短视或者信息不充分，这给养老金的强制性提供了理由。这个问题并非小事，这意味着理性效用最大化的简单假设可能不成立。纽（New，1999）对信息问题和信息处理问题作了有用的区分。信息问题可以通过在个人能够自己做出决策之后提供必要的信息——例如不同计算机的处理能力——来得到解决。相比之下，信息处理问题却太复杂，以至于即使已经提供了必要的信息，行动者也不能做出理性的选择。这一困难会在以下几种情况下出现：诸如养老制度时间跨度太长；或者在商品和服务涉及复杂可能性的地方，包括预期寿命的例子（这种情况下的失败在于不能处理众多的可能性）；或者在当信息本来就很复杂的地方，比如复杂的养老金产品。

第二个问题就是错过资本市场发展机会。比如，至少指数化合同的市场就很狭小。

累进的税收是第三个偏离最优的因素。戴尔蒙德认为，DC计划和DB计划相比，“在出现其他劳动力市场扭曲的情形时，这二者并不是哪一个比另一个更好”（2002：57）。戴尔蒙德接着写道，假设利率长期超过工资增长率，那么：

> “实际上，在累进的年度所得税和收入通常随着年龄增长而增长的情况下，边际所得税率平均地也随着年龄增长而增加。这样，一个精心设计的DB型制度就可能对劳动力市场带来较好的影响，因为包括所得税和净社会保障税的总税收负担在生命周期内波动会更小。也就是说，年轻人所承担的所得税较低，而净社会保障税较高。因此，如果没有详细的计算，就不能得出一个有效的结论。在任何情况下，这种差异都比待遇计算基础的平均期长和平均期短的DB型制度之间的差异小得多。”

把这个问题作为税收最优问题提出来将表明，在次优世界里，一个严格精算的方案通常并不是很有效率的。

2. 福利方面的次优

烫平消费是养老制度的目标之一。但是，正如在本章开始讨论的那样，养老金制度还有其他目标，包括减小人们面临的风险（隐含在烫平消费和保险的目标之中）、缓解贫困、收入分配（包括为刚好在贫困线以上的人们的烫平消费提供补贴）。严格地坚持精算的待遇或许可以确保消费烫平，但却会忽略其他目标。

名义账户制的拥护者们认为，名义账户制使消费保持烫平，而其他工具的目标是缓解贫困和收入分配。但是，早在多年以前当笔者还是一个研究生的时候就明白，如果有三个目标的话，就需要有三个工具才能实现。然而，最优的解决办法通常不是一个：每个目标之间的一个关系和一个特定的目标。名义账户制的观点在这方面还不错，甚至相当有吸引力。但是，这并不能确保其正确性——正如最优税收公式表明的那样。

第三节　实施的前提条件

前一节讨论了名义账户制是否是合意的，这一节将简要地讨论类似的问题：它是否是可行的？

政策制定者们首要关心的是收入的水平和收入的分配。如果国家太穷，决定最低养老金的贫困线就更接近于平均收入。因此，通常情况下可得到的与收入挂钩的养老金就很少，尤其是在名义账户制度下。于是，名义账户制实施的先决条件就是收入分配有足够的不均衡，从而有必要烫平消费。

第二个核心问题指的是，一般地说缴费型养老制度——具体地说是名义账户制——需要政府有相当强的能力。政府需要有足够的经济能力去保持宏观稳定，足够的政治能力以使得长期养老金承诺值得信赖，足够的基本组织能力去筹集缴费，坚持每年记录它们并把它们逐年累积起来。最后一点对名义账户制尤为重要，因为每次缴费的每一分钱都增加了个人的最终养老金。对于名义账户制养老金来说，政府需要有发达的组织能力，去监督预期寿命的变化并且维持养老计划的长期平衡，比如，有效地经营储备金的能力。仅仅对这些要求做一简单论述就足以清楚地说明，名义账户制对公共部门的能力提出了特别严格的要求。当政府不具有这些能力时，名义账户制就应当被看成是未来的选择而不是当前的政策。

第四节 结 论

戈拉和帕尔默（Góra and Palmer，2003）谈到过“创造新概念”（p. 2）以及“为了在生命周期内更高效的积累而设计新工具”（p. 27）的必要性。帕尔默的论著比以前更加清楚地从政策和实施的角度描述出名义账户制的概念。这是一个了不起的进步。名义账户制提醒我们，政府运作的现收现付制的精算程度可以按照我们的意愿来确定：就是说，社会保险并非一定是再分配性的。这种方法非常重要，因为它使我们想起一个重要但经常被忘记的真理，尽管它本身并不是什么新鲜事。正如我在 1987 年（其他人无疑在以前也写过）所写的，“（再分配）并不是不可避免的，因为可以将现收现付制组织起来以支付精算型待遇。”（Barr，1987）

一、结论 1：名义账户制并不是一个最有影响的政策

名义账户制只是政府养老金制度的一种方案，而不是唯一的方案。除非在最优的世界里，并且政策制定者们不关心分配问题，否则，严格的精算关系就不是最优的。这在理论上被认为是一个定理。它意味着我们不能说严格的精算关系必然是设计养老制度的最好方法；实际上，它通常都不是最优的。

换句话说，理论上的结论让人们可以自由地在养老制度设计上采取不同的观点。支持名义账户制是完全理智的、连续一贯的，以及站得住脚的。但既然名义账户制不是理论上占主导的政策，就还有其他理智的、连续一贯的以及站得住脚的政策：具有不仅仅是为了减轻贫困而且还为了烫平消费的再分配功能的养老金制度设计方案。瑞典的名义账户制就是一个很好的例子。其他国家也一样，比如澳大利亚（实行非缴费性的、收入调查式的第一层养老金加上强制性的 DC 型的第二层养老金），荷兰（实行税收支持的国民养老金加上强制性的主要形式是职业性的第二层养老金），还有美国（缴费型的 DB 制的第一层养老金加上自愿性 DC 型完全积累制的第三层养老储蓄）。简言之，不同的观点在首选的养老制度设计问题上都有各自存在的空间。

评价不同政策的标准是什么呢？这很大程度上取决于对以下问题的回答：

问题 1：政策灵活性是一种优势还是劣势？这是一个由来已久的规则与判断力之间的争论。答案取决于关于政府有效性和正直的实证观点，因此，对不司的人，在不同的国家，答案是不一样的。

问题 2：一个完全精算型的制度（比如名义账户制的第一层加上 DC 制的第二层）有效吗？正如前面讨论的那样，答案通常是“不”。但是福利损失的程度将取

决于在其他情况下人们的风险厌恶程度（风险厌恶程度越高，从更大的确定性中获得的福利则越多）。

问题 3：精算的待遇是合理的吗？这实际上是一个价值判断问题：再分配是不是应该仅仅局限于缓解贫困。

问题 4：名义账户制是否比 DB 型计划更具有可持续性呢？请记住，我们是在比较当前的具有很多附属方案的 DB 型计划和一个完全原始的名义账户计划，答案更多的是政治性的而不是经济性的。

问题 5：这种计划具有成本效率吗？答案将取决于目标因素，比如一国的收入水平以及相关的支持性机构是不是充分发达的实证判断。

二、结论 2：一切取决于你对名义账户制怎么看

名义账户养老制度有很多种表现形式。有两个完全相反的案例与此尤为相关。

案例 1：这种养老金制度是名义账户制加上某种最低限度的保障。这样一种体系接近于严格的精算，并在长寿和烫平消费方面提供保障，但仅仅限于最低水平的缓解贫困和纵向的再分配。这是一种困境中的选择，因此会被批评说缺乏效率，而且，还有一些人认为该制度是不公平的。

案例 2：这种养老金制度有两个要素：一个是通过税收筹资的定额或收入关联养老金，另一个是名义账户制养老金。后者也可以包含通过税收筹资的“缴费”记录，例如护理活动等。这种制度安排可以缓解贫困、提供保险和烫平消费。如果通过税收筹资的资金与收入相关，在烫平消费过程中也有再分配的因素。

后一种情况包含广泛的政策选择范围，但在这个案例中，名义账户制不是第一层的，而是第二层的。以通过税收筹资的养老制度作为第一层并以名义账户制作为第二层，才构成一个完整的养老金体系。名义账户制从此不再是我们所说的那种养老制度，而是一个更广泛体系的一部分。

最后，正如早些时候讨论的那样，对于一个政府运作的 DB 计划来说，如果养老金积累额在一个人的整个工作生涯期间都在增长、增长率与年龄挂钩并且年金是事后决定时，这种计划在形式上就完全等同于基于就业者人均收入增长率的名义账户制了。

三、结论 3：名义账户制没有解决关键的筹资问题

长期不可持续的根源从本质上讲来自于所有国家的养老金计划都把退休年龄定在 60 岁和 65 岁，并且这种状况在预期寿命提高的情况下始终保持不变。预期寿命的提高令人高兴，但问题是最低养老金的领取年龄却一直维持固定不变。

名义账户制通过降低收益率在形式上解决了这个问题。但是除非人们推迟退休，否则，这种办法本身将使养老金领取者承担着陷入贫困的风险，就是说，可持续性与理性的社会政策之间是相互冲突的。当所有的约束都缺失时，内生变量不在于有资格领取养老金的最低年龄，而在于养老金的规模。在一个理性的和完全信息的世界里，每个人在做出何时退休的最

优选择时都会面对精算的预算约束。但是如果人们的个人贴现率高于用于精算调整的利率，随着预期寿命的提高而越来越大幅度的精算调整，他们会倾向于尽可能早地提前退休，这就又把所有人拉回到最低养老金水平。格鲁伯（Gruber）和怀斯（Wise）（1998，2002）推导出的一个结论是，许多人都会在其所被允许的范围之内尽可能早地退休。“从所有国家收集的证据都共同显示出，强制性的社会保险资格年龄在很大程度上促使劳动力较早地离开劳动市场”（Gruber and Wise，1998：161）。于是，一个人可以开始领取养老金的最低年龄就是养老制度设计的一个重要因素。

假设这些论点可以成立，我个人的看法是，在政策制定者的工具箱中，随着时间而提高的领取养老金的最低资格年龄是一个基本的要素。一个全面的解决方案应有以下五个要素：

（1）提供一种合乎实际并适当的国家养老金制度，在财政上应该切实可行，从这一点看，政策制定者应当制定一个领取养老金的最低资格年龄。在缺少标准的理论时，务实的办法是为养老制度计算出最大限度的财政承受能力和真正充足的最低养老金。这些计算结果决定着这些制度可以支撑的养老金领取者的最大数目。这一数据与年龄分布结合起来，共同决定了领取养老金的初始资格年龄。

（2）领取养老金资格年龄的偏离程度应当被概略地予以精算。

（3）随着时间推移，领取养老金的最低资格年龄应当随着预期寿命的提高而以一种合理和透明的方式相应地予以提高，以便使人们在退休（这里指广义的退休时间）之前的较长时期内就可以提前知道。

（4）劳动力市场的改革应当引入一些弹性，允许人们沿着分阶段的选择路径从全职工作向完全退休过渡。养老制度的设计要能够支持这些选择。

（5）政府应当继续努力，使公众更多地了解简明的养老金经济学。

参考文献

Atkinson，A. B. 1995. *Incomes and the Welfare State*：*Essays on Britain and Europe*. Cambridge：Cambridge University Press.

Barr，N. 1987. *The Economics of the Welfare State*. London：Weidenfeld；and Stanford，Calif.：Stanford University Press.

——. 2001. *The Welfare State as Piggy Bank*：*Information*，*Risk*，*Uncertainty and the Role of the State*. Oxford and New York：Oxford University Press.

——. 2004. *The Economics of the Welfare State*（4th ed.）. Oxford：Oxford University Press；and Stanford，Calif.：Stanford University Press.

Diamond，P. 2002. *Social Security Reform*. Oxford and New York：Oxford University Press. Góra，M.，and E. Palmer. 2003. “Shifting Perspectives in Pensions.” Paper prepared for the “Conference on NDC Pensions，” Sandhamn，Sweden，September 28—30.

http：//www. rfv. se/konferens/docs/shifting perspectives in pensions. pdf.

Gruber, J., and D. Wise. 1998. "Social Security and Retirement: An International Comparison." *American Economic Review* 88 (2, May): 158—63.

——. 2002. "Social Security Programs and Retirement Around the World: Micro Estimation." Working Paper W9407, National Bureau of Economic Research, Cambridge, Mass.

New, B. 1999. "Paternalism and Public Policy." *Economics and Philosophy* 15: 63—83.

第五章　名义账户制的概念化

阿萨尔·林德贝克*

在比较不同的养老金制度时，有必要采取三维坐标分类方法：积累制对非积累制，精算型对非精算型，DB型对DC型（见Lindbeck和Persson，2003）。

积累制对非积累制（现收现付制）养老金的基本区别在于：在积累制养老金制度下，养老金融资来源于早期积累的养老基金在金融市场上得到的回报；而在非积累制（现收现付制）下，养老金由工作人口当前的缴费（税收）来支付。在图5.1的框架（梯形图）中，积累制水平反映在纵轴上，精算公平程度反映在横轴上，垂直移动表示积累程度的变化。另外，将所谓的“广义积累制”和“狭义积累制”区分开来也是有益的，前者是指养老基金积累与国民储蓄增长相关联的情况，后者则没有这种关系。

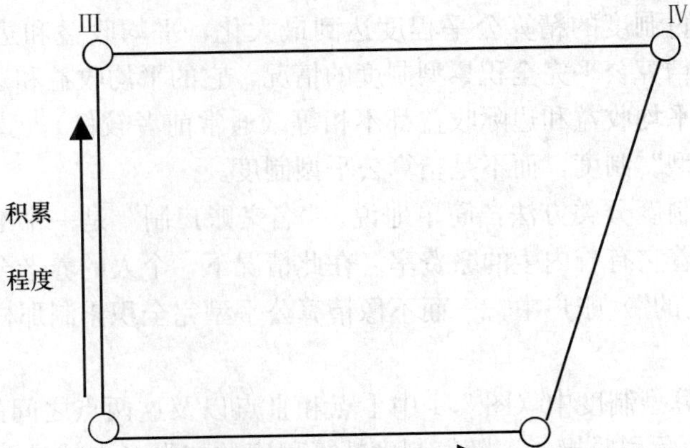

图5.1　社会保障制度分类

资料来源：Lindbeck and Persson（2003）。

精算型安排对非精算型安排是养老金制度的第二个分类尺度，指的是个人的缴费与将来养老金待遇之间的关联性。这种关联性的大小可以通过精算公平程度的特点反映出来。如果养老金缴费与待遇之间一点关联也没有，养老制度就是完全非精算型的。与此相对照，如果个人预期养老金待遇的资产价值与他自己缴费形成的资产价值相等——边际上也相等（即个

* 阿萨尔·林德贝克是瑞典斯德哥尔摩大学国际经济研究所的国际经济学教授，工业经济研究所（IUI）教授。

人在生命期内的工作时间发生变化时），那么这种关联就是“精算公平的”。这是唯一一种不存在劳动力市场扭曲现象的养老金制度。随着图中横轴的移动，精算公平程度以及由此带来的劳动力市场扭曲情况被简要地反映出来。因此，不仅积累制尺度是连续变量，精算尺度也是一个连续变量。

DB 型对 DC 型在大体分类上可参阅图 5.1 所绘的两维坐标图，所有的养老金制度或是 DC 型，或是 DB 型。养老金制度这方面的属性可以作为第三个坐标（直角）维度（在图中没有画出）。我将 DC 型定义为一种缴费率固定的制度，这意味着养老金待遇必须不断地进行（内生地）调整，以保证养老金制度在财政上可行。相反，在 DB 制度下，个人得到的承诺或是一次性养老金待遇，或是收入与随后养老金待遇之间的某种特定关系（通常表示为一个有保证的替代率）。于是，缴费率必定要不断做出（内生地）调整，以保证制度的财政平衡。

养老金制度的分类可以通过图中Ⅰ－Ⅳ四个点来说明。税收筹资的、所有退休人员同等享受的一次性养老金是非精算非积累型制度（图中Ⅰ点）的典型代表。在一个简单的叠代模型中，个人的生命周期被划分为两段时期——工作期和退休期——以前缴费的平均收益等于税基的增长率 G，但边际收益等于零。

图中Ⅲ点则描绘了一个非精算完全积累型制度，它的平均收益为金融市场上的收益率 R，而且边际收益率为零。

在Ⅱ点，现收现付制度的精算公平程度达到最大化，平均收益和边际收益都为 G。最后，Ⅳ点说明了一个精算公平完全积累型制度的情况，它的平均收益和边际收益都为 R。由于Ⅱ点与Ⅳ点对应的平均收益和边际收益都不相等（通常前者较低），我将前者情况下的一种制度称为“准精算型”制度，而不是精算公平型制度。

按照这种养老金制度分类方法，简单地说，“名义账户制”是一个准精算的 DC 型制度（图中Ⅱ点），这意味着它有着内生的缴费率。在此情况下，个人的养老金财富可以被记录在一个抽象的（“名义上的”）账户中——而不像精算公平型完全积累制那样记录在一个实际资金账户中。

由于在完全非精算型制度中（图 5.1 中Ⅰ点和Ⅲ点以及这两点之间的情况），全部缴费率为 τ，构成了一项边际税收楔子，随着制度精算程度的加强（也就是图中点向右的移动），税收楔子会下降。例如：沿着点Ⅲ向点Ⅳ水平移动会使边际税收楔子从 τ 降到零。从Ⅰ点向Ⅱ点移动带来的边际税收楔子变化要稍加复杂。在一次性养老金（Ⅰ点）的情况下，边际税收楔子为 τ，然而，在准精算型制度中（Ⅱ点），用一个两期叠代模型可以将税率表示如下（Lindbeck and Persson，2003）：

$$\tau(R-G)/(1+R) \equiv \tau[1-(1+G)/(1+R)] \tag{5.1}$$

这个方程式说明在准精算型制度下，个人因为不得不支付缴费率 τ 而遭受的收入损失等于：市场回报 R 减去现收现付制下的回报 G 后的差额（折现值）与缴费率 τ 相乘的乘积

（个人被迫储蓄 τ 部分收入，回报率为 G，而不是市场回报率 R）[①]。因此，从完全非精算型现收现付制度转向准精算型制度，意味着边际税收楔子从 τ 下降到等式 5.1 计算出的税率。例如，如果缴费率为 20%，这样的转换大约可以削减一半的边际税收楔子——假定满足工作和退休年限的现实假设条件，并且对 G 和 R 做出合理假设[②]。这会在较大程度上减轻工作的税收扭曲程度。在这种情况下，由于没有收入效应（改革前后的平均回报都为 G），个人就会被激励选择更多的工作时数、更长的工作生涯、更多的人力资本投资、更多的晋升努力以及更多的区域流动等类似的选择——前提是他知道边际税收楔子得到了大幅度的削减。

以上图解计算假定最初的养老金制度是完全非精算型的。如果情况不同，最初的现收现付制度带有一些精算因素——如果它位于图 5.1 中Ⅰ和Ⅱ之间的某个点上——边际税收楔子当然会下降得少一些。实际上，简单地将 DB 制度下的养老金待遇建立在比以前更多的收入年份的基础上，就可以降低边际税收楔子。在特定例子中，当养老金建立在个人一生的收入基础上时，假定每年收入采用与名义账户制度下相同的回报率进行指数化，隐含的边际税收楔子与等式 5.1 计算出的结果是相同的。因而，收入关联的 DB 制度可以模仿名义账户制度的运行机制。要求 DB 制度去模拟名义账户制度而不是其他制度的原因在于：名义账户制度是准精算性质的，而 DB 制度中的精算公平程度是变化的。实际上，在许多国家，DB 制度的精算公平程度十分有限，原因在于这些制度被指定了进行收入保护的目标（因为要保证一个习惯上的收入水平），并且要实现不同收入阶层之间的收入再分配。

收入关联型的 DB 制度也可以模仿名义账户制度的其他典型特征。一个例子是根据每个群组平均预期寿命的延长，按照相应比例自动削减养老金待遇。这样的调整措施也是名义账户制度的内在（“自然”）特征，其设计目的在于使制度包含强的精算因素。虽然同样的机制能够引入收入关联的 DB 制度，但由于在这种制度中精算特征并不被重视，所以它不是很明显。

DB 制度和名义账户制度的另外一个区别与养老金的国际可转移性有关。由于构成个人账户的养老金资产建立在个人先期缴费的基础上，这种可转移性也成为名义账户制度的一个显著特征。所以，自然可以将名义账户内的资产称作个人财产。这种可转移性并不是 DB 制度的明显特征，传统上 DB 制度的养老金待遇是与某个特定国家的国籍或居住资格相联系的。此外，如果允许 DB 制度具备了在国际范围内的可转移性，这必定会引起混乱。原因是这些制度往往与为数有限的年度收入相关联。如果缺乏养老制度方面各国政府间的协调配合，一些人在移居其他国家时，可能要失去养老金权益（因为工作年限太少而不具备养老金受益资格）。在其他某些情况下，来自不同国家的养老金总额加在一起，可能会超过个人在居住一个国家并在这个国家度过整个工作生涯而积累起来的养老金数量（只有像名义账户制度的自动调节机制那样，所有年份的收入都要计算，收入关联 DB 制度的这个问题才可能得

---

① 不过，早期暗含的税收楔子要比工作生涯中的晚期高，因为前者的情况相比后者来说，缴费被锁定（在一个低水平）的时期要长；参阅林德贝克和佩尔松（Lindbeck and Persson，2003，p. 85）。

② 计算基于的假设是：缴费积累的价值平均为 32 年，因此可以将公式 5.1 写为：$\tau\,[1-(1+G_1)^{32}/(1+R_1)^{32}]$；我还假定 $G=0.02$，$R=0.04$。

到解决)。

就财政稳定性而言，DB 制度和名义账户制度也是不同的。这里关键的一个问题是：调整名义账户制度下的养老金给付与调整 DB 制度下的缴费率相比，在政治上是否更容易或者更难实现。历史上，在 DB 制度下，随着时间的推移逐步提高缴费率在政治上是可行的——在大部分发达国家，缴费率从收入的百分之几提高到 15%～25%。今天的情况可能要不一样了，因为选民和政治家们可能认为缴费率已经很高了，再进一步提高在政治上很难行得通。实际上，最近一些冻结 DB 制度缴费率的尝试有一个重要的背景，就是希望缴费率不要再上升了。同样，这又意味着名义账户制度的一个典型特征要引入到 DB 制度中去。

那么与 DB 制度相比，名义账户制度在财政上的稳定性如何呢？这当然依赖于制度的合理设计。从理论上说，为了实现财政上的稳定性，在个人整个退休期内，名义账户制度下的养老金给付都要理想化地进行逐步调整，以应对当代工作人口税基增长率以及退休人员预期余命的变化。显然这会要求年金是个变量而不是定量（这种调整可能要减少年金，不过，如果制度设立了缓冲基金，它就可以烫平长期内的养老金给付，尽管这会使养老金制度的精算程度降低)[①]。

DB 制度和名义账户制度的分配效果也往往是不同的。大体上说，由于名义账户制被假定是准精算性质的，它原则上没有在代内或代际之间都进行某种分配的意图。DB 类型的制度没有这方面的再分配限制，它们在传统上被认为是合法而有效的实现代际和代内之间再分配的工具。正如其他现收现付制度一样，收入关联型的 DB 型计划对于收入的再分配有利于第一代养老金受益人，这同样暗含着对劳动力供给的补助（劳动力市场扭曲的另一个例子）。同代内的再分配就更加模棱两可了。例如，虽然养老金待遇的最底线和封顶线政策（在对缴费率没有相应要求的情况下）倾向于对低收入群体的再分配有利，但按照最好的 x 年或最后的 y 年确定养老金待遇的规则，往往有利于相对富有的人。从现实世界的养老制度可以看出，对于代内不同的收入阶层，一生中可以实现的收入再分配净效果看上去是相当弱的。

尽管“纯粹的”名义账户制度缺少再分配因素，现实世界中的名义账户制度通常要结合一些政策措施，通过设计这些政策措施可以带来代内的再分配。明显的例子是针对军人服役、儿童照料、疾病以及失业人员提供靠税收支持的特殊养老金待遇。换言之，一些再分配因素通常要附加到“纯粹的”名义账户制度上，这样它的再分配效果就变得更像 DB 制度了。在此特别意义上，名义账户制度可以模仿 DB 制度的再分配特点。如果政治家希望维持名义账户制度自身的“纯粹性”，可以将这些税收融资措施放在名义账户制度之外。然而，在分析从 DB 制度向名义账户制度转换产生的后果时，应该考虑到这些辅助措施。

就代际间的风险分担而言，DB 制度和名义账户制度也具有不同的含义。针对各种类型的干扰因素，成熟的 DB 制度和名义账户制度分配收入风险的做法不同。原则上讲，在 DB 制度下，由于总收入增长率的意外变化（从而使税基变化）而引起的“负担”要由工作的几代人来承担，所以其表现形式为缴费率的变化。与此相对照，在名义账户制度下风险则分摊

① 瑞典的制度未必是稳定的，其原因是：回报与实际平均工资而不是与工资总额联系在一起，并且，在退休期内，预期寿命的变化不会导致养老金待遇变化。这是瑞典制度引入一个特殊“平衡机制”的背景。

到代际间，因为养老金领取者和工作人口（将来的）的养老金待遇都会发生变化。当然，当前雇员在收入上也要发生变化。

应对预期寿命变化而采取的风险分担办法也是不同的。如果退休期内名义账户制度下的年金（可变年金）是逐步调整的（例如每年），那么养老金领取者承担全部收入风险。不过，在现实世界中，名义账户制度的这种调整通常仅发生在退休时。如果在个人的退休期内，没有根据余命变化进一步采取相应的调整措施（固定年金），这样的风险因素就可能侵害名义账户制度的财政可持续性。于是，后代人将不得不以某种方式来承担这种风险。现实中，政治家们往往通过采取削减养老金与提高缴费相结合的方式，来努力实现养老制度的财政可持续性，其前提是迫使当前就业者和养老金领取者来共同承担风险。

总的来说，即使 DB 制度可以模仿名义账户制度的典型特征（并且在一些情况下，反之亦然），这两种制度的基本哲理是不同的。与 DB 制度相对比，某些特征更“适合”名义账户制度——并且，反过来也一样。两种制度在代内或代际之间的再分配后果不同。它们分散风险的方式也不同。另外，就养老金在不同国家间进行转移的难易程度而言，这两种制度也是不同的。在名义账户制度下，养老金的“财产权”似乎更具有政治上的保障性。

参考文献

Lindbeck，A.，and M. Persson. 2003. “The Gains from Pension Reform.”，*Journal of Economic Literature* XLI（March）：74—112.

名义账户制的概念化

彼得·戴尔蒙德*

在《经济学文献》(*Journal of Economic Literature*)杂志的论文中，林德贝克和佩尔松(Lindbeck and Persson，2003)提出了一个养老金制度的三维分类方法。一种分类法是基于融资实现的调节方式，它将DC型与DB型制度进行了对比。DC型制度调整的是养老金待遇，而DB型制度调整的是收入。如果能将二者结合起来调整，实际上就会形成一个差别序列。正如彼得·戴尔蒙德和彼特·奥尔扎格(Peter Diamond and Peter Orszag，2004)为美国提出的建议那样，作为自动调整的部分内容，这种任务是能够实现的；两人的建议提出，针对预期寿命延长为社会保障的财务带来的冲击，为做到自动调节而采取的措施中大体上一半为削减给付，另一半为提高工薪税率。或者在立法过程中，如美国1983年的社会保障改革那样(见Ligh，1985)，采取将这两种措施相结合的办法。当通过立法来完成这项工作时，以上图示就会变得愈加复杂，虽然养老金待遇总体水平下降了，但部分人的养老金待遇可能会提高。除了对将此变量作为一个序列存在争议外，考虑到纯粹的DC制度和纯粹的DB制度仅是序列中的两个极点，我还不能确定使用“随机变化调整”这个术语是否更好。

林德贝克和佩尔松的第二个分类尺度是积累的程度，它也被当作一个连续变量。这个尺度就更复杂了，原因在于筹资的来源有重大差别。分析家们都十分清楚政治承诺用于支付待遇的资产与以促进国民储蓄的方式积累的养老金资产之间的区别。因而，同样这个尺度的复杂性进一步加深了。

他们将精算作为第三个尺度——缴税与待遇之间的紧密联系程度。很明显这与劳动力市场激励联系在一起，并且这个问题要比他们描述的更为复杂。可以考虑一种将定额式待遇养老金和按缴税积累相应比例确定待遇的养老金结合起来的制度。于是，这两部分相对大小的比例表示劳动激励的扭曲程度(这个意义上的扭曲指的是：如果维护福利定理的条件没有受到其他因素的干扰，以上制度违背了基本的福利定理)。这个例子清楚地说明，正如其他两个尺度的情况一样，没有理由说“精算性更强”的制度就更好一些(因为收入分配与效率同样重要)；同样，“积累性更强”的制度也未必就更好。或者说，沿着DB型和DC型数轴上移动(不管朝哪个方向)，都未必更好。

但还有其他方式使养老金待遇的确定不同于DC制度(在上文所使用术语的意义上不会产生扭曲)。在养老金待遇的确定过程中，有一个不同年份收入的权重变量问题——即分别

---

* 彼得·戴尔蒙德(Peter Diamond)是麻省理工学院的教授。

按照DC制度下市场利率与按照名义账户制度下内部回报率积累的养老金之间存在的差距。实际上，当这个变量垂直于其他坐标轴时，这种比较需要做出调整。也就是说，对于一个既定群体，在保持现值预算约束不变的条件下，才应该做出这种比较。在这种情况下可以预料到，名义账户制模式对早期收入的计算权重要比运用市场利率计算的情况低，而对晚期年份的计算权重要比市场利率下的情况高。如果一代人的税收与养老金待遇持平，运用市场利率计算待遇的方法也不会产生扭曲，在这里，同一年龄群组内没有再分配，也没有其他的劳动力市场扭曲现象。但是，这些条件一般不会具备。实际上，运用年收入累进税可以使名义账户制模式产生的扭曲程度下降，原因在于对通常由年龄/收入关联产生的收入边际税收上升现象，这种方式会起到平衡作用。也就是说，在具有向上倾斜的年龄/收入组合由线以及征收年收入累进税的情况下，与DC制度相比，名义账户制度的显性收入税总额和隐性社会保障税曲线会更平滑一些。

通常观察到的情况是，对于早先几代的收入再分配会对后代人的劳动供给产生扭曲。在一个双期的叠代模型（OLG）中，全部经过是这样的：第一代人口退休后获得的额外养老金，是由所有后代人来偿还的。现实中，在一个扩展期内，对早期几代人的养老金会更加慷慨，这会影响到代际再分配的受益者和纳税者的劳动供给。也就是说，早代人的劳动供给得到了补助，而后代人承担了税收。假定人们偏好于相对稳定的税率，这就意味着扭曲现象的产生，但这要比简单的两周期模型复杂得多。

用一个平均较短的时期——最后 n 年而不是所有年份来计算养老金待遇，这样的制度也会产生同样的问题。于是，通过一个收支平衡对比就发现，对早先工作年份收入的征税不计入养老金待遇，而后来年份得到补助，补助水平使待遇的增加超过补偿缴税的水平。当个人面临一系列不确定性，并采取用最高收入而不是最后收入来确定养老金待遇水平的办法时，情况就会变得更加复杂；就是说，不同的待遇确定规则与收入可能性的不同概率结构相结合，会在养老金待遇水平上产生不同程度的不确定性。就这方面的分类尺度而言，我不认为精算是一个好的术语，因为它是对劳动市场的一种干预，会影响效率、个人保险和再分配。在考虑收入税的累进程度时，这个术语是用不上的，在这里，还不清楚它是否能对此有所帮助。林德贝克和佩尔松在进行制度分类时，将劳动力市场激励当作十分重要的第三分类尺度，对这一点我并没有分歧—— 分歧点在于：仅就这种尺度而言，就像其他尺度的情况一样，它本身就是多维度的，并不是单纯一个平面上的点。也许“劳动力市场激励”是一个比“精算程度”更好的术语。

于是，我将他们的三维坐标重命名为：“随机变化调整”“积累程度”以及“劳动力市场激励”。重新命名后基本上对这种三分法的价值予以认可，从而可达到进行社会保障体系设计的效果。

在以上设置下，一个纯粹的名义账户制度所有的调节措施都实施在养老金待遇方面，对税收方面不做出任何调整。这种计划通过储备资产存量形成的积累有限，并且有较好的劳动力市场激励作用。针对一些不同国家的初始条件，在以上三个选择变量中的每一个相对于最优化来说结果如何，这是一个很难回答的问题。没有理由认为纯粹的名义账户制度在所有三个维度上的任何位置都是最优的。

为了分析名义账户制的内容，让我们简要看一下其他制度是如何运转的。如果没有养老金制度，个人根据生命周期安排最佳储蓄，在不同的时期可以有不同的储蓄水平；他可以投资于资产组合；在某些时期至少可以用资产积累去购买某种类型的年金（在价格相等的条件下，滚动购买年金产品是一个较好的保险选择）。这样，在一定时期内，个人会根据资产回报和收入水平的变化情况调整储蓄水平。

强制性DC型计划具有个人预算平衡的特点，依靠市场对资产和年金进行定价，并承担资产回报和收入轨线的风险。通常强制性DC制度不会根据实际变化调整储蓄率。统一储蓄既失去了对变动储蓄率做事先计划所要求的流动性，又失去了根据经验调整储蓄的能动性。不过，如果强制储蓄率不太高——低于可以满足一定退休收入融资需要的储蓄水平，还存在着调整储蓄水平的空间。通过单独的制度安排（例如最低收入）或通过制度内账户间的收入转移，上述制度还可以与再分配结合在一起。

企业的DB型计划通常将养老金待遇与收入历史联系起来，并根据预测的需求来决定资产积累水平。如果采取了融资调节机制，它就不会是针对个人的，而是针对整个养老金计划。如果维持完全积累的意图是严肃的，缴费率就要不断地做出调整。在实践中，公司不仅调整待遇计发公式，而且也调整缴费率，以适应企业收入和养老金计划的发展变化情况。此外，工资水平本身就是调整因素中一个，这些调整因素要视养老金计划历史以及企业收入的风险情况而定，它们当然也要受到劳动力市场变化的约束。

在养老金待遇与收入历史相关联的待遇计发公式选择上，强制性的国家DB型计划通常有别于企业的DB型计划，尽管不需要如此（一些企业计划用整个收入历史来决定养老金待遇水平）。在积累的目标水平方面，国家计划也区别于受管制的企业计划。不同情况下，企业计划和国家计划的积累程度的风险含义是不同的，因为导致企业破产的条件与导致国家拒付承诺养老金待遇的原因是截然不同的。

名义账户制是一个具有两方面创新性改革的混合制度。一是养老金待遇取决于纳税额而不是工资收入；二是讨论名义账户制时，运用的是一个DC术语，而不是一个DB术语。在税率维持不变的情况下，第一个创新意义不大；第二个创新在瑞典的改革过程中有助于达成政治共识，但阿克瑟尔·伯尔施－苏潘（Axel Börsch-Supan，2005）认为它对德国不会产生帮助。

与类似地构建的DB制度相比，纯粹的名义账户制度的自由度很小。名义账户制被假定对不同群组提供的待遇的贴现值（PDV）等于账户价值，并采用内部收益率作为贴现率。运用将相对的养老金待遇与相对生命预期相关联的类似规则，DB制度则可调整后代人的养老金待遇。在实践中，瑞典的名义账户制具有一定的灵活性，它选择了周期生命表而不是群体生命表，对这种生命表的预期或调整是建立在以往经验的基础之上，正如美国大学退休基金会（TIAA-CREF）在为大学教师提供年金时实行的（CREF）年金那样。作为替代，瑞典的制度采取两种方式予以调整：一是在制度开始时提供的资产水平；二是自动调节机制。

将设计良好的DB制度或名义账户制度与DC制度相比较时，我们可以看到DB制度在提高社会福利上的潜力，它是通过累进的待遇计发公式实现了收入再分配，并为收入提供保险（DC制度和名义账户制度有不同的再分配安排，但它们很多是效仿DB制度的方法）。我们发现通过减少对回报率的依赖性（个人拥有的资产同样可以获得回报率），DB 制度和名义账户制度可以提供较多的群体内风险分担。在运用不同年份的收入权重决定养老金待遇水平方面，可以看出这三种养老金制度之间存在着差别。名义账户制并不优于设计良好的 DB 制度。相反，我将名义账户制作为一种方法，去实现一个在设计上比许多当前或以往的 DB 制度更好的 DB 制度。

人们对良好制度的几个特点存在着广泛的共识。一个国家需要一个统一的制度——而不是为不同群体建立不同的制度，而用政治力量影响不同劳动者的相对待遇；养老金待遇要建立在至少大部分工作生涯的基础之上；制度需要实现预算平衡，可以采取完全的自动调节机制，也可以采取一些将某些自动调节措施与阶段性立法相结合起来的办法①；制度也需要有一个可靠程序来预测其未来发展状况——不仅包括财政状况，还包括社会保险目标的履行情况；同时，制度达到预算平衡需要花费的成本不会过多地转移给未来几代人。名义账户制会帮助未达到上述条件的国家实现这些目标吗？有可能，但并不一定。

据称瑞典制度的一个优点是它不依赖于预测。我认为这未必是优点。在完全私有化的制度下，市场在决定如何为年金定价时和对回报率既定的长期投资选择承诺回报率时，也会进行预测。我不认为用预测来确定不同群体养老金待遇间的均衡有什么固有的问题。我要提醒大家注意的是，在理性的私人市场制度下，劳动者将会根据自己为养老融资的经验来调整他们的储蓄率。另外，可以将没有运用理性预测的调节规则看作仅靠本能预测做出的反应。

值得注意的是名义账户制账户中的 1 克朗（kronor，瑞典货币单位）与 DC 型积累制账户中的 1 克朗的价值并不相等。由于名义账户制的克朗得到的回报率低于 DC 制度的克朗，所以它的价值要低。因而，劳动者们了解账户价值的说法是错误的。好的做法是让劳动者们知道预期的月度养老金待遇。由于可以推测到相对于能够支付的资金流量，工人们会高估其产生的养老金待遇总额，所以，为工人们提供更多的信息是十分有益的。此外，名义账户制账户中的资产积累价值要取决于未来的法定回报，这意味着对于具有不同预期增长率的国家，账户中同样的资产积累可能会有不同的价值。如果对需要转移的养老金资产缺乏详细的精算从而无法匹配负债的转移，那么，名义账户制在更广范围内的应用不会为不同国家之间提供现成的转移。

名义账户制需在以下二者之间做出选择：制度如何在不同的时间将风险分配给不同的参与人；制度在多大程度上需要对风险进行调整。例如，意识到退休者比工作者的风险厌恶更强烈，这就意味着，强制性的养老金待遇不应完全受制于税收收入的波动。

总之，名义账户制度看上去十分吸引人——很好地迎合了社会保险的目标。它为养老金制度设计开辟出了几个选择，这些选择是基于结果的选择，按照名义账户制的哲学，它们并不是一个典型的名义账户制的概念。养老金待遇设计上的决策可能特别重要——单独年金或联合年金、养老金待遇调整的指数化选择，以及更概括地说，待遇的时间分布如何等。这些决策应反映出对退休者和劳动力市场激励的影响。在一个收支平衡分析的基础上，如果认为退休太早的话，采取始于较低水平而较陡峭的待遇对于抑制退休可能特别有效。相关的措施

---

① 对于各种不同获取平衡的不同方式的讨论（风险分配需要与经济均衡的实现相联系），见 Diamond（2004）。

是选择在获得退休金待遇初始资格后的几年时间内是否进行退休情况调查。这样的调查会对提前退休年龄之后的消费时间分布以及退休决策产生影响。虽然名义账户制看似是一个很好的制度，但是与其他制度相比，如果过分推销它，过度宣扬其优点，那就没有多大的意义了。

参考文献

Börsch-Supan, A. 2006. "What Are NDC Systems? What Do They Bring to Reform Strategies?" In *Pension Reform: Issues and Prospects for Non-Financial Defined Contribution (NDC) Schemes*, ed. R. Holzmann and E. Palmer, chapter 3. Washington, DC: World Bank.

Diamond, P. A. 2004. "Social Security." *American Economic Review* 94 (1): 1 24.

Diamond, P. A., and P. R. Orszag. 2004. *Saving Social Security: A Balanced Approach*. Washington: Brookings Institution Press.

Light, P. C. 1985. *Artful Work: The Politics of Social Security Reform*. New York: Random House.

Lindbeck, A., and M. Persson. 2003. "The Gains from Pension Reform." *Journal of Economic Literature* XLI (1, March): 74—112.

名义账户制的概念化

萨尔瓦多·瓦尔迪斯—普累托*

本评论中的第一部分论述了名义账户制计划的融资方式和待遇计发公式；第二部分分析了大部分名义账户制计划不同于DC型完全积累制计划（它们是共同基金）的风险结果分配方式，在这个意义上说，名义账户制并不是真正的DC型；第三部分论证了名义账户制设计不应该被允许在第一支柱和第三支柱政策中发挥作用；最后论证了名义账户制能够并且应该为其计划成员提供某些流动性，以说明名义账户制的改进空间是很大的。

一、名义账户制家族的描述

养老金计划设计中的三个主要尺度是：计划的金融积累程度，为成员提供的待遇计发公式的类型和计划分配集合风险后果的方式①。普遍的观点认为名义账户制应将一个采用“精算”的待遇计发公式与低程度的融资积累结合起来，它接近于纯现收现付制融资方式。

促使采用名义账户制设计的动因之一是希望缓解原来非常严重的劳动力扭曲现象，另一个原因是在转向部分积累制度或完全积累制度时，采用名义账户制的国家无力支付其转型成本。这些问题涉及前两个主要的设计尺度，不包括第三个。

1. 积累程度

就计划“金融”积累程度而言，它与阿萨尔·林德贝克提到的“狭义积累制”是相同的。积累程度是用养老基金市场价值除以同时期应计的缴费增值预期贴现值所得的比例。养老基金包括哪些部分的经济资产呢？可能的资产不仅包括金融证券，还有土地和房地产，甚至包括计划所拥有的贵金属。另一方面，政府补助的预期现值以及对计划的其他捐赠并不属于养老基金，因为那些政策可能被修改，捐赠会停止。而养老基金是受产权保护的支持计划给付承诺的资产集，产权在宪法保护条款中明确规定的。

积累制的另一方面指的是整个经济体的储蓄。“广义”积累的“最终”程度是个人财富受实物资产和净国外资产支持的程度。广义积累的程度是公债和公共投资基础设施规模的函数，并不仅是国家养老金计划积累状况的函数。事实上，医疗补助、教育以及知识存量的代

* 萨尔瓦多·瓦尔迪斯—普累托（Salvador Valdés-Prieto）是智利天主教大学的经济学教授，圣地亚哥公共研究中心的研究员。罗伯特·霍尔茨曼（Robert Holzmann）为最终稿给予了精彩的评论。伯尔施—苏潘（Axel Börsch-Supan）和埃尔萨·佛尔内罗（Elsa Fornero）在会上做出的回应对本文的写作也非常有益。

① 这种三维分类法已被包括林德贝克和佩尔松在内的许多人采用，原有的将待遇计发公式和集合风险后果的分配方法混在一起的二维分类法要更加有效。

际转移都会支持大量的个人财富[①]，影响广义积累的程度。

这二者中哪个是最有用的呢？给养老金计划附上其运行环境中的经济特征是不合适的。因而，经济意义上的广义积累程度不应成为养老金计划的定义特征之一[②]。考虑一个引入了信用卡证券化的经济体，它允许未偿的消费者信贷规模的扩张和消费支出流的短暂性增长。随着这个经济体的国民储蓄存量的下降，经济的广义积累程度将会下降。不过，如果一个完全积累制养老金计划购买这些债券，任何一个观察者都会断言计划自身仍然是完全积累制的。正如伯恩海姆和肖文（Burnhaim and Shoven，1988）所证明的那样，在总储蓄和养老金计划积累状况的变化之间并没有联系。总之，为养老金计划贴上积累状况标签的意义在于说明其“金融”积累程度。

养老金计划对总国民储蓄的影响可能是正的，但在很大程度上要依赖于储蓄的其他组成部分，依赖于在养老金计划改变其狭义积累程度时如何做出调整。即使国民储蓄不受影响，提高计划的“金融”积累程度，也的确会带来两个令人满意的结果。首先，就资产创造出未来的现金流而言，计划得到了额外的财产权保护；其次，更大份额的计划资产能够在金融市场上交易，并且这种交易会使养老金计划从交易中获利，使成员受益。与此相对照，在将转型成本考虑进去后，提高国民储蓄水平可能是合意的，也可能不是。

2. 待遇计发公式

待遇计发公式是将养老金计划单个成员所获取的退休金数额与其工作期的状况相联系的函数。待遇计发公式主要有两种类型。“精算型”建立在工作期的贡献大小上，它使用个人账户资产，将利息计入账户，并且运用年金转换因子将取得的资产转换成年金。“精算型”包括通过分期付款购买的延期年金和可变年金。另一种主要类型的待遇计发公式建立在“服务年限”和“职业平均工资重估价值”的基础之上。除这两类外还有其他的待遇计发公式，例如，巴西1999年引入的则是“社保计算因子”（factor previdenciario）*。通过一些参量设置，一个按服务年限确定的待遇计发公式几乎能等同于精算型的待遇计发公式，但它们通常有一个区别：精算型待遇公式下，养老金待遇对于缴费率提高的反应是正向的，而按服务年限计算的公式则不会发生反应。

与会者认为，名义账户制不会对劳动决策引入税收楔子，因为名义账户制计划使用的是精算型的待遇计发公式。我不同意这种看法，因为待遇公式可能是精算型的，但也可以采用非市场参数，例如计算个人账户收入的利率和确定养老金数量的年金转换因子。尽管所有精算公式的数学计算都相同，但在这种情况下，个人缴费与退休金增加额的预期现值之间的联系，可能远不如由金融市场价格决定的联系那样紧密。

再来考察名义账户制的情况。名义账户制运用现收现付制的融资方式，至少在稳态下修正了金融市场产生的与待遇计发公式产生的待遇与缴费关联性之间的偏差方向。考虑到这样

① 见Lee（1994）。

② 在这方面，我们不同于林德贝克和佩尔松使用的术语（2003，p. 75）。

* 巴西1999年养老金改革时引入了一个类似于名义账户制养老金待遇的计算公式，在此计算方式下，养老金待遇等于个人缴费期内80%最高月工资的平均数与“社保计算因子”（FP，Social Security Factor）的乘积，“社保计算因子”的大小依赖于个人缴费期限以及退休时预期寿命的长短来计算。——译者注

一种情况，GDP 和覆盖工资总额增长速度为常数 g，名义账户制待遇计发公式提供的内部回报率（IRR）为 g，金融市场上资产投资组合以及保险合同的实际回报率经过风险偏差调整后为 r。在长期内，资产市场均衡要求 $r>g$。否则，长寿者的收入与经济增长同步，所以就有可能在利率为 r 的情况下借款，且债务可以无限滚动下去而不必付息，他们的总债务相对于资产来说仍然会随着时间的推移而下降（Tirole，1985）。此外，在多数实际经济中的大部分时间内，经验数据可以支持 $r>g$ 的假设。接下来的情况是需要 $r>IRR$。因此，长期内利率为 g 的精算型待遇计发公式产生的楔子是一项税收，而不是补助。由名义账户制隐含的税收造成扭曲的两个重要劳动决策是：

- 提前退休：$IRR<r$ 的情况产生了在允许范围内尽可能提前开始领取名义账户制养老金待遇的经济动机。
- 推迟参加正式工作的时间：$IRR<r$ 的情况会激励年轻人延长学习时间，推迟参加工作，以及在较长时期内加入非参保部门工作。这可能会妨碍到他们在最适宜的年龄获得关键性岗位培训的机会。

正如一些与会者所讲的那样，应避免将效率、公平以及保险的含义附加到运用“精算”型待遇计发公式的养老金计划上，其中的原因还有两个其他的合理解释。一是在人们活动的更广经济环境下，养老金计划的激励可能是无关紧要的。另一个是养老金计划的激励机制可能会与由政府政策提供的激励措施高度相关，这种措施会影响个人。

为了说明这一点，可以考察当前劳动者做出的劳动力市场决策的效率情况，比如工作小时、努力程度以及劳动参与率。这些决策取决于收入净税收。依此类推，这些净税收取决于特定养老金计划缴费与风险调整后的预期养老金现值之间在边际收益与平均收益上存在的联系。不过，劳动激励也取决于这样一些情况，包括个人可能参加的其他养老金计划（比如职业计划）、收入税项目以及强制性健康保险、失业保险的缴费与预期待遇之间在边际收益和平均收益上存在的联系。如果一项养老改革提高了计划待遇与缴费之间的边际联系，假设其他计划维持或提高了它们的税收楔子，那么对于劳动选择的影响就可能很小或者为零。

现在考察完全积累制养老金计划的情况。它代替了过去一个没有偿付能力的现收现付制计划，即融资上达到了平衡。假定新的积累制计划的缴费率得益于较高的回报率（$r>g$）而被削减，并假定转型成本由发行新的公共债券来承担，并新引入一项明确而永久的工资税以支付新的公共债务产生的利息，它等于（$r-g$）×（新债务）。这项新税收收入恰好能阻止新债务占 GDP 的比率在长期内上升。于是，强制性养老金计划税收楔子的变化——当前为零——与显性所得税率完全呈负相关。事实上，缴费工资的总税率与以前现收现付融资计划下的税率是相同的。

更广范围内经济环境的影响也会缓和养老金改革对保险和收入再分配产生影响的说法。考虑到对一个 DB 型计划与一个简单的名义账户制计划之间的比较，由于 DB 计划对提前退休的待遇削减是低于精算值的，它就为意外缩短的工作生涯提供了隐含的保险，正如美国社会保障计划那样。通常认为 DB 计划相对于名义账户计划的优势在于 DB 计划具有保险功能，而不考查第二个国家的个人税收制度是否包括对缩短工作时间的隐含保险。如果养老金收入的所得税是累进的，就可以带来这种保险效果，因为对于那些相对年轻就开始领取退休金的人来说，税后养老金待遇的削减是低于精算水平的，就是说，由于意外的工作生涯缩短，他们将获得较少的退休金，而且支付的税率会更低。另外，如果一个实行DB型计划的国家将养老金从个人所得税中免除，而第二个国家不免除，对于缩短工作生涯的情况来说，在第二个国家获得的总保险额可能要更大，尽管养老金计划没有提供这类保险。

名义账户制具有两个特点，即精算型待遇计发公式和积累程度低，可以看出名义账户制是一个贴着不同系列养老金设计特征的标签的计划。正如瑞典的情况那样，如果在一生中的工作时期计入个人账户的名义利率等于每年的平均工资增长率减去1.6%，计划的融资情况及其对成员的含义必定不同于另一种名义利率每年为6%的名义账户制的情况，后者正是巴西改革争论时提出的建议，它导致了1999年“社保计算因子”的调整改革[①]。应用精算型待遇计发公式可以允许参数上的许多差别，这可能会为劳动力市场激励、保险以及再分配带来很大差别。

3. 名义账户制与再分配

划分再分配政策的三种类型非常有用处。其中第一类是用社会上其他人的资源来支持穷人，包括老年穷人；第二类收入再分配发生在中产阶层内，即由较高收入职业阶层向较低收入的底层劳动者进行再分配；第三类再分配是指向资产所有者征税以支持低薪阶层。

现在考查第二类再分配的政策情况：在税收制度内将再分配集中在中产阶层之间，在税收制度之外把那种再分配分散在养老金、健康、住房、教育以及失业保险等多种项目中的情况进行比较。如果选择集中化，那么相对那些分散并包含在几个部分之内的再分配政策来说，这种类型的再分配能够用更丰富的方式进行设计。当将再分配与效率之间的配置呈现给全球公开讨论时，透明度将会提高，因为讨论并不受其他政策复杂性的限制，这种复杂性会增加交流成本。

一些人认为，养老金政策的制定应少一些透明度，以使专家们避开政治家们的操纵——这些政治家通过利益引诱而不是制定良好的公共政策来寻求重新当选的机会。在一些国家和一些事例中情况就是这样。不过，当设计中产阶层内部的收入再分配政策时，专家们同样有兴趣去获得前景更广阔的机会。

集中化意味着中产阶层内的再分配不再是养老金政策的一个目的，因为那种目的是通过总税收政策来实现的。当然，再分配仍然是重要的，但它实施的方式更为丰富了。采用名义账户制的一个主要优势在于它容易进行集中再分配，使整个再分配政策提高了透明度。

再分配的整体程度还隐含着对可支配收入的部分保险程度，因为收入下降时税收也随之下降。如果养老金待遇数额更多地反映终身收入而不是年度收入，那么就让财政政策对养老金收入征收一个差别系列的收入税率，而不对每年收入的其他来源征税。大部分国家都采用这样的逻辑，以对家庭出售房屋时的资本利得设定特别税率。

集中化的另外一个好处是：设计养老金收入税率时可以将来自第三支柱养老金合同的收

① 建议被否决，因为6%实际上要远低于巴西当时的市场利率。

入以及资本利得考虑在内。同样，对总额养老金给付征收的税率应通过总税收政策来设定。

二、养老金计划计合风险的分配方法

不用心的观察者往往认为养老金计划分配计合风险结果所应用的方法是由待遇计发公式决定的，例如，人们认为它是与精算型待遇计发公式和共同基金所采用DC型方法联系在一起的。同样大家会认为，按服务年限确定的待遇计发公式通常按DB型模式分配总风险。两个例子说明这种联系是不成立的。我们首先来考察一个年金合同。不管投资回报和生命表的波动情况如何，保险公司都给予一定的养老金数额保证，这样的合同可以被认为是DB型。不过，它的待遇计发公式是精算型的。在相反的极端例子中，考虑一个养老金计划时，它采用按服务年限确定的待遇计发公式为每名成员设定初始的养老金，但将随后的养老金给付按现收现付制下实际可观察到的缴费收入增长率来进行指数化，这种计划采用将计合风险全部转移给老年成员的办法，所以它并不是DB型的①。

虽然分配计划计合风险的方法受待遇计发公式的影响，但它受计划其他方面因素的影响也很大。这些其他方面的因素可能是调整计划参数的规则（如果这种规则存在）、运用发起人（例如财政）信用额度的规则，以及在金融市场上交易总风险中不可保部分的规则。风险也可以酌情处置，当全部财政损益的分担事后由指定的群体——即议会成员、老龄委员会成员或财政部成员——决定时，就会发生酌情处置的情况。这些权威人士也可能会影响到养老金计划获取融资信贷的机会。实践中，参量调整层出不穷的规则与酌情处置原则优雅地配合在一起。这些其他方面的因素使风险分配方式转变成为一个计划设计的分类尺度，它明显不依赖于林德贝克和佩尔松（2003）所强调的待遇计发公式②。

风险可以制造、消除或转移。设计不良的规则和酌情分配会制造风险。假设有一个名义账户制计划，它的账户收入在转换成年金因子时，是一个部分投资于证券的相对较小的缓冲基金投资回报的固定函数。这种规则是应对风险的一种赌注，使养老金计划操作成为一个赌场，除非一些计划成员是风险偏好者，这种计划的帕累托效率不如其他规则。现在考虑计划参量由议会按照变动着的多数人的选举需要来设定养老金计划带来的风险。这种计划可能会变成一个政治游戏。在最优化生命周期消费的部分均衡模型下，运用德国和美国的标准数据分析就可发现政治风险带来的福利损失处于养老金总额的1.7%～3.6%之间。

这些例子说明养老金计划所运用的风险分配方法要比习惯上的DB和DC计划的分类法更为广泛。这个事实带来了两个挑战：首先要按照有效的方式对这些选择进行分类，其次是在既定环境下建立福利标准来辨别优化的选择。

1. 选择分类

以上陈述说明了对风险分配方法最为有效的划分方式之一：按规则分配与酌情分配。另一个普遍的划分是DC型和DB型。这两种划分是相互独立的，于是，我们有了一个风险分配方式的二分法。一个轴上是计合风险按规则分配相对于酌情分配的程度；另一个轴包括纯

---

① 没有建议说明这些风险分配规则中的任何一个都是最优的。

② 人们也可以将DC型定义为某种待遇计发公式（精算型）与某些风险分配特征的结合体。这种方法无法在待遇计发公式和风险分配方法之间建立正交坐标轴，也无法控制养老金计划应对风险的各种方式。

DB型、纯DC型以及二者结合的情况，例如根据成员年龄变化相应改变风险大小而采取的一些组合措施。

现在考察纯DC型计划的确切含义。DC型表达方式的起源是法定的：发起人的义务限定在支付认定的缴费范围内，并由这种限定加以确认。当思考DC型的经济含义时，不要认为缴费率是长期固定的，因为当DC型完全积累制计划的缴费率变化时，这些计划并没有失去它们DC型的特征[①]。DC型并不意味着缴费率不会根据现实情况而做出调整，这是因为，共同基金作为DC型设计的渊源，当共同基金的成员在对其现实情况做出缴费率调整的反应时并没有改变共同基金的DC性质[②]。我这里给出以下几个经济定义（Valdés-Prieto，2002，p. 717）[③]：

DC型：DC型的风险分配方式将计划的计合金融风险仅传递给当前成员，并且它按照每个成员既得养老金待遇权利的资产价值相应成比例地分配风险。

DC型的定义是对标准共同基金的一个总体概括。由于已在金融市场上得到广泛应用，这种定义标准是自然的。共同基金通过下述方式来分配风险，它将每股价格定义为资产的市场价值除以股份数（负债值等于价格乘以股数）。股份数随着根据前一天的股份价格来估值的资产注入和流出而变化[④]。对于DC型的建议性定义可以有一些灵活性，因为计算资产价值的方法并不是特定的。按市场利率来折现将来的预期养老金收益价值与按养老金计划的内部回报率来折现是有很大区别的，后者的结果可能会低得多[⑤]，这是因为分配计合风险结果的比例份额会以不同的方式分配到养老金计划成员中去。

DB型：DB型的风险分配方式不将任何部分的计合金融风险分摊到养老金计划成员身上。

保护养老金计划成员免受计合风险影响，这意味着风险必定要分配给其他计划成员或者债券发行者（大部分自然情况下他支付一个固定数额）、发起人（例如年金，人寿保险公司承担了风险）或纳税人（例如不受条件限制的DB计划，议会可以将风险分摊到纳税人和公共支出的承担者身上）。

列出选择方案的框架后就可以对最优政策进行分析了。短期财政稳定性对于养老金计划

① 关于这一点，在这个会议上，我不同意阿萨尔·林德贝克的看法。

② 在这个会议上，对于这一点我不赞同彼得·戴尔蒙德的观点。

③ DC型的这种定义运用了塞特格伦阐述的原理（Settergren，2001，p. 4，脚注9）："在DC型计划中，不可保的风险必须要通过养老金待遇水平来承担，而不是缴费率。"

④ 用每天的价格来衡量计划成员的既得权益会将包含在市场价格中的所有短期风险分配在既得养老金权益上。为了防止这种短暂性的风险在缺乏金融经验的计划成员中间产生不必要的担忧，运用几个合理期限内的平均时间来报告增加的价值是一种明智的做法。

⑤ 例如，瑞典用平均参保工资增长率来折现负债和资产，在长期内这种利率要低于市场利率。

来说是个很有价值的特征，因为它可以避免使计划失去偿付能力。国际经验说明在养老金政策领域，酌情调整不会带来财政上的自动稳定，这不同于与中央银行和货币政策的情况。这些证据说明在养老政策上实施规则调节要比酌情配置好。

哪个规则最好呢？经济学理论表明：为了实现福利最大化，养老金计划需要将风险按市场价格与其他经济活动者进行交易，而且剩下的不可保风险应在养老金成员之间根据个人的风险容忍度按比例进行分摊[①]。从经验上讲，成员的预期风险容忍度是劳动收入变化、其他财富现况、获得保险和信用额度的机会以及年龄等变量的函数。纯 DB 型（如以上定义）不可能是社会最优的，因为养老金成员风险偏好不可能全部都为零[②]。即使在老年成员中，一部分成员的风险容忍度可能也要大于零。同样，由于既得养老金权利的资产价值并不是预测风险容忍性的唯一因素，单一收入组合的 DC 型计划也不是最优的。与之相对照，DC 型计划如果允许养老金成员在一组具有不同风险水平的平衡投资组合之间进行选择，那么它似乎更接近于最优化，因为它允许考虑个体的风险容忍度。此外，为那些打算在一个既定年限内开始领取养老金的人设计一个投资组合，能为计划成员提供有价值的服务：随着他们变老而慢慢地改变风险水平，将投资组合转向更多地投资债券。债券投资组合也是 DB 型的，因为债券持有者 100%承担了潜在的经济风险。

2. 名义账户制的含义

一个将养老金按物价膨胀进行指数化的名义账户制计划，对其养老金的领取者来说，那就是 DB 型的，因为养老金领取者避免了对制度的集合财政风险的分担。与此相反，当名义账户制计划将养老金按 GDP 增长率进行指数化（比如意大利），或者采取以制度内覆盖的平均工资增长率进行指数化时（比如瑞典），计划就不能保证养老金领取者有一个固定的生活水准，因而它既不是 DC 型的，也不是 DB 型的。这些设计可以让养老金领取者分享到经济增长或平均工资增长的好处。不过，他们这样做时并没考虑到这种整体精算水平在当期是出现了盈余还是赤字。例如，如果由于低层次工作职位的劳动需求下降，失业上升，瑞典的规则就会造成这样的局面：平均工资上升但就业增长减缓，最终导致计划资产低于负债。养老金待遇随后的增长（由平均工资增长引发）提高了负债，进一步加重了计划财政上的不平衡。当计合风险为零时，名义账户制的这个规则将增加计划成员的风险，这种情况可以被描述为风险制造或下赌注。

与此相反的是，如果制度内平均工资的增长率较快，并且其原因是由劳动生产率的整体提高所导致的，那么这条规则就应该由于代际风险的共担而受到保护。政策制定者们需要审查规则如何应对多种冲击，以避免产生风险。

现在来考虑为计划成员设立的规则。与 DC 型完全积累制计划相比，大多数名义账户制计划的财政稳定性要差一些，这是因为所有对稳定增长状态的偏离都会产生精算盈余或精算赤字（参见本书第七章；Valdés-Prieto，2000）。此外，对财政补助的依赖意味着这些计划为财政带来了风险，或者要求对过去几代人征税，以建立一个缓冲基金。如果议会做出最终

① 见《辛迪加理论》的总结部分，载克莱普斯（Kreps）所著的《宏观经济理论课程》（1990，p. 159—174）。
② 默顿（Merton，1983）在 20 多年前说明了这一点。

决定，但组织起来的成员却以政治激进主义来应对，计划就可能被某些人看作一个政治游戏。

为正在工作的成员制造风险，这是一个谋略，对于一个真正的DC型规则来说，正如共同基金采取的规则那样，它不可能这样做。一个真正的DC型规则，它把全部计合风险都转移给了当前的计划成员，但它不是制造风险。因此，根据上述定义，名义账户制的设计就与DC制完全不同了。正是基于这个理由，从这里开始，我将意大利、波兰和瑞典的计划称之为“模拟账户”（Notional Account，简称NA），而不称之为“名义账户制”，即“名义缴费确定型”（NDC）。

瑞典计划的最初规则是按照缴费收入的增长率记录缴费雇员的名义资产，并以每年的平均工资增长率减去1.6%来调整养老金给付。然而，自2001年5月开始，它开始采取一个不同的规则：当养老金计划的负债超过资产时，对缴费成员记录的名义利率以及调整养老金给付的利率都要削减，削减后的结果要等于平均工资增长率减去负债增长率再加上资产增长率（Settergren，2001）。这个机制可能赋予瑞典名义账户制计划短期内的财政自动平衡性，也可能避免为财政带来风险。然而，2001年的改革却引入了一个进一步的扭曲措施。即使以后的资产超过了负债，但也一致维持着较低的名义利率和较低的养老金待遇指数增长率，直到平均养老金待遇对平均工资的初始比例恢复过来为止。这种不对称性可能产生永久的现金盈余，但它是以成员利益为代价来增强财政力量的。

以上讨论说明模拟账户的发起人需要做大量的工作来改进风险分配的方式。这项任务要求构建一个内容更丰富的框架来定义最优化。

三、“模拟账户”在第一和第三支柱中的作用

让我们首先讨论模拟账户的设计在第三支柱政策中的作用。我将第三支柱政策定义为那些引入财政或监管激励的政策，但它们不是强制性的，用以引导缺乏远见的中产阶层在自愿的基础上来为老年生活提供更多的储蓄①。

现收现付制融资方式让劳动者投资于一个隐性的保障之中②，其红利来自于未来几代参保者的人力资本回报（收入）的份额。假定这项保障有多数人的长期资产组合中有重要地位③。那么任何金融服务公司都应该考虑为受到财政激励而储蓄的顾客提供一个模拟账户计划。例如，提供“个人退休账户”（IRA）和401（K）计划的银行和共同基金可能在自愿的基础上提供一个“模拟账户”（NA）。

不过，在起初引入阶段，模拟账户作为第三支柱计划可能会呈现出一个不得当的市场兴旺发展景象。这是因为现收现付制的融资方式为最初一代提供了净补助。但当现收现付制融资发展成熟时，它要维持财政的独立性，就必定要为养老金计划成员制造一种税负。在长期运行过程中，如果无法强制未来的劳动者加入计划，那么，就会很难发现有新成员加入。一

① 我们假定这种财政激励比储蓄激励还要慷慨（这种储蓄并不主要用于老年人的需要）。这些财政激励可能是定额式的，累进的（如捷克共和国1995年的计划），或累退的（如美国所得税扣除的做法）。

② “保障”这个词的含义是指所有者受到的财产权的保护。但通常劳动者未来收入的缴费比例则不适用之。

③ 见Merton（1983）and Dutta，Kapur，and Orszag（2000）.

个例子是1985年巴拉圭的“金字塔”养老金计划，它得益于最初成员提供的补助而成长了至少10年①。因此，“投资者保护标准”建议说，应禁止金融公司提供自愿型的模拟账户制计划。

由于相关的原因，政府应该对某一类公司或某一部门的经济活动强制实行模拟账户计划。虽然一个新的模拟账户计划为最初一代提供补助金，有助于吸引劳动者加入这个计划，但长期内成熟的现收现付制融资方式隐含的税收可能吓跑他们。在这种情况下，计划违背了对养老金待遇水平的承诺。那时，蒙受损失的成员可能会记起政府对部门的强制参保要求，并要求政府给予赔偿。

现在考虑模拟账户在第一支柱政策中的作用，第一支柱被定义为贫困老年人提供支持的政府计划安排。这些计划的目标是给穷人提供更多的补助——确切地说是那些缴费少的人。在模拟账户运用精算型待遇计发公式的实际情况下，它支付给少缴费者的养老金也较少，很明显，模拟账户与第一支柱政策的目标相矛盾。

领取养老金的贫困老年人可能是相对更加厌恶风险的，因为他们只关心维持生存需要的消费水平。模拟账户不是DB型的事实意味着他们过多地承担了计划的计合财政风险。此外，一个模拟账户型的第一支柱计划可能会使贫穷的养老金领取者受制于风险分配方法所内含的赌博。所以模拟账户不应该用于第一支柱计划。

四、“模拟账户”与强制型储蓄的部分流动性

当养老金计划成员看重流动性时，成员财富不能流动的强制型养老金计划会带来效率损失。只有那些拥有大量自主流动资产的计划成员才能不受影响。即使有远见的成员也会通过改变劳动选择方式，做出对资产非流动性的反应，以期将这种效率损失最小化。将既得养老金权益冻结在一个非流动性的保障权益上可能也是不公平的。原因在于那些拥有的预防性储蓄数量少得可以忽略不计的劳动者大都是最穷的。养老金权益的非流动性可能会迫使这些比较穷的人为积累大量的预防性储蓄而牺牲太多的消费，或者过多地依赖于亲朋或银行提供的应急贷款。这些问题对包括完全积累制、模拟账户以及传统计划在内的所有强制性计划提出了质疑。

会上提出的一个有趣的主张是在模拟账户计划下，养老金待遇的非流动性与完全积累制以及部分积累制的计划是相同的。养老金计划的流动性是指：给予计划成员选择机会，可以立即获得他们老年养老金权益的一个限定部分，以应对紧急情况——这种情况最好由成员自己加以确定。部分流动性有助于减少强制按统一比例储蓄而不顾个人流动性需要的做法造成的效率损失和不公平程度。

部分流动性是完全积累制和部分积累制计划中一个客观存在的情况，它能够卖掉一些资产而贷款给计划成员。正如国际经验证明的那样，流动性贷款的恢复可以通过拥有的养老金

① 见《自愿参加的现收现付制计划》，载Valdés-Prieto（2002，box 10.2，p.516－517）。

待遇权益来担保，这些权益始于养老金建立之日，它会延迟养老金资格的年龄[①]。它需要运用能够产生偿还激励的方法来对贷款规模加以限制[②]。

现在来看一个运用现收现付制融资方式的模拟账户计划。它能够为计划成员提供部分流动性的选择吗？如果计划成员获准撤出部分资产，计划就不得不通过在金融市场上发行债券来弥补净流出。为了保持平衡，计划必须向其成员收取市场利率（外加管理费用）[③]。不过，这种方法并不是对所有模拟账户计划都有效：计划必须有足够的财政稳定性才有信用。

因此，模拟账户计划要想为其成员提供部分流动性，它就要比完全积累制计划多出一个要求。尽管模拟账户计划采用现收现付制的融资方式，并且受政策干预的影响，它们必须具有良好的信用。我的结论是：目前的模拟账户计划必须做出改进，以便能够像强制性完全积累制计划那样提供可以流动的待遇。

总的来说，对于一些初始条件以非常缺乏效率的待遇计发公式以及阻碍向完全积累制转型的财政约束为特征的改革，模拟账户的设计有很大的吸引力。不过，要改进这个承诺的目标设计，还有很多事情要做。

参考文献

Abel，A.，G. Mankiw，L. Summers，and R. Zeckhauser. 1989. “Assesing Dynamic Efficiency.” *The Review of Economic Studies* 56（1）：1—20.

Auerbach，A. and L. Kotlikoff. 1987. *Dynamic Fiscal Policy*. New York：Cambridge University Press.

Bernheim，D.，and J. Shoven. 1988. “Pension Funding and Saving.” In *Pensions in the U. S. Economy*，ed. Z. Bodie，J. Shoven，and D. Wise，85 — 114. Cambridge，Mass.：National Bureau of Economic Research，University of Chicago Press.

Beyer，H.，and S. Valdés-Prieto. 2004. “Análisis de la situación de trabajadores con baja densidad de cotizaciones y propuestas para corregir esta situación.” Report to *Servicio Nacional de la Mujer*，Santiago，Chile，March.

Dutta，J.，S. Kapur，and M. Orszag. 2000. “A Portfolio Approach to the Optimal Funding of Pensions.” *Economic Letters* 69：201—6.

Holst，R. 2005. “Policy Risk：Some Evidence，its Relevance and Welfare Costs in Re-

---

① 这种方法在菲律宾雇员公积金（EPF）中成功地得到运用。经济效率的关键要求是将不支付的成本保留给个人，就像贷款从个人账户余额中而不是从集体拥有的基金中扣除的情况那样。对于流动贷款的一个政治稳定性的要求是恢复并不减少养老金待遇数额，并且这为提高合法的养老金受益年龄提供了合理依据。参阅瓦尔迪斯—普累托对国际经验的总结（2002，第4章，第4.4节）。

② 一个最近的建议是将未偿贷款的最高数额限制在过去36个月中缴费总额的70%。这项工作就类似于飞机固定航线上的飞行路程。它保证3年后100%的缴费供给了老年储蓄，并且有30%立即储存起来。因为提取流动贷款是有价值的，许多人就可能不会在大部分时间内保持完全欠债状态了。

③ 在现收现付制融资计划的稳态下，利率会高于由养老金计划提供给其成员的内部收益率。

tirement Programs." Dept. of Economics, University of Chicago, March.

Kreps, D. 1990. *A Course in Microeconomic Theory*. Princeton, N. J.: Princeton University Press.

Lee, R. 1994. "Population Age Structure, Intergenerational Transfer and Wealth: A New Approach, with Application to the U. S." *Journal of Human Resources* 29 (4): 1027—63.

Lindbeck, A., and M. Persson. 2003. "The Gains from Pension Reform." *Journal of Economic Literature* XLI (March): 74—112.

Merton, R. 1983. "On the Role of Social Security as a Means for Efficient Risk Sharing in an Economy where Human Capital is not Tradeable." In *Financial Aspects of the U. S. Pension System*, ed. Z. Bodie and J. Shoven. Cambridge, Mass.: National Bureau of Economic Research, University of Chicago Press.

Settergren, O. 2001. "The Automatic Balance Mechanism of the Swedish Pension System: A Non-Technical Introduction." *Riksför säkringsverket* (August). www. rfv. se/English.

Settergren, O., and B. D. Mikula. 2006. "The Rate of Return of Pay-As-You-Go Pension Systems: A More Exact Consumption-Loan Model of Interest." In *Pension Reform: Issues and Prospects for Non-Financial Defined Contribution (NDC) Schemes*, ed. R. Holzmann and E. Palmer, chapter 7. Washington, DC: World Bank.

Tirole, J. 1985. "Asset Bubbles and Overlapping Generations." *Econometrica* 53 (6): 1499—1527.

Valdés-Prieto, S. 2000. "The Financial Stability of Notional Account Pensions." *Scandinavian Journal of Economics* 102 (3): 395—417.

——. 2002. *Políticas y Mercados de Pensiones: Un Texto Universitario para América Latina*. Santiago, Chile: Ediciones Universidad Católica. mrivervl@puc. cl

第二部分

设计与执行的理论问题

第六章　人口不确定性与养老金制度可持续性的评估

尤哈·M·阿尔霍，尤卡·拉西勒，塔尔莫·瓦尔科伦*

欧洲人口老龄化比一般认识到的要复杂得多，人口不确定性也是如此，这就使得对养老金制度的长期性特征进行评价具有很强的挑战性。由于不同的养老金政策工具对跨群体和跨时间的人口变化作出反应的方式不同，因此需要对现有政策和提议方案的风险特征进行调查，并在多种现实可能性下进行“碰撞试验”。

如果不幸的人口成为现实的话，由于变化中的年龄结构的复杂性，无论养老金制度中的个人、企业还是管理者，他们都不能明白在养老金和保险费上将要发生什么。这样的话，对任何人都难以有效地设计和应用它们的风险策略。“碰撞试验”提供了阐述这个问题的一种途径。更广泛的结论是，如果人口和经济没有像预料的那样变化，为了使一个养老金策略具有可持续性，它就必须清楚地阐明该采取什么行动。例如，尽管瑞典名义账户制在这方面具有不同寻常程度的透明度，但对制度的风险特征进行定量分析和向公众传达这种风险特征而形成的挑战也仍然存在着。

这种研究把随机人口模拟和一个假定行为人的眼光无限长远的叠代模型（OLG）综合在一起，我们认为这是朝着一个更加综合性的模型迈近了一步；这个模型将以一个更加先进的方法处理未来的不确定性。然而即使是目前的模型已提供了新颖的见解，对新的问题可进行程式化处理，并考虑新策略。我们提出了与养老金政策设计有关的未来研究领域。

第一节　缺乏可持续性带来的不确定性

关于财政政策可持续性的一个著名定义来自于OECD：“可持续性基本上与良好的管理有关。它本质上是指，基于现行政策，政府是否会背上过高的债务额①。”更确切地说：“财政政策可以被认为是一系列制度的组合，不仅仅是债务的积累水平。并且可持续的财政政策

* 尤哈·M·阿尔霍（Juha M. Alho）是芬兰大学的统计学教授；尤卡·拉西勒（Jukka Lassila）是研究主任；塔尔莫·瓦尔科伦（Tarmo Valkonen）是芬兰经济研究所公共财政研究室主任。我们在此对爱德华·帕尔默和塞尔焦·内斯蒂科所作的评论表示感谢。我们也要感谢欧洲委员会对两个基础研究项目提供财政支持表示谢意：DEMWEL“人口的不确定性和社会福利制度的可持续性”（QLK6－CT－2002－02500）和UPE“欧洲不确定的人口”（HPSE－CT－2001－00095）。

① 见Blanchard等（1990，p. 8）。

可以定义为使债务与GNP的比率最终收敛于最初水平的政策[①]。"对财政支出和转移支付的预测是既定的，这实质上与通用的会计核算很接近。

就养老金制度来说，OECD的观点认为，当前的缴费率应该足以支付养老金发放和尽可能保持一个与养老金制度规模相对应的合理财务水平。然而，其他方面也值得关注，特别是即使改变制度或让受益者受损，但只要不是大幅度改变缴费率，缴费者也认为该制度是可持续的。如果养老金如预期一样支付，即使可能要求改变制度或使缴费者受损，受益者还是认为该制度是可持续的。养老金制度未来的发展对一方或另一方产生一种超出预期的压力，但这种风险在任何情况下都是存在的。如果已经知道各种风险存在的可能性，管理机构就能够以合理的方式做出预案准备。缩小不可预期的范围似乎也是保持可持续性的一个必然内容。

在博弈论里，策略是为现在和将来而定义的一系列规则，它阐明了在世界所有状态下将要采取的行动[②]。养老金制度的可持续政策策略是由一系列这样的规则组成的，即在任何一种将来合理的情况下，缴费者和受益者首先都应知道将要采取什么样的行动，下一步将要接受的行动或至少不会强行改变养老金制度。

政策和策略之间的区别是非常具体的。对可持续养老金政策的思考建立在与未来人口、生产能力以及利率这些主要因素有关的一系列假设的基础之上；相反，有关养老金策略的思考必须建立在一个具有许多可能状态的世界之上，这个世界是一个包含经济和人口变化的真实世界。

可以认为瑞典的名义账户制度是朝着执行策略而不仅仅是一系列政策工具迈出了一步。它在"设计上保持财政可持续性，这就是说，不管人口和经济发展如何变化，该制度将来有能力按照固定缴费率和不变的受益核算制度来履行自己的资金供给义务[③]。"调整机制也已经明确下来，"控制"机制已经建立，甚至在情况恶化时就能够起作用[④]；策略是否具有可持续性取决于策略的操作性质；缴费者和受益者在将来不同的情况下可以接受一个新法律产生的结果吗？时间也可能是重要的。瓦尔迪斯·普雷托认为，如果允许制度长时间保持不平衡，政治手段就有可能进行干预，这样，维持财政可持续性就无关紧要了。

实际上，一个人不可能准确知道未来的工作者和受益者会对该制度做出什么样的反应；新政策的设计者在讨论改革时想强调的是未来极有可能发生的状况。反对者力图设想该制度的这个方面或那个方面因素可能导致该制度崩溃的情景。我们的建议是按概率论对未来的突发情况提供一个真实的描述。基于此目的已使用的传统的"高"和"低"展望规划对政策建议作用很小，甚至没有作用。如果这些可供选择的方案没有任何可能性的话，那么它们的重要性就值得怀疑了，结果也就很难解释清楚了。基于可预计或"极有可能的"的假设基础之上的分析才是重要的。

对于个体缴费者或受益者来说，可持续性既与可靠性又与可预测性相关。为了在补充储

---

① 见Blanchard等（1990，p. 11）。

② 见Rasmusen（1989，p. 17）。

③ 见Settergren（2001，p. 1）。

④ 见Könberg，Palmer，和Sundén（2006）。

蓄或消费（或闲暇）之间做出有效选择，我们能够非常准确地知道未来缴费或受益水平吗？为了可操作性，这种研究通过对缴费率或人口替代率变化设置一个门槛的方法而得到了“可靠性”。这个门槛形成了一个政治上可行的区域，在这个区域内费率的变化不会导致对整个制度的改革①。在可行的区域内“可预测性”要求一个已被了解或可估计的分布结果。以瑞典为例，人们需要对必须使用“控制”的可能性进行评估。

上面与个人有关的阐述，也适用于企业。在对哪一个国家进行投资做出决策时，如果企业对未来的间接人力成本有一个真实了解的话，上面所说的内容就会有帮助。没有限制的养老金缴费率可能是风险的主要源头。

第二节 欧洲未来的生育率和死亡率

一、年龄结构和负增长

t 年总生育率的定义是：一个新生女婴在 t 年生育和死亡的框架之内预计生育孩子的数量。男婴与女婴的比例大约为 105：100，如果所有的妇女都可以活到育龄期末，2.05 的总生育率可以满足人口内部更新。考虑到死亡率，在欧洲要稍高一点，达 2.07 就够了。2000 年爱尔兰的总生育率为 2.07，其他欧洲国家低于这个满足人口更新的生育水平。比利时、法国、卢森堡、荷兰、北欧国家、葡萄牙以及英国总生育率范围为 1.51～1.89。奥地利、德国、希腊、意大利、西班牙、保加利亚、匈牙利、波兰以及罗马尼亚成为低生育率的一组，生育率为 1.24～1.36。很明显，从历史的角度看这些国家的生育率都非常低。但生育水平对人口年龄结构的含义较少得到关注。

芬兰 2000 年总生育率为 1.7。如果这种情况继续下去，那么人口就以年均 0.63%的速度下降；图 6.1 就说明了这种情况。实线对应的是一个封闭静态的人口年龄分布（这里出生率等于死亡率），死亡率接近于 20 世纪 90 年代后期芬兰妇女的死亡水平。虚线是基于同样的生存概率，但生育率却比死亡率高出一个固定的比率。该比率的选择是为了使其产生的增长率（=0.0065）等于芬兰在 20 世纪人口增长的平均水平。虚曲线对应于下降率为负（=−0.0065）的年龄分布。这几乎恰恰发生在当前芬兰生育水平所暗含的下降水平上。这种稳定下降的人口的年龄分布比静态水平下更加老龄化，这不包括我们据以理解世界的不断增长的人口。这种人口老龄化的形式仅仅来自于生育水平，因为我们把死亡水平看做是不变的。

一般来讲，收敛于稳态要花费一个世纪的时间，所以在过去的许多年里稳定的人口没有得到重视。然而，在图 6.1 方框图里的实线描述了现在芬兰的人口年龄分布。再过 10～15 年的时间，芬兰的年龄分布十分接近于趋于稳定的年龄分布，该年龄分布来自于生育和死亡的固定时间表。结论就是除非在生育或移民上发生巨大变化以外，芬兰的人口将会非常迅速地呈现稳定的分布状况。除了时间调整上的差异和要考虑的移民情况以外，对大多数欧洲国家来说可以得出几乎类似的结论。

① 更多关于可行性的理论，可见 Aubin（1991）。

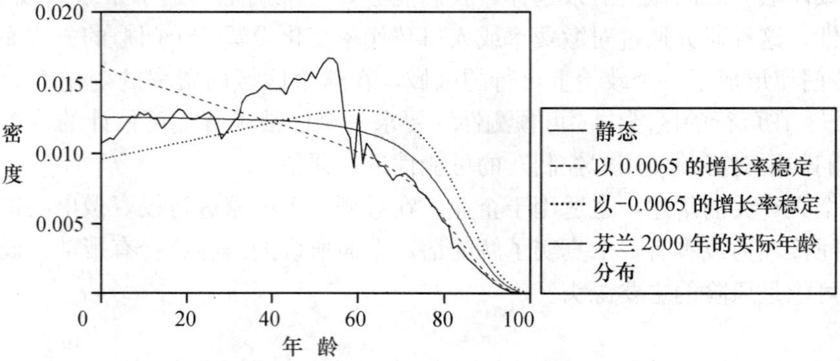

图 6.1　年龄分布：实际与三种设想情况

尽管对当前人口老龄化问题的许多讨论涉及将来的死亡率，但对人口老龄化起决定性的因素却是生育水平，它不仅可以通过目前导致人口负增长的低生育水平，而且可以通过战后婴儿潮即将退休来对老龄化产生影响。

死亡率的下降确实对养老金制度的可持续性产生重要的影响。沃佩尔（Vaupel）和厄彭（Oeppon）（2002）已经提出有关“最佳惯例预期寿命”的证据。在任何时间里这个国家的最佳惯例预期寿命具有最长的平均寿命。沃佩尔和厄彭还认为，妇女的寿命曲线几乎是直线的，从瑞典 1840 年观测到的 45 岁上升到 2000 年从日本观测到的 85 岁。相应地，实际最佳惯例预期寿命在 160 年里大概年均提高 0.25 岁。

然而各个国家的预期寿命变化情况是很不稳定的。比如在芬兰，女性平均寿命 1930—2000 年增长了 24 岁（57～81 岁），年均增长 0.34 岁。在开始的 40 年里年均增长 0.45 岁，在后来的 30 年里年均增长 0.20 岁。这种情况不止芬兰一个国家。19 个工业化国家（奥地利、澳大利亚、比利时、加拿大、丹麦、芬兰、法国、冰岛、爱尔兰、日本、卢森堡、荷兰、新西兰、挪威、瑞典、瑞士、英国和美国）从 1950 年到 2000 年的女性寿命数据表明，日本要高于其他国家。在这 50 年的前半期里，其他 18 个国家年均增长 0.23 岁，但在后半期年均增长 0.18 岁，而在 20 世纪 90 年代年均仅有 0.15 岁。

很难说清楚应该如何解释这种进步情况。一种观点认为，由于领先国家证明了这种进步是可能的，就会导致其他国家萌生一种要赶上的政策效应。无论如何，在丹麦这种反应需要一段很长的时间。50 年前丹麦几乎处于最佳的状态，但是现在却落后了 6 年。悲观的预测家们认为，欧洲死亡水平取得的进步正在逐渐变小。即使这种观点得到了近来大部分数据的支持，而且我们注意到，收益递减规律的假设在过去已得到无数次的证实，但这个历史告诉人们，这已经成为对死亡水平预测中产生错误的主要根源。

如果在悲观主义和乐观主义之间作一个折中，那就是以往的趋势仍在继续发展之中，但须对下降趋势的变化进行定量分析。这可能对每一个人的职业规划来说都是十分重要的。工作报酬和工作时间的决策取决于如何看待养老金水平，取决于一个人的收入与可能的储蓄之间的相关性。另外，假定退休年龄不变的话，如果以降低养老金的水平作为对寿命提高的反应（如芬兰为例子），储蓄的决策就日益变得比以前更加重要了。

二、对不确定性进行定量分析

对过去的预测进行分析是为了评价它们的准确性如何。实际上分析过去的预测困难在于对所有欧洲国家来说过去预测的数量较小，难以获得可靠的估计。也可以使用时间序列统计模型，但是在一方面过度适合和另一方面忽略实质性信息之间难以找到一个折中的办法。一种评价预测不确定性的中间方法就是自然的或基本的预测方法。有证据表明，美国对总生育水平的预测本质上假定当前值是无限持续的①。后来在其他国家（后人口转轨阶段）也观察到这一点。如果总生育水平是随机（或一维同步随机游走）的话，那么这个预测就是最佳的。总生育的一阶差分自相关表明随机游走提供的是粗略的估计。

如果能够每年做出系统预测的话，由于国家可以获得长期数据序列，就可以测定这种基本预测法在过去有多大的误差；在考虑过去误差时，由于这种研究可以自动消除由于战争或灾荒带来的不正常外部因素产生的影响，研究主要集中于相对误差的绝对值和用中位数去描述中心数值。图 6.2（摘自 Juha M. Alho，2003）显示，来自荷兰、丹麦、挪威、芬兰、冰岛和瑞典等（依据预测误差从大到小依次列示）不同国家之间的估计存在着非常大的差距，但大小顺序类似；由于误差的高度自相关，这一点是应该预计到的。为了解大小顺序，要注意在测量等级里 0.10 对应着一个预计的 10% 的中位数误差。在一个相对误差的正常（Gaussian）模型下，这与一个 0.15 或 15% 的标准差相对应。

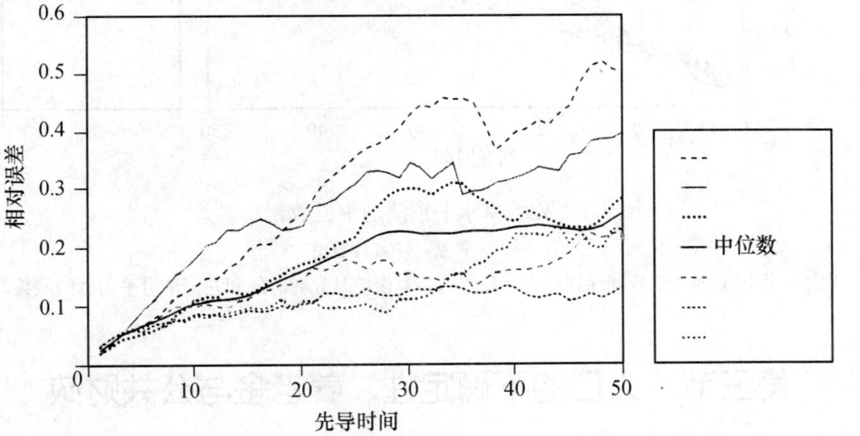

图 6.2 总生育水平预测的中位数相对误差

注：该图表明，对于 6 个国家的长期数据序列而言，生育率预测的中位数的相对误差是先导时间和它们平滑中位数的函数。

对死亡率也可以进行类似分析。来自 9 个欧洲国家（奥地利、丹麦、法国、意大利、哈蓝、挪威、瑞典、瑞士和英国）的长期数据序列与生育水平数据一样，对 50～54，55～59，…，90～94 岁年龄组进行了分析。这个例子的区别在于基本预测的结果，即在最近的 15 年里所观察到的下降趋势持续与否是模糊不清的。如果实际发展服从随机游走和可以获得 15 年的

① 例如，见 Lee（1974）。

数据的话，这样的预测可能是最优的。李和卡特（Lee and Carter，1992）表明，这种类型的模型得到了有力的实证支持，并对每个国家可按年龄组别进行数据汇总。图 6.3 显示了相对误差，与图 6.2 相比较，我们惊奇地发现，对具体年龄组别进行死亡率预测的相对误差，几乎相等于总生育率的相对误差。对于这两种估计如此接近一致，我们无法解释。然而要注意到存活概率可以更加准确地加以预测。如果在预测死亡率为 1%时产生一个大的相对误差，那么存活率数据的相对误差就是大约 1%。

图 6.2 和 6.3 中的这些估计值可以对特定年龄人口比率的点预测结合起来，也可以转换成用于模拟的统计模型。在这里，我们需要使用许多相关的年龄和时间的额外参数。我们在实际工作中已经使用约恩苏大学（Joennsuu University）起草的 PEP 项目（误差扩散的项目）①。

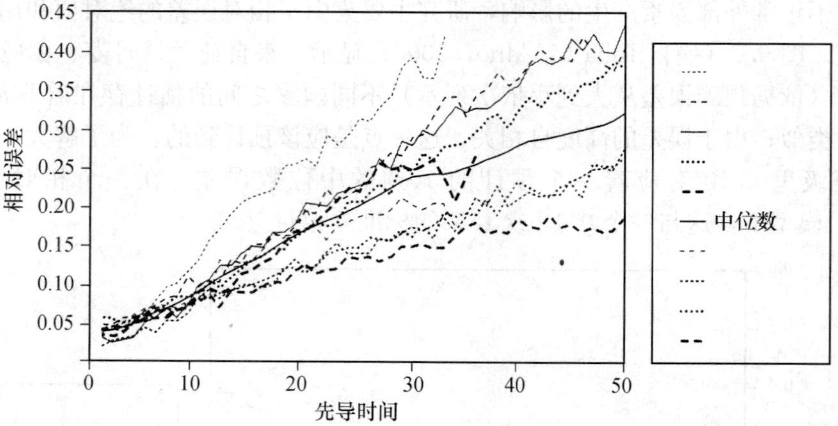

图 6.3　死亡率水平预测的中位数相对误差

资料来源：作者计算。

注：对于 9 个国家的长期数据序列而言，预测的相对误差是先导时间和它们平滑平均数的函数。

第三节　人口的不确定性、养老金与公共财政

过去人口的易变性常常被低估，经济分析大多集中于其他的不确定性上，尽管这些不确定性也是人口老龄化研究的关键内容。已取得的研究成果清楚地表明绝对不可忽视人口不确定性。当我们所推荐的政策力图避免由于老龄化带来的不良和不可持续的后果时，不确定性的大小程度一定会使我们很惭愧。然而这并不意味着政策上的不作为值得欢迎。恰恰相反，不确定性是我们有所作为的一个特殊原因。正如 2001 年奥尔巴赫（Auerbach）和哈西特（Hassett）指出的那样，由于存在厌恶风险的人群，未来真实结果比预期结果更差造成的成本大于其收益。明智的老龄化政策应该从容面对比预期更加糟糕的未来人口结果。

下面所讨论的案例表明，随机人口模拟与经济模型一起如何被用来分析欧洲的养老金问

① 对该项目的描述，可参见 Alho（1998），或访问网址：http：//www.joensuu.fi/statistics/juha.html。

题。我们看到了养老金成果的作用和单一政策工具的影响。在未来的研究中，我们希望致力于对养老金政策的研究，这些策略是由几个附带的工具组成。

尽管我们的主要目标是阐明养老金制度的可持续性，但在心里记住这一点是有用的，即在其他社会制度与养老金制度之间存在着相同经济资源的竞争。除了养老金之外，卫生保健、学校以及社会服务的成本必须使用现收现付制来提供资金，这也加重了由于将来某些人口路径情况下经济活动人口的经济负担，因为其他路径可以带来救济金①。

一、受外生人口不确定性影响的经济测算

表 6.1 和表 6.2 总结了立陶宛当前政策和四个备选养老金政策对缴费率的影响②。对立陶宛的研究使用了一个叠代模型③。如阿尔霍（Alho，2001）所描述的那样提出人口路径。这些人口路径被当作经济体的外生物来对待。在每一个案例里通过对人群模拟 100 次和对叠代模型进行解答的方式获得结果，只有必须解决大量技术问题才能够实施上述方法。例如，在合适的方式下安排人口路径将促进趋于收敛。保存这些结果的目的在于可以使用标准的统计方法检验它们的统计特点。

表 6.1　　　　立陶宛社会保障缴费率分布

			2030			2050	
政策措施	2000	中位数	50%	80%	中位数	50%	80%
当前政策	28	29.41	28.49	27.46	35.70	33.31	30.19
		30.40	31.39		38.05	42.69	
工资总收入	28	28.43	27.64	26.64	32.10	30.39	28.29
指数化			29.42	30.15		34.25	36.55
长寿调整	28	29.16	28.34	27.42	34.84	32.90	29.96
			30.19	31.20		37.17	42.01
退休年龄增加	28	25.05	24.20	23.31	29.83	28.06	25.24
			25.78	26.84		31.77	35.51

注：该表展示了中位数、50%和 80%的预计上下限度。

立陶宛的养老金制度由基本养老金和与收入相关的补充部分构成。养老金制度是完全的现收现付制，缴费来自于工资总额。基本养老金几乎是不变的，与个人参保时间的长短关系不大。补充养老金部分取决于社会保险记录确定的被保险人工作年限和收入。养老金收益完全按平均工资收入来指数化。

2030 年缴费率 80%的预计波动区间幅度是 4%，到 2050 年是 12%；这种幅度具有典型性。正如前一部分所说的那样，人口不确定性在不同国家具有相同的大小顺序，越接近现收

① 见 Alho and Vanne（2001）。
② 见 Alho 等（2002）。
③ 见 Jensen and Lassila（2002）。

表 6.2 政策对社会保障缴费率的影响分布

	2030			2050		
政策措施	中位数	50%	80%	中位数	50%	80%
工资总额指数化	−0.84	−0.38	0.22	−0.30	−1.74	−1.17
		−1.62	−2.35		−5.38	−7.46
长寿调整	−0.18	−0.12	−0.04	−0.47	−0.13	0.25
		−0.29	−0.39		−0.82	−1.19
退休年龄增加	−4.38	−4.18	−4.07	−5.64	−5.22	−4.96
		−4.64	−4.98		−6.48	−7.23

注：该表显示了中位数、50%以及80%的预计上下限度。

现付的养老金制度，就越接近典型的人口结果。这些估价表明了在人口老龄化影响的准确性上我们可以期望些什么，这是人口的组成部分。

表 6.1 和表 6.2 表达了养老金政策对结果分布的区域和规模的影响。收益按总工资而不是按平均收入予以指数化，2050 年缴费率削减了 3.6 个百分点，使 80%的预测范围从 12 个百分点缩小到 5 个百分点。用这个工具分析的结果更接近于下面将要讨论的与总工资挂钩的指数化。未来养老金收益的长寿调整仅仅部分地予以使用，它对结果的影响很小，大概原因在于立陶宛的老年人死亡统计存在质量问题。下一部分考察芬兰进行长寿调整所带来的影响。提高退休年龄也对结果预计分布的区域和规模产生影响，但它不直接与人口发生联系，这里也就不作更详细的讨论了。

二、长寿调整的预计分布

平均寿命增加对 DB 型制度的财务状况产生压力。在现收现付制度下，这意味着会增加当前工作者的缴费水平。在平均寿命条件下，芬兰对未来收益进行事先估计之后通过了一部在平均寿命改变时可以自动调整养老金的法律，目的是为了保持未来养老金的预期现值不变。

设 $p(x)$ 为存活到 62 岁的条件概率，x 是存活到 62 岁的人，折现率为 2%。假定养老金每年以 1 欧元连续支付。那么根据芬兰法律的规定，就形成了平均寿命调整基础的预期养老金净值：

$$\zeta = \int_0^{\infty} p(x) e^{-0.02x} dx \tag{6.1}$$

实际上，在过去数据的基础上可以对预期净值的估计进行计算处理。这里考察一下在 $t=2009$ 年度里 62 岁的人群。计算 t 年预期现值用 $x(t)$ 表示，使用 $[t-6,\ t-4]$ 5 个年度的死亡数据来计算 $p(x)$，这样，在计算中就不存在预测因素了，但预计净值并不与实际的养老金人群相对应。拉西勒和瓦尔科伦（Lassila and Valkonen，2003）对这个方面已进行了更加严谨的分析，并表明预测的使用减轻了调整因素。

平均寿命的调整可以定义为 $A(t)=\zeta(2009)/\zeta(t)$，或者在年份 t 成为 62 岁老人的养老

金再乘以 $A(t)$，如果死亡率从 2009 年继续下降，$A(t)<1$，所以养老金就要减少。

既然不可能确切地知道未来死亡率水平，那么目前 $A(t)$ 数值就不可能准确地知道。然而，为了表明一个人会有哪些预期，我们可对 $A(t)$ 数值如何运作提供一个概率描述，因为我们可以获取一个未来死亡率的概率分布。在没有进行详细研究的情况下，我们注意到在任何类似的计算里都存在着大量技术问题需要解决。例如，既然男性和女性都使用同一个调整因素，那么就要使用一种综合的死亡率测量方法。这取决于 $x\geqslant 62$ 将来年龄大于 62 岁人群里的男性与女性的比例。本文已经使用各种近似估算方法得到了下面显示的结果。

通过使用"最小表方法"进行随机模拟可以完成实际计算。中位数、第一和第三四分位数以及第一和第九十分位数在 2030 年和 2050 年可调整因素的概率分布如下①：

年份	d_1	Q_1	M_d	Q_3	d_9
2030	0.86	0.88	0.92	0.95	0.99
2050	0.78	0.81	0.87	0.92	0.98

我们希望到 2050 年将可调整因素降低到 0.87 左右，80%的预测区域为［0.78，0.98］，这些区域是有效的，条件是在未来 50 年里死亡率的波动性不超过 1900—1994 年死亡率的波动情况。鉴于以上的讨论，乐观主义者相信死亡率减少在最近放慢的趋势上有一个逆转，他们可能使用第一个十分位数（2050 年为 0.78）作为一个基准来考察如何调整预测分布，以与他或她的信念相契合。

三、工资总额指数化

前面两个部分进行的这种类型研究之所以可以批评，是因为这类研究根本没有考虑可持续性概念或制度改革。它没有考虑人口或经济如何发展，假定可以运用当前（或替代）的制度；完全地论述这个问题大大超出目前的分析能力，但通过设定限度就可在现有的模型框架之内进行更加现实的分析。

在立陶宛，收入关联型的养老金待遇完全按平均工资收入来指数化。阿尔霍（2003）研究了一个替代指数化方法，即待遇依据经济体的平均工资收入（权数为 $1-\alpha$）和总工资（权数为 α）的加权平均数而定。工资总额指数化原理是，如果在总人口里领取养老金者的比例如预期一样增加的话，它就会自动减轻在职人口的负担。

前面两部分的主旨思想在于，从图 6.4 看到，在 $\alpha=0$（左）和 $\alpha=1$（右）的极端情况下，到 2050 年形势将是如何变化的。基于 300 个人口路径的散点图，在（c，r）平面上每一个小块产生一个小点。首先，我们可以看到，随着 α 增加分散的云块由水平位置向下倾斜；其次，在现行指数化规则下，到 2050 年存在相当高的缴费率；高度工资单指数化将有效地降低最极端的缴费率，但即使在 $\alpha=0$ 时，缴费率将以不可忽视的概率超过 0.4；再次，对缴费率的控制是通过接受较低的替代率来实现的。

正如爱德华·帕尔默指出的那样，这些计算里的一个关键性假设就是保持退休年龄不变；即使由于不同人口路径寿命发生变化；比如假若退休者与工作者的比率保持不变，就会

① 见 Alho（2003）。

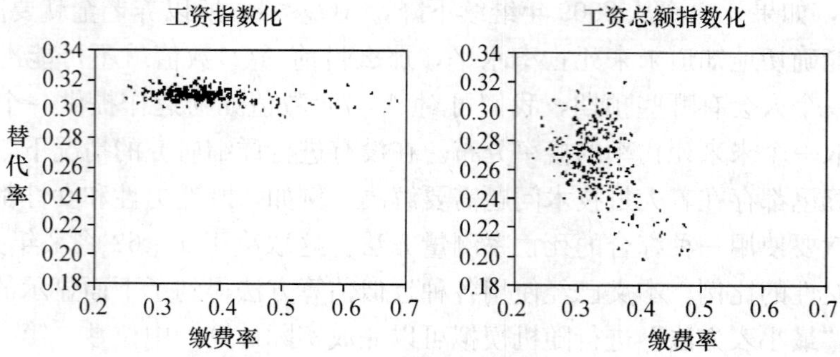

图 6.4　立陶宛 2050 年的替代率和缴费率［$\alpha=0$（左），$\alpha=1$（右）］

资料来源：Alho 等（2003）。

产生替代率的小幅下降，必须对这种情况进一步分析。正如与表 6.2 所表示的那样，我们应注意到，立陶宛老年人死亡数据可能存在质量问题，长期变化的程度似乎呈现出适度的情况，所以目前想恰当地做到这些是不可能的。

为了解决可持续性的问题，阿尔霍（2003）为缴费率 c 和替代率 r 设置一个不可违反的界限来估计复杂的政治性程序。他们假设有一个上限 $c^*>0$，对于正在工作的人群 $c>c^*$ 在政治上不可能被接受，反过来制度安排就会改变。类似地，他们也假设存在一个较低的下限 $r^*>0$，结果替代率 $r<r^*$ 就会导致制度改变。设定的 $\{(c, r)(c\leqslant c^*, r\geqslant r^*)\}$ 是政策的可行性区间。

c^* 和 r^* 的值都无法确认。阿尔霍（2003）为这两个边界的值设定了一个范围，以便知道这个指数化规则如何在将来的政治程序中存活下来。使用这些边界，作者试图找到该指数化规则的可持续程度。表 6.3 复制了设定 c^* 为一个具体值的结果。

$c^*=0.38$ 代表缴费率增加 10 个百分点。大多数国家面临着增加工资税的可能性，正是这些预测导致了专家和决策者们注意老龄化问题并寻找避免增加税收的办法。

表 6.3 的最右边一栏是替代率在 33%以下时的各种备选方案。对于具体的 c^* 和 r^* 组合，粗斜体数值代表处于可行区间的最大概率，这个结果可以通过选择 α 的最优值来达到。例如，如果一个人认为替代率必须降到 30%以下而缴费率上升不应超过平均水平的 10%（或者持平或低于 38%），那么最好在目前的指数化规则下，$\alpha=0$ 保持不变。在这个政策下保持可行区域的可能性为 63%。如果有人要接受一个低至 29%的替代率，在可行区域选择 $\alpha=0.2$ 产生 68%的可能性，然而保持当前政策不变（$\alpha=0$）得到一个可持续的较低的可能性或者就是 63%。

还可基于预测期内（2001—2050 年）的最低限度的 r 和最高限度的 c，来制定实现可持续性的措施。但即使只针对 2050 年一年的简单分析也为可持续性研究增加一个现实主义的方面，而这是期望、方差或分位数等统计概要中所缺乏的。

四、依赖于出生率的预筹积累

下面这个例子是芬兰私人部门养老金制度（TEL）的部分积累制 DB 型计划。在这个强制性制度中，积累并不影响养老金的待遇，而只影响缴费的定时调整。这种特定群体的强制

表 6.3　　2050 年缴费率低于 c^* 和替代率高于 r^* 的联合概率

$c^*=0.38$								
α	$r^*=0.20$	0.25	0.26	0.27	0.28	0.29	0.30	0.33
0	0.63	0.63	0.63	0.63	0.63	0.63	***0.63***	0
0.2	0.70	0.70	0.70	0.70	0.70	***0.68***	0.44	0
0.4	0.77	0.77	0.77	***0.77***	***0.72***	0.52	0.22	0
0.6	0.83	0.83	***0.81***	0.71	0.56	0.32	0.13	0
0.8	0.86	***0.83***	0.72	0.58	0.39	0.23	0.09	0
1	***0.90***	0.74	0.62	0.47	0.30	0.17	0.07	0

资料来源：Alho（2003）。

注：表中 $c^*=0.38$，可选择的数值 r^* 以及具有不同数值的指数化参数 α。

性储蓄使目前的劳动者部分地支付了他们未来的养老金。关于这样安排是否增加了经济中总储蓄或人们是否通过更少的私人储蓄的方式抵消了强制储蓄的问题，这已是一个公开的议题。这项制度明确要做的是熨平由于老龄化的发展所造成的养老金缴费率的变动．这就是芬兰积累制的主要目的；但问题在于如何有效地实现这个目的。

拉西勒和瓦尔科伦（Lassila and Valkonen，2001）指出，为削弱预期人口老龄化对缴费率的影响，提高预筹积累的水平是一个合理的政策。但这样做很明显存在着过度预筹的危险，从这个意义上说，当前的劳动者支付过高水平的缴费，而将来的劳动者的缴费则较低。在确定积累水平时，充分利用人口出生率数据是一个在增加积累的同时又能避免过多积累的有效方法。下面的讨论详述了这个想法。

在 DB 制度中，预筹积累可以减小人口出生率变动引起缴费率变动的风险。通过对不确定性投资业绩所产生的新的风险的引入，可以部分地减少风险。既然积累率远低于充足的水平（在芬兰的制度中没有设定积累率目标，但目前大体是 1/4)，那么可以通过考虑未来劳动力队伍规模使积累规则得以改善。

目前的预筹积累规则如下：每一年 t，每个参保者新养老金权益以比率 k 增长。对年龄 $i=23$，…，54 的参保者，其增长权益的现值份额 a 被放入基金里。现值的计算是从 65 岁到最大年龄，此处最大年龄用 M 表示。假设 g（t，i）是在 t 年里年龄为 i 的个人劳动收入。出于预筹积累的目的，在评估这项权利的大小时忽略了未来由于工资或物价引起的变化。利率 r 是法定利率。假设 S（i，j，t）是那些在 t 年里年龄为 i 的参保者在年龄 j 时仍健在的比例。下面就是在 t 年里年龄为 i 的参保者预筹积累的金额：

$$h(i,t)=a\sum_{j=65}^{M}kg(i,t)S(i,j,t)/(1+r)^{j-i} \tag{6.2}$$

我们建议修正规则，以便每一个积累群体（23～54 岁）的积累份额也取决于与后来群体出生规模有关的每一个群体出生规模 B（t)。方法是我们可以依据最近出生的群体规模来估计将来积累群体退休时劳动力规模的大小，或者我们打算用 b（i，t）乘以 h（i，t)：

$$b(i,t)=B(t-i)/\sum_{j=0}^{i-1}w(j,i)B(t-j-l) \tag{6.3}$$

此处，$w(j,i)\geqslant 0$ 对 i 加总为 1。为了在积累群体在 t 时期年龄为 i 的那群人退休时，权重能接近劳动年龄人口中不同群体的份额，要对权重进行计算。人口出生率对积累的影响在群体间有差异，而且同一个群体在不同的时间也有差异。如果进行积累的群体规模比相对年轻群体规模大，b 超过 1 从而积累增加。如果人口出生率增加同时，较年轻群体规模也比较大，与现有规则相比积累水平就会下降。

表 6.4　　在芬兰 TEL 制度下选定的 10 年期间养老金缴费率（预测分布的分位数）

	2005—2014				
预筹积累规则	d_1	Q_1	Md	Q_3	d_9
目前的规则	21.4	21.6	21.9	22.0	22.2
依据人口出生率的积累	22.2	22.5	22.8	23.0	23.3
双重积累	24.8	25.1	25.6	25.9	26.1
	2030—2039				
	d_1	Q_1	Md	Q_3	d_9
目前的规则	27.7	28.6	30.0	30.7	31.9
依据人口出生率的积累	27.0	28.4	29.9	31.2	32.1
双重积累	28.5	29.4	30.6	31.2	32.3
	2050—2059				
	d_1	Q_1	Md	Q_3	d_9
目前的规则	26.8	28.4	30.4	32.7	34.7
依据人口出生率的积累	26.2	28.0	29.7	32.2	33.5
双重积累	25.0	26.2	27.8	29.6	31.3
	2060—2069				
	d_1	Q_1	Md	Q_3	d_9
目前的规则	26.4	28.5	31.3	35.1	38.4
依据人口出生率的积累	26.2	28.3	30.2	33.0	34.7
双重积累	24.2	25.9	28.3	31.2	33.9

在现有养老金规则下缴费率预期接近于目前的 21.5%，经过下一个 10 年然后升至约 30%。不确定性随时间界限增长，在 2060 年 80%的预测区间会有 12 个百分点的幅度。通过模拟人口 100 次和在每一种情况下求解芬兰叠代模型，会得到这些估计。统计的人口路径的产生如阿尔霍（2002）所描述。

依据人口出生率的预筹积累规则，从 21 世纪 50 年代以后将会缩窄预测区间，这样做的代价就是 21 世纪 50 年代以前的区间会变得大一些。将目前的积累水平提高一倍将会很快限制未来的变异性，但可能增强将来的变异性。所以，积累往往能够及时转移人口风险。图 6.5 通过标准差的形式显示了这一点，在 100 个人口路径中依据每一个路径中的缴费率来估算每一个时期的标准差。

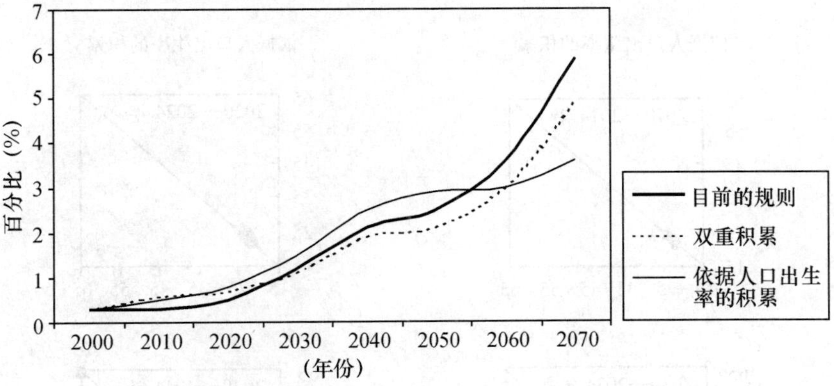

图 6.5　芬兰私人部门 TEL 制在可以选择的积累规则下，养老金缴费率 100 次模拟的标准差

依据取决于人口出生率的预筹积累规则，中位数缴费率在一开始会稍高些，后来会变得稍微低于目前规则的情况，但分布会明显不同。在 2060—2069 年，80％的预测区间将会大约是 26％～35％，而不是26％～38％；在 2060—2069 年，由于第 3 个五分位数值降低 2 个百分点和第 9 个十分位数值降低接近 4 个百分点，在早期年份里变异性的轻微增加看起来像一种价格值得考虑。图 6.6 显示，在 100 个人口路径的每一个路径中，对取决于人口出生率的规则和现行规则下两种缴费率的不同进行了比较。

积累太少和太多都不是对称的情况。虽然较小的增长还较容易接受，但只要增加积累，就需要做出不受欢迎的增加缴费的决定。所以在将来再回头看现在，我们可能会高兴没有预筹积累太多，这给比较不同的积累方法提供了另一种工具。模拟表明，如果将来某一时期缴费率显著下降了，就发生了过度积累。对“显著的”情况可以使用不同的临界价值。表 6.5 显示了在 100 个人口路径中使用了 5 个不同的临界值，从而可以观察到过度积累情况的份额。估算的时间单位是 5 年，所以要满足“过度”的两个 5 年期限，这两个 5 年没有必要的连续性，但都要在总的时期即 2005—2069 年之内；在这个时期，早期的缴费率比后期的缴费率至少要高出临界价值的水平。

表 6.5　在 2005—2069 年中过量积累的可能性

临界值	1	2	3	5	10
目前规则	35	17	13	5	0
取决于人口出生率的积累	44	12	5	0	0
双重积累	94	77	56	21	0

注：在 2005—2069 年的子时期中，养老金缴费率的下降超过了临界值的情况所占份额。临界用百分点表示。

表 6.5 说明了用目前的养老金积累规则，缴费率的小幅下降有 1/3 的可能性；用取决于人口出生率的积累，可能性会稍微大些。但是看一下超过 2、3 或 5 个百分点的减少之后，就会注意到，它将取决于人口出生率的规则与目前规则比较，积累目标过高的可能性将会明显降低。

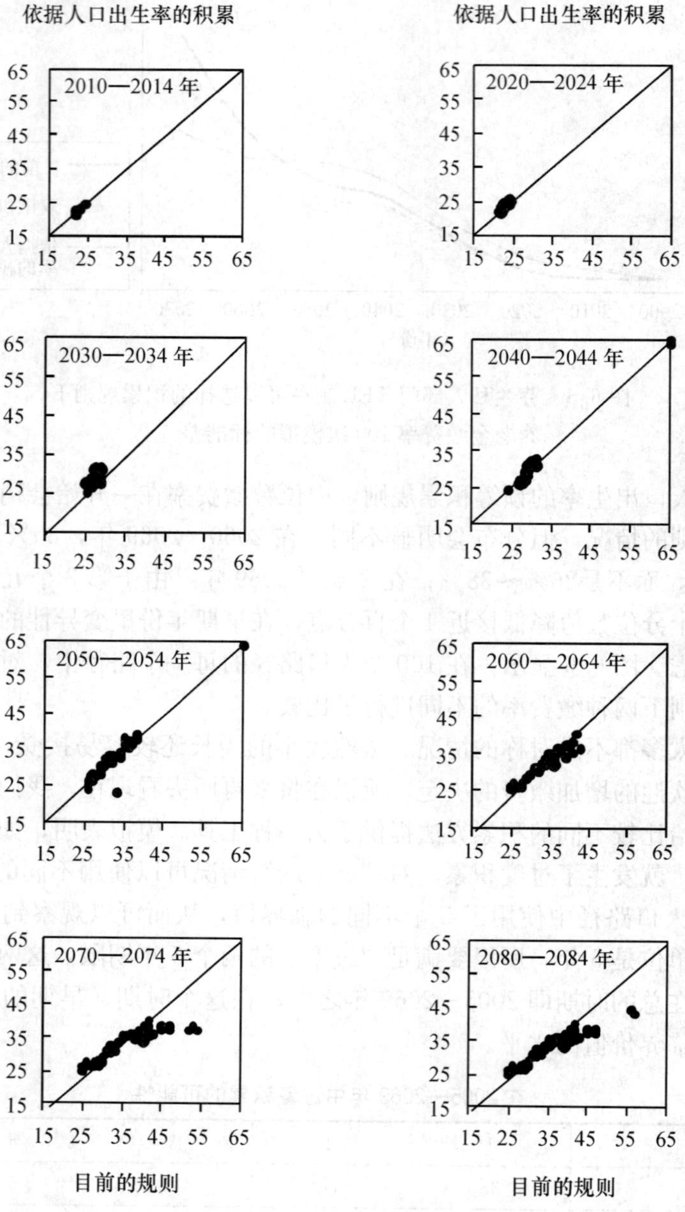

图 6.6　芬兰私有部门 TEL 制养老金缴费

资料来源：作者的计算。

注：100 个点中的每一个点代表一个人口路径。

积累水平的持久增长并不是一个好的选择，因为它没有根据人口状况进行调整。到 2050 年以后会产生收益，但它们部分是以很低缴费的形式。但要支付的代价很高，即在不久的将来需要大幅度提高缴费。过度积累将变得更有可能。

第四节 未来的方向

对可持续性财政战略的需求不局限于养老金，公共财政资助的健康护理和长期护理是另一个可以使用上述工具的领域[①]。这些领域是相互关联的：从养老金角度来看是昂贵的人口路径对于健康护理来说也可能是昂贵的。

虽然立陶宛和芬兰都是DB型养老金制度，但上面的养老金案例也似乎与名义账户制有关。长寿调整和总工资收入指数化本质上是名义账户制的工具[②]，要求积累至少以缓冲器的形式保持缴费固定和控制刹车式安排的连续使用。

瑞典的名义账户制理念有很强的政策特征，尤其在所有状况下都保持缴费率固定的目标；它与目前许多现收现付DB制相比，看起来是一个主要的改进。虽然这项制度还没有经历过碰撞试验，但它不可能在所有的现实环境中都具有可持续性，这是一种可以想到的情况。可能还存在其他具有可比性风险特征的制度。

我们把随机人口模拟和数字叠代模型的结合看做是通往一般模型的第一步。在欧盟第五个框架研究项目里，正在提出对欧盟国家和其他欧洲国家进行随机人口模拟，即“欧洲不确定性人口”（UPE）。在另一个欧盟研究项目即“人口不确定性和社会福利制度可持续性”（DEMWEL）里，几个欧洲研究机构正共同努力创造一个模型，在这个模型里将用更先进的方法来处理未来的不确定性。但即使使用目前的模型，也可对人口老龄化带来经济后果的很多不确定内容进行研究，这也是DEMWEL的目的。

在未来的工作中，有必要把可持续性观点和持续战略扩展到一个概率的方向，并辅之以具有模糊或未知的可接受性限制的“可行性”概念来。理论上的挑战就是获取人口和经济模型更佳的一致性。当不清楚相关的决策范围是什么时，关于怎样在实践中考虑不确定性的其他描述是这项工作的一个方面。

重要的是要创建一个比当前制度更具有可持续性的养老金制度。正如迪斯尼（1999）所言，如果未来的路径变得不可持续，那就还存在许多选择：调整其他公共财政资金使用或事后改变规则。随机模拟、把养老金制度中经济和人口要素进行综合的模型放一起，可以用来对当前养老金制度进行碰撞试验，从而可以揭示出随机模拟的潜在缺陷，这是至关重要的。类似地，这种模拟可以帮助设计其他可能很复杂的养老金政策措施，并可在系统水平和个体水平下检测它们的结果。

参考文献

Alho，J. M. 1990. “Stochastic Methods in Population Forecasting.” *International Journal of Forecasting* 6（4）：521－30.

① 见 Lassila and Valkonen（2004）。

② 见帕尔默（2000）。

——. 1998. "A Stochastic Forecast of the Population of Finland." *Reviews 1998/4*. Statistics Finland, Helsinki.

——. 2001. "Stochastic Forecast of the Lithuanian Population 2001—2050." Unpublished report, September 25. http://www.etla.fi/lithuania.

——. 2002. "The Population of Finland in 2050 and Beyond." Discussion Paper 826. ETLA (The Research Institute of the Finnish Economy), Helsinki.

——. 2003. "Predictive Distribution of Adjustment for Life Expectancy Change." Working Paper 3, Finnish Centre for Pensions, Helsinki.

Alho, J. M., and R. Vanne. 2001. "On Predictive Distributions of Public Net Liabilities." Paper presented at "International Meeting on Age Structure Transitions and Policy Dynamics: The Allocation of Public and Private Resources Across Generations," Taipei, December 6—8.

Alho, J. M., S. E. H. Jensen, J. Lassila, and T. Valkonen. 2003. "Controlling the Effects of Demographic Risks: The Role of Pension Indexation Schemes." Discussion Paper 2003—2012, Centre for Economic and Business Research, Copenhagen.

Alho, J. M., S. E. H. Jensen, J. Lassila, R. Lazutka, A. Mork-ūnienė, and T. Valkonen. 2002. "The Economic Effects of Population Ageing and Demographic Uncertainty in Lithuania: Summary, Conclusions and Recommendations." Research report, downloadable from www.etla.fi/lithuania.

Aubin, J. 1991. *Viability Theory*. Basel: Birkhäuser. Auerbach, A. J., and K. Hassett. 2001. "Uncertainty and the Design of Long—Run Fiscal Policy." In *Demographic Change and Fiscal Policy*, ed. A. J. Auerbach, and R. D. Lee. Cambridge: Cambridge University Press.

Auerbach, A. J., and L. J. Kotlikoff. 1987. *Dynamic Fiscal Policy*. Cambridge: Cambridge University Press.

Blanchard, O., J. C. Chouraqui, R. P. Hagemann, and N. Sartor. 1990. "The Sustainability of Fiscal Policy: New Answers to an Old Question." *OECD Economic Studies* 15 (Autumn): 7—36.

Disney, R. 1999. "Notional Accounts as a Pension Reform Strategy: An Evaluation." Social Protection Discussion Paper 9928, World Bank, Washington, DC.

Jensen, S. E. H., and J. Lassila. 2002. "Reforming Social Security in a Transition Economy: The Case of Lithuania." *Journal of Policy Reform* 5 (1): 17—36.

Könberg, B., E. Palmer, and A. Sundén. 2006. "The NDC Reform in Sweden: The 1994 Legislation to the Present." In *Pension Reform: Issues and Prospects for Non-Financial Defined Contribution (NDC) Schemes*, ed. R. Holzmann and E. Palmer, chapter 17. Washington, DC: World Bank.

Lassila, J., and T. Valkonen. 2001. "Pension Prefunding, Ageing, and Demographic Uncertainty." *International Tax and Public Finance* 8 (4): 573—93.

——. 2003. "Ageing, Demographic Risks and Pension Reform." In *Social Security and Pension Reform*, ed. Martin Weale, Occasional Paper No. 56, NIESR (The National Institute of Economic and Social Research), London.

——. 2004. "Prefunding Expenditure on Health and Long—term Care under Demographic Uncertainty." *Geneva Papers on Risk and Insurance: Issues and Practice* 29 (4): 620—39.

Lee, R. D. 1974. "Forecasting Births in Post-transition Populations: Stochastic Renewal with Serially Correlated Fertility." *Journal of the American Statistical Association* 69: 607—17.

Lee, R., and L. Carter. 1992. "Modeling and Forecasting U. S. Mortality." *Journal of the American Statistical Association* 87 (14): 659—71.

Lindbeck, A., and M. Persson. 2003. "The Gains from Pension Reform" *Journal of Economic Literature* Vol. XLI (March): 74—112.

Palmer, E. 2000. "The Swedish Pension Reform Model: Framework and Issues." Social Protection Paper 12, World Bank, Washington, DC.

Palmer, E. 2002. "Swedish Pension Reform: How Did It Evolve, and What Does It Mean for the Future?" In *Social Security Pension Reform in Europe*, ed. M. Feldstein and H. Siebert. NBER conference volume. Chicago: University of Chicago Press.

Rasmusen, E. 1989. *Games and Information*. Oxford: Blackwell.

Settergren, O. 2001. "The Automatic Balance Mechanism of the Swedish Pension System: A Non-Technical Introduction." *Riksförsäkringsverket* (August). Downloadable at http://www. rfv. se/english/publi/index. htm.

Valdés-Prieto, S. 2000. "The Financial Stability of Notional Account Pensions." *Scandinavian Journal of Economics* 102 (3): 395—417.

Vaupel J. W., and J. Oeppen. 2002. "Broken Limits to Life Expectancy." *Science* 296: 1029—31.

人口不确定性与养老金制度可持续性的评估

塞尔焦·内斯蒂科*

阿尔霍、拉西勒和瓦尔科伦在本章成功地说明了随机人口模拟怎样可以帮助主体（个人、公司、政策制定者）处理缺乏可依赖信息的情况，这些信息是关于人口统计学对养老金制度施加压力的信息。更确切些，本章的目的是说明，有可能通过给所有主体提供一个可持续的政策措施和一系列这样的规则，像缴费者和养老金领取者事先都知道那样，在将来任何合理的环境下可以做什么，同时他们接受未来的行动，以增强现收现付 DB 制的可持续性。作者强调了主体了解“各种风险的可能性”的重要性，因为“如果与有可能的选择相关没有任何可能性，那么他们的重要性是受怀疑的，而且未来的结果也难解释”。这也是为什么与适当的经济模型相结合的随机模拟，肯定能够帮助政策制定者评估其他政策措施对养老金制度的主要参数的可能影响，而养老金制度又是人口统计所能够产生作用的对象。

虽然在一个纯粹的 DB 方案中，调整的负担全部落在缴费率上——因为如果在确定待遇时没有办法去控制养老支出——但在实际的（假设的）DB 方案中，所有参数均可接受合理的修正：积累率（通过长寿调整）、既得养老金指数化和退休年龄等。阿尔霍、拉西勒和沃克伦三人提供了一些很有趣的随机案例，说明了与三个其他的参数改革相比，立陶宛继续执行的现行政策对缴费率的相对影响。他们信心十足地认为，这种信息的广泛传播可以帮助主体在“游戏规则”能考虑到不同政策措施的背景下预见将要实施什么样的政策。

然而应该补充的是，精确设计的名义账户制会给个人提供一套规则，他们认为这套规则源于良好的人口统计信息。正如格龙基（Gronchi）和内斯蒂科（2006）所讨论的，名义账户制有一种及时干预支出的自动导航器，从而在政府受制于维持已定参数更改所需的选举费用的必要性和工会同意承担这些变动的责任之前，避免了一般在必要等待时间上的拖延。名义账户制的干预不仅及时，更重要的是具有完全的可预料性。这与 DB 方案形成鲜明对比，在 DB 方案中导致参数改革的政治程序的结果不仅被推迟了而且具有不确定。

以作者们就本章部分内容提出的一个论点为例，它关注对既得养老金进行其他的可能指数化调整。作者们有理由强调，指数化最终定位的范围“受制”于不会超过给定上限的缴费率和不会低于既定下限的替代率。在这方面作者们表示在 DB 方案中，好的人口统计情况的预测对可持续的指数化的确定至关紧要；也就是说，对一个与可接受的缴费率和替代率水平

---

* 塞尔焦·内斯蒂科（Sergio Nestico）是意大利卡希诺大学（Cassino）的经济学教授，他教授微观经济学、经济思想史和社会保险经济学。

相协调的指数化进行确认至关重要。再者，名义账户制调整机制通过一个自动的、可预测的和完全透明的机制解决了这个两难处境。一旦缴费是自由选择，政策制定者就有一个“杠杆”，去解决最初的养老年金（替代率）和未来的分期付款指数化之间的权衡问题。这个“杠杆”是可以“预先支付”的养老金领取者账户余额带来的收益，（“可归咎的”，在瑞典术语中）：也就是，用于增加最初的分期付款。其后的每一年分期收款的指数化等于可持续收益减去已预先支付收益（这也是为什么在十九章里预先支付收益被认为是在可持续性收益和指数化之间的“偏离率”）。这种没有被意大利所采用的“内生”指数化能确保名义账户制方案的可持续性。预付收益（替代率）越低，在不利的经济和人口背景下就越会出现更好的指数化。这大概是瑞典已经预付了过高的收益的原因（1.6%）。

DB 和 DC 的调整机制之间的区别对调整的负担在代际间的分配产生重要影响。作者们讨论道，在 DB 方案中，“为了削弱人口老龄化对缴费率的影响，提高预筹积累水平是一个合理的政策”。也正是在这一方面，为了说服当前几代不把调整的负担转移到未来的几代人身上和承担超过均衡水平的缴费率，良好的人口统计预测是必要的。要求当今的工人根据“薄弱”的预测基础去资助这个制度是困难的，那就是，目标过高的风险是不可忽略的。只有在面对精确的人口统计时，积累才是合理的，也就是说，通过在缴费率可能降低时保持缴费率不变。作者们又一次击中了目标，在 DB 制背景下，对于好的政策组合来说，要同时保证可持续性和公平性（在这种情况下是代际间的），此时信息是必要的。另一方面，如果认为名义账户制只要有一个给定的缴费率就具有自我可持续性的能力了，似乎养老金领取者所承担的只是平衡系统的负担，那就是一种错误的理解了。根据这种观点，名义账户制将会面临代际间的不公，而与典型的纯粹的 DB 方案正好相反，在 DB 方案中只有当前的工作者承担调整的负担。然而，应当考虑到“自动导航器”的及时干预具有两种形式，即减缓养老金指数化和降低既定缴费的平衡（控制未来养老金给付），所以相应的牺牲被同时加在了养老金领取者和当前工作者的身上了。

很明显，精确的统计信息对名义账户制非常关键，虽然不是对可选择政策措施条款进行直接的支持，但也给个人提供了许多与人口统计趋势相一致的重要信息。退休年龄的灵活性是名义账户制的最重要特征之一。推迟退休年龄是一个可支配的主要工具，用于抵消老龄化给个人带来的影响。当通过个人容易观察到和理解的信号（比如年金化除数和持续性收益的预期水平）进行收集、过滤和综合时，有关寿命的良好预期在这方面将会发挥根本性的作用。

作者们最后得出的结论是，名义账户制“还没有经历过‘碰撞试验’，并且难以想象名义账户制会在所有现实情况下都具有可持续性”。这是正确的，但是没有任何养老金方案可以在任何严重不利的统计情况下持续下去。然而，当能够为养老金制度持续下去做些事情的时候，名义账户制通过及时和公正的途径做到了；同时，好的人口统计预测也可以提供帮助。

参考文献

Gronchi, S., and S. Nisticò. 2006. "Implementing the NDC Theoretical Model: A Comparison of Italy and Sweden." In *Pension Reform: Issues and Prospects for Non-Financial Defined Contribution (NDC) Schemes*, ed. R. Holzmann and E. Palmer, chapter 19. Washington, DC: World Bank.

第七章　现收现付制养老金的收益率：一个更精确的消费贷款利率模型

奥利·塞特格伦、博古斯瓦夫·D·米库拉*

第一节　引　言

保罗·萨缪尔森1958年发表的著名论文《一个精确的消费贷款利率模型》中阐释了现收现付制养老金计划作为一个非积累制的养老金计划，其收益率与该计划的基础——缴费或税率的增长率是一致的。如果没有技术进步，且每个人工作时间恒久不变，费基的增长就将等同于人口增长率或萨缪尔森所说的“生物利率”。

一些研究者已指出，萨缪尔森所使用的两阶段叠代模型并不能用来解释在一个比两阶段叠代更复杂的社会中均衡利率的动态变化。阿瑟（Arthur）、姆尼科尔（McNicoll，1978）和威利斯（Willis，1988）也指出，在一个超两阶段叠代模型中，获取平均收入和消费之间的年龄差异的变动是决定均衡利率的关键因素。同样，凯菲茨（Keyfitz，1985，1988）和李（Lee）在大量的论文（Lee，1980，1988a，1988b，1994a，1994b，2000）中指出，某个年龄或所有年龄段群体的消费总量受到这种年龄差异变化的影响。但是，有关现收现付制筹资模式的收益率与缴费基数增长率一致的论述仍是惊人地普遍①。这个论断没有考虑到必要的条件：他们仅仅在两阶段叠代模型中有效，或者存在于经济和人口状况相当稳定的情况下②，当然这种稳态同样是不现实的。

通常将现收现付制养老金计划的收益率等同于费基增长率的假设太过于简单化。最近的瑞典经验显示了这个假设有多么的糟糕。1980—2001年瑞典平均寿命的增长使得退休人员

---

* 奥利·塞特格伦（Ole Settergren）是瑞典社会保险署养老金部门主任，博古斯瓦夫·D·米库拉（Boguslaw D. Mikula）是该署分析部门研究员。我们感谢塞尔焦·内斯蒂科（Sergio Nisticò）和爱德华·帕尔默有价值的评论。特别要感谢汉斯·奥尔森（Hans Olsson），没有他的早期支持、经历和1998年国会决议新体系养老金受益和隐性养老金债务指数化设计前的努力工作，发表在这里的观点可能无法成型并成为瑞典法律。经世界银行许可，本章发表在《养老金经济学》杂志，2005年7月第4卷第2期。

① 有很多例子可以证明这一点，这里仅举两例：“如保罗·萨谬尔森（Paul Samuelson）40年前所言，成熟的现收现付制的实际收益率等于劳动力增长率与生产力增长率的总和”（Orszag and Stiglitz，1999，p. 15）；“国民养老金制度的收益率只能是实际工资增长和雇员增加带来的税基增长率（Samuelson，1958）”（Feldstein，2002，p. 7）。

② 在养老金的上下文中，稳态是指各年龄平均工资相对于所有年龄平均工资在各个时期不变的，并且各年龄退休者数量相对于总退休人数在各个时期也是不变的，即死亡率是不变的。从而，如果各个时期变化率不变，稳态的定义与人口增长（或下降）是一致的。

按收入加权的平均年龄从 72 岁增长到 75 岁，而这一计划的缴费者按收入加权的平均年龄仍然相对稳定地保持在 43 岁[①]。因此平均寿命的增长使得缴费者向计划缴费的平均年限和养老金需要支付的平均年限之间的差距从 29 年上升到 32 年，几乎增长了 12%，这也使得这段时期内现收现付制的缴费年均增长率增加了约 0.4 个百分点。因为同期费基的年均增长率仅为 0.3%，那个将收益率等同于费基增长率的简单论断所揭示的收益率不到实际额的一半。

或许我们可以因此得到一个反直觉的结果：平均寿命的增长增加了现收现付制养老金计划的收益率。这表明这种简化的处理方式所产生的缺陷比低精确度导致的问题更加严重。将现收现付制的收益率等同于费基增长率的假设没有考虑到一个关键因素：对现收现付制养老金计划融资的动态理解。或许这种简单化如此的频繁源于人们认为如果不那样的话，要对计划的横向内部收益率的综合分析就会变得过于复杂而无法进行。

本文研究的目的是要论证有一种简单模型可用来估算现收现付制养老金计划的账户累积的横向内部收益率，而且摆脱了两阶段叠代模型以及稳态下的限制条件。这个方法包含一个对现收现付制融资的缴费流进行评估的过程，并确认了那些决定横向内部收益率的一系列完整的因素。这一过程使现收现付制养老金计划可以运用复式记账法。

这里提到的用于计算现收现付制养老金累积横向收益率的方法包括：对缴费流的评估以及在现收现付制情况下使用复式记账法。这个方法是为处理瑞典新养老金计划中一些矛盾而得到的研究成果之一[②]。这一用于解决或说驾驭矛盾的方法并没有建立在上面提到的阿瑟、姆尼科尔、威利斯、凯菲茨和李的研究成果的基础之上[③]。

在本文中，横向内部收益率是为了和以往人们更熟悉的纵向内部收益率明确区分开来，后者是指，使任何特定时间内的缴费额的价值等于支付给个人或群体的待遇的收益率。而横向内部收益率是使养老金计划净现值在任意长度的时期内保持不变的养老金债务的收益率。为了获得横向内部收益率，我们将使用连续时间模型。横向内部收益率在以下的分析中将简称为收益率，有时用 *IRR* 表示。我们还使用一些术语，如费基、缴费率、缴费额，有些地方则使用税基、税率和税额。

在下一节，我们提出了一个方法用来估算现收现付制养老金计划缴费流的价值。第三节则通过这个方法得到一个公式，该公式用来计算该制度中缴费额的横向内部收益率。最后一节是评论这些结果并做出总结。在附录 B 中，我们用一些简单的数据来进一步展示这个对缴费流进行估价的方法，明确横向内部收益率的定义。一些研究者或许会发现，在阅读第二、第三节之前先看这些数据会更有帮助。

---

① 见 Riksförsäkringsverket，2004。更确切地说，平均年限指预期平均年限。预期平均年限仅仅在生产力推动下的人口增长、收入和死亡率模式均处于稳定状态时才符合实际平均年限。

② 见瑞典养老金制度立法史和塞特格伦（Ole Settergren，2001，2002）。

③ 对以上研究成果的忽略可以从瑞典养老金制度改革立法史和塞特格伦（Ole Settergren，2001）的研究中看得很清楚。显然并不仅仅是我们不知道那些成果或他们的含义“探究更丰富的人口统计模型与经济学家的世代交叠模型的交叉点”（Lee，1994a）。一个例子是瓦尔迪斯－普累托（Valdés-Priedo，2000），考察了收入和死亡率模式变化对名义账户制的现收现付养老金计划的财务平衡的影响。然而，瓦尔迪斯－普累托并没有解释收入和死亡率模式变化在收入与消费的平均年限之间的差异对货币衡量期限的影响。

第二节　缴费流的价值

现收现付制的融资模式意味着用未来的缴费流来支付已经积累的养老金负债①。根据个人的不同偏好，依据定义，可把现收现付制理解为赤字等于负债，也可将其理解为当缴费额等于养老金支付额时，净现值为零。在这里我们采用后一种定义方式，其财务平衡被定义为：

$$资产-负债=0 \tag{7.1a}$$

这个财务平衡的标准定义对于现收现付制养老金计划是非传统的。为了评估计划的财务状况，对现收现付制养老金计划现金流的收支进行预算，按传统做法是不会以资产和负债的方式显示的，因为所使用的方法是不允许这样做的②。就像已指出的那样，我们有理由认为缴费额等于养老金支付额时的现收现付制养老金计划现值为零，因而可以说其负债与潜在资产相匹配，下面将其视为缴费资产。在另外的文章中李（Lee，1994 及以后）相应地采用了资产转移的概念。

现收现付制养老金计划往往被定义为没有任何累积的资产。但实际上，通常会有一个交易账户，有时还会有可观的积累资产。没有任何积累资产的计划仅仅是以下普遍描述的一个特殊情况。因此公式 7.1a 可重新表述为：

$$CA(t)+F(t)-PL(t)=0 \tag{7.1b}$$

其中：$CA=$ 缴费资产；

$F=$ 缓冲基金；

$PL=$ 养老金计划负债；

$t=$ 时间。

在稳态下，缴费将等于养老金待遇，因此 $CA(t_{ss})=PL(t_{ss})$，而 $F(t_{ss})=0$。因为每一个收入、死亡率模式以及一系列养老金计划规则，将有唯一对应的养老金计划负债。公式 7.2 到 7.4 阐释了在稳态下的价值。

在一个稳定的人口状态下，死亡率和人口增长率都是固定的。人口的年龄分布可以描述为：

$$N(x)=N(0)\cdot l(x)\cdot e^{-\gamma x} \tag{7.2}$$

其中：$N(x)=$ 年龄为 x 的人口总数；

$x=$年龄；

---

① 养老金负债是指养老金制度负有责任的所有人的未来收益的现值估价减去该人群将来缴费的现值（公式 7.3），有时候也指隐性养老金债务（Iyer，1999）。现收现付制的养老金负债的实际测算往往是很复杂的问题，它依赖于制度设计及数据的质量与可获性，养老金负债的估计实际上可能是不确定的，因而实际上也是无用的。本章并不讨论这些运用估计 IRR 方法和复式记账的重要现实障碍。

② 现收现付养老金计划财务状况的传统表达案例是美国联邦"老年和遗属保险与残疾保险信托基金"理事会的年度报告（2003）的分析。

γ=生育率推动[①]的人口增长率；

$l(x)$=生存函数。

在这一体系中，养老金待遇的指数化与平均工资的增长有一定的联系。因此，养老金待遇水平或许在不同年龄组因平均工资的不同而不同。举个例子，如果养老金按消费价格变化进行指数化调整，而平均工资以更快的速度增长，那么对每一代的平均养老金待遇而言，老年一代的将低于年轻一代。同代人内部的养老金分配就被忽略了，因为它与整个制度层面上的收益率无关。

养老金计划负债 V 是指在任一评估时点，计划将要向所有参保者支付的养老金总额的现值减去对应人群将来缴费额的现值后的值。

$$V=\int_0^m population(x)\int_x^m PV[pensions(u)-contributions(u)]du\,dx \tag{7.3}$$

其中：m=最大年龄；

x，u=年龄，两者都是积分变量。

考虑由于费基的扩大带来养老金计划的收入与支出变动，养老金计划负债可以表述为：

$$V=\int_0^m \underbrace{N(0)\cdot l(x)\cdot e^{-\gamma\cdot x}}_{\text{人口年龄}x}\int_x^m \underbrace{\frac{l(u)}{l(x)}}_{\text{存活率}}\cdot\underbrace{e^{-\gamma\cdot(u-x)}}_{\text{贴现}}\cdot$$

$$[\underbrace{\overbrace{k\cdot\overline{W}\cdot e^{\varphi u}}^{\text{平均养老金，年龄}u}\cdot R(u)}_{\text{养老金支付}}-\underbrace{c\cdot\overline{W}\cdot W(u)}_{\text{缴费额}}]du\,dx \tag{7.4}$$

其中：$W(x)$=工资模式，即 x 年龄段人群的平均工资与所有年龄段人群的平均工资的比率；

$\overline{W}$=以货币计算的单位时间的平均工资；

c=一个财务稳定的现收现付制养老金计划所要求的缴费率；

φ=相对于平均工资增长率的养老金的指数化率；

$R(x)$=退休人数与 x 年龄段人数的比率；

k=决定养老金水平的常数（如果 $\varphi=0$，k 等于替代率）。

贴现率是平均工资增长率乘以人口增长率。由于工资和养老金待遇都随平均工资的增长而增长，因此平均工资的增长可以不在公式中考虑，而将人口增长率作为有效的贴现率 γ。资本收益对现收现付制养老金计划的财务平衡没有影响，即使有的话也仅仅是对缓冲基金的影响。

对于一个有稳定收入模式的稳定人口，缴费额 C 主要取决于各年龄段人口总量 $N(x)$、工资模式 $W(x)$、平均工资 $\overline{W}$ 以及一个财务稳定的养老金计划所要求的缴费率 c。

$$C=\int_0^m N(x)\cdot c\cdot\overline{W}\cdot W(x)dx \tag{7.5}$$

① 这种表述也可以延伸到移民对期望缴费平均年龄的混合效应。见塞特格伦和米库拉（Ole Settergren and Boguslaw D. Mikula，2001）对 γ 的延伸解释。

在一个稳态下，公式 7.1 中为保证财务平衡标准的缴费率同样也是使得缴费额等于养老金支付的缴费率。所以 c 可以如下计算：

$$\underbrace{\int_0^m N(0)\cdot l(x)\cdot e^{-\gamma\cdot x}\cdot k\cdot \overline{W}\cdot e^{\varphi\cdot u}\cdot R(x)dx}_{\text{养老金支付}} =$$

$$\underbrace{\int_0^m N(0)\cdot l(x)\cdot e^{-\gamma\cdot x}\cdot c\cdot \overline{W}\cdot W(x)dx}_{\text{缴费额}}$$

$$c = k\cdot\frac{\int_0^m e^{-(\gamma-\varphi)\cdot x}\cdot l(x)\cdot R(x)dx}{\int_0^m e^{-\gamma\cdot x}\cdot l(x)\cdot W(x)dx} \tag{7.6}$$

可以得出这样一种衡量养老金计划负债的方式：简单地用养老金债务除以单位时间的缴费，在稳态下，它独立于费基和缴费率的规模。用公式 7.5 除以公式 7.4，而公式 7.6 可以用来代替 c。对各部分重新排列组合，可以简化为：

$$\frac{V}{C} = \underbrace{\frac{\int_0^m x\cdot[e^{-(\gamma-\varphi)\cdot x}\cdot l(x)\cdot R(x)]dx}{\int_0^m [e^{-(\gamma-\varphi)\cdot x}\cdot l(x)\cdot R(x)]dx}}_{\text{退休者的平均年龄}} - \underbrace{\frac{\int_0^m x\cdot[e^{-\gamma\cdot x}\cdot l(x)\cdot W(x)]dx}{\int_0^m [e^{-\gamma\cdot x}\cdot l(x)\cdot W(x)]dx}}_{\text{缴费者的平均年龄}} \tag{7.7}$$

简化的中间步骤可参见附录 C。

从公式 7.7 可以直观地看到一个事实：在稳态下，负债除以缴费等于退休者的平均年龄（右边的第一项）与缴费者平均年龄（右边的第二项）之间的时间差。两个年龄都是货币加权的，然而，这并不能从公式中看出，因为平均工资只是缴费 C 的一部分。这使得公式 7.7 仅仅是年龄模式。一般缴费者与退休人员的年龄差距是衡量养老金计划负债连续性的指标，我们称之为周转期（Turnover Duration，缩写为 TD）。

$$\frac{V}{C} = A_r - A_c = TD \tag{7.8}$$

其中：A_r＝退休者的货币加权的平均年龄；

A_c＝缴费者的货币加权的平均年龄。

图 7.1 的上半部分阐释了平均工资的年龄结构 $W(x)$；特定的生命表 $l(x)$；人口增长趋势 γ；养老金指数化的规则 φ 以及退休模式 $R(x)$。图 7.1 的下半部分阐释了费基和养老金支付年龄结构，以及所导致的退休者的货币加权的平均年龄 A_r 与缴费者货币加权的平均年龄 A_c 之间的差异。

因此，在一个稳定的人口和收入模式下，决定养老金负债规模的因素可以分为缴费额的数量因素以及周转期的结构因素。周转期是一个很有用的概念，它囊括了一些决定了不成比例的养老金负债规模的因素（不成比例是指忽视缴费率与费基）。在稳定的人口和收入模式

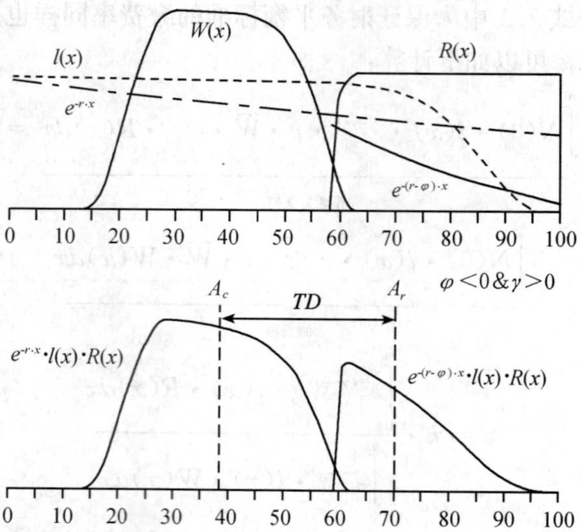

图 7.1　公式 7.7 和 7.8 的图示

下，养老金计划负债的现值与缴费年限相关。

$$\frac{V}{C}=TD\Leftrightarrow V=TD\cdot C \tag{7.9a}$$

将稳态下的养老金负债分解为数量和结构成分，同样还要考虑时间因素。如果不是在稳态下，周转期将没有确定的值。然而，当前的经济人口模式可以用来测算预期的周转期。它和一般的寿命预期的测量方法在某些方面是一致的。也就是说，只有观察的模式保持不变，使用目前的观察值来计算事后值才是正确的。任何一代人都不可能按公布的生命表存活。尽管如此，生命表还是相关的，是有用的。对预期周转期①的重复估测将反映出相关财务模式变化，继而产生对缴费资产的新估测。这种估测不可能产生正确的事后值。这个对缴费资产重复估价的过程与市场上对基金资产的反复估价没什么区别②。因此我们发现将缴费流的价值视为当前的周转期乘以当前的缴费额是适合的：

$$CA(t)=TD(t)\cdot C(t) \tag{7.9b}$$

在给定当前收入、死亡率模式以及人口增长率的条件下，周转期反映了当前缴费流可以支持的养老金负债规模。当经济和人口状况发生变化时，可以估算缴费流新的价值。周转期的倒数是缴费流的可计贴现率，它衡量的是现收现付制养老金计划当前内在时间偏好。这种时间偏好是如下变量的函数：养老金指数化规则、参保人口收入与死亡率模式及人口增长趋势。附录 C 提供了塞特格伦和米库拉（2001）对 41 个国家周转期的粗略估计。各个国家周转期在 31～35 年之间，从而，在假定的养老金制度的内部时间偏好下，缴费贴现率为大约 2.8%～3.2%。有趣的是，这些比率往往接近假定的大约 3%的真实利率。

① 下面我们将不会使用完整的预期周转期概念来表示周转期是在稳态之外测算的，而是仅使用周转期。

② 缴费资产的重复再估价与基金资产的重复再估价的一个明显不同在于，基金资产是可买卖的，这使得其价格的隐含性大大降低。然而，其估价不可避免地假定资产在相当程度上是不会被出售完毕的。

周转期对评估缴费流的有效性主要依赖于其波动性。在许多国家，或许是多数国家，周转期的波动性可以预先被降低。图 7.2 概略地呈现了 1981—2003 年瑞典周转期年度百分比变动的估计[1]，平均增长是 0.4 个百分点，主要是由于预期寿命的延长；缴费者货币加权的平均年龄保持在大约 43 岁，并无明确趋势。周转期的最大年度增长为 2.1 个百分点；最大年度下降为 0.5 个百分点。超过一半即 12 年的年度变化是在 0～0.5 个百分点之间，23 年观察样本的标准差是 0.6。

2	1
1	8
1	11
0	865
0	4443220000
−0	234
−0	5

概略图表如下：

…	…
1	11 ＝ 1.1%　and　1.1%
0	865 ＝ 0.8%，　0.6%　and 0.5%
等	

图 7.2　瑞典 1981—2003 年 23 年周转期年度变化

资料来源：Riksförsäkringsverket（2003，2004）。

在下一节，上述估计缴费流价值的方法将被用于推出现收现付养老金制度收益率的表达式，复式记账在这种制度中的应用也将加以概述。

第三节　现收现付制的回报率

财务平衡可以通过调整养老金负债的规模来确保，即调整现值/或未来收益，或调整缴费率——如公式 7.9b 定义的缴费资产的规模——或两个方面都进行调整。不论调整的类型，公式 7.1b 的财务平衡要求，即零净现值都适用。为了继续推导内部收益率，公式 7.1b 改写为：

① 估价所用数据为 1981—2003 年瑞典国民养老金计划覆盖的所有人的年度个人收入与受益记录。

$$TD \cdot C + F - PL = 0 \tag{7.10}$$

其中：F=缓冲基金；

PL=养老金负债。

公式 7.10 说明负的和正的基金资产都是允许的，在某些必要的情况下，服从财务平衡的定义[①]。附录 B 给出了阐明这个要点的数据。

按定义，产生零净现值的养老金负债收益率等于养老金制度缴费的收益率。现收现付养老金制度的收益率公式由公式 7.10 考虑时间因素而得：

$$\frac{d(TD \cdot C + F - PL)}{dt} = TD \cdot \frac{dC}{dt} + \frac{dTD}{dt} \cdot C + \frac{dF}{dt} - \frac{dPL}{dt} = 0 \tag{7.11}$$

养老金负债的变化是负债的收益率以及缴费与养老金支付差额的函数，如公式 7.12 所示：

$$\frac{dPL}{dt} = PL \cdot IRR + (C - P) \tag{7.12}$$

其中：IRR=内部收益率；

P=每期货币单位的养老金给付。

内部收益率可能演变为两种形式：隐性的与显性的。隐性的收益率是死亡率变化对养老金负债的影响以及新养老金债务和缴费之间的差额的函数。另外，制度规则的变化通常将改变养老金负债的价值，产生对内部收益率的隐性影响。显性收益率是负债即当前和未来退休者待遇指数化的显性规则的结果。

如果养老金制度的收入和支出存在净差额，则放入缓冲基金。此外，基金价值随其资产收益而变化，如公式 7.13 所示：

$$\frac{dF}{dt} = F \cdot r + (C - P) \tag{7.13}$$

其中：r=缓冲基金收益率。

依据收益率的正负和大小的不同，缓冲基金的收益可能增加或减少现收现付养老金制度的收益率。公式 7.11 可以重新表述为：

$$TD \cdot \frac{dC}{dt} + \frac{dTD}{dt} \cdot C + F \cdot r - PL \cdot IRR = 0 \tag{7.14}$$

最后，内部收益率分解为如下几个部分：

$$IRR = \underbrace{\frac{TD \cdot \frac{dC}{dt}}{PL}}_{\text{I}} + \underbrace{\frac{\frac{dTD}{dt} \cdot C}{PL}}_{\text{II}} + \underbrace{\frac{F \cdot r}{PL}}_{\text{III}} \tag{7.15}$$

所以现收现付养老金制度的收益率是以下几项的函数：

Ⅰ　缴费变化。此项包括萨谬尔森的生物利率、劳动力参与的变化、平均工资

① 要得到一个稳态的零缓冲基金，稳定的缓冲基金收益率或赤字利率必须等于费基增长率，否则基金估价必须反映不同于费基增长率的资本回报假定。

增长率、缴费率变化。

Ⅱ　周转期变化。此项包括收入和死亡率模式的变化、生育率导致的人口增长率的变化①。

Ⅲ　缓冲基金收益（利息）。此项包括养老金制度任何资产（负债）的收益（利息）。

由死亡率变化和新养老金负债与缴费之间的差额，或制度规则的变化而产生出内部收益率的一部分，可被看成养老金的隐性指数化。内部收益率减去隐性指数化率等于养老金负债的可得指数化率。所以：

$$可得指数化率 = Ⅰ + Ⅱ + Ⅲ - 隐含指数化率。 \tag{7.16}$$

在实践中，各种指数化的规则、缴费率或者其他各种规则的调整并不需要同时出现于每个时期可得指数化率中。实际应用的指数化规则将根据指数化数据的可获性而暂时不同，而差别只在于在被测量时期该制度是净收入还是净损失。

$$可得指数化率 - 显性指数化率 = 制度净收入 \tag{7.17}$$

这些增加的净收入或者净损失的价值会影响下一时期的盈余或者赤字。在公式 7.15 中，怎样表达现收现付养老金制度在收益分配过程中的横向 *IRR* 与纵向 *IRR* 的关系呢？对个人来说，这种计算在死亡时是有可能的；对一个同时期出生的群体来说，当这一时期的每个人都已经死亡时，这种计算也是可能的；当养老金制度已经被停止时，这也是可能的。这样的信息延迟确实是不实用的。制度成员和决策者都想得到定期的关于财务状况和营运的信息。因此为了提供这些信息，必须要计算横向收益率，尽管其信息是不完全的。在工商界，问题也是类似的。只有当来自企业实体的全部款项已经被支付时，真实的收益率才能被计算。由于股东们需要定期知道有关收益率的信息，所以会计原则是基于企业持续发展的假设而设计的。众所周知，收益率的测算方法——基本上就是交易净收入——某种程度上来说没有什么准则。所以，哪种方案应该被优先选择是一件很有争议的事情。

对于现收现付养老金制度来说，除上述描述的方法外，设想其他测算方法也是可能的，并且在特定的时期，其他的测算方式自然会产生不同的收益率。缴费流是根据同一时期横截面观测值的周转期来估计的，而养老金负债是根据精算预测来估计的，该精算预测可能意味着也可能并不意味着将来的周转期会发生变化。这些差异将会对被测算的收益率的轨迹产生影响，但并不影响总收益率，因为该系统趋近假设的稳态。

第四节　结　　论

现收现付养老金制度缴费额的收益率不仅仅是费基增长率的函数，同时也是收入和死亡

① 要注意的是，由于周转期受到生育率驱动的增长率的温和影响，内部收益率 r 可能不同于费基增长率，即使是在不切实际的死亡率和收入模式不变的假定下。这表明了两阶段叠代模型的缺陷：它不能描绘问题的相应状况。

率模式变化以及人口增长趋势变化的函数。这三种因素导致了养老金缴费年龄和养老金领取年龄之间的差异的变化，换言之，它们引起了周转期的变化。更进一步说，如果制度存在缓冲基金，那么在该项基金上的收益率将会影响缴费额的收益率。收益率可以通过由死亡率变化引起的养老金负债的变化而被隐性分配，也可以通过缴费和新的养老金负债之间的差额而被隐性分配。收益率和隐性分配收益的差值就等于可得指数化率——显性养老金负债指数，这个指数使得制度净现值保持不变。

周转期为该制度的缴费流的贴现率提供了一种测量方法，对该制度的资金义务的要求可以是零积累，即现收现付养老保障制度。这使得复式记账形式的应用成为一种可能。使用复式记账的方法，如公式 7.10 总结的那样，这些计划的财务状况可以通过资产负债表来反映；而且财务状况的内在变化可以通过一张损益表来反映，如公式 7.17 所总结的那样[①]。我们应说明，在现收现付养老保障制度中使用复式记账的方法将有可能改进制度的质量和透明度，进而使其变得明了易懂，也有可能提供一些重要交易的财务信息，这包括今天广泛使用的精算平衡的其他测量方法。分解收益率的各个组成部分给现收现付养老金制度的设计增加了多种选择，尤其是能够设计一个更有效的指数化养老金制度[②]。

附录 A：收入指数与自动平衡机制立法史参考文献

Settergren，O. With the assistance of H. Olsson. 1997. Kapitel 5 Inkomstindex “Inkomstgrundad ålderspension—finansiella frågor m. m.，” Ds 1997：67. Socialdepartementet，Stockholm.（Chapter 5 The Income Index in “Income-Related Old-Age Pension—Financial Issues etc.” Ds 1997：67，Ministry of Health and Social Affairs，Stock-holm.）

——. 1998. Chapter 16 Inkomstindex，“Regeringens proposition 1997/98：151 Inkomstgrundad ålderspension，m. m.，” Riksdagen，Stockholm.（Chapter 16 The Income Index in “The Government Bill 1997/98：151 Income-Related Old-Age Pension etc.” Swedish Parliament，Stockholm.）

——. 1999. With the assistance of H. Olsson and D. Sundén. “Automatisk balansering av ålderspensionssystemet-regler för avsteg från inkomstindexeringen inom ålderspensionssystemet，” Ds 1999：43. Socialdepartementet，Stockholm.（Automatic Balancing of the Old-Age Pension System-Rules for Deviating from the Income Indexation within the Old-Age Pension System. Ds 1999：43，Ministry of Health and Social Affairs，Stockholm.）

① 在实际运用中，公式 7.17 应扩展到适应开放的盈余或赤字的可能性，即资产（缓冲基金资产与缴费资产）与负债的差额。

② 我们或许可以根据自 2002 年出版的 2001 年报告以来每年出版的瑞典养老金计划年度报告，来判定复式记账比传统精算平衡方法能够提供更好信息的主张的正确性。新的现收现付制瑞典公共养老金计划显示，分离内部收益率成分增加了养老金指数化设计的选项。见塞特格伦（Ole Settergren，2001，2002）关于收入指数与自动平衡机制立法史的内容。

——. 2000. With actuarial modeling and calculations by B. D. Mikula, N. Holmgren, and J. Leander. "Automatisk balansering av ålderspensionssystemet-redovisning av regeringens beräkningsuppdrag," RFV Analyserar 2000：1 Riksförsäkringsverket, Stockholm（"Automatic Balancing of the Old-Age Pension System——An Account of the Calculation Assignment from the Government." RFV Analysis 2000：1）.

——. 2001. "Regeringens proposition 2000/01：70 Automatisk balansering av ålderspensionssystemet," Riksdagen, Stockholm.（The Government Bill 2000/01：70 Automatic Balancing of the Old-Age Pension System. " Swedish Parliament, Stockholm."）

附录 B：一个叠代模型的数字例证

我们用三阶段叠代（OLG）模型来阐明收入和消费的平均年龄变化的影响。要分析获取平均收入的年龄和消费的年龄之间时隔的变化，最少要分析三代。这个年龄时隔称为周转期，具体的推导可参见公式 7.1 到公式 7.9。为了验证死亡率变化对收益率的影响，该模型从三代扩展到四代。

在该模型中，个人的生命被划分为 3 个（4 个）等长的时期。所有个人工作两个时期，即第 1 和第 2 时期，第 3 和第 4 时期则处在退休时期。假定所有人都在各个时期的第一天出生，出生人口规模相同，不存在生育率推动的人口增长，没有移民，也不会在退休前死亡。并假定所有退休人口都在最后一个时期的最后一天死亡，此外还假定没有技术进步。在这些假定条件下，养老金费基就是一个不变的常量。所有财务处理在每个期末进行。为了避免内部收益率（IRR）造成缴费率变化的复杂性（见公式 7.15），在所有例子中，养老金制度可以以 25%这一每个时期不变的缴费率负担养老金的支付。

收入和死亡率模式转换对内部收益率的影响被描述为某些可替代的养老金制度规则，其原因如下：

· 制度的横向内部收益率不是制度设计的函数[①]；

· 内部收益率在群组之间的分布"纵向内部收益率"，是制度设计的函数[②]；

· 现金流的时间选择是制度设计的函数。即使设计保持同样的财务稳定，如公式 7.10 所示，设计产出净现值为零，也是如此。

尽管用数字表示的例子直观易懂，叠代模型稍显复杂的特征，再加上对收入模式和死亡率模式变化的详细阐述，会使这些例子显得冗长乏味。不过努力不会白费，一旦领会，它们对理解现收现付筹资重要方面的结构展示是必需的。

案例 1：收入模式转换

案例内容概要。在接下来的例子中，收入模式转换——老年工作者相对年轻工作者而言

① 不过，如果缓冲基金资产收益率或缓冲基金赤字利率与费基增长率不同，无论有无缓冲基金，现收现付的制度设计将对养老金制度的跨期内部收益率产生（微小的）影响。

② 对横向及纵向内部收益率的定义见本章第一节。

收入增加，因而有收入优势的缴费者增加。该例子显示了这种变化是如何减少周转期并导致负的内部收益率的。负的内部收益率的影响反映了这样一个养老金制度；即其规则使得这种特定冲击将导致与负的内部收益率相等的隐性指数化率。在下面的案例 1.1 中，同样的收入模式转换的影响反映了这样一个养老金制度：即其规则使得这种特定冲击导致隐性指数化率为零。在案例 1.1 中，为了维持净现值为零，负的内部收益率必须通过与内部收益率相等的显性指数化来分配。由此产生的对该体系的现金流、缓冲基金的影响将用损益表和资产负债表来说明。

收入模式转换。在第 1 时期，老年的和年轻的职工群体的工资都是 48，在第 2 时期，收入模式变化了①。老年群体的工资是 72，而年轻群体是 24。于是，与费基相等的工资总额是固定的 96。平均工资大体上也保持不变，变化的仅仅是各年龄组之间的平均工资的分配。

养老金制度的规则。养老金制度的设计可以支付给所有工薪收入者总工资 50％的待遇——显然这是一个难以实施的规则，但是这里它与我们的目的是一致的。

收入模式转换的影响。表 B.1 阐明了这个制度将导致缴费为 24，完全与收入模式转换之前和之后的养老金受益 24 相等。B 群体是终身收入被收入模式变化所改变的唯一群体，将获得的养老金是 24，尽管其缴费为 30（是工资 48 和 72 的 25％的份额）。由于获得的养老金仅为 24，该群体的所得将比其缴费少 6，周期性复合收益率大致为－15％。其计算为：

表 B.1　　收入模式转换对群体缴费与受益的影响

群体 \ 时期		0	1	2	3	4	群体总计	
							缴费	养老金
A		48	48	**24**			24	**24**
B			48	72	**24**		30	**24**
C				24	72	**24**	24	**24**
D					24	72	24	…
时期总计	工资总计	…	96	96	96	…		
	缴费率	25％	25％	25％	25％	25％		
	缴费	…	24	24	24	…		
	养老金	…	…	**24**	**24**	**24**		

注：中间部分显示的普通字体为各群体各时期工资总额，粗体字为各群体的养老金。

$$0.25 \times 48 \times r^2 + 0.25 \times 72 \times r = 24 \Rightarrow r - 1 = -15\%$$

收入模式变化对制度的横向收益率的影响是货币影响，相对于 36 的养老金负债②，为－6。因而横向收益率是－1/6。表 B.1 显示，横向收益率等于缴费与待遇支付之间以货币

① 收入模式是各年龄组平均工资与所有年龄组平均工资的比率。当这个比率对所有年龄组均为常量时，就存在一个稳定的收入模式。

② 养老金负债（PL）在公式 7.3 中定义为养老金制度负有债务的所有人未来养老金收益在估价时的现值，减去其未来缴费的现值。由于既没有人口增长也没有技术进步，费基是一个常量，因而贴现率为 0。

加权的平均的时间差异的相对减少，即周转期从 1.5 减少到 1.25。从表 B.2 也可以清楚地看到周转期的变化导致了缴费资产的下降，因为该资产等于缴费乘以周转期限，并且这个下降等于 B 群体遭受的货币损失。

表 B.2　　收入模式转换对周转期及养老金负债的影响

	转换前	转换后	相对变化
平均退休年龄，$\overline{A}_R$	3[a]	3[a]	—
平均缴费年龄，$\overline{A}_C$	1.5[b]	1.75[c]	+1/6
周转期，*TD*，($\overline{A}_R-\overline{A}_C$)	1.5	1.25	−1/6
缴费资产，*TD*×缴费	36	30	−1/6
养老金负债，*PL*	36[d]	30[e]	−1/6
内部收益率（货币损失/*PL*）[f]	−6/36		−1/6

注：在对 b、c、d、e 的解释中，缴费以普通字体表示，养老金以粗体字表示，年龄以斜体表示。在解释养老金负债时，括号 [] 表示来自和流向相同群体的资金流。涉及群体的数字按年龄从大到小排列。

a. 养老金在第 3 阶段支付。

b. （48×*2*+48×*1*）/（48+48）。

c. （72×*2*+24×*1*）/（72+24）。

d. ［**24**］+［**24**−12］。

e. ［**24**］+［**24**−18］。

f. 当转换发生时出现货币损失，通过“转换前”和“转换后”的数字显示。

作为收入模式和养老金制度规则转换的复合影响，养老金负债下降的程度等同于缴费因周转期缩短而减少的价值。养老金负债在转换之前为 36，在转换之后为 30。由于养老金负债的隐性负指数化，该制度的净现值在转换过程中始终为 0。收入模式转换与假定养老金是所有工薪收入者平均收入的 50%的规则隐性地将负的内部收益率分配给了 B 群体。然而，负的内部收益率本身不是制度规则的结果，这将在下面的例子中给予阐述。

案例 1.1　相同的收入模式转换，不同的养老金制度规则

养老金制度规则。相同的收入模式转换现在已应用到所谓名义账户制的养老金制度中。这样一个制度的规则意味着每个群体将被偿还与其按一定比率（正的或负的）缴费指数相等的金额。最初，制度指数化规则被假定为要求名义养老金资本和年金按费基增长率进行重新估值，该例子中各时期的费基增长率为 0。

收入模式转换的影响。往上直到并包括 A 群体和第 2 时期，这个制度将产生与第一套规则同样的结果：横向和纵向内部收益率为 0。但是当 B 群体退休时，它积聚的养老金名义资本将达到 30，与已支付的缴费相等。由于缴费流为固定的 24，制度只有通过产生赤字 6——与例 1 相似的数字——才能向 B 群体支付他们的名义养老金资本。这个赤字是由与案例 1 相同的周转期减少造成的。然而，在名义账户制中，相同的负内部收益率造成了现金赤字，因为（隐性的）指数化率为 0，而案例 1 中该比率为−1/6，因而分配了负内部收益率。

收入模式转换并不会立即减少名义账户制的养老金负债，这个负债在第2时期维持在36①，而较短的周转期——正如案例1中那样——已将缴费的价值减少到30。为了财务稳定，名义账户制度必须明确地通过减少养老金负债来分配负内部收益率。一种方法是按“可用指数化率对制度全部养老金债务进行指数化调整”。表B.3显示了名义账户制损益表和资产负债表的编制它是按可用指数化率即内部收益率，实行显性指数化。

表B.3　　　　案例1：损益表与资产负债表

	时期				
	1	2[a]	2	3	4
损益表					
缴费	24	24	24	24	24
养老金	−24	−24	−24	−25	−23
＝净现金流（a）	0	0	0	−1	1
缴费资产变化（b）	0	−6[c]	−6[c]	0	0
新增养老金负债[b]	−24	−24	−24	−24	24
付清养老金负债[b]（＝支付的养老金收益）	24	24	24	25	23
负债指数化[b]	0	0	6	0	0
＝养老金负债变化（c）	0	0	6	1	−1
净收入/－损失，（a）＋（b）＋（c）	0	−6	0	0	0
资产负债表					
缓冲基金	0	0	0	−1	0
缴费资产	36	30	30	30	30
＝总资产（d）	36	30	30	29	30
养老金负债，第3时期	0	0	0	0	0
养老金负债，第2时期	24	30	25[d]	23[e]	24
养老金负债，第1时期	12	6	5[e]	6	6
＝总负债（e）	36	36	30	29	30
制度净现值（d）－（e）	0	−6	0	0	0

a. 指数化前可得收益率价值。

b. 负数表示养老金负债的增加，意味着成本。正数表示养老金负债的减少，意味着收入。

c. $-0.25\times24=-6$ ｛TD变化×［缴费（t）＋缴费（$t-1$）］/2｝。

d. $12+18\times5/6=25$［群体B第1时期缴费＋群体B第2时期缴费×IRR］。

e. $6\times5/6+18=23$［群体C第2时期缴费×IRR＋群体C第3时期缴费］。

指数化B群体和C群体的养老金名义资本分别为30和6②，按5/6的可得比率，则分别

① 对B群体的养老金负债为30，对C群体的负债为6。仅在B群体通过制度后，总的养老金负债才会下降到可支撑的30的水平——不管收入模式转换造成的6的赤字。

② C群体第2时期的总工资为24，如果缴费率为25%，则C群体该时期的缴费和名义资本为6。

减少为 25 和 5。于是制度的养老金总负债由 36 降低到 30——等于新的较短的周转期 (1.25) 乘以缴费流 (24)。这意味着养老金制度已恢复到零净现值。但是，收入模式转换和负的养老金负债指数化将影响该制度的现金流。B 群体第 3 时期的养老金支付将为 25。由于各个时期制度收入为 24，将导致赤字为 1。在第 4 时期，C 群体的养老金支付将为 23 (5＋18)，现金流盈余为 1，这将弥补赤字[①]。养老金制度的总资产在第 3 时期为 29，等于第 3 时期缓冲基金－1 与缴费资产 30 的总和。总资产等于制度的养老金负债，制度的净现值始终为 0。

案例 2：死亡率模式转换

案例内容概要。在案例 2 中，死亡率模式发生改变——预期寿命延长了——因而领取养老金的退休者增加了。本例子说明这种变化是如何延长周转期并导致正内部收益率，在隐性指数化率等于正的内部收益率的养老金制度中，正的内部收益率产生的效应得以阐明。在案例 2.1 中，阐述了死亡率模式的相同转换对隐性指数化为零的养老金制度的影响。于是，在该案例中，为维持零净现值，正内部收益率必须通过与内部收益率相等的显性指数化来分配。它对制度现金流、缓冲基金等产生的影响可用损益表和资产负债表来说明。

死亡率模式的转换。简单地说尽管不现实，假定死亡率模式转换是通过寿命的一次性提高而发生的。在退休一个时期后，B 群体没有一个人死亡，而在第 3 个时期后，该群体所有退休者活到了下一个时期。其后的群体退休后也刚好存活两个时期。

养老金制度规则。在案例中，我们将缴费率固定在 25%，从而平均养老金收益在有较长预期寿命的第一群体获得第一次养老金给付后必须减半。这样，B 群体退休者的养老金在第 1 时期为 24，而第 2 时期为 12，C 群体即寿命较长的第二群体，将与其他群体一样在各个时期得到 12 的养老金。

死亡率模式转换的影响。表 B. 4 说明了养老金制度将导致缴费为 24，它与死亡率转换之前和之后的养老金待遇完全相同，为 24。然而，周期性复合收益率大约为 25%时，最先从寿命延长受益的 B 群体将得到 36 的总养老金，尽管其缴费仅为 24。其计算为：

$$0.25 \times 48 \times r^3 + 0.25 \times 48 \times r^2 = 24 \times r + 12 \Rightarrow r - 1 \approx 25\%$$

死亡率模式变化对横向收益率的影响是，相对于制度的养老金负债 36，B 群体获利 12，从而其横向收益率为 1/3。表 B. 5 显示，横向收益率等于缴费和受益之间货币加权的平均时间差异的相对增长，即周转期从 1.5 到 2 的增长。正收益率的原因是死亡率模式转换导致缴费者收入加权的平均年龄与退休者待遇加权的平均年龄的时间跨距较长，以及周转期的增长。当周转期较长时，缴费流的价值从 36 增加到 48。

养老金制度在整个转换中的财务是平衡的，因为养老金负债与缴费流价值的增长程度相同。正收益 12 被隐性地分配给最初养老金基于先前的预期寿命计算的群体。同样可将该例子中的数字代入公式 7.16 进行描述：

[可得指数化率] ＝ [Ⅰ] ＋ [Ⅱ] ＋ [Ⅲ] － [隐性指数化率]

0＝0＋1/3＋0－1/3

① 假定缓冲基金资产的回报等于缴费基础为 0 的增长。

表 B.4　　　　死亡率变化对群体利益的影响

人群＼时期		-1	0	1	2	3	4	群体总计	
								缴费额	养老金
A		48	48	**24**				24	**24**
B			48	48	**24**	**12**		24	36
C				48	48	**12**	**12**	24	**24**
D					48	48	**12**	24	…
时期总计	工资总额	…	96	96	96	…	…		
	缴费率	25%	25%	25%	25%	25%	25%		
	缴费额	…	**24**	**24**	**24**	**24**	…		
	养老金	…	…	24	24	24	24		

注：表格中粗体字表示的是养老金数值，工资总额表示为普通字体，均为每一时期对每一群体而言。

表 B.5　　　　死亡率模型的变化对周转期和养老金债务的影响

	变化前	变化后	相关变化
退休人员平均年龄，$\overline{A}_R$	3[a]	3.5[f]	+1/6
参保者平均年龄，$\overline{A}_C$	1.5[b]	1.5[b]	—
$\overline{A}_R-\overline{A}_C$，周转期，*TD*	1.5	2	+1/3
缴费资产，*TD*×缴费金额	36	48	+1/3
养老金债务，*PL*	36[d]	48[g]	+1/3
IRR（货币所得/*PL*）	12/36		+1/3

注：参见表 B.2 对普通字体、粗体字和斜体字的解释。

a，b，d 参见表 B.2。

f.（12×4＋12×3）/（12＋12）。

g.［**12**］＋［**12＋12**］＋［**12＋12－12**］。

由于寿命预期的提高所带来的正收益，既不归因于养老金制度设计本身，也不归因于对案例中所假定的预期寿命不完备的信息。如果群体 B 的预期寿命事先已知，养老金津贴在群体 B 退休的第 1 时期如果被减少到 12，那么第 2 时期就会增加 12。公式 7.16 将是如下形式：

［可得指数化率］＝［Ⅰ］＋［Ⅱ］＋［Ⅲ］－［隐性指数化率］

1/3＝0＋1/3＋0－0

如果可得指数化不用于增加养老金债务，那么对“财政稳定性”的一致要求，即净现值为零，就不值得追求，因为未分配的盈余增加了。案例 2.1 举例说明了一种盈余分配规则的影响。

案例 2.1　相同的死亡率模式变换，不同的养老金制度规则

养老金制度的规则。现在我们再次假定一种名义账户制。这种名义账户制的债务由可得收益率来进行指数化。在本案例中，如果我们假设对寿命期望值拥有最完备的信息，那么收益将等同于 IRR（名义账户制的内部收益率）。在这样的条件下，制度中 12 的盈余表示可得指数化率为 1/3，在第 2 时期中将通过养老金债务的指数化来分配这个盈余。

死亡率模式变化的影响。变化前，养老金给付额和缴费额都稳定为 24。第 3、第 4 和第 5 时期，养老金给付额分别为 16、30 和 26。从第 6 时期开始，养老金给付额又回到 24。相应的，在第 3、第 4 时期时，缓冲基金分别维持在 8 和 2，从第 5 时期开始回落到 0（欢迎读者对这些计算进行检验）。基金盈余用于平衡养老金债务是很有必要的，它很有可能在作为基金价值的同等数量上暂时超过缴费资产。如果我们以可用指数化率和对寿命期望值的更现实的、不完备的信息，对养老金债务进行再评价，那么养老金给付流量将会不同。然而，制度会一直维持零的净现值，并且在稳态下最终缓冲基金将变为零。

对案例中所要展示内容的总结

对于财务稳定的现收现付养老金制度，这些案例表明，不论制度的设计和对预期寿命的预测能力如何，横向内部收益率都受到收入模式和死亡率模式变化的同样影响。我们同样认识到群体间的内部收益率（IRR）的分配取决于制度的设计和对死亡率预测的能力。此外，还阐述了现收现付养老金制度中的复式记账原则①。

表 B.6　**案例 2.1：损益表与资产负债表**

	时期					
	1	2[a]	2	3	4	5
损益表						
缴费额	24	24	24	24	24	24
养老金	−24	−24	−24	−16[g]	−30[h]	−26[i]
＝净现金流量（a）	0	0	0	8	−6	−2
缴费资产变化（b）	0	12[c]	12[c]	0	0	0
新增养老金债务[b]	−24	−24	−24	−24	−24	−24
付清的养老金债务[b]（＝已赔付的养老金津贴）	24	24	24	16	30	26
债务[b]指数化的成本/收入	0	0	−12	0	0	0
＝养老金债务的变化	0	12	−12	−8	6	2
净收入/负的损失（a）＋（b）＋（c）	0	12	0	0	0	0
资产负债表						
缓冲基金	0	0	0	8	2	0
缴费资产	36	48	48	48	48	48
＝全部资产（d）	36	48	48	56	50	48
养老金债务，第 3 时期	0	0	0	16	14	12
养老金债务，第 2 时期	24	24	32[d]	28[f]	24	24

① 本文所使用的会计标准是自 2001 年以来瑞典公共养老金制度发展和使用的简体译本。

续表

	时期					
	1	2[a]	2	3	4	5
养老金债务，第1时期	12	12	16[e]	12	12	12
＝全部债务（e）	36	36	48	56	50	48
制度的当前价（值）(d)－(e)	0	12	0	0	0	0

注：名义账户制和标定指数的可用比率，在例子中相当于 *IRR*。

a，b参见表B.3。

c. 0.5×24＝12｛TD的变化×［缴费额（t）＋缴费额（$t-1$）］/2｝。

d.（12＋12）×4/3＝32［群组B在第1时期的缴费额＋群组B在第2时期的缴费额×*IRR*］。

e. 12×4/3＝16［群组C在第2时期的缴费额×*IRR*］。

f.（12×4/3)＋12＝28［（群组C在第2时期的缴费额×*IRR*）＋群组C在第3时期的缴费额］。

g. 32/2＝16（群组 *B* 在第2时期的名义养老金资产/寿命期望值）。

h. 16＋(28/2）＝30（群组B在第4时期的养老金＋群组C在第4时期的养老金）。

i. 14＋(24/2）＝26（群组C在第5时期的养老金＋群组D在第5时期的养老金）。

附录C：方程7.7前的中间推导过程

$$\frac{v}{c}=\frac{N(0)\cdot\overline{W}\cdot k\cdot\int_0^m\int_x^m l(u)\cdot e^{-ru}\cdot\left[R(u)\cdot e^{\varphi\cdot u}-W(u)\cdot\frac{\int_0^m e^{(-r-\varphi)\cdot a}\cdot l(a)\cdot R(a)da}{\int_0^m e^{-r\cdot a}\cdot l(a)\cdot W(a)da}\right]du\,dx}{N(0)\cdot\overline{W}\cdot k\cdot\int_0^m l(x)\cdot e^{-r\cdot x}\cdot W(x)\cdot\frac{\int_0^m e^{(-r-\varphi)\cdot a}\cdot l(a)\cdot R(a)da}{\int_0^m e^{-r\cdot a}\cdot l(a)\cdot W(a)da}}\cdots$$

上述表达式很容易通过基本的代数运算简化为：

$$\left\{\begin{aligned}F_R(a)&=e^{-r(r-\varphi)a}\cdot l(a)\cdot R(a)\\F_W(a)&=e^{-r\cdot a}\cdot l(a)\cdot W(a)\end{aligned}\right\}$$

$$\cdots=\frac{\int_0^m\int_x^m l(u)\cdot e^{-r\cdot u}\cdot\left[R(u)\cdot e^{\varphi\cdot u}-W(u)\cdot\frac{\int_0^m F_R(a)da}{\int_0^m F_W(a)da}\right]dudx}{\int_0^m F_W(x)\cdot\frac{\int_0^m F_R(a)da}{\int_0^m F_W(a)da}dx}$$

$$=\frac{\int_0^m\int_x^m l(u)\cdot e^{-r\cdot u}\cdot\left[R(u)\cdot e^{\varphi\cdot u}\int_0^m F_W(a)da-W(u)\cdot\int_0^m F_R(a)da\right]dudx}{\int_0^m F_R(a)da\cdot\int_0^m F_W(x)dx}$$

$$=\frac{\int_0^m\left[\int_0^m F_W(a)da\cdot\int_x^m l(u)\cdot e^{-r\cdot u}\cdot R(u)\cdot e^{\varphi\cdot u}du-\int_0^m F_R(a)da\cdot\int_x^m l(u)\cdot e^{-r\cdot u}\cdot W(u)du\right]dx}{\int_0^m F_R(a)da\cdot\int_0^m F_W(x)dx}$$

$$=\frac{\int_0^m\left[\int_0^m F_W(a)da\cdot\int_x^m F_R(u)du-\int_0^m F_R(a)da\cdot\int_x^m F_W(u)du\right]dx}{\int_0^m F_R(a)da\cdot\int_0^m F_W(x)dx}$$

$$=\frac{\int_0^m F_W(a)da\cdot\int_0^m\left[\int_x^m F_R(u)du\right]dx-\int_0^m F_R(a)da\cdot\int_0^m\left[\int_x^m F_W(u)du\right]dx}{\int_0^m F_R(a)da\cdot\int_0^m F_W(x)dx}$$

$$=\frac{\int_0^m\left[\int_x^m F_R(u)du\right]dx}{\int_0^m F_R(x)dx}-\frac{\int_0^m\left[\int_x^m F_W(u)du\right]dx}{\int_0^m F_W(x)dx}$$

求解上式必须满足

$$\left\{\begin{array}{l}\int_0^m\int_x^m f(u)dudx=\int_0^m x\cdot f(x)dx\\ \text{证明：}\\ \int_0^m\int_x^m f(u)dudx=\left[x\cdot\int_x^m f(u)du\right]_0^m-\int_0^m x\big(-f(x)\big)dx\end{array}\right\}$$

因此求解方程得：

$$\cdots=\frac{V}{C}=\frac{\int_0^m x\cdot F_R(x)dx}{\int_0^m F_R(x)dx}-\frac{\int_0^m x\cdot F_W(x)dx}{\int_0^m F_W(x)dx}$$

$$=\frac{\int_0^m x\cdot e^{-(r-\varphi)x}\cdot l(x)\cdot R(x)dx}{\int_0^m e^{-(r-\varphi)\cdot x}\cdot l(x)\cdot R(x)dx}-\frac{\int_0^m x\cdot e^{-r\cdot x}\cdot l(x)\cdot W(x)dx}{\int_0^m e^{-r\cdot x}\cdot l(x)\cdot W(x)dx}$$

证毕。

附录 D：对 41 个国家周转期的大体估算

那些不在劳动力市场上的或者年龄高于 54 岁的个人被认为从养老金制度中领取待遇，待遇的大小相当于他们平均工资的 50%。养老金是根据平均工资的增长率来指数化的，因此 $\varphi=0$。

国　　家	年份	人口增长估计，γ—1（%）	周转期（年）
塔吉克斯坦	1991	3.8	35.3
阿根廷	1990	1.5	34.1
西班牙	1990	0.2	34.1
新西兰	1990	0.8	34.0
澳大利亚	1994	0.3	34.0
吉尔吉斯共和国	1995	2.8	33.7
以色列	1994	1.8	33.6
葡萄牙	1992	0.1	33.3
加拿大	1992	—0.1	33.3
智利	1997	1.5	33.2
罗马尼亚	1992	0.5	33.2
意大利	1994	—0.3	33.2
美国	1995	0.2	33.1
奥地利	1996	—0.4	33.1
比利时	1994	—0.1	33.1
爱尔兰	1990	0.9	33.0
法国	1995	0.2	33.0
英国	1996	—0.1	32.9
匈牙利	1996	—0.1	32.8
希腊	1995	—0.1	32.8
哈萨克	1996	1.4	32.7
斯洛伐克	1995	0.8	32.7
丹麦	1994	—0.4	32.7
瑞典	1996	—0.3	32.7
荷兰	1995	—0.3	32.7
拉脱维亚	1996	—0.1	32.6
挪威	1996	0.1	32.6
亚美尼亚	1993	1.6	32.5
捷克斯洛伐克共和国	1996	—0.1	32.1
斯洛文尼亚	1993	—0.2	32.0
爱沙尼亚	1996	0.0	31.9
白俄罗斯	1996	0.1	31.9
波兰	1996	0.4	31.8
俄罗斯联邦	1995	—0.1	31.7
德国	1994	—0.8	31.7

续表

国　家	年份	人口增长估计，γ−1（%）	周转期（年）
保加利亚	1993	−0.2	31.5
日本	1990	−0.4	31.5
芬兰	1996	−0.4	31.6
朝鲜共和国	1991	0.9	31.5
乌克兰	1993	−0.1	31.3
摩尔多瓦	1994	0.8	31.2

资料来源：作者基于联合国和国际劳工组织统计数据的计算结果，详细资料参见塞特格伦和米库拉（Ole Settergren and Boguslaw D. Mikula，2001）。

参考文献

Aaron，H. J. 1966. "The Social Insurance Paradox." *Canadian Journal of Economics* 32（August）：371—74.

Arthur，W. B.，and G. McNicoll. 1978. "Samuelson，Population and Intergenerational Transfers." *International Economic Review* 10（1）：241—46.

Buchanan，J. 1968. "Social Insurance in a Growing Economy：A Proposal for Radical Reform." *National Tax Journal* 21：386—95.

Disney，R. 1999. "Notional Accounts as a Pension Reform Strategy：An Evaluation." Social Protection Discussion Paper 9928，World Bank，Washington，DC.

Federal Old-Age and Survivors Insurance and Disability Insurance Trust Funds，Board of Trustees. 2003. *2003 Annual Report of the Board of Trustees of the Federal Old-Age and Survivors Insurance and Disability Insurance Trust Funds*. Washington，DC：U. S. Government Printing Office.

Feldstein，M. 2002. "Introduction，an American Perspective." In *Social Security Pension Reform in Europe*，ed. M. Feldstein and H. Siebert，1—8. National Bureau of Economic Research. Chicago：The University of Chicago Press.

Iyer，S. 1999. *Actuarial Mathematics of Social Security Pensions*. Geneva：International Labor Organization.

Keyfitz，N. 1985. *Applied Mathematical Demography*. Berlin and Heidelberg：Springer Verlag.

——. 1988. "The Demographics of Unfunded Pensions." *European Journal of Population* 1：5—30.

Lee，R. D. 1980. "Age Structure，Intergenerational Transfers and Economic Growth：An Overview." *Revue Economic* 31（6）：1129—56.

——. 1988a. "Induced Population Growth and Induced Technological Progress: Their Interaction in the Acceleration Phase." *Mathematical Population Studies* 1 (3): 265—88.

——. 1988b. "Intergenerational Flows of Time and Goods: Consequences of Slowing Population Growth." *Journal of Political Economy* 96 (31): 618—51.

——. 1994a. "The Formal Demography of Aging, Transfers, and the Economic Life Cycle." In *The Demography of Aging*, ed. L. Martin and S. Preston, 8—49. Washington, DC: National Academy Press.

——. 1994b. "Population Age Structure, Intergenerational Transfer, and Wealth: A New Approach, with Application to the U. S." *Journal of Human Resources* 29 (4): 1027—63.

Lee, R. D., and H. Yamagata. 2003. "Sustainable Social Security: What Would It Cost?" *National Tax Journal* 56 (1, part 1): 27—43.

Orsag, P., and J. Stiglitz. 1999. "Rethinking Pension Reform: Ten Myths About Social Security Systems." Paper presented at World Bank conference "New Ideas About Old Age Security," Washington, September 14—15.

Riksförsäkringsverket. 2002. The Swedish Pension System Annual Report 2001. Stockholm.

——. 2003. The Swedish Pension System Annual Report 2002. Stockholm.

——. 2004. The Swedish Pension System Annual Report 2003. Stockholm.

Samuelson, P. 1958. "An Exact Consumption—Loan Model of Interest With or Without the Social Contrivance of Money." *The Journal of Political Economy* 6 (December): 467—82.

——. 1975a. "The Optimum Growth Rate for Population." *International Economic Review* 16 (3): 531—38.

——. 1975b. The Optimum Growth Rate for Population: Agreement and Evaluations. *International Economic Review* 17 (2): 516—525.

Settergren, O. 2001. "The Automatic Balance Mechanism of the Swedish Pension System—A Non-technical Introduction." *Wirtschaftspolitishe Blätter* 4: 339—349.

——. 2002. "Financial and Inter-Generational Balance? An Introduction to How the Swedish Pension System Manages Conflicting Ambitions." *Scandinavian Insurance Quarterly* 2: 99—114.

Settergren, O., and B. D. Mikula. 2001. "Financial Balance & Inter-Generational Fairness in Pay-As-You-Go Pension Systems-Empirical Illustrations in an Alternative Framework." Paper prepared for presentation at the meeting of the Old-age, Invalidity and Survivors' Benefits Technical Commission held during the General Assembly of the International Social Security Association in Stockholm, September.

Valdés-Prieto, S. 2000. "The Financial Stability of Notional Accounts Pensions." *The*

Scandinavian Journal of Economics 102 (3): 395—417.

Willis, R. J. 1988. "Economics of Changing Age Distribution in Developed Countries." In *Life Cycles, Institutions, and Population Growth: A Theory of the Equilibrium Interest Rate in an Overlapping Generations Model. International Studies in Demography*, ed. R. Lee, 106—138, Oxford: Oxford University Press.

对“现收现付制养老金的收益率：一个更精确的消费贷款利率模型”的讨论

罗纳德·李*

在现收现付养老金制度下，缴费者能获得多大的收益率？众所周知，在稳态下，收益率等于人口增长率与生产力增长率之和，或者与费基（税收）的增长率相同，或等于经济增长率。但是我们中很多人都随意地用“成熟”条件来代替“稳态”限制条件，并由此得出结论：大部分工业化国家的养老金计划都能够产生这样的收益率，因为大部分的计划都覆盖了绝大多数劳动者，所以是成熟的。

本章作者告诉我们，情况并非如此。由于如人口年龄分布、退休年龄、开始工作时的年龄、死亡率、生产力增长率和工资的年龄结构的变化等诸多原因，成熟的养老金制度并不具有稳态特征。一个多世纪以来，工业化国家的死亡率一直在不断下降，并且大部分分析家预计这种下降态势仍会持续。即使养老金计划其他方面大部分都保持不变，这一因素仍意味着在严格的现收现付制度下每一代人获得的有效收益率将超过费基的增长率。每一代劳动人口要纳税来支付因较早死亡从而退休期较短的那一代人的退休成本，而到几十年后这一代劳动者自己退休后，他们的退休期因寿命增加而延长。正是由于这个原因，他们的收益率会超过费基增长率。因此，要为这种延长的退休期和更高的收益率提供资金，养老金的缴费率肯定要随之增加。在美国社会保障制度中，死亡率的下降对一代人收益率的影响相当显著，内部收益率大概以0.3%～0.5%每年递增——这是逐渐被意识到的事实。

任何一代人的收益率总能在事后计算出来，即在他们中的最后一个成员死亡之后。但如果某代人的最后成员一直活到远超过100岁还没有死，到那时这个问题就只有历史意义了。从现实角度来说，今天或许我们需要一种基于自身环境和绩效的社会保障制度收益率计算方法。

本章通过在现收现付养老金制度中建立衡量内部收益率的方法来讨论这个问题。首先，作者提出了一种用于构建稳态制度的方法，推导和解释了会计恒等式。该部分的分析建立于现有文献之上，这些文献大体上描述了代际间转移的会计框架。会计恒等式表明制度隐性债务V（相当于制度当前净负债的现值）等于年度缴费流C乘以领取养老金的平均年龄与缴纳养老金费用（工资税）的平均年龄之差。作者将这种年龄差称为周转期。周转期将大量关于

---

* 罗纳德·李（Ronald Lee）是加州大学伯克利分校老龄化经济学与人口统计学中心主任。该评论的研究由国家老龄协会授权，R37－AG11761。

制度规则、人口年龄分布、劳动力供给和收入的年龄模式以及死亡率综合成单一数字。值得注意的是，当养老金津贴根据退休后的工资增长指数化调整时，周转期会比像美国那样仅仅根据通货膨胀率指数化调整时的周转期长。对于受益人退休时一次性领取养老金并通过私人部门将其转换成年金的名义账户计划，周转期会变得更短。通过这样和其他很多途径，周转期能够反映具体各个养老金计划的详细资料。

附录D介绍了基于劳动力参与率的对41个国家周转期的粗略估计。尽管在人口状况、退休年龄和获得收入的年龄结构等方面存在很大差异，这41个国家却拥有非常相似的周转期，大致分布在31～35年。我非常惊奇地发现这一点，但或许这种相似性反映了用于计算的那些简单有力的假设。按美国现状和我个人精确的计算结果来看，美国周转期为33年，这一数据是完全符合目标的。

我们可以用美国的数据来检验这个简单的公式，其中使用33年的年龄差。2004年社会保障待遇给付（OASDI）总计占GDP的4.33%。在一个纯粹的现收现付制度中，这也是工薪税给付的一部分[①]。因此净养老金债务的横向估计或者现有缴费者隐性债务，等于33乘以GDP的4.33%或者是1.43乘以GDP。这将达到16.5万亿美元，从中扣除1.5万亿美元的信托基金后将是15万亿美元。作为过去和现在缴费者的短期债务，这远远比“理事会报告”（2005：表IV.B8）中保险精算师给出的11.2万亿美元多得多。但是，保险精算师使用的贴现率比这种横向内部收益率计算中暗含的人口增长率高得多，这可能是产生偏差的主要原因（参见本人于1994年对美国的相似估计）。

作者认为周转期可以解释为对养老金计划的时间偏好的反映，它的倒数则是估算养老金缴费的贴现率的一种方法。基于以上对估计范围的描述，隐含的贴现率每年应在2.8%～3.2%之间。我发现这个观点时感到困惑，同时也抱着极大的兴趣等待作者对该观点进一步的改进和更清晰的解释。

第一部分的结果非常有意思，且很具有理论价值，但实际用处非常有限，因为真实的制度并不是处于稳态。该结果揭示了连续的资产负债表框架下的财务稳定参数。特殊之处在于，这种资产负债框架的编制方法遵循的是传统“企业”的财务平衡法，同时它引入经济学家或人口统计学家描述平衡的方法。如在真实和非稳态下使用该框架，我们就不得不考虑在两次时间间隔的停止期对它们进行静态的比较。这是本章第二部分作者提出的方法。如果我们考虑更为一般公式的简单特殊情况，其中信托基金为零，那么稳态恒等式为$PL=TD\times C$，PL是养老金负债（我一直将其称为现有缴费者的隐性债务），TD是刚讨论的周转期，C是每年的制度缴费（税收）流量。作者指出该制度中缴费的收益率（在横向的情况下）就是当PL不变情况下的收益率。我希望看到更多关于这一观点的讨论。在一个增长的经济中，PL规模的固定意味着养老金财产价值相对于GDP是下降的，这似乎不合理。无论如何，规定给定等式的时间导数等于零，结果暗示着制度内部收益率等于缴费（税收）的指数增长率C加上周转期变化的指数增长率（特指没有信托基金平衡的特殊情况）。

在稳态下，养老金缴费（税收）增长率恰好等于人口增长率加上生产率增长率，此时周

① 见Board of Trustees，2005。

转期变化率为零。由此可得知稳态下现收现付制的收益率。然而，在非稳态下，缴费增长率也将依据人口变动而变化，这种变化是通过劳动力、收入年龄结构、退休年龄和开始工作年龄的变化，以及通过生产力增长和总体人口增长发生作用的。

类似地，在稳态之外，周转期会由于以上谈到的诸多因素的变化而变化，同时还受到老年人存活寿命变化的影响。比如说，如果寿命延长，退休人员在很大岁数时依然领取养老金，那么领取养老金的平均年龄将会增加，同时周转期也会增加，因此内部收益率通过养老金制度也会随之增加。如果寿命停止增长，那么周转期也会停止增长，收益率会再次下降。由于延长的寿命，周转期也会以其他方式发生变化，这取决于计划的详细规定。如果待遇与死亡率相联系，由于周转期的变化，年轻一代退休时收到的待遇流会降低。再举另外一个例子，如果具有代表性的年龄收入轮廓的最高点移到更老的岁数，则反映了劳动力受教育程度的提高，那么这将提高缴费的年龄，从而导致周转期的减少和更低的收益率。连同缴费额的标准增长率，所有这些逐年的变化都反映在上面提到的计算方法中。只要这些变化一出现，横向收益率的计算方法就会受到影响。一旦这些变化不再出现，收益率也会趋于回到其稳态的水平，稳态的收益率水平不会受到周转期水平的影响。

这种一般方法及其有效性和风险性，对于那些在测量出生率或死亡率时会遇到相似问题的人口统计学家来说是非常熟悉的。有一个在生育年份末期测算全部群体生育率的简单方法。另一个直接的方法可用来测算在某一代成员全部都死去时的平均死亡年龄或群体预期寿命。但由于某些显而易见的原因，我们需要一个描述现有状况的生育率和死亡率的衡量方法。人口统计学家通过假设每一代生命在其整个寿命期间要经历某特定年份与年龄相关的比率，建立了综合的群体测算方法，或者周期测算方法，来描述现有的状况。对于测算生育率，这种方法形成最为普遍使用的方法——周期总体生育率（TFR）。对于测算死亡率，又形成了另一个最为普遍使用的方法——周期平均寿命。但是，对于这些方法存在激烈的争论，特别对总体生育率，因为它提供了任一组完整生育率存在扭曲的迹象，因为在女性生命周期中其生育期的选择是不断变化的——“节奏”效应——与完整的分组生育的“量子论”形成对比。在欧洲，首次生育的平均年龄每年上升大概 0.2 年，这种状况持续了数十年。相对于可能的最终完整的分组生育率，这把总体生育率降低了大概 20%或将近 0.4 年。很多人口统计学家建议对总体生育率的周期进行调整，使其能更好地反映完整分组生育力。

在本文所提议的养老金成员收益率的横向衡量法的情况下，肯定会出现类似的问题，但尚未得到深入研究。但是，本章的第二部分对解决这个问题开了一个很有前景和启迪性的头。我们可以把周转期随时间的变化作为引入了类似周期性扭曲的因素。比如说，当周转期延长，我们预计当前的待遇给付率会暂时下降；反之当周转期缩短时，待遇给付率则会暂时上升。缴费率的变化同样也会受开始或结束工作的年龄的短期变化的影响，紧接着出现生产力增长效应，从某种意义上就扭曲了这种变化率。这些效应对于横向收益率都是正确的，但是当我们试图根据横向收益率来推算纵向的或长期收益率时，这容易导致误解。

在名义账户制度下，退休年龄以及平均寿命的跨代变化对每代的收益率几乎没有影响，因为名义账户制是精算公平的。但是此类的变化会影响税收支付的时间选择以及收益的时间选择和水平，这些时间选择的变化反映在不断变化的横向周转期中，并因此反映在横向收益率中。应对窍门就是选择一种会计方法，不管是横向的还是纵向的，在非稳态下公平地对待不同代人，避免附录B中清楚描述的那种不公平的出现。

本章加上附录的内容都相对简洁，很多细节都省略了。本章末尾的讨论指出，他们考虑的典型养老金债务 PL（t）事实上是基于对未来的精算预测。我发现这个的时候感到困惑，因为存在 PL 横向的测量方法，这个方法是基于综合群体的缴费额和待遇支出，我不明白为什么不使用这个方法。类似地，转移期的衡量与本章末尾提及的“预期”周转期有关，这再次暗示着以纵向和预测的视角，然而存在一个纯粹横向测算周转期的方法，该方法不涉及“预期”的周转期。因为这些细节，我无法完全明白这种计算方法或者是他们潜在的逻辑。毫无疑问，这些问题大部分可以通过与作者讨论得到解决的。

在其他一些地方，因为不熟悉文中的一些术语和短语，跟随作者思路有些困难，特别是在文章末尾的重要的关于“可得指数化率”“隐性重估率”“显性指数化率”和“制度净收入”的讨论。对于这些术语的关系和关于内部收益率的短语以及文章的主题，我不是很明确。但是，我相信这些术语在某种程度上与收益率横向估计的剩余纠正有关。

本章描述的方法似乎是评估现收现付养老金制度的运作绩效的一个有力工具。但是，问题依然存在，在完全理解什么是非稳态的收益率之前，我们需要对这个方法做更完整的阐述或更完整的分析。对该问题进行更全面的阐述是完全可能的。

我认为，作者关于他们对这个问题的贡献是非常谦虚的。尽管他们引用的文献，包括我的文章，无疑是高度相关的，但大部分的文献采用相对稳态的方法，没有对非稳态进行分析，没有一篇文献专注于如何测量现收现付养老金制度的非稳态的收益率这个特定问题。我希望，本章做的工作能起到抛砖引玉的作用，引导作者和其他学者更深入发展这些理论和探究它们的局限和使用，促成一系列文章的出现。

参考文献

Board of Trustees. 2005. *The 2005 Report of the Board of Trustees of the Federal Old-Age and Survivors Insurance and Disability Insurance Trust Funds*. Washington，DC：United States Government Printing Office.

Lee，R. 1994. “The Formal Demography of Population Aging，Transfers and the Economic Life Cycle.” In *The Demography of Aging*，ed. L. Martin and S. Freston，8—49. Washington，DC：National Academy Press.

第八章　名义账户制实现自动财务稳定的市场方法

萨尔瓦多·瓦尔迪斯—普累托*

第一节　引　言

第二次世界大战以来，以现收现付方式融资但采取了包含个人账户的精算待遇公式的养老金计划在欧洲流行至今。这些计划近来被称为“名义缴费确定型”（NDC），更恰当地流行说法是“名义账户”（Notional Account，NA），因为正如下面所说，这些计划也可以提供确定的待遇。

养老金计划的一个重要特征是它在短期内能够达到自动财务稳定的程度，因而，有必要把政府财政与危及养老金计划的冲击隔离开来，使养老金计划与影响财政的冲击相对绝缘，这就可以消除政府在调整参数以应对冲击时的随意迟延——就是说，它把政治风险降低到了最小限度。

这个意义上的隔离不是一个绝对的概念，因为政府总是可以在事后用财政政策来补贴养老金收入，或对养老金收入进行征税。把政府财政与养老金计划相绝缘的好处在于，它可使政府有机会讨论应对冲击的财政政策，而养老金计划没有破产的压力。

政府财政与养老金计划相互隔离的一个主要前提条件是，如果将来没有其他冲击，计划参数使计划将永远能够履行其支付承诺，我们便把这种特征称为“初始财政独立”或“初始偿付能力”。在这个意义上，很多现收现付融资的计划目前都是没有偿付能力的，对这些计划来说，财务稳定只是一个遥远的愿望。

对那些具备初始偿付能力的计划来说，由于不可保的冲击可能会发生并增加其计合财务影响，所以，财务稳定问题将会随着时间的推移而重复出现。这些冲击可能是人口的（长寿问题和出生率问题）、经济的（参保工人平均应税收入的变化、就业状况的变化）或者金融的（股票和债券价格的变化，它会影响部分积累制计划的积累率）。计合财务影响是指养老金计划债务与资产的影响之差。待遇公式（无论是什么样的）控制着债务方，并通常决定了

---

* 作者萨尔瓦多·瓦尔迪斯—普累托（Salvador Valdés-Priesto）是智利天主教大学经济学教授，圣地亚哥公共政策研究中心研究员。

本篇论文与作者较早在2003年9月29—30日于瑞典山德汉姆岛召开的世界银行关于名义账户养老金制度研讨会上发表的一篇论文有关，但差异较大。欢迎发表评论。

对个体成员待遇的调整。例如，如果应税收入和缴费下降，所有收入关联型计划对养老金数额的承诺就都会下降。把对所有个体成员的调整加总，就等于该冲击对养老金计划债务的总体财务影响。该冲击还会对资产单方面产生影响，而对计划资产和债务两方面的影响之差就是它对计划的整体财务影响。这种影响在短期内可能是相对较大的[①]。例如，失业率上升对一个具备初始偿付能力的DB型现收现付计划的影响。

本章讨论的是养老金计划为应对总的财务冲击而采取的可选方法。总的说来，调整取决于在连续层面上运行的四套规则：（1）计划待遇公式，它把个人缴费同个人待遇相联系起来；（2）调整计划参数的规则；（3）使用计划举办人提供的最后缓冲基金和信用额度的规则；（4）支配一些人事后实行酌情处理的规则，他们可能是国会议员、管理计划的公共理事会的成员、控制着重要技术参数的公务员、有权限制计划动用信用额度或缓冲基金的财政部长。如果层面（1）和层面（2）自身就能够应对多数冲击，而在几乎所有自然状态下（除了战争和类似事件之外）都无需层面（3）和层面（4），养老金计划的财务稳定就可以被描述为“自动的”。

文献证明，20世纪90年代欧洲实施的采用任何一套简单待遇公式的名义账户计划，在面临人口和经济冲击时，短期内都不能实现自动财务稳定[②]。在名义账户计划中，待遇公式由这几个因素组成：在职成员的个人账户、用于确定计入账户的名义利率的公式、退休时把账户资产转换成首年养老金的因子、对年金进行指数化调整的公式等。要考虑到的一种情况是，计入个人账户的即时名义利息率等于缴费收入的即时增长率，并且在达到养老金领取年龄时，转换因子取决于同一时期增长率和预期寿命。这种情况与其他情况相比，最有利于实现自动财务稳定，但即使在这种情况下，人口增长率的永久性下降也会引起持续达80年的长期现金赤字[③]，这些赤字的产生是由于冲击引起的支出变化和收入变化的时间不一致。计划收入和支出变化的时间差异是很重要的：即使人口增长率每年仅仅下降0.5%，在缴费收入占GDP10%的计划中，按3%的实际贴现率计算，在赤字最高的年份，这些现金赤字大约是GDP的9%。

相比之下，基于规则的计划和基于契约的计划，例如共同基金提供的DC型计划和寿险公司提供的DB型年金，只要它们采取层面（1）和（2）就能够实现短期自动财务稳定。在支持DC计划的共同基金公式里（它于1924年在波士顿发明的），其中每个成员都拥有共同基金的很多股份，股份价格是按下面这个方法每天调整的：新价格是基金资产的新价值（前瞻性的市场价格）除以未清偿的股份数。人们可能会认为基于规则的计划和基于契约的计划

① 必须要明确“短期”的含义。对我们在本章的目的而言，“短期”是一个选举周期，是政治家在用法律改革、税收、补贴和其他事后采取“酌情处理”的办法来应对计划赤字之前拥有的最长调整时间。在多数运转良好的民主制度中，政治反应可能稍快一点。

② 见于瓦尔迪斯-普累托（2000）。阿瑟和姆尼科尔（Arthur and McNicoll，1978）并没讨论财务稳定的问题。相反，那篇论文不仅局限于稳态增长的情况，而且，在那种情况下还只考虑增长路径达到“黄金律”条件（资本的边际生产率等于经济增长率）的情况，这意味着动态无效率。

③ 瓦尔迪斯-普累托（2000）在原来的论文中犯了一个错误，说在那种情况下将会出现现金盈余，而不是现金赤字（见该论文中的表1）。弗里德里希·布雷耶（Friedrich Breyer）教授发现了那个错误，他的纠正和我的回应见《斯堪的纳维亚经济学刊》（Scandinavian Journal of Economics）（见Breyer，2004；Valdés-Prieto，2004）。

是不相关的，因为它们需要付出高昂成本才能转向完全积累（见表 8.1 的定义）。这种看法是不正确的，因为正如瓦尔迪斯-普累托（2005）证明的那样，转型可以不需要成本而立即实现。

表 8.1　　　　积累制意味着什么

积累制意味着什么
一个养老金计划是否是“积累制”，这是有争议的，因为这个术语有 3 个意思。在金融意义上，养老基金是金融证券、不动产和计划拥有的其他权利。相比之下，政府补助的预期现值不是养老基金的一部分，因为法律可以被修改，政府补助可以停止。政府补助可以是明确的补贴，如对名义账户计划的定期预算转移，或者可以是隐性补贴，如本章提到的成熟的现收现付融资中隐含的终身净税收，因此这种关键的收入来源也不是养老基金的组成部分。一般说来，养老基金被界定为受产权保护的支持计划给付承诺的资产集合①。在金融意义上的积累程度是用养老基金的市场价值除以在同一天积累债务的预期贴现值的比例。 在财政意义上，积累是养老金债务的变化造成财政净负债变化的程度，或对净公共债务支付风险的影响程度。为此，“净公共债务”是标准公共债务减去公共拥有的资产，加上无偿付能力的健康和老年待遇项目的隐性财政债务。财政负担沉重的“转型成本”是由财政筹资改革引起的，不是金融积累程度的变化而引起的。 积累还有一种含义，指计划对整个经济范围的储蓄量的影响。这种“宏观的”“最终的”或“广义的”积累不是计划本身的特征，而是更广的宏观经济环境的特征。广义积累程度取决于私人储蓄、公债政策、李嘉图等价、政府举办的其他转移支付项目如对老年人的医疗补贴、助学贷款和养老金计划等。广义积累是整个经济的特征，而不是计划的特征。 由于养老金计划不应该根据与之无关的东西来标注，积累的含义应该仅限于金融定义（第一个含义）。本章讨论的“融入金融市场（IFM）”并不影响整个经济的积累程度，然而，未来被追留在计划中或加入计划的缴费者的缴费中包含着隐性税收，融入金融市场能够对这部分隐性税收提供产权保护，因而提高了计划的金融积累程度。

在 2001 年，瑞典当局设计了一个可使名义账户计划实现自动财务稳定的替代路径。原来的规则是按缴费收入增长率对在职工人的名义资本进行计息，并且按平均工资增长率减去 1.6%来每年调整养老金给付。然而，从 2001 年 5 月以后，瑞典采取了一个富有创造性的新规则——称为自动平衡机制（ABM）：当计划债务超过资产时，在职成员的记账名义利率和养老金给付调整率都会受到削减，调整率等于平均工资增长率减去债务增长率加上资产增长率②。自动平衡机制似乎赋予了瑞典名义账户计划以自动财务稳定。

本章讨论一个应对冲击的替代方法，它采用一个基于规则的方法来配置计合风险，也能够使名义账户计划实现短期财务稳定，我称之为“融入金融市场”（IFM），后面会解释为什么这么叫它。与自动平衡机制不同的是，融入金融市场方法的依据是金融市场和资本市场的贴现率，因此依靠的是客观的预测。这也允许融入金融市场方法的分散化，减少政治和官僚的干预，从而可以增强成员对计划的信心。还必须强调的是融入金融市场方法依靠资产价值，它调整的根据是理性预期，而不是缓慢的移动平均值。此外，融入金融市场方法允许计划把它面临的部分不可保风险与其他投资者进行交易，或者在国际上进行交易，从而为获得可观经济收益创造了空间。

在多数名义账户计划中，养老基金的价值与债务相比是很小的，可以忽略不计。瑞典名

① 见 Valdés-Prieto（2002，pp. 391—3）。

② 见 Settergren（2001）。

义账户计划虽然拥有大规模的缓冲基金，但按照目前的会计规则，其养老基金在 2001 年也仅占债务的 10%[①]。因此，名义账户养老金计划的资产主要是未来成员必须承担的、对工资收入的终身净税收的预期贴现值。这种税收收入在法律意义上不是养老基金拥有的，因为政府可以修改法律，从而停止这种现金流。例如，未来的法律可以允许瑞典工人把部分缴费转入 PPM[*]（一种实账积累制计划）。名义账户计划不受产权保护，它取得支持其承诺的主要经济资产的权利不受保障。

这里建议，把未来参保工人将缴纳的终身净税收收入作为名义账户计划的产权，然后把这些现金流予以证券化，并把这些新证券中的至少一部分在金融市场上进行交易。这种新证券被称之为“缴费工资单证券”（CWB），或称 CWB 证券（Valdes-Prieto，2005）。本章把这种新的养老金计划与自动平衡机制做了比较，并强调，“缴费工资单证券”的市场价格将是前瞻性的，这些价格包含了确定计划的资产和负债所需要的贴现率。因此，把这些贴现率反馈给名义账户计划的待遇公式，确切地说就是使名义利率等于在金融市场上观察到的“缴费工资单证券”的回报率，并采用共同基金规则来计算个人账户的资产，这就使计划具备了短期自动财务稳定性。这种方法实现的稳定不同于自动平衡机制产生的稳定，因为这种方法是基于前瞻性的价格。

本章安排如下：下一节概述了创立“缴费工资单证券”，把“缴费工资单证券”作为名义账户计划的产权，对部分缴费工资单证券进行交易，把随之得到的市场价格代入名义账户待遇公式以确定待遇。第三节把这种实现自动财务稳定的融入金融市场方法与瑞典在 2001 年采取的纯粹形式的自动平衡机制做了比较。最后一节做了总结性评论。

第二节 对有偿付能力的名义账户计划赋予自动财务稳定性

本节概括了如何修改一个具有初始偿付能力的名义账户计划和使之具备自动财务稳定性的方法。这种方法包含的步骤在瓦尔迪斯—普累托（2005）中给出了详细说明和论证。

一、用经济资产来支撑现收现付制融资方式的养老金承诺

每个养老金计划都有负债，它等于对当前成员承诺支付的养老金的预期现值。计划对未来成员没有任何负债，因为他们还没有缴费。现有债务的规模取决于这样几个因素：当前待遇公式（可能是基于个人账户或服务年限）、应税工资历史或当前成员的缴费、养老金领取年龄、对养老金给付进行指数化调整的公式[②]，而不取决于计划采取的融资方式。

有偿付能力的养老金计划被界定为，按照预期现值，它是一个既不要求计划举办人提供

① 见 Settergren（2001）。

* 在瑞典的社保制度中，有一小部分即 2.5%的缴费划入个人账户，实行的是完全积累制，PPM（Premiumpensionsmyndighet）是这个“实账积累制”经办机构的结算中心。——译者注

② 计划中某些当前成员的生命跨越了两个或两个以上的活动时期，他们在任何改革日期均没有完成他们的职业生涯。为了衡量计划债务，有必要确定“认购债”，即计划章程给予在职业生涯中间离开计划的成员的债券。该认购债可能是过去缴费与利息之和，也可以是整个职业期所获得的未来预期待遇的现值与未来预期缴费之差。认购债采用哪种方式对于非稳态来说是很重要的。

财务支持，也不向举办人支付利润的计划。以纯粹的现收现付制融资的、具有初始偿付能力的计划并不拥有与计划负债相当的金融资产或不动产。看起来这个计划没有资产，只有一大笔债务，以至于需要一大笔负的净值来平衡资产负债表。但由于假定计划具有初始偿付能力，该计划的现金流平衡的结果是零。这意味着该计划对其举办人的净价值是零，而不是负的。这个谜的答案在于，除了它可能拥有的养老基金外，养老金计划持有一种特殊的经济资产。

李（Lee，1994）认为，现代经济中个人或养老金计划等机构持有的一种财富形式是，将收到的预期未来转移的现值减去将要做的转移之差。他还指出，如果一个转移支付制度能够使尚未出生的人将来向当前人口成员进行转移支付，当前人口的总"转移财富"就可能是正的，而还未出生的几代人的总"转移财富"则是负的。

这里考察一下缴费的现值和对未来每代成员的承诺待遇的现值之差。例如，在一个叠代（OLG）经济中，人们一定会生活两期，即年轻时期和老年期，其中老年期不工作。在 t 时期每个在职工作者都获得数额为 y_t 的应税劳动收入，在 t 时期的在职工作者人数为 N_t。假定计划参数处于稳定状态，缴费率为工资收入的 $\theta_o\%$，老年时获得的待遇水平是"替代"前期收入的 $\beta\%$ 的水平。扣除通货膨胀后的实际贴现率是每期 $r\%$，它取决于计划如果投资于金融市场或不动产所能获得的收益。

总体来说，一代人缴费与其获得的承诺待遇的现值之差为：

$$T_t \equiv \theta_o \cdot y_t N_t - \frac{\beta \cdot y_t N_t}{1+r} = \left(\theta_o - \frac{\beta}{1+r}\right) \cdot y_t N_t \equiv \tau \cdot y_t N_t \qquad (8.1)$$

其中，T_t 是对那一代成员的"隐性终身税收"（lifetime hidden tax），T_t 不等于 0，除非 $\beta = \theta_o \cdot (1+r)$，即 $r = (\beta/\theta_o) - 1$。在稳态下，纯现收现付融资的内部回报率（IRR）是费基的增长率，也就是经济（GDP）增长率，即实际的 $g\%$，它等于人口增长率和劳动加强的生产力增长率之和。在假定的"黄金律"经济中，实物资本获得的实际利率是 $r=g$①。表 8.2 指出，g 一定小于金融市场上可获得的经风险调整后的税前实际利率（也是养老基金投资于金融工具或实物资产所获得的回报率）。

对于两期生活和纯粹的现收现付融资来说，计划成员的内部利率 $IRR = (\beta/\theta_o) - 1$。在计划保持在整体经济的一个稳定份额的稳态下，$IRR = g$。因此，条件 $r > g$（见表 8.2）意味着计划债务的贴现率一定大于内部回报率，即 $r > IRR$。鉴于此，公式 8.1 界定的税收 T_t 一定是正的（Sinn，1999）。直觉告诉我们，正的税收 T_t 就是现收现付融资被引入时，给予最初的老年一代的"礼物"，即他们领取的待遇大于他们的缴费。这个结果可以一般化到非稳态、部分积累和存在不确定性的情况，但现在它指的是所有各代缴纳的平均税收（见瓦尔迪斯一普累托的证明，2005）。然而正如塞特格伦和米库拉（2006）所表明，对少数几代人来说，税收也可能是负的，它取决于计划应对冲击的调整规则。

把现收现付制的资产界定为养老计划预计在无限的将来，向还没有加入计划的未来成员

① 早期文献把那种经济标注为"黄金"，那些文献是在没有考虑到从一种稳态转变到另一种稳态的成本的情况下对稳态所进行的比较。速度 g 可以为正、零或负。

表 8.2　为什么资本回报率一定大于增长率

很多发达国家的经验证据支持这个假设（Abel 等 1989），而且，现在有一个成熟的理论来解释为什么这个不等式一定是所有市场经济的特征。

在存在永续资产如土地（土地所有权在很多国家都是广泛分散的）时，$r>g$ 在宏观经济均衡中被证明是成立的（Scheinkman，1980；Richter，1993）。解释这种推理的一个简单方法如下：如果土地供给是固定的，并且每年产生 1 单位产出的租金，经济以 g 的速度增长，对土地出产的物品的消费份额是稳定的，那么单位土地产出的价格一定以 g 的速度增长。该租金的现值，按照实际利率贴现，是 $1/(r-g)$ 美元。因此，如果像在黄金律经济中 $r=g$ 那样，土地价值将是无限的。由于土地所有权吸引了家庭的部分资产组合，他们将停止持有其他实物资本（机器）。然而，其他实物资本供给的下降将导致其回报率上升，直到 $r>g$。

从另一个方向来证明这个结果，蒂罗尔（1985）证明不等式 $r>g$ 是为了防止永久存在且收入增长率为 g 的实体的套利行为。那种实体的例子包括能够发行债券的政府、获得以速度 g 增长的收入的皇室、养老金计划、老年人医疗计划。

当 $r=g$ 时，永久存续且收入增长率为 g 的实体可以实行“缓慢的庞氏计划”*：以利率 $r=g$ 发行 100 万美元金融债，当利息和本金都到期时，以利率 $r=g$ 发行新债来偿还旧债的本金和利息。尽管新债的规模按照利率 g 呈幂指数增长，新债与当前收入的比例固定为一个常数，因为当前收入也是按照速度 g 增长。因此，该实体永远有偿付能力，因为它永远都能够偿还其所有债务。因此，该实体现在能够向所有者发行 100 万美元债务，而不需要对未来红利做补偿性削减。换句话说，如果长期内 $r=g$，那种实体将不受预算约束，更不用说 $r<g$ 的情况。由于所有者认为额外增加的财富有正的边际价值，当 r 下降到等于 g 时，债券供给会无限爆炸。对信用需求的增加必定会使利率上升，直到 $r>g$。

不等式 $r>g$ 还意味着经济是动态有效的，因为放弃实物资本的结果不会变得更好。鉴于此，实物资本的实际利率 r 等于经济增长率 g 的黄金律经济仅仅是一种假设。

收取的隐性税收的预期现值。这不过是为一个永续的养老金计划编制“扩展的”资产负债表的另一种方式。扩展的资产负债表在资产方增加了所有未来各代成员将要支付的缴费的预期贴现值，在负债方增加了所有未来各代成员将要领取的待遇的预期贴现值。如果债务被写成负资产，这两种预期贴现值之差就表现为现收现付制的资产①。

由于平均隐性终身税收是正的，现收现付资产也是正的（假如最初有偿付能力）。因此，

* 查尔斯·庞氏（Charles Ponzi）是美国的意大利移民，1916 年他在波士顿开始了一个所谓的“投资计划”。他让人们给他钱进行委托投资，并承诺给予高额回报，但事实上他从未作任何真正的投资，而只是将后人的“投资”还给前人并从后人的“投资”中给前人支付一定的利润。他借此对先前投资者的利润大肆宣传，以招徕更多的投资者，再用后来投资者的“投资”支付给先前的投资者。在这样一个“庞氏游戏”中，他必须不停地寻找投资者，一旦“发展”新投资者的速度降了下来，跟不上对先前投资者的支付，这个“庞氏计划”就必然破产，遭到损失的是最后那批投资者。后来，社会保障领域的学者经常将现收现付制的容易方式比喻为“庞氏游戏”或“庞氏计划”，是指它没有真正的投资，只是用后来的投资者（工人）的钱支付给先前的投资者（退休者），但如果未来工作人口的缴费不能赶上对早先退休人口的待遇承诺，这个制度就行将破产，就是说，在老龄化和赡养率不断提高的情况下，现收现付制度最终也将成为“庞氏计划”。庞氏本人后来被指控欺诈罪，服刑两年，释放后回到了意大利，成为墨索里尼政府的高级经济顾问。1995 发生在无锡的邓斌非法集资案很像是“庞氏计划”的翻版。——译者注

① 现收现付资产不同于“布坎南债券”（Buchanan bond），后者是一种按国民收入增长率来支付回报率的公债。二者有两个根本区别（也参见 Góra and Palmer，2004）。布坎南债券是政府债务，由财政部支付利息，其持有者受到产权保护而免于被征用。相反，现收现付资产是养老金计划未来成员的负债（他们将缴纳的终身税收的现值），而不是政府的负债。而且，现收现付资产的持有者，即养老金机构，不受产权保护，因为如果未来法律允许缴费人退出计划（比如，转而向共同基金缴费），或降低缴费基数，养老金机构无权向法院起诉要求赔偿。此外，还有一个差异：由于平均应税工资、覆盖率、待遇和寿命的变动，现收现付资产的回报率几乎肯定不等于国民收入增长率。

平均隐性终身税收是计划的资产而不是负债，是计划的真实资产（计划取得真实收入），只要预期未来缴费者会继续支付包含在其缴费中的终身净税收。计划的现收现付资产是用来支持计划对当前成员的积累债务。

瓦尔迪斯一普累托（2002，第八章）证明，如果计划具有初始偿付能力，现收现付资产的规模将刚好够填补计划资产负债表的资产方。这个证明也适合于具有不确定性的情形(Valdes-Prieto，2005)。因此，现收现付资产可以用一个简单的规则来计算：加上债务，减去养老基金——如果计划是部分积累的话。

然而，这不符合缺乏初始偿付能力的计划。如果预测表明现金流的现值是负的（即计划没有初始偿付能力），按照待遇公式参数的现值，现收现付资产将不足以支付计划债务。没有偿付能力并不意味着养老金计划缺乏流动性。在未来 10 年或 20 年里，计划现金流可能是正的。没有偿付能力意味着，如果不改变当前参数值，计划的财务独立在较长期内是不可持续的。

让我们考察一些含义。由于通过该计划所做储蓄的回报率低于投资于金融市场或实物资本所能提供的回报率，较年轻的成员和未来的成员被征了税。比例 $\tau = T_t / y_t N_t$ 是对缴费工资收入征收的隐性税率[①]。对于考虑长远或对老年持“远见”的工人，隐性税率 τ 总是满足条件 $\tau < \theta_o$，因为他们知道他们的缴费将获得部分返还，作为他们的养老金待遇。

二、对现金流重新贴标签

这里看看一个包含几个步骤的改革。首先，使隐含在现收现付融资中的税收显性化。使隐性税收显性化的一个方法是，把原来的前瞻性缴费率 θ_o 分割成一个新（较小的）缴费率 θ' 和对缴费工资征收的“剩余工薪税”，税率为 τ，τ 等于在初始状况下的估计隐性税收的税率。在我们对具有初始偿付能力的计划的两期生命模型中，这意味着：

$$\theta_o = \theta' + \tau, \text{其中 } \tau \equiv \theta_o - \frac{\beta}{1+r} > 0 \tag{8.2}$$

第二，立法把对缴费工资征收的新剩余工薪税赋予计划，作为计划的收入。然而，将来法律可以被另一个法律所改变，那么在计划收入被征用时，计划将没有权利要求补偿。因此计划对该税收收入不享有产权。

这两个步骤仅仅是重新标记了现有的现金流。养老金计划的收入流总量不变，劳动者的可支配收入不变，公司的劳动力成本不变。唯一的差别在于计划成员的新缴费（仅仅指 θ'）获得的内部回报率上升为 r，同时，剩余工薪税部分的内部回报率下降为 0。这是用另一种方式表达了林德贝克和佩尔森（Lindbeck and Persson，2003）的预算等价。

三、使现收现付制的现金流可以交易

按照标准法律意义，在这一步，法律把前述 T_t 表示的现金流赋予计划，作为计划的产权。前面已经指出，未来的法律可能完全或者部分地撤销该法律。只要这种可能性存在，计划对现收现付资产就不具有“真正的”产权。

解决这个问题（它也是影响所有私人产权的问题）的标准办法是由法院强制执行“产

① 对 τ 的这种定义假定当成员在职时，现收现付融资中隐含的税率适用于工资收入。

权”。多数司法制度（法院或宪法）规定，在受到产权保护的某物被征用的情况下，原所有者有权按市场价格从政府获得补偿。政府债券目前就具有这种法律地位，所有的私人财产也具有这种法律地位，因为总是存在着这样的可能性，即未来的新税收将会大大减少所有者的财产价值。

为了保护计划对收入 T_t 的产权，建议采取类似的方法：法律在把收入 T_t 赋予计划时，还必须声明收入 T_t 是为计划所拥有，并且必须补充说明，如果未来某届政府希望截留部分或全部剩余工薪税，对其征税或者停止把税收留给计划，那么计划可以被看做是被征用的所有者，正如任何其他所有者一样。这一条必须写得很清楚，有利于当地法院执行。当然，法院必须独立于产权执行权而存在。阐明这个细节的目的是尽可能降低政治风险，因为陷入现金流困难的政府可能行使程序上的反对措施，从而大大降低计划隐性税收收入的产权价值。

结果是，由此而来的承诺并没有限制未来政治家的自由，未来的政治家将来仍然可能修改对缴费工资征税的税基和税率，从而实行福利改进的税收政策。国会仍然有自由用其他替代收入来源来代替税率为 τ 的剩余工薪税，例如提高增值税（VAT）。这可以通过采用额外增值税收入，来为支付了剩余工薪税代价的参保者的永久性补贴进行融资。到目前为止提出的唯一要求是，任何新政策如果要转移计划现金流而对计划造成损失的，都必须对计划给予补偿。当然，在这个阶段上，计划可以继续是公共管理的（但对于较长期的情况，请参阅 Valdes-Prieto，2000）。

四、把新的现金流证券化

证券化是把缺乏流动性的资产改造为一套证券的过程，即把缺乏流动性的资产进行标准化分割，使每个份额代表的资产足以小得可以交易，并可以向金融市场上的投资者出售①。

考虑设立以 T_t 为红利的缴费工资单证券，来把现收现付资产改造成可交易的金融资产。缴费工资单证券的金融设计可以是单一的，即把将来收到的剩余工薪税收入分成单一比例，或者，随着时间过去和在不同自然状态下，剩余工薪税收入的份额可以采取不同形式，只要在各种可能情况下和各期间里，所有缴费工资单证券的红利总额等于在那种情况下和那个期间的税收总收入。

在标准情况下，缴费工资单证券的规模可达到 GDP 的很大份额（如果证券化运用于所有收入关联的名义账户计划）。例如，如果 T_t 收入占 GDP 的 3%，实际年利率大约是 3%，预期缴费工资增长率是每年 1%，那么所有缴费工资单证券的价值是 $3\%/(0.03-0.01)=150\%$GDP。注意缴费工资单证券的市场贴现率一定大于缴费工资单的增长率，因为红利 T_t 以速度 g 增长。如果市场贴现率等于 g，那么缴费工资单证券的市场价值将是无穷大。

缴费工资单证券与公债有着根本的区别：缴费工资单证券不是政府的欠债，而是未来缴费者向养老金计划的欠债，尽管政府确实强迫未来缴费者参加计划并缴纳剩余工薪税。此外，缴费工资单证券的支付特征与股票相似，因为它直接随着出生率、劳动参与率和实际收入的波动而变化。相反，公债是固定的名义（或 CPI 指数化）支付。当红利的增长低于预

① 见肯德尔和菲什曼（Kendall and Fishmen，1996）。例如，证券化可以把一个电话公司的资产，如应收款，转变成可在证券交易所进行交易的证券。

期时，缴费工资单证券的持有人承担100%的损失，当红利 T_t 的增长高于预期时，缴费工资单证券的持有人取得全部收益。

养老金机构在市场上销售的缴费工资单可以采取两种不同的价值。一方面，为了获得市场估值，必须出售小额的缴费工资单证券。为达到这个目的，要求出售的缴费工资单证券的数额与其总规模相比应该适度。在头10年里每周定期出售一定数额的缴费工资单证券，例如，每年出售额为GDP的0.3%可能就足以使市场估值免于流动性惩罚。

另一方面，养老金机构可能希望放弃它承袭的资产组合，而转向风险/回报边界，从而取得可观的经济收益。这需要交易更多的缴费工资单证券，如总额的30%，来购买国内外的公司证券①。瓦尔迪斯一普累托（2005）提出，如果交易的缴费工资单证券大大超过该比例，那就会损害养老金领取者的利益，因为很多人可能偏好缴费工资单证券的安全性。

五、调整名义账户计划的待遇公式

为了赋予名义账户计划以自动财务稳定性，其待遇公式必须采取这样的规则：保证债务的当前价值每日追踪计划资产的市场价值。

一个基于规则的待遇公式表达了每个成员的名义账户资产占计划资产的若干份额。每股价格是每天用计划资产价值除以未偿付的份额而得，如共同基金一样。于是，每个在职成员的账户资产的名义利率就被确定为股份价格的变化率。因而配置总体不可保风险的规则是"DC型"。

基于规则的DB型也可以得到安排，如下所述。计划向寿险公司购买固定年金，寿险公司通过购买由长期固定收益债券组成的单独的资产组合，来支持这些年金给付承诺。养老金机构可用缴费工资单证券的销售收入（数额与退休成员账户资产相等）来购买这些年金。此外，寿险公司的所有者必须提供一些资本来担保其承诺，并承担资产组合价值下跌而造成的损失（如果资产组合价值上升，所有者将取得收益）。这种保险功能也可以由养老金机构自身来履行，但它需要有一定的资本，这必须由国家提供。

当然，市场能否以合理价格提供足够的固定收益债券可能是一个问题。这个问题可以这样解决：把缴费工资单证券设立成不同的两类，第一类支付按平均工资指数化的红利，另一类把余下的 T_t 现金收入作为红利支付（T_t 面临人口和参与率风险）。寿险公司乐意购买工资指数化的缴费工资单证券，并向退休成员提供工资指数化的可变年金。第二类缴费工资单证券的回报与人口和计划参与率挂钩，它可以由风险容忍度较高的投资者（包括年轻劳动者）持有。

在上述两种情况下，名义账户计划都被赋予实现短期自动财务稳定的规则。这是由于采用了共同基金公式（DC型）或雇用一个举办人来担保工资指数化年金（DB型）。让我们解释一下术语"融入金融市场"（IFM）：尽管采取基于规则的待遇的基本目的是试图通过实现短期自动财务稳定来避免政治风险，但它还有一个附带的好处，即成员能够把他们个人账户中的基金引入金融市场上可买到的资产组合。在职成员的风险容忍度可能不相同。例如，临近退休的人可能希望将来他们个人账户资产能够得到确定性较高的利率。因此，计划应该对

① 养老金机构和外国居民之间的交易对汇率没有影响，因为国际资本流入和流出刚好平衡。

在职成员提供几种具有不同水平的不可保风险的平衡资产组合，对于那些担心在其准备开始领取固定年金时年金价格会上升的成员，可允许他们购买延期年金。这些资产组合中至少一个应该是固定收益的，例如美国政府提供的拥有 320 万成员的 TSP 计划①。为了设立每个资产组合，计划应该把缴费工资单证券与金融市场上的股票和长期固定收益债券（用出售一些缴费工资单证券的收入来购买的）相组合，资产组合价值总量等于选择相关资产组合的成员的账户资产。

第三节 本建议与瑞典自动平衡机制的比较

这里把一个实行两支柱养老金政策的国家作为研究的出发点。第一支柱由旨在帮助老年贫困者的团结项目组成，第二支柱是一套强制储蓄计划和收入关联型的养老保险计划，目标是帮助不节俭和短视的中产阶级为老年生活做更多的储蓄，例如波兰 1997 年建立的包含两个计划的第二支柱。假定其中一个计划是名义账户计划，实行（几乎）纯粹的现收现付融资，另一个计划是完全积累的 DC 型计划。

至少可以考虑两种方式来赋予名义账户计划（第二支柱）以自动财务稳定性。第一种是自动平衡机制，如瑞典在 2001 年 5 月采取的方式。这种机制依靠计划资产和计划债务的会计方法。“纯”版本的自动平衡机制方法的运作如下。假定在某个时候计划的估计债务超过了资产，在该期计入在职成员账户的名义利率和养老金指数化率就将按下述规则调整：原始的名义利率减去前期的债务增长率，再加上前期的资产增长率。把账户资产换成年金的转换因子不变②。

达到自动财务稳定的第二个方法是基于规则的“融入金融市场”方法，前一节已对其做了描述。概括起来说，融入金融市场方法把缴费流重新标记为一个新的缴费率 θ' 和税率为 τ 的剩余工薪税，即 $\theta_o=\theta'+\tau$；把对工资收入征收的这个新税收赋予名义账户计划作为其产权；对该现金流设立新证券（缴费工资单证券）；把新证券的一小部分拿到金融市场上去交易，以获得市场估值；最后也是最关键的是，采取基于规则的待遇公式。

这两种方法之间有很多相似之处。例如，无论采取基于规则的待遇公式（融入金融市场），还是调整名义利率和指数化规则（自动平衡机制），两者都是根据资产价值来调整债务价值。另一个相似之处是二者都不试图提高国民储蓄，也不降低对劳动力的税收。这两种方法之间的下列差异是明显而有趣的：

1. 融入金融市场方法是根据缴费工资单证券在金融市场上交易而客观决定的价格及其隐含的贴现率来评估计划资产。在这种方法下，众多的市场参与者受利润动机的引导，争相对红利做出预测，他们采用的贴现率考虑到了可能损害这些资金流的风险，包括他们与当地

① TSP 计划的详情可见于 www. tsp. gov。它是美国联邦政府、州政府和市政府雇员的补充性税收优惠储蓄，它提供五种平衡资产，包括国际和国内股票和债券。

② 就目前来看，使用自动平衡机制方法把个人账户资产转换为年金的转换因子，这对债务超过资产的程度还不敏感，因为它总是采用 1.6%的贴现率。这种微小偏差在自动平衡机制的更高级版本中可得以克服。

经济及世界经济中可得到的现金流的关系。相反，自动平衡机制则仅仅由一群公务员来评估计划资产。这群公务员受政治领袖、媒体和公共舆论以及相关学术界的监督，但这种监督的警惕度与金融市场上众多参与者产生的警惕程度必定是迥然不同的。

2. 自动平衡机制评估资产采用的贴现率是经济增长率 g。这从塞特格伦（2001）和塞特格伦与米库拉（2006）中可以清楚看到，他们沿用了从阿瑟和姆尼科尔（1978）开始并由李（1994）概括的传统，分析在假定的黄金律经济（实物资本的实际利率 r 等于经济增长率 g）中的资产评估。相反，融入金融市场方法是根据金融市场实际确定的贴现率，来评估缴费工资单证券。正如表 8.2 的解释，该贴现率必须高于 GDP 增长率，以排除缴费工资单证券的价格无穷大的情况。贴现率的这种差异意味着，在采取融入金融市场方法而不是采取自动平衡机制方法的各个名义账户计划之间，账户资产的价值、总体债务及总的计划资产都是不同的。这意味着自动平衡机制方法包含了成员之间的隐性税收和补贴，而融入金融市场方法就不会在成员之间造成隐性税收和补贴。这些税收和补贴对公平和效率都有影响。例如，由于高收入者一般寿命相对比较长，他们往往受益于隐性补贴，因为他们领取养老金的时间较长，因此相对于市场利率而言，在自动平衡机制中对高收入者的负债被高估了。

3. 贴现率差异还影响代际均衡。在任何时候，采取自动平衡机制意味着，把较大比例的资产份额分配给了持有较长期待遇权利的计划成员，即是说，较大比例的资产份额不是分配给了较老（已退休的）的成员，而是给了较年轻（在职）的成员。

4. 在自动平衡机制中，估值可能产生令人惊奇的结果。在自动平衡机制中是这样估值的：如果最初一代交纳的终身税收只有 1 美元，并且以速度 g 增长，那么所有这些终身税收的现值是 1/（$g-g$）美元，结果是无穷大！另一方面，如果 $r=g$，税收 T_t 为 0，于是该表达式中分子也为 0。随着贴现率向着 g 下降，两方面的效果在极限中互相抵消，使自动平衡机制方法产生了有限的资产。这种有限数额产生于当前缴费收入（流量）和缴费时间与负债时间之间的平均差异（通常在30～40 年左右）。这种资产估值公式在稳态之外是无效的，所以如果把它运用于一个具有不确定性的世界中，也会产生令人惊奇的结果。例如，假定由于国际需求的下降而导致失业率上升，那么这种失业率上升也只是暂时的。但自动平衡机制估值公式却把收入下降当作永久性的，资产估值与收入下降相同的百分点（时间的平均差异实际上是稳定的），这导致在职成员的记账名义利率大大降低，养老金给付也降低。当冲击恢复时，名义利率回升，减少的养老金也得到恢复。相比之下，在融入金融市场方法下，人们相信这种收入下降只是暂时的，缴费工资单证券的价格几乎不受影响，因此账户资产不受影响。在这个例子中，自动平衡机制估值方法产生了风险。

5. 当经济增长率变化时，在自动平衡机制中资产估值不受影响，但债务估值会受影响。这里再考查一下预期经济增长幅度较小但永久性下降的情况。由于市场利率是由国际资本流动确定的，并且由于缴费工资单证券的红利给付增长的速度较慢，缴费工资单证券价值会下降，比如下降 2%。这里再查一下对在职成员（就业者）的影响。在融入金融市场方式下，股份价格在次日下降 2%，个人账户资产会下降同样的比例，新给付的养老金也下降 2%。在自动平衡机制方式中，资产估值不受影响（它不取决于增长率），但累积债务的价值会上升，结果是产生精算赤字，所以名义利率将下降，且养老金数额必须逐渐下降。自动平衡机制中，名义利率和养老金指数化率下降的时间调整与融入金融市场方法不同。在融入金融市场方法中，对于养老金权利完全投资于缴费工资单证券的即将退休者，他们的养老金会降低2%，而未来几代人购买缴费工资单证券的价格下降，因此未来几代人的养老金不受经济增长率下降的影响。在自动平衡机制中，由于上年度获得的名义利率下降，同一个人的账户资产受到很有限的即时削减。由于每年的养老金指数化率低于原来的路径，那个人只要活着，他的养老金还要受到另外的削减。一部分损失将传递给未来几代人，因为尽管市场利率没有变化（根据假定），但未来几代人获得的名义利率也将降低。

6. 在一个不确定的世界中，金融市场为缴费工资单证券确定的贴现率也是随机的。如果贴现率发生了改变，自动平衡机制下账户资产和养老金都不受影响，因为金融价格不进入估值公式。相反，融入金融市场方式似乎把风险传递给了在职成员（假定平均工资不受影响，拥有工资指数化年金的养老金领取者也不受影响）。例如，如果缴费工资单证券的贴现率上升了，在职成员的账户资产就会下降。但缴费工资单证券的红利给付不受贴现率变化的影响，而养老金主要是从这种红利中融资的[①]，这就产生了免疫：即将退休的成员如果愿意把年金按平均工资来指数化，他们就不会受贴现率上升的影响。如果保险公司提供那种年金，并且用缴费工资单证券（永久性证券）的第一部分来支持它，在贴现率上升后，保险公司将从该资产组合中获得较高的利息收入。因此，年金价格按照成员账户资产下降的比例同样下降，使成员能够买到与冲击发生之前同样规模的年金。但不同之处在于，在融入金融市场方法下，在贴现率上升之后的缴费将获得较高的回报，而在自动平衡机制下他们获得的回报率不变，仍然是 GDP 增长率 g。

7. 再考察一下计划总体不可保经济风险在计划成员之间的分配情况。在自动平衡机制方法下所有成员都面临同样程度的不可保风险，而融入金融市场方法允许计划提供几个不可保风险程度不同的平衡资产组合，允许每个成员根据自己的风险容忍度来自主选择。自动平衡机制方法必须向所有成员提供单一的资产组合。因此，融入金融市场方法可以做得更好：它可以根据成员风险容忍度的决定因素，如成员拥有的其他财富、收入稳定性、获得保险和信用额度的机会，以及年龄等，向成员建议相应的资产组合。

8. 自动平衡机制方法不允许计划与金融市场的其他参与者（例如其他机构投资者、公司所有者及外国人等）交易不可保风险，而融入金融市场方法则允许不可保风险的交易。这个选择对于较小的国家来说特别有价值，因为小国家更重视在国际上进行风险分散。

9. 再看看公司风险溢价的变化对分配的影响。可以考虑这样一种情况：一些成员选择了公司证券（债券和股票）比重较大的平衡资产组合，他们的风险溢价增加了，但缴费工资单证券的贴现率不变。在融入金融市场方法中，只有风险容忍度高、选择了包含公司证券的平衡资产组合的成员会受到影响。他们应该采取下列措施来应对损失：提高储蓄率、在职者可以每年工作更多时间、削减终身消费。为了把这个结果与自动平衡机制方法下出现的结果相比较，假定计划是部分积累的，并持有总量相同的那种公司证券。在自动平衡机制方法下，风险溢价的上升减少了计划基金的价值，导致所有在职成员的名义利率降低、养老金给

① 见 Valdés-Prieto（2005）。

付的指数化率也降低，即使风险厌恶程度较高的成员也不能幸免。

第四节　总结性评论

名义账户计划已被证明可以实现短期自动财务稳定性。这个特征很重要，因为它有助于使政府预算不受人口压力的影响，将来还能够使养老金预算不受财政压力的影响。然而，文献证明，最初一代的待遇公式在人口和经济冲击面前不能实现短期自动财务稳定。瑞典为应对这种挑战，在 2001 年立法制定了自动平衡机制。

本章讨论了一种替代方法，它也能赋予名义账户计划在短期内的自动财务稳定性。瓦尔迪斯一普累托（2005）对该方法做了更详细的介绍，这里称之为“融入金融市场（IFM）”。与自动平衡机制不同的是，自动平衡机制仅依靠政府公务员在政治家和媒体的监督之下进行的资产评估，而融入金融市场方法中的资产评估是基于市场贴现率，它是由受利润动机驱使的众多投资者竞争决定的。在这个维度上，二者之间的差异就只是私人管理和公共管理之间的差异。二者都有显著的优势和缺点，但各自的优劣程度因国情而异。

另一个重大差别是，自动平衡机制方法评估资产的贴现率是经济增长率 g，这适合于假定的黄金律经济，即实物资本的实际利率 r 等于经济增长率 g 的情况。相反，融入金融市场方法是根据金融市场实际确定的贴现率，来评估现收现付资产。这些市场贴现率来自于真实经济活动，其中永久性资产的回报率 r 高于经济增长率 g，市场贴现率产生了有效的激励。

显然自动平衡机制和融入金融市场方法之间的选择值得政策制定者注意。该选择有很多方面，不同方面的重要性可能因经济和政治环境的不同而不同，因此可能因国家而异。发达国家拥有独立司法制度和规范的金融市场，并且与国际资本市场接轨良好，这些国家通过融入金融市场方法在国际上分散风险，可能取得较高的收益。

参考文献

Abel, A., G. Mankiw, L. Summers, and R. Zeckhauser. 1989. “Assesing Dynamic Efficiency.” *The Review of Economic Studies* 56 (1), 185, January: 1—20.

Arthur, W. B., and G. McNicoll. 1978. “Samuelson, Population and Inter-generational Transfers.” *International Economic Review* 10 (1): 241—6.

Breyer, F. 2004. “Comment on S. Valdés-Prieto, The Financial Stability of Notional Account Pensions.” *Scandinavian Journal of Economics* 106 (2): 387—88.

Góra, M., and E. Palmer. 2004. “Shifting Perspectives in Pensions.” Discussion Paper 1369, IZA Institute for the Study of Labor, Bonn (October), http://www.iza.org.

Kendall, L., and M. Fishman. 1996. *A Primer on Securitization*. Cambridge, Mass.: MIT Press.

Lee, R. 1994. “Population Age Structure, Intergenerational Transfer and Wealth: A New Approach, with Application to the U. S.” *Journal of Human Resources* 29 (4):

1027—63.

Lindbeck，A.，and M. Persson. 2003. "The Gains from Pension Reform." *Journal of Economic Literature* XLI (March)：74—112.

Richter，W. 1993. "Intergenerational Risk Sharing and Social Security in an Economy with Land." *Journal of Economics* (*Zeitschrift für Nationalökonomie*)，Suppl. 7：91—110，Springer Verlag.

Scheinkman，J. 1980. "Notes on Asset Trading in an Overlapping Generations Model." Dept. of Economics，University of Chicago，unpublished.

Settergren，O. 2001. "The Automatic Balance Mechanism of the Swedish Pension System：A Non-Technical Introduction." *Riksförsäkringsverket*，August. www. rfv. se/English.

Settergren，O.，and B. D. Mikula. 2006. "The Rate of Return of Pay-As-You-Go Pension Systems：A More Exact Consumption—Loan Model of Interest." In *Pension Reform：Issues and Prospects for Non-Financial Defined Contribution* (*NDC*) *Schemes*，ed. R. Holzmann and E. Palmer，chapter 7. Washington，DC：World Bank.

Sinn，H. W. 1999. "Why a Funded Pension is Useful and Why It is Not." CESifo Working Paper 195，Institute for Economic Research，Munich. (Also printed in *International Tax and Public Finance* 2000 (7)：389—410.)

Tirole，J. 1985. "Asset Bubbles and Overlapping Generations." *Econometrica* 53 (6)：1499—1527.

Valdés-Prieto，S. 2000. "The Financial Stability of Notional Account Pensions." *Scandinavian Journal of Economics* 102 (3)：395—417.

——. 2002. *Políticas y Mercados de Pensiones*. Santiago，Chile：Ediciones Universidad Católica.

——. 2004. "Response to Breyer." *Scandinavian Journal of Economics* 106 (2)：387—90.

——. 2005. "Pay-As-You-Go Securities." *Economic Policy* 42 (April)：215—51.

对"名义账户制实现自动财务稳定的市场方法"的评论

马雷克·戈拉*

本章讨论了一个非常重要的问题，即非积累制养老金计划的短期稳定性问题。分析的重点是非实账积累制的计划，即名义账户制。作者提供了一系列证据来支持其观点，即没有金融资产支持的养老金制度可能是不稳定的。更确切地说，即使它们在长期内自动具有偿付能力，但也没有短期稳定性的特征。本章提供的论据是有力的，可以得出明确的结论。

作者提议建立一种可称为"融入金融市场（IFM）"的机制，它可以给名义账户制带来更大的财务稳定性。这个观点类似于实行名义账户制的国家建立的各种缓冲基金，这是一个值得进一步讨论的有趣观点，如果可能的话，还可以付诸实施①。

瓦尔迪斯一普累托的这章文章不仅是技术性的，也为一般性地讨论养老金制度及其改革提供了一个很有启发意义的背景。从本章出发可以引出不同的具体问题，这里仅仅讨论其中的一些问题。

支持本章关键论点即名义账户制可能缺乏稳定性的论据，也适用于依靠金融市场的养老金制度（实账积累制），它不是纯粹的储蓄计划，而是在工作期为储蓄计划，而在退休后转化成了保险的养老金制度。因此，在论证中应该考虑到名义账户制的年金化与实账积累制的年金化方法。如果养老金制度是社会保障的一部分，无论它是哪种类型，自然都要求账户价值完全实行年金化。

这引出了一个重要问题：实行个人账户意味着养老金制度私有化（无论它是什么意思）吗？还是建立了一种基于公共（社会）目标和私人管理（依靠金融市场）的公私合作制度？我们可以假定 DC 计划是一种自愿储蓄计划或者被当作自愿计划的强制私人储蓄计划，尽管它是强制性的。然而我们也可以假定，运用于养老金制度的 DC 计划只是稳定经济的一种方法。本章假定的是前者，而波兰新养老金制度的设计（包括名义账户部分和实账积累部分）假定的是后者。所以对本章所讨论问题的不同理解可能产生于非常不同的假定。

界定关键概念有助于讨论。瓦尔迪斯一普累托对积累制给出了一个清楚的定义。积累制常常是广义的，指经济体中所有类型的储蓄，包括基于政治决定的储蓄。相反，瓦尔迪斯一普累托倾向于基于产权的狭义积累制。二种定义及其后果的差别引出很多有趣的问题。

---

* 马雷克·戈拉（Marek Góra）是华沙经济学院教授。

① 在波兰的新养老金制度中，缓冲基金投资于金融市场，其设计方法类似于"融入金融市场"方法。

有两个原因要求用产权来保护养老金权利免于政治操纵：一是降低税收楔子，二是促进经济稳定。第二个原因需要解释一下：传统的强制性养老金缴费，尽管被看成是“掠夺性的”（导致税收楔子提高），实际上是“慈善性的”，因为参与者获得的待遇往往高于其缴费的现值，甚至高得多。

实行个人账户导致精算中性，并意味着养老金权利的削弱即养老金水平与原先的法定水平相比降低了。如果后来各代人的福利受到同样的重视，个人账户制度包含的养老金权利削减就具有社会公正性。养老金制度应该保护社会免于政治操纵，因为政府可能以降低生产要素报酬为代价，来为膨胀的养老金权利融资。

除了其他原因外，波兰成功实行了新养老金制度正是基于一个共同的观点，即旧制度欺骗了人们，旧制度下的养老金给付确实太高了，而新制度（NDC＋FDC）提供的替代率低得多，于是新制度可以产生两个效应：分配给整个退休群体的 GDP 份额（GDP^R）被降低，而降低 GDP^R 又可以减轻税收楔子。

在名义账户制下建立产权并不局限于融入金融市场方法。我们首先想到的最直接的观点是，名义账户制权利应受到与实账积累制权利相同的、基于产权明确的政府债券的法律保护。从经济观点来看，这是自然的。在基于政府债券的名义账户制和实账积累制下，制度运作都仅仅是滚动债务。把名义账户制的管理机构分成两部分使我们更容易理解二者的相似之处：第一部分收集缴费并将其转交给财政；另一部分从财政接收资金并给付待遇。基于政府债券的实账积累制也可以得到这样的描述，但唯一的差别（也是重要的差别）在于产权。那么为什么不把名义账户制的债务转变成受法律保护的权利？阻止这样做的唯一原因在于会计程序。一个国家如果从名义账户制和实账积累制的经济共同点得出逻辑结论，就将会出现巨大的赤字。在欧洲，它将违背《稳定与增长公约》（简称“稳约”，SGP）；从整个世界来看，这不为金融市场看好——尽管它在经济上是中性的。因此，名义账户制被用作避免会计问题的一个聪明技巧，而不是为了实现完全 DC 制的纯粹性。

瓦尔迪斯－普累托对积累制的狭义定义引出一个重要问题：如果覆盖整个人口，积累制还是可能的吗？只有当政府债券被假定为与私人债务/投资具有相同的经济意义时，这个问题的肯定答案才是可能的。从经济观点来看，这不一定是真的。讨论这个问题超出了我评论的范围。讨论不仅应考虑到实账积累制，还应考虑到名义账户制。

评价瓦尔迪斯－普累托这篇文章是困难的，因为它需要更大范围的讨论，这里不能一一详述。我只讨论一个额外的问题：市场回报率 r_f 高于经济增长率 g 的证明。有很多理论和经验证据支持这个观点。不管那些讨论如何，讨论 $r_f > g$ 的结果是有趣的。

养老金制度是代际交换的一个制度框架。无论是自愿参与，还是强制参与，无论有没有金融市场作媒介，当前的 GDP 都是在工作一代和退休一代之间分配。以金融市场为媒介的方法有很多优势，但最后都得到同样性质的结果。分配比例取决于市场回报率或者隐含回报率。实际上，二者都可能（并且常常是）“太”高了。传统养老金制度必须提高缴费，来支付因过高承诺（隐含回报率）而膨胀的养老金成本。我们也可以想象一个基于被市场高估（什么原因并不重要）的政府债券的积累制养老金制度，在这里，个人账户会获得高回报率，然而其结果将导致税收提高。这是财政政策的问题，但养老金制度（作为国民经济的一大份额）会加速这个问题。

养老金制度，特别是覆盖全部人口的养老金制度，它是经济的一大组成部分。整体经济的稳定性是很重要的，养老金制度的稳定性能够促进经济稳定，反之则会破坏经济稳定。因设计不良而导致成本不断攀升的养老金制度会破坏经济的稳定。养老金改革的一个关键目标是阻止 GDP^R/GDP 的上升（养老金制度消耗了相当大一部分 GDP）①。从这个观点来看，名义账户制与实账积累制同样有效，即使其中一个或二者本身都不是完全稳定的。实际上，名义账户制能够更快地实现这一目标，因为它产生的回报率 r_N 即使不等于 GDP 增长率，也是与之相接近的②。名义账户制和实账积累制都能够重新实现代际均衡，意味着使 GDP^R/GDP 长期保持稳定。

即使不融入金融市场也可以达到均衡，但这较为困难，因为对于普通人而言，投资于金融市场主要依靠直觉而不需要掌握宏观经济原理。因此，如果他们的养老金缴费像他们的其他金融资源那样，由金融市场来管理，他们就会感到较为放心，就会更容易接受个人账户的概念。没有金融市场，改革将难以为人理解，因此公众较为难以接受。金融市场发挥着“演示”作用。

然而，名义账户制有一个很好的特征，即 $r_N=g$，这可以防止养老金权利膨胀，因为无论何种养老金制度，养老金权利膨胀都需要由实际 GDP 来买单。这里我们可以建议扩展本章所下的积累制定义。非常狭窄的积累制定义指这一部分积累，即在狭义上不是基于政府债券的积累。尽管政府债券具有优先法律地位（产权），它需要征税来把它变成从居民收入中融资的消费。融入金融市场方法（缓冲基金）——是一个短期概念——则不是那么严格。瓦尔迪斯一普累托对积累制的狭窄定义特别适合于设计融入金融市场方法的融资模式。

名义账户制可以替代基于滚动政府债券的那部分实账积累制。同时，名义账户制的规模应该被限制在不能或者不应该作为私人投资工具的水平上。实账积累制更有效率，因为它更深地植根于经济学家、政策制定者和一般公众的思维中。回到瓦尔迪斯一普累托的观点，使名义账户制更像实账积累制真是一个好办法。然而，在名义账户制之内实现产权的一个前提条件是要求国家会计程序的现代化（计算经济的赤字和债务）。这种现代化无论如何是需要的，因为如果没有现代化的会计程序，无论方案设计得多么好，养老金改革都无法管理。因此赋予名义账户制至少一定产权的主意可能会得到实施。

---

① GDP^R 占 GDP 的份额大小对总需求没有影响，但对总供给会产生影响。

② 从技术上说，这可以是另一个趋近于 g 的速度。

第九章　向名义账户制的转型

——问题与模型

爱德华·帕尔默*

第一节　引　言

名义账户制酝酿形成于20世纪90年代，从90年代中期开始在几个国家首次被付诸实施。随着名义账户制的实施和其他技术问题的出现，名义账户理论得到了发展。在实施第一个名义账户计划时，需要解决很多在传统现收现付环境下没有遇到的设计问题。名义账户计划设计的最初十年使一些问题浮出水面。

在引入名义账户计划的过程中，最重要的设计问题之一是，如何把旧制度（通常是DB型现收现付制）下的既得权利转变成名义账户制下的账户价值，这也是本章的主题。本章为思考如何从DB型现收现付制向名义账户制转型提供一个系统框架，并对实施中凸现的问题进行甄别和讨论。本章还考察了实施名义账户制改革的国家在实践中的做法，并讨论了可选方案在更一般性的理论框架中的含义。

首先，我们简单地说明一下什么是名义账户制养老金计划①。名义账户制养老金计划类似于终身储蓄计划，即个人在退休前定期向个人账户缴纳工资的一定百分比，到退休后从账户中领取储蓄来维持退休生活。然而，名义账户计划又不仅仅是储蓄计划，因为成员死后，其账户资产可以分配给活着的退休者，正如任何典型的养老保险计划一样。

在名义账户计划下，每个会计期间成员缴费或代表成员做的缴费被计入个人账户。此外，根据该制度能够承担的水平——内部回报率（IRR），账户被定期计入一个回报率。账户价值构成对未来缴费资源的要求权。从某个法定最低年龄开始，根据账户价值和群组退休时的预期寿命，名义账户待遇被换算为终身年金。

实账积累制计划的资产是投资于金融市场工具的资产，而名义账户计划的资产却是未来工人的缴费：即名义账户计划是现收现付制融资式的。名义账户计划与DB型计划不同，DB计划是调整缴费率，来适应总的待遇支付需要，而在名义账户计划下，缴费率是固定

---

* 爱德华·帕尔默是乌普撒拉大学社会保险经济学教授和瑞典社会保险署研究局的局长。作者感谢阿格尼塔·克鲁泽（Agneta Kruse）对本章初稿的评论。

① 参阅帕尔默（2006）对名义账户计划更透彻的讨论。

的，记账回报率是根据维护计划长期财务稳定的需要而确定的，它取决于费基的增长速度。由于资产不是投资于金融市场工具，计划是非积累制的。因此，把 NDC 称为"non-financial defined contribution"就更合适了（作者的意思是把"名义缴费确定型"称为"非积累制的缴费确定型"是更合适的——译者注）。

个人账户计划的确立需要一个完整的工作周期，无论是名义账户制还是实账积累制[①]。然而，由于名义账户制下账户不需要做实，以往的现收现付计划（非积累制的 DB 型，NDB）下的既得权利可以直接转变成名义账户权利。这实际上意味着，只要确定了转型规则，在任何时候都完全可以引入名义账户制。与实账积累制计划相比，这无疑是从 DB 型现收现付制向名义账户制转变的一个吸引人之处。

接下来要解决的一个问题是，从 DB 型现收现付制计划向名义账户制计划的转型中，该如何处理旧制度下的既得权利？这个问题引出两个相关的问题：什么是既得权利？如何处理这些权利才算公正？本章出发点是，在公共的现收现付养老金制度从 DB 型（NDB）向 DC 型（NDC）转变的环境下讨论公平问题。

在 20 世纪 90 年代，几个情况各不相同的国家，如意大利、吉尔吉斯共和国、波兰和瑞典，都开始逐渐把覆盖工作人口的强制性 DB 型现收现付计划向名义账户计划转变。在 1996 年，拉脱维亚率先把全部工人都转入了新计划，现在越来越多的国家在考虑实行名义账户制[②]。本章引述了最初实行名义账户制的五个国家的经验，以讨论各国在向名义账户制转型中如何处理好既得权利问题。

本章结构如下：第二节讨论既得权利和公平问题，在该环境下阐述和讨论了公平的两个原则；第三节阐述和讨论了计算初始资本的几种不同方式的优点，并把这些优点与公平原则联系起来；第四节讨论了确定转型速度时应考虑的问题。第五节介绍了几个国家在实践中如何转型的案例；第六节讨论了从 DB 型现收现付制向名义账户制转变时出现的其他重要相关问题，如残障待遇和遗属待遇等问题；最后一节做了结论。

第二节　向名义账户制转型：如何公正处理既得权利

一、导言

有大量文献讨论分配和再分配的一般性问题，这些文献可以作为本章的背景。这些文献详细阐述了不同的公平原则，并运用这些原则来考察对个人或群体的再分配政策的公平性以

---

① 本章采用了戈拉和帕尔默（2004）使用的术语来描述积累制和非积累制，二者的区别在于它们是通过购买金融市场资产来融资，还是通过工人未来的缴费来融资的，是 DB 型还是 DC 型。这导致了四种可选计划：一是"实账缴费确定型"，它在多数文献中被泛称为"个人账户"或"私有化的"计划；二是"名义缴费确定型"（NDC）；三是"实账待遇确定型"（FDB）；四是"名义待遇确定型"（NDB）（关于这四个概念的译法，请参见本书末的《术语翻译说明》——译者注）。

② 对奥地利的讨论可参见费尔德莱、科曼和苏（Felderer，Koman and Schuh，2006）；对捷克共和国的讨论可参阅克洛恩－多明扎克和莫拉（Chłoń-Domińczak and Móra，2006）；对德国的讨论可参阅伯尔施－苏潘和威尔克（Börsch-Supan and Wilke，2006）；对日本的讨论可参阅多明扎克－法维安和维达尔－米利亚（Domínguez-fabián and Vidal-Meliá，2006），高山宪之（Takayama，2006）。在 2002 年，俄罗斯也引入了一种新的名义账户制。

及对整体社会福利的效应。大家都知道，公平取决于对公平的定义，这很像一个循环论证，但却是不可避免的。

用得最多的公平定义或许是卡尔多—希克斯（Kaldor-Hicks）标准：如果再分配的发生使总体福利至少不会减少，并且受益者能够补偿受损者，个人之间的资源再分配就是可以接受的。这意味着，如果名义账户制对经济增长的潜在影响优于DB型，转向名义账户制就符合"卡尔多—希克斯标准"，尽管再分配伴随着名义账户制的转型会使部分人受损。

在本章的讨论环境下，如果一个国家有现收现付制养老金计划，无论是什么类型的，根据特定计划的规则和设计，在该计划下就发生了资源再分配。所有DB型现收现付计划都会在个人之间发生资源转移，但实际转移结果却只能在事后，即只有在个人已经退休并且待遇已经根据计划规则计算出来时，才能得知。如果在一个给定的计划下，个人预期待遇流的现值大于他预期缴费的现值，他就是终身资源正向转移的接受者（即受益者）。

根据标准的经济人理论，如果个人获得的终身收入增长是外生决定的，他就会倾向于在生命周期中更多地享受闲暇（包括提前退休），并且在退休之前较少地储蓄，而更多地消费。在这个意义上，名义账户制旨在保持中性。

名义账户计划的根本原则是，个人账户资产只反映他的个人缴费及其账户获得的内部利率[①]。所以在这个意义上，与DB型相比，名义账户制能够产生更高水平的国民福利，因为DB计划会导致个人劳动供给减少和储蓄率降低。

当名义账户制取代某一套DB型现收现付规则时，就会产生内在的"冲突"，因为这种转型意味着在DB计划下获得的个人优势将会丧失。当然，如果被代替的实际DB计划越接近于名义账户制，这种冲突就越小。一般而言，DB计划下的受益者是名义账户制转型中的潜在受损者，而DB计划下的受损者可能变成转型中的受益者[②]。

要判断名义账户制改革的总体效应，就必须考虑到必然伴随名义账户计划并且按定义是起着累进税作用的低收入担保。设计担保有很多种方法，但本章不予以讨论。下面的讨论基础是假定养老金制度的保底待遇构成了一定形式的担保，其目标是明确把公共收入向贫困老年人转移，但不进一步讨论担保问题。

二、两个原则的比较

把DB型现收现付计划下的权利转换成名义账户计划下的权利时，可依据两种原则分别进行："既得权利原则"（acquired rights principle）和"缴费原则"（contribution principle）。两种原则有着各自的公平定义：

原则1：既得权利原则，是指向新制度的公平转型中保留既得的权利。

原则2：缴费原则，是指向新制度的公平转型中根据个人已做的缴费加上相应的回报率来确定的权利[③]。这就是名义账户制原则。

① 然而，正如人们通常认为的那样，名义账户制就经济效率而言只是次优选择。

② 传统DB型现收现付制和名义账户计划都适用同样的贴现因子，因此在做比较时，这个因素可以忽略不计。

③ 内部回报率（IRR）是在考虑到缴费现值和待遇债务现值的情况下制度能够承担的回报率。这个概念将在下面讨论转型时详细说明。

这两个原则也代表把 DB 型现收现付计划下的权利转向名义账户计划下的权利时可采用的两个一般性模式。本节将对这两个模式进行分析和讨论。

应用这两个原则来转换旧的 DB 计划权利会得出非常不同的结果。这可以借助表 9.1 所举的例子来阐明。这个例子选择了一个在很多方面都像名义账户计划的 DB 计划，来表明两种原则产生的结果是多么的不同，尽管该 DB 计划的设计很接近于名义账户计划①。

表 9.1　一个类似于名义账户计划的 DB 计划随着时间推移而变化的结果

退休年份	第 1 年（1960 年）	第 40 年（2000 年）	第 80 年（2040 年）
从 60 岁开始的预期寿命（P）＝领取待遇的年数	17 年	21 年	25 年
工作年限（L）	40 年	40 年	40 年
替代率（平均待遇/平均工资，b/w）	0.5	0.5	0.5
缴费率	21.25	26.25	31.25

注：详情见正文。

在这个例子中，被名义账户制度待遇取代的 DB 计划是基于个人缴费的。在该 DB 计划下，要获得全额待遇需要参保 40 年，在 60 岁时可以领取待遇。缴费率的计算公式为 $b \cdot P/w \cdot L$，其中 b 为待遇，w 是工资，L 是工作年限，P 是开始领取养老金时的预期寿命。b/w 是个人替代率。

在该 DB 计划中，参保人参保达 40 年并从 60 岁退休开始，可获得代替收入的 50％的全额待遇。该例子中的个人是一个收入水平相当于平均工资的普通工人。为简单起见，假定所有个人都取得平均工资，在没有工资增长的情况下，平均工资水平是不变的，在有工资增长的情况下，平均工资水平按技术进步的增长率而增长。该例子中唯一变化的因素是在 60 岁时的预期寿命 P，假定随着时间推移，预期寿命 P 以每 10 年延长 1 年的速度增长。

根据定义，退休年龄被固定在工作 40 年且年满 60 岁，随着养老金领取者的预期寿命以每 10 年延长 1 年的速度不断提高，领取待遇的时间不断延长，因此，DB 计划给所有未来的工人群体带来的成本越来越高。因此，工作年龄与退休年龄的比例的不断下降（就整个国家而言），意味着为了维持固定待遇（这里固定待遇被假定为工资的 50％），较年轻的劳动者群体必须缴纳较高的费率。

最初，为该 DB 计划融资所需的缴费率是 21.25％，80 年后，仅仅由于寿命上升而产生

① 账户价值和待遇可以被看做是在有或没有技术进步的稳态下产生的。在有技术进步的情况下，账户和待遇是按平均工资增长率来指数化。另一个可以产生表 9.1 的结果的假定是，在积分制度下，个人每年得到一个积分的缴费记录，这个积分是成员自己的缴费工资与平均缴费工资的比率。个人取得平均工资，账户价值在退休时根据所有缴费成员在估值时的平均工资来估算的。待遇继续按平均缴费工资来指数化。如果劳动力的规模和构成都不变，财务平衡就“仅仅”要求根据因预期寿命上升而增加的成本来提高缴费率即可。

的额外成本，所需缴费率上升到 31.25%[①]。这可以被看做一个在 1960 年实施、到 2000 年成本已经上升到 26.25%、到 2040 年预期成本将进一步上升到 31.25%的 DB 计划。由于该例子假定人口是固定的，劳动参与模式是稳定的，那么成本上升完全是由于人口老龄化通过赡养率提高而推动的。

为了说明两种转型原则之间的差异，假定政策制定者在第 20 年决定中止该 DB 计划，并把旧制度下的既得权利转换成名义账户计划下的权利。对于一个在“旧”DB 计划下参保 20 年的人，这两种原则之间的差别可以得到说明。

1. 既得权利原则

个人预期从 DB 计划中获得的权利（终身待遇流）要等到他（或相应年龄群组）死亡后才能准确得知。这有两个原因。第一个原因是，在 DB 计划中，个人通常需要 x 年的服务年限才能取得全额待遇，在本章的例子中需要 40 年。更一般地说，待遇额可能取决于不超过 x 年的一定服务年限 y，或取决于最后工资；第二个原因是，寿命决定了待遇给付期，而 DB 计划在确定待遇额时，通常不考虑群组预期寿命。

> 选择 1：在工人退休时计算既得权利。采用该年龄群组在 60 岁时的“最可能”的群组预期寿命[②]。在这个例子中，这个人已经工作了 40 年中的 20 年，他的既得权利等于他在第 40 年退休时（例如，如果从 1960 年开始，就是在 2000 年）应得全额待遇的一半。这样，根据从 60 岁退休开始的 21 年养老金给付期，得出的待遇是 5.25[③]。
>
> 选择 2：在转型时计算既得权利。这个选择采用的是从 DB 计划向名义账户计划转型时的预期寿命，在这个例子中，养老金给付期是 19 年，而不是 21 年。由此算出的既得权利是 4.75[④]。

2. 缴费原则

缴费原则承认在转型之前实际已经做的缴费。根据设计，表 9.1 的例子回避了过去缴费如何指数化的重要问题。但按照本案例的假定，劳动力既没有正增长也没有负增长，缴费或养老金给付的密度也没有任何变化，因此过去缴费的指数化不是个问题[⑤]。根据缴费原则，新引入的名义账户计划的初始资本等于个人已做缴费的数额。在本案例的假定条件下，这些

① 对这个 DB 计划的明显“定位”是在获得全额待遇的领取年龄下，按预期寿命对待遇进行调整的。这样可以使 DB 计划更接近于名义账户计划。要从这个计划中完全建立名义账户计划，还需要转向终身账户，在退休时根据预期寿命来计算年金，并按内部回报率来进行指数化调整。

② 人口学家和精算师在做预测时通常都明显低估了未来预期寿命的上升。

③ 全额待遇是单位工资的 0.5 倍，并且是在 21 年的退休期内给付：即 B1=0.5×(0.5×1×21)=5.25。

④ 即 B1*=0.5×(0.5×1×19)=4.74。

⑤ 本章下一节将讨论对过去权利进行指数化调整的更复杂的问题。更一般的名义账户制框架在这里很重要。

缴费是按评估时的当前工资来评估的①。

初始资本的计算公式为 $IC = \sum C_t$，其中 C_t 代表在 t 年中做的缴费。本例子假定工资是不变的，但在实践中账户价值应该按“制度内平均缴费工资”的变化来指数化，从而得出一个等价于当前工资的现值。采用缴费原则计算出的初始资本是 4.5，低于既得权利原则得出的结果。

3. 两种原则之间的差异

DB 计划包含着因寿命稳定增长而导致的对未来各代的税收。既得权利原则承认这种税收。问题在于这是不是“公平的”，因为它承认的资源转移不是从富人向穷人的转移（这是一个更容易接受的再分配标准），而是从较年轻群组向较年老群组的转移。此外，向名义账户制转型是为了消除因预期寿命上升而产生的对未来几代人的税收，既得权利原则不符合向名义账户制转型的目的②。

就兑现在引入名义账户制之前实行的 DB“合同”而言，原则 1（既得权利原则）可以说是公平的。根据这种衡量标准，原则 2 是不公平是。当然这种推理的假定前提是有理由相信原来的合同应该履行。但问题是未来的工人是否愿意履行合同，换句话说，2040 年的工人是否愿意支付 31%以上的缴费率来继续履行“合同”（他们并没有参与制定的合同）？按照这个例子的设计，合同条件意味着，转移支付将越来越多地补贴随后较年轻几代人的闲暇——它并不是把资源从富人向穷人转移。那么，对于转移资源以补贴前几代人的闲暇（前一代人的健康状况日益改善），未来年轻的几代人会容忍到什么时候呢？政策制定者在事先只能对后来人的支付意愿作“附条件的猜测”。而且，要使合同条件永远有效，需要让所有未来各代人都相信，在他们之后的工人将愿意做更高的缴费，来继续为他们履行这个固定的 DB 合同。几乎可以肯定，将来人们最终将不时进行某种调整，来削减合同条件。

总之，直接应用名义账户制原则进行转型对未来人是中性的。它不包含代际隐性税收，并消除了以前 DB 承诺中通常包含的代内和代际税收。另一方面，既得权利原则坚持了“合同”，但却保留了 DB 规则中内含的代内和代际税收。下一节将利用实行名义账户制的国家的经验作为例子，讨论名义账户原则是如何实际运用的。再下一节我们利用波兰模式作为可能的实施技术的一个例子，回到既得权利原则上来，对改革的实施问题作个讨论。

第三节　名义账户制初始资本的计算

本节在名义账户原则（前一节讨论的缴费原则）的基础上来计算初始资本的一般模型。该模型被用来讨论不同实施策略的两面性。下面每个部分将逐步讨论该模型应用中涉及的诸

① 这刚好等于积分制账户按缴费工资增长率指数化所产生的结果。如果积分制也是在退休时用群组预期寿命来计算终身年金，名义账户制和积分制之间的差别将取决于在积分制中宏观经济条件（在既定缴费率下，制度资产至少等于制度负债）是否（如何）得到满足。

② 要注意，政策制定者有机会把 DB 计划隐含的税收用于其他目的，例如，把资源专门用于补助贫困老年人，而不是为每个人提供普遍的“长寿红利”。

多问题。

一、初始资本的一般模型

我们从计算初始资本（IC）的一般公式出发，该公式是基于过去的个人工资 w、用来计算推定缴费的缴费率 c，和指数 I_t，I_t 是包含在时间 t 之前所做缴费并指数化到当前水平的回报率。计算初始资本并计入个人账户的时间是 T。一般公式是：

$$IC_{i,T}=\sum_{t=1}^{T}c^{IC}w_{i,t}^{IC}I_t^{IC} \tag{9.1}$$

$$\text{并且，}I_t^{IC}=\prod_{t+1}^{T-1}(1+\beta_t)$$

$$I_T^{IC}=1 \tag{9.2}$$

β_t 是在第 t 期用于计算在记账期 t 的账户价值的回报率。

因此，退休时总资本 K_{T^*} 是把引入名义账户制之前所做养老金缴费计入个人账户的初始资本加上转型后积累的名义账户资本的总和。退休时待遇计算是根据总资本 K_{T^*}，在退休时根据群组预期寿命把它分配到整个退休期。

在确定初始资本时，需要考虑 3 个变量：缴费率 c^{IC} 、过去工资 w^{IC} 以及回报率 β，下面逐一讨论。

二、名义账户一般模型的应用：工资历史

本节介绍的确定初始资本的模型或者是基于个人实际工资历史，或者是基于全国范围内的宏观工资统计数据，这些统计使我们能够确定计算初始资本时依据的合理代表。它们都体现了一个假定：在引入名义账户计划之前获得的权利是按照人均工资增长率来评估的。然而，名义账户计划的内部回报率不仅取决于人均工资。在计算初始资本时用人均工资增长率作为内部回报率的结果，后面将用单独的一节来讨论。

可以用以下模式来确定初始资本：

模式 1：采用实际历史缴费。如果选择这个模型，那么余下的工作就是确定这些缴费的价值：即指数化因素。这个模型的逻辑是，个人根据他们的实际缴费来获得权利。缺点是，在缴费率在短时间内有很大提高的情况下，这种模型可能会导致覆盖水平偏低。历史缴费率越接近于目前的缴费率，这种模型越容易实行。

模式 2：实际个人工资历史与新的名义账户计划的预计缴费率相接合①。如果可以获得工资历史，可以直接用历史工资与当前缴费率和对历史工资的指数化规则来计算初始资本。同一缴费率可以用来在事后计算初始资本，也可以在事先用来计算未来名义资本。

模式 3：采用个人服务年限。如果在考虑实行名义账户计划时，缺乏关于个人收入或缴费的可靠历史信息，但存在着关于个人参加工作并缴费的年限的可靠记录。在前苏联和中东欧转型国家，这种情况比较典型②。这些年限记录可以用来计

① 这是瑞典采取的模式，下面在国别案例一节中将具体讨论。

② 前苏联和中东欧转型国家发生剧变之前，都保留了记录工人服务年限的工作记录。

算初始资本。

采用个人服务年限来计算初始资本实际上考虑到了个人劳动力参与率，并间接考虑到了年龄/性别参与率。剩下的工作是选择一个可接受的方法来确定参保期间的个人工资，请见下面：

模式 3a：把个人服务年限数据与实行名义账户制时所有参保人的已知平均工资相结合。最简单的程序是采用所有参保人在引入名义账户计划之前一年的平均缴费工资。这样做的优势是，使名义账户计划从与平均缴费工资的实际发展相符合的规模开始。

模式 3b：把个人服务年限数据与平均（历史或当前）年龄和性别相关的工资分布相接合。这种模型的设计可以得到与模式 3a 相同的宏观结果。它得出的结果是否更准确将取决于实际情况。

模式 3c：把个人服务年限与个人的平均工资相接合，个人自己的平均工资是根据可获得的在名义账户计划实施前夕或实施之后的实际结果的序列。这个模型旨在反映个人过去的收入分布和基于个人当前状况的缴费。由于当前个人相对于其他劳动者的收入反映了过去相对收入的模式，在这个程度上说，模式 3c 是公平的①。但也要注意，这种模式更有利于正规部门工作者。如果应用于劳动力市场不正规的国家，采用新制度实施后的实际结果就应注重转型后的收入报告和缴费。

总之，无论是因为信息不充分还是出于政策原因，如果不是用以前的缴费或工资来计算初始资本，或者如果没有个人历史工资数据或数据不充分，在计算初始资本时可以采用上述模型之一和合理选择的缴费率和回报率来近似估计工资成分。最后，由于不同模型有着不同的潜在优势和缺陷，政策制定者必须找到理由来支持他们所选择的模型。政治决策应该基于对可获得数据的分析，并用特定政治经济环境下的“公平”观点来支持其决策。

最后，无论选择何种模型，如果转型规则赋予的一些权利在一般名义账户制度下没有资金支持，就会产生“税收积压”。对这种税收积压应加以识别并安排一种外部融资方式，这也是转型的一个要素。

三、名义账户一般模型的应用：缴费率

缴费率决定了养老金制度的规模。缴费率有两种确定方式。第一种方式是应用一个模型来确定基于实际缴费的初始资本，即上面的模式 1。这也是最简单明了的方式，但这种方式可能不是合意的，因为它可能无法反映政策制定者希望的制度规模。

采用实际缴费历史把初始资本与人们的实际缴费额相挂钩，但这可能并不是一个合意的政策。为什么？如果历史上缴费率在不断上升，这种方法可能降低老年工人的待遇，因为他们的实际缴费低于他们按缴费原则所应该做的缴费。换句话说，合意的政策是确定一个较高

① 这是拉脱维亚 1996 年采取的方法。帕尔默等（2006）详细说明和讨论了这种方法的具体设计及其优缺点。

的缴费率来计算初始资本，并计算该政策产生的税收积压（并指定筹资专款）。

前面表 9.1 的例子将有助于说明，政策制定者如何能够解决缴费率的确定并因而确定制度规模的问题。在该例子中，仅仅因为退休者在 40 年间（例如 1960—2000 年之间）预期寿命提高的原因，DB 计划融资所需要的缴费率就从 21.25%上升到了 26.25%。

第一个关键点在于，在该例子中，该国目前是以 26.25%的缴费率来支付待遇。缴费率可以“永远”固定在引入名义账户计划时为 DB 制度融资所需要的缴费率，在该例子中是 26.25%。该方法的一个明显缺陷是，政策制定者可能认为目前的缴费率太高了，可以（或应该）确定一个较低的转换率。

但是如果前瞻性的名义账户缴费率确定得低于 DB 计划目前的缴费率，税收积压就会上升，因为较低的缴费率不足以支付当前的待遇水平。税收积压将需要在名义账户计划之外有其他税收融资的来源。在实践中，可以继续实行高于计入名义账户的缴费率，随着制度逐渐趋向于名义账户的规模，缴费率可以逐渐降低。

应注意，随着名义账户计划的引入而降低缴费率可能是一揽子政策的一部分，一揽子政策包括提高养老金领取的最低年龄要求，这可以提高平均（宏观）替代率，从而可以缓和名义账户制下预期寿命调整对待遇的影响。

总之，在计算初始资本和未来缴费时，适用相同的缴费率会产生内部时间一致性。然而，出于政治或其他原因，适用相同的缴费率是不合意或不可能的。如果对过去和未来收入适用不同的缴费率，在同等条件下，会导致筹资不足或筹资过多，这取决于所做的选择，也取决于计算中采用的回报率，这是下一节要讨论的问题。为维持名义账户制度的财务稳定，应该估计筹资差额（税收积压）并找到一种融资方法。筹资不足或过多都会导致不同出生群组之间的资源再分配，其再分配结果可在政策制定过程中得到实证研究。

四、名义账户一般模型的应用：回报率

上面提出的所有工资计算模型均基于个人的工资。在计算初始资本、把待遇调整为现值时，按平均缴费工资增长率来指数化是一个逻辑选择，因为它是根据平均缴费工资的实际增长来调整养老金权利的。

然而，平均缴费工资的增长率只是内部回报率的要素之一。支持和反对考虑其他因素的理由是什么？除平均工资外，内部回报率的一个重要因素是参保人数的增长率。平均缴费工资和参保人数的增长率决定了费基的增长率，并从而决定了为支付名义账户待遇所能获得的资金来源。图 9.1 分别演示了在人均（缴费）工资增长率为 3%且参保人数每年上升/下降 0.3%的情况下费基的变化情况。费基构成了一个紧密围绕实际工资增长率的强烈的“带”——尽管不是很现实的。在人口稳定增长的情况下，费基和同等条件下 20 年期的回报率均比前面讨论的工资模型下的记账利率高出 10%；如果参保人数下降，则费基和回报率比前面讨论的工资模型下的记账利率低 10%。

劳动力的正增长表明，计划可承受的规模大于由人均工资模型确定的规模。如果名义账户计划从一开始就运转起来，而不是从 DB 计划开始的，在同等条件下，人均工资指数化会产生制度盈余。然而，如果劳动力下降，就会发生困难。然而，在这时名义账户计划还没有运行，相反，在引入名义账户计划前运行的是 DB 计划，其成本等于引入新制度时所有个人

缴费的总和。这表明，就覆盖旧制度DB计划下的既得权利而言（这是为名义账户计划计算初始资本的目标），转型时的实际缴费率与按平均工资指数对历史权利进行指数化调整相接合，将覆盖在旧制度下直到引入名义账户计划时所获得的权利。

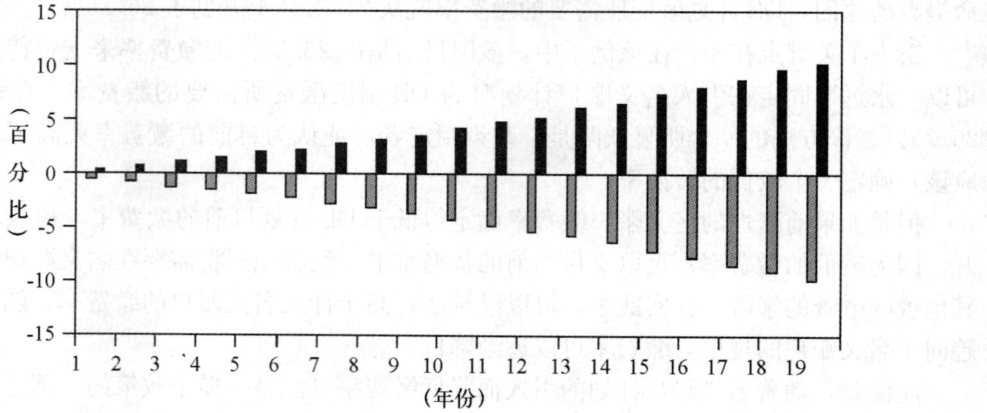

图9.1　在人均工资增长率为3%、劳动力增长或下降0.3%的条件下，费基的增长情况（%）

在同等条件下，采用平均缴费工资来评估名义账户转型时的既得权利，可以看成是既定缴费率下以第一期工资的大幅增值来开始新制度的。这意味着过去工资被赋予了当前的平均价值。这也是符合名义账户原则的个人初始资本价值。在实践中，根据上述公式计算的初始资本是否刚好覆盖既得的DB权利将取决于转型时的参数选择。

五、人口环境下对既得权利的“回顾”

在实施名义账户计划时，一个国家的人口历史本身是一个重要问题。如果最临近退休的工作群体大于较年轻的群体，制度开始时就存在人口造成的赤字。这也是旧制度的税收积压，如果在旧制度中没有建立储备来补偿这种积压，那么这个问题怎么解决？

原则上，可以构想出不同的纳税时间表来为“人口积压”融资。这些不同的时间表对不同代的人群（从当前养老金领取者开始，直到当前或未来各代劳动者）会产生不同的影响。在同等条件下，最公平的模式（可以证明）是估算出税负并摊派到“大”群组的劳动者头上——这个群组劳动者的总体养老金权利事先没有积累。毕竟，鉴于这代人在名义账户制下为取得名义账户权利所应该缴纳的保费，他们过去的消费“太高”了。因此，为了解决人口造成的税收积压问题，应该相应降低这一“大”群组劳动者的初始资本。

如果没有历史积累的储备，也没有通过降低初始资本的形式来对这一“大”群组进行征税，名义账户制就存在着以前积累下来的隐性税负，将来必须支付这笔隐性税负。或者，如果名义账户制设立了自动平衡机制①，制度资产和制度债务之间最终将出现失衡，从而导致

① 不熟悉这个概念的读者可以参阅塞特格伦（2003）、塞特格伦和米库拉（2006）或帕尔默（2006），以了解它的构造和在名义账户制中的作用。假设制度资产A和制度债务L的估值是给定的，但当资产少于负债时，它将自动调整账户价值；当资产超过负债时，多余资产可用于增加待遇（指数化）。

名义账户制度内部回报率的调整。总之，不同解决方式之间存在时间差，并因此产生代际差别[①]。

六、人口筹资

把“旧”的DB型现收现付计划下的权利转换成名义账户计划下的账户价值是建立名义账户计划的必要条件，但这可能不足以达到长期财务稳定的目的。主要原因是，名义账户计划也要求为相对较大的劳动者群组建立金融储备，来为他们的养老金筹资。储备基金是作为制度储钱罐的实体，它保证在最后需要向这相对较大的群组兑现待遇承诺时，储钱罐中有钱可支，并且它还保证由“恰当”的一代为他们自己的养老金待遇买单。

七、旧制度遗留的税收积压

正如前面已经讨论的，除了其他例子外，税收积压的一个例子是旧制度遗留下来的没有预筹积累的人口泡沫，在DB环境下通常出现的另外两个税收积压是与残障养老金和遗属待遇的筹资要求相联系的，第三种可能发生的税收积压是由于需要逐步取消特权而产生的。

在非积累制的DB（即DB型现收现付制）框架下，目前由残障或遗属待遇产生的对未来老年养老金领取者的负债是由未来劳动者的工资来补偿，未来劳动者指当残障人和遗属成为老年养老金领取者时，留在劳动力队伍中的人口。然而，遗属待遇应该在名义账户计划之外运作，这些待遇将在下面单独用一节来讨论[②]。

如果在引入名义账户计划之前，没有向名义账户计划转移经济资源，来补偿残障人的老年养老金权利，随着名义账户计划的引入就会产生税收积压。该税收积压只是以前存在、并在残障待遇领取者变成老年养老金领取者时，必须支付的那部分积压。在新的名义账户计划下，为计入残障人的老年养老金账户的资产融资，需要向新制度进行转移支付。在引入名义账户计划之前获得的积压权利将继续存在，直到旧的承诺逐渐消失为止。

很多国家在DB环境下赋予不同工人群体以特权。这些特权也需要资金来源．但正如残障待遇那样，由于它们是DB待遇，新计划没有意图为它们积累资产，以备将来人们要求兑现这些特权时的支付之需。这些特权或者将逐渐停止，或者在养老金计划外单独运作，例如在引入名义账户计划时通过职业计划来进行。本章后面将单独用一节来讨论转型环境下的遗属待遇、残障待遇和特殊权利待遇等税收积压问题。

第四节 转型速度、既得权利和公平

从DB型现收现付制向名义账户计划转型最简单的形式是，从劳动力市场的新进入者开始。但这种“新进入者模式”需要几十年才能完全实施，因此改革往往需要较快的转型。本

① 对这一“大”群人来说，问题在于，是应该削减初始资本从而使他们承担全部负担，还是等他们年老退休时让较年轻的群组来共同分担这个负担。

② 另外一个单独的问题是，名义账户是否可以（应该）在配偶之间分割？在考虑这个问题时，人们必须考虑应该采取强制还是自愿方式：如果实行自愿方式（双方都同意），应该在什么时候做出决定（结婚时，宣布同居时还是其他时候，决定是否可以反悔），在退休前因死亡或离婚而分开时，名义账户该如何处理？这里有很多问题，直到今天，还没有一个国家立法对账户的分割机制做出规定。

节先讨论新进入者模式，再对不同的名义账户转型速度的优缺点进行更一般性的讨论。

一、从劳动力市场的新进入者开始转型

如果名义账户制只覆盖劳动力市场的新进入者，就无需估算初始资本。按照定义，在“旧制度”下获得的权利都被保留下来，因为新规则只适用于新进入者。因此，乍一看这种实施形式看上去是公平的，但更深入地考察之后便会发现，这种方式有些潜在缺陷，具体取决于转型规则。

为了更方便说明，假定有一对双胞胎 A 和 B。还假定他们终身工资都不变，因此，他们的待遇只取决于工作年限 t 和旧 DB 计划和新名义账户计划的待遇规则。假定在 DB 规则下 35 年以上的缴费年限可获得的待遇，等于在基于终身收入的名义账户计划下，从正常加入年龄 20 岁开始在整个职业生涯中工作并缴费可获得的待遇。现在假定 A 是在 29 岁开始工作，B 是在 30 岁，但 B 是在按新进入者规则引入名义账户计划后才加入劳动力的。A 加入的是 DB 计划，而 B 加入的是名义账户计划。

比较这两个计划，在其他情况相同的条件下，如果 B 在 65 岁退休，B 的待遇将只有 A 的 78%。这是因为在名义账户计划下，待遇是以从 20 岁到 65 岁的最长 45 年缴费中的 35 年为基础的，而 35 年在 DB 计划下足以获得全额待遇。只要新进入者规则不是设定在从可以领取养老金的第一个可能年龄，这种差异就会发生。而且，名义账户的预期寿命因素可能导致待遇差异更大。

在这种情况下怎么看待公平问题？如果公平被定义为简单地坚守合同，按照定义，上面运用新进入者规则的结果就是公平的。A 保留在旧制度的合同下，B 则加入名义账户合同。然而，如果我们认为公平意味着待遇额应与缴费挂钩，DB 计划的慷慨待遇就会产生不公平的结果，而不是向名义账户计划的转型导致了不公平。

总之，要在平等对待情况相近者这个意义上实现公平，新进入者规则的实施必须适用于可以开始积累养老金权利的最小年龄。这样可以最初就对情况相近的人给予相同的信息和相同的待遇标准，以及在制定终身工作和闲暇计划时，考虑到这些信息的平等机会。就更广的公平问题而言，用 DB 规则中包含的对未来工人群组征税的“合同权利”来表达，可以说 B 受到了公平对待，而引入名义账户计划则取消了 DB 法规中有利于 A 的不公平的“优势”。

二、向名义账户制转型的速度：总体考虑

上面的例子说明了与转型速度相联系的一个更一般的问题。首先，机会平等要求制度规则适用于所有人，然而只要制度发生改变，就意味着不同参与者将服从于不同规则。在这个意义上，任何制度改变都是不公平的，无论它包含着什么，也无论它是在现有 DB 型现收现付计划下，还是在向名义账户计划的转型中发生的。在本讨论中，制度改变是终止一个把税收转嫁给未来工人、可以认为是不公平的制度，而转向一个不把税收转嫁给后来人的制度。

就上面的双胞胎例子而言，参加名义账户计划的人群不会产生新税负并传递给后来人，而 DB 计划只要在运行，就会产生税负。旧制度下的税负越高且个人资源再分配越不合理，旧制度越需要转型，且越有必要加快这个转型速度。

总之，较慢的转型延长了不公平地传递给未来劳动者的纳税时期，而立即转型会终止无资金支持的权利的产生——或找到一个税收来源来支付这些权利。把被取代的 DB 计划作为反事实，引入名义账户计划将伴随着养老金权利的重新分配。越是偏离缴费原则的 DB 计划，这种再分配就越大。

三、转型速度与替代率

1. 立即转型

立即转型的好处是与旧制度清楚地划分界限，并标志着新制度的开始。它缩短了上面讨论的“双胞胎效应”的可能延伸，从一开始就获得名义账户制的好处。然而，权利分配会发生改变。立即转型会突出与 DB 反事实相对的一般名义账户制效应，这种效应的维度取决于名义账户制与反事实计划的“差距”。

2. 逐步转型

逐步转型有几种可选择的形式。一种形式是进行立即转型，但从距正常（最低）退休年龄有 x 年的那个年龄组开始。然而，如果预计转型对老年群体的总体效应不大，就实在没有理由迟迟不按新规则计算待遇。实际上，拖延只可能导致在转型前退休的群体和转型后退休的群体之间未来的待遇差距不断扩大。

由于引入名义账户计划而预期造成个人结果的变化越大，就越有理由设计一个渐进的转型方案。这提示了另一种渐进转型形式，即对“转型一代”根据旧规则和新规则计算出的待遇进行加权平均[①]。

“长期”渐进转型的优势是它降低了对“受损者”的影响；一般而言，受损者是那些从 DB 型现收现付制度下继承的工作生涯较短的人[②]。当然，它也降低了对“受益者”的潜在正效应——受益者指那些缴费年限长的人。然而，渐进转型不充分地反映了需要长期转型的最正当理由：就提供平等机会而言，转型应该覆盖那些从积累养老金权利的第一年开始的工人。“长期”转型的劣势是它需要的时间很长，延长了旧制度产生税负并传递给后来人的时期。总之，权衡起来，对快速转型的支持理由比反对理由更有力。

第五节 国别案例

名义账户制的实施引出至少两组问题。第一是如何处理旧制度下的既得权利，这是目前为止本章的主题。第二是在全部养老金领取者仍适用旧制度规则的初始阶段时，该如何逐步平稳地引入名义账户计划。名义账户年金的回报率在实践中尤其是一个问题，因为被替代的计划采用的指数化方法不见得正好符合名义账户制的需要，然而一个好政策可以考虑给旧制度和新制度下的养老金领取者同样的养老金待遇指数化。第三个设计问题是如何处理特权。下面将引用 20 世纪 90 年代引入了名义账户制的国家的经验，以作为讨论这些问题的可选方法的例子。表 9.2 和表 9.3 对这些国家处理这些不同问题的方法做了简单回顾。

一、既得权利与转型

表 9.2 总结了上个世纪 90 年代引入名义账户计划的 5 个国家处理既得权利问题的方式。

---

① 参见下面瑞典的例子。

② 但要注意，引入名义账户制的国家为刚生下孩子的父母（母亲）规定了几年的儿童护理特殊权利，这个权利是从外部融资的。

有两个国家即波兰和瑞典建立了初始资本，并且转型速度相对较快，而一个国家拉脱维亚，它建立了初始资本，并立即转向了名义账户计划。另外两个国家，意大利和吉尔吉斯共和国，它们没有建立初始资本，并选择了缓慢的转型速度。下面分别讨论这几组情况。

表 9.2 初始资本的确定和名义账户转型模式

初始资本的计算				
国家	工资（W^{IC}）	回报率（β）	缴费率（C^{IC}）	转型模式
意大利	没有初始资本。1992 年以后名义账户之前的 DB 公式的条件被收紧了，在 1995 年缴费满 18 年以上者都留在旧制度下，适用 1992 年的待遇规则	—	—	在 1995 年缴费不满 18 年者获得的待遇是把新旧制度相结合，按比例公式计算。新进入者完全加入名义账户计划
吉尔吉斯共和国	没有初始资本。在向完全名义账户制转型过程中获得的总待遇是：待遇＝DB 转型待遇（基于 1996 年之前的服务年限——最高 30 年与 1991—1995 年之间的最高年度工资）＋名义账户（基于 1996 之后的工资）＋统一比率待遇（平均工资的 12%）	—	—	全体人口 1996 年及以后的工资都进入新制度
拉脱维亚	初始资本按记录的服务年限计算，对于在如下年份退休的人： 1996 年：1995 年参保人口的平均工资 1997 年：如果 1996 年个人工资高于 1996 年所有人的平均工资，就按个人工资计，否则就按“保证工资”计 1998 年：如果在 1996—1997 年个人平均工资高于全体人口的平均工资，就按个人 1996—1997 年的平均工资计，否则就按保证工资计 1999 年：如果在 1996—1998 年之间个人平均工资高于全体人口的平均工资，就按个人在这期间的平均工资计，否则按保证工资计 计算初始资本的保证工资： 1997—1999 年：参保 30 年以上者，按当期参保人口的总平均工资 2000—200×年：个人在 1996—1999 年期间的缴费工资，或从 1996 年到申领养老金之间各年所有缴费工资的平均数的 40% 从 200×年开始，直接规则（×有待确定）	平均缴费工资	20%	为在 1996 年或 1996 年以后申领待遇的所有工人计算初始资本。一般来说，这意味着对 1940 年以后出生的女性和 1936 年以后出生的男性都要计算初始资本（1996 年女性退休年龄是 56 岁，男性退休年龄是 60 岁）

续表

初始资本的计算

国家	工资（W^{IC}）	回报率（β）	缴费率（C^{IC}）	转型模式
波兰	初始资本＝旧制度下既得权利的资本现值（算到 1998 年 12 月 31 日，即在 1999 年 1 月 1 日开始实施新制度的前一天）。新权利是基于 12.22％的缴费率	—	—	名义账户制适用于 1949 年和 1949 年以后出生的所有雇员和非农业部门自雇者
瑞典	对 1938 年和 1938 年以后出生的每个人，初始资本以从 1960 开始的个人工资历史为基础。缴费率在 1994 年是 18.5％；1995—1997 年是 16.5％；从 1998 年开始是 16％	平均缴费工资	1995 年以前所有各年工资的 18.5％	1838 年出生的人：4/20 的待遇来自新规则，16/2C 的待遇来自旧规则。1954 年以后出生者，完全适用名义账户计划

注："—"的意思是指在引入名义账户制时没有计算初始资本。

1. 国家没有把既得权利转换成初始名义账户资本的情况

吉尔吉斯共和国和意大利都采用了比例模式来结合旧计划和新计划下的权利。因此，意大利和吉尔吉斯共和国向完全名义账户制的转型比其他 3 个国家慢得多。在吉尔吉斯共和国，每个人都有一个名义账户，账户是基于 1996 年以后的缴费——但不是针对以前年度的缴费。意大利名义账户是在 1996 年首次建立起来的，1996 年以前参保不满 18 年的都转入名义账户计划，参保 18 年以上的人仍然留在旧计划中。

（1）意大利。意大利的改革偏离了名义账户原则，因为计入雇员和自雇者账户的资本是按高于实际情况的缴费率计算的（见表 9.2）。这意味着制度产生了没有资产支持的债务。因此，由于制度是当前建立起来的，不能在内部实现自筹经费，即使按 1992 年以前的规则领取待遇的人都去世之后，也不能实现经费自足。相反，它会产生未来待遇给付所需的税负。此外，用 GDP 作为回报率只是名义账户制能够支付的内部回报率的近似值，它没有瑞典那样的自动平衡机制来保证资产至少等于负债。

在意大利，1999 年养老金支付占 GDP 的 16％，到 2015 年可能上升到 GDP 的 17.5％①，这些数字按照国际标准而言是很高的。在接下来的半个世纪里，意大利名义账户计划可能实现稳定支出，但它是一个高水平上的稳定，这主要是由于其缓慢的转型速度所造成的。缓慢转型意味着在 2000 年左右相当一部分劳动力将退休并领取非名义账户的待遇。例如佛朗哥（2002）指出，在 2000 年，大约 40％的劳动力退休时将获得按 1992 年之前的养老金公式计算的待遇。此外，在 1992 年和 1995 年缴费记录差别很小的人受到的待遇有显著区别，这引起了公平问题。这种担心符合本章前半部分的分析。而且佛朗哥还得出结论说，过长的转型期和改革的其他方面将会大大降低微观的经济效应。

（2）吉尔吉斯共和国。吉尔吉斯共和国的名义账户计划只适用于新进入者，并且计划设计也不完善，特别是所采用的回报率。由于转型的缓慢，直到 2039 年才有第一个退休者领

① 见 Franco（2002）。

取基于名义账户公式的待遇，假定他是在1997年21岁时加入劳动力并在63岁退休。直到2060年前后，整个人口才能被名义账户计划覆盖。由于名义资本账户只是部分实行工资指数化，替代率会下降。而且，待遇指数化调整是偶发性的，没有法定的指数化规则。养老金占GDP的份额本来已经很低，只有4%多一点，由于待遇调整只是临时特别进行的，养老金占GDP的份额可能进一步降低①。总之，吉尔吉斯共和国的名义账户改革需要半个世纪才能成形，要使它变得更接近于真正的名义账户制（真正的名义账户制回报率是一个关键参数，需要恰当设计），还有很多工作要做。

2. 国家把既得权利转换成初始资本的情况

意大利和吉尔吉斯共和国的缓慢转型模式与拉脱维亚形成鲜明对比。拉脱维亚在1996年1月就用名义账户规则完全代替了当时全部劳动力在DB计划下的既得权利。瑞典的转型速度稍慢，从2017年开始，所有新给予的待遇100%都是基于名义账户制的规则，从2007年以后50%以上的待遇是基于名义账户制的规则（假定退休年龄是63岁）。

三个国家把既得权利转换成初始资本的模式选择是非常不同的。瑞典是按1960年之后的工资历史来计算初始资本的，拉脱维亚和波兰保留了工人在1991年以前的制度下的服务记录，完整地记录了服务年限（包括“非缴费”期）；然而，这些记录没有提供关于工资的任何有用信息。因此，拉脱维亚和波兰必须从它们的现实出发来设计初始资本的计算规则。

（1）瑞典。瑞典从1960年开始就实行计算机化的工资记录。这些历史工资记录被用来建立名义账户，并且采用的缴费率相当于支付改革时被替代的DB型待遇所需要的缴费率②。在计算初始资本时，瑞典是用人均缴费工资增长率为指数来计算账户价值，用18.5%的缴费率来记录1960—1994年之间的历史账户。瑞典改革还包括建立一个实账积累制计划（FDC），从1995年开始，拨出部分缴费存入积累制账户。划入实账积累计划的缴费率先是2%，后来又提高到2.5%，计入名义账户的缴费率是18.5%的法定总缴费率与划入实账积累计划的缴费率之差。长期的名义账户缴费率是16%。瑞典还把最低养老金领取年龄从60岁提高到61岁，但实际上多数工人都等到更晚才开始申领老年待遇。在旧制度下，人们把65岁看作正常退休年龄，因为如果在65岁之前退休，无论是公共计划还是职业补充计划的待遇都会受到相当大的削减③。

（2）拉脱维亚。在拉脱维亚，初始资本是根据一般公式计算的：初始资本=个人缴费工资×个人服务年限×0.20，其中0.20是用来计算初始资本和名义账户计划从1996年实施以后的资本的缴费率。这个缴费率低于为支付当时实际养老金所需的缴费率，这是当局为了降低承诺水平而有意这么确定的。

初始资本计算公式中的工资是由记录的服务年限和个人缴费工资决定的。最开始用于确定个人缴费工资的规则是，在1996年退休者按所有参保人的平均缴费工资计；在1997年退

① 基于IMF（2003）和吉尔吉斯共和国养老基金的数据。

② 儿童护理的名义账户记录几乎都是只给予母亲的，也可以根据历史记录追溯性地推定。

③ 这是旧DB计划的完整职业补充计划适用的年龄。在公共制度改革之后，多数职业计划也随之转向了DC型，但在65岁之前就申领待遇只能得到低得多的结果。此外，到65岁时可以首次申请最低担保，这样可以激励健康状况良好的低收入劳动者一直工作到65岁。

休者按1996年个人自己的平均缴费工资计；1998年退休者按个人在1996—1997年期间的平均缴费工资计；1999退休者按个人在1996—1998年期间的平均缴费工资计；在2000年以后申领待遇者按个人在1996—1999年期间的平均缴费工资计。

1995年以后，之所以选择以个人自己的工资作为把改革前服务年限转换为初始资本的基础，是为了激励人们报告收入——并惩罚逃费行为①。然而，正如帕尔默等（2006）所研究的那样，这种方法有它的缺陷。简单地说，对于那些20世纪90年代在劳动力市场上面临实际困难的人来说，用来计算个人工资期的时间选择及其长度是个问题②。鉴于此，拉脱维亚采用了一种转型担保和额外转型规则来计算初始资本，这些担保和额外规则于1996年被国会采纳，并将实行到2010年。

拉脱维亚转型担保规则适用于服务年限达30年以上的人（或者在1996—1999年间登记失业的人）。根据担保规则，初始资本的计算基础是下面二者之间较大的一个：根据主要法律规定的个人工资或者1996—1999年间所有成员的平均工资额③。对所有其他人来说，初始资本按下面二者之间较大的一个计算：个人自己的工资或者平均缴费工资的40%，后者接近于最低工资水平。因此，基于1996以前服务年限的初始资本最低担保额实际上相当于最低工资。随着时间的流逝，初始资本的比重会逐渐下降，总的名义资本将越来越多地取决于个人实际工资和缴费，而越来越少地取决于1996年以前的服务年限和转型规则。

拉脱维亚还（逐步）把最低养老金领取年龄从女性55岁和男性60岁统一提高到62岁，对新的退休年龄规定，男性从2003年开始实行，女性从2008年开始实行。

（3）波兰。波兰选择了计算在旧制度下获得的承诺“如果”在1998年12月31日支付时的资本价值，并用这些价值作为初始资本④。然而，计算初始资本是为了得到与旧制度公式相同（按年龄和缴费年限调整）的养老金待遇（假如所有人都在1998年12月31日退休）。波兰采用的缴费率是24%，近似于改革时的养老金成本。

波兰选择这种转型路径有三个原因⑤：第一，没有个人缴费或工资数据；第二，把既得权利重新计算成初始资本使转型能够平稳进行；第三，对于劳动者在只参与新制度的名义账户计划还是同时参与名义账户制计划和实账积累制计划之间的选择，这种转型路径既不提供激励也不造成阻碍，因为人们无论如何选择，他们获得的养老金⑥完全相同。

二、回报率

原则上讲，名义账户制的回报率是使制度资产在长期内等于制度负债的回报率。资产随着费基的增长而增长。此外，资产评估还取决于工作人口的工资和死亡模式的变化，因为这

---

① 一个替代办法是采用所有缴费人的总体平均工资，这个办法有利于低收入者，不利于高收入者。在这个意义上，它是不公平的。不幸的是，一些人可以从这些转型规则中获利，他们可以在这个短期内与其雇主协商而声称自己领取较高的工资。

② 见Vanovska（2004）。

③ 但要注意，这种担保也覆盖那些故意逃避足额缴费的人，这是颁布那个规定的一个意外后果。

④ 更深入的讨论，参见Chłoń-Domińczak and Góra（2006）。

⑤ 见Chłoń-Domi ńczak and Góra（2006）。

⑥ 这可以与匈牙利的改革进行比较。在匈牙利，人们用旧制度下的权利作交换，以参与新的实账积累制。

些因素加上按金额加权的给付期长度，决定了单位资金停留在制度中的时间，即周转期①。费基随着人均缴费工资和参保人数的增长率而变化。要注意，制度储备基金（例如由于人口波动和政府为非缴费型权利做预算的转移支付而形成的）也是制度资产。内部回报率体现了所有这些决定因素。

瑞典采用人均工资增长率作为名义资本和年金的回报率。这意味着当决定资产价值（如参保人数增长率、由工资和死亡模式变化决定的周转期、或储备基金的回报率）或负债（预期寿命预测不准确）的其他因素之一使得负债现值超过了资产现值，自动平衡机制就会被启用，回报率会降低，直到恢复财政平衡。同样，如果资产现值与负债现值之比超过了一个临界值，就有基础把“盈余”在制度中予以分配。在这个意义上，瑞典名义账户计划可以说类似于传统的财务保险计划。

瑞典名义账户计划的成员账户获得的回报率是按人均名义缴费工资确定的，当制度出现“负”平衡时，回报率会下调，出现“正”平衡时，回报率会上调。在会计期末，如果制度资产价值低于负债价值，就会出现负平衡；原则上，当制度盈余足够大进而可以进行分配时，按照规则就会出现相反的情况即正平衡。瑞典名义账户制的年金是从开始就按 1.6%的预期工资增长率（被称为“标准回报率”）来计算的。年金指数化等于通货膨胀率加上或减去工资增长率与范数之差。因此，如果工资以范数的速度增长，并且制度资产大于负债——但盈余低于可分配的水平，年金就仅仅按通货膨胀来调整。即使在旧规则下，退休者的待遇也是按照工资增长率与标准回报率的偏差来调整的，这是为了使旧制度和名义账户养老金得到同样的指数化调整。

使用标准回报率的好处是能够赋予退休者较高的初始年金，代价是削弱了固定实际价值年金与缴费者平均工资之间的联系。在其他条件相同的情况下，它等价于 DB 型待遇按照价格指数化得到的结果。一个替代办法是直接按工资指数化，但初始年金的价值会降低。

意大利的计划在计算年金时也包含了标准回报率②，取值为 1.5%，并根据 GDP 增长率来调整。GDP 增长率是制度费基增长率的代表，采用 GDP 增长率包括这样一个假定：工资总额占 GDP 的比例是固定的（因此利润占 GDP 的比例也是固定的）；还意味着，用 GDP 增长率来衡量工资总额增长率能够充分衡量缴费工资的增长率，但在非正规部门比重较大的国家，情况并非如此。

在其他几个最开始实行名义账户制的国家如吉尔吉斯共和国、拉脱维亚和波兰，制度设计与瑞典模式有几个方面的区别。例如，在拉脱维亚，名义账户回报率取决于缴费工资总额的增长率，而波兰是采用缴费工资总额增长率的 75%作为回报率，吉尔吉斯共和国是采用平均缴费工资增长率的 75%作为回报率。低于 100%的回报率是政治家为了控制养老金成本而特意制定的③。一个替代办法是为名义资本确定较低的缴费率，这样可以降低制度规模，而不是以低于 100%的指数化来对账户回报“征税”。与没有那种税收的积累制计划相比，

① 见 Settergren and Mikula（2006）。

② 见 Gronchi and Nisticó（2006）。

③ 对于波兰的经验，参见 Chłoń-Domińczak（2002）。

以低于100%的指数化对账户“征税”导致养老金水平过低。显然，这种性质的税收会损害对名义账户计划的支持度。

其次，这些国家没有一个对待遇实行完全的工资（或工资总额）指数化，因为在向名义账户制转型时，实际上所有待遇都是由以前的DB计划确定的，并且是按物价来指数化的。没有一个国家发现对一群养老金领取者实行物价指数化而对另一群实行工资指数化的做法是受欢迎的。因此，工资指数化也是一个转型问题。随着名义账户计划在总待遇给付中的份额提高，国家将逐渐能够负担工资指数化待遇。

再次，在其他条件相同的情况下，如果劳动力（和参保成员）呈负增长，在指数化不是依据缴费工资总额变化即没有考虑人均劳动力变化的总效应时，劳动力下降就需要“负”平衡。从这方面来说，如果其他条件相同，平衡的效果将与采用工资总额指数化的效果相同。然而其他条件并不是完全相同的，并且在实践中，平衡状况还取决于在会计期内影响制度资产和负债价值的其他因素，例如储备基金的价值。而且，为瑞典设计的平衡机制需要复杂的数据，而拉脱维亚、吉尔吉斯共和国或波兰，都缺乏这些数据。或许等到这些数据能够获得的时候，这些国家将选择转向更复杂的指数化程序。

最后，没有一个国家在引入名义账户制时有着像瑞典那样大规模的储备基金。这意味着，如果转型以后劳动力负增长是可能的①，由于劳动力负增长对费基和缴费资产的影响，局势就是向着持续负平衡的方向发展的。

三、特权

如果存在特权，原则上它们需要从外部筹资。即使在名义账户制下也可能出现特权，但它们需要从外部融资来维持制度财务稳定。特权可以通过预算实行税收融资，也可以通过征收高于记账缴费率的缴费率来筹资。意大利是一个特殊案例，它在引入名义账户制时设置了没有相应资金来源的特权（见表9.3），这会给未来的劳动者造成税收负担。

四、储备基金和其他注意事项

前面已经指出，在实行名义账户制的国家中，瑞典是唯一有储备基金的国家。考虑到人口原因，这个基金非常重要。因为除其他原因外，20世纪40年代以后出生的大批人群将在2010—2015年前后退休，到那时就需要消耗储备。瑞典旧的现收现付制计划下的储备基金在转型时足以支付大约3年的当前待遇（即使在从旧制度向新制度转型时把基金的40%转移给了一般预算的情况下）。旧制度下最终的人口积压是现收现付计划全部债务（包括旧的待遇和新的名义账户制的待遇）的一部分，而继承的基金是全部资产的一部分。

意大利没有储备，当前的计算结果表明，需要通过提高缴费率（参阅上面的讨论）来补偿更高的待遇支出。鉴于吉尔吉斯共和国没有养老金指数化规则，并且最低养老金领取年龄将逐步提高到63岁，该国应该在未来10年建立储备。另一方面，这些储备将拓宽待遇指数化的空间，允许提高所有现收现付制的待遇，包括逐步提高名义账户制的待遇，并继续转型

① 在20世纪90年代，吉尔吉斯共和国的周期出生率为2.1以上。然而，根据国家统计，劳动力向俄罗斯和周边国家的流动是净流出的。在未来半个世纪里，拉脱维亚的出生率可能远远低于每个妇女2.1个孩子，而且工作年龄人口还在向国外净流出（Latvian Ministry of Welfare，2003）。

表 9.3　　其他转型问题

国家	“未筹资的”特权	名义资本的回报率	年金回报率	储备基金
意大利	雇员缴费率是 32%，但计入账户价值的是 33%；自雇者的缴费率是 15%，但计入账户价值的是 20%	GDP 指数	GDP 指数	无
吉尔吉斯共和国	从 1997 年以后立法把旧制度下的特权减少了 70%左右	工资增长率的 75%	由政治决策临时调整	无
拉脱维亚	在旧制度下享有特权者的账户价值根据特定公式做了调整，在新名义账户法规下所有特权将被逐渐取消；从 2003 年开始，“特权增值”由国家一般预算收入资助	缴费工资总额	从 1996—2002 年实行通货膨胀调整，从 2002 年以后按通货膨胀率加上实际工资总额增长率的 25%，从 2011 年以后，按通货膨胀率加上实际工资总额增长率的 50%	在实施名义账户制时没有储备，但预计从 2005 年以后开始出现正的储备
波兰	农民被排除在名义账户计划之外，但对农民实行一个单独的计划，该计划 95%由一般税收来补助。对享有特权者实行过渡养老金，由国家预算收入资助	缴费工资总额的 75%	通货膨胀率加上实际工资增长率的至少 20%，后者由政治决策临时决定	专门规定了一个用于建立储备的缴费率，但迄今为止一般预算赤字阻碍了这个规定的实施
瑞典	无论在旧制度还是新的名义账户制下都没有特权	成员人均缴费＋自动平衡	成员人均缴费＋自动平衡	一开始就有大规模的储备基金

过程。波兰制定了专项缴费率来充实储备基金。由于在引入名义账户计划前后国家预算出现了大幅赤字，政府还没有允许储备的建立。

计算表明，拉脱维亚整个现收现付制度从 2005 年左右将开始产生正的储备[①]。在大约 35 年以后，需要使用这些储备来支付 20 世纪 80 年代末期出生的婴儿潮的养老金待遇。

拉脱维亚在 2002 年也引入了一个强制性的实账积累制计划，从 2002—2006 年缴费率为 2%，把名义账户计划的缴费率降到了 18%[②]。法律还制定了时间表，将进一步交换名义账户制计划和实账积累制计划的缴费率，使进入两种账户的缴费率都是 10%。在同等条件下，由于很多劳动者的名义资本是按 20%的缴费率计算的，名义账户缴费率的下降将造成财政

① 见帕尔默等（2006）。

② 实账积累制对于到 2002 年 6 月年龄在 30 岁以下的人是强制性的，对于在 2002 年年龄在 50 岁以上的人是自愿性的。起初参与实账积累制计划的人口比较少，因为人们没有兴趣自愿加入。到 2007 年实账积累制计划的缴费率将再次提高到 4%，以后还可能提高到 10%以上。

赤字，需要用税收来融资。然而计算表明，由于最低养老金领取年龄从女性55岁、男性60岁统一提高到了62岁，这在不产生严重转型财政赤字的情况下，给引入强制性积累制计划[①]创造了很大的空间。是否会产生严重的财政赤字，取决于实账积累计划的规模和名义账户的指数化程度。向强制性积累制计划的缴费率超过6%～7%就会给转型一代产生税收负担，积累制计划的规模越大，这种税负就越重[②]，而较低的积累制计划缴费率则为最终把工资指数化提高到100%留下了空间，并在这个意义上完成名义账户制的转型。

第六节 向名义账户制全面转型的其他重要问题

一、残障待遇

在被名义账户制取代的DB框架下，残障待遇领取者获得的老年承诺是在残障人达到退休年龄时由其他劳动者支付的。在DB环境下，今天给予残障待遇的决策产生的成本包含着支付老年待遇的承诺。但名义账户制不是以这种方式运作的，符合名义账户框架的是这样一个方法：应该在经常账户的基础上，向养老计划缴费，目的是为残障待遇融资。原则上，这意味着应该定期（例如每年一次）把资金转入名义账户计划的账户，以供支付残障待遇领取者的养老金权利。

实行了名义账户制的国家采用了两种模式来处理残障者的问题。一种是由残障制度根据残障期间的推定工资向残障人的账户缴费（由国家一般税收支付）。另一种是根据适用于所有人的某个一般规则向残障人的账户进行转移支付，而不考虑个人过去的工资。第一种更符合保险的观念，瑞典采取的就是这第一种模式。

一个相关的问题是，残障者是否可以终身领取残障待遇？在达到退休年龄后领取残障待遇或者老年待遇之间较大的哪种待遇？或者残障者从特定年龄开始，应该被限制在只能领取老年待遇吗？目前不同国家实行了不同模式。

如果人们被允许在残障待遇或基于名义资本账户的养老待遇之间选择较高的那种待遇，那么原则上应该由残障计划向老年计划进行转移支付。如果残障待遇高于老年待遇，并且领取者可以保留二者之间的较高者，这等于是给予残障人士一个特权，额外待遇部分的资金来源应该是残障计划向老年计划的转移支付。

第三个问题涉及从残障待遇向老年待遇转换的时间问题。原则上，从残障待遇向老年待遇转换的时间应该是领取老年待遇的最低年龄。例如拉脱维亚就是这样规定的，但瑞典却不是这样，在瑞典，从残障待遇向老年待遇转换是在65岁时。这意味着残障人在达到65岁之前保留残障待遇资格，比他们从61岁开始领取精算公平的老年待遇对他们自己更有利。

二、遗属待遇

名义账户计划下参与者死亡会留下“继承收益”，即未分配的金额。它可以基于出生群体并且达到领取待遇的最低年龄，分配给养老金计划中活着的参与者，这给所有活到退休年

---

① 见拉脱维亚福利委员会（2003）和帕尔默等（2006）。
② 见拉脱维亚福利委员会，2003。

龄的人带来了更好的待遇。另一个办法是把这种盈余用作其他用途，例如作为抚养孩子的人的津贴，也可以用它来设立传统的遗属待遇。

然而，按照传统方式设立遗属待遇涉及一个原则问题。给配偶（不是为照顾孩子）的遗属待遇使单身人士和已婚人士处于不同境遇。更一般地说，在一个以性别平等为目标的国家，遗属待遇是不恰当的。有工作的健在配偶与任何有工作的单身人士没有什么区别，没有工作的健在配偶原则上与其他没有工作的人也没有什么不同。因此，没有明确的理由说明为什么继承收益应该由有工作的健在配偶领取，而不是分配给养老金计划全体工作着的成员。人们或许可以赞成以某种形式的短期调整待遇，来帮助丧偶者适应单身生活——但这个问题与离婚引起的问题没有什么不同。一般说来，人们只能说，补偿配偶抚养幼儿所花的时间是合理的。但这种时间可以由非缴费型的儿童护理待遇来补偿，为抚养孩子的遗属提供的任何其他经济支持都应该在养老金制度之外安排。

总之，在以性别平等为明确目标的情况下，传统遗属待遇的合理性难以得到证明。对工作年龄人口提供的传统遗属待遇，起源于妇女通常不参加劳动力市场的时代。最后，要找到一个公平的规则来在配偶之间分配名义账户也是困难的。如果接受了反对一般（传统）遗属待遇的观点，余下的任务是计算遗属在旧制度下的既得权利，然后逐步取消这种待遇。当然，对于不接受上述观点的国家来说，用继承收益来设立传统遗属待遇的办法总是一个可能的选择。

第七节　结　论

本章考察了名义账户制转型中出现的问题。一个主要结论是，瑞典在名义账户制转型过程中是置身于外的一个“局外人”，因此能够满足名义账户制的所有条件。或许瑞典改革最有利的条件是它具备一个规模庞大的储备基金。瑞典改革还有一个优势是它向名义账户制转型的速度相对较快，并且比较完全。与瑞典相反，意大利的改革却是碎片式进行的，因此，政界将不得不继续讨论改革问题。

拉脱维亚和波兰的改革和瑞典一样都是全面的改革，但还存在着关于回报率确定和建立储备的转型问题。这不是因为忽视所致，而是取决于转型的现实条件，包括政治原因和环境原因。在名义账户计划中，年金回报率受到的最大限制是当前养老金领取者适用的指数化公式，他们的养老金是根据旧制度来确定的。然而，随着名义账户计划的发展，年金回报率可能提高。

在吉尔吉斯共和国，名义账户制还处在初期阶段，由于它只适用于1996年之后的工资，在今后一段时间内，它还将停留在这个阶段。相反，拉脱维亚、波兰和瑞典都是一开始就为当前劳动者计算了初始资本价值。然而，吉尔吉斯共和国采用的模式是名义账户制引入的多种可能模式之一。但必须指出，为了使成员得到较高的替代率，吉尔吉斯模式还需要进一步发展。波兰的名义账户计划也因回报率决策即对账户进行“征税”的决策而遭受到损失，那就是，计入名义账户的回报率是可能回报率的75%而不是100%。

这些经验表明，在确定名义账户框架（缴费率和回报率）时，应考虑到其他强制性计划，使收入替代率达到合理水平。例如，拉脱维亚、波兰和瑞典都引入了强制性实账积累计划，来补充名义账户计划。它是很重要的一揽子政策——从强制性计划中取得预期替代率，包括考虑到回报率的波动。最后，强制性计划之外留下的空间还决定了私人计划的发展空间。总之，在制度设计中，有必要在为普通工薪阶层提供较好的法定待遇的同时，为私人计划留下发展空间。

参考文献

Börsch-Supan，A. and C. B. Wilke. 2006. "The German Public Pension System: How It Will Become an NDC Look-Alike." In *Pension Reform: Issues and Prospects for Non-Financial Defined Contribution (NDC) Schemes*, ed. R. Holzmann and E. Palmer, chapter 22. Washington, DC: World Bank.

Chłoń-Domińczak, A. 2002. "The Polish Pension Reform of 1999." In *Pension Reform in Central and Eastern Europe* Volume 1, ed. E. Fultz. Budapest: International Labour Organisation (ILO).

Chłoń-Domińczak, A., and M. Góra. 2006. "The NDC System in Poland: Assessment after Five Years." In *Pension Reform: Issues and Prospects for Non-Financial Defined Contribution (NDC)* Schemes, ed. R. Holzmann and E. Palmer, chapter 16. Washington, DC: World Bank.

Chłoń, A., M. Góra, and M. Rutkowski. 1999. "Shaping Pension Reform in Poland: Security Through Diversity." Social Protection Discussion Paper 9923. World Bank, Washington, DC.

Chłoń-Domińczak, A., and M. Mora. 2006. "The NDC Reform in the Czech Republic." In *Pension Reform: Issues and Prospects for Non-Financial Defined Contribution (NDC) Schemes*, ed. R. Holzmann and E. Palmer, chapter 21. Washington, DC: World Bank.

Domínguez-Fabián, I. and C. Vidal-Meliá. 2005. "The Spanish Pension System: Issues of Introducing NDCs." In *Pension Reform: Issues and Prospects for Non-Defined Contribution (NDC) Schemes*, eds. R. Holzmann and E. Palmer, chapter 23. Washington, DC: World Bank.

Felderer, B., R. Koman, and U. Schuh. 2006. "Investigating the Introduction of NDCs in Austria." In *Pension Reform: Issues and Prospects for Non-Financial Defined Contribution (NDC) Schemes*, ed. R. Holzmann and E. Palmer, chapter 20. Washington, DC: World Bank.

Franco, D. 2002. "Italy: A Never-Ending Pension Reform." In *Social Security Pension Reform in Europe*, ed. Martin Feldstein and Horst Siebert. Chicago: University of Chicago Press.

Góra, M., and E. Palmer. 2004. "Shifting Perspectives in Pensions." Institute for Study of Labor (IZA) Discussion Paper 1369. Bonn, Germany.

Gronchi, S. and S. Nisticò. 2006. "Implementing the NDC Theoretical Model: A Comparison of Italy and Sweden." In *Pension Reform: Issues and Prospects for Non-Financial Defined Contribution (NDC) Schemes*, ed. R. Holzmann and E. Palmer, chapter 19. Washington, DC: World Bank.

IMF (International Monetary Fund). 2003. *Kyrgyz Repubic: Selected Issues and Statistical Appendix*. IMF Country Report No. 03/53. IMF, Washington, DC.

Kotlikoff, L. J. 2004. "Generational Policy." In *The Handbook of Public Economics*, Second Edition, ed. Alan J Auerbach and Martin S. Feldstein. Amsterdam: North Holland.

Latvian Ministry of Welfare. 2003. *The State Social Insurance System in Latvia, Financial Analysis* 2002—2070. Riga: Latvian Ministry of Welfare.

Lindbeck, A., and M. Persson. 2003. "The Gains from Pension Reform." *The Journal of Economic Literature* 41: 74—112.

Palmer, E. 1999. "Individual Decisions and Aggregate Stability in the NDC System." World Bank, Washington, DC. Processed.

——. 2000. "The Swedish Pension Reform Model: Framework and Issues." Social Protection Discussion Paper 0012, World Bank, Washington, DC.

——. 2002. "Swedish Pension Reform: How Did It Evolve and What Does It Mean for the Future?" In *Social Security Pension Reform in Europe*, ed. Martin Feldstein and Horst Siebert. Chicago: University of Chicago Press.

——. 2006. "What Is NDC?" In *Pension Reform: Issues and Prospects for Non-Financial Defined Contribution (NDC) Schemes*, ed. R. Holzmann and E. Palmer, chapter 2. Washington, DC: World Bank.

Palmer, E., S. Stabina, I. Svensson, and I. Vanovska. 2006. "NDC Strategy in Latvia: Implementation and Prospects for the Future." In *Pension Reform: Issues and Prospects for Non-Financial Defined Contribution (NDC) Schemes*, ed. R. Holzmann and E. Palmer, chapter 15. Washington, DC: World Bank.

Samuelson, P. 1958. "An Exact Consumption-Loan Model of Interest with or without the Social Contrivance of Money." *Journal of Political Economy* 68 (6): 467—82.

Settergren, O. 2001. "The Automatic Balance Mechanism of the Swedish Pension System-A Non-technical Introduction." *Wirtschaftspolitishe Blätter* 4/2001: 339—49.

Settergren, O., and B. Mikula. 2006. "The Rate of Return of Pay-As-You-Go Pension Systems: A More Exact Consumption-Loan Model of Interest." In *Pension Reform: Issues and Prospects for Non-Financial Defined Contribution (NDC) Schemes*, ed. R. Holzmann and E. Palmer, chapter 7. Washington, DC: World Bank.

Takayama, N. 2006. "Reforming Social Security in Japan: Is NDC the Answer?" In *Pension Reform: Issues and Prospects for Non-Financial Defined Contribution (NDC) Schemes*, ed. R. Holzmann and E. Palmer, chapter 24. Washington, DC: World Bank.

Valdés-Prieto, S. 2000. "The Financial Stability of Notional Account Pensions." *Scandinavian Journal of Economics* 102 (3): 395—417.

Vanovska, I. 2004. "Pension Reform in Latvia: Achievements and Challenges." *Reforming Public Pensions. Sharing the Experiences of Transition and OECD Countries*. Paris, OECD.

对“向名义账户制的转型——问题与模型”的评论

马雷克·戈拉*

尽管只有几个国家（拉脱维亚、波兰和瑞典）完全建立了名义账户计划，少数几个国家在不同程度上也引入了名义账户制，但在欧洲和其他地方的讨论和改革提案中，名义账户概念越来越受到重视。其中有几个原因，其中一个原因是，从DB型现收现付制向名义账户制转型相对比较容易。引入名义账户制确实比转向实账积累制更容易，但这并不意味着名义账户制不需要周全的方法，它在一般层面和技术层面上都有很多选择。爱德华·帕尔默这篇研究论文对名义账户制转型过程中所面临的选择做了最全面和批判性的陈述和讨论。在这篇文章里，帕尔默还比较了几个国家在养老金制度中引入名义账户制的经验，强调了不同转型方式的优缺点。本章不仅是经济分析，对那些把名义账户制转型作为其他国家的可选政策的人来说，本章也可以作为一个“指南”，供其参考。

帕尔默向读者提供了一个关于名义账户制及其实施的非常清楚的观点。但在这篇研究中，帕尔默没有讨论名义账户制的经济性质。有必要考虑这个问题：向名义账户制转型与向实账积累制转型有什么区别？更一般地说，在以非积累制（回报直接来自于实际经济增长）和积累制（回报通过金融市场来自于实际经济增长）建立退休账户，这二者之间有什么区别？这个问题超出了帕尔默这个研究的范围。然而，是否把全部或部分DB型现收现付计划转入名义账户制（或实账积累制，或者二者相结合），对养老金改革来说是一个关键问题。在这个决策中有两个因素或许是最重要的：第一是制度变革的“公平性”（无论公平的含义是什么），第二是“转型成本”。至于这两个问题存在什么区别，要取决于是实行名义账户制还是实账积累制。

本章广泛地讨论了转型的公平性。然而，无论采用何种公平定义，它对名义账户制转型和实账积累制转型都同样适用。这个信息对读者很重要，对政策制定者在参与关于改革选择的讨论中尤其重要。有必要把这个结论在本“指南”中明确列出。

本章没有讨论转型成本问题。然而，这个问题显然应该在更广泛的环境下予以讨论，即在从传统模式（DB型现收现付制）向现代模式（名义账户制、实账积累制）转型的环境下来讨论。本章为读者提供了很多间接的提示：向名义账户制转型与向实账积累制转型之间的差别，在很大程度上是源于会计标准。实际上，名义账户制是一个解决根本经济问题的聪明“技巧”，它能逐步实现代际均衡，而不产生与会计惯例有关的问题。欧盟统计局

* 马雷克·戈拉（Marek Góra）是华沙经济学院教授。

(Eurostat）近来为欧盟国家制定的关于如何为实账积累制个人账户的资金流记账的指导方针并不适用于名义账户制。这些指导方针并不同时既是坏消息（经济上不合理）又是好消息(对改革者而言短期问题更少）。我认为这两种个人账户互不相同。波兰之所以采取了很平衡的方式并把名义账户制和实账积累制结合起来，而且它选择的实账积累制在整个养老金制度中的比重在引入名义账户制的国家中间是最高的，就是出于这个原因。然而，这种差别与政府赤字和债务的会计方式没有多大关系。这个信息关系到养老金改革的实施。

回到帕尔默的这篇文章，它比较了五个国家（意大利、吉尔吉斯共和国、拉脱维亚、波兰和瑞典）名义账户实施的方式，并得出结论说瑞典方式是最复杂的。这个结论是难以反对的。由于很多原因，包括数据处理技术不发达、旧制度没有留下储备等，瑞典平衡新引入的名义账户制的方式在拉脱维亚和波兰等国家是不可行的。然而，复杂度较低的方式真的就不好吗？它是否应该像帕尔默建议的那样，改变成更复杂的那种方式？简单方式正是因为其相对简单，更易于为成员所理解，并且更加透明。简单（明了）的方式难道对名义账户制不是更为合适吗？

对“向名义账户制的转型——问题与模型”的评论

埃尔萨·福尔内罗*

随着对养老金制度的讨论和实际工作的进展，转型阶段作为经济政策层面上的一个重要因素而凸显出来。这有两个原因：首先，转型阶段持续时间很长，超过了政治家的政治生涯，政治家很难为自己制定他们几乎无法看到收益的目标。其次，在转型阶段，一个非常关键的再分配因素是不可避免的。那么这些阶段应该如何控制？能否为转型阶段制定规则，或者不必为政治家制定指导方针，而随他们的心血来潮而行事？经济学家通常擅长设计稳定状态的解，爱德华·帕尔默勇于挑战异常复杂而难以圆满解决的转型问题，他的精神实在可嘉。

他感兴趣的转型是从 DB 计划向现收现付的 DC 计划，即名义账户制转型，或者是向俾斯麦式计划的转型，后者的特征是，它的养老金公式通常把待遇与整个工作生涯中缴纳的工薪税与退休年龄相挂钩。

帕尔默向读者介绍了一个非常详细的转型问题清单，他是根据两个标准来讨论这些问题的：一个是承认既得权利，一个是承认已做缴费。

在评价他的观点之前，笔者发现他的陈述意味着至少两个基本问题已经有了答案。一个问题是名义账户制比 DB 制度更可取吗？另一个问题是名义账户制是否会为劳动者带来过高的风险？对第一个问题隐含的答案是“是”，对第二个问题隐含的答案是“否”。

笔者大体上赞成这些答案，但并不认为它们是显而易见的。笔者认为（或许帕尔默也这么认为），DC 计划优于 DB 计划，这是因为，在恰当地确定了内部回报率的情况下，DC 计划能保证稳定的财务平衡，能保证各年龄组内部和不同年龄组之间受到“公平”对待。当然，假定“公平”的定义取决于以精算公平的概念作为计算待遇的根本原则，那么一个特征能够反映另一个特征。这意味着终身工薪税是“名义上”积累的，它获得的回报率等于（平均）工资单增长率或 GDP 增长率，并且在退休时根据生命表把账户名义资产转换成年金。

DC 计划有很多优越性，但远远不是最优的。虽然它几乎可以自动实现财务平衡，而不需要以政治决策来纠正。欧洲很多现收现付制的制度特征比较混乱，它赋予有影响力的阶层以各种特权，而 DC 计划下的统一待遇可以避免这种情况。灵活的缴费率和退休年龄（它在 DC 计划下比在 DB 计划下更容易实施）比固定的工薪税和法定年龄更符合生命周期观点。退休年龄和待遇水平之间的直接关联避免了 DB 公式的一个缺陷，即 DB 公式通常对提前退

---

* 埃尔萨·福尔内罗（Elsa Fornero）是意大利都灵大学经济学教授、都灵大学养老金和福利制度研究中心主任。

休者给予补贴。

另一方面，尽管“公平”的定义总是主观的，但我刚才所指的定义意味着，给劳动者提供相当于总收入增长率的回报率却是公平的。或许有人会反对这个定义，认为这个定义限制性太强，而公平应该简单地意味着向较为不幸的社会成员（就工作生涯、工资和处境的困难而言）提供某种明确的再分配。然而，很多国家的经验表明，DB 计划再分配程度可能较高但却很不公正，DB 规则通常有利于工资增长快的职业而不利于工资增长慢的职业，有利于“效益好”行业的工人而不利于“效益差”行业的工人，有利于相对年轻的退休者而不利于年老的退休者，有利于自雇者而不利于雇员，有利于公共部门雇员而不利于私人部门雇员。从这些方面的比较来看，再分配通常不是从富人向穷人的再分配，而是恰恰相反。

因此可见，DC 计划的一个主要优势是消除了上述各种方向错误的（并且通常是隐性的）再分配流。DC 计划的优越性一方面在于，DC 规则透明度较高，使其能够阻止政治家用养老金计划来为自身牟利的意图，另一方面也在于它的经济推理比较严密（财务平衡和良性的激励结构）。

而且，保险与再分配不一定要完全分开，如果愿意的话，某种形式的再分配也可以容易地加入 DC 计划中。保底收入、随着收入水平上升而下降的回报率、遗属待遇和残障待遇等等，都可以用来对基本回报率加以适当调整后，适用于 DC 计划。这多少有些模糊了 DC 计划的一般特征，但就公平性而言，它可以得到更清楚和更公正的结果。

现在讨论风险问题。DC 计划提供的保障主要取决于经济增长率，因此，养老金领取者的福利是与社会其他人的福利相关联的，这不公平吗？一个替代选择是向养老金领取者提供预先确定的回报率，从而使他们不受经济增长率的影响，这意味着把风险转移给了工作的人口。在后一种情形中，工人面临着双重遭遇，因为他们在工资没有增长的情况下，工人工资的更大部分却被转移给养老金领取者。反过来，如果收入增长快，养老金领取者会感觉到他们的待遇与较年轻者之间的差距加大了。但人口风险确实仍然由劳动者承担，除非国家准备把它（部分地）转移给纳税人——这也表明保险与再分配之间完全分开的目标是不现实的。

在制度转型阶段，要把保险与再分配分开更难实现，这涉及帕尔默文章的核心问题。这是因为，即使是向名义基金的转型也是有成本的，在初始条件包括很高的“隐性债务”时，转型成本非常高；当新制度设计的目标还包括建立一个真实基金时，所需要的成本就更高了。因此，政治决策过程要改变制度设计是非常困难的，因为它通常要求比以前稳态下更高程度的代内和代际再分配①。

根据对政治困难的提炼，帕尔默考察了实施过程中的关键决策点，提出了可能的解决办法，并根据上面提到的既得权利原则和缴费原则这两个原则来评估这些办法。他更详细地讨论了当制度适用于所有劳动者（无论他们在旧制度中的资历长短）时，如何计算被承认的“初始资本”。这包含一个三步走的过程：重建个人的工资历史、确定缴费率和回报率。他还考察了转型速度的问题，转型速度的政治选择包括从最慢的逐步引入（只适用于新进入者）到立即适用新制度，中间还包括逐步转型的选择，就是采用比例机制，把新规则只适用于未

① 见 Diamond（2001）。

来的老年人（意大利的情况）。他还讨论了补充待遇（遗属和残障待遇）的处理、养老金指数化机制和提高有效退休年龄的办法等问题，尽管这些问题与改革设计问题更相关。

本章考察了在假定没有个人记录或个人记录丢失的情况下（特别适合于东欧国家），重建工资基数的三个模式：全国范围内的平均工资、年龄和性别相关的平均工资、个人工资曲线图的大致估计（考虑在改革实施时几个参考年份的工资）。这三个模式都包含一定程度的再分配。帕尔默指出："政策制定者必须找到理由来支持他们选择的模式。政治决策应该以可获得的数据为基础，并用既定政治经济环境下的'公平'观点来支持他们的选择。"

当然，如果选择更有利于已经在制度中的当前退休者和在职者的解决办法，包含在旧制度中的隐性债务就只是滚动到将来，甚至会提高，这意味着转型期延长了。

帕尔默非常准确地识别了名义账户实施中（必然是不完美的）产生的各种"税收积压"，还指出了应如何把它们"计入"初始承认的权利或赋予的回报率中，以使它尽可能接近于"真实的"内部回报率。由于各种原因，它可能与正常给予的回报率有偏差，例如当人口周期暂时改变了基本趋势，使得人口增长对制度回报的贡献难以识别，或者由于政治原因，在计算首年养老金时假定了正的固定回报率，这倒是提高了首年养老金，但可能不符合内部回报率，到后来需要加以纠正。在所有这些情况下，帕尔默倾向的解决办法是那些看上去更符合稳态的办法，如果我们接受他在上面讨论的对引入名义账户制的假定，那么这是不奇怪的。

鉴于此，笔者同意他的多数主张，他的主张在被采取的框架中是非常明智的。然而，我有两个保留意见。第一个是他提到的两个原则（既得权利原则和缴费原则）可能不足以指导改革的实际执行。第二个是在养老金制度中对家庭，而不是对个人的待遇。下面我会依次考虑这两个需要提醒注意的问题。

逻辑一致性有这样一个要求：如果拟实施的新制度被断定比以前的制度优越，转型的执行就应该尽可能快，并且在任何情况下，都应该选择决策树上最符合名义账户制原则的那种办法。在极端情况下，这意味着立即对所有年龄群组适用DC公式，并严格坚持帕尔默的第二个原则，"已缴费"标准。在实践中，这种激进方案至少要受到两种限制：维持"既得权利"的集团压力和"社会公正"的共同观点，特别是针对社会中处境变坏的个人。然而，如果名义账户制的主要优势在于取消了以前的特权，"既得权利"标准将很可能冻结当前一代的权利，导致转型严重失衡，而成本则由穷人和年轻人来承担。另一方面，"已缴费"标准虽然可能以在各代人之间较为均衡地分配资源，但它同样忽略了穷人，使穷人面临更大的风险。

在这种环境下，正如名义账户制中通常融入了最低养老金给付（可能是用一般税收来支付的）一样，可以采用一个外部标准来指导转型，例如可持续最大化的"罗尔斯原则"①。具体可考虑东欧国家的情况，东欧很多国家都已实行或即将实行名义账户制。鉴于这些国家通常没有工资历史，它们在计算由过去资历确定的"初始资本"时，可以参考帕尔默的标准，但从社会观点来看，根据它选择的是第一个原则（既得权利）还是第二个原则（已缴

① 见Schokkaert and Van Parijs（2003）。

费），它可能包含着延长以前的权利结构或过于损害穷人的风险。在这些历史背景下，除了帕尔默提倡的两个原则之外，还应该更多地考虑到在以前的政治体制下，较年老的几代人没有什么其他选择的事实。

第二个需要注意的是对家庭而不是对个人的对待方式。在遗属待遇的标题下，帕尔默倾向于建议根据男性和女性寿命的不同，对男女实行不同的转型因素，因此消除因使用男女通用生命表而产生的对妇女的隐性补贴。他还根据“性别平等”原则，反对在名义账户制下维持遗属待遇。在现实世界中，如果在劳动力市场和家庭中真正实现了男女平等，他的主张就是正确的。没有理由反对使用不同性别生命表，正如没有人会反对保险公司在为个人开发和销售保险产品时根据个人的成本来定价，从而使私人养老金因性别、年龄组和职业的死亡率模式的不同而有所区别。出于同样原因，即使是在恰当定价的情况下，配偶的遗属待遇或许也应该废除。

现实是不同的。一方面，在很多国家，遗属待遇确实有效地防止了寡妇陷入贫困，这是传统社会保障制度一个毫无疑问的成就。而且，家庭通常是由一个工作的男性、外出工作的时间较短并且不连贯的妇女和一个以上的孩子组成的。因此问题是，即使是在名义账户制下，应该把家庭还是把个人作为公共养老金制度的恰当单位[①]？一个以个人为中心的制度肯定会使一些家庭内部的保险机会丧失掉。实际上，公共制度通常提供遗属保障而无需提高缴费，或者只要配偶活着就不降低男性待遇。不考虑较为少见的情况，与精算公平的制度相比，在这种情况下，社会保障对单身男性和女性课以税收，而对家庭较为有利，因为这些补充待遇不是以个人为基础发放的。这公平吗？如果生养孩子被看做一项与社会有关的义务，这个问题的答案或许就是肯定的。社会保障对家庭的优待，是对生养孩子所需花费的物质和非物质成本的补偿（并且仅仅是非常有限的补偿）。在笔者看来，在养老金制度下，无论它是不是名义账户制，这种家庭内部的风险分担机制都应该予以保留。

参考文献

Diamond，P. 2001. “Towards an Optimal Social Security Design.” CeRP Working Paper 2，Center for Research on Pensions and Welfare Policies，Turin. http：//cerp. unito. it.

——. 2004. “Social Security.” *American Economic Review* 94（1）：1－24. Schokkaert，E.，and P. Van Parijs. 2003. “Debate on Social Justice and Pension Reform.” *Journal of European Social Policy* 13（3，August）：246－63.

① 见 Diamond（2004）。

第十章　名义账户制：法国和德国积分制比较

佛罗伦斯·勒格罗*

近年来，很多国家已采取措施提高个人从退休金计划中支取待遇的年龄，其目的是为了使激励施加到正确的方向上：使工人留在劳动力市场的时间比过去更长。名义账户养老金制度被认为是延长有效退休年龄的最佳手段之一，因为该制度考虑到了个人的整个职业生涯，从工作的第一天到最后一天。从这个角度看，名义账户养老金制度比传统现收现付的 DB 型养老金制度更接近精算公平。这很可能是过去几年来名义账户日益受到关注的原因，即使提高老年人劳动力参与率的能力或许被高估了。

名义账户近来受到关注的其他原因包括其如下优点：诸如透明性、弹性、提供养老金的充足性和稳健性，即抵抗各类经济和人口冲击的能力。

本文着重研究名义账户的稳健性特征，并且通过分析瑞典的体制（作为参照组）以及与法国、德国体制的比较来评价名义账户，其中法国和德国的体制被认为是名义账户制度的变体①。

为此目的，本章安排如下。第一节简短描述法国和德国的养老金制度，第二节研究名义账户和精算公平的关键点：纯粹的名义账户如何在边际上和平均上保证精算公平的实现，这如何反映在以预期寿命作为参数的名义账户养老金制度中。第三节重点研究法国、德国和瑞典体制的概念等价性，并且阐明它们在制度设计和政策演变方面的差异。这导致对如下问题的讨论：当发生外部冲击（人口、经济和其他因素）时，这些制度对外部冲击的反应有何差异。本章第四节从讨论积分制度转向名义账户制度（包括纯粹的、具有最低养老金计划的、或者一些复合的制度）的可能性（和机会）作为结论。结论部分考虑这种转型对代际和同代的再分配影响。

第一节　法国和德国的养老金制度

法国和德国养老金制度的一个组成部分是积分制：该制度的一部分内容是根据个人的整个职业生涯来提供养老金待遇。

---

* 佛罗伦斯·勒格罗（Florence Legros）是巴黎第九大学经济学教授。作者非常感谢罗伯特·霍尔茨曼（Robert Holzmann）有益的讨论和宝贵的评论。作者也感谢与精算公平（Guérin and Legros，2003）的共同作者让－路易斯·盖兰（Jean-Louis Guérin）富有成效的讨论。文责自负。

① 见 Valdés-Prieto（2000）和世界经济论坛（2004）。

一、法国

这一节介绍法国主要的养老金制度：向私营企业雇员提供养老金的强制性养老金制度，它大约覆盖了总劳动人口的61%，其中包括白领工人。法国还存在很多其他的养老金制度，其中一些制度是像法国的基本养老制度即下面讨论的“普通制度”（régime général）那样运作的。其中有些制度和私人部门养老金制度的运营方式相似。以前的养老金制度既包括一个十分接近于“普通制度”，又包括一个积分制计划*。

对于私人部门来说，法国养老金制度依赖于两个支柱：基本养老金制度和补充养老金制度。基本养老金计划（the basic general scheme，称为“普通制度”，即 régime general，或 CNAV）根据低于社会保障上限（TRanche A，或 TRA；2005 年等于每月2 516 欧元）的那部分工资提供待遇。补充养老金制度又包括两部分，第一部分是“高级管理人员退休金管理机构总协会”（the Association Générale des Institutions de Retraite des Cadres，简称为 AGIRC），主要是针对管理层的，是指高于社会保障上限（TRA）的工资的那部分；第二部分是“补充退休金协会”(the Association des Régimes de Retraite Complémentaires，简称 ARRCO)，是针对基于总工资的其他工人和针对管理层的工资低于社会保障上限（TRA）的部分。表 10.1 总结了这些制度。

2003 年初的基本养老金 P_{cnav} 由如下公式计算：

$$P_{cnav}=W\times\alpha\times\text{Min}\ [1,\ (T/37.5)]$$

其中，W 是每年的总参照工资，这是对生于 1948 年的一代人的最佳 25 年工资的平均值①。养老金的比率，α，由如下公式计算：

$$\alpha=0.50\times\ [1-0.10\times\text{Min}\ (40-T;\ 65-A)]$$

其中，T 是缴费年限，A 是退休年龄。

最近的改革（在 2003 年 8 月 21 日被批准）将累进地影响上面的公式。获得全额待遇需要的缴费期（当前是 40 年）将随预期寿命（2009—2012 年每年增加四分之一，2012 年增加到 42 年）的增加而增加。当前的贴现率是 0.10，2013 年将逐步减少到的 0.05。公式中的 $T/37.5$ 项的分母（当前是 37.5，相当于改革前 1993 年的完全比率缴费期）将以每年两个四分之一的速度增加到 2008 年的 $T/40$；在这个时期，该值将等于完全比率缴费期（40 年）。在 2008 年之后，该值将每年增加四分之一，并且在 2012 年达到 42 年。如果相应的完全比率由 T' 来表示，缴费期在上面的公式中将变成如下形式：

$$P_{cnav}=W\times\alpha\times\text{Min}[1,(T/\ T')]，且\ \alpha=0.50\times[1-0.05\times\text{Min}(T'-T;65-A)]$$

---

* 法国的社会保障制度由 4 大类构成，即普通保险制度、农业保险制度、特殊保险制度、非工资收入者保险制度。这 4 类保险制度几乎覆盖所有的行业，其中，每一类制度都向其特定的社会阶层提供服务，并有其专门的条件。在管理模式上，除“普通制度”实行的是合伙制以外，其余 3 种均为互助制。这 4 种保险制度由上千个具有私人性质的基金会支撑着，它们按各自的性质，分别隶属于几十个全国性的基金会，这些基金会的最高决策机构理事会均由雇主和雇员代表组成，并配以少量政府代表，理事长由政府批准。它们在法律地位上属私人性质，管理运作上则属于公共管理范畴。——译者注

① 1993 年的改革改变了这种积分：以前的参照工资是 10 个最佳指数化工资的平均值。自从 1993 年以来，年数的每年增加量为 1。改革将完全从 1948 年的一代算起。

表 10.1　　法国主要养老金制度的种类和组成

考虑的工资份额	低于 TRA	小于等于 3 倍 TRA	小于等于 8 倍 TRA
非管理人员	CNAV 劳动者：6.55%[a] 企业：8.2%[a] 总计：14.75%[a] CNAV：+企业：1.6% ARRCO 工人：2.4% 企业：3.6% 牌价：125%[b] 有效率：7.5%[a]	ARRCO 劳动者：6.4% 企业：9.6； 牌价：125%[b] 有效率：20%[a]	
管理人员	CNAV 等于非管理人员 ARRCO 等于非管理人员	AGIRC 个人：6% 企业：10% 牌价：125%[b] 有效率：20%[a]	AGIRC 个人：6% 企业：10% 牌价：125%[b] 有效率：20%[a]

注：a. 缴费率适用于在确定的时间段内的总工资（低于 TRA）。

b. 牌价是一个乘数因子，可应用于法定缴费率来增加该制度来源（在 TRA 之下，应该缴纳总工资的 2.4%——缴费率——但是实际缴纳 2.4%的 125%，也就是 3%，他们根据合同率按比例积累他们的权益）。

请注意 CNAV 提供了最低养老金，它将达到单人每年6 935欧元和每对夫妻12 440欧元。

补充养老金制度是完全缴费型计划。退休后的第一个养老金 P_{COMP} 是根据积分制来计算的，其中的积分是养老金的基本计算单位。当工人在年龄 A（在职业生涯 T 之后）退休时，他们可以出售这些积分，其价格等于在 $C+A$ 年（C 出生群组，即出生年份）的当前价格。积分的价值 VP 是一个虚拟价格，个人以这个虚拟价格把他们虚拟资本（工作期间积累的积分之和）转换成每年的养老金，使用 VP_{C+A} 表示①。

$$P_{comp,C+A} = [\sum_{T} pionts] * VP_{C+A}$$

在任何年份 t，在工作期间，对于非管理层人员来说，增长的积分的流量可由如下公式计算：

$$\text{points}_t = \text{points}_{ARRCO,t}$$

$$\text{points} = [\tau_{ARRCO,TRA} \times w \leqslant TRA + \tau_{ARRCO,TRB} \times TRA < w \leqslant TRB] / PP_{ARRCO}$$

对于管理层人员来说：

① 在 2005 年 7 月 1 日，ARRCO 积分的价值是 1.1104 欧元，AGIRC 积分的价值是 0.3940 欧元。购买力价格分别是 12.6600 欧元（ARRCO）和 4.4163 欧元（AGIRC）。

$$\text{points}=[\tau_{ARRCO,TRA}\times w\leqslant TRA]/PP_{ARRCO}+[\tau_{AGIRC}\times TRA<w\leqslant TRC]/PP_{AGIRC}$$

其中 $\tau_{ARRCO,TRA}$、$\tau_{ARRCO,TRB}$ 和 τ_{AGIRC} 是该制度中的“法定缴费率”（contractual contribution rate）或者“表面缴费率”（facial contribution rates）（在 2005 年分别是 6%和 16%）。TRB 和 TRC 分别等于 3 倍和 8 倍的 TRA（在 2005 年分别是每月7 548欧元和19 456欧元）。PP_{ARRCO} 和 PP_{AGIRC} 是积分的“购买”价格。

请注意，在退休期间，基本养老金（CNAV）根据通货膨胀率来重新估价，而补充养老金以积分的价值 VP_t 来重新估价。

一个计算养老金来源的方法是使用一个系数，这个系数就是“牌价”*，它是一个应用于“表面缴费率”的系数，用来增加养老金的来源。例如，ARRCO 的收入流量由如下的公式给出：

$$Resource_{ARRCO}=[\tau_{ARRCO,TRA}\times coeff]\times w\leqslant TRA+[\tau_{ARRCO}\times coeff]\times TRA<w\leqslant TRB$$

当前的系数等于 125%，这决定了 7.5%和 20%的实际缴费率。这个系数是管理养老金计划的重要手段，功能与积分的价格和价值相似。在该制度存在的第一个 10 年，该比率低于 1；而现在该比率地在稳定地增长。

为简化计[①]，法国补充养老金制度中的积分由下面的公式来计算，对于退休者 i，退休年龄为 A，交费期从 t_0 持续到 $A-1$：

$$P_{iC+A}=\sum_{t=t_0+1}^{A}\frac{\tau_{t-1}\times w_{t-1}^{i}}{PP_{t-1}}\times VP_{C+A} \tag{10.1}$$

这是参加者在年龄为 $A+C$ 时领取的养老金，而该计划在时间 t 的来源是：

$$R_t=\sum_{i}\tau_t\times w_t^i\times coeff_t$$

请注意，尽管养老金根据 A_t 年的价格进行指数化，但养老金委员会根据对养老金计划的预测而定期改变 PP 和 VP 的值。同时应注意 AGIRC 和 ARRCO 是与部门和行业养老金制度相联系的私人机构。这是因为当这个养老金制度创立的时候，每个经济部门都有自己的养老金计划。法国补充养老金制度是完全缴费型的，并且是比例型的计划（源于俾斯麦式的制度）；与之对照的是基本养老金制度，其特点是部分地依赖于职业生涯并且包括一个定额待遇部分。它们由工会管理，包括精算师和金融投资人员在内的专业人士给予协助。这些制度创立于 1945 年，当初是由保险公司予以设计的。1972 年它们变成强制性制度，其账户由个人持有。

AGIRC 是高管人员的养老计划，这里将之作为一个案例予以简单解剖。自从 1974 年第一次石油危机以来，降低养老金支付的建议已被提上议事日程。对 AGIRC 的数据分析表明

---

* 法国的缴费率（cotisation）有“实际缴费（cotisation effective）”和法定缴费率（taux contratuell）之分，于是就出现了“牌价”（Le taux d'appel），也称“叫价”。现实中的缴费率可以被看成是法定缴费率的一个产品，它经常高于法定缴费率的 100%，必要的情况下可以在许多年之内都高于 100%的法定缴费率；例如，ARRCO 从 1992 年至今和 AGIRC 的价格都在其 125%左右，这样，法定缴费率就须乘以 1.25 这个系数，即“牌价”的计算方法是：6%（雇员法定缴费率）×1.25＝7.5%，这样，雇员的实际缴费率就变为 7.5%，但计入账户之中的却仍然是 6%的“权利（les droits)”。——译者注

① 这些简化包括忽略复合指数，并且对于积分价格和价值的计算采用缴费率的加权平均值。

当前盛行的、不连续的和累进的机制是基于积分的价格。这是因为一旦积分价格的增长快于缴费者的平均工资，获得积分的数量就将下降。在1970年，一个占应税工资的13.9%的缴费获得1 000个积分；而在20世纪90年代末同样的缴费比例仅获得850个积分①。价格增加、价值下降和牌价管理之间的替代是退休人员和缴费人员之间负担分配的结果。直到1976年，AGIRC的积分价值是通过比较下一个10年预期缴费流量和预期养老金支付流量而自动调整的结果（并且考虑到缓冲基金的平衡）②。在1976年，积分价值被预测会急剧下降，养老金计划理事会选择了有利于退休者的政策并使用了牌价。

二、德国

关于德国养老金制度的情况，可参见凯瑟尔（Queisser，1996）和韦尼埃尔（Verniére，2001）的描述。德国的养老金制度看起来更简单些，因为它仅仅依赖于单一的积分制度，该制度不仅覆盖了私营企业的雇员，而且还覆盖了自雇者和总人口中的特定部分，约占活动人口的85%。

事实上，因为该制度包含了提前退休养老金计划，所以其资格条件非常复杂。我们会注意到法国不存在这种情况，根据法国的法律，不存在提前退休。“老年工作者”即那些还不到退休年龄的工作者，他们不必去徒劳地寻找工作就可以领取由失业保险或者伤残保险筹资的养老金。这是一个“工具”，普遍被企业所使用，以减少它们的工资成本。

与法国的养老金制度相比，德国的缴费上限非常低。在法国，工人必须缴费直到其工资达到社会保障上限的8倍（20 128欧元），也就是8.5乘以平均工资。在德国，缴费上限是平均工资的1.8倍。其含义将在本章的下一节讨论。

德国不存在最低缴费工资，但是如果人们缴费至少35年，其养老金待遇会按比例逐步提高。在这种情况下，个人积分可以乘以1.5，达到缴费价值的75%，其中缴费价值可以通过所有参保人员的平均收入计算。自从2001年的改革以来③，德国已存在最低养老金，用来帮助低收入参保人员。而且，兼职妇女和需要赡养的儿童可以享受非缴费的额外权益。

与法国的积分养老金制度相似，每个工作期提供的养老金待遇由缴费者挣得的工资来决定。总养老金由如下公式计算：

$$P_{iC+A} = \sum_{t=t_0}^{A} \frac{w_{t-1}^{i}}{\overline{w}_{t-1}} \times \alpha^{\mathrm{i}} \times VP_{C+A} \tag{10.2}$$

其含义和法国养老金制度中方程10.4的含义一样：$\overline{w}_t$是t期的总平均工资；α是启动因子，相当于法国养老金的总体增长率；w_t^i是工资低于社会保障上限的部分。

$\alpha=1-\{0.003[780-A(12)]\}$，其中$A(12)$表示以月份计算的年龄$A$。

说明在65岁之前领取养老金的情况下，每月的贴现因子为0.003。

大部分的调整依赖于积分的价值VP。

2001年的改革深刻地改变了指数化公式中的参数，

---

① 见Hamayon（1995）。

② 两个制度（ARRCO和AGIRC）都拥有永久的缓冲基金。2004年，ARRCO缓冲基金已达300亿欧元（包括一个每年支付280亿欧元的养老金）；AGIRC已达到100亿欧元（包括一个每年支付140亿欧元的养老金）。

③ 见Veil（2003）。

$$VP_t = VP_{t-1} \times \frac{\overline{w}_{t-1}}{\overline{w}_{t-2}} \times \frac{x - \tau_{t-1} - \mu_{t-1}}{x - \tau_{t-2} - \mu_{t-2}} \tag{10.3}$$

指数化系数 x 将会改变。2001—2010 年之间，$x=1$，这意味着对净工资完全指数化。在 2010 年之后，$x=0.9$，这意味着部分指数化。

变量 μ 是由地方财政部门在改革中发起的自愿性补充私人养老金计划的缴费率。所谓的“净工资”是指工资减去缴纳给养老金计划的部分（但是包含个人所得税）。

据预测，μ 的值被认为 2001—2008 年会从 0.5%增加到 4%；并且 2008 年后将保持稳定。该变量对应于财政硬约束的值。

这个改革很快被认为是无效率的[①]。2003 年 10 月所谓的“卢瑞普报告”（Rürup report）给出了另一个指数化公式，该公式将持续使用到 2010 年：

$$VP_t = VP_{t-1} \times \frac{\overline{w}_{t-1}}{\overline{w}_{t-2}} \times \frac{x - \tau_{t-1} - \mu_{t-1}}{x - \tau_{t-2} - \mu_{t-2}} \times SF_t \tag{10.4}$$

SF 是可持续因子，定义如下：

$$SF_t = \left[1 - \frac{s_{t-2} \times N_{t-3}/N_{t-2}}{s_{t-3} \times N_{t-4}/N_{t-3}}\right] \times 0.25 + 1$$

其中，$s_{t-2} \times N_{t-3}/N_{t-2}$ 是社会人口赡养率：也就是 $t-2$ 时期的退休人口（$t-2$ 时期，是指在 $t-3$ 时期工作，在 $t-2$ 时期退休的人口）与工作人口的比率。

这意味着，在长期具有固定人口结构的情况下，养老金的增长和总工资的增长类似。在转型期（人口冲击），养老金的增长等于净工资增长率减去 25%的人口变动率（也就是说 25%的人口变动将由退休人员“支付”）。

在法国的养老计划中，预期寿命并不直接出现在养老金公式里。它由两个因素间接的引入：第一个是把缴费率和赡养率相联系的均衡；第二个是强烈依赖于退休人员预期寿命的赡养率。

如果假设养老金的财政来源（经济税，ecotax，德国的能源税项目，用来限制污染性能源的工业消耗，占养老金来源的 32%）保持不变，并且该项税收在长期内是工资成本的一部分，并且这是国民收入的一个固定份额，那么养老金来源可由如下公式获得：

$$R_t = \sum_i \tau_t \times w_t^i$$

第二节　名义账户与精算公平

在法国和德国，很多个人习惯于比法定退休年龄提前 5 年停止工作。为了激励他们推迟退休，“边际精算公平”是一个必须探讨的概念。本节的介绍表明，即使个人忽略休闲的价值，边际精算公平也很难实施并导致缺乏远见的个人陷入贫困。这就是为什么“平均精算公平”是一个更加可取的概念。平均精算公平提供给每代人的养老金严格等价于其缴费，从而

① 例如，在长期内，对于现收现付制和融资制度的固定缴费率，该公式导致了对总工资（而不是净工资）的指数化。

导致走向了名义账户制。不幸的是，本节的第二部分表明对于具有较低预期寿命的个人来说，这一集体概念总体上是不公平的。

一、边际精算公平：一个个人概念

边际精算公平遵循如下规则而运作：提前退休的代价是在退休期间接受养老金待遇按一定比率的扣除。如果个人决定推迟退休（例如，超过法定最低退休年龄）并且不在时期 $t-1$ 和年龄 A 退休，而是等到时期 t 和年龄 $A+1$ 退休，那么此人的缴费期更长，并且享受的养老金待遇更高。如果工人提前退休，退休期间享受的待遇将减少 d 的比例（这种减少称之为“扣除”）。因为提前退休，个人可以节省缴费并且享受更长时间的休闲。

养老金精算公平扣除的计算以个人的选择不威胁该制度的预算平衡为原则。如果扣除率设定为一个较高的值，那么提前退休可以提高该制度的财务状况；如果设定值过低，会出现相反的情况。无论哪种情况，养老金待遇扣除将会影响个人行为。在第一种情况下，如果扣除率过高，那么对个人来说，提前退休的成本很高，因此劳动者很少会选择提前退休。在第二种情况下，如果扣除率过低，提前退休对劳动者来说是有利的，其吸引力将会恶化该制度的预算平衡。

需要注意的是扣除率/增加率依赖于个人的职业特征：如果有两个劳动者，他们对养老金待遇享有相同的权益，但是他们工作期最后一年的工资不同，那么工资更高的劳动者的扣除值也应该更高。直觉上讲，该劳动者推迟退休应该给予更高的回报作为补偿。

以相同的逻辑推断，如果养老金基于总工资指数化，那么扣除率/增加率应该比基于价格指数化的更高（可参见附录的正式证明）。

以一个简单的模型为例（参见附录），ρ 其中是个人的贴现率，r 是利率，ℓ_{t-t}^{A} 是提前一年退休所带来休闲的等值收入①，其推导的结果如下：

• 如果 $\rho=r$，并且 $w_{t-1}^{A}=\ell_{t-1}^{A}$，那么工人对提前退休和推迟退休是无差异的。

• 如果 $\rho=r$，但是 $w_{t-1}^{A}<\ell_{t-1}^{A}$，那么工人对休闲的评价更高并且他将选择提前退休，即使存在待遇的精算公平扣除。

• 如果 $w_{t-1}^{A}<\ell_{t-1}^{A}$，并且 $\rho<r$，那么因为工人的贴现率较高，他将偏好提前退休，因为他并不太在乎因提前退休导致的收入减少。

• 如果 $w_{t-1}^{A}>\ell_{t-1}^{A}$，并且 $\rho<r$，那么工人会选择推迟退休，但是如果 $w_{t-1}^{A}>\ell_{t-1}^{A}$ 并且 $\rho>r$，那么个人对当前消费的偏好如此之高以至于他并不在乎边际精算公平带来的经济收益，因此他选择提前退休。

所以该制度参数设置的效率严重依赖于个人偏好：最重要的是依赖于对休闲的偏好和对当前消费的偏好。一般可以做出如下假设：对老年人来说，他们对休闲和当前消费的偏好都很强烈。很多原因支持这个观点：预期寿命余命缩短；健康余命更少；预期寿命更大的不确定性增加了对当前消费的偏好。

精算公平的扣除率根据指数化的规则而变化（这对以净工资进行指数化依然成立）。扣除率随着利率和缴费率的增加而增加，随着预期寿命、通货膨胀率、技术进步和替代率的增

① 见 Guérin 和 Legros（2003）。

加而下降。值得注意的是，根据实际数据，即使不考虑休闲的任何价值，扣除数值仍然很高：根据价格对养老金指数化是 6.6%，根据总工资对养老金指数化是 7.1%。可以看到，对标准的俾斯麦式现收现付养老金制度来说，边际精算公平意味着更高的扣除值，远远大于线性计算给出的值（在工作时间是 40 年并且替代率是 60%的情况下，增加率是 1.5%）。因此，待遇的增加曲线必然有一个弯曲。换言之，边际精算公平的概念只能应用于年龄分布的一部分。具体来说，因为基于净工资的指数化规则（即使在部分调整的情况下），德国的增加曲线比法国的更加陡峭地向下倾斜。这也意味着因为生产率收益每年都在改变，增加曲线的待遇也不得不随之改变。

现在来考察一个同时可以体现贝弗里奇成分的制度和俾斯麦成分的制度。每一个参保者获得的养老金包括两部分。第一部分和个人职业生涯成比例，第二部分是固定的一次性支付，这取决于职业特征并且不受扣除影响。这个制度不能对所有成员同时实现精算公平，因为现在待遇的扣除率是工资的函数，所以取决于个人的职业特征。因为德国和法国都存在这种最低额度，所以精算公平对整个体制来说仅仅是一个美好的愿望，现实中很难达到。

缴费上限的存在是该制度偏离边际精算公平的另一个原因。特别是在德国，假设一个劳动者可能在工作后期达到这个工资水平，那么推迟退休的回报很低。这意味着在这种情况下，当缴费上限很弱时，增加几乎为零。

另一个考虑是边际精算公平的成本。如果休闲受到重视，那么扣除（或者增加）的价值应该比前面给出的更高。这意味着存在一个极大的扣除/增加数来提供精算公平。休闲价值为零的财政状况能够保证该制度的财政均衡。休闲受到较大重视的个人水平能够确保个人最优。这是因为：第一，一般认为预期寿命和休闲价值存在递减关系①；第二，当养老金制度中存在非俾斯麦因素时，这意味着个人工资和扣除之间存在着递减关系。因为这些原因，低收入者的最优扣除将大于高收入者的最优扣除。如果政府希望高收入者和低收入考都留在劳动力市场上（这混淆了长寿风险，可在表 10.2 中看到），那么扣除会相当高并且成本巨大。

表 10.2　　根据社会职业目录，60 岁时的预期寿命（法国的情况）

目　录	男　性	女　性
管理层、自营者	22.5	26.0
中间职业者（诸如技术师等）	19.5	25.0
技工、店主和企业经理	19.5	25.0
职员	19.0	24.0
工人	19.0	23.0

资料来源：梅斯里纳（Mesrine）（1999）。

当考虑到和休闲价值相联系的预期寿命时，边际精算公平成本高昂并且很难实施。

当考虑到个人自由、激励和各个年龄段的财政均衡时，平均精算公平看起来是一个优于边际公平的概念。在这种情况下，权益的获取是连续的、非间断的直线，该直线是现收现付

① 在 ρ（该制度的内部回报率）和预期寿命之间存在着明显的联系；这包含在 ρ 和休闲价值之间的关系中。

制中收益唯一性的条件。这种关系应该导致纯粹的精算公平。平均精算公平肯定具有优越性，但是它对劳动力的激励特征不如边际精算公平明显。

二、名义账户制：平均精算公平

在平均精算公平的情况下，每个成员的缴费贴现之和必须等于待遇的贴现之和。另外，贴现率对同一代内的所有成员都是一样的。我们可以看到，养老金体制中俾斯麦因素的存在阻止了这个特征的出现。同样的，具体缴费优点或者待遇上限的存在是不合理的。下面将分析该制度的特点。当养老金制度允许个人自由选择退休年龄时，平均精算公平的着眼点必然也是边际精算公平的所关注的问题。在稳态下，人口和经济结构不变，如果参保者能够领取他们的所有缴费，那么该体制可以实现财政平衡。当存在人口、经济冲击时，平均精算公平着眼点并不只是预算平衡。

两类养老金制度能够实现平均精算公平的概念：完全积累制和名义账户制或积分制。后者不仅在融资方面和纯粹的完全积累制（现收现付制是该制度的主要组成部分）不同，而且在所要求待遇的虚拟性质方面也不同。每个缴费者拥有一个个人账户来记录他工作期间的缴费。这些缴费的积累组成了虚拟资本，随着具体的指数化规则而增加。到达退休年龄时，虚拟资本存量根据转换系数转变成年金，转换系数取决于退休年龄和预期退休寿命。和边际精算公平概念最大的不同是：平均精算公平考虑到了工人的整个职业生涯的特点，而不仅仅考虑退休前的最后几年。

在个人预期寿命不确定的情况下，平均精算公平必须是集体意义上的概念。该体制最重要的定义参数是贴现率（或者回报率），用来权衡过去的缴费和未来的待遇。

和上面的概念一样，考虑到一代内的平均预期寿命，该制度的内部回报率 ρ 由如下公式定义：

$$1+\rho_t=\frac{p_{t+1}^i\times S_{t+1}}{\tau_t w_t}$$

其中 S_{t+1} 是普通退休个人存活的 $t+1$ 期的比例。

$$S_{t+1}=\frac{\sum_i S_{t+1}^i}{N_t}$$

该比率的值和缴费率一样，被认为在给定时期内对所有的个人都相同。

当然，对于个人来说，它可以计算自己的个人内部回报率：

$$1+\rho_t^i=\frac{p_{t+1}^i\times S_{t+1}^i}{\tau_t w_t^i}$$

当该体制具有现收现付性质时，该体制时期 t 的收益可写成如下形式：

$$R_t=\sum_i \tau_t\times w_t^i \tag{10.5}$$

并且支付的待遇计算如下：

$$E_t=\sum_i p_t^i\times s_t^i \tag{10.6}$$

其中 i 表示个人（正在工作者或者参保者）[①]。这个体制的预算平衡依赖于指数化规则，该规则设定了内部回报率和养老金待遇的变化。这个指数化规则一般由经济参数的演变来决定。

考虑到该体制可达到事前平衡的条件，记 g_t 为时期 t 和 $t+1$ 之间的养老金指数化率，那么：

$$P_{t+1}^i = P_t^i(1+g_t);$$

$$E_{t+1} = \frac{S_{t+1}}{S_t}(1+g_t)\sum_i p_t^i \times S_t^i = \frac{S_{t+1}}{S_t}(1+g_t)E_t;$$

$$R_{t+1} = \frac{\tau_{t+1}}{\tau_t}\sum_i \tau_t \frac{W_{t+1}^i}{W_t^i}W_t^i = \frac{\tau_{t+1}}{\tau_t}\frac{\sum_i W_{t+1}^i}{\sum_i W_t^i}R_t$$

在现收现付制度中，$E_t = R_t$，

$$E_{t+1} = R_{t+1} \Leftrightarrow E_{t+1} = \frac{S_{t+1}}{S_t}(1+g_t)\frac{\tau_t}{\tau_{t+1}}\frac{\sum_i W_t^i}{\sum_i W_{t+1}^i}R_{t+1} \tag{10.7}$$

当养老金制度的缴费率不变时（这是从"一般"的现收现付制转向"名义账户"现收现付制的目的），指数化规则试图为养老金制度提供一个自动稳定机制。初看起来，不存在提供这类自动稳定器的名义账户制或者积分制的养老金计划，其中瑞典是唯一的例外。意大利使用总工资作为指数化设置，法国是基于通货膨胀，而德国则依赖于净工资。

各种要素维持该制度稳定的能力和事前对这种能力的期望之间存在着巨大的差异。换句话说，即使稳定器是充足的，它也可能是无效率的或者不能挥发其应有作用额。

第三节　名义账户制及其对各种冲击的抵抗力

作为如上推演的结果，正是由于平均精算公平非常接近于纯粹的名义账户制，所以它才可能是不公平的来源。而且，该制度不具有自动稳定机制。换言之，如果该制度的稳定性可以酌情调整（例如，降低养老金待遇以避免不平衡），那么精算公平的条件就会遭到破坏。这意味着一个完美预测而不是一个未来变量的完美计划，也就是说，没有酌情调整，不平衡就无法避免。

正如上面标明的，该制度需要一个"零支柱"来向最贫穷的人口提供再分配（Holzmann，2006）。

一个纯粹的名义账户制——平均精算公平——还远未达到理想状态。本章考虑两个实际的案例：法国和德国的制度以及作为参照系的瑞典制度，而瑞典的制度经常被认为是理想的名义账户制。

首先考察瑞典的制度：具有虚拟资金的现收现付制。

① 参见瓦尔迪斯－普累托（Valdes-Priéto，2000）的分析，并且考虑预期寿命。

该制度的基础是"虚拟"资本 K，K 随着缴费产生的养老金权益的积累而增长。该资本在每一期都以 r 的比率重新被评价，其中 A 是退休的年龄，C 是出生期，等于出生群组的 K_t^C 可由如下形式表达：

$$K_t^C = K_{t-1}^C(1+r_{t-1})\text{ 或者 } K_A^C = \sum_{t=t_0}^{A-1} \tau w_t (1+r)^t$$

为了接近有效的制度，交费期可以分割成子期 t。"虚拟"资本 K_t^C 来源于整个退休期间过去缴费的流量。在年龄 A，个人可以领取养老金，领取的数值应该在退休期间（其长度是在退休时同一出生群组的预期寿命）被重新评估。这个——初始的——实际的养老金，P_A^C，是"虚拟"资本除以年龄 A 时出生群组 C 的预期寿命 S_A^C，其中 S_A^C 作为该制度的中心管理参数出现。这样可得到：

$$(1+g)^{D-A}\times P_A^C=\frac{K_A^C}{S_A^C}\text{，并且在退休后 } P_{t+1}^C=(1+g)\ P_t^C$$

在瑞典养老金制度中，$r=1.6\%$。这是一个给予缴费者的"事先收益"参数，代表经济增长的基准。在退休期间，指数 g 接近人均 GDP 的名义增长率，据此该收益被事先确定。没有任何损失的情况下，后面将假设 $r=0$ 并且 g 等于人均 GDP 的名义增长率。通过和上面一样的简单数学运算可得到如下结果：

$$E_{t+1}=R_{t+1}\Leftrightarrow E_{t+1}=\frac{S_{t+1}}{S_t}(1+g_t)\frac{\tau_t}{\tau_{t+1}}\frac{\sum_i W_t^{ic}}{\sum_i W_{t+1}^{ic+1}}R_{t+1}$$

它不仅在单个时期内是平衡的，在同一出生群组也是平衡的。这个平衡既是时间上的又是空间上的。因子 $C+1$ 表示出生群组增加了一个时间单位，比如一年。两期模型提供了有用的信息，也提供了一个错觉：实际上，完全的名义账户制需要随着预期寿命的变化而逐年调整，这种调整不仅仅针对新参保人员的养老金，还包括那些已被领取的养老金。

另外，指数 g 是人均 GDP 的名义增长率这个事实意味着只有当工资在 GDP 中的份额保持不变的情况下才存在自动调整，并且要求劳动人口保持不变——在出生率不断下降的情况下这的确是一个问题。在前面的情形中，工资增长率低于 GDP 增长率是财政不平衡的根源，因为现收现付制的来源是工资和社会收入。

同样的计算方法在法国的情形中提供了不同的视角。在不损害论证的前提下，把缴费率记为 τ（而不是 $\tau\times coeff$，这意味着由一个单一的比率来替代合同率和牌价的乘积）。在这种情况下，公式 10.5 和 10.6 仍然成立。对于公式 10.1，考虑到对积分价值的指数化规则，前面的公式变成如下形式：

$$E_t=\sum_i\sum_{t=t_0+1}^{A}\frac{\tau_{t+1}\times w_{t-1}^i}{PP_{t-1}}\times VP_t\times s_i^t$$

于是，

$$E_{t+1}=R_{t+1}\Leftrightarrow E_{t+1}=\frac{s_{t+1}}{s_t}\times\frac{VP_{t+1}}{VP_t}\sum_t\frac{\tau_t/PP_t}{\tau_{t-1}/PP_{t-1}}\times\frac{\sum_i\sum_i w_t^i}{\sum_i\sum_i w_{t-1}^{i-1}}\times\frac{\tau_t\sum_i w_t^i}{\tau_{t+1}\sum_i w_{t+1}^{i+1}}\times R_{t+1}$$

其中，$\frac{VP_{t+1}}{VP_t}\sum_{t=t_0}^{A}\frac{\tau_t/PP_t}{\tau_{t-1}/PP_{t-1}}$ 代表该制度的调整参数。

对此可作如下评论：

·首先，存在三个参数：缴费率、积分价格和积分价值。一个工资单位转换成 n 个养老金单位依赖于三个参数的相对演化。

·参数可以每年都改变，但是负担不会由同一个人来承担。改变缴费率、积分价格将同时影响缴费者和养老金领取者（例如在“正常的”的现收现付制中改变缴费率）；但是，“年老”的缴费者将在一个更短的时期内受到影响。改变积分价值将同时影响年轻的退休者（那些在最后几年退休的人员）和缴费者，他们的养老金将增加或减少（这可以和替代率的改变做比较）。

·这些改变是确定性的。虽然不存在明显的规则，但是它们依赖于精算师的长期预测。

·事实上这些参数可以每年变化，并且它们是确定性的意味着调整它们非常容易，特别是当存在一些错误时。错误越多，变化就越大，并且实施起来就越困难。在过去，调整必须在正确的时间间隔里进行。结果，法国补充养老金制度中的 AGIRC 和 ARRCO 扩大了 400 亿欧元的给付。

·上面的结果表明需要每年进行调整。第一项代表两代之间预期寿命的改变，并且这种改变可能相当微小。

$$\frac{\sum_i\sum_i w_t^i}{\sum_i\sum_i w_{t-1}^{i-1}}\text{和}\frac{\tau_t\sum_i w_t^i}{\tau_{t+1}\sum_i w_{t+1}^{i+1}}$$

分别代表缴费基数在两代之间的改变和养老金权益在两代之间相反方向的改变。

在德国养老金制度中，两个公式的形式如下：

$$P_{C+A}^i=\sum_{t=t_0}^{A}\frac{w_{t-1}^i}{\overline{w}_{t-1}}\times\alpha^i\times VP_{C+A}^i$$

和

$$VP_t=VP_{t-1}\times\frac{\overline{w}_{t-1}}{\overline{w}_{t-2}}\times\frac{x-\tau_{t+1}}{x-\tau_{t-2}}\times\left[1-\frac{S_{t-2}\times N_{t-3}/N_{t-2}}{S_{t-3}\times N_{t-4}/N_{t-3}}\right]\times 0.25+1$$

它们在推理上没有任何改变（考虑到额外养老基金的缴费是外生的），完全积累制对人口冲击的敏感性和现收现付制对同样冲击的敏感性一样。这导致考虑 τ 而不是 $(\tau+\mu)$。

这意味着：

$$P_{t+1}^i=P_t^i\times\underbrace{\left[\frac{\overline{w}_t}{\overline{w}_{t-1}}\frac{x-\tau_t}{x-\tau_{t-1}}\times\left[1-\frac{s_{t-1}\times N_{t-2}/N_{t-1}}{s_{t-2}\times N_{t-3}/N_{t-2}}\right]\times 0.25+1\right]}_{1+g_t}$$

换言之，这导致的名义账户制和本章第二部分描述的一样。该制度导致了如下的确证事实：

$$E_{t+1}=R_{t+1}\Leftrightarrow E_{t+1}=\frac{S_{t+1}}{S_t}(1+g_t)\frac{\tau_t}{\tau_{t+1}}\frac{\sum_i w_t^i}{\sum_i w_{t+1}^i}R_{t+1},\qquad(10.8)$$

并且 $(1+g_t)=\frac{\overline{w}_{t-1}}{\overline{w}_{t-2}}\frac{x-\tau_{t-1}}{x-\tau_{t-2}}\times\left[(1-\frac{S_{t-1}/(1+n_t-2)}{S_{t-2}/(1+n_t-3)})\times 0.25+1\right]$

在表面上，这种分析引出一个名义利率，它是平均净工资的增长率。事实上，这个公式包含着很多的含义。第一，g_t取决于τ_t，而τ_t又依赖于t期的现收现付制的均衡，这种均衡主要来源于g_{t-1}，产生收益$\overline{P}_t$。从直观上看，法国和德国的养老金制度之间存在着巨大的差异。法国养老金制度中积分价值的任何改变都是缴费者的沉重负担（对于未来的参保者而不是那些已经退休的人员，因为他们的养老金不变）。与之相反，德国养老金制度中积分价值的改变产生的负担由养老金领取者和缴费者共同承担，因为τ_t的任何改变意味着g_t的改变。换言之，如果在t期和$t+1$期积分价值VP增加得太多，那么现收现付制会出现不平衡并且通过增加τ_{t+1}（缴费者的负担）相应地减少g_{t+1}（缴费者和退休者的共同负担，包括现在和将来的退休者）来达到再平衡。这种机制在后面称之为弹性回报机制（Return spring mechanism）。它对应方程左边的部分。

第二，卢瑞普公式（Rürup）明显的引入了人口比率[①]，该比率依赖于预期寿命s和劳动力增长率n。如果我们把新的公式（Rürup's）和李斯特（Riester）公式比较，那么改变是如何发生的呢？首先，新公式明显引入了人口因素，正如上面描述的，缴费者和退休者共同承担负担的增加。现在，退休者支付负担的25%。这将限制的g和τ的增加。第二，新公式和德国养老金的融资方式相联系。在前面的公式中，保持缴费率和积分增长率不变的情况下，增加融资的财政部分是可能的。现在因为外生数据在起作用，赤字完全“财政化”是不可能的。

现在的问题可以分解成如下两个问题：

·弹性回报如何运转？

·现收现付制如何达到平衡——特别是哪些因素和名义账户制的财务稳定相联系？

弹性回报如何运转

考虑到方程的左边部分，收益$(1+g_t)$。大概来说，弹性回报机制如下：

$$\left.\begin{array}{l}\tau_t\\\tau_{t+1}\end{array}\right\}\rightarrow 1+g_t\rightarrow VP_{t+1}\rightarrow E_{t+1}\rightarrow\tau_{t+1}\rightarrow g_{t+1}$$

在当前的公式中，存在两个限制：

限制1，变换前面的公式，并且考虑到现收现付制的均衡（财政来源记为T)：

$$\tau_t\times\overline{w}_t\times N_t+T_t=\overline{P}_t\times s_t\times N_{t-1}$$

其中，$\overline{P}_t$是时期t的平均养老金。这意味着：

$$1+g_t=\frac{\overline{w}_t\times x-\overline{P}_t\times s_t/(1+n_{t-1})+T_t/N_t}{\overline{w}_{t-1}\times x-\overline{P}_{t-1}\times s_{t-1}/(1+n_{t-2})+T_{t-1}/N_{t-1}}$$

这表明名义利率等于平均工资的增长率，增长的比率可以通过如下两种方式来调整：

·第一，增长率随着平均养老金份额的下降而下降。这个份额是退休时生存概率对劳动力增加（n）的比率。换言之，平均养老金的偿还份额随预期寿命的增加而增加，随劳动力

① 弹性回报机制是一种平衡机制，是通过反馈对潜在不均衡的反应。

的增加而下降[1]。每当平均养老金或者预期寿命增加或者两者同时增加（和劳动力增加相比），那么弹性指数就发挥作用并且指数化就缺乏可取性。

·第二，增长率随养老金来源的人均财政部分的增加而增加。和平均养老金相比，这个方法起到相反的作用：税收允许指数化率的中性增加。

限制2，这里再一次强调，主要问题在于使用两期模型。退休人员的预期寿命是给定的 s_t。事实上，它是出生群组内所有退休人员的所有预期寿命的加权平均值。换言之，这种惯性导致财政赤字，因此不得不增加缴费率。

这个结果部分帮助回答了第二个问题：

现收现付制如何达到平衡——哪些因素与名义账户制的财务稳定相联系？

正如上面提到的那种，名义利率部分地依赖于过去的预期寿命，为了确保名义账户制的财政均衡需要引入未来的预期寿命以及缴费总量的预期增加（也就是，缴费率乘以工资单）。这需要考虑工资总额的变化，但是它显然没有出现在指数化率公式里。关于这些评论，自动稳定假设和劳动力的变化或者工资的变化相冲突。它们的现实性是不可靠的。

第四节 结论：万事皆非完美

我们可以清晰地看到，精算公平目标和再分配目标之间潜存着冲突，因为预期寿命在不同的社会职业组别之间的差距很大。考虑到总人口的平均预期寿命，名义账户制明显有利于财政均衡而不是社会均衡，因为预期寿命和收入高度相关。

另一方面，出于社会原因，所有这些制度要么引入了最低养老金制度（例如瑞典和德国）要么仅仅是补充制度。例如，法国确立了基本的制度来提供最低养老金的可能性。在瑞典，存在双重保障以避免老年失业者和社会津贴领取者陷入贫穷。除了该制度提供的最低养老金外，社会收入（失业、伤残津贴或者其他来源）为该制度提供缴费并且提供补充权益。结果，这些安排不是纯粹的名义账户制。

即使这些制度应该为个人提供更高程度的自由让他们选择自己的退休年龄，他们也不能摆脱固定的最低退休年龄的限制。即使拥有绝对的自由，个人也很难不受错误的决策产生的偏差的影响，这些偏差来源于对预期寿命的不确定性和过度的乐观——如果养老金不再根据工资进行指数化或者因为选择较早的退休年龄而使得养老金的水平较低，那么这种情况更加危险。

另外，名义账户制应用于充满不确定性的真实经济世界里存在很多问题。众所周知的是养老金背景下的不确定性是主要的问题。各类报告已经完全表明了这种不确定性。以德国为

① 卢瑞普报告（Rürup's reporter，参见 Börsch-Supan 的总结，2003）也建议增加有资格领取养老金的年龄，我们这里仅仅讨论积分的机制。

例，由于工作人口[①]、出生率[②]和预期寿命[③]等假设条件，2004 年缴费率的预测变化幅度竟高达 15%。

当然，这些制度可以根据预测的变化进行周期性的调整。

在法国，这些调整是每年进行一次。这要求两个条件：第一个条件是可靠和频繁的预测，根据拉西勒和瓦尔科伦（Lassila and Valkonen）的研究，这种预测存在诸多问题。第二个条件是计划管理委员会应完全独立于退休者和工人游说团体。德国的弹性回报制度因为引入卢瑞普可持续因子而得到加强，它是根据一个合意的缴费率来降低养老金待遇，该机制把负担转移给劳动人口和退休人口。在上面的两个例子中，对养老金制度中的参数进行周期性的调整明显地破坏了精算公平。

一个谨慎的策略是采用不太令人满意的假设来适应该制度中的参数。采用这个策略的一个可能性是该制度在某些年度中会产生盈余。在这种情况下，这些盈余作为缓冲基金是大有用处的，这些盈余已经得到证明可以作为促进代际公平的有用工具。

总而言之，一个纯粹的名义账户制将是平均精算公平的。一个理想的名义账户制应该提供再分配、促进更长的工作时间，是透明的并且是自动稳定的。本章指出，纯粹的名义账户制缺乏再分配的特征、缺乏相关制度的精算公平、需要零支柱和谨慎的缓冲基金，并且经济和人口的不确定性将会破坏精算公平，也就是说，任何参数改变都会导致有差异的个人平衡。所以，一个理想的名义账户制不应该是一个纯粹的名义账户制。

那么，为何极力推荐名义账户制？如果养老金制度的目标是为了促进个人责任，那么最合适的制度是完全积累制；如果其目的是为了促进社会责任，那么最佳的选择就是名义账户制。

附录 A：边际精算公平

在下面的简单模型中，缴费率是 τ。如果个人允许选择推迟 1 年退休，他宣布在年龄 A、时期 $t-1$ 退休，但是等到年龄 $A+1$、时期 t 退休，那么他将缴纳 τw_{t-1}^{A}，也就是缴费率 τ 乘以时期 $t-1$ 的工资 w，并且得到一个完全养老金待遇，清算率为 ρ。在另一方面，如果他提前退休，他在整个退休期间的待遇将会有一个比例为 d 的扣除。

这可以表示为如下公式：

$$-\tau w_{t-1}^{A}+\sum_{j=1}^{N}\frac{1}{(1+r)^{j}}\cdot p_{t+j-1}^{A+j}=\sum_{j=0}^{N}\frac{1}{(1+r)^{j}}\cdot(1+d)\,p_{t+j-1}^{A+j} \tag{A. 1}$$

其中，d 表示待遇扣除的精算公平；N 表示领取养老金的最后年龄；j 是时间指数。

为简化计，忽略预期寿命中常见的不确定性。如果考虑不确定性，公式两边需要同时乘

① 例如，法国退休计划委员会（French Council for Retirement Schemes）对 2040 年的预测是基于工作人口将增加 1 000 万的假设，国际信息展望中心（Centre d'Etudes Prospectives et d'Informations Internationales，CEPII）的预测是基于工作人口增加 100 万的假设。

② 这将影响整个劳动人口。在这个领域内，世界范围内的统计估计的差异非常之大。

③ 见 Konrad 和 Wagner（2000）。

以存活概率。这个运算并不改变其中的推理。但是，风险厌恶者会在他们的选择和行为中考虑预期寿命的不确定性：无论扣除或增加如何与提前或推迟退休相联系，不确定性的增加产生了提前趋近退休日期的效应。

如果个人在年龄为 $A+1$ 时退休，那么公式 A.1 的左边是他从时期 t 获得的养老金待遇的贴现和，其中贴现率为 r。方程右边是在退休年龄为 A、从 $t-1$ 时期领取的养老金待遇的贴现和，扣除比例为 d。

人们做出的选择依赖于他们的个人偏好。用 $\mathrm{R}^{(1)}$ 和 $\mathrm{R}^{(2)}$ 表示在情形 1（推迟退休）和情形 2（提前退休）下福利的等价收入，那么：

$$R^{(1)}=w_{t-1}^{A}\cdot(1-\tau)+\sum_{j=1}^{N}\frac{1}{(1+\rho)^{j}}\cdot p_{t+j-1}^{A+j} \tag{A.2}$$

其中是 ρ 个人考虑的贴现率。

$$R^{(2)}=(\rho-d\cdot p)_{t-1}^{A}+\sum_{j=1}^{N}\frac{1}{(1+\rho)^{j}}\cdot(\rho-d\cdot p)\,p_{t+j-1}^{A+j}+\ell_{t-1}^{A} \tag{A.3}$$

其中，ℓ_{t-1}^{A} 表示提前一年退休的休闲的等价收入。

使用 π 表示通货膨胀率，θ 表示经济的生产率收益——这个收益应该反映在真实工资上。名义工资以 $\pi+\theta$ 的比率增加*。正如阿特斯（Artus，2000）所做的那样，养老金的待遇应该以 $\pi+x\theta$ 的比率指数化，该比率覆盖了所有的潜在的指数化规则。当 $x=0$ 时，养老金根据通货膨胀率指数化；当 $x=1$ 时，养老金根据总工资指数化。在计算养老金待遇时，这个浓缩的比率也可以应用于活动工资。

总工资的替代率，以 β 表示，其值如下：

$$p_{t}^{A+1}=\beta\cdot w_{t-1}^{A}\cdot(1+\pi+x\cdot\theta)$$

公式（A.2）和（A.3）变成：

$$\begin{aligned}R^{(1)}&=w_{t-1}^{A}\cdot(1-\tau)=p_{t+j-1}^{A+1}\sum_{j=0}^{N-1}\frac{(1+\pi+x\cdot\theta)^{j}}{(1+\rho)^{j}}\\&=w_{t-1}^{A}\cdot(1-\tau)+\beta\cdot w_{t-1}^{A}\sum_{j=1}^{N}\left(\frac{1+\pi+x\cdot\theta}{1+\rho}\right)^{j}\end{aligned} \tag*{/A.2$'$/}$$

$$R^{(2)}=\beta(1-d)w_{t-1}^{A}\cdot\frac{1+\pi+x\cdot\theta}{1+\pi+\theta}\cdot\sum_{j=1}^{N}\left(\frac{1+\pi+x\cdot\theta}{1+\rho}\right)^{j}+\ell_{t-1}^{A} \tag*{/A.3$'$/}$$

另外，条件/1/下的精算公平可以被重写如下：

$$-\tau w_{t-1}^{A}+\beta\cdot w_{t-1}^{A}\sum_{j=1}^{N}\left(\frac{1+\pi+x\cdot\theta}{1+r}\right)^{j}=\beta\cdot(1-d)\cdot w_{t-1}^{A}\cdot\frac{1+\pi+x\cdot\theta}{1+\pi+\theta}\cdot\sum_{j=0}^{N}\left(\frac{1+\pi+x\cdot\theta}{1+r}\right)^{j} \tag*{/1$'$/}$$

在下面的假设下，方程 A.2′和 A.3′可以推导出如下结果：

* 原文为 $\rho+\theta$，疑为作者笔误。——译者注

• 如果 ρ=r，并且 $w_{t-1}^{A}=\ell_{t-1}^{A}$，那么 $R^{(1)}=R^{(2)}$，并且人们认为提前和推迟退休是无差异的。在边际精算公平等级的假设下，上述两个选择给人们提供相同的满足。

• 如果 $\rho=r$，但是 $w_{t-1}^{A}<\ell_{t-1}^{A}$，那么 $R^{(1)}<R^{(2)}$。在这种情况下，工人从休闲得到的满足更大并且将会选择提前退休，即使待遇上根据精算公平而扣除。

• 如果 $w_{t-1}^{A}<\ell_{t-1}^{A}$，那么哪些因素决定退休决策呢？方程 A. 2′和 A. 3′推导出公式 A. 4′：

$$\begin{aligned}R^{(1)}-R^{(2)}&=-\tau w_{t-1}^{A}+\beta\cdot w_{t-1}^{A}\sum_{j=1}^{N}\left(\frac{1+\pi+x\cdot\theta}{1+\rho}\right)^{j}\\&=\beta\cdot(1-d)w_{t-1}^{A}\frac{1+\pi+x\cdot\theta}{1+\pi+\theta}\cdot\sum_{j=0}^{N}\left(\frac{1+\pi+x\cdot\theta}{1+\rho}\right)^{j}\\&=-\tau\cdot w_{t-1}^{A}+\beta\cdot w_{t-1}^{A}\cdot\sum_{j=1}^{N}\left(\frac{1+\pi+x\cdot\theta}{1+\rho}\right)^{j}-\\&\quad\left[-\tau\cdot w_{t-1}^{A}+\beta\cdot w_{t-1}^{A}\cdot\sum_{j=1}^{N}\left(\frac{1+\pi+x\cdot\theta}{1+r}\right)^{j}\right]\end{aligned}\qquad(\text{A. }4')$$

当 $\tau<\beta$，那么缴费率小于替代率，这是一般的情况，并且 $R^{(1)}>R^{(2)}$。换言之，当个人的时间贴现率较高时，他倾向于提前退休，因为他们对提前退休导致的收入损失并不太在意。

• 如果 $w_{t-1}^{A}\neq\ell_{t-1}^{A}$，那么边际精算公平推出如下结果：

$$\begin{aligned}R^{(1)}-R^{(2)}=(w_{t-1}^{A}-\ell_{t-1}^{A})+w_{t-1}^{A}\beta\left(1-(1-d)\frac{1+\pi+x\cdot\theta}{1+\pi+\theta}\right)\\\sum_{j=1}^{N}(1+\pi+x\cdot\theta)^{j-1}\left[\frac{1}{(1+\rho)^{j}}-\frac{1}{(1+r)^{j}}\right]\end{aligned}\;^{*}$$

如果 $w_{t-1}^{A}>\ell_{t-1}^{A}$，并且 $\rho<r$，那么 $R^{(1)}>R^{(2)}$。但是如果 $w_{t-1}^{A}<\ell_{t-1}^{A}$，并且 $\rho<r$，那么 $R^{(1)}<R^{(2)}$，因为方程右边的第二部分总是负值，并且其绝对值小于 w_{t-1}^{A}。换言之，个人偏好当前消费如此强烈以至于边际精算公平导致的经济收益的减少并不太重要，所以他选择提前退休。

参考文献

Artus, P. 2000. “Quelques résultats de base, préalables *à* la réflexion sur les retraites.” *Flash CDC－Marchés* 2000－17 (January letter).

Borsch-Supan, A. 2003. “The Rurup Commission's Pension Reform Recommendations.” *MEA* (*Mannheim research institute for the Economic of Ageing*) *Newsletter* 6 (June): 1－4. Bundesministerium für Gesundheit und Sociale Sicherung. 2003. *Achieving Financial Sustainability for the Social Security Systems*. Report by the Commission,

* 原文为 $(w_{t-1}^{A}-\ell_{t-1}^{A})+w_{t-1}^{A}\beta\left(1-(1-d)\frac{1+\pi+x\cdot\theta}{1+\pi\theta}\right)\sum_{j=1}^{N}(1+\pi+x\cdot\theta)^{j-1}\left[\frac{1}{(1+\rho)^{j}}-\frac{1}{(1+r)^{j}}\right]$，疑为作者笔误。——译者注

A319, Berlin: Edition of the Bundesministerium für Gesundheit und Sociale Sicherung.

COR (Conseil d'orientation des retraites). 2001. *Retraites: renouveler le contrat social entre les générations*. Premier rapport du conseil d'orientation des retraites. Paris: La Documentation Française.

Guérin, J. -L., and F. Legros. 2003. "Neutralité actuarielle: un concept élégant mais délicat àmettre en œuvre." *Revue d' économie financiére* (68): 79—90.

Hamayon, S. 1995. "Perspectives du système de retraite en France." In *Les retraites, genèse, acteurs, enjeux*, ed. B. Cochemé and F. Legros. Paris: Armand Colin.

Holzmann, R. 2006. "Toward a Coordinated Pension System in Europe: Rationale and Potential Structure." In *Pension Reform: Issues and Prospects for Non-Financial Defined Contribution (NDC) Schemes*, ed. R. Holzmann and E. Palmer, chapter 11. Washington, DC: World Bank.

Konrad, K., and G. Wagner. 2000. "Reform of the Public Pension System in Germany." Discussion Paper 200, DIW (Deutsches Institut für Wirtschaftsforschung), Berlin.

Lassila, J., and T. Valkonen. 2002. "Retirement Age Policies and Demographic Uncertainty in Lithuania: A Dynamic CGE Analysis." Paper prepared for the workshop sponsored by ENEPRI (European Network of Economic Policy Research Institutes) on Welfare and the Labour Market, Marseilles, October 25—26.

Mesrine, A. 1999. "Les différences de mortalité par milieu social restent fortes." *Données Sociales*, INSEE, Paris, 228—35.

Queisser, M. 1996. "Pensions in Germany." Policy Research Working Paper 1664, World Bank, Washington, DC.

Valdés-Prieto, S. 2000. "The Financial Stability of Notional Account Pensions." *Scandinavian Journal of Economics* 102 (3): 395—417.

Veil, M. 2003. "La réforme des retraites, premiers pas, débats, interrogations." *Chronique internationale de l'IRES* 82 (May): 3—16.

Vernière, L. 2001. "Allemagne, la réforme 2002 du systéme de retraite." *Question retraites, document de travail CDC (Caisse des dépôts et consignations, Paris)* 2001—41.

World Economic Forum. 2004. "Living Happily Ever After: The Economic Implications of Ageing Societies." A report of the World Economic Forum Pension Readiness Initiative developed in partnership with Watson Wyatt Worldwide, Watson Wyatt ed., Geneva.

对“名义账户制：法国和德国积分制比较”的讨论

马雷克·戈拉（Marek Góra）*

本章作者佛罗伦斯·勒格罗（Florence Legros）就法国和德国的养老金制度给出了一个有趣的概览和比较。勒格罗重点关注的是该体制的关键因素和该体制背后的机制。本章提供给读者的论证是想强调该制度的两个关键特征：第一个特征是该制度调节劳动参与率的管制规则的复杂性以及制度本身的复杂性；第二个特征是允许酌情调整。

这些特征并不是法国和德国制度所独有的。大部分的制度都具有这些特征，特别是欧洲大陆国家中的养老金制度（本评论作者称之为传统制度）。这些特征的出现并不是偶然的。它们是传统养老金制度中最本质的特征。如果没有复杂的管制和酌情调整，传统养老金制度——包括积分制——将会崩溃。

名义账户制的日益流行导致了对其名称的滥用。在很多情况下，包括勒格罗的本章，名义账户制是在非常宽泛的概念上被使用的，即任何把缴费和待遇相联系的计划都称之为名义账户制。在本章，勒格罗讨论的是那些已经实施名义账户制的实际案例。这些讨论使作者得出结论是，“纯粹的名义账户制是不存在的。”这个结论可能是正确的，可是从其他类型的养老金制度中也可以得到相同类型的结论。但是，这类方法使我们陷入了一个非常保守的概念框架。在养老金制度的现象中，目标不是为了寻找纯粹性。我则建议寻找那些能够帮助我们理解该制度本质的概念。名义账户制将不同养老金制度的特征结合起来，为富有成果的研究开启了方便之门，这些成果对促进养老金经济学的发展具有极大的贡献。

名义账户制所拥有的一些特征与法国和德国积分制所表现出的一些特征完全相反。名义账户制非常容易描述和理解，并且该制度是透明的。对参加名义账户制最简短的可能描述应该是这样的：

> 在退休的那一刻，参保者从该制度中以年金的形式领取他们在其全部工作期间所缴费的现值，其贴现率因子是 GDP 增长率或接近于它的某个比率。

上面描述的是一个事先的安排，这个安排不仅是易于理解的，也可以被参保人内生化的。

名义账户制已内置于自动稳定器之中。该制度在没有外部任意干涉的情况下调整收入和

---

* 马雷克·戈拉（Marek Góra）是华沙经济学院教授。

支出（也就是说，这是一个“内生安排”，缩写为 ENDO）。在实际运用中，这并不是百分之百有效的；但它接近百分之百有效。这并不能保证该制度能够完全抵抗政客对它的操纵。这种安排在现实中并不存在。这一点也适用于实账积累制（FDC）的计划。但无论如何，名义账户制比那些没有外部干涉就无法运转的制度更少地受到政治操纵。法国和德国的养老金制度都需要外部干涉（或者称“外生安排”，缩写为 EXO）。

自动调整是养老金制度中一个理想的特征吗？外部干涉最多能够解决个人账户（内生安排，EDDO）的自动调整问题。这个挑战能够抵消施加给下一代劳动者不断增长的负担，这些劳动者对劳动力的供给和生产率的增长感到气馁。一个好的养老金制度应该使 GDP 在代际之间平稳分配。分配比例受制于公共选择。一旦做出选择，这个比例应该保持稳定。以名义账户制（NDC）和实账积累制（FDC）这两个形式建立的个人账户，均属可导致代际均衡的“内生安排”。在均衡状态中，养老金制度是经济中性的，这意味着生产要素的报酬不受退休人口占劳动人口比例下降的影响，这导致同等条件下每一代先工作后退休者的福利的最大限度增长。传统的外生安排不会导致这样的结果，除非采取合适的措施。但是，这个结果名义上被推迟了。很清楚的是养老金债务的增长会减缓经济增长。

在本章里，正如在养老金文献中常见的一样，名义账户制被简化成为一种平衡 DB 型现收现付制的聪明技巧，而我们则成为社会政策和财政方面的术语遗产的人质。从经济学的观点看，名义账户制既不是 DB 型也不是现收现付制。相反，在一个非常广泛的意义上，名义账户制与普遍适用的实账积累制却很相似，因为实账积累制把所有的缴费用来购买并持有政府债券，到期后获得一个等于经济增长率的回报率。对这个问题详细的讨论超出了这个简短评论的范围。

因为如此相似，所以，名义账户制与实账积累制之间彼此相互适应。拉脱维亚、波兰和瑞典不仅在他们的养老金制度中实施了名义账户制，而且也完完全全地终止了其“外生安排”。他们把他们的整个制度建基于个人退休账户之上：名义账户制和实账积累制。这是欧洲养老金制度中的一场革命，即使一些并非“纯粹”的技术因素依然存在。

第三部分

名义账户制改革试点国家的经验

第十一章　在欧洲建立协调的养老金制度：原理和可能的结构

罗伯特·霍尔茨曼*

养老金专家和政治家都越来越认识到了在多数目前及未来的欧盟成员国加快养老金制度全面改革的必要性。虽然少数几个国家近来实施了重大改革，使其养老金制度在财政上能够持续，但多数欧盟国家的改革仍然是不充分的。尽管一国的改革努力能够获得欧盟基于开放协调方式（Open Method for Coordination）的大力合作，但该方式把欧洲养老金制度设计的多样性作为既成事实，而且多数改革讨论仍然局限于国家水平上的财政问题。对于财政考虑之外的改革要求讨论得很少，而对于如何在欧盟建立一个更加协调的养老金制度的问题则几乎没有人讨论。这就是本文的主题，本文用了四节来讨论这个问题。第二节考查了基于财政、社会及经济原因而产生的养老金改革要求，第三节提出了在欧洲建立一个更加协调的养老金制度的理由，第四节勾勒了欧洲协调养老金制度的框架以及养老金制度的转型过程。本文中心论点是，以名义账户制为核心、以协调的补充性养老金制度和社会养老金为两翼的多支柱制度是一个理想的思路，它能够满足多样化的财政、社会及经济改革需求。这种思路既考虑到了特定国家在覆盖率和缴费率方面的倾向，也引入了一个和谐的结构。由于很多国家已经建立或正打算建立名义账户制，并且其他国家可以将其积累制轻易地转变为名义账户制，本文提出的改革思路可能引导泛欧的改革运动。

第一节　在欧盟及其新加盟成员国进行养老金改革的必要

有三个原因[①]使得欧盟和中东欧和南欧的欧盟新成员国需要对其国家养老金制度[②]进行快速全面的改革：第一，由于预测人口将进一步老龄化，当前的养老金高支出和相关的预算压力必将进一步恶化。国家养老金制度需要改革，以便采取适应个人偏好和宏观经济约束的方式来应对老龄化。第二，社会经济状况的不断变化使得当前的退休收入提供方式在社会经济层面上不再适当。第三，全球化带来了机遇与挑战，因此需要能够改进要素市场功能的福利和税收制度。

---

* 罗伯特·霍尔茨曼是世界银行社会保护局局长。

① 本节和下一节部分引用了霍尔茨曼、麦凯勒和鲁特科夫斯基（2003）等人的研究结果。

② 对于养老金改革的非人口因素的类似清单，见 Bovenberg（2003）。

多数西欧国家公共养老金支出水平远远高于其他收入水平相当的高度工业化和后工业化国家。2000 年欧盟 15 国平均公共养老金支出占 GDP 的百分比达到了 10.4%（这只是较低的估计，因为它只包括 2001 年经济政策委员会预测的支出），OECD 的估计值比它高出 1.3 个百分点（OECD，2002）。2000 年非欧洲国家和富裕的 OECD 国家（澳大利亚、加拿大、日本、新西兰、韩国和美国）养老金支出占 GDP 的比重平均为 5.3%，相当于西欧的一半。欧盟国家中，只有爱尔兰（4.6%）和英国（5.5%）有相似的水平。中东欧新加盟国也存在这种差异。除了罗马尼亚（5.1%）外，其他国家尽管收入水平不到欧盟国家的 1/4，但其养老金支出比重却接近于欧盟平均水平（克罗地亚、波兰、斯洛文尼亚则远远高于欧盟平均水平），因此远远高于欧洲以外的 OECD 国家。波兰公共养老金支出接近于 GDP 的 15%，可以与奥地利和意大利争夺世界冠军了（见图 11.1）。这些国家支出水平和欧洲以外的 OECD 国家的支出水平差异只有部分原因可用人口年龄结构来解释，更重要的原因在于公共养老金/私人养老金组合的差异以及公共养老金的待遇水平和有效退休年龄的差异。由于缺少私人积累制计划的补充，公共养老金（以非积累制为主）替代率很高（除了丹麦、爱尔兰、荷兰和英国）。有效退休年龄往往也较低，这是由于现行公共养老金计划对老年劳动力参与形成的负面激励、提前退休特权、过去为了降低失业率而允许年长工人提前退休的劳动力政策等因素的影响。然而，随着欧洲老龄化加速，如果制度不改革，养老金支出中的人口因素将上升。

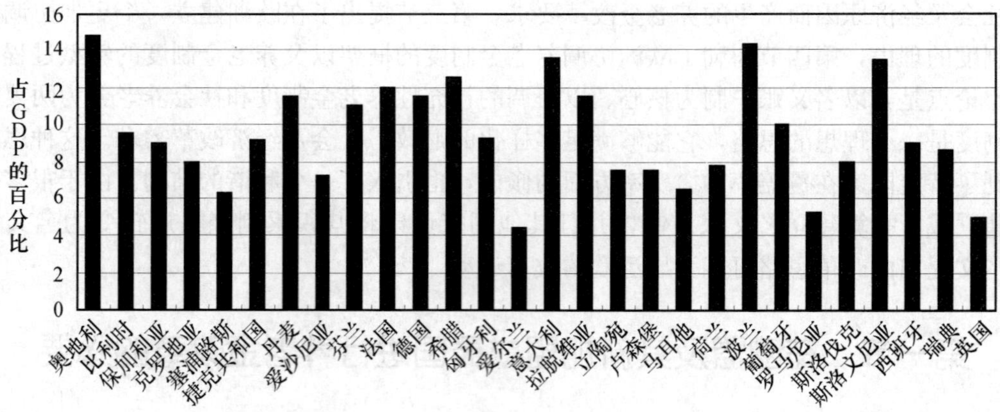

图 11.1　欧盟及其新加盟成员国（加上克罗地亚）2000 年或最近的养老金支出（占 GDP 的百分比）

资料来源：欧盟经济政策委员会（2001）；帕拉西奥斯和帕利亚雷斯—米拉勒斯（2000），修订版；世界银行（2003b）。

注：克罗地亚数据来自于世界银行 2003b。

西欧从 20 世纪 70 年代以来，东欧从 80 年代以来，总和生育率已经低于替代水平（约为 2.1），并且没有什么回升的迹象。另一方面，人口平均寿命却在不断上升，在未来 50 年里，女性平均寿命将上升 4.2 岁，男性平均寿命将上升 5 岁。因此，根据对出生率（假定在多数国家将回升到 1.8）和平均寿命（假定比过去上升得慢）相当乐观的假定，欧盟 15 国老年赡养率预计会从 27.7%（2000 年）上升到 53.4%（2050 年之前）（见表 11.1）。对欧盟新成员国的预测结果非常相似（UN，2002），实际上这些国家预测的老龄化速度还要快些。基于对西欧和东欧预测的老年赡养率的变化，在不改革的养老金制度下，养老金支出可能翻倍。

表 11.1　2000—2050 年欧盟及其新加盟成员国老年赡养率预测

（64 岁以上人口与工作年龄人口的比例）

单位：%

国家＼年份	2000 年	2010 年	2020 年	2030 年	2040 年	2050 年
奥地利	25	29	32	44	55	55
比利时	28	29	36	46	51	50
丹麦	24	27	34	39	45	42
芬兰	25	28	39	47	47	48
法国	27	28	36	44	50	51
德国	26	33	36	47	55	53
希腊	28	32	36	42	51	59
爱尔兰	19	19	25	30	36	44
意大利	29	34	40	49	64	67
卢森堡	23	26	31	40	45	42
荷兰	22	25	33	42	48	45
葡萄牙	25	27	30	35	43	49
西班牙	27	29	33	42	56	66
瑞典	30	31	38	43	47	46
英国	26	27	32	40	47	46
欧盟成员国平均	**27**	**30**	**35**	**44**	**52**	**53**
保加利亚	24	24	29	34	41	53
塞浦路斯	18	20	26	32	34	39
捷克	20	22	32	38	47	59
爱沙尼亚	23	25	30	36	42	57
匈牙利	21	23	29	33	40	50
拉脱维亚	23	26	29	37	44	56
立陶宛	21	24	26	35	40	43
马耳他	18	22	32	39	40	46
波兰	18	18	26	33	37	50
罗马尼亚	20	20	24	26	36	45
斯洛伐克	16	17	23	30	36	47
斯洛文尼亚	20	24	32	44	53	64
新成员国平均	**20**	**22**	**28**	**35**	**41**	**51**

资料来源：欧盟成员国—欧盟经济政策委员会（2001）；新成员国—联合国（2002）。

当然，如此急剧的支出增长未必会成为现实，因为某些改革措施已经被付诸实施，制度赡养率（受益人数与缴费人数的比例）可能不会像老年赡养率恶化的程度那么严重。妇女以及老年人（55岁以上）的劳动参与率都可能上升，至少这是欧盟经济政策委员会提出的计划，也是对2000—2050年间国别预测结果（EPC，2001，见表11.2）[①]。因此，欧盟平均公共养老金支出（根据本预测）预计仅仅从2000年GDP的10.4%上升到2040年左右GDP的13.6（在英国预计会下降，从5.5%下降到4.4%，但在西班牙预计会翻倍，从12.6%上升到24.8%）。预测平均支出水平30%的温和上升（与完全由人口老龄化引起的70%的上升相比而言）估计是由于较低的待遇率（平均待遇与人均GDP相比）和较高的就业率（就业人口与15～64岁之间的人口比例）的结果。然而，要使欧盟平均公共养老金支出水平实现这种温和的上升，要求养老金计划做出重大改革，并且对劳动力市场参与率和延迟退休决策产生促进作用。换句话说，只有在发生重大改革的情况下，养老金支出的大幅上升才能得到遏制。

表11.2　2000—2050年欧盟及其新加盟成员国养老金支出（占GDP的百分比）　单位：%

国家＼年份	2000年	2010年	2020年	2030年	2040年	2050年
奥地利	14.5	14.9	16.0	18.1	18.3	17.0
比利时	10.0	9.9	11.4	13.3	13.7	13.3
丹麦[a]	10.5	12.5	13.8	14.5	14.0	13.3
芬兰	11.3	11.6	12.9	14.9	16.0	15.9
法国	12.1	13.1	15.0	16.0	15.8	—
德国	11.8	11.2	12.6	15.5	16.6	16.9
希腊	12.6	12.6	15.4	19.6	23.8	24.8
爱尔兰[b]	4.6	5.0	6.7	7.6	8.3	9.0
意大利	13.8	13.9	14.8	15.7	15.7	14.1
卢森堡	7.4	7.5	8.2	9.2	9.5	9.3
荷兰	7.9	9.1	11.1	13.1	14.1	13.6
葡萄牙	9.8	11.8	13.1	13.6	13.8	13.2
西班牙	9.4	8.9	9.9	12.6	16.0	17.3
瑞典	9.0	9.6	10.7	11.4	11.4	10.7
英国	5.5	5.1	4.9	5.2	5.0	4.4
欧盟	**10.4**	**10.4**	**11.5**	**13.0**	**13.6**	**13.3**
塞浦路斯	8.0	—	—	11.9	—	14.8
捷克共和国[d]	7.8	—	—	—	—	14.6
爱沙尼亚	6.9	—	—	—	—	—

① 其他学者和国家研究机构的预测没那么乐观，他们的预测认为在当前的就业状况下，支出上升幅度大得多。

续表

国家＼年份	2000年	2010年	2020年	2030年	2040年	2050年
匈牙利[d]	6.0	—	—	—	—	7.2
拉脱维亚[c]	9.8	—	—	—	—	—
立陶宛	5.3	—	—	6.0	—	7.0
马耳他	5.4	—	—	—	—	—
波兰	10.8	—	—	9.6	—	9.7
斯洛伐克[c]	7.9	—	—	—	—	—
斯洛文尼亚	13.2	—	—	19.7	—	18.1
保加利亚	9.1	—	—	—	—	—
罗马尼亚	6.4	—	—	7.8	—	8.2
新成员国	**8.05**	**—**	**—**	**11.0**	**—**	**11.4**

资料来源：除了标注的之外，数据都来自欧盟经济政策委员会（2001）。

注：对多数欧盟成员国来说，这些预测包括55岁以上群体的主要替代收入。“—”表示数据无法获得。

a. 对于丹麦来说，预测结果包括部分积累制的职业养老金（ATP）。

b. 爱尔兰的数据是占GNP的百分比，不是GDP的百分比。

c. 资料来自于德国保险学会（Gesellschaft fur Versicherungswissenschaft und-gestaltung e. V），该机构利用了官方统计数据。

d. 资料来自OECD2002。

对欧盟新成员国没有进行类似协调的预测，但现有的预测清楚地描绘了一幅两个层次的图景（EPC，2003）：在实施了重大改革的国家（如匈牙利和波兰），支出份额几乎保持不变（对爱沙尼亚和立陶宛改革后的制度可以推测出类似的路径）。在还没有实施重大改革的国家，支出份额预计会急剧上升：在塞浦路斯和捷克共和国几乎会翻一番，在斯洛文尼亚，支出水平已经相当高了，但还会继续上升。世界银行做的国际预测与此基本吻合。

即使不存在预算压力和人口引起的压力，多数欧洲国家仍然需要改革其公共养老金制度，才能适应社会经济变化。社会经济变化主要有三个方面：妇女劳动参与率上升、离婚率上升和家庭结构的变化，以及非正规就业的增长。此外，不断上升的平均寿命和其他变化都要求对残疾待遇的设计进行反思。

在欧盟国家，近几十年来来妇女劳动参与率大大上升了。在前计划经济国家，妇女劳动参与率曾经很高，但在20世纪90年代转型期间下降了（见表11.3）。妇女劳动参与率随着男性劳动参与率下降而下降，在某些国家甚至不如男性下降显著（世界银行，2003a）。尽管欧盟国家之间有差异（例如意大利15～64岁之间的妇女劳动参与率仅有46%，而丹麦却达到了77%，接近于男性），但预计所有国家妇女劳动参与率都会上升。欧盟15～54岁之间的妇女的平均劳动参与率预计从63%上升到76%，而男性劳动参与率预计保持在85%左右不变。然而迄今为止，妇女劳动参与率的这种变化还没有反映在各国养老金待遇结构中（见表11.4）。待遇规则仍然主要反映了传统家庭结构：即丈夫工作养家，家庭主妇抚养孩子。

表 11.3　　1960 年、1980 年、2000 年和 2050 年欧盟及其新加盟成员国男性和女性的劳动参与率

单位：%

国家	男性								女性							
	15～64				65＋				15～64				65＋			
	1960	1980	2000	2050	1960	1980	2000	2050	1960	1980	2000	2050	1960	1980	2000	2050
奥地利	90.1	84.9	74.4	79.3	15.0	4.5	2.0	6.0	53.0	54.4	57.7	67.8	7.0	2.6	1.0	5.0
比利时	85.9	79.7	71.7	71.9	9.5	4.6	1.4	1.3	30.5	41.2	58.6	67.8	3.3	1.3	0.5	0.6
丹麦	92.3	88.3	85.1	81.8	32.6	15.4	9.4	8.1	42.8	71.3	77.3	80.5	8.0	5.2	2.7	2.4
芬兰	87.3	79.3	74.8	73.9	31.7	6.8	4.0	2.5	55.5	69.4	73.0	74.7	12.0	3.0	1.4	1.0
法国	88.9	81.5	75.6	75.1	26.0	5.8	2.1	1.7	43.6	55.1	62.2	70.0	10.2	2.9	1.2	1.0
德国	91.0	83.2	80.7	80.1	24.0	8.9	4.5	2.4	50.4	51.9	64.7	71.3	8.0	4.2	1.7	1.1
希腊	90.1	83.5	76.7	76.6	45.0	27.0	9.6	7.9	26.3	31.8	46.7	67.0	8.7	6.1	3.7	3.2
爱尔兰[c]	90.9	85.0	87.8	87.3	54.0	26.8	13.6	11.7	31.1	34.7	56.4	75.8	15.0	6.0	2.4	2.0
意大利	89.2	79.0	73.0	76.1	27.5	12.4	5.5	3.7	30.4	38.4	46.4	66.9	5.6	3.5	1.5	1.4
卢森堡[a]	88.7	82.3	113.8	148.4	—	—	—	—	30.8	39.0	74.3	115.0	—	—	—	—
荷兰	90.9	77.6	77.4	76.2	19.9	4.8	1.0	1.0	24.9	36.1	55.2	70.9	2.5	1.0	1.0	1.0
葡萄牙	93.5	87.1	87.5	87.2	62.9	29.7	16.7	14.3	18.4	52.4	66.4	81.5	11.0	8.4	7.1	6.5
西班牙[c]	92.8	86.4	83.6	85.5	56.6	12.3	2.8	2.8	20.3	32.9	54.7	75.2	9.4	4.1	1.1	1.1
瑞典	88.8	87.9	81.3	83.3	27.6	10.4	6.8	7.2	38.0	75.3	76.5	82.6	4.5	2.6	3.5	3.9
英国[c]	94.6	89.2	87.6	85.9	26.6	11.0	6.8	5.8	43.6	57.0	69.9	75.5	5.4	4.1	2.7	2.4
欧盟	**90.3**	**83.7**	**82.1**	**84.6**	**32.8**	**12.9**	**6.2**	**5.5**	**36.0**	**49.4**	**62.7**	**76.2**	**7.9**	**3.9**	**2.3**	**2.3**
保加利亚	88.4	82.7	77.2	77.2	38.3	18.8	10.1	8.6	68.9	70.4	71.4	68.8	8.5	3.9	3.0	2.5
塞浦路斯	91.7	88.6	88.0	86.1	53.0	35.7	20.5	0.2	42.0	46.7	56.9	59.1	17.6	11.8	7.8	6.3
捷克	86.5	84.8	83.0	80.6	24.4	18.8	11.7	10.3	61.6	75.0	75.0	71.7	9.2	7.1	4.9	4.5
爱沙尼亚	87.2	85.4	81.7	81.5	20.5	17.5	23.0	22.4	67.3	79.2	74.0	74.0	6.8	9.5	13.3	13.4
匈牙利	91.7	84.8	78.7	76.2	57.0	3.8	0.9	0.9	46.9	62.0	61.1	60.5	20.0	3.0	0.2	0.2
拉脱维亚	84.8	84.8	82.2	83.0	24.3	22.4	20.2	19.2	64.3	77.9	74.2	75.4	12.8	12.3	11.3	10.8
立陶宛	83.3	83.0	81.2	81.7	32.0	19.4	12.3	11.0	61.3	74.8	70.8	71.7	9.5	7.8	6.5	5.9
马耳他	88.0	85.7	78.8	76.3	27.3	14.3	5.0	4.0	17.2	22.5	30.2	34.6	0.0	0.0	0.0	0.0
波兰	89.8	84.2	77.9	77.4	57.5	30.0	24.1	21.3	62.1	67.7	66.2	66.4	30.0	17.5	15.3	13.8
罗马尼亚	93.0	83.6	76.8	76.7	62.6	11.4	4.9	3.9	72.4	69.0	61.2	61.4	30.0	8.9	4.2	3.5
斯洛伐克	86.5	83.5	82.1	81.8	30.9	19.8	11.0	9.6	47.4	69.3	74.6	72.7	7.7	4.7	4.2	3.6
斯洛文尼亚	89.9	81.9	76.0	74.1	57.1	19.0	11.8	10.2	44.3	67.0	66.5	64.9	13.5	10.0	8.6	8.0
新成员国[b]	**88.4**	**84.4**	**80.3**	**79.4**	**40.4**	**19.2**	**13.0**	**10.1**	**54.6**	**65.1**	**65.2**	**65.1**	**13.8**	**8.0**	**6.6**	**6.0**

资料来源：欧盟经济政策委员会（2001），经合组织（2003），国际劳工组织（2003），联合国（2002）。

注："—"表示数据无法获得。

a. 对卢森堡的估计数据假设跨境工人数上升，因此劳动参与率高。

b. 对欧盟新成员国的预测是 2010 年的。

c. 20～64 岁之间的人口。

表 11.4　　2000 年欧盟及其新加盟成员国对丧偶者和离婚者的养老金安排

国家	丧偶者的待遇		离婚者的待遇	
	资格	待遇	资格	待遇
奥地利	死者达到了残疾养老金的保险要求或缴费要求，或者已是养老金领取者	最高可达已故配偶养老金的60%，需经收入调查。低于 60%的可以视受益人收入而提高	—	—
比利时	45 岁以上，或者是残疾或抚养儿童者。在配偶死亡时至少应该结婚 1 年以上，如果孩子是非婚生或死者是因意外事故而死亡，就不需要这个条件	已故配偶养老金的 80%。如果死者完全达到保险条件，则最高可达每年 9 102.11 欧元，否则最高限额会降低。如果丧偶者还有其他养老金，其遗属养老金就只能领取12 个月，并且总的养老金待遇不能超过自己养老金的 110%	到 60 岁之后可以领取特殊养老金	前配偶在婚姻持续期收入的37.5%减去同期自己获得的养老金
保加利亚	死者有 5 年以上的就业记录，如果死者是在 20～25 岁之间，就只需有 3 年的就业记录，或者已是养老金领取者	每个被赡养者最低可获得社会养老金的 90%。遗属为 1 名时，遗属养老金为死者养老金的 50%，遗属为 2 名时，75%，遗属为 3 名及 3 名以上时，100%	—	—
塞浦路斯	与养老金领取条件相同，如果不满足条件，就给予一次性支付。支付对象是寡妇或无自立能力的鳏夫	等于老年养老金加 60%的补充养老金。寡妇可用其丈夫生前的参保记录来代替她自己的记录	—	—
捷克	死者达到养老金领取条件或已是养老金领取者	1 310 克朗的基本津贴加上死者养老金的 50%，所有丧偶者可领取 1 年的补助。之后，只有 55（58）岁以上的寡妇（鳏夫）才能领取，但如果丧偶者需要抚养残疾或不能自立的儿童或残疾父母，就没有年龄限制	—	—
丹麦	1984 年取消了遗属养老金	一次性支付给丧偶者和 18 岁以下的孩子，数额取决于死者的养老金	—	—
爱沙尼亚	丧偶者没有经济收入能力，死者需有 1～14 年的参保期，具体年数要求视年龄而定	遗属为 1 名时，待遇为死者养老金的 40%；2 名遗属，70%；3 名以上，100%	—	—

续表

国家	丧偶者的待遇		离婚者的待遇	
	资格	待遇	资格	待遇
芬兰	抚养儿童者在65岁以下，如果没有孩子，在配偶死亡时遗属至少应达到50岁并且结婚5年以上，居住在芬兰	在配偶死亡之后的最初6个月之内可以领取基本养老金，之后须经收入调查	如果没有再婚，可以获得遗属养老金；如果有一名以上遗孀，养老金按比例分割	—
法国	至少达到55岁并且结婚2年以上。如果要养育婚生孩子或者丧偶者和死者都是残疾人，就不需要达到这个条件。个人收入必须在13 874欧元/年以下，没有再婚	死者养老金的54%，须经收入调查，支付期为2年。如果受益人达到50岁，支付期可延长到55岁	前配偶有资格获得遗属养老金。养老金在丧偶者和前配偶之间按婚姻持续期长短来分割	已故配偶养老金的54%
德国	死者有5年以上参保时间或已是养老金领取者	最初3个月为死者养老金的100%，之后，如果达到45岁，残疾或抚养孩子，待遇额为死者养老金的55%，否则为25%	—	—
希腊	遗属养老金可领取3年，40岁以上的遗属如果不工作或没有其他养老金，可以继续领取	残疾者可领取全额养老金。参加工作或有其他养老金者获得正常遗属养老金的50%。遗属达到65岁时可获得全额养老金，如果还有其他养老金收入，可获得正常养老金的70%	—	—
匈牙利	死者已是养老金领取者或者在死亡时达到了养老金资格	丧偶者在丧偶时年满55（60）岁，残疾或需抚养2个孩子，则可获得死者养老金的50%，其他丧偶者只能领取一年的待遇	—	—
爱尔兰	在配偶死亡或达到66岁之前的3～5年中，平均每年至少工作或视同工作39周，至少24周领取最低养老金	缴费型养老金：最高123.30欧元/周（对年满66岁以上者为144.80欧元），非缴费型养老金：最高118.80欧元/周（对年满66岁以上者为134欧元）	—	—
意大利	死者已是养老金领取者，或者缴费满5年，并且其中3年的缴费必须是在近5年内做的	参保人养老金的60%，如果抚养1个孩子，则为80%；如果没有达到遗属养老金条件，给予一次性补助；在过去5年里至少有12个月的缴费记录	离异者可获得遗属待遇	—

续表

国家	丧偶者的待遇		离婚者的待遇	
	资格	待遇	资格	待遇
拉脱维亚	死者是参保人或养老金领取者	参保人养老金的50%，如果有2名遗属，则为75%，3名或3名以上，则为90%	—	—
立陶宛	死者必须已经是养老金领取者或在死亡时已有足够的残疾养老金参保历史。老年或残疾丧偶者有资格获得待遇	死者待遇的20%，每个孩子可获得死者待遇的25%，总额不超过死者养老金的80%	—	—
卢森堡	死者在死亡前3年中至少有12个月的参保记录，或者已是养老金领取者	参保人基本养老金的100%加上参保人获得的补充养老金的75%，不考虑个人收入	离异者有资格获得待遇	数额取决于婚姻持续期，而不是个人收入
马耳他	死者支付了156周的缴费，平均每年缴费满50周(无论是实际支付的还是视同缴费)，参保时间短于这个时间的，养老金会降低，丧偶者工资收入不超过最低工资。对于需要抚养孩子的60岁以下的寡妇，不考虑其收入	待遇取决于缴费是在1979年1月22日之前还是之后做的。收入关联型待遇为丈夫死亡或退休前10年中最高3年工资的平均工资的5/9，最高不超过70.72里拉/周。再婚者会失去从前婚姻中获得的待遇，并获得数量等于52周养老金的一次性给付	—	—
荷兰	居民都有资格。支付给丧偶者或永久同居者	对1950年之后出生者或残疾程度为45%的人需经收入调查，有18岁以下孩子要抚养的，待遇为932.38欧元/月。遗属有工资收入的，待遇会相应扣减。收入高于2 002.54欧元/月的，没有遗属待遇	—	—
波兰	死者已是养老金领取者或达到了老年养老金或残疾待遇的工作年限要求	一名遗属，死者养老金的85%；2名遗属，90%；3名或3名以上，95%	—	—
葡萄牙	死者达到养老金条件或已是养老金领取者	参保人养老金的60%，只给付5年，除非受益人为35岁以上，残疾或抚养一个小孩	—	—
罗马尼亚	参保人在死亡时达到养老金领取条件或已是养老金领取者。寡妇必须达到一定的年龄条件和婚姻持续期要求。如果死亡是因意外事故、职业病或肺结核引起的，就没有条件要求	对于没有达到资格条件、需要抚养一名7岁以下孩子的低收入配偶，给予6个月的有限待遇，死者老年养老金的50%；2名遗属，75%；3名或3名以上，100%	—	—

续表

国家	丧偶者的待遇		离婚者的待遇	
	资格	待遇	资格	待遇
斯洛伐克	死者达到养老金领取条件或已是养老金领取者	寡妇待遇为参保人养老金的60%，领取期限为1年，满1年之后只有50岁以上的寡妇才能继续领取；如果丈夫死于职业病，则40岁以上的寡妇可以继续领取；对于残疾的、正抚养1个孩子、已抚养3个或3个以上孩子的寡妇，则没有年龄限制；鳏夫养老金为1 977克朗/月	—	—
斯洛文尼亚	死者达到老年养老金或残疾养老金领取条件，或已是养老金领取者，并且有5年以上的参保和缴费历史。从2003年以后，女性（男性）丧偶者必须至少达到52（53）岁	参保人养老金的70%；2名遗属，80%；3名遗属，90%，4名或4名以上，100%	—	—
西班牙	死者在过去5年中缴费满500天，在死亡时已是养老金领取者，或有15年缴费历史	死者或遗属的待遇基数中较高一个的46%，收入低于一定水平的，为50%，如果有遗属需要赡养的，则为70%	前配偶一旦再婚就没有资格，除非结婚时年满61岁，残疾度达到65%的人或遗属的养老金是养老金领取者总收入的75%	—
瑞典	居民都有资格。死者必须有3年的养老金积分或参保满3年	已婚或同居5年以上并达到一定条件，可支付6个月的待遇。如果有12岁以下的孩子，就一直支付到孩子满12岁。如果丧偶者因失业或疾病而不能养活自己，可获得特殊养老金	—	—
英国	死者达到参保要求或已是养老金领取者	45岁以上、不需要抚养孩子的，在配偶死后可以获得52周的津贴，其数额取决于丧偶时的年龄。年龄在18～59岁之间并且需要抚养孩子的寡妇可获得每周53.05英镑的津贴，每个孩子还可获得31.45～32.25英镑的津贴，如有其他福利或收入，要相应扣除	—	—

资料来源：美国社会保障局（2002）

这种家庭结构中妇女需要寡妇养老金，以保障其年老时的生活来源。只有丹麦和瑞典等少数几个国家完全转向了独立的养老金权利，取消了传统的寡妇养老金（丹麦在1984年，瑞典在1991年）。因此，抚养小孩的年轻寡妇得到的供养往往不足，而拥有自己的养老金的寡妇（包括鳏夫）供养却过多。为保证性别平等，很多国家的遗属养老金也覆盖了男性配偶，由此产生的预算问题则通过待遇封顶和待遇递减来控制。

更糟的是，离婚率的日益上升使遗属养老金资格问题更加复杂。很多国家每1 000人离婚率超过结婚率的50%（见表11.5），这意味着很多国家50%以上的婚姻不能维系，包括

表11.5　家庭结构的不断变化：2000年前后欧盟及其新加盟成员国结婚率和离婚率

国家	离婚率（每1 000人）	结婚率（每1 000人）
爱尔兰	0.7	5.1
意大利	0.7	4.9
希腊	0.9	5.4
西班牙	1.0	5.2
葡萄牙	1.8	5.7
法国	2.0	5.1
卢森堡	2.3	4.5
荷兰	2.3	5.1
德国	2.4	4.7
瑞典	2.4	4.0
奥地利	2.5	4.2
芬兰	2.6	4.8
英国	2.6	5.1
丹麦	2.7	6.6
比利时	2.9	4.2
欧盟平均	**1.9**	**5.1**
保加利亚	1.3	—
塞浦路斯	1.7	—
捷克	2.9	—
爱沙尼亚	3.1	—
匈牙利	2.4	—
拉脱维亚	2.6	—
立陶宛	2.9	—
波兰	1.1	—
罗马尼亚	1.4	—
斯洛伐克	1.7	—
斯洛文尼亚	1.1	—
马耳他	—	—
欧盟新成员国	**2.0**	—

资料来源：欧盟国家—欧盟（2003）；英国国家统计局（2001）；美国离婚改革统计（2003）；联合国（2001）；欧洲理事会（2001）。

注："—"表示数据无法获得。

第二次或第三次婚姻。在离婚行为较为保守的国家，如意大利和爱尔兰等国，离婚率预计会迅速赶上。但仅有少数几个国家为配偶建立了独立的养老金权利（建立伴侣养老金权利的国家更少）。很多国家仍然存在对妇女的待遇陷阱：即妇女在获得遗属养老金资格之后，不愿意再进入劳动力市场或者再婚。

另一个更近的变化是非正规就业的上升，即全职雇佣在减少，而兼职雇佣、自雇和临时性雇佣在上升（见表 11.6）。这种变化产生的原因在于，全球化和竞争压力使得全职雇佣和终身就业不再像以前那样居于主导地位，同时，这种变化还与劳动力市场上自我选择的灵活性（包括对退休收入的选择）有关。OECD 国家的数据表明公共养老金计划的覆盖率在下降（Holzmann，2003）。无论这是出于什么原因，某些养老金计划对这些非正规就业者来说并不好，因为这些计划是基于全职雇佣假定而设计的。而很多现行制度对非正规就业者来说又好得过分了，这又限制了他们持续缴费的积极性。因此，这个局面也要求改革（加强缴费与待遇之间的联系）。

表 11.6　　1988 年和 1998 年欧洲一些国家的就业安排（占总就业的百分比）

国家	总就业人数（千人）		自雇者（包括家庭工作者）		兼职者		临时性就业[1]	
	1988	1998	1988	1998	1988	1998	1988	1998
奥地利	—	3 626	—	13.8	—	15.8	—	6.8
比利时	3 483	3 857	18.0	17.4	9.8	15.7	4.5	6.4
丹麦	2 683	2 679	11.0	9.7	23.7	22.3	10.2	9.1
芬兰	—	2 179	—	14.6	—	11.7	—	15.1
法国	21 503	22 469	16.2	12.5	12.0	17.3	6.6	12.2
德国	26 999	35 537	11.5	11.0	13.2	18.3	10.1	10.9
希腊	3 651	3 967	49.5	43.4	5.5	6.0	8.8	7.4
爱尔兰	1 090	1 496	25.3	20.2	8.0	16.7	6.8	6.1
意大利	21 085	20 357	29.5	28.7	5.6	7.4	4.1	6.1
卢森堡	152	171	11.2	9.4	6.6	9.4	3.3	2.4
荷兰	5 903	7 402	12.1	11.6	30.3	38.8	7.7	11.2
葡萄牙	4 427	4 764	30.9	28.2	6.5	11.1	12.6	12.4
西班牙	11 709	13 161	29.1	23	5.4	8.1	15.8	25.3
瑞典	—	3 946	—	11.4	—	23.9	—	11.4
英国	25 660	26 883	12.7	12.5	21.9	24.9	5.2	6.1
欧盟	128 345	152 494	19.1	16.6	13.2	17.4	7.8	10.6

资料来源：霍尔茨曼（2003）。

注："—"表示数据无法获得。

领薪雇员，包括学徒、接受培训者、研究助理。

社会经济变化还要求对残疾待遇加以重新审视和设计，包括把残疾待遇从老年待遇的设计、提供和筹资中剥离出去。在俾斯麦式养老金计划开始之初，残疾待遇对个人而言比老年待遇更重要，因为每6个工人中只有1个工人有望达到70岁的退休年龄。于是老年养老金可以看作一般或绝对的残疾养老金，即二者保障的风险大致相同。如今老年养老金是用积累基金或根据既得权利来给付的终身年金，它是对死亡的不确定性提供保障。理论上，它与工作能力的丧失完全没有关系。但残疾养老金的最初设计及其与老年养老金的密切联系在欧洲很多养老金制度中仍然很流行，混合设计还使得很多国家把残疾待遇作为失业待遇的一种形式。此外，运动事故和汽车事故取代了普通的失能，成为授予残疾待遇的一个主要原因，特别是对于那些年龄较轻者。因此，对残疾待遇（无论是基于保险原理还是家计调查式）需要重新审视，将其纳入残疾人工作/福利一揽子设计中去（OECD，2003）。

最后，全球化（被理解为产品和服务市场、要素市场、技术市场的日益高度融合）要求公共计划运作的方式发生变化，包括养老金领域。这不仅是为了收获全球化带来的收益，也是为了应对全球化带来的挑战，包括技术创新和产品市场及要素市场供需变化造成的重大冲击。这同样要求劳动力市场具有较强的灵活性，要求改善金融市场，要求劳动者终身学习。

影响一国命运及其在全球化市场上的经济表现的一个主要因素在于它们应对冲击的能力，特别是那些要求现有经济结构做出调整的冲击。一个经济体对冲击的反应越灵活，其表现就越好。那种灵活性包括个人在不同职业之间、在公共部门和私人部门之间的流动性。在多数欧洲国家，不同部门之间分割的养老金计划即便没有完全消除至少也限制了劳动力在部门之间的转移，从而降低了劳动力流动性。不仅如此，分割的制度还使得某些改革措施要么难以实行，要么会破坏生产力。例如，把所有小学教师的退休年龄提高到67岁可能并不符合所有相关者的最佳利益，但如果教师能够容易地转移到相关或不同的职业，这种改革措施就是可行的。

一个国家能否融入世界经济与其金融部门发展水平密切相关。国内金融市场的发达是资本账户完全可兑现的主要原因，也是养老金资产能够在国际市场上进行分散投资的主要原因。投资的国际分散或许是世界上唯一的免费午餐①，只要退休资产在国内和国际的回报率没有相关性，国际分散还可能产生重大福利效应。但这要求一国具备某种最低限度的国内金融市场。强迫个人将其多数或全部退休资产都置于没有流动性的现收现付资产并不是一个最佳战略，这无法应对人们所面临的多种风险，显然也不能增进福利。养老金改革如果引入或加强积累制支柱，就能够分散风险，同时还能极大地促进国内金融市场的发展。高度发达的国内金融市场是市场经济的一个关键支柱，因为它能够动员中间储蓄、配置风险并为风险定价、吸收外部金融冲击、通过市场机制促进良好治理。金融市场发展水平与产出水平正相关，很有可能与经济增长路径也相关②。这种效应对欧盟新成员国很关键，对欧盟各成员国同样重要。

最后，为了通过延长参与劳动力市场的时间来应对人口老龄化，为了以社会可接受的方式促进劳动力市场弹性，为了促进知识积累和技术形成以推动经济增长，养老金制度应该支持劳动者终身学习。今天太多的养老金制度仍然是基于教育、就业和退休的严格分离。但是

① 见卡拉贾塔等（2003）。

② 见贝克等（2000）和莱文（2003）。

现代经济和终身学习的必要性要求养老金制度应鼓励而不是阻碍这三种活动的融合，例如在工作几年之后又回到学校，推迟（退休）闲暇，退休后重新参加工作（例如从70～72岁）。在多数现行养老金制度下，这种灵活性受到了抑制。

为了应对人口老龄化、社会经济变化以及全球化，正确的改革思路是朝着精算性更强、把缴费与待遇更加紧密地联系起来的制度结构发展；新制度还应该包含更强的个性化，以应对职业和家庭的流动性；应包含某种程度的积累，以允许更多的个人决策和选择。这种改革思路不能停留在对现行制度的参量式调整上。迄今为止，欧盟多数老成员国所采取的改革方式并不符合这种思路，而新成员国则更倾向于对养老金制度实行范式改变①，但与拉美国家相比，欧盟新成员国制度设计上的差异更大②。

欧盟国家20世纪90年代和21世纪初实行的改革本质上都是参量式改革——只有瑞典和意大利是例外。改革方案通常包括下列因素的组合：削减或消除提前退休给付，提高退休年龄或采取相关的间接措施以达到提高退休年龄的效果，降低年度增长因子，进一步改变指数化方式，建立或加强对自愿性积累制支柱的支持。只有少数几个国家开始朝着更加协调的国家制度发展（如奥地利和法国）。多数国家都忽视了财政之外的改革要求，除非是出于政治经济原因③。虽然这些改革本质上都在朝着正确的方向前进，但即使从财政立场来看，这些改革也都是不够的④。

第二节　一体化的欧洲需要一个协调良好的养老金制度

虽然在欧盟新老成员国对国家养老金改革的支持度日益上升，而且前面提出的理由有部分或全部是为人所认同的，但对于能够协调养老金结构的泛欧方式，人们却缺乏理解和支持。养老金制度与其他社会保障项目一样，被作为一国内部的改革事项，表明成员国没有看到加强养老金制度协调的必要性，更不用说养老金制度的和谐性。令人惊奇的是，欧盟委员会虽然在其他很多领域都看到了协调甚至和谐的必要性，并积极推动其实现，但它却没有看到养老金制度的协调问题。欧盟成员国改革努力的“开放式协调”方式被作为一个基准设计，而不是一个实现和谐的方式⑤。

本节指出泛欧养老金改革方向的主要动力在于欧洲经济一体化以及在单一货币欧元之下实现产品、服务和要素等共同市场的目标。这个目标对退休收入的提供有着影响：预算含

① 见霍尔茨曼、麦克拉尔和鲁特科夫斯基（2003）。

② 见米勒（2003）。

③ 见纳塔里和罗德斯（2003）。

④ 为了应对老龄化带来的财政压力，近来不同的改革都提议对年度养老金指数化率进行调整。例如，德国根据卢瑞普委员会提交的报告，按缴费人数与退休者人数之比例的变化来调整养老金，近来奥地利改革计划根据中位选民收到的数额来限制指数化率。通过降低指数化率而不是降低初始养老金和物价指数化来平衡财政账户是有问题的，其原因主要有三个：首先，它增加了个人面临的不确定性，因为未来的实际养老金水平是不能确定的，但一旦它是已知的，政府做出应变的能力就微乎其微了。第二，鉴于老年人长期护理的融资问题还没有得到解决，老年人的经济需求会增加而不是减少。最后但同样重要的是，改革是缺乏可信度的，因为政治家可能无法抵制指数化改变所带来的压力。

⑤ 见霍尔茨曼、麦克拉尔和鲁特科夫斯基（2003）。

义，提高劳动力市场流动性的需要，在人口不断老龄化的情况下增加劳动力供给的需要。

在欧洲维持稳定的共同货币的观念是与马斯特里赫特财政标准联系在一起的，即把财政赤字维持在3%以下，把公共债务维持在GDP的60%以下。尽管这个标准的选择可能受到置疑[①]，但这个目标是合理的，即避免某些成员国采取过度的、机会主义的财政扩张，从而避免欧元对内价值和对外价值受到损害。为了遵守相关的增长及稳定协议，12个“欧元区”成员国致力于实现零结构性预算赤字（在因周期性需要时，允许财政扩张）。除非对养老金制度进行改革，并且财政对养老金制度显性和隐性的转移支付得到控制，否则很多国家将无法以可持续的方式实行零预算赤字。奥地利是一个极端例子，与养老金相关的赤字几乎达到了GDP的5%。所有当前和未来的成员国不仅在长期护理计划或基础设施方面的支出压力还未得到完全控制，他们在主要的公共项目即养老金和医疗保健上还面临着人口老龄化带来的更大财政压力。

在共同货币区域，汇率政策和利率政策都失去效力，也没有其他工具可用来应对不对称冲击（使某些成员国受打击而其他国家不受影响的冲击），因此需要财政扩张（或收缩）的空间。但在一个一体化的经济区域中，财政政策的效力是有限的，因为它会渗漏到其他地区或补偿私人部门储蓄。因此还需要另一个主要的政策工具：通过工资弹性和劳动力流动带来的劳动力市场灵活性。

美国的经验证据表明，在区域性危机期间，尽管工资调整是重要的，但主要的调整机制是从（临时地）收缩地区向扩张地区迁移[②]。而欧洲经验与美国形成鲜明对比，欧洲工资弹性和劳动力流动性都微乎其微[③]，在欧洲，近几十年来跨国和跨地区的劳动力流动性实际上都很低[④]。对于欧洲来说，将来工资弹性和劳动力流动性这两种调整机制可能仍然不如在美国重要，因为欧洲劳动力市场较为僵化，而且还面临着文化和语言障碍，文化和语言阻碍还导致劳动力流动时社会资本遭到重大损失[⑤]。然而，在面临供需冲击时，为了避免调整迟缓的毛病及其带来的经济和社会后果，无论是工资调整还是劳动力流动机制都需要加强。

在共同货币安排下，结构调整迟缓和资源再配置中缺乏流动性所导致的后果可以从阿根廷的例子中看出来。阿根廷由于遭遇了多次恶性通货膨胀，并且寄希望于用严格的货币约束来推进产品市场和要素市场的改革，于是阿根廷引入了钉住美元的货币局制度。然而这些改革（包括劳动力市场改革）并没有如预期那样顺利进展，因此当经济冲击打击世界经济和周边国家时，阿根廷非常容易受到冲击。

支持共同货币和冲击调整的一个重要机制要求养老金制度不要把人们锁定在特定部门和国家，而是要支持劳动力在不同职业和国家之间的完全流动。但欧盟远远没有达到这个要求。欧洲很多国家公共部门和私人部门职员适用不同的养老金规则，限制了部门之间的劳动力流动。国家之间的流动性仅仅在概念上存在于公共养老金计划中（在现实中更弱），自愿

① 见霍尔茨曼、赫尔维和德梅尔（1996）。
② 见布兰查德和卡茨（1992）。
③ 见德克雷辛和法塔斯（1993）。
④ 见布劳纳赫尔姆等（2000）。
⑤ 见艾斯平—安德森（2001）。

性的私人积累制养老金的完全便携性还有待建立。因此，欧盟缺乏一个协调（更不要说和谐的）的养老金制度，而实行共同货币制度的其他经济一体化区域都有协调的养老金制度（如澳大利亚、巴西、加拿大、瑞典和美国）。这些联邦或邦联国家在州或省层面上表现出很多差异（包括所得税或短期社会福利），但它们有一个共同之处——一个通行各州的公共退休收入计划。

欧洲需要一个较为协调的泛欧养老金制度的另一个主要理由在于，欧洲劳动力市场不仅要求灵活性，它还需要更高的融合度。一个国际经济学流派的理论认为，产品和服务的自由贸易或者资本自由流动可能产生公平的要素价格，使福利达到最大化。然而，在有着外部性和不完全竞争的现实世界里，所有市场的绩效，包括劳动力市场，都需要改进并加强整合，才能使福利最大化①。欧洲劳动力市场的完全融合要求养老金权利在国与国之间具有完全的便携性②。

最后，欧元长期的对外价值可能取决于或者至少部分取决于对欧洲经济增长的预期（与美国或其他货币区相比）。在全球化背景下，当前产品或服务流的平衡或不平衡，甚至一国的净资产状况，对决定一种货币的相对价值的作用越来越被认为不重要。欧盟 15 国生产力增长只能部分地补偿人口预期下降对 GDP 增长率的影响（2000—2050 年之间为 13%，而美国预期生产力增长率在 50%以上，参见 Holzmann 和 Muenz，2004），而且较高的生产力要求能够把工人从衰退部门或地区向扩张部门或地区重新配置的机制。如果不通过提高劳动参与率、延迟退休、加大移民输入力度等机制来增加劳动力供给，以更好地补偿人口的下降和老龄化，GDP 将受到严重影响。最近欧元疲软（与美元相比）的原因可能是由于受到金融市场对这两个货币区域相对增长率的预期的影响。然而，要提高劳动参与率和延迟退休，就要求企业和劳动力市场上的年龄管理方法做出重大改变，并要求对退休收入计划进行恰当的改革。

当然，尽管一个泛欧的养老金制度将有助于消除劳动力流动受到的约束，但它本身是不够的。泛欧养老金制度有助于劳动力流动的原因在于，它降低了希望跨境流动者的交易成本。移民研究表明，这些交易费用是很高的，导致劳动力流动性很低。但不协调的养老金制度并不是交易成本的唯一来源，为了提高流动性，其他国民社会项目也需要做出调整，最关键的是医疗保障筹资，特别是私人/补充性医疗保险计划。此外，由于文化和语言障碍，跨境流动还会带来非货币的成本。但随着年轻人和受教育较多的人越来越精通其他欧洲语言，或使用英语作为通用语，语言和文化障碍将逐渐减轻。放开边境旅游、增加欧洲各国之间的通婚，以及欧洲认同感的兴起等因素都可以减轻实际或想象中的文化障碍。

第三节　泛欧养老金制度的潜在结构和转型问题

一个良好协调的泛欧养老金制度能够或者应该采取什么样的结构？如果要从本讨论中得

① 见尼科利蒂等（2001）。

② 关于在欧元国家是否有必要协调劳动力市场政策的最近讨论，见卡尔蒙佛斯（1998）。

出一个恰当的稳态制度，这种改革思路会碰到什么转型问题？应该如何解决？本节提出了对这些问题的参考答案。政治经济问题及其解决办法将在最后一节来讨论。本节在考察三个主要改革选择中间哪一个最合适之前，首先概述了泛欧养老金制度应有的一般和特定的主要目标。本文提议的泛欧养老金制度由强制性第一支柱名义账户计划、一个（自愿性）积累制支柱（可以是职业或个人退休计划）、一个基本（零）支柱（对最脆弱的老人提供最低收入扶持的社会养老金或非缴费型养老金）组成。本节将依次讨论这些支柱，但重点要强调的是名义账户支柱。本文提议的结构对泛欧目标来说有一些很有吸引力的特征，但对欧洲和欧洲以外很多有弊病的养老金计划来说，它也是一个很有前途的改革选择。

一、对改良的、协调的泛欧养老金制度的需求

改良和协调的泛欧养老金制度应该实现什么目标？对这些迫切愿望的陈述还应该允许对其进行透明和客观的讨论，并允许将其与其他改革选择进行清晰的比较。这里提出了两组目标：一是全世界所有现代养老金制度都应该实现的普遍目标，二是欧洲背景所要求的特定目标。

普遍目标是世界银行在近来一个政策研究报告中研究和提出的，它区分了两个层次的目标——首要目标和次级目标[①]。

养老金制度的首要目标应该是力求以符合具体国情的方式实施能够带来最大化福利的计划，为国民提供充足、可负担、可持续而稳健的老年收入。

第一，一个充足的养老金制度应该为一国绝大多数人口提供一种烫平终身消费的可靠工具，并且根据一国绝对贫困线，提供覆盖全民的足以消除老年贫困的待遇。

第二，一个可负担的养老金制度是在个人和社会筹资能力范围内的制度，它不会取代其他社会或经济需要，不会导致无法维持的财政后果。

第三，可持续性指养老金制度的财务稳健性，以及它在一套全面的合理假定之下在一个可预见期间里维持运行的能力。

第四，稳健性指承受重大冲击的能力，包括对经济、人口和政治风险的承受能力。

强制性养老金制度（及其改革）的次级目标是通过最大限度降低负面影响（例如对劳动力市场的影响），同时加强积极影响（例如对金融市场发展的影响），来达到增加产出的效果。次级目标也很重要，因为所有的退休收入（无论积累制还是非积累制）本质上都是来自一国的产出。养老金制度要达到其次级目标，关键在于产出[②]，因此其设计和实施必须考虑到经济产出水平和增长效应。

本文建议的泛欧养老金制度的特定目标包括流动性、国家偏好、团结以及转型的可行性。这些目标可作为选择的标准。

第一，制度应该允许劳动力在不同职业、部门、地区之间以及在生命周期不同阶段之间（学习、工作和闲暇）和不同家庭结构之间容易地、最不受限制地流动。

第二，制度应该符合（欧洲）团结概念，它被理解为代内和代际风险分担机制、从终身

① 见霍尔茨曼和辛茨（2005）。

② 见巴尔（2000）。

富裕者向终身贫穷者的收入再分配以及开放的风险保障。

第三，制度应该考虑到各国在（强制性）待遇或缴费水平方面的偏好，以及在向穷人或特定群体或活动进行再分配性资源配置等方面的偏好。

第四，提议的未来制度应该包括为尽可能多的成员国所接受的、从现行国家制度出发的可行制度转型。

二、泛欧养老金制度的潜在结构

为了达到上面提出的目标，未来泛欧养老金制度有三个主要选择：一是基本养老金加上强制性完全积累制支柱（覆盖全民的贝弗里奇式制度），二是DB型现收现付制加上自愿性完全积累制养老金（俾斯麦式），三是一个基本或非缴费型支柱加上一个名义账户制支柱再加上一个自愿性（或强制性）积累制支柱。

第一个选择（即以人头或家计调查式社会养老金作为基本养老金，加上强制性DC型完全积累制支柱）符合所有的目标，但最致命的是，它不符合转型的可行性目标。这种制度的构建可以朝着所有首要目标和次级目标靠拢，如果实施得好的话，还可以很好地实现这些目标。就是说，这种制度可以保证流动性，可以考虑国家偏好（例如在基本养老金水平和积累制支柱的缴费率可以依国情而定），还可以构建来保证团结，例如通过回报率统一的中央公共养老基金（从而在参保人之间统筹风险），或通过向个人账户的显性预算转移来应对低收入风险或失业风险（例如墨西哥的例子）。但第一个选择面临的主要障碍是（容易的）转型问题。这种盎格鲁—撒克逊方式能否在欧洲大陆获得共识还是一个问题，撇开这个政治问题不谈，主要的障碍是财政问题。众所周知，那种方式使养老金承诺构成的隐性债务显现出来，而且多数欧洲国家隐性养老金债务水平都在200%～300%之间①。偿还这笔巨额债务不是政治和经济能力所能及的，并且在多方面假定条件下，也没有帕累托改进效果②。尽管并不一定要偿还债务才能达到社会政策目标，但国际市场能否容忍欧盟如此高的显性债务水平，而不对欧元利率和汇率造成影响，还是一个问号。

在第二个选择下，未来养老金制度将把居于主导地位的公共管理的俾斯麦式DB型现收现付制度推广到整个欧盟。辅之以社会养老金和自愿性积累制养老金，这种方式也能实现很多改革目标，但不能实现全部目标。如果构造得好，它能够实现所有首要目标；如果构造得非常好，它甚至还可能实现养老金制度的次级目标。但全世界DB型现收现付制养老金计划的经验告诉我们，那种结构性改革是难以进行的（要在欧盟层面上得到同意更难）。就欧盟特定目标而言，流动性目标和国家偏好目标之间还会出现不一致。例如，在两个结构相同但待遇增长率不同（例如对照顾儿童期间的待遇）的DB制度下，从一个职业转向另一个职业或从一个成员国移居另一个成员国虽不是完全不可能，却是很困难的。要跟上那种流动性要求，需要付出巨大的管理努力，却未必完全能成功。最后也很重要的是，这种转型首先要求

① 对欧洲养老金制度的隐性债务有多种不同的估计［参见霍尔茨曼、帕拉西奥斯和兹维宁（2001)］，但可能只需要一个简单的拇指规则就足够了，即隐性债务水平大约为稳态下年度养老金支出的20～30倍。欧盟养老金支出水平平均为GDP的10%以上。

② 见林德贝克和佩尔松（2003)。

对DB结构（多种多样）达成共识，其次还要对复杂的转型规则达成共识。

第三个选择是本文建议的，它由（强制性）第一支柱名义账户计划加上（自愿性或强制性）积累制支柱，无论是职业养老金还是个人养老金，以及一个基本支柱（为最脆弱的老年人提供最低收入扶持的社会养老金或非缴费型养老金）组成。这种结构能够实现所有目标，无论是普遍目标还是特定目标，首要目标还是次级目标①。这种选择在设计和执行特征上有很大的空间，不同设计和执行特征的适应性也有所不同。下面将勾勒出使这种选择具有良好适应性的基本结构和设计因素。

三、关键（第一）支柱：名义账户制

为促使未来泛欧养老金制度选择名义账户制作为关键支柱，本小节分了三个部分来阐述：概括了名义账户制的基本结构，突出其实现制度目标和适应改革需求的能力，并指出它对多数（但不是全部）欧盟成员国来说转型都比较容易②。

1. 理想的名义账户制的基本结构③

名义账户制的一个主要吸引力在于其基本结构的简单性，因为名义账户制使（非积累制）养老金制度的代数和经济逻辑以及约束显性化。简单说来，名义账户制由个人账户组成，个人（及其雇主）缴费被记入个人账户并获得名义收益，退休时根据退休余命和名义利率把积累的名义退休资产转换成年金。因此，名义账户制在边际上和平均上都是准精算公平的④。制度设计和实施的关键因素包括：

（1）名义利率的选择应符合现收现付计划的内部收益率，即（制度内）工资总额的增长率。要保持缴费率不变，以人均工资或GDP或缴费收入等增长率作为名义利率都不能成功，但关于何为（最）恰当的名义利率选择的讨论远远没有结束⑤。

（2）退休余命的选择。出于政治目的，为了提供较高的年金而低估寿命（例如，以平均预期寿命代替群组预期寿命）也会危害财政可持续性。

（3）待遇指数化。尽管超过价格调整的指数化是可行的，但在原则上，使实际待遇保持稳定可以提供较高的初始待遇。暂时性地采取低于稳态情况的指数化调整率有助于建立一个

---

① 迄今为止还没有其他的论文提出一个较为协调的欧洲社会政策的基本结构，针对养老金制度协调的论文就更少了。最近一个例外是贝尔托拉等人（Bertola，2001），它提出了由三个核心因素组成的可能保险条款：最低缴费率、缴费与待遇的密切关联以及便携性。

② 本文不是第一个提出名义账户式泛欧养老金制度的，这个观点在多篇论文和演讲中（包括作者的）中都出现过，如在费尔德斯坦（2001）和戈拉（2003）的文献中。然而，本文是迄今对这个问题最全面的探讨。

中低收入国家的名义账户制没有受到多少关注，对此问题的第一个探索性文章可参见林德曼、罗巴黎诺和鲁特科夫斯基（2006）。

③ 什么是理想的名义账户制，它与其他待遇制度（如DB型现收现付制和DC型积累制）相比结果如何，它在现实中和政治压力下表现如何，这些都是有待讨论的问题，2003年9月28—30日在瑞典山德汉姆召开的研讨会正是为了讨论这些问题。对理想的名义账户制的定义可参见帕尔默（2006a）。

④ 其适用的贴现率是整体工资增长率，在一个动态有效的经济中，它低于（经风险调整的）利率。后者适用于DC型完全积累制，即一个被认为具有精算公平性的制度。非积累制的DC型（即名义账户制）接近于精算公平，但只能说是准精算公平的。

⑤ 见帕尔默（2006b）、赛特格伦和米库拉（2006）。

储备基金[①]。

(4) 尽管名义账户制并不严格需要一个储备基金，才能保证每期养老金预算平衡（即，使制度不受经济和人口风险的影响[②]），但它可以避免待遇水平的极端波动[③]。

下面要讨论其他重要的基本设计因素，包括领取养老金的最低合格年龄，以及最低养老金（如果有的话）、再分配因素、向新的名义账户待遇转变的转型规则。帕尔默（2006a，2006b）对这些及其他设计因素做了更详尽的探讨。

2. 名义账户支柱能够实现制度目标，满足改革需要

名义账户支柱（连同一个设计良好的基本支柱和自愿性支柱）能够满足第二节和第三节中归纳出的改革要求。出于篇幅限制，下面的讨论只关注部分重要的改革要求：财政可持续性要求、家庭结构变化和建立个人养老金权利的要求、在不同职业和国家之间的流动性要求、国家偏好和团结要求。

实现财政可持续性是名义账户制的一个显著特征（尽管它不是完全自动的），尤其是在人口老龄化的情况下。随着平均寿命上升，人们在退休年龄不变的情况下只能获得较低的养老金待遇，但他们可以通过延长劳动力参与时间（或增加个人储蓄）来弥补待遇的降低。因此名义账户制可以鼓励人们以连贯和平衡的方式来应对老龄化：即把增加的预期寿命分割为更多的工作和更多的退休闲暇。它按照符合现收现付计划的准精算削减（增加），对提前或推迟退休给予惩罚（奖励）。但它如果不采用一种平衡方式[④]，其财政稳定性不能在所有时期都自动实现[⑤]。名义账户制需要一个储备基金来为相对较大群组的缴费记录融资，还需要从外部融资来应对可能的非缴费型风险。储备基金还提供了一般性的缓冲，有助于使很多关键变量保持稳定。

由于名义账户制允许养老金权利的个人化，并且可以兼顾公平和效率，因此在名义账户制下，女性劳动参与率的上升、家庭结构变动及离婚率上升等问题都容易处理。例如，要处理生命周期中的结婚和离婚，只需要把共同生活期间积累的（名义）退休资产（缴费和利息）加以分割即可。即使婚姻持续到退休时，在退休时把待遇分割开也是可以想象的（只要适用男女统一的生存概率）。遗属待遇也容易处理，例如，需要抚养年幼孩子的寡妇或鳏夫可以获得慷慨的过渡性养老金，直到孩子上学，而且从以前婚姻中分割的积累退休资产可用于建立她（或他）自己的养老金账户，从而消除了养老金待遇陷阱。既然在多数欧洲国家，当夫妻离婚时，在婚姻持续期积累的金融资产和实物资产都要分割，积累的养老金权利不分割是不符合逻辑的。

由于名义账户制允许养老金计划之间的即刻协调，跨职业的流动性能够容易而迅速地实

① 准精算公平的年金是由退休余命和名义利率确定的。如果生产力增长率高于（负的）人口/劳动力增长率，总工资增长率仍然是正的。因此如果不是按正的名义利率来给予指数化调整，而是使养老金待遇保持不变，就可以产生一定的盈余，以便为制度建立起储备，当稳态储备基金建立起来之后，就可以对年金进行指数化调整。

② 见帕尔默（2006a）。

③ 见克内尔（2004）。

④ 见瓦尔迪斯—普累托（2000）。

⑤ 见赛特格伦和米库拉（2006）。

现。公务员养老金可以容易地融入国家名义账户支柱。对已退休者而言，什么都没有改变。对已经积累了养老金权利的人而言，养老金权利可以高度准确地估算出来，转换或现值并记入个人（名义）账户。到下个月（或次年）这个人就与其他人一样，获得统一的缴费记录和名义利息。因此，对即将退休的人而言，其养老金数额并没有发生多大改变，而对参加工作只有几年的人而言，他们主要受新制度覆盖。名义账户制改革很有可能伴随着对公共部门一揽子薪酬的重新审视，导致收入曲线图的变化，或者导致补充性的积累制 DC 型养老金计划的建立。

在名义账户计划下，在欧盟成员国之间的跨国流动也非常容易。尽管养老金积累额仅仅是名义上的，但它很精确，在各国获得的名义资产可以轻易地加总。加总方式主要有两种：一种是转移方式，一种是保留方式。在转移方式下，工人在移居他国时，例如从德国移居法国，可以随身带走他积累的养老金数额（即德国社会保障计划需要向法国社会保障计划做现金转移）。这样，养老金就在工人停止工作并申请养老金时所居留的国家计算和发放。从国家的角度来看，需要转移的只是一国劳动力市场所有移民（移入者和移入者）的养老金余额，这笔余额可能并不大。在保留方式下，每个工人都可以保留其账户，并继续获得名义利息直到退休。然后这个人从他所有曾经工作过的国家领取部分养老金。第二种方式所需要的交易费用可能较高（除非通过泛欧结算中心管理），而且在给予最低养老金的情况下，还可能产生问题（除非在各个国家通过填补差额并视居住情况来发放）。当然，在第一种方式下社会套利也不能避免，因为人们可能希望在退休前移居最低养老金比较慷慨、退休余命比较低、收入税率比较低的国家。

但是，只要成员国之间存在国家偏好和团结程度的差异，社会套利总是难免的，而名义账户制加上社会养老金/差额填补就会允许国家偏好。例如，一个国家可能倾向于低水平的法定养老金，从而规定较低的名义账户缴费率（例如 10%），并希望人们自愿向受到良好监管的积累制计划多缴费（例如也是 10%）。另一个国家可能倾向于较高的目标替代率并相应征收较高的缴费率（例如 20%），但却不希望人们向积累制支柱缴费。在这两种国家之间迁移的人的景况并不会有太大差别。名义账户制通过其集合回报率方式（统一的名义利率）和经济风险及人口风险的分摊，来表现国家团结。团结的第二个因素即再分配，也很容易引入名义账户制，但要求在给予再分配性权利之时由财政预算直接支付。例如，低收入工人的缴费可以由预算支付一部分，或者在登记失业期得到由转移支付筹资的缴费记录，即由失业保险制度向名义账户制计划做现金支付。

3. 不同成员国的转型问题处理

前一小节已经表明，在一国之内，收入关联型和非积累制养老金计划的转型在技术上是容易的，但在政治上却未必容易。从不同制度出发开始转型的国家同样如此。下面从不同国家组别来讨论转型问题。

已实行名义账户制的国家之间的协调。有 4 个欧盟国家已经建立了名义账户制：意大利（1995/1996）、拉脱维亚（1995/1996）、波兰（1998/1999）和瑞典（1994/1999）。括号中第一个日期是立法年份，第二个日期是开始向名义账户制缴费的年份。尽管这些国家都采取了名义账户制的制度设计，但它们在某些设计和执行因素上存在重大差别[①]。例如，这些国家采用了不同的名义利率、用了不同方式来确定退休余命，或者采用了不同的转型规则。这引起了两个普遍的问题：泛欧名义账户制应该或必须在何种程度上采取相同的制度设计和执行特征（从而达到完全协调，除了缴费率等因素可能不同），转型规则应该或必须在何种程度上协调起来？

例如，名义账户计划采用什么样的名义利率主要关系到财政可持续性问题。假如选择总和工资增长率会给名义账户计划带来财政可持续性，但如果人均工资增长率很高，选择以后者作为名义利率的国家就需要通过其他方法来平衡（例如年度待遇指数化），或寻求额外的预算来源。前提是没有理由阻止那种国家偏好。

有很多理由支持制度转型的协调。例如，意大利和瑞典计划在未来几十年内逐步引入名义账户制，而拉脱维亚一举把所有工人转入了新制度。如果跨职业和跨国的流动性是泛欧养老金改革的主要目标，就需要后一种转型方式。但这后一种转型应该考虑到国家偏好，特别是转型规则的慷慨程度对财政可持续性的损害。

准名义账户制国家的转型。德国和法国这两个国家的DB型现收现付制养老金与名义账户制类似，因而容易转型。DB制度如果采用按平均工资增长率重估的终身收入，并实行逐年修改的精算型年金，它在数学上就类似于（但不等于）名义账户制[②]。在现实中它与名义账户制还存在很多差别[③]，这不会对阻止它向着共同的名义账户设计转型，但使得这种转型与其他收入关联计划的转型没有多大差别。

其他俾斯麦式养老金制度的转型。当前和未来的其他很多欧盟成员国都有着典型的非积累制和收入关联养老金计划，这些国家的养老金制度转型在原理上很简单，与公务员待遇向名义账户制的转型（前面讨论过的）相同：计算既得养老金权利并将其转换成现值，即计入个人账户的一笔金额。另一种方法是用过去的缴费记录和过去的名义利率来决定初始金额。在精算公平的计划下，这两种方法的结果是相同的。在很多国家目前的条件下，第一种方法对政府来说比较便宜，因为近来的改革降低了养老金的现值（通过退休年龄的提高、指数化的改变等）[④]。因此，出于财政考虑，在转向名义账户制之前对旧制度做出重大的参量式改革是有好处的。奥地利正是如此，它刚好进行了那样的参量式改革，目前正在讨论向名义账户制/个人账户的转型。匈牙利和捷克共和国都在讨论名义账户制改革，比利时、德国、希腊、葡萄牙和西班牙等国的研究人员都提出了名义账户制改革建议（见 Vidal-Meliá 和 Domínguez-Fabián，2006）。

欧盟观察国的转型。尽管迄今为止俾斯麦式养老金制度是欧洲最普遍、覆盖人数最多的制度，有四个大国实行的是更接近于贝弗里奇式的制度，对这些国家而言，向着名义账户制的转型将是一个重大的政策变化。如爱尔兰有一个定额待遇制的缴费型制度和一个非缴费型

① 见帕尔默（2006b）。

② 见瓦尔迪斯—普累托（2000）、赛特格伦和米库拉（2006）。

③ 见勒格罗（2006）。

④ 第二种方式（自下而上）对于那些从低水平上提高了缴费率，并且还没有执行待遇削减改革的国家来说，可能比较便宜。

制度，英国有一个定额待遇制的缴费型制度和一个收入关联计划，后一个计划提供了退出选择，参加者可以协议退出该计划，并加入私人部门安排。丹麦和荷兰都有全民普享的养老金，丹麦养老金是定额的，而荷兰养老金是比例型的，并且要考虑居住情况（见 EPC，2001）。中东欧新成员国都继承了典型的收入关联计划，在这些国家的经济转型中，它们的养老金制度都没有改变［除了多支柱结构改革；参见 Holzmann，MacKellar 和 Rutkowski（2003）的附录］。

如果要设想转型/不转型，应该采取什么方法？对于典型的全民基本养老金制度加上半强制性积累制计划的情况，例如丹麦，为了促进流动性而实现一定程度协调的办法是，允许通过转入名义账户累积资产来买入全民养老金制度以及积累制计划，如果从丹麦移居他国，则反之。

四、泛欧养老金制度的积累制（第二或第三）支柱

在有了设计良好的泛欧养老金计划并且它考虑了国家偏好的情况下，积累制支柱的作用是什么，它应该采取什么结构，需要做什么才能使其运转良好？所有当前和未来的欧盟国家都已经有了积累制支柱，但其重要性和成熟度有所不同。要实现泛欧养老金制度的目标，这些国家的积累制支柱将需要做出一定的调整和协调（见表 11.7）①。

表 11.7　　2002 年前后欧盟及其新加盟成员国积累制养老金状况

国家	强制性第二支柱	描述	缴费率	参保劳动力的百分比	积累制养老金占退休收入的百分比[3]	积累制养老金资产相当于 GDP 的百分比
奥地利	否	n. a.	n. a.	n. a.	3.0	2.6
比利时	否	n. a.	n. a.	n. a.	0.5	4.8
保加利亚[2]	是	强制性补充养老基金；农民不低于 50～100 列弗，自雇者不低于 200 列弗；月收入不超过 1 000 列弗，当前缴费率为 2%，但计划提高到 5%；没有储备	工资的 2%	48.4	可忽略不计	可忽略不计
塞浦路斯	否	补充性收入关联型缴费/待遇。以前参保的人和为塞浦路斯雇主在国外工作的人可以自愿参与。雇主缴费率为 6.3%（自愿参与的为 10%），雇员缴 6.3%，政府缴 4%	n. a.	n. a.	中等	中等
捷克	否	n. a.	n. a.	n. a.	低	3.4
丹麦	是	私人管理的 DC 型计划；公共部门雇员加入公务员养老金计划（DB 型）	n. a.	82.0	16.0	21.5

① 对于欧洲及其他地区的补充性积累制养老金安排的细节，参见国际社会保障协会（2003a，2003b）。

续表

国家	强制性第二支柱	描述	缴费率	参保劳动力的百分比	积累制养老金占退休收入的百分比[3]	积累制养老金资产相当于GDP的百分比
爱沙尼亚	是	雇主缴4%，雇员缴2%；没有上限。养老金管理公司管理个人账户，并且每个季度必须向担保基金缴费	工资的6%	60.0	可忽略不计	0.13
芬兰	否	n. a.	n. a.	n. a.	38.6	n. a.
法国	否	n. a.	n. a.	n. a.	低	5.6
德国	否	n. a.	n. a.	n. a.	13.0	3.3
希腊	否	n. a.	n. a.	n. a.	低	11.9
匈牙利	是	到2004年缴费率上升到8%；雇员费基上限为2003年平均工资的250%；雇主缴费没有费基上限，采取个人账户的形式，0.4%的缴费进入担保基金	工资的6%	45.0	低	5
爱尔兰	否	n. a.	n. a.	n. a.	高	高
意大利	否	n. a.	n. a.	n. a.	4.2	3.2
拉脱维亚	是	当前缴费率为2%，预计将上升到9%；费基上限为18 400拉兹	工资的2%	72.0	可忽略不计	0.4
立陶宛	否	n. a.	n. a.	n. a.	可忽略不计	可忽略不计
卢森堡	否	n. a.	n. a.	n. a.	低	低
马耳他	否	n. a.	n. a.	n. a.	低	低
荷兰[1]	是	不是强制性的，而是由行业协议确定；95%的计划都是DB型；职业养老金与公共养老金相融合	n. a.	91.0	19.0	85.6
波兰	是	DC型个人账户制，雇员做投资选择。雇员和雇员各缴纳一半，雇员缴费下限为最低工资，雇主和雇员缴费上限为年度平均工资的250%；养老金资产的0.1%组成担保基金，并有政府预算担保	社会保障缴费总额的7.3%	70.0	低	3.0
葡萄牙	否	n. a.	n. a.	n. a.	低	12.0
罗马尼亚	否	局部立法确立，但受到质疑；第二支柱原则上已确定，其实施取决于未来的财政状况	工资的8%	75.0	可忽略不计	可忽略不计
斯洛伐克	否	n. a.	n. a.	n. a.	可忽略不计	1.0

续表

国家	强制性第二支柱	描述	缴费率	参保劳动力的百分比	积累制养老金占退休收入的百分比[3]	积累制养老金资产相当于GDP的百分比
斯洛文尼亚	否	n. a.	n. a.	n. a.	可忽略不计	0.0
西班牙	否	n. a.	n. a.	n. a.	低	2.1
瑞典	是	积累制养老金管理局（PPM）管理个人账户，工人从几百个私人管理的基金中选择其资产管理人	工资的2.5%	100.0	中等	32.6
英国	是	强制性养老金成分包括DB型和DC型计划；一些成分是由政府运营的，一些是由雇主运营的，还有一些是由金融服务公司运营的	工资的17.5%～40%，视年龄而定	高	高	83.7

资料来源：OECD（2000）；World Bank（2003c）；Luxembourg Income Study（2003）；ISSA and INPRS（2003）；Blommestein（2000）；Whitehouse（2000，2001）；Palmer（2000）；Denmark Ministry of Social Affairs（2002）；Holzmann et al.（2003）；Chłoń-Domińczak（2003）.

注：n. a. 指没有资料。

1. 荷兰第二支柱是准强制性的，它根据集体劳动合同而建立。其养老金占退休收入的百分比数据无法获得，因此采用了资本收入占退休收入的百分比。

2. 对于保加利亚，参保比例一栏给出的数据是积累制养老金计划参保人占缴费总人数的比例。

3. 由于关于65岁以上人口的数据无法获得，因此它包括总人口。根据作者做的定性估计，"可忽略不计"指积累制养老金收入占当前人口退休收入的百分比小于1%，"低"指该百分比在1%～5%之间，"中等"指5%～15%之间，"高"指15%以上。

积累制支柱本质上有四重作用。第一个主要目的是在名义账户待遇之外提供消费熨平。名义账户制在缴费率足够高的情况下也能够提供慷慨的替代率，但作为一个强制性的普遍计划，它不应该提供过高的替代率。名义账户计划下过高的强制性缴费率类似于工薪税，它会产生负面的社会和经济效应，特别是对于受到信用约束的个人而言①；尽管在缴费和待遇的关联度比较大的情况下，它对工资水平的影响似乎会轻一些②。精算公平的积累制支柱允许人们根据个人偏好更好地熨平消费，并且对个人劳动供给和储蓄决策产生的扭曲较轻。

第二个主要目的是在老龄化社会中加强退休灵活性。名义账户制作为一种准精算型的计划，对提前退休者的待遇削减较大，因此它能够鼓励推迟退休。为了弥补将来养老金的降低，个人需要计划在劳动力市场上停留更长时间，或在积累制支柱下储蓄更多。通过自愿向名义账户增加缴费来为提早退休融资是可能的，但还需要权衡第三个主要目的——分散风险。由于积累制和非积累制养老金支柱受经济、人口及政治风险的影响不同，并且它们的回

① 见林德贝克和佩尔松（2003）。

② 见奥格等（2003）。

报率是不相关的，因此把养老金待遇分散到两个不同支柱中能够提高福利。据说在一个老龄化和全球化的世界中，由于受到技术进步和其他变化的影响，风险将会上升，使得风险分散更加重要（例如，参见 Bovenberg，2003）。

最后但同样重要的是，积累制支柱对于支持泛欧流动性和欧洲以外的流动性很重要。在本文提议的更加协调但不完全一致的泛欧养老金制度下，差异仍然存在；然而如果有一个强劲的（自愿性或强制性）积累制支柱，它们对流动性的负面效应就会减轻。而且，欧洲与外部世界的劳动力流动性也必然会上升，欧洲人生命中部分时间可能是在国外工作，来自发展中国家的流动工人生命中部分时间是在欧洲工作。强劲的积累制支柱容易带回家，从而使流动劳动力的生活更好，使东道国和派出国都容易处理得多。

要使积累制支柱达到良好的泛欧结构，需要做很多选择。第一，强制性还是自愿性问题，企业养老金（第二支柱）还是个人养老金（第三支柱）形式[①]。如果建立强制性第二支柱而明显减少名义账户第一支柱，会产生转型成本问题，而且很多养老金经济学家的评估表明这种努力是不值得的。此外，强制要求高替代率的经济原理逐渐失去了依据，因为个人短视现象减轻了，并且产生了更好的退休融资工具。可以且应该考虑把所有欧盟成员国都存在的现行法定解雇给付转入积累制失业待遇和退休账户，一些国家已经开始这么做了[②]。因此本文认为（新）积累制支柱原则上应该是自愿性的，法规应允许它采取企业养老金和个人养老金的形式，它应该设计良好而且简单易行。

第二，实行 DB 型还是 DC 型计划的问题。作为个人我们可能最欢迎的是最后工资型的 DB 计划，但是经济原理和最新趋势都支持 DC 型计划。DC 型对个人劳动力供给决策的扭曲最小，包括退休决策。它还提供了泛欧养老金制度要求的跨职业和跨国的流动性。

第三，积累制支柱的简单性和透明度很重要：即退休产品的结构应该简单，并且欧盟至少应该有一套标准化工具。这里建议的工具包括某种个人退休账户，以及雇主提供的某种职业养老金账户，只要职业养老金以相对简单的结构存在，例如像美国和加拿大的职业养老金。而德国职业养老金企图同时达到多种目标，致使其结构复杂化，这是应该避免的。本文不主张对积累的退休资产实行强制年金化，尤其是在名义账户制计划给予了最低养老金的情况下。

第四，积累制支柱作为泛欧养老金计划的一部分，它还要求在法规、监管和税收等层面上实现协调，但这可能并不容易实现。在法规和监管层面上出现的一个问题是，采取相互承认还是集中化方式。在税收层面上出现的问题是，税制应该统一（收入税还是消费税，如果采取消费税形式，它应该前载还是后载）还是在欧洲内部相互承认积累制支柱缴费的税收扣

① 请注意，用欧洲的习惯术语来说，第二支柱指公司养老金（无论是强制性还是自愿性的），而第三支柱指个人养老金（无论是强制性还是自愿性的）。按世界银行采用的盎格鲁—撒克逊术语来说，第二支柱是强制性积累制养老金（无论是公司还是个人的），第三支柱指自愿性积累制计划（无论是公司还是个人的）。本章采用的是欧洲术语。

② 针对解雇给付及其改革的问题，世界银行、维也纳路德维希波茨曼经济研究所共同组织，并由卢森堡国际应用制度研究所主持，于 2003 年 9 月 7 日和 8 日在维也纳附近的莱森堡举办了一个研讨会。很多不错的会议论文可以在 www. worldbank. org/SP 或 http://members. vienna. at/libecon/boltzanalyse 上下载，会议论文集准备以霍尔茨曼和沃多皮维克（2005/6）的名义出版。

除。尽管欧盟指令使得积累制支柱朝着税收待遇协调化前进了一步，但最近针对比利时、法国、意大利、葡萄牙和西班牙而发起的侵害指控程序，以及推进针对丹麦的现有案件的处理等情况，都表明还有更多问题需要解决。在准备和讨论了10年之后才在2003年推出的“养老金指令”看上去需要一段时间以供金融机构和跨国公司消化，然后才能做出判断①。

五、社会养老金支柱：欧盟成员国应如何加强社会养老金（或非缴费型养老金）

欧盟所有现成员国和未来的成员国对老年穷人都有一定的收入扶持，至少是以一般性社会救济的形式，但越来越多的成员国采取了（部分或完全）家计调查式社会养老金，少数几个国家采取了全民基本收入的形式（见表11.8）。为了实现社会目标和制度的一致性，本文强烈建议泛欧养老金制度应加强社会支柱（或零支柱或非缴费型支柱），解决欧洲弱势老年人的问题。

表11.8　2002年左右欧盟及其新加盟成员国社会养老金的范围和形式

国家	概况	资格	国籍/居住条件	待遇	占老年人的百分比	社会救济支出占GDP的百分比	评价
奥地利	一般性救济，补充养老金，给予个人630.92欧元的最低养老金	19岁以上且不能维持最低生活水平的人可获得一般性救济。老年人（退休年龄以上）若基本养老金达不到最低水平，可获得补充养老金	必须是居民、有欧盟成员国国籍或被认可的难民；某些省还要求奥地利国籍	收入调查式补助达到最低养老金水平	6.7	0.2	在所有养老金计划中，待遇达不到最低水平的，均可获得补充养老金。没有收入关联型养老金者可获得社会救济
比利时	一般性救济，老年人担保收入，最低养老金	所有18岁以上且生活不能自给的公民都可以获得一般性救济。老年人（女60岁以上，男65岁以上）若不能维持最低生活标准，可获得担保收入	对登记者给予一般性救济；对外国人有一定的限制。比利时居民或在声请救助前已在比利时居住5年以上或者累计在比利时居住了10年以上的欧盟居民	完全达到参保条件的单个人每年可获得9 253.11欧元的最低养老金。对个人的家计调查式补助为每年7 022.70欧元	—	0.7	—

① 见IPE（2003）。

续表

国家	概况	资格	国籍/居住条件	待遇	占老年人的百分比	社会救济支出占 GDP 的百分比	评价
保加利亚	社会养老金	—	—	每月 44 拉弗的定额待遇	—	—	—
塞浦路斯	社会养老金	针对 65 岁以上且没有养老金或其他来源的类似给付的人。68 岁以上、没有达到养老金缴费条件的人可获得一次性给付	40 岁以后在塞浦路斯居住 20 年以上，或者 18 岁以后在塞浦路斯居住 35 年以上	一次性给付总收入的 15%。社会养老金为 133.63 英镑/月	—	—	—
捷克	最低养老金	—	—	2 080 克朗/月	0.2	—	—
丹麦	非缴费型补充养老金计划	针对养老金很低的人。给付年龄为 67 岁	丹麦居民。欧盟公民或认可难民可获得 3 年的临时性援助，直到他们成为居民	4 406 克朗/月的收入调查式补充养老金	—	1.4	—
爱沙尼亚	—	—	—	—	2.6	—	—
芬兰	生活补助	针对没有其他收入来源且年满 18 岁以上的人	在市政当局登记的居民	—	—	1.1	—
法国	一般性救济，老年人待遇加上补充给付应达到最低收入，最低养老金	没有其他福利且年满 25 岁的人。65 岁以上的老年人若养老金很低或没有养老金，可获得补充待遇	法国和欧盟居民	最低养老金减半计算，不低于 6 307.62 欧元/年。需参保 150 个季度以上，参保期限不足的，最低养老金会相应受到削减	—	2.0	—
德国	一般性救济、基本待遇保障	收入不足以维持最低生活的人。65 岁以上（即使没有养老金资格）和劳动能力永久性下降（对自身情形负责的除外）且年满 18 岁以上的人可获得保障待遇	居民。非德国国籍包括难民都受到限制	一般性救济是家计调查式的。基本保障待遇包括对住房和医疗的给付	—	2.3	包括对老年人的补充福利

续表

国家	概况	资格	国籍/居住条件	待遇	占老年人的百分比	社会救济支出占 GDP 的百分比	评价
希腊	对老年穷人的救济，最低养老金，被赡养人可获得补贴	65 岁以上且没有足够社会保障待遇的人，不享有社会保障的穷人	永久性居住的公民；难民和获准居留的避难者	最低养老金为 360 欧元/月，如果妻子没有工作或丈夫是不能自立的残疾人，可额外获得 26.99 欧元/月的补助，每个孩子还有 17.98 欧元/月的补助	—	0.1	对没有医疗保障和最低养老金的老年人给予福利待遇。对经济困难者给予一次性给付
匈牙利	—	—	—	—	—	—	—
爱尔兰	补充性救助，非缴费型的老年养老金	66 岁以上、收入来源不足的人；有特殊需要的人	居民。难民和避难者受到限制	根据家计调查情况，最高 134 欧元/周，每供养一个成年人还可获得 88.5 欧元的补助，每抚养一个孩子还有 16.8 欧元的补助	8.7	5.1	
意大利	社会救济，社会养老金，社会补助	所有生活不能自立的人都可以得到救助。65 岁以上者若没有社会养老金资格，可以获得社会补助（最低养老金）	城市居民，在意大利合法居住的欧盟公民	最低养老金为 362.69 欧元/月，社会补助为 3 775.83 欧元/年。70 岁以上且年收入低于 6 714 欧元的，可最多获得 516.46 欧元/月的补助	—	1.3	—
拉脱维亚	最低养老金	—	—	30 拉兹/月	—	—	社会救助计划在 1996 年被社会养老金计划取代。自 1996 年以来还没有新申请社会养老金的人

续表

国家	概况	资格	国籍/居住条件	待遇	占老年人的百分比	社会救济支出占 GDP 的百分比	评价
立陶宛	基本养老金	—	—	贫困线的110%	—	—	—
卢森堡	收入扶持，最低养老金	所有 30 岁以上的人；参保 20 年以上者可以获得最低养老金	过去 20 年中有 10 年是在卢森堡居住，并且在地方政府登记的人	—	—	0.5	—
马耳他	—	—	—	—	—	—	—
荷兰	一般性救济，老年人可获得收入调查式补充津贴	所有 18 岁以上的人	居民。对于非居民，只有在存在专门协议的情况下才给予	无故不缴费的，按欠缴年份乘以 2%来扣减补充津贴	—	2.2	—
波兰	最低养老金	—	—	最低养老金 530.26 兹罗提/月	—	—	—
葡萄牙	担保最低收入，社会养老金，社会补充养老金	对经济困难的人给予担保收入。没有社会保障待遇的老年人（65 岁以上）可获得社会养老金。参加了养老金计划但缴费不足以产生最低养老金的人可以获得社会补充养老金	国民和欧盟公民；无国籍人士和难民要求 6 个月的居住期	社会养老金为 138.27 欧元/月	—	0.5	—
罗马尼亚	—	—	—	—	—	—	—
斯洛伐克	最低养老金	—	—	550 克朗/月	—	—	—
斯洛文尼亚	—	—	—	—	—	—	—
西班牙	最低收入计划，社会养老金	低收入家庭可从最低收入计划获得救济；65 岁以上且没有参加社会保险的人可以获得社会养老金	最低收入计划要求 1 年以上的居住期；要获得社会养老金，要求有 10 年的居住期，并且申领前至少有 2 年的居住期	最低养老金为 385.50 欧元/月（65 岁以上），65 岁以下的，最低养老金受到削减	1.6	1.1	—

续表

国家	概况	资格	国籍/居住条件	待遇	占老年人的百分比	社会救济支出占GDP的百分比	评价
瑞典	社会福利津贴，担保养老金	没有其他收入来源的人，社会保障待遇低的人给予补充	居民	—	—	1.2	—
英国	收入扶持待遇	除了不工作的人之外都有，收入必须低于一定水平，储蓄在8 000英镑以上或者每周工作16个小时以上的，不能获得收入扶持	居民，除非是属于欧盟规定的或难民；视移民情况予以一定限制	取决于年龄、收入和环境；每人92.15英镑/周减去其他收入	—	4.2	非缴费型家计调查式救济

资料来源：吉利翁等（2000）；美国社会保障局（2002）；国际社会保障协会（2003）。

注："—"表示没有资料。

1. 社会救助领取人占总老年人口的比例。

加强社会养老金支柱主要有两方面的理由。首先，在新结构下，准精算的名义账户制第一支柱和精算型积累制第二和第三支柱提高了劳动力市场的效率，但减少了对穷人的再分配。从非精算型向精算型制度转变可以带来帕累托改进，但它要求（维持或建立）最低福利①。其次，为防止老年贫困而对脆弱老年人提供收入扶持是任何养老金制度充足性目标的一部分。随着老龄化进程，老年人的脆弱性会上升，从而要求加强社会支柱，欧盟的团结目标也要求加强社会支柱。收入关联计划的覆盖面是不完全的，或许还在下降，因此我们可以推测贫困率会随着预期寿命的不断上升而提高②。

至于如何构建加强的社会养老金支柱，有三个主要问题。除了社会养老金支柱外，名义账户制是否还要提供最低养老金？它应如何与社会养老金挂钩？它应采取什么资格标准和水平？首先，有几个很好的理由要求名义账户制提供最低养老金。最重要的是，它强化了人们参与正规劳动力市场的动机。然而，为了不与名义账户制在个人退休决策方面的中立性目标相抵触，享受最低养老金的资格应受到限制。例如，虽然个人在达到一定年龄如60岁以后就可以退休，但要求个人名义账户积累额达到100%最低养老金，否则就需要达到标准退休年龄，如67岁（它还会随着预期寿命增加而上升）。其次，要把名义账户的最低养老金与社会养老金在劳动力市场激励方面相协调，就要求不同的资格标准（例如某种家计调查或财富

① 见林德贝克和佩尔松（2003）。

② 欧洲OECD国家的数据表明，尽管65岁以上群体的贫困率往往是最高的，但在20世纪80年代中期和90年代里，这一群体的贫困率下降得最为明显（捷克和匈牙利在90年代早期到晚期）。见佛尔斯特（2003）。

调查)、不同的数额、不同合格年龄，或这几方面的组合。最后，领取社会养老金的合格年龄应该定得较高（例如 70 岁以后），但家计式调查可以宽松一些，例如以财富调查的形式，这样可以排除拥有其他养老金和金融资产的人。那种社会养老金能够表现出多大程度的国家倾向，同时又不会损害本文建议的泛欧养老金制度的激励结构，还需要讨论和进一步研究。

第四节　结　语

本章考察了欧洲需要一个泛欧养老金制度的原因，以及什么样的潜在结构才能最好地实现它。社会和经济需要都要求更加激进的、超越成员国的养老金改革。经济需要与共同经济区域和共同货币密切相关。本文为欧盟现成员国和未来成员国建议的是一个多支柱制度，它以名义账户制为核心，以补充性积累制养老金和社会养老金为其两翼。这种方式能够实现养老金制度的普遍要求和在欧盟特定情况下对泛欧养老金制度的要求，包括为国家偏好留下空间。

除了为什么需要泛欧方式和它应采取的结构外，这种制度变革如何进行还需要考虑。我们可以想到三条主要途径。

第一个途径是由欧盟委员会发起和领导。这不是没有可能，但可能性不大。首先，成员国没有意图把那种改革要求赋权于欧盟委员会。社会政策仍然被看做是国家议项，受制于主权原则，而不能由欧盟委员会“统一处理”。第二，欧盟委员会没有明显的意图领导这种改革，因为它似乎还没有看到加快全面改革的必要性。最后，成员国最近为了加快改革，实行了开放式协调方式作为相互评估程序，这种方式有其优点，但它不可能引致迅速的国家改革，更不大可能产生泛欧改革计划。

第二个途径是通过欧盟国家之间的竞争来实现。如果某种现行或改良的养老金制度在社会和经济政策目标方面的优越性被其他国家看到，这种制度就可能逐渐被其他国家采用。这也是可能的，但它不够快速。即使这种方式得到执行，其结果可能是次优的。首先，改良后制度的优越性只有通过时间检验才能得到体现和证明，这可能需要几十年时间，那就太晚了。其次，对制度改革的模仿是事实，将来也会发生（例如，波兰改革的灵感来源于拉脱维亚名义账户改革，而拉脱维亚又是受瑞典改革的启发，或受奥地利和匈牙利可能建立个人账户的启发，后面两个国家又受到北方改革的启发），但其他国家的模仿可能会受到限制。最后，即使所有国家在竞争压力下都效仿领头国，这也不能保证各国采取的方式有足够的一致性，因此不能提供欧洲所需要的劳动力流动性。最后但同样重要的是，“社会政策是为了弥补市场失灵或实行出于团结目标的转移支付，当相关等式的因素跨越了政策制定者选民的国境时，制度之间的竞争不能产生有效的结果”①。要消除无效率或不公平的经济关系，就需要集体行动；因此把竞争带到跨国家的层面上可能使两个目标都不能实现②。

第三个可能性是由政府领导的跨国方式。养老金改革问题开始被政府官员提出，如欧盟

① 见 Bertola 等（2001）。
② 见辛（2003）。

经济政策委员会，它代表欧盟成员国财政和经济事务部的高级官员①。迄今欧盟经济政策委员会主要关心的是老龄化的财政后果。但更广泛的稳定问题将会受到更多的关注，包括在整个欧洲的劳动力流动性问题。学界和研究机构的任务是促使人们认识到建立良好协调的泛欧养老金制度的需要，其研究得出的改革建议应交给欧盟经济政策委员会或类似的核心团体来检验和支持。将来某个时候如果某个具有超凡魅力的政治家赞同本改革建议，会由其率先发起改革。这可能在欧洲首次受到重大不对称冲击之后会发生。

参考文献

Americans for Divorce Reform, Inc. 2003. *Divorce Statistics 2002*. http://www.divorcereform.org.

Barr, N. 2000. "Reforming Pensions: Myths, Truths, and Policy Choices." IMF Working Paper WP/00/139, International Monetary Fund, Washington, DC.

Beck, T., R. Levine, and N. Loayza. 2000. "Finance and the Sources of Growth." *Journal of Financial Economics* 58 (1-2): 261-300.

Bertola, G., J. Jimeno, R. Marimon, and C. Pissarides. 2001. "EU Welfare Systems and Labor Markets: Diverse in the Past, Integrated in the Future?" *In Welfare and Employment in a United Europe*, ed. G. Bertola, T. Boeri, and G. Nicoletti, 23-122. Cambridge, Mass. and London: MIT Press.

Blanchard, J. O., and L. Katz. 1992. "Regional Evolutions." *Brookings Papers on Economic Activity* 1: 1-75.

Blommestein, H. 2000. "Aging, Pension Reform, and Financial Market Implications in the OECD Area." Center for Research on Pensions and Welfare Policies.

Börsch-Supan, A. 1999. "Gesetzliche Alterssicherung Reformerfahrungen im Ausland. Ein systematischer Vergleich aus sechs L ndern." Deutsches Institut fur Altersvorsorge GmbH, Cologne.

Bovenberg, A. L. 2003. "Financing Retirement in the European Union." *International Tax and Public Finance* 10: 713-34.

Braunerhjelm, P., R. Faini, V. Norman, F. Ruane, and P. Seabright. 2000. *Integration and Regions of Europe: How the Right Policies Can Prevent Polarization*. London: Centre for Economic Policy Research.

Calmfors, L. 1998. "Macroeconomic Policy, Wage Setting and Employment: What Difference Does the EMU Make?" Institute for International Economic Studies. Seminar Paper 657, Stockholm.

Chłoń-Domińczak, A. 2003. "Evaluation of Reform Experiences in Eastern Europe."

① 见 EPC (2001)。

In International Federation of Pension Fund Administrators, ed., *Pension Reforms: Results and Challenges*, 145-237. Santiago, Chile.

Council of Europe. 2001. *Recent Demographic Developments in Europe* 2001. Strasbourg: Council of Europe.

Decressin, J., and A. Fatàs. 1993. "Regional Labor Market Dynamics in Europe and Implications for EMU." INSEAD, Paris.

Denmark Ministry of Social Affairs. 2002. "The Danish Social Policy." http://www.sm.dk.

EPC (Economic Policy Committee). 2001. "Budgetary Challenges Posed by Ageing Populations." Brussels, http://europa.eu.int/comm/economy_finance/epc_en.htm.

——. 2001. "Budgetary Challenges Posed by Ageing Populations: The Impact of Public Spending on Pensions, Health and Long-Term Care for the Elderly and Possible Indicators of Long-Term Financial Sustainability of Public Finances." EPC/ECFIN/655/01-EN final (October 24, 2001). European Union, Brussels.

——. 2003. "Key Structural Challenges in the Acceding Countries: The Integration of the Acceding Countries into the Community's Economic Policy Coordination Process."

EPC/ECFIN/114/03 final (April 29, 2003). European Union, Brussels.

Esping-Andersen, G. 2001. "Comments." In *Welfare and Employment in a United Europe*, ed. G. Bertola, T. Boeri, and G. Nicoletti, 127-43. Cambridge, Mass., and London: MIT Press.

EU (European Union). 2003. *Eurostat Yearbook* 2003. Luxembourg: European Union. http://europa.eu.int/comm/eurostat.

Feldstein, M. 2001. "The Future of Social Security Pensions in Europe." NBER Working Paper Series WP 8487 (September), National Bureau of Economic Research, Harvard, Cambridge, Mass.

Förster, M. 2003. "Income Inequalities, Poverty and Effects of Social Transfer Policies in Traditional OECD Countries and Central Eastern Europe: Patterns, Trends and Driving Forces in the 1990s." Ph. D. thesis, chapter 4.3.3, University of Liège.

Gesellschaft für Versicherungswissen-schaft und-gestaltung e. V. 2003. "Proceedings of the 2002 Workshop on the Social Protection Systems of the Candidate Countries." Brussels. http://www.gvg-koeln.de/deutsch/projekte.html.

Gillion, C., J. Turner, C. Bailey, and D. Latulippe, ed. 2000. *Social Security Pensions: Development and Reform*. Geneva: International Labour Organization.

Gora, M. 2003. "The Quest for Modern Pension System." In *Structural Changes in Europe*, ed. G. Tumpel-Gugerell and P. Mooslechner. United Kingdom: Edward Elgar.

Holzmann, R. 2003. "A Provocative Note on Coverage in Public Pension Schemes." In *The Three Pillars of Wisdom? A Reader on Globalization, World Bank Pension Models and Welfare Society*, ed. A. Tausch, 85-99. Happaugue, NY: Nova Science.

Holzmann, R., Y. Herv, and R. Demmel. 1996. "The Maastricht Fiscal Criteria: Required but Ineffective?" *Empirica* 23 (1): 25-58.

Holzmann, R., and R. Hinz. 2005. *Old-Age Income Support in the 21st Century: An International Perspective on Pension Systems and Reform*. Washington, DC: World Bank.

Holzmann, R., L. MacKellar, and M. Rutkowski. 2003. "Accelerating the European Reform Agenda: Need, Progress, and Conceptual Underpinnings." In *Pension Reform in Europe: Process and Progress*, Directions in Development Series, ed. R. Holzmann, M. Orenstein, and M. Rutkowski, 1-45. Washington, DC: World Bank.

Holzmann, R., and R. Münz. 2004. "Challenges and Opportunities of International Migration for the EU, its Member States, Neighboring Countries and Regions: A Policy Note." Institute for Future Studies, Stockholm.

Holzmann, R., R. Palacios, and A. Zviniene. 2001. "Reporting the Implicit Pension Debt in Middle and Low Income Countries." *Journal of Pension Management* 6 (4): 355-384.

Holzmann, R., and M. Vodopivec, ed. 2005/6. *Improving Severance Pay: An International Perspective*. Washington, DC: World Bank.

ILO (International Labour Organization). 2003. Laborsta: Economically Active Population Estimates and Projections 1950—2010. Geneva. http://laborsta.ilo.org.

IPE (Investment & Pension Europe). 2003. "European Directive Debate." September Issue, Supplement.

ISSA (International Social Security Association). 2003a. *Complementary and Private Pension Throughout the World* 2003. Geneva: ISSA.

——. 2003b. "Trends in Social Security." International Social Security Association, Geneva.

ISSA and INPRS (International Social Security Association, International Network of Pension Regulators and Supervisors). 2003. *Complementary and Private Pensions* 2003. Geneva: ISSA and INPRS.

Karacadag, C., V. Sundararajan, and J. Elliot. 2003. "Managing Risk in Financial Market Development: The Role of Sequencing." IMF Working Paper No. 03/116, International Monetary Fund, Washington, DC.

Knell, M. 2004. "On the Design of Sustainable and Fair PAYG Pension Systems when Cohort Sizes Change." Vienna: Austrian National Bank.

Legros, F. 2006. "NDCs: A Comparison of the French and German Point Systems." In *Pension Reform: Issues and Prospects for Non-Financial Defined Contribution (NDC) Schemes*, ed. R. Holzmann and E. Palmer, chapter 10. Washington, DC: World Bank.

Levine, R. 2003. "Finance and Growth-Theory, Evidence, and Mechanism." University of Minnesota and National Bureau of Economic Research, Harvard, Cambridge, Mass.

Lindbeck, A., and M. Persson. 2003. "The Gains from Pension Reform." *Journal of Economic Literature* XLI (March): 74-112.

Lindeman, D., D. Robalino, and M. Rutkowski. 2006. "NDC Pension Schemes in Middle and Low-Income Countries." In *Pension Reform: Issues and Prospects for Non-Financial Defined Contribution (NDC) Schemes*, ed. R. Holzmann and E. Palmer, chapter 12. Washington, DC: World Bank.

Luxembourg Income Study. 2003. Project Data Base, Luxembourg, http://www.lisproject.org/techdoc.htm.

Mueller, K. 2003. *Privatising Old-Age Security-Latin America and Eastern Europe Compared*. Cheltenham, UK and Northampton, Mass.: Edward Elgar.

Natali, D., and M. Rodes. 2003. "The New Politics' of the Bismarckian Welfare State: Pension Reforms in Continental Europe." European University Institute, Florence.

Nicoletti, G., R. Haffner, S. Nickell, S. Scarpetta, and G. Zoega. 2001. "European Integration, Liberalization, and Labor Market Performance." In G. Bertola, *Welfare and Employment in a United Europe*, ed. T. Boeri and G. Nicoletti, 147-235, Cambridge, Mass. and London: MIT Press.

Ooghe, E., E. Schokkaert, and J. Flechet. 2003. "The Incidence of Social Security Contributions: An Empirical Analysis." *Empirica* 30 (2): 81-106.

OECD (Organisation for Economic Co-operation and Development). 2000. *Institutional Investors Statistical Yearbook: 2000 Edition*. Paris: OECD.

——. 2002. "Fiscal Implications of Ageing: Projections of Age-Related Spending." Economics Department Working Paper 305, OECD, Paris.

——. 2003. *Transforming Disability into Ability: Policies to Promote Work and Income Security for Disabled People*. Paris: OECD.

——. 2003. OECD Statistics Portal, Paris, http://www.oecd.org/statsportal.

Palacios, R., and M. Pallares-Miralles. 2000. "International Patterns of Pension Provision." World Bank, Washington DC, with updates.

Palmer, E. 2000. "The Swedish Pension Reform Model: Framework and Issues." Social Protection Discussion Paper 0012, World Bank, Washington, DC.

——. 2006a. "What Is NDC?" In *Pension Reform: Issues and Prospects for Non-Financial Defined Contribution (NDC) Schemes*, ed. R. Holzmann and E. Palmer, chapter 2. Washington, DC: World Bank.

——. 2006b. "Conversion to NDCs—Issues and Models." In *Pension Reform: Issues and Prospects for Non-Financial Defined Contribution (NDC) Schemes*, ed. R. Holzmann and E. Palmer, chapter 9. Washington, DC: World Bank.

Rother, P. C., M. Catenaro, and G. Schwab. 2003. "Aging and Pensions in the Euro Area—Survey and Projection Results." Social Protection Discussion Paper 0307, World Bank, Washington, DC.

Settergren, O., and B. D. Mikula. 2006. "The Rate of Return of Pay-As-You-Go Pension Systems: A More Exact Loan-Consumption Model of Interest." In *Pension Reform: Issues and Prospects for Non-Financial Defined Contribution (NDC) Schemes*, ed. R. Holzmann and E. Palmer, chapter 7. Washington, DC: World Bank.

Sinn, H.-W. 2003. *The New Systems Competition*. Malden, Mass.: Blackwell.

Uebelmesser, S. 2003. "Harmonization of Old-Age Security within the European Union." CESifo Working Paper No. 1108, CESifo (Center for Economic Studies & Institut fuer Wirtschaftsforschung), Munich.

United Kingdom Office of National Statistics. 2001. "Marriage and Divorce Rates: EU Comparison 2001." http://www.statistics.gov.uk/STATBASE.

United Nations. 2001. *UN Demographic Yearbook* 2001. New York: United Nations.

——. 2002. *World Population Prospects: The* 2002 *Revision*. New York: United Nations.

United States Social Security Administration. 2002. "Social Security Programs throughout the World-Europe 2002." http://www.ssa.gov.

Valdés-Prieto, S. 2000. "The Financial Stability of Notional Account Pensions." *Scandinavian Journal of Economics* 102 (3): 395-417.

Vidal-Meliá, C., and I. Domínguez-Fabián. 2006. "The Spanish Pension System: Issues of Introducing NDCs." In *Pension Reform: Issues and Prospects for Non-Financial Defined Contribution (NDC) Schemes*, ed. R. Holzmann and E. Palmer, chapter 23. Washington, DC: World Bank.

Whitehouse, E. 2000. "Pension Reform, Financial Literacy and Public Information: A Case Study of the United Kingdom." Social Protection Discussion Paper 0004, The World Bank, Washington, DC.

——. 2001. "Pension Systems in 15 Countries Compared: The Value of Entitlements." Centre for Pensions and Superannuation, London.

Williamson, J., and M. Williams. 2003. "The Notional Defined Contribution Model: An Assessment of Strengths and Limitations of a New Approach to Old Age Security." World Paper 2003-18, Center for Retirement Research at Boston College, Boston.

World Bank. 2003a. "The Labor Market Performance of ECA Countries—Recent Developments." HDNSP Labor Market Unit, World Bank, Washington, DC.

——. 2003b. World Bank Labor Markets Dataset, Washington, DC.

——. 2003c. World Bank Pensions Dataset, Washington, DC.

一个神奇的泛欧养老金改革公式：选择性评论

伯恩德·马林*

本文作者罗伯特·霍尔茨曼提供了一个在欧洲实现快速全面改革的富于创造性的有益思路。人们一向关注的是养老金在国家层面上的财政负担能力，但作者把讨论范围扩展到了更广泛的经济和社会调整需要。他提议以名义账户制作为“理想的”改革途径，这不仅是为了应对多种多样的改革要求，还为了在全欧洲实现养老金协调，同时可以考虑到特定国家的偏好，并导向一个为建立名义账户制而发起的“政治改革运动”。这是一个强有力的主张，他还为这种改革主张提出了深思熟虑的有力根据，其中一些理由是令我信服的，但不是全部。关于欧洲之所以需要实行更加广泛的国内改革、转向较为协调的泛欧养老金改革，本文提出的理由是有说服力的，但作者对泛欧养老金制度的潜在结构和转型战略的提议却未必有说服力。本文的核心观点是新颖而合理的，我也同意这个核心观点，但有时却是由于其他原因而同意的（从其他的假定条件出发，然后得出其他政策结论），而不是作者提出的理由，例如对非正规就业的情况。作者有些观点还需要额外或其他的经验证据来加强论证，正如养老金对公共部门和私人部门之间的劳动力流动性构成的障碍还需要证明一样。名义账户制可能大体上接近于“理想的”养老金框架，但作者设计的“理想”名义账户计划是否真的“理想”还有待探讨。一方面，参数还没有完全确定，另一方面，霍尔茨曼认为他设计的组合支柱能够分散风险，但它更可能强化风险。此外，政府保证的最低社会养老金不应该被称为“零支柱”。残疾养老金等关键方面也被忽略了。人们还可以强调名义账户制的政治优先性，而不仅是其经济合意性、可行性和可持续性。最后，本文还低估了名义账户制的某些比较优势，例如其作为公平标准和反腐机制的职能，并且，其福利触发器的分化及其优越的风险管理是任何养老金制度的一个核心要素（Gora 和 Palmer，2003）。

罗伯特·霍尔茨曼预见到欧盟现成员国和未来加盟国加快实行全面的养老金改革的需要。这种需要在日益上升，而不是下降，因为预算压力日益恶化、社会经济在发生变化、全球化的冲击，这些都与社会老龄化有关。但养老金支出水平与其说反映了人口年龄结构和老龄化动态，不如说反映了公共/私人养老金制度的混合、待遇的慷慨性以及实际退休年龄（由于制度对工作积极性的负面效应，实际退休年龄通常很低）。将来，寿命可能进一步上升，而且出生率即使稍微上升，仍然低于替代水平。这些因素都会加速人口老龄化，相应地

* 伯恩德·马林（Bernd Marin）是欧洲社会福利政策和研究中心的执行主任。迈克尔·富克斯为本评论提供了有益支持，西利维亚·法斯勒提供了制图支持，罗伯特·霍尔茨曼参与了我的评论，在此对他们一并表示感谢。当然，所有不足和未采用的建议或未阐明的观点都是我本人的责任。

提高老年赡养率。即使由于养老金改革、女性和老年劳动参与率的上升，使得制度赡养率恶化程度不如老年赡养率恶化的程度那么严重，养老金支出仍然会不断上升，直到 2040 年左右。如果实施了改革，支出“仅仅”会上升 30%，与纯人口因素和不改革的情况相比，人口因素要求支出上升 70%，在“不改革方案”下支出“几乎翻倍”。“无论如何”，只有在进行了重大改革的情况下，养老金支出的不断大幅上升才能得到遏制。

虽然没有人会反对这种推理及其结论，我建议提供更多形式的经验证据来更好地支持这些结论。霍尔茨曼提供了关于公共养老金支出占 GDP 百分比的数据和直到 2050 年的老年赡养率预测，描绘了欧盟及其新加盟成员国内部很大的（并不断上升的）多样性。他把多数现行养老金计划的设计缺陷当作是理所当然的，不需要进一步证明。但由于他这篇文章是主张用名义账户制来代替现行 DB 制度，并推进欧洲养老金制度的协调。我将提供补充计算来对他的观点给予更有力的支持。

一、行动与语言相违背——通过名义账户制看出的改革缺陷

本讨论提供的近似估计是对 4 个较小的欧洲国家的比较。有两个国家（瑞典和波兰）在削减待遇以阻止提前退休的同时，实施了名义账户制，另两个国家（奥地利和捷克共和国）却没有建立名义账户制。拥有改良的 DB 制度的一个大国（德国）居于中间位置。证据清楚地表明这些国家都已朝着正确的方向前进，即加大对提前退休的待遇削减幅度，但只有名义账户制养老金（通过采用工资增长率作为名义利率）实现了“准精算公平”，不会影响个人偏好。相反地，现行 DB 安排实际上仍然大大地补贴提前退休者，而重重地惩罚延长工作者（见图 11.2）。

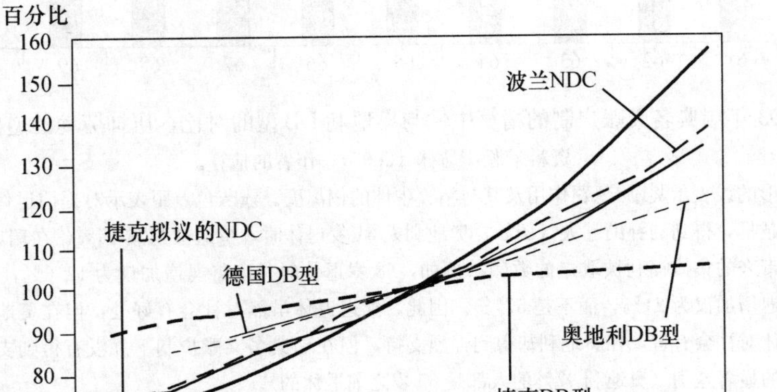

图 11.2　2003 年精算公平的制度（瑞典和波兰的名义账户制）和补贴提前退休而惩罚推迟退休的制度（奥地利和捷克的 DB 型制度）的对比，以及与处于中间类型的德国 DB 型积分制的比较

资料来源：作者。

这样，鼓励推迟退休的政府论调被政治经济方面的反生产力措施削弱。行动与语言相违背：只有愿意牺牲一大笔钱（或不会对显而易见的优势做基本计算）的傻瓜才不会尽早抓住机会逃离奥地利和捷克劳动力市场。图 11.3 表明这些非名义账户制度的待遇规则有损于公开宣扬的公共目标。在奥地利和捷克，扭曲因子至少是 1：2，德国扭曲因子在 1/3～1/2 之间。在较小的 DB 国家，正常的自愿提前退休者（即不是那些遭遇疾病、残疾、失业或其他不利情况的人）可以免除由他们所致精算损失的一半以上（对特殊群体，免除可高达 80%）。另一方面，那些工作更久的人会失去他们为社会保险池所节省开支的一半以上到 6/7（捷克）。

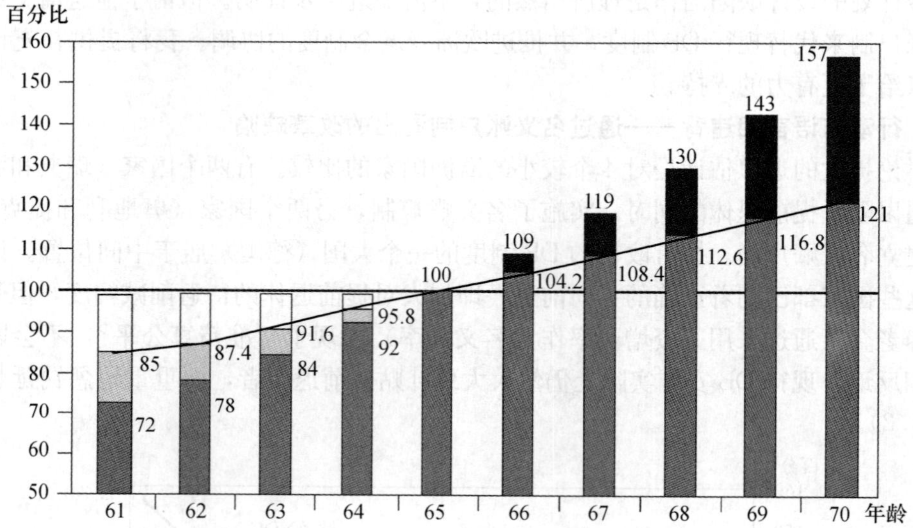

图 11.3　2003 年瑞典名义账户制的精算中性与奥地利 DB 型的对比，压抑劳动的逆向再分配程度

资料来源：马林（2005）；作者的估算。

注：穿过柱形的线表示奖励/惩罚作用及其与精算中性的偏离度。浅灰色差距表示对提前退休的补助额，在奥地利，提前退休越早，得到的补助越大（例如，奥地利人 61 岁退休时，待遇被削减 15%，在瑞典则为 28%）。黑色差距表示推迟带来的集体福利被取走的数额（例如，68 岁退休时月度待遇增加仅为 12.6%，而不是 30%；70 岁退休时月度待遇增加仅为 21%，而不是 57%）。因此，推迟退休虽然对社会有好处，但在奥地利却会受到惩罚或制裁。提前退休对社会有害，在奥地利却得到强烈支持，但在瑞典名义账户制下并没有得到支持，这导致这两个国家退休行为的显著差别（奥地利 97%的人都是 65 岁之前退休的）。

因此，毫不奇怪为什么在那些国家很少有人工作到法定退休年龄，为什么仅有不到 3%的工作年龄人口会工作到法定工作年龄（即 65 岁）。没有名义账户制的精算中性和公平标准，就无法计算 DB 制度的扭曲程度和对较为年轻的工作群体造成的隐性税收。而令政策制定者迷惑的事实是，为什么他们用意良好并且自认为是“严厉”的改革措施会产生与期望相反的效果。回顾一下我们选择这几个小国家来做比较的原因。直到 2050 年，捷克在欧盟未来 25 个国家中老龄化速度是最快的，奥地利在 2003 年养老金支出已经是全世界最高的，并且“作为一个极端例子，与养老金有关的赤字几乎达到了 GDP 的 5%”。瑞典的老龄化比奥地利早了十多年，而波兰和捷克的老龄化推迟到二十年之后，但比奥地利和瑞典老龄化的速度更快、更加急剧。

因此，对这四个国家可以分成几组来比较。虽然这些总体趋势可以从霍尔茨曼提供的表中看出，我把这些直到 2050 年的人口老龄化数据转换成图形，用比较的方式来展示时间维度。它们描述了欧洲老龄化的地区差异和改革要求、迟滞和峰值。哪些国家在什么时候将达到其老龄化高峰，这与欧盟平均水平和子区域老龄化模式相比如何（见图 11.4a，图 11.4b，图 11.4c）？哪些国家是老龄化先锋，哪些国家老龄化最晚，因此可以从那些改革效果最好和实施最快的国家学习。

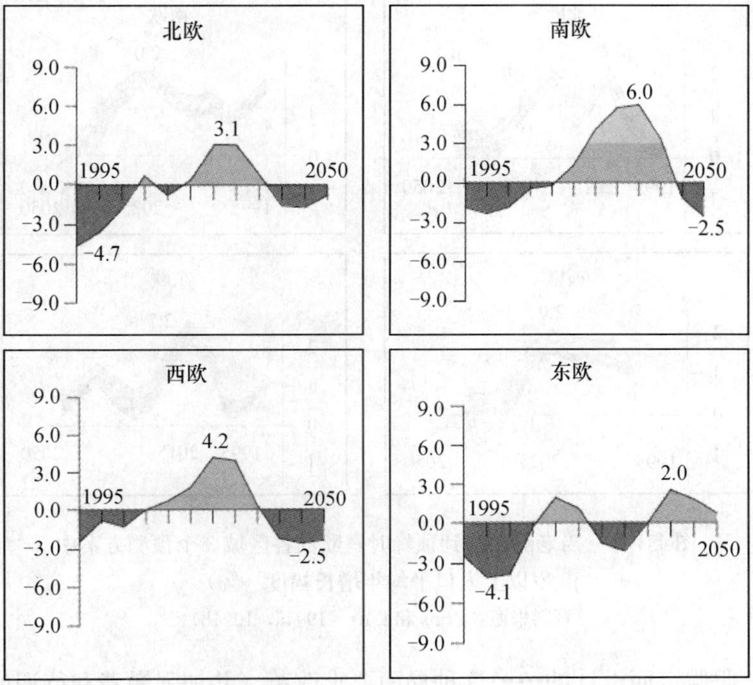

图 11.4a 1995—2050 年欧洲不同的老龄化速度、滞后和峰值：子区域与全欧洲平均水平的差别（%）

资料来源：Prinz 和 Lutz（1994a，1994b）。

注：Y 轴上大于零的值表示高于平均水平，低于零的值表示低于平均水平。

二、人口和预算之外的改革要求

但“即使不存在由于预算或人口带来的压力”，霍尔茨曼说，“多数欧洲国家仍然非常需要改革其公共养老金制度，以使其适应社会经济变化。”他引述了三个变化并对其做了分析：“劳动参与率的不断上升；离婚率上升、家庭结构变化；非正规就业的增加。”我也赞同他的判断和他建议的改革措施，例如“使养老金权利具体化”，以避免对妇女的福利陷阱。但有时我是出于其他原因而赞同他的（我从其他假定前提出发得出其他政策结论），而不是因为他提出的理由。

三、非正规就业者是非名义账户计划的获利者

让我考虑霍尔茨曼的判断，“这些非正规就业者在某些养老金计划下境遇不好，因为这

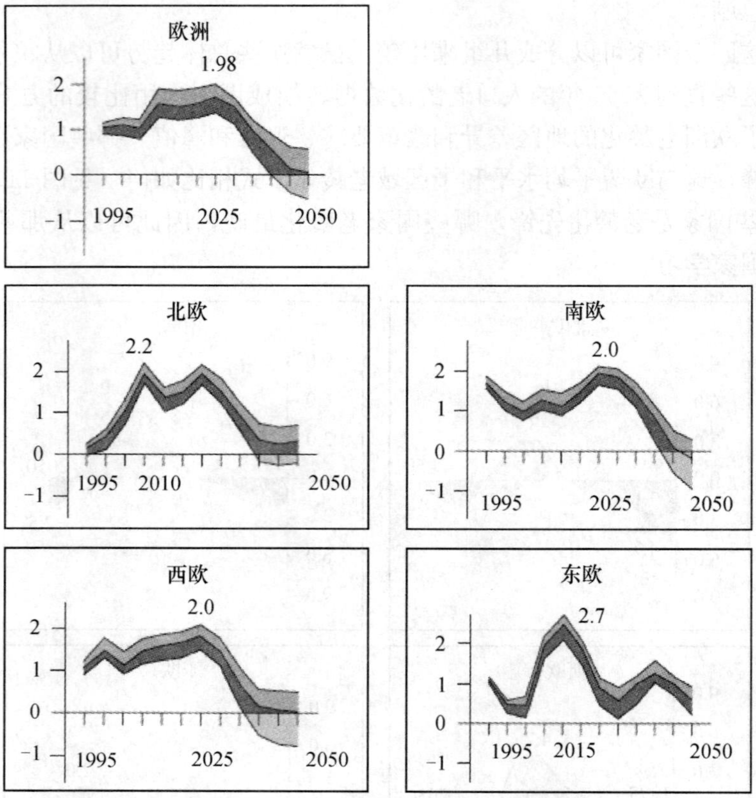

图 11.4b　当老龄化达到顶峰时，欧洲各区域 3 个预测方案中
60 岁以上人口平均年增长幅度（%）

资料来源：Prinz 和 Lutz（1994a，1994b）。

些计划是基于全职假定而设计的……这种局面要求改革（并加强缴费和待遇的联系）。”这是事实，只要它具有足够的普遍性，但是，相反的假定同样是事实，可能甚至更加经常如此：即非正规就业者在现行养老金计划下常常境遇很好，尽管（甚至因为）这些计划是基于全职假定而设计的。一个突出例子是，以兼职为主或长期兼职的雇员获得全职的养老金权利。在表 11.9 中，我提供了一个令人震惊的“不公正”的例子，它从没有职业发展的长期全职工人向拥有良好职业（如女性学者）的兼职雇员进行“逆向再分配”。这些有良好职业者尽管工作时间远远少于终身工作，但他们获得的终身养老金实际上比普通工人高 2～2.5 倍，然而他们所做的终身缴费却是同样多。

只要“最高工资年份”养老金公式继续适用，缴费相同但待遇差别却很大（以及相反情况）的这种不平等在公共部门和私人部门之间比在私人部门内部更严重（这很快就会看出）。所有制度如果不是以终身计算为基础，就会导致其在各个方向上的错误再分配，包括从低收入阶层向富裕阶层的逆向再分配，因为富裕阶层能够利用其优越的知识来干预制度，他们还容易灵活地随机调整其劳动供给。作为最低资格条件的参保期和其他设计也能够为他们带来同样的优势。这些条件常常被自雇者及其家庭成员、兼职农场主、铁路工人、公务员和其他

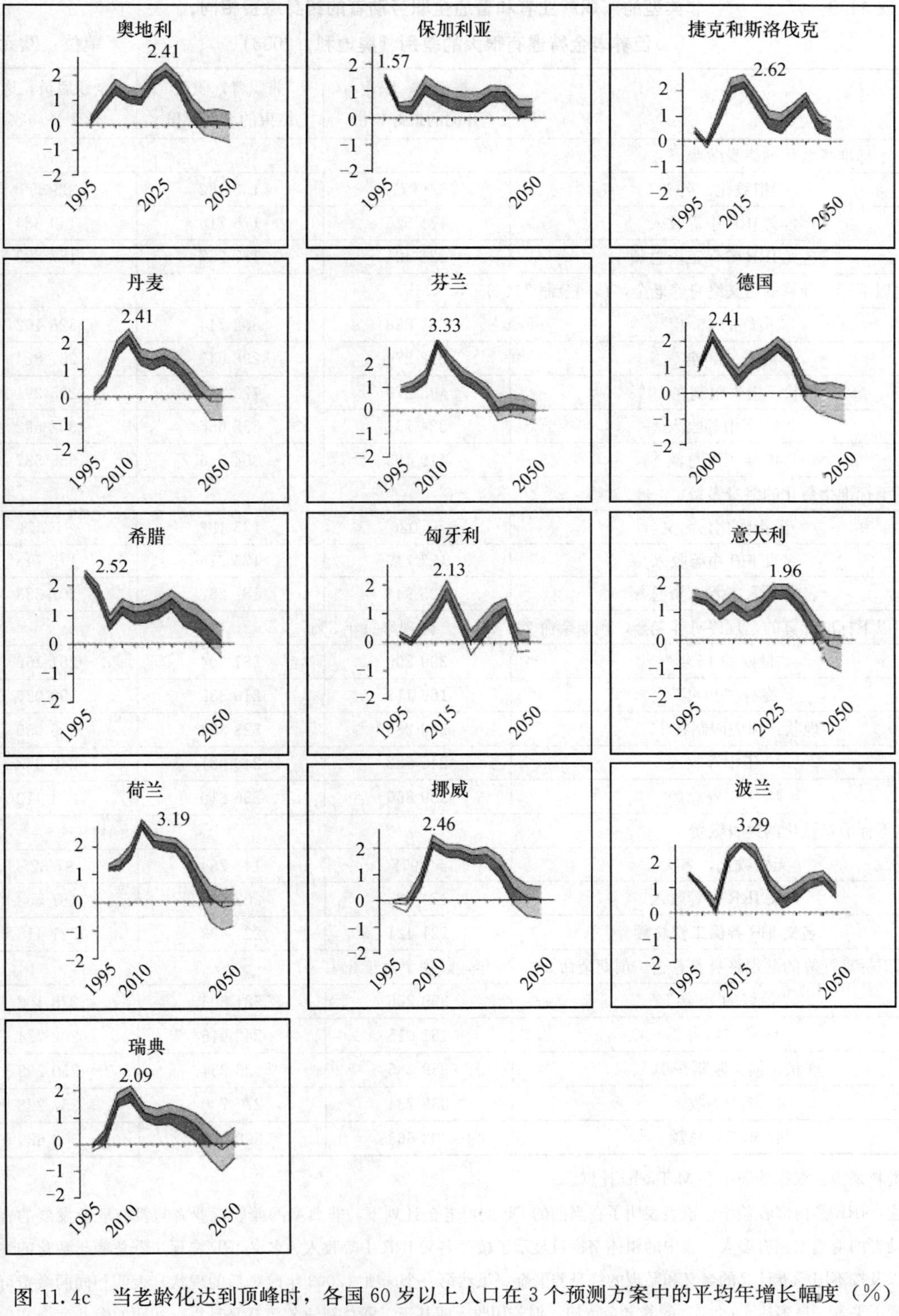

图 11.4c　当老龄化达到顶峰时，各国 60 岁以上人口在 3 个预测方案中的平均年增长幅度（%）

资料来源：Prinz 和 Lutz（1994a，1994b）。

表 11.9　　非典型的兼职就业者和普通全职劳动者的终身缴费相同，但养老金待遇有很大的差别（奥地利，2003）　　单位：欧元

	兼职者，职业开端的最好年份	兼职者，职业结束的最好年份	全职雇员，通常低于平均收入
按以下标准指数化的终身缴费			
无指数化，名义	50 977	135 182	83 290
名义 IRR 中等收入	171 525	175 716	159 884
名义 IRR 参保工资总额	221 421	187 257	187 823
按照以下标准计算的名义终身养老金，预期余命 24、25 年			
“最好的 15 年”	551 088	802 744	328 102
终身“40 年”	222 274	298 647	237 824
现状：损失限制在 10%	495 979	722 470	295 291
40 年中等收入	324 731	332 665	302 692
40 年工资总额	419 195	354 516	355 587
按以下标准指数化的终身缴费			
无指数化，名义	54 026	135 182	91 743
名义 IRR 中等收入	175 716	175 716	175 713
名义 IRR 参保工资总额	225 944	187 257	207 383
按照以下标准计算的贴现终身养老金，预期余命 24、25 年，贴现率每年 3%			
“最好的 15 年”	399 206	581 504	261 166
终身“40 年”	166 111	216 339	190 026
现状：损失限制在 10%	359 285	523 354	235 050
40 年中等收入	240 982	240 981	240 978
40 年工资总额	309 866	256 810	284 410
按以下标准指数化的终身缴费			
无指数化，名义	50 977	143 754	97 825
名义 IRR 中等收入	171 525	202 512	187 563
名义 IRR 参保工资总额	221 421	221 423	221 418
按以下标准计算的贴现终身养老金，预期余命 24、25 年，贴现率每年 3%			
“最好的 15 年”	399 206	581 504	278 102
终身“40 年”	161 015	242 015	202 774
现状：损失限制在 10%	359 285	523 354	250 292
40 年中等收入	235 234	277 730	257 228
40 年工资总额	303 663	303 666	303 659

资料来源：根据欧洲中心 M. Fuchs 计算。

注：IRR 是内部收益率。该表表明了在当前的 DB 型养老金计划下，非典型的兼职就业者与没有职业发展的普通全职劳动者的境遇差别有多大。表中的粗体字栏目显示了按照名义 IRR 中等收入、名义 IRR 参保工资总额指数化的终身缴费，以及按不同标准计算的名义和贴现的终身养老金。虽然第一个选项（2003 年改革后的现状）表明相同的缴费可以产生高度不平等（最多达 1∶2.4）的养老金待遇，但若用收入或基于工资总额的名义 IRR 计算，相同的缴费就会产生相同的待遇水平。

特殊的合作主义利益集团所利用，使他们获得的待遇远远高于那些同样缴费甚至缴费更多者获得的待遇。

因此，作者呼吁的“加强缴费和待遇的关系”（我当然也同意）实际上只能使很少人的福利得到提高，而很多人的福利会变得比他们今天所享受的差得多——这是出于公平的良好理由。这是因为现行制度偏离DC标准的扭曲不是偶然的，而是被非正规就业者的既得利益所精心构建的，他们往往坚持从现行养老金规则中获益。很多“非正式”雇员，特别是那些拥有优势的中产阶级兼职者，往往以低收入劳动者的长时间工作为代价，从现行制度的扭曲中获利。在所谓不完全缴费型俾斯麦式保险制度下，DB型养老金奖励实际上是“基于全职假定”。但是，根据我提出的与霍尔茨曼和很多其他学者相反的假定，这可能常常有助于使养老金提高到全职标准或非缴费型的保证养老金标准。但是，要使养老金降到最低费基（或只取得间接养老金权利，例如通过婚姻、遗属待遇和其他家庭赡养关系）却是不太可能的，也是很少发生的。并且非缴费型制度通常还通过其他规定来照顾灵活就业者，使他们的养老金待遇超过他们的费基。

医疗保险、社会保险和养老金等社会权利的非个性化，以及现行DB型养老金计划对名义账户制的精算中性和公平标准的所有偏差，对于社会来说代价都是沉重的，并增加了公共支出。而且，它们往往有利于那些并非最需要帮助的人，而是那些最擅长于从那种不完善的制度中寻租的人，同时对那些不属于享有特权的幸福的少部分受益人圈子之外的人征税。名义账户制使我们能够用被公认为合理、公平和公正的普遍标准，来衡量以他人利益为代价来满足某些部门利益的现行制度安排。

另一个要求“改变公共项目运作的方式，包括养老金领域”的趋势是国际市场的日益融合或全球化，它在前已提及的社会经济变化之外，又增加了非财政方面的改革要求。多数国家忽略了非财政方面的改革要求，只关心短期或中期的财政要求，因此他们在过去十年里实施的都是参量式的改革措施。但如果社会保障和公共养老金制度“即使没有消除也限制了”跨部门、跨职业和跨国的劳动力流动，那么在全球化世界中一个开放式经济是搞不好的。如果一个国家的养老金规则阻碍了金融市场的发展，阻碍了产生于积累制支柱的便携式养老金资产的发展，这个国家就不能收获全球化的好处。如果养老金制度安排阻碍了劳动者的终身学习，一国生产力也无法提高，因为知识和技术的形成、劳动力市场灵活性以及工作年限的延长都要求劳动者终身学习。

霍尔茨曼指出，社会经济变化、全球化和社会老龄化都要求改革思路，不能停留在对现行制度的参量式调整上，而应该建立精算性更强的制度结构，把缴费和待遇紧密地挂起钩来；应该允许养老金权利有更强的个性化，以便应对职业和家庭流动；应该有一定的积累因素，以便允许个人决策和选择。在这点的推理上，霍尔茨曼把需要更多养老金改革或“调整”的观点与其第二个核心观点优雅地结合起来，他的第二个核心观点是，即使进行了更大的养老金改革，欧洲还需要更多的协调。最后他把这一点与第三个核心假定结合起来：即名义账户制是“理想的”，它能够使泛欧养老金制度协调起来，是泛欧养老金制度福利结构的基石。

四、把名义账户制作为“泛欧”养老金制度的主张

霍尔茨曼的研究最富于创造性的一方面是，他主张用名义账户制来响应“一体化的欧洲对协调良好的养老金制度的需要”。他的“泛欧方式”不是第一个提出来的，但可能是最完整的，他提议设计名义账户制度来推进一个全欧养老金制度。然而，令霍尔茨曼感到痛切的是，很少有人理解和支持以泛欧方式来产生协调的养老金结构，他奇怪为什么欧盟委员会（与其在其他政策领域的作为形成鲜明对比）不采取行动来克服把养老金仅仅当作一国内部事务的观念。如果欧洲不朝着一个泛欧养老金改革方式发展，欧盟经济一体化能够真正取得进展吗？

马斯特里赫特财政制度的预算要求、劳动力市场灵活性和流动性的加强、老龄化社会中的劳动力供给等，都要求欧盟各国在养老金领域有一定的融合，因为养老金对整体劳动力供给和就业水平的影响很关键，并且消费了所有社会支出的一半。虽然由于很多原因，欧洲移民和地区流动性仍然比较低，但欧洲不仅在跨国和跨地区层面上的劳动力流动性被阻碍，即使一国内部不同部门和同一地区不同职业之间的流动都面临阻碍。与其他实行共同货币的经济一体化区域相比，欧盟没有一个协调的（更不用说一致的）养老金制度。虽然其他实行共同货币的经济一体化区域的各州或各省在很多事情上都有差别，包括所得税或短期社会福利方面，但它们有一件事是共同的，即共同的公共退休收入计划。更糟的是，欧洲国家通常在一国内部实行按职业分割的养老金制度，从而降低了不同职业之间、公共部门和私人部门之间，甚至临近区域之间的流动性。

五、流动性障碍

至于霍尔茨曼对流动性障碍的论证，没有什么值得批评或需要补充的，但或许还需要某些经验证据来表明，养老金制度对公共部门和私人部门之间的流动性的障碍达到了几乎令人难以置信的程度。在合作主义国家如奥地利，政府公务员获得的退休收入平均是私人部门普通工人的264%（European Centre，2004）。在同样的教育程度下，公共部门雇员的终身收入比私人部门雇员高44%；这个差距随着教育成就的上升而下降（Synthesis，2003）。公务员适用更加优惠的养老金公式，因此对于工作期间的同样缴费，公务员退休收入的回报（用名义账户的语言来说，就是名义利率）比私人部门雇员高50%左右（Marin 和 Prinz，1999）。

更具体地说，一名生于1945年的女性公务员如果在2002年56.5岁时退休，她获得其终身收入的46%～49%作为其养老金。如果只有初等教育，她的终身收入（1 926 190 欧元）是私人部门工人/雇员的两倍多（838 266 欧元）。她的退休收入是私人部门工人的3.24倍（884 318 欧元：272 760 欧元）。如果接受了中学教育，两个部门终身收入之比是2 408 151欧元：1 094 097欧元，退休收入之比是1 175 108欧元：370 124欧元，或者3.17倍（Synthesis，2003）。

在很多情况下，公务员50%以上（甚至大部分）终身收入来自于退休收入。区级或市级退休公务员的净收入很少低于他们退休前工资（不是平均工资）的100%，这大约是他们工作生涯平均工资的130%。此外，到2025年，区级或市级公务员与联邦公务员之间的退休收入差距可能上升到全国公务员退休收入的43%以上（Marin 和 Fuchs，2003，表3/B）。

为了获得同样多的月度退休金，不同职业群体之间的最低养老金缴费差别可达到 10 倍 (Marin 和 Prinz，1999，也见图 11.5)。

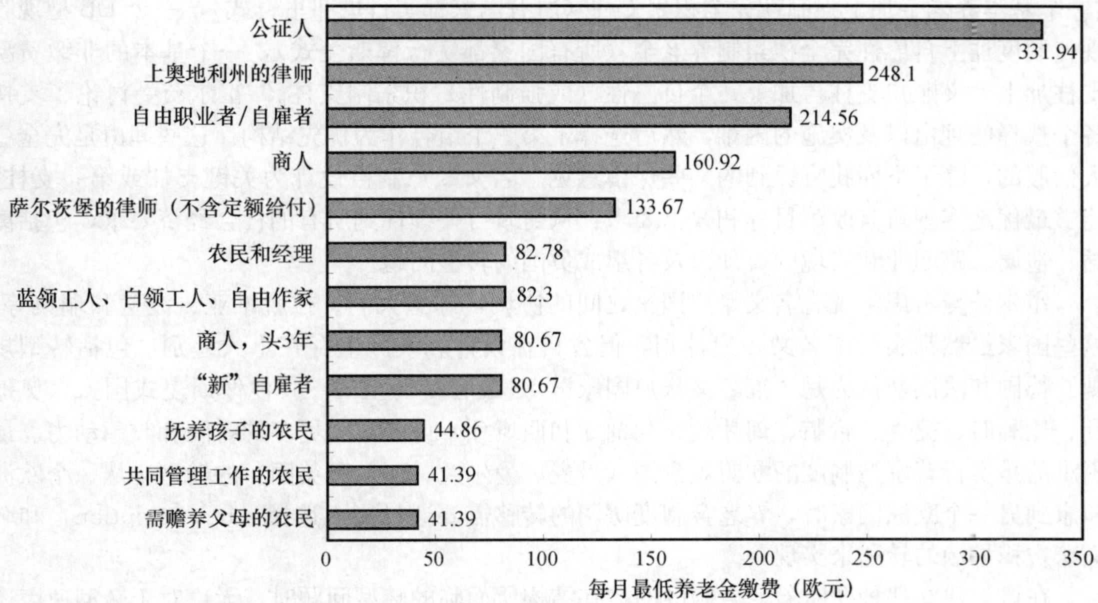

图 11.5　2003 年奥地利合作主义养老金的失调：退休一个月的最低缴费成本

资料来源：Hauptverband，AK department of statistics。

在这种情况下，职业流动怎么可能发生？除非是向着公共部门的单向流动。在这种环境下，最明显的现象是，即使在学者中间，就是从这些安排中获利最少的群体（男性学者几乎不能从中获利)，70%以上的大学毕业生都希望在公共部门当公务员。相应地，从公共部门永久性职位中流出的比例实际上很小的——除了朝着那些有着更多提前退休安排、可以在更年轻的时候（如 45～55 岁）就退休的部门流动。尽管每提前退休一年待遇会减少 4%（最高可减少 20%），公务员月度退休收入额通常远远高于工作到 65 岁的私人部门普通雇员。因此，它为公务员在未来 30～40 年的退休余命中提供了廉价的基本提前退休收入。此外，根据教育情况不同，但在所有教育水平上，公共部门雇员领取养老金的期间往往要长几年。有了这些慷慨的基本收入，养老金领取者就可以从事第二职业，或从事非正规的挣钱活动，但实际上他们很少那样做，因为一方面自主就业既没有得到提倡，另一方面，他们不需要再就业就能在几十年中（平均在 1/4 个世纪以上）过上舒服的生活。

六、欧洲对名义账户制的需求（续）

霍尔茨曼根据他和他在世界银行的团队提出的（首要和次级）目标（Holzmann，Orenstein，Rutkowski，2003)，考察了泛欧养老金制度的潜在结构。一个良好的养老金制度应该“同时力求以适合特定国家具体国情的方式实施能够带来最大化福利的计划，提供充足、可负担、可持续和稳健的老年收入”。这样的养老金制度应该促进经济增长，尽可能减少对劳动力市场和其他方面的负面影响。作为“泛欧养老金制度的特定目标”，他还建议了四个标准，“流动性、国家偏好、团结和转型的可行性。”

对改良和协调的泛欧养老金制度的这些理想要求面临着三个主要的“潜在结构”选择：“一个基本养老金加上强制性完全积累支柱（所有国家都实行贝弗里奇式），一个DB型现收现付制度加上自愿性完全积累制养老金（所有国家都实行俾斯麦式），一个基本的非缴费型支柱加上名义账户支柱再加上一个自愿性（或强制性）积累制支柱。”霍尔茨曼讨论了支持各个选择的理由以及实施的困难，然后选择了第三个组合作为优先结构。这些理由是完全令人信服的，除了下面我将提到的某些保留意见。名义账户制被设计为关键支柱或第一支柱，能够最优地实现所有改革目标和改革要求：从财政可持续性到所有的社会经济要求，包括离婚、遗属、跨职业和跨境的流动以及各组成员国的转型问题。

霍尔茨曼考虑了现有名义账户国家之间的协调，即意大利、拉脱维亚、波兰和瑞典等，这些国家虽然都实行了名义账户计划，但各自在设计和实施上存在重大差别，包括转型规则。德国和法国被认为是“准名义账户国家”，是最容易转型的。其他俾斯麦式国家（奥地利、比利时、捷克、希腊、匈牙利、葡萄牙和西班牙）可能需要更多的时间和改革动力。最困难的是实行普享型制度的欧盟观察国（丹麦、爱尔兰、荷兰和英国）的转型。从一个欧洲国家到另一个欧洲国家时，养老金制度协调的转移需要通过买入选择（buy-in option）和名义账户积累额的转移来实现。

在讨论建立那种泛欧养老金制度的潜在结构所面临的转型问题时，无论对于转型速度还是行动参与者，霍尔茨曼都没有抱有幻想。他认为“由欧盟委员会发起和领导的方式”，“虽然有可能性，但可能性不大”，鉴于目前对有关养老金的主权原则的解释，我认为这种方式是不可能的。这还可以解释为什么“欧盟委员会没有明显的意图领导泛欧养老金改革”，哪怕它看到了“加快全面改革的必要性”。同样，开放式协调方式“不可能产生快速的国家改革——更不用说建立泛欧养老金改革计划”。他对通过国家之间的竞争和模仿的方式并不抱多大的期望，认为它“也是可能的，可能性稍微有点大，但速度不够快。即使得到执行，结果可能只是次优的”。在一个盲目模仿的世界，国家之间通过模仿互相学习需要极大的时滞，除此之外，制度转移还可能受到限制，他们自己也许还不能“保证各国采取的方式有足够的一致性，不能提供欧洲劳动力所需要的流动性”。

因此，对于霍尔茨曼来说唯一有点现实性的设想是“政府领导的跨国方式”，例如通过欧盟经济政策委员会来执行，如果它对老龄化问题采取较为广泛的视角的话。但“学界和研究机构的任务是促进协调良好的泛欧养老金制度，其研究得出的改革建议应交给欧盟经济政策委员会或类似的核心团体来检查和支持。到将来某个时候当某个具有超凡魅力的政治家赞同改革建议时，由其率先发起改革。这可能在欧洲首次受到重大不对称冲击之后会发生。”我希望人们对最后一种方式感到乐观一点。但一起成长起来的欧洲国家在很多社会政策领域都存在偏离，包括养老金，或许霍尔茨曼的期望已经表达了最大可能的乐观。

七、如果“没有一个制度在政治上是绝对安全的”，即使名义账户制也不例外，那么“理想的”名义账户制是否真的“理想”

霍尔茨曼模型中“理想的名义账户制”（以及多支柱的组合）的设计是否真的理想，在第一次质询或第二次质询时都还无法回答。他主张的组合模型提议“一个（强制性）第一支柱名义账户计划、一个（自愿性，如果愿意也可强制性）积累制支柱，它可以是职业计划也可以是个人退休计划，以及一个社会养老金或非缴费型养老金基本支柱，它为最脆弱的老年人提供最低收入扶持”。我认为，这个模型比世界银行原来建议的多支柱模型更为可取，世界银行模型是一个强制性DB型现收现付制加一个强制性DC型（公司或个人）完全积累制私人支柱，再加一个自愿性DC型（公司或个人）完全积累制私人支柱。但霍尔茨曼的模型也有劣势，例如它在风险分散方面可能缺乏配合，下一节我们就会看到这一点。他现在提议的较好的组合是不是最好的或“理想的”，还难以证明。第一步是要证明关键的名义账户第一支柱的设计是否最优。

一般地说，名义账户制可能接近于“理想的”养老金制度，因此“理想的名义账户制的基本结构”作为整体组合的核心要素，按其定义来说已经得到了最优设计。但具体而言，对于“理想的名义账户制”的几乎所有参数，霍尔茨曼都还没有确定。他既没有确定他对理想的名义利率的选择［“关于什么是（最）恰当的……选择的讨论远远没有结束”］，也没有确定退休余命、待遇指数化、待建储备基金、再分配程度以及转型规则等选择。鉴于引入了名义账户制的四个欧盟国家（意大利、拉脱维亚、波兰和瑞典）采用了不同的名义利率、不同的退休余命确定方法、不同的转型规则，因此“理想的”名义账户制的参数选择的合理特征应该是存在的。霍尔茨曼所做的唯一明确选择是提倡对零支柱养老金实行最低合格年龄，它“应确定得高一些（如70岁以后）”。

霍尔茨曼在做任何一个选择时，都仔细回顾了关键的问题，并提出了选择中涉及的并非琐碎的“技术问题”，例如，选择总和工资增长率还是人均工资增长率。他在做其他选择时同样如此，例如采用代表性预期寿命还是估计的群组预期寿命，实行价格指数化还是在价格调整之外重新估值，在从DB型现收现付制转向名义账户制时，采取自下而上还是从上到下方式。霍尔茨曼衡量了每种选择的优点和缺点、环境、采取一种选择而放弃最佳选择会带来的问题。这是合情合理的，也是做学术应有的谨慎，但如果读者希望某位主持政府间经济和社会政策的机构的政策专家给出政策结论，那么读者就会感到有点失望了。但如果我们看到名义账户规则可能随着时间流逝而逐渐腐蚀的风险时，我们就更加应该谨慎。如果没有一个制度在政治上是绝对安全的（即便名义账户也不是万能药，这是霍尔茨曼已经有力地证明的），我们可能期望获得更加明确的建议，以知道该如何准确地避免比我们的期望更愚蠢和不理智的选择。

八、霍尔茨曼设计的“理想”名义账户组合是风险强化还是风险分散的？

作为以名义账户支柱为核心的“理想的”养老金制度组合，霍尔茨曼建议把名义账户这一基本的非积累制支柱与补充性积累制计划和非积累制的社会养老金结合起来。关键的名义账户第一支柱和社会养老金或非缴费型养老金（作为对“老年穷人”的扶持制度）都是现收现付制和强制性的，而积累制支柱（第二或第三支柱）被提议为自愿性的。然而，积累制支柱需要在未来“更加协调但不完全一致的泛欧养老金制度”中扮演重要角色，因此虽然“国家差异仍然存在”，但“他们对劳动力流动性的阻碍效应……可以被一个强劲的（自愿性或强制性）积累制支柱削弱。”除了促进“泛欧流动性”之外，积累制支柱是为了允许“在名义账户待遇之外更多地烫平消费”，并且“它允许个人偏好”而不会“扭曲劳动供给和储蓄决策”，“为了在老龄化社会中支持退休灵活性”，并且实现“风险分散”。

霍尔茨曼认为，“由于积累制和非积累制支柱受经济、人口和政治等方面风险的影响不同，并且它们的回报率没有相关性，把养老金待遇分散在两个支柱中可以增进福利。”在那些熟悉世界各国情况的专家（如那些在山德汉姆开会的专家）看来，霍尔茨曼建议的制度组合之所以能够增进福利，原因在于他们在现行制度下受到很大的制约：养老金明显地、令人费解地缺乏便携性、未来待遇有极大的不确定性、流动时退休收入会遭到重大损失。因此，积累制和非积累制支柱的组合可能非常符合绝大多数出席山德汉姆研讨会的跨国流动的专家的利益。实际上，我们很多人尽管是国际养老金问题的专家，却很难想象从多个国家、多种机构获得的退休收入的种类和数量。广大的中产阶级和低收入阶层是否认为把名义账户制与积累制支柱相结合能够增进福利，还有待考察。

霍尔茨曼的这个观点在原则上仍然是站得住脚的，但传统的DB型现收现付制与DC型完全积累制之间（世界银行以前推荐的组合）的优点和弱点的互补性，比DC型积累制与形式上是“非积累制”但实际上是半积累制的名义账户制计划之间的互补性更强。后一种组合实际上把私人DC型积累制的逻辑、结构和过程引入了公共现收现付制计划，因此补充制度之间的协同作用就丧失了。按照这种组合的含义，至少有两个群体发现他们的境况比以前困难了，这两个群体都是属于在“准精算公平的”名义账户制度下会遭到损失的，因为他们从以前的DB制度中不当得利——他们从旧的DB制度中获得的待遇远远超过了他们的缴费。

第一个群体是那些在原则上能够弥补其预期养老金收入损失的人。他们弥补其养老金损失的方法是，多投资于自愿性第二或第三支柱的积累制养老金，例如把他们的解雇给付要求权转换为老年给养。但新的积累制支柱也是DC型的、设计简单（以避免像德国个人退休基金法或里斯特养老金那样，因其设计的复杂而导致参与率很低），并且是自愿性的，这三个设计因素我都赞同。但自愿性也意味着有自由选择权的人可以选择不料理其补充性老年收入来源，或照料得不够。

证据表明这果然不出我们所料，至少在中期转型期内是如此。多数人没有完全意识到他们的“养老金收入缺口”。即使意识到其养老金收入缺口的人所做的储蓄也仅仅是他们认为必要储蓄额的1/3。山德汉姆研讨会提供了更多的证据表明，人们的信息是不完全的、缺乏兴趣、理性严重受限，并且主观上倾向于DB计划。安尼卡·桑登（本书第十三章）指出即使在瑞典制度下，那些信息较为灵通的成员当中不到一半的人留心过待遇预测。他们在2003年自报的“充分知识”比2001年名义账户计划启动的时候减少了，他们掌握的最基本的知识（“各年的计算”）在倒退，从2000年的50%倒退到2003年的38%。低收入和较年轻的成员则根本就不可能去了解信息。在美国，工人通常缺乏关于社会保障待遇的了解，最依赖社会保障的人也是对其了解最少的人。在迈克尔·奥斯扎格在山德汉姆研讨会上未发表的陈述中，他表明人们对DB制度的信息比对DC制度的信息更为满意。因此，把两个DC计划结合在一起会明显加强人们对不确定性和信息缺陷的主观感觉。

因此，即使那些做退休安排、自愿向DC型积累制计划缴费的人，有时也会发现他们自己遭到了重大而意外的损失，并且常常发现他们面临着两个DC计划的双重不确定性和年金的不可预测性。迈克尔·奥斯扎格计算了欧洲和美国从2000—2003年的“退休收入损失”，那些把积累制养老金资产的一半投资于股票的人受到的损失在15%～25%之间，那些完全投资于股票的人受到的损失在40%～50%以上。瑞典积累制养老金（PPM）所有积极投资基金的指数从2001年春启动时的88%（到2002年春）下降到2003年春的63%。瑞典积累制养老金缴费率为2.5%，按照资本市场回报率取得收益。瑞典现收现付（第一）支柱的缴费率为16%，并且为65岁以上的人提供了一个基本安全网，即最低“保证养老金”，积累制养老金是对第一支柱的补充。瑞典选择积极管理其积累制养老金资产的人从最初的67%降低到去年的14%，到2003年（股票市场连续下降的第三年）上半年更降低至8%（Casey，2003）。

虽然名义账户制和DC型积累制的波动可能是互相独立的，但也不能排除由波动引起共变从而强化风险的可能。在很多情况下，风险会不断积累甚至可能互动，而不是平滑地互相抵消。很多人最可能面临的结局是，他们不仅得到的养老金大大降低，而且更多的资源带来的退休收入可能更加难以预测。这从总体福利的视角来看可能是有意义的，但它显然与DB型最终养老金权利（例如很多国家今天的公务员养老金）的超稳定性形成鲜明的对比。因此，这种组合制度不可避免地会被认为将随着时间流逝而恶化，即使其最后结果可能与原状相同或甚至好于原状。例如，在德国，基本的公共养老金加上作为里斯特养老金的4%储蓄所产生的总收入，无论如何比金融市场预计的4%年度名义回报率带来的收入高（Börsch-Supan和Wilke，2003，图13）。

但要知道实际结果如何，以及人们在不确定性下如何理解将要发生的事，还需要时间。福利和老年保障不仅需要提供，它们还必须被看做是得到提供的，它们即使不能被看做是“最佳”惯例或“理想的”养老金制度，也应该被认可为“足够好的”。

九、需要的是有保证的最低社会养老金，而不是“零支柱”

这更加适用于依靠最低社会援助或专为贫困老年人提供的老年收入扶持的人。在改革之前，贫困老年人的数量比较少，或者在未经改革的计划下，他们不是那么贫穷。在OECD国家，尽管65岁以上的老年人中的贫困率仍然高于平均水平，特别是75岁以上的人口（Förster，2004），但数十年来老年贫困率一直在下降，直到20世纪90年代中期。过去的趋势是“老年人口的物质生活水平在不断上升”，而改革很可能扭转这种趋势，这种转变实际上已经可以看得出来（Förster，2004）。例如，在新加盟国匈牙利，改革的结果可能产生大约15万需要社会援助的老年穷人，尽管匈牙利改革距离名义账户还很遥远（参见Marin，Stefanits和Tarcali，2001）

霍尔茨曼清楚地认识到“以准精算型名义账户制作为第一支柱、以精算型积累制作为第二支柱和第三支柱的新结构有助于提高劳动力市场的效率，但减少了对穷人的收入再分配”，因此需要最低福利保障。“对非常脆弱的老年人提供收入扶持是任何养老金制度的充足性目标的一部分。”因此，他明确地呼吁“在欧盟成员国加强社会养老金或非缴费型养老金”，以防止“老年人脆弱性随着老龄化进程而加剧”。他指出“由于收入关联计划的覆盖面不完全，或许还在下降，因此可以推测贫困率会随着预期寿命的不断上升而提高。”不要忘记，与剩余预期寿命的上升相比，活到养老金领取年龄者比例的上升更多地决定了养老金负担，无论过去还是现在。活到养老金领取年龄的比例在俾斯麦时代为15%左右，到第二次世界大战后上升到 2/3 以上，到今天更上升到 90%。这里，没有人会不同意他提供的诊断和根据“欧盟团结目标”得出的政策结论。

还存在两个问题。首先，“那种加强的社会养老金支柱应该如何构建?”第二，正如我在原来对霍尔茨曼论文的评论中提出的，“为什么有保证的最低社会养老金应该被概念化为（甚至被称为）‘零支柱’?”霍尔茨曼对第二个置疑的回应是完全接受我的反对意见，并“去掉这个可能有问题的概念”，但他却没有改变他“提倡的观念”。他把“围绕零支柱的语言”改成了“社会养老金支柱”或“非缴费型养老金”，这是表示对政治礼节或恰当性的贡献，而不是对语义选择的实际含义进行反思。

在回答这个问题之前，我承认他自己对第一个问题的回答是足够具体和令人满意的。他主张在社会支柱之外，在名义账户制度下提供最低养老金，以便“加强对正规劳动力参与的激励”。但他看到有必要实行资格限制，“以免与名义账户结构在个人退休决策方面的中立目标相抵触。”这里，我部分地赞成他的道理和他提议的措施。“例如，在允许个人在达到某个年龄如 60 岁以后退休的同时，还必须要求他最低名义资产积累额达到最低养老金的 100%，否则他就必须达到标准退休年龄，如 67 岁（它随着预期寿命的上升而提高）。第二，要把名义账户最低养老金与社会养老金在劳动力市场激励方面相协调，就要求不同的资格标准（例如社会支柱的某种家计调查或财富调查措施）、不同的数额、或不同的合格年龄——或这些成分的结合。最后，领取社会养老金的合格年龄应该制定得高一些（如 70 岁以后），但家计调查可以宽松一些……”

霍尔茨曼自己似乎对其总体建议的说服力表示怀疑：“那种社会养老金支柱能够表现出多大的国家偏好……还需要讨论……”这显然需要讨论，并且还需要研究。这里我提出几个基本的问题，但不能给出准确答案。原来的“零支柱”提法是否表明它是一个纯粹为了扶贫的剩余概念，而不是一个更广义的福利概念？为什么不采取联合国的原则，就是从提出“不远的将来社会发展福利政策和项目的指导原则”的时候到随后“1995 年世界社会发展峰会（WSSD）”这个过程中所制定的原则？霍尔茨曼的福利概念仅关注少数，是扶贫计划，是对那些“依靠福利”的人实行的社会控制，为什么不把它替换为一个包容性更强、更加全面和普遍的政策关注，从而“提高最大多数人的生活水平”（联合国指导原则，参见 European Centre，1993，第 212 和 213 页）？对养老金的担保是否应该限制在保护边缘的和脆弱的群体，而不是更广泛的关于人类福利和社会融合的最低标准？对最贫困的人给予保护和补偿是否是对所有其他人依靠自食其力的充分补充？或者扶持策略还要求对那些通常照顾自己的人给予扶持，并对那些照顾别人的人给予援助？

有没有其他形式的最低收入担保和作为再分配的非缴费型社会权利是可以构思、合意的或者甚至是更可取的？对失业、疾病、残疾、服兵役、因家庭事务而停工（如产假或护理假）等期间的保障应如何补充收入关联的名义账户权利的不足，从而给予体面的最低收入担保？由于上述原因而停止工作的时间加起来可以长达好多年，在人们工作生涯中通常会超过十年（Marin，2000），这些低收入担保和作为再分配的非缴费型社会权利可能更好地帮助烫平消费，并在扶贫之外提供更有针对性的、社会政策目标导向的扶持，比社会养老金更能够提供平等的机会。与无条件的基本社会养老金相比，对非缴费期间（与失业、疾病、残疾、服兵役、产假和护理假等）给予慷慨的现金缴费能够更好地补充收入关联的名义账户积累资产的不足，向参保人提供体面的最低待遇水平，同时提供更好的激励。这至少是我的主要假定。为什么社会养老金应该是家计调查式和仅限于“脆弱的老年人”，从而只针对社会最边缘的群体，而不是对特定类别的群体提供的非缴费型普遍给付，如父母、护理员或残疾人？

简言之，为什么名义账户制连同自愿性积累制支柱的社会支柱应该被构思得仍然像“零”支柱，尽管这个名称已经不再使用？“零支柱”是否明显意味着，“不用付出就得到福利”（或至少他支付的低于他应当做的缴费）最终会变成“付出而得不到任何回报”（税收融资的基本社会政策目标“支柱”，与其他“国家偏好”一起消失）？为什么不把在强制性名义账户支柱和补充的自愿性积累制计划的组合之下的社会安全网构思成一个“根基”，一个基本的养老金担保（正如关键的名义账户制那样，也是一个核心要素），而不是“零支柱”？因为零支柱可能在最需要的时候刚好就崩溃了。但我不得不同意霍尔茨曼在与我私人沟通时对我所提出的批评意见的反驳，他认为我提出的“宏大的‘养老金担保’”看上去很好，但没有完全考虑到激励因素，因此是“相当肤浅的”。实际上，最低名义账户养老金、社会养老金和对收入关联的名义账户计划的非缴费型补充等如何实现同步，以达到社会政策目标，即对因工作、家庭和健康等原因而中断工作生涯者给予照顾（适用于每个人，而不仅仅是穷人），还有很多工作要做。

十、残疾福利：一个最重要的空白

霍尔茨曼模型中完全忽视了残疾养老金，然而它是养老金问题的一个关键方面，而大规模提前退休或许是其最重要的决定因素（最新出版物，参见 OECD，2003；Prinz，2003；Marin 和 Prinz，2003；Marin，Prinz 和 Queisser，2004）。考虑到两个趋势，这更加令人吃惊：首先，近几十年来残疾养老金失控的支出增长；第二，可以预见到未来残疾养老金增长率会更加恶化。由于月度养老金的覆盖率和替代率可能下降，而且在收入关联计划下退休年龄可能上升，我们可以认为，通过残疾养老金提前退出劳动力市场的倾向还会上升。如果大规模提前退休本身是今天养老金不可持续的主要原因之一，那么在不解决提前退休的主要原因之一的情况下，怎么能够构建一个“理想的”泛欧养老金的支柱组合公式？除了财政不可持续性之外，在几个失业率很高的欧洲国家，残疾养老金对于劳动参与率的降低扮演着重要角色。

某些事实和趋势是令人迷惑的：在健康状况普遍改善、无残疾寿终的比例上升、发病率减少和推迟等情况下，工作年龄人口的残疾养老金怎么会大大地上升了？在慢性病和职业病、意外事故以及工伤等同时减少的情况下，并且在传染病暴露减少（某些甚至已经消失）、灰尘和危险物质如石棉和致癌物等暴露都减少的情况下，工作年龄残疾率怎么可能急剧上升？在高风险群体（如超过工作年龄 65 岁以上的老年人）残疾率下降的情况下，工作年龄的残疾养老金怎么会上升？

例如，在匈牙利，新的养老金领取者中多数都是通过残疾而退休的（Marin，Stefanits 和 Tarcali，2001，图 2）。在奥地利，有 1/2 的人在工作年龄作为残疾人退休，在农民当中，2/3 是在工作年龄通过残疾而退休，而在蓝领工人当中，3/4 的工作年龄人口通过残疾退休。

在55～56岁的年龄群体中，残疾养老金在不到二十年时间里上升了555%！尽管有很多别的提前退休途径，在60～64岁年龄组中，40%的男性领取残疾养老金。OECD国家残疾养老金领取者平均为23%。荷兰的医疗保健制度是世界上最发达的之一，但荷兰几乎有一百万工作适龄人口在领取残疾养老金待遇；总体上，在1980—1997年之间，残疾领取率上升了86%。在英国，虽然没有任何健康状况恶化的证据，在过去20年里，政府在疾病和残疾方面的支出增长了3倍，40%的工作年龄人口在领取政府待遇，获得疾病和残疾补偿。

相应地，福利支出增长速度的普遍放缓（福利支出在20世纪60年代和80年代几乎上升了一倍，从那以后仅上升了20%）对残疾养老金的影响没有对其他社会支出的影响大。即使控制住社会年龄结构的变化，残疾人项目扩张、受益人数量和支出额在过去35年中仍然在不断增长。缩减残疾福利的周期性努力（在20世纪70年代中期和90年代）成功地降低了残疾福利领取人数的增长速度，但并没有降低受益人增长速度；福利领取人数存量仍然很高，并且流入率高于流出率。因此，即使残疾养老金支出开始表明流入速度在降低，即支出增长仍然在继续，虽然增长速度降低了。将来整体成本控制将是一个核心挑战，这个挑战比其他社会政策领域存在的挑战更大。

过去几十年中，残疾养老金以失控的速度增长（见图11.6）。在残疾方面的社会支出是失业所带来的社会成本的好几倍，即使在失业率很高的严峻形势下也是如此。在调查的20个OECD国家中的19个国家，残疾待遇成本大大高于失业待遇成本。平均而言，残疾成本是失业成本的两倍多（2.17倍）。在挪威，残疾成本是失业成本的11.9倍，达到GDP的5.58%。OECD17个国家的残疾成本为GDP的2.72%，欧盟11国的残疾成本为GDP的2.70%。然而，高成本并没有保证残疾支出都用到了恰当的地方。OECD2003年的一个报告表明，多数严重残疾的人没有获得残疾福利，尽管他们中多数都是需要扶持的；而40%的残疾养老金领取者声称自己是残疾，但实际上他们并没有残疾（见图11.7）。因此，宝贵的资源浪费在那些不应该获得残疾待遇的人身上，即那些既非贫穷也非不幸的人，或者浪费在那些虽然有困难但不应该领取残疾养老金的人身上，他们可以从其他形式的扶持获得更好的帮助。欧洲就业率低下的局面似乎从大规模失业转向了大规模赋闲，这主要是由大面积的残疾引起的。

特别是50岁以上的人口中，失业人数与非就业人数（其中很多人领取残疾福利）的比例为1∶8。在工作年龄中，欧洲男性平均有10年时间没有就业，女性有22年时间没有就业，其中普通人失业时间或找工作的时间不超过两年。因此失业（虽然仍然很高）成为总体非就业中的一个次要问题。虽然处于工作年龄的成年男性中有1/5没有就业，还有1/12到1/10的人因为失业而没有工作，但欧洲如今男性失业人数不到不工作的男性人数的1/3。不工作的女性的比例比失业比例高6倍。

显然，残疾养老金仅仅是导致欧洲工作年龄人口中不工作的人数日益上升的一个原因，尽管它是一个重要而且重要性在上升的因素。解释残疾养老金上升的劳动力市场假说更加具有可信度，而人口方面的解释无法说明工作年龄人口不工作的原因。所有医学专家都一致认为残疾发生率并没有上升，因此医学或流行病学不能解释残疾养老金和残疾支出急剧上升的原因。阿尔茨，伯克霍瑟和德容（1996）指导了一项定量研究：荷兰20世纪80年代领取残

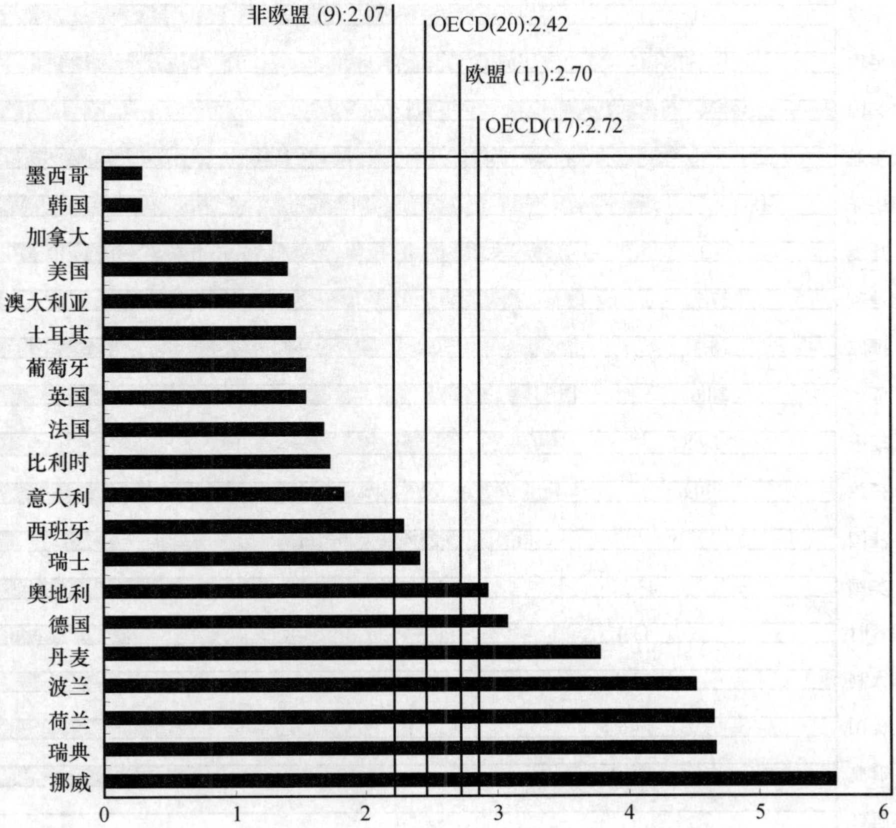

图 11.6　用于残疾福利的公共支出的差异（%GDP）

资料来源：Marin 和 Prinz（2003，p. 36）。

注：所有与残疾有关的项目包括广义的残疾福利和针对残疾人的与就业相关的福利。OECD（17）不包括韩国、墨西哥和土耳其。纵线表示平均数。

疾待遇的人口比例变化的决定因素（Aarts 和 De Jong，1992）。他们从中发现残疾人数的增加仅有 1/3 可以用医学因素来解释，2/3 只能用由非医学因素来解释，特别是残疾待遇的慷慨性和失业率的上升。

十一、残疾养老金政策需要做出改变

残疾养老金似乎已成为一种垃圾箱式的社会福利。它可能会继续压抑平均年龄（如今已达到 45 岁）以上人口的劳动参与率。因此它会加重财政压力，无助于维持或恢复社会政策的稳定性和长期可持续性。这要求在表达重大的社会政策问题时，应该有一种范式的改变。残疾养老金的扩张不能被继续看做是福利更加完善和残疾人或中年的“老年”失业者的福利得到改善的标志，相反，它表明政府缺乏良好的管理能力，不能为那些有困难的残疾人提供恰当的福利。简言之，残疾福利扩张是一个潜在的福利失败，而不是福利和社会政策的成功。

正如在失业、医院、监狱和药品等方面的支出一样，在疾病、意外事故、工伤、残疾或

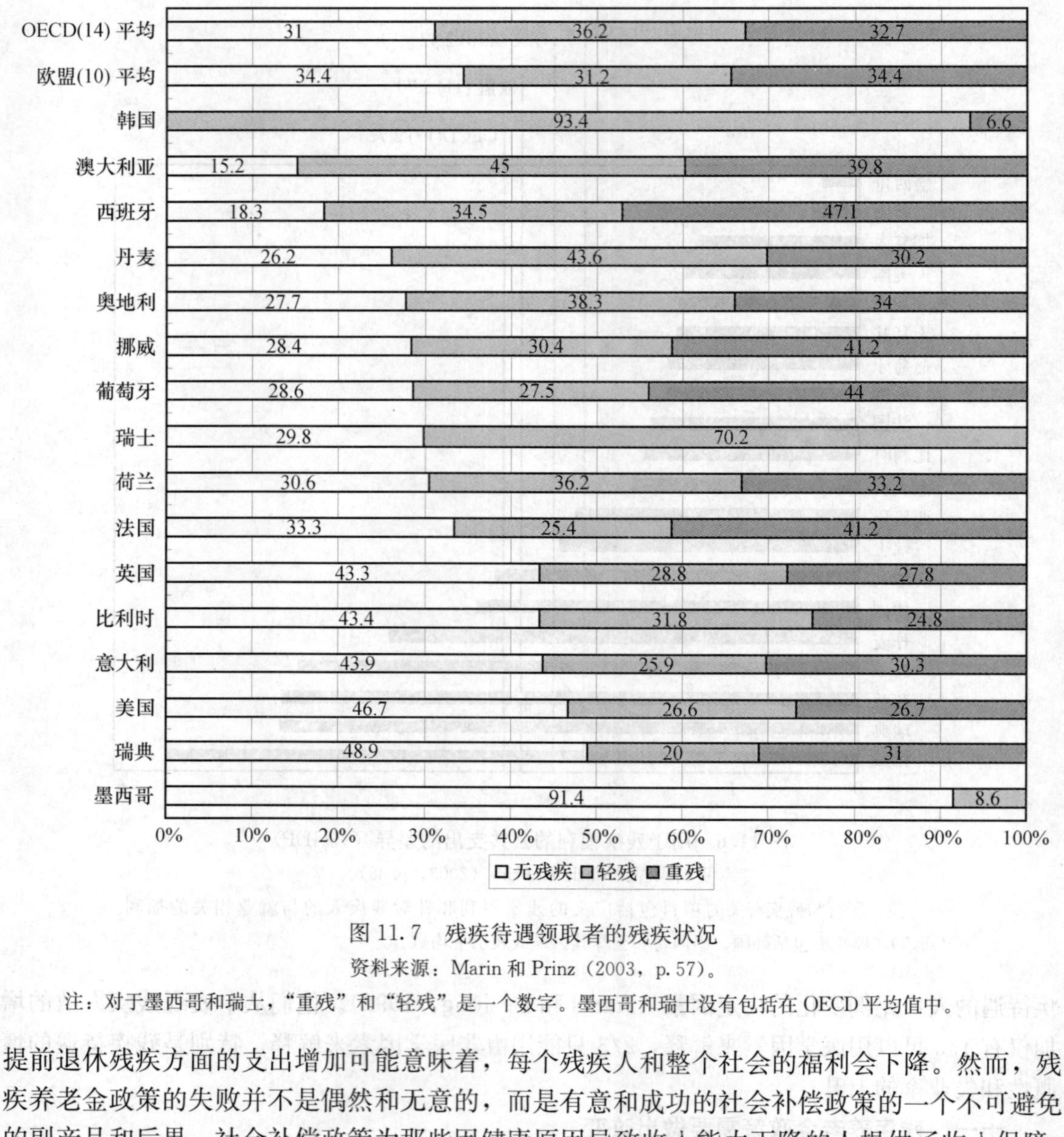

图 11.7　残疾待遇领取者的残疾状况

资料来源：Marin 和 Prinz（2003，p. 57）。

注：对于墨西哥和瑞士，“重残”和“轻残”是一个数字。墨西哥和瑞士没有包括在 OECD 平均值中。

提前退休残疾方面的支出增加可能意味着，每个残疾人和整个社会的福利会下降。然而，残疾养老金政策的失败并不是偶然和无意的，而是有意和成功的社会补偿政策的一个不可避免的副产品和后果。社会补偿政策为那些因健康原因导致收入能力下降的人提供了收入保障，但没有制定相应的条件要求。在所有欧洲福利国家，公共支出的主要决定因素不是收入，而是福利权利。但与转移支付（例如针对失业、社会救济项目、或者甚至老年养老金）相反，在病残养老金或残疾福利方面的支出即使在中期内也不能做出轻易改变或调整。残疾养老金容易受到政治寻租和操纵，政治家往往用提前退休和病残养老金计划来促进产业重组或掩盖失业率，从而为其拉选票，而不是为了使福利计划适应公平标准、竞争力要求和长期财政可负担性。残疾养老金允许政治家用制度的长期可持续性来交换短期政治利益。轻易的提前退休、更大的覆盖面、慷慨的替代收入、宽松的资格条件和对福利申请的宽松评估等，使政治家能够笼络利益集团和选民。没有积累的债务带来的财政负担被转移到后来人的头上，而它与早期给予的好处之间的关系却不容易识别（对这个问题和下面的问题，参见 de Jong，2003）。

与正常的老年保障方面的政治仁慈不同，在残疾养老金方面给予慷慨待遇是欠考虑的，它不仅改变了当前病残待遇受益人的行为，还扭曲了潜在申请人的行为：即那些没有残疾的雇员及其雇主、社会管理者，还有其他利益集团。正如疾病和医疗保险一样，残疾福利中的道德风险可能是传染性的，会扩散到其他人。那些本来清白的旁观者看到那些假装病残者搭便车领取福利，而把代价转移到他们身上，就可能效法那些不良行为。企业主可能屈从于利益诱惑，利用残疾养老金来处理冗余劳动力，因为这种办法比正常解雇更容易和便宜。企业主常常发现他们处于一种矛盾境地，他们常常抱怨非工资劳动力成本的上升，然而他们自己也导致了这种成本的上升，他们也曾滥用提前退休和残疾养老金计划来推卸他们对其大部分中老年雇员的责任，把代价转移给社会承担。

目前，残疾政策对很多人授予终身养老金，比纳入康复计划或就业项目的人多得多，这带来了很高的社会排斥成本。残疾政策不能通过就业促进计划来创造就业，而总是把那些正好最需要重新就业的人（45 岁以上的人，这一群体的残疾流入率最高）排除在工作计划之外，导致残疾人口流入和职业恢复计划之间存在极大的年龄误配。因此，残疾政策把身体局部受损的广大中年群组和经历了较长失业期的整整一代所谓老年工人的价值完全勾销了。这样，它们引起更为年轻的群组中很多人都申请残疾养老金和与疾病有关的提前退休，并且常常在错误的残疾标签下给予提前退休待遇。在这方面，国与国之间存在很大的差异，但这种差异并没有得到很好的阐述或理解（见图 11.8）。

残疾政策导致了这样一个局面：在比较健康的群体内部，残疾人病残支出和不工作的成本大大超过了失业支出。这些政策导致社会认可那些有（部分）残疾但仍具有劳动能力的很多人的不劳而获。这些政策想当然地认为即使局部残疾的流出率也非常低，因此使得残疾待遇一旦给予就往往变成终身的福利依赖。残疾政策甚至把长期失业、社会救济以及赋闲等社会问题都通过残疾通道来解决，使得残疾待遇成为吸纳剩余劳动力的方式。这不仅导致大规模的资源误置，还大大扭曲和降低了人们的工作热情和工作能力。在这样的资源误置被公众意识到并引起争论时，无论对于残疾人还是非残疾人，残疾政策都败坏了劳动风气并产生误导作用。所以，这样的残疾政策会引诱机会主义行为，引起对社会权利普遍的滥用，是团结和互惠的腐败形式，可能危及福利资格和养老金安排的合法性。

因此，过去几十年中发生的含混不清的范式转变必须继之以另一种转变：即向着连贯性较强的就业导向的公平机会模式转变（OECD，2003；Marin，Prinz 和 Queisser，2004）。关键的是，社会模式中内含的残疾待遇在正常化和主流化时，应摒弃那种根据没有回报选择的终身退休养老金计划来模拟残疾待遇的做法，转而使政策向着鼓励人们寻找工作、提供工作回报以及失业计划的方向发展。

十二、名义账户制的政治合意性、可行性和可持续性：它被低估的比较优势

出于所有这些原因，把名义账户制作为泛欧养老金改革方案或多支柱组合的核心成分有什么好处，需要从政治和经济两方面来讨论。霍尔茨曼建议的组合养老金方案是“以名义账户制为其核心，以补充性积累制养老金和社会养老金为其两翼”。这是强制性与自愿性、积

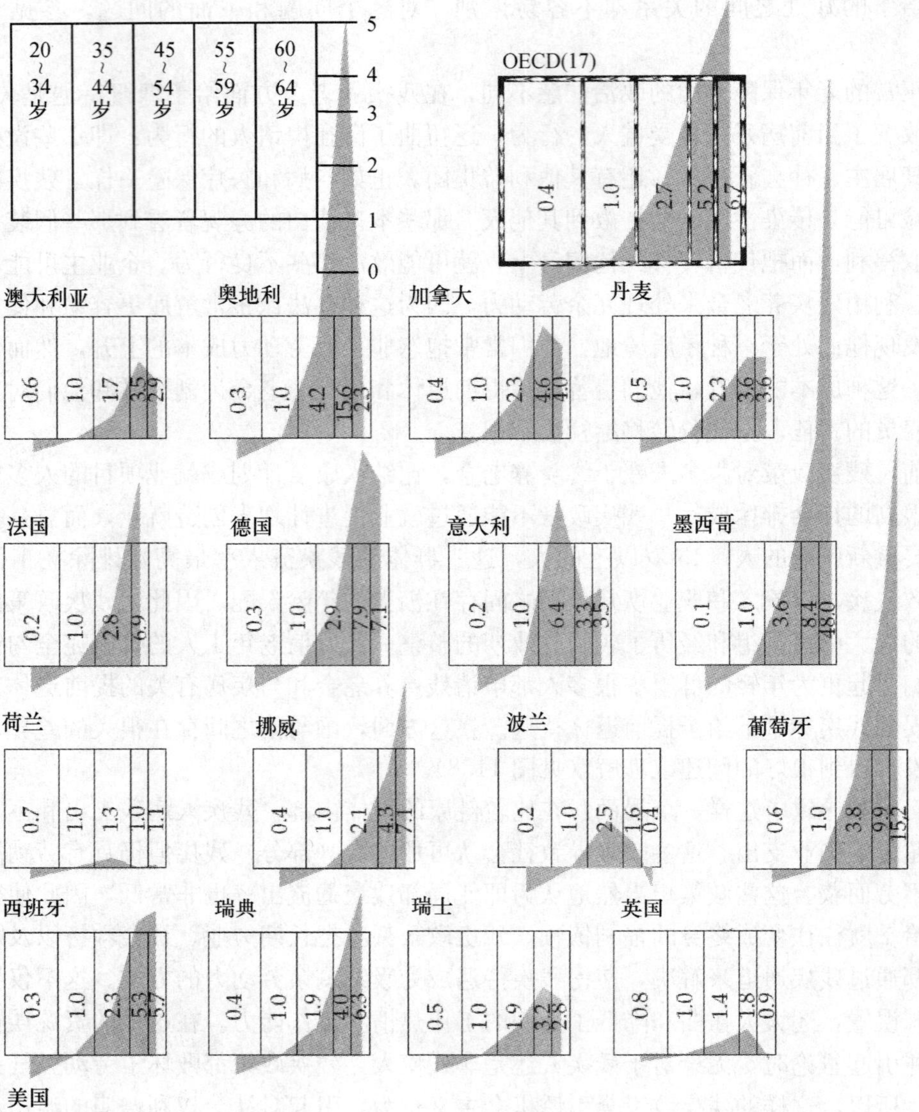

图 11.8　特定年龄组流入率的国家差异（1999 年特定年龄组与 35～44 年龄组的流入率的比例）

资料来源：Marin and Prinz（2003，p. 74）。

注：加拿大、法国、意大利和西班牙的数据只包括了缴费型计划，而不是包括两个计划。

累制与非积累制、公共与私人、职业和个人退休计划、缴费型收入关联式与非缴费型最低收入扶持的组合。对这种方案的争论必须是令人信服的，即必须从政治方面来讨论。当从经济原因来考虑时，效率理由是必要的，但不是充分的，而基于最优效率的公正和公平问题才是最重要的。

根据这种诊断，我们可以得出政策结论。名义账户制要获得民众的广泛支持，其被低估的比较优势和政治资产应该得到清楚的阐述。

1. 名义账户制作为公平标准、反腐机制和养老金文化的推动器。名义账户制确立了广泛接受的公平标准，除了能够与社会公正方面的意识形态差异兼容之外，名义账户制的精算公平性是其公平标准的最小公分母。名义账户制使得隐性或不正当的再分配显露出来，使有利于特权阶层或特殊利益的隐性税收显性化，并揭露了养老金计划和改革措施的真正受益者。它使得人们从终身缴费、终身收入、年金、与灵活退休年龄相关的终身养老金权利等角度来看待问题，而不是从最后工资的月度替代率来思考问题。它可以诱导人们从个人选择、闲暇与消费的取舍、预算约束等立场来思考，从而满足现代养老金制度的要求，并产生养老金文化。在现行制度被普遍认为不公平的局面下，它能够推动改革，建立起关于必要调整的政治共识。参量式改革缺乏可信度的问题是难以克服的。

2. 名义账户制作为福利触发器的功能性区别。名义账户制使老年保障与残疾福利、健康或意外事故保险、社会救助、失业津贴、遗属收入扶持以及家庭政策措施（如抚养儿童的积分、扶贫措施、所有最低或基本收入担保）在功能上区别开来。虽然这些与其他社会政策领域是密切相关的，但只有把功能性区别和资源流区别开才能产生透明的、政治上可靠的再分配形式。它还考虑到了社会保障养老金制度的自主权和自我参照性，正如中央银行、司法制度、科研、市场经济和政治制度具有自主性和自我参照性那样。名义账户制需要它自己的特殊语言、词汇表（把所有 DB 计划的问题转换为名义账户制语言）、分类方法和框架体系。但最后，它导致了“哲学的差别，而不仅是词汇表的差别”（Lindbeck，2003b）。它不是一个“自动驾驶仪”制度（Monika Queisser，本书第十二章），但它能帮助航行很长的路程（即使有有限的打盹或偶尔的小睡）。它还消除了引起紧张和冲突而且代价高昂的经常性参量式改革的需要（例如，奥地利从 1993 年以来进行了 35 次参量式改革，瑞典在 1963—1995 年期间进行了 50 次参量式改革）。

3. 名义账户制作为较好的风险管理制度。正如戈拉和帕尔默（2003）令人信服地指出的那样，与其他所有的养老金范式相比，名义账户制是一种优越的管理和分散风险的形式。当然，名义账户制与所有其他制度一样，面临着同样的宏观经济风险，并且还面临着人口风险，只不过程度较轻。但与公共 DB 型制度相比，名义账户制较为不容易受到政治操纵，并且根本不会受到机会主义行为和道德风险的影响。它不会使人产生不切实际的期望，不会出现违背承诺的情况，它甚至较少依赖良好的预期。名义账户制与 DC 型积累制不同，它不会受到金融市场波动的影响。这些是名义账户制的优越特征，但它们并不都是名义账户制与生俱来的，相反，其看得见的优势与其说是在于名义账户制的设计和优越的模式，还不如说是在于政治现实。名义账户制是一种崭新的制度，因此对它的研究不可避免地是不够的，但只要它不用其观念上的优越性来代替其在实践中和政治上的优越性，它无论如何不会“被过分吹嘘”（Diamond，2003）。

4. 名义账户制作为任何养老金体系和自主权的核心成分。名义账户制在应对风险方面的比较优势（与 DB 型现收现付制和 DC 型积累制相比）使得名义账户制成为任何养老金组合和养老金体系核心成分的最有后劲的候选制度。使基于名义账户制的养老金组合这只珍贵的鸟飞得最好的"翅膀"还处于建设和试验阶段。但名义账户制主体作为现收现付制的终身储蓄制度，有助于把隐含的、常常是严重扭曲的代际协议转换成明确的代际协议，产生了代内和代际的公平和公正。但它还没有解决如何处理积压债务（在日本达到了所有超额债务的95%）和如何在各代之间分摊遗留成本的转型问题。但名义账户制能够阻止未来超额债务的产生，有助于克服制度不平衡，纠正普遍的不透明和不公正感觉，为养老金改革扫清障碍。名义账户制可能还不是一个神奇的泛欧养老金改革和协调公式，但它接近于最优设计，目前还没有比它更好的设计。通过努力使之成为最可行的养老金安排（不仅在欧洲），可能使得名义账户制接近于霍尔茨曼所说的"理想的"自我约束机制。

参考文献

Aarts，L.，and P. De Jong. 1992. *Economic Aspects of Disability Behavior*，Amsterdam，North Holland.

Aarts，B.，and P. de Jong. 1996. *Curing the Dutch Disease. An International Perspective on Disability Policy Reform*. Aldershot，U. K.：Ashgate.

Barr，N. 2001. *The Welfare State as Piggy Bank*. Oxford and New York：Oxford University Press.

——. 2006. "Non-Financial Defined Contribution Pensions：Mapping the Terrain." In *Pension Reform：Issues and Prospects for Non-Financial Defined Contribution (NDC) Schemes*，ed. R. Holzmann and E. Palmer，chapter 4. Washington，DC：World Bank.

Börsch-Supan，A. H.，and C. B. Wilke. 2003. "The German Pension System：How it Was，How it Will Be." Paper presented at the NDC Conference，Sandhamn，Sweden，September 28-30.

Casey，B. 2003. "Private Public Cooperation in Pensions" Paper presented at the E. I. S. S. conference on "Freedom of Choice in Social Security，" Graz，September 25-27.

De Jong，P. 2003. "Disability and Disability Insurance." In *European Disability Pension Policies*，ed. C. Prinz，77-106. Aldershot，U. K.：Ashgate.

Diamond，P. 2002. *Social Security Reform*. Oxford and New York：Oxford University Press.

——. 2003. Presentation at the NDC Conference，Sandhamn，Sweden，September 28-30.

Disney，R. 1999. "Notional Accounts as a Pension Reform Strategy." Social Protection Discussion Paper 9928，World Bank，Washington，DC.

European Centre. 1993. "Welfare in a Civil Society." Report for the Conference of European Ministers Responsible for Social Affairs—United Nations European Region.

——. 2004. " Pensionsharmonisierung oder-Disharmonisierung?" Handout，Press

Conference，Presseclub Concordia，Vienna，January 8.

Fehr，E.，and K. Schmidt. 1999. "A Theory of Fairness，Competition，and Cooperation." *Quarterly Journal of Economics* 114：817-68.

Förster，M. F. 2004. "Increasing Well-Being Among the Elderly Population：Re-Writing the Story?" Vienna：European Centre.

——. 2006. "Income Inequalities，Poverty and Social Transfers—OECD and CEE." Aldershot，U. K.：Ashgate.

Góra，M.，and E. Palmer. 2003. "Shifting Perspectives in Pensions." Warsaw / Uppsala. Unpublished paper.

Gruber，J.，and D. Wise. 1999. *Social Security and Retirement Around the World*. Chicago：University of Chicago Press.

Holzmann，R.，and J. E. Stiglitz. 2001. *New Ideas about Old Age Security. Towards Sustainable Pension Systems in the 21st Century*. Washington，DC：World Bank.

Holzmann，R.，M. Orenstein，and M. Rutkowski. 2003. *Pension Reform in Europe：Process and Progress*. Washington，DC：World Bank.

Holzmann，R.，and R. Hinz. 2005. *Old Age Income Support in the 21st Century：An International Perspective on Pension Systems and Reform*. Washington，DC：World Bank.

Lindbeck，A.，and M. Persson. 2003a. "The Gains from Pension Reform." *Journal of Economic Literature* XLI (March)：74-112.

Lindbeck，A. 2003b. Presentation at the NDC Conference in Sandhamn，Sweden，September 28-30.

Marin，B. 2000. "Introducing Innovative Employment Initiatives." In *Innovative Employment Initiatives*，ed. Bernd Marin，D. Meulders，and D. J. Snower，21-38. Aldershot，U. K.：Ashgate.

——. 2003. "Transforming Disability Welfare Policy：Completing a Paradigm Shift." In *European Disability Pension Policies*，ed. C. Prinz，13-76. Aldershot，U. K.：Ashgate.

Marin，B.，and M. Fuchs. 2003. "Pensionsharmonisierung in Kärnten." Expertise on behalf of the Kärtner Landesregierung，Vienna.

Marin，B.，and C. Prinz. 1999. In *Pensionsreformen. Nachhaltiger Sozialumbau am Beispielösterreichs*，2nd edition，ed. B. Marin and C. Prinz. Frankfurt and New York：Campus.

——. 2003. *Facts and Figures on Disability Welfare. A Pictographic Portrait of an OECD Report*. Vienna：European Centre.

Marin，B.，D. Meulders，and D. J. Snower. 2000. *Innovative Employment Initiatives*. Aldershot，U. K.：Ashgate.

Marin, B., H. Stefanits, and G. Tarcali. 2001. "Learning from the Partner Hungary: An Austro-European View." Paper presented at the International Institute for Applied Systems Analysis (IIASA) /World Bank Conference, "Learning from the Partners," April 5-7, Vienna.

Marin, B., C. Prinz, and M. Queisser. 2004. *Transforming Disability Welfare Policies. Towards Work and Equal Opportunities.* Aldershot, U. K.: Ashgate.

OECD (Organisation for Economic Co-operation and Development). 2003. *Transforming Disability into Ability. Policies to Promote Work and Income Security for Disabled People.* Paris: OECD.

Palmer, E. 2006. "Conversion to NDC—Issues and Models." In *Pension Reform: Issues and Prospects for Non-Financial Defined Contribution (NDC) Schemes*, ed. R. Holzmann and E. Palmer, chapter 9. Washington, DC: World Bank.

Prinz, C., ed. 2003. *European Disability Pension Policies.* 11 *Country Trends* 1970-2002. Aldershot, U. K.: Ashgate.

Prinz, C., and W. Lutz. 1994a. "Ä ltere Menschen in Europa. Demographische Perspektiven 1990-2050: Teil 1." *Journal für Sozialforschung* 34 (2): 197-220.

——. 1994b. "Ältere Menschen in Europa. Demographische Perspektiven 1990-2050: Teil 2." *Journal für Sozialforschung* 34 (3): 287-310.

Prinz, C., and B. Marin. 1999. *Pensionsreformen. Nachhaltiger Sozialumbau am Beispielösterreichs*, 2nd edition. Frankfurt and New York: Campus.

Queisser, M. 2006. "Discussion of 'NDC Pension Schemes in Middle-and Low-Income Countries'." In *Pension Reform: Issues and Prospects for Non-Financial Defined Contribution (NDC) Schemes*, ed. R. Holzmann and E. Palmer, chapter 12. Washington, DC: World Bank.

Synthesis. 2003. "Lebenseinkommen imöffentlichen und privaten Sektor. Ein Vergleich anhand ausgewählter Vergleichskarrieren." Expertise on behalf of the Bundesministerium für Wirtschaft und Arbeit, Vienna.

第十二章　中低收入国家的名义账户养老金计划

大卫·林德曼　大卫·罗巴黎诺和米哈乌·鲁特科夫斯基*

名义账户制作为一个样板被推荐以解决很多国家公共养老金制度中存在的问题，诸如财政平衡、公平和激励等，这些制度绝大部分是把当前的缴费来为养老金融资或者是以现收现付制为基础的。到目前为止，大部分的政策讨论都聚焦于高收入国家，诸如瑞典和意大利。很少人关注在中低收入国家，名义账户制是否是合意和可行的制度安排。这些国家的特征是缺乏稳定的宏观经济环境、狭窄和波动的缴费基数、更加不平等的收入分配，并且处在人口转型的中间阶段。这种倾向也忽略了很多国家已经引入了名义账户制变体的事实，这些国家包括巴西、中国、吉尔吉斯斯坦、拉脱维亚、蒙古国、波兰和俄罗斯等①。

本文在中低收入国家的背景下讨论名义账户制潜在的优点和制度实施的主要约束条件。我们的研究范围可以宽松的称之为“非 OECD”国家。很明显，讨论名义账户制的成本和收益应该针对具体的国家。我们聚焦于那些会影响名义账户制实施和绩效的宏观经济、人口和制度变量。

本章分为七个小节。第一节通过引入名义账户制的概念为随后的讨论设定了一个框架，勾勒出了名义账户制的各种各样变体的一个分类学，并且比较名义账户制与纯粹的 DC 型、DB 型制度的异同点。随后的两节讨论名义账户制在中低收入国家潜在优点，诸如减少经济扭曲（第二节）和提高现收现付制的财政稳定性（第三节）。作者指出了那些在设计和初始条件中的关键因素，这些因素可能影响名义账户制优点的实现。本章剩下的部分聚焦于那些在实施过程中任何国家都需要特别注意的问题，包括中低收入国家：转型机制和不同养老金计划的整合（第四节）、再分配和预防贫困（第五节）以及制度能力（第六节）。最后一节总结中低收入国家名义账户制与传统的现收现付制相比的优点，尽管后者可能是设计良好的。

第一节　名义账户制的概念及其变体

我们认为名义账户制的概念是把积累的 DC 型制度的结构和术语应用于一般的现收现付制。名义账户制试图把 DB 型现收现付制下参保者所能预期到的所有或者部分风险内生化，

---

* 大卫·林德曼（David Lindeman）服务于美国联邦政府、世界银行和 OECD。大卫·罗巴黎诺（David Robalino）是世界银行中东和北非地区人类发展部门的高级经济学家，米哈乌·鲁特科夫斯基（Michal Rutkowski）是世界银行中东和北非地区人类发展部门的主任。作者非常感谢 Anna-Marie Vilamovska 出色的协助。

① 可参见 Lindeman，Rutkowski，Sluchynskyy（2001）及 Chlon，Góra，Rutkowski（1999）等人的评论。

这些风险在积累的 DC 型制度中自动地由参保者来承担。

在积累的 DC 型制度中，发起者（雇主）和工人根据养老金合同中的约定向制度缴费，这一般由税法和劳动法来监管。计划成员退休时的财富是过去缴费及其投资收益的函数（以市场价格来计算）。在符合法律规定的情况下，发起人（一般是雇主）不承担将来可能产生的负债。而且，在任何情况下养老基金都是完全融资的，也就是说，负债等于资产[①]。相应地，是计划成员而不是发起人承担投资风险和长寿风险。

一般来说，名义账户制下的退休金等于过去的缴费总和除以退休时的预期余命，其中缴费总和根据一个外部决定的因子进行重新估值。最后的养老金可以依据不同的方法进行指数化。名义账户制的养老金机制可以由公式 12.1 给出：

$$p_t = \frac{\left(\sum_{k=a}^{R} \beta \cdot w_k \cdot I_k\right)}{G_{A,R,r}} J_t ; t \geqslant R \qquad (12.1)$$

其中，p_t是时间 t 时的养老金，β 是缴费率，w_k是时间 k 时的应税工资，a 是个人加入社会保障体制的时间，R 是退休的时间，$G_{A,R,r}$是给定年龄为 A、时间为 R、利率为 r 时的 g 因子（年金因子），I_k是价值重估因子，它影响退休前 k 期的缴费，J_t是指数化规则，它影响退休后的养老金 (R)。

对公式 12.1 不同的参数选择可以定义各种各样的名义账户制。在可能的选择中，下面有五个模型：

1. 纯粹的工资总和模型，即年金仅仅随着工资总和的改变而改变；

2. 积累期的工资总和模型，即年金一半根据价格指数化，另一半随着工资总和的变动而改变（拉脱维亚的变体名义账户制就是一个实例）；

3. 完全财政平衡模型，烫平所有可能的额外费用，瑞典的改革是典型代表；

4. 平均工资指数化模型，参保者的年金根据平均工资指数化；

5. 政府债券收益率模型，把收益率等于平均工资增长率的政府债券（或者其他的可持续的隐性回报率的替代物）转换成参保者的年金。

这些模型的差别在于如何解决偿付能力和可预期性之间普遍的替代关系。

能否把公式 12.1 正式地看作名义账户制，这依赖于参数 I_k、J_t和$G_{A,R,r}$设置的方式是否能够保证在任何时候预期资产都等于预期负债。正如将在第四节讨论的，这并不是一个简单的问题。除了其他的困难外，还有一个难题是如何把名义资本（公式 12.1 中的分子）转换成合适的年金。所以，在很多情况下，名义账户制仍然是一个传统的 DB 型制度，因为仍然由发起者（将来的一代）承担可能出现的负债。在这种情况下，该计划一个更合适的名字应该是“虚拟账户”[②]。

---

① 另外，大部分的 DC 型计划并不在各阶层进行收入再分配，当然这不是绝对的。例如，丹麦有一个小规模强制性积累的 DC 型计划，该计划支付定额待遇，其融资方式是交纳一定比例的收入。

② 类似的混合体制在积累的养老金计划中也存在。美国的现金余额计划也存在相似的积累账户，但是投资回报是有保证的，这就产生了待遇确定的（DB）承诺。澳大利亚公务员也拥有类似的计划。但是，在这两种情况下，如果当计划成员把一次性支付转换成年金或者耗尽了积累的话，那么计划成员将承担长寿风险。

事实上，用来计算养老金的名义账户制能够内部化预期寿命的变化和缴费基数的变化，即通过减少将来缴费者的风险（因此减少可能出现的负债）和增加当前工人（甚至包括退休者）的风险来实现。名义账户制的其他优点包括：提高工作的激励、克服传统DB型现收现付制下的逆向再分配转移支付、提高成本和收益之间的透明度、有利于和参数改革相关的政治经济学问题、有助于打破现收现付制改革的死结，以及增加制度的灵活性以便根据变化了的外部环境做出调整。

很明显，相同和相似的结果可以通过一个典型的DB型制度来实现。的确，如果计算养老金时包含终身的收入，并且这些收入以“不完全名义账户制”的方式进行调整，并且养老金指数化规则也是相同的，那么DB型制度可以由公式12.2给出：

$$p_t = \alpha LOS_R \frac{(\sum_{k=a}^{R} w_k I_k)}{LOS_R} J_t \tag{12.2}$$

其中α是利率，LOS_R是退休时的服务年限。我们注意到，当$\alpha=\beta/G_{A,R,r}$时，公式12.1和12.2在数学上是等价的。

一般来说，对于DB型制度，如果满足以下条件的话：在计算养老金时包含所有的工资(以适当的方式指数化，例如选择一个可持续的比率)、每年根据公式12.2计算基本积累率、存在一个最低退休年龄参考点并且对提前（推迟）退休的惩罚（奖励）实际上是中性的，那么DB型制度会产生和名义账户制相同的结果，包括相同的个人行为。

我们在本章探讨的关键问题是：在中低收入国家背景下，从一个有缺陷的DB型制度转向一个良好的DB型制度或者名义账户制是否是可行的和适意的（见专栏12.1)，哪些参数选择（例如，对过去的工资和缴费采用哪种指数化规则）是可取的。作为一个样板而被采用的名义账户制能否促进旧制度向良好的DB型制度转换，并且同时提高管理、核算和信息披露水平，以及这些措施能否对个人行为产生正面影响。

专栏12.1：从“有缺陷的DB型”制度向“良好的DB型”制度或者名义账户制转变

DB—1：差异化的DB型，其特征是需要各种各样的年龄/服务资格要求，诸如服务内容、工作类型、性别等，一般使用最后工资（或者使用一段工资史，例如20年的最高工资）作为计算养老金的标准，增长率与缴费率和退休年龄不相关，对提前退休没有惩罚措施，并且没有对养老金进行自动的指数化。

DB—2：该种类型采用了经过调整的终身工资，并且对提前退休可能使用线性调整的方法（并非精算中性的）。

DB—3：和DB—2公式一样，但是在参加计划的时候，退休年龄增长率（根据公式12.2计算）是固定的，并且根据退休时预期的存活概率进行计算。这相当于有一个和退休基准年龄相关的增长率基准点，并且精算中性的特点是惩罚（奖励）提前（推迟）退休。

DB—4：和DB—3公式一样，但是存在一个依赖退休年龄的增长率，当个人退休时，可以根据公式12.2来计算该比率。这也相当于有一个和退休基准年龄相关的增长率基准点，但是每年都要计算，并且精算中性的特点是惩罚（奖励）提前（推迟）退休。

DB—5：可能使用额外的措施来改变名义账户制正式的表述术语：(1)“参与年金”，雇员承担一定的风险，这些风险和推迟退休的长寿收益及其较低的实际工资增长期相关；(2)“调整机制”，调整承诺的（而不是授予）待遇以适应人口和劳动力的变化趋势。

作为一个实际问题，在DB—2和DB—4之间存在多个选择，这反映了特殊的立法改变。例如，一个国家可能决定改变退休年龄计划表，但是老一辈人仍然遵从先前的工作和记录服务的退休计划表。

资料来源：作者整理。

第二节 激 励

通过增强缴费和待遇之间的联系性及其透明性，名义账户制所采用的养老金公式能够减少劳动力供给和储蓄决策的扭曲程度①，这些扭曲是传统DB型现收现付制下存在的主要问题。在发展中国家和转型经济体制中，这种扭曲更加严重：当前传统的DB型现收现付制鼓励提前退休，引起对工资的策略性操纵，可能引起非正规经济的膨胀②并且减少储蓄率③。

本节分析当一个国家从传统的DB型现收现付制（有缺陷的）转向典型的名义账户制时（见专栏12.1），个人的退休、劳动力供给和储蓄行为是如何改变的。

一、退休决策

在发展中国家，DB型现收现付制存在对提前退休的激励。在大部分情况下，提前退休的普遍盛行可由较低的惩罚措施和慷慨的最低养老金来解释，支付的养老金没有要求充足的最低缴费期。很明显，在转向良好的DB型制度的过程中，通过增加保持精算中性的惩罚措施、降低最低养老金待遇并且使用经过调整的终身工资（而不是最后工资），能够显著地改变工作/休闲决策。除了这些因素外，还存在一个疑问：转向名义账户制能否对推迟退休提供足够的激励以超过最低退休年龄（最低退休年龄相对于预期寿命经常是很低的，并且具有“政治黏性”）。

在新的制度下，如果继续工作的边际效用（来源于更高的养老金和消费）大于边际痛苦（来源于更少的休闲），那么新制度就会对推迟退休提供足够的激励。在“有缺陷”的DB型制度下，转向DB—4型（甚至DB—3型）或者名义账户制的任何一种都会鼓励推迟退休、增加工作。这是因为在DB—1型和DB—2型中边际回报都是线性的（增加一年的工作等于终身待遇增加了一个比例），而在DB—4型或者名义账户制中，增加额外一年的工作不仅增

① 见Góra and Palmer (2001)。

② 见Cowell (1985)，Edwards and Cox-Edwards (2000)，and Fiorito and Padrini (2001)。

③ 见Imrohoroglu，Imrohoroglu，and Joines (2000)的评论。

加了一个人的终身待遇而且还增加了他的待遇给付水平，而待遇给付水平取决于最低退休年龄前的工作年限（推迟退休的价格是向上弯曲的）①。

在仿真模拟试验中，我们发现与其他DB型制度②相比，名义账户制（或者DB－4型）对推迟退休的激励更加明显。没有根据回报率对推迟退休进行调整的DB型制度和名义账户制的差别越大，对休闲的偏好越强、DB型制度中回报率越高（参见本章末尾的附录，该附录对模型和仿真试验做了简单描述）。

很明显，我们的结果适用于效用最大化的理性个人。在实际生活中，经济人可能不表现出这种行为特征。但是如下的假设仍然是合理的：个人可以根据自己或者其他人的经验及其计划发起人提供的信息了解到名义账户制下的最后养老金与最后工资的比例要比DB型制度（专栏12.1中的DB－2型和DB－3型）下增长得更快。在其他条件相同的情况下，名义账户制能够对推迟退休提供良好的激励。而且，即使名义账户制不改变退休模式（即使对劳动供给没有任何好处），该制度也将确保所有的人都能得到一个相同的、可持续的回报率，无论年龄大小。

二、劳动供给和需求决策

在发展中国家，非正规部门的规模通常都是很大，并且绝大部分国家都在为减少失业率而不停地努力。失业率居高不下的原因部分是由于劳动力市场的刚性（工资向下刚性）和对劳动所得征税过高③。降低向社会保障机构的缴费能够增加对劳动力的需求，并且有助于减少非正规部门的规模。计算养老金时，包含所有待遇的DB型制度也有助于解决这些问题。某一类型的养老金制度（良好的DB型制度和名义账户制）在这方面的作用不是很清楚，除非这种制度能够影响工人的认知，使他们认识到缴费（工资税）和待遇之间的联系。如果这种联系是很强的，雇主就很容易把高税收的成本转嫁给工人（作为他们工资的一部分）。在这种情况下，总工资将下降，但是对劳动力需求的影响稍微少一些。

从供给方面看，待遇公式可能影响人们逃避公共养老金制度的概率（无论缴费率的高低）④，因为待遇公式影响了人们对该制度所提供的回报率的预期。在当前很多的（有缺陷的）DB型制度下，至少有两个原因导致人们纷纷逃避公共养老金制度。第一，一些人一生中大部分时间逃避该制度，并且在快要退休的时候加入该制度，那么对这些人来说养老金制

① DB－2型和DB－3型制度下，我们可以设想一个例子，其中和缴费率相比，回报率足够低使得对推迟退休的激励大于名义账户制。直觉上讲，这是因为在一个回报率较低的DB型制度中，个人更不可能在他们达到最低退休年龄的时候实现他们的退休消费目标。更具技术性的说法是，如果回报率足够低、个人额外消费的边际效用足够大，那么对推迟退休进行线性调整以提高替代率的DB型制度能够对推迟退休产生比名义账户制更大的激励。对DB型制度的设置不同，如果总财富比较低的话，收入效应可能大于替代效应。而且，现今的一些DB型制度，例如法国的“退休保险互助制度”（RCAR，Régime Collectif d'Assurance et de Retraite），个人在达到最低退休年龄时退休的回报率是经过一个因子调整的，该因子大于精算公平下的比率。所以，该制度提供的隐性回报率是随着退休年龄而单调递增的。

② 本模型涉及的理性人是具有完全信息的，他们在做出关于储蓄、劳动供给和退休的决策都是为了最大化跨期效用，这一效用是独立于休闲和消费的。

③ 见Edwards and Cox-Edwards（2000）。

④ 当缴费率很高时，会诱发逃费。第一个原因是一些人负担不起这类税收（例如，对于长期贫困的人来说，加入缴费养老金体制会降低它们的福利水平）。第二个原因是这种强制储蓄的金额过大，将降低福利水平，因此鼓励人们寻找替代的储蓄机制。

度提供的回报率是相当高的。第二，在缺乏自动稳定机制的情况下，即不能够改变制度参数以适应变化了的宏观经济和人口条件，养老金发展过程极易受到政治干预和历史波动的影响。个人可能对养老金制度兑现承诺的能力怀有悲观预期，这种预期会受到国际经验的感染。所以，除了DB型现收现付制的法定回报率比较慷慨和不可持续这个事实外，该制度的隐形回报率比较低，这阻止了人们的参保。对于普通的员工来说，现收现付制提供待遇的性质使得储蓄回报率的计算变得十分复杂。

在这两个逃费的原因中，第一个问题可以在DB型现收现付制的背景下通过把所有的工资都纳入养老金的计算中而得以解决。第二个问题需要改变人们对养老金制度绩效的认知，所以转向名义账户制对这个问题的影响还不是很清晰。拉丁美洲国家提供的微弱证据表明，在缴费率一定的情况下，如果一部分缴费被分配到DC型制度中而不是全部分配到DB型制度中，那么强制性养老金制度的参保率就会更高①。这可能是因为DC型计划更加透明、积累制下养老金资产的所有权更有保障，并且人们信任DC型计划的财务可持续性。

可以想象的是转向名义账户制能够发出类似的信号，尽管个人可能觉得在政府注册的账户实现所有权的程度是不一样的。通过更好地适应人口和经济的改变，名义账户制能够减少政府将来可能的债务。个人可以定期地知道他们名义账户的余额和这个制度的财务状况，因此参保成员会更加确信他们的缴费会产生收益。

三、储蓄决策

转向名义账户制对个人储蓄的影响依赖于以下几个因素：强制性养老金规模的大小、预期回报率的引致变化和退休年龄的引致变化②。没有确切的理由来证明储蓄率的上升或下降。在其他条件相同的情况下，如果名义账户制下的预期回报率比较低，那么就会存在激励发展其他的形式的储蓄。同时，如果缴费期更长，储蓄率可能会下降。

我们的模拟试验发现，名义账户制下的储蓄率比没有对推迟退休进行精算调整的DB型现收现付制的要低。这是更长职业生涯的基本结果。和理论相一致，相对于消费，当对休闲的偏好增加时，储蓄率也会增加。个人水平上的低储蓄率并不意味着宏观水平上的储蓄率也很低，因为更高的政府储蓄率可以弥补之。

第三节　财政的可持续性和待遇的可预期性

对于发展中国家来说，名义账户制的吸引人之处在于能够约束DB型现收现付制下过于慷慨的养老金支出增长。尽管在理论上名义账户制的参数（诸如缴费率、增长率和退休年龄）可以周期性的调整，以适应宏观经济和人口条件的改变，但是在实践中，由于社会压力和政治干预，这种调整一般不会发生。在非洲、中东和亚洲国家，绝大部分的DB型现收现

① 当缴费比较高时，能够导致逃费的产生。第一原因是很多个人无力承担这种税收（例如，长期收入较低的人参加缴费会降低他们的福利）。第二个原因是强制性储蓄的份额太大以至于降低了他们的缴费，并且这鼓励人们寻找替代的储蓄机制。这个问题和特定类型的待遇公式没有关系。

② 见Packard（2001）。

付制正在积累巨额的未筹资债务。在那些引入名义账户制的国家中，诸如意大利、波兰和瑞典，尽管这种改革在实施过程中颇费周折，但是引入名义账户制仍然能够减少将来的养老金赤字。例如，一项长期预测表明，转向名义账户制将保持养老金支出水平在长期内相对不变(参见表 12.1)[①]。

表 12.1　名义账户国家的支出变化和初步余额（占 GDP 的百分比：%）

国家	2000 年养老金总支出	2050 年养老金总支出	2000—2050 年的改变
意大利	14.2	13.9	−0.3
波兰[a]	10.8	8.3	−2.5
瑞典	9.2	10.8	1.6
OECD 国家	7.4	10.8	3.4

资料来源：Chłoń-Domińczak (2003)。

a. 包括老龄支出和提前退休支出（包括 55 岁以上的残障待遇和退休前待遇）。

正如开始讨论的那样，理论上设计出的一个名义账户制度不仅把预期寿命内化到缴费基数里，而且还可以把预期到的（已知的人口波动和结构调整）和未预期到的（由于经济周期引起的工资、失业率和覆盖率的波动）预期寿命内化到缴费基数里。在这种意义上，名义账户制能够减少甚至消除偶然的债务，有效地促进 DB 型现收现付制转向 DC 型现收现付制[②]。为了获得这种设计结果，必然会带来一些复杂因素，使得待遇的可预期性变得更差，因为这种设计需要反映经济和人口条件的变化。这种设计方案在绝大部分发展中国家是不可取的或者政治上不可行的，因为这些国家的宏观经济更加不稳定（例如，就业率、覆盖率和真实工资的增长率高度波动)，并且处在人口的转型期。

为了分析财务可持续性和待遇可预期性之间的替代关系，作者分析名义账户制一个备选设计方案对代表性中低收入国家现收现付制运行机制的影响。作者主要考查该设计方案的两个特征：(1）用来调整或者稳定缴费的机制；(2）用来指数化养老金待遇的机制[③]。作者的主要目标是理解各种各样的设计方案是如何影响替代率运行机制的，以及如何影响制度平衡的。为了清晰起见，作者只研究那些新的制度，也就是说在模拟试验的开始不存在先前的缴费。一个隐含的假设是当引入名义账户制改革时，“祖父辈”仍是旧制度的成员[④]。作者研究两种情况，一是平均工资增长率和劳动力覆盖率都比较稳定的情况，二是这两个变量受到随机冲击的情况。

在稳定情况下，根据总工资增长率指数化缴费和养老金待遇的名义账户制，与根据平均工资增长率指数化缴费、根据物价增长率指数化养老金待遇的名义账户制都会趋向均衡。在长期内替代率是相似的。这种稳定状态几乎不受影响死亡率的外部冲击的影响，因为该制度修改养老金待遇以适应这些比率的变动。但是，在中期内，根据总工资指数化的名义账户制

① 见 Chłoń-Domińczak (2003)。

② 见 Gora (2003)。

③ 作为一个参考点，作者也将考查传统的 DB 型现收现付制的运行机制。

④ 对于该模型的正式描述，可参见本文结尾的技术性附录。

会产生更大的赤字。这是因为在中期内，根据总工资指数化的名义账户制的替代率比根据平均工资指数化的名义账户制的更高，这又是因为在计划的第一年总工资的增长速度更快。

作者也发现，在工资增长率和劳动力覆盖率不确定和波动的情况下，与其他制度相比，根据总工资指数化的名义账户制表现得更加不稳定。尽管在长期内根据总工资指数化的名义账户制会趋向均衡（我们假设存在稳定状态），但是与其他随机制度模式相比，在中期内这种制度模式会产生更大的剩余和更大的赤字。很明显，在不稳定的状态下（也就是在转型期），现收现付制下财务稳定的萨缪尔逊—艾伦条件①并不成立②。在财务稳定性方面，根据平均工资指数化缴费的名义账户制的表现最好（尽管在积累期根据总工资指数化和在支付期根据物价指数化是次优选择）。

在待遇可预期性方面，无论是替代率还是其他标准，根据总工资指数化的名义账户制是最不稳定的。相似的，根据总工资指数化养老金待遇产生的波动对于养老金领取者来说是不可接受的。根据平均工资指数化的名义账户制产生的替代率和传统的现收现付制一样稳定，这是因为替代率不受总工资变动的影响，并且劳动生产率的增长应该是一个逐步趋向稳定的过程。

以上分析得到的一个重要信息是：在中低收入国家中，工资和劳动力覆盖率的高度波动并不必然阻止这些国家采用名义账户制，这些国家需要仔细选择缴费和养老金待遇的指数化规则。作者并不推荐采用纯粹的总工资指数化规则。相反，根据平均工资增长率来调整缴费是可取的，至少从作者试验中所选用的条件来看是这样。第一，平均工资指数法产生了更稳定的替代率。第二，总工资指数法的表现并不比平均指数法更好，即使考虑到覆盖率的持续下降。这主要是因为平均工资指数法从来没有承诺较高的回报率和较高的养老金待遇，而且一旦赡养率升高时，这种较高的养老金待遇是无法负担的③。但是，对于中低收入国家采取的总工资指数法，我们没有考虑这种情况：采用平滑的总工资指数法或者施加一个限制，就像对汇率施加的限制一样，这种指数法允许一定的波动（如在上下5%之间波动）。作者并没有考虑瑞典所采取的稳定化机制的绩效。总之，根据平均工资增长率指数化缴费和根据物价增长率指数化养老金待遇是一个很好的折中。

作者的分析结果表明，与传统的DB型现收现付制相比，名义账户制公式提高了财务可持续性。但是，上面所建议的安排没有一个是万无一失的。为了应对未预期到的人口和经济冲击，需要一个适当的储备或者缓冲基金。在所有的情况下，偶然的债务总是存在的。

缓冲基金

在DB型现收现付制下，为了应对未预期到的总工资的波动，需要一个能够支付六个月养老金的储备基金。在某种程度上，这种储备基金完全以政府债券的形式存在，其功能目标是能够有权从中央财政中获得同等数量的借债。

除了这些核心的共识以外，研究人员对储备（缓冲）基金的大小存在不同的观点。需要

① 见Samuelson（1958）。

② 见Robalino（forthcoming）。

③ 很明显，在这种情况下，财政完备性需要依赖缓冲基金，这可能伴随着一些稳定化机制。

一个更大的储备金（达到GDP的20%～30%）主要有以下几个原因：第一，为了烫平可预见的人口因素的变动，例如，婴儿潮之后，出生率下降，然后出生率又恢复性地增长。第二个原因是应对长期内无法预见的人口趋势，生育率模式的改变。缓冲基金可以减轻这种人口长期趋势的变动。第三个原因，一般人们预期（至少是希望）缓冲基金的投资回报率要高于现收现付制的回报率，这减缓了现收现付制回报率的下降。

第四节　整合千差万别的养老金计划

大部分发展中国家现收现付制下存在三个独立的养老金计划：公务员的、军事人员的和私人部门雇员的。在一些国家，例如埃及和突尼斯，一些特殊行业的工人（例如渔夫和农业工人）也参加了公共养老金计划。在另一些国家，例如伊朗和摩洛哥，和公共企业相联系的职业养老金计划也很常见，它们不是对公共养老金计划的补充，而是替代。

整合这些千差万别的养老金计划是为了达到管理的规模经济、提高财务可持续性和便利劳动力流动。但是，事实证明整合这些千差万别的养老金计划非常困难。除了来自基金经理和雇员的政治抵制之外，合并的最大约束是技术上的，因为各个基金之间的缴费、待遇和资格条件差别很大。新的规则可以适用于新的工人，但原来计划下转型期的工人需要对过去缴费的估值机制达成一致。

名义账户概念带来的范式转变有利于中低收入国家整合千差万别的养老金计划。下面将讨论养老金计划转型诸事项的国际经验，包括转型的速度、用来计算过去缴费的机制以及筹资的替代方法。

一、转型速度

瑞典的转轨速度是最快的，其中新制度完全覆盖了老人。这种解决方案之所以可行，是出于以下几个原因：第一个原因和良好的个人工资记录有关，瑞典个人工资记录的数据库可以追溯到1960年，这允许计算出生于1938年或者更晚人群的名义账户；第二个原因是改革中退休年龄没有变化，只是改变了待遇计算公式。与之相反，意大利的转轨时间是最长的，其中出生于1960年之前的人仍留在旧体制中。这意味着，根据旧的养老金体制，直到2030年甚至更晚才能把养老金支付完毕。

拉脱维亚和波兰的制度规则多少有些相似，但是当引入改革时，拉脱维亚把所有的缴费者都纳入了名义账户中；在波兰，那些出生于1949年之前的人仍留在旧体制中。这种差别可以由两个国家之间的差异来解释。第一个差别是，在波兰，提前退休在公共养老金制度中已经被废除了，但是在拉脱维亚，妇女和一些职业还存在提前退休。第二个差别是工资记录的可获得性。在拉脱维亚，这种记录根本就不存在了，因为20世纪80年代末90年代初的通货膨胀使得工资水平严重恶化。结果，当拉脱维亚引入转型制度时，养老金待遇不是依赖于工资水平而是缴费年限。

由于发展中国家的人口因素更加有利，能够以更从容的速度转向新制度。对约旦和伊朗的模拟发现，即使只有新的出生组群加入名义账户制，也可以实际消除当前制度下的融资缺口①。如果考虑到自愿转换，情况会更加有利。很明显，人口因素不是唯一需要考虑的因素。考虑到养老金制度的慷慨程度、融资缺口的大小和政府的财政状况，可以采取更加积极的机制。

二、对过去缴费的估值

在瑞典，由于存在工资记录，并且养老金改革并没有违反有关既得权益的宪政规范，所以名义账户制可以向后推测，可以很快地切断同旧制度的联系（需要注意的是，瑞典的新制度和旧制度之间存在很多相似的设计因素）。另外，还存在其他两种转型模式。

一种处理转轨的简单方法是在引入名义账户制的当年直接终止旧的养老制度。这种“斩断”策略需要对旧制度的“清算”，这种方法的优势是转型比较干净利索，并且也是相对最容易管理的方法。另一个处理转型的主要方法是承认先前旧制度下的权益，并且把这些权益转换成名义账户制下的“初始资本”。

名义账户制下的初始资本和智利使用的认购债券相类似，也和一些引入DC型完全积累制国家把既得权益转换成个人积累账户中的证券相类似。至少存在两种方法来转换初始资本。波兰是第一种方法的例子：旧制度下的既得权益根据转换期的工资水平转换成初始资本（或者事实上的认购债券）。波兰一般使用10年最佳工资来转换初始资本，但是这种办法对最小差异存在一个上限，并且总成本必须保持在一定限度内。

当初始资本根据旧制度下的增长率（现在是名义账制之下的“利率”）来稳定化（指数化）时，旧制度下的预期现值一般都能得到维持。但是，这种方法在管理问题和交流问题上会遇到很大的挑战。与上面的“斩断”方法相比，这种方法的一个关键优势是，在达到最低退休年龄之后，这种方法使得工作/休闲之间的替代选择可以更早地运用于更多数量的退休财富中。

第二种计算初始资本的方法最早在拉脱维亚得到实施。在拉脱维亚，1996年之前的个人可信的工资记录并不存在。在这种情形下，1996年之前的工作服务被赋予的分值是名义账户制利率的20%。缴费的价值是根据1996—1999年4年间平均工资而估算的。这种方法会对那些在劳动力市场中表现较好的工人（即平均工资较高的工人）产生一个很大的回报，并且已经产生的回报比预期的遗产成本更大。

很明显，如何计算初始资本会影响到养老金计划的权益和成本。在俄罗斯，个人养老金已经被压缩了，初始资本的计算很成问题。如果计算既得权益而没有施加特别的上限，这种上限会压缩养老金计划中高端成员的养老金支付，并且如果这些权益允许以正常的指数化因子增长，那么总成本将会快速膨胀。即使决定如何保护这一上限也会变得非常困难的。从技术上说，爱沙尼亚的DB型计划已经跨越了名义账户制的边界，为了避免总成本的膨胀，爱沙尼亚使用1999年以前的全国平均工资进行指数化。在1998年以后，使用个人的工资记录，但是这个政策只适用于新增加的权益。

① 见World Bank（2003a；2003b）。

三、为转型融资

理论上，从DB型制度转向名义账户制并不需要任何额外的融资。因为这两种制度本质上都是现收现付制，即当前的缴费仍然用来支付当前的养老金待遇。这两种制度的差别仅仅在于养老金权益的计算方法不同。

作者在前面已经讲到，名义账户制一般需要一个缓冲基金作为稳定机制。在一些国家，要求的缓冲基金小于储备基金，两者之间的差异一般通过名义账户制缴费以外的途径解决。为支付当前待遇而减少的支出水平需要中央财政的转移支付。这种转移支付可以看作为旧制度积累的隐性债务买单。

即使在约旦这样的国家中，该国的储备基金达到GDP的25%，其中60%是流动性资产，转向新制度也需要一般财政的支持。在约旦的例子中，军事人员和公务员的养老金制度（没有储备基金）已经不再接纳新成员了。公共和私人部门的所有雇员都需要加入到社会保障公司中（该制度最初是为私人部门工人设立的）。被关闭的公务员和军事人员的养老金未筹资债务由中央财政负担。在短期内，因为新缴费流的停止，现金支出会很大。在长期内，这种策略将会增加储蓄。

在很多甚至绝大多数国家，公共养老金制度下的储备金或者缓冲基金的治理结构还不足以产生谨慎的投资政策。转向名义账户制也创造了一个机会把新的现金结余基金转交给一个不同的投资管理单位，这个管理单位的治理结构比较合理，并且在公共责任性和财务风险管理方面也会采取最优的行动。在这种情况下，新的缴费并不用来支付当前的养老金支出。这就不能使用旧制度下的储备金或者一般财政进行融资。

第五节　名义账户制与反贫困

与收入关联计划相比，把反贫困的目标和透明性、统一的回报率、鼓励更长的工作等目标协调起来，对名义账户制来说是一个挑战。很多国家已经做出了不现实的提供最低养老金的承诺。例如，在伊朗，最低养老金的数额等于最低工资，该数值等于平均工资的66%。这个数值和智利相比是很高的，智利的最低养老金仅仅等于平均工资的25%。在OECD国家，最低养老金一般是平均工资的20%～25%。另外，最低养老金的资格条件非常宽松，拥有短期职业的个人都有权领取最低养老金。在很多现存的养老金制度中，那些拥有短期职业的中等收入工人从该制度中得益，而拥有长期职业的低收入工人受损①。

任何改革都需要强调对于公共养老金制度而言，哪些强制性要求是可持续和可负担的，相对于一国的人均收入和绝对贫困线，何种水平的最低养老金待遇是现实的。对于那些劳动边际生产力比较低的国家，其获得的工资接近贫困线或者低于贫困线或者等于最低养老金，这些国家根本就不应该考虑缴费制的养老金制度。但是，实际上像吉布提（人均收入800美元）和也门（人均收入400美元）这样的国家也建立了缴费制的养老金制度，其中覆盖的平均工资在贫困线的3倍以上。正如后面将要讨论的，对于人均收入比较低的国家，实施名义

① 还存在一些情况，当缴费制度同时起到社会救助的功能时（例如，阿尔及利亚），这会减少养老金的平均价值。

账户制最主要的限制不仅仅是收入水平和分配，更重要的限制和约束是制度管理能力。

一旦养老金制度的目标得到确定，剩下的任务就是高效和公平地实现这个目标。通过统一回报率、减少未筹资债务和增加激励，名义账户制和其他类似的改革能够改善当前的养老金制度。对于设计比较糟糕的DB型养老制度来说，逆向的分配转移支付会持续存在，而对于那些设计良好的DB型制度来说，逆向转移支付的数量只是相对小一些。第一，回报率差异程度比较大是很常见的。回报率取决于过去的工资水平、预期寿命、加入和退出（退休）的策略。一般来说，受教育程度高和健康的个人工资增长率较快并且预期寿命更长，因此会获得更高的回报率。在其他条件相同的情况下，那些大部分工作时间逃避缴费、在快要退休的时候加入养老金制度的人会攫取更高的回报率。而且，回报率的差异还受到千差万别的退休规则和资格条件的鼓励（例如，高风险的职业可以提前退休，保留退休金权利时期和正式退休年龄之间各种各样的组合）。更重要的是，主要基金积累产生的大规模未筹资债务会导致从未来的一代向当前的一代大量转移资源，包括从未来低收入的人群向现在高收入人群转移资源。

对名义账户制的一个批评是：提高效率和财务可持续性的代价是牺牲了公平①。实施设计良好的DB型制度或者名义账户制可以实现透明的再分配，而不会产生负激励。实现这一目标的最有效机制是设计一个非缴费的补充性的养老金制度，由于缴费养老金制度增加时，非缴费的制度相应地被减少了。相关例子表明，这种公式的一个具体的例子是定额式养老金（当扣除因子被设置为0时），并且/或者补偿最低养老金（当扣除因子被设置为1时）②。前一个方法可能会增加一些不必要的成本，后一个方法可能会产生激励问题。一些国家试图在转移成本和激励之间做出一个平衡，其方法是应用于调整的最低养老金的扣除因子取值在0～1之间，或者从富人中收回等额待遇（称之为“富裕测验”）。通过税收体制实施扣除，特别是从富人中收回等额待遇，也可以减少运行成本。等额待遇的一个吸引人之处是简便，并且一些参数设置可能变成多余的，例如保留最低养老金权益期，这可能会对注册和缴费产生负激励。另外，补充养老金制度不是使用缴费进行融资，因此会减少劳动力市场的扭曲。图12.1说明了这种机制。

名义账户制概念对开发退休待遇是非常有用的。和积累账户相比，很难把名义账户制下的账户转变成伤残和遗属待遇，这两项待遇对防止贫困都是非常重要的③。名义账户制还需要开发别的机制来应对其他风险。在开发这些机制的过程中需要注意的是，不应该使总权益

① 见Williamson和Williams（2003）。

② 见Robalino等（2005）。

③ 这一困难不仅存在于名义账户制，也存在于DB型现收现付制。对伤残和遗属养老金的一个主要批评是这些待遇不应该设计在一个保险框架内。由于缺乏资格标准或者标准太过宽泛，该机制容易被滥用。伤残待遇经常会替代失业保险或者更慷慨的提前退休。遗属待遇提供的方式对鼓励配偶进入劳动力市场没有任何作用，而且在配偶死亡的情况下，幸存儿童得不到保护。一些学者建议把这些待遇从现有体制中独立出来，并且配偶各自拥有独立的养老金权益，这些权益可以在离婚或者死亡的时候分开。在引进名义账户制的过程中，可以对伤残和遗属待遇进行系统的改革。如果权益全部落到正常社会保险保护范围之内的话，那么这种改革并不必然影响社会保险总成本。如果名义账户制的主要目标仅仅是为老年人储蓄的话，那么为了达到这个目标，可以通过终止退休前的伤残或者遗属待遇来缩短名义账户制下的账户，或者当个人没有达到退休年龄时，冻结所有的账户。

过于慷慨（例如，允许继承名义账户制下的账户而不参考附属的遗属待遇），或者使得伤残待遇比名义账户制的年金还吸引人，特别是对于老人来说。整合退休和非退休待遇是一个复杂的题目，现实中已经存在很多好的和坏的例子，但是对该题目的具体讨论超出了本文的范围。

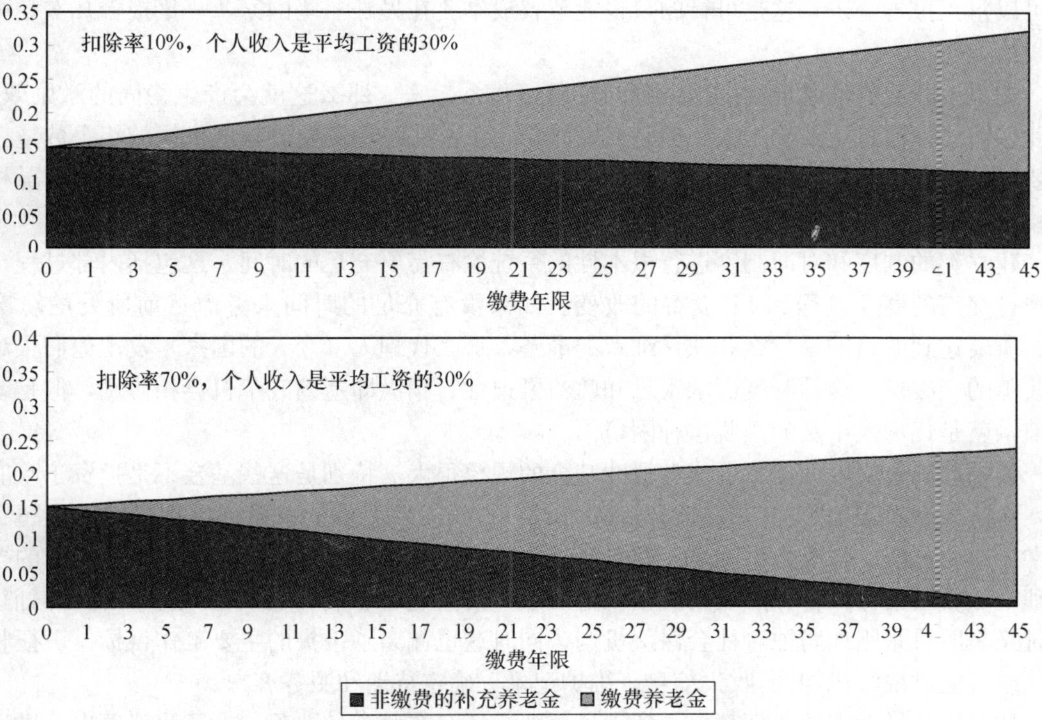

图 12.1 实施一个非缴费的补充养老金计划

资料来源：作者计算。

第六节 对制度管理能力的需求

有时和想象的相反，名义账户制正是对现收现付制彻底的改革，而现收现付制最终依赖于终身的工资记录。在当前的情况下，需要注意以下问题。

首先，需要考虑一系列管理过程。这一管理过程需要处理雇主、参保工人和自雇者的互动，他们是政府的顾客或客户，而不是政府招标报价的代理人。其次，由于信息技术（IT），实施这一管理过程不像以前那样需要很多的劳动力和书面工作。但是信息技术仅仅是一个工具和手段，而不应该是驱动管理过程设计的力量。另外，还需要对如下两个问题做出决策：（1）一个唯一的记录工人工资的标签；（2）如何与其他政府机构互动或者使用之，特别是在征收缴费时如何与税收当局合作[①]。

最核心的管理问题是如何收集数据。驱动名义账户制运转的信息必须是可信的。在一些国家，如果雇主没有工资册（这可以长久的记录短期工人的工资单），每月报告一次是最优的（如赞比亚）。在另外一些国家，如果工资册很完备、很先进，关于工人是否被雇佣的情况可以每年报告一次，这是可行的，也能节省成本。在另外一些国家，一年报告几次是可行的，诸如季报。

如果改革后的养老金制度把缴费同待遇相联系起来，那么这就会产生稳固的激励效应，因此也需要把信息反馈给工人。但是名义账户制下的账户还需要转换成大概的年金数量，这需要冒险的假设和针对待遇报告书做出很多谨慎的评论（这和在关闭 DB 型制度的情况相类似）。

建立新的制度和对旧制度进行根本性的系统检查需要充足的时间。这包括内部过程、与客户打交道的商业过程和 IT 设备的改变。如果没有充足的时间来考虑目前所处的境况如何、所要达到的目的是什么和缺乏细致的准备，那么代理人（今天的国家）发现他们很难找到改革的突破口。这种制度需求很难和政治紧迫性、稍纵即逝的改革机会相协调，但是改革的前景就是代理人不断的摆脱这种困境。

如果养老金制度的储备金或者缓冲基金的规模很大（特别是这些基金不是投资于政府债券，而是根据事先确定的指数进行被动的投资），就需要另外的一系列治理机制，这超出了本文的讨论范围。需要指出的是，在投资组合管理上，中高管理层没有必要陷入琐细的投资管理中，否则会对社会保险机构产生很大的破坏力。这不仅将来会并且现在已经在悄悄地、同时又是明目张胆地腐蚀着社会保险机构，同时这也偏离了手头的主要工作目标——征收缴费（或者通过税收机构）、收集信息、维护记录、确定待遇和服务客户。

如果这些最基本的条件都得不到满足，那么还存在两个备选项。一是协议退出，进入一个或者多个私人部门的养老金计划。这种情况下的问题是，一个国家不能够管理一个缴费的现收现付制，那么它也很难有效地监管私人部门的养老金计划。另外，在这种情况下，只有同时存在的一个强制性积累的支柱和一个名义账户制才有意义。在一个管理能力比较低的国家，DC 型的积累制比缴费的现收现付制存在更多的问题。

第二种方法是取消标准缴费的现收现付制。毕竟，在很多富裕和发达国家实施了一种“基本待遇”，这一般是简单的公民养老金（例如瑞典）或者和收入关联的等额养老金（例如英国）。当这些国家建立这种最低的养老金制度时，他们的收入水平已经比低收入国家要高，并且这些国家的收入分配要比中等收入国家的更加公平。在那些人均收入比较低的国家，考虑到收入的很大比例用来当前消费、管理税收能力有限并且逃税严重，这些国家最好提供最基本的养老金待遇。有限的财政能力一般伴随着有限的行政管理能力。

---

① 本章的这一节来自 Chłoń-Domińczak（2003）的部分内容。

第七节　为什么中低收入国家名义账户制优于 DB 型制度

如果设计良好的 DB 型养老金制度和名义账户制是非常接近的替代物，那么我们为什么对名义账户制喋喋不休呢？我们为什么不修补一下 DB 型现收现付制，使之具有公平、提供正向激励和把负担在数代之间分配呢？第一个答案是，如果修改 DB 型公式使之具有名义账户制公式的特征，那么 DB 型计划将失去其自身的一个优点：更容易预测的待遇水平。从这个意义上说，名义账户制更容易实施和更具透明性。

第二个答案可以在实用主义政治经济学中找到。首先，在完全不同的背景下更容易达到改革目标，例如从积累制的世界中借用 DC 型语言要比直接推动传统的 DB 型现收现付制改革更容易取得成功。在限制负债以反映支付期内预期寿命增加（内部化长寿风险）的情况下，这个答案更加明显。因为名义账户制改变了分析范式，其中的取舍关系已经被检验过了，所以当被用来分析和改变很多国家管理的 DB 型现收现付制的非财政特征时，名义账户制非常有用[①]。

最后，名义账户制非常容易追踪隐性债务（以及不同计划之间应计权益的转移）。在极端的情况下，如果名义账户制下的缴费投资是经过恰当指数化的政府债券[②]或者养老基金发行的根据工资指数化的债券[③]，那么债务就很容易显性化。这种方法提高了透明度，并且激励实施更好的财政政策管理。与此同时，在中期内，当这些债券可以公开交易时，这种安排允许平滑地过渡到完全积累的制度下。

正如我们已经看到的，绝大部分的名义账户制不可能内化所有的偶然债务。名义账户制的待遇可能在批评声中逐步提高，最低待遇可能通过其他财政渠道融资。特殊的失业待遇及其与年龄关联的残障待遇是提前退休的主要来源。相应的，政府不能够仅仅依赖于对名义账户制的缴费率设置一个上限，把这作为限制强制退休储蓄在一定范围内的唯一方法。对缴费率设置一个上限有助于对改革达成共识和承诺，这种改革具有财政紧迫性并且/或者仅仅是对激励和公平的需要（因为退休财富不是很容易就转化成收入流，不得不承认在交流中可能存在相反的挑战）。

虽然上面我们把名义账户制的各种潜在优点称赞为范式的转变，但是我们也不得不承认，无论理论还是实践都在提醒我们，名义账户制概念很容易被误用，正如传统的 DB 概念被误用一样。正如上面已经讲过和下面将要讨论的一样，除了瑞典以外，大部分实施名义账户制的国家都没解决偶然债务的问题，这使得此处使用的“DC”概念和私人积累的养老金计划中的“DC”概念有所不同。但是，如果“DC”模型进一步被放松，采用不是很严格的“G 因子”（用来转换年金的因子），那么名义账户制改革的结果优于 DB 型改革就不是很明

① 见 Rutkowski（2002）。
② 见 Robalino（forthcoming）。
③ 见 Valdés-Prieto（forthcoming）。

显（作者认为退休年龄和同组群寿命的增加都是很严峻）[①]。作者之所以这么说，是因为使用名义账户制的术语是为了促使政策制定者和公众对已经做出的改革进行更多的思考。的确，一些学者论证道，如果没有 G 因子的话，那么名义账户制只会硬化那些不可持续的养老金支出。

附录 A：技术说明

刻画关于最优退休年龄的选择

作者感兴趣的是 DB 型现收现付制和名义账户制是如何影响退休决策的。两种制度的主要差异是：在 DB 型现收现付制下，当决定退休时，其回报率是固定的；而在名义账户制下，其回报率是内生的（取决于退休决策本身）。

作者首先定义在时间 R 时个人退休的期望效用，这个人将活到时间 L，期望效用大小取决于消费和休闲：

$$E[U_R] = \sum_{t=R}^{L} \theta^t U(c_t(p_R), l_t) m_t \tag{A.1}$$

其中：U＝效用函数（符合经济学中的标准假设）；c＝消费；l＝休闲；m_t＝存活到时间 t 的概率；P_R＝退休时的养老金。如果推迟退休的预期收益（来自于更多的养老金和更多的消费）大于预期的损失（来自于更少的休闲），那么个人将推迟退休。

由于将来养老金的增加，这产生在时间 t 的期望效用的边际收益的现值由下面的公式给出：

$$\frac{dE[U_t]}{dp_R} = \theta^t m_t U_c(p_R, L_R) \frac{\partial c}{\partial p} \Delta p_R \tag{A.2}$$

更少的休闲导致的效用损失由下面的公式给出：

$$\frac{dE[U_t]}{dl_R} = U_l(p_R, l_R) \Delta l_R \tag{A.3}$$

问题是在哪一个待遇公式下（DB—PAYG 还是 NDC），将来效用的总收益大于效用的总损失。

下面看一看在不同的待遇公式下，养老金是如何变化的。在名义账户制下，养老金由如下公式给出：

$$p_R = \left(\sum_t \beta w_t I_t \lambda\right) G_R^{-1} \tag{A.4}$$

其中：β＝缴费率；w_t＝时间 t 的工资；$I_t\lambda$＝时间 t 时应用于缴费的指数。出于一般化和简化的目的，作者假设缴费是根据平均工资增长率指数化的，并且个人工资增长率和平均增长率成比例变动。因此，如果 λ 等于 1，那么个人工资增长率等于平均工资。如果 λ 小（大）于 1，那么个人工资增长率快（慢）于平均工资。在这些假设下，名义账户制下的待遇可以重新写成：

① 吉尔吉斯斯坦和俄罗斯在名义账户改革中，明显地操纵 G 因子以反映当前的财政状况。

$$p_R = w_R \cdot S \cdot \lambda \cdot \beta \cdot G_R^{-1} \tag{A.5}$$

其中：W_R＝时间 R 时的工资；S＝退休时的工作年限。向养老金计划增加的一时间单位的缴费导致的养老金变化由下面的公式给出：

$$\Delta p_R = \lambda\beta G_R^{-1} S\Delta w_R + \lambda\beta G_R^{-1} w_R - \lambda\beta w_R G_R^{-2} S\Delta G_R^{-1} = \alpha'(\lambda S\Delta w_r + w_R) - \alpha' w_r G_R^{-1} S\Delta G_R^{-1} \tag{A.6}$$

其中 $\alpha' = \beta G_R^{-1}$。

假设 DB 型现收现付制下缴费的指数化规则和名义账户制下的一样，那么养老金可以由下面的公式表示：

$$p_R = w_R \cdot S \cdot \lambda \cdot \alpha \tag{A.7}$$

其中：α＝增长率。那么增加的一时间单位的缴费导致的养老金变化由下面的公式给出：

$$\Delta p_R = \alpha(\lambda S\Delta w_r + w_R) \tag{A.8}$$

第一个结论是：如果 α 等于 α'，也就是说如果 DB 型现收现付制下的增长率是依赖于年龄的，那么增加的缴费产生的养老金的增加将大于名义账户制下的待遇公式。这是因为公式 A. 6 中的一项 ΔG_R^{-1} 将是负的（也就是说当个人的缴费期增加时，G 因子是下降的）。直觉上讲，名义账户制下的养老金将增加，因为有效的增长率变大了（因为 G 因子下降）。事实上，如果 α 等于 α'，那么与 DB* 型计划相比，名义账户制下更容易满足退休条件，因为公式 A. 2 和 A. 3 中所有的项都是相同的，除了 Δp_R。

如果 α 不等于 α'，那结果如何呢？如果 α 大于 α'，那么 DB 型现收现付制下对推迟退休的激励会减弱。这是因为当收益率增加时，在时间 R 时养老金增加产生的边际效用增加的效果下降了（公式 A. 2）。很明显，Δp_R 会增加，但它增加的不够快。为了证明这一点，对公式 A. 2 求 α 的微分（作者假设每一单位养老金的增加转化成同等数量消费的增加）。

$$\begin{aligned}\frac{dE[U_t]}{dp_R d\alpha} &= \theta^t m_t U_{\alpha}(p_R, l_R)\frac{\partial p_R}{\partial\alpha}\Delta p_R + \theta^t m_t U_c(p_R, l_R)\frac{\partial\Delta p_R}{\partial\alpha}{}^{**} \\ &= \theta^t m_t U_{\alpha}(p_R, l_R) w_R S\lambda\cdot\alpha(\lambda S\Delta w_r + w_r) + \theta^t m_t U_c(p_R, l_R)(\lambda S\Delta w_r + w_r)\end{aligned} \tag{A.9}$$

为了使这个表达式为正（也就是说当 α 增加时，增加的养老金产生的边际效用也随着增加），必须满足如下条件：

$$w_R S\lambda\cdot\alpha < -\frac{U_c(p_R, l_R)}{U_{\alpha}(p_R, l_R)} \tag{A.10}$$

这意味着时间 R 时的养老金小于消费边际效用增长率的倒数。这是不可能的。

一个自然的推论是，如果 α 足够小于 α'，那么 DB 型现收现付制下对推迟退休的激励效应会大于名义账户制的激励效应。

---

* 原文为 DC，疑为作者笔误。——译者注

** 原文 $\frac{dE[U_t]}{dp_R d\alpha} = \theta^t m_t U_{\alpha}(p_R, l_R)\frac{\partial p_R}{\delta\alpha}\Delta p_R + \theta^t m_t U_c(p_R, l_R)\frac{\partial\Delta p_R}{\partial\alpha}$，疑为作者笔误。——译者注

表 A.1　　备选的待遇公式下最优储蓄、退休和劳动力供给决策

参数												
缴费率（%）	14.5	14.5	14.5	14.5	14.5	14.5	20.0	20.0	20.0	20.0	20.0	20.0
非正式部门的损失（%）	15	15	15	0	0	0	15	15	15	0	0	0
对休闲的偏好	0.1	0.2	0.3	0.1	0.2	0.3	0.1	0.2	0.3	0.1	0.2	0.3
最优的退休年龄												
DB-PAYG 最后的薪水（1%）	75	74	59	75	75	75	75	75	75	75	75	75
DB-PAYG 最后的薪水（1.5%）	74	66	55	75	75	75	75	75	55	75	75	75
DB-PAYG 全部职业生涯（1.5%）	75	74	56	75	75	75	75	75	59	75	75	75
NDC	75	75	69	75	75	75	75	75	69	75	75	75
DB-PAYG 全部职业生涯（0.94%）	75	75	63	75	75	75	75	75	75	75	75	75
DB-PAYG 全部职业生涯（1.04%）	75	75	61	75	75	75	75	75	59	75	75	75
DB-PAYG 全部职业生涯（2.38%）	73	62	55	75	75	75	72	55	55	75	75	57
个人储蓄的现值（相对于最初工资）												
DB-PAYG 最后的薪水（1%）	7.1	7.1	56.0	37.3	37.3	37.3	35.3	31.8	31.8	37.2	37.2	37.2
DB-PAYG 最后的薪水（1.5%）	0	13.0	43.9	37.3	37.3	37.3	35.3	31.8	38.5	37.2	37.2	37.2
DB-PAYG 全部职业生涯（1.5%）	10.7	10.6	61.5	37.3	37.3	37.3	31.8	31.8	59.3	37.2	37.2	37.2
NDC	0	0	23.5	37.3	37.3	37.3	0	0	22.9	37.2	37.2	37.2
DB-PAYG 全部职业生涯（0.94%）	17.8	17.8	59.4	37.3	37.3	37.3	35.3	31.8	31.8	37.2	37.2	37.2
DB-PAYG 全部职业生涯（1.04%）	17.8	14.2	60.8	37.3	37.3	37.3	31.8	31.8	59.3	37.2	37.2	37.2
DB-PAYG 全部职业生涯（2.38%）	0	18.5	32.9	37.3	37.3	37.3	0	2.6	0	37.2	37.2	62.6
平均储蓄率（非投资收入百分比）												
DB-PAYG 最后的薪水（1%）	2.0	2.0	19.0	9.0	9.0	9.0	10.0	9.0	9.0	9.0	9.0	9.0
DB-PAYG 最后的薪水（1.5%）	0.0	4.0	16.0	9.0	9.0	9.0	10.0	9.0	15.0	9.0	9.0	9.0
DB-PAYG 全部职业生涯（1.5%）	3.0	3.0	22.0	9.0	9.0	9.0	9.0	9.0	21.0	9.0	9.0	9.0
NDC	0.0	0.0	7.0	9.0	9.0	9.0	0.0	0.0	7.0	9.0	9.0	9.0
DB-PAYG 全部职业生涯 ADA55（0.94%）	5.0	5.0	19.0	9.0	9.0	9.0	10.0	9.0	9.0	9.0	9.0	9.0
DB-PAYG 全部职业生涯 ADA60（1.04%）	5.0	4.0	20.0	9.0	9.0	9.0	9.0	9.0	21.0	9.0	9.0	9.0
DB-PAYG 全部职业生涯 ADA75（2.38%）	0.0	6.0	12.0	9.0	9.0	9.0	0.0	1.0	0.0	9.0	9.0	20.0
在公共养老金制度中注册的股份（百分比）												
DB-PAYG 最后的薪水（1%）	100	100	100	0	0	0	0	0	0	0	0	0
DB-PAYG 最后的薪水（1.5%）	100	100	100	0	0	0	0	0	100	0	0	0
DB-PAYG 全部职业生涯（1.5%）	100	100	100	0	0	0	0	0	67	0	0	0
NDC	100	100	100	0	0	0	33	33	33	0	0	0
DB-PAYG 全部职业生涯（0.94%）	100	100	100	0	0	0	0	0	0	0	0	0
DB-PAYG 全部职业生涯（1.04%）	100	100	100	0	0	0	0	0	67	0	0	0
DB-PAYG 全部职业生涯（2.38%）	100	100	100	0	0	0	33	100	100	0	0	33

资料来源：作者计算。

表中的 ADA55、ADA60、ADA75 表示收益率是分别在 55、60、75 岁时计算的，收益率在括号内。对于 NDC 和 DB 型制度，如果在计算养老金时包含所有的薪水，那么工资将根据覆盖的平均工资增长率进行调整。

储蓄、退休和劳动力供给决策的动态最优化问题

我们假设个人解决下面的最优化问题：

$$Max_{s_t,f_t,R_t}:E[U(c,l)]=\sum_{t=a}^{L}\rho\frac{(c_t^{\beta}l_t^{1-\beta})^{\tau}}{1-\tau}m_t$$

s. t. :

$$c_t=(w_0(1+g)^t(1-f_to_t)(1-T_jf_t)+k_{t-1}r_t)-s_t;\ \text{if } t\leqslant R_t$$

$$c_t=p_t+k_{t-1}r_t-s_t;\ \text{if } t\geqslant R_t$$

$$p_t=\sum_{t=b_j}^{R_t}(1+g)^t(1+i_j)^{R_t-5}\alpha_j \tag{A. 11}$$

$$k_t=k_{t-1}+s_t$$

$$k_L=0$$

其中的函数、变量和参数如下：E 是期望运算符，U（.）是一个不变的绝对风险规避的效用函数，该函数取决于消费（c）和休闲（l）。作者假设个人要么全职工作在正式部门（$f=1$），要么工作在非正式部门（$f=0$）。因此，额外的休闲仅能在退休时获得。在公式 A. 11 中，ρ 是折现因子，m 是活到时间 $t+1$ 的条件概率，给定的条件是个人在时间 t 还活着，R 是退休年龄（内生的），a 是个人开始工作的时间。在消费函数中，w_0 时最初的工资，g 是这个工资的增长率（假定是不随着时间变化的），o 描述的是非正式部门的运营成本，T 是向强制性养老金计划缴纳的税收，k 是资本，r 是市场利率，s 是储蓄。当退休时（$t>R$），个人所能得到的养老金取决于养老金制度的类型：j。这些养老金制度类型由下列参数来刻画：b_j（计算养老金时所包含的工作年限），i_j（指数化工资的因子），α_j（收益率）。很明显，对于这个最优化问题不存在闭合形式解决。因此，作者使用枚举法来测算关于储蓄、退休和劳动供给的最优选择。

这个结果已经在表 A. 1 中给出了。在不同的模拟试验中参数的名字和数值保持不变，这些参数和数值在表 A. 2 中给出。

表 A. 2　　模 型 参 数

参　数	数　值
w_0	1
g	0.02
r	0.04
ρ	0.02
τ	1.3
a	20
L	120

资料来源：作者计算。

模拟备选的现收现付制的动态过程

在作者的模型中，通过年龄 a 和性别 s $\{L_{a,s}\}_{t=1}^{200}$ 来固定劳动力、工资分布 $\{w_z, s\}_{t=1}^{200}$ 和

退休类型 $\{R_{a,s}\}_{t=1}^{200}$ 的将来变化。

每一年的名义工资是工资指数的一个比例，而工资指数对如下的随机过程做出反应：

$$\log(I_t) = \log(I_{t-1}) + \alpha_0 - \alpha_1 \exp(-\delta_1 t) + u_t ; u_t \sim N(0, \alpha_2 \exp(-\delta_u t)) \quad (A.12)$$

其中 α_0 是稳态下指数的增长率；$\alpha_1 > 0$ 是短期内的随机扰动，这使得劳动生产率的增长率下降，但是随着经济的发展，这种扰动效应逐步消失，μ 是一个白噪声，并且最初的差异 α_2 也会消失的。

相似的，根据年龄 $\{L_{a,s}\}_{t=1}^{200}$ 的收敛率被假定为与如下的指数成比例变化的：

$$\log(C_t) = \log(C_{t-1}) + \beta_0 + v_t ; v_t \sim N(0, \beta_1 \exp(-\delta_v t)) \quad (A.13)$$

最后，死亡率由下面的公式给定：

$$m_{a,s,t} = m^*_{a,s,t} \eta \text{ if } t > t^* ; \eta \sim U[\eta_1, \eta_2] \quad (A.14)$$

其中：m^* =由年龄和性别决定的基本死亡率；η 是一个随机的外部冲击，均匀分布在 v_1 和 v_2 之间。在名义账户制中，死亡率影响稳态下的赡养率和用来计算 G 因子的预期寿命。

公式 A. 12、A. 13、A. 14 和固定分布决定了平均工资、总工资、总缴费和总养老金的动态变化，同时也决定了整个养老金制度的财务平衡。

工资、收敛率、退休类型和基本的死亡率来源于约旦的真实数据。在模拟公式 A. 12、A. 13、A. 14 中，选择了很多参数来产生该制度下一系列外生变量的变化路径。作者的主要兴趣是探讨这些制度的不同动态特征，特别是在这些路径受制于高度不确定的情况下。这些参数的值总结在表 A. 3 中。现收现付制的不同类型描述在表 A. 4 中。图 A. 1 到 A. 4 总结了这些结果。

表 A. 3　　动态模拟中使用的参数

参　数	数　值
α_0	0.02
α_1	0.02
δ_1	0.025
α_2	0.03
δ_μ	0.025
β_0	0.0025
β_1	0.04
δ_v	0.02
t^*	50
η_1	0.50
η_2	1

资料来源：作者计算。

表 A.4 考虑中的养老金计划

体制	缴费的指数化规则	养老金的指数化规则
DB-PAYG，增长率为 1.5%根据最后两年工资计划养老金	n. a.	通货膨胀
NDC1	总工资	总工资
NDC2	总工资	通货膨胀
NDC3	总工资	通货膨胀（如果实际工资是正的，）或者实际工资（如果实际工资是负的）
NDC4	平均工资	平均工资
NDC5	平均工资	通货膨胀
NDC6	平均工资	通货膨胀（如果实际工资是正的，）或者实际工资（如果实际工资是负的）

资料来源：作者计算。

注释：n. a. 表示无。在瑞典的制度中，养老金是根据平均工资的增长率指数化的。一般来说，$\dot{p}=\lambda\dot{w}$，其中 p 是养老金，w 是平均工资，上面标注一点表示增长率。因子 λ 等于 1，除非资产小于负债，并且启动稳定机制。在这种情况下，$0<\lambda<1$。我们可以观察到实际平均工资增长时，养老金根据价格指数化；当实际平均工资下降时，根据实际平均工资指数化，因此，在所有的情况下都会产生更低的养老金和更加可持续的养老金制度而无需退回到 λ 的复杂计算。

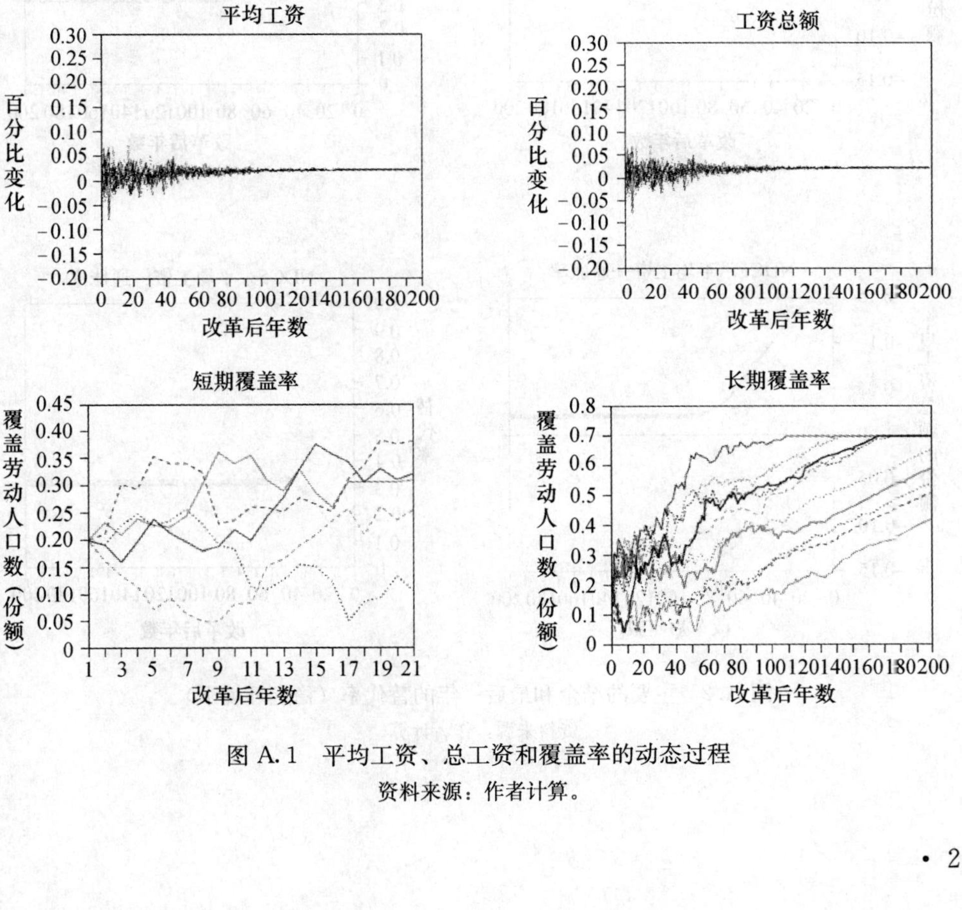

图 A.1 平均工资、总工资和覆盖率的动态过程

资料来源：作者计算。

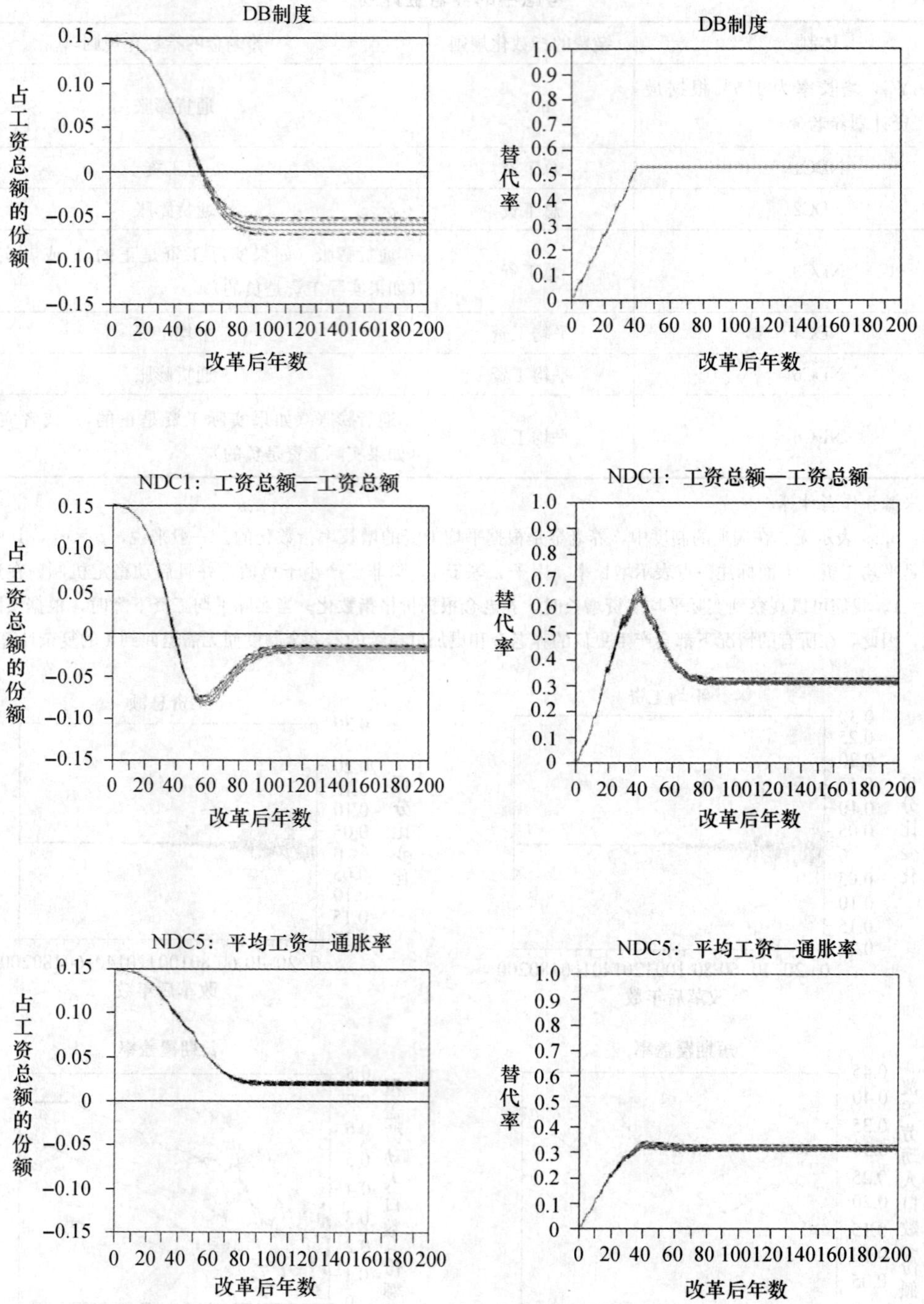

图 A.2 主要的结余和最后一年的替代率（稳定环境下）

资料来源：作者计算。

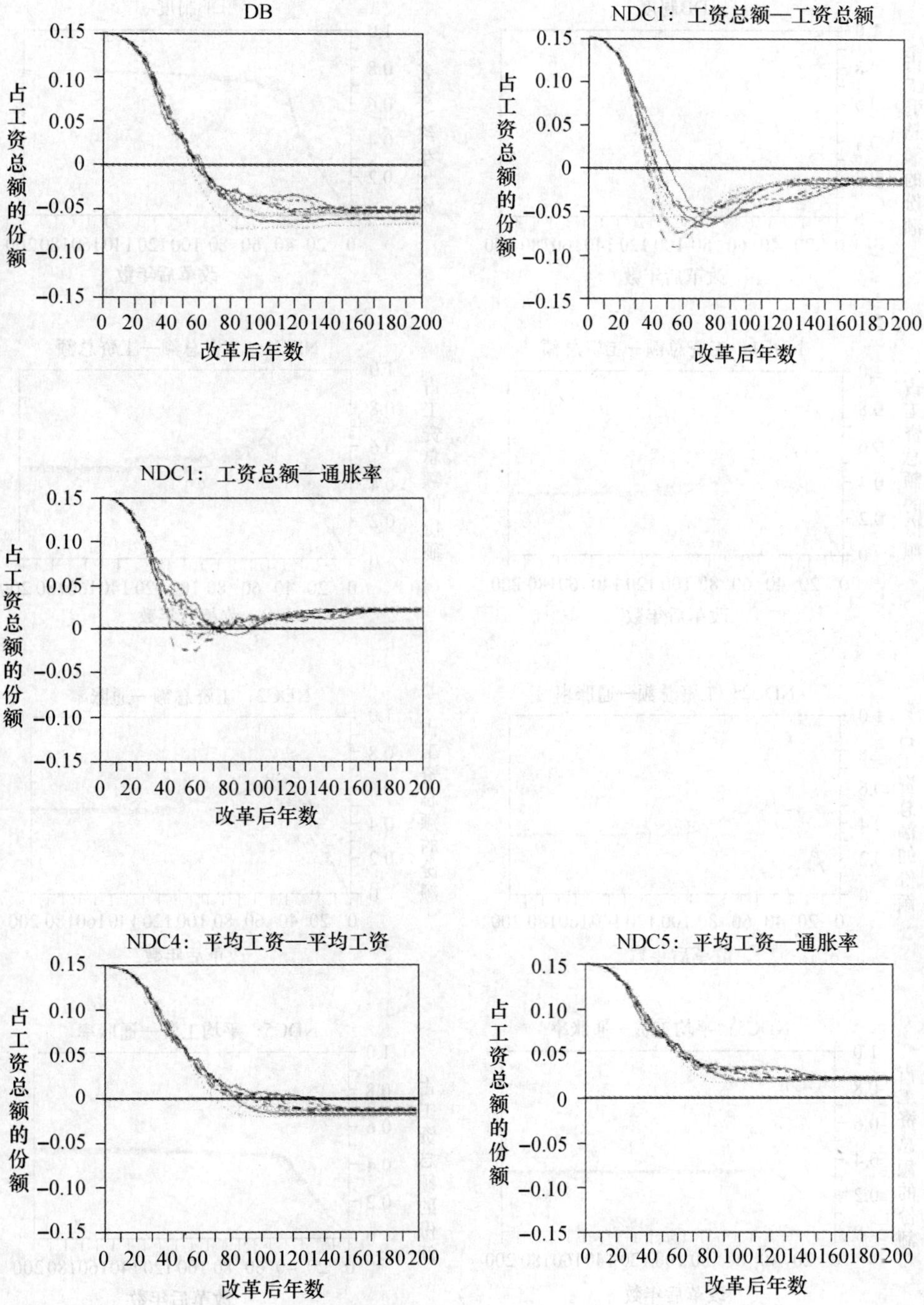

图 A.3　缴费减去支出（波动环境下）

资料来源：作者计算。

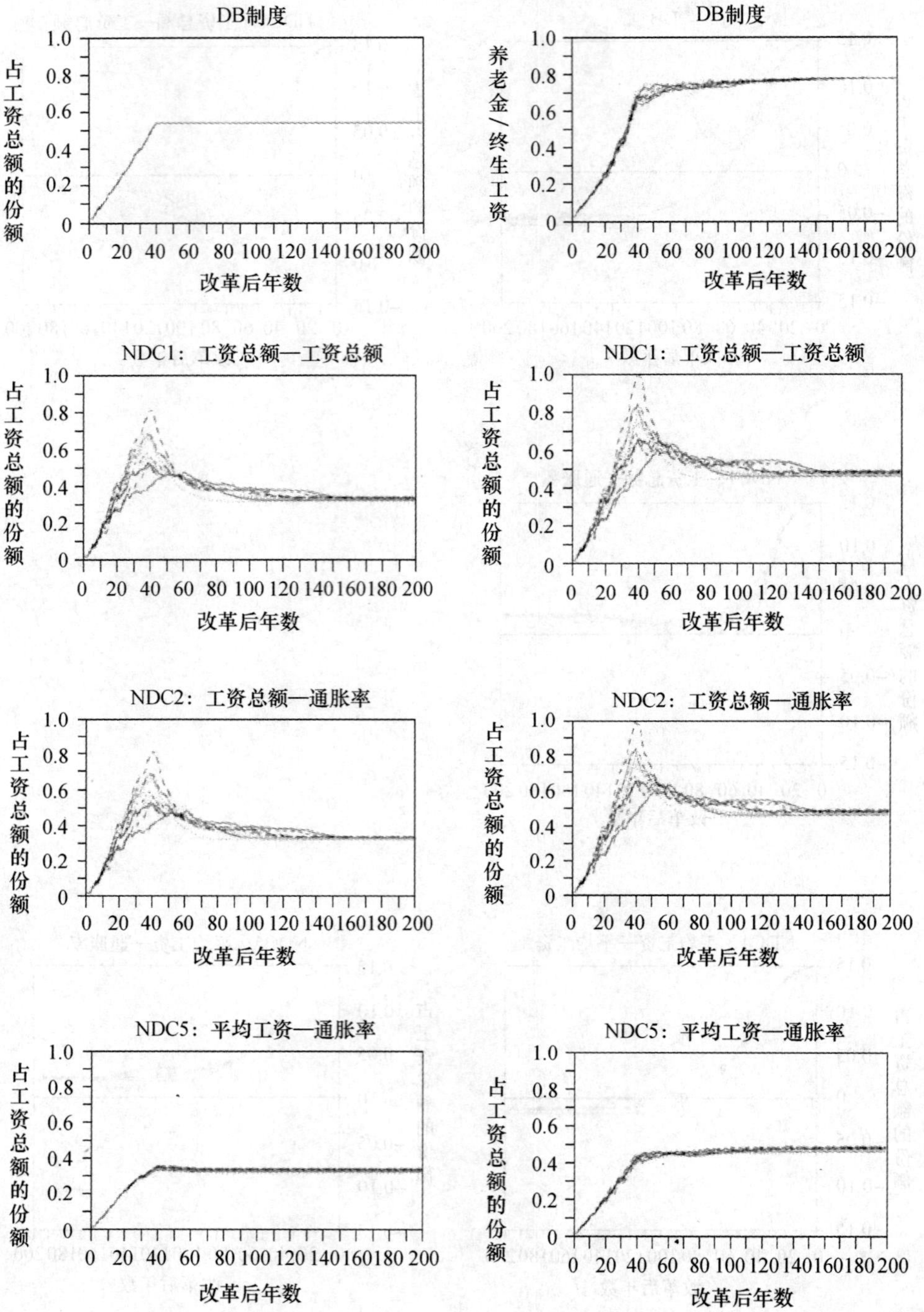

图 A.4　60 岁时的收入替代（波动环境下）

资料来源：作者计算。

参考文献

Bodie, Z., M. J. Clowes, and M. Clowes. 2003. *Worry-Free Investing*. Financial Times/Prentice Hall Books.

Buchanan, J. 1960. *Fiscal Theory and Political Economy*. Chapel Hill: University of North Carolina Press.

Chłoń-Domińczak, A. 2003. "Evaluation of the Notional Defined Contribution Option for the Reform of the Pension System in the Czech Republic." Washington, DC: World Bank Mimeo.

Chłoń, A., M. Góra, and M. Rutkowski. 1999. "Shaping Pension Reform in Poland: Security through Diversity." Social Protection Discussion Paper 9923, World Bank, Washington, DC.

Cowell, F. D. 1985. "Tax Evasion with Labor Income." *Journal of Public Economics*. 26 (1): 19-34.

Edwards S., and A. Cox-Edwards. 2000. "Economics Reforms and Labor Markets: Policy Issues and Lessons from Chile." NBER Working Paper 7646, National Bureau of Economic Research, Cambridge, Massachusetts.

Fiorito R., and F. Padrini. 2001. "Distortionary Taxation and Labor Market Performance." *Oxford Bulletin of Economics and Statistics* 63 (2): 126-42.

Gora, M. 2003. "Reintroducing Intergenerational Equilibrium: Key Concepts behind the New Polish Pension System," Warsaw School of Economics. Mimeo.

Góra, M., and E. Palmer. 2001. "Shifting Perspectives in Pension Reform." Warsaw-Stockholm, Warsaw School of Economics. Mimeo.

Holzmann, R. 1997. "Pension Reform, Financial Market Development, and Economic Growth: Preliminary Evidence from Chile." *IMF Staff Papers* 44 (2): 149-78.

Imrohoroglu A., S. Imrohoroglu, and D. Joines. 2000. "Time Inconsistent Preferences and Social Security." Discussion Paper 136, Institute for Empirical Macroeconomics, Federal Reserve Bank of Minneapolis.

Lindeman, D., M. Rutkowski, and O. Sluchynskyy. 2001. "The Evolution of Pension Systems in Eastern Europe and Central Asia: Opportunities, Constraints, Dilemmas and Emerging Practices." *OECD Financial Market Trends* 80 (October): 79-130.

Merton, R. 1983. "On the Role of Social Security as a Means for Efficient Risk Sharing in an Economy Where Human Capital is Not Tradeable." In *Issues in Pension Economics*. ed. Z. Bodie and J. Shoven. Chicago: University of Chicago Press.

Robalino, D. Forthcoming. "Financial Stability in Earnings Related Pension Systems and the Role for Government Indexed Bonds." Policy Research Working Paper Series,

World Bank，Washington，DC.

Robalino D.，E. Whitehouse，A. Mataoanu，E. Sherwood，and O. Sluchinskyy. 2005. “Pensions in the Middle East and North Africa Region.” Orientations in Development Series，World Bank，Washington，DC.

Packard，T. 2001. “Is there a Positive Effect from Privatizing Social Security? A Panel Analysis of Pension Reforms in Latin America.” Unpublished Manuscript. Department of Economics，University of Oxford.

Rutkowski，M. 2002. “Pensions in Europe：Paradigmatic and Parametric Reforms in EU Accession Countries in the Context of EU Pension System Changes.” *Journal of Transforming Economies and Societies* (*EMERGO*) 9 (1)：2-26.

Samuelson，P. 1958. “An Exact Consumption-Loan Model of Interest with or without the Social Contrivance of Money.” *Journal of Political Economy* December：219-234.

Smetters，K. 2002. “Controlling the Cost Minimum Benefit Guarantees in Public Pension Conversions.” *Journal of Pension Economics and Finance* 1 (1).

Valdés-Prieto，S. “Pay-As-You-Go Securities.” Forthcoming on Economic Policy (2005).

Williamson，J. B.，and M. Williams. 2003. “The Notional Defined Contribution Model：an Assessment of the Strengths and Limitations of a New Approach to the Provision of Old Age Security.” CRR WP 2003-18.

World Bank. 2003a. “Hashemite Kingdom of Jordan：Consolidating the Social Security Corporation as the National Pension System.” April 2003. Report No. 25948，World Bank，Washington，DC.

——. 2003b. “Islamic Republic of Iran：The Pension System in Iran：Challenges and Opportunities.” Report No. 25174. IR，World Bank，Washington，DC.

讨论“中低收入国家的名义账户制养老金计划”

莫尼卡·奎瑟*

在评论这篇非常有益和内容广泛的论文时，评论者就名义账户制在低收入和极端低收入国家的适用性发表三个观点。

首先，在低收入和极端低收入国家的背景下，比较现存的DB型制度（正如作者指出的，糟糕的DB型）和名义账户制的相关性和有用性是存在问题的。对DB型计划替代的相关性越强，这种计划越接近缴费型计划，而不是DB计划；因为这些国家的很多老人大部分的工作时间都是在非正规部门度过的，并且他们的养老只能依靠家庭和非正式的扶助。本章作者的确提到了引入基本养老金计划和老年津贴计划的可能性，但是作者只是轻描淡写地一笔带过。详细地探讨针对这些国家这类人群的三个选择，将有助于实际的政策制定。

其次，如果低收入国家决定建立或者维持一个和收入关联的养老金计划，那么DC型计划比DB型计划更好。把更多的风险转嫁给个人是更可取的，因为这些国家正式部门的规模很小，并且慷慨的DB型计划往往会得到公共转移支付的资助。这种转移支付绝大部分是通过间接税筹资的。这意味着那些不能从养老金计划中获益的人向正式部门的少数工人进行转移支付。从这个角度出发，DC型计划能够减少不平等，并且腾出政府的资源用于资助那些未被覆盖人口的社会和健康服务。

作者讨论了公积金的经验，这种基金存在于非洲和亚洲的几个低收入和极端低收入国家。除了新加坡和马来西亚是特殊的例子，绝大多数国家的公积金无法提高退休收入保障。退休储蓄经常被糟糕的投资和通货膨胀所侵蚀。虽然公积金的管理程序要比瑞典式的名义账户制简单，但是这种管理往往都是低效率和高成本的。大部分的观察家都同意中低收入国家绝大部分纯粹的、积累制的DC计划都失败了。现在，有足够的理由使人相信那些没有钱可供投资的DC型计划会运转得更好么？评论者不这么认为。

这些国家的待遇管理经验并不是鼓舞人心的。年金化账户余额并且把将来的养老金支付转化成一次性支付，这种做法引起了巨大的管理问题和政治问题。很多中低收入国家没有可信赖的预期寿命表，并且在这些国家找到一个有效的长期折现率是极具挑战性的任务，这一任务即使在OECD国家也是令人畏缩的。即使找到了适当的折现率，也很难调整养老金或者一次性待遇。而且，很明显这些问题也会发生在名义账户制计划中。

* 作者莫尼卡·奎瑟（Monika Queisser）就职于OECD社会政策部，主要工作范围是退休体制与政策、伤残及其他社会保护。

第三个评论是关于规则的。成功地运营名义账户制需要一套相当精密复杂的规则。即使一个被忽视的管理问题和数据错误都可能对名义账户制的实施造成阻碍，因此在中低收入国家如何保持和遵守这些规则呢?

这一问题不仅仅出现在中低收入国家。即使在 OECD 国家也经常发生养老金制度规则和管制方式的改变。即使非常简单和已经明确的规则也可能由于经济、财政、社会和政治的原因遭到破坏。

以英国为例，英国国家基本养老金计划的待遇是根据价格调整的。这是一个相对简单的规则，老龄化的负担也根据这一规则进行预测。但是在现实中，养老金待遇的变化已经和预想中的很不一样了。从 1997 年 4 月—2003 年 4 月，养老金已经增长了 24%，但是零售价格仅增长了 16%，平均工资增长了 29%。这并不是对英国破坏规则的评判——毕竟这阻止了更多的养老金领取者陷入老年贫困之中。但是这表明设计和运行一个养老金计划在各个方面和长期内保持自动“可持续性”是非常困难的。

英国的例子也表明养老金问题不能仅仅局限于养老金体制中，不能和整个社会政策环境相分离。英国不得不引入一个全面的补充性质的、大部分是家计调查式的社会政策，以弥补财政可持续性养老金体制所造成的社会问题。结果建立起了一个补充性质的待遇结构极端复杂和不同的“信用积分”，这导致管理人员拥有高度的自由裁量权。

在 OECD 国家中还有很多相似的例子：开始制定好养老金规则，随后又破坏之。最近西班牙宣布养老金待遇转变为根据终身平均收入计算，但是由于即将到来的选举，这一计划被推迟了。在德国，社会民主党政府取消了上任政府引入的人口养老金因子，因为上任政府认识到养老金改革迈向一个更加可持续的体制而没有考虑人口变化是不可能的。随后，一个被修改过的养老金因子又重新被引入。

证据似乎表明养老金规则迟早都要改变。因此瑞士人的方法可能是比较现实的。瑞士人从来不相信养老金制度会自动运行甚至不相信关于养老金的永久安排。结果，瑞士对现存的养老金框架进行一系列持续的修改。瑞士对社会保险计划的第 11 次修改刚刚完成，这意味正要准备第 12 次修改，而该社会保险制度仅仅开始于 1948 年。人们已经习惯了持续的改革，并且已经接受了改变是必然的，即使每次改革都会引起热烈的辩论。

引入名义账户制可能会或者可能并不会违背如下信念：持续的改变是必要的。瑞典的例子向其他国家表明自动运行的养老金计划是可能的。如果不是这样或者这种情况仅仅存在于特殊的国家，那么引入名义账户制可能是危险的，因为这种做法传达了一个关于安全的错误认知，误导一些国家依赖于这种自动运行的制度而不采取积极的行动，使得这些国家没有意识到这种体制可能会崩溃。

讨论“中低收入国家的名义账户制养老金计划”

伊莱恩·福尔茨*

本文作者考察了通过名义账户制改革来改善中低收入国家养老金待遇和融资环境的可能性，但是作者对这些国家存在的可能阻碍改革成功的特征分析不多。特别是，需要着重讨论中低收入国家的治理问题。在中欧和东欧的转型经济中，政府治理的三类特征可能阻碍名义账户制改革的成功。

第一，转型期的政府可能缺乏能力就名义账户制改革达成持久的一致。由于 DC 型计划和 DB 型计划的运行原则不一样，从一种制度转向另一种制度是一个复杂和耗费时间的过程。而中欧转型国家的政府变化很快，导致了国家政策的改变。例如，在 1989—2000 年间，拉脱维亚先后存在五届政府，立陶宛、斯洛伐克和斯洛文尼亚存在四届政府，捷克、爱沙尼亚、匈牙利和波兰存在三届政府。当政府改变时，新的统治联盟往往把养老金体制打上他们的印记。如果主要的改革不可行的话，政府往往修补新通过的改革，使改革向中间路线调整。正如本书第十五章（Palmer，2006）所揭示的，自从 20 世纪 90 年代以来，拉脱维亚已经 9 次修改名义账户法律了，引入的一些因素使得改革偏离了纯粹的名义账户制，例如，最低待遇根据工作年限变化、在先前社会保险体制下转换养老金待遇等制度转变为名义账户资本制度，这种制度给工作期间一些年份不成比例的权重，导致了一些受益者和受损者。

第二，和更加稳定的政府相比，转型期的政府更加缺乏能力设定和维持名义账户制所需要的缴费率。因为名义账户制下的待遇取决于个人养老金缴费，因此必须恰当地设置缴费率并且维持以便能够保证养老金的充足性。但是，很多中东欧国家经常修改它们的缴费率，以应对那些和养老金充足性不直接相关的因素，例如，公众认为当前的缴费率太高了，并且阻碍了国家竞争力。这里存在两个风险：第一个风险是政府已经采纳了名义账户制改革，但是违背了稳定缴费率的关键原则；第二个风险是政府遵从这一原则，但是最初选择的缴费率低于最优缴费率，并且很难改变。

第三，名义账户制所需要的沉重的管理和计划负担与转型期政府的管理能力不匹配。名义账户制要求大量的账簿记录：每一个工人的缴费必须向养老金机构报告，并且由其记录之。对于高收入国家这也是个挑战，很少有国家能够维持这种详细的缴费记录。转型期国家会发现这是一个更大的挑战。正如上面讨论过的，波兰政府在 1999 年进行名义账户改革时，曾经经历过记录每月缴费方面的难题，这些问题最初曾瘫痪了整个养老金体制。5 年之后，

* 作者伊莱恩·福尔茨（Elaine Fultz）是国际劳工组织社会保障问题的高级专家，就职于中东欧分部，布达佩斯。

波兰已经建立起了新的账簿记录系统，但是还没有成功地处理完先前留下的大量的缴费记录积压问题。据评论者所知，目前波兰社会保险局（ZUS）还不能向缴费者发布每年的缴费报表。

另外，因为名义账户制的运行原则和DB型计划有很大的不同，因此需要详细的规划来解决新的养老金制度如何与现存的伤残计划、遗属计划实现良性的互动。这使得名义账户制改革对规划的要求比DB型制度改革高得多。例如，在波兰，名义账户制养老金计划和伤残计划直接的协调存在很多问题。除非这些问题得到解决，这会在具有相似缴费记录的工人之间产生横向的不公平，并且对伤残养老金计划的融资产生财务压力。

总之，名义账户制改革在那些稳定的、谨慎的和具有高水平技术专家的国家里运行良好，但是并不能据此希望改革在那些政府管理能力不足的国家也能取得相同的效果。也不要希望单独的改变法律就能够弥补政府治理的不足。恰恰相反，提高政府的管理能力是重新构建养老金体制的前提条件。对那些向转型期政府提供政策建议的学者来说，关键的挑战是提供建议时要考虑到具体的背景条件，考虑到政府的管理能力。没能考虑到这些因素的风险是，本来目的是实施财政约束的改革会变得过于笨拙和过于复杂，最终会对养老金制度改革产生更大的困难，并且也会对提供建议的学者带来声誉损失。

参考文献

Palmer，E.，et al. 2006. “NDC Strategy in Latvia：Implementation and Prospects for the Future.” In *Pension Reform*：*Issues and Prospects for Non-Financial Defined Contribution*（*NDC*）*Schemes*，ed. R. Holzmann and E. Palmer，chapter 15. Washington，DC：World Bank.

第十三章 人们对自己的养老金需要了解多少以及他们了解了什么

安尼卡·森登[*]

对于大多数退休者来说，公共养老金与职业养老金是他们的主要收入来源。人们在退休阶段能够获得多少养老金取决于一系列的安排，如工作时长、储蓄多寡以及退休年龄等因素。在对退休、储蓄以及资产配置做出合适的决定时，对养老金计划特点的了解程度就显得至关重要。

近年来世界范围内的养老金制度改革趋势就是不仅要提高个人的普通金融知识水平，还要让他们了解养老金计划的相关信息。许多国家的养老金制度改革，包括公共养老金和私营养老金改革，都已经从待遇确定型（Defined Benefit，DB）计划转向缴费确定型（Defined Contribution，DC）计划。与DB计划相比，DC计划更强调个人的责任与风险，因为DC计划需要对缴费、投资决策及退休后受益的领取这些因素进行抉择。进一步来说，由于人口老龄化带来的财务压力，养老金制度改革经常导致替代率的下降，因此个人不得不为退休而增加个人养老储蓄。

前期的研究表明，个人的金融知识是有限的，对公共养老金以及职业养老金计划的特点，或者说对自己今后能够领取多少养老金更是知之甚少。这就意味着许多雇员面临退休时缺乏足够的资源，结果就是要么延迟退休，要么降低退休后的消费水平。缺乏此类知识的一个可能原因就是了解养老金计划是有难度的。养老金计划的复杂性导致了搜集相关制度信息的成本要比理解养老金计划获得的收益大得多。退休对每个人而言一生中只能经历一次，一旦在退休的问题上犯下错误就无法弥补。要想从犯下的错误中吸取教训已悔之晚矣。还有一点就是退休往往被认为能够使人们的担忧，由此引起焦虑，因此了解退休乃至养老金制度可以克服心理障碍。此外，养老金计划成员并不了解收集信息的好处，因为他们希望公共养老金制度为他们提供充足的养老金。

养老金制度本身的变化以及对养老金制度相关知识的匮乏促使政府和雇主不得不为雇员提供更多的养老金制度方面的信息，此外还要为雇员提供在职理财教育培训。

本章的目的就是讨论在养老金计划和退休决策方面，哪些类别的信息对于雇员而言是必

---

* 安尼卡·森登（Annika Sundén）是瑞典国家社会保险研究院的高级经济学家。文中观点仅代表个人观点，与国家社会保险委员会无关。作者感谢约翰·艾米瑞克（John Ameriks），爱德华·帕尔默以及其他参会人员在山德汉姆岛会议期间给予的有价值的评论。

须了解的。此外，本章还对关于人们实际上对其相关的养老金计划有多大程度的了解方面的相关文献进行总结回顾。本章还对待遇确定型（DB）、缴费确定型（DC）以及名义账户制（NDC）各自的制度结果进行比较。本章的结构如下：第一节讨论面对养老金计划，人们需要做出退休决定的类型；第二节主要介绍养老金计划参加者获取养老金计划信息以及理财教育的作用，并对其进行评估；第三节考察人们对自己的养老金计划了解程度以及理财教育的效果。本章所提供的数据不仅反映了瑞典养老金制度改革的成就，而且还昭示了个人对养老金制度改革了解的认知效应。本章最后是结论。

第一节　面对养老金制度做出抉择

养老金制度是一个复杂的制度。在一个既定养老金制度覆盖面下，个人需要对诸如受益标准、退休年龄以及缴费等养老金计划的突出特征有所了解，以便在面对退休和储蓄选择时做出抉择。许多养老金计划也要求雇员自行决定是否参加，缴费水平（如果参加）以及资产投资配置，此外雇员还可以决定在退休时养老金的领取方式。

养老金计划在许多方面各有特点，不同的计划对于雇员而言，必须了解的程度不一，能够获得的信息类别以及对获取的信息进行理解的难易程度不同。为很好地对所需信息进行讨论，很有必要对养老金计划按照两维尺度进行分类，即：受益标准与缴费标准是如何决定的以及养老金计划是如何积累资金的（见表 13.1）。

表 13.1　养老金计划的类型

养老金计划类型	积累制	非积累制：现收现付
待遇确定型（DB）	职业养老金计划以及雇主发起的养老金计划	大部分公共养老金计划
缴费确定型（DC）	公共养老金计划中的个人账户；雇主发起的养老金计划，如美国的 401（K）计划	如瑞典实行的名义账户制（NDC）

资料来源：作者整理。

考虑养老金制度特征的多样性是如何影响个人的所需信息时，必须要牢记不同的养老金计划所蕴藏的风险也各不一样，这一点很重要。例如，未来养老金的支付水平取决于养老金制度未来债务的可支付能力。现收现付制养老保险制度（pay-as-you-go，PAYG）以及 DB 型部分积累制对人口结构的变化非常敏感；目前实行这些制度的许多国家已经面临财政赤字。面对财政压力，解决养老金制度支付危机的方法无外乎是降低养老金待遇标准，或者是提高缴费，但这种方法会给未来退休收入水平带来不确定性。另一方面，在完全积累制 DC 计划中，由于未来的退休待遇标准取决于资本市场的投资回报率，因此个人不得不承担财务风险。

一、受益标准

人们对养老金受益水平以及受益水平是如何随着退休年龄的变化而变化的了解程度对于决定何时退休以及储蓄的多寡而言或许是最重要的信息。传统上来讲，公共养老金计划与私营养老金计划一般都是 DB 型计划。在 DB 计划中，雇员的收入水平以及服务年限都会影响养老金受益水平，养老金计算公式把受益水平表达为替代率，即养老金到底占最后年限收入的多大比重。例如，在美国，雇主举办的养老金计划中，典型的计算公式为每满服务年限1年，就可以获得最后一年收入的1.5%，因此一个工作年限达到20年的雇员就可以获得他/她最后收入的30%金额的养老金。养老金计算公式很直观，可以使雇员很容易地估计到自己的预期受益水平。这也使得雇员容易比较这种由公式得出的替代率与理财规划师（financial planners）建议的替代率，而理财师建议的替代率主要是基于在此替代率水平下能够在退休后保持退休前的生活标准。

在其他情况下，养老金计算公式会略显复杂一点。例如，瑞典以前的公共养老金制度中的收入关联计划，养老金的替代率会达到60%，相应的分母则是雇员最高收入15年的平均值；而在美国，社会保障制度的养老金计算公式包含了好几个层次。在这些案例中，雇员需要知道哪一年的收入被计入计算公式以及是如何计算的。尽管有些养老金的计算公式比较复杂，但计算替代率以及与领受人交流这些信息对于养老金管理者来说还是很简单的。

相反，在DC计划中，养老金水平取决于雇员在DC计划中的缴费总额及其投资回报率。在退休的时候，账户余额一般是转换为年金产品或者是在某些情况下允许雇员一次性领取。由于受益水平并不确定，只取决于缴费，所以很难用替代率来表示预期的受益水平。此外，估计未来退休时的受益水平也是很难的，因为投资收益率的细小变化都会影响到养老金受益水平。雇员每季或者每年收到账户余额报告，有时候在报告中向雇员提供诸如将账户余额如果转换成按月领取养老金的情况下，每个月能够得到多少之类的信息。如瑞典的名义账户养老保险制（NDC）中，雇员每年都能收到一份年度报告，在报告中，雇员能够了解到自己名义账户中的余额以及相应的预期每月受益水平。预期的受益水平会按照三种退休年龄来计算，即61岁、65岁以及70岁。这种计算的收入基准是根据以前年份的收入水平外推得出的预测收入。但总的来说，DC计划在估计养老金受益水平方面还是比DB计划困难得多。

雇员获得的养老金权利是以实账积累制（financial defined contribution，FDC）和名义账户制（NDC）的形式体现的，因此由于“财富幻觉”（wealth illusion）效应，它会使计划参加者过高估计他们预期的养老金水平。在退休时，当人们考察自己积累了多少养老金的时候，会发现比如说有10万美金的现金余额，他们会觉得已经很多了（与每个月受益水平相比）。然而，如果将这些现金余额按照退休后15～20年的时间来平均支付的话，就显得不够了。心理学的文献表明，人们对待一次性支付完全不同于分期支付：当一次性支付金额与按月支付的金额进行比较的时候，即使它们的现值一样，一次性的支付金额肯定会比按月支付的金额要多得多。①

工作的变动如何影响养老金受益水平是估计退休预期受益水平的另一个重要因素。在DB计划中，受益水平计算公式通常是替代离职前的收入，这就意味着工作的变动会降低受益水平。在全国范围内的计划下，工作的变动不会有很大的问题，因为无论是在哪工作，都是覆盖在同一个计划下。但是许多雇主发起的养老金计划以及一些职业养老金计划的养老金

① 见Fetherstonhaugh和Ross（1999）。

受益水平计算基准是离职前的收入。而DC计划中就没有这种问题，因为账户余额是可携带的。

最后，人们通常是既被公共养老金计划覆盖，又参加了职业养老金计划。为全面了解个人在退休时获得养老金受益水平，雇员需要集合来源于不同方面的信息，这在有时候会有困难。

二、退休年龄

DB型养老金计划一般都规定了法定退休年龄，雇员只有在法定退休年龄退休才能获得全额养老金，一旦提前退休，雇员只能拿到经过精算扣除后的部分养老金。在指定的退休年龄条件下，DB型养老金的计算公式通常传递着这样的信息，即如果雇员在65岁退休，那么他/她将会获得60%的收入替代率，而如果在60岁退休，只能得到42%的替代率。此外，计算公式还为雇员在特定年龄退休提供了很强的激励机制。

原则上，DB计划的特点使得雇员很容易明白何时退休将会获得多少养老金，而实际上并非如此。问题之一就是很难确定提前退休的养老金替代率，如果提高法定退休年龄将会影响到提前申请养老金。例如，在美国很大比例的雇员一旦达到62岁就开始申请养老金。2000年的法定退休年龄是65岁，但会逐年增加，到2022年的时候62岁的人的法定退休年龄将是67岁。在2004年，对于年满62岁的雇员来说，其法定退休年龄是65岁10个月。提前退休的最低年龄仍然是62岁。法定退休年龄的逐年递增实际上相当于养老金水平下降了，那些仍然提前退休的雇员每月领取的养老金水平将比以前要少。[①] 迄今为止，还没有发现美国的雇员有推迟领取养老金的现象，但是必须牢记法定退休年龄已经增加了10个月，因此，只有在20世纪50年代后期以及60年代前期出生的雇员达到法定退休年龄的时候，提高法定退休年龄的效果才会愈显突出。

DC计划需要明确规定一个最低退休年龄，但是并没有指定一个法定退休年龄，因此就不存前述相同的提前退休的激励问题。但是由于在将账户余额转换成每月的养老金时存在困难，所以仍然存在着这种不确定性，即养老金受益水平是如何随着退休年龄的变化而变化的。此外，在将养老金转换成年金时，还要考虑诸如生命预期之类的因素。瑞典名义账户制的一个创新就是养老金的受益水平是根据退休时的预期寿命来调整的。这就意味着在将账户余额转换成年金时，其金额大小取决于受益人所属群组的余命。这样，在给定法定退休年龄的情况下，比如说65岁，每年的养老金受益水平将会随着某人预期寿命的增加而降低。为了获得相同的养老金替代率，个人将不得不延长工作年限。

三、名义养老金制度的融资

养老金基金的融资与投资影响着计划参加者对信息的需求以及他们不得不对投资方式做出的决定。大部分公共养老金计划采取的都是现收现付式的融资模式，许多国家的公共养老金计划正面临长期的财政赤字。对DB计划来说，这就意味着要么降低待遇给付，要么提高缴费以维持制度的财政可持续性。例如，美国社会保障制度的法定退休年龄正在逐年增加，近年来有关社保制度改革的讨论已经纳入政治议程。对雇员而言，需要关注的就是要明白待

① 在美国，中等收入的雇员在65岁退休获得的养老金替代率在2000年是41%，而2030年将会下降到36%。

遇给付以及缴费水平发生变化是为了维持整个制度能够得到可持续性的发展，这种变化将会影响到他们的储蓄水平以及退休决定。

在这样的背景下，名义账户制度是一个特例。在养老金制度面临财政赤字的时候，提高缴费率不是一个选择，因为它会在未来相应承担更多的义务。实际上，名义账户制度设计的初衷就是在既定的缴费率水平下，养老金制度承担的债务永远不会超过制度的融资能力。这样制度参加者的养老金权利以及养老金受益水平将会相应做出调整。

四、积累制养老金制度的投资决定

一些 DB 计划是全部积累或者是部分积累制。缴费被集中到一个信托基金进行集合投资，这就意味着雇员不必面临投资抉择，所有的养老金计划成员共同承担投资风险。

DC 计划也能通过信托基金的方式进行集合管理。然而，最典型的还是个人管理自己的账户，做出投资决定，随时对自己的资产进行配置，计划成员承担所有的投资风险。这种方式需要计划成员对金融市场有一定的了解，并能够平衡风险与收益，实践起来有一定的难度。[①]

总之，在 DB 计划中，雇员很少需要做出决定。养老金受益水平往往是用替代率来表示，法定退休年龄也是固定的。为了估计替代率，雇员需要知道哪些工作年份会被计入计算公式。DB 计划的一个风险就是如果计划不能履行事先的承诺，那么雇员的养老金水平将会减少，但所有的 DB 计划还是相当公正的。相反，DC 计划要求计划成员做出很多决定，还需养老金管理者用多种途径对养老金计划的特点进行解释。除了投资决策之外，名义账户制度与类似的 DC 计划一样对计划成员有着相同的要求。

第二节　养老金计划成员的金融教育与信息

变革中的养老金前景促使政府机构、企业以及养老金管理人更多的关注于养老金计划成员的金融教育以及信息。这些举措通常包括养老金计划的改良信息、更加容易掌握的账户信息以及旨在教育养老金计划成员有关投资与金融市场的教育研讨会。这一部分将讨论瑞典和美国的养老金计划信息与教育。由于这两个国家的养老金计划从 DB 向 DC 转变，因此有关养老金计划的信息与教育将十分有趣。

一、美国的养老金

在美国，雇员的退休收入主要有两个来源：社会保障和雇主发起的养老金计划。社会保障计划提供的养老金是一个 DB 计划，近年来，美国社会保障署（the Social Security Administration，SSA）努力为计划成员提供有关受益水平的相关信息。有关预期受益水平的信息主要来源于 SSA 每年的收入与收益报告，计划成员都能获得这些年度报告。报告提供了计划成员的收入历史以及受益权利的相关信息。报告还提供了雇员提前退休和按时退休时，基于雇员历史收入的预期受益水平。以前，只有雇员临近退休的时候才能获得这些报

① DC 计划成员往往面临大量的投资选择。在瑞典的预筹式养老金制度（Premium Pension system）中，有 500 多个投资基金可供成员选择；在美国，401（k）计划的成员平均都有 38 种不同的投资选择。

告，但从20世纪90年代后期开始，所有雇员都能收到年度收入和收益报告。此外，SSA还在它的网站上设置了一个计算器，个人只要确定自己的收入水平以及合理设定一个自己未来的工资增长率，就能通过它来估计自己的养老金受益水平。

除了社会保障制度提供的养老金外，将近50%的美国雇员参加了雇主发起的养老金计划，在提供有关养老金计划的信息和教育方面，雇主扮演的角色越来越重要。雇主为雇员提供教育培训很大程度上是因为从DB计划转向DC计划，尤其是401（k）计划的迅猛发展。401（k）计划是雇主发起的DC型计划，在美国非常流行。而目前在美国，职业养老金计划发展最快。401（k）计划的特点包括：它是自愿的，雇员可以自行决定是否参加、缴费的多寡、资产的配置以及退休时的养老金领取方式。雇主非常愿意鼓励参加401（k）计划的雇员通过非歧视测验，而提供相关信息与教育是实现上述目标的好方法。根据20世纪90年代中期的一项调查，将近90%的实行职业养老金计划的大型企业都提供某种程度的金融教育培训，而且大部分都在1990年后实行。① 雇员获取的养老金信息通常包括小册子（介绍公司的退休计划）、金融市场信息、投资的基本知识以及有关退休储蓄的研讨会。

二、瑞典的养老金

瑞典的养老金制度改革将公共养老金制度从DB型转变为实账积累制（FDC）（在瑞典称之为“预筹式养老金制度”）与名义账户计划的结合。瑞典的改革完全改变了养老金制度的结构，养老金计划成员获得相关信息就成为了贯彻改革的至关重要的一个因素。1998年秋天，有关养老金制度改革的宣传工作全面铺开，宣传手段主要包括详细介绍新养老金制度的宣传小册、通过电台、电视以及报纸发布的官方通告、有关养老金制度改革的研讨会以及官方网站。然而，养老金计划成员之间的交流基础仍然是“橙色信封”（orange envelope）。“橙色信封”里包含名义与实账积累的年度账户报告。此外，官方网站还提供一个计算器方便个人在给定账户余额以及合理假定未来收入与退休年龄的情况下，估计自己未来的受益水平。

首个“橙色信封”于1999年寄出，内有养老金计划成员的完整收入历史信息以及各种情况下的预期受益水平。从这一年起，名义账户制度的年度报告信息包括：账户余额、当年获得的收益，以及账户余额的指数化，即收益率。“橙色信封”还包括有关预筹式养老金制度的账户信息。除了提供预期的受益水平之外，“橙色信封”还概括总结了新的养老金制度是如何运作的，同时它还传递着这样一个主要信息，即终身的收入决定养老金的受益水平。

自从开始实行“橙色信封”后，瑞典国家社会保险委员会开始着手一项年度调查，旨在研究养老金计划成员是如何使用“橙色信封”提供的信息以及这些信息帮助他们互相交流养老金制度相关信息的影响程度。② 表13.2说明在2003年的调查中，个人阅读年度报告的情况。结果表明，在2003年，几乎每个人都知道他们曾经收到过账户年度报告，在所有的答复者中，有2/3的调查对象打开了信封并阅读了年度报告，与前几年相比有所下降。在首次寄出“橙色信封”的1999年，有75%的被调查者打开了信封并阅读了信中内容，在2000

① 见Bayer，Bernheim和Scholz（1996）。

② 调查是通过电话进行的，调查样本为1 000人。

年的调查中，超过 80%的被调查者至少阅读了信中的部分内容。

只有 10%的被调查者完全阅读了信中的所有内容。这个结果并没有反映人口群组的主要差别，尽管女性较男性更加倾向于阅读信中内容。

表 13.2　　　　　　　　　　**橙色信封——2003 年**

调查对象	知道自己曾经收到过“橙色信封”（%）[a]	打开信封并至少阅读部分内容（%）[a]	阅读完所有信息（%）[a]	在打开信封并至少阅读部分内容的被调查者中	
				关注受益方案（%）	检查名义账户中受益的增长状况（%）
所有性别	86	67	9	68	56
男性	84	65	11	72	62
女性	88	70	8	63	51
年龄					
18～29	82	65	4	41	47
30～45	87	66	6	73	55
46～62	89	72	16	81	64
教育					
高中以下	82	62	12	69	58
高中	87	69	8	60	52
大学	87	69	9	79	64
家庭收入（瑞典克朗）					
＜160	85	62	6	56	57
161～200	88	71	11	63	50
201～300	84	71	8	77	60
＞300	87	71	11	79	63
工作状况					
工作	88	68	9	74	59
学生	75	60	2	37	47
退休人员	85	66	21	50	49
其他	83	72	14	68	52
工作类型					
蓝领工人	87	66	10	69	59
白领工人	89	72	8	77	56
自雇者	92	64	10	77	75

资料来源：瑞典国家社会保险委员会（2003）

a. 分母为所有的调查答复者。

为了帮助养老金计划成员将养老金账户内的现金余额转换为退休时的养老金，“橙色信封”为计划成员提供了一种计算方法，这种方法假设计划成员在三种不同年龄退休时，每年能够获得的养老金水平。由于在DC计划中，养老金计划成员很难自己计算出自己的养老金最终会是多少，因此“橙色信封”提供的信息非常清楚地让计划成员明了在何时退休会得到充足的养老金。结果表明，在阅读过“橙色信封”内容的计划成员中，将近2/3的人阅读了养老金的计算方法。这就意味着，从总的情况来看，少于1/2的计划成员会阅读有关养老金的计算方法。年龄大的人会比年轻人更加仔细地阅读“橙色信封”的相关内容，这一点也不奇怪。数据还显示，低收入者相对来说没有高收入者那么关心此类信息。总之，养老金计划成员并不都会把“橙色信封”提供的今年和来年的信息进行比较。只有27%的人回答说他们曾经把今年和去年的信息做过比较（没有在表中显示）。

在瑞典，除了公共养老金计划为雇员提供养老金之外，还有四种职业养老金计划为瑞典的雇员提供养老金，几乎所有的瑞典雇员都会从这四种养老金计划中的一种得到养老金受益，这些职业养老金计划提供与养老金制度改革相关的信息与教育。此外，伴随着养老金制度的改革，这四种职业养老金计划中，有三种从DB型转向DC型。结果，除了私营部门的白领之外，所有的雇员现在都在职业养老金计划中拥有一个金融账户。职业养老金计划对于瑞典所有的雇员而言，在提供退休收入方面发挥了重要的作用，尤其是中等收入阶层，他们对职业养老金计划提供的受益依赖很大。在决定储蓄多少与何时退休方面，雇员需要各种类型的信息来综合考虑。目前，雇员不得不将所有渠道获得的信息汇总以便得出客观的结论。无论怎样，瑞典政府已经开始着手为其国民提供各种相关便利，如创建网站以方便雇员可以获得有关收入所得的相关信息以及与计划受益水平相关的各类信息。

总之，数据显示尽管每个人都知道自己会得到公共养老金计划的相关信息，但还是只有大约2/3的人阅读这些相关信息。

第三节　个人对养老金计划有多少了解以及金融教育效应

个人对自己参加的养老金计划有多少了解以及金融教育在多大程度上会提高他们在养老金方面的决策能力？很多研究主要通过对美国的数据进行分析，已经关注到这方面的问题。这一部分将会更加详细介绍美国和瑞典的经验。

一、美国的经验

在早期的研究中，伯恩海姆（Bernheim，1988）以临近退休的美国雇员为研究样本，对社会保障津贴水平进行分析，结果发现，雇员通过所获部分相关信息会形成一种预期，一旦雇员综合分析他们所获得的所有信息，他们预期未来养老金的水平会更加精确。近年来，古斯特曼和斯代梅尔（Gustman和Steinmeier，2001；2004）利用临近退休年龄雇员的数据进行研究，对雇员预期的社会保障养老金和根据社会保障收入记录确定的养老金进行比较，发现雇员错误地估计了自己的预期社会保障养老金——只有一半的答复者回答说他们知道自己未来的养老金会是多少。对自己未来的养老金预期方面，年长的雇员比年轻的雇员要好一些，女性要比男性差一些。总之，结果显示，那些主要依靠社会保障养老金生活的人是最知情的。和伯恩海姆的研究类似，古斯特曼和斯代梅尔的研究发现，那些向SSA申请并获得社会保障津贴的人对SSA提供养老金方面的资讯了解得更多。然而，由于那些对自己的社会保障养老金非常感兴趣的人往往是那些向 SSA 申领养老金的人，因此对于掌握养老金水平的相关知识对于申请养老金是否有效还很难有定论。

在雇员受益研究所（Employee Benefit Research Institute）进行的有关退休信心年度调查中，被访者会被问及好几个有关退休计划的问题。最近的调查是从 2003 年开始的，调查结果显示许多雇员对自己的社会保障养老金根本不了解。美国社会保障制度的一个重要的变化就是退休年龄会按照改革计划逐渐增加。退休年龄的增加和削减的养老金水平相当，但是只有 16%的被调查者意识到法定退休年龄已经增加，并且能够明了自己在何年可以退休并能够获得社会保障养老金。1/4 的被调查者并不知道自己开始申领社保养老金的最早年龄，将近一半的被调查者认为自己能够申请社保养老金的年龄要比实际的合格年龄要早。

研究人员还通过比较雇员与雇主对雇主发起的养老金计划的认识，来研究雇员到底对职业养老金计划有多大程度的了解①。结果显示，尽管对养老金计划知识的普及已经有一段时间，但是仍然有很多养老金计划成员对他们参加的养老金计划一些重要的相关信息缺乏了解，比如提前退休仍然可以申领养老金的最早年龄、法定退休年龄，以及在最早提前退休年龄后退休对养老金水平的影响程度。

以上所述研究中涉及的大部分雇员参加的都是 DB 型的养老金计划。研究结果表明，雇员缺乏对一些很直观、浅显的养老金计划信息的了解，比如何时能够获得养老金之类的信息。由于养老金计划从 DB 型转向 DC 型，需要雇员自己管理自己的账户，因此在这样的背景下，这是一个很令人不安的结果。美国的 401（k）计划和瑞典的预筹式养老金计划就是一个很好的例子。当美国的雇员被问及他们所参加的 401（k）计划时，往往回答说养老金计划很复杂，很难理解②。Bernheim（1998）利用金融机构收集的有关金融计划的调查数据进行分析，发现人们对于金融和投资方面的知识总的来说是相当的匮乏。

二、金融教育真的有用吗

金融教育真的有助于理解养老金计划吗？为了回答这个问题，研究人员曾经对美国的基于雇主的信息计划进行分析，发现对雇员进行养老金计划的教育培训有一些正效应，尽管这些效应的大小程度很难衡量。此外，为了对雇主的养老金计划教育效应进行完全评估，很有必要对金融教育的收益成本进行分析，这一点也很重要。目前，还没有出现对养老金计划教育进行成本—收益分析的研究。

一系列对金融教育效应进行分析的研究主要关注养老金计划成员发生的变化以及对 401（k）计划的影响。结果表明，金融教育确实具有一些正效应。克拉克和施伯尔（Clark 和 Schieber，1998）发现金融知识在提高雇员参加 401（k）计划的概率方面发挥着重要的作用。另一项研究也证实金融知识丰富的雇员参加养老金计划的参与率会比金融知识匮乏的雇员的参与率要高③。对雇主的调查也表明，那些参加过养老金计划讨论的雇员会更愿意参加

① 见 Mitchell（1988）；Gustman 和 Steinmeier（1989；2001；2004）；Starr-McCluer 和 Sundén（1999）。

② 见 Munnell 和 Sundén（2004）。

③ 见 Bernheim 和 Garrett（1996）。

养老金计划，金融教育的最大收获就是对受益不高的雇员也进行了金融培训[①]。另一方面，金融教育对于缴费水平产生的效应却很小。

研究人员曾试图对金融教育在实账积累制（FDC）计划投资决策方面的效应进行评估。穆勒（Muller，2002）利用临近退休人员的数据进行分析，发现参加过养老金计划讨论有利于投资决策并没有普适性，但是风险厌恶的雇员可以根据自己对养老金计划的了解而对投资组合进行调整。近期的两项研究对金融教育与退休储蓄目标的设置与实现之间的关系进行了分析。结果表明，有过金融教育背景的雇员会根据养老金计划讨论获得的信息来调整他们自己的退休目标，如退休后应该保持何种程度的收入水平等[②]。在许多案例中，调整退休目标也就意味着提高预期的退休年龄。

并不是所有的雇员都参加金融教育的讨论会，或者是认真阅读相关资料，前面述及的瑞典“橙色信封”的调查数据就非常清楚地说明了这一点。这就涉及那些没有金融教育背景而且也没有储蓄的人，以及那些主要依靠社保养老金养老的人。然而，美国近期的一项研究显示，在有关养老金计划的交流中也会有着同等重要的效应，那就是即使某些雇员没有参加金融教育培训，但是他们的同事参加了，这两类人群之间的有关养老金计划的交流会对没有参加金融教育培训的雇员有着正效应。这种效应已经被杜夫勒和塞茨（Duflo 和 Saez，2002）的研究所证实。该研究主要关注在接受金融教育后，雇员决定是否参加 401（k）计划。作者在此项研究中进行了一项试验，他们资助一批雇员参加有关养老金计划教育的培训，结果是接受资助参加培训的人数翻了三番，在这些参加培训的雇员中，参加 401（k）计划的人数显著增加。那些没有参加此次培训，但是和参加者在同一部门工作的雇员加入到 401（k）计划中的人数也增加不少。该结果证明了有关养老金计划的交流在雇员决定是否参加养老金计划方面也有着同等的正效应。

三、瑞典的经验

和传统的 DC 计划一样，瑞典的 NDC 和预筹式养老金计划在为雇员的退休生活提供保障方面发挥的作用越来越大。始于 1998 年的针对养老金计划成员提供相关信息和培训的努力，旨在为到 2001 年使养老金计划成员对养老金制度有着较好的认识。为了有效评估针对新的养老金制度而进行的信息提供服务的效果，与“橙色信封”调查类似的调查旨在掌握养老金计划成员对养老金制度改革的了解程度。

调查结果显示，几乎每个人——93％的答复者——都知道他们的养老金制度已经改革。调查中，被调查者要回答他们对新制度的了解程度。结果详见图 13.1。在 2003 年的被调查者中，回答对改革后的养老金制度非常了解的人不到 40％，较 2001 年有轻微的下降。将近一半的人回答有一定的了解，但是很贫乏。回答对新制度根本不了解的人数比例从 1998 年的将近 30％下降到 2003 年的 13％。年长的计划成员相对于年轻的计划成员而言会更加了解新制度，这一点并不感到惊讶。男性计划成员对新养老金制度的了解程度会比女性计划成员的了解程度要高，正式的金融教育看来与对养老金制度的了解程度呈正相关（图中未给出）。

---

① 见 Bayer，Bernheim 和 Scholz（1996）。

② 见 Clark 和 d'Ambrosio（2002）；Clark 等（2003）。

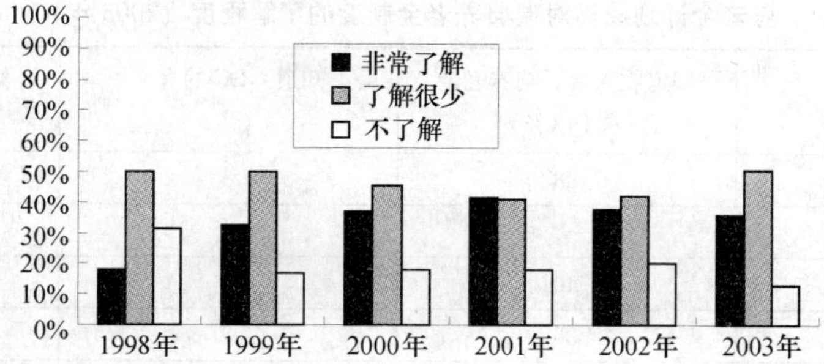

图 13.1　对瑞典养老金制度的了解程度调查反馈数据

资料来源：瑞典国家社会保险委员会调查数据。

有趣的是，在回答非常了解的答复者中，很大比例的人不仅对自己的预期受益水平、NDC 账户余额以及预筹式养老金账户余额的变化有一定的了解，还认真阅读了“橙色信封”的具体内容。

瑞典养老金制度的养老金水平取决于雇员一生的收入水平——即所有缴费年份的累积额。如前所述，DC 计划本身是很难估计未来的养老金水平的。因此，为了决定在自己的一生中，多少时间用于工作以及积累多少储蓄额，了解未来养老金水平有哪些影响因素、是如何影响的，以及新旧两种养老金制度提供的养老金水平差异，就显得尤为重要。因此，与养老金计划成员交流的一个主要信息就是工作年限与未来养老金水平挂钩。为了弄清楚这个原则是否已被计划成员完全理会，前面提及的调查中就有这么一个问题，即养老金水平是由哪些因素决定的。2000 年的调查结果表明，一半的答复者正确回答了个人一生的收入水平决定未来养老金水平，但是 2003 年的调查结果显示该比例下降到 38%。在那些回答非常了解养老金制度的答复者中，有 50%的人知道收入多寡会影响未来的养老金水平。

为了进一步了解养老金计划成员对改革后的养老金制度的了解程度，在调查过程中还要求被调查者回答是否能够说出新养老金制度三个组成部分的名字，即 NDC、预筹式养老金计划以及保底养老金。这些信息对于雇员决定诸如何时退休之类的决策可能并不必要，但是它反映的是参加养老金计划的雇员对新的养老金制度的了解程度。表 13.3 提供了养老金计划成员对相关信息了解程度的分布情况，如对养老金收入水平决定因素的了解程度以及能否说出 NDC 与预筹式养老金计划的名字。

结果表明计划成员相对于 NDC 而言，更加倾向于了解金融账户（预筹式养老金）。这并不奇怪，因为在 2000 年预筹式养老金基金开始投资，随后瑞典的股市就大跌，这不能不让人们对预筹式养老金基金给予更多的关注。实际上，很多计划成员对预筹式养老金基金给予了很大的关注，认为它比 NDC 更为重要，他们并没有意识到预筹式养老金提供的养老金收入在其退休后的总收入中只占很小的一个比例，尽管在“橙色信封”中也提供了此类年度数据信息，但他们还是有这样想法。

总体来看，男性会比女性更加了解养老金制度。对养老金制度的了解程度取决于两个因素，即收入水平与受教育程度。在养老金计划成员中，高收入阶层及受过高等教育的人会比那些低收入阶层及受教育程度较低的人更了解养老金制度。这个结果佐证了在美国得出的结

表 13.3　　养老金计划成员对瑞典养老金制度的了解程度（2003 年）

养老金计划成员	知道收入会影响养老金水平（%）	知道 NDC 的含义（%）	知道实账积累的含义（%）
所有成员	38	8	12
性别			
男性	40	8	14
女性	36	8	9
年龄			
19～29	37	8	10
30～45	36	6	11
46～62	43	10	14
教育背景			
高中以下	31	4	6
高中	36	7	10
大学	46	12	19
家庭收入（瑞典克朗）			
＜160	31	7	9
161～200	40	9	8
201～300	39	8	14
＞300	42	10	15
工作状况			
工作	42	9	13
学生	34	4	9
退休人员	16	8	7
其他	28	10	11
工作类型			
蓝领工人	38	8	10
白领工人	47	9	13
自雇者	34	9	19

数据来源：瑞典国家社会保险委员会（2003）。

果——那些主要依靠社保养老金安度晚年的人恰恰对养老金制度没有什么了解。

对金融知识作用的评估也可从退休储蓄中得出某些结论。在瑞典的调查中，将近一半的答复者曾经购买了私人养老保险，这说明他们至少花了一点时间来考虑自己的退休。购买私人养老保险说明答复者对公共养老金制度有了更加深入的了解：将近 50％的答复者回答说他们对养老金制度缺乏了解，而在没有购买私人养老保险的被调查者中，该比例是 60％。用收入决定未来养老金水平这样的方法来评价个人是否了解养老金制度看来容易出现两种分类。在购买过私人养老保险的人群中，只有40%的人明白确切的计算年限。然而那些拥有养老保险的人更加倾向于了解未来养老金水平的预测，更大一部分的答复者回答说他们非常熟悉并且能够管理好他们自己的预筹式养老金账户。

NDC制度的一个革新就在于养老金受益水平取决于生命预期，因此，在给定退休年龄的条件下，年受益水平会随着预期寿命的提高而下降。NDC制度提供了灵活的退休机制，最早可在61岁领取养老金。在调查中，没有直接问及养老金水平与预期寿命之间的联系，而是问到被调查者是否考虑过退休年龄会影响养老金水平。几乎所有的被调查者都明白退休年龄会对养老金水平产生影响。

上述结果表明个人对预筹式养老金的了解程度以及兴趣都要好于NDC制度。“橙色信封”提供的账户余额变化不仅包括NDC账户，还包括预筹式养老金的账户。2003年，56%的计划成员关注过NDC账户中当年和前一年的账户余额是如何变化的；74%的人关注过预筹式养老金账户余额的变动。更有趣的是，超过一半的人说他们没有足够的能力来管理预筹式养老金账户。尤其是在被调查者的回答中，他们更倾向于了解整个制度的运行机制，以及个人如何对自己账户的投资行为进行决策。

为了评估这些信息材料是否已经改善了计划成员对整个制度的了解程度，调查还要求被调查者回答阅读材料的程度。表13.2表明2/3的计划成员曾经打开过“橙色信封”，超过一半的人认为信封中的内容浅显易懂。到目前为止，不到四成的人明白自己一生的收入水平对养老金收入有影响，而这是养老金制度最重要的特点之一。

问题在于是否需要为计划成员提供更多的信息以帮助他们面对新的养老金制度。2003年，大约60%的答复者认为他们更愿意得到更多的信息（见图13.2），尽管这一比例在改革的第一年是70%，但仍然有象征意义。计划成员也非常相信他们收到的信息。2003年，72%的答复者认为“橙色信封”所提供的信息是可信的。

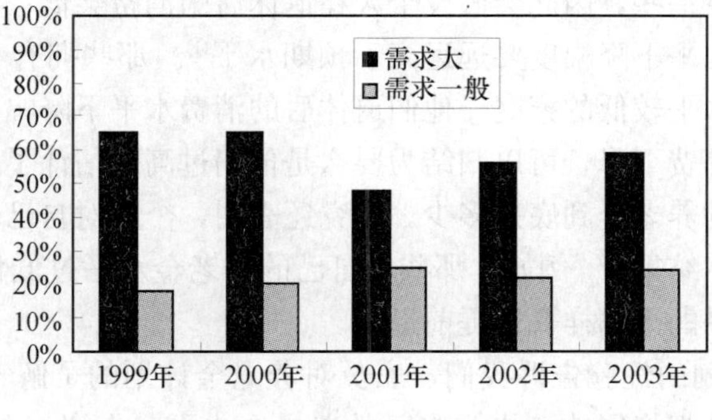

图13.2 养老金计划成员对更多信息需求的比重

资料来源：瑞典国家社会保险委员会调查数据。

总之，到目前为止，瑞典为养老金计划成员提供信息以及金融教育在改善计划成员对新制度的了解方面取得了一定的成绩。重要的是要记住新制度的实行还不到5年。然而，许多计划成员仍然不明白决定养老金水平的主要因素有哪些，仍然广为流传着金融账户（预筹式养老金）在提供退休收入方面要比NDC账户重要得多这样的说法。同时，计划成员也透露出他们需要更多的有关养老金制度的信息。问题是接下来我们要做什么？迈出实用的第一步就是要找出在目前向计划成员提供的信息中，还有哪些是他们缺乏的。在目前一些很容易得到的信息中，并不是信息越多就越好。实际上，应该考虑另外一种为计划成员提供信息的方式。可以考虑通过政策来提高整个国民的金融知识，这或许有用。在这样的政策导向下，就可以在高中开设理财教育的课程。在美国就有这样的课程，结果显示这样的做法有着长期的正效应（Bernheim，Garrett 和 Maki，1997）。

第四节　对养老金制度缺乏足够的了解会如何影响计划成员的决策

本章讨论的是个人对自己所参加的养老金计划，无论是 DB 型还是 DC 型，都缺乏足够的了解。生命周期模型为人的一生进行时间与资源上的配置提供了一个理论分析框架，但是它假定个人对制度和金融市场有着完备的信息。个人对养老金制度的相关信息了解不足或者缺乏养老金制度的知识会导致个人做出一些错误的决定，这些决定往往会对他们的退休收入产生负面影响。结果就是当个人退休的时候，只有很少的退休收入，他们不得不延迟退休或者是减少他们的退休消费。

一些研究已经分析了对养老金制度的了解不足或者是对未来退休的安排不当会影响最终的退休收入。卢萨迪（Lusardi，2002；2003）对美国临近退休的雇员进行了研究，发现对自己的养老金计划考虑很少的或者是没有为自己的退休进行规划的雇员，他们的养老储蓄往往很少。她认为金融知识的缺乏可以很好的解释这一现象。这个研究结果得到了艾美瑞克、卡普林、莱希（Ameriks，Caplin 和 Leahy，2002）的支持。他们对受过高等教育的雇员的数据进行分析，发现对自己退休规划越少的人，他们的养老储蓄也越少。

研究人员对退休储蓄不足的另外一个研究方式就是比较退休后的消费是否发生变化。由于在退休后的开销要少一些，因此会假设个人在退休后的消费会低一些。尽管如此，很多研究表明退休后的消费水平下降幅度要远远高于预期水平①。那些拥有私人养老金相对较少的以及社会保障养老金水平较低的家庭，他们退休后的消费水平下降幅度要更大一些。对于这种退休后意料之外的消费下降，可以归结为要么是他们过高地估计了自己的养老金水平，要么是根本不知道自己的养老金到底是多少。研究还表明，个人对自己养老金水平的了解程度直接影响到他们的退休结果。② 例如，那些对自己的养老金水平过低估计的人不会像那些过高估计自己养老金水平的人那样喜欢提前退休。

美国 401（k）计划的经验告诉我们，雇员对养老金计划的了解不足或者说很难对自己的养老金计划进行决策都将影响到未来自己的养老金水平。有资格参加 401（k）计划的雇员不得不面临很多的选择，如：是否参加该计划；如要参加，自己要缴纳多大比例的费用；对自己账户的基金如何进行投资，以及退休时采用何种方式领取养老金等。对于 401（k）计划成员的行为研究表明在每一个这样的环节都有人做出错误的选择：将近 1/4 的有资格参

① 见 Bernheim，Skinner 和 Weinberg（2001）；Banks，Blundell 和 Tanner（1998）。
② 见 Gustman 和 Steinmeier（2001；2004）以及 Chan 和 Stevens（2003）。

加该计划的雇员选择了不参加；按最大比例缴费的雇员只有不到10%；计划成员大部分没有分散投资，甚至在年老时也鲜有改变投资组合的；很多退休人员根本就没有考虑将他们账户内的资金年金化①。

第五节 结 论

世界范围内的养老金制度前景正在发生变化。由于人口老龄化给养老金制度带来日趋严重的财政负担，无论是公共养老金制度还是私营养老金制度，都从传统的DB型转向DC型，养老金制度的改革往往会造成替代率的下降。这更加要求养老金计划成员更好地了解他们的养老金制度以及资本市场的运作机制，这样才能为自己的退休做好充足的准备。

无论是公共养老金制度还是职业年金计划都会为养老金计划成员提供信息，为此他们也付出了很多的努力。对教育培训计划的效应研究表明，教育培训计划存在着正效应，但是仍有相当大比例的养老金计划成员对他们所处的养老金制度缺乏基本的了解，这就会影响到养老储蓄以及退休决策。

在多种养老金计划面前进行抉择是很困难的。从DB计划转向DC计划，要求养老金计划成员更多地了解养老金制度。养老金制度的复杂程度意味着即使有些信息是容易得到的，但是为了了解养老金制度付出的成本要远远大于该行为获得的收益。此外，对于个人而言，退休只有一次，因此了解相关信息并决定在何时退休并不会得到收益。对于大多数人而言，退休会让他们不高兴，甚至会产生焦虑，也就是说，对退休行为进行分析和决策是要付出心理成本的。雇员对公共养老金制度和私营养老金制度缺乏足够的了解是因为他们认为公共养老金计划会为他们提供充足的养老金。对于收入分配之后处于较低收入阶层的雇员而言，这或许是正确的，因为社会保障制度往往是逐年进步的。

对养老金制度进行了解所付出的高额成本，其结果就是雇员通常耽误了退休储蓄，延迟退休时间。本章已经说明，提供信息以及教育培训会有助于增加雇员的金融知识，这一点非常重要，但同样重要的是要设计出一个适宜的养老金计划，该计划应该让计划成员更加容易地做出相关决策。

参考文献

Ameriks，J.，A. Caplin，and J. Leahy. 2002. “Wealth Accumulation and the Propensity to Plan.” NBER Working Paper 8920，National Bureau of Economic Research，Cambridge，Massachusetts.

Bayer，P. J.，B. D. Bernheim，and J. K. Scholz. 1996.“The Effects of Financial Education in the Workplace：Evidence from a Survey of Employers.” NBER Working Paper 5655，National Bureau of Economic Research，Cambridge，Massachusetts.

① 见Munnell和Sundén（2004）。

Banks，J.，R. Blundell，and S. Tanner. 1998. "Is There a Retirement-Savings Puzzle?" *The American Economic Review* 88 (4)：769-88.

Bernheim，B. D. 1988. "Social Security Benefits：An Empirical Study of Expectations and Realizations." In *Issues in Contemporary Retirement*，ed. Rita Ricardo-Campbell and Edward P. Lazear，312-45. Stanford：Hoover Institution Press.

——. 1998. "Financial Illiteracy，Education and Retirement Saving." In *Living with Defined Contribution Plans*，ed. O. Mitchell and S. Schieber，38-68. Philadelphia：Pension Research Council and the University of Pennsylvania Press.

Bernheim，B. D.，and D. M. Garrett. 1996. "The Determinants and Consequences of Financial Education in the Workplace：Evidence from a Survey of Households." NBER Working Paper 5667，National Bureau of Economic Research，Cambridge，Massachusetts.

Bernheim，B. D.，D. M. Garrett，and D. M. Maki. 1997. "Education and Saving：The Long-Term Effects of High School Financial Curriculum Mandates." NBER Working Paper 5667，National Bureau of Economic Research，Cambridge，Massachusetts.

Bernheim，B. D.，J. Skinner，and S. Weinberg. 2001. "What Accounts for the Variation in Retirement Wealth Among U. S. Households?" *The American Economic Review* 91 (4)：832-57.

Chan，S.，and A. H. Stevens. 2003. "What You Don't Know Can't Help You：Pension Knowledge and Retirement Decision Making." NBER Working Paper 10185，National Bureau of Economic Research，Cambridge，Massachusetts.

Clark，R. L.，and M. d'Ambrosio. 2002. "Saving for Retirement：The Role of Financial Education." TIAA-CREF Working Paper 4-070102-A，TIAA-CREF，New York.

Clark，R. L.，M. d'Ambrosio，A. A. McDermed，and K. Sawant. 2003. "Managing Retirement Accounts：Gender Differences in Response to Financial Education." TIAA-CREF Working Paper 12-070103，TIAA-CREF，New York.

Clark，R. L.，and S. J. Schieber. 1998. "Factors Affecting Participation Rates and Contribution Levels in 401 (k) Plans." In *Living with Defined Contribution Plans*，ed. O. Mitchell and S. Schieber，69-97. Philadelphia：Pension Research Council and the University of Pennsylvania Press.

Duflo，E.，and E. Saez. 2002. "The Role of Information and Social Interactions in Retirement Plan Decisions." NBER Working Paper 8885，National Bureau of Economic Research，Cambridge，Massachusetts.

EBRI (Employee Benefit Research Institute). 2003. *The 2003 Retirement Confidence Survey*. Summary of Findings.

Fetherstonhaugh，D.，and L. Ross. 1999. "Framing Effects and Income Flow Preferences." In *Behavioral Dimensions of Retirement Economics*，ed. Henry Aaron，187-214. Washington，DC：Brookings Institution Press.

Gustman, A. L., and T. L. Steinmeier. 1989. "An Analysis of Pension Benefit Formulas, Pension Wealth and Incentives from Pensions." In *Research in Labor Economics*, ed. R. Ehrenberg, 53-106. Greenwich, CT and London: JAI Press.

——. 2001. "Imperfect Knowledge, Retirement, and Saving." NBER Working Paper 8406, National Bureau of Economic Research, Cambridge, Massachusetts.

——. 2004. "What People Don't Know About Their Pensions and Social Security: An Analysis Using Linked Data From the Health and Retirement Study." In *Public Policies and Private Pensions*, ed. W. Gale, J. Shoven and M. Warshawsky, 57-125. Washington, DC: Brookings Insititution.

Lusardi, A. 2002. "Preparing for Retirement: The Importance of Planning Costs." *National Tax Association Proceedings* 2002, 148-154.

——. 2003. "Planning and the Effectiveness of Retirement Seminars." Dartmouth College.

Mitchell, O. 1988. "Worker Knowledge of Pension Provisions." *Journal of Labor Economics* 6 (1): 28-39.

Muller, L. 2002. "Investment Choice in Defined Contribution Plans: The Effects of Retirement Education on Asset Allocation," Washington, DC: Social Security Administration.

Munnell, A. H., and A. Sundén. 2004. *Coming Up Short: The Challenge of 401 (k) Plans.* Washington, DC: Brookings Institution Press.

Starr-McCluer, M., and A. Sundén. 1999. "Workers' Knowledge of their Pension Coverage: A Reevaluation." In *The Creation and Analysis of Linked Employer-Employee Data*, ed. J. Haltiwanger, J. L., J. R. Speltzer, J. Theeuwes, and K. Troske, 569-83. Amsterdam: North-Holland.

对“人们对自己的养老金需要了解多少以及他们了解了什么”的评论

约翰·阿米里克斯*

正如这一章的名字所示，本章非常有意义。安尼卡·森登在这一章将个人需要了解的养老金计划信息与他们认为自己已经了解的信息进行比较。在有关养老金改革的学术争论中，很少有人关注对养老金制度的信息需求，我要感谢作者在这方面作出的卓越贡献。

无论从哪方面来说，雇员对其参加的养老金制度的了解程度都是相当重要的，撰写本章的动机就来源于对这个现象的观察。从个人的角度来看，缺乏对养老金制度特点或规定的了解，都会影响到养老金计划的作用。因此，是否缺乏对制度的了解就成了不确定性、复杂性或者是心理障碍的结果，“对制度了解的加深”意味着个人在能够为自己的退休做好安排的时候必须要承受一定的成本，而不管他们面临的是哪种类型的养老金计划。从养老金计划发起人的角度来看，不论是公共养老金还是私营养老金，计划成员对养老金计划的特点或规定缺乏了解是要付出成本的，因为对计划激励机制的不了解或者误解都不会出现有效的激励结果。

作者开始对养老金计划成员所需要了解的信息进行回顾总结。正如本章列出的养老金计划成员为了正确估计养老金水平而必须了解的一系列因素那样，这没有什么值得争论的。我同意作者提出的“人们对养老金受益水平以及受益水平是如何随着退休年龄的变化而变化的了解程度对于决定何时退休以及储蓄的多寡而言或许是最重要的信息”。当然，至少存在两种方式向养老金计划成员传递这个信息，一种是可以将未来养老金水平按照现金流的形式表达，另外一种就是把未来养老金水平的现值用股票资产的形式表达。待遇确定型（DB）养老金计划与缴费确定型（DC）养老金计划在记账原理上最基本的差别就在于此。

作者多次提到，DB账户及收入替代率的术语是较为“简单”的，有助于雇员对自己的退休进行决策。然而该章使我感触最深的一个地方就是退休计划并不是在一个真空环境中实施的。一旦人们退休，收入的唯一来源就是养老金，并且把所有的退休收入全花光，或许上述讨论会更有说服力。在DB账户的案例中，把资格条件以及不确定性抽象化确实是“更加简单了”。但是，大部分发达国家的雇员在退休前的岁月中进行储蓄和消费会面临太多的选择。非常清楚的是，在一段时间内做出明智的储蓄决策需要根据在资产和可供选择的储蓄时机之间保持连续性和可比性，并对这段时间的养老金受益水平做出准确的评估。出于这个目

* 约翰·阿米里克斯（John Ameriks）是先锋集团（Vanguard Group）的高级投资分析员。

的，DC账户“更为简单”，对于养老金计划成员做决定来说，也更为直观。[①] 或许还有一条更为理想的中间道路，那就是瑞典的名义账户制度，该制度包含了上述特征。

本章描述以及分析了大量的有关瑞典近期正在改革的公共养老金制度的新数据。这种信息的类型是比较独特的，而且对于我们试着理解养老金计划成员如何进行金融决策大有裨益。一些人常常将这样的注意力放在美国的社会保障制度或者是美国的私营养老金计划，从这一点上来看，调查数据显示，瑞典公众对新养老金制度的关注程度反而更高。在瑞典，超过93%的养老金计划成员明白他们所处的养老金制度已经改革，86%的计划成员记得他们曾经收到过“橙色信封”，超过2/3的人阅读过这些材料。相比较而言，在美国，只有50%的人知道他们自己的社会保障受益水平，16%的人知道法定退休年龄已经改变。这充分说明美国和瑞典在“养老金制度了解程度”方面存在显著的差别。

然而对这种回答的解释是极其困难的。这些数据是否已经清楚地表达了瑞典人和美国人更多的不同，以及两国人民在养老金制度层面的理解程度差异或者是养老金制度本身的差别，在这一点上并不是很清楚。甚至假设在不同国家以及不同的养老金体系中，这些反应有一致的含义。对于大部分人都“阅读过材料”，这种表述的确切含义并不是很清楚。一种观点会认为这种对养老金的了解程度的度量标准意味着人们与他们所处的养老金制度之间存在着一定程度的和谐，但是对这些回答更加详细的“分拆”分析或许会更加有用。

即使某人接受这样的调查，并且反馈的信息可以作为参数标准，在对养老金制度的了解程度与人的智慧方面仍然存在着差别。正如作者所指，有关所有类型的养老金制度的大量信息目前对于养老金计划成员而言都是唾手可得的。然而，这些信息是否能够帮助养老金计划成员达到他们的目的却还不是很清楚。近期的研究甚至开始建议“信息超荷”或者是“选择超荷”会成为问题所在而不是一种解决之道（Sethi-Iyengar，Huberman和Jiang，2004）。

我并不希望作者这样的陈述出现错误，即“对于401（k）计划成员的行为研究表明在每一个这样的环节都有人做出错误的选择……”首先我承认个人选择401（k）计划的时候存在很多种选择路径，在其他的情形下很难出现与基本经济学理论上提出的行为预期相一致的情况。但是，我认为因此就推断出这是“错误的”还为时过早。当然，401（k）计划过去的表现或许不是某些人所期待的那样。这并不意味着出现了错误，只是存在着不确定性。不确定性仍将存在而无论401（k）计划是否运行下去。还有另外一种制度能够在最大程度上分担风险——但是这样的制度是要付出成本的，即缺乏个人控制与灵活性——个人对于这样的制度各个层面都不是很满意，这已经是众人皆知。

我用2003年上映的一部影片（主观的测试方法）《海底总动员》来比较诸多关于面对信息方面和其他方面的障碍时，个人是否能够为自己储蓄养老金的争论。在这部影片中，尼莫是一条可爱的小丑鱼，所知不多（哦，我的意思是它的鳍不够大），还有一位对它呵护备至

① 当然，对于不同记账方法的不同见解在其本源方面是极有比较性的。如65岁的退休雇员从其私营雇主那获得的10 000美金/年养老金与从中央政府那获得的10 000美金/年养老金的“预期价值”是大不一样的。同样，DC型养老金计划账户中不能变现的10 000美金资产与10 000美金现金也不会有同样的“现值”。这种区别反映出存在潜在的复杂性，这种复杂性既不是DB型也不是DC型养老金制度所能简化得了的。

的父亲，这位父亲“不希望他出任何事”。在影片刚开始时，尼莫发现自己独自置身于一片危险的海水中，他是否能与父亲团圆，也是个未知数。我不想透露结尾，只要知道尼莫最终是很幸运的——很多次都是这样——就足够了。

其他评价关于养老金以及退休储蓄是否充足的方法似乎包括以下三种：（1）提供信息，并允许财尽其用；（2）对变化性进行限制，为所有人提供“充分的”解决方案；（3）寻找一种帮助人们做出合理决定的方法，而不剥夺他们的支配感。近来，Dick Thaler 和 Cass Sunstein（2003）的一篇论文提出了一个有趣的关于“家长作风的自由主义”的观念，并针对怎样实现这种自由主义，提出了大量见解。

很显然，要确定何种类型的信息，以及何种表达方式对于使雇员能做出更好的金融决策是最有助益的，还有很多工作要做。作者及其瑞典同行在未来的工作中最终能够回答的一个基本问题是，瑞典人的实际储蓄或投资决策是怎样与个人对于新的养老金制度的了解程度联系在一起的。我期待看到作者未来的工作成果和她为这个重要的研究主题作出的贡献。

参考文献

Sethi－Iyengar，S.，G. Huberman，and W. Jiang. 2004. “How Much Choice Is Too Much? Contributions to 401（K）Retirement Plans.” In *Pension Design and Structure*：*New Lessons from Behavioral Finance*，ed. O. S. Mitchell and S. P. Utkus，83-95. Oxford：Oxford University Press.

Thaler，R. H.，and C. R. Sunstein. 2003. “Paternalistic Liberalism.” *American Economic Review* 93（2）：175-9.

第十四章　名义账户制改革的政治学

沙拉·M·布鲁克斯　R·肯特·维屋*

在 20 世纪最后几十年里，世界各国都开始对其养老金制度的形式和功能进行重大改革，改革动因在于人口老龄化、经济增长放缓和预算约束加强等多种因素导致养老金成本上升，与此同时，政府可用于支付养老金债务的资源却减少了①。

在这些压力面前，很多国家对其 DB 型现收现付制养老金进行了参量式改革，例如改变缴费率或替代率、退休年龄或指数化规则，以期使养老金制度适应不断变化的经济、人口趋势和国家财政实力。但其他一些国家则对其养老金制度的设计和目标进行了根本的、结构性的变革，建立了强制性的 DC 型完全积累制（实账积累制）养老金计划。在 DC 型完全积累制计划下，个人缴费通常交给私人养老基金管理公司，到资本市场上进行投资增值，个人养老金待遇取决于个人缴费以及投资收益。在 20 世纪整个 90 年代，DC 型完全积累制养老金计划的理念和技术在全世界得到广泛传播。到 90 年代末，包括拉美、东亚、欧洲和前苏联地区的 20 多个国家都把 DC 型完全积累制养老金计划作为其基本养老金制度的主要“支柱”或多支柱改革的一部分②。

然而，在 20 世纪 90 年代中期，出现了一种新的养老金改革模式，即现收现付制（或名义的）缴费确定型（俗称“名义账户制”）养老金计划。瑞典在其 1994 年公共养老金改革中率先制定了名义账户制框架，在 1998 年通过立法最终确定了名义账户制养老金计划。随后，意大利、拉脱维亚和波兰效法瑞典，也进行了名义账户制改革。

名义账户制养老金把传统 DB 型计划的现收现付方式与个人账户制的 DC 型结构结合起来。名义账户制把待遇与个人终身缴费历史紧密联系起来，个人缴费按照一个名义利率增值，名义利率与工资增长率或经济增长率挂钩，而不是在金融市场上获得的实际收益率。名义账户中的资产不是实际资产，不能在退休时一次性领取或用于在私人市场上购买年金，而是在参保人退休时，由政府根据群组预期寿命，把名义账户资产转换成年金，并以现收现付方式为年金待遇筹资。

尽管名义账户制与 DB 计划的参量式改革和 DC 型完全积累制有很大差别，但名义账户制度设计中用于控制成本的很多要素并不是新发明的，这些要素已经用于传统 DB 型现收现

---

* 沙拉·M·布鲁克斯（Sarah M. Brooks）是俄亥俄州立大学政治学副教授，R·肯特·维屋（R. Kent Weaver）是乔治敦大学公共政策学教授，布鲁金斯研究所管理研究项目的高级研究员。

① 例如，见皮尔森（Pierson，1998，2001）。

② 例如，见布鲁克斯（Brooks，2002）和马德里（Madrid，2003）。

付制的参量式改革，只不过在传统制度下这些要素的使用是特别的、临时性的。名义账户模式的创新之处主要在于，它把这些要素结合起来，形成一个有明确政策目标的连贯的改革方案，从而使改革方案具有人们想象中的永久性。

有很多观点认为采取名义账户制是“好政策”。第一，提倡名义账户制改革的人认为DC型待遇公式比DB型计划更公平，因为DB型计划是根据退休前或最后几年的工资来确定退休待遇，这种待遇公式隐含着一个逆向再分配因素，即它往往有利于那些收入增长较快的高收入工人；而名义账户制把再分配成分从养老金计划的名义账户制支柱中分离出去，单独成立一个以消除贫困为目标的计划，从而使再分配透明化。第二，名义账户制改革的支持者认为在名义账户制下，缴费和待遇之间的密切联系具有很强的激励作用，可以鼓励工人为了提高养老金水平而主动延长工作年限，这既可以强化个人责任和工作积极性，又可以提高老金制度的筹资能力。第三，名义账户制可以保证养老金缴费和给付之间达到长期均衡。第四，DC型完全积累制下，个人容易受到市场收益率和年金价格的中短期波动的影响，而名义账户制改革则消除了这种风险。第五，DC型完全积累制改革需要巨额转型成本，而名义账户制改革维持现收现付的融资方式，因此不需要转型成本，这对政府来说是一个具有财政可行性的替代改革途径。

名义账户制改革还有一个潜在优势是，它赋予社会保障制度一种永久性感觉，从而增强了社会保障制度的可信度。名义账户制不需要通过经常性的政府干预来定期调整养老金制度参数，从而大大降低了公共养老金制度因政治压力而发生政策变化的“政治风险”。实际上，很多国家对DB制度规则的反复修改使其“待遇确定性”名存实亡，特别是对于那些待遇最有可能受到影响的未来退休者而言。在名义账户制下，工人定期收到追踪其名义账户资产增长情况的报告，这给予工人一种所有权感觉，有助于强化名义账户制的永久性感觉。名义账户制带来的产权概念可能产生“锁定”效应，即它有助于阻止政府干预，防止政府随意减少或没收名义账户中积累的名义资产。

然而，从负面效应来说，由于名义账户制完全通过待遇削减来适应预期寿命的上升，因此随着人口不断老龄化，如果工人不推迟退休，缴费率保持不变的后果是养老金价值会逐渐受到侵蚀。

对潜在的“锁定”效应和政治风险的讨论表明，政治考虑和政策优劣极大地影响着政策制定者对名义账户制改革的考虑。实际上，本文的核心假定是，由于养老金政策获得信誉的机会非常宝贵，而政治家迫切希望避免受到责备，基于名义账户的养老金制度为政治家提供了重大的政治优势。特别是，名义账户制可以：

1. 提供一种“净手”机制，即随着名义账户制的逐步引入而降低替代率，同时又使政治家不必受责难。

2. 模糊未来待遇削减的程度，因为它不是预先可以知道的，而是取决于未来经济和人口的变化。

3. 避免反复出现将来削减待遇和为养老金进行再融资的需要。

简言之，名义账户计划的复杂性和自发性为政治家创造了良机，使他们能够避免因待遇削减而受到追究和责备，因为基于经济和人口变化趋势的自动调节机制免除了政治家将来可能不得不削减待遇的责任。正如尤利西斯抵抗妖妇一样，政府可以一劳永逸地固定缴费率、实现养老金制度的自动调节，抵制诱惑而不向当前和未来退休者支付不可持续的待遇。

然而，实行名义账户计划也可能产生新的政治风险，因为它是通过降低待遇来适应养老金债务增长（如因寿命意外上升而导致的）或收入下降（例如，由于工资降低）。如果较年轻群体的待遇达不到人们对养老金水平的预期，无论是绝对数额还是相对水平，随着人口老化，政治家可能遭遇强大的政治冲击。这反过来又可能导致政府放松缴费率和自动调节要求，用政府预算向养老金制度缴费，并且/或者在名义账户计划之外提高“社会保护”养老金。

因此，名义账户养老金改革的推广对社会科学理论和养老金政策制定都提出了重大问题。从社会科学理论的角度来说，名义账户制养老金改革正是埃尔斯特（Elster）称之为“预先承诺”或“自我约束”措施的一个例子，这种“预先承诺”措施是为了增进长期利益。埃尔斯特在其关于预先承诺的很多著作中都用了尤利西斯和妖妇的比喻（Elster，1979，2000）。名义账户养老金改革也可以被看做几个旨在推卸政府责任的策略的组合，这些策略使政治家为协调其政治和政策目标，通过所谓的“自动政府”机制（Kent Weaver，1986，1988）做出含有政治风险的决定，而不要求政治家公开做这些决定。如同DB型现收现付制的惯例那样，名义账户制也可能为实现财政和政策目标而对制度做出难以察觉的修改，例如，修改指数化率。

考察名义账户制改革的采纳和实施可以让我们看到有议程限制的预先承诺机制如何被采纳，它在实践中又是如何运作的。本文研究两个问题：第一，名义账户制改革是否在某些国家比在其他国家更容易被列入议程和得到采纳？如果是这样，是什么因素决定一个国家考虑和进行名义账户制改革，是一个国家现行的养老金制度特征？政治意识形态？政治制度特征？还是这些因素和其他因素的综合？第二，名义账户改革是否真正能够使痛苦而代价昂贵的养老金削减决策去政治化，并减少对在任政治家的责备？抑或这种改革可能引发公众抵触，从而削弱其预期效果？

本文第一节简短地总结了名义账户制养老金制度的特征，指出名义账户制应该被看做一套在实践中或多或少都应该遵行的原则。第二节提出了一个分析框架，用于讨论近年来名义账户制越来越受很多国家重视的原因，讨论了促进名义账户制改革得到考虑和采纳的条件，包括为什么某些国家和地区比其他地方更倾向于实行名义账户制改革。第三节考察了名义账户制在采纳和成熟过程中可能出现的贯彻和实施问题及其政治持续性。最后一节评估了名义账户制的推广前景。简言之，本文研究的问题是，名义账户制是否及在什么情况下能够有效地允许政治家一劳永逸地把缴费率固定下来，并把养老金缩减过程去政治化。这又引出了一个更广的问题：名义账户制改革是否能够解决未来几十年里发达国家和发展中国家养老金制度都将面临的老龄化危机？

第一节　名义账户制是如何运作的

尽管名义账户制是DB型现收现付制和DC型完全积累制的综合体，但它与后两种制度之间的差异在于其分配风险和回报的方式及其可能产生的政治后果。尽管名义账户制与实账积累制都把养老金待遇和个人缴费紧密挂钩，但名义账户制没有预筹积累[①]。如前所述，名义账户制与实账积累制在应对资本市场风险方面有明显不同。在私人管理的实账积累制计划下，成员会受到市场收益率和年金价格波动的影响，而在名义账户制下，个人则没有这种风险。然而，名义账户制参保人在其工作生涯中仍然会面临人口风险，例如平均寿命的意外上升，在退休时还可能受到出生率持续下降的影响。这种人口变化会缩小养老金制度的费基，因此为了保持名义账户制的总体财务平衡，就需要降低养老金待遇[②]。同时，名义账户制按工资增长率对年金进行指数化调整，如果工资和生产力下降，退休者就会面临待遇下降的风险。

名义账户制与传统 DB 计划也有重大差别，如表 14.1 第 1 栏和第 4 栏所示，它表明了 DB 计划和名义账户计划的不同层次。但正如表第二和第三栏所示，DB 计划和名义账户计划之间在养老金制度设计的很多关键方面可能存在很多“中间状态”。与名义账户养老金制度有关的一些因素已经被用于现行 DB 型养老金制度的临时性改革（第 2 栏），如预期寿命调整。而名义账户制有时采取了“弱态”或“局部”的改革，其一个或多个条款使得制度不能实现完全自我维持或包容性（第 3 栏）。表 14.1 把养老金制度这些结构因素分为了 4 类：结构性特征、覆盖情况、过渡期和排他性。

表 14.1　现收现付制养老金从 DB 型到 DC 型之间的连续变化

条款	DB	中间状态 DB 改革	“弱态”或“局部”NDC	“强态”或“完全的”NDC
结构性特征				
积累	完全现收现付制	可能有部分预筹积累，通常是出于流动性需要	完全现收现付制	为实现制度长期财务平衡，为退休高峰建立了储备或拥有来自一般预算的转移支付
计算待遇的收入和缴费年限	可以包括一切，从非工作要求（但要求居住年限或国籍）到规定的缴费年限（包括“最佳年景”和“最后工资”安排）	替代率基于典型工人整个工作生涯包含的服务年限	可能包括一些非工作活动的没有实际缴费的缴费记录	缴费和收入之间紧密关联
退休时预期寿命	对待遇计算没有规定	在待遇计算中包含“人口因素”，以部分或完全补偿人口老龄化	偶尔或不完全（例如，排除了退休后的变化）地随着预期寿命上升而调整；没有自动机制来纠正不完全的变化	待遇水平完全（包括已退休者）和自动地随着预期寿命上升而调整

① 例如，见帕尔默（2006a）。

② 见帕尔默和戈拉（2004）。帕尔默和戈拉强调名义账户制养老金计划的财政稳定性，然而克鲁泽（2002）指出除非制定一个自动平衡机制（例如像瑞典那样），否则名义账户制可能不具有财政稳定性。

续表

条款	DB	中间状态DB改革	"弱态"或"局部"NDC	"强态"或"完全的"NDC
退休年龄	固定的标准退休年龄（可能包括对提前或推迟退休的精算调整；随着时间推移，退休年龄可能特别做出调整）	灵活的退休年龄和/或退休年龄自动上升，以完全或部分地补偿寿命上升	有领取待遇的最低年龄规定，但没有标准退休年龄。对提前或推迟退休的待遇调整不充分	有领取待遇的最低年龄规定，但没有标准退休年龄。可以部分退休。在提前或推迟退休及部分退休情况下，待遇实行完全精算调整
通货膨胀和经济增长	待遇随着通货膨胀和/或工资增长而调整，有时为了控制成本而进行特别调整	待遇随着通货膨胀和/或工资增长而调整；指数化规则包含对不良经济表现和高通胀的制动器，它在实践中可能被遵守或不被遵守	待遇随着通货膨胀和/或工资增长而调整。对不良经济表现有不完全的制动器，政府可能为改善选举结果而做出特别调整	待遇由年度收益率来调整，内部收益率完全系于工资增长率
融资	可能包括工薪税和/或一般税收；收入根据现收现付制度的需要而自动调整或特别调整	工薪税"理论上"固定在一个最高目标水平之内（例如，加拿大是在10%以下，德国是在20%以下），但在实践中可能被修改	工薪税，部分缴费率被用来支付没有个人缴费支持的养老金权利补贴	固定的工薪税率；所有缴费都获得相应的NDC价值，所有非缴费型权利都是从外部筹资（例如，用一般税收）
代际再分配	最初几代人往往是"庞氏"计划中的赢家	可能通过降低替代率并把缴费率固定在长期内自我维持平衡所需要的水平，从而使代际再分配在DB层次内受到限制	对某些没有缴费的群体给予缴费记录；可能因劳动力市场变化而发生代际再分配	可能因劳动力市场变化而发生代际再分配
代内再分配	允许在DB层次之内，根据待遇计算的几个"最佳年景"，低收入者可以获得较高的替代率，没有缴费者可以获得缴费记录	可能通过增加计算待遇的年份，消除或降低替代率差异和限制对非工资活动的缴费记录，从而限制在DB层次之内	对没有缴费的活动给予缴费记录	在NDC层次之内禁止，除非是通过政府转移支付或其他渠道为非就业活动融资。例外情况有：如果采用单一生命表，NDC从男性向女性和其他预期寿命较长的子群体进行隐性再分配
覆盖	没有NDC覆盖	不适用	只有某些部门（如私人部门）受NDC覆盖	特定年龄群体的所有工人都被NDC覆盖
过渡期	没有NDC覆盖	较晚出生的群组被"准NDC"改革覆盖（如，根据预期寿命来调整待遇或退休年龄）	只有某些群组（例如，劳动力市场的新参与者或50岁以下的人）被NDC覆盖	所有雇佣工人都加入NDC，包括引入NDC时属于劳动力群体的所有人
排他性	没有NDC养老金层次	不适用	NDC养老金仅仅是几个公共养老金层次之一	NDC是唯一的公共养老金层次

资料来源：作者整理。

注：为了使表格简洁，文中表格出现名义账户制（NDC）和实账积累制（FDC）之处均使用英文缩写。——译者注

一、结构性特征

养老金制度结构性特征的很多方面都有可能存在多种变化（见表14.2）。例如，虽然多数非积累制的DB型养老金计划完全是在现收现付的基础上运作，但瑞典名义账户计划包含了“缓冲基金”，为养老金待遇做了部分预筹积累，可以防止缴费收入的小幅下降和退休人口膨胀造成的收支失衡[①]。实际上，名义账户的提倡者认为缓冲基金原则上应该包括在名义账户计划之内（Palmer，2006a）。

至于人口老龄化（特别是退休期间预期寿命的上升），DB型现收现付制一般不会根据制度所处的人口、社会和经济环境的变化进行自动调整。因此，随着人口老龄化，DB型计划要求政府定期干预，例如调整待遇水平或退休年龄。名义账户计划由于根据个人账户积累和退休时的预期寿命来计算年金，因此它自动地适应预期寿命的变化。但那种措施也可以被DB计划采纳，完全或部分地随着人口老龄化而调整，例如，科尔政府在其昙花一现的养老金改革中制定了“人口因子”，斯罗德政府制定了“可持续因子”[②]。类似地，公共的DB型现收现付计划通常包括一个固定的标准退休年龄，对提前退休或推迟退休进行某种调整（各国在调整的精算准确性上差异很大）。近年来，很多国家为了应对人口老龄化而提高了标准退休年龄。另一方面，瑞典用灵活退休年龄取代了标准退休年龄（至少到61岁之后才能领取养老金），养老金权利积累没有最高年龄限制，待遇是根据退休者群体退休时的预期寿命计算的。但在公共DB型现收现付制下，退休年龄也可以像名义账户制那样变化，例如，美国社会保障改革就准备随着预期寿命增长而提高获得“全额”社会保障资格的年龄。

或许名义账户制最显著的特征是缴费率固定，而养老金随着工资基数变化而调整。由于缴费率“被绑到桅杆上”，理论上，将来为保持养老金制度稳健而做的调整一定是在待遇方面。另一方面，对于在现收现付基础上运行的DB型养老金，工薪税缴费率和待遇水平通常是随着当前筹资需要的变化而临时做出调整。很多国家还用一般税收或其他形式的收入（如德国的生态税）来资助其DB型现收现付制养老金的部分成本。由于多数国家人口的平均寿命在不断上升，并且很多国家就业增长迟缓，过去30年中DB型养老金缴费率有很大的上升压力[③]。

鉴于这种趋势，很多国家近年来致力于通过各种机制来稳定其DB制度的缴费率。例如在加拿大，联邦政府和省政府都保证在长期内把工薪税控制在10%以下；如果在预测期内预计待遇成本将超过这一目标，就会自动启动待遇削减和缴费率上升相结合的措施[④]。德国

---

① 在这方面，瑞典名义账户制保留了它改革前的收入关联型养老金的先例。但缓冲基金绝不是瑞典特有的，也不是名义账户制特有的。很多其他国家为了应对人口状况不断恶化的局面，都在其DB型养老金计划下建立了那样的基金，包括美国、加拿大、新西兰（最近）。见Iglesias和Palacios（2001）；Palacios（2002）；Weaver（2004）。

② 见Börsch-Supan和Wilke（2006）。

③ 布伦达尔和斯卡尔佩塔（1997，pp. 17-18）在对18个OECD国家的调查中，发现养老金缴费率从1967年的平均9.3%上升到1995年的16.5%；1995年养老金缴费率是1967年的1.88倍。

④ 在对加拿大养老金计划每三年一次的评估过程中发现该计划将来会出现赤字，这导致了一个程序的产生，该程序是为了让渥太华和其他省的省长们同意为了使计划继续生存下去而做出的任何必要改变。如果他们不同意，缴费率将自动上升，以弥补一半的预期资金缺口（在三年内逐步实施），并且在下一个三年中养老金指数化将被冻结，除非内阁部长们一致同意撤销该程序。见Slater和Robson（1999，pp. 6-7）。

表 14.2　　实践中名义账户养老金的频谱

条款	瑞典（NDC改革先驱；完全的NDC）	波兰（完全的NDC）	德国（中间状态DB型）
结构性特征			
预筹积累	现收现付制加上旧制度下部分积累的缓冲基金	现收现付制加上缓冲基金（第一支柱盈余＋私有化收入＋1%的临时性缴费）	用一般税收、"生态税"和工薪税融资的现收现付制；少量"可持续性储备"
退休时预期寿命	单一性别，账户资产和待遇在退休前和退休后都要调整	单一性别，但在退休时计算预期寿命	待遇随着制度赡养率而调整
退休年龄	灵活，NDC和FDC养老金最低领取年龄为61岁；可以部分领取	最低：60岁（女），65岁（男）	正常退休年龄65岁；削弱了提前退休动机
通货膨胀和经济增长	账户资产和待遇按工资增长率调整（初始待遇高于精算水平，并按工资增长率于1.6%之差来调整）	账户资产按工资增长率加上劳动力增长率来调整；年金按消费价格指数调整，如果实际工资下降，就按名义工资增长率来调整（即实际调整率下降）	待遇按工资增长率来调整
工薪税	NDC缴费率固定为16%；FDC缴费率固定为2.5%	NDC缴费率为12.22%，FDC缴费率为7.3%	政府承诺在2020年之前缴费率不超过20%，2020—2030年不超过22%
代际再分配	一旦NDC完全引入就完全消除代际再分配	通过最低养老金担保进行最低限度的代际再分配	最低限度，通过DB公式
代内再分配	在年金中，从寿命较短者向寿命较长者，从男性向女性	在年金中，从寿命较短者向寿命较长者，从男性向女性	在年金中，从寿命较短者向寿命较长者，从男性向女性
覆盖情况	全民	不是全民，农民和军人有单独的计划	全民
过渡期	1938—1953年之间出生的人部分待遇是从旧制度中领取，1954年以后出生的人完全从新制度中领取	1949年以后出生的人必须加入新制度；1968年12月31日以后出生的人必须加入FDC	从2005年开始逐渐引入
排他性	非排他，与规模较小的FDC和对终身收入低者的通胀指数化最低养老金相结合	非排他，与FDC相结合，如果NDC和FDC养老金之和达不到最低水平，就给予税收融资的最低养老金补贴（要求缴费满25年）	非排他，准强制性私人支柱和"零支柱"

资料来源：关于波兰的信息来自于戈拉和鲁特科夫斯基（2000）和克洛恩—多明扎克和戈拉（2006）；关于德国的信息来自于伯尔施—苏潘和威尔克（2006），关于瑞典的信息来自于瑞典国家社会保险局（2004）。

近年来养老金缴费率上升到了工资的20%以上，因此德国也设法在2020年之前把缴费率稳定在20%以内，在2020—2030年之间把缴费率稳定在22%以内[①]。在美国，共和党国会在1983年制定社会保障补救方案时就申明，他们不能忍受缴费率的进一步上升，事实上美国社会保障缴费率也没有上升[②]。简言之，即使没有像名义账户改革那样明确地把缴费率“绑到桅杆上”，在非积累制的公共DB型计划下，政府也可以并确实采取了很多行动来稳定缴费率。

非积累制的DB型和名义账户制在代际再分配的可能性方面也有很大差别。DB型养老金通常对制度中最初几代人的缴费提供相当高的收益率，因为那时缴费者与养老金领取者的比例比后来高得多。而名义账户养老金却旨在限制代际再分配。但有几个国家的DB型现收现付制计划也开始限制代际再分配，其措施是对缴费率和待遇成本做相当长时期的预测，然后确定在预测期内在储备基金的支持下能够保持稳定的缴费率和待遇水平[③]。

原则上，就养老金权利积累而言（根据工资或GDP增长率来调整，如意大利是按后者来调整的），名义账户计划对所有的缴费都一视同仁：只有实际缴费才能积累养老金权利，所有养老金权利产生同样的待遇给付（根据退休时的预期寿命调整）。如果出于其他原因而赋予养老金权利，必须相应地用一般税收来为其融资，否则制度的财务平衡就会受到损害。但名义账户制也可能在给付时包含某种代内再分配因素，特别是当它使用不分性别的年金表时，因为这种年金表没有反映不同性别之间预期寿命的差异。

很多DB型现收现付制包含非常复杂的代内再分配形式。某些国家对初始工资给予较高的替代率，等于是对低收入者提供较高的替代率，特别是美国。很多DB型现收现付计划还根据缴费者的最高工资或最后几年的工资来计算待遇（例如，工资最高的3年、15年或20年）。由于待遇公式是基于最后工资或最后几年的工资，它更有利于那些终身收入增长较快的人，他们往往是最富裕、受教育程度较好的群体。近年来，很多国家都对其公共的DB型现收现付养老金进行了修改，以某种方式来限制代内再分配，例如延长计算养老金权利所依据的缴费年限，或者缩小不同工资水平之间的替代率差异。但很多国家也增加了对护理活动赋予的非缴费型权利。

名义账户计划使用基于终身缴费的待遇公式，既降低了基于最后工资的待遇公式造成的累退性再分配的程度，同时也消除了养老金待遇累进性再分配的可能性。因此，基于名义账户的退休收入制度总体上的累进性完全取决于在名义账户成分之内或之外向最贫困者累进地重新分配风险和待遇的机制。这可以通过两种方式之一来实现。首先，可以通过为个人缴费来提高其待遇权利。例如在瑞典，对参保人在护理儿童、服兵役、失业、生病和残疾期间，政府为其账户缴费，并为带薪休产假和接受高等教育的人缴费。为这些权利融资的资金每年从政府预算中拨给名义账户制下的储备基金。局部的名义账户改革是给予缴费记录而不立即

① 见Gern（2002，p. 457）。

② 见Light（1995）。

③ 然而，美国将其储备基金全部投资于联邦债券，而加拿大养老金计划和魁北克养老金计划投资于多种金融工具。见Weaver（2004）。

为其筹资，但要使制度可持续，这些再分配成分要求将来从一般税收中进行转移支付。第二，可以对退休收入制度的其他层次做出改变，增加或“改造”现有的再分配因素，例如把参保人待遇补足到最低担保水平。迄今为止，所有实行了名义账户制的国家都建立了由一般税收资助的最低待遇担保。实际上，如果不对其他养老金层次做出调整，减轻名义账户制转型面对的阻力，名义账户改革带来的再分配方面的变化将会给某些群体带来巨大代价，以至于名义账户得到采纳和坚持的可能性将大大降低。

二、过渡期

养老金改革也可以根据其过渡期来划分。例如，美国把退休年龄从 65 岁提高到 67 岁，这种过渡从被颁布之日到完全生效用了长达 40 年的时间。到今天，各国名义账户改革的过渡期存在很大差异。如果存在充分的缴费记录，名义账户改革也可以适用于旧制度下获得的权利[①]。在瑞典 1994—1998 年间立法通过的改革中，1953 年以后出生的所有人完全加入新制度，在 1937—1953 年之间出生的群体则部分加入新制度。但在意大利，只有劳动力市场的新加入者才完全按照新的名义账户规则获得待遇。过渡期越长，来自利益受损者（老年人和接近老年的人）的反对阻力就越轻，但它从改革中获得的节省近期预算的好处也减少了。

三、覆盖情况

各国在名义账户制完全建立起来时，对不同群体劳动力适用的程度方面也有差别。在名义账户转型时把关键部门排除在外的做法有助于帮助政府应对改革的政治问题，但这明显会引起待遇的公平性问题。它还意味着当一个人改变职业，加入被名义账户覆盖的部门时，他会丧失在原部门中享有的特殊待遇。

四、排他性

多数国家都有多支柱养老金制度。因此即使名义账户制完全建立起来之后，它可能并不是唯一或最大的公共养老金收入来源。例如，瑞典 1994 年养老金改革中建立了一个多支柱的养老金计划，普通工人可以同时从名义账户制和强制性实账积累制中领取退休收入。此外，还有一个用税收融资的最低养老金担保计划，它是为低收入工人和收入历史不连续的工人设立的，该计划旨在把这些人的养老金账户资产补足到社会可接受的最低水平。但瑞典名义账户层次占主导地位，它用 16% 的工资缴费来筹资，而实账积累制的缴费仅有工资的 2.5%。波兰政府也实行了一个类似的名义账户制和实账积累制的混合制度，其中缴费工资的 15% 记入名义账户，按缴费工资总额增长率来获得名义利率。缴费工资的 9% 被划入实账积累制，并根据市场原则进行投资[②]。拉脱维亚养老金改革也把名义账户制与实账积累制相结合，名义账户支柱最初是用缴费工资的 20% 来融资。实账积累制成立于 2001 年，最初记入该制度的缴费率为 2%，而记入名义账户制的缴费率相应下降到 18%。根据立法规定的转型时间表，到 2010 年，缴费率在两个制度之间的分割将分别为 10%[③]。

总之，前面的讨论表明，在对名义账户养老金制度进行政治分析时，必须注意名义账户

---

① 实际上，缺乏完整的缴费记录是名义账户制改革在巴西最主要的一个障碍。见 Pinheiro 和 Viera（2000）.

② 见 Góra and Rutkowski（2000）。

③ 见 Fox and Palmer（1999）and Palmer et al.（2006）。

制和DB型现收现付制之间的区别是模糊的而不是清晰的。一方面，名义账户制的某些因素，例如预期寿命调整，从20世纪90年代中期以来已经被临时性地用于DB计划的参量式改革。另一方面，有些国家（如意大利）实行的局部名义账户改革从中期或长期来看是不可持续的。例如，就意大利的案例来说，政府对某些参保群体的名义账户记入的缴费比实际缴费高。同时，意大利名义账户制没有自动稳定器，也没有考虑退休前和退休后的寿命变化。最后，意大利对账户名义资产给予一个固定收益率，使其制度的中长期稳定性成为令人担心的问题[①]。如果名义账户制可以不完全地实施，那么它也可能发生不完全的解体：因此对名义账户制的政治分析应该包括对个别名义账户改革的解体风险的评估。

名义账户制尽管加强了缴费和待遇之间的联系，但它可能打上政治价值、目标和向国内强大政治集团让步的烙印。例如，政府可能在名义账户制的积累阶段进行干预，对那些具有社会价值但不会带来市场收益的活动给予缴费记录，包括抚养孩子、教育以及服兵役等。同时，像军队或特殊产业部门等势力强大的集团可能要求在名义账户框架内拥有特权，以至于政府对这些部门雇员的账户给予缴费记录，以资助其提前退休等特殊待遇[②]。采用不分性别的生命表同样也是旨在从男性向女性的再分配的政治决策。同时，名义账户制往往把退休前死亡者的账户权利再分配给同一群体中的其他人，而不是分配给死者的遗属。这种再分配代表着一种政治判断，即在遗属的利益和制度中其他参保人的利益之间进行权衡的结果。

第二节　名义账户制的政治学：创新、传播和实施

前面的讨论表明了关于采取名义账户制改革的政治学的一些重要的普遍命题。第一，它表明尽管基于名义账户制的改革有一些特征对于希望获得连任的政治家来说具有政治吸引力（尤其是名义账户改革使得政治家能够摆脱长期削减待遇和控制资格的责任），但也存在着政治缺陷。

第二，它表明养老金改革政治中的主要角色（特别是财政部长、工会、退休者代表团）的态度可能受到养老金改革方案中其他成分的很大影响，特别是，通过提供家计调查式养老金或补充性DC型养老金，对老年人的损失给予一定的补偿承担怎样保护，谁来为这种保护成分的成本买单。

第三，这种分析表明，名义账户改革的提倡者可能通过改革的具体设计特征来影响改革的政治前景。特别是，转型速度对名义账户改革实质性和再分配性效果的程度和可见性有着强烈影响，从而影响着这些措施的政治可行性。如果改革引入的速度很快，新计划不仅代价更大、透明度更高，其面临政治阻力的风险也更大。还有些设计特征也可能影响名义账户改革提议的政治前景，包括其他养老金层次的具体条款（例如，建立新的家计调查式养老金），这些条款如何补偿名义账户转型中的受损者，什么群体（如公务员或军事人员）被排除在转

① 见Franc和Sartor（2006）。

② 波兰政府为军人“过渡养老金”提供资助，即政府通过额外支付为提前退休待遇筹资，从而平稳地消除某些提前退休特权。见Góra和Rutkowski（2000）。

型之外。针对是否在名义账户制下为非经济活动提供缴费记录、提供多少、由谁买单等问题，也存在着重大争议。

最后，名义账户制被采纳还是被否决的政治学可能处于不断变化中。随着名义账户概念在专家型官员中间得到广泛传播，名义账户制度的实施经验不断增长，政治家对名义账户改革建议的看法和反应也可能随着时间推移而发生变化。

然而，上述关于关键因素的讨论只是非常一般化的考察，还不能使我们理解为什么名义账户制改革在某些国家比在另一些国家更有可能被列入政府议程并得到采纳，更不要说让我们预测基于名义账户的改革一旦被采纳之后，是否能得到坚持。为了理解这些跨国的差异以及它们如何随着时间推移而演化，第一，需要考虑不同国家面临的不同环境因素，即现行养老金制度面临的挑战程度、不同社会力量的对比、一国政治制度对重大改革的实施所构成的障碍。第二，应该采取以过程为导向的思路，把名义账户政治学不同阶段的关键力量加以区分：(1) 名义账户概念的最初发展及其首次实践；(2) 名义账户概念扩张到其他国家的改革议程；(3) 名义账户制改革被纳入一国改革议程之后，是被采纳还是否决；(4) 名义账户制实施之后是否得到贯彻执行。第三，应考虑名义账户制是被完全采纳还是局部采纳，即考察一国名义账户计划的结构性特征、覆盖情况、过渡期及排他性。因此我们可以构想出一系列结果：名义账户制较早得到“完全”采纳、局部和/或较晚才得到采纳，或者曾经考虑过但被否决了，或者根本就没有被考虑过（当然，各国可能随着时间推移而变化），如表 14.3 所示。由于名义账户制“创新”已经做得很好，所以我们关注的是名义账户制改革的推广和它是得到完全或局部的采纳还是被否决[①]。名义账户制的贯彻实施将在下一节讨论。

表 14.3　　结构性变量和名义账户制选择之间可能存在的关系

对 NDC 的采纳和传播的约束	创新	较早得到“完全”采纳	局部和/或非排他性的采纳	较晚才得到采纳	考虑过但否定了	根本不考虑
人口约束						
老龄化压力	＋人口老龄化压力非常大	＋人口老龄化压力非常大	＋人口老龄化压力大	＋人口老龄化压力适度但处于上升之中	＋人口老龄化压力适度	＋人口老龄化压力小
财政压力	＋预算赤字和债务/GDP 比例都很高	＋预算赤字和债务/GDP 比例高	＋在预算赤字和债务/GDP 比例低的国家，在多支柱中 FDC 比 NDC 可能更重要	＋预算赤字和债务/GDP 比例适度，但处于上升之中	＋预算压力和债务/GDP 比例都在下降	＋预算赤字和债务/GDP 比例低

① 很多文献研究了在美国各州多个部门的政策推广规律，发现做出创新的州（第一个设计和实施一项改革的州）主要是那些相对富裕的州，这些州具有高水平的技术能力和充裕的资源［参见奥伦斯坦（2003）的讨论］。名义账户制首创于瑞典这个富裕的国家，其养老金部门技术能力很强，这一事实也符合这个观点。

续表

对NDC的采纳和传播的约束	创新	较早得到“完全”采纳	局部和/或非排他性的采纳	较晚才得到采纳	考虑过但否定了	根本不考虑
工薪税率	＋工薪税率很高	＋工薪税率很高	＋工薪税率高	＋工薪税率高或处于上升之中		一工薪税率低或没有工薪税
观念的力量						
国内支持市场化养老金改革的力量大小	＋支持国家主导的公共养老金制度的政治力量强大	一在持保守意识形态的政治力量很强的国家，FDC比NDC更有可能得到采纳	＋在持保守意识形态的政治力量较强的国家，在多支柱中FDC比NDC发挥的作用更大	在僵局过后，支持国家主导的公共养老金制度的政党力量占了上风		在持保守意识形态的政治力量很强的国家，FDC比NDC更有可能得到采纳
参与NDC概念流行的地区网络	无关	＋参与地区网络的国家会较早采纳；政治精英把较早采纳的国家视为伙伴国家	＋参与地区网络的国家会较早采纳；政治精英把较早采纳的国家视为伙伴国家	＋没有参与地区网络＝随着NDC概念在国际上得到广泛传播，地区网络效应将消散		＋没有参与地区网络＝随着NDC概念在国际上得到广泛传播，地区网络效应将消散
与国际金融机构和其他超国家组织的互动	不相干	＋超国家机构：(1)督促养老金支出的削减；(2)介绍和支持NDC改革	＋超国家机构：(1)督促养老金支出的削减；(2)介绍和支持NDC改革	＋超国家机构督促养老金支出的削减并支持NDC改革，但谈判砝码有限	＋超国家机构督促养老金支出的削减并支持NDC改革，但谈判砝码有限	＋与国际金融机构接触少 一国际金融机构只支持NDC改革
政策反馈						
强大的收入关联养老金层次	＋养老金制度中有很强的收入关联因素 ＋高替代率	＋养老金制度中有很强的收入关联因素 ＋高替代率	＋现行公共养老金制度中包含再分配和收入关联因素的组合		一现行公共养老金计划实行定额待遇制	＋以前实行了FDC改革 ＋现行DB型计划实行定额待遇制
替代率	＋替代率高	＋替代率高		＋替代率中等		＋替代率低
工薪税记录	＋完整的工薪税记录	＋完整的工薪税记录	＋工薪税记录完整或者正在改善	＋工薪税记录不完整，但正在改善	一工薪税记录不完整	工薪税记录不完整或不存在

续表

对 NDC 的采纳和传播的约束	创新	较早得到“完全”采纳	局部和/或非排他性的采纳	较晚才得到采纳	考虑过但否定了	根本不考虑
政治/党派约束						
政治制度有无多否决点	一政治制度有多否决点	一政治制度有多否决点	＋政治制度有多否决点	＋政治制度有多否决点	＋政治制度有多否决点	
有无联盟机制	＋有强烈的政治机制来克服利益集团对 NDC 改革的反对	＋有强烈的政治机制来克服利益集团对 NDC 改革的反对	＋有中等强度的政治机制来克服利益集团对 NDC 改革的反对	＋有中等强度的政治机制来克服利益集团对 NDC 改革的反对	＋仅有薄弱的政治机制来克服利益集团对 NDC 改革的反对	一仅有薄弱的或甚至不存在政治机制来克服利益集团对 NDC 改革的反对

资料来源：作者编纂。

注：“＋”条件使得该国有更大的可能性属于这一类别；“一”条件使得该国较为不可能属于这一类别；“＝”条件表示其重要性随着名义账户制创新的推广而降低；空格表示这一条件与所属类别之间没有假定关系。

一、提上议事日程和采纳

任何政策改革过程的一个关键要素是，阐述一个政策问题的方式能够使其被列入议事日程。金顿（Kingdon，1995）认为，政策建议只有在符合政策制定者和公众的观念、具有政治可行性、有财政承受能力、可能对所考虑的政策问题做出某些改进时，它才可能被纳入政府议程。当然，要成功地把这些方面组合在一起往往需要深谋远虑的政治家才能做到。奥伦斯坦（Orenstein，2000）认为，那样的“改革提倡者”对确定改革的“理性议程”非常关键。除了把改革推上议程之外，改革提倡者还引入新的政策创新，并确定其改革建议在该国有哪些可行的政策结果①。奥伦斯坦在考察东欧和中亚的结构性养老金改革之后，发现在改革提倡者数量较少但其所持理念更为接近的国家，采取富有雄心的结构性改革的可能性大大提高。然而应注意的是，尽管在改革早期就把广泛的利益群体纳入改革讨论中（例如由不同利益集团和财政部门各自提出改革建议）往往有损改革的广度和速度，但如果在制定改革议程的阶段达成了广泛的协议（或“买入”），那么改革建议的实施和长期的可持续性前景就会大大改进②。相应地，我们在下一节考察影响一国是否会向着名义账户制改革前进以及改革程度的因素，包括：（1）结构性养老金改革的问题或挑战是否被纳入政府议程，改革提倡者如何界定这些问题；（2）名义账户改革的某种替代政策是否是政策制定者考虑的选择之一；（3）来自现行养老金制度的政策反馈如何；（4）政治结构如何影响所考虑的替代改革路径和名义账户制得到采纳的前景。

① 见 Orenstein（2000，pp. 12-13）。

② 见 Orenstein（2000）。

在考察第一个因素时，我们考虑一个国家在多大程度上受到人口变化、预算约束和宏观经济等压力，从而可能对其公共养老金计划进行改革。第二，我们讨论一国是否接触和采纳名义账户制如何受到国内不同政治派别力量的影响，如何受到它与跨国机构（如欧盟和世界银行）的交往的影响。在考察第三个因素时，我们考虑来自以前的政策选择的反馈如何影响名义账户制是否得到考虑和采纳，例如通过影响人们对一个问题及其可能的解决办法的思考方式，通过对围绕当前政策而形成的政治联盟施加影响。最后，我们考察政治制度和政治竞争如何影响名义账户制带来的政治优势和代价，从而对政策变革可能造成的障碍[①]。

表 14.3 归纳了特定变量和几种可能结果（例如，名义账户制的创新、较早得到采纳、局部采纳、考虑过名义账户制但否决了、从未考虑过名义账户制）之间的假定关系，而表 14.4 描绘了这些因果关系的非正式的“分数卡”。该表强调了我们讨论的关键变量和几个国家在名义账户制改革方面的结果（例如，瑞典是名义账户制改革的先驱、意大利采取了局部的名义账户制改革、乌拉圭否决了名义账户制而采取了 DB 与 DC 型的混合形式，美国则代表从未考虑过名义账户制的国家）之间的假定关系。

二、结构性改革的经济人口压力

从 20 世纪 80 年代开始的结构性养老金改革及其在 90 年代的扩张一般被归咎于人口和经济形势的重大变化，因为人口和经济变化使得各国担心社会保障预算出现大面积赤字（以及现实情况），增加政府总体预算的压力。这些变化显然对养老金改革议程产生了重大影响。

人口老龄化是养老金制度变革的一个关键压力因素。多数国家都是以现收现付制来运作其养老金制度的，即使为养老金开征了专门工薪税的国家也是如此。出生率的下降和预期寿命的上升意味着赡养一个退休者的工作人数越来越少，这一趋势在未来几年里还可能加剧。然而，各国面临的人口压力有很大差异[②]。总体而言，在较长期内 65 岁以上人口比重高的国家最有可能已经穷尽了待遇削减和缴费率提高等参量式改革措施，从而更有可能考虑名义账户制和其他根本性的养老金改革措施。实际上，较早采取名义账户制的国家（尤其是瑞典和意大利）基本上都是老龄化程度最严重的国家，这一事实符合我们提出的假定。

财政方面的担心也增加了公共养老金制度收缩的压力。政府赤字和债务占 GDP 比重的上升显然可能引起养老金改革的压力。实际上，对 57 个发达国家和发展中国家的定量研究表明，在公共债务占 GDP 比重较高的国家，养老金制度私有化改革的可能性比较小（至少当养老金债务比较低或适中的情况下），因为它们无力承担从公共现收现付制向 DC 型完全积累制转型的成本[③]。例如，平赫罗（Pinheiro，2004，pp. 112，134）指出，巴西在 20 世纪 90 年代晚期之所以否决养老金私有化改革，主要原因就在于转型成本太高。我们可以推断，当一个国家面临着严重的财政压力，公共债务占 GDP 的比重和/或当前的财政压力使得

① 塔维茨（Tavits，2003）在对爱沙尼亚养老金改革的一项评估中，把影响创新推广的因变量划分为三类：内部决定因素、外部压力和吸取的教训。按照塔维茨的分类，经济/人口、政策反馈、党派/政治约束以及社会约束都属于内部决定因素，而观念的力量可以划入塔维茨所谓的内部（保守势力）、外部和吸取教训（超国家机构）以及吸取教训（地区网络）的类别。

② 见 Kinsella Velkoff（2001）and European Union，Economic Policy Committee（2001）。

③ 见 Brooks（2002，pp. 513-5）。

表 14.4　　国家特征和名义账户制改革结果

国家	瑞典	意大利	德国	乌拉圭	美国
结果	完全采纳NDC	局部采纳NDC，且转型期很长	采纳了NDC的因素，撤销，再采纳	DB与DC型积累制的混合	没有考虑NDC
经济/人口约束					
老龄化压力（括号中是65岁以上人口的百分比）	很高（17.4%）	很高（17.8%）	很高（16.1%）	高（12.9%）	高（12.3%）
财政压力	在20世纪90年代很大	很大	很大	很大	适中
工薪税（括号中是总工薪税率）	高（26.09%）	很高（41.11%）	很高（40.91%）	很高（35.5%）	适中（22.7%）
观念的力量					
国内支持市场化养老金改革的政治力量	弱	弱	较弱	弱	强
与国际金融机构和其他国际组织的交往	无	与国际金融机构没有交往，但与欧盟有交往	与国际金融机构没有交往，但与欧盟有交往	有，与泛美开发银行有交往	无
对NDC概念流行的地区网络的参与	成为地区网络的中心	有	有	无	无
政策反馈					
较大的收入关联型养老金层次	有	有	有	有	有
替代率	很高	很高	很高	高	适中
完整的工薪税记录	有	有	有	无	有
政治/政党约束					
政治制度中有无多否决点	弱	强	弱	强	强
克服政策僵局的机制	强	混合	较低	弱	弱

资料来源：关于老龄化和工薪税率的数据来自于美国社会保障局，“世界各国社会保障计划”，最新版。

向DC型积累制的转型不具有可行性时，名义账户制改革最有可能被一个国家所考虑。

在高工薪税率引起对一国经济竞争力的高度关注的情况下，该国对基于名义账户制的改革可能更为感兴趣。提高资本税率以增加一国税收来源的做法也受到严重约束①。基于名义账户制的改革使得一国可能“把政策绑到桅杆上”，永久性地固定工薪税率，而这种改革对

① 见Swank和Steinmo（2002），Swank（1998），Garrett（1998）。

单个受益人的影响取决于未来的经济和人口形势。总体而言，在工薪税率已经很高，同时人口可能迅速老龄化的国家，名义账户制更有可能得到考虑。以前没有工薪税结构的国家，如新西兰，可能发现名义账户制转型在政治上和管理上都非常困难。表 14.4 的数据表明，对名义账户改革的考虑通常发生在工薪税率较高或很高的国家。

总之，在强大的人口、财政和工薪税等方面压力与名义账户制改革被纳入一国政府议程的可能性之间确实存在着关联性。然而，或许最恰当的应该是从现有证据中推断，经济和人口压力有助于解释为什么养老金改革被列入政府议程，为什么激进的私有化改革的替代路径是不能被接受的。因此，尽管人口和经济压力对一国政策应对思路有一定的影响，但它们不足以解释为什么是名义账户制改革得到了认真考虑和采纳，而不是其他某种改革措施。

三、观念因素和国际力量

为了理解名义账户制这种政策创新如何及何时可能被某个国家所采纳，我们必须考察相应的观念因素和国际力量，因为它们会影响"政策流"，影响各种选择是被纳入严肃的政策讨论还是被排斥在外[①]。至少有三种力量对于养老金改革观念很重要。

首先，在一个给定的国家，"理性议程"可能受到国内对公共现收现付制养老金持批评态度的保守派政治力量的影响。具体而言，我们估计，在总体意识形态氛围和执政党意识形态对政府行为持怀疑态度，而倾向于依靠市场来解决政策问题的国家，养老金私有化改革建议可能在改革争论中占上风。相反，在养老金改革压力很大，但国民（和执政党或其联盟）意识形态氛围倾向于政府，而不是倾向于私有化和个人账户的国家，名义账户制改革更有可能被纳入政府议程。中间结果（例如，在多支柱制度名义账户制和实账积累制都或多或少发挥作用）可能出现在各种政治力量比较均衡的国家。例如，针对名义账户制和实账积累制在新养老金制度中的相对规模，瑞典社会民主党和非社会主义党派之间发生了旷日持久的争论和讨价还价[②]。

一国政府考虑的政策模式除了受本国的养老金改革观念影响之外，还可能从另一个来源得到"暗示"：政策制定者通过非正式的地区性养老金专家网络所接触到的政策模型或实践[③]。一方面，考察一个现成的例子就可以了，不必重新来过，在认知上也比较容易，另一方面，在过去十年中，对经济竞争力和地位的担心在很大程度上促使很多国家实施了结构性养老金改革[④]。一国政府的技术专家可以从相关国家或"伙伴"国家的实践经验中了解到一种政策模式是否具有可行性。那些国家也许是具有类似制度或条件的国家，或者是面临共同的人口、经济和政治压力的国家。同时，伙伴国家也可能是那些通过地区性组织如欧盟和

---

① 见 Kingdon（1995）。

② 见 Lundberg（2003）。

③ 见 Bennett（1991），Haas（1992），Most 和 Starr（1980）。

④ 有著名的研究表明个人在本质上是"认知上的守财奴"，个人由于信息加工能力有限，指望得到提示、启发或信息捷径，从而使决策过程较为容易［参见 Tversky 和 Kahneman（1974），Kahneman，Slovic 和 Tversky（1982）］。布鲁克斯（2005）指出发展中国家之所以采取养老金私有化改革，主要是出于竞争力考虑，希望在吸引外资方面赢得有利地位。赫尔琳（Hering，2004）发现那些致力于加入欧盟的欧洲国家也面临着那样的压力。

OECD（这些组织经济推动成员国之间的政策推广和协调）定期进行政策交流的国家[①]。

所有这些因素都表明，至少在起初的时候，政策模式的扩散可能在很大程度上是地区性的。有证据可以证明这个假设[②]：正如拉美国家更多地模仿智利模式而不是其他地区的养老金改革一样，较早采纳名义账户制改革的国家集中在欧洲，如意大利、拉脱维亚和波兰，近来德国改革也包含了名义账户因素，捷克和挪威也受名义账户制的启发而开始考虑类似的改革。然而，随着名义账户概念通过养老金专家的职业网络而得到更为广泛的传播，地区性网络作为推广机制的效应会随着时间推移而弱化。

第三个引起特定养老金改革路径的观念和压力因素超越了地区性网络，而是“超国家”机构（如欧盟）和国际金融机构（如世界银行和国际货币基金组织）。学界一直认为，国际组织通过在全世界传播改革范式和观念，在影响国内政策过程中扮演着重要角色[③]。我们估计：(1) 当超国家机构以一国是否达到赤字和债务削减目标作为参与其项目的条件时（如欧盟），某种形式的结构性养老金改革更有可能得到考虑；(2) 当一国政府参与了某个名义账户概念比较活跃的机构网络时，它考虑名义账户制改革的可能性更大；(3) 当一国政府预计名义账户制改革有助于它们获得贷款审批，或指望从该机构中获得其他好处时，它采取名义账户改革的可能性更大。

超国家机构可能通过几种不同的方式来影响一个国家的养老金政策选择，例如通过贷款条件（以一国采纳某种特定政策作为贷款条件），或者通过鼓励“预期反应”（一个国家可能采取它认为会为其赢得超国家机构给予的优惠待遇的改革）。或者，一国政策骨干分子可能利用超国家机构可能采取负面行动的威胁（这种威胁可能是想象中的或者是宣称的），从而迫使国内本来不愿意改革的人转而支持改革——实际上，这些国家在改革过程中把国际机构作为“策略性的替罪羊”[④]。超国家机构也可能仅仅作为一个媒介，传播其他国家的“最佳实践”。最后，这些机构也可能作为一种协调手段，鼓励成员国制定共同的制度规则，以降低劳动力和资本流动的障碍。

这些渠道中有几个可以从欧盟成员国养老金缩减措施中可以看出。或许最重要的是，在意大利等国家，由于加入欧洲货币联盟的条件是政府赤字必须降到 GDP 的 3%，因此它们需要采取缩减养老金的措施[⑤]。然而，各国政策制定者的行动主要采取“预期反应”和战略选择的形式，以赢得国内对痛苦的养老金改革持反对立场者的让步[⑥]。欧盟还制定了其他要求（例如，要求对男性和女性实行同样的退休年龄），对养老金紧缩政策产生了影响，并间接导致了一定程度的政策协调。

然而，欧盟甚至还没有意图要协调其成员国不同养老金制度的多数方面，即使在它试图

① 见 Hering (2004)。

② 见 Brooks (2005) 和 Madrid (2003)。

③ 见 Keohane and Nye (1974)，Finnemore (1993)，Krasner (1982，1985)；也见 Nelson (2004) and Weyland (2004)。

④ 见 Vreeland (1999)。

⑤ 见 Schludi (2002)。

⑥ 见 Franco and Sartor (2006)。

直接协调的方面，特别是在补充养老金领域，它也没有取得什么成效。有些分析家认为基于名义账户制的改革可以作为欧盟养老金协调的措施[①]，但欧盟委员会本身还没有批准这一措施。正是由于欧盟内部缺乏协调压力，所以西欧养老金改革没有统一采取名义账户制或其他任何一种模式。

尽管欧盟在发达工业国家中间占有重要地位，没有几个机构像世界银行那样，在推广多支柱养老金改革的理念和技术方面产生了全球性的影响。世界银行1994年出版了报告《防止老龄危机》，让国际社会史无前例地开始关注养老金改革问题，从根本上改变了政策制定者看待老年收入改革面临的挑战及其解决办法的思路。具体而言，世界银行为各国采取私人管理的积累制养老金计划提供了一个知识平台、建立制度和技术能力的资源、经济支持，在某些国家还提供了政治庇护（扮演“坏警察”或国内当政者的“好警察”）[②]。实际上，正是由于世界银行通过向政府技术官员传播DC型养老金改革的理念和技术，有力地推动了DC型养老金的采纳。世界银行还宣传说从DB向DC型（积累制和名义上的）转变可以带来诸多微观和宏观的经济效益，从而使世界各国财政部和中央银行的政策制定者对DC型养老金改革产生了兴趣[③]。

虽然国际劳工组织（ILO）和国际社会保障协会（ISSA）曾传播过与世界银行相左的观念，但世界银行比前两者享有重大的资源优势，它投入了大量的人力资源和经济资源，来研究和推广DC型养老金的理念和政策模式[④]。实际上，从1994年报告出版以来，世界银行社会保护部发起了一个多年的推广项目，在全世界设立了工作组，召开养老金改革研讨会。它发起的一系列年度夏季研讨会成为了养老金改革理念的“结算中心”，把世界各国的学者、社会保障专家和政策制定者聚集起来，与他们建立了密切的联系，分享养老金改革理念，从而促进了跨国政策交流。

在过去的五年中，世界银行越来越意识到拉美及其他地区实行的实账积累制养老金的缺陷[⑤]，发起了对多种养老金改革模式（特别是基于名义账户制的改革）的讨论，而不是仅仅关注实账积累制这一种模式。实际上，在世界银行召开的夏季研讨会上，瑞典社会保障专家的参与把名义账户改革的概念传播给了世界各地的政策制定者，使名义账户制改革理念走出了它最初的发祥地——欧洲。一般说来，现有的研究不能证明贷款条件是国际金融机构推动

---

① 见Holzmann（2006）。

② 布鲁克斯（1998）发现在阿根廷，总统梅内姆为了战胜反对派，使实账积累制养老金改革获得通过，要求国际货币基金组织在其《1992年3月中期贷款协定意向书》中，以阿根廷政府在1993年1月份之前通过结构性养老金改革为贷款条件。对于国际金融机构作为策略性替罪羊的角色，参见维里兰（Vreeland，1999）。

③ 关于这个观点，参见布鲁克斯（2005）。在转型国家中，保加利亚、匈牙利和拉脱维亚都通过附条件贷款从世界银行获得了大量的技术和经济支持，但只有拉脱维亚实施了名义账户制。然而，DC型结构对东欧和中亚国家的吸引力是显著的，爱沙尼亚、哈萨克斯坦、立陶宛和波兰（附加在名义账户制之上）都实施了实账积累制改革，拉脱维亚先是实施了名义账户制改革，后来又附加了一个实账积累制计划。这些国家是采取实账积累制还是名义账户制，可以说是上面所说的财政约束以及下面将讨论的政治动态的综合作用的结果。

④ 见Brooks（2005）和Orenstein（2003）。

⑤ 见Gill，Packard和Yermo（2004）。

社会政策变革（包括养老金私有化或名义账户制改革）的主要手段[1]。国际金融机构对名义账户制改革或其他养老金改革的影响主要是在议程制定的过程中，其措施是通过技术官员网络来传输政策理念和改革模式，而不是强迫客户国政府采纳某种特定的改革。

四、政策反馈

公共养老金制度一旦建立起来，就会对后来的养老金改革斗争产生深远的影响。现行养老金制度不仅界定了结构性改革的受益者和受损者，还界定了既得利益者所斗争的问题的范围和程度。现行养老金制度的结构和表现影响着政策选择的几个重要方面，包括公众对政府"应尽"职责的预期，社会保障中再分配的"公平"水平，既得利益（即谁是受益者，谁是受损者，以及损益程度），现行政策的成本结构和隐性养老金债务，从现收现付制向积累制转型的成本。简言之，政策反馈强有力地影响着议程确立过程，使养老金制度变革在很大程度上受制于"路径依赖"[2]。主要有三个政策参数促使基于名义账户制的养老金改革得到考虑和采纳：（1）养老金制度有着重大的收入关联成分；（2）DB 计划的高替代率导致的高额隐性养老金债务；（3）存在着完整的工薪税记录，可据以编纂终身收入记录，从而有助于计算名义账户计划下的待遇[3]。

首先，在现行制度采取的是收入关联型待遇结构的情况下（例如，在俾斯麦式社会保险模式下），名义账户制改革更有可能被采纳，因为那种制度给公众树立起这样的信念，即公平的养老金制度应该允许待遇与缴费之间存在一定的关联。然而，如果缴费与待遇之间的关联被普遍认为没有起到恰当的作用（例如，以扭曲或不公平的方式给付待遇），或者公众对 DB 型现收现付制在近期和中期内的偿付能力严重丧失信心，就比较容易培养起公众对加强待遇和缴费的关联度的支持。

旧养老金制度的结构也对改革选择制造了重大的财政约束。如上所述，如果为公共 DB 型计划筹资的工薪税率已经很高，由于增强灵活性和降低非工资成本的压力，使得社会保障缴费率已经没有上升的空间。除了高工薪税率和组织良好的选民构成的约束外，传统 DB 型养老金计划的高替代率造成了巨额隐性养老金债务，也对改革选择构成了约束[4]。高额隐性养老金债务使得养老金制度向着预筹积累制的转型（例如，通过把工薪税转入个人账户）需要高昂的转型成本。理论上，这种转型成本可以通过提高税收、削减支出或发行新债来筹资，但政治和财政约束使得这些选择对很多国家来说都是不现实的。

在实行俾斯麦模式的国家，收入关联型公共养老金层次已经很大，因此它们面临着降低养老金成本和缴费率的严重压力，而不是仅仅需要稳定缴费率。俾斯麦式国家最初可能对其

---

① 见 Brooks（2004a）、Hunter 和 Brown（2000）。在乌拉圭，贷款条件也不是政策推广的合适手段。泛美开发银行（IDB）的主要作用是传播养老金改革的理念和技术，而不是推行任何具体的政策模式。乌拉圭的一项研究引致了 1992 年名义账户制改革提议（最终被否决了），该项研究是由泛美开发银行的贷款资助的，其出发点是一个拉美养老金专家组的技术建议。该专家组包括一名巴西学者，他后来参加了巴西 1999 年的养老金改革设计，其中包含着类似于名义账户制的某些因素。

② 见 Pierson（1994，2000）。

③ 尽管有完整的工薪税记录，但它并不是一个必要条件。

④ 见 James（1998）。

养老金制度实行逐步收缩和再融资的措施，但等到这些措施已经黔驴技穷时，有几个国家转向了根本性的改革，以降低当前和未来的成本。但由于公共现收现付层次养老金的规模已经很大，实行强制性职业养老金或个人账户养老金的提议受制于双重支付问题，或者被双重支付问题所挤出。即使强制性或准强制性个人账户层次在这些国家（特别是在瑞典和德国）得到采纳，它的规模相对来说仍然很小，只是对难以负担的公共养老金的一个补充。如表14.4所示，以名义账户制为主的养老金改革最初出现在提供了慷慨的俾斯麦式养老金的国家，如瑞典和意大利等，因为这些国家的养老金筹资问题无论目前还是将来都是最严重的，双重支付问题使得DC型积累制在这些国家缺乏可行性。在俾斯麦模式的因素较轻的国家（如加拿大和美国），养老金替代率和筹资负担比较适中。这些国家可能在未来几年中通过参量式改革，维持其现行养老金结构，而不会考虑名义账户制改革。

有助于名义账户改革的考虑和采纳的第三个政策反馈是一个国家存在完整的工薪税记录，从而使这些国家可以追溯参保人的终身收入，从而确定名义账户的“资产”。但事实情况与此有些不符。虽然中东欧国家普遍缺乏历史工资记录，但它们制定了其他措施来确定名义账户的初始资本①。

五、政治制度的特征

一国政治环境的具体特征既可能影响议程确立过程（即特定改革观念能否发展成一个制度载体，这一载体意识到了特定养老金改革建议的政治和政策优势），又会影响该建议一旦被纳入议程之后，它得到采纳的可能性大小。

要理解基于名义账户的养老金改革的出现和推广，首先需要认识这种改革对社会关键角色带来的机会和成本。在多数国家的政府内部，民选政治家和财政部门（或负责预算和国民经济管理的类似部门）都可能参与养老金改革的立法提案，它们通常取代了直接负责养老金计划运作的社会事务部或劳工部②。

民选政治家强烈希望避免因代价高昂的政策调整而受到责难③。改变公共养老金制度是非常冒险的，因为即使退休者或临近退休者仅仅遭受很小的待遇损失，但这种损失也会被广为传扬，从而激起他们对改革的反对，而且在很多国家，老年人投票率都非常高。如果国家领导人迫于人口和经济压力而需要降低长期的公共养老金债务，名义账户制改革是一种既有助于降低养老金支出和承诺，又可以避免责难的方式④。在短期内，不熟悉精算原则的公民（和政治家）都可能被名义账户制所迷惑。由于未来养老金待遇取决于人口和经济趋势，公民难以事先预料名义账户制转型的确切含义。尽管这种不确定性可以减轻公众起初对名义账户制的抵触，但它也可能放大公众的担心，从而使公众对名义账户制改革的抵制加剧。当然，由于在现行制度下，未来养老金待遇临时削减的可能性非常高，但待遇削减的具体时

① 见Palmer（2006b），Chłoń-Domińczak和Góra（2006），Palmer等（2006）。

② 见Orenstein（2000）。

③ 见Pierson和Weaver（1993）。

④ 较早的证据表明，在这方面，名义账户制和实账积累制改革模式的采纳和推广完全不同，在政府权力广泛分散于不同党派的国家，政府更有可能采取名义账户制改革，这样，对于新制度采纳之后才显露的成本，改革者不会直接受到责备（Brooks，2004b）。

间、程度和目标都是不确定的，因此相对而言，选民可能更倾向于接受名义账户制所带来的那种不确定性，因为在名义账户制下将来虽然可能发生待遇削减，但它是依据一套正式规则进行的，而且它还能避免养老金制度完全崩溃。但选民也可能低估现行制度待遇临时削减的可能性，选民只知道名义账户制下待遇削减是自动的，而不知道待遇削减的程度，从而可能夸大其程度。

在较长期内，名义账户制使政治家摆脱了因人口和经济状况变化而削减待遇的责任。名义账户制根据预期寿命自动调整待遇，从而政府不仅避免了削减待遇的必要，而且还能免除由人口和经济趋势引起的待遇削减的责任，因为名义账户制下的待遇削减不是政府直接指令的。因此，名义账户制改革作为一种有意义的结构性改革，不需要政治家插手干预，对政治家来说很有吸引力①。

财政部官员对于一国是否实行结构性养老金改革同样扮演着重要作用。他们对名义账户改革的态度和推动名义账户改革的积极性可能取决于几个因素。首先，在财政压力成为养老金改革的主要动力时，财政部在改革中的重要性凸显出来，在面临强烈的国际财政约束的国家也是如此，无论这种约束是来自于外国投资者、国际金融机构还是欧盟那样的超国家组织。例如戈拉和鲁特科夫斯基（2000）指出，波兰财政部官员在1991年要求对宏观经济加以调整，这成为该国结构性养老金改革的一个重要动力。在DB型现收现付制养老金引起了预算压力，而政府为私人DC型积累制养老金改革筹资的能力面临着中期约束，从而这两者之间发生冲突的情况下，名义账户制改革对财政部官员就会具有吸引力。在巴西，尽管财政部官员在1999年初支持结构性养老金改革，但中央银行官员强烈反对DB型与DC型积累制相结合的养老金改革，因为这种改革的转型成本对短期宏观经济表现会造成影响，而当时巴西的宏观经济因为一场通货危机正面临着巨大的国际压力②。

然而，财政部官员对名义账户改革的态度可能在很大程度上受到养老金改革方案的总体设计的影响。例如，如果改革在加强了缴费和待遇之间的关联性的同时，还要求大幅度增加转移支付来为非就业期（如照顾儿童）的缴费记录融资，并要求扩大针对低收入者的非缴费型养老金的覆盖面时，财政部官员可能抵制那种改革。

在名义账户改革建议被纳入政府议程之后，政治制度也会影响它得到采纳的可能性。首先，大量的文献表明，在政策采纳过程中的多否决点既降低了政策现状得到改变的可能性③，也降低了可能实施的改变的范围④。在有着多党合作的大政府的国家，要通过重大养老金改革是尤其困难的，因为政府领导人需要在持有多种不同意识形态的政党之间取得多数

① 免除政治家插手干预的必要性问题不仅仅是出于实际考虑，即考虑到民选政治家可能遭到激烈反对。它还关系到公共伦理的一个核心困境：即为了做“正确的事”，政治家有时必须做公民所反对的事，例如在养老金制度收入减少时，自动削减养老金待遇。关于政治学对“脏手”的讨论，参见 Walzer（1973）和 Parrish（2002）。

② 见 Brooks（2004a，p. 75）。

③ 见 Immergut（1992）和 Tsebelis（1999）。

④ 政治制度的其他方面也可能影响政策变革的能力。例如，在选举周期较短的国家，要做出对退休者和临近退休者有明显损失的变革是非常困难的。见 Palmer 和 Weaver（2003）以及 Bonoli（2000）的讨论。

同意[①]。但是与实账积累制改革相比，名义账户制转型受到制度分化的障碍比较小，因为前者可能带来更大的成本、风险和再分配。实际上，意大利、拉脱维亚、波兰和瑞典都是比例代表制，在名义账户制改革或以名义账户制为导向的改革获得立法通过时，这些国家的很多党派都在立法机构中占有席位[②]。在这些国家中，名义账户制改革都是多个政党之间激烈讨价还价的结果。

除了名义账户制结构中体现的妥协折中之外，每个国家都把改变后的社会保障制度中的不同支柱相结合，以便在解决旧制度造成的财政和政治约束的同时，还要满足不同的联盟伙伴和利益集团的要求。尽管广泛的协商可能降低改革的程度和步伐，但它会带来长期的积极后果。实际上，奥伦斯坦（2000）发现尽管有着较多“否决者”的国家采取的养老金改革不会很激进，但由于在建立联盟的过程中达成了妥协，从而大大提高了养老金改革在实施阶段得到的支持度和遵守情况。

在面临着权力广泛分散的政治制度的情况下，不同国家的政府运用了多种临时机制来克服这些潜在的阻力，包括像意大利那样有立法权的技术型政府，像德国那样达成非正式的党际协议，以及瑞典那样正式组建的多党合作工作组[③]。显然，正是由于瑞典能够组建起一个多党合作工作组（它反映了瑞典各党派之间长期政治合作的历史），才使瑞典名义账户制改革得以顺利实施。另一方面，美国由于不能建立不同政党之间的合作关系，导致其 1983 年以后的社会保障改革陷入瘫痪。

最后，政治制度的设计（无论权力是集中还是广泛分散于不同政党和政府行动者之间）要求改革者在养老金改革过程中做出仔细权衡。实际上，尽管没有明确的证据表明政治权力的集中和改革深度之间存在着系统关联，到最后还是战略政治行动者扮演着强有力的角色：是战略政治行动者把养老金改革问题提上议事日程，并且对建立一个广泛政治联盟时产生的紧张关系进行协调，以便既能保存改革过程中追求的主要政策选项，又能够保证改革的持久性。

六、政策设计

前面的讨论强调了名义账户制养老金改革被提上议事日程并得到采纳的政治和社会环境特征。但名义账户制得到采纳的机会还取决于一个名义账户改革方案的具体条款，即它覆盖哪些人，其转型速度的快慢，哪些群体得到特殊保护，其他养老金层次提供了多少保护。例如，如果名义账户制实施的速度越快，老年人组织和老年工人居多的工会越有可能反对名义账户制改革，因为名义账户制实施的速度越快，这些组织当前成员受到的影响就越大。各种

---

① 可参见 Immergut（1992），Kay（1998）以及 Brooks（2002）。然而，权力集中和否决点少的优势可能被政治制度的责任性的集中所抵消：因为选民知道是执政党导致了他们的损失，因此执政党可能不愿意做出可能使其在下一次选举中遭到惩罚的举措（Pierson 和 Weaver，1993）。在名义账户制改革中，由于未来的损失可能被事先模糊了，对所负责任的担心可能部分地得到减轻。而且，即使执政党拥有强大的正式权力，它也会避免制定可能被下一届政府推翻的政策。

② 意大利在 1993 年实施了混合成员多数（MMM）选举制度。新的选举制度“没有减轻党派分化，但它会激励各党派结成选举前联盟”（D'Alimonte 2001，p. 323）。

③ 见 Schludi（2002，chapter 9）。

养老金改革举措都“豁免”了当前的退休者，并提供了慷慨的转型规则，以保护年龄较大的计划成员的待遇不受大幅削减。

联合政府中持不同意识形态的政党之间在改革目标上存在着分歧（尤其是那些权力分化的、多党执政的政治制度），而名义账户制为一个国家解决这种分歧提供了一条途径，从而有助于为这种结构性改革建立起立法多数。在政府迫于人口和经济压力而不得不削减长期公共养老金债务（在DB型现收现付制下）时，DC型制度的缴费和待遇之间的密切关联为达到这一目标提供了一个关键手段。然而，不像DC型积累制那样，在强制性养老金制度中引入大规模的名义账户成分并不会排斥那些对私人管理的养老金计划持怀疑态度或者认为政府应该在养老金制度中扮演关键角色的政党。名义账户制改革由于保留了现收现付制的融资结构，并且允许对名义利率实行立法控制，从而可以取悦于那些力图保住其职位、希望由政府垄断缴费征集和待遇发放的政党。而且，名义账户制改革还允许政府对军事人员等群体给予特权，或对养育儿童、高等教育或服兵役等具有社会价值的活动给予回报，从而为政府提供了多种讨价还价的工具，以便政府能够说服那些反对名义账户制改革的利益集团或党派。如果改革者能够根据名义账户制的启发，设计出适合本国政策、政治和社会条件的改革方案，他们就能够促使其政府改变对名义账户制的反对态度，使名义账户制至少得到局部采纳。

七、对决定因素的评估、对改革模式的解释

名义账户制改革的传播显然是一个复杂的、多种原因促成的过程。表14.3中总结了影响名义账户制改革被否决或采纳的因素，但它并没有囊括影响名义账户制传播的所有可能原因①。而且，表14.4指出的模式并没有表明具体某个独立变量与特定结果之间的一对一关系：因果关系更容易被表述为概率性和互动性的，而不是单个的必要条件或充分条件。

瑞典作为名义账户制的首创国，可以用来解释这些模式。瑞典严重的老龄化问题、财政危机、对提高工薪税的抵制等因素促使养老金改革在20世纪90年代早期被提上议事日程，正如其他很多国家因受到类似的经济和人口约束而不得不进行改革一样。由于瑞典政府技术官员的能力较强，社会民主党和非社会主义政党之间势力较为均衡（以及政府控制权的改变），养老金改革工作组中专家政治论倾向很强，并且“社会伙伴”被排除在直接谈判之外②，这些因素都有助于解释为什么瑞典是第一个通过名义账户制改革立法的国家。但由于瑞典相对开放的政治制度，特别是瑞典强大的蓝领工人联合会和社会民主党对名义账户制改革的普遍反对，导致瑞典名义账户制没有很快得到采纳，而是多花了4年时间，立法才最终得以通过。

显然区域性网络和超国家机构有助于解释为什么名义账户制改革会从其发源地瑞典传播到其他较早的创新者，如拉脱维亚和波兰。瑞典专家和世界银行在名义账户改革理念的传播

① 例如，在分析爱沙尼亚和拉脱维亚养老金改革差异的决定因素时，塔维茨（2003）指出，由于爱沙尼亚发起的其他方面的经济改革取得了成功，爱沙尼亚政党相信他们自己能够成功地设计和实施土生土长的养老金改革。而拉脱维亚在这方面没有很成功的记录，因此该国政府更倾向于借鉴瑞典的名义账户制模式。推而广之，如果一国政治家认为该国以前从超国家机构或地区网络借鉴的其他方面政策是成功的，他们在养老金部门的政策也倾向于从超国家机构或地区网络借鉴。

② 见Lundberg（2003）和Lindbom（2001）。

中发挥着特别重要的作用。但正如奥伦斯坦（2003，p.174）指出，把改革理念的传播完全归因于区域性网络的理论无助于解释名义账户制改革何时、在哪些国家、如何为适应具体国情而做出相应改变，例如延长转型期、把特定群体排除在改革之外，确定名义账户养老金层次在多支柱制度内的相对规模。为了回答这些问题，我们需要关注政策反馈、社会利益和政治条件等因素的作用。

政策反馈在发达工业国家中发挥着特别重要的作用。在这些国家中，名义账户制改革主要流行于公共养老金制度的收入替代结构有着根深蒂固的俾斯麦式社会保险原则的国家，而不是有着定额待遇制度（新西兰）或公私混合制度的国家（瑞士、英国）。在人口年龄结构较轻、养老金制度中俾斯麦因素较轻、待遇较为不慷慨的国家（加拿大和美国），名义账户制改革不太可能被提上议事日程，至少在近期内是如此。

但在中东欧发展中国家和转型国家，政策反馈效应不是很明显。这些国家的名义账户制改革甚至是在缺乏充分的工资记录，以前也没有强烈收入关联养老金制度的情况下进行的。在这些国家，区域性和超国家机构的影响力更重要。在非洲和东亚，公共养老金覆盖率通常很低，名义账户制改革几乎没有激起涟漪。这种存在着地区差异的政策反馈效应的模式可能随着时间推移而变化：在未来十年左右的时间里，随着名义账户制改革在全世界的养老金政策专家中间广为传播，在发展中国家和转型国家采纳名义账户制改革的过程中体现的区域性网络倾向和超国家机构的效应将会弱化。

第三节　执行中面临的挑战

采纳名义账户制改革是控制养老金成本的一个重要机制，如前所说，它还加强了个人缴费和待遇之间的联系。但名义账户制改革的采纳仅仅才打了一半的仗。正如埃里克·帕塔斯尼克（Eric Patashnik，2003）指出的那样，重大的政策改革在确立之后，容易受到侵蚀或逆转。发展新政策的支持者对政策创新的维持至关重要。

在名义账户制改革中，政策受侵蚀的风险比政策直接逆转的风险更大。实际上，侵蚀名义账户制改革对政府是有吸引力的，因为它能够带来短期的政治收益（或避免短期政治成本），而它对制度可持续性的影响可能并不会立即体现出来。如表14.5所示，政策侵蚀可能发生在界定名义账户养老金制度的关键属性中的任何一个方面。例如，政府可能对所有参保人（如在意大利）或特定群体（如养育儿童者或大学生）给予没有实际缴费融资的缴费记录或权利。在政府决定用一般预算来为所有非缴费型权利（如对于养育儿童者）融资的情况下，在财政困难时期，政府可能倾向于仅仅赋予这些权利而并不做相应的替代缴费。统计机构可能迫于压力而不做出政治上不受欢迎的预测，即可能引起待遇削减的预测，例如对平均寿命上升或长期经济增长率放缓的预测。在统计机构制度健全、专业化程度高、独立性强、有高度地位和权威性的国家，这并不会成为一个问题，但在某些发展中国家和转型国家，统计机构不具有上述特征，因此统计机构可能迫于政治压力而不会做出政治上不受欢迎的预测。政府还可能试图用名义账户制缴费来支付其他养老金层次的成本，而不是将其用来建立一个缓冲基金，以便在名义账户制实施过程中，维持老年人口中特定群体的待遇充足性。

表 14.5　　名义账户制可能受到的侵蚀

条款	完全的 NDC	侵蚀的可能性	导致制度被侵蚀的条件
预筹积累	现收现付制，在待遇计算时把缓冲基金包括在内	政府把缓冲基金转入国库	政府经历了财政危机
退休时的预期寿命	未来待遇水平根据预期寿命上升而自动调整	政府冻结了年金表	针对预期寿命变化而定期和自动调整的规则薄弱；统计机构缺乏自主权
退休年龄	没有标准退休年龄，对提前、推迟或部分退休的待遇实行完全的精算调整	对达到一定年龄或就业年限的工人重新给予较高的非精算待遇	强大的工会；养老金成为选举问题
通货膨胀和经济增长	待遇完全根据经济增长来调整	当经济下滑时，政府继续对年金和账户资产实行通货膨胀调整（例如，通过设置上限或“制动器”机制）	经济衰退和/或劳动力减少
工薪税	固定工薪税率	工薪税提高 工薪税降低	人口“膨胀”使 NDC 经历现金流危机 在衰退期间政府试图刺激经济
代际再分配	在 NDC 层次内被禁止	在 NDC 最初实施之后，转型规则变得更加慷慨	转型规则使得相邻退休者群体之间待遇差距过大
代内再分配	在 NDC 层次内被禁止，除非政府或其他机构对非就业活动给予。 例外：如果采用单一年金表，NDC 从男性向女性以及其他寿命较长的群体进行隐性再分配	政府对非就业活动给予缴费记录，但并不为其做缴费融资	政府遇到财政危机
覆盖情况	特定年龄群体的所有工人都加入 NDC	特权群体最初被包括在 NDC 之内，后来又获得豁免	特权群体政治势力强大（例如，公共部门工会或军人）
过渡期	所有雇佣工人都立即加入 NDC，包括在 NDC 引入时所有属于劳动力群体的人	引入 NDC 的过渡期延长	转型规则使得相邻退休者群体之间待遇差距过大
排他性	NDC 是唯一的公共养老金层次	在实施了 NDC 之后，建立新的家计调查式养老金或最低养老金担保，或者扩展现有的非缴费型养老金	在实施 NDC 之后，收入不平等或贫困程度加剧（如果养老金担保不是根据工资增长率自动调整的，政府有压力在 NDC 层次之外扩展最低养老金）

资料来源：作者编纂。

由于名义账户制与现行 DB 型养老金并非完全不同，实际上存在着“局部”名义账户制的情况（如表 14.1 第四栏所示），名义账户制中政策制定者可能面临的一个重大挑战是，如何坚持改革立场，反对改革从“完全的”名义账户制向中间状况移动（例如，保留稳定器，但施加一个限度；暂时性地提高缴费率；为防止实际待遇下降而注入一般税收；为账户记入的缴费是纯名义的而不是实际的；改变名义账户制的普遍覆盖性，而把拥有特权者排除在改革之外）。例如，1995 年拉脱维亚养老金改革立即就生效实施，把很大部分 1996 年退休的工人的待遇降低了，并使工人之间的养老金待遇产生了很大的差异[①]。然而，拉脱维亚转型规则设计得不健全，在某些情况下对那些没有工作或在非正规部门工作的人来说是不公平的[②]。因此，改革受到普遍的激烈反对，对政府造成极大的压力，迫使政府在 1997 年 10 月和 1998 年 3 月对养老金改革法案做了修订。其结果是，政府采取了一系列措施，在根据动荡不安的 20 世纪 90 年代中的旧制度记录和缴费记录来计算初始资本时，使用了比较慷慨的转型规则。这些措施提高了待遇的慷慨程度，给养老金制度重新注入了某种程度的再分配，以补偿 90 年代的经济动荡对某些人造成的损失。此外，拉脱维亚政客听取了养老金领取者的游说，在 1997 年和 1998 年把所有养老金领取者的待遇做了特别的指数化调整[③]。波兰在 1999 年对改革方案做了改变，允许新参与者不加入名义账户制，而重新加入现役军人享有的慷慨的 DB 型养老金制度[④]。

有几个因素可能导致名义账户制改革受到侵蚀。最普遍的情况是，发起改革的政党或政党联盟可能失势于反对改革的政治团体，后者可能利用其反对改革的立场作为其选举纲领。表 14.5 指出了可能导致名义账户制改革的某些成分受到侵蚀的几个条件。如上所述，政府财政危机尤其可能使政府食言，并不真正对非就业活动（例如，抚育儿童期间或失业期间）的养老金权利记录给予转移支付融资。由于人口“膨胀”导致的短期现金流不足可能诱使政府提高工薪税，而不是注入一般税收，尽管这样做会增加养老金制度的长期债务。军人的反对或公交工人的罢工威胁可能使他们得以重返较为慷慨的 DB 型制度。在总体劳动力减少或工资总额下降的情况下，政府可能不愿意削减退休者的年金和在职工人的账户资产。总之，在采纳一种公共养老金制度的决策中，经济、人口和社会因素都可能影响政策的实施及其效果。

在已经建立了名义账户制的情况下，那些希望加强养老金制度的财政约束的政党就拥有更多的谈判筹码，因为为了防止制度侵蚀，他们只需要抵制那些为了迎合选民短期利益而非为了实施新政策的政党或集团提出的修订建议。这种优势在以下两种政治制度中尤其明显：(1) 在执政党或联盟拥有足够的议程控制力，能够抵制那些侵蚀改革的提议的政治制度中；(2) 在有着多否决点，因而需要绝对多数才能摆脱缺席状况的制度中。但在执政党议程控制

① 比特和扎戈尔斯基（Bite and Zagorskis，2003，p. 41）的报告指出，1997 年 1 月计算出的养老金最低的可低至 8 拉兹，最高的可高达 1 000 拉兹，对于一个习惯于社会保障在促进分配公平方面的作用的国家来说，这种养老金差距是“令人震惊的”。实际上，由于担保规则的作用，没有人会真正得到那么低的养老金。高水平的养老金不是名义账户制规则的结果，而是由旧制度下获得的特殊权利转过来的，例如那些在人生大部分时间中被放逐到西伯利亚的拉脱维亚人获得的特殊养老金权利。见 Palmer 等（2006）。

② 见 Palmer 等（2006）。

③ 见 Palmer 等（2006）。

④ 见 Chłoń-Domińczak and Góra（2006）。

力微弱以及否决点少而弱的政治制度中，政治家可能因受到强烈诱惑而放松激进的改革。

在名义账户制得到采纳之后，要维持其完整性，最关键的因素可能是在政党之间达成广泛的共识，即让各党派都认识到名义账户制改革是正确的选择，并且要尽可能让公众理解和支持改革。迄今为止，在瑞典这个名义账户制概念的发源地，政府内部似乎还保留着这种共识。然而，民意调查表明，即使经过了数年的广泛宣传之后，多数瑞典居民还对名义账户制的根本规则（甚至其名字）缺乏基本的理解。桑登（2006）指出，由于名义账户制使得人们难以预测其退休待遇，人们有必要确知新制度下待遇的计算方法，新制度与旧 DB 制度区别何在，才能在工作年限和储蓄多少等问题上做出明智的决策。从政治立场来说，只有加强公众对名义账户制改革及其对待遇的长期影响的理解，才能避免改革受到激烈反对，正如由于养老金待遇远远低于公众预期而使拉脱维亚改革在 1996 年遭到反对那样。

在缺乏党际合作传统、工会不太愿意合作、政治家迎合独立组织的老年人集团的动机较强的国家，政府内部能否像在瑞典那样达成维持名义账户制的广泛政治共识，还有待观察。尽管瑞典社会保险局开展的大规模宣传活动对很多国家来说是一个值得效法的做法，但证据表明多数瑞典人对名义账户养老金制度的构成缺乏基本了解，并且多数人意识到他们非常缺乏信息。这一事实应该让政治家产生警觉，意识到如果公民高估其老年收入保障而没有做足够的储蓄，名义账户制将面临遭到公众激烈反对的风险[①]。而且，如果在瑞典这样富裕、居民受教育程度高的小国家都会存在那种信息问题，在发展中国家和转型国家，宣传活动取得成功的难度更大。

第四节　前景和潜在问题

将来，名义账户制改革可能是养老金改革者工具箱中的一个重要部分。对于技术官员来说，名义账户改革方案可以既有概念上的精致性，又可能产生出多数 DB 型养老金计划所缺乏的财政约束。对于政治家来说，名义账户制既可能产生一种公平氛围（把缴费和待遇相挂钩），容易向选民解释，又可能使他们将来免于削减待遇和提高工薪税的痛苦过程。名义账户制的“自动性”可能使其对希望免受责难的政治家产生持久的吸引力，特别是在那些有着基于社会保险原理的养老金制度，并且债务与 GDP 比例适中的国家。对于那些致力于推广可持续的财政政策的国际金融机构而言，名义账户制的自动性也很有吸引力。

然而，对名义账户制改革的政治分析表明，在名义账户制改革的政治吸引力中有一个主要矛盾；技术官员之所以倾向于名义账户制，是因为“完全的”名义账户制给工人发出了明确的信号：要获得充足的养老金，就需要延长工作年限并增加退休储蓄。问题在于，在这些问题上的透明度可能扼杀名义账户制改革的前景，因为工人可能反对这些改变，特别是老年工人和蓝领工人，老年工人反对改革的原因在于他们已没有多少时间来做调整，而蓝领工人要延长工作年限存在着困难，甚至是不可能的。另一方面，政治家倾向于名义账户制的原因在于，与政策现状相比，名义账户制能够掩盖未来待遇损失幅度，因为：（1）从“普通”公

① 见 Sundén（2006）。

民的角度来看，名义账户待遇的确定比DB计划更加模糊——尽管前者可能较为不容易受到未来政治风险的影响；(2) 未来待遇削减取决于未来经济和人口变化。政治家如果希望名义账户制改革能够得到实施和贯彻，他们就会强烈希望掩盖名义账户制对个体工人的影响。但这又会削弱名义账户制改革对退休和储蓄行为产生的良性效应，并危及名义账户改革本身的可持续性。

总之，本文的分析表明名义账户制并不是万能药。在考虑名义账户制改革的前景时，有6个问题特别重要。第一，在名义账户制的适用性方面存在着局限。对于那些政府管理软弱无力，无法持续地收集和维护缴费记录的国家而言，名义账户制可能无法实施。最起码，在那样的国家里，要开发出那种能力需要很长的转型期。而且，在公共养老金与收入没有密切关联的国家（例如，实行定额待遇式养老金的国家），名义账户制转型可能对某些参保人带来重大损失。这样的国家也需要很长的时间才能减轻改革遇到的政治阻力。在名义账户制改革具有溯及力的国家，针对过去缴费如何转换为新制度权利的转型规则的冲突可能是激烈的，转型规则可能迫于某些选民的抱怨而做出多番修订。

第二，有一个危险是，当一个国家实施了不完全的、有缺陷的名义账户制时（如同在意大利那样），政治家可能获得一种错误的安定感，认为他们已经解决了养老金制度的长期问题，而实际上问题并没有真正得到解决。随着政治家和选民对名义账户制的动态日益熟悉，改革方案中可能加入妥协措施，使改革的有效性和可持续性受到损害。这种可能性会增大而不是减小。就像对一张照片进行多次翻拍一样，它虽然还是原来的图像，但却越来越模糊。某些国家未来的养老金制度还可以被称为名义账户制，有着名义账户制的很多因素，但却缺乏财政和政治可持续性。

第三，采取名义账户制改革并不必然为长期养老金削减提供政治庇护。它还要求政治家避免轻易为那些有影响力的利益群体提供较为慷慨的养老金待遇，并要求政治家抵制其他提出这些要求的政治家施加的压力。它还要求政治家避免对缓冲基金（如果有的话）进行政治干预。根本就没有“能够绝对防止操纵的改革”（无论是养老金改革还是其他政策改革），尽管某些政治制度和政策结构抵抗政治风险的能力较强。

第四，尽管名义账户制是一个新鲜事物，在该制度下未来养老金待遇取决于经济和人口因素，这使得政治家能够把公共养老金合理化，而不会引起公众强烈反对，但这些因素也要求政府加强信息管理，对公众关于未来养老金待遇的预期给予引导。瑞典采取的策略是为工人提供年度报告，说明其账户资产的演变情况，这种策略代表着良好的公共信息和预期管理。这些活动降低了政府面临的风险，使改革不会因为新制度下待遇严重偏离公众预期而受到激烈反对。

第五，名义账户制改革的第五个潜在缺陷直接来自于关于个人名义账户资产的定期信息，这种信息理论上应该向名义账户制参保人提供。正如丹尼尔·佛朗哥（Daniele Franco）在对本文初稿的评论中指出的那样，当名义账户制实施方式不完全或有缺陷，从而可能要求将来再次做出改变时，账户信息可能使得进一步的改革在政治上更加难以实施。名义账户资产报告使工人能够更加清楚地看到其账户资产，从而使工人对其账户资产产生更强的“产权”感。例如，如果未来的改革要消除记入名义账户但参保人实际并没有支付的缴费所带来的养老金权利，账户资产就会减少。公众会因为政府“偷”了他们的钱而提出严重抗议——这对政府来说是一个噩梦。类似地，如果寿命的预期上升没有包含在定期报告中，一旦寿命上升被纳入报告，这种不定期的调整就会导致账户资产产生的预期待遇流大幅下降。那种变化将导致公众对养老金制度丧失信任，并给政府带来麻烦。

第六，虽然稳定缴费率是改革者关心的一个重要问题，应注意名义账户制把新的重大风险转移到了个人头上，特别是由于宏观经济绩效不良造成待遇降低的风险，还有个风险是，如果要获得与当前退休者相当的替代率，就要求工人延长就业年限，然而工人在年岁渐高时却可能无法找到合适的工作（或任何工作）[①]。老年贫困风险是一个重大的政策风险，特别是在很多发展中国家和转型国家。在名义账户制下，这种风险还可能上升，正如很多国家继续对面临资金困难的DB计划进行特别调整所带来风险那样。特别是，如果政治家不愿意对养老金制度参数做出不受欢迎的调整，就会增加其长期风险，即需要通过降低养老金待遇来消化人均寿命上升带来的成本，这可能使养老金降低到一个公众无法接受的水平[②]。因此，虽然名义账户制改革的政治优势在于它使政治家摆脱了待遇削减责任，但如果在老龄化的社会中老年养老金没有为贫困风险提供充分的保障，它就会带来较长期的社会成本。在有着多否决点的政治制度中，政策默认位置具有优先性，因此这种风险尤其高。

因此政府在设计整体养老金改革方案时，必须在稳定或削减工薪税的目标与其他政治目标及社会目标之间进行平衡。例如在拉脱维亚的情况下，《2000/2001年拉脱维亚人力资源发展报告》的作者发现，“拉脱维亚平均养老金仍然大大低于最起码的生活需要，尽管这两个指标之间的差距在逐步缩小。[③]”尽管养老金价值在上升，由于转型规则早期设计中的问题，1999年通过的节约成本的措施可能在2000年和2001年大大降低养老金价值，而其中一半以上参保人的养老金已经处于最低水平[④]。在拉丁美洲，由于大部分养老金津贴仅仅是最低水平的，如果单采取通过待遇削减来控制成本的措施，在考虑如何应对人口变化时，还应该考虑到养老金的充足性和反贫困问题。在这些情况下，提高退休年龄和增加个人储蓄是可以考虑的措施，它们有助于加强公共养老金的财务稳定，而又不会导致待遇的大幅度削减。

如果名义账户制养老金要提供充足的最低待遇，在加强缴费与待遇之间的联系的同时还要求用“社会养老金”来为名义账户制待遇提供一定的补充。在贫国和富国都是如此，但在欠发达国家和转型国家，这种要求更强烈。用于补充名义账户制的社会养老金可以有多种构建方式：作为全民普享的养老金，或作为收入调查型养老金，依收入和资产而定的养老金，或视其他养老金收入而定的养老金（例如在瑞典）。其融资方式也可以多种多样，但最主要是通过专项工薪税或一般税收来融资。

我们总的结论并不意外，但却是批判性的：名义账户制改革要行之有效，需要政府具备

① 见Scherman（2003）。

② 戴尔蒙德指出，虽然这减少了过分立法干预的风险，但由于自动待遇削减机制而加强的制度偿付能力也会产生一个风险，即政府可能干预得太少，而没有按照人口调整来平衡缴费公式。见戴尔蒙德（2000，p. 86）。

③ 见Bite和Zagorskis（2003，p. 63）。

④ 见Bite和Zagorskis（2003，p. 64）。

达成广泛政治共识并维持该共识的能力、对经济和人口趋势做出独立预测的管理能力、提供完整和准确的收入记录的能力、保证改革得到贯彻实施、使雇主和雇员充分理解改革的能力。在政府不具备这些能力的国家，名义账户制不见得能够取得预期效果。因此，名义账户制不应该被用做使养老金制度实现自动调整，从而免除政府责任的工具。无论梳杆还是绑绳都不是那么牢固，侵蚀制度的诱惑在很多国家仍然很强。从DB型向名义账户制的转变，相对于实账积累制来说可以降低财政风险，相对于不可持续的DB制度来说，可以降低政治风险，然而，名义账户制改革可能增加工人对其未来养老金收入的担心和不确定性，对于年龄较老的工人来说，提高了他们如果找不到工作时面临的风险。

因此，尽管无论对于政治家和专家组还是对于国际行动者（包括国际金融机构）来说，名义账户制改革都是养老金改革的一个重要组成部分，仍然需要对一国的政治和社会环境和管理能力进行仔细分析，以考察名义账户制改革是否适合该国国情。为了使养老金改革在财政可持续性、待遇充足性和代内和代际公平性这几个目标之间达到平衡，名义账户制最多只是很多种不完美选择中不合意性最轻的一个选择。

参考文献

Bennett, C. J. 1991. "What Is Policy Convergence and What Causes It?" *British Journal of Political Science* 21 (April): 215-33.

Bite, I., and V. Zagorskis. 2003. Latvia Country Study, Study on the Social Protection Systems in the 13 Applicant Countries, carried out for the Commission by GVG, http://europa.eu.int/comm/employment_social/index_en.htm.

Blöndal, S., and S. Scarpetta. 1997. "Early Retirement in OECD Countries: The Role of Social Security Systems," *OECD Economic Studies* 29: 7-53.

Bonoli, G. 2000. *The Politics of Pension Reform*. Cambridge: Cambridge University Press.

Börsch-Supan, A., and C. B. Wilke. 2006. "The German Public Pension System: How It Will Become an NDC System Look-Alike." In *Pension Reform: Issues and Prospects for Non- Financial Defined Contribution (NDC) Schemes*, ed. R. Holzmann and E. Palmer, chapter 22. Washington, DC: World Bank.

Brooks, S. 1998. "Political Dynamics of Pension Reform in Argentina." Paper presented at the International Meeting of the Latin American Studies Association, Chicago, Illinois, September 25.

——. 2002. "Social Protection and Economic Integration: The Politics of Pension Reform in an Era of Capital Mobility," *Comparative Political Studies* 35 (5): 491-523.

——. 2004a. "International Financial Institutions and the Diffusion of Foreign Models for Social Security Reform in Latin America." *Learning from Foreign Models in Latin American Policy Reform*, ed. K. Weyland, 53-80. Washington, DC: Woodrow Wilson

Center Press and Johns Hopkins University Press.

——. 2004b. "A Competing Risks Model of Structural Pension Reorm," Paper presented at the annual meeting of the American Political Science Association, Chicago, Illinois, September 2-5.

——. 2005. "Interdependent and Domestic Sources of Policy Change: The Diffusion of Pension Privatization around the World." *International Studies Quarterly* 49 (2): 273-94.

Chłoń-Domińczak, A., and M. Góra. 2006. "The NDC System in Poland: Assessment after Five Years." In *Pension Reform: Issues and Prospects for Non-Financial Defined Contribution (NDC) Schemes*, ed. R. Holzmann and E. Palmer, chapter 16. Washington, DC: World Bank.

D'Alimonte, R. 2001. "Mixed Electoral Rules, Partisan Realignment, and Party System Change in Italy." In *Mixed-Member Electoral Systems: The Best of Both Worlds?* ed. M. Soberg Shugart and M. P. Wattenberg, 323-50. New York: Oxford University Press.

Diamond, P. 2000. *Social Security Reform*. Oxford: Oxford University Press.

Elster, J. 1979. *Ulysses and the Sirens*. Cambridge, U. K.: Cambridge University Press.

——. 2000. *Ulysses Unbound: Studies in Rationality, Precommitment, and Constraints*. Cambridge, U. K.: Cambridge University Press.

European Union, Economic Policy Committee. 2001. *Budgetary Challenges Posed by Ageing Populations*. Brussels: EPC/ECFIN/655-EN-fin, October 24.

Finnemore, M. 1993. "International Organizations as Teachers of Norms." *International Organization* 47 (4): 565-99.

Fox, L., and E. Palmer. 1999. "Latvian Pension Reform." Social Protection Discussion Paper No. 9922, World Bank, Washington, DC.

Franco, D., and N. Sartor. 2006. "NDC in Italy: Unsatisfactory Present, Uncertain Future." In *Pension Reform: Issues and Prospects for Non-Financial Defined Contribution (NDC) Schemes*, ed. R. Holzmann and E. Palmer, chapter 18. Washington, DC: World Bank.

Garrett, G.. 1998. *Partisan Politics in the Global Economy*. Cambridge, U. K.: Cambridge University Press.

Gern, K. -J. 2002. "Recent Developments in Old Age Pension Systems: An International Overview." In *Social Security Pension Reform in Europe*, ed. M. Feldstein and H. Siebert, 439-78. Chicago: University of Chicago Press.

Gill, I. S., T. Packard, and J. Yermo. 2004. *Keeping the Promise of Old Age Income Security in Latin America: A Regional Study of Social Security Reform*. Washington, DC: World Bank.

Góra, M., and M. Rutkowski. 2000. "The Quest for Pension Reform: Poland's Security through Diversity." Working Paper 286, Washington, DC, World Bank.

Haas, P. M. 1992. "Introduction: Epistemic Communities and International Policy Coordination." *International Organization* 46 (1): 1-35.

Hering, M. 2004. "Rough Transition: Institutional Change in Germany's Frozen' Welfare State." Ph. D. dissertation, Johns Hopkins University, Baltimore.

Holzmann, R. 2006. "Toward a Coordinated Pension System in Europe: Rationale and Potential Structure." In *Pension Reform: Issues and Prospects for Non-Financial Defined Contribution (NDC) Schemes*, ed. R. Holzmann and E. Palmer, chapter 11. Washington, DC: World Bank.

Hunter, W., and D. S. Brown. 2000. "World Bank Directives, Domestic Interests, and the Politics of Human Capital Investment in Latin America." *Comparative Political Studies* 33 (1): 113-43.

Iglesias, A., and R. J. Palacios. 2001. "Managing Public Pension Reserves: Evidence from the International Experience." In *New Ideas About Old Age Security*, ed. R. Holzmann and R. Stiglitz, 213-53. Washington, DC: World Bank.

Immergut, E. 1992. "The Rules of the Game: The Logic of Health Policy-Making in France, Switzerland and Sweden." In *Structuring Politics: Historical Institutionalism in Comparative Perspective*, ed. K. Thelen and S. Steinmo, 57-89. New York: Cambridge University Press.

James, E. 1998. "The Political Economy of Social Security Reform: A Cross-Country Review." *Annals of Public and Cooperative Economics* 69 (4).

Kahneman, D., P. Slovic, and A. Tversky. 1982. *Judgment under Uncertainty: Heuristics and Biases*. New York: Cambridge University Press.

Kay, S. 1998. "Politics and Social Security Reform in the Southern Cone and Brazil." Ph. D. dissertation, Department of Political Science, University of California, Los Angeles.

Keohane, R. O., and J. Nye. 1974. "Transgovernmental Relations and International Organizations." *World Politics* 27 (1): 39-62.

Kingdon, J. 1995. *Agendas, Alternatives, and Public Policies*, second edition. New York: HarperCollins.

Kinsella, K., and V. A. Velkoff. 2001. *An Aging World: 2001*. U. S. Census Bureau, Series P95/01-1. Washington, DC: U. S. Government Printing Office.

Krasner, S. 1985. *Structural Conflict: The Third World Against Global Liberalism*. Berkeley, CA: University of California Press.

Krasner, S. 1982. *International Regimes*. Ithaca, NY: Cornell University Press.

Kruse, A. 2002. "Ageing Populations and Intergenerational Risk-Sharing in PAYG

Pension Schemes." Working Paper 18, Department of Economics, Lund University, Sweden. Available at www. nek. lu. se/publications.

Light, P. 1995. *Still Artful Work: The Continuing Politics of Social Security Reform*, New York: McGraw-Hill.

Lindbom, A. 2001. "De borgerliga partierna och pensionsreformen." In *Hur blev den stora kompromissn mojlig. Politiken bakom den svenska pensionsreformen*, ed. Joakim Palme, 50-87. Stockholm: Pensionsforum.

Lundberg, U. 2003. *Juvelen I kronan: Social demokraterna och den allmänna pensionen*. Stockholm: Hjalmarson and Högberg.

Madrid, R. 2003. *Retiring the State: The Politics of Pension Privatization in Latin America and Beyond*. Stanford: Stanford University Press.

Most, B. A., and H. Starr. 1980. "Diffusion, Reinforcement, Geopolitics, and the Spread of War." *The American Political Science Review* 74 (4): 932-46.

Nelson, J. M. 2004. "External Models, International Influence, and the Politics of Social Sector Reforms." In *Learning from Foreign Models in Latin American Policy Reform*, ed. K. Weyland, 35-52. Washington, DC: Woodrow Wilson Center Press and Johns Hopkins University Press.

Orenstein, M. A. 2000. "How Politics and Institutions Affect Pension Reform in Three Postcommunist Countries." Policy Research Working Paper 2310, World Bank, Washington, DC.

——. 2003. "Mapping the Diffusion of Pension Innovation." In *Pension Reform in Europe: Process and Progress*, ed. Robert Holzmann, Mitchell Orenstein, and Michal Rutkowski, 171-93. Washington, DC: World Bank.

Pal, L., and R. K. Weaver. 2003. *The Government Taketh Away: The Politics of Pain in the United States and Canada*. Washington, DC: Georgetown University Press.

Palacios, R. J. 2002. "Managing Public Pension Reserves Part II: Lessons from Five Recent OECD Initiatives." Social Protection Discussion Paper 0219, World Bank, Washington, DC.

Palmer, E. 2006a. "What Is NDC?" In *Pension Reform: Issues and Prospects for Non-Financial Defined Contribution (NDC) Schemes*, ed. R. Holzmann and E. Palmer, chapter 2. Washington, DC: World Bank.

Palmer, E. 2006b. "Conversion to NDCs-Issues and Models." In *Pension Reform: Issues and Prospects for Non-Financial Defined Contribution (NDC) Schemes*, ed. R. Holzmann and E. Palmer, chapter 9. Washington, DC: World Bank.

Palmer, E., and M. Góra. 2004. "Shifting Perspectives in Pensions." Discussion Paper 1369, Institute for Labor Studies, Bonn.

Palmer, E., S. Stabina, I. Svensson, and I. Vanovska. 2006. "NDC Strategy in

Latvia: Implementation and Prospects for the Future." In *Pension Reform: Issues and Prospects for Non-Financial Defined Contribution (NDC) Schemes*, ed. R. Holzmann and E. Palmer, chapter 15. Washington, DC: World Bank.

Parrish, J. M. 2002. *From Dirty Hands to the Invisible Hand: Paradoxes of Political Ethics*. Ph. D. Dissertation, Department of Government, Harvard University.

Patashnik, E. 2003. "After the Public Interest Prevails: The Political Sustainability of Policy Reform." *Governance* (16) 2: 203-34.

Pierson, P. D. 1994. *Dismantling the Welfare State*. Cambridge: Cambridge University Press.

——. 1998. "Irresistible Forces, Immovable Objects: Post-Industrial Welfare States Confronting Permanent Austerity." *Journal of European Public Policy* 5 (4): 539-60.

——. 2000. "Increasing Returns, Path Dependence, and the Study of Politics." *American Political Science Review* 94 (2): 251-67.

——. 2001. *The New Politics of the Welfare State*. Oxford: Oxford University Press.

Pierson, P. D., and R. K. Weaver. 1993. "Imposing Losses in Pension Policy." In *Do Institutions Matter*? ed. R. Kent Weaver and Bert A. Rockman, 110-50. Washington, DC: The Brookings Institution.

Pinheiro, V., and S. Viera. 2000. "Reforma previsional en Brasil: La nueva regla para el cálculo de los beneficios." Serie Financiamiento del Desarrolo No. 97, CEPAL, Santiago de Chile.

Pinheiro, V. 2004. "The Politics of Social Security Reform in Brazil." In *Learning from Foreign Models in Latin American Policy Reform*, ed. Kurt Weyland, 110-38. Washington, DC: Woodrow Wilson Center Press and Johns Hopkins University Press.

Scherman, K. G. 2003. "Old Age Security in Sweden, Quo Vadis?" Paper delivered at the Forschungsnetzwerkes Alterssichung, Erfurt, December 4-5.

Schludi, M. 2002. "The Reform of Bismarckian Pension Systems." Ph. D. dissertation, Humbold University, Berlin.

Slater, D. W., and W. B. P. Robson. 1999. *Building a Stronger Pillar: The Changing Shape of the Canada Pension Plan*. Toronto: C. D. Howe Research Institute.

Sundén, A. 2006. "How Much Do People Need to Know about Their Pensions and What Do They Know?" In *Pension Reform: Issues and Prospects for Non-Financial Defined Contribution (NDC) Schemes*, ed. R. Holzmann and E. Palmer, chapter 13. Washington, DC: World Bank.

Swank, D. 1998. "Funding the Welfare State: Globalization and the Taxation of Business in Advanced Market Economies" *Political Studies* 46 (4): 671-92.

Swank, D., and S. Steinmo. 2002. "The New Political Economy of Taxation in Advanced Capitalist Democracies." *American Journal of Political Science* 46 (3): 477-89.

Sweden, National Social Insurance Board. 2004. *The Swedish Pension System Annual Report* 2003, Stockholm: Riksförsäkringsverket (National Social Insurance Board).

Tavits, M. 2003. "Policy Learning and Uncertainty: The Case of Pension Reform in Estonia and Latvia." *Policy Studies Journal* 31 (4): 643-60.

Tsebelis, G. 1999. "Veto Players and Law Production in Parliamentary Democracies: An Empirical Analysis." *American Political Science Review* 93 (3): 591-608.

Tversky, A., and D. Kahneman. 1974. "Judgement Under Uncertainty: Heuristics and Biases." *Science* 185: 1124-31.

Vreeland, J. 1999. "The IMF: Lender of Last Resort or Scapegoat?" Midwest Political Science Association Annual Meeting, Chicago, IL, April 15-17.

Walzer, M. 1973. "Political Action: The Problem of Dirty Hands." *Philosophy and Public Affairs* 2 (2): 160-80.

Weaver, R. K. 1986. "The Politics of Blame Avoidance." *Journal of Public Policy* 6 (4): 371-98.

——. 1988. *Automatic Government: The Politics of Indexation*. Washington, DC: The Brookings Institution.

——. 2004. "Whose Money Is It Anyway? Governance and Social Investment in Collective Investment Funds." In *Rethinking the Welfare State: The Political Economy of Pension Reform*, ed. M. Rein and W. Schmähl, 294-316. Cheltenham: Edward Elgar.

Weyland, K. 2004. "Conclusion: Lessons About Learning in Latin American Policy Reform." In *Learning from Foreign Models in Latin American Policy Reform*, ed. K. Weyland, 241-83. Washington, DC: Woodrow Wilson Center Press and Johns Hopkins University Press.

“名义账户制改革的政治学”评论

丹尼尔·佛朗哥*

沙拉·布鲁克斯和肯特·维屋这篇文章对促使名义账户制改革发生的经济和政治因素进行了全面的评述。本文的分析是基于对国家层次上的政策发展和相关经济文献的广泛考察而进行的。

我赞成作者大部分论点和结论。我的评论将集中于三个方面，这三个方面需要与作者的分析结合起来。

首先，作者指出，从传统的DB型向名义账户制转变能够降低待遇削减的可见度，名义账户制是一个复杂的新制度。正如作者指出的那样，它甚至可能是难以理解的，其待遇取决于几个可能的事件。这还可能意味着，引入名义账户制使得待遇削减不容易被公众看出来。

这些看法确实是合理的，尽管它不符合意大利的情况，因为意大利的名义账户制改革不是为了削减未来支出。然而，一旦名义账户制建立之后，其待遇削减将不再缺乏可见性。实际上，名义账户制框架使得现收现付制的债务比以前更加明显，因为每个人都知道自己的养老金财富。因此，与传统现收现付制没有明确说明的债务相比，名义账户制养老金债务可以被看做一种硬性的公共债务。

如果制度参数是可持续的，并且有矫正机制使制度保持平衡，这种变化或许没有什么问题，瑞典就属于这种情况。然而，如果制度设计是不完善的，或者制度包含的收入和支出水平在一个开放经济中可能没有可持续性，这种变化就有问题。意大利或许就属于这种情形。

与传统现收现付制相比，名义账户制使得人们更加了解其养老金财富，因此要通过进一步的养老金改革来抵销现收现付制的债务，将更加容易被公众所觉察，在政治上也变得更加困难。而且，金融市场能够察觉到更高的违约风险。对于新兴市场经济国家来说，即使规模较小的公共债务有时也难以偿还，因此这种较高的风险就特别成问题。鉴于这些考虑，在提倡这些国家建立名义账户制时，应更加谨慎：收入水平应该具有较强的可持续性，矫正机制应该切实有效。

其次，本文考察了促使某些国家引入名义账户制的经济和政治因素。作者得出的一些初步结论不太具有说服力。

作者认为国际金融机构对于名义账户制的推广起着很大的作用。但没有证据表明，意大利和瑞典的名义账户制改革受到了国际机构的影响，显然欧盟并没有提倡建立名义账户制。

* 丹尼尔·佛朗哥是意大利银行研究部公共财政处主任。

地区网络的作用也不应该被夸大。意大利和瑞典并没有受到邻国的影响。在巴西引入名义账户制的建议看上去也不是受了乌拉圭国内养老金改革讨论的影响。相反，巴西对名义账户制的讨论是在与瑞典改革者接触之后才发起的。

在对经济因素和政治因素的作用做出一般性结论时，也应该谨慎。就整体预算条件的作用来说，如瑞典在建立名义账户制时，其公共财政并没有面临严重而急迫的财政问题。然而，瑞典在1992—1994年制定改革框架和立法时，20世纪90年代早期经济萧条的影响仍然历历在目。瑞典金融市场面临着严重的危机，于是，瑞典针对可能导致债务上升的长期结构性问题进行了热烈的讨论，其中最重大的结构性问题就是养老金制度的问题。正是由于国内政治家、机构参与者和普通老百姓普遍存在这种危机感，才促使养老金改革得以顺利进行。

在意大利，名义账户制改革是在该国正努力削减其预算赤字的期间。然而，由于意大利名义账户制设计的过渡期过长，它在短期和中期内对其财政状况不会起到多大的改善作用。而且，即使从长期来看，它并不见得比以前的那套养老金规则更有助于减少养老金支出。

至于新自由主义意识形态的作用，意大利名义账户制是由中左翼政府建立的。瑞典名义账户制是根据保守党、自由度和社会民主党在1994年达成的共识，由社会民主党实施的。当名义账户制方案在1994年6月提交国会讨论时，瑞典所有党派都支持这种改革。

总之，究竟是什么因素促使名义账户制在某些国家得到采纳，而在另一些国家没有得到采纳，我们对此还没有系统的指标。可供研究的案例国家太少了。

最后，作者强调了名义账户制养老金的最大优势之一是它所带来的永久性感觉。名义账户制的设计就是为了使制度永远持续下去，但他们还指出“根本就没有能够完全防止操纵的改革”，他们还指出，名义账户制规则有受到侵蚀的风险。

这一讨论提醒我们关于财政规则和酌情财政政策的争论。财政规则是为了使政策更具有时间一致性，减少财政政策受到短期政治操纵的空间。一般来说，人们不会相信政府总能做出最佳的酌情决策。

然而，关于财政规则在国家层面上的有效性问题，并没有清楚的证据①。有多种原因会使民主政府改变财政规则。一般而言，政府和国会认为他们有权改变以前决定的任何事情。因此，即使养老金计划设计得很好，并有矫正机制可以使制度保持平衡，我们不能指望养老金规则会长久持续下去。当然，养老金专家不能因此而泄气，不再致力于改进计划的设计，这里只是提醒他们，养老金计划也是政治争议中的一个工具。

参考文献

Banca d'Italia，ed. 2001. *Fiscal Rules*. Rome，Banca d'Italia.

Kopits，G.，and S. Symansky. 1998. “Fiscal Policy Rules.” IMF Occasional Paper 162，International Monetary Fund，Washington，DC.

① 见 Kopits and Symansky（1998）和 Banca d'Italia（2001）。

"名义账户制改革的政治学"评论

阿格尼塔·克鲁泽*

瑞典是第一个采取了名义缴费确定型养老金（NDC）的国家，其新制度是非积累制（现收现付制）的缴费确定型，俗称为名义账户制。瑞典旧制度是实行物价指数化的 DB 型现收现付制，它既没有可持续性，又是不公平的。然而，根据公共选择理论（至少按其最粗糙的形式即多数规则或中位选民），像瑞典那样的改革是不可能发生的。然而，事实上它却发生了。我曾经讨论过这一矛盾，但没有得出任何明确的解释或结论。因此，我很乐意评论沙拉·布鲁克斯和肯特·维屋这篇文章，他们在该文中从一个不同的角度来解决这个问题。

本文关注的焦点是名义账户制得以采纳的原因，以及采纳了名义账户制之后，政治家是否被"绑到桅杆上"。作为一个背景，本文开头用了既长又精彩的篇幅来描述组织养老金制度的不同方式，但它重点讨论的是名义账户制。其讨论突出一个事实，即养老金改革有可能选择一个并没有明确界限的名义账户制。作者指出，现行的很多制度都结合了 DB 型现收现付制和名义账户制的特征。这是一个重要发现，它表明所有改革都有着路径依赖性；因此实际制度往往是混合物。在本文一个信息含量很高的表格中，名义账户制养老金条款是作为一个频谱来表述的。表中列出的种类对应采取了不同改革路径的国家。这个表试图涵盖所有可能的特征组合。

为了讨论政治家选择名义账户制的理由，作者希望讨论名义账户制的优点和缺点。就此目的而言，本文的描述有时令人迷惑，不知它描述的是名义账户制还是某个国家的名义账户制的某些具体特征，它也没有说清楚名义账户制的优缺点究竟取决于名义账户制本身，还是取决于某个国家选择的具体设计（组合）。

布鲁克斯和维屋认为，在 DB 型制度下进行养老金改革与在名义账户制下一样容易。这有可能是真的，而且在 DB 制度内进行的改革确实也不少。然而，即使到今天，在实行 DB 型养老金制度的很多国家，工人和养老金领取者（选民）都不知道需要什么样的改革才能使制度具有可持续性。博厄里、伯尔施—苏潘和塔贝里尼（Boeri，Börsch-Supan，and Tabellini，2001）等人做的调查证明了这一事实。最后，去年法国发生的罢工和西班牙发生的大规模游行示威也证明了这一事实。更重要的是，即使有着多次（有限的）改革，问题在于这是不是好事。布鲁克斯和维屋没有讨论这些改革带来的不确定性，也没有讨论它给人们造成的退休计划困难，使人们难以实现终身效用最大化。一个稳定的制度明显的好处就在于它是

---

* 阿格尼塔·克鲁泽（Agneta Kruse）是兰德大学经济学资深讲师。

一种降低风险的机制。由于忽略了这一点，导致作者认为在名义账户制下能够实现的改革在DB制度下也能够实现。

在描述不同的改革选择时，作者忽略了DB制度和DC制度之间差异的一个方面：在面临人口和经济变化时，它们在代际风险分担方面有着重大差别。在DB制度下，所有调整的代价都由工作人口来承担。而名义账户制由于缴费率和指数化率都是固定的，因此工作人口和退休者共同分担差年景的负担和好年景的成果（Kruse，2002，及其引用的关于代际风险分担的讨论）。布鲁克斯和维屋确实讨论了两种制度在代际再分配方面的区别。他们是这样描述代际再分配的：在DC制度下，"……待遇是自动调整的，从而使制度恢复财务平衡。"在布鲁克斯和维屋看来，在DB制度下，待遇率作为一个社会目标是固定的。我并不反对这一点。然而，本文遗漏了一个重要事实，即在DC型制度下待遇降低时，它是由于经济状况不好、增长率降低而引起的。在那种情况下，工作人口的消费也会降低。而在DB制度下，缴费率上升使工作人口的消费进一步降低。由于本文关注的是制度的待遇方面，它没有看到，DB制度的待遇要由较为年轻的几代人买单，甚至是由尚未出生的人买单，而这些尚未出生的人不能在民主决策程序中投票。过分关注待遇方面就意味着养老金制度重要的生命周期方面被忽略了。

至于代内再分配，布鲁克斯和维屋发现DB制度有着"较为复杂的再分配模式"。人们通常想当然地认为这种再分配是有利于低收入群体的。虽然美国社会保障制度确实是有利于低收入群体的，但很多国家的DB型制度中的再分配常常是逆向的。在DB制度下，待遇通常取决于退休前一年的工资或退休前X年（X=3，5，10）的平均工资，这就导致资源从收入增长慢的蓝领工人向收入增长快的白领工人转移。在很多欧洲国家情况正是如此，在瑞典旧制度下也是如此，这就是为什么不存在"逆向"再分配的DC型制度能够获得政治支持的原因。

用生命周期方式来分析养老金制度更有助于我们理解两种制度的差别。利用生命周期方式很容易发现，每个人最终都会成为养老金领取者，而养老金制度的目标就是帮助人们烫平终身的收入和消费水平（加上代内和代际风险分担）。本文给人的印象是，改革仅仅是老年人关心的问题，与还在工作的较为年轻的人没有关系。生命周期方式提出了个人退休储蓄计划的问题，并考虑了养老金制度应对风险的方式。有多种风险（经济的、人口的、政治的①）会影响制度给予的回报率。对这些风险的处理方式因制度设计而异。虽然这些风险永远不能完全消除，但在名义账户制下，这些风险大大降低了。

然而，在布鲁克斯和维屋这篇文章中没有个人，即参保人的位置。这篇文章关心的是公共机构，把它们作为影响改革的政治可行性的变量。我在这里虽然不从个人的角度来讨论，但从个人角度来讨论问题是有新意和有趣的。

从本文中得出的主要结论似乎是说，在名义账户制下能够达到的任何目标在DB型现收

① 我把政治风险定义为个人（认为他们）得到承诺的回报率的下降，并且这种下降是由政治决定的制度变化所引起的。在现收现付制下，最后风险当然是后来人拒绝接受这一社会契约，即，你正好属于最后的一代。这篇文章对政治风险给出了一个完全不同的定义：政治家不能获得连任的风险。

现付制下也能达到。如果我没理解错的话，选择名义账户制的唯一理由是，它能够使政治家摆脱待遇缩减的责任。

名义账户制改革的政治可行性

这里提出的问题是，为什么名义账户制在某些国家而不是在另外的国家被纳入政府议程，在纳入政府议程之后，为什么它在某些国家得到采纳，而在另一些国家被否决。作者用巴西、意大利、瑞典和乌拉圭的案例研究来阐明这些问题。

第一个问题（为什么改革被纳入政府议程）对于瑞典来说是一个奇怪的问题。名义账户制是在瑞典首创的。瑞典国会议程中讨论的是如何处理一个实行逆向再分配（从低收入的蓝领工人向高收入的白领工人转移）的不可持续的制度。在瑞典改革之前，国会委员会已进行了多次调查。逐渐地，人们意识到了改革的必要性。在对其养老金制度问题进行研究的过程中，形成了一个改革提案，其设计在数年后（1997 年）被称为名义账户制。当然在其他国家也时不时有些讨论和建议，模仿名义账户制的某些方面，但都没有像在瑞典那样提出一个完整的方案。这篇文章给人的印象是，存在着现成的一揽子改革方案可供一国挑选和直接搬用。

尽管这样，为了回答这些问题，作者列出了很多假设。第一个假设是，在人口老龄化程度越严重的国家，名义账户制被引入的可能性越大。第二个假设是，在政府面临着严重的财政压力并且公共债务与 GDP 的比例很高的国家，实施名义账户制改革的可能性比较大。第三个是，在工薪税过高以至于限制了经济和政治可持续性的国家[①]，实施名义账户制改革的可能性比较大。此外，国内意识形态不同的利益群体的政治力量，以及与欧盟及世界银行等超国家机构的交往等，都会影响一国采纳名义账户制的可能性。作者把对这些假设的陈述总结为一个表。然后，作者举例说明，哪些国家的名义账户制改革可能是受到某些特定因素的影响。这种分析方法是困难的，因为他列举的例子都有可能存在反例。例如，作者在阐述世界银行致力于说服一些国家相信名义账户制的优越性时，他一定是误解了。世界银行 1994 年《防止老龄危机》的报告并没有提倡名义账户制。相反，让世界银行的工作者相信名义账户制的优越性花了好几年时间（如果他们确实信服的话）。

迄今为止，本文对这些假设只给予了尝试性的回答。但问题是，作者没有指出更为系统的分析应该是什么样的。对这些假设进行充分的正式检验超出了本文的范围。由于列出的变量是可量化的，朝着正确方向迈进的一步是收集很多国家在这些变量方面的数据，列出一个表，表中包括人口结构及其预测、公共债务与 GDP 的比例、工薪税，以及一国是否实行了养老金改革、实行的是什么样的改革，这样一个表将有助于判断文中所提出的假设正确与否。

对经济学家来说，在讨论养老金改革的政治学时如果没有选民的位置，是很奇怪的。有很多文献讨论了在实行多数票制的国家进行养老金改革的可能性，指出结果与假设是如何不同的。这类文献既有理论分析［略举几例，如 Browning（1975），Sjoblom（1985），和 Ver-

① 这些“限制”高度依赖于一个国家的历史和文化，我怀疑那种限制可以用一种客观的方式来设立。因此，要接受或拒绝这一假设是困难的。

bon (1993)]，又有实证研究［参见 Breyer 和 Craig (1997)，Tabellini (2000)，Galasso 和 Profeta (2002)]。这些文献的一个结论是，选民年龄结构对于养老金制度及其改革的解释非常重要。然而，这些研究的结果与本文的讨论似乎并不一致。

公共现收现付养老金制度的一个重要方面在于，它是各代人之间的一个社会契约，虽然它是隐性的，但仍然是契约。同意并实施这样一个制度的那一代人希望后来的人履行这个契约，尽管后来人可能还没有出生。问题是，还没有出生的人在民主制度中并没有投票权。这就是为什么难以使 DB 型现收现付制保持最优水平的原因之一，也是为什么 DC 制度（无论是名义的还是积累制的）能够解决这个问题的原因。本文想当然地认为采纳名义账户制的目标是为了降低待遇和紧缩制度，而不是为了使制度保持财务稳健，使其无论境况好坏都能够持续运行。在对名义账户制与 DB 制度内部的改革进行比较时，布鲁克斯和维屋指出，建立名义账户制的政治优越性在于，它使政治家能够掩盖制度紧缩。这种说法需要予以证实。它也没有解释为什么政治家想要紧缩制度，为什么不让雪球越滚越大，让后来人（没有投票权，因此不能把政治家赶下台）继承债务？这个令人疑惑的问题我希望得到解答。这里可以提醒一下读者迪斯尼（1996）对英国在 20 世纪 80 年代进行的一次养老金改革的讽刺性评论。迪斯尼指出，指数化规则变得如此复杂，以至于“没有人”意识到它对待遇将产生什么影响。

还有一个方面没有讨论：从第一个名义账户制计划引入至今，时间还不长，这在多大程度上妨碍我们得出结论？在讨论观念的传播时，布鲁克斯和维屋提出了沟通对名义账户制能否得到采纳的重要性，或者实行名义账户制的邻国可能产生的传染效应。布鲁克斯和维屋力图突出这些因素的影响，对这些因素进行更加深入的探索是很有意义的。有很多文献探讨了不同制度的产生、传播和发展，尤其以 D·诺思和 N·罗森伯格等经济史学家最为突出。在多数情况下，它看上去并不是一个很快的过程。或许是因为没有足够的案例或经历的时间不够长，所以无法确定关于名义账户制的这一假说是否正确。

本文提出了大量的假设，并以不同国家作为例子来讨论这些假设。然而，我们难以判断这些孤立的例子的价值，因为这些例子的选择是非常不系统的。无论如何，本文包含了如此大量的可能解释，它是一个丰富的资源，可供后来的研究者做正式研究之用。

参考文献

Boeri, T., A. Börsch-Supan, and G. Tabellini. 2001. “Would You Like to Shrink the Welfare State? The Opinions of European Citizens.” *Economic Policy* 16 (32): 7-50.

Breyer, F., and B. Craig. 1997. “Voting on Social Security: Evidence from OECD Countries.” *European Journal of Political Economy* 13: 705-24.

Browning, E. 1975. “Why the Social Insurance Budget is too Large in a Democracy.” *Economic Inquiry* 13: 373-88.

Disney, R. 1996. “Can We Afford to Grow Older?” Cambridge, MA: MIT Press.

Galasso, V., and P. Profeta. 2002. “The Political Economy of Social Security: A

Survey." *European Journal of Political Economy* 18：1-29.

Kruse，A. 2002. "Ageing Populations and Intergenerational Risk-Sharing in PAYG pension Schemes." WP 2002：18，Department of Economics，Lund University. www.nek.lu.se/publications.

——. 2003. "Svenska pensionsreformer under 1900-talet" Ett "Public Choice-perspektiv." [Swedish Pension Reforms during the 20th Century：APublic Choice Perspective.] In *25 år i täten. En vänbok till Per Gunnar Edebalk*. ed. L. Harrysson，O. Mallander，and J. Petersson Socialhögskolan，83-98. Lund，Sweden：Lund University.

Sjoblom，K. 1985. "Voting for Social Security." *Public Choice* 45：225-40.

Tabellini，G. 2000. "A Positive Theory of Social Security." *Scandinavian Journal of Economics* 102 (3)：123-35.

Verbon，H. 1993. "Public Pensions. The Role of Public Choice and Expectations." *Journal of Population Economics* 6：523-45.

World Bank. 1994. *Averting the Old Age Crisis*. Washington，DC：World Bank.

第十五章　拉脱维亚名义账户制：实施情况与未来的前景

爱德华·帕尔默　桑德拉·斯塔比纳

英厄马尔·史文森　英塔·维诺夫斯佳*

受1994年改革的立法在瑞典获通过的影响，拉脱维亚在1995年也制定并通过了自己的名义账户制的立法，成为了中东欧地区第一个对名义账户进行立法的国家。随着1996年1月改革的实施，拉脱维亚也成为第一个把所有在职人口转入名义账户制的国家。本研究主要是介绍拉脱维亚养老金改革的演变发展，讨论实施过程中遇到的问题，以及从拉脱维亚实践活动中吸取的主要教训。

改革从1996年起为名义账户制定了20%的缴费率，自2001年7月名义账户和积累制账户两者的缴费率共为20%，计划到2010年，名义账户制和实账积累制养老金计划的缴费率逐渐变为各占10%。改革时期退休金的成本远超过20%，仅20%的缴费率只是给予了当前的在职者完全的养老金权利，高出这一水平的缴费被视为税收。税款可以用来支付从旧制度向新制度转型所需的费用，还可以为最低保证（金）融资。

随着个人积累账户计划的引入，拉脱维亚养老金改革的所有主要组成部分在2001年都已经准备到位。改革承诺当人口和经济波动时保持稳定，并设法应对各种可能的经济和人口状况或风险，这也是拉脱维亚必须面对的。改革为职员提供适当的平均养老金水平，并保证提供一种可接受的最低养老金标准。但是改革的道路并不平坦。1996年向名义账户制的转化带来了一系列必须解决的转型问题，初期的改革立法之后，其中一些问题很快不得不再次涉及。最重要的转化问题包括如何对旧制度下所获的权利进行估值，如何在历经结构剧变的经济环境下引入制度，拉脱维亚开始了从计划经济向市场经济转型的进程。

为新制度设定一个合理的领取养老金的最低年龄，这在拉脱维亚不仅是一个重大的系统问题，还是一个政治问题。出于对名义账户制和实账积累制精算特征的考虑，设定足够高的退休年龄至关重要，这样一来，以领取养老金的最低年龄离开劳动力队伍的人们可获得充足的养老金。但是，依照旧制度的规定，男性和女性的退休年龄分别为60岁和55岁。许多工人特别是女性工人，过去往往在较年轻时就领取养老金。正因如此，提高退休年龄是一个敏

---

* 爱德华·帕尔默供职于瑞典社会保险局和瑞典乌普撒拉大学；英厄马尔·史文森（Ingemar Svensson）供职于瑞典社会保险局；桑德拉·斯塔比纳（Sandra Stabina）和英塔·维诺夫斯佳（Inta Vanovska）供职于拉脱维亚福利部。本研究中，用于测算的模型是拉脱维亚政府为分析中长期养老金政策所用的官方模型。

感的政治问题。还有一个重要的问题是，如何逐步消除早在转型之前就广泛存在的特权，一些特殊单列的集团和个人，在改革之前，领取养老金的最低年龄是女性 55 岁，男性 60 岁。考虑到降低缴费率和逐步采用养老金待遇工资指数化等可供选择的目标，最后一个重要的问题是逐步引入强制性实账积累计划，这也是 1996 年以来一直讨论的一个话题。

本研究的主题涉及上述问题的处理情况和在撰写报告时一些悬而未决的问题。本报告首先简述政府开始考虑改革时的主要经济环境，回顾改革具有必要性的理由。其次总结了改革立法，并用独立章节讨论最初几年的转型问题和转型过程，讨论改革的总体设计（包括逐步采用实账积累制计划）以及长期的财务稳定性问题。最后，报告着力探讨政治可持续性和公众接受程度等问题。

第一节　早期的转型情况和 1996 年改革以前的情景

拉脱维亚在 1990 年获得独立后，准备建立市场经济和民主政治。和其他转轨国家一样，这一变化过程导致了拉脱维亚经济的崩溃。情形最糟糕的时候，如 1992 年，价格飞涨了 9 倍。拉脱维亚采取了一定的措施，回应转轨挑战。到 1993 年，币值稳定下来，结构改革已启动，贸易被放开，价格也撤销了管制。但是，在转型的最初几年里，即 1990—1994 年，GDP 的降幅超过了 40%。

随着经济步入低谷，企业生产的产品出现滞销。最艰难但却是必要的一项转轨任务是解散非生产性企业，并将新经济环境中具有一定市场价值的企业私营化。这种必要的结构性变革导致大部分拉脱维亚人职业生涯的中断和混乱。到 1995 年，仅剩少数大型企业留待完全私有化。拉脱维亚转已经转变成为一个新兴的市场经济国家，但就 1995 年的情况看，改革的代价也很高。1995 年，伴随着养老金改革的逐步规划，仍旧没有迹象显示经济将反弹并出现持续增长，失业现象也较为普遍，许多有工作的人拥有的也不都是全职工作。

由于养老金支出多被固定，GDP 和工资基数下降 40%意味着，养老金支出占 GDP 的比例从 1985 年的 5.5%增至 20 世纪 90 年代中期的 10.5%①。当预算支出的相对增加很难承担时正是这种情形。略高于 GDP 10%的养老金支出，以西欧标准衡量可能并不惊人，但在当时，鉴于所有其他对拉脱维亚逐渐减少的财政收入的需求，以及人们维持日常收支平衡的困难，这一比例是相当高的。当时的情形是人均收入大幅减少，贫困现象普遍存在。此外，养老金领取者和有孩子的家庭相比情况稍好。由于农业基础设施的破坏，农村居民的生活也很艰难②。

1991—1995 年，向养老金制度缴费的人数减少了 50%。到 1995 年年底，每 1 位缴费者对应 1.5 个养老金领取者③。因此，改革启动之时缴费者很少，待遇领取者很多。存在大量的养老金领取者是第一个问题，这是由领取养老金的年龄较低造成。女性的养老金领取年龄

---

① 见 Fox 和 Palmer（1999）。

② 见 Gassmann（2000）中对于拉脱维亚这一时期贫困状况的分析。

③ 见 Fox 和 Palmer（1999）。

是55岁，还有许多从事特殊职业和在特殊环境下工作的人们在40岁时就可以领取待遇。这些规定是承袭了原苏联的制度，即倾向利用养老金（未来偿付的承诺）不仅对艰苦和危险的工作环境（而不是去改进工作环境）进行补偿，还为某些行业（如警察、军队和司法等行业）的人们提供特权，对那些生育子女较多的母亲也进行奖励。到20世纪90年代，大量单列的职业和工作环境都拥有特殊的养老金权利，这也是在旧制度下让渡相对收入优势的一种方式。

第二个问题是缴费者太少，这只是提前退休现象的另一后果。但由于不利的人口状况，这一现象更加严重了。此外，有迹象表明转轨时期非正规经济比较繁荣。雇主和雇员之间存在交易，向政府申报的应税工资仅是最低工资，高出部分的偿付在私下进行。对于有工作的人们而言，有趁机逃避缴费的机会。由于工资水平较低，逃避缴费（或以最低工资为基数进行缴费）似乎是一种理性行为。真正会受到处罚的是制度所“覆盖”的人们，他们只有极小或是没有机会逃避社会保险缴费——例如，大公司的雇员和公务员。

最重要的一个问题是，原来的养老金计算公式中缴费和待遇没有关联，对延迟退休者的养老金待遇也没有精算调整。基于这些原因，在1995年，当改革理念正处于规划和构想时，拉脱维亚的养老金制度已经陷入危机。总之，原有DB型制度的规定不适应市场环境和人口的老化。原有的制度已造成并将继续造成养老金领取者过多而缴费者太少的局面。此外，针对缴费的激励机制不足，对于超过了领取养老金的最低年龄，延迟领取养老金待遇的行为也没有激励措施。政策制定者的首要任务是提高领取养老金的最低年龄，然后修订待遇计算公式，将普遍、强制性的名义账户制和实账积累制养老金计划相结合，以终身账户和预期寿命为基础，建立缴费和待遇之间的直接关联。

第二节 拉脱维亚的改革

在1995年，拉脱维亚强制性养老金制度改革完成了设计规划和立法。改革由两部分组成：名义账户制于1996年1月1日开始实施；自2001年7月1日，实账积累制也成为新制度的一部分。通过第一阶段的改革，个人拥有名义型的个人账户。第二阶段改革后，个人拥有的是实账积累账户。对于那些接近领取养老金最低年龄的人们而言，还有一种以最低养老金形式提供的一般、临时性的转型保证（金）。这是由名义账户制和实账积累制计划共计20%的缴费率之外的收入提供资金来源。正如已经指出的那样，在转型期，支付旧制度下所准予的待遇和为引入实账积累制计划所作支付的总成本超过了20%，超出部分可视作为转型融资的税款。

从DB向DC计划的转型引入了一项精算原则，即个人待遇的现值等于他或她缴费的现值，同时限定制度中总资产的现值必须至少等于总负债的现值。后一种情形在实账积累制中可以自动实现，鉴于记入贷方账户的收益率不大于实现这种情形所必需的收益率，在名义账户制下，也可实现总资产的现值等于总负债的现值①。下面将详细描述这两种计划的建立。

① 名义账户的理论框架在帕尔默的《名义账户制是什么?》(2006) 中有所讨论。

一、改革的名义账户制部分

所有在拉脱维亚生活和工作的人们，包括自雇者和农民，凡超过15岁，都参保了名义账户制计划。自1996年1月1日，在旧制度下获得的权利被转化为名义账户制资产。1996年及以后退休的人们依照新制度，其名义账户资产根据转型公式来计算（下面有详细描述）。向名义账户制转化的细节下有详述。自1996年1月1日，记入个人账户的缴费率设定为20%。

名义养老金资产积累额取决于缴费额，缴费是基于整个职业生涯的收入，且有最高限额的规定（2004年约为平均工资的10倍）。只要人们工作，就要进行缴费，缴费记入个人账户。从领取养老金的最低年龄（见下文）开始，人们可在任何时间申领待遇。达到领取养老金的最低年龄后，人们还可边工作边领取名义账户年金。这体现的原则是为逐渐退出劳动力队伍提供某种机会和支持。

因照料小孩和在部队服役可享受免于缴费的权利，其所需资金由国家一般预算的转移支付提供。因失业、雇员和自雇者有补偿性质的病假、工伤、残疾等，在参保期内获得的退休金权利，由社会保险总预算的其他账户为养老金账户的转移支付融资①。

名义资本的“收益率”被设定为与缴费增长相等，这指的是缴费工资总和。这种设定体现出两大特色：一是在积累期所获的收益率不仅反映生产力和工资率的增长，还反映了生育率变化的效果、劳动年龄人口的净移民，以及从非正规经济向正规经济的逐步转型。在未来的20年里，拉脱维亚的生产力和工资增长预计较高，而生育率预计仍保持低水平。而且，受过良好教育和培训的年轻人预计会离开拉脱维亚，在国外寻找更好的劳动力市场前景。最后，随着时间的发展，市场将更加规范，提供更大的缴费基数。

20世纪90年代中期，拉脱维亚的生育率降至每1位女性大约生育1.2个小孩，直到撰写报告时的2005年，生育率仍旧保持这一水平。即使在最乐观的情形下，人口学家也认为生育率不会达到2.1或是更高的水平，不会在未来20年繁衍出更多的人口②。要使人口出生率再次变得较高，必须使年轻的拉脱维亚人感到他们已经获得足够的经济和就业保障，并能达到足够支撑更大规模家庭的生活水平。而且，在家庭内部，对父母一代的转移支付有时会与对子女的转移支付相冲突。

20世纪90年代，影子经济估计占全国总产量的30%～35%。低报收入共有两种情形：第一，部分工人根本未向税务机构申报以小时计的工作收入。而这是劳动力的一个组成部分，效果与拥有较小规模劳动力相同。第二种低报收入的方法是，不申报全额收入，仅申报接近最低工资的收入。随着拉脱维亚的经济逐步向公开的市场经济发展，在未来数十年里，这两种不规范的行为预计会不断被改进。改进之后，其正面效应也将反映在制度的总体规模

① 为了恰当地处理这一问题，应该建立储备基金，但拉脱维亚至今还未建立。延迟带来的问题很明显：给未来的工人增加了税收负担，最终还是要为缺乏资金支持的权利进行支付。拖延实施这一过程的原因在于转型年份的财政约束，1998—2001年总体社会保险预算处于赤字状态。从2002年开始出现总体盈余。但以前年份积累的债务还存在，政府决心将盈余转移至中央预算，直至债务完全被偿还。有预测显示，积累的赤字要到2006年才能被完全弥补。之后，引入储备基金将成为政治方面优先考虑的问题。

② 目前官方的人口预测在福利部的报告《拉脱维亚的国家社会保险制度》（2003）中有深入探讨。

以及提供更高待遇的长期能力方面。总之，从非正规向正规市场经济的逐渐转型，将有助于缴费的增长，并构成工人当前名义账户和养老金收益率的独立组成部分，后者是通过部分实际指数化公式来实现。

到目前为止，缴费工资总和的实际平均年增长率一直为 6.7%。1997—2003 年，人均（缴费工资）实际工资的年增长平均达到 5.5%。1997—2003 年，个人名义账户的实际收益率为 6.7%。缴费者人数在同一时期增长了 1.1%。通货膨胀率约为 3.6%。因此，资本的名义收益率为 10.5%。1997—2003 年，名义账户制养老金的主要参数在表 15.1 中进行了小结。

表 15.1　　名义账户制养老金的关键经济指标一览表

1	人均实际工资增长率，1997—2003 年均	5.5%
2	缴费人数增长率，1997—2003 年均	1.1%
3	实际工资总额增长率，1997—2003 年均	6.7%
4	通货膨胀率，1997—2003 年均	3.6%
5	2003 年（1996 年）新准予待遇所需的服务年限	31（30）
6	2002 年（1996 年）男性和女性在 60 岁时的预期余命	18.66（17.88）

资料来源：拉脱维亚福利部（2003）。

缴费者人数以年均 1.1%的速度增加，这一指标尤其值得注意。名义账户制（和实账积累制）的引入，就促进劳动力市场规范化而言，其影响至少是中性的，而且还可能产生正面效应。然而，将这种效果与从混乱向规范的市场环境成功转型的整体效果分离开来很困难。这些过程是紧密相连的。但至少，在 1996 年名义账户制的引入为制度的规范化提供了一套逻辑框架。

在名义账户制计划存在的最初 10 年里，尽管有 1998 年“俄罗斯危机”的负面影响，对于收益率而言最重要的是人均实际工资年均 5.5%的高增长率。总体而言，缴费和实际工资的增长为名义账户带来了 6.7%的实际总收益率。正如表 15.2 所示，1997—2003 年，缴费者占经济活动人口的比重显著增加。这可能是实现转型的一种综合效应，同时也是因收益和个人缴费紧密联系（自 1996 年开始养老金改革，作为一项重要信息传播给了民众）的社会保险制度的激励所致。只要制度日趋规范化的正面效应超过人口不断减少的负面效应（按照当前的人口预测，劳动力会以每年 0.5%或更快的速度减少），那么缴费者增加所带来的正面效应将持续下去。缴费者占经济活动人口的比例可能偏向净负增长的趋势，这一现象预计最迟在 2020 年左右发生，但鉴于自 1997 年制度迅速实现规范化，很有可能提前发生。

在 21 世纪 30 年代之前，实际人均工资的增长率也可能减退。因此，当 2000 年时年龄为 30～35 岁及以上的工人成为养老金领取者，他们将是这一增长的受益者。另一方面，较晚出生的群体，日益被实账积累制计划所覆盖，他们未来的待遇将更多地依靠这种计划，而不是依靠名义账户制计划。而且，正如在本研究的中的计算，名义账户制下引入储备基金对于保持其未来 40 年的财政平衡至关重要。拉脱维亚并不拥有瑞典的自动平衡机制。如果在拉脱维亚引入自动平衡机制，将很可能减少名义账户制的待遇承诺，甚至比本研究中按最悲

表 15.2　　与养老金相关的主要人口比例

比　　例	1997 年	2003 年
1. 劳动年龄人口（20～59 岁）与 60 岁以上人口的比例	2.70	2.45
2. 就业人口（不包括求职者）与 60 岁以上人口的比例	2.05	1.96
3. 缴费人数与经济活动人口的比例	0.81	0.93
4. 缴费人数与 60 岁以上人口的比例	1.96	2.04
5. 缴费人数与退休金领取人数的比例	1.86	2.15
6. 缴费人数与老年和残疾养老金领取人数的比例	1.57	1.86

资料来源：拉脱维亚福利部，为本研究而准备的。

观情形（即生育率、净移民、死亡率和人均工资的实际增长都与制度呈反方向发展）测算的待遇更低。另一方面，在“非悲观”的经济和人口情形下，为维持比财务余额更高的资产负债比例，在实践中并不需要这种平衡机制。

一般而言，名义账户制计划还能根据缴费基数的增长率提供待遇指数化。但这在实践中不可能实施。1996 年，改革刚开始时，只可能对待遇进行价格指数化。所以大量养老金领取者几乎仅由待遇依照旧有制度决定的人们构成，旧有制度包括从 40 岁开始给予待遇的特权。养老金成本在改革时已经过高，这主要是因为养老金待遇的发放较为慷慨，而且 20 世纪 90 年代初 GDP 也出现下降。养老金领取者将日益转变为名义账户制养老金领取者，最终制度会继续向前发展，包括实现基于实际增长的指数化。

拉脱维亚的历史人口状况也有利于名义账户制计划的实施，注意到这一点也很重要。因为大量在 20 世纪 80 年代出生的人们，将在 2000—2010 年间进入劳动力队伍。但是，这也意味着制度中的内部财务平衡需要人口储备。总之，逐步向完全工资指数化的方向发展是可能的，但需要制定出路径，还要考虑进行储备的必要性。福利部最近进行了类似本研究中路径选取的测算[①]。实际上，鉴于为名义账户制养老金领取者进行可能的完全名义账户指数化的虚拟性，拉脱维亚名义账户制计划原则上已被过度融资。

在 2001 年引入实账积累制计划优先于名义账户制待遇的完全指数化，因为在最初几年难以为这两项任务同时提供资金支持。直至 2002 年，待遇的指数化仅以消费者价格指数为基础。2002—2003 年，小额账户的养老金是以消费者价格指数的变化和缴费工资总额的实际增长的 25%为基础，进行指数化。2004—2006 年，小额养老金（即不超过 3 项“社会津贴”[②] 的养老金或指在 2004 年 105 拉脱维亚元的标准）将获得除通货膨胀调整外 50%的实际指数化。按照 2006—2010 年通行的养老金法，凡账户不超过 5 项“社会津贴”的所有养老金，将获得 25%的实际指数化。之后，对于所有的养老金领取者而言，实际增长部分都会增至 50%。

在拉脱维亚名义账户制养老金计划中，退休时的年度养老金（P）计算公式是 P=K/G，

① 见《拉脱维亚的国家社会保险制度：财务分析》(2003)。

② 生活津贴是指因某种生理和心理方面的损伤而无法工作的人们所享有的津贴。

其中 K 是指退休时积累的终生名义养老金资产，G 是指退休时男性和女性的群体预期寿命。G 值可从被预测的群体生命表中计算得来①。拉脱维亚人口学专家和统计局专家组成的官方委员会提出并分析了进行预测的一些假设。研究人口死亡情况的专家出具的报告在委员会上被讨论和批准，并呈送福利部。最初的群体预测首先考查了一些国家的死亡率趋势，这些国家的死亡率远低于拉脱维亚的水平；然后判定拉脱维亚人口死亡率向更好情形收敛的可能路径。依照委员会的建议，G 值由福利部每年设定一次，退休年龄在 40～80 岁之间浮动②。2004 年，60，65 和 70 岁退休时的 G 值分别为 19.7，15.67 和 12.46。根据目前的预测，65 岁时的 G 值在未来 30 年内预计将增加 2 岁。

随着新证据的出现，针对人口死亡率的长期预测应该逐步有所变化。更重要的是，即使当前死亡率有较大改变，只要被预测的长期死亡率趋势不变，也不会对未来退休者的 G 值有影响。赞成拉脱维亚使用群体预测有两大理由：第一个一般性论据并不针对具体国家。即与使用跨地区的近期历史数据相比，基于群体趋势的预测，预计更接近未来人口死亡率的实际发展情况。用于计算退休时年金的人口死亡率的事前估计和在未来某一时间参保者去世时观察到的事后结果之间的差距应最小化。

第二个支持群体预测的论据与许多转型国家相关。如果 G 值是基于包括近期事件的步骤，它将导致 G 值逐年不尽如人意的波动。正如图 15.1 所示，自 20 世纪 80 年代中期，拉脱维亚人口死亡率呈大规模且迅速的变化。1985—1987 年，戈尔巴乔夫倡导的禁酒运动导致男性预期寿命显著上升，但其随后于 20 世纪 80 年代末期又恢复原状。苏联解体和 20 世纪 90 年代向市场经济转型时期，情形又更加恶化。

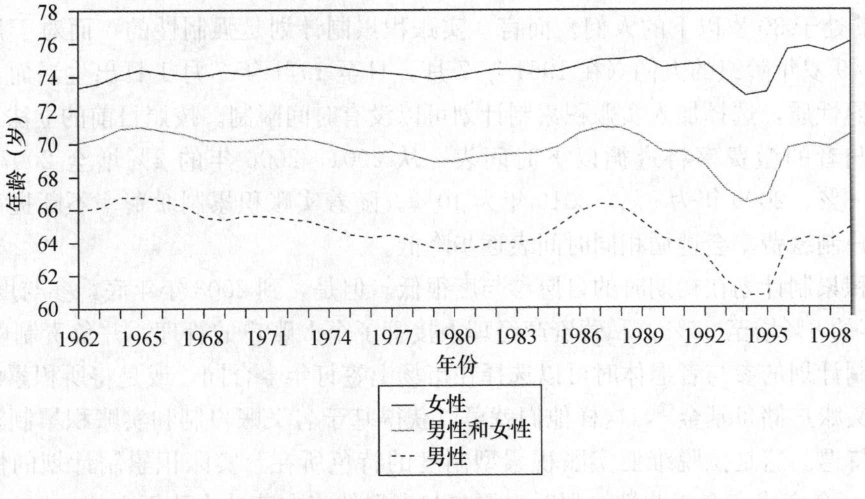

图 15.1 拉脱维亚人均寿命

资料来源：Krumins（2000）。

① 见 Krumins（2000，2003）。

② 1996 年改革后的最初几年，在旧制度下获得特权的人们有可能早在 40 岁就申领待遇，这也是为什么从这个年龄开始估值。作为转型立法的一部分，旧制度下所有的特权会随着时间的推移逐渐被废除。

1987—1994 年，男性和女性出生时的预期寿命下降了 5 岁。在高龄阶段，由于和 G 值的计算直接相关，人口死亡率在 20 世纪 90 年代早期和中期显著上升，这可能是转型造成的经济困难和健康保健中断的后果。这些变化与年轻一代在 1996 年之后申领年金，未被视为存在关联。最重要的是，基于代表当前死亡率数据的周期生命表，在 1996 年，男性和女性出生时的预期寿命各增加了 3.2 和 2.5 岁。以短期的历史波动为基础进行寿命预测是不合理的。因此，群体预测更可取。

总之，在积累期用于决定名义账户资本余额收益率的方法，以及用于年金计算的前瞻性群体死亡率估计，有助于维持长期的财务稳定。需要用于建立像瑞典那样的名义账户财政收支平衡的数据还不具备。另外，在改革初期，初始资本的计算和注册仅针对申领待遇的人们。为所有人注册转型名义资本的过程，包括个人向社会保险局上交自苏联时期开始的工作被记录及对其真实性的核查情况，此过程预计最早也要到 2007 年才能完成。直到这项工作结束，才有可能提供名义账户总负债的粗略估计。一旦这项工作完成，拉脱维亚就有可能实施在瑞典提出和采纳的余额表单的方案①。无论是否实施瑞典的方案，这都是一个新的政策问题。原则上，确保制度的资产至少一直与负债相等是可取的。在实践中，如其他条件都相同，只要存在大大低于待遇的完全工资指数化，制度将出现盈余。因此，鉴于制度目前的设计，在近数十年突然放缓进度是不太可能的。鉴于目前的立法状况，下文有专门的章节讨论未来财务的稳定性。

二、拉脱维亚全面改革中的实账积累制部分

对于 1971 年 7 月 1 日以后出生的人们（也就是实账积累制计划开始运行后，在 2001 年 7 月，年龄处于 30 岁以下的人们）而言，实账积累制计划是强制性的。而对于计划引入时处于 30～49 岁年龄组的人们（在 1951 年 7 月 2 日至 1971 年 7 月 1 日出生）而言，参与计划属于自愿性质，选择加入实账积累制计划可以没有时间限制。按照目前的立法，实账积累制计划参与者的缴费率将遵循以下时间表：从 2001—2006 年的 2%增至 2007 年的 4%，2008 年为 8%，2009 年为 9%，2010 年为 10%。随着实账积累制缴费率不断提高，参与者的名义账户制缴费率会遵循相同时间表逐步降低。

实账积累制计划在初期时的自愿参与度很低。但是，到 2003 年年底，参与度显著上升：从 2002 年的 8%增至 28%，私营资产经理人接管了个人账户的管理，并负责制度的推广②。实账积累制计划的参与者退休时可以选择在市场上签订年金合同，或是将所积累的实账基金转移至名义账户储备基金③，这样他们就可以获得基于名义账户制和实账积累制资金总和的名义账户待遇。这是拉脱维亚实账积累型制度的特色所在。实账积累制计划的性质预计在 2035 年左右会变成完全强制性，那时自愿参与者群体将在劳动力队伍之外。

可以得出这样的结论，对于实账积累制计划的参与者而言，随着实账积累制的缴费率提

① 见 Settergren（2001）和瑞典养老金制度年度报告 2001。

② 在最初的一年半，资金是由国家财政部管理。

③ 正如已经指出的，基金仍需要被建立。但是，在第一笔实账积累制年金于 2014 年被大规模申领之前，还有时间。

高，名义账户制的缴费率会相应降低。关于转型对整体制度财务状况发展的影响，将在下文讨论。

三、养老金领取年龄和特权

较低的养老金领取年龄和特权的广泛使用是两大主要的改革问题。接下来将重点探讨这些问题的解决。

改革的观念在1994年就已经通过，要求提高最低退休年龄。男性和女性领取养老金年龄设定为60岁，意味着女性领取养老金的年龄从55岁提高至60岁。之后，男性和女性领取养老金的最低年龄提高至62岁。这种年龄的提高是遵循渐进的时间表，每年提高0.5%。2003年，男性的退休年龄已经达到62岁，但直至2008年，女性的退休年龄才能达到62岁。值得注意的是，2002年60岁人们的预期余命对于男性而言不止15年，女性甚至是22年，这意味即使是62岁的最低退休年龄仍然较低。显然，在未来十年左右，领取养老金的最低年龄将再次面临调整。

1995年的改革立法中，有明确的段落详述特权（如在危险条件下工作的人们有权在40岁时获得养老金）将如何被逐步废除。这项工作是通过估值和将旧制度下获得的权利转化为名义账户资本来完成的。逐步废除从旧制度继承而来的特权这一过程，在政治上进行得比较平稳，这可能是因为转化被认为较公平，也可能是因为每个人都以平等的身份进入新制度被视为较公平。另一方面，正如我们将在下一章要讨论的，1996年改革后，一些新的特权仍被立法，这主要是针对在旧的DB型计划中超过了领取全额待遇的年龄却仍在工作的人们。这被证明存在如此明显的不公，以至于这种情形将不可能再次发生。

在2003年退休、工作时间长达31年的拉脱维亚人，可以和20世纪90年代中期的西欧联盟国家中男女平均工作时间为35年的人们相比较①。更重要的是，这和1995年拉脱维亚改革时，所有养老金领取者36年的平均参保年份数相比，时间要短很多。但是，在2003年，所有养老金领取者的平均参保年份数降至33年，反映了20世纪90年代后半期新近退休人员参保年份数的下降。获得近期准予待遇的个人在1996年参保的年份数仅为30年，到2003年增至31年。人们参与劳动年份数的下降可能是转型困难时期造成的临时效果②，年老的工人很难在转型期找到新工作，这也为给予年老工人转型保证（金）提供了正当理由③。

四、悬而未决的问题

在拉脱维亚养老金改革中，悬而未决的问题之一就是如何处理那些在名义账户制和实账积累制计划中，未达到养老金领取年龄却已死亡的人们所遗留的可继承资产。因缴费者在退休前死亡而产生的名义账户制可继承资产，是一笔额外的经费来源。目前在拉脱维亚，它被用来为现收现付制下的遗属津贴融资，这种待遇按照新法律，主要适用于仍健在的父母，只

---

① 见Palmer（1999）。

② 见Vanovska（2004）。

③ 劳动力调查显示，自1996年，老年工人的参与实际有小幅增加。就业状况是许多人只有偶尔工作。许多工人没有工作——或至少没有雇主为他们进行缴费——按照国家社会保险机构的缴费记录，一年中所有的月份均是如此。1991—1996年，转型的最初几年，农业和工业部门或多或少都处于崩溃状态，产生了大量失业人员。

要子女未满 18 岁（如果是全职学生可以直至 24 岁）。依据当前实账积累制计划的立法，实账积累制计划中产生的可继承资产被转移至社会保险预算，同时也为强制性遗属津贴融资。但是，鉴于遗属津贴规则当前的构建，上述资金来源使得遗属津贴已被过度融资。

对于"未做标记"的可继承资产，还有一些其他可能的用途。第一，它可改进现存的遗属津贴，事实上也意味着改善女性的收入状况（因为遗属养老金是准予给子女）。这需要立法的改动。第二，它可用来为女性（如果配偶愿意，也可为男性）积累更好的权利积分（因儿童看护可免于缴费），并记入名义账户和实账积累制账户。第三，这些收益可以在达到领取养老金的最低年龄时，分发给各群体的所有健在的参与者，依据的比例是按照他们在群体总名义账户制资产中所占份额[①]。第四，它还可以用来为一些缺乏资金来源的承诺融资，例如转型保证（金），（甚至更广泛而言）向新制度转型的总成本——这两者都将在不提高现行缴费率的同时得到资金支持。暗含的问题是，利用"未做标记"的可继承资产支付向新制度转型的总成本正是当前的选择，这不是有意识的政治设计。

第三节　在旧制度下所获权利向名义账户制资产的转化

在改革时，估计仅有 65%～70%的收入被申报[②]。实际上，20 世纪 90 年代保留下来的国企有很多不当行为。新养老金法中转型规则的确立，强调了要迅速减少低报和逃报收入的现象，从而减少由此造成的劳动力市场扭曲。更普遍的是，保留两本工作记录的做法很常见；事实上，只要待遇与缴费不直接相关，就没有人被直接处罚。那些真正受处罚的人们反而都进行了全额缴费，因为通过为整个制度支付成本，缴费者其实是在资助有机会逃报收入的人。改革的目标是迅速引入名义账户制计划，并希望缴费和待遇之间的关联能阻止低报和逃报收入——无论如何也要保证缴费者的公平。

在旧制度下所获的权利将按照名义账户制原则的逻辑，转换成名义初始资本。相应地，初始资本是以 1996 年后个人缴费工资和 1996 年之前的工作年份数为基础。所获的特权也被估值并转换成初始资本。1996 年的立法中初始资本的一般计算公式为 IC=个人缴费收入×个人服务年份数×0.20。

用于确定个人缴费工资的原始规定是：1996 年的退休者依据 1995 年所有计划参与者的平均缴费工资；1997 年的退休者依据 1996 年个人自己的平均缴费工资；1998 年的退休者依据 1996—1997 年个人自己的平均缴费工资；1999 年的退休者依据 1996—1998 年个人自己的平均缴费工资；2000 年及以后申领待遇的人们依据 1996—1999 年个人的平均缴费工资。

选择使用 1995 年后个人自己的工资，作为将改革前的工作年份数转化成初始资本的基础，其目的在于建立较强的激励机制鼓励申报收入并处罚逃报收入[③]。但这种方法有它的缺

① 这是瑞典名义账户制计划采用的方法。

② 见 Fox 和 Palmer（1999）。

③ 另一种方法是每人都采用所有缴费者的总体平均工资，这将有利于低收入者，并对高收入者予以惩罚，从这种意义上讲并不公平。遗憾的是，一些人能够从转型规定中获益，他们与雇主协商，在这个相当短的时期内申报较高的工资。

陷。用来计算工资的时期选择和时期长短，对于某些人而言还存在问题，他们在1996—1999年指定的转换时期内，在劳动力市场上就业状况不佳[①]。这意味着在1996年之前有着相同工作经历的人们，会因1995年后就业状况的不同而获得不同的养老金，这对于大部分工作时间在旧制度下的老年成员极不公平。另一方面，甚至在转型之前，就存在收入离散分布的现象，而转型之前的大部分工作年份已被积累。至少从某种程度上，在最初的十年间，转型后的个人收入分配状况反映了转型前的个人收入分配状况。在评价结果时，认识到这一点很重要。正因如此，对于1996年以前收入水平高出平均水平的人们而言，使用统一的平均工资规则是不公平的。

鉴于所选的转化规则，还存在另一个转化问题，即一些雇员在1996—1999年没有完整的缴费记录，可能是因为雇主的拖欠，或是他们自己选择非正规就业。原则上，破产雇主的缴费作为破产程序的一部分应由国家承担，即使是在转型的环境下[②]，这也是欧盟和其他非转型国家的通行做法。但在拉脱维亚却不是这样。1996年后，在非正规经济环境下工作过，在旧制度下拥有工作记录（或是权利），但在新制度下有意拖欠缴费的人们，是否会遭受不公平的对待还不太清楚。可以从两方面来看待这个问题。但是，对于某些人而言，在转型期不容易找到稳定的工作。因此，用于计算从旧制度中获得并将继续保有的资产价值、与就业相关联的转型规定可能提供的养老金较少[③]。

改革开始后的最初几年里，由于被排除在劳动力队伍之外——尽管在改革前有较长的缴费记录——是某些初始养老金过低的原因之一，因此有必要提供转型保证（金），并采取附加的规则计算初始资本。议会于1996年采纳的规则在1997—1999年得以实施，2002—2010年，法律会有新的修订。转型保证（金）规定适用于至少有30年工作经历的人们。依据这一规定，按照主要的法律条文，初始资本的计算或是以个人收入最好时的情形大基础，或是以1996—1999年所有参与者平均工资为基础[④]。其他所有人，初始资本的计算是以个人收入最高时的情形为基础，或是以平均缴费的工资的40%（接近最低工资水平）为基础。因此，实践中，初始资本的最低保证额是基于1996年之前工作年份数，这与最低工资是相对应的。随着时间的发展，初始资本的重要性会下降，总名义资本会更多取决于个人实际收入和缴费，较少取决于1996年以前的工作年份数和转型规定。

总之，在转型期，劳动力市场处于混乱的状态，初始法律中的转化规定对于有较长工作经历，但在20世纪90年代后半期被排除在劳动力市场外的人们而言是不公平的。因此，引入了独立的保证（金）制度——尽管存在一般性的保证最低养老金——来为在转型和引入改革之前所获的权利融资。特别保证（金）制度的设计仍然受一种目标的影响，即将过于慷慨的转型规定的影响降至最小，这种规定将继续奖励收入低报和逃报，这也是整个转轨时期一直存在的问题。

---

① 见 Vanovska（2004）。

② 这种政策能否鼓励雇主拒绝支付，还存在问题。至少有理论方面的风险，特别是对于小雇主而言。另一方面，个人不应该承担成本。

③ 见 Vanovska（2004）。

④ 但是这种担保也覆盖那些故意逃避足额缴费的人，这是颁布那个规定的一个意外后果。

第四节　个人得益于改革后的最初十年

改革如何在初期影响新近准予的待遇呢？这需要考察决定名义账户制待遇的因素有何变化，即预期寿命、平均工资、账户收益率、新近退休者参保的年份数。增加实际工资以及账户的正收益率意味着，年轻一代的名义账户制资产的年增值将超过年老一代。如果平均参保的年份数保持不变，待遇的增长将取决于男性和女性的预期寿命的状态以及人们选择退休时的平均年龄。

从表 15.1 中可以看到，所有工人的平均工资增长率是 5.5%，由于缴费人数的正增长，名义账户的收益率更高，在 1997—2003 年达到 6.6%。这表明工资和缴费率的增长对于新待遇有较强的正面效应。自 1996 年以来，60 岁时男性和女性的预期余命因素有提高，从 1996 年（用于养老金的计算）的 18.25 岁增至 2004 年的 19.17 岁。1997 年，新近退休者参保的年份数为 30 年，而在 2003 年是 31 年。1997 年，新近男性退休者的平均年龄为 59.8 岁，女性为 55.7 岁，在 2003 年分别为 61.1 岁和 57.7 岁。因此，除预期余命外，所有的因素的作用方向都是增加新近准予年金的平均实际价值。事实上，实际增长因素的影响相当强。

令人惊奇的是，观察 2003 年的情况，除了 1999 年男性与 1999 年和 2000 年女性的情形是明显例外，1996 年以及随后年份准予的养老金的平均价值都相同。平均待遇能如此稳定有多种原因，这掩盖了引入名义账户制计划的“纯”效应。原因之一就是直到 2008 年才可能提前退休，但待遇有所削减。因此，尽管领取养老金年龄提高了，人们在最初几年还可以提前离开劳动力队伍，虽然待遇有所削减。实践中，这是许多人特别是女性的选择。

新一代养老金领取者的平均实际待遇水平有增长的趋势，但这并不太引人注意。一个最重要的原因是在 1996—1999 年，议会准予了待遇的特别指数化，在 1997 和 1998 年又有相当大的变动①。这些特别指数化的总体效果就是将早期准予的待遇提至新近准予的水平。

1999 年，另一种特别措施提高了所准予的平均养老金水平，即引入新特权。仍在工作的养老金领取者，其待遇是在旧制度下准予的。只要他们在 1996 年后至少工作了 3 年时间，就准许利用新的名义账户制公式重新计算待遇。尽管福利部对此持反对意见，这一方案在强大的利益集团的游说下获议会通过。

1995 年，当正考虑改革时，55 岁女性的平均新近准予待遇与平均工资之比约为 44%，60 岁的男性的情况约为 46%②。2003 年，平均新近准予的待遇是 67 拉脱维亚元，同年的平均工资水平是 172 拉脱维亚元。这样可推出平均新近准予的待遇与总平均工资之比为 39%。与此同时，低于 100 拉脱维亚元的养老金不纳税，而工资的平均税率达 25%，因此，平均新近准予的待遇与平均税后工资之比为 49%。总体而言，预期寿命因素的效果和转型最初

① 1996—1999 年间的特别指数化，使得旧制度的养老金增加了 24%，名义账户制养老金增加了 11%。自 2000 年，指数化的步骤被修改，再次采纳倒退的方案。

② 见 Fox 和 Palmer（1999）。

的十年里平均参保年份数的下降，趋向于降低新近准予待遇的水平。由于更稳定的经济环境和领取养老金的最低年龄的提高，参保年份数将会增加。

总之，平均较低的参保年限加之人们的明显趋向，即直至2005年7月，在领取养老金的最低年龄之前退休，这都有助于缩减新近准予的养老金平均规模。此外，在随后的时间里，特别指数化将改革前和改革后早期的养老金领取者的待遇提高至与新近准予待遇接近的水平。随着人均工资的迅速提高，名义账户不断发展。但平均替代率水平仍略低于改革前，这主要是因为参保的年份数较少。有理由相信参保的年份数将再次涨回较高的水平——当1995年改革处于规划设计时，所有养老金领取者的平均参保年份数为35年。坚持缴费的较长职业生涯以及对新的较高退休年龄的适应，都将有助于在未来拥有更高的养老金。

第五节　长期的财政状况

1996年，拉脱维亚养老金改革的主要目标是，在长期财务稳定的制度框架内，通过将待遇和缴费相联系的制度，为职业工人提供充足的待遇。这是选择将名义账户制和实账积累制相结合背后的推想①。引入名义账户制和实账积累制，还提供了一种框架，能够将劳动力市场扭曲的效应降至最小并产生储蓄，而在长期这一新框架有助于更高的经济增长。这一部分主要分析这种选择的长期财政状况。首先是讨论未来下半世纪的人口和经济情形，然后指出更极端的有关经济增长、生育率、死亡率和净移民的假定如何影响新养老金制度财政状况的发展。

一、人口和经济环境

任何国家的生育率、死亡率和净移民的未来发展都是极不确定的。拉脱维亚也不例外。在20世纪80年代，拉脱维亚经历了婴儿潮，但自转型开始，生育率一直较低。在2003年，生育率仅为每1位女性生育1.2个子女，大大低于保持稳定人口所需的2.1的生育率水平。此外，关于欧盟成员资格对于净移民的影响，还相当不确定。在中期内，许多拉脱维亚人，特别是年轻和受过良好教育的人们，将在国外寻求工作机会。但是，这种转变效果的力度和持久性很难判断。而且，如果人们的饮食、吸烟以及生活习惯大体上日趋健康，随着现代医学技术可及性和可负担性不断提升，在未来数十年里，将有足够的余地应对死亡率的急速下降②。

这里需要强调的问题是，新的拉脱维亚制度在面临极端的人口状况和由此带来的经济压力时，如何保持财政制度的弹性。为了考察改革对于不同参数组合的反应弹性，需要分析一系列的情形——其中有一些是极端的经济和人口状况的假设。基线情形假定生育率从2003年1.2的增至2015年的1.5，然后在余下的考察时期内增至1.7。稍乐观一点的情形是，时期生育率在2015年达到1.8，然后逐渐提高并一直保持在2.0的水平——乐观地假定经济繁荣会提高生育子女的倾向。基线情形对2010年从拉脱维亚的净迁出移民进行了假定。

① 见Vanovska（2004）。

② 拉脱维亚的人口前景在《拉脱维亚的国家社会保险制度：财务分析》（2003）中有深入探讨。

2010 年之后，净移民为零。两种其他的净移民情形包括在 2010 年以后，正向和负向净入境移民的流动。

有两种死亡率情形需要研究。在基线情形中，男性 60 岁之后的存活时间从 2002 年的 15.1 年增至 2050 年的 18.1 年，女性则从 2002 年的 21.8 年增至 2050 年的 23.5 年。一组更显著的变化也需要研究，即 60 岁男性的存活时间在 2050 年增至 23.3 年，60 岁女性增至 28.1 年。这种更显著的变化是假定男性寿命延长 8 年以上，女性延长 6 年以上。这将使拉脱维亚人的寿命水平更接近于斯堪底维亚纳邻国的水平。

如图 15.2、图 15.3 和图 15.4 所示，在基线情形下，拉脱维亚的总人口将从 2003 年的 230 万降至 2075 年的 150 万，这是假定目前的净迁出移民会在 2010 年终止。在年轻人持续净迁出的情形下，2075 年人口数量将降至不足 130 万。在基线情形下，出境净移民在 2010 年终止，人口数量的年下降率为 0.57%。若净移民一直持续，在悲观的情形下，人口数量的年下降率为 0.76%。悲观情形反映了高移民率和低生育率现象，这将大大减少人口数量。

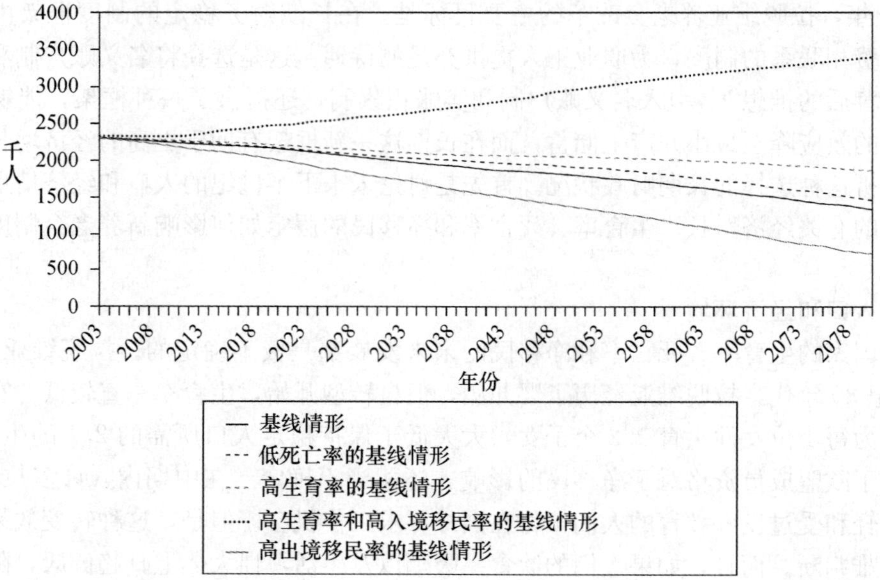

图 15.2　拉脱维亚人口

资料来源：作者根据拉脱维亚福利部的技术模型计算。

当然，不同的生育率和净移民的组合也能产生相似的人口状况。鉴于这些人口状况的假定，基线情形会使得劳动年龄人口数量出现更大的下降，即从 2015 年的 120 万降至 2075 年的 60 万。这并不是完全不现实的情形，因为它包括了生育率的显著改善，虽然这种改善还远不能满足繁衍更多人口的需要。此外，拉脱维亚的净迁出移民会终止这一假定属于强势假定。2010 年后仍有持续净移民的悲观情形更引人注目，到 2075 年可能仅剩 40 万劳动年龄人口。从逻辑上分析，拉脱维亚人离开国家的倾向能够被入境移民所抵消——可能是从俄罗斯及语言与俄语相近的其他国家的移民，在拉脱维亚已经有很多俄语居民，这使得同化移民更加容易。

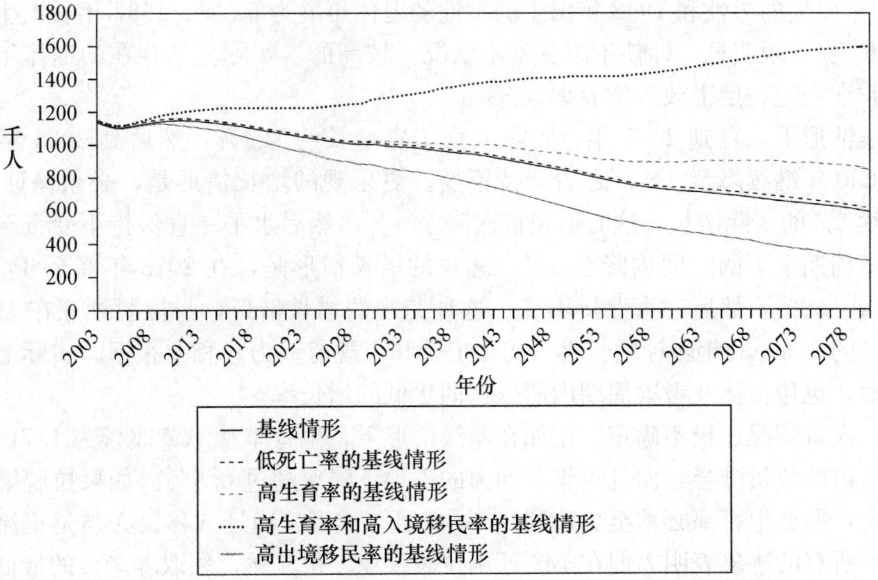

图 15.3　经济活动人口（15 岁到养老金领取的最低年龄）

资料来源：作者根据拉脱维亚福利部的技术模型计算而得。

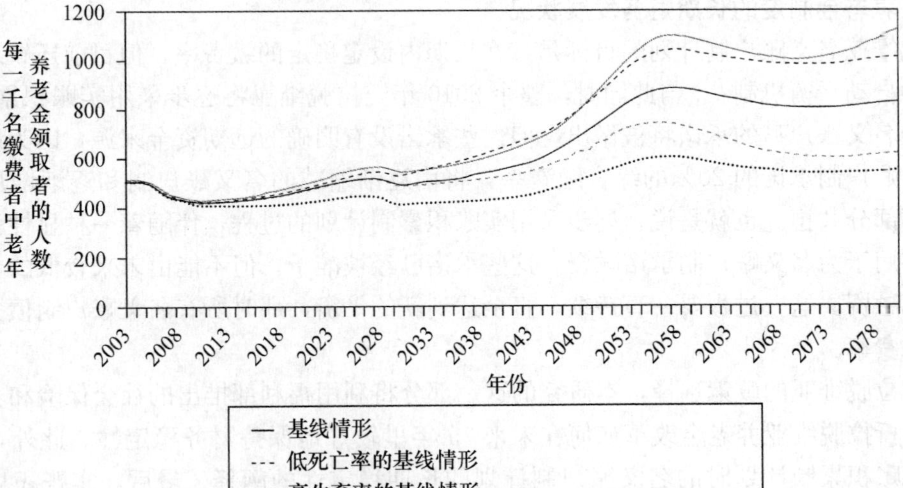

图 15.4　制度赡养率

资料来源：作者根据拉脱维亚福利部的技术模型计算而得。

在基线情形下，制度赡养率在 2055 年左右将恶化，每 1 位养老金领取者将对应 1.1～1.2 个工人，然后会趋于相对稳定。在出境移民众多的情形下，加之大量人口存活率较高，制度赡养率将进一步恶化，每 1 位养老金领取者对应的工人人数还不足 1 人。以上情形包括假定1944年出生的男性和1948年出生的女性的退休年龄为62岁，1967年后出生的群体退休年龄为63岁。很明显，即使不改变基本状况，较高的、实际上已存在的退休年龄将增加劳动力，并在一定程度上改善赡养率。

在基线情形下，直到2015年，实际人均工资增长约为4%，然后到2023年累进减至3%，到2030年继续降至2%，之后保持不变。更乐观的增长情形是，必须保证直至2020年左右有约5%的实际增长，这时增长首次降至4%，然后水平一直保持不变直至2045年，接着在考察周期余下的时间内降至3%。悲观的增长情形是，在2013年降至3%以下，在2020年达到1.2%，然后一直保持不变。这种悲观的增长情形，与拉脱维亚在1997—2003年实际取得的6.6%的年合计增长率（实际工资和正规劳动力）相差很远。实际上，即使是乐观的情形，也包括比在考察周期内所取得的更低的增长率。

总之，人口情况还极不确定。正如在基线情形下，生育率从1.2改善为1.7，仍旧导致劳动年龄人口的数量减半，而且每年劳动力的平均下降率超过0.5%。如果拉脱维亚想要继续发展强大，那么生育率必须至少达到2.1，并且（或者）净迁入移民必须是正流量。遗憾的是，目前所有的迹象表明人们在不断迁出拉脱维亚。很显然，领取养老金的最低年龄在未来将不得不进一步提高，但即便如此也不能带来太大的缓解。结论是，拉脱维亚在未来会出现一位养老金领取者对应大约一位工人的现象。问题是，改革后的养老金制度如何应对这一问题？

二、养老金制度的长期财务发展状况

拉脱维亚名义账户制计划的目标是，在长期内设定稳定的缴费率，但目前还缺乏瑞典已有的那种自动平衡机制[①]。与此同时，整个2010年，拉脱维亚将逐步采用实账积累制计划。这意味着名义账户型的承诺将被做出，但这些承诺没有明确的远期资金来源，因为用于资助以前名义账户制承诺的20%的综合缴费率，将由逐渐缩减的名义账户制和逐渐增加的实账积累制两部分共担。也就是说，逐步采用实账积累制计划的过程，伴随着一种显性税收的设立。这将用于为名义账户制承诺融资，这些承诺已经被准予，但不能由未来较低的名义账户制缴费率融资。这一过程要一直持续，直至达到新的平衡，那时所有名义账户制债务都基于10%的缴费率。

鉴于拉脱维亚的政策选择，本研究的这一部分将利用福利部推出的社会保险和养老金模型，来分析拉脱维亚养老金改革如何在未来75年里较好地保持财务稳定性。此外，还有对未引入实账积累制计划时的名义账户制计划的长期稳定性的阐释。最后，实账积累制计划6%的长期缴费率也纳入考虑范围，以此说明这一比例和立法中实账积累制10%的缴费率比例之间的税收负担差别。

图15.5显示了在目前立法状况下的转型过程。需要注意的是，直至2040年左右，最后那些在1996年立法之前获得待遇的人们才去世，这主要是由于女性较低的领取养老金年龄（55岁）和因旧制度的特权——有可能从40岁就提前退休的机会——而导致。而且，直至

① 正如已经讨论过的，未来债务的规模，直至长期规划结束后才能得知。规划主要是登记1996年以前所有的工作年份数。这些数据将用作计算初始资本，旨在测算名义账户制的债务规模，使名义账户制资产和负债达到平衡。

2065年，大量的养老金领取者是那些养老金至少部分取决于1996年之前的工作经历的人们。另外，直至2075年，名义账户制计划才能发展成熟，即在某种程度上，所有的养老金领取者是自1996年改革实施后的新劳动力。

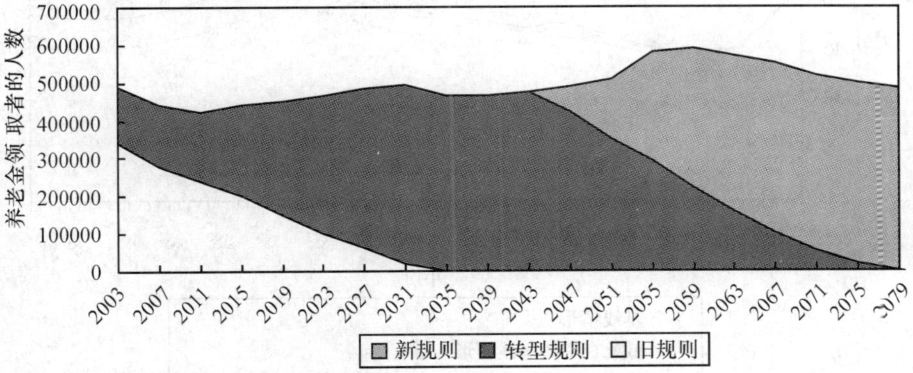

图15.5　根据旧规则、转型规则和新规则领取养老金的人数

资料来源：作者根据拉脱维亚福利部的技术模型计算而得。

三、没有实账积累制部分的假想改革

首先需要考虑的是，如果没有从名义账户制到实账积累制的逐步转型，未来名义账户制计划的财务制度将如何运转。为此，需设定一系列假想情形，名义账户制计划将是未来唯一的养老金计划。这还伴随着不断将进入实账积累制计划的缴费分配至名义账户制计划，只要20%的名义账户制总体缴费率恒定。直至2011年，指数化会一直遵循立法的规定。这意味着自2004年，对小额养老金实行比例为50%的待遇实际指数化。另外，自2011年，对每个人都实行比例为50%的指数化。

图15.6、图15.7和图15.8显示了不同情形的结果，都是假定只存在名义账户制计划。2035—2040年，除了一种情形外，制度在所有的情形下都积累了盈余。事实上，在基线情形下，2045年之后就会出现盈余。盈余由储备基金持有较为理想，所获的财务收益率至少与工人账户被准予的收益率相等。这一现象持续直至2045—2065年，那时需要为20世纪80年代出生的婴儿潮一代提供养老金。

到2080年，未能完全取得平衡的一种情形是——考虑到2040年之前积累的储备金，尽管还不是相差太远——劳动年龄人口从2015年的120万减至2080年的40万，这对于任何国家而言都是严峻的形势。然而，考虑到问题的性质，财政赤字规模相对较小①。在其他困难的情形下，劳动年龄人口“仅”从120万减至60万——每年下降0.6%，但人均实际工资的增长率稳定降至1.2%的长期水平——考虑到总体缴费基数的增长为0.6%。在这种情况下，最初几十年里，对于旧制度的承诺的完全指数化加上名义账户制的新近转型承诺的较高指数化，导致了在最初40年内储备金的枯竭。

① 普遍存在的问题是，如果用来计算名义账户收益率的指数是基于过去价值的移动平均值存在较缓慢的累积效应，那么随着劳动力不断减少，调整机制常滞后一个时期，或更长时间（见Palmer，1999）。

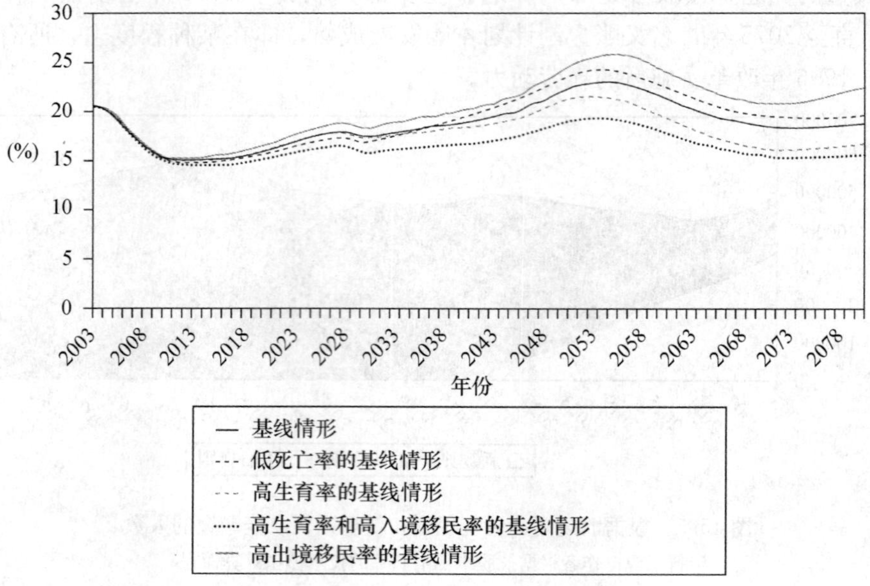

图 15.6　退休金支出占费基的百分比

资料来源：作者根据拉脱维亚福利部的技术模型计算而得。

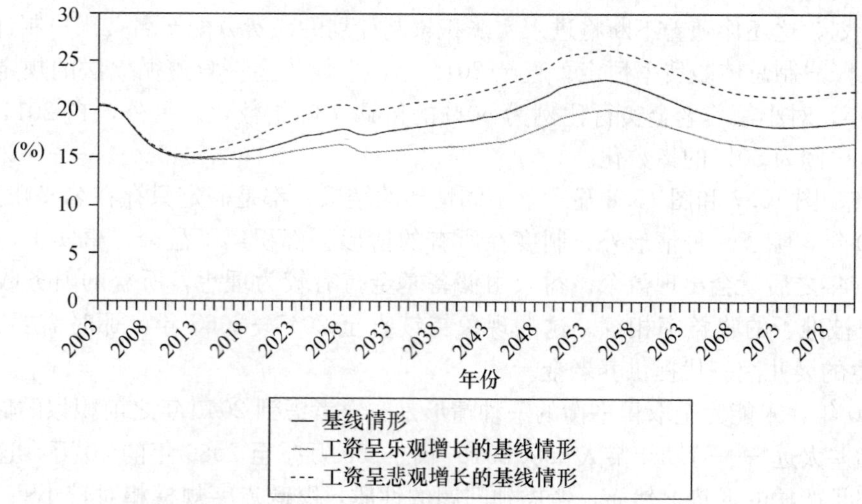

图 15.7　退休金支出占费基的百分比

资料来源：作者根据拉脱维亚福利部的技术模型计算而得。

在图 15.7 和图 15.8 中，针对收入的以缴费率为基础的财务状况分析，不包括对因疾病、残疾和失业等在参保期内所获的养老金权利的融资。由于没有储备基金持有这些资金，他们只是总体社会保险预算中一般盈余的一部分。一旦有了储备基金，这些资金将转移至基金并一直持有，直至需要为退休金领取者兑现承诺。因此，对财务状况的完整分析，需要考

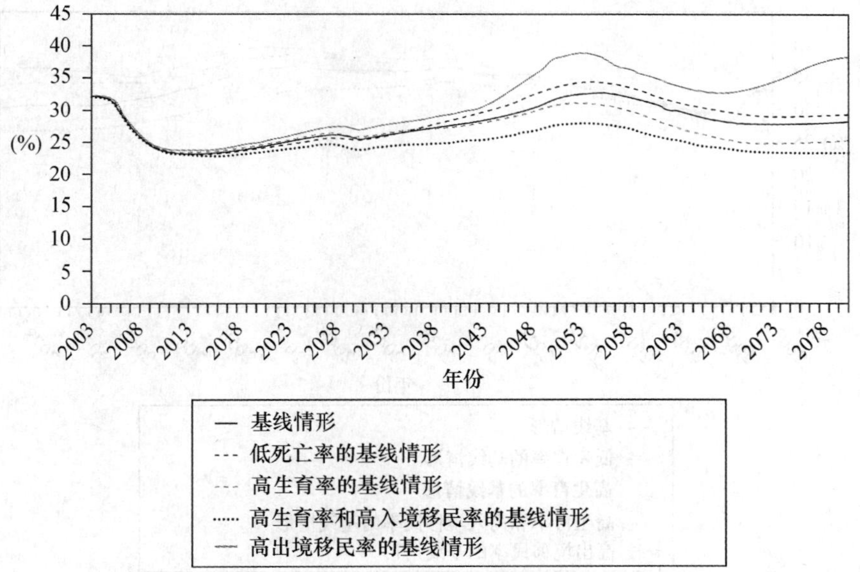

图 15.8　社会保险总支出占费基的百分比

资料来源：作者根据拉脱维亚福利部的技术模型计算而得。

察总体社会保险预算的盈余和赤字。详情参见图 15.8[①]。

十分清楚的是，由于目前的缴费率水平为 33%，而且直至 2040 年储备基金一直持有积累盈余，制度将处于平衡状态。导致长期财政赤字的总体情形指的是，有大量出境移民，并且仅仅在半个世纪里，处于劳动年龄人口从 120 万降至 40 万。在这种假设的情况下，需要较高的缴费率来维持总体制度。需要较高的社会保险总体缴费率，是因为其他制度的收支不平衡，这在一定程度上是根据现行立法，对残疾津贴慷慨指数化的结果。

四、名义账户制和实账积累制相结合的制度财务状况

实际的立法包括，到 2010 年，实账积累制缴费率按照时间表逐步增至 10%，名义账户制相应减至 10%。这对于财务状况的稳定意味着什么呢？图 15.9 和图 15.10 显示了这两种情形。另一种情形是实账积累制计划的缴费率增至 6%，而名义账户制的最终缴费率为 14%。

得出的第一条结论是，由于缴费率按照时间表增至 10%，至少直至制度在 70 年后发展成熟（见图 15.9），总体制度需要比当前 33%更高的缴费率。当然，如果拉脱维亚政府按照时间表，额外的成本可由一般税收融资。另一方面，政府可以选择限制实账积累制计划的规模。考虑到储备基金一直积累至 2035 年，另一种方案是，实账积累制计划的缴费率增至 6%的水平后不再提高（见图 15.10），这很容易在目前 33%的缴费率范围内得到资金支持，当然要排除因出境移民，劳动年龄人口从 120 万减为 40 万的情形。

① 应注意的是，即使残疾津贴也是从 2004 年进行比例为 50%的缴费工资指数化，这和养老制度是对称的，但至今还未作为政策措施讨论过。工资指数化是一种指数化方式，这对于严格准入制度而言是合理正当的，但也可能产生不合人意的弊端，即为老年工人进入伤残群体提供了额外的激励。

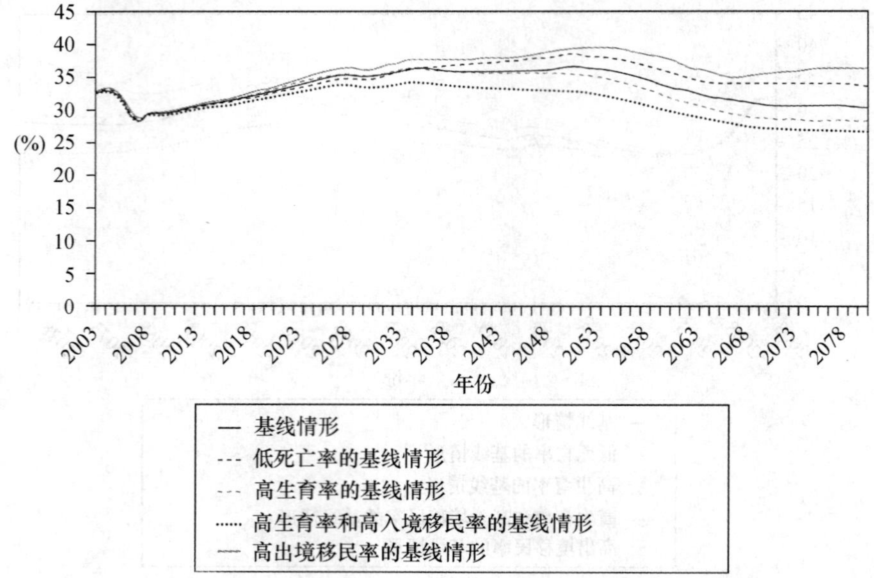

图 15.9　社会保险总成本占费基的百分比（从 2010 年以后，实账积累部分的缴费率为 10%）

资料来源：作者根据拉脱维亚福利部的技术模型计算而得。

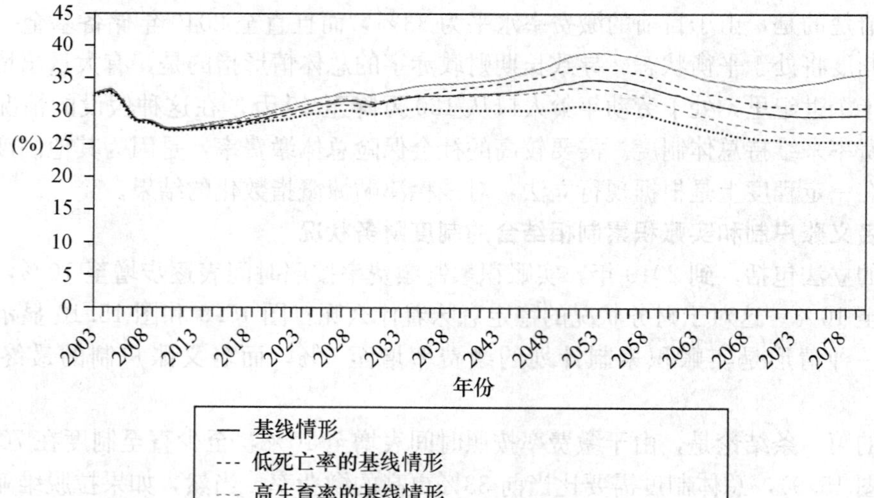

图 15.10　社会保险总成本占费基的百分比（2008 年以后，实账积累部分的缴费率为 6%）

资料来源：作者根据拉脱维亚福利部的技术模型计算而得。

注：覆盖所有待遇和 FDC 缴费的成本。

若总体制度仅有名义账户部分，对于转型的一代人而言，所需的成本低于名义账户制和实账积累制结合的情形。但这是总成本而不是净成本。为什么？首先，转型的一代人有可能从实账积累账户中得到更高的长期收益率。第二，如果国民净储蓄被更综合的名义账户计划挤出，实账积累制计划可能有利于国民净储蓄，带来更高的经济增长。第三，实账积累制将“迫使”金融市场不断深化，这也将为经济增长提供额外的动力。

图 15.11 显示了基线情形的财务状况。这一结果反映了当名义账户制缴费率高出 10%时，过去的名义账户承诺以及遗留下来的旧法规承诺必须兑现，但是以较低的名义账户制缴费率进行。直至转型结束，每人都拥有各 10%的名义账户制和实账积累制的承诺。这样一来引起了征税问题。但是，在实账积累制计划最高的缴费率为 6%的情形下，这种征税在 33%的总体缴费率内获得了补偿。由于实账积累制的缴费率为 10%，这种征税的水平更高。在 2045—2065 年以后，总成本实际上处于最高水平。

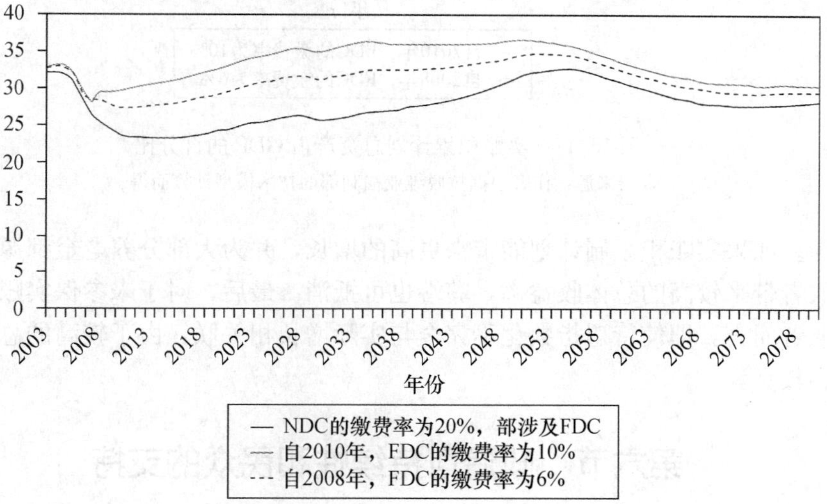

图 15.11 社会保险总成本占费基的百分比

资料来源：作者根据拉脱维亚福利部的技术模型计算而得。

注：覆盖所有待遇支出的成本，包括为 FDC 融资的成本。

正如我们已经注意到的，与引入实账积累制计划相关联的税收，在财务储蓄方面有相对应的内容。图 15.12 显示，通过实账积累制计划积累的基金规模相当大，这些储蓄无疑将有助于发展国内金融市场，并为国内投资的融资提供国内的流动性。如果实账积累投资组合的大部分被投资到海外，就为养老金领取者提供了混合型投资组合。与完全名义账户制（或是其他一些现收现付制计划）的情形相比，基于拉脱维亚人口和未来生产力发展状况的投资组合部分比重较小。长期内，这种更平衡的资产组合将有利于工人和养老金领取者。此外，长期内，实账积累制计划的引入减少了传递给后代的总体债务——但这需要近 3/4 个世纪的时间来完成。

要么通过固定投资，要么通过金融市场的深化，测算中所用的模型是假定增加的储蓄和经济增长之间没有直接联系。正如我们已经注意到的，立法中所体现的实账积累制与名义账户制相结合的情形同纯粹名义账户制情形相比，前者的实际增长可能更大，只要其他情况相同。引入实账积累制计划的弊端在于，它要以较高的待遇指数化为代价，直至半个世纪后达

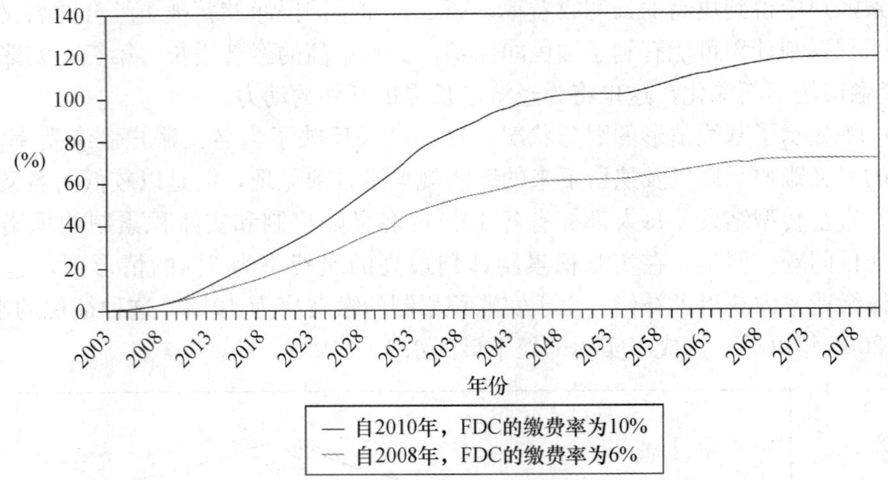

图 15.12　实账积累计划总资产占 GDP 的百分比

资料来源：作者根据拉脱维亚福利部的技术模型计算而得。

到转型平衡。如果实账积累制计划能带来更高的增长，并为大部分养老金都源于这种计划的养老金领取者带来较高的总体收益率，弊端也可抵消。最后，对于未参保实账积累制计划的养老金领取者而言，即使待遇指数化不完全与实际增长相关联，由于较高的总体增长，待遇指数化也会较高。

第六节　政治可持续性和民众的支持

多支柱养老金制度的原则自 1996 年在拉脱维亚就有牢固的政治立足点，这种制度将被继续执行是毫无疑问的。尽管如此，关于国家养老金的法律在最初的 8 年里被修订了 10 次。其中一些修订包括在整个 1999 年准予的特别指数化，以及对于仍在职的养老金领取者准予特权的新修订，他们的养老金在上面讨论过的旧法规中已被准予。最后，在 1996 年后，法律又做出了一系列的变更，来更好地设立转型规则，并为在 2010 年前退休的年老的工人提供转型保证（金）。如果从一开始就建立较好的转型制度，可以避免提供转型保证（金），这是从拉脱维亚实践中得出的重要的教训。

未来的挑战将是保证养老金预算中现金盈余的预期增长，因为它将用于弥补未来的负债。由于养老金金额仍然较少，退休金金领取者（占人口的 21%）将不理会制度的原则，向政府施加压力来提高养老金水平。这些原则包括需要储备金为已经做出的承诺融资。因此，正如已经注意到的，为名义账户制引入储备基金仍是直至 2005 年的养老金政策的第一要务。

拉脱维亚人普遍支持名义账户制和实账积累制计划。在 2003 年，当可以进行个人资产组合选择时，由于基金经理人的广告宣传，实账积累制计划赢得了广泛的支持。人们似乎支持私营并可进行选择的计划。极为重要的是，政府必须继续关注两大部分改革的发展，可以进行经常性的意见调查，为未来的信息宣传活动指明方向和内容。继续提醒人们新改革的原则，以便使他们做出有根据的决定也很重要。这将需要更多来自政府和养老金管理部门的定期信息。

第七节　概述与结语

总之，拉脱维亚的名义账户制改革，在1996年实施了从旧制度权利向名义账户制资本的完全转换，并已经受了时间的考验。10年后，历经了政府的多次变革，以及1996—2004年的数次全国选举，制度被证明在政治上是充满活力的。制度获得普遍接受的一个重要原因在于对一些根本原则的普遍接受。

在最初的几年里，最困难的挑战是，在根据新规定为即将老年工人提供保证（金）和抑制广泛存在的向保险（和税收）制度低报收入的行为之间寻找恰当的平衡。最初的规则不能区分在旧制度下有较长工作经历的人（20世纪90年代劳动力市场浩劫的真正受害者）和那些故意隐瞒收入信息来逃避缴费的人。后一种现象在个人和雇主身上都可能发生。福利部设计了转型保证（金）规定，旨在公平对待前一类型的群体，这也带来了针对改革的额外短期的政治支持。

值得注意的是，议会在1998年的立法修订为少数人提供了极高且不公平的待遇，这些人按照1996年改革前旧的法律退休，但在改革后仍继续工作。这种现象一旦被广泛知晓，公众接受将有困难。

自名义账户制计划被引入，就为参与者带来了可观的收益。1997—2003年，在实际人均工资每年增长5.5%的带动下，名义账户年实际收益率达6.7%。此外，在名义账户制计划实施的最初几年，即1997—2003年，参保的工人人数每年增加1.1%。1997—2003年，进行缴费的经济活动人口大幅增加。规范性的增强毫无疑问地可归因为拉脱维亚从指令型经济向市场经济转型的成功。它还支持了一种观点，即直接基于缴费的待遇计划，例如名义账户制计划，能激励人们正式申报收入并进行缴费，从而成为公共待遇计划的参与者。

养老金被价格指数化，但20世纪90年代的特别指数化提高了以前所准予的待遇的价值，以便和后来年份里新近准予的名义账户制待遇持平。这些措施使得那些在1999年以前获得待遇的养老金领取者分享了经济局势较好时的成果，但与此同时，这些措施也意味着政治家仍能在为改革制定的长期框架之外，利用特别措施进行干涉。另一方面，自1999年，待遇方面没有特别的变化。这也为政治稳定提供了有力的证据。

本项研究中的测算表明，在面临非常不利的经济和人口的条件下，拉脱维亚养老金制度在财务方面是稳定的。不利的情形包括在（平均）63岁时退出劳动力队伍的长期倾向。到2007年，超过62岁这一领取养老金最低年龄后，男性和女性就将退出劳动力队伍。当然，更有利的情形产生的压力较小。此外，拉脱维亚的政治家可能会发现他们自己也受到激励，希望大幅提高领取养老金的最低年龄。从撰写这项研究直至2075年，有改善的生活习惯和更好的医疗保健对人口的寿命有显著的促进作用。

分析表明，拉脱维亚需要建立储备基金，对主要与20世纪80年代出生的人们相关的预期盈余进行存储。自2040—2045年后，储备基金可为这些人的名义账户养老金融资。名义账户制计划自身在长期内可以显示出财务平衡，但实账积累制计划的引入产生了“缺乏资金支持的权利”，即名义账户价值积累的缴费率高于支付待遇时的缴费率。只要实账积累制计划最终的缴费率降至6%，这些待遇在现存的33%的整体缴费率框架内就会有资金支持。

正如立法所持的观点，面对潜在的、极端的人口环境，拉脱维亚养老金改革在财务方面是稳定的。本研究表明，仅进行名义账户制改革的假设情形更是如此，即在2001—2010年，不逐步引入实账积累制改革的情形。本研究显示，如果实账积累制计划缴费率增至10%，而名义账户制计划缴费率减至10%均按计划实施，大约在2045—2065年，将需要高出目前缴费率的税收收入。假定10%的缴费率已经生效，实账积累制计划会构成强制保险计划内可观的强制性储蓄，它在国民收入账户中会计为私人储蓄。如果其他条件都相同，它将因公共储蓄的减少而被抵消。由于新的税收资金会进入总体社会保险预算，弥补本研究测算中提出的社会保险隐性赤字，它会被用来兑现20世纪80年代出生的人们的承诺。也就是说，在2045年以前，名义账户制计划积累的储备金，将足以在固定缴费率的界限内，兑现所有的承诺。这意味着2045年及以后的若干代工人，仍将为向实账积累制的转型进行支付。这是否合理取决于人们对引入如此大规模强制性实账积累制计划的价值判断。

大规模引入实账积累制计划的思路十分明确，这在本研究中已有讨论。理由之一是使拉脱维亚人的养老金投资组合多样化。由于低生育率、有所改善的死亡率，以及向其他欧盟国家净迁出移民的高风险，从今天的视角看，拉脱维亚的人口前景并不乐观。到2075年，人口数量会减半，劳动力也将更加老化。拉脱维亚劳动力的年减少率达0.5%～0.7%，这一现象似乎要持续下去。人口增长的负面影响将被在2015年左右制度的日趋规范化，以及退休年龄的提高所抵消。长期内，随着拉脱维亚的生产率和工资结构与欧洲其他国家的水平趋于一致，人均工资的实际增长率将减缓至2%左右。

从这个角度来看，拉脱维亚的（或是任何其他国家的）强制性养老金投资组合由实账积累制资产和名义账户制资产相结合是合理的。前者大部分投资海外，主要是在经济高增长的地区，后者主要由国内经济的增长决定，并为未来拉脱维亚的工人提供部分以现收现付制融资的最低养老金。

最后，本研究还指出了名义账户制一些明显的技术性问题。一是关于如何处理多出的遗产所得，目前还没有明确的决定。另外，目前还没有名义账户制储备基金。这项基金将被用来持有转入名义账户制计划的资金，转入主要是因为免于缴费的权利，以及因疾病、残疾和失业等在参保期内所获的养老金权利。此外，按照名义账户制原则，一部分由20世纪80年代出生的人们所进行的缴费，由于规模较大，将需要积累起来。出于人口因素考虑的储备金将在未来三十多年里发展壮大，但最终它将用于为更大规模的退休群体的养老金的融资。最后，直至向10%的实账积累制缴费率的完全转型在2010年真正发生，它将一直是悬而未决的问题。

参考文献

Fox，L.，and E. Palmer. 1999. “Latvian Pension Reform.” Social Protection Discussion Paper 9922，World Bank，Washington，DC.

Gassmann，F. 2000. “Who and Where Are the Poor in Latvia?” Ph. D. dissertation at the University of Maastricht，Department of Economics.

Góra，M.，and E. Palmer. 2004. “Shifting Perspectives in Pensions.” Institute for Study of Labor（IZA），Discussion Paper 1369，Bonn，Germany.

Krumins，J. 2000. *Life Expectancy Trends，Methodology and Construction of Life Tables to Be Used in the Computations of Latvian G-Values*. Report to the Ministry of Welfare. Riga：Ministry of Welfare of Latvia.

——. 2003. *Life Expectancy Trends and Projections：Latvia*. Report to the Ministry of Welfare. Riga：Ministry of Welfare of Latvia.

Labor Force Survey. Riga：National Bureau of Statistics.

Ministry of Welfare of Latvia. 2003. *The State Social Insurance System in Latvia. Financial Analysis*. Riga：Ministry of Welfare of Latvia.

Palmer，E. 1999. “Individual Decisions and Aggregate Stability in a NDC PAYG Account Scheme.” http://www.rfv.se/english.

——. 2006. “What Is NDC?” In *Pension Reform：Issues and Prospects for Non-Financial Defined Contribution（NDC）Schemes*，ed. R. Holzmann and E. Palmer，chapter 2. Washington，DC：World Bank.

Swedish National Social Insurance Board. 2001. *The Swedish Pension System Annual Report* 2001. Stockholm：Swedish National Social Insurance Board.

Settergren，O. 2001. “The Automatic Balancing Mechanism of the Swedish Pension System：ANon-Technical Introduction.” *Wirtschaftspolitische Blätter* 4（2001）：339-49.

Vanovska，I. 2004. “Pension Reform in Latvia：Achievements and Challenges，” *Reforming Public Pensions. Sharing the Experiences of Transition and OECD Countries*. Paris，OECD.

第十六章　波兰的名义账户制：制度实施5年后的评估

阿格尼斯·卡克洛恩—多明扎克　马雷克·戈拉*

新的波兰养老金制度，是在“多样化保证安全”的旗帜下引入的，自1999年1月1日起开始实施。对于大多数在职人口而言，它取代了以前所有的退休金法规①。任何养老金改革的实施都是一个长期的过程，新的波兰养老金制度也是如此。在2004年，从制度实施中吸取教训仍然比较困难，因为2009年前将没有养老金被发放。但是，尽管制度的总体设计没有改变，在波兰对于一些基本问题仍有争论。以行政管理的角度看，从实施过程中还是可以总结出一些教训。

在本章，我们以1999年实施的完整养老金制度的框架为背景，提出波兰名义账户制的设计。我们还对早期波兰实施改革的经验以及对波兰名义账户制养老金制度的未来的当前争论给予评估。

本章的结构如下：第一节介绍新的波兰养老金制度的总体情况。第二节是转型方面的内容，这和波兰养老金制度的特殊设计有关。第三节将从微观经济和宏观经济的角度研究制度的设计。第四节主要集中于实施经验的讨论。最后一节对讨论做出总结并得出结论。

第一节　新的波兰养老金制度的主要特点

无论人口的老龄化状况怎样，从无到有设计新的养老金制度其实是提供了一个独特的机会，来建立中性或是至少接近中性，并与经济增长相对应的制度②。全新设计还考虑到要设计一种简单、透明的制度，从而避免的制度内生的复杂性可能通过特别变动被革新过。

1999年1月1日，以前基于社会税收的俾斯麦式的养老金制度被终结，一种完全基于

---

* 阿格尼斯·卡克洛恩—多明扎克（Agnieszka Chłoń-Domińczak）是波兰社会政策部副部长。1997—1999年，她是波兰准备和实施养老金改革组的核心成员；马雷克·戈拉（Marek Góra）是华沙经济学院的教授，他和米哈乌·鲁特科夫斯基（Michal Rutkowski）是波兰养老金改革概念的提出者。

作者要感谢爱德华·帕尔默（Edward Palmer）和斯德哥尔摩会议的参与者对本章内容早期版本的意见。作者还要感谢社会保险协会的精算师（Tomasz Mazur）为文中提出的预测所提供的帮助。

① 1948年后出生的工人，即那些引入改革时还不到50岁人们，参保了新制度。

② 关于波兰养老金的更详细描述可以参见Góra（2003C）；Chłoń-Domińczak（2002）；Chłoń，Góra和Rutkowski（1999）；Góra和Rutkowski（1998）。

两种个人账户的新制度被引入。账户种类是：

• 名义账户制：基于政府准债券（与布坎南债券类似的观点）的个人账户在金融市场不交易，其收益率等于工资总额的增长（长期内GDP的增长）①。

• 实账积累制：基于金融市场上可交易工具的个人账户。②

应该重点强调的是，两种账户是同时被年金化，而且他们在社会保障方面发挥着同样的作用。养老金制度的唯一作用是，为在职一代在他们的生命周期内提供有效的收入分配工具。特别是，作为一种基本国家养老金，制度中没有这样的组成部分。存在着社会再分配，但它却被挤出了养老金制度。最低养老金保证（个人养老金和最低养老金水平的区别在立法中有详细说明）是从一般税收中融资。

改革前就存在的社会保障缴费被分成了几部分，以便进入退休金的那部分是独立的缴费。以工资为基础的缴费率被划分开来，12.22%进入名义账户制计划，7.3%进入实账积累制计划。税收制度是免税—免税—征税型（EET），这意味着退休金的缴费享受税收减免，和养老金储蓄投资的收入相似，但未来的养老金将要被征税。这适用于名义账户制和实账积累制③。退休金的缴费由雇主和雇员平摊④。

从宏观经济的角度，退休年龄在平衡新制度的收支方面并没有发挥积极作用，尽管它能够在短期提供一些流动性收益。但考虑到社会政策和劳动供给，退休年龄仍然很重要。因此，新养老金制度中，女性最低退休年龄是60岁，男性最低退休年龄是65岁⑤。

养老金制度是代际间分享GDP的一种方法。名义账户制的主要特点在于被转移至全体退休一代（GDP^R）的GDP比重的稳定性。技术（人口）储备金在制度中被建立起来，以平滑不可避免要影响制度收入和支出的波动。

从个人的角度看，新制度是生命周期收入分配的一种方法⑥。在制度内部，退休金的缴费是基于个人收入的固定比例，它会带来账户价值。名义账户制度的账户余额获得的收益率是基于缴费总和的增长。退休时，积累的账户值会被年金化。年金以退休时的积累资本和预期寿命为基础进行计算。

支柱这样的术语常在养老金领域中使用，但其定义有一些混乱，因为这取决于谁在进行支柱分类⑦。这一术语有时在波兰使用，特别是公众交流中。但是，支柱这种比喻并不全符合波兰的情况。如果我们使用这一术语，应该说在制度之中完全没有“第一支柱”。“第二支柱”包括两种个人账户（每个参与者有两种账户：一个名义账户制账户，一个实账积累制账

① 对名义账户的价值所产生的收益征收25%的税收一直持续到最近，这项税收在2004年被取消。

② 当时对实账积累账户的收益没有征税。

③ 为了避免净工资的减少，所有的工资从1999年开始返计还原，加上等于雇员工资缴费的金额。

④ 之前，仅有雇主支付缴费。非养老部分的缴费达到了工资的17.07%。

⑤ 最初的改革计划设定男性和女性的退休年龄为62岁。出于政治原因，这在1998年还没有被接受。2004年，政府向议会提交了一项草拟的法案，建议在2023年前将男性和女性的退休年龄都统一为65岁。经过公开讨论，政府收回了这一提议。

⑥ 见Góra和Palmer（2004）。

⑦ 例如，“第二支柱”能成为普享制度的一部分（世界银行的术语）或者它指职业（局部）养老金计划（在许多国家使用的术语）。

户），他们拥有相同的目标（收入分配），但产生收益率的方式不同（名义账户制是通过实体经济，而实账积累制是通过金融市场）。表 16.1 是三支柱方案和波兰方案主要特点的比较。

表 16.1　　　　养老金改革的可选方案

典型的三支柱改革	波兰的“多样化保证安全”
• 合理化改造旧制度（再分配；匿名参与）：第一支柱	• 将社会保障划分为养老和非养老待遇
	• 终止旧制度中的养老部分
• 基于实账个人账户的制度新部分由私营资产经理人管理：第二支柱	• 在制度中建立全新的养老部分（两类个人账户）
	• 缴费在两种账户中进行划分
• 缴费在旧制度和新制度之间进行划分	• 第一账户：非实账型；收益率由 GDP 增长决定；账户是公营的（可能进行私有化）
• 提倡不同形式的额外储蓄：第三支柱	• 第二账户：实账型；收益率由金融市场决定；账户是私营的
	• 将账户值进行年金化（两个账户）
	• 提倡不同形式的额外储蓄

资料来源：Góra（2003）。

应该强调的是实施全新制度的观念是相当激进的，因为对于绝大多数人口而言，它相当于完全终止了旧制度。对养老金制度进行无数次细微修正的尝试侵蚀了公众的信任，这不仅仅是一种例证改革，它甚至还会造成未来的社会动荡不安。波兰的情形被证明就是如此：第一，在整个改革过程中，改革的理念传达给了社会合作者和媒体，他们的意见也被仔细听取。第二，改革没有影响年纪最长的在职群体，他们在改革之后很快就会退休。第三，改革遵照了宪法法庭的裁决，反对在养老金制度中进行额外的未曾预料的变动。最后，提出并解释了长期预测，表明旧的养老金制度（实际已经破产）面临的长期威胁。因此，在波兰并没有对新制度的重大公开批评。

第二节　从 DB 型到 DC 型的转型：一些实际问题

自 1999 年 1 月 1 日，对于所有 1948 年 12 月 31 日之后出生的人们而言，全新的制度取代了旧制度。参与新制度并不是依个人选择而定。1948 年 12 月 31 日之后出生的所有群体自动参保新制度。不存在转换①。但是，有一组参与者（1969 年 1 月 1 日之前出生的人们）有两种新制度选择——名义账户制和实账积累制的结合或是单纯的名义账户制。他们的选择

① 给人们提供机会来做决定的做法很受欢迎。但是，普享制的概念不仅意味着普遍覆盖还包括普遍的规则。在一种强制性制度中，选择从某种程度上说是一种幻想。选择对于自愿型局部计划而言比较适合，对于强制性普享制计划不适合。

可以在1999年12月31日之前做出。表16.2提供了这一程序的概况[①]。

表16.2 新制度的引入（年龄组）

新制度（1948年12月31日之后出生的人们）		旧制度（1949年1月1日之后出生的人们）
1968年12月31日之后出生的人们	1969年1月1日之后出生的人们	
自动参保新制度；OA缴费自动在两种账户间进行划分（名义账户制＋实账积累制）	自动参保新制度；OA缴费要么在两种账户间划分要么直接进入一种账户［（名义账户制＋实账积累制）或是名义账户制］	留在旧制度中（没有参与新制度的可能性）；没有账户

资料来源：作者根据社会保障制度相关法律的分析

从无到有引入新养老金制度，需要建立一种从俾斯麦式的现收现付待遇确定型制度向个人账户（名义账户制和实账积累制的结合）制度的转型。一种特别步骤被设计出来，将养老金权利转化成账户价值。1999年1月1日之前开始参与的每个人，能获得与他们名义账户制账户相关的被称为“初始资本”的金额。这一过程可以这样解释，根据1998年12月31日的旧规则，引退1948年12月31日之后出生的所有人口。当使所有的参与者都进入这种假定“退休”状态，旧制度就被终止。1999年1月1日之后，每个人都加入他们选定的新制度。

旧制度中所获的权利被转换为新制度中的初始资本。如果每个人都在旧制度的最后一天退休，计算初始资本就要像旧制度计算公式（根据年龄和缴费年份进行调整）那样提供相同的养老金待遇。那些将缴费在两个账户间划分和那些只拥有一个账户的人们，其初始资本没有区别[②]。

旧制度下所获的权利转换为新制度下的初始资本，是从一种制度向另一种制度的渐进转型，且无需复杂和费时重建假定养老金账户值。改革者决定遵照此途径是出于以下几点原因：

第一，没有个人数据能被用来重新得到改革前缴费的价值。在旧养老金制度中，社会保险协会（ZUS）只是在退休时才获得个人的信息。由于大部分1980年以前的个人记录被毁坏了，这种将旧制度的权利转化为初始资本的方法提供了一种应对初始名义账户情形的途径。

第二，将所获权利重新计算成初始资本，能够平滑地从旧制度向新制度转型，保持更长久工作的激励。预测显示，养老金制度的替代率将随着初始资本在名义账户中的比例减少而逐渐减少。

第三，这一进程既没有激励也没有抑制人们仅加入新制度中的名义账户制计划，或是名义账户制和实账积累制两种计划，因为无论工人的选择是什么，他们都获得相同的养老金权利。

① 参保特别养老金计划的农民，享受国家预算的高额补贴。所谓的统一服务（军队和警察）由新的普享制所覆盖，但这仅与那些1998年12月31日之后开始服役的人们有关，而这一群体中的其他人仍然留在他们特别的养老金计划中。目前政府决定将所有的军事领域人员转回至旧制度中。这提供了一种危险的优先权，它在未来绝不应该被仿效。

② 也不都是这种情况，例如在匈牙利，对于那些决定转至积累支柱的人们而言，所获得的权利减少了。

用来计算初始资本的公式遵照了旧制度中的公式，

$$P_0 = 24\% W_\rho + (1.3\% T + 0.7\% N) B \qquad (16.1)$$

其中：P_0=1999 年底每月获得的养老金；

T=缴费的总年份数；

N=其他符合条件的年份数（失业，军事服役和产假等）；

B=个人的估价基数；

W=1998 年第二季度平均，总计和泛经济月工资；

ρ=调整因子（特别是针对初始资本），它等于：

$$\min\left(\sqrt{\frac{A_i - 18}{A_r - 18}} \cdot \frac{Ci}{Cr}, l\right)$$

其中，A_i=1998 年底个人的年龄；

A_r=退休年龄（女性 60 岁，男性 65 岁）；

Ci=1998 年底总的符合条件的年份数（=Min［（T+N)；(4/3T)]）；

Cr=所需的符合条件的年份数（女性 20 年，男性 25 年）。

个人估价基数等于 1980 年与工资通胀指数化后，在连续 10 年以上的期间内平均个人月收入，如下：

• 所选定年份的收入要和当年平均，泛经济工资比较；

• 所得的比率，上限是 250%，要乘以经济收入的指数化数值，来推出平均过程的估价基数。

图 16.1 显示的是假定养老金作初始资本计算的估计值。对于老年工人，假定养老金的价值增加了。

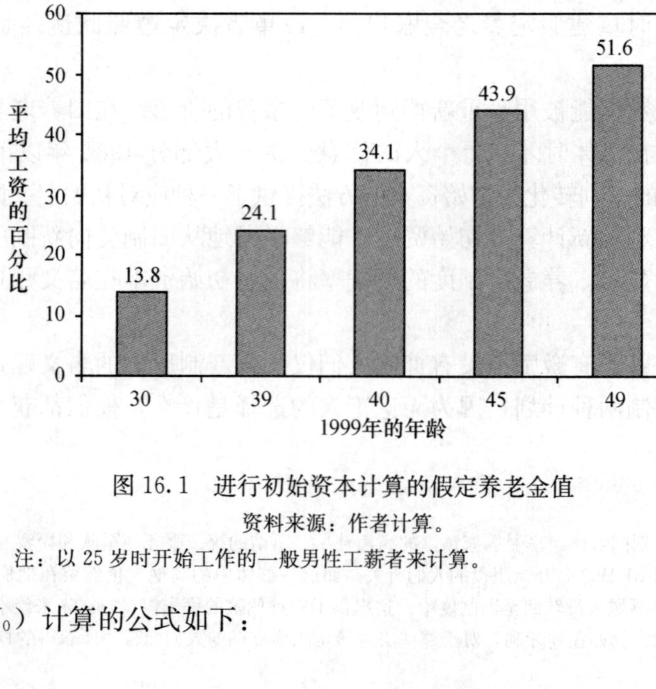

图 16.1　进行初始资本计算的假定养老金值

资料来源：作者计算。

注：以 25 岁时开始工作的一般男性工薪者来计算。

初始资本（K_0）计算的公式如下：

$$K_0 = P_0 \cdot G_{62}^{998}$$

用来计算初始资本的预期寿命（G 值）是基于男女皆宜的生命表，男性和女性所使用的年龄都是 62 岁。1998 年，一个 62 岁人的预期余命是 209 个月，这是用于计算的数值。如果 60 和 65 岁情况下的 G 值用于计算初始资本，拥有相同工作经历的女性获得的初始资本会高出 30%。

G 值的选择与未来养老金的规模有联系。进入名义账户制养老金（P_0^r）的初始资本缴费为：

$$P_0^r = \frac{K_0^r}{G_{age}^r} = P_0 \cdot \prod_{i=1999}^{r}(1+n_i) \cdot \frac{G^{1998}62}{G_{age}^r} \tag{16.2}$$

其中：n_i＝i 年的名义收益率；

r＝退休的那一年；

G_{age}^r＝退休那一年处于退休年龄时的预期寿命。

这表明未来养老金的价值将取决于从 1999 年直至退休那年的收益，以及即将退休者的预期寿命和用来计算初始资本的 G 值之间的关联。在后一种情况下，由于预期寿命不断增加，分母的值也会增加。此外，如果男性和女性退休年龄仍然存在差异——女性 60 岁，男性 65 岁退休——女性源于初始资本的养老金将相对较少。

立法规定了 5 年的期限，直至 2003 年底，来计算新养老金制度中所有缴费者的初始资本。因为约有 1 000 万人参保了新制度，需要这些时间来收集必要的信息进行初始资本的计算。尽管这次初始资本的计算没有完成，不足半数的条件符合的人在 ZUS 归档。现在就可以预计，整个过程要持续到 2006 年。

第三节 新养老金制度的实施

这一部分我们从宏观和微观的角度，主要集中探讨新养老金制度实施的结果。但是，目前的预测从某种程度上和 1998 年的情况不同，主要是因为近年来波兰宏观经济状况的发展状况。因此，我们还给出了关于 1999 年后发展的简短总结。

一、1999 年后人口、宏观经济和养老金制度的发展

在波兰引入新养老金制度最重要的原因之一在于人口的老化。自 1999 年，人口老龄化进程有所加深。尤其是，生育率急剧下降，而预期寿命在增加。此外，2002 年的人口普查结果显示，波兰人口比预计的要少（主要是因为以前被低估的移民出境流）。人口老化的一种迹象表现为，处于退休年龄的人们不断增长的预期余命。1998—2002 年，60 和 65 岁的男性与女性的预期余命增加了约一岁。如果这一过程以相同速度持续下去，10 年以后退休者获得养老待遇的平均时间将比现在多出 2 年（见表 16.3）。

1998 年，当实施波兰养老金改革时，波兰经济正在快速增长。1999 年后，波兰经济发展开始减速，只是在 2003 年才显示出恢复的迹象。特别是，就业水平大幅下降：1999 年，大约有 1 450 万人在波兰工作，2002 年，仅有 1 370 万。而且实际工资增长相对少。经济增长和工资增长在 2003 年加速，但就业增长没有跟上。

表 16.3　　1995—2002 年退休年龄的人们预期余命的变化　　单位：岁

预期余命	年份							
	1995 年	1996 年	1997 年	1998 年	1999 年	2000 年	2001 年	2002 年
60 岁女性	20.25	19.69	19.98	20.21	20.31	20.68	20.97	21.31
60 岁男性	15.84	15.93	16.13	16.38	16.29	16.72	17.03	17.19
65 岁女性	16.55	15.77	16.03	16.26	16.34	16.68	16.93	17.25
65 岁男性	12.88	12.93	13.13	13.37	13.28	13.63	13.92	14.05

资料来源：GUS 生命表（1996—2003）。

就业水平的下降影响了养老金制度的资金筹措。缴费收入减少，导致养老金制度的巨额赤字。与此同时，公共财政状况恶化，公共债务规模高达 GDP 的 50%。这导致社会保障补贴不断增加，考虑到国家预算赤字的短期问题，一些政治家开始置疑养老金改革的长期原则。

1999—2002 年，参保者的总数（在新旧两种制度下）从 1 327 万逐渐降至 1 276 万，大约下降了 4%（见表 16.4）。目前不可能准确监测新旧两种制度中参保的人数。唯一能被观察到的数据是 2002 年加入开放式养老金基金的人数，大约 1 100 万人都是开放式养老金基金的成员。处于名义账户制和实账积累制的人数是基于估计，这可以由每月 ZUS（社会保险学会）转移 800 万缴费至实账积累制账户的事实来证实。

表 16.4　　1998—2002 年参保的工人人数　　单位：千人

年份	总数	旧制度	新制度：名义账户制	新制度：实账积累制＋名义账户制	实账积累制计划中登记成员 *
1998	12 737	12 737			
1999	13 271	1 993	3 684	7 594	8 694
2000	13 060	1 749	3 570	7 741	9 973
2001	12 851	1 731	3 375	7 745	10 637
2002	12 761	1 608	3 300	7 853	10 990

资料来源：作者的估计是基于社会预算模型（格但斯克协会市场经济，2004）。

*：实账积累计划中登记的人数是以监管（KNUiFE）登记为基础。参保的人数的估计值和实账积累计划中已登记的人数之间的差异，是劳动力和参保人数不断波动的累积效果造成。登记的成员人数代表所有那些在任何时点进行缴费甚至是从未缴费的人们。拥有名义账户制和实账积累制账户的人数是基于在给定的某年中向养老金制度缴费的工人人数的估计值。

而且，过去几年里，实际工资的增长低于实际 GDP 的增长，这是缴费收入金额较少的原因之一。收入的减少在 2002 年尤为明显，当时不仅是实际而且名义缴费收入都有所下降。表 16.5 展示的是所征收的缴费收入与社会保障制度（包括名义账户制、实账积累制和非养老缴费）的比例以及被估计的职工缴费工资总额和 GDP 的比例，这一比例从 1998 年就在下降。

表 16.5　征收的缴费收入和职工缴费工资总额占 GDP 的百分比

年份	征收的缴费收入*（%GDP）	估计职工缴费工资总额（工资加上缴费）**（%GDP）
1998	11.35	36.56
1999	10.79	36.27
2000	10.26	34.48
2001	10.47	35.20
2002	10.07	33.85

资料来源：Chłoń-Domińczak（2004）。

注：估计值包括雇员和自雇者的缴费，后者不能从总缴费收入中分离。

*. 征收的缴费收入覆盖所有社会保障目的的缴费（包括养老和非养老）；**. 职工缴费工资总额包括所有工资和雇主对社会保障机构的缴费。这些信息在时间方面完全可以比较。

结果，社会保险基金（FUS）的总体财务状况出现恶化。国家预算对 FUS 的补贴水平相对于 GDP 增加了，图 16.2 中有数据显示。应该注意到，和实际结果相反，1998 年的预测是，假定在养老金改革后的若干年里，国家预算的补贴会减少。

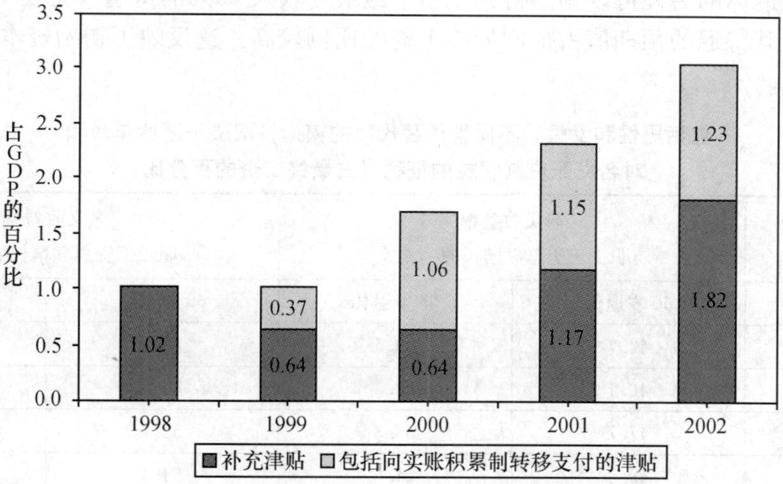

图 16.2　国家预算对社会保险基金的补贴

资料来源：作者基于 ZUS 和 GUS 数据的计算。

这些发展，尽管不是实施名义账户制和实账积累制的结果，但和实施之间存在关联。首先，名义收益率相对较低，反映了职工缴费工资总额的减少，职工工资总额情况如下所示。第二，政府减少了技术储备金（人口储备基金或 FRD）的计划规模。起初，FDR 预计从 2001—2008 年每年能获得 1%职工工资总额的转移支付。但是，政府决定这一资金流应该在 2001 年和 2002 年减少至 0.1%，然后每年增加 0.05%直至 2008 年。结果，根据计划向 FRD 的转入（规模为 1%的 GDP）并没有物化，2003 年底，FRD 的结余仅占 GDP 的 0.6%。

而且，根据经修改的养老金制度的预测，制度在 2010 年前产生财政盈余的可能性很小，但这是养老金改革在引入时已被预料的。

二、波兰养老金改革的微观经济效应

分析养老金改革的微观经济效应，需要考虑两个问题。第一，旧养老金制度在保险精算方面处于赤字状态——所承诺的待遇在长期里高出收入。引入名义账户制并保持不变的缴费率意味着与工资相关的待遇水平应该降低。这一效果可通过对名义账户制利率征收25%的隐性税，并缩减规模至中性标准以下得到加强。以便它设定为消费者价格指数（CPI）水平，增幅为实际缴费工资资金增长的75%。这一税收在2004年被开征，议会将名义账户指数化增至对全额缴费工资资金的增长。

第二，名义账户制养老金计算公式，在保险精算方面是中性的，这造成不同年龄退休的人们的养老金规模的差别很大。正如已经提到的，波兰养老金制度中男性和女性的退休年龄不同。如果这种差异在未来仍然存在，男性和女性的养老金会相差很多。

1. 新制度中的个人养老金：政治争论和可能的改变

新制度中对个人养老金的模拟显示，在当前的条件下，1999年开始工作的25岁女性，在69岁退休可以预期得到相当于她最终收入40%的待遇（名义账户制和实账积累制的总和），而65岁退休的男性可以预期得到相当于他最终收入60%的待遇（见表16.6）。就年老的工人而言，其待遇的预期值占他们最终工资的比例较高。这反映了初始资本化对未来养老金的影响。

表16.6　包括男性和女性，不同群体替代率的模拟，取决于退休年龄和对名义账户制收益的征税（占最终工资的百分比）　单位：%

	名义收益率 职工工资总额增长的75%		名义收益率 职工工资总额增长的100%	
1999年的年龄	60岁退休	65岁退休	60岁退休	65岁退休
25	42.7	59.5	45.9	64.5
30	46.1	62.3	50.8	69.2
35	47.7	63.3	52.7	70.8
40	49.4	64.6	54.4	72.1
45	51.6	66.4	56.1	73.5
49	53.8	68.3	57.4	74.6

资料来源：作者自己的计算。

注：对从25岁开始工作的一般工资赚取者的模拟，要假定平均实际工资增长每年为3%，每年4%的平均积累型递增收益率，积累型制度的预先费用为5%，假定就业水平不变（平均工资=职工工资总额增长）而且预期寿命不变。替代率是计算社会保障缴费的净值。

基于对未来养老金和替代率的预测，波兰政府提议对养老金制度进行两项变动。第一，将名义账户的收益率增至缴费工资基金增长的100%，这是以缴费总额的增长来衡量。因此，未来养老金应该增加。但是，正如表16.6所示，65岁退休增长较多，而60岁退休增长相对较少。

由于男性和女性待遇金额的差别，波兰政府正再次考虑统一退休年龄为65岁。统一退休年龄的提议包含在2003年的10月的公共财政一揽子计划里——在“合理化波兰社会支出”的绿皮书中有介绍。所有绿皮书中的提议都要经过专家、社会合作者和非政府组织的讨论。初始提议包括逐渐增加女性的退休年龄，从2009年开始（从新制度的首批养老金发放的那一年），预计到2018年结束。

在波兰讨论调整退休年龄是相当困难的。社会一般都赞同女性提前退休。2003年底进行的民意调查显示，社会上51%的人们更倾向现存的制度（女性60岁，男性65岁退休）。另一方面，1/3多的人支持在62～65岁之间灵活退休的方案。绝大部分（85%）的接受调查者不同意统一退休年龄为65岁的提议，仅有5%～10%的人们表示支持。但是，只要未来养老金更高，约有35%的女性同意延长工作时间①。

2004年2月，在调查之后，政府建议为在2023年前统一退休年龄的变动做准备，与此同时，允许在62岁开始领取部分养老金。2004年2月底，这项提议呈交工会、雇主组织和非政府机构进行咨询。尽管社会合作者有异议，草拟的法案还是在2004年4月提交至议会。2004年5月，新的贝尔卡政府从提议中退出。

提议的变化将导致养老金领取者未来替代率的提高。尽管养老金制度的长期宏观平衡被保持，提高名义账户制的收益率也将导致支出水平的上升。

在波兰的讨论表明，尽管最初设计养老金制度是基于能导致取得宏观经济稳定的经济原则，随着时间发展，有一些因素要重新考虑——从经济和政治角度。总之，养老金制度仍是政治讨论的一个话题。

2. 新制度中的个人养老金：人口变化的影响

以上介绍的模拟是假定2002年时预期寿命不变。预期寿命进一步增长将对未来的养老金产生影响。图16.3显示的是即将在65岁退休的某人的替代率模拟结果，假设65岁时预期余命每年增加1/4岁（即线性符合过去年份的趋势）。并不令人惊奇的是，最年轻群体的“人口价格”最高，对于在1999年，年龄为25岁的人们这种情形，养老金规模可能比人口死亡率不变的情形要减小1/3强。

模拟显示了人口死亡率的变化和退休后的长寿如何显著影响养老金制度。在传统的待遇确定型计划中，人口死亡率变化的调整受政治决定（即变动养老金计算公式的一些参数）的影响，否则，提高缴费率就是有必要的。

在缴费确定型计划中，这表明未来人们的工作时间需要延长，以抵消人口状况改善的影响。从这个角度看，退休年龄应该成为在波兰人们讨论的一个话题。

三、波兰养老金改革的宏观效应

新制度的实施意味着对未来支出资金流的事先调整。这产生很强的宏观经济效应。债务值大约为5 000亿欧元（2000年的价格水平），由于新退休金制度的实施，直至2050年这将难以避免②。表16.7提供的是一些经合组织国家人口赡养率的预测，养老金支出和主要的盈余需要使债务保持在2000年的水平。与其他国家的预测相比，波兰的情形看似很强劲。

① 2003年10月和12月进行的对15岁及以上波兰人的代表性样本的调查结果。

② 预测的详情可以参见 Chłoń-Domińczak（2002）。

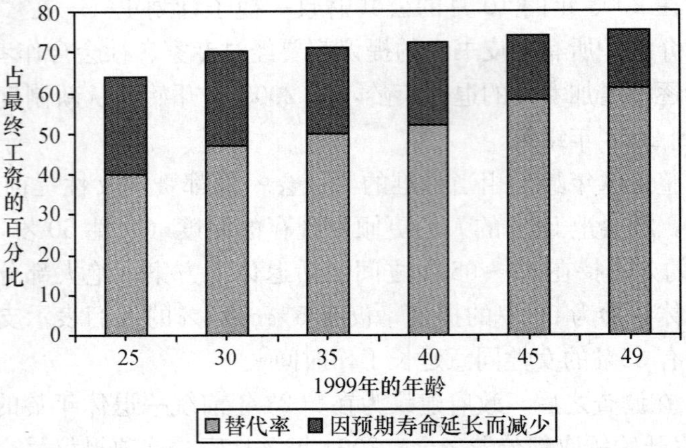

图 16.3　预期寿命的延长导致的养老金价值的变化

资料来源：作者的计算。

注：对 25 岁开始工作、65 岁退休的普通工薪者的模拟，要假定平均实际工资每年增长 3%，名义账户制收益率等于职工工资总额的增长，实账积累制每年的收益率为 4%，积累型制度的先期费用为 5%，就业水平不变（即平均工资增长＝职工工资总额增长），而且预期寿命每年增加 1/4。替代率是计算社会保障缴费的净值。

没有巨额养老金债务——因此不用为维系提供资金——这为公营和私营部门提供了极大的自由，以达到促进国家发展的不同目标。

表 16.7　与选定的经合组织国家的预测比较波兰的预测效果

国家	赡养率			养老金支出（%GDP）			所必需的基本盈余（%GDP）	
	2000 年	2050 年	变动	2000 年	2050 年	变动	债务不变	债务减少
法国	27.2	50.8	23.6	12.1	15.8	3.7	5.9	6.6
德国	26.6	53.2	26.6	11.8	16.9	5.1	4.3	4.7
意大利	28.8	66.8	38.0	14.2	13.9	−0.3	4.9	5.9
波兰	**20.4**	**55.2**	**34.8**	**10.8**	**8.3**	**−2.5**	**−1.0**	**−1.0**
西班牙	27.1	65.7	38.6	9.4	17.4	8.0	4.8	5.2
瑞典	29.4	46.3	16.9	9.2	10.8	1.6	1.0	1.1
英国	26.6	45.3	18.7	4.3	3.6	−0.7	0.8	1.2
美国	21.7	37.9	16.2	4.4	6.2	1.8	2.7	3.2
OECD（平均）	23.8	49.9	26.1	7.4	10.6	3.2	—	—

资料来源：Dang，Antolin 和 Oxley（2001）。

注：—表示不适用，如果只考虑养老金支出，波兰这种情形所必需的盈余甚至更有利（−2.8%GDP）。负的基本盈余意味着不会爆发债务问题，即使这个国家处于赤字状态。

从表 16.7 提供的预测中，对于波兰这一实例可以得出两个结论。第一，人口情形（以赡养率来衡量）会从目前相对较好的状态不断恶化，在 2050 年，变为经合组织中形势最糟的国家之一。第二，与此同时——由于新制度的实施——波兰的退休金的支出比例将从目前水平迅速下降，到2050年，经合组织范围内，波兰将从比例最高的国家之一变为比例最低的国家之一。表中提供的计算没有考虑名义账户2004年指数化的变动。由于这一变动，养老金总支出将略高于所提供的预测值。

在波兰，向名义账户制的转换要考虑控制养老金总债务。在传统的待遇确定型制度中，对于隐性养老金债务的测算取决于所用的方法。在名义账户制中，养老金账户的总值等于养老金的债务值，这一点类似于实账积累制计划中所积累的总资产。控制未来养老金债务很重要，因为波兰预计将出现加速的老化现象①。

关于名义账户制宏观经济表现得更详细的远景展望，可从ZUS提供的长期预测中得出。ZUS被要求提供针对退休金长期收支的年度预测。预测的目的在于提供管理人口储备基金的策略。第一次预测在2003年公布，第二次在2004年。预测和独立保险精算人员的意见都递交至部长理事会。本章介绍的是2004年的预测结果②。

用于预测的人口估计情况表明，超过具备生产能力年龄的人数可能在21世纪的后半叶成倍增长。此外，具备生产能力年龄的人数将减少1/3。人口赡养率将增加50%（见表16.8）。

表16.8 人口假定（基线情形）

人口群体	2002年人口普查	预测 2010年	2020年	2030年	2040年	2050年
总人口（百万）	38.2	39.0	39.4	38.5	36.8	35.0
男性（百万）	18.5	18.9	19.1	18.7	17.9	17.0
女性（百万）	19.7	20.1	20.2	19.8	19.0	18.0
出生时的预期寿命						
男性（岁）	70.3	72.0	74.2	75.6	77.0	78.5
女性（岁）	78.4	79.4	80.7	81.9	83.2	84.7
预期余命						
65岁的男性（岁）	14.3	14.7	15.4	16.1	17.0	17.9
60岁的女性（岁）	22.1	22.7	23.6	24.5	25.6	26.8
不足具备生产能力的年龄（百万人）	8.9	7.4	7.7	6.9	5.8	5.6
男性（0～17）（百万）	4.5	3.8	3.9	3.6	3.0	2.9
女性（0～17）（百万）	4.3	3.5	3.7	3.4	2.8	2.7
具备生产能力的年龄（百万）	23.6	25.2	23.3	22.1	20.8	17.8
男性（18～64）（百万）	12.1	13.2	12.4	11.7	11.2	9.7

① 1999年，积累而成的养老金债务的估计价值约为GDP的120%，其中有2/3属于参保新制度的人们。1999—2002年，名义账户制积累的缴费的估计价值相当于GDP的21%，而2002年底实账积累制的养老金资产的价值约占GDP的4%。

② 模型的术语在Mazur（2004）中有描述。

续表

人口群体	预测					
	2002 年人口普查	2010 年	2020 年	2030 年	2040 年	2050 年
女性（18～59）（百万）	11.5	12.0	10.9	10.4	9.5	8.1
超过具备生产能力的年龄（百万）	5.7	6.4	8.4	9.5	10.3	11.6
男性（65 和以上）（百万）	1.8	2.0	2.8	3.4	3.7	4.4
女性（60 和以上）（百万）	3.9	4.4	5.6	6.0	6.6	7.2
人口赡养率	0.62	0.55	0.69	0.74	0.78	0.97

资料来源：Mazur（2004）。

为了检测假定的敏感度，计算了在三种不同宏观经济情形下的结果：基线情形、悲观情形（社会保障制度的负担更重）和乐观情形，如表 16.9 所示。

表 16.9　　　　宏 观 假 设　　　　单位：%

	2002 年	2010 年	2020 年	2030 年	2040 年	2050 年
CPI（率）	1.9	2.0	2.0	2.0	2.0	2.0
实际 GDP 增长	1.4	5.0	5.0	4.0	3.0	2.1
失业率						
基线	20.1	14.8	10.0	7.1	6.4	6.0
悲观	20.1	19.2	12.2	10.0	10.0	10.0
乐观	20.1	12.2	7.8	6.0	5.1	4.5
实际净工资增长						
基线	1.53	2.0	1.5	1.0	1.0	1.0
悲观	1.53	1.0	1.0	0.5	0.5	0.5
乐观	1.53	2.5	2.5	2.5	2.0	2.0

资料来源：Mazur（2004）。

所有情形的预测结果在表 16.10 中有显示。这包括收入、支出、以占 GDP 百分比来衡量的退休金计划（包括旧的和名义账户制）一年的结余、参保工人人数（新旧两种制度下）、养老金领取者的人数（新旧两种制度下），以及所生成的制度赡养率。

更详细的基线情形结果在下面有介绍。图 16.4 显示了相应的赡养率预测。由于波兰人口的老龄化，2002—2050 年，具备生产能力年龄（18～59/64 岁）的人数和超过生产能力年龄（60＋/65＋）的人数的比率预计从 4%减至 1.5%。但是这些发展，最初没有在制度赡养率中反映出来。直至 2014 年，工作者的人数和养老金领取者人数之间的比例预计会增加。这种预计的增加是由于参保者人数的预计增加（下有讨论）和退休金领取者的人数减少。这种现象的发生是消除提前退休这种选择的结果。21 世纪的第二个十年里，根据人口的发展状况，这种趋势会逆转。

表 16.10　　预测的结果

假定情形	2002年	2010年	2020年	2030年	2040年	2050年
基线						
收入*	9.2%	8.2%	6.0%	4.1%	3.1%	2.3%
缴费来源*	8.7%	8.0%	5.9%	4.1%	3.1%	2.3%
支出*	12.7%	9.9%	7.3%	5.0%	3.6%	2.7%
一年余额*	−3.5%	−1.7%	−1.3%	−0.9%	−0.5%	−0.4%
参保工人（百万）	12.9	14.9	15.5	15.2	14.3	12.6
养老金领取（退休金和其他养老金）（百万）	7.5	7.1	7.9	8.5	8.9	9.5
制度赡养率	0.58	0.48	0.51	0.56	0.62	0.75
悲观						
收入*	9.2%	7.3%	5.1%	3.2%	2.3%	1.7%
缴费来源*	8.7%	7.1%	5.0%	3.2%	2.3%	1.7%
支出*	12.7%	9.7%	6.9%	4.6%	3.3%	2.4%
一年余额*	−3.5%	−2.4%	−1.8%	−1.4%	−1.0%	−0.9%
参保工人（百万）	12.9	14.2	15.2	14.8	13.9	12.2
养老金领取者（退休金和其他养老金）（百万）	7.5	7.1	8.0	8.7	9.6	10.4
制度赡养率	0.58	0.50	0.53	0.59	0.69	0.85
乐观						
收入*	9.2%	8.7%	6.8%	5.3%	4.4%	3.6%
缴费来源*	8.7%	8.4%	6.8%	5.2%	4.3%	3.6%
支出*	12.7%	9.9%	7.5%	5.5%	4.3%	3.4%
一年余额*	−3.5%	−1.3%	−0.7%	−0.2%	0.1%	0.2%
参保工人（百万）	12.9	15.2	15.9	15.4	14.5	12.7
养老金领取者（退休金和其他养老金）（百万）	7.5	7.1	7.8	8.4	8.8	9.3
制度赡养率	0.58	0.47	0.49	0.54	0.61	0.73

资料来源：Mazur（2004）。

注：*代表占GDP的百分比。

考虑到所有的养老金（残疾、遗属养老金和退休金），制度的赡养率遵循着相同的模式。到预测期期末（2050年），制度赡养率和人口赡养率可能会趋于一致。

赡养率的预计发展情况与养老金领取者和被保险者人数的预计变化是一致的。直至2006年年底，养老金领取者的人数预计会增加（当旧制度下的退休被终止）。2007—2012年，退休金领取者人数将减少，新的退休金领取者的流入将比较少——大部分在旧制度下退休的人们会在2006年年底之前提前退休，新制度中的养老金领取者，仅能从2009年（女

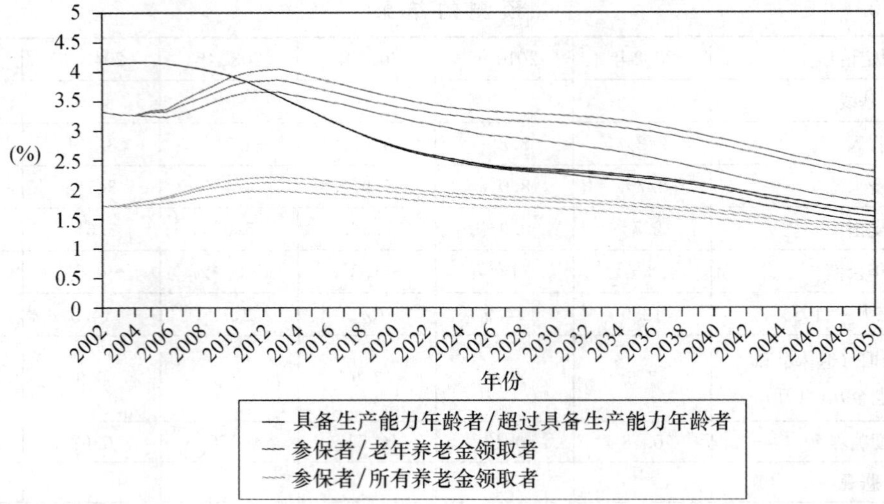

图 16.4　2002—2050 年人口和制度赡养率

资料来源：Mazur (2004)。

注：这些预测是针对三种不同的人口情形：基线，高生育率和低生育率。

性）和 2013 年（男性）开始退休，这时他们才达到退休年龄。2012 年后，由于人口老龄化，退休金领取者人数将增加。根据预测结果，其他养老金领取者（残疾和遗属）人数也将继续增加，但幅度不大（见图 16.5）。

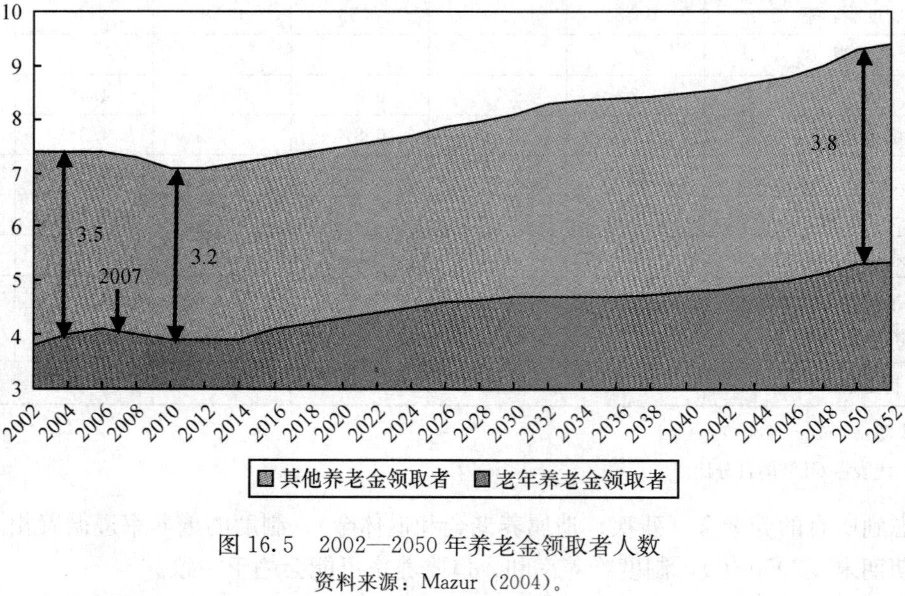

图 16.5　2002—2050 年养老金领取者人数

资料来源：Mazur (2004)。

养老金领取者群体通过参与旧制度或是新制度来区分，这在图 16.6 中有介绍。在未来几十年里，大部分退休金领取者将在旧的制度规章下获取养老金。2020 年之后，新制度养老金领取者的比重将增加；到 2050 年，几乎所有的养老金领取者都将在新制度下领取养老

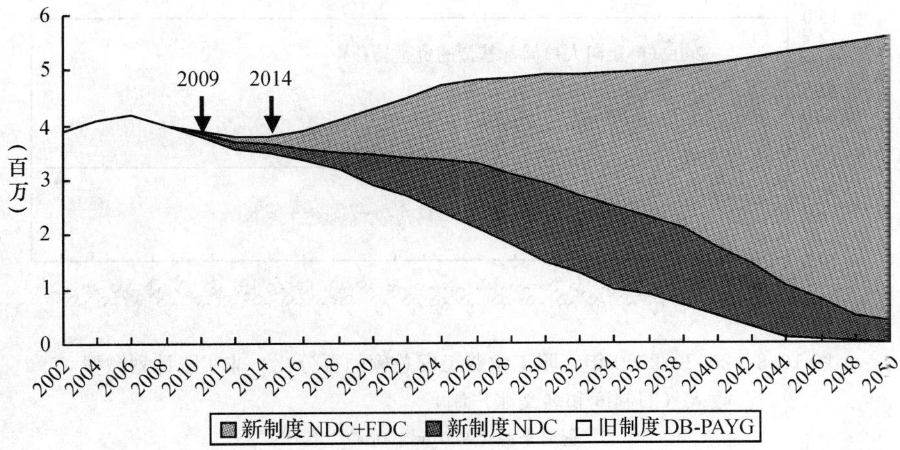

图 16.6　2002—2050 年依据参与旧制度或新制度区分开的养老金领取者

资料来源：Mazur（2004）。

金（尽管他们中的某些人将仅从名义账户中领取）。

参保工人人数的发展情况在图 16.7 中有显示。根据人口趋势和劳动力市场的预计变化，以及退休年龄的增长，参保人数预计在未来十年内会增加。拥有两个账户（名义账户制和实账积累制）的人数和参保总人数将减少。根据预测，到 2025 年，参保者的绝大多数将完全参与到新的混合制度中。

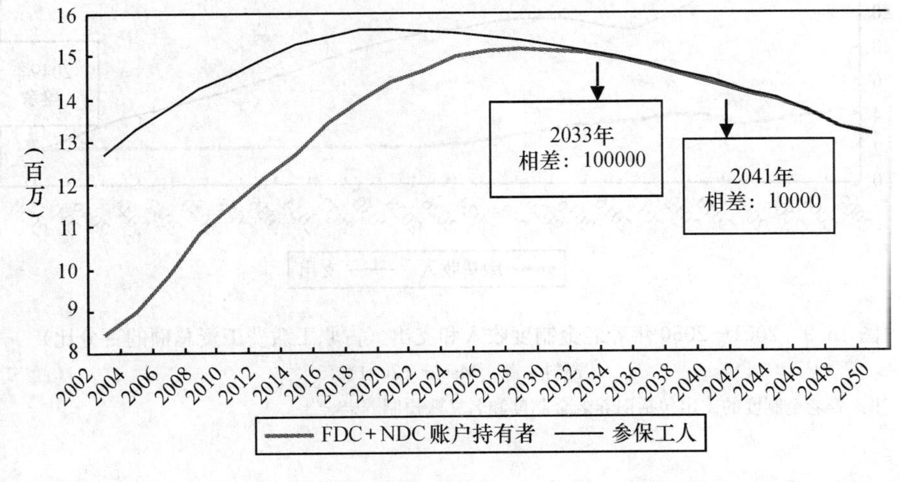

图 16.7　2002—2050 年参保者：总数与那些拥有名义账户和实账积累制账户的人数

资料来源：Mazur（2004）。

图 16.8 提供的是非实账部分养老金制度的缴费收入的预计值，它是通过占职工缴费工资总额的比例表示来。预测还考虑了征收率。在预测之初，由于不是所有的工人都有实账积累账户，非实账计划的缴费收入更高了。随着拥有实账积累账户的职工比重增加，缴费收入将达到 11.92%（反映了调整至预计征收水平的名义账户的缴费率）。

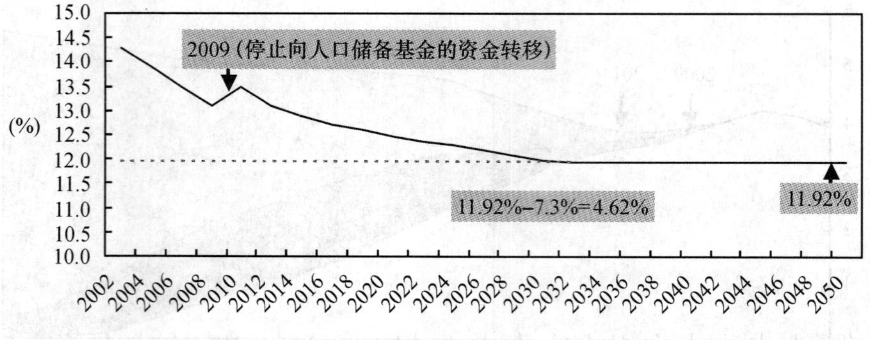

图 16.8　2002—2050 年（职工缴费工资总额的百分比）非实账计划缴费收入（旧制度和名义账户制）

资料来源：Mazur（2004）。

根据预测，养老金制度的支出将在 2006 年后急剧减少，这反映了养老金领取者人数的减少（见图 16.9）。2014 年后，人口发展以及从战后婴儿潮一代成长而来的退休金领取者的人数增加后，支出将有少量增加。在 21 世纪 20 年代，支出将再次下降，因为大部分养老金领取者退休时将有一部分养老金已经从实账积累制账户中支付。在基线宏观经济假定情况下，制度的赤字应该逐渐减小，并在预测期期末达到盈余（2049 年）。

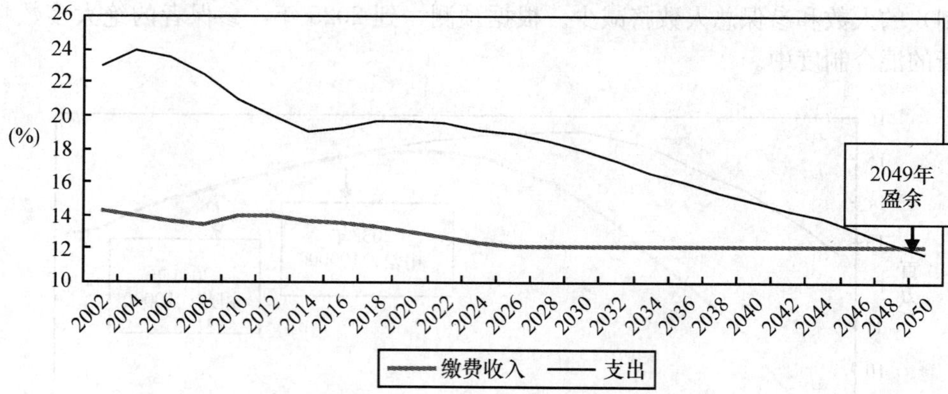

图 16.9　2001—2050 年养老金制度收入和支出（占职工缴费工资总额的百分比）

资料来源：Mazur（2004）。

注：养老金制度的支出包括旧养老金制度和名义账户制养老金。

第四节　早期实施的经验

养老金制度的管理是一个设计制度时需要仔细考虑的问题。但是，制度的管理不应该和制度本身相互混杂。新养老金制度的实施是一个复杂的任务，养老金日常运作涉及的机构数量以及它们的责任都有所增加。专栏 16.1 总结了改革中最重要的主要波兰机构和在新养老金制度之下的任务。

专栏 16.1：任务和管理机构

注册和其他初始手续	ZUS，雇员
缴费的征收	ZUS
进入养老个人账户和社会保障	
非养老部分的缴费转移	ZUS
管理名义账户制账户	ZUS
管理实账积累制账户	PTE（私营）
提供名义账户制年金	ZUS
提供实账积累制年金	年金公司（私营）[a]

资料来源：作者的分析

注：ZUS是社会保险机构；PTE是养老金基金协会（资产经理人）

a. 与养老金制度相对应的制度结构部分仍需要更多的立法。

引入个人账户是一项技术和操作方面的挑战。在个人化的养老金制度中，有很多环节需要被记录。最重要的环节是缴费的征收和发放。所有其他的环节（注册、转移等）都支持这一主要的环节。但是，这些支持性的环节仍要符合质量标准，以确保待遇的合理发放。因此，应该允许在完成立法和实施养老金制度之间留有充足的时间。名义账户制对于社会保障管理者而言要求较高，而个人账户应该为所有被保险者，而不仅是养老金领取者保留。

建立和管理个人账户需要复杂的信息制度。制度的质量取决于雇主提供的投入质量和社会保障的管理。之后，制度的特别之处需要不同的机构提供服务。

退休金计划自身只需要相对简单的信息。它只需利用四方面的信息来进行管理：

• 为谁进行缴费（雇主和雇员的确认）；

• 已缴纳的金额（金额）；

• 进行缴费的时间（日期）；

• 工资基数（控制变量）。

波兰养老金改革实施很迅速，没有足够的时间来为管理新制度做准备。结果，适应新的管理要求在初期造成了混乱，管理要求是新养老金制度所强加的，这导致了许多实施问题。信息制度实施的延期以及对雇主新的报告要求造成了很多出错的可能。

为了建立个人账户，所有的个人和雇主不得不被合理确认。与社会保障缴费相关的所有文件必须包括适合的身份证号码。由于在改革之前的准备期里已经被决定，现有的波兰身份证号码达到了最重要的要求：

• 他们是唯一的（没有两个个人或雇主会拥有相同的号码）；

• 他们是普遍的（所有的个人和雇主都有这样的身份证号码）。

但是，开始实施改革之后，在确认个体职工和雇主方面显示出许多问题。第一是源于登记文件提供的错误信息而产生的问题。第二是银行在移交文件时带入了许多错误，许多确认数字都不准确。最后，一些拥有地区网络的雇主错误使用了他们的税收确认数字，他们还将数字用于社会保障目的。特别是，所有的地区分支机构都使用同样的数字，尽管他们代表不同的支付者。结果，缴费不能被恰当地分配。

在实施的初始阶段，大部分的新社会保障文件以纸版形式递送至ZUS。支持电子处理的软件没有完全发挥作用。但是，随着时间的发展。软件的质量有所提高。另外，法律也被修改，要求大部分雇主以电子版的方式提交信息。结果，信息的质量显著提高。

2001年9月至2003年12月，信息的总体精确性从71.14%增至98.09%。信息准确度的最大改进从两个方面可以观察到：(1) 确认雇员；(2) 规范的控制（包括与每一种雇员和雇主的风险相当的缴费金额，就业合同的种类等组成部分）。应该注意的是，这种改进是对文件增加控制的结果。1999—2003年，ZUS的雇员数目增加了20%也起到了作用（从40 000名增至48 000名雇员）。

在2003年，ZUS清理了所有的个人账户，并能递交关于在2002年所支付缴费的个人报告。报告在2003年底和2004年初递交。这是朝向缴费支付完全个人化的一大步。但是，仍然没有关于个人账户的完全信息，这只有在调解1999—2001年支付的缴费之后，才能被散播。这意味着被保险的工人仍没有收到他们的年度报告说明。

新制度的融资是以权责发生制为基础。在新的制度启动之前，社会保障机构没有使用权责发生制和个人化缴费。实施这些制度的组成部分，加上实施信息技术制度的延迟，使得职工名义账户制的完全建立也被拖延。信息技术的实施一度被认为是祸根而不是新的公共政策首创提议。

第五节　结　　论

波兰新的养老金制度改造了养老金制度如何给人们提供社会保障的传统观念。因此，波兰属于为我们这个时代最艰难的挑战——人口老龄化——做准备的少数国家之一。

在未来，退休金的支出将不仅停止增长，总体支出占GDP的比例也将下降。这将留出更多的资源用于发展，反过来，也将促进更强劲的经济增长，以及在职和退休人们生活水平的提高。

名义账户制框架中，波兰新养老金制度这一实例从其他角度看，也很有趣。这种制度有助于劳动力的流动性，这在欧洲是相当必需的。如果从一个国家向另一个国家的流动影响了预期的退休收入，劳动力难以自由流动。正因如此，致力于养老金制度的中性对于欧洲的一体化将越来越重要。

最后，制度允许养老金债务受监控。公共债务在公共财务形成的观念方面发挥着重要作用，这一点相当重要。在波兰引入养老金改革有助于减少隐性债务的水平，为经济增长创造额外的空间。

就制度的行政实施现状而言，波兰改革经历的教训告诉我们不应低估技术和个人化制度中的交易复杂性。为解决这些问题所做出的努力能够在未来节省时间和金钱。另一方面，延迟实施养老金改革也是一种风险。首先，可能会丧失政治机遇；其次，中性养老金制度的实施越延迟，在未来要偿还的养老金债务就越高。

参考文献

Barr，N. 2002. "Reforming Pensions：Myths，Truths，and Policy Choices，" *International Social Security Review* 55 (2)：3-36.

Chłoń-Domińczak，A. 2004. "The Collection of Pension Contributions in Poland." In *Collection of Pension Contributions：Trends，Issues，and Problems in Central and Eastern Europe*，ed. E. Fultz，T. Stanownik，155-96. Budapest：ILO.

——. 2002. "The Polish Pension Reform of 1999." In *Pension Reform in Central and Eastern Europe*，*Volume 1*，*Restructuring with Privatization*：*Case Studies of Hungary and Poland*，ed. E. Fultz，98-205. Budapest：ILO.

Chłoń，A. M. Góra，and M. Rutkowski. 1999. "Shaping Pension Reform in Poland：Security through Diversity." Social Protection Discussion Paper 9923，*Pension Reform Primer Series*，World Bank，Washington，DC.

Dang，T.，T. P. Antolin，and H. Oxley. 2001. "Fiscal Implications of Ageing：Projections of Age-Related Spending." Economics Department Working Paper 305，OECD，Paris.

The Gdansk Institute for Market Economics. 2004. Social Budget Model，The Gdansk Institute for Market Economics，Warsaw.

Góra，M. 2001. "Polish Approach to Pension Reform." *Private Pension Systems*，No. 3：227-46. Paris，OECD.

——. 2003a. *The Pension System*. Polskie Wydawnictwo Ekonomiczne（PWE）：Warsaw.

——. 2003b. "The Quest for a Modern Pension System." In *Structural Challenges for Europe*，ed. G. Tumpel-Gugerell and P. Mooslechner，217-30. Cheltenham：Edward Elgar.

——. 2003c. "Reintroducing Intergenerational Equilibrium：Key Concepts behind the New Polish Pension System." Working Paper 574，William Davidson Institute，Ann Arbor.

Góra，M.，and E. Palmer. 2004. "Shifting Perspectives in Pensions." IZA Discussion Paper No. 1369，Bonn.

Góra，M.，and M. Rutkowski. 1998，"The Quest for Pension Reform：Poland's Security through Diversity." Social Protection Discussion Paper 9815，*Pension Reform Primer Series*，World Bank，Washington，DC.

GUS（Central Statistical Office for Poland）. Life tables for years 1995-2002，published in 1996-2003.

Holzmann，R.，M. Orenstein，and M. Rutkowski. 2003. *Pension Reform in Eu-*

rope: *Process and Progress*. Washington, DC: The World Bank.

Mazur, T. 2004. "Long-Term Social Security Actuarial Projections in Poland: Model Description." A note prepared for the attention of the Ageing Working Group of the Economic Policy Committee, Warsaw.

Palmer, E. 2002. "Swedish Pension Reform—How Did It Evolve and What Does It Mean for the Future?" In *Coping with the Pension Crisis*: *Where Does Europe Stand*? ed. M. Feldstein and H. Siebert. Chicago: University of Chicago Press.

第十七章 瑞典名义账户制改革：1994年立法实施至今的情况分析

波·孔伯格　爱德华·帕尔默　安尼卡·森登*

瑞典的养老金改革可以一直追溯至1992年夏，当时，议会养老金工作组颁布了包括几乎所有改革要素的“草案”。1991年底，随着新的非社会主义政府的上台，在对议会养老金委员会关于旧养老金制度存在问题的最终报告（1990年公布）予以公布、商讨和做出官方解释之后，该工作组成立。此项改革本身已于1994年6月获议会绝大多数投票（约85%）通过。1994年，议会的决定不仅是一个“原则上”的决定：除了1994年后才推出的自动平衡机制外，改革的所有主要内容都已制定。在1995年，改革开始实施，并分阶段推进。本章讨论瑞典养老金改革的产生、内容、公众形象以及一些有待解决的问题。

第一节 1994年改革概述

1994年立法使瑞典公共养老金计划从DB型现收现付制转化为DC型制度，即名义账户制（NDC）和实账积累制（FDC）[①] 的结合。公共名义账户制和实账积累制计划对于所有在瑞典工作的人而言都是强制性的，这两个计划规定有收入的最高限额。总缴费率为18.5%，其中16%进入名义账户，2.5%进入实账积累账户。在收入最高限额以下，公共养老金待遇由半强制性的职业养老金待遇（覆盖了90%以上的雇员）补充，这作为改革的一部分，与工资增长指数关联，待遇的补充还涉及约3.5%的额外缴费率。名义账户制和实账积累制计划之间存在差异。这两种计划还面向所有的白领雇员，收入最高限额的标准较高[②]。

公共养老金制度改革的结果是，到目前为止，除了（适用于）私营白领雇员的计划之外，职业待遇加上公共养老金制度中直至收入最高限额的养老金，也被转化为实账积累计划。这样，公务员和其他公共部门的员工在计划中获得的新权利正在被完全积累。随着职业养老金计划的转化，现在瑞典大部分雇员拥有混合型养老金投资组合，名义账户制计划的缴费率是16%，公共养老金计划和DC型职业养老金计划的缴费率共约6%。在公共养老金和

---

* 波·孔伯格（Bo Könberg）是瑞典Sörmland省的省长，同时也是瑞典养老金改革执行小组的成员之一；爱德华·帕尔默供职于瑞典社会保险局和瑞典乌普撒拉大学；安尼卡·森登是瑞典社会保险局的资深经济师。

① 我们使用Góra和Palmer（2004）中引入的术语。名义账户制和实账积累制都是以DC型为基础的个人账户计划，区别在于收益率的决定因素和实账积累制中存在基金积累。

② 参见Palmer和Wadensjö（2004）对公共养老金改革和职业养老金的讨论。

职业养老金计划中，雇员可以选择他们自己的投资方式（前者）和个人账户经理人（后者）。

瑞典和大多数国家一样，直至 20 世纪 90 年代，公共现收现付型养老、遗属和残疾津贴计划都是同一整体计划中的一部分。此外，免于缴费的权利也暗含在旧有的待遇确定型计划中。作为瑞典改革的一部分，公共退休金计划从现收现付型残疾和遗属津贴计划中分离出来，现收现付型残疾和遗属津贴计划由一般预算来负担经费。这使得退休金计划成为一种财务上自治独立，以缴费为基础的计划。所有免于缴费型待遇，如看护儿童所享受的权利以及最低保证金等，都转为显性支付。这些待遇无需缴费，因此不由一般税收收入负担经费。资金被转至名义账户制计划，并直接进入实账积累制计划中的私人个人账户。

改革的实施花费了一些时间，首先，协议中的一方——社会民主党——需要额外的时间讨论 1995—1996 年的改革。其次，许多实际的立法问题需要解决。所有的旧立法不得不被新立法取代，并且相关立法需要确定和调整。所得税法需要调整是由于改革废除了养老金领取者的特别扣除，将所有养老金收入和个人所得置于相同的基础之上。另外，养老金改革被当作取代国家社会保险委员会过时的计算机技术的一次机会，政治家们不愿意立法或草率实施计算机技术，以免造成潜在的错误结果。

就制定新法而言，改革中最艰难的部分就是，决定将结合型定额待遇和养老金领取者的特别税收扣除转换成被征税的保证津贴。这意味着为已参保和未参保新制度的人们协调税收规则。此外，针对低收入者的家计调查型住房津贴的立法也需要相应的修订。立法主要在 1997—1998 年间制定，并在议会通过。

新的养老金制度在 1999 年全面生效。1999 年的 1 月和 2 月，所有的计划参与者收到了第一份名义账户和实账积累账户的说明。根据新规则，对于 1938 年及之后出生的人，未来个人养老金的计算从 1995 年开始进行。转型规则意味着，1938—1953 年出生者的部分养老金将按照新制度计算，例如，1944 年出生的人们，其养老金总额中的一半根据新规则计算。那些 1954 年出生的人们，所有的养老金都根据新规则计算。

实账积累制计划于 1995 年开始实施，缴费被存到国家债务办公室的封闭账户，来获取债券收益。直至 1999 年 1 月所有的个人账户准备到位，缴费才被个别地分发①。实账积累计划中的个人投资选择于 2000 年首次进行②。根据改革立法（名义账户制和实账积累制）确定的首笔待遇在 2001 年被支付③。

本章的目的在于提供瑞典养老金改革的概况，并简述瑞典名义账户制的实施情况。以下章节讨论 1994 年改革的原因和改革过程。然后是制度实施的情况，以及养老金改革是否将达到其目标。最后一部分得出结论。

① 例如，需要完成的一项任务是建立从 1960 年追溯起的儿童权利，有三种可供选择的规定。这包括综合各种来源的信息，时间跨度近 40 年。

② 实施被延迟一年，其原因在于从签约交付 IT 制度的国际供应商处获取产品时出现了问题。

③ 改革不仅带来了新的立法，还带来了国家社会保险委员会信息技术的完全更新。

第二节　改革的必要性

在瑞典，改革之前的公共养老金制度是普享型定额待遇，国民养老金（FP）以及与收入相关联的待遇（国民补充退休金或 ATP）的结合。在可能是现代瑞典历史上最艰苦的政治斗争之后，ATP 制度于 1960 年被引入①。ATP 制度中的待遇是以个人收入较高的 15 年为基础，领取全额养老金需要缴费 30 年，可以替代 60%的平均收入——以收入较高的 15 年为基础——直至收入最高限额。没有 ATP 待遇或是仅拥有较低 ATP 待遇的个人可获得额外待遇，这种养老金补充约为 FP 待遇的 50%。如果他们有资格，还可以获得准家计调查的住房津贴。1.5 倍的定额 FP 待遇加上住房津贴，通常足以使一位养老金领取者的收入达到甚至略高于基于消费需求的最低生活标准。这种观念在改革之后仍被保留，但 FP 部分、养老金补充以及优惠的税收规则已由最低养老金保证和住房津贴取代［参见 Palmer（2000）对于最低养老金保证更深入的讨论］。旧有制度中养老金权利、待遇和收入最高限额都与消费者价格指数建立了指数关联。

FP 和 ATP 待遇主要通过向雇主征收的工薪税来筹资。该制度是现收现付型与部分积累型制度的结合。在改革前的制度中，养老、残疾和遗属（寡妇和儿童）养老金都是同一制度的组成部分。FP 是由大约 6%的缴费率加上由一般税收资助的额外 2%的缴费率融资。ATP 待遇是由 20 世纪 90 年代中期改革之时的 13%的缴费率融资。但是这还不足以弥补支出，只得从大规模的储备基金的收益中支取额外的资金来支付剩余成本。

在旧制度中，仅仅是退休金制度的成本在 1995 年就相当于 20%的缴费率，其中收入关联成分的缴费率稍高于 17.6%，约 2.2%是不与收入相关联的补充部分的成本②。约为 20%的总成本也成为新制度的一种基准，与收入相关联的组成部分是 18.5%（名义账户制是 16%，实账积累制是 2.5%），不与收入相关联的补充部分通过一般税收来筹资③。政治过程中对新制度的额外约束是，90%以上的瑞典雇员还参加通过集体谈判建立的准强制性私营计划，这是与他们的职业或所在部门相关联的④。

ATP 制度在 1960 年被引入，缴费率被设定，以便该制度能积累盈余⑤。盈余在一套缓冲基金（ATP 制度中的 AP 基金）中积累，改革时，缓冲基金中的净资产大约相当于 5 年的支付额。正如所证明的，由于瑞典婴儿潮一代自 2010 年左右开始成为养老金领取者，这些基金在帮助名义账户制计划的逐步实施方面是至关重要的。如果没有这些基金，考虑到人

① 引入 ATP 制度需要一次公民投票，一次议会外选举，最后是拥有多数投票的决定。

② 健康和社会事务部（1994b，p. 74）。

③ 值得注意的是自提议改革，大部分“未预料到的”成本是为在残疾计划中积累的权利筹资的成本，它和残疾津贴的支付一起迅速上涨。这些数字可以在养老金年度报告中找到（国家社会保险委员会 2003）。

④ 有四种主要的职业（养老金）计划：一种是针对私营部门蓝领工人，一种是针对私营部门的白领工人，一种是针对地方政府雇员，一种是针对中央政府的雇员。除了针对蓝领工人的计划，依据 1994 年公共（养老金）制度改革的公告，其他三种都转换成了缴费确定型计划，直至强制性计划的最高限额。参见 Palmer 和 Wadensjö（2004）中对其如何影响总体待遇的讨论。

⑤ 积累缓冲基金的理由是在普享型与收入相关的待遇引入后，建立一种人口缓冲，抵消预期储蓄的减少。

口的状况，瑞典的名义账户制计划在启动后不久就将面临不断增长的财政赤字[①]。

改革前的养老金制度有以下问题：

• 成本的发展与经济增长呈负相关。养老金待遇和权利是与价格而不是与工资指数关联。劳动人口的待遇和实际工资增长之间缺乏联系，使得制度对生产率通过的变化较敏感。和劳动力之间缺乏联系，意味着制度易受劳动力减少这种风险的威胁。缴费基数较低的实际增长，无论是什么原因，都会产生较高的成本。

• 对人口变化没有回应。和世界上大部分国家一样，瑞典的人口在老化。瑞典的死亡率在世界上是最低的，在未来数十年里预计还会显著提高。在改革时，65 岁及以上的人口比例预计在 2025 年将达到 20%，自世纪之交可增至近 25%[②]。

• 收入相关待遇原则的作用不明显并更趋弱化。首先，FP 和 ATP 的待遇计算公式造成了缴费和待遇之间的联系不紧密。经过了直至 20 世纪 80 年代中期的改革，这种情形却变得更糟。只有收入达到最高限额才针对养老金权利进行计算，收入最高限额在 1960 年被引入时，和平均收入相比较高，但自那时之后就没有实际意义上的改变。由于收入最高限额和消费者价格指数关联，自 1960 年引入 ATP 计划以来，30 多年的实际工资增长意味着大量人口一直在获取高出收入最高限额的工资。作为收入替代的一种来源，这使得 ATP 制度受到侵蚀。对于大量蓝领雇员而言，他们的平均全职工资接近收入最高限额，但没有高出限额的补偿金，这一过程可能持续，并将很快会成为一个严重的问题。

• 不恰当的再分配。缴费和待遇之间的联系较弱。缴费（基于所有收入）是从 16 岁开始直至退休，而待遇仅以收入较高的 15 年为基础。因此，计算公式是将收入从那些工作时间长且生命周期内收入无变化的人们（特别是低收入工人）再分配至那些工作时间较短且收入不断增长的人们（特别是高收入工人）[③]。实际上，研究表明，收入固定且工作时间（缴费年份）较长的蓝领工人，特别是女性蓝领工人，是旧有制度的利益受损失者[④]。

• 劳动力市场的扭曲。待遇计算公式和基于所有收入进行缴费这一事实，意味着日益减少的劳动力的参与不能必然地理解为较低的养老金待遇。

• 较弱的储蓄激励。现收现付制度可能减少国民储蓄，尽管这是一个经验主义的问题。对瑞典的研究表明，ATP 养老金制度确实对个人储蓄率有负面影响[⑤]。

总之，改革的原因很多。最主要的原因是，改革前的制度将在未来造成难以支付的威胁。此外，由于瑞典自 1992 年秋进入严重的经济衰退期，从短期看，缴费基数变化的相对成本不足的问题更为突出了。到 1994 年，缴费基数已下降了 10%，并且用来为退休金筹资的缴费率相应地增加了。正如下文将要讨论的，经济衰退的年份强调制度结构改革的必要性——包括福利制度。

---

① 这些赤字暗指要么确认并以冠名为税收的资金为这种“税收”筹资，要么等待“平衡机制”来平衡资产和负债，这在下文有描述。

② 见 Palmer（2002）。

③ 见 Ståhlberg（1990）。

④ 见 Ståhlberg（1998）。

⑤ 见 Markowksi 和 Palmer（1979），Ståhlberg（1988）。

第三节 改革的过程

1984 年，政府已经任命了一个委员会来研究养老金制度。该委员会于 1990 年完成了报告，并得出结论：瑞典养老金制度将最迟在 2020 年左右出现严重的财务危机。作为解决长期财政赤字的措施，报告讨论了与经济增长相关联的指数制度、提高正常退休年龄，以及领取全额养老金所需的年份数等问题。

最终，委员会里的政治家不同意改革的提议[①]。然而委员会的报告仍显示了旧有制度的所有不足和问题。在 20 世纪 80 年代末，养老金制度的公共信托财产开始被侵蚀，该制度将不能兑现承诺的看法开始广泛流传，特别是在进入劳动力队伍不久的年轻人中间流传[②]。

对养老金委员会的最终报告进行公众评论的过程——这是瑞典的惯例，各种组织、政府机构以及大学里相关领域的代表都被要求发表对政府委员会报告的看法——一直延续到 1991 年秋选举之后。在选举中，社会民主党政府被击败，由四党派组成的偏右翼政府取而代之。养老金改革成为新政府最优先考虑的事项，因此在议会中任命了由七个党派代表组成的议会工作组。

该养老金工作组相对瑞典国家委员会而言，是遵循非传统的原则组建的。工作组主席由健康和社会保险部部长担任[③]，还包括议会代表党派的高层成员[④]。但成员资格限于议会的政治党派。劳工、雇主或是养老金领取者组织的代表未被包括[⑤]。

工作组的成功将取决于组内成员对改革方向的认同。由党派中居领导地位的人组成工作组很重要。包括专家组的工作组也必须是小规模的，这可能是最重要的。工作组中的每个人都必须参与讨论，这和“典型”委员会不同。在“典型”委员会里，不同利益集团的代表经常作为观察员参与，其主要目的是维护自身集团的特别利益。

起初，工作组的七个政治党派对于改革的内容持有完全不同的观点。首先，ATP 制度被视为社会民主党福利政策的基石，就像经常被描述的那样，它是“王冠上的宝石”，该党强烈反对在公共养老金制度中引入积累制账户。第二大党是保守党，保守党要求缩减公共计划的范围并引入私有化的个人积累制账户。自由党也支持引入积累制账户，还支持加强待遇和缴费间的联系。中央党支持实账个人账户，但一直倡导定额养老金待遇。后一种观点一定程度上也得到了基督民主党的赞同。工作组还包括右翼人民党和左翼党的代表，这两个党派很快显示出他们与其他五个党派建立新的养老金制度的目标不同。

工作组的职权范围非常狭小：养老金制度应该在财务上具有可持续性，缴费和待遇之间

① 面对白领工人中央协会的公开抗议，将 ATP 制度中 30/15 规则增至 40/20 的提议最终被撤回。通过以较短的 30 年全额待遇的资格期，甚至以更短的 15 年资格期来计算待遇，协会的成员可从中获益。由委员会提议并获议会通过的唯一立法是，针对任何一位健在的配偶，用临时性遗属津贴来取代寡妇或鳏夫津贴。

② 见 Palmer（2002）。

③ 本章的合著者 Bo Könberg 是健康和社会保险部部长。

④ 社会民主党人由即将离职的社会事务部部长和即将离职的次国务卿来代表。

⑤ 尽管劳动力市场党派没有包括在工作组中，由众多联盟组成的“咨询组”一直对工作组的进展进行简要介绍。

的联系应该加强，养老金制度应该鼓励私人储蓄。工作组首先回顾了改革前的养老金制度的问题。他们决定在初期不争论其政治信仰，而是听取意见并和国内知名养老金专家交谈。在预备期过后，不同党派的代表间的讨论才正式开始。

对养老金制度的分析表明问题很严重——预测显示由于未来1.5%的实际工资的增长，长寿及未改变的缴费率，缓冲基金将在2010—2015年间耗尽。为了保持财务的稳定性，总缴费率将不得不到2015年提高至大约24%的水平（从改革时略低于20%不断提高）。事实上，预测显示只有在未来实际工资增长至少2%或更多时，该制度才可能是持续的。只有工人的比重不断增加，他们收入中才会有一部分高出上限（健康和社会事务部，1994a）。后者是一个渐进的过程，而且是以一种特别的方式，使得制度越来越远离建立待遇和缴费之间有较强联系这一目标。保持现状将只会增加个人对未来养老金制度框架的不确定感。

由于在现行公共养老金制度中，财政负担不断增加且公共信托财产不断受到侵蚀，工作组拒绝了进行零碎式变革的选择方案，这是原来养老金委员会所建议的。他们的结论是，这样的变革将可能仅仅是临时性修订，这意味着该制度将一直不确定。重要的目标是建立起新制度，使其在面临政治多数局面变化时，仍然能保持活力和稳定，因此对制度进行根本性改革是必要的。

政府的目标是提议进行已拥有广泛议会支持的改革，养老金工作组在达成政治妥协方面面临强大的压力。实账个人账户的问题在工作组早期的讨论中还不是焦点，因为它被认为太具争议性，但当协议将要达成的时候，此问题将不得不被商议。

对于工作组而言，职权范围中的主要问题是，制度应该在缴费和待遇之间建立较强的关联。在短暂的讨论之后，工作组赞同“钱尽其用”的原则应该得到贯彻。这样，工作组较轻松地决定终身所得原则应该适用于整个制度。因此，制度最终将是缴费确定型计划，且待遇的多少应该以预期寿命为基础①。工作组还赞成公共养老金制度将继续主要以现收现付制原则为基础。此外，工作组也一致同意所获得的养老金权利应该与工资而不是与价格指数关联，尽管养老金待遇能够继续与价格指数关联（这一点后来有所改变——见下文）。工作组还一致赞同待遇要反映死亡率的变化，且退休年龄的规定应具有弹性。因此，回顾过去，由于工作组1992年夏末公布了改革的框架，名义账户制从政治意义上讲诞生了。

改革的原则以及更为详细的框架（遵循这些原则的养老金制度的状况）在草案中已经列出。报告还包括讨论用实账个人账户取代部分现收现付制，但明确指出工作组对此问题没有达成一致②。

工作组继续其工作，并于1994年1月达成了五方协定。这一提议在1994年6月获得议会通过。此改革获得了议会超过85%的同意，其中包括工作组中支持改革的五个党派的成员。有两个党派，左翼党（在工作组中有代表）和绿党（当时由于选票太少无法取得议会席位，因此从在议会中有席位算起）之后仍长达十年反对此改革。但是，这两个党派对于改革

① 尽管工作组对于现收现付制度或是积累型制度哪一种更可取这样的基本问题有不同观点，考虑到几乎成熟的现收现付制度的转型成本，改革不能将整个现收现付制度转换成完全积累型制度。

② 见养老金工作组（1992）。

的批评很不相同，前者只是想对旧有的 ATP 制度进行较小的修订，仍维持这种状态；后者则支持定额制度。

1994 年的提议和 1992 年的草案在某些方面不同。在 1994 年通过的提议中，所获的养老金权利和待遇都是与工资增长指数关联。但是，初期年度养老金的计算是先假定 1.6%的实际收益率，然后从这一比例开始，每年调整背离指数来计算年金。这种制度没有积累期限的上限：个人只要曾经工作和缴费，就能获得养老金权利。在 1993 年秋的政治讨论中，工作组最终赞同强制性养老金制度应该包括实账个人账户部分，在最初的协议里缴费率是设定为 2%，之后又增至 2.5%（在 1994 年秋取代了中右翼联盟的社会民主党政府的领导下）。

1994—1998 年，计划执行组得到任命，进行立法并解决余下的问题，该计划执行组由工作组中支持改革的政治党派的代表组成，并且得到了专家的支持（该计划执行组至今仍存在）。1995 年，改革的实施出现停滞。改革提议遇到了社会民主党内的强烈反对，当时一些地方工会开始发表反对意见。社会民主党的领导用大约两年"暂停"改革的方法解决了这个问题，在此期间，党内改革的支持者可与反对者进行讨论和争辩。因为这样的僵局，直到 1997 年社会民主党再次上台执政前，改革没有太大进展，律师们开始草拟最终立法。计划执行组在 1998 年春提交了最终立法，1998 年 6 月立法获得了议会的通过。

计划执行组忙于确定立法的同时，国家社会保险委员会正致力于总体业务计划，包括建立网站，方便人们获得个人信息并自己进行计算，以及培训地方行政人员。为期三年的信息宣传活动已被设计和发起，新的 IT 平台和技术也被建立。最后，在 1998 年中期，PPM（*Premium Pensions Myndighet*，新实账积累制计划的公共结算中心）被建立起来。

第四节 新的瑞典养老金制度如何运转

新的公共养老金制度中，与收入相关的计划由两部分组成：名义缴费确定型计划和预筹式养老金（实账积累制计划）。缴费率为收入的 18.5%：16%进入名义账户，2.5%进入实账积累计划，在瑞典被称为"预筹式养老金"。缴费责任由雇主和雇员平摊，两种计划的缴费都基于收入最高限额[①]。

个人可以从劳动收入、失业、疾病、伤残及其他社会保险计划津贴、家庭儿童看护的年份、部队服役期、教育领域的工作时间等，获得养老金权利[②]。需要注意的是，后几种免于缴费的权利和在参保其他形式社会保险计划期间内所获得的权利，是由一般税收收入来筹资。对于没有收入关联待遇或待遇较低的个人，制度会提供一种保证津贴，来确保他们退休时的最低生活水平。对于那些符合条件的人而言，这种津贴是收入调查型性质，与公共养老金权利形成对比，可对名义账户制和实账积累制待遇起到补充作用。津贴是由一般税收收入筹资，从 65 岁后开始支付，其提供的待遇相当于普通工人工资的 30%。目前，近 30%的新

① 最高限额约为平均工资的 1.5 倍。

② 在子女四岁之前的所有年份里都可获得看护儿童的积分。尽管男性和女性都有资格申领，实践中，更多的是由女性申领待遇。

近退休者从保证津贴中至少获得了一定的养老金收入。津贴与价格指数关联，由于实际工资的增长，退休总收入中保证津贴的比重将会随着时间发展逐渐减少。

一、名义账户制组成部分

新养老金制度的主要组成部分是名义账户制。现收现付制度的基本理念是基于确定的缴费。名义账户制和传统的实账缴费确定型（实账积累制）计划的情况相同。缴费被计入个人账户，账户价值代表个人对未来养老金待遇的申领权。但与实账积累制计划相反，就像在任何现收现付制计划中一样，名义账户每年的缴费被用来为当前养老金待遇的发放融资。因此，个人账户是名义型的。

个人账户的结余随着每年的缴费及账户的收益率而不断增加。瑞典名义账户制计划的收益率由人均工资的增长决定。最初，政策制定者考虑利用缴费工资总额（总的工资增长）的变动作为收益率的衡量标准，因为它反映了缴费者（劳动力供给）的变动。由于缴费工资总额的变动是制度缴费基数和财务能力的相关衡量标准，这更容易达到制度财务稳定性的目标。但是，与之有竞争的改革的政治目标是，确保所获得的养老金权利和待遇能够跟随劳动人口生活水平的增长，并确保个人的相对收入对于他们的养老金收入有相同的效果，无论他们在一生中何时获得相对收入。达到目标的最佳方式是，将收益率和人均工资增长相关联。

基于人均工资增长的指数关联存在不足，当劳动力减少时，待遇和养老金权利将比用于支付待遇的缴费基数增长得更快。如果制度的稳定性受到威胁，为了确保财务的稳定，会引入一种临时放弃与平均工资增长指数关联的自动机制。这在下面会有进一步的讨论。

达到退休年龄时的待遇可在 61 岁过后的任何时间领取（以前的立法中，提前退休年龄是 60 岁）。退休时，年度待遇的计算是将名义账户中的余额除以年金除数。针对给定的 65 岁群体和估算的 1.6%的实际收益率（预期的经济长期实际增长率是由政策制定者假定），除数由退休时的平均预期寿命决定①。

由于年度养老金待遇等于利用 1.6%的实际收益率计算出的净现值，只要根据人均工资每年进行待遇调节，退休时的初始津贴会更高。此举的理由是提供相对较高的初始津贴，而不是在人生的晚年拥有高额待遇。其他的选择当然是提供从较低的初始水平开始，不断提高待遇。这种方法提供了从与价格指数关联的 ATP 制度的平滑过渡②。除数对于男性和女性是相同的。对于某个给定的出生群体，除数都固定在 65 岁。65 岁之后预期余命的变化，不再作调整。

待遇因通货膨胀每年都要进行调整。既然初始津贴的计算已经包括隐性的实际收益率(1.6%)，养老金待遇也与工资指数关联。例如，如果人均实际工资增长是 2%，CPI 变化 1%，则待遇将被调整 1.4%。另一方面，如果实际工资增长降至标准以下，待遇的调整幅

① 改革者的另一个决定是改革前和改革后的养老金领取者应该拥有相同的待遇指数化。既然标准和实际（平均）人均工资变动率之间的差异，构成了甚至是改革前养老金领取者的实际的待遇指数化，建立一种经计算能负担的标准十分重要。但是，另外的考虑将标准的水平限制为实践中能合理达到的水平，因为待遇将向下调整至低于标准的实际增长——这在实践中具有政治敏感性。

② 见 Palmer (2002)。

度将小于通货膨胀。在普通工人的一生中，这种指数化和经常性的工资指数化具有相同的效果[①]。

二、财务稳定性

养老金改革最重要的目标之一，就是设计一个财务稳定的制度。在不利的人口和经济发展情形下，使制度仍能保持稳定。但是，制度仍旧是现收现付型制度；政府不得不通过每年的缴费来弥补养老金债务。提高缴费率当然是可能的，但这不是在名义账户制框架内永久性解决失衡问题的可行选择，因为这样一来会自动增加负债。因此，自动平衡机制和缓冲基金对于确保制度的财务稳定性是至关重要的。

1. 自动平衡

制度设计中有五大特色之处会导致财务不稳定。第一，待遇同选定的平均工资而不是工资总额的增长指数关联。如果劳动力（缴费者）减少，工资率、账户的收益率将要比缴费工资基数增长得更快，这会带来不稳定。第二，在年金的计算中，有代表性地对群体预期寿命的估计是基于刚刚发生情况的真实结果，而不是基于群体的预测，或者基于当情况变得清晰后，能够随着变化中的预期寿命而不断变化的比率[②]。第三，被积累的储备金必须至少拥有和受信账户收益率一样高的实账收益率[③]。第四，制度的财务余额是工作收入和支付详情的函数。最后，在实践中，指数化是基于历史数据，制度将滞后于即期指数。

为解决这些导致财务不稳定的问题，自动平衡机制被引入瑞典的名义账户制[④]。当运用自动平衡机制时，人均工资指数化将被临时搁置，指数化将被缩减以便使制度恢复平衡。正如名称所反映的，机制是自动运行，不需要任何政治决定。养老金改革的一个重要方面在于，养老金制度应该对随意的变动保持自治，出于政治利益的操纵风险应该降到最小程度。

自动平衡机制是以为名义账户制度特设的财务余额报表为基础。余额报表可以提供总结财务稳定性和余额率的衡量标准。余额率和养老金制度的资产与负债相关，它是这样定义的：

$$余额率=(缴费的资本化价值+缓冲基金)/养老金债务$$

资产包括缴费的资本化价值和缓冲基金的现值。缴费的资本化价值等于养老金债务，每年的缴费能够在长期内为债务融资。缴费的资本化价值是通过每年的缴费乘以周转期而得到，周转期是指预计向制度进行缴费和以缴费为基础的待遇被发放之间的平均时间[⑤]。目前的周转期是32.5年[⑥]。养老金债务是当前既定的债务[⑦]。余额率为1意味着名义账户制处于财务平衡状态，即资产和负债相等。如果比率低于1，制度处于不平衡状态，负债超过资

① 见Palmer（2002）。

② 由于寿命的不断延长，后者包括不断下调每年的养老金待遇。和固定的年金相比，其吸引力较小。

③ 为了给相对较大规模的出生群体的待遇筹资，储备金是必要的。战后的婴儿潮一代以及他们的子女等，就是例证。

④ 见Settergren（2001），Settergren和Mikula（2006）。

⑤ 周转期的倒数就是缴费流的折扣率。

⑥ 参见社会保险局（2005）。

⑦ 余额率的计算仅包括现值，对资产和负债不做预测。对养老金制度的财务状况的传统预测在养老金制度年度报告的附录中有介绍。

产。如果比率超过 1，制度会有积累的盈余。表 17.1 显示了 2001—2004 年名义账户制的财务平衡状况。

表 17.1　　2001—2004 年名义账户制的资产与负债（瑞典克朗，亿）

	2004	2003	2002	2001
缴费资产	5 607	5 465	5 293	5 085
缓冲基金	646	577	488	565
总资产	6 253	6 042	5 780	5 650
养老金债务	6 244	5 984	5 729	5 432
资产－负债	9	58	52	218
余额率	10 014	10 097	10 090	10 402

资料来源：瑞典社会保险局（2005）。

注：1 美元≈7.5 瑞典克朗。

余额率的变动由两方面因素造成：一是技术性变化，二是对养老金权利和即将支付的养老金的正指数化。即将支付的养老金相当于实际工资大幅增长。实际价值的增加达到了 3%。在以前的制度中，即 ATP 制度中，没有出现过这样的变动。

一旦余额率低于 1，自动平衡机制就发生作用，所获的养老金权利和当前的待遇会相应减少。只要比率低于 1，平衡过程将一直持续下去①。

目前，自动平衡机制仅仅在制度负债超过资产的情形中运用。但是，在一定的经济和人口条件下，制度可能积累起永久型盈余。因此，计划执行组的政策制定者赞成如果盈余“非常多，以至于未来赤字的风险可以忽略”，那么不必要的储备金应该分发给制度的参与者。问题在于对“盈余很多，以至于未来赤字的风险可以忽略”的理解。一项政府调查研究了当分发不会威胁制度的财务稳定性时余额率的水平，调查提议余额率应该设定为 1.10②。

2. 缓冲基金

缓冲基金因为自身的重要作用，是名义账户制计划不可缺少的组成部分。但在瑞典的改革中，在新养老金制度的实施方面，这笔已有的基金也发挥了重要的作用。短期内，基金减轻了旧制度遗留下的人口问题的压力。

正如上面所提到的，以前和退休金制度结合，并通过工薪税筹资的两个计划（残疾养老金和遗属养老金）现在与退休金制度分离了，并且是通过一般税收收入筹资。这使得一部分现有的雇主工薪税可用作新的基于缴费的退休金制度。通过改革所做承诺的一般预算的短期总成本，高于用作为改革前的养老金承诺筹资的一般税收收入的缴费。为了抵消针对一般预算的有所增强的财务压力，在 1999 年、2000 年和 2001 年，缓冲基金中的资金向一般预算进行了转移。金额相当于一次性转移基金总资产的 1/3③。2004 年春，从缓冲基金向一般预

① 为了平滑临时性低迷时期的影响，余额率的计算中使用了一种三年的移动平均数。

② 参见瑞典政府官方报告系列。

③ 改革的时候，基金足以支付 5 年的待遇发放；目前，在转移之后，考虑到期间内基金的收益，缓冲基金中的资产在 2003 年底是年度待遇发放额的 3.7 倍。

算进行额外和最终的转移被提出讨论，但结论是延期进行转移，可能延期几年。

长期内，当在20世纪40年代出生的人们退休时，缓冲基金需用来弥补为待遇筹资的预计赤字。因此，尽管养老金改革建立了长期内财务稳定的养老金制度，在经济紧缩之前积累起资金，以此为这一群体的待遇筹资是十分重要的。应该注意的是，如果名义账户制于1960年左右就已实施，在这一群体进入劳动力队伍之前，名义账户制规则自身就将产生名义账户制人口储备基金。因此，瑞典在改革之前有如此高程度的积累是值得庆幸的。1960年，ATP计划被引入。事实上，创立此计划的立法的明确目标就是建立人口储备金，但直至20世纪90年代中期改革时，这一点才被认同。

鉴于缓冲基金对于制度财务稳定的重要性，基金的管理和投资规定被再次评价。1997—1998年，在养老金改革达成协定之前，缓冲基金因为达到政治目标而牺牲收益，尤其是以人为的低利率资助政府和抵押市场而备受批评。新的投资规定要求投资必须考虑风险和收益，不准许进行经济目标投资。总指导方针允许更大比例地投资股票（最多达资产组合的70%）和国际资产（资产组合中最多40%能够经受通货风险）。

三、转型

向新制度的转型将在16年内完成[①]。首先加入新制度的是1938年出生的人们，他们的待遇中有1/5来自新制度，4/5来自旧制度。每一群体加入新制度时，他们的待遇都会增加1/20，那些1944年出生的人们，其待遇中有一半来自新制度，一半来自旧制度。那些1954年以及之后出生的人们将只能加入新制度[②]。1937年和更早出生的人们在2040年左右达到100岁，在此之前，待遇不会完全从新制度中支付。然而，由于所有1938年和之后出生的人们——几乎是改革时的全部劳动力——获得的权利都被部分或是完全转化至名义账户制权利，新规则的实施速度被认为是较快的，特别是与其他国家的养老金改革相比。

四、个人积累制账户：预筹式养老金

除了向名义账户缴费，收入中的2.5%将向强制积累型个人账户缴费。引入这种账户的一个主要目的是增加瑞典的储蓄[③]。积累制账户是一种创新：在18.5%的总缴费率中，2.5%进入实账积累计划中的个人积累制账户。一个新的政府机构，实积累制计划公共结算中心（预筹式养老金局或PPM）被建立起来，管理实账积累计划并履行票据交换所的职能。PPM也是唯一的年金提供机构。账户中的投资是自我管理型，参与者可以从（在2004年）注册的国内和国际基金中选择5种基金[④]。在瑞典，任何得到营业许可的基金都可以参与，只要他们履行PPM制定的某些标准。这项计划从一开始，参与基金的数量就从450种增至

① 转型期最初是20年，但因为改革延迟了，转型期也缩短了。

② 尽管从1938—1954年出生的个人将从新制度中得到更多的养老金待遇，他们关于劳动供给（这些群体一般已经工作了20年或更久，旧制度中关于参保年份规则是30年）和储蓄的决定是在旧制度下做出的。所以，如果转型群体依据新规则的待遇水平较低，那么他们在旧制度中直至1994年所获得的养老金权利都有保证。但是，实际上，在新制度下，所有的人待遇都会更好。

③ 个人账户的引入如果构成了新储蓄，将只会增加储蓄。养老金和非养老金储蓄之间的可能存在抵消。例如，见Gale（1999）的概述。

④ 积累型支柱的缴费被投资于低风险的政府债券，直至个人养老金权利被建立起来。这种情况发生在雇主和雇员的税收声明协调一致时，这平均要占用18个月。

700 种[1]。针对那些没有做出选择的个人，建立了一种由政府管理的缺省基金。缺省的选择主要投资于全球股票。2004 年，缺省基金资产中的 65%是全球股票，17%是瑞典股票（余下部分主要投资于能获利的资产）。

缴费（以及基金的转换）由 PPM 在日常交易中一次性转移至个人。结果，基金公司收到的仅是汇总的数据，却并不知道有哪些个体参与者。在预筹式养老金计划中，个人的首次投资选择发生在 2000 年。大约有 2/3 的参与者在当时做出了投资决定，余下 1/3 的参与者的资产投资了缺省基金。在那些决定了如何分配基金的人们中，近 75%投资了股票基金，平均选择了 3.4 种基金[2]。参与者在 61 岁后的任何时间都可自由领取年金，既可独立于（部分或全部）名义账户制年金的申领，也可与它相关联。年金化是强制性的，退休时的账户余额转换为固定或可变年金，完全取决于个人选择。

五、信息需求

名义账户制改革增加了对制度信息的需求，它还对高质量的统计信息的可及性提出了额外的要求。从通过自动平衡机制管理制度的角度，以及个人需要被告知自己的账户状况，来做出有关储蓄的个人决定的角度，高质量的信息是相当重要的。

从运转良好的制度的角度看，发达的基础设施对于管理基于账户的制度而言，是至关重要的。而且，出于财务余额报表的透明性以及对它做出解释的考虑，需要高质量的数据进行对制度资产和负债的可靠估计。

就参与者而言，对信息的需求也有所增加（Sundén，2006）。改革完全改变了养老金制度的原则和结构，向待遇确定型计划的转换赋予了个人更多的责任。因此，参与者的信息是实施改革的一个关键组成部分。1998 年，在新制度生效之前，一场广泛的信息宣传运动被发起，传授参与者有关新制度的知识。这场运动包括描述新养老金制度的详细册子、一系列公共电视节目、广播、电视和报纸的公共服务公告、向公众开放的讨论新养老金制度的论坛和网站。在宣传期间，参与者还收到了他们第一份每年一次的养老金计划账户情况说明。橘色信封每年都被递送，其内容包括假设退休年龄分别为 61 岁、65 岁和 67 岁时，账户信息和对名义账户制待遇及预筹养老金的预测——尽管参与者可以继续延迟领取待遇，直至 61 岁后的任何年龄。

在这次早期运动之后，橘色信封成为参与者了解养老金计划的主要信息来源。除了提供预期待遇的信息，橘色信封中的内容还概述了新养老金制度如何运作，并倡导终身所得决定待遇的理念。对于实账积累制计划，PPM 还递送关于基金选择的年度信息、投资风险及费用情况。PPM 有自己的网站，参与者可以查看并管理他们的账户。

第五节　改革能达到目标吗

改革最重要的目标之一是设计能保持长期财务稳定的养老金制度，即使在面临不利的人

① 希望参与的基金必须和 PPM 签订合同。合约管理着基金的费用结构（有关费用如何决定的描述和讨论可以参见 Palmer，2000）和报告要求。

② 见 Sundén（2004）。

口和经济态势时也是如此。其他的重要目标是提供更强的工作激励，并给予参与者控制他们部分养老基金的可能性。改革能达到其目标吗？未来的挑战又有哪些？

一、财务稳定

瑞典的改革引入了一些特色做法，以确保财务的稳定。但是，制度仍属于现收现付型制度；政府不得不通过每年的缴费弥补养老金债务。因为名义账户制计划的缴费率被制度的设计固定了下来，制度通过账户认可的收益率保持长期稳定性——这也决定了未来的待遇。这意味着该制度将为未来几代人的待遇融资的风险转移给了当前几代①。

而且，一旦该制度出现财政上的不平衡，自动平衡机制会调整待遇指数。但这种机制的运行无法区分临时低迷引发的财政不平衡和由更严重的经济与人口问题导致的财务不平衡。因此，运行自动平衡机制有时可能是不必要的。就待遇水平而言，这种事件的影响不大，但它可能对制度的政治稳定性有间接影响。当自动平衡机制被引入时，它常被称为"紧急闸门"，即仅在制度处于危机时的极少情况下使用。因此，如果发生了自动平衡，那么就存在明显的风险，这等于向公众发出信号，制度处于危机之中，人们的待遇受到了威胁——即使由于稳定的指数化和经济中实际人均工资增长相等，待遇的净现值的实际价值会随着时间的发展而不断增加。所面临的挑战是改变了自动平衡机制的形象，而不是将此机制刻画为对所获的养老金权利和待遇进行指数化的组成部分。一般而言，待遇将随着平均收入增加，但收益和实账资本收益率可以相同方式变化。

二、公平与再分配

新制度确立了缴费和待遇之间的紧密联系。但是，对于处于工资分布状态中较低位置的工人（目前大约为最低的那 1/3）而言，由于名义账户制的待遇和保证养老金相抵消，这种联系变得模糊。对于这些人而言，额外的工作不（一定）会增加养老金待遇（一对一）。对于那些依靠保证养老金的人们来说，退休年龄的选择不是那么灵活，因为保证养老金仅从 65 岁起开始支付。但为确保无收入和低收入人们的收入安全，高水平的保证养老金非常重要。

随着经自动平衡机制补充的平均工资的变动，选择对制度进行指数化，意味着群体间的待遇分配。自动平衡机制发生作用后，可使工人账户值的指数化和养老金领取者的当前待遇减少相同金额。和已经开始领取待遇的退休者相比，刚开始就业的参与者有更长的时间重新获得待遇的损失。这种再分配的预期规模还未被全面考查，但有某些群体可能要承受更多的调整负担。

三、工作激励

为了提供更强的工作激励，新养老金制度的退休年龄规定较为灵活，因额外工作年份而增加的待遇在保险精算方面是公平的。对大部分人而言，66 岁而不是 65 岁退休的效果在于每月的养老金增加 9%，67 岁而不是 65 岁退休的效果在于每月的养老金增加 20%。此制度对于缴费收入没有年龄限制：参与者只要工作就能获得养老金积分。例如，某位工人可以开始领取待遇，再重新工作，然后继续获取养老金积分。但是，集体劳动力市场协议和雇主的

① 见 Palmer（2002）。

不情愿，使得工人很难在 67 岁后继续工作。

在瑞典，大部分工人早在 67 岁之前就退出了劳动力市场，通常要么是从私营职业养老金计划中提前退休，要么是领取公共残疾津贴——平均退休年龄接近 62 岁（国家社会保险委员会，2000）。一些职业养老金计划刺激人们提前退休，疾病和残疾保险常被用作申请退休的理由（Palmer 和 Svensson，1999）。但是，随着老年工人的工作能力——和对他们所提供的服务的需求——不断提高，并且预期寿命持续增加，养老金制度和劳动立法之间的关系必须再次探讨。而且，考虑到残疾保险是针对工作能力严重受损的人们，领取养老金的最低年龄和申领保证（金）的最低年龄应该随着不断增长的预期寿命进行调整。

第六节　结　论

到 1992 年，瑞典养老金改革为名义账户制的出台提供了制度背景，尽管一开始没有冠名“名义账户制”。改革实施时已经在 1994 年立法中有了详细说明。就进一步发展这个概念而言，后来产生的是自动平衡机制背后的方法论。改革具有多重目标，其高于一切的政治目标就是要建立对改革的广泛政治支持，包括左翼和右翼党派的支持。改革在这方面是成功的，它获得了议会大约 85%的选票。

但是，在 1994 年立法通过后，事实证明留出额外的时间展开公开讨论还是有必要的，尽管 1992 年夏（初始改革草案被提交）至 1994 年 2 月（工作组提交一揽子立法）一直存在有关提议的公开讨论。由于修订大量立法的工作艰苦，并力求运用新的计算机技术进行制度管理，改革的实施是渐进的。

从改革中得出的第一个教训是——尽管最初几年存在较长时间的争论，高成本的信息宣传活动持续了三年（1998—2000 年）——第一次立法通过后的 10 年里，人们对于改革的认知水平仍然较低。比起实施改革的最初几年，将信息情报量简化为最根本要旨的必要性日趋明显。三项最根本的要旨分别是：第一，在决定养老金规模方面，个人工作和缴费的所有年份都至关重要。第二，由于人口寿命的延长，人们将不得不延长工作时间来获取给定的替代率。第三，名义账户制的收益率应该被预计到会出现波动，尽管它一般应被认为是正值，但在一定条件下，可能出现负值。这和实账收益率类似，但名义账户收益的日变差将更小。名义账户制养老金制度所能提供的支付取决于内部收益率。在经济正增长的环境中，内部收益率在长期内将是正值。

有关完全模仿瑞典的名义账户制改革，将名义账户制引入其他国家的可能性，认识到这样一种事实很重要：瑞典在旧制度中已经积累了大量的储备金以应对战后婴儿潮一代带来的人口负担，因而向新制度的转型会更容易。类似地，当婴儿潮的下一代——战后婴儿潮一代的子女——退休时，目前的储备基金将有助于提供支付。计算显示，到 21 世纪 40 年代，这将给财务制度带来压力，还要考虑到解决遗留下的“平衡”问题——这是一种决定储备基金何时有足够大的规模，能允许分发至健在的参与者的方法。另外，为代际资源分配建立平衡机制的内在含义，仍需进行研究。

在瑞典，超过 90%的工薪者也参与某种职业养老金计划，这将可能至少提供 10%的替代率。如果不考虑这一事实，就不可能形成对新制度的认识。这也意味着，一位普通的瑞典人要将收入的 22%进行缴费，以此获得养老金待遇。另外，要考虑的是保证养老金的成本（由一般税收收入融资）；那些参加失业、疾病和残疾保险的人们的养老金权利以及针对四岁以下新生儿童的免于缴费的权利。总之，在正常的职业生涯中，制度应为大部分在瑞典生活和工作的人们提供充足的养老金待遇。此外，制度目前是透明的——所有的待遇承诺在余额报表中有说明——而且财务状况也是稳定的。

最后，人们对养老金制度所采取的措施很重要，但更重要的是，养老金制度对人们所产生的影响。制度除能提供丰厚的养老金之外，还必须进行设计涵盖激励机制促进社会总体福利，例如工作和储蓄。依照我们已明确的观点，新的瑞典模式包括这样的正面激励。

参考文献

Eriksen, T., and E. Palmer. 1994. "The Deterioration of the Swedish Pension Model." In *Beveridge and Social Security: An International Retrospective*, ed. J. Hills, J. Ditch, and H. Glennerster, 203-19. Oxford: Clarendon Press.

Gale, W. 1999. "The Impact of Pensions and 401 (k) Plans on Saving: A Critical Assessment of the State of the Literature." Paper prepared for Brookings, Stanford Institute for Economic Policy Research, and TIAA-CREF Institute conference, "ERISA after Twenty-Five Years," Washington, DC, September 17.

Góra, M., and Palmer, E. 2004. "Shifting Perspectives in Pensions." IZA Discussion Paper Series No 1369, October 2004.

Markowksi, A. and E. Palmer. 1979. "Social Insurance and Saving in Sweden." In *Social Security Versus Private Saving in Post-Industrial Democracies*, ed. G. von Furstenberg. Cambridge, Mass.: Ballinger.

Ministry of Health and Social Affairs. 1994a. *Reformerat Pensionssystem* [A New Pension System]. Sweden's Official Publications SOU 1994: 21. Stockholm: Allmänna Förlaget.

——. 1994b. *Reformerat Pensionssystem* [A New Pension System: Financial and Individual Effects]. Sweden's Official Publications SOU 1994: 21. Stockholm: Allmänna Förlaget.

National Social Insurance Board. 2000. *Social Insurance in Sweden* 2000. Stockholm: National Social Insurance Board.

Palme, M., and I. Svensson. 1999. "Social Security, Occupational Pensions and Retirement in Sweden." In *Social Security and Retirement Around the World*, ed. J. Gruber and D. Wise, 355-402. Chicago: University of Chicago Press.

Palmer, E. 2000. "The Swedish Pension Reform Model: Framework and Issues." Pension Reform Primer, Social Protection Paper No 0012, The World Bank, Washington,

DC.

——. 2002. "Swedish Pension Reform: Its Past and Its Future." In *Social Security Pension Reform in Europe*, ed. M. Feldstein and H. Siebert, 171-205. Chicago: University of Chicago Press.

Palmer E., and E. Wadensjö. 2004. "Public Pension Reform and Contractual Agreements in Sweden-Future Directions." In *The Political Economy of Pension Reform*, ed. M. Rein and W. Schm ll. London: Edward Elgar Publishing.

Settergren, O. 2001. "The Automatic Balancing Mechanism of the Swedish Pension System," *Wirtshaftspolitische Blätter* 4: 339-49.

Settergren, O., and B. D. Mikula. 2006. "The Rate of Return of Pay-As-You-Go Pension Systems: A More Exact Consumption-Loan Model of Interest." In *Pension Reform: Issues and Prospects for Non-Financial Defined Contribution (NDC) Schemes*, ed. R. Holzmann and E. Palmer, chapter 7. Washington, DC: World Bank.

Social Insurance Agency. 2005. *The Swedish Pension System Annual Report* 2004. Stockholm: Social Insurance Agency.

Ståhlberg, A. -C. 1988. *Pensionssystemets inverkan påhushållsparande* [The effect of the pension system on household savings]. Spardelegationen. Stockholm: Allmänna f rlaget.

——. 1990. *ATP-systemet från fördelningspolitisk synpunkt, expertrapport till Pensionsberedningen* [Distributional aspects of ATP, expert report to the Pension Commission], SOU 1990: 78. Stockholm: Allm nna förlaget.

Sundén A. 2004. "How Do Individual Accounts Work in the Swedish Pension System?" *Issue in Brief*, No. 22, August 2004, Center for Retirement Research, Boston College.

——. 2006. "How Much Do People Need to Know about Their Pensions and What Do They Know?" In *Pension Reform: Issues and Prospects for Non-Financial Defined Contribution (NDC) Schemes*, ed. R. Holzmann and E. Palmer, chapter 13. Washington, DC: World Bank.

Swedish Government Official Reports Series (SOU). 2004. Utdelning av överskott i inkomstpensionssystemet [Distribution of Surpluses in the Swedish Notional Defined Contribution Plan], SOU 2004: 105, Stockholm: Swedish Government Offical Reports.

Working Group on Pensions. 1992. *En Promemoria av Pensionsarbetsgruppen* [A Proposal of the Working Group on Pensions]. Ministry of Health and Social Affairs 89. Stockholm: Nordstedts.

第十八章 意大利名义账户制：不尽如人意的现状和难以确定的未来

丹尼尔·佛朗哥 尼古拉·萨尔特*

在意大利，养老金制度改革是确保财政稳固和长期可持续性一切努力的核心。意大利的养老金支出（2002 年为 GDP 的 15.5%）在整个西方工业化国家中是比较高的，而人口出生率却是最低的（每名育龄女性仅生育 1.2 个子女）。65 岁及 65 岁以上人口占 16～64 岁人口的比率有望从 2000 年的 26.6%增加到 2020 年的 37.2%，而到了 2040 年则可高达 60.1%[①]，成为世界上该比率最高的国家。养老金改革是任何一项旨在改善劳动力市场机制的政策措施所必备的重要组成部分，特别是对当前劳动力市场低参与率的提高尤为重要。因为养老金开销占了整个社会公共支出的 70%，所以养老金改革也是对非老年人群体和额外的长期护理开支提供更多公共财政支持的前提条件。

养老金改革过程始于 1992 年，当时大约削减了 1/4 的公共部门养老金预期债务。第二次重要的改革是在 1995 年进行的，这次改革是在现收现付养老金支柱中引入了名义账户制，与瑞典 1994 年所进行的改革极为类似。根据这次改革，养老金给付视缴费基数而定，即积累的名义缴费在退休时转换成年金予以给付。

在紧随 1995 年之后的几年里，又进行了一些细微的改革。其中重要的变革在 2004 年获得立法通过，而有些变革对 1995 年改革的根本思想提出了质疑。这种从未间断的争论与名义账户制内在机制所要求的规则稳定性形成了对照。

本章对 1995 年养老金改革所取得的成就和存在的主要问题进行了一番考察。就成就而言，一是改善了激励机制，尤其对推迟退休提供了更多的激励；二是建立了一定的自我平衡机制。而问题主要在于向新制度过渡的进程缓慢、养老金支出占 GDP 的比率有望提高、制

---

* 丹尼尔·佛朗哥（Daniele Franco）现供职于位于罗马的意大利中央银行研究局，出任公共财政司司长一职。以前曾担任欧委会的经济顾问。作者在养老金问题上已向一些国际性工作组织提供了有益的帮助，并在公共养老金、财政可持续性和代际账户的有关问题上撰文数篇。本文中的观点并不代表意大利中央银行。电子信箱：daniele.franco@bancaditalia.it。

尼古拉·萨尔特（Nicola Sartor）供职于维罗纳大学经济学院（意大利），作为经济学教授，其主要研究领域是公共财政和养老金政策。电子信箱：Nicola.sartor@univr.it。

对于文中所探讨的问题，佛朗哥（Franco，2002a，2002b）和萨尔特（Sartor，2001）也分别进行了研究。作者感谢爱德华·帕尔默为本文初稿所作的有益评论。一般性免责条款适用于本文。

① 见 Ministero del Lavoro（2002）。

度的某些特征得不到社会的认可以及自我平衡机制设计中存在着缺陷。本章也将对推动这次改革迅速引入的来龙去脉进行梳理，另外，本章还对就改革的不足之处进行了剖析。最后，文章总结了意大利名义账户制的前途。

第一节简要地概括了1995年以前进行的改革。第二节描述了1995年的改革，也正是这次改革，在意大利引入了名义账户制。随后的两节分别考察了这次改革对个人的影响和对全部长期支出的影响。第四节强调了新的养老金规则在面对经济和人口冲击时的脆弱性。接下来的一节指出了该制度在微观经济效应上可能存在的缺陷。本章随后考评了进一步改革的一些建议，然后探讨了意大利名义账户制的前途。最后，文章给出了几点结论。

第一节　1995年之前的改革进程

自从20世纪70年代后期以来，对养老金进行改革一直是人们广泛争论的话题①，但是直到20世纪90年代早期才有重大举措出台，当时改革已迫在眉睫。

一、改革动因

导致改革有三个主要原因②：

首先，养老金支出占GDP的比重已经从1960年的5%上升到了1992年的14.9%，而到了2030年，该比重有望进一步增加，将接近25%。而满足私人部门雇员待遇给付所需的养老金缴费率则要从1995年的44%调整到2025年的60%。养老金公式、资格规定和指数化规则所赋予的养老金回报率将显著高于社会保障税收基础的增长率③。养老金支出会在很大程度上导致意大利公共财政的全面失衡④。

其次，存在着劳动力市场的原因。适用于“资历养老金”（seniority pensions）的规定往往助长了提前退休和逃避缴费的非正式就业安排，因为这种“资历养老金”对缴费不足35年（公共部门20～25年）的情况提供了获得全部待遇给付的可能性。同时，一些限定获取养老金和劳动所得的规则也施加了相似的影响。在养老金给付数量和退休年龄之间缺乏精算联系也对尽可能提前退休提供了激励。换句话说，就是对继续工作征收了高额的隐形税⑤。老年人低就业率就是这一情况的写照⑥。另外，整个养老金制度碎片化，几个养老金计划相互独立，依照各自规则进行运作，严重阻碍了劳动力在公共和私人部门之间以及各个部门之间的流动。

最后，缴费的回报率差异很大⑦，改革有着公平上的考虑。用于计算领取养老金收入的

---

① 见Morcaldo（1977）和Ministero del Tesoro（1981）。

② 见Banca d'Italia（1991）和Franco and Frasca（1992）。

③ 见Ministero del Tesoro（1994）和Padoa Schioppa Kostoris（1995）。

④ 见Franco et al.（1994）。

⑤ 根据布鲁吉阿维尼（Brugiavini，1998）的估计，推迟一年退休的净税率成单调上升趋势，从57岁的25.7%上升到65岁的74.6%。

⑥ 1990年，55～64岁老年人中仍在就业只有32%，而到了1995年，这一比例下降到了27%，远低于其他大多数西方国家的统计比例。

⑦ 见Gronchi and Aprile（1998）。

参考时期有利于那些临近职业生涯末期收入更快增加的人员。尤其对公共部门雇员和自雇者来说，其优越的规定就更为明显了①。通货膨胀率影响了退休时及退休后的养老金待遇给付的相对价值。虽然从总体上说，养老金支出的增加伴随着老年人和养老金受益人的经济形势的显著改善②，但这也限制了可用于其他社会政策的资源。

二、1992 年改革

第一次主要的改革出现在 1992 年。当时是迫于汇率危机的压力，政府不得不紧缩赤字而进行的③。这是一次养老金的“参量式改革”，引入了几项措施，这些措施在此前的几年里已经有过广泛的争论（见表 18.1）④。在私人部门就业的女性获得养老金待遇给付的退休年龄从 55 岁提高到 60 岁、男性从 60 岁提高到 65 岁。用于计算领取养老金收入的参考时期延长了 5～10 年，对于稍微年轻一点的雇员来说，这就意味着扩展到了整个就业时期⑤。获得领取养老金资格的最低缴费年数提高了 15～20 年。由物价而不再是工资作为养老金待遇指数化的参考指标。公共部门雇员获得“资历养老金”所需的最低缴费年限逐渐提高到了 35 年，即以前仅适用于私人部门雇员的标准⑥。

表 18.1 雇员的强制公共养老金计划[a]

主要特征		1992 年之前		1992 年改革		1995 年改革
		私人部门	一般的政府部门	私人部门	一般的政府部门[b]	任何人
退休年龄		男性 60 岁；女性 55 岁	男性和女性都为 65 岁[c]	男性 65 岁；女性 60 岁	男性和女性都为 65 岁	57 岁再加 5 年缴费[d] 或者超过 65 岁或者超过 40 年的缴费
最低缴费年数		15	15	20	—	—
资格条件	资历养老金	缴费满 35 年	缴费满 20 年[e]	缴费满 35 年		废止
	遗属津贴	缴费满 5 年		缴费满 5 年		缴费满 5 年
用于计算养老给付的收入		最后 5 年收入平均	最后一年收入[f]	终身收入平均		终身收入平均

① 见 Castellino（1996）和 Peracchi and Rossi（1998）。

② 在整个 20 世纪 70 年代和 80 年代，户主为 65 岁以上老人的家庭贫困率已经稳步地下降了（Cannari and Franco，1990）。而且，在随后的几年内这种趋势仍然得以维持（Cannari and Franco，1999；Baldacci and Inglese，1999）。

③ 见 Franco（1993），Vitaletti（1993），Ferrera 与 Gualmini（1999）。

④ 此外，为了直接抑制公共开支，实施了对养老金根据物价波动所做调整的临时管制，并且对新的“资历养老金”支出予以削减。

⑤ 用每年生活成本的上升幅度再加上一个百分点所构成的比率来重新估算过往收入。

⑥ 雇员只要具备了最低缴费年数，即私人部门雇员为 35 年，公共部门雇员为 20 到 25 年（对于某些类别的雇员最低只要 16 年），“资历养老金”就可以允许他们自主选择退休年龄。

续表

主要特征	1992年之前		1992年改革		1995年改革
	私人部门	一般的政府部门	私人部门	一般的政府部门[b]	任何人
适用的收入上限	不适用[g]	不适用[g]	不适用[g]		每年68 000欧元
替代率	每年2%[h]	每年2.33%～1.80%[i]	每年2%[h]		同预期寿命负相关，适用于33%的终生缴费现值，后者是用名义GDP增长率构造的
适用的收入下限	每年4 150欧元[j]	不适用	每年4 150欧元[j]	不适用	不适用
养老给付指数化依据	名义工资[k]	名义工资[k]	零售价格[k]		零售价格[k]

资料来源：Sartor（2001）。

a. 就1992年和1995年改革而言，该表重点突出了适用于1995年缴费不足18年工人的规则。

b. 中央政府雇员。其他公共部门雇员服从其他资格规定，在脚注中详细说明。

c. 对于蓝领女性雇员和所有地方机构雇员，年龄降低到60岁。

d. 条件是养老金待遇至少超过"社会福利"（social benefit）的20%。就1996年而言，"社会福利"等于3 200欧元。

e. 对于已婚女性、有子女的女性和军职人员，资格规定降至缴费满15年。

f. 作为对免除部分有效工资的一次性补偿，增加18%的底薪。

g. 降低工资超过一定标准的替代率。

h. 对于每年超过27 650欧元的收入，替代率累退下降到0.9%。

i. 分别适用于缴费的前15年和后续年份。对于当地部门雇员（脚注e与他们无关），适用于前15年的替代率增加到2.5%。

j. 下限资格的认定取决于所持有的其他收入不超过收入下限的两倍。

k. 当养老金待遇超过下限的两倍，指数化系数从100%累退降低到75%。

1992年实施的改革彻底改变了养老金的未来支出，至少削减了1/4的养老金净债务。根据贝尔特拉梅蒂的研究（Beltrametti，1996），全部的巨额债务从占GDP的389%降低到了278%①。据罗斯塔格诺的估计（Rostagno，1996），私人部门雇员养老金计划的债务由此降低了27%。

这次改革也是养老金规则逐步走向协调一致的开端。并且，通过将年轻工人养老金待遇水平与终身缴费联系起来，从而加强了缴费和给付之间的联系。但是，这次改革没有解决私人部门雇员的"资历养老金"问题，这就明显地降低了旨在提高领取养老金的年龄限制上所作努力的效果。此外，对于缴费至少15年的人员，养老金公式并没有给予调整，这也决定了改革过程的长期性和改革负担的分配不均。

通过打破意大利养老金政策的僵局和限制养老金开支的增加，1992年的"参量式改革"为更具规划性和系统性的改革创造了条件。

---

① 这里所作的估算参考了用于未来支付的养老金现值，其计算是以养老金领取者和现有工人的应计权益为基础的。另外，还参考了现有工人在当前规则下将支付的缴费净值。

第二节 1995 年改革

尽管有了 1992 年的改革，但是养老金的未来支出状况仍然令人堪忧。1995 年，由国家社会保障研究所（National Social Security Institute）和国库部（Ministero del Tesoro）发布的预案比起此前两年所发布的预案进一步证实了这种担忧①。对于这种支出的预期和需要为此所进行的融资而导致高企的缴费率说明了进行新一轮重大改革的必要，由此 1995 年的改革如期而至了。正是这次改革，确定了由 DB 型向 DC 型制度的过渡。在 DC 型制度下，个人账户所累计的名义缴费在退休时转化成年金②。

新的改革旨在使养老金支出对 GDP 的占比稳定在一定的范围内、缓解劳动力市场的扭曲和使制度更为公平③。在养老金给付和个人缴费之间建立起更为紧密的联系正是为了达到上述后两项目标的举措。可以预见，缴费将更能明确地被视为个人储蓄，由此就降低了在征收劳动所得税上所造成的扭曲效果。以缴费为基础的养老金计算公式结合了在要求领取养老金最低就业年数上所作的降低，借此希望缓解逃避缴费的状况④。1995 年改革的目的在于平衡来自同一性别和同一领取养老金群体（即在同一年工作并在同一年退休的雇员）所有成员缴费的收益。这次改革也废除了先前赋予间断性就业工人的优惠待遇。在新的适用于各自群体的规则的约束下，个人的养老金财富将视其基于终身收入所作的缴费而定。表 18.1 概括了这次改革的主要特征，即：

1. 养老金待遇给付与贯穿整个职业生涯所作的缴费（用 GDP 增长的五年期移动平均值予以资本化）和个人退休时的年龄联系起来。每名工人都持有一个名义的社会保障账户，退休时的养老金由账户余额和与年龄相关的转换系数乘积确定。待遇给付的提供将继续完全以现收现付制为基础。

2. 缴费与收入成比例。但是，计入名义账户的缴费率（雇员为 33%，自雇者为 20%）要高于个人的实际缴费率（最初分别为 32%和 17%，现在分别为 32.7%和 17%左右，后者要逐渐增加到 19%）。

3. 用于计算可获得初始养老金的公式如下：

$$P_t = \beta c W_l \sum_{k=1}^{a} (1+\omega)^{k-1} (1+g)^{a-k}$$

① 尽管经历了 1992 年的改革，但据国家社会保障研究所的预测，私人部门雇员的平衡缴费率仍将维持在 1995 年的水平（49%）不变（1995 年，意大利参议院听取了该预案的报告）。根据国库部的研究（Ministero del Tesoro，1996），该平衡缴费率将由 1995 年的 47%下降到 2010 年的 42%，然后于 2030 年会再次上升到 46%。针对自雇者养老金计划的平衡缴费率也都向上做了修正。

② 众所周知，瑞典在 1994 年也在讨论相似的改革并在随后的几年内开始实施。作为参照，可以查阅 Gronchi and Nisticò（2003）。

③ 见 Aprile，Fassina，and Pace（1996），Banca d'Italia（1995），Castellino（1995），Padoa Schioppa Kostoris（1995），Peracchi and Rossi（1998），Rostagno（1996）和 Saraceno（1995）。

④ 对于那些预期自己将无法达到最低就业年数要求的工人来说，1992 年改革所设立的资格条件（缴费 20 年）是鼓励了逃避缴费的行为。

其中：β=转换系数；

c=缴费率；

W_l=登记的工资；

a=缴费的年数；

ω=每个工人在其整个职业生涯过程中收入的年平均增长情况；

g=真实 GDP 的平均增长率。

基于平均寿命预期（包含向遗属支付津贴的概率）和一个 1.5%的累计缴费回报率而定的转换系数在 4.7%（适用于在 57 岁时退休的雇员）和 6.1%（适用于在 65 岁时退休的雇员）之间变动。

4. 转换系数每 10 年修正一次，其依据主要有两个：一是预期寿命的变动；二是 GDP 增长率和用于社会保障缴费所认定的收入之间的相对变动。

5. 如果养老金至少高达给予老年公民福利待遇的 1.2 倍，个人可以在 57～65 岁之间选择退休年龄。新制度下的成员不再享受“资历养老金”。但是这种变化纯粹是名义上的，因为给予 57 岁老人的“退休金”很难被视作养老金。

6. 领取养老金所必需的最低缴费年数减少了 5 年。废除了有保证的最低养老金标准。将改革老年公民的福利养老金。

7. 遗属津贴得以保留，但是要视配偶的其他收入而定，最高可以削减 50%。当然这种削减不适用于子女未成年、尚在就学和有残疾的家庭。

8. 每年养老金待遇给付根据物价水平的变动进行调整，物价水平以消费者物价指数为准[①]。

名义账户制的迅速引入象征着意大利养老金政策的一次大的飞跃。意大利在很短的时间里引入新制度，其目的就在于改善养老金制度的激励机制，简化其再分配效果，自动调整养老金待遇给付以期适应人口和经济的变动趋势。但是，许多问题仍然悬而未决：向新制度的转换过于缓慢；在相当长的一段时间内养老金支出的增长速度仍将继续快于 GDP 的增长速度；自我平衡机制只在局部发挥作用并且反应迟钝。结果，不管是微观经济的待遇给付还是宏观经济的新制度可持续性都远未达到理想的效果。

2004 年，养老金制度实施了进一步的改革。从 2008 年开始，将紧缩“资历养老金”的资格规定。男性和女性在新名义账户制下的最低退休年龄将分别达到 65 岁和 60 岁。然而，很难指望这些措施能改善未来的养老金支出状况。

① 1995 年改革也对养老金根据实际工资增长进行部分指数化做出了规定，也就是说，用于该指数化的养老金每年不能超过 1 000 万里拉（约合 5 000 欧元）。该规定于 2009 年开始执行，并且规定上限，其操作步骤将另行予以说明。

第三节　改革对个人的综合影响

20 世纪 90 年代所进行的几次改革极大地改变了意大利公共财政未来状况[①]。为了分析改革的长期效果，有必要将养老金支出上升的压力分解为几项主要部分。在时序的每一点上，养老金支出受制于以下因素：(1) 权利规则；(2) 人口结构；(3) 劳动力市场的表现；(4) 宏观经济状况。

图 18.1 和表 18.2 概述了权利变化过程中的主要效果[②]。在稳态的人口条件下（例如，人口的年龄结构仅取决于存活率状态下的人口），比较 1992 年改革之前和 1995 年改革之后的情况可以发现，为支出提供融资所必需的缴费率已缩减了一大半（从 54%～61%之间降到了 25%～26%之间）。

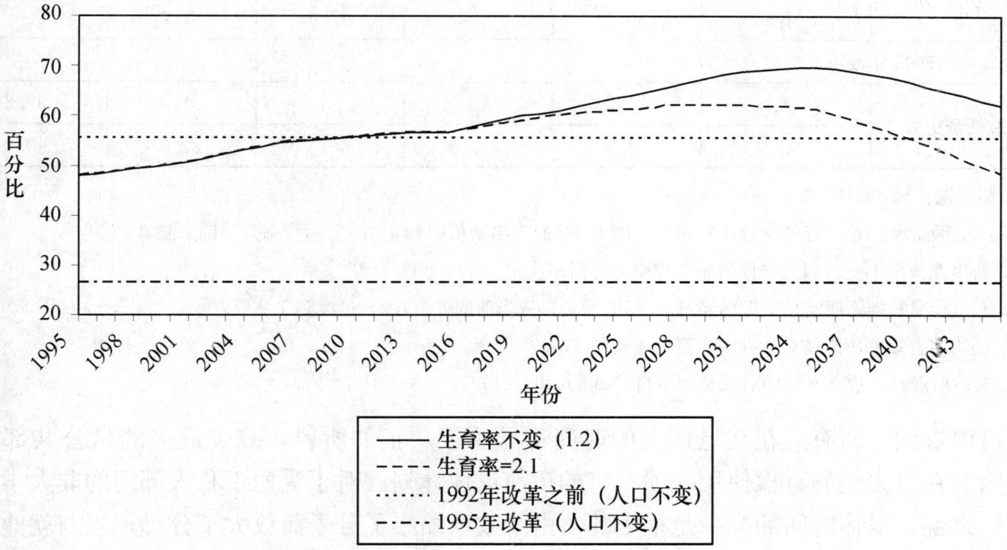

图 18.1　有效的均衡缴费率（通过立法转换）$r=3.0\%$；$g=1.5\%$

资料来源：Sartor (2001)。

表 18.3 给出了用来测度几种典型雇员的养老金形成情况的三项指标：第一项指标概括了退休后的存活年数在个人寿命中所占的比率；其他两项指标解释了养老金待遇给付的数量。这几个指标参考了出生在基年的各个群体成员于其终生所要经历的社会环境，由此与当前的人口结构无关。对于涉及待遇给付的指标，将其对平均工资予以标准化，该平均工资是指在基年支付给群体中典型成员的平均工资。

① 1995 年的改革没有导致长期的支出减少。据罗斯塔格诺（Rostagno，1996）的估计，这次改革使得私人部门雇员养老金计划的负债增加了，其增加幅度为 GDP 的 4%～9%，具体视 GDP 的增长率而定（因为相对于 1995 年之前的制度缴费情况，改革后的制度缴费要根据 GDP 的增长率来调整，所以 GDP 增长率越高，负债的增长率也越高）。

② 见 Sartor (2001)。

表 18.2　　　　　　　　　　雇员的均衡缴费率[a]　　　　　　　　　　单位：%

遗属养老金		现收现付制				
		人口不变[b]			有效的人口结构	
					1995 年	2040 年[c]
		全部	私人部门	政府部门	全部	
1992 年改革之前						
最低资历	无	59.4	53.5	87.3	50.9	88.3
	有	60.9		52.2	90.6	
平均[d] 资历	无	52.5	49.4	58.1	45.2	84.9
	有	54.1		46.6	87.4	
平均[e] 资历	无	53.8	49.4	68.2	46.2	84.4
	有	55.4		47.6	87.0	
1995 年改革						
最低资历	无	25.2			21.8	39.3
	有	26.3			22.8	40.8

资料来源：Sartor（2001）。

注：a. 缴费率用总工资的百分比来表示，以 1.5%的产出增长率和 3%的实际利率为基础来测算。

b. 新生儿数量不变，因此群体的相对规模由存活率决定。

c. 人口状况的推算假定总生育率经过 10 年的增长，从当前的值（1.2）过渡到 1.8。

d. 平均的有效资历遵循意大利中央银行实施的 1993 年调查。

e. 对政府雇员来说，平均的有效资历取自 Pandimiglio（1990）。

可以看到，所有人花在退休上的时间都减少了。正如所料，减少最多的是公共部门雇员，因为在过去他们有权使用一项专有的提前退休计划。对于受雇于私人部门的非大学毕业的男性来说，退休时间的减少是很小的。由于改革缩小了分子而放大了分母，当与就业时间联系起来进行评估，退休时间的降低就更为显著了。如果比照的是整个成人的寿命，花在退休上的时间就会降低 23%；如果比照的是就业年数，退休的时间就会降低 38%。更为重要的是，由于平均绝对离差从 0.75 下降到了 0.14，所以各个群体之间退休时间分布的离散程度显著地降低了，由此增强了强制养老金计划和与之对等的劳动力配置方案的中立性。离差（在 50%～70%之间）的降低首先反映了先前给予公共部门雇员优惠待遇（最低资历要求）的废除，并且可以被理解成总体公平程度改善的数量指示器。

改革决定了每个人待遇给付的大幅度下降，这被表 18.3 的最后两项指标所证实，其最后两项指标分别是指 60 岁时的平均养老金待遇给付①和收入的基年净现值。在基准情况下，60 岁时的平均养老金收入下降了 34%，其中的 14 个百分点归因于需要更长的时间跨度来对

① 表中引用的是 60 岁时的平均有效养老金对初始工资的比率，而不是更通常意义上的替代率（养老金待遇给付对最终工资的比率）。这是因为前一比率给出了评价两种养老金制度特征的一般性原则，这两种养老金制度的特征除了表现在其他方面以外，还体现在为退休缴费的不同时期。

表 18.3　意大利强制雇员养老金计划所选指标

雇员的老年养老金和资历养老金——平均资历

		频率				60 岁的平均有效养老金[c]		净现值			
		对比终身的退休[a]		对比就业的退休[b]				养老金[d]		终身收入[d]	
		1992 年改革之前	1995 年改革	1992 年改革之前	1995 年改革	1992 年改革之前	1995 年改革	1992 年改革之前	1995 年改革	1992 年改革之前	1995 年改革
私人部门											
男性	非大学毕业	0.33	0.35	0.49	0.52	2.57	1.58	2.93	1.66	20.01	18.50
	大学毕业	0.35	0.33	0.64	0.57	3.47	1.65	7.02	2.91	35.39	32.76
女性	非大学毕业	0.43	0.40	0.77	0.66	1.96	1.33	2.61	1.45	15.07	14.42
	大学毕业	0.43	0.38	0.86	0.71	1.95	1.19	4.22	2.02	21.67	20.58
一般的政府部门[e]											
男性	非大学毕业	0.49	0.34	1.01	0.53	1.34	1.30	3.06	1.51	16.62	17.92
	大学毕业	0.47	0.33	1.13	0.59	1.70	1.28	5.05	1.99	21.43	23.14
女性	非大学毕业	0.53	0.39	1.23	0.68	1.91	1.29	4.68	1.67	17.49	17.56
	大学毕业	0.54	0.38	1.46	0.73	1.65	1.33	4.68	1.94	17.48	19.41
全部		0.41	0.37	0.72	0.59	2.16	1.43	3.23	1.63	18.09	17.44
平均绝对离差		0.06	0.07	0.34	0.14	0.62	0.29	1.54	0.48	5.60	5.23

资料来源：Sartor（2001）。

注：a. 累计退休率与 18 到超过 90 岁之间累计存活率的比率。

b. 累计退休率与累计就业率的比率。

c. 看作是对平均收入的比率，这个平均收入是指受雇于同一部门并且资历低于 5 年的男性在基年所获得的。

d. 以在基年观测的死亡率和一个 3%的实际利率为基础，也可以参见注（c）。

e. 提前退休的平均资历是以 Pandimiglio（1990）提供的数据为依据。

计算待遇给付的收入进行确定（对于旧制度下的私人和公共部门雇员，参考时间分别从最后 5 年和最后一年增加到新制度下两类雇员的全部职业生涯）。如果考虑了养老金待遇给付的终身资金流，待遇给付的减少量将达到 50%。有两方面原因导致了待遇给付的进一步减少：一方面，平均来说，将有更少的时间用在退休上（频率效果）；另一方面，1992 年的改革已经废止了将养老金待遇给付对产出增长进行指数化。虽然就净现值来说，公共部门雇员遭受的下降损失最大（因为上述频率效果），但是其 60 岁时的平均有效养老金并没有明显下降，这是因为伴随着就业期限延长的待遇给付效果抵消了替代率的降低。

就来自劳动收入和养老金待遇给付的在终身所得而言，因为延长最低缴费期限导致劳动收入的增加几乎抵消了养老金待遇给付上的降低，所以对个人的影响只是微不足道的（对于该群体的典型成员来说，仅降低了 4%）。整体结果综合了对于两个部门的不同效果：公共部门雇员收入的基年净现值将提高，而私人部门雇员收入的基年净现值却将下降。当评价养老金改革时，上述结果强调了将福利效应从收入效应中分离出来的重要性。对于将不得不工作更长时间的所有群体而言，虽然改革可能意味着福利的下降，但收入效应有时却是正的，且即使为负，其数量也微乎其微。

总的来说，1992年和1995年的改革已经极大地改进了养老金权利的范围和特征。新养老金制度一旦成熟，将有如下特征：（1）制度的横向公平程度将显著提高；（2）主要通过延长工作时间来实现养老金支出的下降，由此避免个人终身收入的明显降低；（3）如果未来的人口状况不是那么令人沮丧的话，那么用以平衡缴费收支所需的缴费率将会远低于目前的法定缴费率，而且长期的财政可持续性便可得以实现。

第四节　总支出的长期状况仍然令人堪忧

一、支出趋势

虽然权利被相对削减了，但是不管人口状况如何变化，其制度均衡的缴费率必定提高到初始水平以上（见图18.1）。这主要视人口前景而定，而仅在很小的程度上与向新制度的缓慢转换有关。根据代际核算的推测[①]，改革缩小了跨期余额缺口（即未来全部政府隐形债务的数量），使得未偿付的公共负债从106%降低到了58%。完全实现财政的可持续能力则要求整个税收上浮9.7个百分点（或者削减相当数量的支出）。而要想实现基于按比例标准的更为迅速和公平的转型，全部税收的增长则可以下降1.7个百分点（以8.0%代替9.7%）。

在分析长期状况时，当与人口演进方案的效果和权利变革整体滞后造成的影响比较起来，缓慢的转型过程所起的作用是微不足道的。即使新规则适用于所有人，意大利人口年龄结构迟缓而连续的变化也将导致财务均衡的不断恶化[②]。人口演进方案和制度改革整体滞后的相对重要程度可以借助如下两种虚拟方案予以量化：（1）如果人口规模和结构一直保持不变，跨期余额缺口将是负的（未来的隐形净资产将等于未偿付公共债务的64%），而且即使在缓慢的法定转型过程中，财政均衡也得准许税收下降（或者支出上升）5个百分点。（2）如果养老金改革在1995年已经成熟（这需要提前40年引入改革），那么跨期余额缺口虽然小于在前面假设条件下的缺口（公共净资产将等于46%），但仍然将是负的。在后一种情况下，财政均衡将准许税收下降3.7个百分点。

就转型方面来说，在1995年，缴费满18年的工人将领取的养老金是根据1992年改革之前所适用规则来计算的。而在1995年（原文为1992年，根据上下文的意思改为1995年——译者注），缴费不足18年的工人将隶属于一个混合制度（pro rata regime）：1995年改革将只适用于1995年之后的缴费[③]。只有在1995年以后开始就业的工人才将获得完全按照新规则计算的养老金。此外，只有这些人才将服从于新的资格规定，尤其要接受资历养老金的废止和老年养老金57～65岁退休规定的引入。对于未涉及这些变动的工人来说，通过

---

① 见Cardarelli和Sartor（2000）。

② 意大利人口老龄化的不断加重主要是由意大利非常低的人口出生率造成的，也在一个比较小的程度上与人口寿命预期的提高有关。自从1977年开始，意大利的人口出生率就已经低于人口死亡率；从1993年开始，人口出生率已经低于1.3的基准（联合国人口统计学家认可的一个关键基准）；而到了1995年，人口出生率达到了其最低值，即1.18。

③ 支付给混合制度中个人的养老金将基于以下两部分来计算：1995年以前的缴费和1995年以后的缴费。

对退休条件的预期，即未来可能变得更严格，提前退休的激励甚至是增强了①。这意味着，尽管老年养老金的年龄限制提高了，但是有效退休年龄在未来 15 年可能并不受其影响②。根据基于代际核算的估测③，对一般性按比例分配原则的背离则意味着额外收获，其数量取决于个人特征。对于 1995 年，年龄在 45 岁的群体来说，最高可使终身转移净额（即从缴费中得到的养老金净利）增加 40%。

其他的几项研究成果，其中有一些是来自官方机构的④，指出有必要进一步收紧养老金规则。据国库部（Ministero del Tesoro，2002）估计，主要公共计划的养老金占 GDP 支出比率将从 2001 年占 GDP 的 13.8%提高到 2033 年的 16.0%。随后，即使预期到养老金领取者与在职者的比率将快速提高，支出也有望在几年内相对 GDP 保持稳定，在此之后，支出将显著下降（2050 年降低到 13.6%）⑤。

这样的支出趋势意味着要么从一般性税收进行更大规模的转移，要么进一步提高社会保障缴费率，但是后者比起其他的主要工业化国家已经算是较高的了⑥。考虑到税基的日益频繁变动将恶化税收对商品和生产要素市场的扭曲效果，这两种解决方案显然是有问题的。

最后，进一步扩大养老金支出可能预示着原来的非养老金支出将不得不被严重挤占。劳动力市场流动性的不断提高要求加强社会保障安全网，以应付日益频繁出现的失业期。在这种情况下，养老金支出的膨胀对其他非养老金的挤占就可能变得相当困难。

二、难以持续的支出削减了吗

1992 年和 1995 年改革所引入的支出削减构成情况是值得进一步关注的内容。如前文所述，名义账户制养老金公式对推迟退休提供了更大的激励。就业期限的延长将避免个人养老金水平的过度削减；一些推迟了退休的工人甚至将得到比在以前退休规则下更多的养老金（虽然终身养老金待遇给付的净现值低于旧制度下的养老金净现值）；全部终生收入甚至可以提高（参见表 18.3）。决定未来平均养老金水平的实际平均退休年龄将取决于个人的选择和劳动力市场的状况。因此，存在着平均退休年龄难有明显提高的风险。

官方对养老金支出所做的预测似乎认识到了该风险的存在。根据国库部（Ministero del Tesoro，2002）的预测，由各个主要养老金基金进行支付的养老金数量占全部就业人数的比例将从 2000 年的 87%上升到 2015 年 90%，于 2030 年达到 110%，到 2050 年则高达 125%。平均的养老金对人均 GDP 的比率将从 15.7%上升到 2015 年的 16.1%，然后在 2030 年下降到 14.3%，最后于 2050 年降低到 11%。这些预测假定了养老金只对物价进行

① 见 Porta and Saraceno（1997）。

② 对于 1992 年和 1995 年在缴费记录上差别不大的工人来说，其待遇上的显著差异也引出了一个公平性问题（Commissione ministeriale per la valutazione，2001）。

③ 见 Sartor（2001）。

④ 已经对 1995 年改革和随后几年采取的措施给预算带来的影响做了考察，具体见 Commissione ministeriale per la valutazione（2001）。

⑤ 根据国家社会保障研究所（INPS，1998）的推测，私人部门雇员养老金基金的均衡缴费率将从 2000 年的 45%提高到 2010 年的 47.8%，到 2025 年达到 48.5%。工匠养老金计划的相应缴费率有望从 21.3%提高到 28.2%，然后是 30%。店主养老金计划的相应缴费率将分别是 18.5%、25.4%和 33.9%。

⑥ 见 Commissione ministeriale per la valutazione（2001）。

指数化，并且假定了转换系数每10年基于人口变化趋势调整一次，该转换系数是用来把每个人的新养老金与缴费记录联系起来。在这些预测中，使养老金制度重现平衡的计划主要依赖于平均养老金的降低，而限制受益者数量所起的作用是相对温和的。

支出削减的构成是由几个因素来决定的。首先，尽管寿命延长了，但是人们仍将被准许在57岁获得养老金①。比起以前的规定，待遇给付在精算上的降低将为个人推迟退休提供更大的激励，但是转换系数包含了一个贴现率，这可能对退出劳动力市场仍然有激励作用②，或者无法阻止个人早早地去申请一个低水平的、精算上被削减的养老金③。

其次，相对于在职者和更年轻的养老金领取者的收入而言，对物价进行指数化意味着每一个养老金领取者的收入会随着时间而下降④。如果允许人们提前退休，那么这种效应（“古董养老金”）就相当重要。对于相对较少的养老金，这个问题尤其严重。长期来看，如果只对物价进行指数化，那么这些养老金只会在贫困的边界上提供收入。但是，养老金完全或部分对实际工资增长进行指数化则需要降低退休时的替代率⑤。如果人们没有完全意识到价格指数化对其养老金相对购买力的长期含义，这一方案可以引导人们在另一种方案下对退休进行预期，即退休时养老金较低，但从此以后便对工资进行指数化。

最后，当前的工资结构非常重视资历，这可能阻碍劳动力市场对老年人劳动供给增加的接纳。

允许57岁退休和依靠价格指数化的决定也可能是取决于一种愿望，即希望通过留置困难问题于未来解决从而为改革的引入提供便利。同样的考虑也适用于对转换系数定期调整的决定，即从2005年开始每10年调整一次。这一解决方案将造成相邻代际间养老金领取者待遇上的巨大差异，可能成为政治问题。

总的来说，1995年通过的解决方案可能在实际谈判中对养老金的任意增加形成政治压力⑥，这将是难以忍受的。到最后，可能有必要越来越依靠如下解决方案：收紧退休的资格规定和破除限制老年人就业的障碍。

第五节　应对冲击的脆弱性仍然很大

从个人的角度来说，该制度通过效仿完全积累制的原理，将其自身根植于缴费和待遇给

① 2004年做出的决定，即男性和女性的最低退休年龄分别提高到65岁和60岁，将显著降低养老金的数量和提高平均养老金。但是，取消人们退休决定的灵活性与保留1995年引入的转换系数一起似乎并不是一个最佳的和可持续的解决办法。

② 见Brugiavini（1998）。

③ 见Palmer（1999）。

④ 见Aprile，Fassina，and Pace（1996）。

⑤ 见Banca d'Italia（1995），Castellino and Fornero（1997），和Giarda（1998）。政府的目标是确保工作37年以后在62岁退休的个人可以得到的替代率与改革前应计的替代率是一样的，这一解决方案已经与政府的目标形成了对比。

⑥ 见Peracchi and Rossi（1998）和D'Amato and Galasso（2001）。据国库部（Ministero del Tesoro，2000）估算，如果从2005年开始便调整养老金，使其与实际工资的提高相适应，那么养老金支出对GDP的比率将比2015年的基线方案高出两个百分点，比2030年更是高出3个百分点。

付之间的紧密联系之中。同样，也不会造成太大的横向公平问题①。但是，因为该制度还是纯粹的现收现付制，容易遭受到人口和经济的冲击，所以在宏观层次上可能会出现财务问题。因此，均衡缴费率的稳定要求内置稳定器的存在，如 2001 年以来融入瑞典养老金制度的内置稳定器②，或者定期对已经变动了的情况做出专门的调整。在削减权利时，所有议会制民主政体都将面对的困难而冗长的过程使人想起前面提到的解决方案。就名义账户制来说，在个人待遇给付与过去个人缴费相联系的情况下，缴费者会（错误地）认为养老金制度总体上始终是平衡的。由此形成的心理问题可能促使传统政治困境的出现。如果这种误解已经形成，那么就很难让舆论相信在不可预期的宏观经济或人口的不利状况出现时降低待遇给付的必要性。

意大利的养老金制度没有自动稳定器，特别是养老金指数为外生的。只有一般性的条款要求每 10 年对参数进行再评估，以便对人口状况的任何变化予以重视。此外，法律也没有指出任何改变参数的明确方法或者公式。

就波动的来源而言，养老金从工资指数化转向价格指数化就已经走向失衡。如果价格指数化一方面导致支出的逐渐降低，那么另一方面，也增加了均衡缴费率对生产力提高的敏感度。萨尔特（Sartor，2001，表 10）考虑到生产力增长率介于 0～4%之间，以此估算出在人口不变的情况下，均衡缴费率的平均绝对离差因为指数的转换已近乎翻番（从 3.8 到 7.0）。其原因相当简单：因为缴费是工资的函数，所以待遇给付的工资指数化使得养老金支出变动与收入保持一致，由此均衡缴费率便得以稳定。

预期寿命的提高将通过转换系数来降低新的养老金待遇给付。但是，预期寿命的提高对养老金数量的这种影响在完全被支付给每一个养老金领取者的平均养老金数量降低相抵消之前还有很长一段时间。这取决于以下事实：养老金领取后而出现死亡率的降低不再影响养老金给付水平。系数修正之间有 10 年的间隔期，这进一步促使调整滞后③。制度应对人口出生率降低的风险也很脆弱，人口出生率的降低影响不到积累的缴费数量和已经支出的养老金。用来测算社会保障缴费的收入对 GDP 的比率持续下降可以通过转换系数影响到新的养老金待遇给付。一旦预期寿命发生变动，财政均衡就更难实现了。

最后，如果校正机制不完善，不利的人口和经济事件也可能产生现金赤字，要想避免这种情况发生，只有通过对养老金进行专门的削减和对养老金计算公式进行调整，就像在传统的现收现付制中所做的一样。众所周知，对于名义账户制，缴费率的提高只能起到暂时性的作用，因为缴费率的提高将转化为更高的待遇给付④。此外，没有把伤残和遗属养老金的支

---

① 见 Aprile，Fassino 和 Pace（1996），Rostagno（1996），Hamann（1997），Gronchi 和 Aprile（1998），Sartor（2001）。

② 见 Settergren（2001）。

③ 据巴尔达西和图吉（Baldacci，Tuzi，1999）的估算，新的死亡率已暗示出，支付给 57 岁退休的工人的待遇应该降低 1%，而对于 65 岁退休的工人，其待遇应该削减 3%。基于 1997 年的生命表，凯西里等人（Caselli et al. 2003）指出，对于同一年龄组的人，将分别应该削减 2.5%和 3.7%。据他们估计，以国家统计办公室的基线人口方案作为参考的死亡率暗示了 57 岁退休的工人的待遇给付应该削减 8.9%，而 65 岁退休的工人应该减少 11.8%。

④ 在 1994 年年末为支持改革的主要国会团体所完成的研究中，强调了需要一个通过养老金指数化运作的内置均衡机制（Aprile，Fassina，Pace，1996）。例如，该研究支持引入一个系数来抵消劳动适龄人口变动的影响。

出部分纳入到转换系数的计算当中。更具体地说，没有考虑到伤残工人将获得更多的待遇给付，超过根据其缴费所能提供的养老金。格龙基（Gronchi，1998）尝试性地估算出了对伤残工人的支出可能意味着2个百分点的收入。另外，支付给已故工人遗属的养老金也已经被忽视了。以上这些待遇给付都被默认为由政府预算融资提供的福利待遇[①]。

累计缴费回报率（1.5%）的提前确定进一步降低了制度的灵活性[②]，这就降低了对冲击的吸纳能力。而且，如果就业适龄人口减少，而生产力又增长缓慢，就可能造成持续的失衡。

第六节　改革带来了预期的微观经济效应吗

加强社会保障制度的精算原则已被大力提倡，认为可以限制制度对劳动力市场和就业的某些负面效应的出现[③]。缴费经常只是与待遇给付有着松散的联系，以至于缴费大体上被视为一种税收；支出调控往往依赖于行政约束而不是内在激励；再分配和保险的特征也常常交织在一起；而且保险计划也用来实现不恰当的分配目标。缴费与待遇给付之间联系的加强提升了就业激励，更具体地说，激励了人们继续从事正规工作（因为待遇给付将视就业记录而定），推迟了退休和促成了人们由退休向就业的转变。就养老金计划而言，这可能意味着积累功能的增强（此处的缴费与待遇给付之间的联系非常紧密，更具代表性），或者促使现收现付制计划从DB性制度（养老金基于职业生涯后期的收入而定）向DC型制度（养老金基于整个职业生涯的缴费而定）转换。自从1995年以来，意大利已经采取两条路线，双管齐下。

表18.4通过考察推迟一年退休在某些方面的影响，说明了改革对于私人部门中已婚者的激励效应。这些方面包括：（1）替代率；（2）名义缴费的应计利率（Accrual rate）（例如，社会保障财富的百分比变动）；（3）潜在收入的全部隐形净税率。来自1995年的数据参考了制度成熟后将呈现的状况，这样就可以不必理会持久的转型期。比较1992年之前的主要情形，目前已经取得了实质性进展。尽管替代率在总体上得以削减，然而边际税率还是被极大地降低了（对一个57岁的工人而言，边际税率从25.7%降低到了4.4%）。但是，1995年的改革方案仍然包含了一些抑制就业的次要因素。应计利率一直是负的（其范围从60岁的0.4%到65岁时的4.6%），而边际税率却总是正的。就后者来说，其数值在57～61岁之间是很小的（从4.4%～6.3%），但是随后便开始增长，在65岁到达一个43.2%的峰值；而65岁之后，名义账户制转型系数的精算调整因子中的边际税率不再进一步提高。

另外，对于像意大利在1995年所引入的以精算为基础的养老金制度，不能指望其可以自动地带来预期的劳动力市场收益。只要人们对名义账户制的运作机制不理解，他们就不可

① 因为向伤残工人和遗属提供有保证的最低养老金可能被认为是社会保险的一部分，特别是在缴费率相当高的情况下，所以考虑把遗属津贴变为由政府支付的福利待遇的这一解决方案的有用性是值得怀疑的（Giarda，1998）。

② 见Gronchi和Aprile（1998），Giarda（1998），Nicoletti-Altimari和Rostagno（1999）。

③ 见Orszag和Snower（1999）。

表 18.4　　每推迟一年退休的激励

就业最后一年的年龄	替代率（%）		应计利率（%）		边际税率（%）	
	1992 年	1995 年以后	1992 年	1995 年以后	1992 年	1995 年以后
55	63.8	不适用	−1.4	−1.9	16.9	14.9
56	65.6	不适用	−1.8	−2.2	22.7	18.1
57	67.4	46.3	−2.0	−0.5	25.7	4.4
58	69.2	48.2	−2.3	−0.8	29.0	6.3
59	71.0	50.2	−2.5	−0.8	31.8	6.8
60	72.9	52.3	−2.7	−0.4	35.2	3.7
61	75.1	54.7	−3.0	−0.7	38.8	6.3
62	77.0	57.0	−3.2	−1.3	41.7	11.4
63	78.8	59.3	−3.5	−1.7	45.0	15.9
64	80.9	62.2	−3.8	−2.2	49.0	20.2
65	80.9	62.8	−5.8	−4.6	74.6	43.2

资料来源：Brugiavini（1998）。

能把缴费看成类似在养老金基金上的投资。养老金缴费与待遇给付之间的联系应该是透明的，易于理解的，而且要让人们感到是稳定的。工人们应该了解他们的待遇给付权利（例如，应计的养老金权益）。

最后，应该将福利上的待遇给付从保险上的待遇给付分离出来，并且应该在一般性税收之外进行积累。政府应该尽可能地向公民解释新规则。

总之，可能有以下几个因素降低了 1995 年在意大利所引入规则对个人行为的影响：

1. 劳动力中相当一部分人并没有受到改革影响。

2. 在有效的缴费率和用于养老金待遇给付计算（更高）的试用缴费率（imputed rate）之间有一个缺口。

3. 当公众意识到长期的财政均衡尚未实现时，年轻的工作者就可能预期到未来会实施更多的变革，于是就会感到他们的缴费回报是不确定的[①]。

4. 政府没有采取过任何广泛的努力来解释名义账户制的功能；只是在最近人们才收到了有关他们缴费账户的陈述报告，对他们未来的养老金权利给予说明。

5. 制度的运行机制缺乏透明度。没有任何官方文件解释过新制度的运作方式；作为转换系数基础的公式也没有被官方予以公布[②]；调整系数所考虑的方法更没有被具体说明。

在意大利，完全实现名义账户制和收获其微观经济利益的任何努力都要直面这些现实问题。尤其是需要进行重大改革，结束没完没了的争论，不再讨论是否需要在立法中做出进一步的调整。这反过来要求制度的完全楔入来抵制宏观经济和人口的冲击。同时也要求开展一个关于制度优势及其运作方式的广泛的公开讨论。

① 这种感觉被近几年为了削减养老金支出所采纳的一些措施加强了。

② 见 Gronchi（1997）。

第七节 政策选项：一份长度可观的菜单

最近几年已经提出了下一步改革的几项建议，他们可以被分为三大类：（1）提前实施1995年改革所设想的转变；（2）收紧1995年改革所制定的成稳定状态的资格规定；（3）加快积累制支柱的发展。

一、加速1995年改革

可以通过两种方式来促进向新制度的转型：一是把1995年引入公式的适用范围扩大到所有工人；二是废除事实上的资历养老金①。因为这些建议不会给养老金制度的架构带来问题，所以在技术上是简单易行的。但是由于这些建议直接影响到了很多的老年工人，所以在政治上是敏感的。

二、收紧成稳定状态的资格规定

1995年制度的几次修改被大量的研究所关注，这些研究最近已经对改革做了考察②。这些根据以往经济形式对改革所做的广泛分析与准备工作的不足形成了鲜明的对比。其中主要建议有：

1. 当前系数的降低和老年人退休年龄范围的转变（例如，从57～65岁过渡到62～70岁）③。

2. 对推迟退休提供激励作用的一条陡峭的转换系数曲线④。

3. 对转换系数做出更为频繁的调整，增加系数调整中所要考虑因素的数量和拓宽对冲击考察的范围。

4. 缴费对工资增长率而不是对GDP增长率进行指数化。

5. 把根据实际GDP所作的调整或者考虑了人口和经济变动的实际收入动态联系起来，实现退休时养老金给付的降低⑤。

---

① 见Giarda（1998），Ferraresi和Fornero（2000），Fornero和Castellino（2001）。2004年引入的变革是朝着这个方向前进的。

② 见Commissione per l'analisi delle compatibilità macroeconomiche della spesa sociale（1997），Giarda（1998），Gronchi（1997，1998），Gronchi和Aprile（1998），Hamann（1997），Padoa Schioppa Kostoris（1996），Peracchi和Rossi（1998），Angrisani et al.（2001），Fornero和Castellino（2001），Sartor（2001）和Franco和Marè（2002）。

③ 还有另外一些建议：（1）实际缴费率应该与用来考虑确定累计缴费的比率相等；（2）对伤残和遗属养老金的融资应该完全在缴费率之外；（3）应该废除任何对养老金和劳动收入的积累能力的残存限制。2004年确定的废除男性退休年龄范围规定不是一个最佳选择：这降低了适用于没有明显削减支出的个人的灵活性。

④ 布鲁吉阿维尼和佩拉奇（Brugiavini，Peracchi，2003）指出，增加对推迟退休的激励尚有较大余地。他们估计，具有每推迟一年退休待遇给付提高6%的一种假定制度将导致就业率比起1995年改革形成的制度有相当大的提高，尤其是在60岁以后。

⑤ 这一解决办法将缓解在现实谈判中任意提高养老金的政治压力，这些政治压力是来自受退休年份影响的养老金领取者之间所存在的巨大分歧。这一方法也将在制度中引入第二个内置的均衡机制：转换系数的调整将抵补寿命预期变化的影响，并且指数化机制将对景气循环有关方面和出生率的变动加以考虑。这些安排是在改革的准备工作中加以考虑的（参见Aprile，Fassina和Pace，1996），将使养老金领取者在面对正面和负面的冲击时，损失共担，利益共享。见Giarda（1998）和Gronchi（1998）。

6. 将来自领取伤残和遗属养老金人员的养老金缴费率单列出来。对于遗属养老金来说，也可以考虑向个人提供不同的保险选择。

以上这些变化将提高有效退休年龄，并且促使支出调控的重心从降低替代率转向降低养老金领取者对在职者的比例[①]。同时，这些变化还将消除对继续工作的隐形税收，将退休对公共账户的负外部性考虑进来。这些政策大有用武之地：在 2000 年，私人部门雇员的平均退休年龄大约是 58 岁，而公共部门雇员的退休年龄大约是 60 岁；1998 年，25%左右的养老金支出用在 65 岁以下雇员身上[②]。

上述所考虑采取的变革将确保养老金制度的财务均衡。结合积累制计划所发挥的巨大作用，这些变动也会导致现收现付制缴费率的降低，与此同时却可以保证具有长期缴费历史的雇员拥有较高的替代率。

三、加快积累制支柱的发展

最近的几项研究[③]都对当前状态向另外的状态转型进行了权衡，在当前状态下，整体的缴费率水平大约是 40%（向现收现付制计划缴纳的 33%加上向解雇费基金或补充性计划缴纳的至少 7%）；在另外的状况下，现收现付制的缴费率为 23%～25%，而补充性计划的缴费率达到 7%～10%。这一设想表明，即使在对积累制计划的回报做出保守假定的状况下，现收现付制养老金和补充性养老金将共同保证为 65 岁退休的人提供一个相对高的替代率。但是，这也说明了在更大份额基金收益与转型的预算成本之间要有一个权衡。为此，一些研究建议仅对劳动市场新加入者在缴费上给予削减。40 年后赤字将达到最大，约占 GDP 的 2%，政府将不得不为此融资。如果工薪税下降导致劳动生产力和就业产生正的效应，转型的预算成本将显著下降[④]。

最后，养老金专家之间有着相当一致的共识，即一套全面的行动组合将避免养老金支出对 GDP 比率的预期增加并降低制度对劳动力市场和就业的负面效应，这套组合包括加快实施 1995 年的改革，对这次改革所确立的养老金体制进行参数调整和加速发展积累制计划。1995 年改革的加速实施将为预算提供回旋的余地，以便实现对现收现付制缴费的逐步降低，这可以与发展积累制计划同步实施。养老金改革可以辅以劳动力市场改革，例如，改变工资的年龄特征，为老年工人提供更多的培训和增加就业安排的灵活性[⑤]。

现收现付制养老金和积累制养老金的最佳搭配仍有待商榷，但是当前高缴费率和预算约束限制了向积累制转型的速度。现在看来，意大利的养老金制度仍将基于现收现付制的标准而长期存在。

---

① 这一策略是与欧委会和 OECD 所提出的反映人口老龄化的政策相一致的，反映人口老龄化的政策主要集中在提高个人就业的平均年数以及保证对养老金领取者提供足够的收入。见 European Commission（2002）和 Visco（1999）。

② 见 ISTAT（2000）。

③ 见 Castellino 和 Fornero（1997），Brambilla 和 Leoni（1998），Brugiavini 和 Peracchi（1999），Forni 和 Giordano（2001），Fornero 和 Castellino（2001）。也可以参见 Amato 和 Marè（2001），Messori 和 Scaffidi（1999）。

④ 莫迪格丽亚尼和塞普里尼（Modigliani，Ceprini，1998）采用了一个不同方法并建议逐渐向完全积累制过渡。积累制计划将以 DB 型待遇标准来运作，即政府保证资产有一个最低的回报率并从超过这个最低收益以上的回报中获益。

⑤ 见 Marano 和 Sestito（2004）。

第八节　意大利名义账户制的未来

对意大利名义积累制未来的思考需要对1995年该制度引入的背景因素和其当前的一些关键方面做出分析。

一、过于仓促的引入

1995年改革中的精算方法意味着意大利养老金政策制定的一次结构性突变（structural break），这是因为在以前几十年中于精算上所做的考虑都没有起到任何实质性的作用[①]。通过配合旧的DB型制度，新的DC型制度中大部分潜在收益和分配效应得以实现，因此这次的变动是相当了不起的[②]。这次结构性突变是在没有对DC型制度和名义账户制的有用性展开广泛讨论的情况下出现的，所以不能认为其能说明政策制定者、专家和公众的政策观点发生了改变。实际上，名义账户制的理念在意大利仍然被普遍误解。

引入的新养老金公式有时被用在待遇给付的削减上，这比起在旧养老金参数上的直接调整更容易为人们所接受[③]。但是，这不适用于1995年的改革，因为尽管这次改革采用一个全新的公式，但比起1992年的改革，并没有降低未来的养老金支出。

新养老金公式的引入也本可以成为一个机会，来传达激励机制发生改变的明确信号。但是，由于缺乏向社会公众解释这些变化的相关努力，这一改革的理由似乎并不令人信服。

政治上的考虑很可能是引入这次改革潜在的主要因素。改革是在中右翼政府垮台后经历一个短暂的准备时间便被引入的。其实，在1994年的下半年，中右翼政府已经试图引入“参量式改革”。新政府致力于推行的养老金改革是：融合了慷慨过渡阶段的名义账户制提供了引入重大改革的机会，而无须改变在工会和国会中都拥有过多代表的老年雇员的养老金权利。对于工会而言，改革也可能意味着一个解决方案，允许保留现收现付制和降低有利于收入上升工人的回归再分配。

虽然新的意大利养老金制度与瑞典的制度在几个方面上存在着共性，但是形成1995年改革的政治进程却与瑞典的实践有着鲜明的对比。在经过内阁讨论的数周后，改革议案便通过了立法[④]。在没有公示改革报告的情况下便引入了这次养老金改革，其报告是要对改革的各种取向予以概括并详细考察各种取向对劳动力市场和养老金领取者未来经济形势的内在含义。虽然这次改革处在1992年汇率危机的困境中，缺少必要准备工作是可以理解的，但是在其后几年里，当致力于从支出调控向更广泛目标过渡时，准备依然不足。格龙基和阿普莱利（Gronchi，Aprile，1998）认为1995改革的某些不足与改革的仓促引入有关，改革的仓促进行阻止了全面了解其内在含义所必须进行的分析和讨论[⑤]。

---

① 见Castellino（1996）。

② 见Cichon（1999）。缴费收益的相等，缴费和待遇给付之间联系的加强通过如下方式便可以实现：对所有人使用同一养老金公式；以终身收入作为计算养老金的依据；引入一个精算上的与退休年龄相关的待遇给付折扣。

③ 见Pizzuti（1998）。

④ 吉阿达（Giarda，1998）注意到，名义账户制复杂的技术细节必须在大约两个月内加以理解并完成立法。

⑤ 也见Aprile，Fassina和Pace（1996）。

改革的仓促引入也阻止了对其财政内在含义进行充分的分析。改革对支出趋势上的影响是在 1995 年 6 月由财政预算办公室发布的报告中予以考察的[①]。根据这份报告，改革会减少养老金的支出。据预测，私人部门养老金计划的均衡缴费率会略低于改革前的情况[②]。支出对 GDP 的比率有望从 1995 年的 7.3%降低到 2010 年的 6.3%，然后在 2030 年上升到 7.0%。自雇者计划也有类似的结果。但是，令人惊讶的是，这些结果在同一部门随后所发布的报告中做了重大修改，这份报告展示了一个特别糟糕的基本面[③]。在第二份报告中，预测私人部门雇员养老金的支出将从 1995 年占 GDP 的 8.3%上升到 2010 年的 8.4%，到 2030 年则高达 9.8%。据预测，所有主要养老金计划的全部支出将分别从 13.6%上升到 14.1%和 16.0%。从技术的角度来说，估算的变化很大程度上取决于用来推测参考人口的模型。

准备的不足和政治上的考虑影响了改革的设计。首先，改革回避了给予在退休时替代率上的削减。转换率的计算是在假定退休后累计缴费有一个 1.5%的回报率的情况下进行的。通过价格指数化，基本上实现了支出调控，虽然不是很明显。如前所述，在相当长的退休期间，这一解决方案可能对任意增加养老金待遇给付造成压力[④]。直到 2005 年，改革也推迟了转换系数的首次调整并面对一个极其漫长而复杂的过渡安排，这个过渡安排基本上没有考虑大多数名义积累制下的意大利工人。总之，这些决定致使政治压力被远远地抛向了未来。

更出人意料的是，政府从未公布用于计算转换系数的公式。这将致使系数的今后调整更成问题。

政策制定者并非全部理解名义账户制理念的这一事实表现在 1995 年以及随后几年所采纳的解决方案上。一些例外情况被引入到 1995 年改革的精算方法当中：实际缴费率和试用缴费率之间的缺口明显有别于名义账户制的精算方法。这种情况在随后的几年里也没有得到改善：2001 年 12 月，屈从于国会的新养老金改革不得不正视这样一个现实，即雇主为劳动力市场中新就业者支付的缴费率下降了 3～5 个百分点，但养老金待遇给付却没有任何变化。2004 年，如前所述，新的名义账户制中男性的最低退休年龄在没有改变转换系数的情况下已提高到 65 岁。这意味着 1995 年的改革忽视了其中一个重要方面：在精算体制内对退休年龄的选择给予一定的灵活性。最后，转换系数在寿命预期提高的角度上是被寄予厚望的，其首次调整不可能像 1995 年改革所设想的出现在 2005 年。

最后，意大利的名义账户制还不被政策制定者和社会公众视为完全可操作的，也不能提供预期的微观经济效应，还需要对规则和参数进行相当大的调整来保持可持续性。此外，到目前为止，还没有做出重大努力，让每一个公民了解自己的名义基金。名义积累制的改革仍然任重道远。

① 见 Ragioneria Generale dello Stato（1996a）。

② 据估计，在 2010 年，缴费率为 40.2%而不是 42.2%；在 2030 年，缴费率为 44.8%而不是 46.2%。该估算是基于 GDP 和总工资增长率为 2%、转换率每 10 年修改一次的情形下进行的。对自雇者计划的支出推测的考察参见 Ragioneria Generale dello Stato（1996b）。

③ 见 Ragioneria Generale dello Stato（1996c）。

④ 皮朱蒂（Pizzuti，1998）认为这一取决于个人目光短浅的决定与退休规定中公共行为的主要作用形成了鲜明的对比：弥补了这一短视行为的作用。

二、需要做出明确的选择

对于未来，完全落实名义账户制或者明确地转向其他解决方案将是明智之举。

第一个解决方案将需要引入程序和参数，确保名义账户制的可持续性。尤其在这部分要考虑政策选项上的改变：降低当前的系数；改变老年退休年龄范围；更频繁地调整转换系数和增加调整中所要考虑的因子；缴费对工资增长率进行指数化；使用指数化程序来保证制度均衡；将老龄、伤残和遗属养老金分开。同时也需要广泛深入地向公民解释名义账户制的功能。

前文已经提及了名义账户制在分配效率上的益处。此外，名义账户制在再分配上可以增加透明度，并可以促使自我平衡机制的引入。名义账户制也可能使养老金和其他社会保障计划得以合并，从而为公民管理自己的社会保障财富提供了灵活性①。

但是，在意大利有些因素可能促使政府采纳其他的解决方案。

首先，人们可能怀疑将DC型现收现付制与一个庞大的DC型积累制合并，同时把再分配功能留给第三福利支柱的这种做法是否是最优的选择。如果现收现付制养老金的缴费率按比例显著地下降，而待遇给付也相应降低，就像在政策选项那一节提及的研究成果所考虑的一样，那么许多养老金的待遇水平就会接近所有公民的最低收入保障。将缴费和待遇给付联系起来的激励效应也将有所削弱。为了限制这种后果，就有必要提高最低退休年龄（目前是65岁），用以获取最低福利养老金的资格。这一解决方案很可能无法为社会所接受。

其次，现收现付制的养老金权益往往并不是具体体现在正式的合同中。政府可以调整养老金支付的时间和数量。虽然无法偿还财政负债可能引发法律诉讼和政治反应，但是也可能出现对现收现付制养老金负债的批评，只是稍晚一些罢了。名义账户制的引入降低了拖欠养老金权益和进行进一步养老金改革的可能性。名义账户制改革虽然在这一方面因为给个人提供更大的确定性，可以基本得到肯定，但是在意大利的这种情况下，其问题却颇多。由1995年名义账户制参数的选择所导致的养老金负债规模与不确定的人口变化趋势结合在一起，其调整根本不可能一步到位②。

虽然这些因素大部分适用于意大利，但是人们可能会提出疑问，即在经济和人口变化如此迅速的情况下，为了确保制度的可持续性，可能要求缴费的回报率也进行持续的有实质性的变动，那么是否还能实现来自加强缴费与待遇给付之间联系的预期微观经济收益③。人们可能认为其缴费的回报无论如何也不会不确定。一个更为传统的现收现付制计划在有关个人的替代率上，至少能给他们提供更大的确定性。

但是，任何两种方案之间的选择首先可能取决于政治考虑。到最后，对于未来的改革，即推迟退休、避免支出增加和终止漫长的改革进程，无论哪一种解决方案，只要能允许在政治上达成一致，便可能成为首选。

---

① 见 Fölster（1999），Orszag 和 Snower（1999）。

② 正如鲍斯金（Boskin，1982，p. 300）所指出的："我不想使社会保险计划当前的规章制度被整合到一个统一的政府资本性账户中，好像我们已经发布了明确的长期契约性的债务责任似的。换句话说，我不想对这些计划的现收现付融资和当前预计水平下的政府行为大加赞赏。"

③ 关于对养老金规定进行周期性调整的必要性的更为一般性的观点参见 Tamburi（1999）。

第九节　结　论

20 世纪 90 年代引入的改革显著地改变了意大利养老金制度的前景。预期的支出增长已经得以控制。不同计划之间的协调也按部就班地进行着。提前退休的激励也减少了。

然而，改革的过程还未完成。在 1995 年建立起来的养老金制度中，为了避免均衡缴费率的进一步提高，重要参数的调整是必不可少的。适用于转型中的规定可能不得不被紧缩，以此来降低中期的养老金支出。对于支出调控重心的转换，即从降低替代率转向降低养老金领取者对就业者的比率，实际退休年龄的提高也是必要的。

但是，有必要做出一个关于意大利养老金制度总框架的决定。虽然已经引入了名义账户制，但是还没有被完全落实。最近的一些改革与名义账户制计划的内在思想是不吻合的。这种情况存在着给意大利名义账户制带来麻烦（复杂性、明显的养老金负债）却体现不出其好处（微观经济效应、自我平衡机制）的风险。

政策制定者和专家似乎并不愿意就制度的重大构思再一次展开讨论。这可能是因为某些“改革疲劳”而暗示出，集中于具体的按部就班的措施可能更为有效。但是，没有了一些清晰的改革方案，形成的名义账户制养老金制度很可能慢慢演变成其他的养老金制度。

本章论证了要么全面落实名义账户制，要么转向其他解决方案都是明智的。前者包括引入确保制度可持续性的程序和参数，还包括广泛深入地向公众解释制度的运作机能；后者是沿着更传统的现收现付制路线进行的，而且可以保留名义账户制的一些特点，例如，对终身就业记录的参考和在精算基础上的退休灵活性。

有关养老金制度未来设计，无论其决定结果如何，都应该是经过公开讨论和广泛分析的结果，这才是非常明智的。

参考文献

Amato，G.，and M. Marè. 2001. *Le pensioni - Il pilastro mancante*. Bologna：Il Mulino.

Angrisani，M.，G. De Filippi，M. Marè，A. Pedone，G. Pennisi，and S. Zecchini. 2001. *Le pensioni：guida a una riforma*，Roma，Ideazione Editrice，September.

Aprile，R.，S. Fassina，and D. Pace. 1996. “Equilibrio ed equit in un sistema a ripartizione：un'ipotesi di riforma.” In *Pensioni e risanamento della finanza pubblica*，ed. F. Padoa Schioppa Kostoris，273-324. Bologna：Il Mulino.

Baldacci，E.，and L. Inglese. 1999. Le caratteristiche socio-economiche dei pensionati in Italia. Analisi della distribuzione dei redditi da pensione，Riunione Scientifica Gruppo MURST，Messina，November 22-23.

Baldacci，E. and D. Tuzi. 1999. “Gli effetti delle riforme degli anni ‘90 sull' evoluzione della spesa per pensioni.” XI Riunione Scientifica della Societàdi Economia Pubblica，

Pavia，October 8-9.

Banca d'Italia. 1991. "The Pension System：Reasons for Reform." *Economic Bulletin* 13 (October)：68-70.

Banca d'Italia. 1995. "The 1995 Pension Reform." *Economic Bulletin* 21 (October)：65-79.

Beltrametti，L. 1996. *Il debito pensionistico in Italia*. Bologna：Il Mulino.

Boskin，M. J. 1982. "Federal Government Deficits：Some Myths and Realities." *American Economic Review*，*Paper and Proceedings* 72 (2)：296-303.

Brambilla，A.，and S. Leoni. 1998. "Primi passi verso il riequilibrio tra previdenza pubblica di base e complementare." *Economia italiana* (3)：625-53.

Brugiavini，A. 1998. "Social Security and Retirement in Italy." In *Social Security and Retirement around the World*，ed. J. Gruber and D. A. Wise，181-238，Chicago：University of Chicago Press.

Brugiavini，A.，and F. Peracchi. 1999. "Reforming Italian social security：Should we switch from PAYG to fully funded?" Paper prepared for the 6th Conference "Le nuove frontiere della politica economica" IGIER，June 7，1999，Rome.

——. 2003. "Social Security Wealth and Retirement Decisions in Italy." Labour 17 (Special Issue)：79-114.

Cannari，L.，and D. Franco. 1990. "Sistema pensionistico e distribuzione dei redditi." Contributi all'analisi economica 6，Banca d'Italia.

——. 1999. "Poverty Among Children in Italy：Dimensions，Characteristics，Policies." Paper prepared for the conference "Child Well-Being in Rich and Transition Countries." September 30-October 2，Luxembourg.

Cardarelli，R.，and N. Sartor. 2000. "Generational Accounts for Italy." In Fiscal Sustainability，ed. Banca d'Italia，501-57. Rome：Banca d'Italia.

Caselli，G.，F. Peracchi，E. Barbi，and M. R. Lippi. 2003. "Differential Mortality and the Design of the Italian Pension System of Public Pensions." Labour 17 (Special Issue)：45-78.

Castellino，O. 1995. "La previdenza sociale dalla riforma Amato alla riforma Dini." Rivista Internazionale di Scienze Sociali，103 (3)：457-72.

——. 1996. "La redistribuzione tra ed entro generazioni nel sistema previdenziale italiano." In Pensioni e risanamento della finanza pubblica，ed. F. Padoa Schioppa Kostoris，59-146，Bologna：Il Mulino.

Castellino，O.，and E. Fornero. 1997. "Privatizzare la previdenza sociale? Condizioni，modalitàe limiti." Politica Economica 13 (1)：3-25.

Cichon，M. 1999. "Notional Defined-Contribution Schemes：Old Wine in New Bottles?" International Social Security Review 52 (4)：87-105.

Commissione per l'analisi delle compatibilità macroeconomiche della spesa sociale. 1997. "Relazione Finale." Lavoro Informazione, XVI (7).

Commissione ministeriale per la valutazione degli effetti della legge n. 335/95 e successive provvedimenti. 2001. Relazione finale, Ministero del Lavoro e delle Politiche Sociali, Roma.

D'Amato, M., and V. Galasso. 2001. "Èla riforma Dini politicamente sostenibile?" Paper presented at the Conference "Le nuove frontiere della politica economica 2001-Pensioni: davvero una verifica?" IGIER, September 20, Rome.

European Commission. 2002. Joint Report by the Commission and Council on Adequate and Sustainable Pensions. Brussels.

Ferrera, M., and E. Gualmini. 1999. "Rescue from Without? Italian Social Policies 1970—1999 and the Challenges of Internationalisation." Working Paper 13, European University Institute, Florence.

Ferraresi, P. M., and E. Fornero. 2000. "Costi e distorsioni della transizione previdenzialeed effetti correttivi di alcune proposte di riforma." Politica Economica 16 (1): 3-48.

Fölster, S. 1999. "Social Insurance Based on Personal Savings Accounts: APossible Reform Strategy for the Overburdened Welfare State." In The Welfare State in Europe, ed. M. Buti, D. Franco, and L. Pench, 99-115. Cheltenham, UK: Edward Elgar.

Fornero, E., and O. Castellino, eds. 2001. La riforma del sistema previdenziale italiano: Opzioni e proposte. Torino: Rapporto CeRP.

Forni, L., and R. Giordano. 2001. "Funding a PAYG System: The Case of Italy." Fiscal Studies, 22 (4): 487-526.

Franco, D. 1993. "Il sistema pensionistico fra provvedimenti di emergenza e riforme di struttura." In La finanza pubblica italiana: Rapporto 1993, ed. L. Bernardi, 105-40. Milano: Franco Angeli.

——. 2002a. "Italy: ANever-Ending Pension Reform." In Coping with the Pension Crisis-Where Does Europe Stand?, ed. M. Feldstein and H. Siebert, 211-61. Chicago and London: Chicago University Press.

——. 2002b. "Italy: The Search for a Sustainable PAYG System." In *Taste of Pie: Searching for Better Pension Provisions in Developed Countries*, ed N. Takayama, 137-83. Tokyo, Maruzen Co.

Franco, D., and F. Frasca. 1992. "Public Pensions in an Ageing Society: The Case of Italy." In *The Future of Pensions in the European Community*, ed. J. Mortensen, 69-95. London: CEPS, Brassey's.

Franco, D., J. Gokhale, L. Guiso, L. Kotlikoff, and N. Sartor. 1994. "Generational Accounting: The Case of Italy." In *Saving and the Accumulation of Wealth*, ed. A. Ando, L. Guiso, and I. Visco, 128-60, Cambridge: Cambridge University Press.

Franco，D.，and M. Marè. 2002. "Le pensioni：l'economia e la politica delle riforme." *Rivista di Politica Economica* 92（VII-VIII）：197-276. XCII.

Giarda，P. 1998. "La revisione del sistema pensionistico nel 1997：come avrebbe potuto essere." *Economia Politica* 15（2）：267-94.

Gronchi，S. 1997. "Un'ipotesi di correzione e completamento della riforma delle pensioni del 1995." *Studi e Note di Economia*，（2）：7-40.

——. 1998. "La sostenibilità delle nuove forme previdenziali ovvero il sistema pensionistico tra riforme fatte e da fare." *Economia Politica* 15（2）：295-316.

Gronchi，S.，and R. Aprile. 1998. "The 1995 Pension Reform：Equity，Sustainability and Indexation." *Labour* 12（1）：67-100.

Gronchi，S.，and S. Nisticò. 2003. "Sistemi a ripartizione equi e sostenibili：medelli teorici e realizzazioni pratiche." CNEL-Documenti，N. 27.

Hamann，A. J. 1997. "The Reform of the Pension System in Italy." IMF Working Paper WP/97/18，IMF，Washington，DC.

INPS（Istituto Nazionale per la Previdenza Sociale）. 1998. *Modello previsionale* 1998. Roma. ISTAT（Istituto Nazionale di Statistica）. 2000. *I beneficiari delle prestazioni pensionistiche-Anno* 1998，Roma.

Marano，A.，and P. Sestito. 2004. "Older Workers and Pensioners：The Challenge of Ageing on the Italian Public Pension System and Labour Market." CERP Working Paper 32/04，CERP，Torino.

Messori，M.，and A. Scaffidi. 1999. "Lo sviluppo dei fondi pensione 'chiusi'：il possible ruolo del TFR e del regime fiscale." Mimeo，MEFOP，Roma.

Ministero del Lavoro e delle Politiche Sociali. 2002. *Rapporto sulle strategie nazionali per i futuri sistemi pensionistici-Italia*. Roma.

Ministero del Tesoro. 1981. *La spesa previdenziale e i suoi effetti sulla finanza pubblica. - Relazione della Commissione di studio istituita dal Ministro del Tesoro*，Istituto Poligrafico e Zecca dello Stato，Roma.

——. 1994. "I rendimenti impliciti della previdenza obbligatoria：un'analisi delle iniquit del sistema." *Conti pubblici e congiuntura economica*，No. 2.

——. 1996. "Il progetto di riforma del sistema pensionistico pubblico presentato dal governo：le tendenze di medio-lungo periodo del FPLD." *Conti pubblici e congiuntura economica*，No. 2.

——. 2000. "Medium and Long-Term Trends of the Italian Pension System Year-2000 Update of the Projections Based on the RGS Model." *Quaderno* 2.

——. 2002. *Le tendenze di medio-lungo periodo del sistema pensionistico obbligatorio-Le previsioni del Dipartimento della Ragioneria Generale dello Stato aggiornate a maggio* 2002 *utilizzando le nuove basi assicurative dell'INPS*. December.

Modigliani，F.，and M. Ceprini. 1998. "Social Security Reform：AProposal for Italy." *Review of Economic Conditions in Italy*，2：177-201.

Morcaldo，G. 1977. "Analisi della struttura dei trattamenti pensionistici e della sua evoluzione." *Contributi alla ricerca economica*，7，Banca d'Italia.

Nicoletti-Altimari，S.，and M. Rostagno. 1999. "The Dis-Advantages of Tying One's Hands—Yield Rate Flexibility in Unfunded Pension Systems." Paper presented at the conference on "Le nuove frontiere della politica economica." IGIER，Rome，June 7.

Orszag，J. M.，and D. J. Snower. 1999. "Expanding the Welfare System：A Proposal for Reform." In *The Welfare State in Europe*，ed. M. Buti，D. Franco，and L. Pench. Cheltenham：Edward Elgar.

Padoa Schioppa Kostoris，F. 1995. "A proposito dei tassi di rendimento interno per i neopensionati italiani：1995—2001." *In Le pensioni difficili*，ed. O. Castellino，143-64. Bologna：Il Mulino.

——. 1996. "La riforma italiana delle pensioni anzianitãe vecchiaia del 1995 e gli effetti di finanza pubblica." In *Pensioni e risanamento della finanza pubblica*，ed. F. Padoa Schioppa Kostoris，399 480. Bologna：Il Mulino.

Palmer，E. 1999. "Exit from the Labor Force for Older Workers：Can the NDC Pension System Help?" *The Geneva Papers on Risk and Insurance* 24（4）：461-72.

Peracchi，F.，and N. Rossi. 1998. "Nonostante tutto，èuna riforma." In *La costituzione fiscale*，ed. F. Giavazzi，A. Penati，and G. Tabellini，149-272. Bologna：Il Mulino.

Pizzuti，F. R. 1998. "Pension Reform and Economic Policy Constraints in Italy." *Labour* 12（1）：45-66.

Porta，P.，and P. Saraceno. 1997. "The Mandatory Pension System in Italy：Country Report of the Phare-Ace." *Contributi di Ricerca IRS*（Istituto per la Ricerca Sociale），37.

Ragioneria Generale dello Stato. 1996a. "Il progetto di riforma del sistema pensionistico pubblico presentato dal governo：le tendenze di medio-lungo periodo del FPLD." *Conti Pubblici e Congiuntura Economica* 6（2）：117-32.

——. 1996b. "Il progetto di riforma del sistema pensionistico pubblico presentato dal governo：le tendenze di medio-lungo periodo del Fondo Artigiani e Commercianti." *Conti Pubblici e Congiuntura Economica*，6（2）：133-52.

——. 1996c. "Tendenze demografiche e spesa pensionistica：alcuni possibili scenari." Quaderno Monografico N. 9，*Conti Pubblici e Congiuntura Economica*.

Rostagno，M. 1996. "Il percorso della riforma：1992—1995. Nuovi indicatori di consistenza e sostenibilitàper il FPLD." In *Pensioni e risanamento della finanza pubblica*，ed. F. Padoa Schioppa Kostoris，325-98. Bologna：Il Mulino.

Saraceno, P. 1995. *Vecchie e nuove pensioni*: *la proposta Dini*, IRS (Istituto per la Ricerca Sociale), Contributi di Ricerca, 34, Milano.

Sartor, N. 2001. "The Long—Run Effects of the Italian Pension Reforms." *International Tax and Public Finance* 8 (1): 83-111.

Senate of Italy. 1995. "Crisi del sistema previdenziale italiano e confini tra pubblico e privato." *Incontri di studio a Palazzo Giustiniani*, No. 8.

Settergren, O. 2001. "The Automatic Balance Mechanism of the Swedish Pension System." Mimeo, National Social Insurance Board, Stockholm, http://www.rfv.se/english/publi/index.htm.

Tamburi, G. 1999. "Motivation, Purpose and Processes in Pension Reform." *International Social Security Review* 52 (3): 15-44.

Visco, I. 2000. "Welfare Systems, Ageing and Work: An OECD Perspective." *Quarterly Review* 53 (212): 3-29.

Vitaletti, G. 1993. "Apparenza e realtàdegli effetti dei provvedimenti di riforma pensionistica." *Economia Pubblica* 23 (11): 491-99.

第十九章　名义账户理论模型的实施：意大利和瑞典的比较

格龙基·山德罗和塞尔焦·尼斯蒂科*

在20世纪的发展过程中，大部分的工业国都建立了现收现付制公共养老保障体制。第二次世界大战后，经济和人口的快速增长为退休待遇指数化提供了条件，这使得退休待遇非常接近于最后工资，并且还根据活跃人口的收入增长逐年进行调整。随后，经济和人口快速增长的条件消失了。20世纪70年代出现了严重的经济停滞并伴随着人口老龄化的征兆，而人口老龄化的趋势在随后的几十年中将会更加明显。待遇支出增长应该紧盯住可利用资源的增长，虽然可利用资源增长率已经下降了，但是由于待遇的向下刚性，待遇支出增长率却没有下降。在一些国家，这种增长率的差异已经导致了不均衡的出现。与其他国家相比，意大利的情况特别突出：30％～35％的养老金支出是由国家预算提供的，并且一半的公共债务是由养老金支出导致的。

很多学者已经指出，这种不平衡必须通过果断的自由化过程予以消除，即经过长期和有代价的转型阶段后，从现收现付制的陷阱最终到达公共①或者私人②积累制退休计划的避风港。其他学者质疑积累制的治疗魔力③，而且还有一些学者认为仅仅通过修改制度参数使得传统的待遇给付和指数化规则不再那么慷慨就可以应对人口老龄化了④。虽然关于这两种养老制度的优点和缺点，以及它们应对人口周期变化能力的辩论还没有分出胜负，但是金融市场最近的困难看起来暂时打击了对积累制最热心的倡导者。在缺乏可信理论基础的情况下，一个妥协的建议得到日益广泛的支持，即建立分散工作人口退休资产组合的混合体制，这是世界银行和其他组织长期倡导的立场⑤。

---

* 格龙基·山德罗（Sandro Gronchi）是罗马拉—萨皮纳大学的教授。他目前服务于经济和金融学院，这是意大利经济部下属的一个研究和培训机构。塞尔焦·尼斯蒂科（Sergio Nisticò）是卡西诺大学的经济学教授。作者感谢以下诸位宝贵的评论及其合作：Onorato Castellino，Giulio De Capraris，Richard Disney，Elsa Fornero，Fosco Giovannoni，Mario Intorcia，Agneta Kruse，Beniamino Lapadula，Raimondo Manca，Marcello Messori 和 Ole Settergren。作者特别感谢瑞典国家社会保障局的 Gudrun Ehnsson 先生，他耐心地提供了精算统计数据、法律规章和监管规则以及解释，这使得作者能够深入研究瑞典养老金改革的主要方面。

① 见 Modigliani，Ceprini，Muralidhar（1999）。

② 见 Feldstein（1998）。

③ 见 Orszag 和 Stiglitz（2001）。

④ 见 Chand 和 Jaeger（1996）。

⑤ 见 World Bank（1994）。

可能的制度选择因一种“基因创新”而得到极大的扩展，这种“基因创新”使得意大利和拉脱维亚的改革在1996年生效，并且瑞典和波兰的改革分别在1998和1999年生效。新计划保留现收现付制融资框架不变，即当前的养老金支出仍然由当前的缴费支付，同时新计划的待遇给付和指数化规则遵从典型的积累制DC型计划。这就是为什么意大利人称之为基于缴费的计划。从世界范围来看，新计划被贴上了不同的标签：名义积累的、虚拟账户和名义账户制，或者简单地缩写为NDC[①]。

本文将对意大利和瑞典的名义账户制改革提供详细的比较分析，因为这项改革是在两个国家范围内独立产生的，两国专家没有任何机会进行富有成果的讨论，甚至工会和政治领导人也没有机会[②]。我们在初步的理论研究的基础上进行这项比较，这些理论将有助于我们更好地评价两国各自改革的主要差异。

第一节 名义账户制

在绝大部分DB型现收现付制下，新的养老金待遇由下面三个因素决定：缴费的年限，一个叫做收益率的百分比数和一个被称为应计养老金收入的普通工资——工作中最后几年收入的平均数，以一个给定的比例重新估值。尽管在一些国家该值是根据一生中最好几年的工资计算的，而不是根据最后一年的工资计算的，但是待遇公式还是受到“最后收入规则”的

① 这一思想观念是20世纪90年代在瑞典和意大利独立发展起来的。在意大利，Gronchi提出了缴费基准制计划（contributions-based scheme），目的是减少基于缴费公式计划产生的再分配不公平，并且确保现收现付制的可持续性。Niccoli提出了一个不同的版本，目的是希望社会保障中的强制储蓄能够以一个合理的回报率增长，这个回报率等于直接储蓄在金融市场上获得的回报率。特别地，参见Niccoli（1992）。意大利财政部的方案（1994）是Gronchi（1993）第一次提出的草稿，而Gronchi（1995b）是一个修改版本，参见Gronchi（1994a，b），Niccoli（1994）和Gronchi（1995a）。意大利议会第一次注意到这种新的想法是1994年，当时左派民主党提出了一个详细的基于缴费的计划。一年之后，迪尼内阁把同样思想的草案提交给议会，并且以绝对多数被通过。

在瑞典，新计划的轮廓体现在以下人的著作中：BrÖms（1990），Olsson和Schubert（1991），Persson（1991），以及Ackerby（1992），逐渐形成于专家委员会，该委员会被授权根据可持续性以及缴费和养老金权益之间的一致性来制定一项改革建议。特别地，参见En Promoria av Pensionsarbetsgruppen（1992），Reformerat pensionssystem：Bakgrund，principeroch skiss（1992），Palmer和Sherman（1993），Reformerat pensionssystem：Betänkande av pensionsarbetsgruppen（1994），and Reformerat pensionssystem：Kostnader och individeffekter（1994）。

必须指出的是意大利和瑞典20世纪90年代早期的文献看起来并不知道20世纪60年代末两篇论文里提出的重要思想，该思想被Gronchi（1998）和Valdés-Prieto（2000）重新发现，其中一位是布坎南，另一个是卡斯特里诺（Castellino）。在布坎南（1968）建议的制度中，所有的收入获得者都必须购买“社会保险券”，其回报率被设定为GNP增长率和美国财政部债券利息率中的更高者。有意思的是，作者的目的是为了保障工人可以得到比收入关联型计划（earnings-based scheme）更慷慨的待遇。Castellino（1969）彻底分析了缴费基准的现收现付的第二支柱计划的特征，其回报率被设定为平均工资增长率。这些文章没有得到国际经济学界的足够关注，没有引起任何经济政策措施的改变。另一方面，这些建议是以抽象的术语阐述的，并且没有处理很多复杂的细节（正如本文讨论的情景），而当真正建立一个缴费关联型计划（contributions-based scheme）时又不得不面对这些复杂的细节。Valdés-Prieto（2000）想起Boskin，Kotlikoff，and Shoven（1988）等人提出了一个老年待遇基准计划，这是一个完全基于个人账户的综合性的社会保障模式。

② 没有证据表明Franco（2002，p. 221）暗示的建议是正确的，他认为对瑞典正在进行的讨论的回应促使了意大利的改革。

主导①。由于指数化规则，养老金待遇一般随工资而增长，但是最近由于人口不利因素使得绝大部分国家采纳了不那么慷慨的指数化规则②。

在DB型计划中，财务平衡的条件是：每年的缴费率等于养老金支出与总工资的比率，这隐含地转化为：回报率等于总工资本身的增长率。这就是非常著名的公理③，这个结论成立的条件是工资和人口保持增长而死亡率保持不变时④。

对如下问题的强调非常重要，上面公理所提到的收益是一个"一般化的"收益——一个出生组群作为一个整体的总缴费的收益，而个体成员根据其缴费产生的收益在个人之间差异很大。这表明与收入关联的计划是天生不平等的，这种制度更优待那些提前退休者和那些工资增长比较快的职业⑤。

名义账户制的一个主要目的是准确地消除个人收益的差异，以确保精算公平。另一方面，名义账户制也是为了确保现收现付制养老金计划的"可持续性"，也就是说，自动调整以适应人口的冲击，并且尽量推迟那些不可避免的、不受欢迎的政策，即要么减少待遇，要么增加税率。

一、一个宽泛的定义

名义账户计划把现收现付制作为一个"虚拟银行"。每个人在其中有一个储蓄账户，个人退休前向其中缴费看作"存款"，而退休后每年从中"支取"养老金待遇。

为了考虑到下面将要讨论的意大利改革的不协调之处，有必要接受缴费关联型计划（contributions-based scheme）的一个宽泛的定义，即承认虚拟银行给个人账户赋予的收益率是存在部分差异的。具体说来，就是该制度允许对退休者账户以一个比率（例如，政府短期票据的收益率）支付报酬，而对活跃工人的账户以另一个比率（例如，政府长期债券的收益率）支付报酬。无论在哪种情况下，"储蓄耗尽约束"必须得到满足，也就是，取出的钱必须等于存进的钱加上利息。换言之，最后一年的待遇被领走时，账户余额必须是零。

为简化计，假设时间是不连续的，储蓄耗尽约束采用下面恒等式的形式，即退休前存进去的所有缴费的现值等于领取的所有养老金待遇的现值：

$$a \cdot \sum_{i=1}^{n} w_i \cdot \prod_{j=i+1}^{n+1}(1+\pi_j^L) = p\Big(1+\sum_{i=n+2}^{n+m}\prod_{j=n+2}^{i}\frac{1+\sigma_j}{1+\pi_j^R}\Big) \tag{19.1}$$

其中：n=工作的期限；a=缴费率；w_i=第i年挣取的工资；p=第一个年度待遇；π_j^L

① 见Disney（1999）。

② 在意大利，"所有"收入规则被1992年的"最后五年"收入规则所代替。与此同时，价格指数化规则也被工资指数化规则所代替。

③ 见Samuelson（1958），Aaron（1966），意大利的De Finetti（1956）。需要说明的是，Samuelson（1958）并不是在明确的DB型背景下证明的该理论，而Aaron（1966）的待遇公式和收入的关联不是很恰当，其中第一个每年待遇等于活跃工资的平均工资。Gronchi和Nisticò（2004）给出的证明是在清晰的DB型框架下，他们的证明很接近现实的运行退休年龄和职业类型的变化。

④ 实际上还需要一些其他条件才能使该公理成立。参见Gronchi and Nisticò（2004，Appendix A.1）。

⑤ 参见Gronchi（1993），Italian Ministry of Treasury（1994）和Gronchi（1995b）等对基于收入计划不平等特征的经验分析，和先前1996年名义账户制改革相比。除了正文提到的退休年龄和收入增长的差异，本文表明还存在其他原因导致个人收益的不平等。而且，他们还表明意大利1992年的决策使得作为所有年度收入平均值的应计养老金收入已经被稀释了，但是并没有消除个人之间收益率的差异。

和 π_j^R 是为了分别记入工人和退休者账户余额所选择的第 j 年的收益率；σ_j＝为了指数化养老金待遇所选择的第 j 年的指数化比率；m＝退休时的预期余命。

由公式 19.1 可得到下面的公式：

$$p=\left[a\cdot\sum_{i=1}^{n}w_i\cdot\prod_{j=i+1}^{n+1}(1+\pi_j^L)\right]\cdot h \tag{19.2}$$

其中：

$$h=\left(1+\sum_{i=n+2}^{n+m}\prod_{j=n+2}^{i}\frac{1+\sigma_j}{1+\pi_j^R}\right)^{-1} \tag{19.3}$$

采用意大利的术语，h 被称为“转换率”，公式 19.2 右边方括号里面的项被称为退休时积累的“名义资本”①。

当根据公式 19.2 获得第一个年度待遇时，名义资本也就确定了。名义资本可以根据工人的工资历史以及过去值（该值是根据活跃工人的收益率 π_L 得到的）的时间序列来计算。为了计算转换率需要关于将来值的知识，这可以通过 $m-1$ 年的指数化比率 σ（例如，通胀率或者平均工资增长率）和退休者的收益率 π^R 来获得。

如果一个人忘记了选择 σ 是独立于 π^R 的，那么计算 h 也是可能的。可以从这两者选择其一。其中之一是意大利所采纳的，政策制定者选择了指数化比率，这是一个外生变量，并且允许退休者每年收益率由下面的公式内生决定：

$$\pi_j^R=(1+\sigma_j)\cdot(1+\delta)-1 \quad \forall j \tag{19.4}$$

其中：δ 也是由政策制定者决定的。需要注意的是，δ 是退休者的收益率 π^R 与指数化比率 σ 的差额，这有助于解释 δ 为什么被称为“偏离率”（deviation rate）。把公式 19.4 代入公式 19.3 中，h 被简化为只有两个独立变量 δ 和 m 的方程：

$$h(\delta,m)=\left[\sum_{i=1}^{m}(1+\delta)^{1-i}\right]^{-1} \tag{19.5}$$

第二个选择是瑞典改革所采纳的，政策制定者外生地设定了退休者的收益率，让每年的指数化比率由下面的公式内生地获得：

$$\sigma_j=\frac{1+\pi_j^R}{1+\delta}-1 \tag{19.6}$$

从数学上讲，公式 19.6 仅仅是公式 19.5 的倒数。因此，把它带入公式 19.3，同样得到了公式 19.5。

公式 19.5 表明转换率是偏离率的增函数。需要指出的是，选择更高的 δ 值会产生更慷慨的最初养老金待遇，该结果产生的影响是不同的，这依赖于政策制定者选择了内生的退休者收益率（公式 19.4）还是内生的指数化比率（公式 19.6）。如果是前者，退休者的收益率将会更高；如果是后者，指数化比率将会更低。在公式 19.6 的选择中，最初的养老金待遇和指数化之间存在一个取舍关系，而 δ 是解决这一问题的“杠杆”。

公式 19.5 也表明对于任何给定的偏离率 δ，转换率随着预期寿命的增加而递减，所以，

① 在瑞典的实践中，养老金待遇的计算是通过除以公式 19.1 左边的项，这被称为“账户余额”；h 的倒数被称为“年金化除数”（Settergren 2002，p. 61）。

转换率随着退休年龄的推迟而增加（在性别给定的情况下），对男性更高（在年龄给定的情况下）。

二、典型名义账户制

本文讨论的名义账户制的定义非常宽泛，以至于同时包括了意大利和瑞典的改革，还包括这里要讨论的典型名义账户制。作者将在下一节比较这三类养老金计划。

首先，典型养老金计划的特征体现在方程 19.6 中的选项中，其中把退休者的回报率规定为外生的，然后在这个条件下做出进一步的选择：

$$\pi_j^R = (1+\alpha_j)\cdot(1+\lambda_j)-1 \quad \forall j \tag{19.7}$$

其中 α 和 λ 分别表示工资增长率和就业增长率，因此方程右边表示的是 j 年总工资增长率。第二，典型名义账户质的特征由下面的条件表达：

$$\pi_j^k = \pi_j^L \quad \forall j \tag{19.8}$$

该条件排除了以不同的方式对待工作者和退休者，因此保证收益率在横向上（空间上）或纵向上（时间上）是一致的。

在稳定状态下，假设工资增长率 α 和就业增长率 λ 不随着时间发生变化，那么回报率的一致性也体现在"时间上"或者"垂直维度上"，因为虚拟银行在一年中给每个账户持有人记录的回报率都是相同的。所以，在稳定状态下，这种养老金计划排除了个人可报率的差异，尽管个人存在不同的行为和属于不同的出生组群。

在一个不是很严格的背景下，即在一个半稳定的状态下，就业增长率 λ 是不变的，而工资增长率 α 是允许变化的，可以证明在这种情况下典型的养老金计划是可持续的，因为这种制度下的养老金支出等于缴费（根据事先设定的缴费率收集到的）[①]。这就是为什么把总工资的增长率设置为低于可持续回报。

在就业增长率 λ 每年都变化的情况下，典型的养老金制度不能确保每年都能达到平衡。无论如何，由于就业增长率的变化引起的暂时性的盈余或者赤字都可以逐步的被吸收[②]。所以名义账户制内生地设置了一个强大的"自动平衡机制"，虽然经济周期会产生周期性的不利冲击，但是长期内仍能够保持平衡。由于长期内人口的下降，这会使得就业增长率 λ 也会下降，那么自动平衡机制就会立即产生反作用力，以阻止养老金支出的增加，这就避免了政府和工会采取行动前的必要的等待期。如果没有这种平衡机制，问题的积累导致政府面临更大的选举压力，这会促使政府进行养老金制度的参数改革，工会最后也不得不接受这种改变。因为这种迅速的干涉采取两种方式，一是减缓现存养老金的指数化，二是减少形成的虚

① 这种制度的可持续性是由 Gronchi 和 Nisticò（2004）给出的证明，正如注释 10 所提到的，这种情况更加接近现实。

② 见 Gronchi 和 Nisticò（2004）。Valdés-Prieto（2000，p. 407-8）错误地宣称 λ 的增加导致暂时的赤字。

拟资本（这包含那些将要赋予给当前工人的将来的养老金）[①]，这种牺牲将由不同的出生群组的人均匀地分担。

第二节　意大利和瑞典的名义账户制改革

在 20 世纪 90 年代养老金改革中，无论意大利还是瑞典都没有采纳上一节讨论的典型名义账户制。但无论如何，两国所采纳的养老金制度都符合本章对名义账户制宽泛的定义。下面将详细比较这两种制度。

一、关键差异

第一个差异是非常关键的，即对公式 19.4 和 19.6 所表达的选项的不同选择。意大利选择了公式 19.4，即仅仅根据通货膨胀率指数化养老金，因此退休者每年所得到的回报等于对偏离率（的赋值。瑞典选择了公式 19.6，退休者获得的回报等于平均工资的增加，因此指数化比率等于每年平均工资增长率 δ。

第二个重要的差异是在职工人的回报率。在瑞典，在职工人的回报率完全等于退休工人的回报率（名义工资增长率）；而在意大利，该值等于名义 GDP 增长率。瑞典的制度设计已经很完美地实现了横向公平，每年赋予退休工人和在职工人的养老金是一样的；而意大利还没有实现这种公平。

这些不同的选择对该制度的可持续性存在不同的影响。在随后到来的几十年中，由于人口趋势的变化使得劳动力下降，平均工资增长率将超过可持续因子，即名义工资增长率。为此，2001 年瑞典议会已经修改立法来纠正这个问题，引入了一个颇具创新性的平衡机制，

---

① Gronchi 和 Nisticò（2004）更好地讨论了典型名义账户制的理论基础。在这里讨论的多个问题中，有一个问题值得总结，即批评式检验 Chicon（1999）等人表达的思想，也就是把应计养老金收入扩展到整个职业生涯的收入，这是实现缴费基准养老金计划的一个捷径，同时避免宣称一个虚假的创新改革。实际上，这种观点很容易被反驳。为了理解为什么，可以回想一下传统的、基于缴费计划的第一个每年待遇的计算公式：

$$P = n \cdot k \cdot \frac{\sum_{i=n-r+1}^{n} w_i \cdot \prod_{j=i+1}^{n+1} (1+\gamma_j)}{r}$$

其中：k=回报率；r 是领取工资的年数，这里的工资是指计算应计养老金的收入；γ 是重新估值因子。实际上，如果 $r=n$，那么上面的公式变成如下的形式：

$$P = k \cdot \sum_{i=1}^{n} w_i \cdot \prod_{j=i+1}^{n+1} (1+\gamma_j)$$

那么这就很容易推导出下面的公式：

$$P = \left[a \cdot \sum_{i=1}^{n} w_i \cdot \prod_{j=i+1}^{n+1} (1+\gamma_j)\right] \cdot \frac{k}{a}$$

因此，收入基准的养老金计划可以被重新安排，显示出具有典型名义账户制的特征，因为这种养老金制度也可以通过虚拟资本和转换率来刻画。换言之，典型名义账户制可以利用 DB 型外衣进行伪装。在待遇公式中对参数选择一个特殊值就足够了。特别是，应该使得 γ 等于总工资增长率，根据方程 $k=h(\delta, m) \cdot a$ 对回报率根据年龄差别而差别对待，并且根据方程 19.6 选择指数化规则。但是，这种伪装并不能持续多久。这种古怪的指数化规则存在合理的解释么？或者如何解释下面的问题：在给定死亡率的情况下，如果不同时改变回报率，那么如何能够改变缴费率呢？或者，当死亡率下降，回报率也会下降么？

该机制已经从 2003 年开始实施了①。

在意大利，可持续性是不确定的，因为在职工人和退休工人的回报率都不等于可持续因子。只有当 GDP 的份额分布保持不变的情况下，在职工人的回报率（GDP 增长率）才等于总工资增长率。对于退休工人的回报率而言，只有偶然的情况下事先承诺的比率 δ 在实际意义上才等于可持续因子。

二、其他的实施特征

两国的名义账户制改革还有其他同等重要的特征。这些重要的特征包括：偏离率 δ 的赋值、退休年龄、遗属待遇、因性别导致的转换率的差异、缴费率、转换率的更新、伤残养老金、管理成本、养老金制度的碎片，及其工人退休投资组合的多样性（借助与之平行的积累的养老金制度）。讨论这些不同的特征，将有助于读者了解名义账户制的灵活性和所提供的不同选择。

1. 偏离率 δ 的赋值

两国名义账户制改革的一个微小差别是对偏离率 δ 的赋值不同，根据公式 19.6，偏离率用来计算转换率。意大利设定 $\delta=1.5\%$，而瑞典设定 $\delta=1.6\%$。和先前的改革相比，这些设定使得替代率都相当的高。

由于对公式 19.4 和 19.6 选项的选择不同，对 δ 赋值较高在两国会产生截然不同的效应。首先，瑞典的名义账户制容易受到实际上负的指数化因子的威胁，当真实回报率（实际工资增长可以根据平衡机制调整）低于 1.6%时，这种情况就会发生。如果养老金购买力的减少在政治上是不可行的，那么不可持续性的问题就会出现。意大利虽然排除了负的指数化因子，但是意大利提供给退休者的名义回报率等于通货膨胀率加上 1.5%。正如上面提到的，这种选择会威胁纵向（水平）公平和可持续性。

另外，意大利和瑞典的名义账户制的可持续性都容易受到另一个社会因素的威胁。这种威胁来源于新获得的养老金增长率（该值应该和实际工资增长率相平行）和旧养老金指数化因子之间的过大差异。在瑞典，这种差异是 1.6%，所以第一年所获得养老金的购买力比前一年的多 1.6%，比 10 年前的多 17%，比 20 年前的多 37%，比 30 年前的多 61%。这种显著的差异被证明是不可接受的，因此需要对以前的养老金进行周期性的均等化。在意大利，这种均等化产生了类似的或者更严重的问题，因为意大利的养老金仅仅根据价格进行指数化，并且一般实际工资的增长大于 1.6%②。

在意大利和瑞典的"早期养老金"中还存在一个重要的差异，这来源于两国对公式 19.4 和 19.6 的选择不同。意大利早期较小的养老金被认为是不公平的指数化规则导致的结果，这是政治家武断选择的结果，因此应该纠正之（例如，根据工资指数化）。而瑞典内生的指数化规则使公众认识到早期较小的养老金是退休者为获得更高的替代率而付出的代价。如果工人在退休时可以选择更强的指数化规则以交换更低的转换率，那么这种替代更容易被

① 见 Settergren（2001a，2003）。

② 在过去的 30 年中，意大利的实际工资增长率已经达到了每年 2%（ISTAT，2002）。

理解。这种措施可以阻止人们事后抱怨政府没采取任何措施处理这个问题[1]。

2. 退休年龄

当意大利逐步引入养老金制度改革时[2]，一般允许工人在57～65岁之间退休。但是，改革条款也允许雇员继续工作直到超过正常退休年龄。结果，转换率应该针对不同年龄（大于等于57岁）而逐一设置。政府并没有这么做，转换率仅仅根据正常退休年龄而设定，当计算那些超过65岁退休工人的待遇时，这会遇到一个技术问题。如果这些工人的待遇简单地根据65岁退休时的转化率而计算，那么这的确有失公平。而对大学里的老师和行政官员，他们强制性退休年龄一般都超过65岁，他们的待遇也根据同样的转换率而确定么?

瑞典的养老金制度中不存在这种疏忽。退休年龄一般在61～67岁之间，和意大利的一样，退休年龄没有上限（但雇员必须得到雇主的同意）[3]。针对每一个可能想象到的退休年龄都设置了一个转换率[4]。因为退休年龄的分布很广泛，转换率也高低不同。那些80岁退休的工人获得的转换率比那些62岁退休的工人获得的转换率高2/3。

实际上，瑞典的改革允许"半退休"状态，这实际上废除了标准退休年龄的概念。当一个人达到61岁时，个人的部分名义资本可以转换成养老金，同时个人可以继续工作[5]。这些半退休工人的缴费增加到剩余的名义资本中，当个人完全退休时，这些资本再转换成养老金。

在意大利和瑞典的改革中，都保留了对退休年龄的自由选择，这正是名义账户制的优越之处。那些选择提前退休的个人，实际上通过接受一个更低的转换率来为他们的选择自我融资。但是，当大量的个人突然改变他们的行为时，这使得平均退休年龄有一个突然的改变，从而让养老金制度经历一个暂时的不平衡。很明显，允许退休年龄的范围分布越宽，这种暂时性不平衡的风险越大[6]。在瑞典，这种风险可能由于半退休的存在而得以弱化，因为这使得人们的行为逐渐地改变。

3. 遗属待遇

在遗属待遇领域，两国的改革都保留了原来的规则。瑞典保留了1990年的立法，该法案废除了遗属待遇，只有妇女才有权享有此待遇。意大利保留了遗属的权益，男女都有权获得该项待遇，数量是已故配偶养老金的60%[7]。

排除遗属待遇意味着，对贫穷遗属家庭的福利支出必须由政府来承担。在妇女劳动力参

---

① 对δ不受约束的选择会产生逆向选择问题。这会鼓励那些知道自己预期寿命小于平均值的人选择更高的δ值。即使这样，这种情况不是很普遍，毕竟并不是每个人都知道自己的预期寿命小于平均值，与对那些需要调整的早期养老金进行大规模的均等化相比，这种情况产生的不平衡问题相对较轻。在意大利，逆向选择会产生更严重的不平衡问题，因为意大利提供遗属待遇，而转换率并没有根据遗属的有无和年龄大小进行调整（参见本节的遗属待遇）。

② 参见转型部分内容。

③ 见Settergren（2002，p.48）。

④ 瑞典已经宣布了从61岁到80岁的转换了，如果有需要的话，也可以为更迟退休者单独计算转换率。

⑤ 养老金的配额是1/4、2/4和3/4。见Palmer（2000），Settergren（2001b）。

⑥ 在这个问题上，见Gronchi（1996），Beltrametti和Bonatti（1996），Bosi（1997）。

⑦ 这种权益的价值实际上是被削弱了，因为对全额养老金的权益是家计调查型的。除了遗属待遇，还有对未成年儿童的待遇，该待遇的上限是已故家长的全额养老金。

与率低的国家（例如，意大利），这一成本是非常巨大的。

与此同时，对遗属待遇的让步也产生了几个主要的问题。第一，与不向遗属支付养老金的情况相比，存在遗属待遇会显著的降低转换率，因为公式 19.1 中的第二项必须增加一个权重，因为要向遗属持续支付养老金。所以，为了避免收入替代率过低，需要增加缴费。第二，在计算转换率时需要决定转换率是根据年龄而变化，还是根据婚姻状况及其配偶的年龄而变化。

如果是第二个选择，需要考虑如下推理的可接受性：一些人得到更低的养老金仅仅是因为他（她）有配偶或者配偶更年轻。但是如果个人可以在“一人转换率”还是“两人转换率”之间自由选择的话，那么这种不情愿就会减轻①。

在第一种情况下（根据年龄区别对待转换率）会产生显著的再分配问题，有利于那些结婚的人，特别是配偶更年轻的人。这也会产生一个实际的问题，因为计算转换率需要详细的信息，而这些信息都是国家统计所不提供的，主要包括已故退休金领取者留下配偶的概率、养老金领取者及其配偶的年龄差异等。这些数据都可能随着已故养老金领取者的年龄而变化，所以必须收集所有年龄段的数据。

在意大利，由于政治状况产生的对改革进程的时间压力②，使得政府没有全面考虑这两个选择（还有和公平相关的很多问题，以及每一个选择产生的计算问题），并且决定仅仅根据退休年龄来差别对待转换率。大部分的统计信息都是不可获得的，因此意大利政府在做决策时严重缺乏数据支持③。国家统计局甚至没有被要求收集与计算转换率相关的信息。对该制度的第一个十年评估产生的转换率将于 2006 年开始生效，也面临着严重缺乏信息的问题④。

最后，在意大利，当工人在退休前死亡时，其遗属也可以获得遗属待遇。该养老金等于“虚拟”养老金的 60%，“虚拟”养老金是已故工人应该得到的养老金。计算伤残津贴也很类似（参见下面对伤残待遇的讨论），这种虚拟养老金是根据一种“准缴费关联型的公式”(quasi-contributions-based formula）计算的。实际上，这种养老金的计算是根据名义资本乘以 57 岁时对应的转换率（不管遗属的实际年龄是多少）。

瑞典的制度并不承认养老金领取者配偶的遗属待遇，也不把他们相对应。当工人先于配偶去世时，其配偶由一个完全和养老金体制分离的福利制度资助，去世工人的名义资本在同一出生族群里分配，其形式就是回报率的偶然增加。

注意到瑞典的选择能够保持财务稳定性，而意大利把去世工人的余额转换成遗属的待遇，这并不能保证养老金制度的财务稳定性。

4. 根据性别有差异的对待转换率

除了遗属待遇的差异外，意大利和瑞典的制度都没有根据性别的不同而有区别的对待转

① 为了不歧视普通法上的夫妻，第二个人也可以自由选择。

② 见第 472 页注②。

③ 见 Gronchi（1998）。必须在遗属待遇根据遗属其他收入而变化方面做出选择（参见注释 25），这种选择是导致信息缺乏的另一个原因。在做出这个选择时没有充分考虑到给计算转换率带来的巨大困难。

④ 参见对更新后的转换率的讨论。

换率。因为男性和女性的预期寿命相差很大，这种方法有利于女性①。在意大利，这种增益由于遗属待遇的存在而被削弱了。特别是，这种增益的削弱由以下两个因素决定的：

• 妇女比男性更可能成为遗属待遇的受益人；

• 妇女比男性的寿命更长。

当丈夫比妻子活得时间更长的话，这种情况就会加重了，因此如果遗属待遇并不是显著的比死者的直接养老金小（60%），那么男性工人将会得到一个增益。

同一性别的转换率应该以中性的参数（死亡率表和其他必要的统计数据，如果遗属待遇是可获得的）为基础，也就是根据两种性别的混合人口来计算。瑞典转换率的计算是严格的采用了这种技术，而意大利的转换率是单独计算男性转换率和女性转换率而得到的一个平均值。

5. 转换率的更新

在设计转换率更新机制中需要考虑三个主要问题。第一，制度可持续性要求转换率必须根据死亡率的改变连续更新②。第二，该制度必须保证在稳定转换率的基础上，工人有权选择他们的退休年龄。换言之，推迟退休以获得更多养老金的决策，不能因为随后更低的转换率（由于更新）而抵消（即使是部分抵消）。第三，该制度必须排除这种情况：对同一出生组群的、但选择在不同的年龄退休的工人，采取不同的转换率更新。这种代内的不公平是不可以接受的，因为这等价于对同年出生的不同工人设定为不同的预期寿命。

在瑞典的改革中，政府试图通过设计一个对不同出生组群指定转换率的程序来协调上述三项要求。其方法如下：

• 在开始的一年（例如，2002 年），一个组群达到了最低退休年龄 61 岁（2003 年，出生于 1942 年），这个组群的工人被告知 61～64 岁之间的转换率。这些转换率是根据最近 5 年（1997—2001 年）的预期寿命表计算的。当这些转换率用来计算暂时的养老金待遇时，是暂时有效的，直到 65 岁。该组群的工人在下一个 4 年中（2003—2006）相继退休。

• 在开始的一年（2006 年），再过一年该组群将达到 65 岁，工人被告知 65 岁及其以后退休的转换率，这是根据最近 5 年（2001—2005）的预期寿命表计算的。

• 当该组群达到 65 岁时（2007 年），已经退休工人（已经选择在 61～64 岁之间退休）的暂时养老金根据 65 岁及其以上新的转换率重新计算，并且减去他们已经领取的待遇后，名义资本保持不变，并且退休后的额外收益记入他们的个人账户。

在实际意义上，只有到达 65 岁以后，才能确保转换率是完全稳定的，才能实施完全的退休计划。提前退休不受限制，但是那些选择提前退休的人必须接受一些不确定性，因为该制度假设他们在 65 岁时的预期寿命和那些选择继续工作的同代人的预期寿命相同。

不幸的是，意大利修改转换率的程序都不符合上述三项规定——根据死亡率连续地更新转换率、保证工人有权根据稳定的转换率选择退休年龄、阻止为同一出生组群的个人设定不

① 见 Kruse（2002）。

② 即使持续的更新转换率也不能保证该制度的完全均衡。在存在“向后看”的转换率中，考虑到预期寿命的稳定增加，赤字是不可避免的。在另一方面，当转换率是向前看的类型时，剩余也是不可避免的（Valdés-Prieto，2000）。

同的预期寿命。首先，意大利的修改程序并没有包含一个有效的不均衡，因为转换率的修改每 10 年发生一次。现在的转换率从 1996 年开始生效，直到 2006 年才会更新。第二，上面提到的代内的不平等没有避免，因为新的转换率适用于所有随后十年内退休的工人（不考虑出生组群）。例如，一个人出生于 1962 年，并且在 2026 年 64 岁时退休，和那些同年出生但 2025 年 63 岁时退休的人相比，前者被假定拥有更长的预期寿命。最后，任何组群都不能根据稳定转换率来计划他们的退休。的确，因为退休年龄跨度为 9 年（57～65 岁），而转换率每 10 年更新一次，10 个组群中只有 2 个能够完全规划退休：即转换率修改后那些首先达到退休年龄的组群。当旧的转换率过期而没有公布新的情况下，这种不确定性更加严重。由于担心情况变得更坏，在每次转换率更新前会有大量的工人退休。

总结一下两国修改转换率决策程序的不同性质。在意大利，这一程序是政治化的，涉及议会、商业和劳工组织，最后由社会政策部部长和经济金融部部长共同决定。在瑞典，转换率的修改是一个严格的技术过程，即根据国家统计局提供的预期寿命表，由国家社会保险委员会下的统计精算局来完成。

6. 缴费

在意大利，雇员的缴费率是工资的 32.7%。具体来说，27%由工人支付，73%由雇主支付。在瑞典，总缴费率是 14.884%，40%由工人支付，60%由雇主支付[①]。

当意大利完全引入名义账户制后，自雇人员的缴费率是 19%[②]。在瑞典，自从 1998 年开始，自雇者的缴费就等于雇员的工资税（包括雇主的限额）。

需要指出的是，在意大利，实际缴纳的比例称之为“融资率”，该比率和决定名义资本的比率并不相同，后者是一个传统的“缴费率”，等于雇员工资的 33%，自雇者收入的 20%。

这两种比率的差异等于把成本缓慢地转移给一般税收收入，这不仅削弱了该制度的可持续性，而且损害了该制度的公平性。实际上，可以证明这两种比率的差异对提前退休者和收入增加更快的职业更有利[③]。

和意大利的缴费率相比，瑞典相当低的缴费率仅部分反映在收入替代率上，主要是因为下面两个因素：

• 瑞典的退休年龄较高，这允许更慷慨的转换率和更大的名义资本，因为每年都存在额外的缴费及其收益；

• 两个国家对相同的退休年龄而言，瑞典的转换率更高，因为瑞典的制度不包含遗属待遇并且偏离率更高（是 1.6%而不是 1.5%）。

---

① 14.884%的缴费是为强制性现收现付制融资，而 2.326%的缴费进入了积累制养老金计划中（也是强制的），该计划将在下面的社会保障组合的多样性一节讨论。总税收是 17.21%，官方来源引用的是 18.5%。这种差异依赖于税基的不同，对于更高的比率，一般是针对工资减去社保税后的部分而言（Settergren，2002，p. 33）。

② 这一普遍的比率将会缓慢地达到。例如，在 2003 年，工匠的缴费率是 16.8%，而商人的缴费率是 17.19%。

③ 见 Gronchi（1996，1998），Gronchi 和 Nisticò（2004）。这种“混乱”将更加严重，因为在意大利（该规则在 1995 年的改革中并没有被废除）高于上限的收入受制于融资率，该比率比缴费率高 0.7%。对于自雇者的收入高于上限的也额外增收一个比例（和雇员的不同）。

最后，两个国家都通过对高于给定上限的收入免税限制了社会保障收入基数[①]。

7. 伤残养老金

在面对伤残风险时，两国的反应也不相同。在瑞典，社会保障体制通过一个完全和退休体制分离的项目提供伤残补助。这个伤残项目的融资方式是单独向企业征税。该制度的安排如下：

• 伤残津贴就像工资一样，也要缴纳养老金费。更准确地说，资助伤残津贴的项目缴纳雇主那部分的养老金费，而受益人缴纳雇员那部分的养老金费。所有的缴费都汇集到受益人的名义资本中，虽然伤残，工人可能继续工作，因此和工作相关联的缴费（工资或者自雇收入）会形成名义资本。

• 受益人领取伤残津贴直到退休年龄，并且不能超过 65 岁。当伤残津贴由养老金替代时，养老金根据到目前为止积累的名义资本（所有缴费积累的形成，包括伤残事件发生前和发生后的缴费）计算[②]。

• 为了和上述规定一致，当伤残事件发生在 65 岁以后时，不可以领取任何伤残津贴。

瑞典的这种安排是合理的。伤残计划不会对养老金制度造成任何负担，因为其资金来源于不同的缴费，因为养老金制度中包含了伤残津贴的税基，这使得养老金制度拥有资源向伤残人士提供退休待遇。

意大利的养老金制度改革保留了旧有的“混合”公式，支付退休待遇同时也覆盖了伤残风险。虽然 1984 年生效的法案要求更加严格的资格条件，但是无论如何伤残津贴占据了总支出的很大一部分。

在瑞典式的名义账户制改制中要求一个单独的伤残计划；而在意大利的改革中，已经确认了一个具体的程序，允许不使用向混合制度的总缴费就可以对伤残养老金完全融资。正如我们看到的，意大利的情况有所不同[③]：

• 意大利的伤残津贴等于发生伤残时的名义资本乘以 57 岁退休时的转换率[④]。

• 这种伤残津贴可以领取到 57 岁[⑤]，然后被退休待遇所代替，这种退休待遇根据 57 岁时的名义资本计算，这个名义资本是伤残事件前的缴费或者也包括其后的缴费（如果伤残工人继续工作）。

• 最后一条规定和瑞典的一样，当达到最低退休年龄（57 岁）后发生的伤残事件，没有任何津贴可供领取。

---

① 对于高于上限的收入，瑞典的企业也需缴费。但是这种缴费是对企业的真正税收，因为这些缴费交给国家，并且不用于社会保障计划。这些缴费并不构成名义资本。

② 立法的改变会影响到其中的部分条款，更多的细节可见 Palmer（2000，附录 2）。

③ 见 Gronchi（1996b，1997）。

④ 注意到，如果伤残工人继续工作，那么根据其收入伤残津贴就会减少。而且，意大利议会考虑到了一项更慷慨和更持久的伤残津贴，这一津贴给那些伤残更严重的工人。尽管伤残工人的预期寿命相对比较短，考虑到这些津贴还要延伸到其遗属，因此还是给养老金制度造成了沉重负担。

⑤ 实际上，改革并没有设置任何年龄上限。57 岁是根据提前退休规则估算出来的，该规则自动把伤残津贴转换成退休时的养老金（如果是提前退休，就是提前退休时的养老金）。第一次领取伤残津贴可以连续领三年，在两次重新申请后就津贴数额就确定下来了。

在意大利，伤残津贴（57岁前都可以领取）和伤残事件发生前的缴费没有任何联系，因为缴费仅仅决定退休金的大小。为了纠正这一缺陷，伤残津贴应该通过一个“留出比率”融资，该比率是总缴费的一个比例，这部分缴费不应该都划给养老金。另外，用来计算伤残津贴的公式看起来也是没有意义的，一个更好的公式不应该考虑伤残工人的缴费历史。

8. 管理成本

名义账户制有两种方式来处理管理成本。第一种方法是在缴费率中划出一个“留出比率”为管理成本买单，正如上面讨论的伤残津贴那样做的一样。第二个方法是从计入工人和退休者账户中的收益中减去管理成本[①]。

瑞典采取的是第二种方法[②]。意大利简单地忽略了这个问题，因此除了上面讨论的其他缺陷外，管理成本也会增加意大利名义账户制的赤字。

9. 养老金制度的碎片化问题

即使名义账户制的各项规则设置正确并且长期内养老金制度实现了均衡，但是整个制度分裂成几个不同的职业基金也会产生相当严重的财务问题，由于不同类别计划增长率的差异[③]。

这种情况在意大利的确存在，名义账户制改革并没有统一所有的养老金计划，这些计划分成不同的几个基金。绝大部分私人部门的工人被雇员养老基金（Employee Pension Fund）覆盖，但是其他类型的计划有它们自己的基金。这些计划的成员包括公共交通工人、电话工人、公共和私人电力工人、牧师、民航飞行人员、商业演出人员、职业运动员和其他人群[④]。这些类型的计划也适用于公务员（中央、地方政府和卫生等部门）和自雇者（店主、工匠、农民、律师、医生、药剂师、新闻记者等）。大部分这类计划的基金在两种主要的公共制度下运作，一个是私人部门的经济，另一个是公共部门的经济。只有一小部分是实际上独立的基金，即使这些也受到中央政府的监管。名义账户制改革自动扩展到这些独立的计划中，这些计划的成员数量小，而且绝大部分是专业人士。

在瑞典，名义账户制改革是严格统一的。但是，瑞典的确存在一个未想象到的碎片类型。在1998年的改革中，现存的现收现付制的公共计划拥有巨大的资产，其数额是2001年该计划支出的4倍[⑤]，由于这些剩余资产，该制度继续运行[⑥]。为了优化管理和实现资产的收益最大化，这些资产被分成四个部分，并且交给四个不同的、相互竞争的基金管理，这些基金在投资组合方面有很大程度的自由选择权[⑦]。每一个基金获得缴费额的1/4，并且交出养老金待遇的1/4。收益和支出完全在四个基金之间平分，那些投资收益高的基金，其资产

① 对于退休工人而言，收益率的减少采取更低的指数化比率的形式。

② 实际上，瑞典选择了减免退休工人的管理成本，以避免降低它们的指数化比率。

③ 见Gronchi（1996b）。

④ 实际上，前三个人群已经转移到雇员养老基金去了，尽管它们的账户是单独的。

⑤ 见Settergren（2001b，p. 4）。

⑥ 2001年缴费收入超过养老金支出的10%（Settergren，2002，p. 15）。1998年的改革没有处理当时的赤字，但却阻止了2010年以后出现赤字，尤其当婴儿潮开始褪去的时候（Palmer，2002，p. 173）。

⑦ 对投资组合没有约束的证据是如下事实，四个基金48%的资产由外国证券组成，其中73%是股票（Settergren，2002，p. 27）。

（最初都是相等的）增加（或减少）的更多。在 2001 年底，那些表现最好的基金，其资产比那些最差的多 1.2%。

10. 工人退休投资组合的多样性

在提倡现收现付制和提倡积累制的争论中，当学者之间的论战还没分出胜负之际，很多国家选择了混合的强制养老金制度，由此工人的退休投资组合可以实现多样化。瑞典就是这样的一个例子。1998 年的改革在强制性、现收现付制的支柱上，设计了积累的支柱，其资金来源于强制性缴费，等于工资的 2.326%。对于领取工资的雇员而言，60%由企业支付，40%由雇员支付[①]。第一支柱由国家担保和统一管理，而第二支柱主要是私人的，分散在多个激烈竞争的开放基金之中（在 2001 年有 571 个基金）。促进竞争的渠道是工人有权无成本和无延迟地把资产从一个基金转移到另一基金[②]。为了分散风险，工人可以把积累的资本和新的缴费分布在不同的基金中（最多 5 个基金）。

工人和私人基金之间的关系由公共机构监管：优质养老金监管局（the Premium Pension Authority，PPA），该机构主要有五个目标：

• 提供有关相互竞争基金投资绩效的标准的、经过验证的信息，以便工人做出充分信息下的选择。

• 集中收集缴费，然后把这些退休储蓄转移给各个基金，以减少管理成本，因为管理成本由工人支付，这会降低资产的净收益。

• 保证匿名性——就是不让基金知道其成员的名字，以阻止有成本地推广宣传和促销（针对非成员）活动，这些活动会减少净收益。

• 作为年金提供者，每次支付完每年的养老金后，把剩下的钱留下。

• 在工人的要求下，开始管理退休时积累的资本，并且保证一个固定 3%的名义收益率[③]。

第二支柱中也包含一个“剩余”的公共养老基金，该基金主要处理一些工人的缴费，这些工人由于某些原因，没能选择那些私人基金[④]。

私人养老基金在 1998 年就已经存在了，是和第三支柱相联系的。这些基金的绝大部分都是 20 世纪 70 年代集体谈判时同时出现的，是和职业相关联的，覆盖了 80%～90%的工人。向第三支柱的缴费在 2.5%～4.5%之间（是免税的）[⑤]。

在意大利，实际上不存在真正强制性积累制的退休计划。但是，意大利存在强制性单独支付基金。这种计划的免税程度很高（大约工资的 7%）。这种基金是工人自己的（他们向自己缴费），而工人的账户中被计入回报率是通货膨胀率的 3/4 再加上 1.5%。无论什么原因，当雇佣关系终止时，公司必须向工人一次性支付积累的资本和收益。

---

① 参见注释 32。

② 法律规定工人的转移必须在 24 小时内执行（Palmer，2002，p. 33）。

③ 那些想避免退休后遭受更大风险的工人会采纳这个选择。他们的资产进行低风险和低收益的投资，如果回报率超过 3%，超出的部分不归个人所有，但通过优质养老金监管局（PPA）自由裁量，一般都会发给个人。

④ 对第二支柱的详细描述，可见 Palmer（2000，p. 30-42）和 Premium Pension Authority（2001）。

⑤ 对第三支柱的详细描述，可见 Palmer（2000，p. 4，8-9）和（2002，p. 180-2）。

这种不同寻常的第二支柱向企业提供了一些低成本的基金[①]，并且使得这些企业（至少是部分）规避信誉评级，特别是小企业更容易受这种评级的限制。

1993年的法案允许通过集体谈判把这些单独支付基金转换成积累制养老金计划。法案规定，这些免税缴费（由于单独支付基金的转换产生的）可以由雇主和雇员的额外缴费补充，该比率接近工资的14%（其上限是每年的免税额不超过5 000欧元）。如果这个机会得到充分利用，退休储蓄的总免税额可超过工资的50%（第一支柱的32.7%，第二支柱的7%加上14%）。

到目前为止，单独支付基金的自愿转换涉及了10%的私人部门雇员，并且这仅仅是一部分，只是企业的一部分缴费从这些内部基金转换到外部养老基金[②]。这种缺乏积极性的原因不仅仅是企业的成本问题，还是因为工人对已经存在的计划的感情，毕竟这种计划提供了确定保障的收益（尽管较低），并且当雇佣关系终止时，允许一次性支付，这对失业人口和那些到本国其他地区开始新工作的人口特别有用。工人还有两个额外的原因不愿意放弃单独支付计划：第一，当前的低利率；第二，第一支柱较高的收入替代率，一方面是因为在中短期内引入名义账户制改革的极端渐进性[③]，另一方面是因为长期内新计划提供的待遇非常慷慨（即使对那些相对较年轻的退休者而言），这是因为缴费率大约是瑞典的两倍，这是在其他国家不多见的。

11. 过渡

在每次改变养老金规定的时候，就会出现如何保障旧规则下的权益问题[④]。瑞典和意大利采取了相当不同的标准来面对这个问题。

瑞典选择了：

• 对于出生于1953年之后的工人不采取保护措施（不保留他们的旧权益），因为在1998年法案通过的时候他们还没有达到45岁。

• 对1938年之前出生的工人采取完全保护措施（不适用于新的规则），因为他们在1998年已经退休了（61岁或者更老）。

• 对1938年和1953年之间出生的工人部分适用新规则，对于1998年大于44岁的工人，每年给予收入基准5%的养老金。例如，一个1950年出生的工人，在1998年是48岁，那么他得到的收入基准的养老金比率计算如下：5%×（48－44）＝20%。

这个标准的结果由表19.1中的第4栏和第5栏给出了。需要指出的是，这些规则适用于那些在1998年改革之前还没有开始工作的人。

意大利的标准是根据缴费资历而不是年龄，其规则如下：

• 实行全面保护“高资历”工人（不适用新的规则），即那些在改革的时候，缴费年限至少已经超过18年的工人。

① 假设通货膨胀率是2.5%，单独支付基金提供的收益需要耗费实际收益的0.875%。

② 根据法律，对于1993年4月28日后雇佣的工人，不可以部分地转换。

③ 参见下面过渡一节。

④ 关于税收变动的公平效应，见Feldstein（1976a，b）。对于不同的观点，见Graetz（1985）和Kaplow（1986）。对社会保障变化的具体分析，见Giovannoni（2000）和Nardini（2001）。

表 19.1　　在瑞典和意大利的养老金权益保护

改革年龄 (1)	基于保留养老金的收入百分比		改革年龄 (4)	基于保留养老金的收入百分比	
	瑞典 (2)	意大利 (3)		瑞典 (5)	意大利 (6)
24	0	2.5	43	0	100
25	0	5.0	44	0	100
26	0	7.5	45	5	100
27	0	10.0	46	10	100
28	0	12.5	47	15	100
29	0	15.0	48	20	100
30	0	17.5	49	25	100
31	0	20.0	50	30	100
32	0	22.5	51	35	100
33	0	25.0	52	40	100
34	0	27.5	53	45	100
35	0	30.0	54	50	100
36	0	32.5	55	55	100
37	0	35.0	56	60	100
38	0	37.5	57	65	100
39	0	40.0	58	70	100
40	0	42.5	59	75	100
41	0	45.0	60	80	100
42	0	100.0	大于 60	100	100

资料来源：作者计算。

•按比例保护那些“低资历”工人，他们在改革前每年都缴费，他们获得的养老金待遇等于收入基准养老金的一个比例，这是在旧制度下应该获得的，该比率等于退休前总缴费年限的倒数。

意大利的过渡方案缺乏严肃性，因为大约40%的现存工人不适用新的缴费基准计划，而瑞典的比率是7%。因为采用的标准不同（瑞典是年龄，意大利是资历），如果不考虑开始工作的年龄和工作的期限，即把资历转换成年龄或者相反，那么两个国家的情况很难比较。假设一个人24岁开始工作，其职业生涯是40年（在63岁退休），那么意大利规则根据“年龄”产生的结果在表19.1的第3栏和第6栏中给出。对比可以发现，瑞典制度过渡得更快。

在公平性方面，意大利保护既得权益的方式有两个原因令人不满意。

•最老的“低资历”工人（具有17年的缴费纪录，在作者设计的职业类型中是41岁）和最年轻的“高资历”工人（具有18年的缴费纪录，年龄为42岁）之间的差距是不可接受的，前者获得45%的保护，而后者获得100%的保护。

• 两个具有改革前同样的缴费纪录的低资历工人，他们之间的差异取决于改革后各自工作了多少年。如果两个人改革前都有10年的缴费纪录，那么如果改革后分别工作10年和30年，那么第一个人得到50%［10×1/（10+10）］的保护，第二个人得到25%［10×1/（10+30）］的保护。为了公平地应用资历原则，有必要仿效瑞典所应用的年龄原则，假如改革时每一年的资历在旧计划中都会获得一定比例的养老金，而不考虑退休时的资历。例如，设定该比例为3%，上面所假设的两个低资历的工人都将获得30%的保护（都得到收入基准养老金的30%）。

两国以不同的方式建立了总待遇的名义账户比例。在瑞典，这个比例是缴费产生的名义账户制养老金的一个百分比，其中的缴费同时包括改革前和改革后。这个比例是表19.1第2栏和第5栏中100%的一个补充。在意大利，工人得到的名义账户制养老金仅仅是改革后的缴费产生的（不是改革前后缴费产生名义账户养老金的一个百分比）。

最后，意大利拒绝把新的退休年龄区间（男女工人都是57～65岁）应用于当前工人，这些工人继续受旧的退休年龄限制，男性65岁，女性60岁。但是，对于在最低年龄具有至少35年缴费纪录的工人，存在提前退休的可能性，其中最低年龄是根据不同的职业而有所不同的，并且逐步的扩展，尽管这一规定到2006年适用于所有的工人（在57岁）①。瑞典立刻把退休年龄从当前的男女都是65岁扩展到61～67岁之间。

在指数化方面，瑞典立刻把缴费型养老金新的指数化比率（小于1.6%的回报率）扩展到旧规则下的养老金，或者扩展到过渡期间的养老金。瑞典首先关心的是避免两种指数化规则并存。

在意大利，出于同样的目的而做出了截然相反的选择——即把现存的根据价格指数化的规则扩展到缴费型养老金。很可惜的是，为了中期内必要的目标而永久地牺牲了正确的名义账户制指数化规则，这种规则保证名义账户制是可持续的和公平的。

第三节　结　　论

本文通过对意大利和瑞典的名义账户制改革的比较分析发现，意大利的改革更具脆弱性。意大利类型的名义账户制主要的定义缺陷是拒绝把养老金指数化比率设置为内生的，该比率源于可持续回报率（尽管使用GDP增长率代替）和偏离率δ的差异，δ被指定为1.5%，该值被用来计算转换率的。因此，公平性和可持续性这一根本目标受到威胁。

本章讨论的很多缺陷和不一致性证明了存在糟糕的名义账户制类型，这种类型伴随意大利改革的通过阶段和随后的管理阶段。在瑞典，连续多年的激烈辩论激起了学者、政治家和工会的热情，也使得瑞典社会作为一个整体理解和同意新计划的经济、道德基础，并且使得瑞典议会能够通过一个一致和理性的改革，这正是意大利所缺乏的。同样的程序使得瑞典法

---

① 在2005年，更低的年龄限制是蓝领56岁、白领57岁。根据2004年的法案，从2008年开始，提前退休的最低年龄对所有的工人都是60岁。

律制定者能够进一步优化新制度。其中之一是平衡机制，这是一个纠正回报的统计精算方法，以确保名义账户制长期的财务平衡，这种制度不仅有效地克服了选择平均工资而不是总工资增长率作为指数化比率产生的问题，而且能够解决暂时不平衡导致的问题①。

在意大利，自1996年以来，没有一届政府努力巩固名义账户制改革，并且纠正由于1995年仓促通过法案产生的错误——这已成为很多学者抱怨的根源，不仅仅是本文作者②。由于名义账户制理论和概念的复杂性，应该任命一个专家委员会，以填平名义账户制理论基础和实施中无数细节之间的鸿沟。只有这样，才能赶上瑞典先前小心翼翼所做的关键的分析研究工作。

如果将来的政策制定者愿意为意大利提供一个公平和可持续的养老金计划，那么本文所做的研究可以作为将来改进工作的一个初步参考。

参考文献

Aaron，H. 1966. “The Social Insurance Paradox.” *Canadian Journal of Economics and Political Science*，32（3，August）：371-74.

Ackerby，S. 1992. *Pensionsfrågan*，bilaga 12［*The Pensions Issue*，supplement 12］till SOU 1992：12，Finansdepartementet，Stockholm.

Beltrametti，L.，and L. Bonatti. 1996. “Sulla Possibile Indeterminatezza della Dinamica dell’Aliquota di Equilibrio di un Sistema Pensionistico.”“［On the Possible Indeterminacy of the Dynamics of the Equilibrium Tax Rate in a Pension System］.” *Politica Economica* 12（2）：229-43.

Bosi，P. 1997. “Sul Controllo Dinamico di un Sistema Pensionistico a Ripartizione di Tipo Contributivo.”“［On the Dynamic Control of a Pay-as-You-Go Contributive Pension System］.” Mimeo presented at the IX Annual Meeting of the Italian Society of Public Economics. Published in *Per l’economia italiana*，*Scritti in onore di Nino Andreatta*，ed. C. D’Adda，211-46（2002）. Bologna：Il Mulino.

Boskin，M.，L. Kotlikoff，and J. Shoven. 1988. “Personal Security Accounts：A Proposal for Fundamental Social Security Reform.” In *Social Security and Private Pensions*，ed. S. Wachter，179-208. Lexington：Lexington Books.

① Gronchi and Nisticò（2004）讨论了这种情况。

② Giarda教授是经济部副部长，并且是这次改革的权威起草人，他写到“计划所有准备草案的人——无论来自政府还是来自工会——都必须掌握缴费型计划复杂的术语，并把它们转换成法律规范，这一切都必须在两个月内完成。DC型计划在Sandro Gronchi教授那里拥有很高的地位。他的助手——包括我——在1995年春天的几个月里并没有完全达到它的标准。”而且，“严格的时间限制导致起草过程中，关于待遇公式的几个关键参数设置不当。结果，在实践中，导致违反长期财务平衡和公平原则的条件。”（Giarda，1998，p. 275）。以同样的观点，Salvati教授，是意大利议会左翼阵营里最权威的经济学家，他对政府和工会实施改革的协议评论如下：“直到几年以前，缴费型计划还仅限于狭窄的学术圈子内的讨论；现在我们发现该制度已经作为一个计算标准，覆盖了所有的公共养老金计划”（Salvati，1995）。

Bröms, J. 1990. *Ur askan av ATP* [*Out of the Ashes of the Pension System*]. Stockholm: SACO.

Buchanan, J. 1968. "Social Insurance in a Growing Economy: A Proposal for Radical Reform." *National Tax Journal* 21 (4): 386-95.

Castellino, O. 1969. "Un Sistema di Pensioni per la Vecchiaia Commisurate ai Versamenti Contributivi Effettuati e alla Dinamica dei Redditi Medi da Lavoro." "[A System of Old Age Pensions to be Awarded in Proportion to Contributions and to the Average Wage Growth]." *Giornale degli Economisti e Annali di Economia* 28 (1-2): 1-23.

Chand, S. K., and A. Jaeger. 1996. "Aging Populations and Public Pension Schemes." Occasional Paper 147, International Monetary Fund, Washington, DC.

Chicon, M. 1999. "Notional Defined-Contribution Schemes: Old Wine in New Bottles?" *International Social Security Review* 52 (4): 87-105.

De Finetti, B. 1956. "Sviluppo della Popolazione e Sicurezza Sociale." "[Population Growth and Social Security]." *Atti del Convegno di Studi su I Problemi Attuariali e Statistici della Sicurezza Sociale*. Ordine Nazionale degli Attuari, Roma.

Disney, R. 1999. "Notional Accounts as a Pension Reform Strategy: An Evaluation." *Pension Reform Primer Series, Social Protection Discussion Paper* 9928. www1.worldbank.org/sp. *En Promoria av Pensionsarbetsgruppen*. 1992. [*A Propcsal of the Working Group on Pensions*]. Socialdepartementet. Ds 1992: 89. Stockholm: Norstedts.

Feldstein, M. 1976a. "Compensation in Tax Reform." *National Tax Journal* 29 (2): 123-30.

——. 1976b. "On the Theory of Tax Reform." *Journal of Public Economics* 6 (1-2): 77-104.

——. 1998. *Privatizing Social Security*. Chicago: University of Chicago Press.

Franco, D. 2002. "Italy: ANever-Ending Pension Reform." In *Social Security Pension Reform in Europe*, ed. M. Feldstein and H. Siebert, 211-61. Chicago: University of Chicago Press.

Giarda, P. 1998. "La Revisione del Sistema Pensionistico nel 1997: Come Avrebbe Potuto Essere." "[The 1997 Revision of the Pension System: How It Could Have Been]." *Economia Politica: Rivista di Teoria e Analisi* 15 (2): 267-94.

Giovannoni, F. 2000. "La Riforma Previdenziale. Analisi Economica del Mutamento Normativo dal Punto di Vista dell'Equità." "[Social Security Reform: An Economic Analysis of Legal Transition from the Viewpoint of Fairness]." *Studi e Note di Economia* 1: 145-68.

Graetz, M. 1985. "Retroactivity Revisited." *Harvard Law Review* 98 (8): 1820-41.

Gronchi, S. 1993. "I Rendimenti Impliciti della Previdenza Obbligatoria." "[Social Security Implicit Rates of Return]." Mimeo presented at the Wokshop on "La Riforma della

Previdenza Pubblica," Fondazione Cespe, serie azzurra: incontri istruttori, n. 13.

——. 1994a. "Sostenibilità ed Equità del Sistema Previdenziale Italiano." "[Fairness and Sustainability of the Italian Social Security]." In *Le pensioni difficili: la previdenza sociale in Italia tra crisi e riforma* ed. O. Castellino. Bologna: Il Mulino, 1995.

——. 1994b. "Nuove Regole per il Sistema Pensionistico in Italia." "[New Rules for the Italian Pension System]." *Parole chiave*, 6: 145-56.

——. 1995a. "Sostenibilità ed Equità del Sistema Pensionistico Italiano." "[Fairness and Sustainability of the Italian Pension System]." *Economia Politica: Rivista di Teoria e Analisi* 12 (1): 3-21.

——. 1995b. "I Rendimenti Impliciti della Previdenza Obbligatoria: un'Analisi delle Iniquità del Sistema." "[Social Security Implicit Rates of Return: an Analysis of System's Unfairness]." *Economia Italiana* 1: 41-93.

——. 1996. "Sostenibilità Finanziaria e Indicizzazione: un Commento alla Riforma del Sistema Pensionistico." *Economia Italiana* 1: 115-56.

——. 1997. "Un' Ipotesi di Correzione e Completamento della Riforma delle Pensioni del 1995." Ministero del Tesoro, Commissione Tecnica per la Spesa Pubblica, nota 10.

——. 1998. "La Sostenibilità delle Nuove Forme Previdenziali ovvero il Sistema Pensionistico tra Riforme Fatte e da Fare." "[Sustainability of the New Social Security: What Has Been Done and What More Has to Be Done]." *Economia Politica: Rivista di Teoria e Analisi* 15 (2): 295-316.

Gronchi, S., and S. Nistic . 2004. "Theoretical Foundations of Pay-As-You-Go Defined-Contribution Pension Schemes." Mimeo presented at the Conference *Economic Growth and Distribution: On the Nature and Causes of the Wealth of Nations*, Lucca, Italy.

ISTAT. 2002. *Conti Economici Nazionali Annuali [Annual National Economic Accounts]*. Roma: Istituto Nazionale di Statistica.

Italian Ministry of Treasury. 1994. "I Rendimenti Impliciti della Previdenza Obbligatoria." "[Implicit Returns within Social Security]." *Conti Pubblici e Congiuntura Economica*, n. 2/94.

Kaplow, L. 1986. "An Economic Analysis of Legal Transitions." *Harvard Law Review* 99 (3): 509-617.

Kruse, A. 2002. "Notional Defined-Contribution Pension System. The Effects of the Swedish Design on Efficiency and Distribution." Paper presented at the 53rd International Atlantic Economic Conference, March 12-17, Paris, France.

Modigliani, F., M. Ceprini, and A. Muralidhar. 1999. "A Solution to the Social Security Crisis From an MIT Team." Sloane Working Paper 4051, Massachusetts Institute of Technology, Cambridge, MA.

Nardini, F. 2001. "Should All Promises Be Kept? Pension Reform and Accrued

Rights." Mimeo presented at the 5th International Congress on Insurance: Mathematics & Economics, State College PE, July 23-25.

Niccoli, A. 1992. "Un Approccio di Equilibrio Finanziario di Lungo Periodo ai Problemi di un Sistema Pensionistico a Ripartizione [Long-Term Financial Stability of a Pay-As-You-Go Pension System]." *Moneta e Credito* 45 (177): 23-47.

——. 1994. "Sistema Pensionistico Italiano, Sistema Finanziario e Capitalizzazione Senza Riserve." "[The Italian Pension System, The Financial System and Notional Funding]." In *Le Pensioni Difficili: la Previdenza Sociale in Italia tra Crisi e Riforma*, ed O. Castellino. Bologna: Il Mulino, 1995.

Olsson, H., and G. Schubert. 1991. *Det framtida pensionssystemet [The Future Pension System]*, ESO, Ds 1991: 27, Stockholm.

Orszag, P., and J. Stiglitz. 2001. "Rethinking Pension Reform: Ten Myths about Social Security Systems." In *New Ideas about Old Age Security*, ed. R. Holzmann and J. Stiglitz, 17-56. Washington, DC: World Bank.

Palmer, E. 2000. "The Swedish Pension Reform Model: Framework and Issues." Social Protection Discussion Paper 0012. www1. worldbank. org/sp.

——. 2002. "Swedish Pension Reform: How Did It Evolve and What Does It Mean for the Future?" In *Social Security Pension Reform in Europe*, ed. M. Feldstein and H. Siebert, 171-210. Chicago: University of Chicago Press.

Palmer, E., and K. G. Sherman. 1993. *En ny socialförsäkrin [A New Social Insurance]*. Stockholm: National Social Insurance Board, RFV.

Persson, M. 1991. "Vadärdet förfel påATP-systemet?" "[What Is Wrong with the Pension System?]" *Ekonomisk Debatt* 19 (3): 205-18, Stockholm.

Premium Pension Authority. 2001. "Information and News on Your Premium Pension." *PPM Nyheter*, 3.

Reformerat pensionssystem: Bakgrund, principer och skiss. 1992. [*The Pension Reform: Background. Principles and Draft*] Sweden's Official Publications 1992, Stockholm: Norstedts.

Reformerat pensionssystem: Betänkande av pensionsarbetsgruppen. 1994. [*The Pension Reform: Proposal of the Working Group on Pensions*] Sweden's Official Publications 1994 n. 20, Stockholm: Norstedts.

Reformerat pensionssystem: Kostnader och individeffekter. 1994. [*The Pension Reform: The Financial Consequences for Individuals*] Sweden's Official Publications 1994 n. 21, Stockholm: Norstedts.

Salvati, M. 1995. "Sotto l'euforia i dubbi." "[The Fear Behind Euphoria]." *Corriere della sera*, May 10.

Samuelson, P. 1958. "An Exact Consumption Loan Model of Interest with or without the Social Contrivance of Money." *Journal of Political Economy* 68 (6): 467-82.

Settergren, O. 2001a. "The Automatic Balance Mechanism of the Swedish Pension System: ANon—Technical Introduction." *Wirtschaftspolitische Blätter*, n. 4: 239-49.

——. 2001b. "Two Thousand Five Hundred Words on the Swedish Pension Reform." Stockholm: The National Social Insurance Board, RFV.

——, ed. 2002. *The Swedish Pension System. Annual Report* 2001. Stockholm: The National Social Insurance Board, RFV.

——. 2003. "Financial and Inter-generational Balance? An Introduction to how the Swedish Pension System Manages Conflicting Ambitions." *Scandinavian Insurance Quarterly* (2): 99-114.

Valdés—Prieto, S. 2000. "The Financial Stability of Notional Account Pensions." *The Scandinavian Journal of Economics* 102 (3): 395-417.

World Bank. 1994. *Averting the Old Age Crisis: Policies to Protect the Old and Promote Growth*. New York: Oxford University Press.

第四部分

可能实施名义账户制改革的国家

第二十章　对奥地利引入名义账户制改革的考查

伯哈德·菲德勒，瑞哈德·科曼，郁瑞茨·舒尔*

奥地利同其他 OECD 成员国一样，其公共养老金制度也面临着长期财政稳定性的挑战。近几年来，在政治和公共辩论中，奥地利养老金体制改革已经成为热门话题。尽管过去的十年中，奥地利政府已经对养老金体制进行了具有深远意义的修改，但是深入全面和令人信服的改革还没有实施。本文通过比较 2000—2050 年间现收现付制公共养老金的支出、缴费和替代率等不同情况，阐明该体制长期内的财政稳定性问题。另外，作者也描述了在多支柱体系中引入名义账户制产生的影响。

本文的结构安排如下：在第一节，作者描述了 2003/2004 年养老金改革之前奥地利的养老金制度，提供一些需要改革的证据和指标，并且总结一下奥地利最近关于养老金改革的辩论。第二节，描述了引入名义账户的多支柱改革的效应。作者对奥地利公共养老金制度进行了预测，并且使用世界银行“养老金改革选择模拟工具箱”（PROST）模拟奥地利的养老金改革。作者解释了在不同的情况下所要求的投入和采取的假设，并且给出了模拟结果。在不同的假设条件下（劳动力情景），引进名义账户的多支柱体制的模拟结果和当前单一支柱的结果相冲突。最后一节给出结论。

第一节　奥地利的退休收入制度和养老金改革

奥地利现收现付制的公共养老金制度由多种养老金计划组成，包括雇员、农民、商业贸易和工业领域的自雇者，以及自由职业者等专业团体的养老金计划。公务员有他们自己的养老金计划，该计划由他们的缴费和政府共同筹资。

一、改革前的奥地利养老金制度

对绝大部分工人而言，奥地利公共养老金制度是强制性的，除了小部分的自雇群体和那些收入极低的人群。因此，公共养老金制度的覆盖率极高，大约是劳动人口的 90%。另外，

* 伯哈德·菲德勒（Bernhard Felderer）是德国科隆大学的经济学教授，同时也是维也纳高级研究所的主任，其电子邮箱是 felderer@ihs. ac. at。瑞哈德·科曼（Reinhard Koman）是经济学博士，当前是维也纳高级研究所的经济学家，其电子邮箱是 koman@ihs. ac. at。郁瑞茨·舒尔（Ulrich Schuh）是维亚纳高级研究所经济金融部的主任，其电子邮箱是 schuh@ihs. ac. at。

公共养老金制度还提供伤残和遗属待遇①。

奥地利养老金制度的资金来源有三部分，一是参保者的缴费，二是具有补充性质的其他制度的转移支付（例如，失业保险和家庭负担均等化基金），三是联邦政府给予用来弥补收支缺口的补贴。雇员的养老金缴费是应计工资的22.8%，应计工资是低于收入上限的部分，其中雇员支付10.25%，雇主支付12.55%。自从1956年以来，缴费率已经上升了1倍，当时是10%。商业、贸易和工业中的自雇者的缴费率是15%，农民是14.5%。当公共养老金制度扩展到农民和其他自雇工人时，缴费率固定在雇员的缴费率上，政府承担了“虚拟雇主”的角色。其他自由职业者等专业团体的缴费率是20%。

法定退休年龄妇女是60岁，男性是65岁。如果缴费记录达到15年，那么退休者就拥有养老金权益。在1992年，政府决定逐步提高妇女退休年龄以和男性退休年龄一致。该项改革将从2024年开始实施，并最终在2033年完成。在此5年之前，即2019—2028年，对提前退休的年龄限制将逐步协调起来。由于长期以来养老金保险覆盖率较高，近几年对提前退休年龄的限制已经从妇女的55岁提高到了60岁，男性的从56.5岁提高到了61.5岁。

当前养老金评估基数是缴费期间15年最高工资的平均值。每年的收入根据一系列评估因子进行重新评估。实际的养老金待遇水平是在评估基数的基础上根据替代率计算的，而替代率又取决于计入养老金体制的缴费增量。在法定年龄退休时的最大替代率是评估基数的80%，这只有在连续缴费40年才能获得。并且还存在对推迟退休奖励、对提前退休惩罚的制度。提前退休的扣除比例是每年3%，扣除比例的上限分别是10.5%（男性）和15%（女性）。每年奖励比例是评估基数的4%。但是，这一奖励比例受到退休时最高替代率的限制，80%加上每年2%的奖励，90%是上限。

奥地利公共养老金制度没有最低退休金计划。但是，该制度包含了一个家计调查计划，以补助低收入工人，即对那些领取养老金并且低于最低收入水平的退休者，给予一个等额的补助。家计调查计划考虑到家庭收入。对于单身退休者而言，最低收入水平标准是参保者工作期间中等净收入的一半。

每年对现存养老金待遇的调整是基于以下原则：在同时扣除养老金缴费后，平均净养老金待遇增长率应该等于平均净工资增长率。此规则确保养老金缴费的增加不仅增加了工资收入的负担，同时也减少了净养老金待遇。这个调整公式也考虑到了养老金结构的变化，对于一直留在养老金计划中的工人而言，其养老金相对较高，而对于离开养老金计划的工人而言，其待遇相对较低，这导致平均养老金的“自动”增加，因此每年的调整因子加上结构效应，该数值大概是1.5%。所以，1.5%加上平均净养老金待遇增长率等于平均净工资增长率。这条养老金待遇增加的指数化规则阻止了养老金支出的增长。对于总体养老金支出而言，减少新退休者的养老金待遇不会减少总支出，因为新退休者平均养老金的任何减少，都会自动变为现存养老金领取者待遇的增加。

---

① 对奥地利养老金待遇的条款和战后的改革，可参见Hofmeister（1981），Hörndler和Wörister（1998），Koch和Thimann（1999），Wöss（2000），Hofer和Koman（2001），Part和Stefanits（2001），Holzmann、Heitzmann（2002）和Buczolich等（2003）。

除了提供养老金待遇，奥地利公共养老金制度还提供遗属待遇和伤残待遇。当保险缴费积累到一定年数时，如果工人出现伤残就可以申请领取伤残待遇。该制度要求参加保险的年数取决于申请人的年龄。如果缴费已经积累了15年，伤残者在任何情况下都有权领取伤残待遇。而伤残的定义依赖于工作类型。如果伤残是工作中发生的事故引起的或者是职业病，则没有参保年数限制。当遗属没有其他收入，仅仅依靠养老金时，遗属养老金是已故配偶（实际或者假设的）养老金的60%。在其他条件相同的情况下，该比例依赖于工作期间配偶之间的收入差距，最低的比例是40%，而最近的改革把该比例降到了0。如果已故父母为伤残待遇计划积累了足够的缴费年限，孤儿在18岁之前都可以领取抚恤金。当孤儿在接受义务教育、上大学、接受职业培训或者不能胜任工作时，年龄限制可以延展。

在奥地利，用于各种养老金的公共支出比例相对较高。在2000年，公共养老金支出约占GDP的14.5%，这是所有OECD国家中比例最高的。这主要是因为奥地利养老金制度中不存在积累支柱。与其他西方国家相比，非公共的社会保障机构发挥的作用不大，积累计划在数量上不显著①。

二、改革的需要

和其他所有的现收现付制一样，奥地利公共养老金制度受到人口趋势的强烈影响。数十年来，奥地利养老金制度都在凭借缴费人口与退休人口之间有利的关系保持财政平衡。但自从20世纪80年代中期以来，养老金制度财政不平衡的趋势就变得十分明显了，这导致了随后的改革尝试。

奥地利统计局对2000—2050年的人口趋势作了预测，预测结果非常不乐观②，本文下面还会用到这些数据。预测期间主要的变化是妇女生育率从1.34上升到1.5，并且该比率将会保持不变。预测期内，预期寿命将增加6年，男女分别为82岁和87岁。净移民人口将保持最佳的趋势，从当前的17 000人增加到2050年的24 000人。

上面的预测意味着总人口在2030年以前都在增加，然后开始下降。据预测，到2050年，总人口将增加100 000人，达到810万人。根据预测，在2000年到2050年间，奥地利的人口结构将经历巨大的转变。在2000年，年龄小于15岁的人口比例是总人口的16.7%。年龄超过60岁的人口占总人口的20.7%。到了2050年，青年人口比重将下降为13.2%，而60岁以上的老年人口比重将上升到35%。在2000年，60岁及其以上人口占15岁到60岁之间人口的比例是33%，到了2050年该比例上升到67%。同期平均年龄将从39.6岁上升到47.1岁。

人口趋势的改变意味着奥地利养老金制度财政稳定性的恶化。为了持续地监督养老保险制度的运行状况，已经成立了一个专门委员会——养老金长期可持续性委员会（以下简称“养老金委员会”），其任务是每三年评估一次养老保险制度长期的状况。该委员会的第一个报告发表于2002年。

该委员会分别给出了不同人口发展（使用了上面提到的奥地利统计局给出的预测数据）、

① 见Holzmann (2006)。

② 见Hanika (2001)。

劳动参与率和生产率条件下的不同情况。所有的情况都是根据2002年实施的法律做出的预测。

除了人口的发展趋势外，劳动力参与率也是决定养老金制度财政稳定性的主要因素。由于这个原因，年龄在55～65岁人群的劳动力参与率是非常重要的。这个年龄组的劳动力参与率较高，意味着缴费的增加和支出的减少，因为推迟退休的缘故。

在预测中，该委员会使用了三种不同的劳动力参与率。在2000年，劳动力参与率的参考值是67%。所有的情景都假设，在奥地利统计局公布的人口数据的基础上，劳动力参与率将会增加。劳动力参与率的增加主要是因为妇女和55岁以上人口劳动力参与率的提高。在2050年，预测劳动力参与率上升到72%（低情景）、76%（中情景）和84%（高情景）。55岁到65岁人口参与率从2000年的26%分别对应上升到2050年43%、53%和74%。

在2000年，私人部门养老金计划总支出占GDP的比重是10.5%[①]。在上述三个情景中，该比例都在稳定地增加，不过2015年之前该比例较低，随后该比例在2015—2040年将会加速，此后该比例又会稍微下降。在上述提到的人口趋势下，2050年总支出占GDP的比重分别是15.6%（低劳动力参与率的情景）、13.4%（中情景）和11.5%（高情景）。

隐性缴费率的数据也揭示了养老金制度的财政负担。隐性缴费率是指完全通过缴费为养老金融资、而不需要政府额外的转移支付下的缴费率。到目前为止，隐性缴费率是31.3%。根据养老金长期可持续性委员会的预测，该比例的最大值是44.4%（低情景），其次分别是40.7%（中情景）和36.7%（高情景）。

根据代际账户的计算，一些学者（Keuschnigg等，2000a，b，2002；Koman等，2000；Koman，Keuschnigg和Lüth，2002）提供了证据表明最近财政、养老金制度改革的代际之间的影响，及其长期财政可持续性影响。上述学者计算了2000年一般私人养老金计划的精算债务[②]，结果表明预期养老金支出（包括家计调查的均等化补助）大于养老金缴费的现值。

根据2000年的法律规定，一般私人养老金计划的隐性债务大约是GDP的200%。在上述学者的分析中，也给出了解决养老金债务的方法。如果把所有的债务都合并在一起的话，养老金制度可持续性缺口仍然很惊人，如果仅仅通过缴费为养老金筹资的话，并且仅向将来的一代人收费的话，也就是出生于1995年以后的组群，缴费将是原来的三倍多，增加了217.6%。即使把缴费扩展到所有的组群（现在和将来的一代），缴费率也要增加70%。另一方面，如果使用减少支出的方法，那么这意味着需要立刻减少40%的养老金支出。在这种背景下，需要指出的是，养老金可持续性缺口的很大一部分是由于那些非缴费权益产生的，特别是参保期间没有缴费，诸如失业、疾病、妇女产假和服兵役，这都增加了养老金支出。

上面的描述表明了奥地利养老金制度中存在巨大的财政不稳定性。这不仅仅是人口趋势

① 在本文中，作者提到的是一般私人部门的养老金计划，包括雇员、自雇者和农民的养老金计划。本文并不包括现存的公务员养老金计划和一些特殊的养老金计划，诸如公证员养老金计划。

② 见Holzmann，Palacios和Zviniene（2004）等人另一种计算养老金计划隐性债务的方法。

引起的，还包括较低的劳动力参与率和提前退休。提前退休是奥地利养老金制度中的一个显著特征，提前退休产生的养老金占总养老金支出的一个很大比例。为了消除财政负债、保持长期的偿付能力，不可避免地要大幅度提高劳动力参与率、提高有效退休年龄。一个关键的问题是，在多大程度上进行提高，当前非常低的劳动力参与率是当前公共养老金制度造成的。

根据格鲁伯和维兹（Gruber and Wise，1999）的研究方法，他们（2001）研究了奥地利社会保障制度和退休行为之间的互动关系，作者进行了一系列模拟，目的是评估养老金制度产生的退休激励效应。在情况相似的发达国家中，奥地利老年人的劳动力参与率是最低的，该比率在第二次世界大战后急剧下降，而且70年代后还在加速，特别是在55岁以上的人口中。在60～65岁之间，只有10%的人口还留在劳动力市场上。

在某种程度上，老年人劳动力参与率的急剧下降必须归因于奥地利养老金制度的负激励。在仔细研究后得出结论，奥地利养老金制度对提前退休产生很显著的激励作用。霍夫和科曼通过计算该制度下继续工作工人的社会保障财富和隐性税率，量化养老金制度的负激励。在提前退休年龄后继续工作的税收非常高，隐性税收对额外工作特别高。对于那些有权获得伤残待遇或者均等化补助的退休者而言，即使在提前退休年龄之间，隐性税收也非常高。

图20.1总结了奥地利和其他11个国家劳动力参与率和退休激励之间的关系，给出的是未使用劳动能力和税收鼓励退休之间的散点图。未使用劳动能力的定义为：55～65岁之间不工作男性占该年龄段总人口的非加权平均比例，税收鼓励退休衡量的是一个国家对提前退休的激励大小，其计算方法是达到最低提前退休年龄后继续工作的隐性税率之和①。该值在10（意大利、比利时）到1.5（美国、日本）之间。在奥地利该值是5.88，接近样本中最高的一组。正如格鲁伯和维兹指出的，劳动力市场和退休行为之间的国际比较表明，继续工作的税收和劳动力参与率之间存在很强的相关性。图中的实线是未使用劳动能力和税收激励（取对数）之间的回归曲线。大约80%的未使用劳动能力的差异可以由税收鼓励退休来解释。奥地利的未使用劳动能力在样本国家中是第二高的，该值为65%（根据1997/1998微观普查数据），这仅仅比比利时的67%略低。

三、奥地利的养老金改革：最近的改革、当前的争论和改革的前景

正如上面提到的，自从20世纪80年代中期以来，奥地利改革养老金制度的目标是实现财政可持续性。但是，正如上面提到的，养老金制度中的根本问题还没有得到解决。

在2000年，奥地利新一届政府强调在其工作计划中实施养老金制度改革。并且为此成立了一个养老金改革委员会，其任务是讨论奥地利养老金制度的长期状况。养老金改革委员会就奥地利养老金改革的方向发起了热烈的讨论，并且提交了一些建议。

改革进程中的重要一步是最近通过了2003/2004养老金改革法案，该法案受到养老金改革委员会讨论的极大影响。

根据一些学者（Holzmann和Heitzmann，2002）的建议，养老金制度改革可以分为两

① 在奥地利，由于伤残，其退休年龄是55岁，这是很常见的变相退休形式。

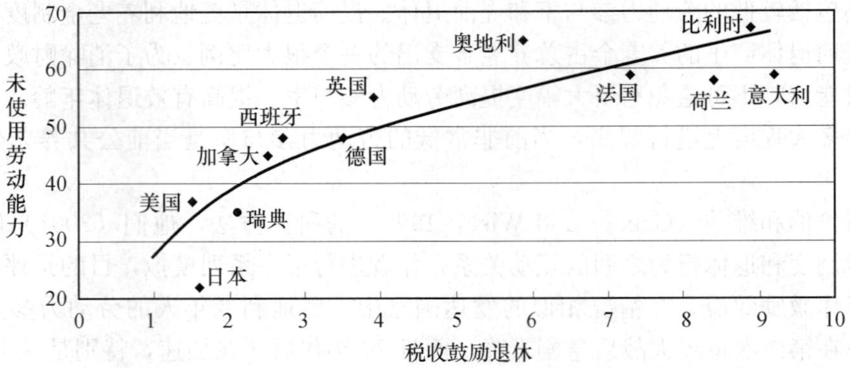

图 20.1　未使用劳动能力与税收鼓励退休

资料来源：Gruber and Wise（1999），Hofer and Koman（2001）。

类，其中之一是参数式改革，即在当前现收现付制下调整制度参数（诸如缴费率、退休年龄和替代率）。奥地利历史上和最近的这次改革都是属于这一类参数式改革。2000 年的养老金改革把退休年龄提高了 1.5 岁，男女分别提高到了 61.5 岁和 56.5 岁。同时，增加了对提前/推迟退休的惩罚/鼓励。并且，奥地利废除了因劳动能力下降导致的提前退休。2003 年提出的改革方案将在 2004 年开始生效，在 2017 年之间逐步废除提前退休计划。但是对于一些蓝领工人，这次改革中给予了一些豁免，不过要取决于年龄。决定替代率的缴费率，每年的增加在 2009 年开始由 2%下降为 1.78%。这意味着只有缴费 45 年之后才能获得最大替代率：80%。在 2028 年，评估基数中使用的 15 年最高工资将逐步提高到 40 年最高工资。为了缓冲改革引起的影响，2003 年的立法规定每年养老金最高的减少比例不能超过 10%。

奥地利很多的养老金专家仍然提倡这种参数式改革。支持这种观点的学者认为决定养老金制度财政可持续性的因素在养老金制度之外。因此，为了保证该制度的长期偿付能力，应该更加关注经济增长和劳动力市场的绩效。

持有这类观点的专家并不认为养老金制度本身的改革是不必要的。绝大部分的专家都认为应该整合不同职业组群的养老金待遇而不是分散化，否则不仅违背代际公平的原则，而且还阻碍了劳动力市场的弹性。在发展一个统一的、透明的养老金制度方面，很多专家也取得了共识，因为当前为养老金融资的制度太复杂，缺乏系统性。这主要是针对当前虚拟养老金保险制度（诸如儿童福利、失业、疾病和兵役）。最后，奥地利大部分养老金专家都认为应该把评估基数扩展到整个职业生涯，而不仅仅是最高工资的几年。

但是，参数式改革并不能确保养老金制度长期财政稳定性。当政治家选择现收现付制的参数以确保长期财政稳定性时，就会产生时间不一致性问题①。根据这种观点，采取综合性改革，制定清晰透明的规则更令人信服。尽管大部分根本性改革所要达到的效果都可以通过参数式改革实现，但是根本性改革的优点是：政治家能够使公众确信改革是必要的、公平的。根本性改革日益受到奥地利养老金专家的青睐（特别是 Prinz 和 Marin，1999；Holz-

① 见 Holzmann（2000a）。

mann，2000b；Gauss 等，2000），该方案的支持者还包括高级研究所的专家（Buczolich 等，2001）。他们建议的共同点是引入名义账户制（NDC），该项改革已经在很多国家实施了①。所有的专家都认为奥地利直接转向完全积累制是不现实的，因为这要求立刻支付当前现收现付制下积累的债务。因此，专家建议引入个人账户以重组现收现付制。在新制度下，个人缴费被记录在养老金制度中，并且养老金待遇根据整个工作期间积累的缴费进行计算。这种方法意味着整合当前分散的、根据不同职业建立的养老金计划。这种建议的核心思想是，通过引入个人账户，使工人确信，当他们向养老金制度缴费后，他们就可以获得切实的养老金权益。

这类综合性改革方法根本目标是建立一个长效机制，使得养老金制度能够应对外部条件的改变，诸如出生率、死亡率、生产率和失业率等因素的变化。个人账户使得个人明确知道其养老金待遇的来源和多少。这类改革一个最吸引人之处是，能够解决实际退休年龄较低产生的问题：根据其待遇水平（这严格依赖于缴费），个人可以选择自己的最优退休年龄。因此，劳动力市场上的任何负效应都可以避免了。新制度的财政稳定性可以通过引入缴费基数增长率来实现，该比率和有效的内部收益率相关。建立缓冲基金以平滑预期出生率的长期变化。

另一个问题是在奥地利养老金制度中发展积累支柱。正如上面提到的，奥地利几乎不存在积累制的养老金计划。在 2002 年 6 月，奥地利议会采纳了政府关于改革奥地利解雇费的（severance pay system）议案。改革的目标是提高解雇费计划的效率。除了其他目的以外，奥地利政府希望新的解雇费计划为奥地利不发达的第二支柱的发展奠定基础。但是，向该计划的缴费只是总工资的 1.53%，并且缴费可以在退休之前支取②。

另一派学者③建议，通过采用内部利息率，把旧制度中的待遇水平换算到新的养老金账户中，这样能够更新当前替代率。但是，这种 DB 型养老金账户制度不能解决财政平衡问题。

这类综合性改革的一个重要问题是转型的时间长短。大部分专家都倾向于缓慢、平稳地过渡到新制度中去。但是，高级研究所的专家建议迅速转到新制度中，而避免任何转型期。较长的转型期使得这个养老金制度变得更加不透明，容易导致人们失去对该制度的信任。

在 2004 年，奥地利政府最终决定在 2005 年 1 月引入一个 DB 型统一的养老金制度。新制度将 2003 年对私人部门员工的改革扩展到所有其他的行业计划，包括公务员计划。新的养老金法律适用于所有小于等于 50 岁的人口。

第二节　引入名义账户的多支柱改革模型

在本节的内容中，将预测奥地利养老金制度从现在到 2050 年之间的情况，并且使用世

① 例如，见 Palmer（2000）对瑞典名义账户制的描述。

② 见 Koman，Schuh 和 Weber（forthcoming）。

③ 见 Pagler，Stefanits 和 Wirth（2001）。

界银行的养老金改革选项模拟工具箱（PROST，以下简称“模拟工具箱”），模拟奥地利引入名义账户的多支柱养老金改革。

奥地利统计局给出的数据表明了奥地利当前最主要的人口趋势。作者考虑了五种不同劳动力参与率的情景，一个是当前的劳动力参与率，另一个是2000年立法改革下的劳动力参与率，这考虑到2000年的立法，同时还包括在2019年和2033年将要实施的法律，包括提高妇女提前退休的年龄，直到和男性的相同。另外三个情景是养老金长期可持续性委员会设定的低、中、高三种劳动力参与率（参见上面的相关内容）①。

这里主要的工作是把这五种劳动力参率情景和四种政策情景相联系，即一个情景是当前养老金制度保持不变，其余三种情景是改革。最初的改革措施是从当前的现收现付制（原文误为NDC——译者注）转变成统一的名义账户制，在2005年开始实施，包括把所有的活跃工人完全转移到新制度中，统一缴费率，完全承认增加的权益并且完全保护已经存在的养老金权益。作者比较两者制度下新的替代率和财务流量——缴费、支出和现金平衡。当转向DC计划意味着减少现收现付制下的内部回报率以达到可持续的水平，进而减少替代率（在给定的退休年龄）。作者也考察了强制的、完全积累的第二支柱对总替代率的影响，并且评估了两者不同的政策情景：积累支柱的缴费率分别为5%和10%。

公务员的养老金计划（没有足够的数据）并没有被包括在模拟中。作者假设当前公务员队伍的大小，根据性别、年龄计算的占总人口的比例保持在当前的水平不变。劳动力扩张的就业效应只影响私人部门。

本节下面的结构和内容安排如下，在第1小节介绍决定养老金制度人口结构的投入数据，包括缴费者的年龄、性别信息、待遇、退休时的服务年限等。这部分将介绍这些数据是如何产生的，并且检查它们的一致性。第2、3、4小节简单介绍一下基本的宏观经济趋势，养老金改革选择模拟工具箱（PROST）对待遇的计算，及其非养老金支出趋势。第5小节处理多支柱改革的详细设置，第6小节给出模拟的结果。关于模拟的细节放在了附录里。

一、缴费、待遇和服务年限

劳动力情景决定了缴费者的年龄和性别数值。名义账户记录在某一年所有的养老金权益。并不是所有的人实际上都被雇用并且向养老金计划中缴费。正如上面提到的，一些人失业期间可以免于缴费并且可以获得缴费记录，特别是当领取失业金、疾病补助、孕妇补助时或者服兵役或者从事其他公共服务等。为了获得有效率的缴费者，即那些实际向养老金制度缴费的人，养老金改革选项模拟工具箱（PROST）需要输入年龄/性别豁免率。在整个模拟期（直到2050年）作者使用2000年的年龄/性别豁免率。

缴费者的数据必须和养老金领取者和伤残工人的年龄/性别数据相一致，也就是和同一组群，并且退休时服务年限相同的实际退休工人的人数相一致。在计算养老金待遇时，“模拟工具箱”（PROST）使用服务年限的数据。同时，“模拟工具箱”（PROST）调整养老金领取者的人数以保证应计的（accrued）服务年限等于同一组群退休时宣称的服务年限。为了避免调整退休人数而使得和假设的情景不一致，服务年限的数据分别来自每一组群的缴费

① 作者并没有考虑2003/2004年度的改革措施，包括在2004年和2017年间废除提前退休。

者和退休者。细节可以参见本文的附录。

模拟的起点和参照组是当前的情景，其中一定年龄/性别特征的名义缴费者占总人口中的比例保持在2000年的水平上不变。模拟期间，养老金领取者和残疾人的流量取决于年龄/性别占总人口中的比例，这些数值可以在模拟开始观测到。这些数值的流量可以根据如下的方式进行修改，在整个模拟期内，养老金领取者和残疾人的存量作为年龄/性别特征人口的一个比例，会出现一个高峰，这个高峰和名义缴费者的高峰相一致。最后，退休时平均服务年限的年龄/性别特征可以从缴费者和退休者的数据中获得。2000年根据年龄/性别统计的服务年限的输入数据是随机抽样获得，这是由奥地利社会事务和代际部提供的（Austrian ministry of social affairs and generations）。

在2000年改革的情景中，需要考虑在2000—2003年间提前退休年龄男性和妇女都提高了1.5岁，分别到达61.5岁和56.5岁；并且在2019—2033年间，妇女的法定退休年龄和提前退休年龄将提高到与男性的相同（分别是65岁和61.5岁）。在参照组中，那些已经退休的人口在新制度下就不可以退休了，但仍然可以领取伤残待遇。作者使用养老金登记的数据，正如2000年改革和统一退休年龄所关注的，其中男性人口占10%，妇女占30%。在统一过程中，这使得具体年龄人口在伤残人口的比例中发生了趋同。剩余没有退休的人口并没有完全进入劳动力市场，并且成为名义的缴费者，很多达到提前退休年龄的退休者，并没有因为仅仅提高了提前退休年龄限制就进入了劳动力市场。最后，退休时平均服务年限的年龄/性别特征是从缴费者和退休者数据中分别获得的。

在剩下的三个情景中——“养老金委员会”设定的劳动力参与率的低、中、高三种情况——劳动力的增加被转换成额外的名义缴费者。但是，作者考虑到缴费者的增加并不必然一一对应地转化成养老金领取者的减少，因为其中的一些人可能离开了劳动力市场。而且，女性劳动力参与率的大幅增加可能导致获得养老金权益的女性增加，因为在参照组中，她们可能不满足最低缴费要求，因此无资格获得养老金权益。最后，退休时平均服务年限的年龄/性别特征是从缴费者和退休者数据中分别获得的。

领取遗属和孤儿待遇的人口并没有包含在“养老金委员会”的长期报告中。因为他们不依赖于劳动力参与率的高低。

二、宏观经济趋势

每年的劳动生产率设定为1.8%，这是近几年的平均值。实际工资增长和劳动生产率增长相关，这意味着工资收入占GDP的比重保持在模拟初始的水平，并且GDP增长等于总工资的增长。作者设定当前的年龄和收入特征、男女收入差距特征保持不变。最后，作者设定根据年龄/性别特征的失业率在2000—2050年之间保持不变。实际利率设定为3%，长期通胀率预测为1.7%。

三、养老金待遇

养老金改革选择模拟工具箱（PROST）为输入遗属平均待遇和孤儿平均待遇的替代率提供了机会，这两个值被定义为遗属平均待遇、孤儿平均待遇与领取者平均收入的比例，分别在基年、末年和中间的任意一年计算。作者也考虑到2000年的养老金改革。在奥地利，遗属待遇取决于配偶的相对终生收入。在2000年之前，遗属待遇取决于配偶双方工作时的收入差距，大约是已故配偶养老金权益（实际或者假设的）的40％～60％。2000年的改革取消了40％的最低控制。如果遗属的评估基数是已故配偶的2.5倍及其以上，遗属养老金为0。由于改革，作者考虑到了2001年以后的遗属待遇平均替代率的下降。另外，由于妇女参与劳动力市场的比率提高了，这使得她们获得更高的养老金待遇，因此会减少她们与配偶之间的收入差距。因此，作者根据妇女自身养老金权益的增加来调整遗属待遇的平均替代率。

对于新制度下养老金领取者和残疾人而言，替代率是基年、末年和其中任一年中养老金、伤残待遇与平均收入的比率，该比率可以根据不同的年龄/性别特征而具体设定。新制度下，2000年养老金待遇和伤残待遇的数据可以通过奥地利社会事务和代际部获得。作者使用这些数据模拟伤残待遇，并且考虑到伤残待遇的平均替代率也由那些在参照组里领取养老金的人决定，但是这些人领取伤残待遇是另一个情景。

对于养老金而言，养老金改革选择模拟工具箱（PROST）提高的待遇公式可以自动计算每年的养老金待遇，只需要输入如下数据：必需的服务年限、退休时的服务年限、增加的替代率、最大的替代率、提前退休时的精算扣除、评估期包括评估基数的收入指数化规则和最低待遇[①]。最后，奥地利养老金制度的指数化规则必须通过迭代法模拟。

四、其他支出

其他非养老金支出被假定为随GDP线形增长，也就是其他基金支出占GDP的比重不变，和模拟初期的观测值一样，是0.9％。

五、多支柱改革的设置

模拟时，多支柱改革的设置要求包含关于名义账户制和完全积累支柱的重要假设。正如上面提到的，所有的缴费者，没有任何豁免的，在2005年开始被转移到新制度中。已经支付的养老金受到百分之百的保护，对于已经缴费但还没有退休者而言，其积累的养老金权益完全得到承认，并且转移到一个名义初始资本中。在改革那一年进入养老金制度的工人获得一个旧制度下承诺的替代率，仍然在职的缴费者积累的权益是旧制度下承诺的养老金待遇的一个比例，这取决于在旧制度下工作的年数。现收现付制的缴费率统一在当前蓝领—白领工人的缴费水平上，即总工资的22.8％，如果考虑到雇主支付的部分（12.55％），那么工人统一的缴费率是10.25％（原文误为20.25％——译者注）。另外，作者引入了一个缴费者比率，是养老金支付的2.3％[②]。作为名义利率，作者选择了总工资增长率，该比率把缴费者的数量变化整合进来，非常接近缴费的改变。为了年金化，作者选择了单一性别死亡率表。养老金待遇（也包括来自旧制度的养老金）根据通胀率指数化，并且通胀率也是年金利率，

① 尽管世界银行的评估工具是通用性的工具，其公式并不一定非常完美地适用于具体国家的待遇公式，但是对作者而言，即使出于技术方面的考虑，该工具也是非常好的选择。单独计算养老金待遇（诸如残疾人养老金替代率），并且把结果添加到PROST养老金输入表中，这将吸收输入表中原本就很小的额外空间，并且要求提供一个关于养老金领取者不是很完全的数据库，这使得程序线性地填补空缺的数值。但是，这种方法会产生扭曲效应，该效应过度补偿了非常恰当的待遇公式的收益。

② 在改革还没有触动养老金待遇支付和权益的情况下，引入缴费者比率是出于代际公平的考虑。另一个解释是出于统一的考虑，因为退休公务员已经将他们退休金的2.3％缴纳了。

也就是对退休后结余所支付的利率被设定为指数化比率。改革减少/增加残疾人、遗属和孤儿的现收现付制待遇的比例和养老金待遇的减少/增加的一样。最后，在 NDB 模拟中，非养老金支出增长和 GDP 增长保持线性关系。

积累支柱长期的名义回报率是 4.75％（根据预测的利率和通胀率），这是相当温和的假设。未来年金化，作者再次使用单一性别死亡率表，并且年金根据通胀率指数化。

六、结果

表 20.1 到表 20.5 给出了主要的模拟结果。在当前劳动力情境中，预测的缴费者和待遇领取者的数量反映了老龄化过程中对人口结构的关键影响。在模拟的开始，大约有 49.1％的男性和 39％的女性是名义缴费者。在当前劳动力参与率的情景中，人口老龄化使得缴费人口的比率分别下降为 40.5％和 31.9％。在另一方面，养老金领取者上升非常大，男性从 17.2％上升到 30％，女性从 18.0％上升到 31％。遗属待遇上升得不显著，孤儿待遇将会略微下降。

表 20.1　　参　照　组

	2000 年	2005 年	2010 年	2015 年	2020 年	2025 年	2030 年	2035 年	2040 年	2045 年	2050 年
男性											
名义缴费者	49.10％	48.90％	48.40％	47.40％	45.80％	43.90％	42.60％	42.00％	41.80％	41.60％	41.40％
养老金领取者和伤残者	17.20％	18.40％	19.90％	21.50％	23.20％	25.30％	26.80％	28.10％	28.60％	28.90％	29.00％
遗属	1.00％	1.00％	1.10％	1.20％	1.30％	1.30％	1.40％	1.50％	1.50％	1.50％	1.50％
平均退休年龄		61.9	61.8	61.9	61.8	62	62.7	62.8	62.8	63	62.8
平均服务年限		37.6	38.6	38.4	39	39	38.4	38.3	38.8	38.8	39.4
女性											
名义缴费者	39.00％	39.00％	38.80％	38.10％	36.90％	35.90％	35.20％	34.80％	34.60％	34.30％	34.10％
养老金领取者和伤残者	18.00％	19.50％	21.10％	22.70％	24.40％	25.50％	26.40％	27.50％	28.10％	28.50％	28.60％
遗属	10.60％	10.70％	10.90％	11.10％	11.40％	11.90％	12.40％	12.80％	13.00％	13.10％	12.90％
平均退休年龄		58.4	58.4	58.2	59.6	60.9	62.2	62.5	62.6	62.5	62.5
平均服务年限		33.9	34.4	35.4	34.4	34.7	35.7	36.6	38.2	39.9	41.4
孤儿	0.60％	0.60％	0.60％	0.60％	0.60％	0.60％	0.60％	0.60％	0.60％	0.60％	0.60％
新的男性养老金领取者的平均替代率											
NDB（当前计划）		77.40％	78.90％	78.60％	79.30％	78.70％	78.70％	79.40％	80.80％	81.30％	81.30％
NDC		77.40％	75.50％	71.60％	68.30％	64.00％	60.70％	56.80％	52.90％	48.70％	41.00％
NDC＋FF5％		77.40％	77.00％	74.70％	73.00％	70.30％	68.70％	66.30％	63.80％	61.00％	53.90％
NDC＋FF10％		77.40％	78.50％	77.80％	77.70％	76.60％	76.60％	75.70％	74.60％	73.30％	66.70％
新的女性养老金领取者的平均替代率											

续表

	2000年	2005年	2010年	2015年	2020年	2025年	2030年	2035年	2040年	2045年	2050年
NDB（当前计划）		46.60%	47.30%	48.50%	48.90%	49.70%	49.90%	49.70%	52.40%	54.80%	56.90%
NDC		46.60%	44.70%	43.00%	40.60%	39.40%	38.60%	36.90%	35.90%	34.00%	30.00%
NDC+FF5%		46.60%	45.60%	44.90%	43.40%	43.20%	43.80%	43.30%	43.60%	43.10%	39.70%
NDC+FF10%		46.60%	46.50%	46.80%	46.10%	47.10%	49.00%	49.70%	51.40%	52.10%	49.40%
NDB（当前计划）财务流											
雇主和雇员缴费	7.40%	7.50%	7.50%	7.50%	7.50%	7.50%	7.40%	7.50%	7.50%	7.50%	7.40%
总缴费	7.40%	7.50%	7.50%	7.50%	7.50%	7.50%	7.40%	7.50%	7.50%	7.50%	7.40%
养老金和伤残补助	8.20%	8.50%	9.20%	10.20%	11.40%	12.50%	13.40%	14.30%	14.60%	14.80%	15.00%
遗属和孤儿补助	1.70%	1.60%	1.60%	1.60%	1.60%	1.70%	1.70%	1.70%	1.70%	1.60%	1.50%
总支出	10.80%	11.00%	11.80%	12.70%	14.00%	15.10%	16.00%	16.90%	17.20%	17.40%	17.40%
当前结余	−3.4%	−3.5%	−4.3%	−5.2%	−6.5%	−7.7%	8.60%	−9.4%	−9.7%	−9.9%	−9.9%
NDC财务流											
雇主和雇员缴费		7.70%	7.70%	7.70%	7.70%	7.70%	7.60%	7.70%	7.70%	7.70%	7.60%
总缴费		7.90%	7.90%	8.00%	8.00%	8.00%	7.90%	8.00%	8.00%	7.90%	7.90%
养老金和伤残补助		8.50%	9.10%	9.70%	10.60%	11.40%	11.70%	11.90%	11.50%	11.10%	10.40%
遗属和孤儿补助		1.60%	1.60%	1.50%	1.50%	1.50%	1.50%	1.40%	1.30%	1.20%	1.00%
总支出		11.00%	11.60%	12.20%	13.00%	13.80%	14.10%	14.20%	13.80%	13.20%	12.40%
当前结余		−3.1%	−3.6%	−4.2%	−5.0%	−5.8%	−6.2%	−6.2%	−5.8%	−5.2%	−4.4%

资料来源：作者计算。

注释：缴费者和受益人是人口的百分比，缴费和待遇是GDP的百分比。

表20.2　　　　2000年改革的情形

	2000年	2005年	2010年	2015年	2020年	2025年	2030年	2035年	2040年	2045年	2050年
男性											
名义缴费者	49.10%	48.90%	48.40%	47.40%	45.80%	43.90%	42.60%	42.00%	41.80%	41.60%	41.40%
养老金领取者和伤残者	17.20%	18.40%	19.90%	21.50%	23.20%	25.30%	26.80%	28.10%	28.60%	28.90%	29.00%
遗属	1.00%	1.00%	1.10%	1.20%	1.30%	1.30%	1.40%	1.50%	1.50%	1.50%	1.50%

续表

	2000年	2005年	2010年	2015年	2020年	2025年	2030年	2035年	2040年	2045年	2050年
平均退休年龄	61.9	61.8	61.9	61.8	62	62.7	62.8	62.8	63	62.8	61.9
平均服务年限	37.6	38.6	38.4	39	39	38.4	38.3	38.8	38.8	39.4	37.6
女性											
名义缴费者	39.00%	39.00%	38.80%	38.10%	36.90%	35.90%	35.20%	34.80%	34.60%	34.30%	34.10%
养老金领取者和伤残者	18.00%	19.50%	21.10%	22.70%	24.40%	25.50%	26.40%	27.50%	28.10%	28.50%	28.60%
遗属	10.60%	10.70%	10.90%	11.10%	11.40%	11.90%	12.40%	12.80%	13.00%	13.10%	12.90%
平均退休年龄		58.4	58.4	58.2	59.6	60.9	62.2	62.5	62.6	62.5	62.5
平均服务年限		33.9	34.4	35.4	34.4	34.7	35.7	36.6	38.2	39.9	41.4
孤儿	0.60%	0.60%	0.60%	0.60%	0.60%	0.60%	0.60%	0.60%	0.60%	0.60%	0.60%
新的男性养老金领取者的平均替代率											
NDB（当前计划）		77.40%	78.90%	78.60%	79.30%	78.70%	78.70%	79.40%	80.80%	81.30%	81.30%
NDC		77.40%	75.50%	71.60%	68.30%	64.00%	60.70%	56.80%	52.90%	48.70%	41.00%
NDC＋FF5%		77.40%	77.00%	74.70%	73.00%	70.30%	68.70%	66.30%	63.80%	61.00%	53.90%
NDC＋FF10%		77.40%	78.50%	77.80%	77.70%	76.60%	76.60%	75.70%	74.60%	73.30%	66.70%
新的女性养老金领取者的平均替代率											
NDB（当前计划）		46.60%	47.30%	48.50%	48.90%	49.70%	49.90%	49.70%	52.40%	54.30%	56.90%
NDC		46.60%	44.70%	43.00%	40.60%	39.40%	38.60%	36.90%	35.90%	34.00%	30.00%
NDC＋FF5%		46.60%	45.60%	44.90%	43.40%	43.20%	43.80%	43.30%	43.60%	43.10%	39.70%
NDC＋FF10%		46.60%	46.50%	46.80%	46.10%	47.10%	49.00%	49.70%	51.40%	52.10%	49.40%
NDB（当前计划）财务流											
雇主和雇员缴费	7.40%	7.50%	7.50%	7.50%	7.50%	7.50%	7.40%	7.50%	7.50%	7.50%	7.40%
总缴费	7.40%	7.50%	7.50%	7.50%	7.50%	7.50%	7.40%	7.50%	7.50%	7.50%	7.40%
养老金和伤残补助	8.20%	8.50%	9.20%	10.20%	11.40%	12.50%	13.40%	14.30%	14.60%	14.80%	15.00%
遗属和孤儿补助	1.70%	1.60%	1.60%	1.60%	1.60%	1.70%	1.70%	1.70%	1.70%	1.60%	1.50%
总支出	10.80%	11.00%	11.80%	12.70%	14.00%	15.10%	16.00%	16.90%	17.20%	17.40%	17.40%
当前结余	−3.4%	−3.5%	−4.3%	−5.2%	−6.5%	−7.7%	8.60%	−9.4%	−9.7%	−9.9%	−9.9%
NDC财务流											
雇主和雇员缴费		7.70%	7.70%	7.70%	7.70%	7.70%	7.60%	7.70%	7.70%	7.70%	7.60%

续表

	2000 年	2005 年	2010 年	2015 年	2020 年	2025 年	2030 年	2035 年	2040 年	2045 年	2050 年
总缴费		7.90%	7.90%	8.00%	8.00%	8.00%	7.90%	8.00%	8.00%	7.90%	7.90%
养老金和伤残补助		8.50%	9.10%	9.70%	10.60%	11.40%	11.70%	11.90%	11.50%	11.10%	10.40%
遗属和孤儿补助		1.60%	1.60%	1.50%	1.50%	1.50%	1.50%	1.40%	1.30%	1.20%	1.00%
总支出		11.00%	11.60%	12.20%	13.00%	13.80%	14.10%	14.20%	13.80%	13.20%	12.40%
当前结余		−3.1%	−3.6%	−4.2%	−5.0%	−5.8%	−6.2%	−6.2%	−5.8%	−5.2%	−4.4%

资料来源：作者计算。

注释：缴费者和受益人是人口的百分比，缴费和待遇是GDP的百分比。

表 20.3　低劳动力参与率的情形

	2000 年	2005 年	2010 年	2015 年	2020 年	2025 年	2030 年	2035 年	2040 年	2045 年	2050 年
男性											
名义缴费者	49.10%	49.80%	49.50%	49.10%	48.10%	46.70%	45.30%	44.70%	44.50%	44.50%	44.50%
养老金领取者和伤残者	17.20%	18.20%	19.60%	20.70%	21.90%	23.60%	25.50%	26.80%	27.30%	27.60%	27.70%
遗属	1.00%	1.00%	1.10%	1.20%	1.30%	1.30%	1.40%	1.50%	1.50%	1.50%	1.50%
平均退休年龄		62.3	61.9	62.4	62.5	63.3	63.7	64	64.2	64.4	64.4
平均服务年限		36.7	39.1	38.3	38.8	38.2	38.6	39	39.8	40.4	41.3
女性											
名义缴费者	39.00%	40.30%	41.00%	40.70%	39.90%	39.10%	38.40%	38.20%	38.00%	38.00%	37.90%
养老金领取者和伤残者	18.00%	19.20%	20.30%	21.60%	23.10%	23.90%	25.30%	26.50%	27.30%	27.90%	28.40%
遗属	10.60%	10.70%	10.90%	11.10%	11.40%	11.90%	12.40%	12.80%	13.00%	13.10%	12.90%
平均退休年龄		58.4	57.9	58.7	61.3	63	64.5	64.9	64.9	64.8	64.9
平均服务年限		33.8	35.2	35.1	33.4	36	37.8	38.6	39.6	40.9	41.9
孤儿	0.60%	0.60%	0.60%	0.60%	0.60%	0.60%	0.60%	0.60%	0.60%	0.60%	0.60%
新的男性养老金领取者的平均替代率											
NDB（当前计划）		76.40%	80.10%	79.50%	80.20%	79.30%	80.30%	81.90%	83.80%	85.50%	85.90%
NDC		76.40%	76.80%	73.20%	70.90%	67.40%	65.00%	62.20%	59.20%	55.70%	51.60%
NDC＋FF5%		76.40%	78.40%	76.50%	76.00%	74.10%	73.60%	72.40%	71.00%	69.10%	66.50%
NDC＋FF10%		76.40%	80.00%	79.80%	81.10%	80.80%	82.10%	82.50%	82.70%	82.40%	81.30%
新的女性养老金领取者的平均替代率											
NDB（当前计划）		46.20%	47.90%	47.80%	48.10%	51.70%	53.30%	54.10%	55.80%	57.20%	57.90%

续表

	2000年	2005年	2010年	2015年	2020年	2025年	2030年	2035年	2040年	2045年	2050年
NDC		46.20%	45.50%	43.30%	41.90%	43.70%	43.80%	42.80%	41.60%	39.60%	36.60%
NDC＋FF5%		46.20%	46.60%	45.50%	44.90%	48.10%	49.50%	49.80%	50.00%	49.30%	47.20%
NDC＋FF10%		46.20%	47.60%	47.60%	48.00%	52.50%	55.20%	56.80%	58.30%	58.90%	57.80%
NDB（当前计划）财务流											
雇主和雇员缴费	7.40%	7.60%	7.60%	7.60%	7.60%	7.60%	7.60%	7.60%	7.50%	7.50%	7.50%
总缴费	7.40%	7.60%	7.60%	7.60%	7.60%	7.60%	7.60%	7.60%	7.50%	7.50%	7.50%
养老金和伤残补助	8.20%	8.20%	8.70%	9.30%	10.10%	10.90%	11.90%	12.70%	13.00%	13.20%	13.30%
遗属和孤儿补助	1.70%	1.60%	1.50%	1.50%	1.50%	1.50%	1.60%	1.50%	1.50%	1.40%	1.30%
总支出	10.80%	10.70%	11.10%	11.70%	12.50%	13.40%	14.40%	15.10%	15.40%	15.50%	15.60%
当前结余	−3.4%	−3.1%	−3.6%	−4.2%	−5.0%	−5.8%	−6.9%	−7.6%	−7.9%	−8.0%	−8.1%
NDC财务流											
雇主和雇员缴费		7.70%	7.80%	7.80%	7.80%	7.80%	7.80%	7.80%	7.70%	7.70%	7.70%
总缴费		8.00%	8.00%	8.00%	8.00%	8.00%	8.10%	8.00%	8.00%	8.00%	8.00%
养老金和伤残补助		8.20%	8.60%	8.90%	9.50%	10.20%	10.90%	11.20%	11.10%	10.80%	10.30%
遗属和孤儿补助		1.60%	1.50%	1.40%	1.40%	1.40%	1.40%	1.40%	1.30%	1.10%	1.00%
总支出		10.70%	11.00%	11.30%	11.30%	12.50%	13.30%	13.60%	13.30%	12.90%	12.30%
当前结余		−2.8%	−3.0%	−3.3%	−3.8%	−4.5%	−5.2%	−5.5%	−5.3%	−4.9%	−4.3%

资料来源：作者计算。

注释：缴费者和受益人是人口的百分比，缴费和待遇是GDP的百分比。

表 20.4　　　　中劳动力参与率的情形

	2000年	2005年	2010年	2015年	2020年	2025年	2030年	2035年	2040年	2045年	2050年
男性											
名义缴费者	49.10%	49.80%	49.50%	49.10%	48.20%	47.00%	46.10%	45.60%	45.60%	45.50%	45.70%
养老金领取者和伤残者	17.20%	18.20%	19.60%	20.70%	21.80%	23.30%	24.50%	25.90%	26.10%	26.40%	26.40%
遗属	1.00%	1.00%	1.10%	1.20%	1.30%	1.30%	1.40%	1.50%	1.50%	1.50%	1.50%
平均退休年龄		62.3	61.9	62.4	62.5	63.3	64	64.3	64.3	65	64.9
平均服务年限		36.8	39.3	38.6	39.3	38.9	39.2	39.9	40.9	41.3	42.6

续表

	2000年	2005年	2010年	2015年	2020年	2025年	2030年	2035年	2040年	2045年	2050年
女性											
名义缴费者	39.00%	40.40%	41.00%	41.10%	40.60%	39.90%	39.60%	39.70%	40.00%	40.20%	40.50%
养老金领取者和伤残者	18.00%	19.10%	20.30%	21.50%	22.60%	23.70%	24.60%	25.70%	25.90%	26.10%	26.30%
遗属	10.60%	10.70%	10.90%	11.10%	11.40%	11.90%	12.40%	12.80%	13.00%	13.10%	12.90%
平均退休年龄		58.5	58	58.8	60.9	63.1	63.9	64.9	65.7	66.1	66.4
平均服务年限		33.7	35.1	35	34.1	36.9	39.5	40.6	41.2	42.7	44.2
孤儿	0.60%	0.60%	0.60%	0.60%	0.60%	0.60%	0.60%	0.60%	0.60%	0.60%	0.60%
新的男性养老金领取者的平均替代率											
NDB（当前计划）		76.60%	80.50%	80.10%	81.30%	80.90%	81.80%	83.70%	85.40%	86.20%	86.20%
NDC		76.60%	77.10%	73.80%	71.90%	68.80%	67.20%	65.20%	62.00%	59.60%	55.50%
NDC＋FF5%		76.60%	78.70%	77.10%	77.00%	75.60%	76.00%	75.70%	74.10%	73.50%	70.90%
NDC＋FF10%		76.60%	80.30%	80.30%	82.10%	82.50%	84.70%	86.20%	86.30%	87.40%	86.40%
新的女性养老金领取者的平均替代率											
NDB（当前计划）		46.20%	47.80%	48.00%	49.10%	53.50%	54.90%	55.00%	56.30%	58.00%	58.50%
NDC		46.20%	45.50%	43.60%	42.80%	45.50%	45.00%	44.50%	44.60%	43.80%	42.40%
NDC＋FF5%		46.20%	46.50%	45.80%	45.90%	50.00%	50.90%	51.70%	53.40%	54.00%	54.00%
NDC＋FF10%		46.20%	47.50%	47.90%	49.00%	54.50%	56.80%	59.00%	62.10%	64.20%	65.50%
NDB（当前计划）财务流											
雇主和雇员缴费	7.40%	7.60%	7.60%	7.60%	7.60%	7.60%	7.50%	7.50%	7.50%	7.50%	7.50%
总缴费	7.40%	7.60%	7.60%	7.60%	7.60%	7.60%	7.50%	7.50%	7.50%	7.50%	7.50%
养老金和伤残补助	8.20%	8.20%	8.70%	9.20%	9.90%	10.60%	11.20%	11.80%	11.90%	11.90%	11.90%
遗属和孤儿补助	1.70%	1.60%	1.50%	1.50%	1.50%	1.50%	1.50%	1.40%	1.40%	1.30%	1.20%
总支出	10.80%	10.70%	11.10%	11.60%	12.30%	13.10%	13.70%	14.20%	14.20%	14.10%	14.00%
当前结余	−3.4%	−3.1%	−3.6%	−4.1%	−4.7%	−5.5%	−6.1%	−6.7%	−6.7%	−6.6%	−6.5%
NDC财务流											
雇主和雇员缴费		7.70%	7.80%	7.80%	7.80%	7.80%	7.70%	7.70%	7.70%	7.70%	7.70%
总缴费		8.00%	8.00%	8.00%	8.00%	8.00%	8.00%	8.00%	8.00%	8.00%	7.90%

续表

	2000年	2005年	2010年	2015年	2020年	2025年	2030年	2035年	2040年	2045年	2050年
养老金和伤残补助		8.20%	8.60%	8.90%	9.30%	9.90%	10.30%	10.60%	10.40%	10.10%	9.80%
遗属和孤儿补助		1.60%	1.50%	1.40%	1.40%	1.40%	1.40%	1.30%	1.20%	1.10%	1.00%
总支出		10.70%	11.00%	11.20%	11.60%	12.20%	12.60%	12.90%	12.50%	12.10%	11.60%
当前结余		−2.7%	−3.0%	−3.2%	−3.6%	−4.2%	−4.6%	−4.8%	−4.5%	−4.2%	−3.7%

资料来源：作者计算。

注释：缴费者和受益人是人口的百分比，缴费和待遇是GDP的百分比。

表20.5　　高劳动力参与率的情形

	2000年	2005年	2010年	2015年	2020年	2025年	2030年	2035年	2040年	2045年	2050年
男性											
名义缴费者	49.10%	50.90%	52.00%	51.40%	50.60%	49.40%	48.20%	47.60%	47.70%	48.00%	48.20%
养老金领取者和伤残者	17.20%	17.30%	17.60%	18.80%	19.90%	21.50%	23.20%	24.50%	24.70%	24.70%	24.60%
遗属	1.00%	1.00%	1.10%	1.20%	1.30%	1.30%	1.40%	1.50%	1.50%	1.50%	1.50%
平均退休年龄		63.5	63.6	63.6	63.6	63.9	64.2	64.7	64.8	65.3	65.4
平均服务年限		34.4	36.2	38.5	40.4	40.8	41.4	41.9	42.6	43.2	44.4
女性											
名义缴费者	39.00%	41.50%	43.90%	44.70%	44.80%	44.50%	44.20%	44.30%	45.20%	46.20%	47.30%
养老金领取者和伤残者	18.00%	18.10%	18.00%	18.80%	19.50%	20.80%	22.00%	23.30%	23.60%	23.70%	23.90%
遗属	10.60%	10.70%	10.90%	11.10%	11.40%	11.90%	12.40%	12.80%	13.00%	13.10%	12.90%
平均退休年龄		59	61.1	62	64.6	64.8	65.2	65.6	66.3	66.4	66.4
平均服务年限		34.5	33.2	35.2	36.9	38.2	39.9	41.4	42.6	44.4	46.1
孤儿	0.60%	0.60%	0.60%	0.60%	0.60%	0.60%	0.60%	0.60%	0.60%	0.60%	0.60%
新的男性养老金领取者的平均替代率											
NDB（当前计划）		74.70%	79.60%	83.40%	84.30%	83.00%	83.40%	84.50%	85.30%	86.20%	86.30%
NDC		74.70%	77.60%	78.40%	76.00%	72.10%	69.60%	67.60%	64.50%	62.20%	59.50%
NDC+FF5%		74.70%	79.40%	82.00%	81.40%	79.20%	78.60%	78.60%	77.10%	76.50%	75.50%
NDC+FF10%		74.70%	81.20%	85.60%	86.80%	86.40%	87.70%	89.50%	89.60%	90.70%	91.50%
新的女性养老金领取者的平均替代率											
NDB（当前计划）		46.20%	46.80%	50.00%	53.00%	53.70%	54.50%	54.90%	56.30%	57.50%	58.00%

续表

	2000年	2005年	2010年	2015年	2020年	2025年	2030年	2035年	2040年	2045年	2050年
NDC		46.20%	45.70%	47.20%	49.20%	47.90%	47.10%	46.10%	46.60%	46.10%	44.80%
NDC+FF5%		46.20%	46.90%	49.60%	52.90%	52.80%	53.30%	53.70%	55.60%	56.60%	56.70%
NDC+FF10%		46.20%	48.20%	52.00%	56.50%	57.70%	59.50%	61.20%	64.70%	67.10%	68.60%
NDB（当前计划）财务流											
雇主和雇员缴费	7.40%	7.60%	7.60%	7.60%	7.60%	7.60%	7.60%	7.60%	7.60%	7.60%	7.50%
总缴费	7.40%	7.60%	7.60%	7.60%	7.60%	7.60%	7.60%	7.60%	7.60%	7.60%	7.50%
养老金和伤残补助	8.20%	7.50%	7.20%	7.60%	8.00%	8.70%	9.40%	9.90%	9.90%	9.80%	9.60%
遗属和孤儿补助	1.70%	1.50%	1.40%	1.40%	1.40%	1.40%	1.40%	1.30%	1.30%	1.20%	1.10%
总支出	10.80%	9.90%	9.60%	9.90%	10.30%	11.00%	11.70%	12.20%	12.10%	11.90%	11.60%
当前结余	−3.4%	−2.3%	−2.0%	−2.3%	−2.7%	−3.4%	−4.1%	−4.6%	−4.5%	−4.3%	−4.1%
NDC财务流											
雇主和雇员缴费		7.80%	7.80%	7.80%	7.80%	7.80%	7.80%	7.80%	7.80%	7.70%	7.70%
总缴费		8.00%	8.00%	8.00%	8.00%	8.00%	8.10%	8.00%	8.00%	8.00%	7.90%
养老金和伤残补助		7.50%	7.00%	7.40%	7.90%	8.60%	9.30%	9.80%	9.40%	9.10%	8.70%
遗属和孤儿补助		1.50%	1.40%	1.40%	1.40%	1.40%	1.40%	1.30%	1.20%	1.10%	1.00%
总支出		10.00%	9.30%	9.80%	10.20%	11.00%	11.70%	12.00%	11.60%	11.10%	10.60%
当前结余		−2.0%	−1.3%	−1.7%	−2.2%	−2.9%	−3.6%	−4.0%	−3.6%	−3.1%	−2.7%

资料来源：作者计算。

注释：缴费者和受益人是人口的百分比，缴费和待遇是GDP的百分比。

但是，增加劳动力参与率会对养老金制度的人口结构产生强烈的影响。在最乐观的参与率情景中，男性人口的缴费比例可以维持到现在的水平，女性人口的缴费比例甚至可能提高到男性的水平。相应地，养老金和伤残补助领取者在总人口的比率对于男性和女性都是24%，这比最差的情况（劳动力参与率最低的情景）低了很多。但是，这意味着平均退休年龄的大幅增加，甚至超过当前男性的退休年龄65岁。

关于整个经济体的平均缴费基数而言，从现在到2050年，并且根据不同的劳动力参与率，表中也给出了在当前制度下和在多支柱制度下预测的平均替代率。根据参照组的预测，新制度下的替代率在2050年对男性是79%，而女性是47%。直到2050年，新退休人员的替代率保持在当前水平，女性替代率略微上升了，达到了50.5%。在2000年改革中，男性平均替代率略微超过当前水平，女性替代率大约增加到 57%。

在同样劳动力参与率的情况下，正如上面描述的多支柱改革一样，直到 2050 年，对于新退休的男性而言，第一支柱的替代率将减少为平均替代率的 41%，而对于女性是 30%（参见图 20.2a）。该图形表明当前的内部回报率是不可持续的。但是，增加劳动力参与率也将增加名义账户制的替代率，因为更快的工资增长意味着更高的名义利率，每年额外的工作意味着另一年的缴费将增加到名义资本存量中，因此需要财政融资的养老金待遇也减少了。在低劳动力参与率的情境中，在 2050 年对新退休的男性而言，其替代率将是 52.5%，中参与率下是 55.5%，高参与率下是 59.5%。无论如何，即使在非常乐观的劳动力参与率情况下，从当前现收现付制转向名义账户制也会产生一些缺口。由于增加了退休年龄，并且女性劳动力参与率持续增高，因此对于女性而言情况比较有利：名义账户制下，在劳动参与率分

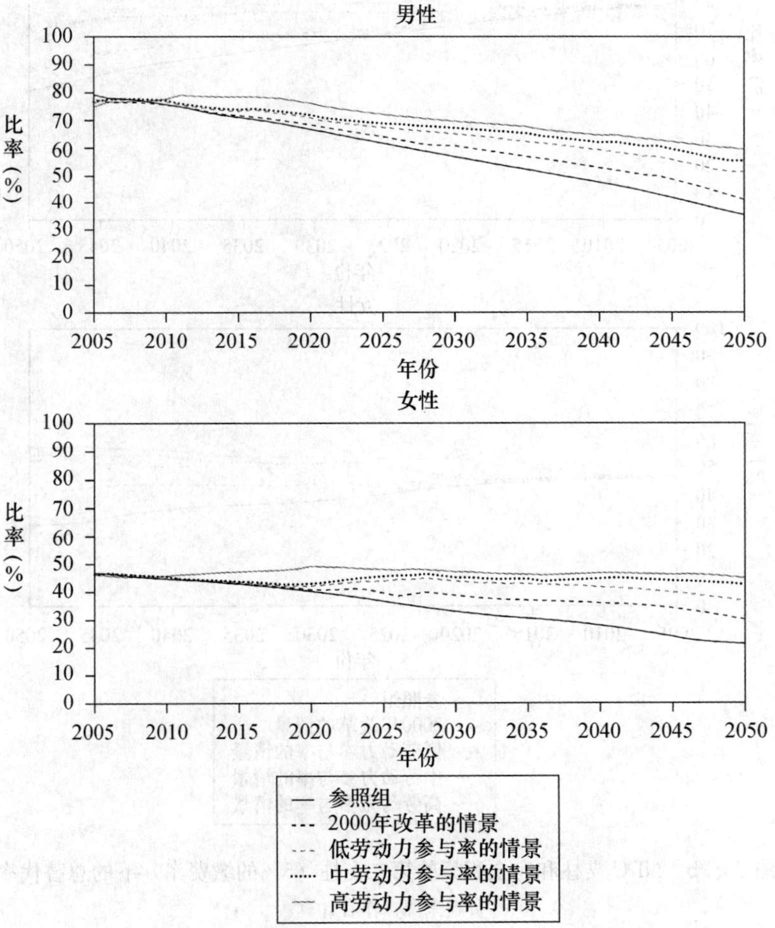

图 20.2a　NDC 支柱下的替代率

资料来源：作者计算。

注释：0＝参照组，2＝2000 年改革的情景，L＝低劳动力参与率的情景，M＝中劳动力参与率的情景，H＝高劳动力参与率的情景。

别为低、中、高的情况下，女性的替代率分别为 36.5%、42.5%和 45%。这意味着，在最乐观的情况下，现收现付支柱能够维持当前女性的替代率。

为了使得多支柱模型下的总替代率变得有意义，还应该加上第二支柱的企业年金。如果使得多支柱总的替代率达到当前水平，那么第二支柱充足的缴费率应该是多少呢？在假设不同缴费率的情况下，表 20.1 到表 20.5 也考虑到了在不同情境下完全积累支柱的替代率是多少（也可参见图 20.2b）。根据劳动力参与率的不同，缴费率为 5%的第二支柱产生的替代率对男性而言是 16%，对女性而言是 12%。如果缴费率是 10%，那么对男性而言产生的替代率是 24%～32%，对女性而言替代率是 16%～24%。

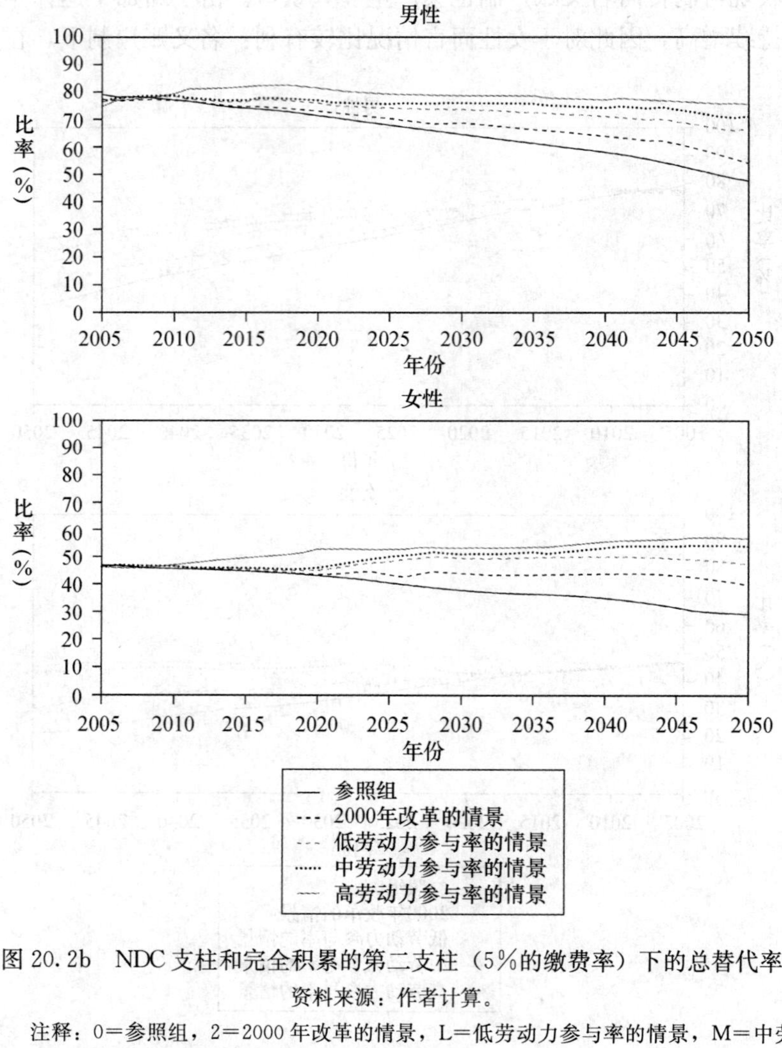

图 20.2b　NDC 支柱和完全积累的第二支柱（5%的缴费率）下的总替代率

资料来源：作者计算。

注释：0=参照组，2=2000 年改革的情景，L=低劳动力参与率的情景，M=中劳动力参与率的情景，H=高劳动力参与率的情景。

这意味着，如果改革的目标是大概维持当前的替代率，那么第二支柱 5%的缴费率是一个最低限度，即使在最乐观的劳动力参与率情况下。如果缴费率是 10%，那么即使在最悲观的劳动力参与率的情况下也是充足的。即使在 2000 年的改革中，第二支柱 10%的缴费率也可以维持退休妇女当前的替代率。而缴费率为 5%，那么即使在劳动力参与率最低的情况下也是充足的。

还需要指出的是，因为改革能大幅提高精算公平，所以会提高老年人的工作激励，这意味着劳动力参与率的大幅提高。作者认为第二支柱 5%的缴费率是提高退休收入的重要步骤，这仍然会为第三支柱、自愿储蓄留下合理的空间。

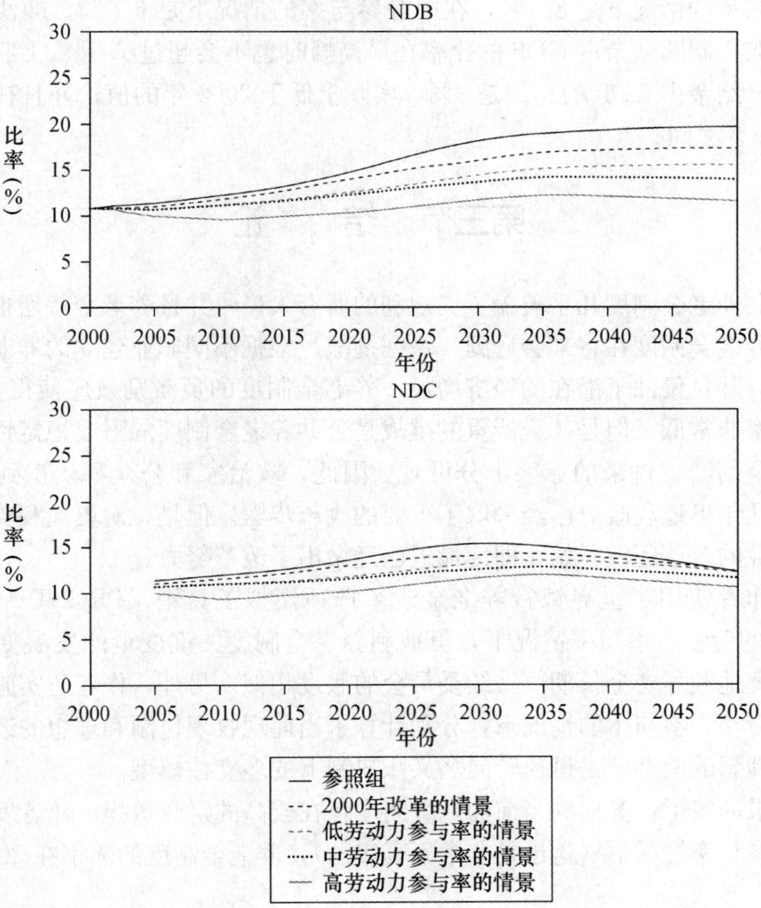

图 20.3　养老金支出占 GDP 的比重：NDB 与 NDC 的对比

资料来源：作者计算。

注释：0=参照组，2=2000 年改革的情景，L=低劳动力参与率的情景，M=中劳动力参与率的情景，H=高劳动力参与率的情景。

改革也会减少支出的增加。在参照组的情况下，现收现付制总支出（包括均等化补助）将从占 GDP 的 10.8%上升到 2050 年的 19.7%。即使考虑到 2000 年的改革情况，该比例也会上升到 17.4%。在劳动力参与率低、中、高的情况下，支出占 GDP 的比重分别为 15.6%、14%和 11.6%。总之，在多支柱模型下，第一支柱支出占 GDP 比重将会显著地降低。即使在最坏的情况下，支出占 GDP 的比例将在 2030 年达到高峰：15.4%；在最乐观的情况下，该比例的最大值为12%，将在21世纪30年代达到。在模拟的末期，支出占GDP的比重在任何情况下都不会超过12.5%，在最乐观的情况下，支出占GDP的比率大概和2000年相似，大约为10.6%。

这些结果意味着养老金制度的财政赤字大幅减少，并且将来的联邦预算的负担也会大幅下降。单支柱制度下的当前结余将从占GDP的3.5%上升到2050年的12.3%，这是当前情况下的结果。即使在最乐观的情况下，结余占GDP的比率在2000年改革情景中是9.9%，在低劳动力参与率的情况下是8.1%，在中等参与率的情况下是6.5%。即使在最低悲观的情况下，名义账户制的结余占GDP的比率在最高峰时也不会超过7.5%。到2050年，在最乐观的情况下，结余占GDP的比例是3%，实际上低于2000年的值；并且在其他情况下降到3.75%～4.5%之间。

第三节　结　论

奥地利公共养老金制度几乎覆盖了奥地利的所有人口，并且养老金待遇也非常慷慨。但是，奥地利的养老金制度在将来会遇到一系列挑战。根据不同职业建立的养老金计划阻止了劳动力的流动，并且侵蚀了潜在的经济增长。养老金制度的负激励效应使得55岁以上人口的劳动力参与率非常低。但是，最严重的挑战是公共养老金制度的财政稳定性。作者的研究表明公共养老金制度在将来的赤字十分可观。因此，政治家和公众都认识到了改革的必要性，并且最近几年奥地利政府已经采取了重要的改革步骤。但是，对奥地利养老金制度实施综合性和根本性的改革还没开始，即使最近已经做出了改革努力。

在本章，作者使用了世界银行养老金改革选项模拟工具箱（PROST）计算了2000—2050年在不同的劳动力参与率情况下，奥地利养老金制度关键变量的发展变化。计算中的关键假设是和奥地利养老金长期可持续委员会的假设相似。另外，作者还实施了一些一致性检验。在不同劳动力参与率的情况下，分别计算了当前现收现付制和理想的改革模型下的关键变量，所谓理想的模型就是迅速转向名义账户制下的多支柱模型。

作者的结果证实了：奥地利当前养老金制度存在较高的财政负担。作者发现，即使在最乐观的劳动力参与率情况下（这也是非常不真实的），养老金制度的赤字在2050年之前一直都会增加。

引入名义账户制将会显著提高奥地利养老金制度的财政稳定性，特别是在老年人劳动力参与率提高的情况下。正如作者所指出的，提供推迟退休的足够激励是提高劳动力参与率的前提条件。从这个观点出发，名义账户制加强了缴费同待遇之间的联系。

但是，作者的研究表明，如果在中长期内使得替代率保持在当前水平，那么即使在劳动力参与率非常乐观的假设下，也需要提高多支柱的总体缴费率。引入完全积累的第二支柱将会发挥重要的作用。根据作者的计算，如果第二支柱的缴费率在5%～10%之间，那么就可以保证将来养老金领取者获得可以接受的待遇水平。作者认为5%的缴费率是保证第二支柱提供充足的退休收入的重要步骤，同时也会为第三支柱和自愿储蓄留下合理的空间。

附录A：确保养老金领取者人数和服务年限的一致性

世界银行养老金改革选择模拟工具箱（PROST）假设，所有的缴费者在达到最大年龄之前（模拟中使用的是95岁），都能领取养老金或者伤残待遇，除非他们死亡。不符合最低缴费要求及其没有资格领取养老金的缴费者，和那些能够领取全额养老金的缴费者混合在一起，因此模拟公式中使用的人口数是这两类人口之和。基于这个假设，一个组群积累的总服务年限必须等于同一族群退休时所要求的服务年限。下面的公式假设那些伤残或者死亡的缴费者已经积累了该组群当时的平均服务年限。NC表示名义缴费者，NP表示新的养老金领取者，ND表示新的伤残者，CD表示在退休之前的缴费者，los _ rt表示退休时养老金领取者的平均服务年限，los _ av表示一个组群所有缴费者积累的平均服务年限。所有的变量都是根据年龄（a）指数化，a_{work}表示最低的工作年龄（模拟中使用的是14岁），时间是t，性别是g。

$$\sum_i NC(a_{work}+i,t+i,g) = \left(\sum_i ND(a_{work}+i,t+i,g) + CD(a_{work}+i,t+i,g).\ los\_av(a_{work}+i,t+i,g) + \sum_i NP(a_{work}+i,t+i,g).\ los\_rt(a_{work}+i,t+i,g)\right)$$

养老金改革选择模拟工具箱（PROST）使用了所有的缴费数据和退休数据，如果上面的公式不成立的话，那么这表明退休年龄数据上出了问题，因此需要调整该组群新的养老金领取者的数量。

如果在服务年限输入数据和缴费者数据之间出现意想不到的不一致，那么这会导致对退休者输入数据的调整，这是该模型使用者意想不到的情况。为了避免这类意想不到的大幅度调整，变量los _ rt的数据是根据每一个组群的缴费者和退休者数据分别得来的，但是采用了不同的程序获得变量los _ rt的数据。

参考文献

Buczolich，G.，B. Felderer，R. Koman，and U. Schuh. 2001. “Überlegungen zu einer Reform des österreichischen Pensionssystems.” *Wirtschaftspolitische Blätter* 4 (2001)：378-83.

——. 2003. “Pension Reform in Austria.” In *The Three Pillars of Wisdom? A Reader on Globalization，World Bank Pension Models and Welfare Society*，ed. A. Tausch，201-22. New York：Nova Science Publishers，Inc.

Gauss，R. 2000. “Über die künftige Ausrichtung des österreichischen Pensionssystems.” Mimeo，Vienna：Federal Ministry of Finance.

Gruber，J.，and D. A. Wise. 1999. *Social Security and Retirement around the World*. Chicago and London：University of Chicago Press.

Hanika，A. 2001. “Bevölkerungsvorausschätzung 2001-2050 für Österreich und die

Bundesländer." *Statistische Nachrichten* 9 (2001): 626-37.

Hörndler, M., and K. Wörister. 1998. "Altersversorgung." In *Soziales Österreich. Sicherungssysteme im Überblick*, ed. Bundesministerium für Arbeit, Gesundheit und Soziales, pp. 40-51. Vienna: Federal Ministry for Labour, Health and Social Affairs.

Hofer, H., and R. Koman. 2001. "Social Security and Retirement in Austria." Ludwig Boltzmann-Institut zur Analyse wirtschaftspolitischer Aktivitäten, Research Memorandum no. 5/2001.

Hofmeister, H. 1981. "Ein Jahrhundert Sozialversicherung in Österreich." In *Schriftenreihe für Internationales und Vergleichendes Sozialrecht*, Band 6b, ed. P. Köhler and H. Zacher, 445-730, Berlin: Duncker und Humblot. Munich.

Holzmann, R. 1999. "On the Economic Benefits and Fiscal Requirements of Moving from Unfunded to Funded Pensions." In *The Welfare State in Europe: Challenges and Reforms*, ed. M. Buti, D. Franco, and L. R. Pench, 139-96. Cheltenham and Northampton: Edward Elgar.

——. 2000a. "The World Bank Approach to Pension Reform." *International Social Security Review* 53 (1): 11-34.

——. 2000b. "Skizze eines Pensionsreformkonzepts für Österreich." Mimeo, June 23, Harvard University.

——. 2006. "Toward a Coordinated Pension System in Europe: Rationale and Potential Structure." In *Pension Reform: Issues and Prospects for Non-Financial Defined Contribution (NDC) Schemes*, ed. R. Holzmann and E. Palmer, chapter 11. Washington, DC: World Bank.

Holzmann, R., and K. Heitzmann. 2002. "Die Reform der Alterssicherung in Österreich." In *Kompendium der österreichischen Finanzpolitik*, ed. E. Theurl, R. Sausgruber, and H. Winner, 507-42, Vienna: Springer Verlag.

Holzmann, R., R. Palacios, and A. Zviniene. 2004. "Implicit Pension Debt: Issues, Measurement and Scope in International Perspective." Social Protection Discussion Paper 0403, World Bank, Washington, DC.

Keuschnigg, C., M. Keuschnigg, R. Koman, E. Lüth, and B. Raffelhüschen. 2000a. "Restoring Generational Balance in Austria." In *Generational Accounting in Europe*, ed. European Commission, 149-61. European Economy No. 6 (2000).

——. 2000b. "Public Debt and Generational Balance in Austria." *Empirica* 27 (3): 225-52.

——. 2002. "Intergenerative Inzidenz der Österreichischen Finanzpolitik." In *Kompendium der österreichischen Finanzpolitik*, ed. E. Theurl, R. Sausgruber, and H. Winner, 263-95. Vienna: Springer Verlag.

Koch, M., and C. Thimann. 1999. "From Generosity to Sustainability: The Austrian Pension System and Options for its Reform." *Empirica* 26 (1): 21-38.

Koman, R., C. Keuschnigg, M. Keuschnigg, E. Lüth, and B. Raffelhüschen. 2000. "Intergeneratives Ungleichgewicht und Staatsverschuldung in Österreich." In *Österreich Neu. Herausforderungen nach der Wende*, ed. A. Payrleitner, 30-45. Vienna: Molden Verlag.

Koman, R., C. Keuschnigg, and E. Lüth. 2002. "Intergenerative Umverteilung, Pensionsreform und Budgetkonsolidierung in Österreich." In *Zukunftsperspektiven der Finanzierung öffentlicher Aufgaben*, ed. E. Theurl and E. Thöni, 209-47. Festschrift für Christian Smekal, Wien: Böhlau Verlag,.

Koman, R., U. Schuh, and A. Weber. Forthcoming. "The Austrian Severance Payments Reform." In *Mandated Severance Pay Programs: An International Perspective on Status, Concepts and Reforms*, ed. R. Holzmann and M. Vodopivec. Washington, DC: World Bank.

Kommission zur langfristigen Pensionssicherung. 2002. "Gutachten über die längerfristige Entwicklung der gesetzlichen Pensionsversicherung in den Jahren 2000 bis 2050." Vienna: Federal Ministry of Social Affairs and Gebnerations.

Pagler, F., H. Stefanits, and F. Wirth. 2001. "Vorschlag für ein leistungsorientiertes persönliches Pensionskonto." Mimeo, Vienna: Federal Ministry of Social Affairs and Generations.

Palmer, E. 2000. "The Swedish Pension Reform Model-Framework and Issues. World Bank's Pension Reform Primer." Social Protection Discussion Paper 0012, World Bank, Washington, DC.

Part, P., and H. Stefanits. 2001. "Austria: Public Pension Projections 2000—2050." Working Paper 7/2001, Federal Ministry of Finance, Vienna.

Prinz, C., and B. Marin. 1999. *Pensionsreformen—Nachhaltiger Sozialumbau am Beispiel Österreich*. Frankfurt and New York: Campus.

Wöss, J. 2000. "Gesetzliche Pensionsversicherung-Rückblick auf die letzten 30 Jahre." *Soziale Sicherheit* 12: 1000-9.

第二十一章　捷克名义账户制改革

阿格尼斯卡·克洛恩—多明扎克　马雷克·莫拉*

对养老金制度进行改革正在成为捷克政府的当务之急。正如预测所表明的，当前的养老制度在未来是不可持续的，而转向名义账户制作为一种选择方案已经进入政府的视野。本章分析了从捷克当前的DB型养老制度转向名义账户制的可能性，更为重要的目的是对捷克共和国实施这种改革方案进行利弊分析。

本章结构如下：首先，揭示捷克养老金制度当前面临的主要挑战；然后，总结从1990年以来已经采取的主要改革措施，包括最近被纳入2003—2004年财政改革当中的大多数措施；随后，进一步提出有助于捷克共和国引入名义账户制的理由，同时指出在转向名义账户制过程中所能遇到那些令人头痛的问题，这部分的探讨也得到了一些关于捷克共和国名义账户制实施结果的财务模拟的证实；最后，给出有关可能实施的名义账户制改革的一些结论。

第一节　捷克养老金制度面临的主要挑战

目前捷克的养老制度是以国家运营的、强制的、DB型现收现付制（PAYG）的支柱为主，该支柱向老年人、伤残者和遗属提供待遇给付，其中对老年人的养老金待遇给付占到全部支出的70%。现收现付制养老金的给付资金是通过基于雇员的全部收入和自雇者的一部分盈利来征收的养老金缴费来筹集的。而国家或者是直接通过向收支缺口提供资金，或者是

---

* 阿格尼斯卡·克洛恩—多明扎克（Agnieszka Chłoń-Domińczak）是现任波兰社会政策部经济分析与预测局副局长。她就人口老龄化及其对养老金制度的影响这个问题完成了她的博士学位。她曾任波兰养老金改革小组成员，负责准备1999年的改革。在关于养老金制度的不同项目上，她与世界银行、国际劳工组织（ILO）和经合组织（OECD）进行了合作，同时也是该领域内数份出版物的作者。电子信箱：Agnieszka. Chlon-Dominczak@mps. gov. pl。

马雷克·莫拉（Marek Mora）就职于欧洲委员会财政经济事务总司，同时也是华沙经济学院教授，并且是波兰新养老金制度的设计者之一和波兰养老金改革工作小组领导者。他是波兰总统和财政部长的经济顾问，也曾担任了许多外国政府的养老金政策顾问并且是该领域诸多出版物的作者。电子信箱：Marek. Gora@sgh. waw. pl。

该章为会议修订版本。作者感谢爱德华·帕尔默，他对本文的第一版做了很多有见地的评价，使最后的版本从中获益良多。

阿格尼斯卡·克洛恩—多明扎克按照世界银行的要求曾向捷克共和国劳动和社会事务部提供了一份报告，即关于捷克共和国实施名义账户制的几种可选方案，这份报告受益于来自捷克共和国劳动和社会事务部的伊日·克拉尔（Jiří Kral）和扬·斯科尔皮克（Jan Škorpík）以及来自世界银行的赫尔曼·冯·格斯多夫（Hermann von Gersdorff）的评论，本章包含了该报告的一些成果。

该章所表述思想仅限于作者个人观点，不要将其理解为他们各自所在机构的官方政策。

间接通过对计算养老金的非缴费时期（包括失业、高等教育、兵役和产假）予以认可，也对这个现收现付制养老金体制进行资助。

同几乎所有的欧洲养老金制度一样，捷克的养老金制度也面临着人口老龄化问题。目前，捷克人口的生育率很低，根据联合国在 2005 年的统计，捷克共和国 2000—2005 年的人口出生率排在全世界倒数第四位。另外，平均预期寿命已经提高，并且据预测还将进一步提高，这将导致领取养老金的人越来越多。根据捷克统计局的预测，老人赡养率（65 岁及 65 岁以上人口与 15～64 岁劳动适龄人口的比率）将从 2004 年的 20%上升到 2030 年的 40%左右。这是由两方面因素导致的：一是劳动适龄人口的减少（在 2000—2030 年期间将减少 14%左右），二是超过劳动年龄人口的增加（同期的增幅高于 60%）。

2030 年以后，老龄化过程将进一步加快。联合国人口预测表明，在欧洲国家中，捷克共和国同希腊、意大利和西班牙在 2050 年超过 65 岁以上的老年人所占人口的比例将最高。更重要的是，据预计，捷克共和国在 2000—2050 年期间的人口结构转变将十分突出。根据欧盟统计局在 2005 年的预测，老人赡养率在 2004—2050 年期间将几乎增加两倍，达到 54.8%，高于欧盟的平均值（52.8%）。据预计，老人赡养率的增长在欧盟中将高居第二位（见图 21.1）。

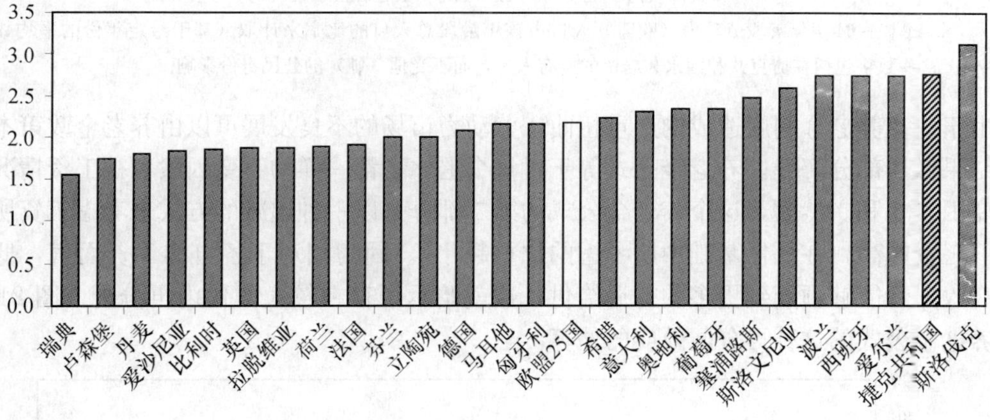

图 21.1　2004—2050 年欧盟各国老人赡养率的增长情况

资料来源：Eurostat（2005）。

这种不利的人口发展趋势将给养老金制度的财务可持续能力带来压力。自从 20 世纪 90 年代末以来，养老金体系已经数年出现赤字，根据国际货币基金组织估计，这一赤字预计将由 2025 年占 GDP 的 5%增加到 2050 年占 GDP 的 11%①。2002 年，捷克劳动和社会事务部（Ministry of Labor and Social Affairs）估测，为了支付养老金体系的债务，缴费率在 2030 年将不得不上升到 45%，几乎是 26%的缴费率的两倍②。

劳动力市场近期的发展变化也影响到了这个现收现付制养老金制度。一方面，尽管

① 见 Laursen（2000）。

② 见 Ministry of Labor and Social Affairs（2002）。

15～64岁年龄段人口数量在2002年创下了720万的记录，但是在职的劳动力（对15～64岁年龄段人口的统计）比例已经开始下降（见图21.2）。另一方面，结构性失业的比率已经相当高，而且还继续保持着轻微上升的态势。登记失业率不断增加，在2004年，达到历史最高的10.2%。

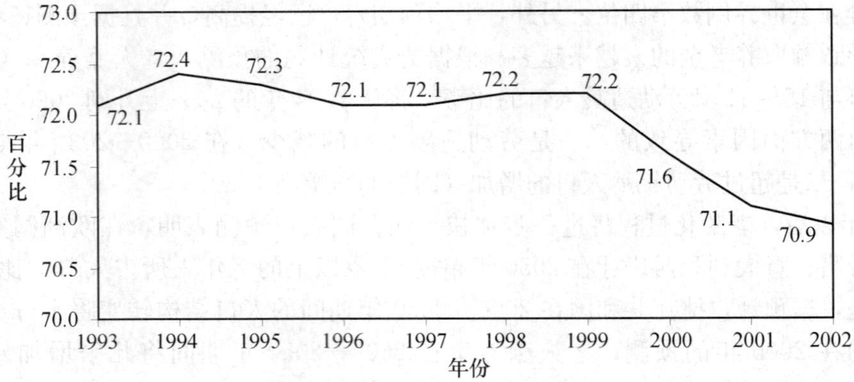

图 21.2　在职劳动力的比率[a]

资料来源：Pre-Accession Economic Programme（2003）。

a. 以15～64岁年龄段劳动力（欧盟）人口占该年龄段总人口的比率来计取（基于给定年份的平均数字)。这些数字包括在捷克共和国永久居留的所有人士，而不受他（她）的公民身份影响。

由于捷克养老金制度造成的严重扭曲，劳动力市场的不良发展可以由养老金政策本身导致的结果做出部分解释。养老金公式等于对每个退休者都一样的不变因素和视工资情况而定的可变因素之和。然而，这个养老金公式的第二部分是以一种递减的方式来考虑工资所占的份额（工资越高，在评估基础中所考虑的比重越小）。因为相对于各自的工资而言，低收入者比高收入者能够预期到更多的待遇给付，这就暗示了存在较大的代内再分配。图21.3给出了养老金公式的这种再分配效应的估算。

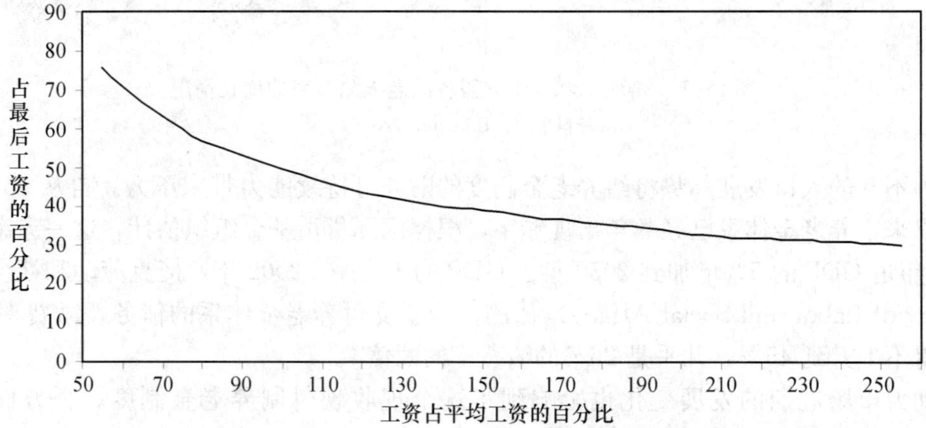

图 21.3　捷克现收现付制养老金制度在不同收入水平下的替代率

资料来源：Chłoń-Domińczak（2003）。

注：按照个人在62岁退休，投保42年来计算（如同在2002年评估基础中的限定，平均工资=CZK14，718)。

这就意味着，劳动收入的边际税收是高度累进的，并且在某一点上可以达到100%。养老金计划的这一特点，再加上劳动力市场的结构性问题，可以作为一个原因来解释为什么人们（尤其是具有低技术的人）经常会倾向尽早离开劳动力市场（多数通过提前退休）。结果，实际退休年龄要大大低于领取养老金的法定年龄。在2002年，女性的实际退休年龄是56岁，而男性的为59岁。

第二节　捷克养老金制度1990年以后的改革

自从1990年经济转型开始，捷克共和国对养老金制度进行了若干次改革。首先，在20世纪90年代进行了几次现收现付制的参量式改革。其次，在1994年设立了自愿参与的完全积累制支柱。最后，在2003—2004年的公共财政改革中，进一步实施了参量式改革。

一、现收现付制支柱的参量式改革

在20世纪90年代，政府成功地引入了一些现收现付制的参量式改革。最重要的是废除了某些特殊职业的养老金权利，这个过程是分两个步骤来完成的，在1990—1992年完成了部分改革，然后在1995年才完成全部改革。表21.1给出了20世纪90年代和2001年的参量式改革的总体概况。

表21.1　　捷克现收现付制养老金计划的参量式改革（1990—2002年）

1990—1992	•废除了一些特殊养老金，养老金费基只占净收入的35%（雇员为全部工资的100%，与之形成对比）的自雇者除外
1993	• 作为国家预算的一部分，为国家政策性融资（包括养老金）设立了一个专项缴费比率 • 设定了一个明确的养老金公式
1996	•制定了一部新的养老保险法（进行了几项参量式改革，旨在减轻财政负担，并增强代内公平），除了个别因素以外，将逐步提高法定退休年龄，到2007年，男性达到62岁，女性达到57～61岁（根据子女的数量而定）；缴费率由27.2%降低到26% •在国家预算中设立了特殊养老金账户（由于记入该账户的缴费只能用于养老金支出，而任何损失却是通过财政收入来补偿，因此是一项非对称措施）
1997	•收紧指数计算规则；缩短非缴费期限
2001	•严控提前退休条款

资料来源：作者分析。

二、第二支柱

除了参量式改革，1994年还引进了完全积累制的第二支柱。这是一个自愿参与而且缴费根据个人情况来支付的支柱，同时却可以得到国家预算的资助①。该支柱也进行了一些法规上的调整，主要目的是为了提高参与者存款的安全性。2003年（第二支柱建立后的第10年），在捷克的养老金保险市场上有12家私人养老基金在运作。尽管缴费参与者的数量可观

① 按照世界银行的表述，捷克的第二支柱即为第三支柱。

(超过现收现付制下参与人数的一半，几乎占到总人口的1/3)，但是第二支柱所积累的养老金资本仍然很低，2003年仅占到GDP的3.3%。

三、2002年以后的养老金改革过程

从中长期来看，捷克养老金制度中的第一支柱在财政上显然是不可持续的，必须实施改革。这一看法不仅得到了养老金专家的赞同，而且也为政界领导人所认可。但是，自从2001年以来，养老金改革实际上已经停止。国会拒绝接受一些改革方案（如建立独立的社会保险经办机构），改革进程陷入僵局，只有等待2002年大选。

大选后养老金改革方案的辩论愈演愈烈。面对着公共财政的大量赤字（2002年为GDP的6.8%，而2003年则高达GDP的11.7%），捷克政府决定对公共财政实施改革。因为养老金花费构成了全部国家预算支出的主要部分，所以在2003年所采纳的财政改革组合中更多的是现收现付制的参量式改革，这些改革措施在2004年开始生效。具体包括如下：

- 将大幅度地削减因为高等教育的原因被用来计算养老金权利的非缴费期限。
- 以仅仅一种暂时降低待遇给付的方式来消除提前退休的可能性。
- 提高自雇者的费基（相对于以前占净收入的35%，现在提高到50%）。
- 承诺在2004—2006年期间把养老金的增长仅仅限制在与法律所规定的最小指数相匹配的范围内（在所提到的两年期间，消费价格指数的增加再加上一个33%的实际工资增长率）。
- 逐渐提高退休年龄，到2008年，男性和女性的退休年龄都分别增加到63岁。
- 养老金缴费从26%提高到28%（因为对就业政策的缴费同时降低2%，所以全部社会保障缴费将保持不变）①。

2003年，捷克劳动和社会事务部的中期改革策略是沿着名义账户制的思路改造第一支柱，同时通过在自愿基础上建立与职业相关的第二支柱，尽可能地来拓展养老储蓄工具的种类。他们认为，到2010年才会实施名义账户制改革②。

第三节　捷克为什么把名义账户制视为改革的一个选项

在考虑改革的选择方案时，对1990年以来捷克共和国养老金“改革”之后的表现进行动态分析是值得的。人们普遍认为，在现收现付制养老金体制中，中长期的财务可持续性可以通过参量式改革来实现。虽然技术上是可行的，但是参量式改革在实践中会遇到一些问题。这种做法的主要困难就在于参量式改革往往是特事特办，缺乏明确的改革路线。因为是在即将退休甚至是已经退休的人员中进行经常性的调整，从经济学的角度来说，这就增加了改革的成本。这也造成了信誉问题，从政治阻力的角度来衡量同样是增加了改革的成本。人

① 这项措施是值得商榷的，一方面，这意味着已经很高的缴费率将有一个显著的增加，另一方面，在失业率不断上升的情况下，这将减少为现行劳动力市场政策提供资金的来源。

② 与此同时，对各种提议的改革方案将有更广泛的选择。为了对这些方案进行分析，政府于2004年决定成立一个独立的专家小组，其主要目的是对各种政党提出的养老金改革提案进行测算。

们之所以反对改革提案不是因为提案本身，而是因为存在着进一步变动的不确定性。政治家们也经常滥用参量式改革来迎合他们的政治客户群体，这一事实进一步加剧了人们对改革的普遍不信任。当政府在 2003 年的财政改革组合中提出削减非缴费期限和提高女性的退休年龄的议案时，遭到工会的强烈抵制，由此可见参量式改革在捷克共和国的受反对程度。

在养老金制度改革时，许多中等收入（转型）国家已经决定按照世界银行的改革标准来贯彻三个支柱思想。他们也经常把引入完全积累制支柱视为一种手段，来克服由参量式改革带来的上述困难。在欧盟的新成员国当中，爱沙尼亚、匈牙利、拉脱维亚、立陶宛、波兰，以及最近的斯洛伐克（2005 年 1 月 1 日）都纷纷进行了这种彻底的改革。而捷克共和国在这一方面与许多其他中等收入（转型）国家的情况大不相同。捷克共和国之所以走向了一条不同的改革道路，其主要原因就在于，人们对强制性完全积累制支柱存在着普遍的怀疑，这种怀疑是有一些渊源的。

第一，到目前为止，现收现付制的第一支柱尽管有缺陷，但是还未遇到任何严重的财务危机，因此，它被认为是捷克养老金制度中一个可靠、运行良好的部分，而且从总体上讲，也被认为是捷克政府运作规范、值得信赖的一部分。

第二，捷克民众和政治家们普遍怀疑资本市场的作用。可以在最近的历史中发现，这种怀疑有其特定的原因。在凭单私有化的过程中产生了很高的期望，人们相信，捷克的大多数人通过对私有化凭单（privatization vouchers）的交换获得股份后，捷克共和国将建立起“所有权社会”。但是，在进行了两波凭单私有化之后，因为资本市场监管不善和企业管理落后，许多人发现他们的股票价值消失了。在捷克的第二支柱中运作的私人养老基金也提供了具体的经验教训，其表现到目前为止并不十分令人满意，在 1995—2003 年期间，每年的实际净回报率平均只有 0.7%（见表 21.2）。

表 21.2　　捷克第二支柱每年的实际净回报率（RNRR）　　单位：%

	1995 年	1996 年	1997 年	1998 年	1999 年	2000 年	2001 年	2002 年	2003 年	年平均
RNRR	0	0.2	0.3	−2.3	3.9	0.3	−0.6	1.7	3.1	0.7

资料来源：The Ministry of Labor and Social Affairs（2002）。

第三，主要是在 1995 年以后，人们才开始意识到现收现付制养老金支柱的财务中长期发展问题。一方面，这种认识的提高是与对养老金思考模式的转变息息相关的，这种转变很大程度上是受到了 1994 年世界银行报告《防止老龄危机》出版的影响。另一方面，因为信息技术的广泛应用，人们具有更为深刻的洞察力，这就使得对养老金制度的财务状况做出更长期的预测成为可能。但是，在那时自由—保守的政府不得不处理更为迫切的问题，如 1997 年的金融危机。从 1998 年以来，社会民主党政府因为几种原因没有支持引入强制性的完全积累制养老金支柱，其中一部分原因是关于技术的。虽然发现并承认捷克共和国养老金的第一支柱确实有一些问题，但是，对于那些宣称引入第二支柱可以获得的经济利益（可以更好地应对人口老龄化问题，增加储蓄，减少劳动力市场扭曲，深化资本市场以及带来经济的高增长）仍然持怀疑态度①。与此相反，从现收现付制向完全积累制转变的融资过程中将出现代际间的再分配，与这种再分配相关的政治性费用却是肯定存在的（见表21.3）。养老金专家当前正在对转向强制性完全积累制的不确定性经济效果进行讨论，这也使得这种彻底的养老金改革会因为"意识形态"的原因很容易遭到反对。

表21.3　现收现付制转向完全积累制融资的成本和收益

经济收益	
较高回报率	不确定（风险调整，转型成本和管理费用）
较高储蓄	不确定
资本市场深化	可能
消除劳动力市场扭曲	没有（更确切的说是从DB型转向DC型）
较高经济增长	不确定
更好的应对人口老龄化	有限
政治成本	
转型融资的代际再分配	几乎可以肯定

资料来源：作者分析。

总之，以下三个因素合起来就解释了捷克共和国为什么把名义账户制视为改革的一项选择的原因：一是承认当前的养老金政策是不可持续的；二是缺乏对现存制度的参量式改革的社会支持；三是不管是基于技术的原因还是基于意识形态的原因，在政治层面上普遍怀疑强制性的完全积累制支柱。

第四节　建立名义账户制的优势

未来几十年，捷克共和国经济和人口状况将可能发生显著变化，所以引入名义账户制支柱会有很多优势。首先，因为名义账户制的自动调节机制和几乎为零的转型成本，养老金制度的财政状况将得到改善。其次，在劳动力供给和流动上，名义账户制也将有一个正的效应。第三，名义账户制比其他制度更透明，因此可以降低必要的调整费用。第四，名义账户制有助于形成进一步改革的政策优势。

一、财务稳定及其对人口结构变化趋势的自动调节

通常认为，名义账户制最大的经济优势就在于其高度的财务稳定性，而这种稳定性来自于其适应经济和人口状况的变化的内置的自动稳定器。最重要的是，在名义账户制计划中，对于任何给定的寿命预期，个人账户价值的净现值总是等于该人权益的预期值。当经济和人口状况波动时，名义利息和年金因子将导致养老金给付水平的调整。配套完善的名义账户制计划将使自身适应人口老龄化的冲击，而不管这种冲击是否被预料到。

① 通过巴尔（Barr，2000），林德贝克和佩尔松（Lindbeck，Persson，2003），汤普森（Thompson，1998）及其他人的研究，已经出现了怀疑的观点。

虽然名义账户制的批评者正确地指出了现收现付制会因为内置稳定器时间滞后的原因仍然会出现短期的财政不平衡，而且他们也指明当对待遇公式进行适当的反复调整后，传统的DB型现收现付制计划一样可以实现长期的财务稳定[①]。从经济的角度来讲，这种批评无疑是对的。但是，从政治经济学的角度来看，仅就其规则导向的制度特征而言，名义账户制养老金计划是要远远优于传统的养老金计划的。如前所述，传统的参量式改革允许审慎性措施的运用，而名义账户制的回报率直接由经济和人口因素决定，而且，在管理上，除了应用于完全积累制计划的处理权限外，不存在任何其他的处理权限[②]。

二、无需转型成本

从财务稳定性的角度而言，另一个重要的优势就在于从DB型向名义账户制过渡不需要任何的额外融资。因为这两个制度都是运行在现收现付制基础之上的，所以当前的缴费仍然用于当前的支出。隐形养老金债务常常被认为是建立资本积累制的主要障碍，在这里，因为精算规则的严格执行，隐形债务将不再增加。DB型与名义账户制的区别就在于养老金权益计入的方式不同。因为转型是一个长期过程，旧制度的养老金仍然会用于支付引进名义账户制改革时正在工作的所有人，所以在短期内赤字依旧可见。

为了使转型成本降到最小，实施名义账户制改革还应该有一些配套措施，这些必要措施如下：

- 把养老金指数限制到法定最低值（实际工资增长的1/3）。
- 快速提高男性和女性的退休年龄。
- 基于子女的数量，使男性和女性的退休年龄一致，消除提前退休。

三、劳动力市场中性的、明确的权衡关系

与传统的DB型养老金制度相比，名义账户制不会对劳动力市场造成扭曲。因为该养老金计算公式是以精算调整为基础的，所以边际税率应该接近于零。对于提前退休没有内在的激励，个人只能在替代率和退休年龄之间做出选择。如果推迟退休，通过额外的缴费以及账户中额外的应计利息，其个人名义账户的价值将增加。另外，因为预期的受益期限缩短（退休年龄越高，剩余的预期寿命越短），也有助于提高养老金待遇给付。因为边际税率接近于零，工人可以把名义账户制缴费视作个人储蓄计划，而不是看作税收楔子（tax wedge）的成分[③]。另外，名义账户制还允许对现行劳动力的退出方案进行单独设计。

因此，可以预料到，名义账户制计划将提高劳动适龄人口的就业率。尤其重要的是将增强老年工人的就业能力和提高女性就业参与的程度。捷克共和国老年工人的就业率仍然远远低于欧盟在里斯本战略中设定的目标[④]。女性的就业率还远低于男性，特别是在55～64岁之间（见表21.4）。

---

① 对这项改革计划最有代表性的批评是Disney（2000）与Valdés-Prieto（2000）。

② 见Palmer（2002）。

③ 见Góra和Palmer（2004）。

④ 里斯本战略（Lisbon Strategy），是欧盟于2000年所采纳的，旨在落实行动，使欧盟在2010年前“成为世界上最具竞争力和活力的知识型经济体系，能够实现可持续的经济增长，提供更多、更好的就业机会，加强社会凝聚力”。为实现这一目标，欧盟地区的就业率要达到70%的水平，女性就业率达到60%，老年工人（50～74岁）就业率达到50%。

表 21.4　　2004 年就业率

就业率	总计	男性	女性
15～64 岁年龄组	64.2	72.3	56.0
55～64 岁年龄组	42.7	57.2	29.4

资料来源：Eurostat（2005）。

名义账户制计划不仅使在养老金待遇给付水平与退休年龄之间进行的权衡变得清晰起来，而且更为重要的是，因为这种权衡可以在纯粹个人层面来做出决定，退休年龄不再是政治上所要考虑的变量。政治上唯一要设定的变量就是最低退休年龄，确定个人可以开始领取养老金给付的最早时间。最低退休年龄不应该定得过低，避免有太多人还没有达到维持生计的最低养老金就退休，这会给公共财政带来压力。最低退休年龄也要反映老龄化的过程，特别是在长寿上的变化。

图 21.4 显示了模拟的结果，对 2002 年现收现付制计划下的养老金给付价值与名义账户制下的给付价值进行了比较。这两种情况都假定，一个人从 20 岁开始他（她）的职业生涯，一直工作到退休年龄，具有平均水平的工资收入。该比较是以 DB 型公式为基础，并且假设给付不会因为提前退休而削减，也不会因为推迟退休而增加。

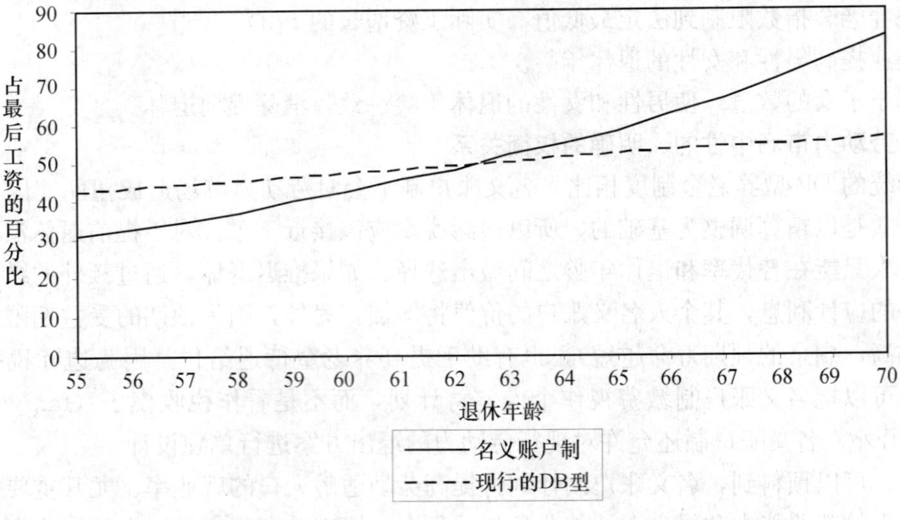

图 21.4　捷克共和国名义账户制与 DB 型养老金的模拟对比（2004）

资料来源：Chłoń-Domińczak（2003）。

注：假设实际工资增长水平和名义账户指数均为每年 3%。

应当指出，在 2002 年的养老金制度下，提前退休（直到达到退休年龄之前的两年）将遭到额外的惩罚。

• 养老金的计算基数（基于退休之前十年的平均收入，调整的个人评估基数）每提前退休 90 天降低 1.3%，但是在法定退休年龄之前，最长不超过 2 年。这一降低是暂时的，在达到退休年龄之前有效。

• 养老金的计算基数每提前退休 90 天将降低 0.9%，但是这是在法定退休年龄之前 2～3 年之间，这一降低却是永久性的。

对于推迟退休也提供“奖励”，即达到退休年龄以后，每工作 90 天养老金计算基数将提高 1.5%，将略微改变上述数字。但是，因为这个调整仍然低于精算中性的标准。大部分退休人员决定在法定退休年龄之前退休。

在名义账户制下，假定缴费率等于工资的 20%。预期寿命的计算是以 2000 年的数据为基础，取全部男性和女性的平均值。替代率是基于总工资来计算的。虽然是基于相对简单的假设，但是模拟的结果还是能显示出，在两种制度下，预期的待遇给付在 62 岁时是相似的。如果退休年龄低于 62 岁，名义账户制将提供较低的给付，但是超过 62 岁，名义账户制将提供更高的养老金。

因此，如果工人继续工作更长时间，名义账户制计划将为未来的养老金引入一个精算上更为公平的价值。籍此，向名义账户制转型将对推迟退休决定提供更多的激励。

四、劳动力的流动

建立名义账户制的另一个原因是，名义账户制对在国家间迁移的工人提供充分的养老保障将变得很容易。尽管当前的劳动力流动程度仍然很低，但是随着产品市场和金融市场的进一步融合（尤其在欧洲），劳动力流动程度将可能提高。对于在国际间迁移的工人来说，养老保障将成为一个主要问题，而名义账户制方案看起来特别适合这种情况。

五、透明度和较低的转型成本

在名义账户制中，每个人账户的现值是已知的并且对待每个人是公平的。这种增加的透明度是名义账户制最大的优势之一。较高的透明度降低了养老金计划在经济上和政治上的转型成本。

首先，从最佳的跨期消费烫平的观点来看，透明度是重要的。参加名义账户制养老金计划的成员都事先知道他们在工作期间所积累的养老金资本，这使得他们对个人储蓄和“正确”的退休时间能做出明智的选择。与此相反，DB 型养老金频繁的不可预期的调整将显然是个人决定的次优选择。

其次，从政治经济学的角度来说，名义账户制的高度透明性也是重要的。因为名义账户制公式对实际缴费提供养老金权利，所以不包含任何的收入再分配因素。出于同样的原因，制度对大家都一视同仁，这就使得名义账户制概念对民众更加透明。养老金计划财务不平衡的历史表明，出现这种不平衡的部分原因就在于对某种决定的后果缺乏了解，同时部分原因还在于政治家们对这种决定有意识地滥用。因此，不论是无意识的结果还是有意识地滥用，都给养老金计划带来了变动的风险，而名义账户制计划的透明度将从根本上降低这种风险发生的概率。

六、名义账户制和改革偏好的形成

来自制度经济学的观点一方面认为制度是选民偏好的结果，另一方面认为制度也能对选民偏好的形成施加很大的影响。如果养老金政策的偏好是内生的，我们就会认为名义账户制改革可以作为一种机制，对未来政策选择形成偏好。

博埃里、伯尔施—苏潘和塔贝利尼（Boeri，Börsch-Supan and Tabellini，2001）的研究

表明，人与人之间拥有的信息水平似乎不仅依赖于个人的特征（年龄、性别、收入和教育），而且依赖于养老金计划的制度特征，尤其依赖于养老金计划的个人化程度，这又反过来影响养老金参加者的信息质量。博埃里、伯尔施—苏潘和塔贝利尼（Boeri，Börsch-Supan and Tabellini，2001）的研究说明，德国人、意大利人，其次是法国人都比西班牙人相对更为了解他们的养老金（成本）。来自德国、意大利和法国的受访者大约有 3/4 预计到了会进行养老金改革，其将大大降低公共养老金的给付水平，而在西班牙只有 47%的受访者预期到了这种情况（Boeri，Börsch-Supan and Tabellini，2001，p. 25）。上述这些情况可以理解为德国和法国养老金计划（所谓的积分制）的长期社会保障（俾斯麦式）传统和意大利名义账户制养老金改革的结果所致。在这些国家，只要是公平的，人们愿意接受养老金的削减，这种"公平"反过来是来自人们对累积的个人养老金权利的理解。同样在波兰 1999 年养老金改革的准备期间，民意调查中的大多数受访者倾向于在缴费和养老金给付之间建立起密切的联系①。

此外，博埃里、伯尔施—苏潘和塔贝利尼（Boeri，Börsch-Supan and Tabellini，2001）的研究同时也指出，人们对于选择从现收现付制养老金计划退出并承担相关转型成本的意愿相当低。在所有被研究的这四个国家（德国、法国、意大利和西班牙），如果考虑到转型的负担，只有不到 10%的受访者愿意选择退出（p. 31—32）。

换句话说，名义账户制养老金改革能够使人们了解养老金计划的实际成本。同时，比起相对应的另外一种主要改革计划，即 DC 型积累制计划，名义账户制改革实施起来更容易一些。这种制度上的优势应该予以考虑，一方面，进入名义账户制的成本很低，尤其是与完全积累制改革的成本相比较；另一方面，名义账户制对进一步的改革不会产生任何新的障碍。

第五节　从捷克的角度来看名义账户制改革的主要风险

捷克共和国名义账户制改革有四类主要风险：公平的风险，资产组合的相关风险，政治经济学的风险以及管理能力建设的风险。

一、公平

首先，可以从福利经济学的角度来考虑公平性问题。如果假定养老金领取者比工人（缴费者）更加厌恶风险，那么，就要对养老金进行比缴费率变动更为温和的调整。在名义账户制中，缴费率是固定的，养老金在很大程度上取决于工作期间工资额的增长，预期的工资增长以及在退休时的预期寿命，这意味着比原来的 DB 型养老金制度变得更糟。然而，无论是工资的增长还是预期寿命都不会突然改变。这种透明的制度让工人了解如何计算他们未来的名义账户制养老金，在消费行为上做出事先的恰当的调整。

其次，可以从政治经济学的观点来考虑公平性问题。捷克共和国的养老金公式，尤其是均等比例部分和累退型工资相关部分，旨在从富人向穷人进行再分配。可以预期，相对于各自的工资水平，低收入者的福利水平可能高于高收入者。此外，指定的非缴费时期也被用来

① 见 Chłoń（2000）。

养老金计算。相比之下，名义账户制只是对实际缴费赋予养老金的权利，具有同样缴费和同一年龄退休的人可以预期到相同的养老金待遇①。由此看来，名义账户制最重要的因素之一是降低了代内转移，但是这种考虑并不是很明确。

一方面，DB 型养老金制度的再分配也可能存在许多不足之处。第一，因为非缴费时期的融资成本没有被立即支付，而是在退休以后提供，所以与非缴费时期相关的再分配被推迟。因此，一旦出现人口老龄化，与非缴费时期融资相联系的额外的更为沉重的负担将落在年轻一代人身上。第二，计算评估基数的方法也可能干扰再分配的方向。如果这个方法是基于职业生涯结束时的收入历史，那么刚好在退休年龄之前倾向有较高收入的人将成为“赢家”。这样就可能出现，工作时间较长但是工资较低的人将有更低的养老金，即使缴费一样也是如此。第三，DB 型养老金公式经常被视为不公平，导致那部分不能从额外缴费中获得好处的人纷纷回避。

另一方面，名义账户制的代内再分配将使低工资或者职业生涯中断的工人避免得不到足够的退休收入成为可能。

现有的实施名义账户制计划的国家，如拉脱维亚、波兰和瑞典，纷纷引入了最低养老金保障的概念。来自于国家预算的财政收入将填补名义账户制的养老金，使之达到法定的最低待遇水平。对于需要的人，社会救助应该基于收入调查来提供。但是社会救助应该从社会保障养老金制度中分离出去，成为总的社会救助计划的一部分，通过财政税收来融资。

如果捷克共和国的最低养老金水平定为平均工资的 30%（缴费率等于 20%），其模拟的结果在图 21.5 中给出。该模拟结果表明在 20 岁开始工作到 62 岁退休的人，如果收入低于平均工资的 60%才有资格得到最低养老金保障（假设名义利率为 3%）。

另一个可用的解决办法是引入由财政收入来融资的均等养老金给付。对于具有不同工资水平的人，图 21.6 的模拟给出了这种解决办法的结果。该模拟假设均等养老金给付水平是平均工资的 25%，名义账户制养老金的缴费率为 12%。

图 21.7 给出了两种模拟的替代率比较。与最低保障概念相比，均等给付这种情况下养老金分配更为平缓，这对替代率产生了影响。对于引入最低养老金保障的模拟，低收入者的替代率是增加的，而不在最低保障范围内的人的替代率是保持不变的。而在均等养老金给付的情况下，替代率将随着收入的增长而不断下降。

在选择合适的方案时，有必要进行长期的财务预测。在老龄化的情况下，提供均等养老金的成本将随着赡养率的提高而增加。而就对最低保障进行填补的方案来说，国家预算的成本也会增加，但是因为来自国家预算补助的水平较低，所以其成本不会达到同一水平。

这类再分配拓宽了融资基础，就像根植于 DB 型养老金制度的再分配一样，它不仅仅局限于养老金缴费，从社会的角度来看更为公平，并且对劳动力市场的扭曲也较小。正如前文所讨论的，为了保证这种最低保障支出的合理，接受最低保障的最低年龄应该定得相对较高，并且随着预期寿命的增加而提高。

① 以波兰为例，可以看到，在民意调查中 76%的人回答，他们希望在养老金制度中将缴费和待遇给付直接联系起来（Chłoń，2000）。

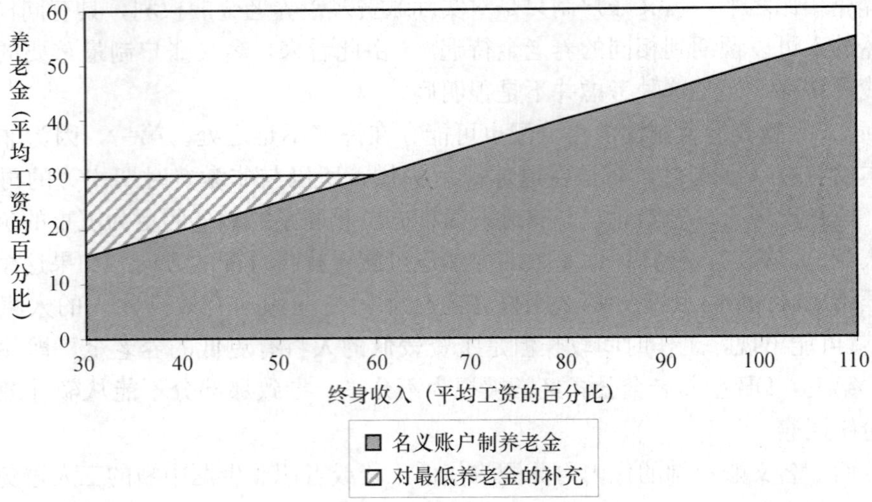

图 21.5　最低养老金保障的功能

资料来源：Chłoń-Domińczak（2003）。

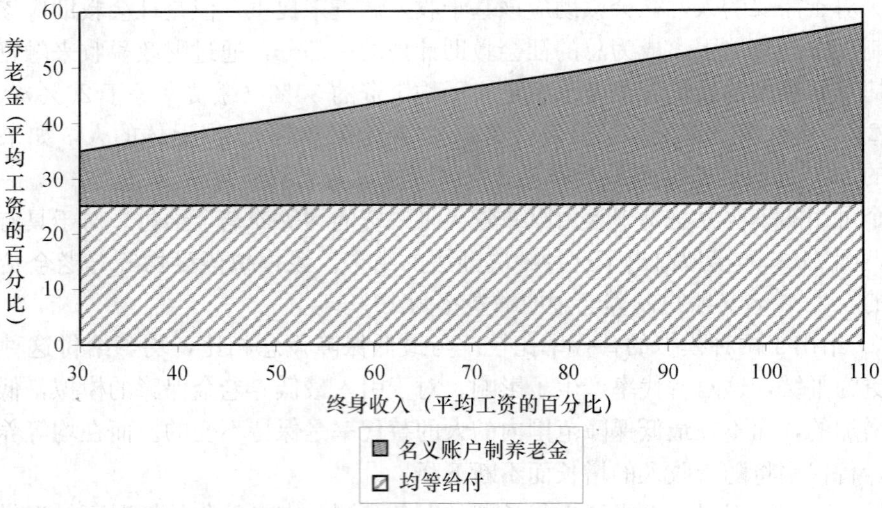

图 21.6　一个选择：均等给付加名义账户制养老金

资料来源：Chłoń-Domińczak（2003）。

二、资产组合的相关事项

完全积累制养老金改革的倡导者指出，名义账户制改革不能提供资产组合的好处，即两种养老金融资方式（现收现付制和资本积累制）将面临不同的风险。但是，名义账户制改革不能提供资产组合的好处的论断还至少需要两种有说服力的评判。第一，两种养老金融资方式到底在多大程度上面临着不同风险，特别是考虑到人口因素，这个问题是有争议的。第二，应该由个人来选择资产组合构成，用于向退休阶段的消费提供资金。正如迪斯尼（Disney）在 2000 年指出的，随着公共承诺的日益削减，向制定私人退休储蓄安排的个人提供激

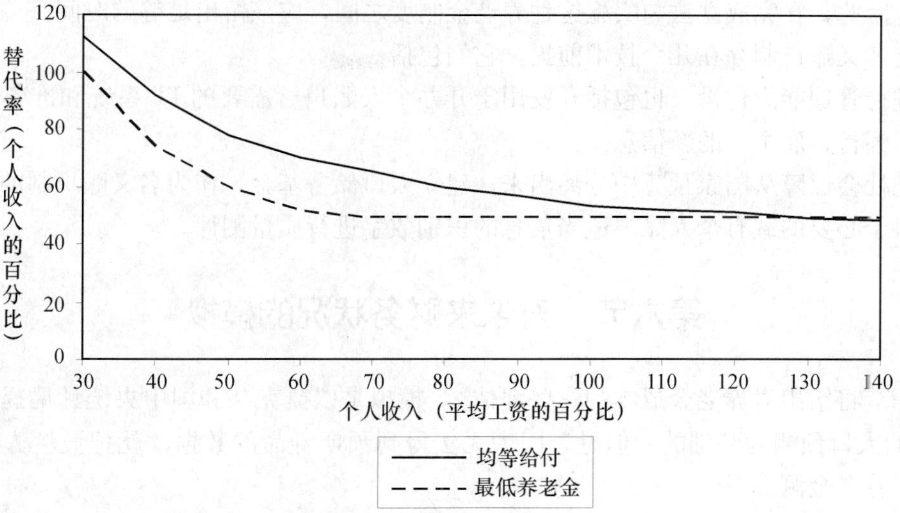

图 21.7　替代率：最低保障与均等给付的对比

资料来源：Chłoń-Domińczak（2003）。

励的“自愿”路线已经被证明是一种受欢迎的改革形式。名义账户制改革使养老金给付根据每个人的缴费和退休年龄而定。如果人们提前知道了这个近似的名义账户制养老金的有关信息，那么他们就会用各自选择的长期储蓄计划（私人养老保险、人寿保险、抵押贷款等）来对名义账户制养老金进行补充。为了实现这一目标，政府应该同等对待各种形式的长期储蓄计划。

三、政治经济学

任何养老金改革的主要弱点都在于它的政治可行性。名义账户制改革基本上只包括了两方面的调整，一是通过改变账户的回报率对当前养老金权益的调整，二是对计算年金的预期寿命的调整。特别要指出的是，名义账户制框架中的这些调整是明确的，而且得不到未来给付任何承诺的补偿。这与完全积累制养老金改革形成了重要的对比，这已经表明了在现收现付制的国家支柱中养老金的短期削减将多于在完全积累制的私人支柱中对长期待遇给付所作的补偿。

对于名义账户制改革，另一个重要的政治经济学上的考虑是它没有任何天然的倡导者。通常情况下，完全积累制养老金改革能够得到私人金融机构的支持，因为他们往往可以从中渔利，与之相比，名义账户制改革却不是这种情况。只是在最近，作为养老金改革领域主要智囊机构的世界银行才开始推动这项改革方案。

四、管理能力建设

向名义账户制转型需要在管理上进行大量的准备。建立个人账户是对技术和操作的挑战，通常，这种改革需要在养老金制度体系中记录各种资金流和信息流。在个人化的养老金制度中，还有很多程序，其中最重要的是对支付的汇总和指派，而所有其他的过程（登记、转移，等等）都要来支持这个主要程序。不过，它们必须履行质量标准，确保适当的支付派发。因为要维护所有的被保险人的个人账户，所以名义账户制对社会保障管理者提出了很高的要求。因此，在完成立法与实施这种养老金制度之间，应该留出足够的时间。

设立名义账户制存在几个技术前提。它们包括：

• 进行管理能力建设，也包括开发用于开办个人账户所需要的 IT 系统和准备所有参与者（包括银行、雇主）的新信息。

• 把社会保障从国家预算中分离出来；建立人口储备基金，作为名义账户制的稳定器。

• 对于必要的载有个人账户适当信息的识别数字进行质量测评。

第六节　对未来财务状况的模拟

这一节将给出对养老金成本的一些评估①。模拟是以捷克共和国中央统计局提供的直到 2030 年的人口预测为基础的。但是，因为无法得到预期寿命的数据，就把波兰人口的相关数据用于养老金测算。②

其他假设包括：

• 每年工资的增长率为 3%。

• 基于 2002 年数据，取一个恒定的就业率。

• 在实际工资增长的 33%的水平上设定实际养老金指数。

• 名义账户制的假设：

  • 名义账户制的缴费率为工资的 20%。

  • 名义账户指数等同于工资的增长。

  • 养老金待遇给付公式等于退休时积累的资本价值除以相应的预期寿命。

  • 把旧体制下的养老金权利算作 2003 年底应计养老金权利的一个百分比。

图 21.8 给出了模拟的结果，该模拟在计算应计养老金权利时使用了刚才所作的假设，同时还假设退休年龄为 62 岁，所需的投保时间为 25 年，在 20 岁开始工作并且整个时期获得平均水平的工资收入。初始养老金的作用对于更为年轻的人是下降的，而全部养老金价值相对稳定。以波兰为例，该国的初始养老金是通过应计养老金权利乘以 62 以后的预期寿命得到的，相对而言，这里的方法在计算养老金权利时将导致平等地对待所有的工人，因此在养老金权利转换过程中，具有较低退休年龄的妇女将遭受损失。③ 这种假设也有缺陷，即当预期寿命增加时，应计养老金权利的价值却仍然不变。对比在所有的养老金权利都要随着预期寿命的变化而进行调整的情况，这种假设可能增加养老金的支出。

对两种退休年龄方案进行测算。第一个方案假设到 2008 年退休年龄达到 63 岁（当前改革方案），但是，为了取得这一目标，在养老金领取者的当前年龄结构下，因为大多数人在较为年轻时就已经退休了，所以在 2005—2009 年期间应该没有妇女实际上退休。第二种方

---

① 这里是基于非常有限的信息所进行的模拟，因此该模拟应视为对改革结果总的方向予以说明。此外，当着手处理所探讨的养老金改革实际提案时，有必要进行更为详细的模拟。

② 2005 年 6 月，养老金改革管理团队针对名义账户制改革和其他的改革方案，提供了一套最全面的新模拟。

③ 见 Chłoń-Domińczak（2002）。

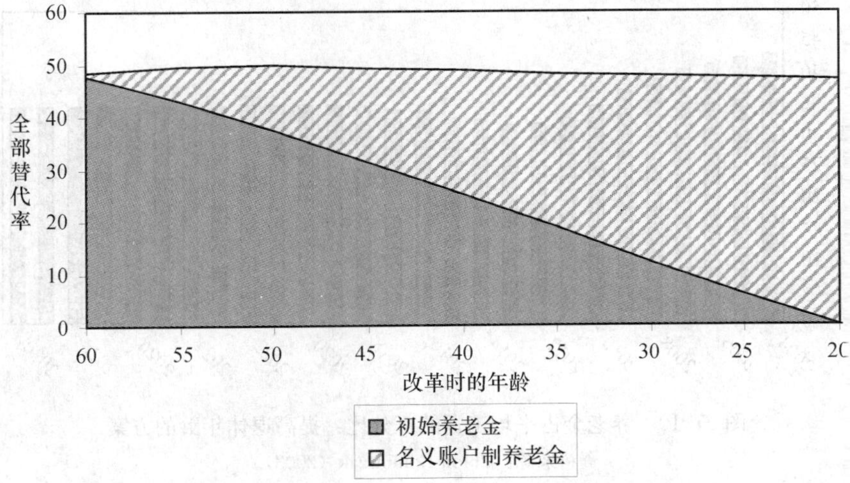

图 21.8　养老金的模拟价值：初始养老金和名义账户制养老金对转型中各年龄组成员的影响

资料来源：Chłoń-Domińczak（2003）。

案假设当前的退休年龄保持不变。

一、提高退休年龄的方案

假设退休年龄提高，与当前水平相比较，在职者数量和养老金领取者数量之间的关系将得到缓解，导致赡养率的降低（见图 21.9）。

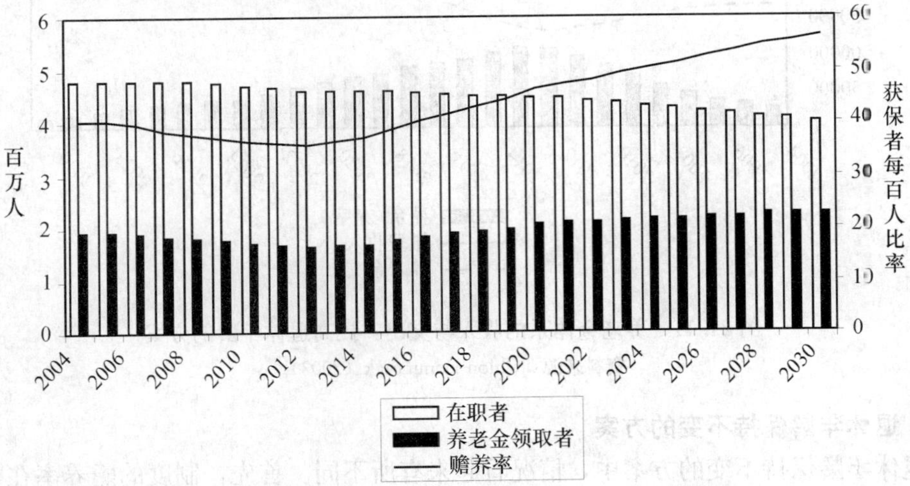

图 21.9　在职者和养老金领取者：提高退休年龄的方案

资料来源：Chłoń-Domińczak（2003）。

因为目前的待遇给付指数已接近消费物价指数，所以改革后平均养老金与平均工资的比率也可望降低。在模拟的第一年观察到的下降是因为只有少量新的领取养老金的人。因此，待遇给付因为假设的指数水平而降低（见图 21.10）。

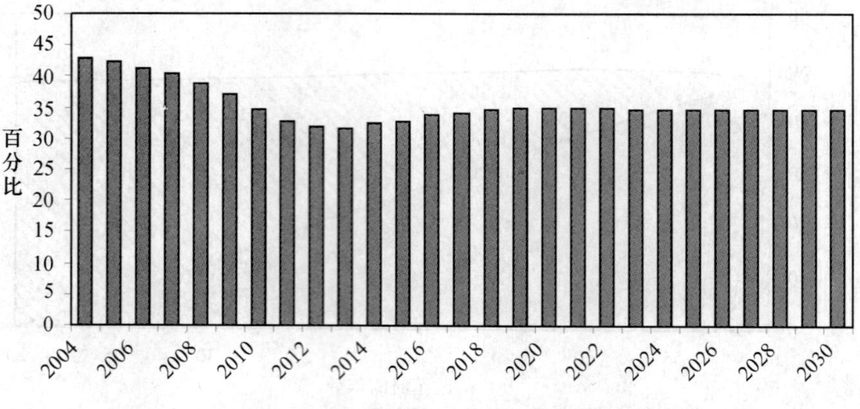

图 21.10　养老金占平均工资的百分比：提高退休年龄的方案

资料来源：Chłoń-Domińczak（2003）。

结合以上两种效应，养老金的总支出应该下降，养老金体系应该产生盈余，特别是在2008—2020年之间。在这以后，随着人口老龄化的加速，收支差额将可能减少（见图21.11）。

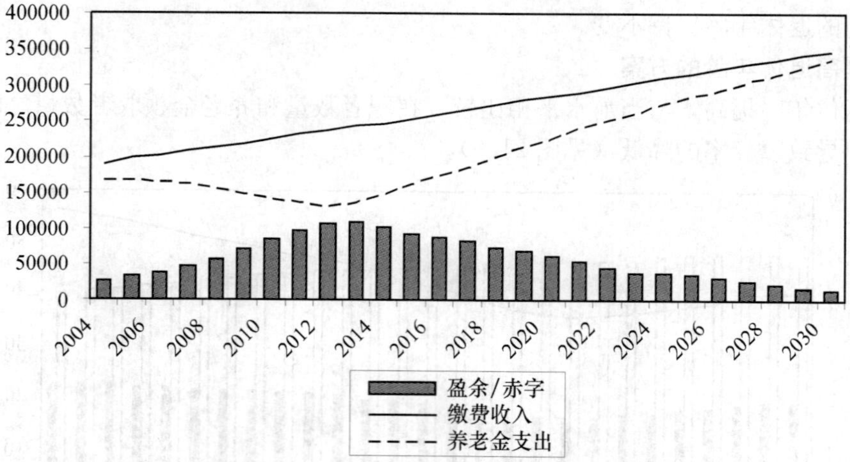

图 21.11　养老金体系的收入与支出：提高退休年龄的方案

资料来源：Chłoń-Domińczak（2003）。

二、退休年龄保持不变的方案

在退休年龄保持不变的方案中，情况看起来有所不同。首先，制度的赡养率在整个模拟期间都保持增长（见图21.12）。

其次，因为新的养老金领取者的加入没有受到影响，所以平均养老金与平均工资的比率虽然一直在下降，但是以一种较低的速度在下降。可是，在预测期结束的时候，相对于提高退休年龄的情况下，该方案的平均养老金水平只是略微有点低。这是因为养老金精算公式所致，在当前的退休年龄下该公式将得出更低的养老金（见图21.13）。

最后，养老金的总支出将一直增加到超过预期的缴费收入，这表明养老金制度存在着破

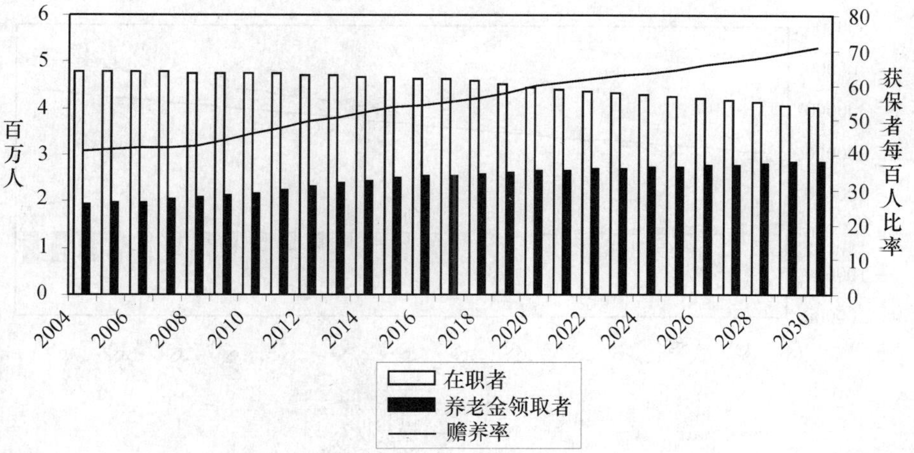

图 21.12　在职者和养老金领取者：退休年龄保持不变的方案*

资料来源：Chłoń-Domińczak（2003）。

*右侧数值轴标签在原文中是 0～60，但是经过译者仔细比对，认为应该是 0～80，并做出相应变动。其原因有二：一是图中赡养率曲线应该是由养老金领取者人数（黑色柱）除以在职者人数（白色柱），基于这种关系，右侧数值轴标签改为 0～80 更为恰当；二是与图 21.9 中赡养率曲线对比，一般认为提高退休年龄意味着赡养率的降低，改动后的标签更能反映这种关系。——译者注

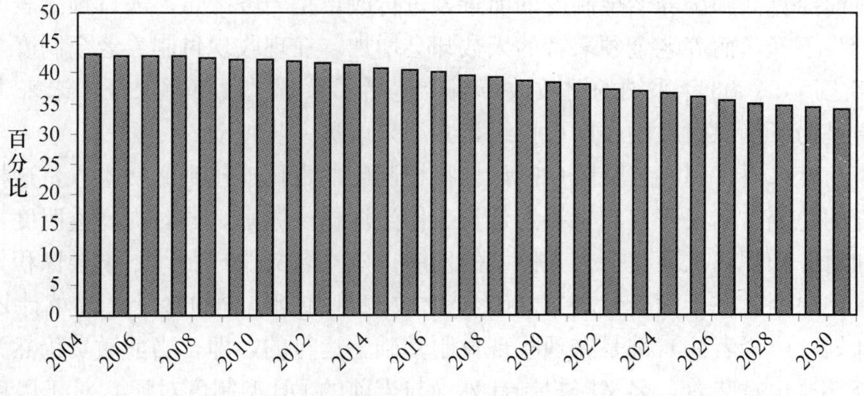

图 21.13　养老金占平均工资的百分比：退休年龄保持不变的方案

资料来源：作者测算。

产的巨大风险。上述情况主要应该归因于退休年龄偏低，由此导致未来领取养老金人数的增加和向养老金体系缴费人数的减少（见图 21.14）。

模拟的结果表明，单独实施名义账户制不足以改善养老金制度的财务状况，其他一些改革，如提高退休年龄和降低养老金指数水平也是必要的。

在进行全面改革的情况下（即包括向名义账户制转型，改变养老金指数和提高退休年龄），预计在未来几十年养老金制度体系可以产生一些盈余。这表明在预期人口老龄化变得更为严重的时候，这仍将为未来几十年的储备积累留有余地。

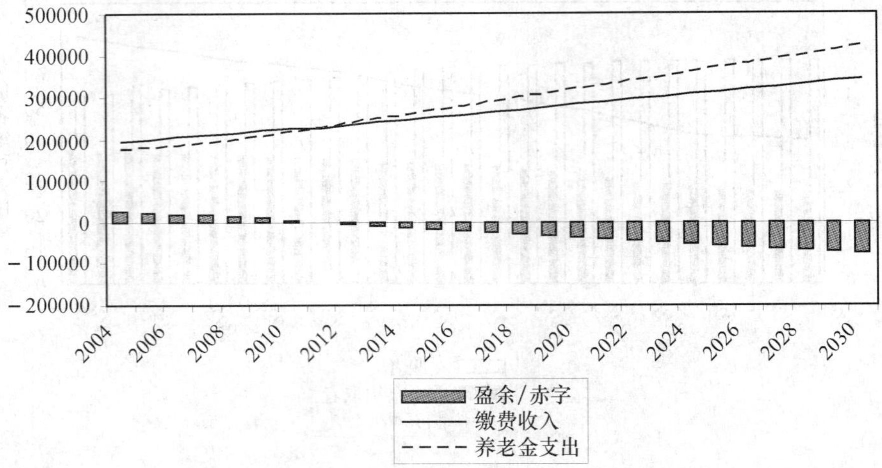

图 21.14　养老金体系的收入与支出：退休年龄保持不变的方案

资料来源：Chłoń-Domińczak（2003）。

第七节　结　论

鉴于目前捷克共和国养老金制度的前景，进行改革是当务之急。人口预测表明工作适龄人口的数量将下降，而养老金领取者的人数却会增加。在现收现付制养老金制度几年来一直面对着赤字之后，2003 年采纳的财政改革组合包括了参量式改革，保证了未来十年财政的可持续，但是为了确保财政的长期可持续，必须采取进一步行动。

从这个角度来看，引入名义账户制计划将把制度的责任连接到缴费收入，这样就实现了养老金制度的稳定。名义账户制也将为延长工作生涯提供激励，同时提高透明度，这又反过来可能增加财务知识，从而支持个人储蓄的发展。建立名义账户制计划不会像积累制那样产生转型成本，原因就在于两套计划（2003 年财政改革组合包含的参量式改革计划和名义账户制改革计划——译者注）都是在现收现付制基础上运行的，即，当前缴费仍然为当前的支出提供融资。这也意味着，名义账户制计划（与当前的 DB 型制度对比）对于以后引入积累制不会产生任何额外的转型成本。进一步说，因为待遇给付是与缴费密切联系在一起的，名义账户制对缴费提供相似的微观层次的激励。

因此，看起来这项改革选择方案可能是有吸引力的，但是，名义账户制改革也可能有些缺陷。批评名义账户制的内容之一是该制度取消了收入再分配，并且不能拓宽退休融资的资产组合。但是，这种批评并非是完全无懈可击的，例如，收入再分配可以通过设立最低养老金保障来继续进行。关于退休时为消费提供资金的资产组合，名义账户制的透明性能够使人们对各自的私人储蓄做出选择。从政治的角度来看，名义账户制的主要缺点就在于它不提供任何未来的待遇给付作为实际养老金即时削减的交换，并且没有天然的倡导者。另外，名义账户制改革也需要管理能力建设。

所设计的模拟表明，向名义账户制转型（与养老金指数的变动和退休年龄的提高相配合）将成为捷克共和国可行的改革方案。

参考文献

Barr, N. 2000. "Reforming Pensions: Myths, Truths, and Policy Choices." IMF Working Paper WP/00/139, IMF, Washington, DC.

Boeri, T., A. Börsch-Supan, and G. Tabellini. 2001. "Would You Like to Shrink the Welfare State? A Survey of European Citizens." *Economic Policy* (April): 9-50.

Chłoń, A. 2000. "Pension Reform and Public Information in Poland." SP Discussion Paper 0019, World Bank, Washington, DC.

Chłoń-Domińczak, A. 2002. "The Polish Pension Reform of 1999." In *Pension Reform in Central and Eastern Europe, Volume 1, Restructuring with Privatization: Case Studies of Hungary and Poland*, ed. E. Fultz, 95-205. Budapest: ILO.

——. 2003. "Evaluation of the Notional Defined Contribution Option for the Reform of the Pension System in the Czech Republic." Report prepared for the Czech Ministry of Labor and Social Affairs.

Disney, R. 2000. "Declining Public Pensions in an Era of Demographic Ageing: Will Private Provision Fill the Gap?" *European Economic Review* 44 (4—6): 957-73.

Eurostat. 2005. *Population projections* 2004-2050. Eurostat Press Release 48/2005.

Góra, M., and E. Palmer. 2004. "Shifting Perspectives in Pensions." IZA Discussion Paper 1369, Bonn.

Laursen, T. 2000. "Pension System Viability and Reform Alternatives in the Czech Republic." IMF Working Paper WP/00/16, IMF, Washington, DC.

Lasagabaster, E., R. Rocha, and P. Wiese. 2000. *Czech Pension System: Challenges and Reform Options*. Washington, DC: World Bank.

Lindbeck, A., and M. Persson. 2003. "The Gains from Pension Reform." *Journal of Economic Literature* XLI (March): 74-112.

Ministry of Labor and Social Affairs. 2002. *Social Insurance in the Czech Republic. Pension and Sickness Insurance*. Prague.

Palmer, E. 2002. "Swedish Pension Reform: How It Evolved and What Does It Mean for the Future?" In *Social Security Pension Reform in Europe*, ed. M. Feldstein and H. Siebert, 231-48. Chicago: University of Chicago Press.

Pre-Accession Economic Programme. 2003. Ministry of Finance of the Czech Republic.

Thompson, L. H. 1998. *Older and Wiser: The Economics of Public Pensions*. Washington, DC: The Urban Institute Press.

United Nations. 1998. *World Population Prospect: The* 1998 *Revision*. New York:

UN Population Division.

——. 2005. *World Population Prospects*: *The* 2004 *Revision.* New York: UN Population Division.

Valdés-Prieto, S. 2000. "The Financial Stability of Notional Account Pensions." *Scandinavian Journal of Economics* 102 (3): 394-417.

World Bank. 1994. *Averting the Old Age Crisis*: *Policies to Protect the Old and Promote Growth*. New York: Oxford University Press.

第二十二章　德国公共养老金制度：怎样成为一个类似的名义账户制度

阿克塞尔·H·伯尔施—苏潘　克里斯蒂那·B·威尔克*

第一节　历史透视

德国的养老金制度是大约120年前由俾斯麦设计的，是世界上第一个正式的养老金制度。该制度在过去基于合理的缴费向人们成功地提供了可靠的高水准的退休收入，并且成为世界上很多社会保障制度的典范。它历经两次世界大战、大萧条以及两德统一而得以幸存，作为德国社会和政治稳定的原因之一，得到了人们的赞誉。但是，时过境迁，目前这个制度正在承受着来自人口老龄化和负面激励效应的巨大压力。本章讨论的就是这个典范制度的形成背景及其未来归宿①。

其他一些国家，例如英国和荷兰，最初采用的仅仅是提供基础性养老金的贝弗里奇式社会保障制度，而德国的公共养老金制度一开始的设计就旨在使工作期间所达到的生活标准一直能够延续到退休以后的生活当中。因此，公共养老金大致与整个生命周期的平均劳动收入

---

* 阿克塞尔·伯尔施—苏潘（Axel Börsch-Supan）是德国曼海姆大学宏观经济学和公共政策教授，曼海姆老龄经济研究所（Mannheim Research Institute for the Economics of Aging，MEA）所长。也是德国经济部顾问委员会主席，负责德国社会保障改革委员会养老金改革处的工作，该部门在2004年5月对德国公共养老金制度进行了“可持续性改革”。同时，伯尔施—苏潘在欧盟发起的健康、老年和退休调查（SHARE）项目中出任协调工作。他同时也是位于马塞诸塞州剑桥市的美国国家经济研究局（National Bureau of Economic Research，NBER）的助理研究员，德国柏林布兰登堡科学院和德国自然科学学会的成员。电子信箱：axel@boersch-supan. de。

克里斯蒂那·贝妮塔·威尔克（Christina Benita Wilke）是曼海姆老龄经济研究所（MEA）社会政治学领域的研究员。她在为阿克瑟尔·伯尔施—苏潘所负责的德国社会保险制度融资的可持续研究中提供支持，该研究详细给出了2004年德国养老金改革的建议。同时她还发表了数篇有关德国养老金制度的论文。自从2004年6月以来，她还是人口变动调查委员会（the Enquete-Commission Demographic Change）的代表委员，对巴登—符腾堡州政府的州政策提出质疑。电子信箱：Wilke@mea. uni-mannheim. de。

本章论文的第一版是受密歇根退休研究中心（Michigan Retirement Research Center，MRRC）委托完成的（密歇根退休研究中心成果论文UM03-01）。同时，美国国家老龄研究所（National Institute on Aging，NIA）通过美国国家经济研究局，德国科学基金会（German Science Foundation，DFG）通过504系列专题研究（Sonderforschungsbereich 504）、巴登—符腾堡州政府和德国保险协会（German Insurers Association，GDV）分别提供了额外的资金支持。我们感谢安妮特·热伊尔—黑尔德（Anette Reil-Held）所给予的有见地的评论。另外，2003年9月13日在马里兰大学举办了有关社会保障改善计划的密歇根退休研究中心会议，该会议的参加者也给出了许多有益的评论，在此一同表示感谢。本章文责自负。

① 表22.1总结了德国公共养老金制度的发展历程。

保持同步，并且几乎不具备再分配的特征。于是，德国的养老金制度也被称为“退休保险”，而不像在美国一样被称为“社会保障”，而且工人们过去把他们的缴费常常理解为“保险缴费”而不是“税收”。德国的退休保险制度体系不是政府预算的一部分，而是一个独立的实体，这种机构的分离进一步强化了保险的特征。由联邦政府对该实体进行资助，非保险给付为这种资助（约为支出的30%）提供了合理解释，例如在铁幕开启后对进入德国的移民所提供的给付。但是，任何的结余都要保留在该体系中，而不能像美国那样转移到“统一预算”中。

德国的退休保险制度是从法定退休年龄为70岁的完全积累制开始的，而当时男性的预期寿命还不足45岁（参见表22.1所提供的制度演进时间表）。目前男性的预期寿命已经超过75岁，但是平均退休年龄却不足60岁，甚至比德意志民主共和国的退休年龄还低①。两次世界大战期间，当大部分的资金投资于政府公债时，该制度实际上已转变成现收现付制。在经过了长期而艰苦的辩论后，德国联邦议院于1957年决定，逐步将该制度转变为现收现付制计划，资本公债的剩余部分将在随后的大约10年中全部支出。从那以后，德国的退休保险制度已经成为纯粹的现收现付制，而仅保留很少的储备金。到2004年春季，该储备金勉强可以维持14天的支出。

表22.1　　德国公共养老金制度：从俾斯麦时代到现在

1889/1991	建立资助伤残者的资本养老金 建立70岁及70岁以上工人的老年养老金 劳资双方承担同等缴费
1913	规定退休年龄为65岁（仅限白领工人）
1916	降低领取伤残者养老金的退休年龄：从70岁降到65岁
1921—1923	通货膨胀补偿
1923	规定退休年龄为65岁（蓝领工人）
1929	规定老年失业者的退休年龄为60岁（仅限白领工人）
1957	转变为现收现付制 将缴费与养老金给付联系起来 为老年人的生活水平提供保障成为主要目标 动态给付：根据总工资进行指数化 规定正常退休年龄为65岁 规定老年失业者的退休年龄为60岁（蓝领工人） 规定女性退休年龄为60岁
1968	成为纯粹的现收现付制，具有三个月的最低储备金
1972	公共退休保险制度体系向所有公民开放（自雇者、家庭主妇） 事后缴费成为可能 给予投保者弹性的提前退休年龄（长期就职者为63岁，残疾人为60岁） 建立新的最低养老机制

① 给定年份的平均退休年龄是工人首次得到公共养老金收入的平均年龄（VDR，2002）。

续表

1977	为离婚夫妇提供养老金分拆选择
1978	最低储备降到一个月
1986	子女教育津贴（通常相当于一年的工作时间） 关于遗属养老金，男性和女性待遇相同
1992	合并德意志民主共和国 按照净工资而不是总工资对养老金进行指数化 逐步提高失业者、残疾人和女性的退休年龄 对提前退休引入精算调整 显著降低计入工作年限的教育时间 提高子女教育津贴，相当于三年工作时间
1998	提高增值税，稳定对 GRV 的缴费引入人口因子
1999	取消人口因子的引入 女性和失业者的提前退休选择受到限制 提前退休只适用于长期投保者并且进行待遇调整 残疾人除外 增加生态税，稳定对 GRV 的缴费
2001	过渡到多支柱养老金制度（里斯特改革） 通过修改总指数，降低第一支柱养老金 通过补贴和税收减免加强对第二和第三支柱的资金积累 重新界定“伤残” 提高子女教育津贴 在就业时间的记录上赋予更高的值 添加就业记录成为可能 对兼职工作提供补贴 改革遗属养老金 扩大符合资格的收入基数 降低遗属养老金给付 引入子女补贴 已婚夫妇可以选择养老金分拆
2002	最低储备降低到两周
2004	引入一个“可持续”因子，有效地把现收现付制支柱转换成一个类似的名义账户制度

资料来源：作者汇编。

注：GRV 是德国的公共养老金保险。

第二次历史性的改革发生在 1972 年。这次改革使德国的养老金制度成为世界上最慷慨的制度之一。当前数据所反映人们的退休情况主要是受到了这次改革的影响。1972 年的改革在两个方面是慷慨的。第一，养老制度具有较高的替代率，对于一个有 45 年收入历史并且获得平均的终身收入的工人来说，该替代率所形成的退休后净收入可以达到现在退休前净收入的70%左右①。以美国为例，这实质上要高于其大约53%的相应净替代率②。而对公共养老金按照总工资进行指数化进一步增加了这种较高的初始待遇水平。第二，对于有较长工作年限的人③，1972年的改革废除了65岁的强制退休年龄，主张在介于63～65岁之间的"退休窗口"中进行灵活选择，而没有精算调整。同时把提供伤残津贴和降低女性和失业者的法定退休年龄的诉求添加到这些慷慨的退休规定中也就不再是一个困难的过程，这又将进一步增加受益者的人数，将"退休窗口"扩展到60～65岁之间。

德国公共养老金制度是德国社会的最大预算项目并不足为奇。2001年，公共养老金支出总计大约为2 000亿欧元，占公共开支的21%和GDP的11.8%。它在OECD国家中是第二大的养老金预算，仅次于意大利（占GDP的14.2%），是美国社会保障制度支出（占GDP的4.4%）的2.5倍④。

德国慷慨的公共养老金制度被认为是一项巨大的社会成就，但是其负面激励效应和人口老龄化正在威胁着该制度的核心。虽然从政治家和选民的观点来看激励效应仍然是深藏其中的，但是在时下热议的话题中人口老龄化已经被认为是大势所趋。虽然所有的工业化国家正面对着人口老龄化问题，但是德国（与意大利和日本一起）将在人口年龄结构上经受更为严重的变化。这种人口转变的严重性主要来自于两方面的原因：一是预期寿命比其他地区提高得更快，部分原因在于20世纪70年代保持了一个相对较低的水平；二是在从婴儿潮向婴儿低谷这次具有极为深远意义的转变过程中，德国人口的出生率非常低（例如，对比美国），每名妇女仅生育1.3个子女，只是略高于意大利和西班牙每名妇女生育1.2个子女的最低生育率水平。因此，老年人与劳动适龄人口的比率（老年人赡养率）将急剧提高。根据OECD的最新预测，2030年，老年人（65岁及65岁以上）的比例将超过人口的1/4，而德国的老年人赡养率几乎要增加一倍，从2000年的24.0%增加到2030年的43.3%⑤（见图22.1）。

因为在现收现付制社会保险制度中几乎没有工人愿意为更多的养老金领取者提供资金，所以赡养率提高造成的后果是直接的。德国的社会保障缴费率在2003年是总收入的19.5%，而在20世纪80年代末进行的预测表明，如果一直以来所执行的替代率和根据总收入对养老金进行指数化保持不变，到2035年的人口老龄化高峰时缴费率将超过总收入的40%⑥。由此导致了1992年的重大养老金改革。这次改革取消了养老金根据总工资来进行指数化，而支持根据净工资的指数化。然而比起根据生活费用的指数化（例如美国），这仍然是过于慷慨的，但是对于摆脱不稳定的反馈机制（feedback loop）却是重要的，在这个反馈机制中养老金总是随着税收和缴费的向上波动而增加。另外，1992年的改革还对提前退

---

① 定义该替代率为具有45年平均收入历史的退休者所得到的当前养老金除以全部所依赖雇员（现收现付制下为退休者提供养老金缴费的当前雇员——译者注）的当前平均收入。这与退休者当前最大收入相关联的替代率是不同的，后者通常高于终生平均收入水平。

② 这一数字是通过使用与注①中同样的替代率概念得到。

③ 至少35年。

④ 见OECD（2001）。

⑤ 见OECD（2001）。OECD的赡养率是描述65岁及65岁以上人口与15～64岁人口之间的关系。

⑥ 见Prognos（1987）。

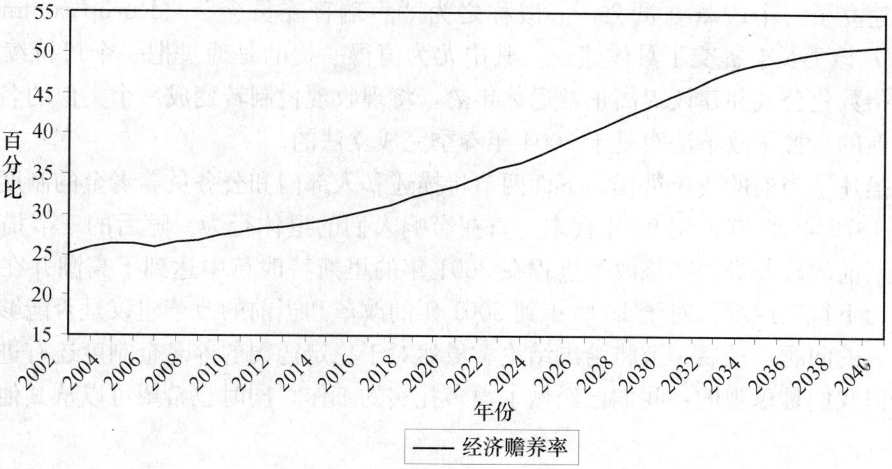

图 22.1　经济赡养率的发展变化
资料来源：卢瑞普委员会提供的数据。

注：这里的经济赡养率是指均衡的养老金领取者人数与均衡的缴费者人数之比。

译者注：根据文中相关内容，该图的垂直轴标签有误，译者已将其更正。

休的待遇给付进行了调整，废除了慷慨的针对所有人的“退休窗口”，而仅仅适用于具有较长工作年限的人。但是待遇给付的调整并不是完全精算的。另外，法定退休年龄的调整是在推迟很长时间以后才开始的，从 1997 年第一批人接受这项调整开始，将分阶段进行，直到 2017 年全部完成。

事实很快表明，1992 年改革得太少，同时也太晚，还不足以将德国的养老制度置于一个稳定的可持续的路径上。另一项“参量式”改革是由保守派政府提出的并定于 1999 年正式成为法律，但是在 1998 年政府改组以后却遭到了挫败。政治上极具讽刺的是，来自社会民主党的劳工部长沃尔特·里斯特（Walter Riester）所提出的重大改革法案却在 2001 年成功地获得国会通过。这项改革法案宣告了纯粹现收现付制养老金制度的结束，取而代之的是一种多支柱的养老金制度，附带一个小资金量但是不断增加的积累制支柱。新制度将分阶段实施，大约到 2050 年完成，但是其主要影响在 2011 年以后就能显现出来。

将来还要进行改革也是可能的①。改革迄今还未触及 65 岁这个正常退休年龄。既然从寿命延长的角度来看，增加寿命的在职时间看起来是一种相当自然的改革选择，特别是这样做的可以增加缴费者的人数和减少养老金领取者的人数，而且特定年龄段的发病率与死亡率变动一致，那么没有对退休年龄进行改革可能会令人感到惊讶②。正如前面所提到的，2002 年的平均、中间和众数的退休年龄大约为 60 岁，相当于最早有资格领取养老金的年龄，比德国“正常”退休年龄足足提前了 5 年。2002 年深秋，政府针对“社会保险制度的财务可

① 对该问题的表述参见 Börsch-Supan（1998，2000a）和 Schnabel（1998）；具体的改革建议参见 Birg 和 Börsch-Supan（1999），Börsch-Supan（1999）。

② 见 Cutler 和 Sheiner（1998）。

持续性”建立了一个改革委员会，一般称之为“卢瑞普委员会”（Rürup commission）[①]。2003 年 8 月该委员会提交了具体建议，其中尤为值得一提的是通过把一个可持续因子引入待遇给付指数化公式并建议提高正常退休年龄，将现收现付制转变成一个类似的名义账户制的制度。新的一揽子改革法案是于 2004 年春季完成立法的。

本章描述了当前的改革进程，下面两节将描述私人部门和公务员养老金的制度背景，因为它们从 1972 年到 20 世纪 90 年代末一直在影响人们的退休行为。随后的三节描述和评估了过去和当前的改革进程，该改革进程在 2001 年的里斯特改革中达到了高潮并在卢瑞普委员会的努力下得以继续。对于 1992 年到 2001 年的改革和当前的改革建议是否能够解决德国养老金制度的问题，最后一节将给出结论。虽然对于稳定德国的养老金制度还有进一步的工作要做，但我们是乐观的：我们已经做了很多扎实的工作，同时也希望可以从其他国家吸取一些教训。

A 部分　德国公共养老金制度：情况如何

德国公共养老金的核心是对除了公务员和自雇者以外所有的在私人部门和公共部门工作的相关雇员提供保障。我们简单地而且有点不严格地把这种核心制度称为“公共养老金”或“私人部门养老金”，并在随后一节中予以描述。此外，公务员（大约占劳动力的 7%）有他们自己的现收现付制养老金，我们将在其后的部分加以描述。而自雇者（大约占劳动力的 9%）可以参加公共养老金制度（某些行业协会做出强制性要求，大约有 2/3 的人参与）或自我保险（差不多占劳动力的 3%），我们的介绍中基本没有考虑这种特殊的情况。

第二节　私人部门养老金

德国的“公共退休保险”（在德国称之为“Gesetzliche Rentenversicherung”或“GRV”，也即德国“公共养老金保险”）覆盖了大约 85%的德国劳动力，大部分人是私人部门的雇员，但同时也包括公共部门中不属于公务员的那些人员[②]。对于德国的一般退休人员，职业养老金在提供老年收入中不起主要作用，个人退休账户也是如此，但是在这个总体情形中也有一些重要的例外。总的来说，德国养老金制度（由于它创立于 1972 年加之当前所形成的退休人员收入）的构成单一且体系庞大，这种情况将会因为随后所描述的改革而改变。但是德国养老金制度的某些特征将在近期的改革之后维持不变，例如待遇给付公式与终身收入的紧密联系以及由此导致德国养老金制度的再分配作用很小。

一、覆盖面和缴费

德国公共养老金制度对工人覆盖面广且具有强制性的特征。只有自雇者和直到 1998 年

---

① 该委员会是以主席的名字来命名的，该委员会负责对养老、医疗、长期护理等改革提出建议。本章的作者之一，阿克塞尔·伯尔施—苏潘曾联合主持过养老金改革附属委员会。

② 这部分和其后部分的内容来自 Börsch-Supan 等（2004）的最新版。

以前的低于官方最低收入门槛（在德国称之为“Geringfügigkeitsgrenze”，是指当年所有缴费雇员月均总工资的15%，低于此门槛的人数大约占到全部工人的5.6%）的工人才不必受到强制覆盖的约束。

德国公共退休保险大约有70%的预算经费是由缴费资金来提供的，如同工薪税（Payroll tax）的管理，对雇主和雇员等额征收。2003年的总缴费额是月均总收入前5 100欧元（最高收入门槛，德国称之为“Beitragsbemessungsgrenze”，大约是月均总工资的两倍）的19.5%[①]。从技术上讲，雇主和雇员要平均分摊缴费。自20世纪60年代末以来缴费率不断上升，并且把最高收入门槛作为另外一个融资工具，这个门槛的提高要远远快于工资的增长。

私人养老金给付基本上免税。养老金受益人不对养老金制度体系和失业保险缴费，但是对于强制的健康医疗和长期护理保险，他们必须与雇员一样进行同等缴费。而雇三对健康医疗的等量缴费由养老金制度体系提供。

其余约30%的社会保障预算经费是来自指定的间接税（固定份额的增值税和新增矿物燃料“生态税”）和联邦政府资助。因为养老金系统的储备只能提供大约14天的待遇给付（截至2004年春季)，所以政府的资助也被用来对现收现付制养老金预算约束进行微调。不同于例如美国的“统一预算”，这里的预算只能从政府转移到退休保险，而不是相反。

二、待遇给付类型

德国的公共退休保险制度对60岁及60岁以上的工人提供老年人养老金；对60岁以下伤残者提供津贴，在65岁法定退休年龄时转成老年人养老金；并且对遗属的配偶和子女提供遗属津贴。此外，通过几种机制，使用公共转移系统（主要是失业补助），提前退休（即退休年龄是60岁）也是可能的。我们首先来介绍老年人养老金。

1. 待遇给付的资格和领取养老金的退休年龄

待遇给付的资格和最低退休年龄取决于所适用的养老金类型。德国的公共退休保险分成五类养老金，即与一种正常退休和四种提前退休相对应。表22.2给出了截至20世纪90年代末所有的养老金类型。

表22.2　　老年人养老金（1972年立法）

养老金类型	退休年龄	就业年数	附加条件	收入调查
A. 正常	65	5		不需要
B. 长期在职者（“弹性退休”）	63	35		需要
C. 女性	60	15	40岁以后的就业年数为10年	需要
D. 老年伤残者	60	35	至少50%的收入能力损失	需要
E. 失业者	60	15	失业的年数在1.5～3年之间（历经数次变动）	需要

资料来源：作者汇编。

注：在1992年的改革中，该立法有所变动。这些变动将在1997—2001年之间（对不同类型的养老金）开始产生影响，直到2017年才将分阶段完全实施，但是几乎所有的变动将在2011年之前生效。

① 比在德意志民主共和国时期平均少20%左右，1欧元大约相当于1美元的购买力（截至2003年9月，汇率是1.1欧元兑1美元）。

这个复杂的制度是通过1972年社会保障改革建立起来的。其中主要规定之一是对长期在职的工人实行63岁以后全额给付的“弹性退休”。另外，女性、失业者和老年伤残工人在60岁退休并具有全额给付也成为可能。老年伤残工人是指因为健康或者劳动力市场的原因而不再适合被雇佣同时又不低于60岁的那些工人。有三种情形可以要求领取老年伤残津贴：一是身体伤残的程度有不少于50%的可能将导致无法工作；二是通过了“严格的收入调查”；三是通过了“偏弱的收入调查”。对于任何可行的职业，如果收入能力降低到最低收入门槛以下（大约占平均总工资的15%，在德国称之为“Erwerbsunfähigkeit”或“EU”，也即“丧失谋生能力”），可以通过严格的收入调查。当工人得不到其“特定”工作职位，并且换成不同工作后将不得不面对至少50%的收入损失时（在德国称之为“Berufsunfähigkeit”或“BU”，也即“丧失就业能力”），可以通过偏弱的收入调查。相对于60岁以下的职工伤残保险（见下文），这三种情况都将获得全额给付。作为2001年里斯特改革的一部分，“伤残”的定义和相关收入调查都有所变化，现在，“伤残”这个词一般只适用于健康问题而不再适用于劳动力市场的原因①。

因为1992年的社会保障改革和随后的修改，提前退休的年龄限制将逐步提高到65岁。这些变动直到2017年才将分阶段完全实施，但是几乎所有的变动都将在2011年之前生效。那时，“提前退休”的类型B和类型C的唯一区分特征就是如果累计足够长的在职年限（当前为35年），可以比65岁提前3年退休。与1992年之前的规定相反，待遇给付将按照下文所述方式被调整到低于65岁的退休年龄的情况。

2. 老年人养老金待遇给付

待遇给付是与工作严格联系起来的，非常接近精算公平并且不存在再分配，与美国有很大区别②。德国的养老制度没有以美国的方式对配偶提供待遇给付③。待遇给付是以人的一生为基础来计算的并且根据养老金的类型和退休年龄进行调整。待遇给付由四个要素决定：(1) 反映雇员相对收入状况的“收入积分”(earning points，EP)；(2) 雇员的就业年数(SY)；(3) 反映养老金类型和退休年龄（从1992年改革开始）的调整因子(AF)；(4) 养老金的宏观经济参考价值，即“养老金现值”(PV)。由此，养老金领取者i在t年的养老金平均值$P_{t,i}$的计算公式如下：

$$P_{t,i} = EP_i * SY_i * AF_i * PV_t \tag{22.1}$$

前三个要素构成了个人的养老金基数，第四个要素决定了当前在职的工人与全部养老金领取者之间的收入分配关系。前三个要素合在一起就是德国养老金的独到之处，在终身收入和养老金给付之间提供了强有力的精算联系，因此再分配所发挥的作用微乎其微。当前的改革进程不会改变这种情况。相反，自从1992年以来所有的成本削减改革都集中在第四个要素上，重新来界定工人的平均收入变动对平均养老金的影响。注意这个公式适用于全体养老金领取者，而不仅仅是新加入者，因此德国的养老制度是以时间为导向的而不是以群体为导向的。如果平等分担原则是选民所认同的，那么这个相对于其他国家养老金制度（尤其是意

① 由于劳工法庭宣布的案例法，对于这种严格地限制于健康问题仍然会有例外。

② 在德国，大部分的再分配是通过提前退休实现的，见下文。

③ 当然，遗属津贴例外。

大利）的关键区别将使改革更容易。

◇收入积分（EP）

该要素表示每一历史就业年份年均缴费的倍数（粗略来说，是表示相对收入状况）：一个收入积分相当于当年的平均收入；0.5个收入积分相当于平均收入的50%；而2个收入积分相当于当年平均收入的两倍。

◇就业年数（SY）

该要素由主动缴费年数和代表雇员所进行缴费的年数，以及即使完全没有缴费但是可以算作就业的年数三部分构成，后者包括例如失业的年数，服兵役的年数，双亲之一用于养育每个子女的三年以及一定年限的高等教育等。与很多其他国家的情况不同，这里既没有用于待遇给付计算年数的上限，工人也不能从他们的收入历史中选取某些年份而排斥其他的年份。

◇调整因子（AF）

该调整因子是正常老年人养老金所要考虑的要素之一。在1999年以前，它对伤残者养老金进行一些调整，根据伤残者养老金的类型，调整因子的取值在0.25～1之间。大约从2000年开始，调整因子有了第二种解释，对于老年人养老金，代表了当前分阶段实施的根据退休年龄的给付调整（见表22.3）。

表22.3　退休年龄对公共养老金的调整

年龄	养老金：一个人如果65岁退休所获得养老金的百分比				
	德国		美国		精算公平[e]
	1992年以前[a]	1992年以后[b]	1983年以前[c]	1983年以后[d]	
62	100.0	89.2	80.0	77.8	80.5
63	100.0	92.8	86.7	85.2	86.3
64	100.0	96.4	94.4	92.6	92.8
65	100.0	100.0	100.0	100.0	100.0
66	107.2	106.0	103.0	105.6	108.1
67	114.4	112.0	106.0	111.1	117.2
68	114.4	118.0	109.0	120.0	127.4
69	114.4	124.0	112.0	128.9	139.1

资料来源：Börsch-Supan and Schnabel（1999）。

注：a. GRV 1972—1992；b. 1992年改革以后，分阶段完全实施的德国公共养老金（2011年以后）　c. 美国截至1983年一直实行的社会保障（OASDHI）；d. 美国1983年社会保障改革以后，分阶段完全实施的社会保障；e. 评价基于：贴现率为3%，1992—1994年西德男性公民的死亡风险以及养老金净值的每年增长率为1%。

◇养老金现值（PV）

养老金现值是工人的收入和养老金领取者的待遇给付之间的决定性环节。根据每年用于养老金缴费的净薪金水平的变化对该现值进行指数化，由此可以使养老金领取者一同分享经济的持续繁荣。工人的收入变化和养老金领取者的给付之间的这种联系是用一个待遇给付指数化数学公式来详细说明的。作为德国公共养老金制度哲学思想的代表，该数学公式的每一个字都是法律不可或缺的一部分。

过去这个公式的稳定给人们创造出一个精算公平的感觉，以至于工人很大程度上把缴费看作保险费。但是从1992年以来对公式进行了几次修改以后，情况发生了改变。养老金在1992年以前是根据总工资进行指数化，在1992—1998年之间是根据净工资进行指数化，而在1999年和2000年是分别根据前一年的通货膨胀率进行指数化。这种在养老金慷慨给付上随意变动的态度和进一步降低的预期已经使人们对德国养老金制度产生了很大的不满情绪，尤其是年轻工人。调查表明，到2001年，人们基本上把缴费看成了税收①。不过这是不可避免的，因为养老金待遇指数化公式的变动是当前成本削减改革的主要内容之一。从1992年直到1998年对平均净劳动收入的指数化解决了一些问题，这些问题是由1992年以前对总工资的指数化造成的②。

德国公共养老金制度对中等收入者提供了慷慨的福利给付水平。对于具有45个收入积分的工人，在1998年的净替代率是70.5%③。

从待遇计算中可以明显看到，德国的养老金制度不同于美国的社会保障制度，只有很少的再分配功能④。隶属于社会保障缴费的收入上限导致了对高收入的低替代率，这相当于一个相对低效的缴费率。在个人待遇计算中，唯一的再分配要素是1972年引入的。1972年立法规定，如果工人已经工作了至少35年，1972年以前每年的收入积分不能低于0.75。1992年的改革也采纳了类似的规则：在1973—1992年，低于0.75的收入积分要乘以1.5，使收入积分最高可达到0.75（有追溯效力），从而有效地降低了收入状况低于50%的工人用于再分派的比例（收入积分被放大了1.5倍，从本质上说，养老金待遇得到改善，相当于降低了缴费比例——译者注）。2001年，废除了该制度转而支持社会救助层次上的有保证的最低养老金（Grundsicherung）再加上15%。

1992年以前，退休年龄对待遇给付的调整只是间接地通过就业年数来进行。因为待遇给付是与就业年数成比例的，就业年数较少的工人待遇给付也较少。收入状况固定且工作40年的工人，每提前一年退休养老金给付将降低2.5%，反之亦然。但是，1992年的社会保障改革正在逐步改变这种情况（见图22.5）。65岁，即“正常退休年龄”，开始作为“关键性年龄”对待遇计算发挥作用。每提前一年退休（最多5年）并且如果满足表22.2中的适当条件，待遇给付将减少3.6%（就业年数较少的情况不受此影响）。1992年的改革也对推迟退休系统地出台了一些奖励办法。法定退休年龄之后每推迟一年退休，除了就业年数的“自然”增加之外，养老金将提高5%。

对于60岁以后且收入固定的工人，表22.3给出了具体退休年龄对养老金的调整。该表把65岁退休的退休收入（标准化后为100%）与提前或推迟退休的退休收入联系起来，并

---

① 见Boeri，Börsch-Supan和Tabellini（2001）。

② 虽然如此，对工资而不是生活费用指数化是不可能通过劳动生产率的提高来融资解决退休负担的。

③ 官方的计算方法，如上述替代率（Rentenniveau），是把45年的缴费历史假设成被认定的“正常收入历史”（Eckrentner）。实际上，平均缴费年数大约只有38年。但是，依此类推，许多具有短期收入历史的养老金领取者却可以具有超过平均值的养老金收入，那么就有半数左右的新加入者可以获得45个收入积分或者更多。

④ 德国与美国的制度比较参见Casmir（1989）。

且把 1972 年之后所做的隐含调整与 1992 年社会保障改革完全分阶段实施以后所做的调整进行对比。作为参考，该表也列出了美国的相关调整，同时也提供了基于贴现率为 3%的精算公平调整[①]。

虽然改革之前德国和美国的养老制度都不是精算公平的，但是德国在 1972 年颁布的公共退休制度扭曲程度尤其严重。美国 1983 年改革以后，对于 65 岁之前退休的美国人具有较少的经济激励，而对于 65 岁之后退休的抑制作用也非常有限。但是德国那时的社会保障制度使退休决定严重倾向于尽可能早的提前退休。正如表 22.3 中第六列和第三列的对比所显示的，1992 年的改革只是削弱了而没有消除这种激励效果。

3. 伤残津贴和遗属津贴

德国退休保险的缴费也对所有年龄工人的伤残津贴和遗属的配偶及子女的遗属津贴提供资金。要想获得领取伤残津贴的资格，工人必须通过前面对老年伤残养老金所介绍的两种收入调查之一。如果通过了严格收入调查，将发放全额津贴（在德国称之为“Erwerbsunfähigkeitsrente”或“EU”，也即“丧失谋生能力津贴”）。如果只是通过了偏弱收入调查并且还有一些谋生能力，60 岁之前的伤残津贴将只有相对应老年人养老金的 2/3（在德国称之为“Berufsunfähigkeitsrente”或“BU”也即“丧失就业能力津贴”）。在 20 世纪 70 年代和 80 年代初期，德国司法对这两个规则的解释非常宽松，尤其在第一个规则的适用性上。此外，司法对伤残者退休期间的收入调查居于主导地位，这导致了 EU 型伤残养老金的比例超过所有伤残养老金的 90%。因为这两种规则被用来作为降低失业率的手段，他们这种慷慨的解释只是在最近才鉴于里斯特改革而有了更为严格的立法界定[②]。

对于年龄在 45 岁及 45 岁以上的遗孀或者如果子女尚未工作，丈夫所适用养老金的 60%（2001 年以前是 55%）将构成遗属津贴（在德国称之为“große Witwenrente”，也即“高龄寡妇津贴”），否则是 25%（在德国称之为“kleine Witwenrente”，也即“低龄寡妇津贴”）。因此，遗属津贴给付构成了公共养老金预算和全部养老金财富的一个主要组成部分。如果遗孀有自己的收入（例如，她自己的养老金），还要进行某些收入调查，这仅与遗孀中很少的一部分人相关（低于 10%）。如前所述，德国养老金制度没有对受益人的配偶提供已婚夫妇补充（待遇），但是大多数已婚女性可以通过主动缴费（亲自就业）或者被动缴费（高等教育的年数和养育子女的年数）取得自己的养老金。

三、提前退休

除了来自公共养老金制度体系的待遇给付以外，转移支付（主要是失业补助）能够使所谓的提前退休成为可能。劳动力常常在 60 岁之前就退休了：大约 45%的男性寻求 59 岁退休。只有其中的半数是因为伤病的原因，而其余的人是利用了许多官方和非官方提前退休计划当中的一项计划。

失业补助在一项非官方计划中被用作提前退休收入，从而导致了非常严重的提前退休。

---

① 对于一个在 20 岁开始收入历史的工人来说，精算公平调整就等同于其预期的社会保障财富。贴现率越高，调整的幅度越大。

② 对于伤残规则的分析见 Riphahn（1995）。

工人进入这一计划远远早于 60 岁，并且可以通过协商来领取失业补助和一项补充性支付或者离职金。E 类退休金（见表 22.2）在 60 岁才可以开始，但是由于 E 类退休金的规则和失业待遇给付期限的改变，导致“非官方”的退休年龄也发生了变动。56 岁退休在德意志联邦共和国是很常见的，这是因为可以向老年工人提供长达三年的失业补助，而紧接着三年之后是相对降低的失业援助。提前退休的年龄可以通过支付给工人的两项差额归纳出来：一项是最终工资和三年期间失业补助之间的差额，另一项是三年之后的最终工资与失业援助的差额，这全部取决于在劳动力重组之前一家公司与它的工人所进行谈判的“社会计划”。

除此之外，在官方提前退休计划里（在德国称之为“Vorruhestand”，也即“提前退休支持计划”），58 岁提前退休也是可能的，在该计划中，如果雇佣一个更年轻的雇员，雇主将从失业保险里面得到一份补贴。第一项（非官方的）提前退休计划是非常受欢迎的，而且对于回避严格的德国劳动法也是一种方便的办法，但是很少有雇主采用第二项（官方的）计划。

四、退休行为

在德国公共退休保险制度中，新加入者的退休行为深刻反映了制度环境的变迁，这是一个重要的结论，图 22.2 对其进行了总结。该图给出了对各种获得老年人养老金的方式的归

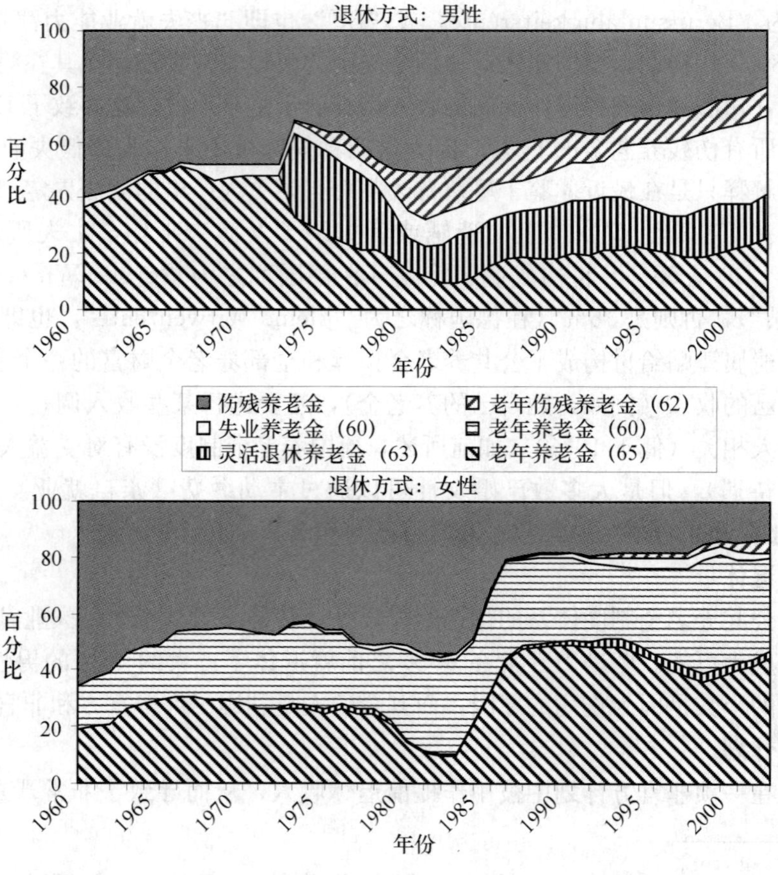

图 22.2　退休方式：1960—2002

资料来源：VDR（2002）。

纳[①]，包括伤残者退休方式（在纵轴上达到 100%）及其随时间的发展变化（在横轴上标明）。大多数这种变化是对待遇给付调整和管理规则变动的反映，尤其反映出了伤残遴选过程的日趋严格。通过残疾养老金实现退休的那部分人已经减少了，在 1998 年为 29%。但是只有大约 20%的新加入者使用“正常”的退休方式，即在 65 岁领取老年人养老金。

1998 年男性的平均退休年龄是 59.7 岁，女性为 60.7 岁，这些数字是指西德。而在东德，男性的退休年龄是 57.9 岁，女性为 58.2 岁。1972 年改革后，平均退休年龄急剧下降（见图 22.3）。因为这种情况与失业率上升所造成的劳动力需求效应不一致，所以我们有理由认为这是人们对政策做出反映的明显标志[②]。最常见的退休年龄是 60 岁（见图 22.4）。平均退休年龄的发展变化与表 22.2 中的退休方式高度一致，这是另外一个明显标志，表明了人们对养老金制度产生的激励所做出的行为反映，特别是 1972 年改革以后图中由线峰值的变化[③]。

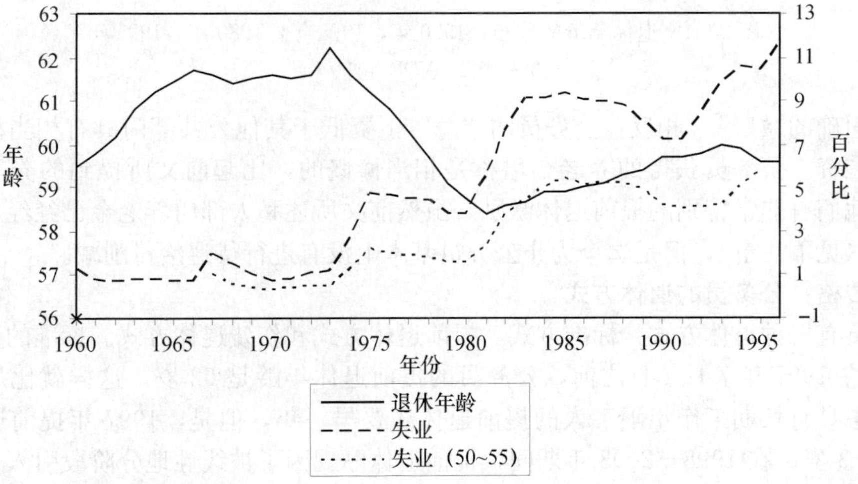

图 22.3　平均退休年龄：1960—1995 年

资料来源：VDR（1997）和 BMA（1997）。

注：退休年龄是指公共养老金制度的所有最新进入者的平均年龄；失业是指国民的总失业率；失业（50～55 岁）是指年龄介于 50～55 岁之间男性公民的失业率。

第三节　公务员养老金

大约 90%的德国劳动力是登记在前文所提到的养老金制度中，自雇者当中大约有 1/3 是采取自我保险（占劳动力的 3%），而另外 7%的劳动力就是公务员。公务员是被排斥在公共养老金制度之外的，他们不像其他在私人部门和公共部门工作的雇员一样对他们自己的养

① 对于这方面的理解参见 Jacobs，Kohli 和 Rein（1990）。

② 参见 Cf. Börsch-Supan 和 Schnabel（1998）。

③ 参见 Cf. Börsch-Supan（2000b）。

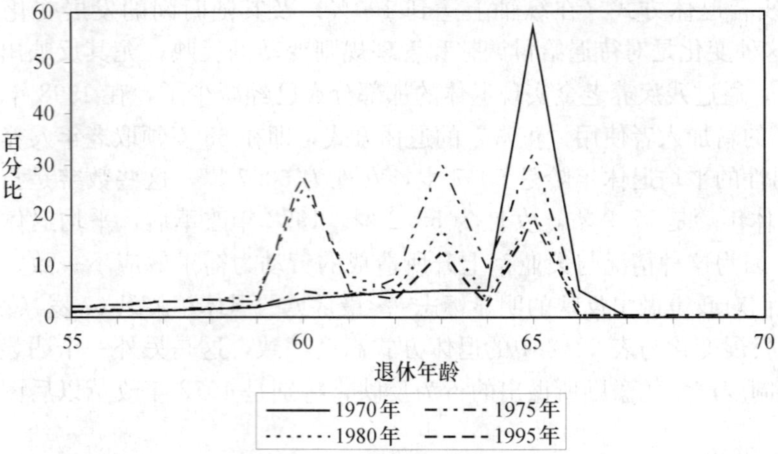

图 22.4　退休年龄的分布：1970 年，1975 年，1980 年，1995 年

资料来源：VDR（1997）。

老金进行明确的缴费[①]。相反，公务员的“总”工资低于其他公共部门具有相当教育程度的雇员的总工资。公务员获得的养老金堪称是相当慷慨的，比起前文所提到的养老金更为优厚，并且他们有非常特别的提前退休激励。虽然前文所述私人部门养老金已经经历了深刻的改革进程（见下一节），但是迄今为止公务员基本上没有进行待遇给付削减。

一、资格：公务员的退休方式

公务员有三种退休方式：标准方式、提前退休方式和伤残退休方式。标准的退休年龄是 65 岁，而在 1997 年 7 月 1 日之前，公务员的提前退休年龄是 62 岁，这样就比那些在社会保障制度中具有长期工作年限工人的提前退休还要早一年，但是，1997 年提前退休的年龄提高到了 63 岁。在 1998—2003 年期间，提前退休贴现因子被线性地分阶段引入，如同在私人部门一样，每提前一个月退休，贴现因子增加 0.3 个百分点，从本质上讲是低于精算公平的[②]。

伤残申请是公务员实现退休的第三种方式。在伤残情况下，公务员可以领取基于其过往薪水的养老金。替代率取决于到达伤残退休之前的就业年数和到 60 岁所可能累计的就业年数。对于那些在伤残退休之前没有达到最大替代率的公务员，就业每增加一年，替代率提高仅为 1/3 个百分点。

二、公务员养老金的计算

公务员的养老金标准给付由三个要素决定：(1) 最后的总工资档次；(2) 依据在职年数而定的替代率；(3) 新的提前退休调整因子。公务员的养老金和私人部门的待遇给付之间有三个关键区别：第一，给付基数是总收入而不是净收入，而私人部门在 1992—1998 年是对

---

① 因为公务员有终身工作保障，所以也不在失业保险缴费之列。政府对公务员及其家属支付一定比例的健康医疗费用（在 50%～80%之间），其余部分由私人保险解决。

② 有非常具体的规则，适用于某些公务员。例如，警官的一般的退休年龄为 60 岁；士兵的退休年龄甚至更低并且视其级别而定。

净收入指数化；第二，反过来，公务员的养老金像其他收入一样是要征税的；最后，公务员待遇给付的基础是最后的薪资而不是终身平均收入。

◇最后的总工资档次

待遇给付是被固定在最终职位的收入上，然后根据在职公务员净收入的增长率，每年做出相应调整。如果最后的职位是在退休之前两年内取得的，那么养老金待遇就要基于先前的职位，即较低的职位。由于养老金基数的不同，公务员的总养老金几乎比私人部门的养老金高出 25%（其他条件不变）。

◇替代率

公务员的替代率最高可以达到总收入的 75%，明显高于私人部门养老金制度的官方替代率，即净收入的 70%左右。替代率取决于就业年数，而高中和大学教育、兵役和在公共部门其他工作也被算作就业年数，对于在 1997 年 6 月之后的退休，计入其中的大学教育仅限于 3 年。

1992 年以前，替代率是就业年数的非线性函数。对于所有的就业年数不低于 5 年的公务员，替代率从 35%开始。在工作的第 10～25 年之间，就业年数每增加一年，替代率将增加两个百分点。在第 25～35 年，其平均增幅是 1%。由此，在原有的规则下，工作 35 年将获得 75%的最高替代率。这比起私人部门要工作 45 年才能享受到 70%的替代率简直是太慷慨了。

◇新的提前退休调整因子

对于 1992 年 1 月 1 日以后的退休人员，每工作一年其替代率增加 1.875 个百分点，到 40 年之后达到最大值。但是，对这个简单规则也进行了一些转型期间的调整。首先，在 2002 年 1 月 1 日以前达到标准退休年龄（通常为 65 岁）完全不受此影响。其次，对于相对年轻的公务员，1992 年以前已经取得的权益受到保护，从 1992 年开始，这些人将每年增加 1 个百分点。1992 年之前所有的已经工作满 25 年的人员已经具有 65 个百分点，并且每年按照过去的规则也将获得一个增加的百分点。只有在 1991 年工作不足 25 年的人员将因为改革而变得更差。只有产生的替代率比转型期间的规则更高，新的比例规则才适用。

与私人部门员工相比，公务员所得到慷慨的总养老金只是被私人部门养老金的税收优惠政策部分抵消。因为公务员的养老金要根据德国复杂的收入税进行缴税，所以公务员养老金领取者的净替代率取决于其在高度累进税计划中的位置。一般来说，按照退休之前的净收入，公务员的净替代率要超过 75%，因此明显高于私人部门的净替代率。

三、对公务员退休的激励

目前，大多数公务员在 54 岁时就达到了最大替代率。当考虑到伤残规则时，23 岁以前已经开始在公共部门工作的人员将已经具有 75%的替代率。对于那些类似教授一样在后半生获得终身职位的公务员，这也是适用的，这部分人开始工作的年龄通常限定在 21 岁。对于超过 54 岁的公务员，只有被提升到一个更高薪水的职位上，再增加工作年限养老金才能增加。所以，退休激励很大程度上取决于升职预期。

对于 54 岁以后没有提拔指望的公务员，养老金增加额等于零或者非常少。而对于那些替代率已经达到 75%的人员，养老金财富贴现值的增加额是负数。因为替代率是退休之前最后所在职位总收入的75%，所以推迟一年退休大概损失75%的最后总收入，这相当于征收了75%的所得税。

对于希望在职位上进一步提升的公务员，总工资将平均增加10.5%，从而养老金也有差不多10%的提高。为了得到更高的养老金，公务员的退休至少要推迟一年①。如果通过这个较高养老金的影响，社会保障财富增加10%，同时通过推迟领取养老金的影响而降低5%，那么合计的养老金就是正值。如果公务员为了下一次的升职（或者是为了对养老金权益有影响的升职）不得不等上几年，那么工作的积累就变得没有意义了，因此从财务上讲是没有道理继续工作的。

四、公务员的退休行为

公务员的退休行为反映了非常慷慨的伤残和提前退休规则。公务员的平均退休年龄在1993年是58.9岁，大约比私人部门低一年。伤残是公务员最重要的退休方式：1993年退休人员中的40%是采用伤残方式退休的。几乎有1/3的人在62岁采用提前退休方式。只有大约20%的公务员在标准退休年龄65岁时退休。

B部分　德国公共养老金制度：如何成为一个类似的名义账户制度

第四节　德国养老金改革过程

在对1972年以后的德国养老金制度进行了清晰的阐述之后，有四个日期成为德国养老金制度改革过程的标志：1992年和2001年有过两次主要的养老金改革，2004年进一步巩固了2001年的改革。本应该成为1999年法律的改革在联邦选举之后失败了，但是其中一些内容在2004年改革中被再次采纳。另外，在这几次改革之间一直没有停止过细枝末节的调整。

从一开始，就可以把积分制（见第二节待遇给付类型部分）视为名义账户制方案的首要内容。加上2004年的温和措施，可持续因子以及1992年引入的近似的精算调整因子，德国现收现付制养老金制度从2005年开始几乎就是对名义账户制的完美模拟。

一、1992年改革

1992年改革的首要变化是把待遇给付固定在净工资而不是总工资上。既然税收和社会保障缴费已经提高，这暗示着待遇给付的降低。既然这意味了一个隐含的代际间的责任分担机制，那么当老龄化加剧的时候这个机制将尤为重要。

1992年改革的第二个重要内容是引入了根据退休年龄对待遇给付的“精算”调整和提高了针对所有养老金类型的“正常”退休年龄，除了伤残养老金为63岁外，其他的均调整到65岁。这些变化在前文中已经提到并且在图22.5中予以展现（包括1999年的提速）。这些变化将降低对提前退休的激励，尽管这种“精算”调整并不是数学意义上精算中性的，除

① 为了使这个更高的收入对养老金产生影响，公务员在升职以后通常还要工作几年。

非把一个非常低的贴现率应用于构成精算中性内容的计算中①。在德国，根据退休年龄对待遇给付调整的引入是对名义账户制方案中待遇给付自动调整的模拟，后者是通过年金公式来调整基于退休年龄的待遇给付。但是，与名义账户制相比，德国养老金制度所进行的调整具有一定的任意性，并没有和寿命预期的变化联系起来。这些调整比当前的生命表低大约 1.5 个百分点，并且暗含着一个 3%的贴现率。

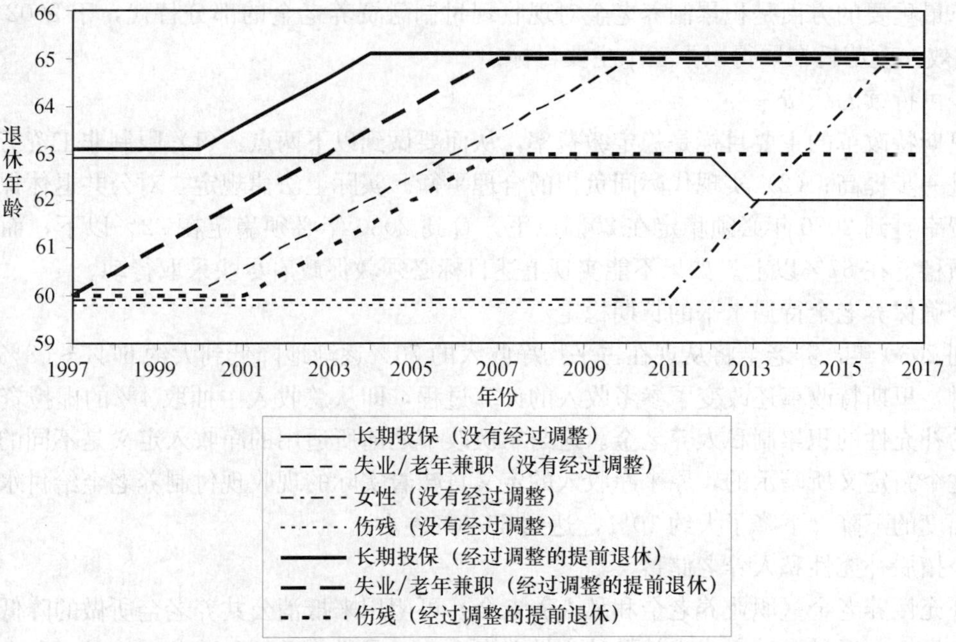

图 22.5　经过和没有经过“精算”调整的退休年龄（1992 年的改革和 1999 年的改革）

资料来源：作者汇编。

二、1999 年改革

根据前述的“人口因子”，即生命预期函数，再加上几个相关因子，1999 年养老金改革对替代率的降低获得了支持。虽然这次改革在 1998 年政府改组后予以取消，但是其影响仍然存在，即女性和失业者领取养老金的资格年龄（表 22.2 中的类型 C 和类型 E）仍将由 60 岁逐渐提高为 65 岁。到 2017 年将全面实施这种变动，并且只要工作时间不少于 35 年，这次变动也将有效地为健康工人提供“退休窗口”。与表 22.2 所示的安排不同，（2015 年以后）男性和女性之间的退休年龄将没有差异，而且（2007 年以后）将废除失业—退休这种形式，同时（2007 年以后）兼职退休（基本上由全职工作和随后的全面退休两“块”所取代）也将是不可能的。图 22.5 描述了新的资格规定和前面表 22.2 所给出的各种类型养老金的调整方式。这些变动基本上没有引起民众的注意。通过以上变动将使实际退休年龄从大约

① 精算的结果取决于贴现率或利率，而贴现率或利率形成了在相对应的不同时间点上的收付款。贴现率或利率通常被假设为 3%，有时候可以是 4%或 5%。德国是根据大约 1%的贴现率计算的。

60 岁过渡到 62 岁，提高两年左右[①]。

三、2001 年里斯特改革

2001 年 5 月 11 日，德国批准了新的养老金改革法案，这就是通常所说的里斯特改革，是以当时的劳工部长沃尔特·里斯特的名字命名的。2001 年的改革是养老金制度的一次重大变化，它把构成单一且体系庞大的德国养老金给付制度改变成一个真正的多支柱制度。本次改革最重要的方面是积累制养老金对现收现付制融资养老金的部分替代，于 2002 年 1 月 1 日生效。改革旨在取得以下三个主要目标：

◇可持续的缴费率

里斯特改革的主要目标是稳定缴费率，从而要做到以下两点：(1) 限制非工资劳动力成本的进一步提高；(2) 实现代际间负担的合理平衡。实际上法律规定，对公共退休保险计划的缴费率直到 2020 年必须稳定在 20%以下，直到 2030 年必须稳定在 22%以下，而净替代率必须稳定在 67%以上。如果不能实现上述目标必须敦促政府尽快采取行动。

◇确保养老金待遇水平的长期稳定

到 2030 年，养老金将从现在占平均净收入的 70%逐渐地降低到大约 67%～68%。但与此同时，里斯特改革还改变了参考收入的计算过程，即从总收入中抽取 4%的虚拟资金投资于新的补充性的积累制私人养老金。这与本次改革之前所适用的净收入定义是不同的，因为比起这个新定义所暗示的，原来净收入的定义意味着实际的现收现付制养老金给付水平将有较大幅度的下降（下降了大约 10%，达到 63.5%左右）。

◇拓展补充性私人养老储蓄

补充性养老金（职业养老金和私人养老金）可望用来抵消公共养老金所做的降低。为实现这一目标，通过两种方式来补贴补充性养老金：一是税收递延和减免，二是对私人和职业养老金计划进行直接资助。但是这些补充性养老金还未经授权。

表 22.4 给出了这些主要变化的概况。下面的一部分将详细描述现收现付制支柱中的成本是如何被削减的，而出现的缺口被指望由私人和职业养老金来填补。随后的部分将描述对补充性的私人积累制养老金的补贴。而对里斯特改革可能带来的经济成就的评价在第五节给出。

四、现收现付制支柱：降低替代率

对特定年份 t 的每月养老金现值 PV_t 的计算考虑了全部工人的收入变化（见公式 22.1）。这种做法是为了确保“标准养老金替代率”维持不变并且不滞后于当前平均收入的变化[②]。在 2001 年改革以前，如果养老金相当于平均净收入的 70%，那么就可以认为满足了保障老年人生活水准的这一目标。因此，当一个人退休时所得到的养老金水平要高于保持购买力不变的养老金权利的水平。直到 2001 年的改革以前，德国的养老金制度主要是通过使缴费率适应这个 70%的标准替代率来运行的。

---

① 对退休年龄变化的预测见 Berkel 和 Börsch-Supan（2004）。

② 需要提醒读者的是，替代率这个词可能会产生误导。就德国的情况而言它不是指退休之前的最后收入，更为确切地说，标准替代率是指一个具有 45 个收入积分工人的养老金除以所有当前工人的平均净收入。

表 22.4　　里斯特改革的核心内容概览

措　施	内　容	支　柱
引入以生活需求为导向的基本收入	对老年人的最低社会保障提供保证；通过以生活需求为导向的基本收入对谋生能力降低的人提供保证	0
新的调整公式	养老金待遇水平降低 10%左右	1
废除与职业相关的伤残退休金	终止与职业相关的伤残养老金；以两个层次的一般的伤残养老金取代	1
女性和遗属养老金的改革	对遗属养老金的收入规则进行修改；引入“对已婚夫妇的养老金分拆”	1
职业养老金的改革框架	引入工资转成养老金缴费的合法权利；放宽投资规则；建立养老金基金；准许 DC 型计划	2
制定补充性积累制（自愿）养老金规则	建立个人退休账户；制定适合国家补助的金融服务产品的认可规则（退休养老金合同证书法案）；拟定国家补助条款；设立递延税项	3

资料来源：作者汇编。

2001 年，里斯特改革提出了一个相当复杂的新调整公式，该公式把养老金现值（PV_t）的变动与总收入（AGI_t）前一期的变化联系起来，同时通过对公共养老金的实际缴费率（τ_t）和对新的私人养老金账户的假定缴费率（AVA_t）来修正，这个假设缴费率将逐渐从 2003 年的 0.5%增加到 2009 年的 4%。此外，还引入了一个缺乏灵活性的“敏感性因子”（d_t）。一直到 2010 年，这个因子始终为 100，然后降低到 90，这将在 2010 年以后有效地提高 PV 对 τ 值增加的敏感性。因此该公式只是降低了 2010 年以后的替代率：

$$PV_t = PV_{t-1} \cdot \frac{AGI_{t-1}\dfrac{d_t}{100} - AVA_{t-1} - \tau_{t-1}}{AGI_{t-2}\dfrac{d_t}{100} - AVA_{t-2} - \tau_{t-2}} \qquad (22.2)$$

该公式的复杂设计反映出改革中的两个相抵触目标的平衡：保证缴费率低于一定水平（直到 2020 年为 20%，直到 2030 年为 22%），同时保证重新定义的标准替代率一直到 2030 始终高于 67%。这两个相抵触的目标是德国养老金法律的一部分。如果违背了这两个目标中的任何一个，法律将促使政府采取行动，例如 2003 年改革委员会的建立。值得注意的是，因为制度的赡养率直到 2010 年为止还仍然保持基本不变，随后是快速的上升（见图 22.1），所以敏感性因子 d_t的突然增加反映了上述目标。

五、新的积累型支柱：补充性积累制养老金的引入

里斯特改革的一个重要组成部分是引入了补充性积累制的私人养老金并做出重大改进，从而填补了替代率降低所造成的养老金缺口。对人们购买补充性私人养老金保险提供激励正是出于上述目的，从长远来看，应该可以对公共养老金的未来削减提供补偿。但是，对人们投资于追加的私人计划将是没有法律授权的。这些里斯特养老金既可以是职业养老金也可以是个人养老金。因为使用了诸多的限制，还要看有多少工人实际上开始利用私人养老金。

补充性养老金的主要限制来自于其支付计划。由于追加的私人养老金计划是为了补充或

取代公共养老金计划的待遇给付，所以政府规定激励仅适用于那些保证自退休之日起可以进行年金支付的投资工具。提供一次性付款的投资工具不在国家补贴范围之列①。因为这一限制排除了其他形式的老年人福利待遇（如在养老院或疗养院上的投资），所以已经在公开辩论中遭到了相当多的批评。

由国家提供的激励可以分成两种方式：直接储蓄补贴或税收可减免的特殊津贴。税务部门会自动计算这两种形式当中哪一种最有利。

◇直接储蓄补贴

只有向被认可的退休养老金保险进行个人缴费的雇员和一部分自雇者才具有接受退休直接储蓄补贴的资格。补贴是直接存入受益人储蓄账户的。所要支付的是一个基本补贴和针对每个儿童的子女津贴，而子女津贴是在前一年收到的，由子女的母亲领取。对于已婚夫妇，如果他们各自都购买了自己的补充性私人养老金保险，那么双方都将获得基本补贴。此外，如果夫妻中不具有资格的一方（如没有工作收入的女方）在其对强制保险缴费负有责任的另一方已经对他们的补充性退休养老金保险进行了他（她）的最低个人缴费，那么不具有资格的一方也有权利得到他们自己的退休养老金保险的全额补贴（见下文）。

表 22.5 给出了截至 2002 年可以得到的最高激励补贴。为了取得最高补贴的资格，受益人必须拿出其总收入中一个指定的百分比来进行投资（表示为“储蓄率”）。直到 2008 年，该百分比将分四个阶段（在德国称之为“Riester-Treppe”也即“里斯特阶段”）予以提高。这个百分比适用于实际的收入水平，其上限堪比现收现付制缴费（大约是平均收入的两倍）。如果投资较少，国家补贴也相应降低。因为补贴包含在储蓄金额中，所以这个计划是很复杂的。因此，最高补贴所需的实际储蓄率是低于表 22.5 中第二列所显示的百分比。反过来，要求一定的最低储蓄金额也是必要的（见表 22.6）。

表 22.5　直接储蓄补贴

起始年份	储蓄率（%）	基本补贴（欧元/年）	子女津贴（欧元/年）
2002	1	38	46
2004	2	76	92
2006	3	114	138
2008	4	154	185

资料来源：作者汇编。

表 22.6　最低储蓄（欧元/年）

年份	无子女	一个子女	两个或两个以上子女
2002—2004	45	38	30
截至 2005	90	75	60

资料来源：作者汇编。

① 如果选择一次性总付，所有的补贴将必然重新回到税务部门。

◇税收可减免的特别支付

另外，具有资格的退休储蓄可以作为“特别津贴”从所得税中扣除。对于薪金超过平均收入的那些工人，这通常是更为有利的。储蓄率及其上限在补贴中都是不变的。表 22.7 给出了对私人退休储蓄账户缴费的最大税收减免。

表 22.7　　最 高 储 蓄

起始年份	税收可减免的特别支出（欧元/年）
2002	525
2004	1.050（疑为 1 050——译者注）
2006	1.575（疑为 1 575——译者注）
2008	2.100（疑为 2 100——译者注）

资料来源：作者汇编。

◇对个人养老金计划进行补贴/税收减免的资格标准

个人退休账户只有在满足退休养老金合同法案（在德国称之为“AltZertG”，也即“养老金存款补贴法”）中新的认证标准的情况下才能取得国家资助的资格。该法案包含了一长串规则，这使得无论对于客户还是潜在的承保人养老金制度都变得复杂起来。养老金计划资格的取得需要通过联邦金融市场管理局（Bundesanstalt für Finanzdienstleisturgs-und Finanzmarktaufsicht）的认证。如果符合以下条件将自动获得认证：

1. 必须使投资者承诺进行定期的自愿的养老金缴费。

2. 只有当受益人年满 60 岁或者 60 岁以上达到退休年龄时，才可以支付养老金待遇给付。

3. 在养老金发放阶段之初，应计的养老金缴费（包括补贴）必须得到保证（即名义收益率必须为非负）。

4. 养老金支付必须保证终身的待遇给付，其名义价值要保持不变或增加，即必须是以年金的形式或者是把付款计划与终生的每年分期支付联系起来。

5. 付款计划必须持续地提供待遇给付，直到受益人年满 85 岁，所以在养老金发放阶段之初就要提供有资金保证的终身年金。

6. 补充性遗属保险不必具有抵补初始计划的特征。

7. 初始佣金、手续费必须在不少于 10 年的时间里进行平均分摊。

8. 在购买保单之前，必须告知投资者以下事项：佣金和手续费的标准和时间分布，转成其他保单的费用，财务管理费用以及对其他承保人支付的费用。

9. 必须每年一次地告知投资者在其投保期间他（她）的缴费的使用情况、资本形成、成本以及收益，并告知承保人是否和在多大程度上考虑了伦理、社会和生态的投资标准。

10. 投资者在储蓄期间必须有权中止缴费，要么允许不再缴费的保单继续有效，要么通过提供三个月的公示服务直到三个月结束再终止保单。

11. 保单权益不得转让给第三方，因此养老金待遇给付的权益也不得遗赠。

具有补贴支持资格的并且将老年人养老金缴费和基于这种缴费的收益纳入其中的金融产

品可以用于投资，包括养老保险和资本化产品，具有累计利息的银行账户以及成长性股票和分配性投资基金。这些产品是由寿险公司、银行、投资公司、金融服务机构和证券公司提供。

◇税收递延

虽然老年人养老金缴费在储蓄阶段是可以免税的，但是在待遇给付阶段养老金支付将像正常收入一样全额征税。这适用于所有的待遇给付，而不管这些应计款项是否来自缴费、补助、或者资本收益。因为税收出现在生命的后期（因而是一种隐含的税收优惠）并且归因于累进的原因是一个较低的税率，所以可以认为这是另一种形式的补贴①。

六、职业养老金计划的国家资助

相对于个人账户，里斯特改革对职业养老金的作用定位始终是不清晰的。职业养老金在德国的传统上向来地位不高，尤其是与其他国家相比。参加职业养老金计划的需求近年来也一直在下降②。另一方面，职业养老金可能对授权的私人养老金提供一种心理上的替代。为了强化职业养老金，额外（间接的和直接的）补贴也随同里斯特改革一同引入。

里斯特改革引起的最重要变化是赋予了工人将部分工资直接转换成对养老金计划缴费的一般性权利，无论是雇员还是雇主支付了缴费，该权利都一样适用。养老金计划的安排可以是基于总工资也可以是基于净工资。如果是基于净工资，将有大量的间接补贴，这是因为所谓的转化工资不仅可以推迟缴税而且还可以免除社会保障缴费，至少一直到2008年。如果是基于总工资，只要职业养老金满足一定的标准（该标准的限制性规定要少于个人养老金计划的标准），其缴费将与个人账户缴费一样享有同等的直接补贴或税收减免。缴费规则适用的养老金类型取决于所选择的投资工具和缴费规则所提供的激励（见下文和表22.4）。但是，集体谈判协议优先于工资转换的权利。这意味着在有约束力的集体协议范围内的雇员，只有在集体协议明文规定的情况下才具有把其工资转换成养老金的权利。这一规则确保了雇主和工会可以把他们自己的规则施加于职业养老金计划中。

◇投资工具和里斯特补贴/税收减免的资格条件

里斯特改革还引入了作为职业养老金工具的养老基金，这是其他国家广泛使用的投资工具，但是在德国以前是禁止的。当前在德国的职业养老金计划中有五种不同的投资工具（其特点概览见表22.8）。只有三种计划具备里斯特激励的资格：（1）直接保险；（2）员工养老保险；（3）养老基金。因为雇主必须向雇员提供从里斯特激励中受益的机会，所以这意味着一些公司现在不得不调整他们的养老金计划，尤其是对小公司而言。

---

① 见 Börsch-Supan and Lührmann（2000）。税收优惠的特征取决于对所得税或消费税的看法。

② 见 Ruppert（2000）。

表 22.8　　　　职业养老金制度类型

<table>
<tr><th rowspan="2">特征</th><th colspan="5">投　资　工　具</th></tr>
<tr><th>直接养老承诺（Direktzusage）</th><th>福利基金（Unterstützungskasse）</th><th>直接保险（Direktversicherung）</th><th>员工养老保险（Pensionskasse）</th><th>养老基金（Pensionsfonds）</th></tr>
<tr><td>对缴费征税</td><td colspan="2">免税</td><td>1. 统一比例税
2. 全额征税但是享受里斯特补助/税收可减免的支出</td><td>1. 统一比例税
2. 全额征税但是享受里斯特补助/税收可减免的支出
3. 不超过 BMG 的 4%免税</td><td>1. 全额征税但是享受里斯特补助/税收可减免的支出
2. 不超过 BMG 的 4%免税</td></tr>
<tr><td>对待遇给付征税</td><td colspan="2">全额征税</td><td>1. 仅征收收益税
2. 全额征税</td><td>1. 仅征收收益税
2. 全额征税
3. 全额征税</td><td>1. 全额征税
2. 全额征税</td></tr>
<tr><td>投资</td><td colspan="2">对内</td><td colspan="3">对外</td></tr>
<tr><td>投资规则</td><td colspan="2">没有</td><td colspan="2">保险监管法案</td><td>没有</td></tr>
<tr><td>破产方案</td><td colspan="2">养老保险基金（PSV）中的成员</td><td colspan="2">无需</td><td>养老保险基金中的成员</td></tr>
<tr><td>国家监管</td><td colspan="2">无需</td><td colspan="3">联邦保险管理局（Bundesaufsichtsamt für das Versicherungswesen）</td></tr>
</table>

资料来源：作者汇编。

注：BMG＝收入门槛（Beitragsbemessungsgrenze）。

第五节　对里斯特改革的评价

最近的改革，特别是里斯特改革可以解决德国公共养老金制度问题吗？一个重要的而且悬而未决的问题是新的自愿的补充性私人养老金，即“里斯特养老金”是否将被德国的工人所接受，因为这些工人已经习惯了提供无微不至关照的公共养老金制度。这是接下来的第一部分的主题。随后的第二部分提出了如果工人真正参与进来，新的补充性私人养老金是否将足以抵偿现收现付制支柱削减的问题。对里斯特改革进行评价的最后一部分包含了这些问题的结论并提出主要问题：里斯特改革能够把德国养老制度置于一个稳定而又持久的新基础之上吗？

一、里斯特改革能够有效地启动吗

因为新的养老金是自愿的，所以在里斯特改革的内容中最受争议的问题是工人能否有效地克服拖延的诱惑。有多少人将参与到补充性养老金的建立？他们能储蓄多少？现在，引入这些养老金才仅仅一年，得出结论还为时尚早。推广补贴性的指定储蓄综合计划（Vermögenswirksame Leistungen，即形成资本的所得，直接从工资单中扣除）用了大约五年时间，而目前已得到了几乎普遍的参与。在美国，个人退休账户（IRAs）至少需要等到被大部分家庭所接受才能建立以来。在这一部分，我们将考察里斯特养老金的设计和激励情况，以便我们了解哪些人可能会参与进来而哪些人不会。

◇里斯特激励的程度

当评价里斯特激励所提供的收益时，需要考虑两个方面：一是在缴费阶段的补贴或税收减免；二是在付款阶段所引起的任何与税收相关的优势或劣势。在缴费阶段的直接补贴对于收入相对较低的家庭和有子女的家庭更为重要。而税收可减免的特别津贴由于累进税的原因其情况恰恰相反，因此收入较高的家庭受益更多。在图 22.6 中可以看到，这导致了补贴和收入之间的 U 型关系，图中的补贴是按照新的补充性养老金的形式作为储蓄的一个百分比给出的[①]。

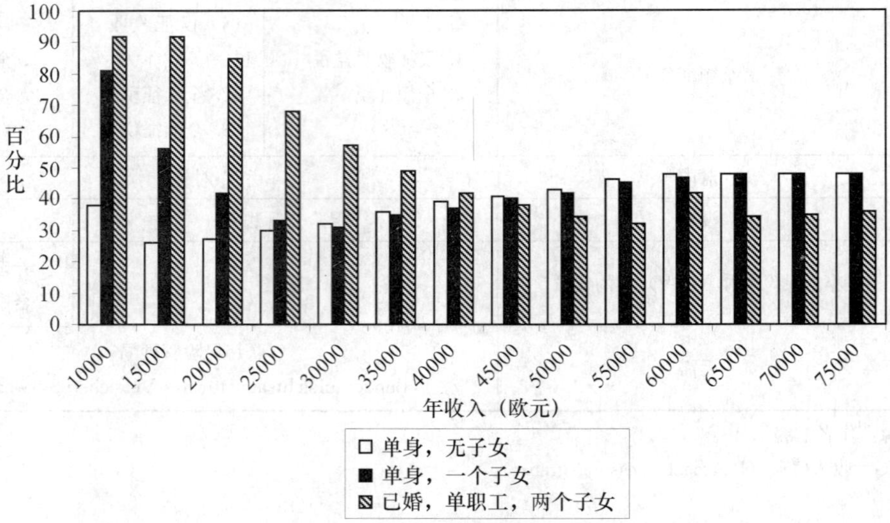

图 22.6 里斯特养老金补贴的程度

资料来源：Deutsche Bundesbank（2002）。

注：直接补贴税收优惠是以新的补充性养老金的形式作为储蓄的一个百分比给出。

对于收入最低的家庭，补贴几乎可以等同于缴费本身。即使对于富人，补贴率也高达 40%～50%。假使有这么丰厚的补贴，参与进来的人也可能较多。

但是，图 22.6 给人的印象却正在遭到误解，认为在对养老金待遇给付征税的付款阶段，U 型曲线将变平，出现变平的效果是由于累进税的影响。其实，税收将不会影响收入分布中下半部分的养老金领取者，这是因为他们的养老金收入低于针对退休家庭的慷慨免除额。但是对于在平均收入水平以上的家庭，税收将显著地降低他们的实际终生补贴。

◇里斯特激励的形式

虽然里斯特激励的程度使得里斯特养老金颇具吸引力，但是里斯特养老金比起其他退休

① 我们既可以对直接补贴也可以对税收可减免的特别津贴使用“补贴”这个词。

投资产品的灵活性较差。

里斯特养老金的主要缺陷之一是其中的大多数资本不得不进行年金化，因此不能被用于抵押或遗赠。但是这种说法缺乏一定的逻辑，原因就在于里斯特养老金的真正目的是提供年金收入来填补现收现付制支柱削减所出现的养老金缺口。在我们看来，这种说法的普遍出现清楚地表明了工人还没有意识到他们合理的退休收入将取决于里斯特养老金。

烦琐的认证要求严重地限制了私人提供者开发新的私人保险产品的范围以及导致了更高的成本，这也是里斯特养老金的缺陷。与成本大约只有10%的一次性总付的常规人寿保险相比，这里的一些成本项目可以产生高达20%的总成本[①]。

更有甚者，认证规则仅仅是用来制定了一个正式的产品标准，而在比较不同的投资工具及其提供相应的回报率上却没有给出所需的透明度。结果，客户往往无法做出正确明智的私人投资决定。缴费名义价值得到保证确实可以确保在退休时至少储蓄下来的名义资金是可以作为养老金资本的。但是，对于规定养老金需要做出哪些变动来确保从储蓄资金中所支付的养老金给付价值可以长期不变，却没有相应的规则。非动态化的里斯特待遇给付将很快失去自身的价值，即使在非常温和的通货膨胀率情况下。

◇吸纳率的初步证据

第一次调查结果表明，对里斯特产品需求低迷：在2002年中期以前竟然只有9%左右的人购买了保单；另外还有16%的人计划在2002年底缔结保险合约。但是，在2003年的初夏，吸纳率却已经上升到了全部具有资格工人的35%左右。

工人们对补充性养老金计划的参与出现了逐渐增加的趋势。在计划参与补充性养老金的工人中，只有大约半数的工人正在考虑在里斯特保险框架内进行参与，而其他的一半工人倾向于其他的储蓄和保险产品以及（或者）职业养老金[②]。

此外，许多家庭，尤其是高收入阶层，可能调整其现有养老金计划仅仅是为了得到里斯特补贴。在这一点上，我们没有关于这种转换的真凭实据。如果这些家庭有固定的养老金目标，那么通过税收获得国家补贴可能产生事与愿违的效果，从而导致更低的储蓄率[③]。

◇强制的私人养老金?

调查显示，大部分人竟然欢迎建立强制的补充性私人养老金[④]。这种倾向可以解释为储蓄者对于由他们自身来执行建立附加养老金所必需的规则在能力上缺乏信心以及对那些专营于一般性社会救助而不注重储蓄的人所施加的财政外部性。

主张强制的补充性养老金一般引用的论据是老年贫苦和保险市场的逆向选择[⑤]。但是在德国，老年贫苦当前还不是一个重要问题。未来可能会因为给付削减而发生变化，但是通过引入新的最低收入保证，里斯特改革已经解决了这个问题。

就逆向选择而论，如果一家供应者的产品和该产品所形成的出价对较小的竞争者被证明

① 见 Stiftung Warentest（2002）。
② 见 Leinert（2003）。
③ 见 Börsch-Supan 和 Lührmann（2000）。
④ 见 Boeri，Börsch-Supan 和 Tabellini（2001；2002；Forthcoming）。
⑤ 见 Börsch-Supan（2002）。

是没有吸引力的，那么强制供应能导致该供应者形成垄断地位，在这种情况下，强制将带来较少的而不是更多的产品种类。

最后，使补充性的养老金变成强制的将赋予储蓄一种类似税收的特征，并且因此可能有负面的激励效应①，就会有损于通过降低税收和类似工薪税的缴费负担从而刺激经济增长的这种想法。

二、里斯特养老金将填补养老金缺口吗

引入里斯特养老金的主要着眼点是补偿现收现付制公共退休保险计划的削减。模拟计算表明，占总收入4%的设想储蓄率理论上足以弥合因为国家养老金削减所将造成的养老金待遇缺口。图22.7说明了日益增长的养老金缺口（定义为当前总养老金水平和可预见的未来总养老金水平的差额）和基于考虑到回报率的不同假设之上的里斯特养老金所提供的额外福利待遇水平。

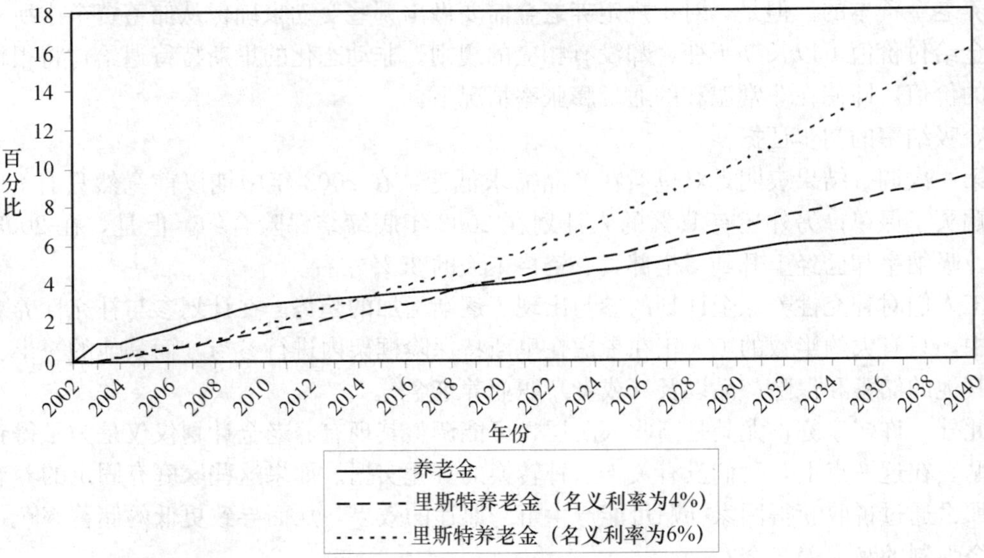

图22.7 填补养老金缺口

资料来源：曼海姆老龄经济研究所基于卢瑞普委员会的人口和劳动力市场预测所做的测算。

虽然长期来看里斯特养老金可以填补养老金缺口，但是，对于年龄较大的工人还是不够的。与以前的情况比起来，1970年以后出生的年龄较小的工人因为其补充性养老金储蓄将会处于建立起甚至更高的养老金权益的状况。但是，年龄较大的群体将不得不比表22.5中所假设的最高储蓄率进行更多的储蓄，以便在有生之年完全填补上述缺口。显然，储蓄率仅是缓慢地增加到总收入的4%且保持不变是不够的，还必须提高初始储蓄率并且要因人而异②。

里斯特改革一旦实施成功，退休收入的未来构成将与当前构成单一且体系庞大的养老金

① 见Summers（1989）。

② 见伯格与伯尔施—苏潘（Birg and Börsch-Supan，1999；Börsch-Supan，2002）所提建议。

有着非常大的差别。图 22.8 概括了按照出生年份划分的不同组别的人在退休之年所获得退休收入构成的变化情况，该构成的变化是假设参加保险的各组人已经接受表 22.5 中所建议的里斯特储蓄率。

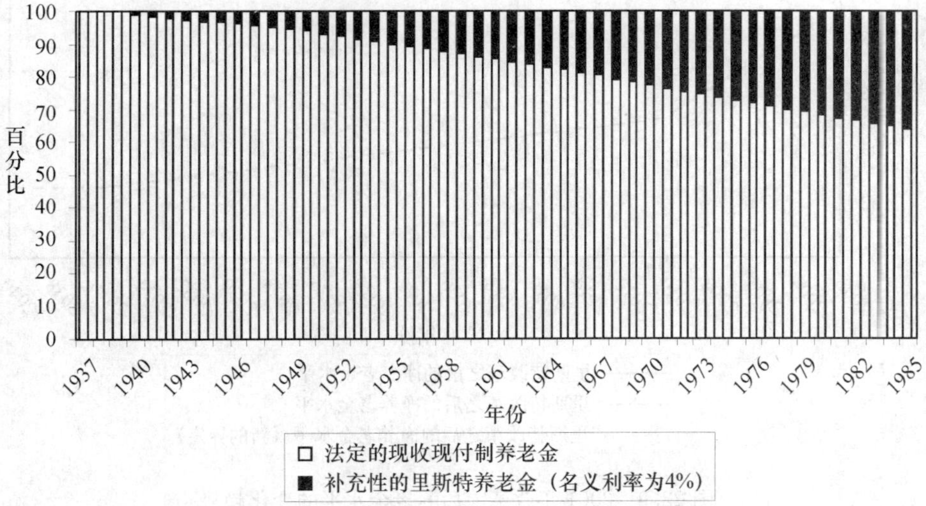

图 22.8　按照出生年份划分的退休收入构成

资料来源：曼海姆老龄经济研究所基于卢瑞普委员会的人口和劳动力市场预测所做的测算。

译者注：在原著的图例说明中，指明白色柱为“补充性的里斯特养老金”，而黑色柱为“法定的现收现付制养老金”，译者认为是作者笔误。

图 22.8 表明，即使里斯特改革吸纳了所有人，德国的现收现付制养老金仍将是提供老年人待遇的主要支柱。里斯特养老金将补充大约 35％的国家管理的退休收入。如果其他的收入来源（当前大约是全部退休收入的 15％）继续得以保留，这将会在总的退休收入中出现 55％～60％的现收现付制养老金的构成比例。但是，如前所述，现有的职业养老金和私人养老金遭到新的里斯特养老金的某些挤出还是可能的。

三、里斯特改革能使德国的养老金制度达到稳定吗

当然，检验里斯特改革的主要依据是现收现付制转成部分积累制养老金制度是否将使年轻人所提供的缴费率与年长者可以接受的替代率达到平衡。里斯特改革要求标准的养老金替代率水平不可以低于 67％，同时要求缴费率直到 2020 年不得超过 20％以及直到 2030 年不得超过 22％，而把这些内容写进法律实际上是需要相当勇气的。可是这些承诺能够信守吗？

相当明确，回答是否定的。我们的这个回答是基于“官方”的人口和经济预测，该预测是卢瑞普委员会和健康与社会保障部所采用的①。我们首先来考察标准替代率②。对养老金调整的长期影响所做的模拟计算表明，根据里斯特调整的新公式，未来养老金水平的降低将

① 学术界的人口统计专家认为人口预测（生育、死亡、迁移）是相当合理的，而经济假设（增长、就业）却是有点略微乐观的。

② 需要提醒读者的是，标准替代率与退休前的最后收入不相关，“标准替代率”是指一个具有 45 个收入积分工人的养老金除以所有当前工人的平均净收入。

超过政府的初次预测（见图 22.9）[1]。他们将很快低于 67%并最终达到 62%。

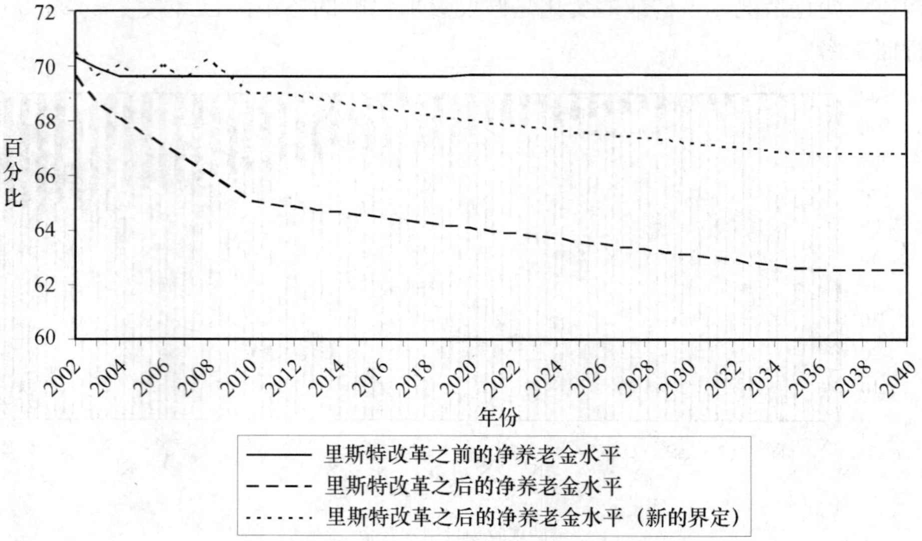

图 22.9　2001 年改革前后养老金水平的变化趋势

资料来源：曼海姆老龄经济研究所基于卢瑞普委员会的人口和劳动力市场预测所做的测算。

这种养老金水平下降的程度再次表明了由现收现付制公共退休保险计划本身（即没有补充性养老金供给）所提供的养老金待遇给付将不足以保障退休人员的晚年生活水平。

虽然与舆论所认为的相比，新的调整公式将明显导致养老金水平更大程度的降低，但是在所做的承诺和当前预测之间的巨大差异是与实现缴费率稳定的目标有关。图 22.10 描绘了我们对改革前后缴费率的长期发展变化的预测。

虽然里斯特改革显著降低了现收现付制支柱的缴费率，但是图 22.10 显示的缴费率在 2014 年将超过 20%，2022 年将超过 22%。

里斯特改革显然不能实现它的目标，即在可接受的养老金待遇上实现缴费率的稳定，这并非是偶然的。事实上，选择这种过于乐观的人口和经济假设是改革者和工会之间所达成的脆弱的政治妥协的结果，以便使一揽子的里斯特改革计划获得国会通过。

第六节　新的尝试：2003 年提案

当里斯特改革措施将不足以满足缴费率和养老金水平这两个目标成为显而易见的时候，一个新的改革委员会，即德国社会保险制度财务可持续性委员会，于 2002 年 11 月建立起来，该委员会通常被称为卢瑞普委员会，是以委员会主席伯特·卢瑞普（Bert Rürup）的名字命名的[2]。它的双重目标如同里斯特改革目标一样：在确保未来适当的养老金水平的同时

① 见 Bonin（2001）和 Prognos（2001）。

② 该委员会负责制定养老金制度、健康护理和长期护理保险的改革提案。我们仅涉及养老金的改革提案。

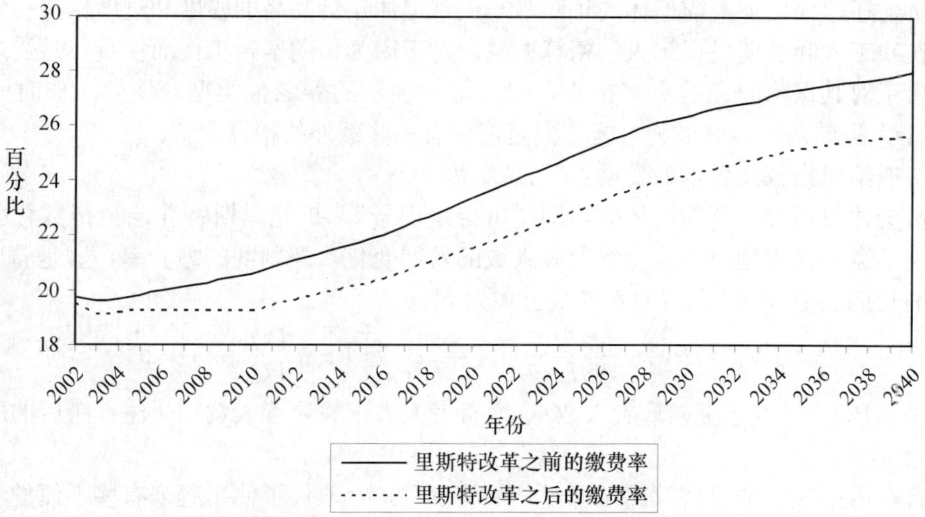

图 22.10　2001 年里斯特改革前后的缴费率

资料来源：曼海姆老龄经济研究所基于卢瑞普委员会的人口和劳动力市场预测所做的测算。

稳定缴费率。

与 2001 年里斯特改革所面对的情况相比，2003 年卢瑞普委员会所遇到的情况已大不相同。出乎意料的高失业率和德国经济极低增长率的欠佳表现导致了养老金制度的短期财务危机并产生了改革的紧迫感。此外，选民越来越认识到在总劳动力的补充过程中保持社会保障缴费稳定对于提高未来的增长率是至关重要的。从考虑养老金权益到思索融资可行性的这种范式的转变对委员会的改革提案产生了显著的影响。

另外，里斯特改革已经为现收现付制融资的第一支柱养老金更为切实地转变成积累制的第二和第三支柱养老金铺平了道路，这使得卢瑞普委员会从中受益。

一、改革方案

2003 年 8 月底公布的改革方案主要包含两部分内容再加上一些配套措施。第一部分主要内容是正常退休年龄逐渐由 65 岁增加到 67 岁，第二部分内容是对养老金待遇给付指数化公式的修改，该公式将待遇给付与制度的赡养率连接起来。第一部分内容包括了对各种提前退休年龄的调整，而第二部分包括了对里斯特养老金规则的修改。虽然这两部分的主要内容对于取得缴费率的预期稳定发挥了直接作用，但是配套措施才保持了退休方式体系的平衡并且解决了对新推出的第二和第三支柱养老金广泛受到批评的一些问题。

◇正常退休年龄的提高

委员会建议正常退休年龄从 65 岁提高到 67 岁。当然这种提高要稳步地进行，从 2011 开始每月提高一点，在 2035 年达到 67 岁。这一提高相当于在 65 岁时预期寿命所设想变化的 2/3。因此，这将仅仅抵减由更长的养老金领取存续期间所产生的累计养老金总价值的未来增长。退休年龄增加的根本原因却在于延长了的寿命需要在工作年限上的相应提高，除非养老金系统被不断地加以膨胀。

为了阻止由于退休年龄的提高而用提前退休养老金和伤残养老金来代替正常退休养老

金，委员会还建议增加提前退休的年龄（与正常退休年龄提高的幅度和进度保持一致）以及提高对伤残工人和长期投保工人的精算调整。对于因为长期辛苦工作而使身体遭受严重损伤工人，出于对其保障问题的更多担心，引入了一项新的养老金类型，使得工作时间不少于45年的工人提前两年退休成为可能，但是需要有一些额外的精算调整。

◇待遇给付指数化公式的变动："可持续因子"

委员会建议通过一个新的指数，即"可持续因子"，扩充里斯特养老金指数化公式。该因子反映了缴费人数相对养老金领取者人数的发展变化，即制度的赡养率，这是养老金融资最重要的长期决定因素[①]。新的养老金公式如下：

$$PV_t = PV_{t-1}\,\frac{AGI_{t-2}}{AGI_{t-3}}\frac{1-\delta_{t-2}-\tau_{t-2}}{1-\delta_{t-3}-\tau_{t-3}}\left[\left(1-\frac{PQ_{t-2}}{PQ_{t-3}}\right)\alpha+1\right] \tag{22.3}$$

其中，$PQ=$［养老金领取者人数/（缴费者人数＋失业者人数）］。注：滞后的原因在于数据可用性。

包含在内括弧中的可持续因子通过 α 赋予权重，并取代了使用起来有些不便的"敏感性参数"d_t 所导致的一次性转移（见前文中的里斯特改革部分）。如果 $\alpha=0$，当前的里斯特养老金调整公式将保持不变。如果 $\alpha=1$，新的指数化公式将意味着这是一种纯粹收益导向型的养老金待遇给付调整的保险。委员会把 α 的值定为 1/4，从而实现了里斯特改革的目标，即直到 2020 年保持缴费率在 20%以下，直到 2030 年缴费率低于 22%。

与里斯特改革制定的路径相比，新的养老金公式将导致养老金待遇给付水平的进一步降低。而与未能获得通过的 1999 年改革尝试中的拟议人口因子比起来，可持续因子不仅包括预期寿命的发展变化而且包括全部人口结构的变化（包括移民的变化，尤其是出生率的变化）以及劳动力市场的变化。因为劳动适龄人口的必然降低可以通过女性和老年工人更多地进入劳动力市场来弥补，这是非常重要的。因此，引入可持续因子就可以使养老金调整与决定养老金融资的关键性因素（即缴费者的人数和待遇接受者的人数）联系起来。这样，可持续因子就把一种自我稳定的反馈机制纳入到了养老金制度中，类似于名义账户制中的名义回报率机制[②]。

较高的第二和第三支柱养老金将弥补这一减少。既然采纳补充性的积累制里斯特养老金至今已经顺理成章（如前文提到），所以委员会建议对职业养老金和私人养老金进行一系列的管理改革，使制度更便于操作，从而更受欢迎。其中的改革包括将具有资格的人群扩大到全体纳税人，动态的养老金待遇给付以及在私人养老金规定中增加透明度。在对管理进行改革的同时，还建议引入 EET（exempt-exempt-taxed）的事后税收体制[③]。

二、2003 年改革提案的长期影响

卢瑞普委员会所提议的改革足以抵消人口结构变化的预期结果并且可以使制度保持稳定

① 严格地说，可持续因子将把待遇给付和"均衡的制度赡养率"联系起来，从而避免由极低的缴费和（或）养老金待遇给付所造成的扭曲。该比率通过把标准养老金转换成"均衡养老金领取者"的人数来实现养老金领取者人数的标准化。"均衡缴费者"的人数同样是通过对平均就业者人数的标准化来计算的。

② 见 Börsch-Supan（2006）。

③ 同样是由伯特·卢瑞普领导的一个并行的委员会建议对养老金缴费和资本所得免税（以 EET 中的两个 E 表示），而对待遇给付征税（以 EET 中的 T 表示）。见 Börsch-Supan 和 Lührmann（2000）。

吗？可以保证缴费率低于里斯特所设定的目标而又同时考虑到各个支柱的养老金所带来的收入相当于今天的水平吗？这一部分将给出对该养老金提案主要内容的预测以及考察一下其长期影响[①]。图 22.11 和图 22.12 说明了可持续因子是如何被引入的以及对于不同的 α 值退休年龄的提高如何影响缴费率和养老金水平的。

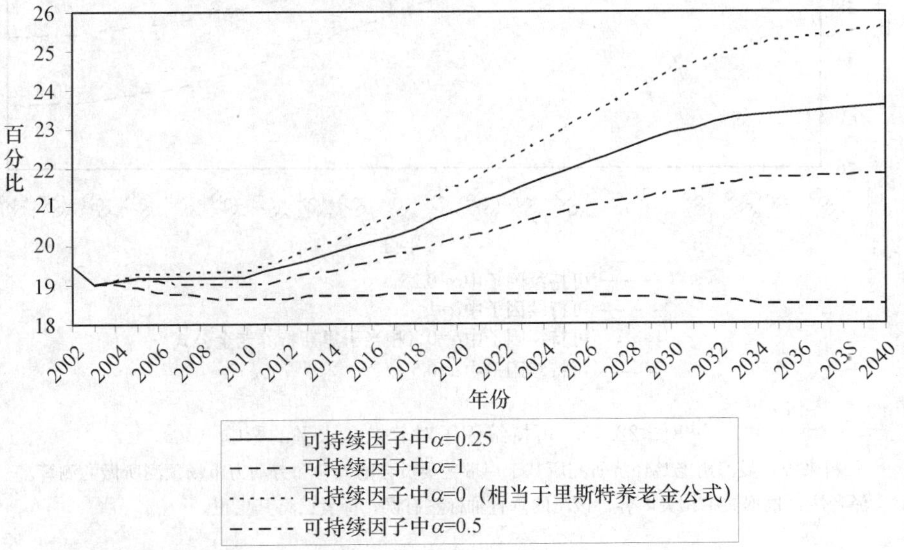

图 22.11　可持续因子对缴费率变化趋势的影响

资料来源：曼海姆老龄经济研究所基于卢瑞普委员会的人口和劳动力市场预测所做的测算。

如果 a ＝ 1，可持续因子将促使形成一种纯粹收益导向型的养老金待遇给付保险。缴费率保持不变而待遇给付将下降到总收入的 30%左右。

当权重系数 α 为 0.5 时，将增加额外的融资负担，这种负担是由赡养义务的加重超过了养老金缴费者和受益人的自相平衡所造成的。由此导致了缴费率在 2020 年达到 20.1%，在 2030 年达到 21.4%，而 2030 年的待遇给付水平大约为总收入的 37%。

当把 α 值设定为 0.25 时，刚好可以实现委员会的改革目标。由此产生的缴费率在 2030 年略低于 23%，而养老金水平恰好超过总收入的 40%。

考虑到正常退休年龄提高为 67 岁，根据德国的待遇给付公式，这增加了养老金待遇给付，再加上第二和第三支柱的养老金，卢瑞普提案设法为退休者提供的收入水平可以相当于目前的收入水平，但是这只能是在大约 2030 年以后（见图 22.13）。该预测是假定从 2009 年开始，将 4%的储蓄率添加到第二和第三支柱养老金中，根据表 22.5，这是以渐进的方式开始的。

图 22.13 非常清楚地表明了所有转型模式的关键所在：当来自现收现付制养老金的收入

① 改革委员会的官方预测出自于 Kommission für die Nachhaltigkeit in der Finanzierung der Sozialen Sicherungssysteme（2003）：Abschlußbericht。联邦健康与社会保障部，柏林（http://www.bmgs.bund.de/deu/gra/themen/sicherheit/kommission/index.cfm）。

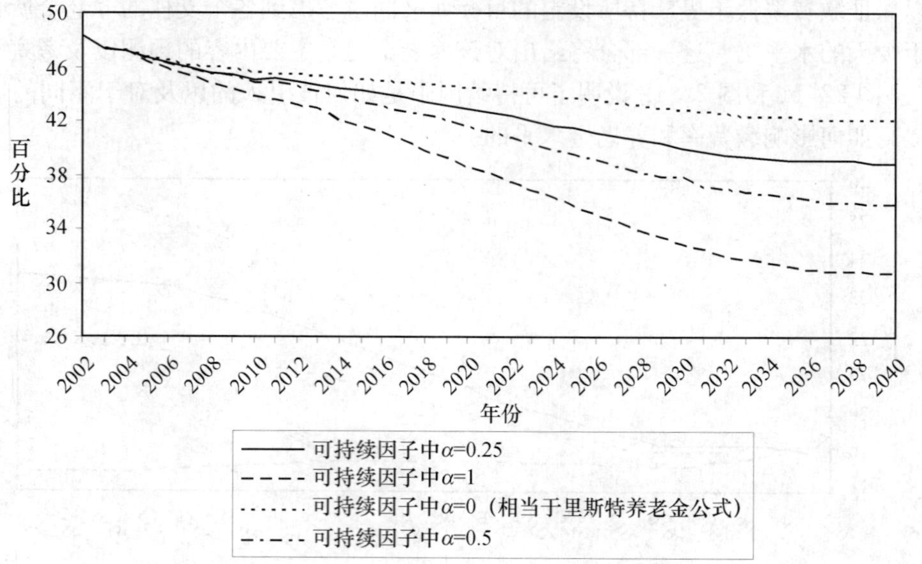

图 22.12　可持续因子对养老金水平的影响

资料来源：曼海姆老龄经济研究所基于卢瑞普委员会的人口和劳动力市场预测所做的测算。

译者注：根据文中相关内容，该图的垂直轴标签有误，译者已将其更正。

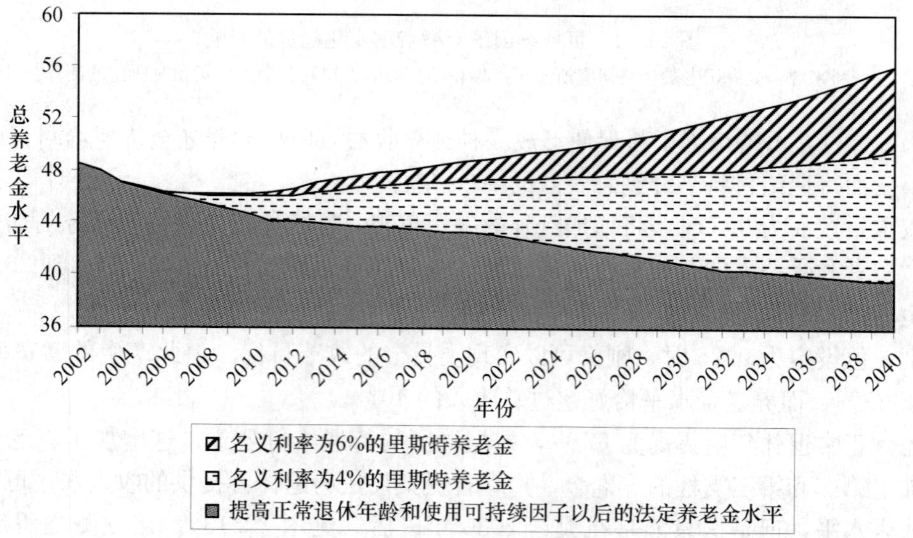

图 22.13　包括私人里斯特养老金在内的总养老金水平

资料来源：曼海姆老龄经济研究所基于卢瑞普委员会的人口和劳动力市场预测所做的测算。

下降时，为了保证总的退休收入不变，转型的一代人将不得不做出额外的支付。更为精细的转型模式表明，对于转型负担最重的群体，8%的储蓄率才是足够的[①]。

① 见 Birg 和 Börsch-Supan（1999）。

三、2004 年改革

2004 年 3 月 31 日德国议会通过了大部分的卢瑞普提案，最为重要的是可持续因子的引入，但是，退休年龄的变动没有获得立法。因为委员会所建议的新的退休年龄从 2011 年才开始分阶段引入，所以被认为立刻采取立法行动是没有必要的。

很显然，改变退休年龄的政策是得不到支持的。根据调查结果（Boeri，Börsch-Supan 和 Tabellini，2001，2002，forthcoming）显示，在德国，提高退休年龄是最不受欢迎的养老金改革选项之一（见图 22.14）。

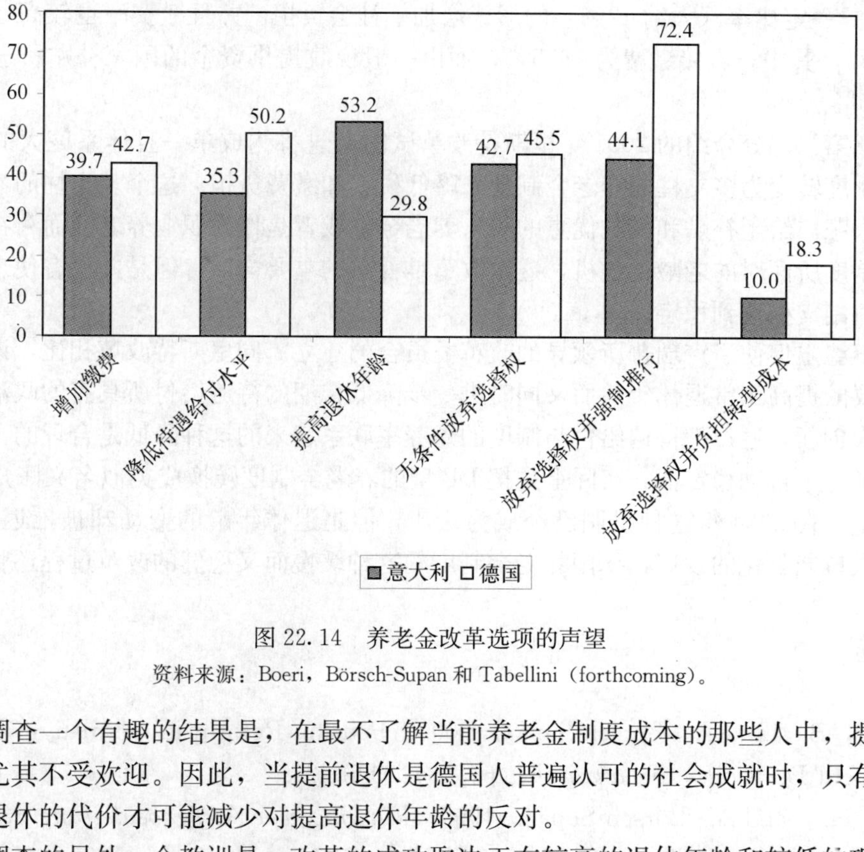

图 22.14　养老金改革选项的声望

资料来源：Boeri，Börsch-Supan 和 Tabellini（forthcoming）。

这项调查一个有趣的结果是，在最不了解当前养老金制度成本的那些人中，提高退休年龄的选项尤其不受欢迎。因此，当提前退休是德国人普遍认可的社会成就时，只有让人们意识到提前退休的代价才可能减少对提高退休年龄的反对。

这项调查的另外一个教训是，改革的成功取决于在较高的退休年龄和较低的现收现付制养老金水平之间进行艰难选择的灵活性。当然，后者还通过联系消费的私人养老金予以补充。只要养老金是以一种精算中性的方式来计算的，考虑到经济的边际效应，没有必要制定一个“正常的退休年龄”，工人们可以在更长的就业时间和更多的储蓄之间做出自己的决定。近期美国经济泡沫破灭之后的经验表明工人对这种替代具有很强的意识。相对于只在一个方向上进行削减的提案（比如说，提高退休年龄），提供灵活性选择减少了人们对改革方案的反对。

在这一点上，从自行决定退休年龄工人的角度上讲，德国的养老金制度并不是精算中性的[①]。但是，政府完全可以避开对未来提高退休年龄的立法，这并没有触及当前缺少精算中

① 见 Börsch-Supan 和 Schnabel（1999）。

立的问题。两项措施均遭到了工会和养老金领取者请愿团体的强烈反对，但有趣的是，后一项措施增加了离职保护的费用，也遭到了雇主联盟的反对。

第七节　结　论

本章第一部分介绍了德国慷慨的养老金制度，因为这是在1972年至20世纪90年代末期建立起来的。该制度规定了提前退休的年龄并且提供了较高的替代率，但是其巨额的成本却以占GDP一定比率（大约12%）的形式增加了社会负担，并且缴费率也较高（大约是总收入的28%，其中，直接缴费为19.5%，而由一般税收提供资金的国家补贴所进行的间接缴费占8.5%）。

在本章第二部分介绍的2001年里斯特改革试图通过将构成单一且体系庞大的现收现付制养老金制度转变为多支柱的养老金制度来降低税收和缴费负担。这个多支柱的养老金制度包括对个人账户给予补贴和税收优惠的私人养老金，或者是作为职业养老金而存在。对于解决养老金制度所面对的老龄化危机，这次改革是首次的重要尝试，但是并没有使未来几十年的现收现付制支柱达到稳定。

这种不稳定促使了卢瑞普所领导的改革委员会的建立。同里斯特改革相比，该委员会指出了所建议的提高正常退休年龄而又同时进一步降低长期的待遇给付所具有的政治风险。作为一项重大创新，通过把待遇给付与制度的赡养率联系起来的这种降低是合理的。因此这相当于提供了一个自动稳定器，实际上是把DB型的养老金制度转换成类似名义账户制的养老金制度。虽然在2004年这种机制已经成为法律，但是退休年龄的变动却被推迟了。因此，随着德国人口老龄化的发展，德国养老金制度的这种缓慢而又稳健的改革过程还将继续。

参考文献

Berkel, B., and A. Börsch-Supan. 2004. Pension Reform in Germany: The Impact on Retirement Decisions, *Finanzarchiv* 60 (3): 393-421.

Birg, H., and A. Börsch-Supan. 1999. *Für eine neue Aufgabenteilung zwischen gesetzlicher und privater Altersversorgung*. Berlin: GDV.

BMA (Bundesministerium für Arbeit und Sozialordnung). 1997. *Statistisches Taschenbuch*. Bonn: Bundespresseamt.

Boeri, T., A. Börsch-Supan, and G. Tabellini. 2001. "Would You Like to Shrink the Welfare State? The Opinions of European Citizens." *Economic Policy* 32: 7-50.

——. 2002. "Would You Like to Reform the Pension System? The Opinions of European Citizens." *American Economic Review* 92: 396-401.

——. Forthcoming. "How Would You Like to Reform Your Pension System? The Opinions of German and Italian Citizens." In *The Politics and Finance of Social Security Reform*, ed. R. Brooks and A. Razin, Kluwer.

Bonin, H. 2001. "Will it Last? An Assessment of the 2001 German Pension Reform." Institute for the Study of Labor (IZA), IZA Discussion Paper 343, Bonn.

Börsch-Supan, A. 1998. "Germany: A Social Security System on the Verge of Collapse." In *Redesigning Social Security*, ed. H. Siebert, 129-59. T bingen: J. C. B. Mohr (Paul Siebeck).

——. 1999. "The German Retirement Insurance System." In *Pension Reform in Six Countries*, ed. A. Börsch-Supan and M. Miegel, 13-38. Berlin, Heidelberg: Springer.

——. 2000a. "A Model under Siege: A Case Study of the Germany Retirement Insurance System." *The Economic Journal* 110 (461): F24-45.

——. 2000b. "Incentive Effects of Social Security on Labour Force Participation: Evidence in Germany and Across Europe." *Journal of Public Economics* 78: 25-41.

——. 2002. "Incentive Effects of Social Security Under an Uncertain Disability Option" In *Frontiers in the Economics of Aging*, ed. D. A. Wise, 281-310. Chicago: University of Chicago Press.

——. 2006. "What Are NDC Pension Systems? What Do They Bring to Reform Strategies?" In *Pension Reform: Issues and Prospects for Non-Financial Defined Contribution (NDC) Schemes*, ed. R. Holzmann and E. Palmer, chapter 3. Washington, DC: World Bank.

Börsch-Supan, A., and M. Lührmann. 2000. *Prinzipien der Renten-und Pensionsbesteuerung*. Bad Homburg, Frankfurter Institut-Stiftung Marktwirtschaft und Politik.

Börsch-Supan, A., and R. Schnabel. 1998. "Social Security and Declining Labor Force Participation in Germany." *American Economic Review* 88 (2): 173-8.

——. 1999. "Social Security and Retirement in Germany." In *Social Security and Retirement Around the World*, ed. J. Gruber and D. A. Wise, 135-80. Chicago, London: University of Chicago Press.

Börsch-Supan, A., R. Schnabel, S. Kohnz, and G. Mastrobuoni. 2004. "Micro Modelling of Retirement Choices in Germany." In *Social Security Programs and Retirement Around the World: Micro-Estimation*, ed. J. Gruber and D. A. Wise, 285-344. Chicago: University of Chicago Press.

Casmir, B. 1989. *Staatliche Rentenversicherungssysteme im internationalen Vergleich*. Frankfurt: Lang.

Cutler, D., and L. M. Sheiner. 1998. "Demographics and Medical Care Spending: Standard and Non-Standard Effects." Mimeo, Harvard University, Cambridge, Massachusetts.

Deutsche Bundesbank. 2002. "Kapitalgedeckte Altersvorsorge und Finanzmärkte." Monatsbericht Juli, Frankfurt am Main.

Gruber, J., and D. A. Wise, eds. 2004. *Social Security Programs and Retirement*

Around the World: *Micro-Estimation*. Chicago, London: University of Chicago Press.

Jacobs, K., M. Kohli, and K. Rein. 1990. "Germany: The Diversity of Pathways." In *Time for Retirement*: *Comparative Studies of Early Exit from the Labor Force*, ed. M. Kohli, M. Rein, A.-M. Guillemard, and H. van Gunsteren, 181-221. Cambridge, New York: Cambridge University Press.

Kommission für die Nachhaltigkeit in der Finanzierung der Sozialen Sicherungssysteme. 2003. Abschlußbericht. Bundesministerium für Gesundheit und Soziale Sicherheit, Berlin. http://www. bmgs. bund. de/deu/gra/themen/sicherheit/kommission/index . cfm.

Leinert, J. 2003. "Die Riester-Rente: Wer hat sie, wer will sie: Vorausbewertung einer repräsentativen Umfrage zum Vorsorgeverhalten der 30- bis 50-Jährigen." Bertelsmann Stiftung Vorsorgestudien 18, Gütersloh, 2003, p. 14.

OECD (Organisation for Economic Co-operation and Development). 2001. *Ageing and Income*: *Financial Resources and Retirement in 9 OECD Countries*. Paris: OECD.

Prognos. 1987. "Gesamtwirtschaftliche Entwicklungen und Gesetzliche Rentenversicherung vor dem Hintergrund einer schrumpfenden Bevölkerung." Prognos AG, Basel.

——. 2001. "Reformoptionen für die gesetzliche Rentenversicherung: Auswirkungen der Rentenreform 2001 und die Verteilung der Umstiegskosten." Prognos AG, Basel.

Riphahn, R. T. 1995. "Disability Retirement Among German Men in the 1980s." *Münchner Wirtschaftswissenschaftliche Beiträge*, Nr. 95-20, Ludwig Maximilians Universität München.

Ruppert, W. 2000. *Betriebliche Altersversorgung*, ed. Institut für Wirtschaftsforschung (ifo), München.

Schnabel, R. 1998. "Rates of Return of the German Pay-As-You-Go Pension System." *Finanzarchiv* 55 (3): 374-99.

——. 1999. "Opting Out of Social Security: Incentives and Participation in the German Public Pension System." SFB504-Discussion Paper 99-42, University of Mannheim, Mannheim.

Stiftung Warentest. 2002. "Riester-Rentenversicherungen: Die Lücke schließen." FINANZtest.

Summers, L. 1989. "Some Simple Economics of Mandated Benefits." *American Economic Review* 79 (2): 177-83.

VDR (Verband deutscher Rentenversicherungsträger). 1997. www. vdr. de.

———. 2002. *Die Rentenversicherung in Zeitreihen*. Frankfurt am Main.

第二十三章　西班牙养老金制度：引入名义账户制的问题

卡罗斯·维达尔—米莉亚　因玛库拉达·多明格斯—法维安*

在过去几年，许多国家纷纷开始了养老金制度改革的竞赛，正如瓦尔迪斯—普累托（Valdés-Prieto）在2002年所指出的，养老金改革的问题已经开始支配经济政策。

正如主要由世界银行所提出的，这些被提议并实施的主要改革可以概括为现收现付制（PAYG）的参量式改革，向其他（主要是资本化）制度的转变，以及向融合了积累制和现收现付制的制度的转变。一些主要国际组织所支持的改革方向可以分别在吉利翁（Gillion）、霍尔茨曼（Holzmann）、凯瑟尔（Queisser）等人2000年的论文中找到。

养老金改革近期最重要的创新之一是一些国家对"名义账户制"（NDC）的引入。这些国家是：意大利（1995）、拉脱维亚（1996）、吉尔吉斯斯坦共和国（1997）①、波兰（1999）、巴西（1999）②、瑞典（1999）和蒙古（2000）。根据威廉姆森（Williamson）在2004年所述，像中国和俄罗斯等其他一些国家也有学者正在慎重地考虑将其引入。

欧盟（EU）、世界银行以及经济合作与发展组织（OECD），与许多西班牙研究人员③一

---

* 维达尔—米莉亚（Vidal-Meliá）是瓦伦西亚大学（西班牙）的金融经济教授，独立精算顾问。他担任过雇主和私人养老金计划的顾问和小企业的金融经济学家。同时在关于公共和补充性养老金改革、个人账户制度的分支机构管理费用和终生年金需求上有数篇论文发表。电子信箱：carlos. vidal@uv. es。

因玛库拉达·多明格斯—法维安（Inmaculada Domínguez-Fabián）是埃克斯特雷马杜拉大学（西班牙）的社会保障助理教授。她是从经济学和精算的角度来研究私人和公共养老金制度的专家并在此方面著述丰。电子信箱：idomingu@unex. es。

修订版：作者对恩里克·德韦萨—卡皮奥（Enrique Devesa-Carpio）、彼雷·德沃尔（Pierre Devolder）、彼得·霍尔（Peter Hall）和安娜·莱哈拉加—加西亚（Ana Lejárraga-García）所提供的帮助表示诚挚的谢意。我们接受了罗伯特·霍尔茨曼特别有益的支持和建议。任何错误完全归于作者。

① 对于吉尔吉斯斯坦共和国的改革方案（Palmer，2006），虽然较长的过渡时期将有大量的时间允许改进体系设计，但是该方案有关回报率的设计是不完备的。

② 这不是一个准确意义上的名义账户制。

③ 这些研究人员包括阿隆索和埃尔塞（Alonso，Herce，2003），巴雷亚和冈萨雷斯—帕拉莫（Barea，González-Páramo，1996），博南、吉尔和帕特索特（Bonin，Gil，Patxot，2001），德韦萨、莱哈拉加和维达尔（Devesa，Lejárraga，Vidal，2000，2002），杜兰和洛佩斯—加西亚（Durán，López-García，1996），吉尔和帕特索特（Gil，Patxot，2002），埃尔塞（Herce，1997，2001），埃尔塞和佩雷斯—迪亚斯（Herce，Pérez-Díaz，1995），埃尔塞和阿隆索（Herce，Alonso，2000a，2000b），希梅诺（Jimeno，2003，2002，2000），希梅诺和利卡恩德罗（Jimeno，Licandro，1999），马特奥（Mateo，1997），梅内乌（Meneu，1998），蒙特罗（Montero，2000）以及皮涅拉和魏因施泰因（Piñera，Weinstein，1996）。

道强烈建议对西班牙公共养老金制度进行详细修正。大家一致认为，至少从长远来看，现行制度的财务可持续性处在严重的危险之中。一种合理可行的举措是引入名义账户，这一建议首先是由马特奥（Mateo）在1997年提出的，并随后由德韦萨（Devesa）和维达尔（Vidal）在2004年，以及维达尔（Vidal）、多明格斯（Domínguez）和德韦萨（Devesa）等人在2004年与2005年进一步加以深入研究。

在本章我们将为西班牙缴费型养老金制度的当前形势及其未来前景提供客观的技术评估，然后我们将探讨引入名义账户制的可行性。本章的结构如下：在做了上述介绍后，下一部分我们将解释当前的养老金制度所基于的一些基本因素并给出相应的主要指标。紧接着的部分我们将揭示当前养老金制度的根本问题并且考察最相关的研究成果，而这些研究成果的结论将给我们提供一个关于财务可持续能力的清晰思想。再下来的部分包括了名义账户制之所以可以成为当前养老金制度改革的合理选择的许多原因。在这之后的部分我们将探讨哪种公式或者哪一组公式将最适合缴费者—受益人风险的状况以及将是什么样的转换过程，最后得出我们的结论。

第一节　西班牙公共养老金制度

在这一部分我们将给出西班牙社会保障制度的主要特征和提供一些关键数据。当前制度提供以下类型的保障：

• 沿着职业路线建立的缴费型社会保障计划。对因疾病、意外事故、失业、家庭责任、伤残、老年或死亡而导致的不再获得经济收入的情况，由该计划提供待遇进行补偿。所支付的数额视基于多长时间缴费的多少而定。这类保障是通过雇员和（或）雇主的缴费提供资金，由国家来运作。

• 非缴费型保障计划。该计划的目的是为伤残、老年、失业和家庭责任提供财政上的保障。支付给每个人的数额都是一样的，但条件是受益人缺乏经济来源。这类保障是由国家通过税收来融资和运作的。

• 一般的福利计划。该计划向每个人开放，基本包括医疗保健和公益事业。目前是通过社会保障缴费和来自国家的资金相混合的体系来融资，但是，打算在未来通过财政收入单独来融资。

• 由私人运作的补充性保障计划。该计划与以上三种由国家来运作的保障同时存在，其最常见的形式是互助会，集体人寿保险以及养老金计划和基金。

本章将主要集中研究第一类计划，即缴费型社会保障计划。这类计划是由不同的“体制”或计划构成的，每一类计划都覆盖了一组特殊类型的劳动者。稍后还将看到，这些特殊计划因为之间的差异性产生了许多问题。当前缴费型社会保障计划包含如下计划：

1. 综合计划。该计划位于全部缴费型社会保障计划的核心位置，所包括的人群为超过16岁而没有被其他“特殊计划”所考虑的全体雇员。综合计划提供了60%的养老金，覆盖了75%的缴费者。2003年它用在养老金上的支出占GDP的6.49%。目前该计划的结余达到了GDP的1.08%。

2. 自雇者特殊计划。该计划包括了为自己工作或不依赖雇主的所有人（农业劳动者特殊计划和渔业劳动者特殊计划覆盖的人群除外）。自雇者特殊计划覆盖了17%的缴费者，支出了13%的养老金。2003年它在养老金上的支出为GDP的0.84%。该计划已拥有的结余资金为GDP的0.25%。

3. 农业劳动者特殊计划。该计划包括所有通常在农业、林业、或者畜牧业工作的那些人，既涵盖了受雇佣者又包含了拥有小块耕地的人。农业劳动者特殊计划提供了21%的养老金，覆盖了7%的缴费者，2003年它用在养老金上的支出为GDP的1.31%。该计划存在着占GDP1.12%的巨大赤字。

4. 渔业劳动者特殊计划。该计划包括所有在陆地和海洋从事渔业活动的受雇者或自雇者。渔业劳动者特殊计划提供了1.8%的养老金，覆盖了0.46%的缴费者。该计划形成的赤字占GDP的0.15%。

5. 煤炭采掘业特殊计划。该计划适用于受雇在煤矿工作的所有人。其仅仅覆盖了0.1%的缴费者但却支付了1%的养老金。该计划积累的赤字为GDP的0.13%。

6. 家务员特殊计划。该计划覆盖了那些为一个或更多户主提供专门家庭服务的人。所提供的服务必须是在户主居住的房子里完成，并且工资或者支付必须以交易的名义取得。家务员特殊计划覆盖了1.14%的缴费者，支付了2.8%的养老金。其赤字水平为GDP的0.13%。

7. 除上述的特殊计划外，还有覆盖国家公务员、军事人员和司法人员等的持殊计划。其中最重要的是提供给国家公务员的计划。

综合计划与各种特殊计划之间被认为是相互协调的，其原因就在于整个缴费型社会保障计划基于下列原则：(1) 全部计划存在着的一个共同的法律基础；(2) 不管在计划间如何转换，存在着独特的唯一的登记细则；(3) 构成计划整体的各个子计划之间定额计算具有互补性。

与决定退休养老金数额最相关的规则是：

• 养老金费基是根据在最后15年工作期间所做的缴费来计算的。临近退休之前的24个月缴费率是按照名义价值来计取的，而以前的缴费率是要依照零售价格指数（RPI）按月进行重新估价，一直到并包括退休前的第25个月，此后，才开始按名义价值计取缴费率。

• 就综合计划而言，养老金是通过把相应替代率应用于养老金费基而得以确定的。因为根据缴费年数这是可变的，所以采用分级计算，以缴费15年后的50%开始，从第16～25年每增加一年上升3%，从第26年开始每增加一年上升2%，直到第35年达到最大数值100%。当65岁以后第一次索取退休养老金时，因为总是假设已经支付了35年的缴费，所以使用了一个100%的比率。另外，从65岁那年以后，如果缴费每满一年还要另外加2%。最小退休年龄是60岁。

• 在法定退休年龄65岁以前，实际退休年龄每提前一年，其替代率将降低6%～8%。

• 根据零售价格指数，养老金每年相应增加。

理解西班牙养老金制度所面临主要问题的最重要的变量之一是缴费人数与养老金数量的比率，表23.1可以用来分析该变量的演化。就总数而论，在1996年以前可以看到一个下降的趋势，此后总数开始增加。这些变化与综合计划（不要忘了这是相对权重最大的计划）和家务员特殊计划（虽然该计划上升的趋势起步相对较晚）的变化是相似的，但是与其他计划的变化是不同的，在其他计划那里趋势仍然是向下的。综合计划变化趋势的转折就在于缴费人数相对养老金数量有一个更高的增长率。虽然如此，一些数字仍然引起了我们的担心，在2005年中所看到的这个比率的改进主要归因于该年在第一季度非法移民合法化的实施。

表 23.1 缴费人数与养老金数量的比率

年份	综合①	自雇者	农业劳动者	煤炭采掘业	渔业	家务员	总数
1980	3.39	3.84	1.22	0.84	1.67	4.13	2.46
1985	2.81	3.11	1.04	0.74	1.40	2.29	2.11
1993	2.65	3.10	0.74	0.44	0.96	0.86	1.83
1994	2.46	3.08	0.72	0.41	0.89	0.78	1.77
1995	2.44	3.07	0.71	0.38	0.73	0.73	1.77
1996	2.39	3.03	0.71	0.36	0.68	0.71	1.76
1997	2.40	2.99	0.72	0.34	0.65	0.70	1.78
1998	2.47	2.99	0.72	0.28	0.63	0.69	1.83
1999	2.58	3.01	0.73	0.26	0.62	0.72	1.91
2000	2.69	3.00	0.72	0.24	0.62	0.74	1.98
2001	2.77	2.97	0.72	0.22	0.61	0.76	2.04
2002	2.82	2.94	0.73	0.20	0.59	0.87	2.08
2003	2.85	2.93	0.75	0.19	0.58	0.93	2.12
2004	2.88	3.00	0.70	0.17	0.57	0.91	2.16
2005（5月）	2.98	3.04	0.71	0.15	0.56	1.26	2.24

资料来源：西班牙劳动和社会保障部（Ministerio de Trabajo y Seguridad Social）（1995）；http://www.mtas.es。

第二节 对西班牙养老金制度的未来透视

在对西班牙公共养老金制度的主要特点做了一个简要的描述以后，我们将从政治家、社会代理人、舆论和专家的视角来分析它的远景，然后探讨它的主要问题，最后提出解决这些问题的一些措施。

正如希梅诺（Jimeno）在2002年所作的解释，在20世纪90年代初，经济衰退对公共预算的影响以及执行马斯特里赫特条约所要求的一定数量财政精简的需要，意味着对养老金问题的"忧虑"变得越来越严重了，关注养老金制度财务稳定性的研究也多了起来。在已经发表的建立在模拟模式基础之上的论文中，几乎一致地认为如果不采取措施来纠正主要由人

① 严格说来，缴费人数与养老金数量之间的比率在1990年以前的最后几年是不可比的，原因是在数据的划分和计算的方式上有变化。

口老龄化所带来的偏差，当前的养老金制度近期将遭受严重的问题。另一个问题是该制度不提供使人们继续工作的正面劳动激励①。

舆论非常关注作为一种竞选武器的养老金问题在政治上的运用。根据佩雷斯—迪亚斯（Pérez-Díaz）、阿尔瓦雷斯—米兰达（álvarez-Miranda）和丘利亚（Chuliá）在1997年的研究，人们越来越意识到养老金有问题，甚至逐渐相信对其进行改革也是必要的，并且相信该制度以它当前的形式是不可能无限地继续下去的。正如阿尔维拉（Alvira）、加西亚（García）和布兰科（Blanco）在1996年所指出的，相当多的人都在担心他们未来的退休收入，并且对公共福利救济制度的看法也比较消极，只有已经退休了的那些人才对该公共制度有一个正面评价。但是，在过去几年经济扩张时期产生了大量的就业机会，并且注册的缴费会员达到了创纪录的数量，这就缓解了一些公共财政的压力，意味着“退休金问题”已经变成了一个次要的问题。

西班牙政府仅仅承认有可能进行霍尔茨曼、奥伦斯坦（Orenstein）和鲁特科夫斯基（Rutlowski）等人在2003年所述意义上的参量式改革。随着当前缴费会员达到了创纪录的数量，储备金第一次共计大约为GDP的1.43%，因此有一个宽松的令人高兴的氛围。根据来自官方的消息，对于保证该制度的财务可持续性，认为有三项措施是最根本的：

1. 用于计算养老金数量的参考区间应该扩展为对整个职业生涯的覆盖。

2. 应该通过财政收入提供必要的资金来弥补一些养老金的赤字并使之达到最低水平②。换句话说，应该通过非缴费型养老金制度来执行这种明确的再分配，因为非缴费型养老金体系在2003年仍然以缴费结余的名义接受了大约41.32亿欧元，即GDP的0.63%。有30%的养老金领取者收到了最低养老金。

3. 必须减少提前退休的大量出现，这些提前退休的大量出现正在阻碍实际退休年龄的提高。

我们将考察一些研究成果，在这些研究成果里，使用了一些非常不同的方法来“证明”西班牙养老金问题实际上是重要的，但是当前政府像早先的政府和工会一样否认这个问题的严重性。这是因为养老金制度改革是极其不得人心的，而且效果也只有在长期才能看到，远远超过了政府和工会的计划范围，而二者更倾向集中于短期的效果。

这些研究所分析的问题如下：

- 人口统计预测；
- 隐形债务；
- 代内公平；
- 制度的财务偿付能力。

① 关于缺乏正面的劳动激励的这个问题不在这里进行探讨。对于当前养老金体系对劳动力市场产生的激励（非激励）的这个问题，有大量的研究文献。这个问题可以参见Boldrin、Dolado，Jimeno和Peracchi（1999），Boldrin、Jiménez-Martín和Peracchi（1999，2000a，2000b），Diamond（2001），Jiménez-Martín和Sánchez（2000，2001）以及Jimeno（2000）。

② 如果它少于在综合计划下有保证的最低养老金，那么填补任何这种缺口的资金也就是加到养老金的资金量。

一、人口统计预测

根据希梅诺（Jimeno）在2002年的研究，西班牙人口老龄化的一般特点如下：

• 增长的预期寿命。预期寿命已经增加了9年多，即由1960年的69.85岁增加到2000年的79.08岁，这将导致占总人口一部分的65岁以上人口的增加。

• 出生率的下降。比起其他国家，西班牙出生率的下降出现得较晚但是强度较大，速度较快。在未来的50年这种情况会不断地降低工作年龄人口的相对比重。

• 移民。在西班牙，移民在过去五年期间以史无前例的比率上升，这可以减缓工作年龄人口数量的降低。

虽然不能确定这些人口统计变量在未来会如何变化，但是在21世纪的前半叶，老年人与年轻人的比例将显著地上升却是不可避免的，即使在最乐观的方案下也是如此。对此，西班牙国家统计学院（Instituto Nacional de Estadística，INE）在2001年的预测暗示出，65岁以上人口与20～64岁之间的人口的比例将由2001年的27%上升到2025年的36%，至2050年几乎达到60%。为了将死亡率、出生率和90年代后半期移民的最新变化合并起来，表23.2给出了这些预测的修正值。

表23.2　基于西班牙国家统计学院2001年人口统计的2002—2050年西班牙人口预测：假设1或中间方案

年份	移民（人）	子女的平均数量	预期寿命		在12月31日的人口（百万）
			女性	男性	
2002	227 000	1.279	83.07	75.72	40.683
2003	204 000	1.308	83.27	75.83	40.935
2004	181 000	1.327	83.39	75.94	41.167
2005	160 000	1.361	83.55	76.05	41.379
2010	160 000	1.424	84.35	76.58	42.359
2020	160 000	1.424	85.10	77.27	43.378
2030	160 000	1.424	85.10	77.65	43.369
2040	160 000	1.424	85.10	77.65	42.744
2050	160 000	1.424	85.10	77.65	41.200

资料来源：http://www.ine.es。

蒙特罗（Montero）在2000年分析了人口进一步老化将会给西班牙社会保障融资带来什么影响。她证实，如果当前缴费率依然保持不变，政府将不能保证未来退休人员还会获得与当前水平相当的养老金。要想实现这个保证，缴费率就必须增加10个百分点，达到工资的36.4%。根据该作者所述，增加退休年龄也将使当前养老金水平得以维持，而无需被迫增加缴费率①。

① 正如多拉多（Dolado）、博尔德里恩（Boldrin）、希梅诺（jimeno）和佩拉克西（Peracchi）在1999年的研究中指出的，在20世纪的最后25年期间，欧洲许多国家出现的养老金支出的增加可以归因于实际退休年龄的降低。

二、隐形债务

据博南（Bonin）、吉尔（Gil）和帕特索特（Patxot）在 2001 年的估计，当前养老金体系在 1996 年积累起来的隐形债务①是当年 GDP 的 175.7%。作为该项研究已完成工作的延续，吉尔（Gil）和帕特索特（Patxot）在 2002 年探索了在收入一边引入改革政策的可能性，以便减轻社会保障收入过多地依赖人口结构的变化。他们认为，老龄化危机的严重性使这类措施明显地不足以恢复代际之间的平衡。他们也指出，如果养老金制度的当前配置一直维持不变，这将可能转移给未来几代人一笔债务，其大小将在 1996 年的 GDP 的 167%～206%之间。要克服这个可持续能力的缺口，缴费收入就要以每年 GDP 的 3.97%～4.89%来增加。

上述计算结果因为以下两个主要原因被低估了：

1. 在这个方案中假设不存在提前退休。
2. 在这个方案中不考虑公务员特殊计划。

据雷德西利亚斯（Redecillas）在 1996 年的估计，1994 年 12 月 31 日的隐形债务为 GDP 的 2.1 倍，而且还不包括公务员特殊计划（其隐形债务为 GDP 的 0.3 倍）。而阿维奥（Abio）、博南（Bonin）、吉尔（Gil）和帕特索特（Patxot）在 1999 年估计 1996 年它是 GDP 的两倍。而且该债务随时间增长很快，根据雷德西利亚斯（Redecillas）在 1996 年的研究，社会保障（领养老金的人）的养老金权益从 1989 年占 GDP 的 0.9 倍增长到五年后的 1.04 倍，差不多以每年 GDP 的 3%来增加。

三、代内公平

在缴费型养老金制度中，另一个要考虑的方面是代内公平。这应该理解为同一时代的所有成员应该能得到相似的缴费给付回报，而且这个回报与他们被雇用的部门无关。社会保障计划在西班牙被划分成一系列特殊计划的方式导致了处于同一世代个体的待遇差异。莫纳斯特里奥（Monasterio）、桑切斯（Sánchez）和布兰科（Blanco）在 1996 年分析了这个差异问题，而缴费者恰恰是利用这个差异来实现收入最大化和“击败制度”，但到目前为止，即 2005 年 7 月还没有通过立法来抵制上述的大多数问题。

关于代内公平，班德雷斯（Bandress）和昆卡（Cuenca）在 1998 年考察分析了对退休养老金采取何种程度的修正才能达到 1997 年立法（最近几年最重要的养老金立法）所宣称的目标之一：加强制度公平。

为此，按照 1997 年法律要求（1997 年第 24 条法规），他们分析了介于养老金支付和退休人员所做缴费之间的数量变化。其量化主要是通过引入转移部分来完成，该转移部分被定义为所获得的养老金超过了在养老金缴费与给付之间维持精算平衡的部分，正是因为如此，才能以转移加以解释。这就能使新的养老金领取者所接受的整个代际转移得以量化，而且由社会保障制度所造成的不同的代内转移也是如此。对 1993 年开始接受养老金的一组人进行了一项经验性的研究，其结果在表 23.3 和表 23.4 给出。

① 隐性债务由应计到期负债构成。这些负债代表了未来在应计权利的基础上用于支付的养老金的现值，而未来缴费及其所暗示的新的权利增加额则不予以考虑。欲了解有关养老金负债的专有名词，见 Holzmann（1998）。

表 23.3　　依据 1985 年第 26 条法规的转移构成与实际内部回报率（IRR）
（分计划按总支付养老金的百分比表示）

计划	最初的中性退休金	总转移	转移构成		实际内部回报率
			向初始养老金的转移	最低补偿	
综合	79.49	20.51	18.25	2.26	3.86
自雇者	48.48	51.52	38.48	12.88	8.76
农业劳动者（被雇用）	36.36	63.64	55.15	8.49	8.93
农业劳动者（自雇者）	31.76	68.24	55.90	12.34	10.58
家务员	24.54	75.46	50.08	25.39	16.10
总计	71.45	28.55	24.13	4.42	4.70

资料来源：Bandrés 和 Cuenca（1998）。

注：1985 年第 26 条法规是在 1997 年以前一直生效的调整养老金计算的法规。

表 23.4　　依据 1997 年第 24 条法规的转移构成与实际内部回报率（IRR）
（分计划按总支付养老金的百分比表示）

计划	最初的中性退休金	总转移	转移构成		实际内部回报率
			向初始养老金的转移	最低补偿	
常规	88.45	11.55	7.55	4.00	3.15
自雇者	50.37	49.63	28.01	21.62	8.44
农业劳动者（被雇用）	37.51	62.49	46.69	15.80	8.75
农业劳动者（自雇者）	32.82	67.18	46.30	20.88	10.36
家务员	25.39	74.61	35.97	38.64	15.79
总计	78.35	21.65	13.86	7.79	4.06

资料来源：Bandrés 和 Cuenca（1998）。

注：1997 年第 24 条法规是在 1997 年开始生效的调整养老金计算的法规。

如果 1993 年的养老金使用了新的计算方法，在 1997 年批准的退休养老金改革将使转移部分从 1985 年立法下占总养老金的 28.55％减少到 21.65％。

虽然看起来这些特殊计划几乎未受新规定的影响，但是在各个单独的计划中反映还是不同的。综合计划的转移部分将从 20.51％减少到 11.55％，这就意味着我们可以设想该计划就是改革的目标所在。虽然可以看到不同计划的回报率都有所降低，但是综合计划的回报率降低幅度最大。

四、制度的财务（精算的）偿付能力

另一个专注于养老金制度所存在问题的研究方式是根据萨穆埃尔森（Samuelson）在 1958 年和阿伦（Aaron）在 1966 年的成果而来的。虽然这项成果完成于多年以前，但是依然完全合乎情理，并在其他文献中被广泛地引用。该成果认为，现收现付制或者说通过代际转移的养老金融资制度从长远来看是可行的，但条件必须是它的内部回报率（IRR）不超过缴费收入增长率与缴费人口的稳定增长率之和，即不超过制度的课税基础的增长。所以从长远来看，现收现付制的财务稳定性将相关于平均经济增长的可持续性，并且这反之又将是设置制度可持续性的一个基准。德韦萨（Devesa）、莱哈拉加（Lejárraga）和维达尔（Vidal）在2000年与2002年分别计算了综合计划的实际内部回报率。对于退休年龄接近法定退休年龄的人而言，其内部回报率的平均值大约为4.25%，远高于过去30年（1970—2000年）3%的平均国民生产总值增长率。可以看出，按照萨穆埃尔森—阿伦（Samuelson-Aaron）的观点，如果平均的经济增长率没有达到可靠的水平，西班牙退休养老金制度的当前配置是不可持续的。

通过对自己2000年研究成果的更新，希梅诺（Jimeno）在2002年的研究成果中使用一个简单的公式来分析养老金费用的构成，也得出了相似的结论。根据给出的四个因素未来演变的某些假设，该研究预测了与2025年和2050年GDP相关的养老金费用。

养老金费用的预期是在三种方案中描述的，其中的两种方案确定了与GDP相关支出的百分比，而另一种方案确定了在平均养老金和平均产出之间应该有一个什么样的比率来维持一个恰当的与GDP相关的养老金支出水平。表23.5给出了结果并引导我们得出了这样的结论：即使在最有利的方案中，要想维持这个与GDP相关的养老金支出在一个合理的水平，也要对这些指导养老金计算方法的规则进行改革。同时从这些方案中可以看出建立一个可供选择的方式来对养老金支出提供融资也是迫切需要的。然而，作者指出，诉诸可供选择的财源（如财政收入）不是问题的解决之道，原因就在于，在养老金融资的过程中，财政税收比重的显著上升将极大地改变缴费型社会保障养老金制度的本质，打破缴费和待遇给付之间的关联。

这里要分析的最后一项研究成果是由阿隆索（Alonso）和埃尔塞（Herce）在2003年完成的，该成果是他们对他们早先研究成果①的继续、扩展、更正和修改。西班牙国家统计学院最近已经起草了面向2050年的人口预测，不仅考虑了移民等情况，而且还考虑了到目前为止在西班牙从未考虑的一些因素。他们通过建立一个居中的预测方案，然后再对各种不同的假设条件，即关于移民、产出增长，以及养老金计算的不同方法等，进行敏感度分析，从中分析了移民对预测西班牙缴费型养老金体系的支出和收入所具有的影响。

经济激励基金会（Fundación de Economía Aplicada，FEDEA）② 通过使用MODPENS（Modelo de Pensiones）模型（与世界银行的PROST模型相似）对阿隆索（Alonso）和埃尔塞（Herce）在2003年的研究成果做了进一步研究。该研究是以人口统计情况和宏观经济形势为基础的，也是以此来设立假设前提的，其中前者，即人口统计情况已经在评论希梅诺（Jimeno）在2002年的成果时予以描述了。MODPENS是不考虑行为反应的财务模型，除了这个局限之外，这个模型还是有用的，其原因就在于它提供了关于不同制度和大量的按

① 尤其要参见Herce和Alonso（2000a，2000b），Herce（2001），Herce和Pérez-Díaz（1995）。这些作者认为，考虑到经济和人口的新情况、立法的改变、方法的改进以及探索新假说方面的需要，定期重复开展预测活动是自然而然的事情。

② 经济激励基金会（Fundación de Economía Aplicada，FEDEA）是一家从其发起人建立的资本基金中获取部分营运资金的私人非营利性机构。它的宗旨就是，通过运用经济分析的原则，使用严格的科学方法和独立的判断，开展有助于对西班牙的经济问题进行分析、诊断和探讨的研究。

年龄与性别划分的缴费会员和领取养老金者的信息。

表 23.5　　　2025—2050 年养老金预期支出

2001 年			
20～64 岁之间的人口（百万）	25.2		
65 岁以上人口（百万）	6.9		
养老金数量（百万）	7.7		
就业人数（百万）	16.0		
养老金数量/65 岁以上人口	1.12		
65 岁以上人口/20～64 岁之间的人口（%）	27.4		
就业人数比率（%）	63.5		
平均养老金/平均产出（%）	17.1		
养老金支出/GDP（%）	8.3		
2025 年			
20～64 岁之间的人口（百万）	26.0	26.0	26.0
65 岁以上人口（百万）	9.4	9.4	9.4
养老金数量（百万）	10.5	10.8	10.8
就业人数（百万）	16.9	18.2	19.2
养老金数量/65 岁以上人口	1.12	1.15	1.15
65 岁以上人口/20～64 岁之间的人口（%）	36.2	36.2	36.2
就业人数比率（%）	65	70	70
平均养老金/平均产出（%）	17	20	20.2
养老金支出/GDP（%）	10.6	11.9	12
2050 年			
20～64 岁之间的人口（百万）	23.3	23.3	23.3
65 岁以上人口（百万）	12.8	12.8	12.8
养老金数量（百万）	14.3	14.7	14.7
就业人数（百万）	15.1	16.3	17.2
养老金数量/65 岁以上人口	1.12	1.15	1.15
65 岁以上人口/20～64 岁之间的人口（%）	60	60	60
就业人数比率（%）	65	70	70
平均养老金/平均产出（%）	17	20	12.2
养老金支出/GDP（%）	17.6	19.7	12

资料来源：Jimeno（2002）。

如果满足了假设条件，结果就将在表 23.6 中显示出来。这些结果使人想到，尽管对移民的人口调查暗含了最乐观的假定，尽管在中短期该体系的资金量有可能出现一个显著的增加，但是养老金的长期支出将继续明显地高于缴费的收入。自然地，移民潮规模越大，财力不足就会越小，出现也会越晚。相似地，因为养老金不能按照薪水的同一比例获取产出收益，所以产出的快速上升将推迟制度财力不足出现的时间和规模，这也暗示了养老金领取者的相对贫困。尽管有移民稳定地汇集进来，但是就业机会的创造迟早要遭遇劳动力短缺。而且即使在不久前移民也许是解决财力不足的中流砥柱，但是对于该制度而言，财力的长期充足是不能依赖移民的。最后，增加养老金费基的计算期限有明显的效果，其效果视考虑的年数而定。面对着这样一个成问题的长期的中间方案，极端好的方案与极端坏的方案也不难考虑，但将是更加不大可能的。

表 23.6　　2003—2050 年中间方案下西班牙缴费型养老金体系的预测

	2003	2004	2005	2010	2015	2020	2025	2030	2035	2040	2045	2050
入会工作者[a]	16 448	16 777	17 113	18 333	19 146	19 416	19 303	18 870	18 115	17 133	16 240	15 767
失业者[b]	657	615	568	365	282	286	284	278	266	252	239	232
养老金数量[c]	7 894	7 998	8 098	8 164	8 584	9 176	9 955	10 830	11 712	12 432	12 856	12 761
会员与领养老金人数的比率	2.08	2.10	2.11	2.25	2.23	2.12	1.94	1.74	1.55	1.38	1.26	1.24
来自缴费的收入[d]	10.67	10.65	10.62	10.53	10.50	10.50	10.50	10.50	10.49	10.48	10.47	10.46
养老金的支出[e]	9.75	9.75	9.74	9.33	9.71	10.40	11.42	12.71	14.29	15.87	17.12	17.23
盈余或赤字	0.92	0.90	0.89	1.21	0.79	0.10	−0.92	−2.21	−3.80	−5.39	−6.65	−6.77
累计资产或负债[f]	1.43	2.33	3.23	8.67	14.04	16.82	15.53	8.18	−7.26	−32.72	−68.46	−109.1

资料来源：Alonso 和 Herce（2003）；作者。

a. 每年平均人数以千计。

b. 每年平均人数以千计。国家就业研究所（Instituto Nacional de Empleo，INEM）以最低缴费率为他们向社会保障缴费。

c. 在年终，以千计。当前对应着每个养老金领取者有大约 1.1 个养老金。

d. 作为 GDP 的一个百分比，包括为暂时无能力工作的人的缴费。

e. 作为 GDP 的一个百分比，包括对暂时无能力工作、工伤、职业病的人的给付以及管理费用。

f. 每年的盈余要加到该年之前的盈余（赤字），或每年的赤字要从该年之前的盈余（赤字）中减去。在每一项里，要反映资产的回报或负债的利息。实际利率假定为 3%。所得的累计数值不是隐形负债，很明显，隐形负债将更高。

所有这些被分析的研究成果强调了三个问题：

- 退休金制度的当前配置缺乏达到最佳的可能性。
- 以目前的制度，财务不可能具备偿付能力。
- 当前制度不是精算公平的。

遵循大问题需要大思维这个哲理，这部分所描述的情况引出了要进行根本性改革的提议。改革集中在对现收现付制的进一步放弃和向积累制的靠拢。这个改革背后的想法就是比起在当前制度下，养老金将以更大的程度得以保证。另外，改革将刺激储蓄和经济增长。拜伦（Bailén）和吉尔，以及皮涅拉（Piñera）和魏因施泰因（Weinstein）分别在 1996 年第一次提出了这些改革。根据他们的想法，改变制度将解除从国家账户支付养老金的政府承诺，将比当前的制度以更低的成本提供更好的个人养老金，也将增加个人储蓄，提高私人资本的积累，促进经济增长。

另一个提案是由埃尔塞（Herce）、索斯维亚—里韦罗（Sosvilla-Rivero）、卡斯蒂略（Castillo）和杜塞（Duce）等人于1996年提出的。他们坚持认为，转向一个混合的制度不仅是可能的而且还是合意的，原因就在于这将能使希望部分地从现收现付制退出并将缴费的一部分存放于私人养老基金下的在职者在这种情况下，于退休的时候能够收到来自两种养老金总和构成的一笔收入。按照这些人的想法，相对制度的全部替换，他们所提出的制度的优势在于它是双重的。一方面，既然没有在职者愿意放弃保留在社会保障体系的选择，那么对参与者的压力就会很小。另一方面，因为在职者不会停止向社会保障缴费，进入公共体系资金的降低也不会极端突出，所以从当前的现收现付模式向混合模式的转换将使融资更容易。

沿着相似的思路，埃尔塞（Herce）在2001年再次提议了公共养老金的部分私有化可以为未来养老金领取者带来净利益，因此应该尽快进行养老金制度的根本改革。然而，对于如何实施该转变，他没有给出明确的建议。

上面的改革提案因为五个主要原因被拒绝了：

1. 它们遭遇了所有政党和工会的一致反对。

2. 因为积累的巨大隐形债务，转型成本将很沉重。

3. 维护当前市场（补充性的制度）和委托结构将对缴费者意味着高管理费用[①]。

4. 与过去几年私有养老金计划制度达到的实际收益相联系的糟糕经验使西班牙大众对资本市场的作用产生了普遍的怀疑。

5. 如上所述，在过去几年，有大量的就业机会和向政府登记的缴费会员达到创纪录的数量，意味着“养老金问题”转移到了一个次要水平。

第三节　关于引入名义账户制的一些问题

正如前面部分所描述的，最近几年，人们已经提出并否定了各种各样的养老金制度改革方案。而这一部分旨在考评，如果西班牙引入基于名义账户理念之上的养老金方案，其对初期的退休养老金数额和对制度的内部回报率的影响。

德韦萨（Devesa）和维达尔（Vidal）在2004年完成了把西班牙缴费型养老金制度与名义账户联系起来的首次研究。他们通过引入在巴西、意大利、拉脱维亚、波兰和瑞典对养老金制度改革中用于第一支柱和（或）第二支柱的相似规则，模拟了可能带来的效果。这个模拟研究对作为测算养老金基准的如下变量使用了西班牙数据：零售价格指数变量、平均收入指数（AEI）变量、名义GDP变量、社会保障缴费指数（TSSCI）变量。该测算所使用变量的演变过程如图23.1所示，可以看出几年来其变化反复无常，在20世纪70年代中期达到最大值。

表23.7显示了在西班牙当前规则下的初始养老金与基于名义账户制的退休公式所提供的初始养老金二者之间的比率，基于名义账户制的退休公式是对巴西、意大利、拉脱维亚、

① 见Devesa，Rodríguez和Vidal（2002a，2000b，2003）。

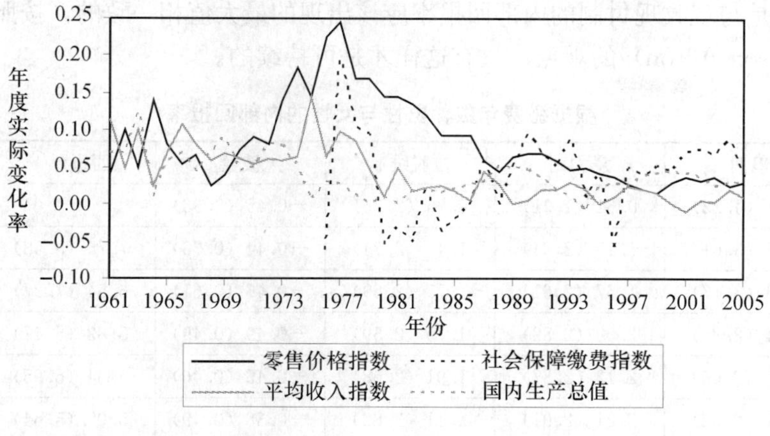

图 23.1　西班牙 1961—2004 年各种算术比率的历史演变

资料来源：Vidal，Domínguez 和 Devesa（2005）。

波兰和瑞典等国计算规则的近似。

表 23.7　西班牙（当前制度下）的初始养老金与利用其他国家所使用名义公式的计算规则得出的初始养老金之间的比率

缴费年数	巴西	意大利	拉脱维亚	波兰	瑞典
15	2.23	2.83	2.77	4.09	2.49
20	2.22	2.48	2.51	4.14	2.43
25	2.25	2.27	2.47	4.30	2.39
30	2.26	2.14	2.31	4.32	2.24
35	2.30	2.08	2.19	4.37	2.11
40	2.19	1.86	1.93	4.09	1.85

资料来源：Devesa 和 Vidal（2004）。

注：退休年龄为 65 岁，并且最终的薪水等于 2002 年可得到的最大数额养老金收入的 100%。

表 23.7 中的数字表明，在西班牙，一个缴费满 25 年于 65 岁退休的人将获得的初始养老金是在巴西规则下所获得的 2.25 倍。也可以看出，根据西班牙 2003 年实施的规则所计算的养老金和根据来自名义账户制国家的计算规则但运用的是西班牙数据所计算的养老金之间的比率相对于缴费年限波动不大。

根据不同的变量和系数将养老金指数化的事实，使得初始养老金不再是一个适合比较的因素，于是，“迫使”我们对内部回报率进行比较（关于内部回报率的数据见表 23.8）。根据西班牙 2003 年实施的规则计算的数值，比起使用其他国家的规则得到的数值要更大。但是缴费 10 年那项除外，这是因为根据那些规则，在西班牙只有缴费满 15 年以后才能行使养老金权益。所以在西班牙最高的内部回报率是 15 年缴费，并且从那时起开始下降。女性的实际内部回报率总是高于男性的，原因就在于，虽然养老金的数量一样，但是达到退休年龄（用于计算实际内部回报率）以后女性比男性有更长寿命的可能性。没有那一套规则下的内部回报率超过 3.6%，注意到这个也是有益的，因为这是西班牙过去 40 年 GDP 平均增长的数值，并且也是与现收现付制的内部回报率应该出现的最大值相一致的，按照萨穆埃尔森—阿伦（Samuelson-Aaron）的观点，只有这样才是可持续的。

表 23.8　　根据缴费年数，男性与女性的内部回报率

缴费年数	巴西	意大利	拉脱维亚	波兰	西班牙①	瑞典
10	3.01（4.22）	0.61（1.91）	0.96（2.26）	−0.45（0.93）	—	2.09（3.33）
15	2.57（3.61）	1.15（2.24）	1.44（2.54）	−0.44（0.76）	7.75（8.58）	1.91（2.97）
20	2.26（3.17）	1.67（2.61）	1.75（2.69）	−0.46（0.61）	6.54（7.27）	1.78（2.71）
25	2.04（2.85）	2.00（2.82）	1.75（2.59）	−0.49（0.49）	5.82（6.47）	1.76（2.59）
30	1.90（2.66）	2.13（2.87）	1.91（2.68）	−0.45（0.46）	5.34（5.95）	1.93（2.68）
35	1.81（2.52）	2.21（2.91）	2.11（2.82）	−0.38（0.49）	5.07（5.64）	2.15（2.84）
40	1.74（2.42）	2.36（3.01）	2.32（2.98）	−0.29（0.54）	4.63（5.17）	2.37（3.02）

资料来源：Devesa 和 Vidal（2004）。

注：退休年龄为 65 岁，并且最终的薪水等于 2002 年可得到的最大数额养老金收入的 100%。

根据表 23.9 中的数据，各项中的替代率都随着退休年龄的增加而增加。但是根据实际内部回报率，结果就不是那么清楚了。按照瑞典的规则，根据其内部回报率，推迟退休年龄将有更多的惩罚。在意大利的规则下也不存在对推迟退休的明确激励。巴西和拉脱维亚的规则对推迟退休提供更好的待遇。波兰的规则是一个特殊情况：由于初始养老金计算方法的原因，对男性的实际内部回报率为负值，而且会越来越低；而对女性而言，却是正值且保持实际上的稳定。对于西班牙来说，实际的内部回报率在 65 岁时达到最大值。

表 23.9　　对应于退休年龄（X_i）的实际内部回报率（IRR）和替代率（RR）
（缴费 35 年，男性和女性分别给出，括号内代表女性）

X_i（缴费年数）	IRR RR（%）	巴西	意大利	拉脱维亚	波兰	西班牙	瑞典
60	IRR	1.56（2.19）	2.26（2.86）	2.01（2.63）	−0.26（0.50）	3.69（4.22）	2.31（2.90）
(35)	RR	31	38	34	17	56	38
61	IRR	1.61（2.26）	2.21（2.83）	2.03（2.67）	−0.29（0.50）	4.06（4.59）	2.28（2.89）
(35)	RR	33	39	36	18	63	39
62	IRR	1.65（2.32）	2.23（2.86）	2.05（2.71）	−0.31（0.50）	4.37（4.91）	2.25（2.88）
(35)	RR	34	40	37	19	71	40
63	IRR	1.70（2.38）	2.24（2.90）	2.07（2.74）	−0.33（0.49）	4.65（5.20）	2.21（2.87）
(35)	RR	36	42	39	19	78	41

① 在西班牙，缴费 10 年享受不到养老金的权利，因此内部回报率是零。

续表

X_i（缴费年数）	IRR RR（%）	巴西	意大利	拉脱维亚	波兰	西班牙	瑞典
64	IRR	1.76 (2.45)	2.26 (2.93)	2.09 (2.78)	−0.36 (0.49)	4.90 (5.45)	2.18 (2.86)
(35)	RR	38	43	40	20	85	42
65	IRR	1.81 (2.52)	2.21 (2.91)	2.11 (2.82)	−0.38 (0.49)	5.07 (5.64)	2.15 (2.84)
(35)	RR	40	44	42	21	92	43
66	IRR	1.86 (2.59)	2.24 (2.95)	2.13 (2.86)	−0.40 (0.48)	4.96 (5.55)	2.11 (2.83)
(35)	RR	42	46	44	22	92	45
67	IRR	1.92 (2.66)	2.27 (2.99)	2.15 (2.89)	−0.43 (0.48)	4.84 (5.45)	2.08 (2.81)
(35)	RR	44	48	46	23	92	46
68	IRR	1.98 (2.74)	2.19 (2.93)	2.18 (2.93)	−0.45 (0.47)	4.71 (5.34)	2.05 (2.79)
(35)	RR	47	49	48	24	92	48
69	IRR	2.05 (2.81)	2.14 (2.90)	2.20 (2.97)	−0.47 (0.46)	4.58 (5.22)	2.01 (2.78)
(35)	RR	50	51	50	25	92	49
70	IRR	2.12 (2.89)	2.18 (2.93)	2.23 (3.01)	−0.49 (0.45)	4.43 (5.10)	1.98 (2.76)
(35)	RR	53	53	53	26	92	51

资料来源：Devesa 和 Vidal（2004）。

注：最终的薪水等于 2002 年可得到的最大数额养老金收入的 100%。

从表 23.10 中可以看到，在所有的情形下，替代率都是随着退休年龄的增加而不断上升。如果把实际内部回报率的数值作为一个基准，那么这些结果比起表 23.9 中的看起来更清楚。一般来讲，在拥有名义账户制的那些国家的规则下，实际内部回报率的数值现在是随着退休年龄的增加而增加。对于巴西和拉脱维亚所使用的规则，推迟退休年龄将得到更好的待遇就更明显了。波兰的规则继续使男性的负值略有降低，使女性的正值略有上升。

正如刚才我们所给出的，西班牙引入类似于一些其他国家所采用的名义退休计算公式将明显的有降低养老金当前给付数额的效果，而计算当前给付数额的计算公式是基于传统的 DB 型。根据所选择的公式，对于退休年龄在 65 岁且具有 35 年缴费的人来说，当前的理论替代率将从 92%变为 42%～44%之间的一个数值。除此之外，根据所使用的任何一个公式，缴费的预期实际内部回报率理论上将从超过 5.35%变为少于 2.5%。这些数值与西班牙过去 40 年的 GDP 的实际平均增长更为和谐。按照萨穆埃尔森—阿伦的观点，对于实现该制度在财务上是可行的这个目标，这些数值毫无疑问可以用于参考。同时，这些数值也可以成为西班牙引入名义账户制的正当理由。

西班牙引入这种类型的养老金公式的另外一个正面作用是可以减缓提前退休的趋势。而当前所用的养老金公式降低了缴费年限的权重，不鼓励推迟退休。

同样，如果引入了名义账户制，当前制度就会建立起更为广泛的储备。根据阿隆索和埃尔塞在 2003 年的研究，这也将缓解对未来“劳动力缺乏”的顾虑。

表 23.10　对应于退休年龄（X_i）的实际内部回报率（IRR）和替代率（RR）
（不同的缴费年限，男性和女性分别给出，括号内代表女性）

X_i（缴费年数）	IRR RR（%）	巴西	意大利	拉脱维亚	波兰	西班牙	瑞典
60	IRR	1.63（2.30）	2.18（2.82）	1.82（2.49）	−0.32（0.48）	3.79（4.36）	2.12（2.76）
（30）	RR	29	33	30	16	50	33
61	IRR	1.66（2.34）	2.14（2.80）	1.87（2.56）	−0.34（0.48）	4.15（4.72）	2.12（2.78）
（31）	RR	31	35	32	17	58	35
62	IRR	1.70（2.39）	2.17（2.83）	1.93（2.62）	−0.35（0.48）	4.46（5.02）	2.12（2.79）
（32）	RR	33	37	34	18	66	37
63	IRR	1.73（2.43）	2.20（2.87）	1.99（2.68）	−0.36（0.48）	4.71（5.27）	2.13（2.81）
（33）	RR	35	40	36	19	75	39
64	IRR	1.77（2.47）	2.24（2.92）	2.05（2.75）	−0.37（0.48）	4.93（5.49）	2.14（2.82）
（34）	RR	37	42	39	20	84	41
65	IRR	1.81（2.52）	2.21（2.91）	2.11（2.82）	−0.38（0.49）	5.07（5.64）	2.15（2.84）
（35）	RR	40	44	42	21	92	43
66	IRR	1.85（2.57）	2.27（2.96）	2.17（2.89）	−0.39（0.49）	5.11（5.69）	2.16（2.86）
（36）	RR	43	47	45	22	92	46
67	IRR	1.89（2.62）	2.33（3.03）	2.24（2.96）	−0.39（0.50）	5.15（5.76）	2.18（2.88）
（37）	RR	45	51	48	24	92	49
68	IRR	1.94（2.66）	2.28（2.99）	2.31（3.03）	−0.39（0.50）	5.19（5.82）	2.19（2.91）
（38）	RR	48	53	52	25	92	52
69	IRR	1.98（2.71）	2.27（2.98）	2.38（3.10）	−0.39（0.51）	5.23（5.88）	2.21（2.93）
（39）	RR	52	56	56	27	92	55
70	IRR	2.03（2.76）	2.34（3.05）	2.45（3.17）	−0.39（0.51）	5.28（5.94）	2.23（2.95）
（40）	RR	55	60	60	28	92	58

资料来源：Devesa 和 Vidal（2004）。

注：30 年缴费对应着 60 岁退休，此后退休每推迟一年，缴费相应增加一年。最终的薪水等于 2002 年可得到的最大数额养老金收入的 100%。

因此，似乎很明显，引入名义账户制将在很大程度上矫正西班牙养老金制度的缺陷。这项改革应该尽可能达到以下目标：

1. 密切缴费与待遇给付之间的关系，即增强制度的精算公平。
2. 以尽可能透明的方式实现再分配。
3. 降低政治操纵的风险。
4. 实现财务稳定，抵御影响制度的人口和经济变动。
5. 缓和或减弱存在于当前制度中消极因素作用的发挥。

6. 消除或减小制度的精算赤字。

对于参量式改革来说，达到上述目的是困难的。既然他们通常采取一系列的温和措施，通过不计其数的、琐碎的、暂时的安排使养老金计算变得冗长而复杂，那么这些改革仅仅是倾向于掩盖事实，使它们得以继续运行，直到交给下一届政府和下一代人。

最后，另一个有趣的目标，即由私人部门管理的金融储蓄的生成，能够通过加强对制度的修补完善和（或）改变部分的积累制缴费的途径而实现，一般情况下，这样就可以使退休收入的来源和养老金制度的固有风险实现多样化。

第四节 建议：退休养老金计算的一个新公式和转型过程

名义账户制能够明显地改进制度的财务可持续能力并且产生更大的工作激励，这是整体上它对制度所具有的有利作用。但是如果只是慎重地考虑到这一点，那么一个重要问题依然存在。假如风险被明确地转移到缴费者和受益人那里，那么这个问题就是确定一个与缴费者—受益人风险厌恶程度最相匹配的公式用于养老金计算。因此，就需要确立一个用于对缴费和养老金重新估算的名义利率。

所使用的方法是由维达尔（Vidal）、多明格斯（Domínguez）和德韦萨（Devesa）等人在 2004 年和 2005 年的论文中开创的。如果西班牙决定引入基于名义账户制理念的退休养老金制度，就可以把受益人所暴露的全部经济风险加以量化。为此他们使用了方案规划（scenario-generation）的技术，根据基于零售价格指数、GDP、平均收入指数和社会保障缴费指数之上的 16 个退休公式，对决定受益人预期实际内部回报率的因素做出了预测。该预测是以埃尔塞和阿隆索在 2000 年所作的 2000—2050 年宏观经济情况分析为根据的，包括了关于指数过去表现的信息和预测所需时间段的信息。

计算基于名义账户制的初始退休养老金及其后面的变动所用的模式见表 23.11。

表 23.11 计算初始养老金及其后面变动的公式

模式	费基的重新估算	名义缴费比率	名义养老金比率
1	RPI	GDP	RPI
2	RPI	AEI	RPI
3	RPI	GDP	RPI+/−GDP 的差额
4	RPI	GDP	RPI+/−AEI 的差额
5	RPI	AEI	RPI+/−GDP 的差额
6	RPI	AEI	RPI+/−AEI 的差额
7	RPI	TSSCI	RPI
8	RPI	TSSCI	RPI+/−TSSCI 的差额
11	AEI	GDP	RPI
12	AEI	AEI	RPI
13	AEI	GDP	RPI+/−GDP 的差额

续表

模式	费基的重新估算	名义缴费比率	名义养老金比率
14	AEI	GDP	RPI+/－AEI 的差额
15	AEI	AEI	RPI+/－GDP 的差额
16	AEI	AEI	RPI+/－AEI 的差额
17	AEI	TSSCI	RPI
18	AEI	TSSCI	RPI+/－TSSCI 的差额

资料来源：Vidal，Domínguez 和 Devesa（2004）。

注：RPI－零售价格指数；GDP－国内生产总值；AEI－平均收入指数；TSSCI－社会保障缴费指数。

对于每个建议公式其相应的预期平均替代率的结果如表 23.12 所示。

表 23.12　预期平均替代率（退休年龄为 65 岁）

预期平均替代率	模式	组别
46.43%	11 13 14	1
46.39%	1 3 4	2
46.36%	12 15 16	3
46.33%	2 5 6	4
41.27%	17 18	5
41.24%	7 8	6

资料来源：Vidal，Domínguez and Devesa（2004）。

在缴费 40 年后，提供最佳替代率的公式是那个大约为 46.5%的公式。这与目前制度所提供的替代率即大约 92%形成鲜明对比。如果使用了名义账户制，在最好的一项中所得到的初始养老金将是西班牙目前现收现付制下的 51%。如果人们在 20 岁开始工作而不是 25 岁，这些替代率会略有上升，就第一组而言将达到 49%。

这个区别大体可以归因于设计当前养老金计算公式的方式。如果在计算养老金费基时考虑了全部工作时间（对于把均衡性作为目标的缴费型养老制度是明智的），而不是考虑最后 15 年的缴费，那么对于缴费 40 年在 65 岁退休的人来说，替代率将大约为 75%。

所得到的预期平均内部回报率的结果在表 23.13 中分别以男性和女性给出，同时还给出了每种模式下内部回报率期望离差的百分比。在得到的平均预期内部回报率和期望离差的结果中，有五个基本方面需加以强调。

表 23.13　　男性（M）和女性（W）的平均内部回报率（IRR）和期望离差（退休年龄为 65 岁）

模式	平均 IRR（M）	IRR 离差（M）	离差率（M）	平均 IRR（W）	IRR 离差（W）	离差率（W）
14	0.024 92	0.011 48	46.06%	0.034 41	0.011 92	34.64%
5	0.024 91	0.012 03	48.31%	0.034 40	0.013 64	39.65%
16	0.024 90	0.013 31	53.45%	0.034 37	0.013 72	39.90%
6	0.024 89	0.013 3	53.43%	0.034 37	0.013 49	39.26%
15	0.024 89	0.012 08	48.53%	0.034 37	0.012 34	35.92%
3	0.024 88	0.010 22	41.08%	0.034 36	0.010 65	31.00%
1	0.024 86	0.007 96	32.02%	0.034 35	0.008 23	23.94%
13	0.024 85	0.010 35	41.64%	0.034 33	0.010 57	30.79%
11	**0.024 83**	**0.007 91**	**31.84%**	**0.034 33**	**0.008 19**	**23.86%**
12	0.024 82	0.009 91	39.90%	0.034 31	0.009 97	29.07%
17	0.021 11	0.011 86	56.19%	0.030 65	0.011 69	38.14%
7	0.021 01	0.011 64	55.42%	0.030 64	0.011 66	38.04%
8	0.020 97	0.016 51	78.73%	0.030 64	0.016 82	54.89%
18	0.020 97	0.016 51	78.74%	0.030 64	0.016 82	54.91%
2	0.020 46	0.006 66	32.57%	0.029 70	0.006 67	22.47%
4	0.019 26	0.007 29	37.84%	0.028 45	0.007 55	26.56%

资料来源：Vidal，Domínguez 和 Devesa（2004）。

1. 对平均内部回报率的分析显示出在男性和女性之间该比率具有明显的区别。出现这种区别的原因就在于：当计算初始养老金时，使用了男性和女性到退休年龄时所共有的平均预期寿命，但是女性比男性有更长的预期寿命，所以女性缴费的预期回报率更高。

2. 如果对比表 23.12 和表 23.13，看不出在替代率和内部回报率之间有任何明显的联系。这是因为替代率仅仅涉及初始养老金，而不考虑缴费的过程，但是内部回报率与所有可能的流入和流出有关，并且要考虑养老金随着时间如何变化。

3. 在前 10 个模式中，男性和女性平均的预期实际回报率之间的差别很小。这似乎表明当使用对风险的厌恶程度作为判断依据时，参加者一受益人可以选择任何一种模式。

4. 得到的实际内部回报率的数值看起来出奇的低，但是，当把测算看成一个演绎的过程时，这些数值实际上就不会那么低。随着假定缴费者年龄地增加，这些数值将成比例地增加。以相似的假设，并且假设整个考察期间西班牙当前的法律不变，男性和女性的实际内部回报率将分别达到 4.05%和 4.93%。但是，既然 DB 型现收现付制的内部回报率数值的计算是在把财务平衡视为假设前提的制度中进行的，没有考虑其未来可能的下降，那么上述合理数字将是一种最佳情况。所以，未来获得养老金的人将可能不得不提供更多的缴费（通过税收增加）和（或）接受较低的养老金。换句话说，如果DB型制度打算信守它对成员已有的承诺，那必定是因为存在可用的资金来源来填补体系的未来赤字。如果这些资金用于名义账户制，这将提供一笔更大的养老金，从而减少内部回报率的差别。

5. 平均值具有不同的离差。这暗示了相对于平均内部回报率，那些产生更大内部回报率离差的模式的风险更大。按照离差的顺序编制的列表对男性和女性是一样的，因为他们都取决于相同的不确定因素。模式18作为有代表性的离差，显示了最高的风险，而模式11显示了最低的风险。总的来说，女性的内部回报率离差比男性的更大。

表23.13中粗体显示的模式11的结果是对男性和女性最具有稳定性的结果，而模式18的稳定性是最差的，其结果用下划线表示。

概括起来，从刚才分析的内容中可以总结出：

• 从任何一个被验证的基于有代表性的相关宏观经济变量指数的公式推导出来的男性和女性预期平均内部回报率，很明显都低于目前西班牙现行法律规定的退休养老金缴费所提供的内部回报率。在最具优势的公式里所设想的替代率仅仅是当今所能获得的替代率的50.5%。这强调了西班牙DB型退休养老金制度的当前配置存在着严重的、结构性的精算不平衡。

• 对风险中性的男性和女性受益人而言，其首选的模式按照降序依次是模式14和模式5。其中，模式14是按照预期GDP的走势将缴费资本化，而模式5是按照预期平均收入指数的走势将缴费资本化。正如前面所预见的，两种情况下的养老金都能够分享到工资指数可能向上波动的收益。

有些具有不同风险状况的缴费者—受益人可能会倾向于不同于前文所提到的其他退休公式。根据缴费者对风险的理解和一些指数的演变过程和未来走势，在偏好公式的选择上给予一定程度的自由是可能的。让人们去对他们认为最适合的模式做决定将使他们更加忠实于名义账户制。但是，按照萨穆埃尔森—阿伦的观点，这种个人选择必须服从财务可持续性的约束。

因为西班牙的社会保障体系已经有了一个可靠的关于每个缴费者工作经历的计算机登记，所以从当前的制度向其中一种名义账户制转变不会出现任何的技术性问题。因此，为了尊重即将到达退休年龄的那些人已获得的权利，实施向新制度的转换应该采取的方式是：通过使用取决于出生日期的系数对两个制度加以考虑来计算养老金，这类似于瑞典的做法。

为西班牙建议的名义账户制模式应该合并其他的有关制度整体偿付能力的控制因素。例如，这些因素可以包括作为GDP百分比的每年赤字水平，或者也是作为GDP百分比的五年期最大赤字累计水平。可以定期回顾用于支付的养老金，考察在死亡率上任何可能的变化，以便缴费者和初始养老金不受调整努力的冲击。对于这一部分所提出的任何一个公式，只要申请他们所带来的每年赤字或累计赤字保持在法律最终规定的水平以下，都是能够接受的，并且可以由缴费者自己选择。一个稳定的机制也能被合并进来，类似于瑞典建立的那个机制[①]。然而，正如我们在结论中指出的，还需要更多的研究来探讨这个问题。

① 见Settegren (2001)。

按照霍尔茨曼在2006年的研究，为了在欧洲一体化中取得一个更为协调的养老金制度，同时最大限度利用西班牙已经有了非缴费型支柱的这一事实，应该将这个非缴费型支柱改造为对脆弱的老年人提供最低收入支持的社会或非缴费型养老金的零支柱。对非缴费型养老金的资格认定自然是通过收入调查，但是比起西班牙当前所做的，它是以一种更为严格的要求和更为严谨的方式来进行的。

与缴费型支柱一起，还应该维持一个经过收入调查的有保证的最低养老金，作为缴费型支柱的补充，通过税收融资来达到最低水平。准确地定位最低养老金数量和零支柱所能提供的养老金之间的关系是最重要的。缴费者对退休年龄的自主选择可能会造成过多的提前退休，反过来，这能够给当局施加压力，从而增加有保证的最低养老金的数量。帕尔默在2001年的研究表明，有经验性的证据表明人们一旦得到允许就会倾向于退休，所以不应该使自由决定提前退休成为可能。西班牙养老金制度的主要问题之一是平均的实际退休年龄大约为62岁，这是由于存在着许可性的法规，在许多情况下允许提前退休，正确的做法应该是消除提前退休的可能性。起初的最低退休年龄应该维持在65岁，使得在名义账户里的积累额足以达到最低养老金的标准。如果名义账户的积累额不足，个人将不得不工作到70岁。

阿隆索和埃尔塞在2003年的研究①说明，缴费型养老金体系将从2020年出现赤字。因此，2020年前后将是名义账户制充分到位的最佳时间。

尽管西班牙引入名义账户制的过程在技术上是可能的，然而从今天的政治角度上来讲是不可行的，所以这个过程不可能直接进行。如上所述，不管是早先的政府还是从2004年3月14日大选后当权的政府都会无一例外地只考虑参量式改革。而改进计算养老金费基的方式以便覆盖整个工作期间几乎是所有政党都认为的一个好想法，但是这个想法已经讨论两年多了，却远未达成一致。除此之外，名义账户制的运行机制还不为西班牙的政治家和主要政策制定者所熟悉。

表23.14中给出了一个建议，虽然逊色于根本性的建议，但在政治上却是可行的。相比拉脱维亚的转型过程，这个建议与意大利和瑞典的转型过程更为一致。这个转型建议将意味着两个制度要并行运转20年，此后名义账户制才将完全覆盖。这个过程也将伴随着养老金数量计算方法的变化，以便提高养老金费基，覆盖个人的整个工作期间和消除65岁之前退休的可能性。根据阿隆索和埃尔塞在2003年研究中所做的预测，把两个制度合并将暗示着改善，在20年的时间跨度内，既可以推迟预期赤字的出现又能增强制度的偿付能力。

可以根据政治上的可接受程度，对基本建议做出不同的修改，这在西班牙确实是一个相当棘手的问题。可采取的两个主要修改是：

• 延长过渡期，例如40年。在这种情况下，养老金数量的变化将更为平缓，但是作为结果，这种改革的好处也只能逐渐地被看到。

• 按照名义账户制理念计算退休养老金，但是，在计算初始名义资本时要考虑已获得的权利。

① 阿隆索和埃尔塞在2003年的主要预测参见表23.5。

表 23.14　　与西班牙养老金改革相配合的时间表

退休年份	从名义账户制体系中领取的养老金（%）	从当前制度体系中领取的养老金[a]（%）
2005	0	100
2006	5	95
…	…	…
2023	90	10
2024	95	5
2025	100	0

资料来源：作者。

注：a. 被考虑用来计算养老金费基的年限从 2005 年开始增加一年。

第五节　结论和未来研究

根据在这里看到的观点以及所参考的研究成果，似乎可以明确其主要结论就是，有必要在西班牙实施某种深远的缴费型养老金制度改革。

因此，讨论应该围绕着施行什么样类型的改革，而不是停留在是否应该建议实施这样的改革。

把名义账户制整体上应用于西班牙缴费型养老金制度（考虑所有的不同计划，包括公务员特殊计划），这种形式的改革能够实现围绕名义账户制引入的六个目标。这项改革将意味着养老金给付额的减少和内部回报率的降低，但是它也将给制度带来更大的可信度和更长期的财务平衡，从而避免经常不断的零碎改革。通过加强对制度的修补完善和（或）改变部分的积累制缴费的途径，可以实现形成由私人部门管理的金融储蓄的这一目标。一般情况下，这样就可以使退休收入的来源和养老金制度的固有风险实现多样化。

假如风险被明确地转到缴费者—受益人那里，那么对计算退休养老金的实际公式的设计要格外慎重。正如在前文中所看到的，如果风险中性的缴费者—受益人打算得到回报，就应该按照 GDP 或平均收入指数的走势将缴费资本化。这样，养老金将分享到工资指数超过预期变动率的向上波动的收益。另一方面，如果公式的设计是打算奖励更加厌恶风险的缴费者—受益人，那么在关于缴费设计上是相似的，但是养老金要根据零售物价指数进行简单的调整。

对名义账户制的一种常见批评是，缴费者承担了指数变动的风险并受到了并非他们选择的风险收益置换的支配，也就是说，没有以在私人资本基金中应该有的方式考虑他们对风险的厌恶。此时，如果能有一个可利用的退休计算公式菜单，就像前文所提到那些公式，就将对上述批评做出最好的回应。以这种方式，缴费者就能根据他们对风险的理解以及对指数的演变和预期变动路径的理解，频繁地改变用于资本化缴费的指数（例如每隔三年或五年）。参与其中的个人对他们认为最适合的模式来做决定，将使他们对名义账户制更加忠实。但这并不意味着如果发生经济和（或）人口震荡，没有机制来保证制度的财务平衡，实际上，如上所述，某些国家拥有了使制度稳定的一些机制，以防出现严重的财务不平衡。

最后，要记住，这是首次建议西班牙引入名义账户制并且给出了当前养老金制度的具体特征和这个国家的特质，所以，关于可能引入的名义账户制至少有三个方面需要进行更为深入而细致的研究：

1. 为了更加精确地评价引入名义账户制对当前缴费者的影响，有必要对他们的实际工资历史（以及费基）建立一个足够宽泛的有代表性的样本。分析这些信息对于决定怎样实施明确的建议来协调不同职业规划也是有用的。

2. 如果发生短期的财务不平衡，对财务稳定的拟议措施应该更为明确地加以规定。

3. 西班牙的舆论、社会代理人、政治家、甚至经济学家和精算师都没有真正了解名义账户制的运作机制。所以，为了测试改革的政治可行性，需要实施一次民意调查，来查明该研究所提建议的接受程度。

参考文献

Aaron，H. 1966. "The Social Insurance Paradox." *Canadian Journal of Economic Review* 30（3）：371-4.

Abio，G.，H. Bonin，J. Gil，and C. Patxot. 1999. "El impacto intergeneracional de la reforma de las pensiones en España：Un enfoque de contabilidad intergeneracional."（"The Intergenerational Impact of Pension Reform in Spain：An Intergenerational Accountancy Approach."）*Cuadernos Económicos de ICE* 65：110-16.

Alonso，J.，and J. A. Herce. 2003. "Balance del sistema de pensiones y boom migratorio en España. Proyecciones del modelo MODPENS de FEDEA a 2050."（"Outcome of Pension System and Migratory Boom in Spain. Forecasts of the Model MODPENS from FEDEA to 2050 FEDEA."）Working Paper 03－02，FEDEA.

Alvira，F.，J. García，and F. Blanco. 1996. "Jubilación，Planes de Pensiones y Opinión Pública."（"Retirement，Pension Funds and Public Opinion."）*Perspectivas de Sistema Financiero* 56：83-90.

Bailén，J. M.，and Gil，J. 1996. "Transitional Effects of a Pension System in Spain." Working Paper 96-24，FEDEA.

Bandrés，E.，and A. Cuenca. 1998. "Equidad Intrageneracional en las pensiones de jubilación. La reforma de 1997."（"Intragenerational Fairness in the Retirement Pension. The 1997 Reform."）*Revista de Economía Aplicada* 6（18）：119-40.

Barea，J.，and J. M. González-Páramo. 1996. "Pensiones y prestaciones por desempleo（"Pensions and Unemployement Benefits."）Working Paper Fundación BBV，Bilbao.

Boldrin，M.，J. Dolado，J. Jimeno，and F. Peracchi. 1999. "The Future of Pension Systems in Europe：A Reappraisal." *Economic Policy* 29：283-323.

Boldrin，M.，S. Jiménez-Martín，and F. Peracchi. 1999. "Social Security and Retirement in Spain." In *Social Security Programs and Retirement around the World*, ed. J. Gruber and D. Wise, 32-46. Chicago: University of Chicago Press for the NBER.

——. 2000a. "Micro-modelling of Retirement Behavior in Spain." Unpublished. Mimeo.

——. 2000b. "Sistema de Pensiones y Mercado de Trabajo en España." ("Pension System and Labor Market in Spain.") Report for the Fundación BBVA, Madrid.

Bonin, H., J. Gil, and C. Patxot. 2001. "Beyond the Toledo Agreement: The Intergenerational Impact of the Spanish Pension Reform." *Spanish Economic Review* 3 (2): 111-30.

Devesa, J. E., A. Lejárraga, and C. Vidal. 2000. "The Internal Rate of Return of the Pay-As-You-Go System: An Analysis of the Spanish Case." *Centre for Pensions and Social Insurance*. Research Report 33/2000, Birkbeck College and City University of London.

——. 2002. "El tanto de rendimiento del sistema de pensiones de reparto." ("The Internal Rate of Return of the Pay-As-You-Go System.") *Revista de Econom a Aplicada* 10 (30): 109-32.

Devesa, J. E., R. Rodríguez, and C. Vidal. 2002a. "Assessing Administration Charges for the Affiliate in Individual Accounts Systems." Working Paper EC 2002-09, Instituto Valenciano de Investigaciones Económicas (IVIE).

——. 2002b. "Los costes de administración para el afiliado en los sistemas de pensiones basados en cuentas de capitalización individual: Medida y comparación internacional." ("Administration Costs for the Aaffiliate in Individual Account Systems: Assessment and International Comparison.") Working Paper 171/2002, Fundación para la Investigación Económica y Social (FUNCAS).

——. 2003. "Medición y comparación internacional de los costes de administración para el afiliado en las cuentas individuales de capitalización." ("Administration Costs for the Affiliate in Individual Account Systems: Assessment and International Comparison.") *Revista Española de Financiación y Contabilidad*. 32 (116): 95-144.

Devesa, J. E. and C. Vidal. 2004. "Notional Defined Contributions Accounts (NDCs). What Effect Would They Have Had on the Spanish Pension System?" *Moneda y Crédito* 219: 61-103.

Diamond, P. 2001. "Issues in Social Security with a Focus on Spain." *Universitat Pompeu Fabra*. Lección de Economía, October 29, 2001.

Durán, A., and M. A. López García. 1996. "Tres análisis sobre la Seguridad Social: Un comentario." ("Three analyses about Social Security: A Remark.") *Papeles de Econom a Española* 69: 39-51.

Gil, J., and C. Patxot. 2002. "Reformas de la financiación del sistema de pensiones."（"Financing Pension System Reform."）*Revista de Economía Aplicada* 28（10）：63-85.

Gillion，C. 2000. "The Development and Reform of Social Security Pensions：The Approach of the International Labour Office." *International Social Security Review* 53（1）：35-62.

Herce，J. 1997. "La reforma de las pensiones en España：aspectos analíticos y aplicados."（"The Pension Reform in Spain：Applied and Analyzed Aspect."）*Moneda y Crédito* 204：105-59.

——. 2001. "La privatización de las pensiones en España."（"Privatization of the Pensions in Spain."）Working Paper 01—01，FEDEA.

Herce，J.，and J. Alonso. 2000a. "La reforma de las pensiones ante la revisión del Pacto de Toledo."（"The Pension Reform after the Revision of Toledo Pact."）*Colección Estudios Económicos*（19）"*La Caixa*." Barcelona.

——. 2000b. "Los efectos económicos de la Ley de Consolidación de la S. S. Perspectivas financieras del sistema tras su entrada en vigor."（"The Economic Effect of the Law of Consolidation of Social Security：Financial Perspectives after Its Starting Application."）*Hacienda Pública Española* 152（1）：51-67.

Herce，J.，and V. Pérez-Díaz. 1995. "La reforma del sistema público de Pensiones en España."（"The Public Pension Reform in Spain."）Working Paper 4，"La Caixa，" Barcelona.

Herce，J. A.，S. Sosvilla-Rivero，S. Castillo，and R. Duce. 1996. "El futuro de las pensiones en España：hacia un sistema mixto."（"The Future of the Pension in Spain：Going to a Mixed System."）Monografía 8，Servicio de Estudios de "La Caixa，" Barcelona.

Holzmann，R. 1998. "Financing the Transition to Multipillar." *Pension Reform Primer*. Washington，DC：World Bank.

——. 2000. "The World Bank Approach to Pension Reform." *International Social Security Review* 53（1）：11-34.

——. 2006. "Toward a Coordinated Pension System in Europe：Rationale and Potential Structure." *In Pension Reform：Issues and Prospects for Non-Financial Defined Contribution（NDC）Schemes*，ed. R. Holzmann and E. Palmer，chapter 11. Washington，DC：World Bank.

Holzmann，R.，M. Orenstein，and M. Rutkowski. 2003. *Pension Reform in Europe：Process and Progress*. Washington，DC：World Bank.

Jiménez-Martín，S.，and A. R. Sánchez. 2000. "Incentivos y reglas de jubilación en España."（"Retirement Incentives and Regulation in Spain."）*Cuadernos Económicos de ICE* 65：45-88.

——. 2001. "The Effect of Pension Rules on Retirement Monetary Incentives with an

Application to Pension Reform in Spain." Working Paper 01－36，*Universidad Carlos Ⅲ*.

Jimeno，J. F. 2000. "El sistema de pensiones contributivas en España：Cuestiones básicas y perspectivas a medio plazo." "［The Spanish Contributory Pension System：Basic Questions and Perspective in a Short Time.］" Working Paper 02－15，FEDEA.

——. 2002. "Demografía，empleo，salario y pensiones." （"Demography，Job，Wage and Pensions."） Working Paper 02－04，FEDEA.

——. 2003. "Incentivos y desigualdad en el sistema español de pensiones contributivas por jubilación." （"Incentives and Inequalities in the Spanish Contributory Pension of Retirement System."） Working Paper 02－13，FEDEA.

Jimeno，J. F.，and O. Licandro. 1999. "La tasa interna de rentabilidad y el equilibrio financiero del sistema español de pensiones de jubilación." （"The Internal Rate of Return and the Financial Balance of the Spanish Pension System."） *Investigaciones Económicas* 23 (1)：129-43.

Mateo，R. 1997. *Rediseño general del sistema de pensiones español*. (New Design of the Spanish Pension System.) Pamplona：Ediciones Universitarias de Navarra.

Meneu，R. 1998. "Equilibrio Financiero de las Pensiones de Jubilación en España 1995—2030." （"Financial Equilibrium of the Retirement Pension in Spain 1995—2030."） *Revista de Econom a Aplicada* 6 (17)：157-69.

Ministerio de Trabajo y Seguridad Social. 1995. *La Seguridad Social en el umbral del siglo XXI*. (The Social Security at the Beginning of the 21st Century.) *Colección Seguridad Social*，14. Madrid.

Montero，M. 2000. "Estructura demográficay sistema de pensiones. Un análisis de equilibrio general aplicado a la economía Española." （"Demography Structure and Pension System."） *Investigaciones Económicas* 24 (2)：297-327.

Monasterio，C.，I. Sánchez，and F. Blanco. 1996. "Equidad y Estabilidad del Sistema de Pensiones Español." （"Fairness and Stability of the Spanish Pension System."） *Serie Economía Pública*. Bilbao：Fundación BBV.

National Institute of Statistics（Instituto Nacional de Estadística，INE）. 2001. "Proyecciones de población calculadas a partir del Censo de 2001." （"Population Projections Based on the 2001 Census."） INE，Madrid.

Palmer，E. 2001. "Financial Stability and Individual Benefits in the Swedish Pension Reform Model." *Asociación Internacional de la Seguridad Social*，Seminario de Actuarios y Estadísticos，Montevideo，21-22 de noviembre de 2001.

——. 2006. "Conversion to NDCs—Issues and Models." In *Pension Reform：Issues and Prospects for Non-Financial Defined Contribution (NDC) Schemes*，ed. R. Holzmann and E. Palmer，chapter 9. Washington，DC：World Bank.

Pérez-Díaz，V.，B. Álvarez-Miranda，and E. Chuliá. 1997. "La opinión pública ante el sistema de Pensiones."（"Public Opinion about the Pension System."）Working Paper 10，"La Caixa，" Barcelona.

Piñera，J.，and J. Weinstein. 1996. *Una propuesta de reforma del sistema de pensiones en España*.（A Proposal of Pension System Reform in Spain.）. Madrid：Círculo de Empresarios.

Queisser，M. 2000. "Pension Reform and International Organizations：From Conflict to Convergence." *International Social Security Review* 53（2）：31-45.

Redecillas，A. 1996. "Los compromisos financieros del Estado y de la seguridad social relativos a pensiones."（"The Financial Commitment of the State and the Social Security in Relation to Pensions."）*Serie Econom a Pública*. Bilbao：Fundación BBV.

Samuelson，P. 1958. "An Exact Consumption-Loan Model of Interest with or without the Social Contrivance of Money." *The Journal of Political Economy* 66（6）：467-82.

Settergren，O. 2001. "The Automatic Balance Mechanism of the Swedish Pension System—A Non-Technical Introduction." http：www. rfv. se/english.

Valdés-Prieto，S. 2000. "The Financial Stability of Notional Account Pensions." *Scandinavian Journal of Economics* 102（3）：395-417.

——. 2002. "Políticas y mercados de pensiones."（"Pensions，Markets，and Policies."）*Ediciones Universidad Católica de Chile*，Santiago de Chile.

Vidal，C.，I. Domínguez，and J. E. Devesa. 2004. "Economic Risk to Beneficiaries in Notional Defined Contribution Accounts（NDCs）." Working Paper 219－04. Fundación para la Investigación Económica y Social（FUNCAS）.

——. 2005. "Subjective Economic Risk to Beneficiaries in Notional Defined Contribution Accounts（NDCs）." *Journal of Risk and Insurance*.

Williamson，J. B. 2004. "Assessing the Pension Reform Potential of a Notional Defined Contribution Pillar." *International Social Security Review* 57（1）：47-64.

第二十四章　日本社会保障改革：名义账户制是答案吗

高山宪之*

日本人口老龄化程度是世界上最高的，并且已经建立起了一个慷慨的社会保障养老金计划。但是自2002年以来，主要养老金计划的收益表已经变成为一项赤字，其资产负债表也出现了巨额的净负债，并且人们越来越不相信政府在养老金上所作的承诺。因此，日本人逐渐开始关注激励兼容性问题。

这一章旨在调查研究名义账户制对日本是否有用和怎样帮助日本摆脱困境，以及其在政治上的可行性。在进入讨论之前，本章就日本社会保障养老金计划先给出一个简要的概括，然后在指出预期的人口变化和几个基本的有关养老金的事实的同时，总结出日本养老金制度存在的主要问题。

第一节　2004年改革前养老金待遇的简短概要

自1980年以来，主要因为预期的人口和经济因素所引起的筹集社会保障资金的巨大压力，日本养老金制度每五年就要重复进行一些零碎的改革。从那时起，随着60～65岁到达正常退休年龄人口的增加，过于慷慨的养老金待遇给付已经被一步一步地降低下来了，养老金缴费率也有了较大的提高。然而当今的养老金待遇给付仍然保持慷慨，并且养老金制度将来要面对严重的财务困难。

当前日本拥有一个两层次待遇给付体系，第一个层次为所有区段的人口提供保障，被称为均等基本待遇型（flat-rate basic benefit）；第二个层次为只适用于雇员的所得比例待遇型(earnings-related benefit)①。该体系大体上是按照DB型现收现付制运作的。

均等基本待遇养老金覆盖了从20～60岁的全部居民。如果在60岁之前进行缴费，全部的养老金可在40年的缴费之后得到支付。以2004年的价格（具有几年来一个最大数量的覆

* 高山宪之（Noriyuki Takayama），日本东京一桥大学经济学教授，同时是世代公平项目（the Project on Intergenerational Equity，PIE）总干事兼CEO。在国际性刊物上发表了大量的文献，其中包括《计量经济学》和《美国经济评论》。也编辑出版了《馅饼的味道：在发达国家寻找更好的养老金解决方案》（*Taste of Pie*：*Searching for Better Pension Provisions in Developed Countries*）。他在日本的养老金政策制定中发挥着重要作用。电子信箱：takayama@ier. hit-u. ac. jp。

① 日本社会保障养老金制度体系的详细解释参见 Takayama（1998，2003b）。

盖面）计算，从 65 岁起每人每月养老金最高给付额可达 66 200 日元①。每个财政年度（从 4 月 1 日开始）的给付情况是被自动指数化了，从而反映出了基于前一年度在消费品物价指数（CPI）方面的变化情况。人们可以在 60～70 岁之间的任何时间提出养老金给付的要求，但是如果在 65 岁之前提出，他索要的给付额会有一个精算上的下降，而在 65 岁以后提出，他索要的给付额将有一个精算上的提高。

所得比例待遇型适用于全体雇员。每年养老金给付的所得比例部分的增值率为 0.548 1%。这样通过 40 年的缴费将获得工作期间平均每月实际收入的 28.5%②。

工作期间平均每月收入是基于雇员参保的整个时期来计算的，再经过一个净工资指数因子的调整，然后转化为当前的收入水平。通常情况下，所得比例待遇的全部养老金对那些已满 65 岁并正式退休的雇员是可以予以给付的③。针对那些没有正式退休的人员做了一项收入调查，发现对于一个"典型"的男性退休雇员（在 40 年的投保期间具有平均的薪金收入水平）及依赖他的妻子而言，目前的实得工资或者净收入的替代率（包括基本待遇在内）为 60%，退休后每月的待遇给付大约为 230 000 日元。

雇员及其雇主被要求以相同比率缴费，缴费额是基于包括奖金在内的年度标准收入。对于私营企业雇员的主要计划（日本厚生年金，Kosei-Nenkin-Hoken 或者 KNH）而言，在 2004 年 10 月以前的全部缴费比率实际上为 13.58%。而对于 20～60 岁之间未被雇佣的人员要支付均等基本待遇型中的个人缴费部分，在 2005 年 4 月之前实际缴费比例为每月 13 300 日元。对于那些因为财务原因而无法缴费的个人而言，是可以得到豁免的，但是对豁免期间的均等基本待遇给付为正常数额的 1/3。

在当前的制度下，如果丈夫从他的薪水中扣除一部分为社会保障进行养老金缴费，那么依赖他的妻子将自动享受均等基本待遇，却不要求她对公共养老体系做出任何的个人支付。

政府资助均等基本待遇型总费用的 1/3，而对所得比例待遇部分没有补贴，但是政府对于行政开支的费用也同样予以支付。2004 年社会保障的养老金给付的合计数额将是 46 万亿日元左右，大概相当于 GDP 的 9%。

第二节　人口结构分布及其对筹集社会保障资金的影响

2002 年 1 月，日本国家人口和社会保障研究所（NIPSSR）发布了最新的人口预测报告。预测表明，2006 年前后日本总人口将有 1.28 亿，达到最高点，然后开始平稳地下降，到 2100 年将减少到当前数量的 50%左右。

日本人口的总出生率（TFR）在 2004 年是 1.29，仍然没有迹象表明总出生率将稳定或者返回到更高的水平。然而 2002 年，媒体的各种推测认为在 2006 年总出生率将达到 1.31

---

① 2005 年 7 月 27 日，1 000 yen＝US＄8.87＝euro7.39＝UK￡5.11＝SKr69.80。

② 一般假设，半年的奖金等于 3.6 个月的薪水。

③ 虽然日本厚生年金在 2000—2025 年之间的过渡期中有特别安排，但是正常可领养老金的年龄是 65 岁。详细情况见 Takayama（2003b）。

的历史最低纪录，然后将逐渐增长到2050年的1.39左右，最后缓慢地爬升到2150年的2.07。人口出生数，从当前2003年的大约112万将继续减少到2014年的不足100万，然后进一步下降到2050年的67万。

日本是世界上人口老龄化程度最严重的国家之一，并且日本人的预期寿命表明日本还在经历着非常迅速的人口老龄化过程。2005年老年人（65岁及以上）的数量是2 550万，然后到2018年将迅速增加为3 400万，随后一直到2060年左右将维持在大约3 400万至3 600万之间。结果，老年人的比例将上升得非常快，从2005年的20.0%上升到2014年的25.3%，到2033年将进一步提高到超过30%。

当前，日本的社会保障福利给付中70%分配给了老年人。而在国内经济处境困难的同时，快速的人口老龄化肯定将对筹集社会保障资金施加越来越大的压力。

2004年5月，日本的厚生劳动省发布了最新的定义宽泛的社会保障（即包括养老、健康以及社会福利待遇）的费用估算报告，该费用估算使用了日本国家人口和社会保障研究所的2002年人口预测数据。根据这一最新估算，2004年社会保障的总费用是GDP的17.2%，如果当前的福利供给保持不变，至2025年将平稳地增加到24.3%。

社会保障的各种费用构成中，养老金的费用尤为突出，2004年其总计达到GDP的9%，到2025年将进一步增加到11.6%。而医疗保健的费用在2004年是5.2%，但是到2025年将迅速上升到8.1%。

日本经济仍然没有从泡沫破灭的影响中走出来，并且人口的减少不久将反映在年轻劳动力的一次急剧下降上，同时储蓄率在降低，资本形成在减退，所有这一切将导致该国经济的进一步萎缩。

第三节　关于养老金的一些基本事实

任何养老金改革方案必须对养老金的一些基本事实加以考虑。相对于其他一些事实，以下五个事实是特别关键的。

一、收益表里的持久赤字

从2002年起，日本厚生年金一直面对着收益表赤字，在2002年记录的赤字规模为1.3万亿日元，到2004年则高达5.1万亿日元。据估计，除非日本厚生年金在筹资方面做出根本性的改善，否则赤字将长时间地保持下去。

二、资产负债表中的巨额净负债

日本厚生年金的资产负债表如表24.1所示，该资产负债表的核算基于以下假设：

1. 工资和消费品物价指数每年的名义增长率分别按2.1%与1.0%计，而每年的贴现率为3.2%。

2. 日本厚生年金目前13.58%的缴费率将在未来保持不变。

3. 所考虑的时间跨度上限为2100年。

表 24.1 表明，在 2005 年 3 月 31 日，净负债为 550 万亿日元，占负债总额的 1/4[①]。

表 24.1　　2005 年 3 月 31 日改革前的日本厚生年金资产负债表　　单位：万亿日元

1. 第一部分	
资产	
融资储备	170
财政收入转移	130
负债	
源于过去缴费的养老金	800
净负债	500
2. 第二部分	
资产	
缴费	920
财政收入转移	130
负债	
源于未来缴费的养老金	1 100
净负债	50

资料来源：作者测算。

表 24.1 的第一部分显示了来自过去缴费的累计资产与负债，而第二部分显示了来自未来缴费的累计资产与负债。表 24.1 还暗示了在可预见的未来，日本厚生年金的资产负债表将基本归零。要使当前给付的筹资来源足以应付未来给付的融资所需，剩下的唯一任务就是将未来给付标准缩减 4.5%。

但是如果我们只看表 24.1 的第一部分，事情看上去相当不同。据估计，养老金负债余额是 800 万亿日元，而养老金资产只有 300 万亿日元（170 万亿日元的融资储备加上 130 万亿日元的财政收入转移）。其中的差额是非常巨大的，大约是 500 万亿日元，这就为日本厚生年金中净负债的主要部分提供了解释。

这 500 万亿日元超过了表中第一部分负债的 60%，大约相当于 2004 年日本 GDP 的 100%。过去，对养老金给付做出了太多的承诺，但是对于足够的融资来源却没有给出相应的安排。日本人享受社会保障养老金已经有很长一段时间了。但是，因为过去缴费相对较小，导致了融资储备也较少，从而，日本社会保障养老金的真正危机就在于如何处置由过去缴费造成的 500 万亿日元的净负债。

三、养老金缴费：极为沉重的负担

一直以来，日本公众争论的主要问题之一是如何削减个人和公司的所得税，但是当前的情况已经发生了急剧的变化。2003 财政年度的社会保障缴费（养老金、医疗保健、失业、工伤和长期护理）为 55.6 万亿日元（占国民收入的 15.2%），这明显高于当年中央政府所

① 日本全部社会保障养老金的净负债在 2005 年 3 月底总计为 650 万亿日元，是 2004 年日本 GDP 的 1.3 倍。

有的税收收入（43.9万亿日元）。自1998年以来，中央政府得到了比税收收入更多的社会保障缴费。进一步观察细节，我们发现来自个人所得税的财政收入是13.8万亿日元，来自公司所得税的财政收入为9.1万亿日元，而来自社会保障养老金缴费的收入为29.0万亿日元，后者显得尤为突出，这最后一项给民众带来的沉重负担就不言自明了。日本人现在感到社会保障养老金缴费负担过于沉重了，因为在决定人们从总薪金中能得到多少实得工资的过程中，这些养老金缴费作为最重要的因素在发挥着作用。另一方面，公司的经理们也开始对社会保障缴费任何的进一步增加表现出了极大的关注。

四、超越限度的代际间收入转移

看起来可能让人感到惊讶的是：根据再分配以后的人均收入水平（见图24.1），当今日本年长的人比那些年龄在30～44岁之间的人处境要更好。毫无疑问，仍有余地来降低那些用于当前退休人口的给付。

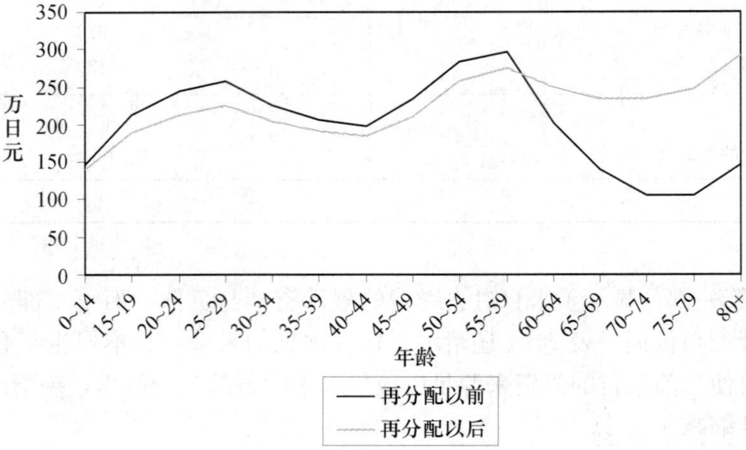

图24.1　日本按年龄分布的人均收入

资料来源：日本厚生省（Ministry of Health and Welfare，Japan，1996）。

五、不断增加的退保率

过去20年日本政府不断对养老金计划进行变动，增加社会保障养老金的缴费，并且通过提高可领养老金的标准年龄来减少给付，这样做的同时也就降低了增值率。这种零敲碎打式的改革在将来极有可能还将继续。

许多日本人感到政府正在违背它的诺言。随着对政府承诺不信任的加强，“可信度问题”也越来越值得关注。

2002年，由于豁免、缴费的拖欠或者没有申请的原因（图24.2反映了拖欠的增长率），在没有拿薪水的工作者和无职业的人员中，有将近50%的人员退出了基本水平的老年收入保障。

雇主也在处心积虑地设法逃避社会保障养老金缴费。实际上，从1998年开始，尽管日本厚生年金的缴费率没有变，但是其缴费总额却在持续下降。

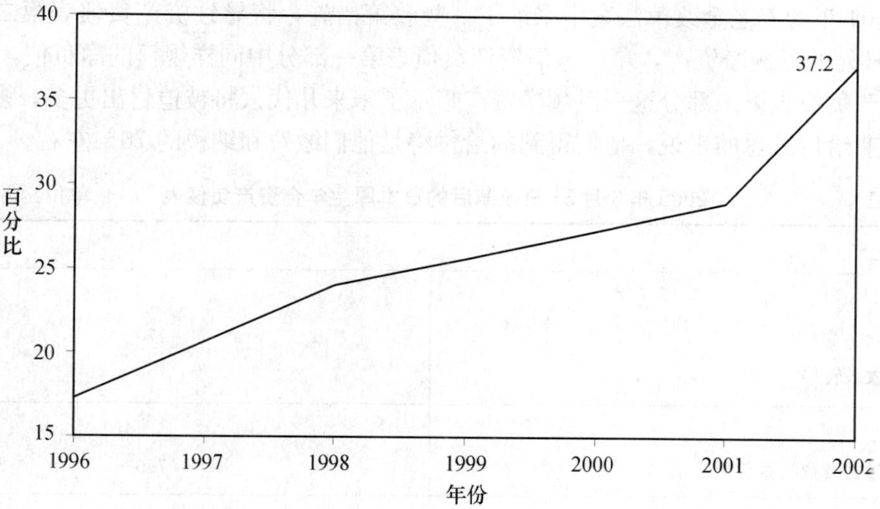

图 24.2　社会保障养老金的退保率（非雇员）*

资料来源：日本厚生劳动省（Ministry of Health，Labor and Welfare，Japan，2003）。

＊在支付养老金缴费中的拖欠。

社会保障缴费率的任何进一步提高都必定导致一个更高的退保率①。

第四节　2004 年改革：主要内容及留下的困难

2004 年 2 月，日本政府递交了新的养老金改革法案，并在 2004 年 6 月获得国会通过。其主要内容是：

• 日本厚生年金的缴费率将从 2004 年 10 月开始每年提高 0.354%，至 2017 年达到 18.30%，此后保持 18.30%不变。

• 社会保障养老金的待遇给付在以后的 20 年内将进一步降低，每年实际减少 0.9%，从而对一个“典型”的男性退休雇员及依赖他的妻子而言，替代率将逐步从当前的 60%减少到 2023 年的 50%。这是因为引入了考虑到在职劳动力人口总数的下降率和较长的预期寿命的“人口因素”。

• 财政收入转移将从占基本待遇的 1/3 上升到 2009 年的 1/2。

• 将放松 65 岁之前的收入调查，而同时引入一项新的针对年龄在 70 岁及以上的收入调查。

• 离异夫妻之间的收入分割也将予以引入。

• 从 2005 年开始在养老金给付上将有更多的税收。

• 在 65 岁以上正式领取养老金的年龄上，没有进一步提高的计划。

① 社会保障养老金缴费的运作就像是“就业惩罚”，而缴费率的进一步提高将极大地损害国内的公司，这些公司已经面临着全球范围内的激烈竞争，因此这样做将对经济施加消极作用，导致更高的失业率，更低的经济增长，更低的储蓄率，等等。实际上，进一步增加缴费率也必然将减少当前工作者的实得工资，降低有效需求，导致更低的消费。

在2004年的养老金改革法案中采纳了一些政策措施，将导致资产负债表第二部分产生420万亿日元的巨额净资产，藉以抵消资产负债表第一部分中同样规模的净负债，如表24.2所示。资产负债表第二部分这一巨额净资产暗示了未来几代人将被迫付出更多，多于他们将收到的预期给付。总的来说，他们得到的给付将是他们缴费和纳税的70%左右。

表24.2　　2005年3月31日改革后的日本厚生年金资产负债表　　单位：万亿日元

1. 第一部分	
资产	
融资储备	170
财政收入转移	150
负债	
源于过去缴费的养老金	740
净负债	420
2. 第二部分	
资产	
缴费	1 200
财政收入转移	190
负债	
源于未来缴费的养老金	970
净负债	420

资料来源：日本厚生劳动省（2004a）。

这似乎好像我们不用剪刀，而是用锯切开一张纸。更为年轻的几代人是最有可能增强他们对政府的不信任，激励兼容性问题或退保问题将变得更加严重。在日本厚生年金缴费率的问题上，资方（日本经济团体联合会，Nippon Keidanren）和工会（日本劳动组合总联合会，Rengo）都反对超过15%的任何进一步提高。

第五节　瑞典式名义账户制适用于日本吗

日本厚生劳动省对把当前的制度转换为瑞典式的名义账户制表现出了极大的兴趣，但是也相信，只有在2017年日本厚生年金缴费率达到顶峰后，这种转换才更为现实。

不管怎么说，如果我们从面向未来所构建的可持续的养老金制度中把“遗留养老金”问题分离出去，那么，日本才能很快地进行向瑞典式的名义账户制的转换。从经济的视角上来看，日本的遗留养老金问题就像沉没成本，通过引进一个新的3%的特别制定的消费税和集中注入一个增加的财政收入转移（见表24.3），而不是通过增加日本厚生年金的缴费率，这个问题才能够得到解决。更不用说，按照2004年养老金改革法案所实施的相同百分比，当前慷慨的给付或多或少的降低已在所难免。

表 24.3　一个选择：2005 年 3 月 31 日日本厚生年金资产负债表　单位：万亿日元

1. 第一部分	
资产	
融资储备	170
财政收入转移	290
特别制定的消费税	280
负债	
源于过去缴费的养老金	740
净负债	0
2. 第二部分	
资产	
缴费	920
财政收入转移	50
负债	
源于未来缴费的养老金	970
净负债	0

资料来源：作者测算。

资产负债表的第二部分是与未来缴费以及所许诺的养老金给付相关的，而所许诺的养老金给付是未来缴费所赋予的权利。对于这部分，实现向名义账户制的转换是相当可行的。日本厚生年金的缴费率将保持在当前 13.58%的水平上不变。在瑞典式的自动平衡机制的作用下，名义回报率是内生的。

采用名义账户制方案，可以避免激励兼容性问题。的确，每一分一毫都计算在名义账户制中，这也将是我们转向名义账户制方案的最重要因素。同时，它将向公众表明：每个人所得到养老金都是与他（她）自己的缴费等价的①。

据预测，名义账户制对退休决定将是非常中性的。对比其他发达国家，日本老年人的劳动供给比率一直保持在一个相当高的水平（在 2003 年，年龄介于 60～64 岁之间的人中，有 71.2%的人仍在工作）。因此，向名义账户制转换虽然可能也会导致退休的推迟，但是这种效果不会很大。

转换成名义账户制将导致 65 岁时替代率的降低，这可以通过延长工作时间到 67 岁左右来补偿，也可以通过更多的自愿储蓄来弥补。日本政府已经决定从 2004 年 10 月开始对现有的 DC 型计划提供更多的税收激励②。

在瑞典，政府提供的额外给付，即有保证的养老金是作为一项规定来实施的。目的是确保人们在退休之后有足够的收入，也指望着这些措施能作为“冲击吸收体”来发挥作用，防范社会和经济的风险。在瑞典，这项给付所依据的仅仅是养老金的收入水平，而不是全部收

① 见 Könberg（2002），Palmer（2003）和 Settergren（2001）。

② 见 Takayama（2004）。

入水平（包括资产性收入、短期收入以及薪金），也就不需要进行收入调查。

瑞典这些为有保证的养老金所做的安排用在日本可能有困难。在日本，上报给税务部门的收入在不同职业之间有明显的差异，也就是说，靠薪水挣钱的人通常是要完全上报其收入，而自雇者经常可以少报收入。如果日本打算采纳瑞典的养老金制度，那么少报收入就意味着从名义账户制支柱中得到的养老金给付较少，就会导致从有保证的养老金中得到更多的给付，这对于依靠薪金收入的人是不公平的。因此，日本在引入有保证的养老金时，就应该对未被雇佣人员做出一些特殊的安排。

第六节　结　束　语

日本人越来越关心的是“馅饼的口味”而不是“馅饼的大小”或“馅饼的分配”。谈到社会保障养老金时，最重要的问题是到底他们值不值得买①，养老金有多大或有多么公平就成为所要考虑的次要问题。养老金计划的基本设计应该是激励兼容的。尽管在某一具体层次的养老金给付中，可以并入社会能力的因素，通过缴费以外的其他途径来筹措资金，但是更多的时候，缴费应该与养老金的给付直接联系起来。

作者相信，瑞典式的名义账户制安排对日本克服当前的退休金制度中的迫切困难将是唯一的方式。当然，向名义账户制计划的转换还必须同时采取其他适当的措施，来处理日本的养老金遗留问题。

参考文献

Könberg，B. 2002. “The Swedish Pension Reform：Some Lessons.” DP－46，Project on Intergenerational Equity，Institute of Economic Research，Tokyo：Hitotsubashi University.

Ministry of Health and Welfare，Japan. 1996. *The* 1996 *Income Redistribution Survey* [in Japanese]，Tokyo：Ministry of Health and Welfare，Japan.

Ministry of Health，Labor and Welfare，Japan. 2003. *The* 2003 *Statistical Abstract of Social Security in Japan* [in Japanese]，Tokyo：Ministry of Health，Labor and Welfare，Japan.

——. 2004a. *The* 2005 *Financial Recalculation of the KNH* [in Japanese]，Tokyo：Ministry of Health，Labor and Welfare，Japan.

——. 2004b. *The Estimates of The Cost of Social Security* [in Japanese]，Tokyo：Ministry of Health，Labor and Welfare，Japan.

Palmer，E. 2003. “Pension Reform in Sweden.” In *Taste of Pie*：*Searching for Better Pension Provisions in Developed Countries*，ed. N. Takayama，245-69. Tokyo：Ma-

① 见 Takayama（2003a）。

ruzen，Ltd.

Settergren，O. 2001. "The Automatic Balance Mechanism of the Swedish Pension System." Riksförsäkringsverket，Sweden. http://www.rfv.se.

Takayama，N. 1998. *The Morning After in Japan：Its Declining Population，Too Generous Pensions and a Weakened Economy*. Tokyo：Maruzen，Ltd.

——. 2003a. *Taste of Pie：Searching for Better Pension Provisions in Developed Countries*. Tokyo：Maruzen，Ltd.

——. 2003b. "Pension Arrangements in the Oldest Country：The Japanese Case." In *Taste of Pie：Searching for Better Pension Provisions in Developed Countries*，ed. N. Takayama，185-217. Tokyo：Maruzen，Ltd.

——. 2004. "Changes in the Pension System." *Japan Echo* 31（5）：9-12.

本书作者简介

尤哈·M·阿尔霍（Juha M. Alho）是芬兰约恩苏大学统计学教授，他即将出版的著作有《统计人口和预测》（与B. D. 斯宾塞合著），发表了大量关于人口预测随机方式的论文。电子信箱：juha. alho@joensuu. fi。

约翰·阿梅里克斯（John Ameriks）是美国先锋集团（Vanguard Group）的资深投资分析师，其职责是对家庭资产组合选择和储蓄行为进行调查研究。他对家庭储蓄的充足性、退休收入计划、生命周期的资产配置、金融理财和财富积累、个人账户型退休计划参加者的退休和年金化决策等问题进行了权威性的研究。电子信箱：john_ameriks@vanguard. com。

尼古拉斯·巴尔（Nicholas Barr）是伦敦经济学院公共经济学教授，著述颇丰，包括《福利国家经济学》（牛津大学出版社，2004年第四版），曾在世界银行和国际货币基金组织从事后共产主义转型国家的社会安全网工作。20世纪80年代末期以来，他积极参与关于养老金和高等教育融资的讨论，向转型国家、英国、澳大利亚、智利、中国和新西兰等国家政府提供咨询。电子信箱：N. Barr@lse. ac. uk。

阿克瑟尔·H·伯尔施—苏潘（Axel H. Börsch-Supan）是德国曼海姆老龄经济研究所主任，德国曼海姆大学宏观经济学和公共政策教授，德国经济部顾问委员会主席，负责德国社会保障改革委员会养老金改革处的工作，该部门在2004年5月对德国公共养老金制度进行了“可持续性改革”。伯尔施—苏潘在欧盟发起的健康、老年和退休调查（SHARE）项目中任协调工作，在美国国家经济研究局（NBER）任副研究员，是德国柏林布兰登堡科学院和德国自然科学学会的成员。电子信箱：axel@boersch-supan. de。

萨拉·M·布鲁克斯（Sarah M. Brooks）是美国俄亥俄州立大学政治学副教授。她曾在世界银行关于养老金改革的政治经济研究课题中担任顾问，对全球结构性养老金改革的采纳和普及情况进行过研究。她即将完成一部书稿《社会保护与市场》，书中考察了拉美结构性养老金改革的实施情况。电子信箱：brooks. 317@osu. edu。

阿格尼斯卡·克洛恩—多明扎克（Agnieszka Chłoń-Domińczak）目前就职于波兰社会政策部，任副部长。她攻读博士学位期间的研究方向是人口老龄化及其对养老金制度的影响。她曾任波兰养老金改革小组的成员，参与制定了1999年波兰养老金改革方案。她与世界银行、国际劳工组织和经合组织等国家机构进行合作，开展了关于养老金制度改革的多个研究项目，她在养老金制度和改革方面著述甚丰。电子信箱：Agnieszka. Chlon-Dominczak @mps. gov. pl。

彼得·戴尔蒙德（Peter Diamond）是麻省理工学院教授，1996—1998 年间任国家社会保险学会社会保障私有化专门小组的主席，他撰写的报告“社会保障私有化的问题”由麻省理工学院出版社出版。他向美国政府和世界银行提供关于社会保障的咨询，著有关于智利、中国、德国、意大利、荷兰、西班牙和美国社会保障制度的著作。他的最新著作有《税收、不完全市场和社会保障》和《社会保障改革和挽救社会保障：一个平衡的方式》（与彼得·R·奥尔扎格合著）。电子信箱：pdiamond@mit. edu。

因玛库拉达·多明格斯—法维安（Inmaculada Domínguez-Fabián）是西班牙埃斯特雷马杜拉大学社会保障学副教授，擅长从经济学和精算角度研究私人养老金和公共养老金制度，并发表了大量论文和著作。电子信箱：idomingu@unex. es。

贝恩哈德·费尔德莱（Bernhard Felderer）是德国科隆大学经济学教授、奥地利维也纳老龄化研究所主任，奥地利政府养老金改革委员会成员。他在德国担任很多学术职位，曾在美国、前苏联从事教职和研究，在宏观经济学、经济政策和养老金经济学研究方面硕果累累。电子信箱：felderer@ihs. ac. at。

埃尔萨·弗尔内罗（Elsa Fornero）是意大利都林大学经济学教授、养老金及福利制度研究中心主任，曾在意大利政府成立的社会保障改革评估委员会中担任独立专家，曾任世界银行养老金改革评估成员（2000—2001 年）。他是意大利权威财经日报《24 小时太阳报》的专栏评论作家，在家庭经济学、养老金和理财方面屡屡有成果发表。电子信箱：elsa. fornero@unito. it。

丹尼尔·佛朗哥（Daniele Franco）现任意大利中央银行研究部公共财政处主任，曾任欧盟经济顾问。他对国际养老金问题工作组也有贡献。发表了数篇关于公共养老金、财政可持续性和世代会计法的论文。电子信箱：daniele. franco@bancaditalia. it。

伊莱恩·富尔茨（Elaine Fultz）是国际劳工组织中东欧地区办公室（设在布达佩斯）的资深社会保障专家。她在其中负责一个区域性技术合作项目，对该地区社会保障改革进行了卓有成效的研究。在加入国际劳工组织之前，她在美国国会众议院筹款委员会社会保障小组任职，负责监督美国社会保障部门。她在纽约大学瓦格纳公共管理学院获得博士学位。电子信箱：fultz@ilo-ceet. hu。

马雷克·戈拉（Marek Góra）是华沙经济学院教授，波兰新养老金制度的共司设计人，波兰养老金改革工作组的领导人之一，曾任波兰总统和财政部的经济顾问，并担任很多外国政府的养老金政策顾问，发表了很多关于养老金的著作。电子信箱：Marek. Gora@sgh. waw. pl。

山德罗·格龙基（Sandro Gronchi）是意大利罗马大学的经济学教授，并在研究生公共经济学课程中讲授社会保障经济学。2002 年 6 月应意大利经济部邀请，担任该部新成立的财政经济学院的客座教授。20 世纪 90 年代初，他为意大利养老金制度提出了一个名义账户制改革方案，1995 年被任命为政府顾问，负责制定名义账户制改革法案。现在是国家经济及劳工理事会主席的社会保障顾问。电子信箱：Sandro. Gronchi@Uniroma1. it。

安娜·赫德博格（Anna Hedborg）毕业于经济学专业，最早就职于瑞典劳工联合会，先后在政府和公共管理部门担任多种要职，是养老金工作组中两名社会民主党代表之一，该工作组创造了瑞典养老金改革，1994 年春末通过立法，1994 年秋政府改组之后，赫德博格出任负责社会保险的副部长。在这个职位上，她发起和主持了改革执行组。1996 年她升任国家社会保险管理委员会（从 2005 年以后被称为国家社会保险局）董事长，带领这个委员会负责改革的贯彻实施。2005 年她离开了国家社会保险管理委员会的职务，担任瑞典政府“社会保险的未来”项目特别调查员。

罗伯特·霍尔茨曼（Robert Holzmann）是世界银行社会保护局局长，他所在的部门负责世界银行在社会风险管理领域的理念和战略工作，并领导着世界银行有关养老金改革的工作。在加入世界银行之前，他先后在德国萨尔大学任经济学教授和欧洲研究所的主任，奥地利维也纳大学经济学教授，国际货币基金组织资深经济学家，经合组织主要管理人。他参与了全球的养老金改革研究和运作，他已出版了 24 本书和 100 多篇关于社会、财政和金融政策问题的论文。电子信箱：RHolzmann@worldbank. org。

莱茵哈德·科曼（Reinhard Koman），经济学博士，目前是维也纳老龄化研究所的经济学家，曾任奥地利政府养老金长期可持续性委员会和养老金改革委员会专家，奥地利政府养老金政策顾问，在这方面发表了几部专著。电子信箱：Reinhard. Koman@ihs. ac. at。

波·孔伯格（Bo Könberg），在瑞典 Sörmland 郡担任长官，1991—1994 年间任国家健康及社会保险部部长，他领导的养老金工作组创立了瑞典的名义账户制养老金改革。曾任职于瑞典养老金改革执行组，该执行组成立于 1994 年，由五大支持养老金改革的政党的代表组成，常年坚持开会商讨如何推动改革进展。孔伯格还是瑞典国会中自由党的领导人之一，曾在拉脱维亚和波兰养老金改革进程中担任顾问，经常在世界各地发表关于瑞典养老金改革的演讲。电子信箱：bo. konberg@d. lst. se。

阿格尼塔·克鲁泽（Agneta Kruse）是瑞典兰德大学经济系的高级讲师，曾在瑞典政府养老金委员会担任专家。她的研究领域主要是养老金制度，特别是养老金制度设计的分配效应和代际风险分摊效应。电子信箱：agneta. kruse@nek. lu. se。

尤卡·拉西勒（Jukka Lassila）是芬兰经济研究所的研究主任，主要研究芬兰和立陶宛的养老金政策，评估它们的改革及成效。他是欧盟第5框架研究项目“人口不确定性和社会福利制度可持续性”的科学协调人，在这个领域已经发表了几篇论文。电子信箱：Jukka. Lassila@etla. fi。

罗纳德·李（Ronald Lee）是加州大学伯克利分校的人口学和经济学教授，该校经济和人口研究中心（由国家老龄化研究所资助）主任。他以前在密歇根大学经济系及该校人口研究中心工作了8年，于1979年来到加州大学伯克利分校，同时在人口系和经济系任教。是美国人口协会主席，还在美国健康研究所主持人口和社会科学研究，曾任美国国家科学院人口委员会主席。他从哈佛大学获得经济学博士学位。电子信箱：rlee@demog. berkeley. edu。

佛罗伦斯·勒格罗（Florence Legros）是巴黎第九大学经济学教授，研究的领域里主要是有关老龄化、养老金、社会政策、储蓄及其对经济增长和资金流动的影响等问题。曾任法国总理养老金顾问委员会的专家，兼任法国信托投资局（法国养老金领域主要的金融机构）科学顾问。她还主持法国机构投资者协会（AF2I）将成立的理事会，并为退休、养老金和宏观经济学领域的多个国际组织工作。是退休养老金计划、储蓄和金融市场等方面专家，著述甚丰。电子信箱：Florence. legros@dauphine. fr。

阿萨尔·林德贝克（Assar Lindbeck）在瑞典斯德哥尔摩大学国际经济研究所和产业经济学研究所担任国际经济学教授，其研究主要专注于宏观经济学和福利国家分析，近来的研究包括经济激励和社会准则之间的互动。最新养老金论文有《养老金和当代社会经济变化》，（载M·费尔德斯坦和H·西伯特主编的《欧洲社会保障养老金改革》，19－44页，芝加哥大学出版社，2002）和《养老金改革的收益》（与马茨·佩尔松合著，载《经济文献杂志》，XLI：74－112，2003年3月）。电子信箱：Assar. Lindbeck@iies. su. se。

大卫·林德曼（David Lindeman）在公共养老金和私人退休收入政策方面都有研究。他曾在美国联邦政府任职25年（包括从1994—1997年间在美国政府社保顾问委员会担任主任的4年和在养老金待遇担保公司负责政策研究期间），在世界银行担任很多国家的养老金政策顾问，在经合组织参与制定了私人养老金监管的核心准则。这些丰富多彩的职业生涯使他能够从多方面多角度进行养老金研究。电子信箱：david_lindeman@msn. com。

伯恩德·马林（Bernd Marin）在隶属于联合国的欧洲社会福利政策及研究中心（驻维也纳）担任主任，是一名比较社会科学家，在福利和社会保障制度的可持续性研究方面颇有建树，最近他关注的研究领域是创新性就业激励机制、医疗和残疾政策以及养老金改革。他还在很多国家政府机构、政府间组织和非政府组织担任养老金问题专家和政策顾问。电子信箱：marin@euro. centre. org。

博古斯瓦夫·D·米库拉（Boguslaw D. Mikula）是瑞典社会保险局分析部的研究员，在瑞典养老金改革的环境下从事精算模拟和评估。最近他担任了瑞典政府“国民养老金制度盈余调查委员会”的专家。他还为世界银行在拉脱维亚的项目担任模拟社会保险制度的专家。电子信箱：danne. mikula@socialagency. se。

莫拉·马雷克（Marek Mora）在欧洲委员会经济暨财政事务总署任职，担任国别部门经济学家，负责捷克共和国的养老金改革顾问工作。他发表了多篇关于养老金改革的论文。电子信箱：Marek. Mora@cec. eu. int。

塞尔焦·尼斯蒂科（Sergio Nisticò）是意大利卡西诺大学经济学教授，讲授微观经济学、经济思想史和社会保险经济学。2004 年以来担任该校关于劳工和社会保障问题咨询的研究生项目的董事会成员。电子信箱：s. nistico@caspur. it。

爱德华·帕尔默（Edward Palmer）是瑞典乌普撒拉大学社会保险经济学教授，瑞典社会保险局研究部主任，瑞典政府成立的关于瑞典养老金改革规划的养老金工作组的专家，政府执行组成员。他曾担任全球很多国家政府的养老金政策顾问，并出版了多部养老金专著。电子信箱：Edward. Palmer@abc. se。

莫尼卡·凯瑟尔（Monika Queisser）任职于经合组织社会政策司，负责退休制度和政策、残疾福利及其他社会保护问题。在加入经合组织之前，她任职于世界银行金融发展部养老金和保险工作组。她与非洲、亚洲、东欧和拉美很多国家政府有业务联系。发表了多篇论文和关于养老金改革问题的研究报告。电子信箱：Monika. Queisser@oecd. org。

大卫·罗巴黎诺（David Robalino）是世界银行资深经济学家，从 2002 年 7 月以来在该行中东和北非地区人类发展部门工作，参与了中东和北非地区几乎所有国家的养老金改革对话。2005 年，他发表了第一部关于该地区养老金制度的全面研究报告《中东和北非地区养老金制度：改革必要性》。1994 年和 1995 年，他还加入厄瓜多尔社会保障改革总统委员会工作。电子信箱：DRobalino@worldbank. org。

米哈乌·鲁特科夫斯基（Michal Rutkowski）是世界银行中东和北非地区人类发展部主任。1997—2004 年间，他在该行欧洲和中亚地区部工作，先后担任社会保护部负责人和人类发展部主任，负责该地区国家的养老金政策改革。1996—1997 年，任波兰养老金改革办公室主任，参与制定了波兰养老金改革方案。他为全世界很多国家担任社会保护政策顾问。电子信箱：MRutkowski@worldbank. org。

尼古拉·萨尔特（Nicola Sartor）是意大利维罗纳大学的经济系教授。她的研究领域主要是公共财政和养老金政策问题。电子信箱：Nicola. sartor@univr. it。

乌尔里希·舒（Ulrich Schuh）奥地利维也纳老龄化研究所财政经济系的主任，在奥地利财政部工作了多年，1999年加入维也纳老龄化研究所工作，迄今发表了多篇关于公共部门经济学和劳动经济学的论文。他还是奥地利维护养老金制度财务稳定性委员会的成员。电子信箱：schuh@ihs. ac. at。

奥利·塞特格伦（Ole Settergren）是瑞典社会保险局养老金部的主任，在健康和社会事务部供职期间，提出了一种保证瑞典新养老金制度财务稳定的方法。在汉斯·乌尔松和博古斯瓦夫·D·米库拉的辅助下，他领导了该方法立法之前的研究工作并执笔了政府法案"自动平衡机制"。他提出的会计原则从2001年开始就在《瑞典养老金制度年度报告》中得到采用，他也是该报告的主编。电子信箱：ole. settergren@socialagency. se。

桑德拉·斯塔比纳（Sandra Stabina）任职于拉脱维亚福利部财务管理司，是社会政策监督和预测处负责人。参与制定拉脱维亚养老金改革以及福利部社会政策监督制度，是福利部定期刊物《社会报告》的作者。电子信箱：Sandra. Stabina@lm. gov. lv。

安尼卡·森登（Annika Sundén）是瑞典社会保险局高级经济学家，之前在美国波士顿学院退休研究中心任副主任。她还担任美联储（位于华盛顿）的经济学家。她的研究领域包括社会保险经济学、退休和家庭储蓄行为。她在瑞典斯德哥尔摩经济学院完成本科学习，在美国康奈尔大学获得劳动经济学硕士和博士学位。电子信箱：annika. sunden@socialagency. se。

英厄马尔·史文森（Ingemar Svensson）是瑞典社会保险局研究部高级研究员，参与瑞典老年和残疾养老金改革以及拉脱维亚养老金改革的评估和预测工作。他还关注收入保障制度对退休行为的影响，并对这方面研究作出了贡献。电子信箱：Ingemar. Svensson@socialagency. se。

高山宪之（Noriyuki Takayama）是日本东京一桥大学的经济学教授，任代际平等研究项目（PIE）的总裁。在《经济计量杂志》和《美国经济评论》等国际刊物上发表多篇论文，出版多部著作，主编了《发达国家养老金制度改革研究》（Taste of Pie：Searching for Better Pension Provisions in Developed Countries）。他在日本养老金政策中发挥着重要影响。电子信箱：takayama@ier. hit-u. ac. jp。

萨尔瓦多·瓦尔迪斯—普累托（Salvador Valdés-Prieto）是智利天主教大学经济学教授，圣地亚哥公共政策研究中心研究员，拉丁美洲养老金改革专家，参与了智利养老金制度后来的几次改革设计，是世界银行咨询顾问。他发表了很多关于养老金改革的论文和几部专著，最近的一本专著是大学级教科书《养老金改革和市场》（2002）。电子信箱：svaldes@faceapuc. cl。

塔尔莫·瓦尔科伦（Tarmo Valkonen）是芬兰经济研究所公共财政研究室主任，《芬兰政府2004年未来报告》顾问团的专家。他最新发表的论文评估了财政和养老金政策在人口不确定性条件下的宏观经济和福利含义。电子信箱：tarmo. valkonen@etla. fi。

英塔·瓦诺夫斯卡（Inta Vanovska）是拉脱维亚福利改革预测工作组的成员，她在该工作组的任务是阐释新的三支柱养老金体系的立法基础，并根据宏观模拟模型的预测结果对养老金政策进行经济评估。她先后任拉脱维亚福利部经济分析和预测司司长、养老金政策司司长，对拉脱维亚十年来养老金改革的进展作出了显著贡献。目前她任职于拉脱维亚国家社会保险局，主持国际服务司的工作。电子信箱：Inta_Vanovska@hq. vsaa. lv。

卡罗斯·维达尔—米莉亚（Carlos Vidal-Meliá）是西班牙瓦伦西亚理工大学财政经济教授，独立精算顾问。他为公司及个人养老金计划提供咨询服务，并为小公司提供金融咨询，他发表了几篇关于公共养老金和补充养老金改革、个人账户制度成员的管理收费以及终身年金需求分析的论文。电子信箱：carlos. vidal@uv. es。

R. 肯特·维屋（R. Kent Weaver）是英国乔治敦大学公共政策及政府管理学院教授，美国布鲁金斯研究所治理研究项目的资深研究员。他在福利国家政治学研究方面成果颇丰，发表专著如《福利主义的终结》（Brookings，2000）和《自动化政府：指数化政治学》（Brookings，1988）。电子信箱：kweaver@brookings. edu。

克里斯蒂娜·威尔克·贝妮塔（Christina Benita Wilke）在德国曼海姆老龄经济学研究所从事社会政治学研究，她为阿克瑟尔·H·伯尔施—苏潘教授在德国社会保险制度财政可持续性研究委员会的工作提供了支持，对德国2004年养老金改革方案进行了完善和改进。2004年6月以来她一直是巴登符腾堡州政府人口变化及对州政策的挑战研究委员会的代表成员。电子信箱：Wilke@mea. uni-mannheim. de。

缩略词对照表

ABM：automatic balancing mechanism	自动平衡机制
AEI：average earnings index	平均工资（收入）指数
AF：adjustment factors	调整因子
ATP：allmänna tilläggspension（earnings-related benefit in Sweden）	瑞典收入关联型养老金
CWB bonds：covered wage bill bonds	缴费工资单证券
DB：defined benefit	待遇确定型
DB-PAYG：defined-benefit pay-as-you-go	DB 型现收现付制
DC：defined contribution	缴费确定型
EP：earnings points	收入积分
EPC：Economic Policy Committee（European Union）	（欧盟）经济政策委员会
FDB：financial defined benefit	积累制的 DB 型
FDC：financial defined contribution	实账缴费确定型或实账积累制
FEDEA：Fundación de Economía Aplicada（Spain）	（西班牙）经济激励基金会
FFS：fully funded schemes	完全积累制计划
FP：folkpension（flat-rate universal benefit in Sweden）	国民养老金（瑞典普享型定额待遇）
FRD：Demographic Reserve Fund(Poland)	人口储备基金（波兰）
FUS：Social Insurance Fund（Poland）	社会保险基金（波兰）
GRV：Gesetzlich Rentenversicherung（public retirement insurance in Germany）	德国公共退休保险
IC：initial capital	初始资本
IFM：integration to financial markets	融入金融市场
ILO：International Labor Organization	国际劳工组织
INPS：Istituto Nazionale per la Previdenza Sociale（National Social Security Institute in Italy）	意大利国家社会保障研究所
IRA：individual retirement account	个人退休账户
IRR：internal rate of return	内部回报率

ISSA：International Social Security Association	国际社会保障协会
IT：information technology	信息技术
KNH：Kosei-Nenkin-Hoken（principal pension program for private-sector employees in Japan）	日本厚生年金（日本私人部门雇员主要的养老金计划）
LE：life expectancy	预期寿命
LMW：Latvian Ministry of Welfare	拉脱维亚福利部
MEA：Mannheim Research Institute for the Economics of Aging	德国曼海姆老龄经济研究所
NDB：non-financial defined benefit	非积累制的 DB 型
NDC：non-financial defined contribution（also，notional defined contribution）	名义缴费确定型（名义账户制）
NIPSSR：Japanese National Institute of Population and Social Security Research	日本国家人口和社会保障研究所
INE：Instituto Nacional de Estadística（National Institute of Statistics in Spain）	西班牙国家统计学院
IRR：internal rate of return	内部回报率（内部收益率）
OLG：overlapping generations	叠代模型
PAYG：pay-as-you-go	现收现付制
PDV：present discounted value	贴现值
PPM：Premiumpensionsmyndighet（Premium Pension Agency，the public clearinghouse for the new FDC scheme in Sweden）	瑞典新实账积累制计划的公共结算中心
PROST：Pension Reform Options Simulation Toolkit	养老金改革方案模拟软件包
RPI：retail price index	零售价格指数
SSA：U. S. Social Security Administration	美国社会保障总署
TD：turnover duration	周转期
TFR：total fertility rate	总出生率
TSSCI：total social security contributions index	社会保障缴费指数
VAT：value-added tax	增值税
ZUS：Social Insurance Institution(Poland)	波兰社会保险协会

术语翻译说明

一个新生事物或现象的出现必将给该专业领域增添不少新的术语；同样，在社会保障制度研究领域，名义账户制的出现也平生增添了一些新的专业词汇和术语，增加了经济学词典的容量。实际上，不管哪个学科，随着时代的发展和研究的深入，这是一件正常的事情；但同时却给研究者带来一些麻烦，尤其是给不同语言之间的转化带来一些问题。

社会保障制度研究已逐渐成为主流经济学的一个重要组成部分；就专业术语来说，社会保障研究领域术语的渊源主要来自传统的保险和社会政策等领域。名义账户制大约诞生于10年前。它的问世，给各国改革的可选方案中多出了一个机会，也为研究工作增加了许多崭新的词汇。

可能也与其他研究领域一样，在名义账户制刚出现时，某些术语的使用还不十分固定，某些约定俗成的习惯用法可能到后来才发现不太合适；于是对英语语境下某些术语的规范就提到议事日程上来。

在译校这本书的过程中我们遇到一些新的词汇术语，翻译时感到比较困惑，比如，研究名义账户制的这些顶级的经济学家在其分析过程中派生出许多相关学术术语，这给翻译工作带来困难，所以，直到本书最后统校之时，我们还在为某些术语的中文表述和转换而举棋不定；与此同时，我们越发感到对这些专有名词术语的译法加以归纳并进行说明是非常必要的，免得在今后的写作和交流方面产生误解，甚至南辕北辙。

一套相对固定的学术语言是建立学术规范的前提，在中文语境下，一套系统科学的概念是研究工作的一个重要工具箱。因此，对这些名词的理解、译法、表述和转换是很重要的。

鉴于此，作为翻译者和校对者，我们把本书翻译过程中遇到的几个重要和常见的术语翻译情况及其理解统一作个说明，以就教于学界；这既是为了使读者能够更好地理解这本著作，同时也是为了能够在社保研究领域统一译名等方面起到抛砖引玉的作用。

1. 关于“名义账户制”英文术语的变化

本书是第一本研究名义账户制里程碑式的专著，是10年来研究名义账户制的一次前所未有的历史性综合，同时，也是第一本将“名义账户制”的英文术语正式更名的专著。

在本书出版之前，英文学术界对“名义账户制”术语的使用一直沿用“Notional Defined Contribution”，缩写为“NDC”。但是，从这本专著开始，这个术语开始使用“Nonfinancial Defined Contribution”，以替代原来已使用近10年的“Notional Defined Contribution”。这是养老金和社会保障研究领域的一个重大变化。为准确理解这个重要变化和翻译这本著作，2005 年 7 月的一天，本书的主编之一、世界银行的罗伯特·霍尔茨曼和冼懿敏女士访问北京时，我专门就此进行了请教。这里把这个术语前后变化的经过和原因做个说明：近 10 年来，"Notional Defined Contribution"这个制度已在许多国家开始采用，作为一个崭新的重要研究领域，名义账户制这个术语流传的国家就更多更加广泛了。

正式采用这个新制度的 7 个国家使用的是 7 种不同的语言，但没有一个国家的母语是英语，于是，这就涉及对名义账户制这个名词的翻译问题。此外，包括中国在内的其他许多非英语国家对名义账户制的研究也日益增多，非英语的学者队伍越来越庞大。这样，在几十个国家对这个术语的本土化的翻译中遇到了一个麻烦，那就是如何翻译其第一个词"Notional"；这个词在英文中本来就生僻鲜见，很抽象，各国翻译的结果是五花八门，歧义丛生，产生一些笑话和麻烦，甚至对专业人士都可能带来误导。针对这种情况，世界银行认为有必要对英文用词进行调整和统一，以避免其他语种在翻译转换和理解上出现笑话和误解的潜在可能性，同时，既要保证这个术语含义不变，还要尽量保持原来的缩写"NDC"不变，于是就决定从这本书开始正式将之换为"Non-financial"，这样，术语的本意、经济学的专业性、缩写中三个字母就都完整地保留下来，可谓煞费苦心。这里再次强调的是，在替换之后，这个术语的内涵和本意没有任何变化，用罗伯特·霍尔茨曼的话来说，它们是百分之百的绝对相同。

"名义账户制"英文术语的这个变化事关重大，它贯穿于全书始终，并且读者在今后阅读英文文献时也还会经常遇到；虽然它们都缩写为"NDC"，但两个"NDC"的英文原词是不同的，敬请读者注意。

本书原著中几乎每一章的第一个注释都对这个术语用词的变更及其术语前后含义维持不变做了解释；为了中文版体例的统一，避免过多重复，我们对这些注释均予以省略，在这里统一给予说明。

2. 对"名义账户"译名的解释

几年前我首次将"Notional Defined Contribution"译成"名义账户"时主要考虑的是容易理解，容易上口，容易记忆；同时，也时常使用确切的字面译法即"名义缴费确定型"。事实上，名义账户制的知名度远远高于名义缴费确定型，因为后者太学术化，难以普及，这样，"名义账户制"这个简化术语就流传至今。但当时我没想到的是，这个"简称"也会引起一些不方便的地方。

近几年来，不断有学者和业内官员建议换个译法或说法，因为在国内做实账户的大背景下，这个词听起来好像有些"刺耳"，我在某些场合也常常将"名义缴费确定型"变通为"记账型账户"或"非资本化账户"，或提出"分两步走"（先记账型账户，后资本化账户）等。比如，国外华人著名学者 Edward Lim 先生就曾建议我将"NDC"换个译法，但几经斟酌甚至当面商讨，还是没有想出一个更好更准确并容易上口的译法。确实，正如"NDC"和"FDC"这一对英文语境下如此对仗和如此明确那样，在中文表达中最贴切和鲜明的译法应是"名义账户"与"做实账户"，或是"不做实的 DC 型计划"与"做实的 DC 型计划"，但这不太像学术用语，而是一个口语的直接表达，学界在以后的深入研究中失去自己一套规范的学术语言，建立不起来自己独立的一套话语系统；这样的直白译法一时看明白了，但长期考虑还是弊大于利，不利于长期学术发展。社会保障研究在中国是个长期的学科建设，我们应相对建立起一套规范才对，为后人打下一个基础才好。于是，考虑再三，“名义账户制”还是保留了下来。

在翻译本书时，由于它首次将“NDC”中的“N”“偷梁换柱”，我由此也曾萌发了借此机会把不太理想的“名义账户制”这个译名更换一下的念头，但苦思冥想之后，还是没有找到一个认为是更合适的替代译名，只好在本书中把这两个“NDC”都继续译为“名义账户制”。这个译法虽然简单易懂，但不能说是一个“偷懒”的办法，因为它既考虑到了这两个“NDC”在含义上“它们是百分之百的绝对相同”，又考虑到了国内几年来在业内已约定俗成，还考虑到第二个“NDC”的出现只不过是英语学术界对外国人的一个技术考虑和“体贴关怀”而已，没什么实质性的变化。

这就是本书继续使用“名义账户制”的原因。

3. 四对概念的含义与译法

上述“NDC”中“N”的变化还带来另外一个重要的变化，即由此派生出其他几对相关的概念。

原来的“Notional DC”中，“notional”这个单词词义本身很“虚”，与DB和DC的搭配能力较差，搭配起来没有任何含义。但是，当“Non-financial”将之替代以后就不一样了，因为这个单词的词义明确，搭配和联想能力很强，具有与“financial”完全相反的意思，并且“financial”本身还是一个常用的词汇。于是，在许多学者的研究中（如戈拉、帕尔默和霍尔茨曼等）就陆续出现了“Non-financial”“Financial”与“DB”“DC”交叉搭配的四个术语：FDB、FDC、NDB和NDC等。其中，除最后一个我们已将之译成“名义账户制”或学称为“名义缴费确定型”之外，其他三个译法颇费脑筋，甚至就在今天本书最后定稿之际我与我的学生还在讨论。经过权衡比较，最后决定使用这样的译名（例如本书第一章和第九章）：实账待遇确定型（FDB）、实账缴费确定型（FDC，即实账积累制）、名义待遇确定型计划（NDB）、名义缴费确定型（NDC，即名义账户制计划）。关于这四对概念的译法及其制度特征等，请见表1：

为了更好地理解这几个概念并使译名尽量符合我们的习惯，我参考了林德贝克和帕尔默的几篇文章；在这个过程中，我越来越觉得有必要先讲讲对这几个概念的理解，使读者就了解为什么采用这样的译名。

首先，理解这几个概念的一个关键在于如何理解“financial”。正如我的一个学生理解的那样，这里“financial”的语意非常近似于“funded”，可直白地近似将之理解为“积累制”的意思；而“non-financial”则非常接近于“unfunded”，可理解为“非积累制”，而“notional”则是“non-financial”的变体，“PAYG”（现收现付制）所表达的也是同样的含义，只是更为强调融资方式的不同。这是第一个必须要考虑到的。

表 1　　四个概念的译名与含义和特征

派生型		Financial				Non-financial			
		英文		中文		英文		中文	
基本型		缩写	全称	学称	俗称	缩写	全称	学称	俗称
DB（待遇确定型）	术语辨析	FDB	Financial Defined Benefit	实账待遇确定型	积累制待遇确定型	NDB	Non-financial Defined Benefit	名义待遇确定型	传统的DB型现收现付制
	制度特征	Funded；Private management；with or without IA，i. e. Singapore almost		积累制的，公共管理的，可引入个人账户，也可没有个人账户；案例国家：新加坡的中央公积金制可近似看作		Unfunded and PAYGO；with no IA；i. e. US		非积累制或现收现付的，公共管理的，没有个人账户；典型案例国家为美国	
DC（缴费确定型）	术语辨析	FDC	Financial Defined Contribution	实账缴费确定型	实账积累制	NDC	Non-financial Defined Contribution	名义缴费确定型	名义账户制
	制度特征	Funded；Private management；with IA；i. e. Chile		积累制的，私人管理分散决策的，引入个人账户；典型案例国家为智利		Unfunded and PAYGO；with IA；i. e. Sweden		非积累制或现收现付的，公共管理的，有个人账户；典型案例国家为瑞典	

注：IA 为个人账户。

另一个需要深入理解的关键是，对于“financial”和“funded”，无论是“FDC”还是“FDB”，它们的特征是用当前工作一代的缴费购买金融市场工具以作为其社保制度持有资产的形式；而“NDB”和“NDC”均以未来工作一代的缴费作为当前工作一代的缴费流的贴现值的形式；换言之，它们之间的“资产”性质是不一样的，前者是经济性质的，后者是契约性质的。

根据上述两层意思，在将之转换为中文时，既要贴切，也应对仗。此外，在这四个概念中，其他三个概念容易理解一些，唯有“FDB”比较费解。为此，这里引用林德贝克第五章的一个图例如下予以说明：

在这个图例中，林德贝克引入了“精算公平”这个重要概念，根据他的解释，对图例的3个点即点Ⅰ、点Ⅱ，点Ⅳ，我们基本可以相应地引入典型案例国家与之对应起来，例如，NDB为美国、NDC为瑞典、FDC为智利；但是，“FDB”的点Ⅲ比较抽象，林德贝克的解释也较为含混，似是而非，更没给出案例国家。就是说，点Ⅲ上的“FDB”这个概念可能更多的是上述几个词搭配之后的结果，它在理论上讲也许是成立的，但在现实世界中却很难找到典型案例国家。在我看来，比较而言，似乎只有新加坡的中央公积金模式可能最为接近：新加坡中央公积金模式的一个特点是采取“有管理的”（administered）回报率，即每年的回报率几乎都不是真实回报率，操作很不透明，甚至有学者说，如果继续这样暗箱操作下去，新加坡公积金制有可能倒退回名义待遇确定型（NDB）上去；新加坡的另一个特点更突出，

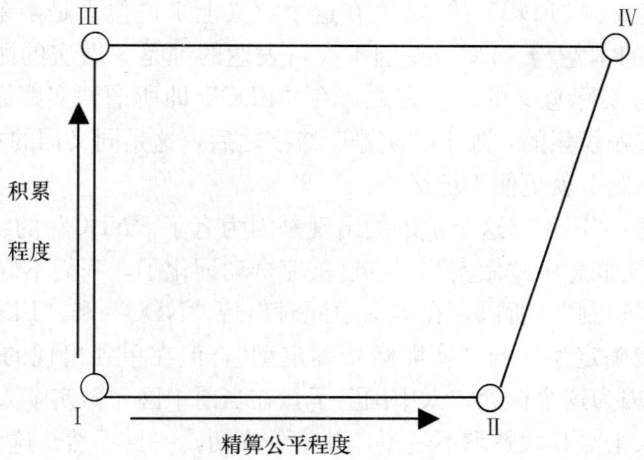

图 1：四个概念的辨析
资料来源：本书第五章，图 5.1。

即它是个人账户的积累性质，这是它与“NDB”最大的一个区别，是一个最根本的特征；这个特征不仅决定了新加坡不能倒退回“NDB”，反而决定了新加坡模式更像是一个“FDB”(实账待遇确定型)。

我认为这个判断应该是基本正确的，也完全符合林德贝克教授在图 1 中对点Ⅲ定义的“非精算完全积累型制度”；正是基于这个判断，我将新加坡作为“FDB”案例国家放在上面表 1 中。我的这个看法和判断也可能不正确，也许这个概念真的如同帕累托最优那样，在现实中不存在，而只是作为一个研究工具和出发点，具有学术上的意义而已。

正是基于上述基本判断，基于对林德贝克图解的理解，并据此对新加坡模式的归类，我对这四对概念的理解更为深入了一些，于是给出了它们的相应译名（见表 1)：FDB、FDC、NDB、NDC 分别为“实账待遇确定型”“实账缴费确定型”“名义待遇确定型”、“名义缴费确定型”。在这些译法中，我把“Non-financial”译成“名义”，将“Financial”译成“实账”。这就是对理解新加坡模式的结果之一。对这两个词的如此译法，也是考虑到了“对偶”翻译的结果。但在实际使用中似乎过于学术化，于是便又给出了平常经常使用的“俗称”。

4. 本书中四对概念的中文通俗表达方式

根据业内人士日常用语的习惯，为了便于交流，这里给出了它们各自对应的“俗称”(见表 1)：

FDB——实账待遇确定型——积累制待遇确定型

FDC——实账缴费确定型——实账积累制

NDB——名义待遇确定型——传统 DB 型现收现付制

NDC——名义缴费确定型——名义账户制

这里要注意的有三个问题：第一，本来，“DC”带有“实账”的含义，DC 就是 DC，是与DB对立的相反模式；“FDC”的“F”在这个意义上来说似乎是多余的，有画蛇添足之嫌，所以，“FDC”的本意与“DC”差别不大，表达的都是“做实的账户”。所以，对DC来说，那个F是没有实际意义的。换言之，在“FDC”即所谓“实账缴费确定型”中，缴费确定型本来就是实账积累的，加上“实账”二字之后，这是同义词的重复，所以，在日常中我们说“实账积累制”就更便于记忆。

第二，如上所述，“FDC”这个术语的出现是因为有了“NDC”的缘故，其本意是“做实的账户”；可在中文概念中“做实”二字已被完全动词化了，我们不好说与“名义账户制”相对应的是“做实账户制”，所以，在本书中同时出现“NDC”和“FDC”时，为了对应使用，采用“名义缴费确定型”与“实账缴费确定型”，但在单独出现的时候常常称“FDC”为“实账积累制”，因为这个概念“太中国”了，在当前中国“做实个人账户”的大环境下，学界和政界的业内人士对其太熟悉不过了，并十分亲切，一目了然。这样，在许多情况下我们就将“NDC”和“ FDC”这一对概念译为“名义账户制”与“实账积累制”，这两个俗称就俨然成为一对既实用又实惠、在实务和研究中经常使用的一对概念了。而“实账待遇确定型”（FDB）和“名义待遇确定型”（NDB）的使用频率就比较有限了，前者的俗称“积累制待遇确定型”的使用价值就更小了，后者的学术味道太浓，使用的意义也就大打折扣了，似乎只有研究中将这几个概念一起使用时才有价值，取而代之的是，“传统的DB型现收现付制”便成为人们挂在口头上的人人皆知的概念了。

第三，书中还经常出现类似“Non-financial DC”等全称与缩写混合使用的情况，译者将视上下文将之译为“‘名义上’的缴费确定型”，把“Financial DC”译为“做实的缴费确定型”，等等。同时，为了表述更方便，也常常将前者和后者分别译为“名义账户制”与“实账积累制”，作为中文的一对概念来同时使用。

5. 关于“DC”与“DB”的译法和使用问题

这一对概念是社会保障领域研究中出现频率最高的两个重要概念，国内学界和业内的译法多达十几种，基本没有什么相对固定和通用的译法；几年来在我阅读中文资料文献时十分留意对这对概念的译法，但始终没有遇到“一见钟情”的，于是，便一直延续我自己的习惯，坚持使用“缴费确定型”和“待遇确定型”。但在平时的口头交流中，为了避开因用词的不同而带来理解与反应速度上的滞后性，常常直接使用英文缩写即“DC”计划和“DB”模式等，在写作中也直接、大量地这样使用，这种情况在国内业界似乎也越来越普遍了。本书将通篇按照这个习惯，直接使用“DC”和“DB”。

为了使“缴费确定型”和“待遇确定型”这一对中文概念更能深入人心，广为流传，在笔者刚刚组织翻译的《21世纪的老年收入保障——养老金制度改革国际比较》著作中，我们统一使用的是“缴费确定型”和“待遇确定型”，而没有使用英文缩写。这本著作在社会保障制度研究领域中被称之为是继1994年世界银行出版的《防止老龄危机》之后的又一本划时代的著作，也是由世界银行罗伯特·霍尔茨曼先生主编的，并且，中文版也是由中国劳动社会保障出版社出版发行。请读者留意这两本书对这两个概念的使用。

6. 关于“Notional Account”（NA）的译法

这个英文概念从字面上看显然就是“名义账户”的意思。但在本书第五章智利著名养老金专家萨尔瓦多·瓦尔迪斯—普累托教授撰写的“名义账户制的概念化”中，我们将之译为“模拟账户”。为什么？作者在试图将“NA”从“NDC”中分离出来，因为涉及对第一支柱内部收益率的设定问题，也牵涉到银行和共同基金在提供第二支柱即企业年金的服务中对个人账户的看法及其价值判断等问题；在翻译中，根据语境就做出了这样的处理，这里有必要作个简单说明。

我们知道，“名义账户”在转化为年金后，如果与通胀挂钩指数化，那就变成了DB了；如果像意大利那样与经济增长率挂钩指数化，或像瑞典那样与养老制度内的费基增长率指数化挂钩，那就肯定不是DC了，因为DC是由投保人承担风险的，但又不是DB。就是说，在瓦尔迪斯—普累托看来，DC的特征是“转移风险”是由工人来承担未来风险，而名义账户制则有“制造风险”之嫌，因为精算的结果既可能产生精算盈余，也可能产生精算赤字，对工人来说这是一种制度性的风险结果，这是一个原因。此外，政府在举办类似计划时，人为地做手脚也是一种“制造风险”，从而导致工人受损，例如瑞典2001年改革之后采取了许多措施对名义资产强行地降低了“名义利率”，其结果是，虽然增强了制度的财务可持续性，但其代价则转嫁到工人身上，这也就是“制造风险”的一种表现，是人为的一种风险。

从这个意义上讲，这种名义账户制就不是什么“NDC”即“名义缴费确定型”了，或说，不是什么原来意义上的“名义账户制”即“NDC”了，因为账户变成了一个纯粹的虚拟化的设置了，用他的术语来形容这就是一个“Notional Account”（NA）了。从字面上译，“NA”应直接译成“名义账户”，但这就与“NDC”的中文译法“名义账户”完全混淆了。而作者的本意是，虽然在“NA”和“NDC”中都有一个“Notional”，但其意义却截然不同，或者说在他看来，即使建立了个人账户也不意味着就完全等同于DC，因为这时在待遇上也可以提供DB型的，在融资上也可实行现收现付制的（比如在个人账户制下为了达到一定的替代率而调整缴费率、对回报率实行“管理”制，甚至进行转移支付）。于是，他坚持将意大利、波兰和瑞典的制度称之为“NA”，而不是“NDC”。所以，在中文的表述与转换中，思量再三，我们决定将“NA”译为“模拟账户”，而不是“名义账户”，以区别于全书中使用的“NDC”作为“名义账户”的译法。这样显然是符合作者本意的，是确切和贴切的，例如，他认为，银行和共同基金提供一些企业年金的金融服务，401（k）计划等就是最普遍的例子，虽然它们纯属DC，但在他看来，它们提供的却是一个虚拟的“模拟账户”，因为，接连不断地随时加入新成员的事实将使机构实行的实际是一种现收现付制的融资方式，长此以往，基金要想真正独立起来和存续下去，一个前提条件就必然要对成员“制造”一种税负，否则，就不可能独立运营下去，这样，账户不就成为“模拟”的了吗？当然，在这个“所谓”的DC计划刚开始起步时，这些机构可能会给予一些补贴，但其目的是为了招徕顾客，吸引成员，这是不得已而为之的。随着计划的不断成熟和市场的好转，“账户”就变得越来越“虚”了。

从上述解释可以看到，假如我们将“NA”按照字面的含义译成“名义账户”的话，在中文表述中，读者就分不清此“名义账户”与彼“名义账户”之间的区别了，更不可能通篇在该术语后用括弧标出英文“NA”或“NDC”，这就为读者“制造”了一个困难，导致读者难以准确地理解和把握作者瓦尔迪斯－普累托在这章的整篇论述的含义了。鉴于此，本书中第五章将“NA”译成“模拟账户”。

当然，我们这样的译法不涉及观点评价上的问题，只是一个翻译技术上的考虑而已，目的是为了让读者能够看懂瓦尔迪斯－普累托。

这里还需指出的是，“NA”只是在萨尔瓦多·瓦尔迪斯－普累托撰写的第五章里的特殊语境下被译为“模拟账户”，以区别他在那章里对 NDC 本质的特殊评价。但是，同样在他撰写的第八章里，他使用的也是“NA”这个概念，但这里他并不是用于分析名义账户制特性的，没有对此进行比较，而主要是将精力放在财务稳定机制的设计创新及其与瑞典制度中的自动稳定机制的比较上，所以，根据上下文的语境，第八章将“NA”译成“名义账户”，而不是“模拟账户”。

郑秉文，中国社会科学院

中国社保"名义账户"改革新思路
——"混合型"统账结合

（译者跋）

中国社会科学院　郑秉文

一、中国名义账户制：将"简单型"统账结合改造为"混合型"统账结合

我研究和跟踪名义账户制已有七八年的时间了，翻译名义账户制（NDC）的著作也不少了。多年的研究使我越来越感到现行制度的融资方式和给付公式都已不可持续。

第一，我国目前统账结合已经走进一个死胡同。统账结合属于部分积累制的一种，最重要的一个标志是要做实个人账户，以令其真正能够起到应有的作用，这是社保制度融资方式的一个重要特征。但是，辽宁试点 8 年的结果告诉人们，这条路已经基本走不通了。一方面，当期统筹支付面临缺口，每年需要十几亿的财政补贴，另一方面账户资金到 2008 年底的积累已超过 500 亿元。是任凭财政永远补贴下去，还是同意辽宁借支账户资金用于社会统筹缺口的申请？目前决策层正在权衡之中。一旦同意"动用"账户资金，就意味着做实账户试点的彻底流产，进而意味着统账结合将流于形式。目前全国做实账户试点省份已有 11 个，账户积累已超过 800 亿元。这样没有期限地、没有时间表地"试点"下去，无异于慢性流产。由此回头看 2005 年个人账户由 11%缩小到 8%，是完全不得已而为之。

第二，退休金待遇水平下降趋势靠制度自身已无法遏制和补偿。2008 年中央政府宣布在连续 3 年上调退休金的基础上决定再连续上调 3 年，每年大约 10%左右，2008 年实际上调 12%左右，全国全年大约需要 590 亿元。今年是连续上调的第 5 年。这也是不得已而为之，因为退休金水平与社平工资和公务员退休金水平的距离与日俱增，单靠保险制度的计算公式已经无能为力。

当一个养老制度的融资方式和给付公式双双出现问题时，就说明这个制度已经存在着必须要进行改革的理由了，到了不得不改革的程度了。

据多年的研究心得，我认为名义账户制是目前可供选择的一个重要制度出路：通过它，可以走出做实账户的两难困境，可以免除连续多年人为调节待遇水平的"外力干预"，可以一揽子解决诸如统筹层次太低、投资体制严重不合理、收益率低下、异地转续社保关系的便

携性障碍、覆盖面难以迅速扩大到全体经济活动人口、做实账户需要巨大的转型成本、碎片化地方割据造成基金监管困难、资本市场不发达等几乎所有可以想到和遇到的制度困难。

上述所有这些困难之所以难以一揽子解决，是因为目前社会统筹与个人账户“简单相加”的统账结合制度与二元经济社会结构发生严重冲突。利用名义账户思想，将当前“简单型”统账结合制，顺势改造为“混合型”统账结合制，就是笔者多年思考的结果。在这个制度下，上述一切枝节问题将迎刃而解。

所谓“混合型”统账结合的“混合”二字，意指：（1）将名义账户的基本原理应用于现行统账结合的制度框架之中，以保持现行统账结合政策的稳定性和连续性；（2）将个人和单位缴费统统划入个人账户“混合运用”，雇员和雇主的缴费全部归属账户持有人；（3）将参保人职业生涯中的DC型融资方式与退休后兑换成DB型的终生退休金“混合使用”，旨在克服二元结构的制度不适应性和保持退休金的替代率水平；（4）将个人账户中做实的部分与虚拟的部分混合起来，旨在实现部分积累制规定的做实账户的目的；（5）将做实的账户资产“集中混合”起来而无需量化到个人账户里，旨在达到银行储蓄式账户的效果和目的；（6）将做实部分的“真实收益率”与虚拟的“名义收益率”（即内部收益率）“混合计算”，旨在建立一个8%的“固定利率”，即本文使用的类似银行的“公布利率”；（7）将个人账户该做实的部分继续做实并与没有做实的部分进行“混合投资”管理，旨在实现资产个人化的目标；（8）将全体参保人的“身份混合”起来以消除社会身份与城乡户籍带来的“参保歧视”和社会排斥，旨在实现社会保障的公平性和公正性；（9）将城乡制度混合起来统一设计以打破二元结构的制度分割，旨在建立一个全国范围的统一制度和消灭碎片化现象；（10）将名义账户制的“内核”植入统账结合的外壳之中，旨在建立具有中国特色的名义账户制度。

上面既是结合中国目前统账结合之现状、在保持现行制度框架基础之上设计的具有中国特色的名义账户制即“混合型”统账结合制的主要思想和内容。

瑞典、意大利、波兰、蒙古、拉脱维亚、捷克、吉尔吉斯斯坦等国家已先后实行了名义账户制，最早于1995年引入名义账户制的瑞典和拉脱维亚至今已有十多年的经验。但这些国家实行的几乎完全是“纯粹”的或“典型”的名义账户制，没有做实账户的融入（瑞典的做实账户即实账积累部分在制度上是相对独立分开的，而不是“混合型”的制度）。“混合型”统账结合将名义账户因素引入现行统账结合之中，将二者“有机混合”起来，具有中国自己的特色，根据中国实际做了重大变形与创新，已不是原来意义上的NDC了。

这里要说明的是，这项研究既是一个纯粹的学术研究，又是一个政策设计，在研究和设计过程中充分考虑到了可操作性，考虑到了与现行财政转移规模的衔接，考虑到了为将来财政加大投入的可操作空间留有充分余地，考虑到了实现十七大提出的2020年基本建立覆盖城乡社保体系的战略目标的实现问题，甚至考虑到了儒家储蓄文化传统的适用性问题。本设计假定从2009年向“混合型”统账结合开始过渡，过渡期为2009—2020年，测算期为2009—2070年。

名义账户是我多年来研究的一个学术重点，无论在理论上还是在国别案例上，均为我的一个重要学术领域。从某种程度上说，“混合型”统账结合的命题提出和完整设计，是我多年研究名义账户制的一个结果和交代，是我多年学习养老金经济学和NDC的一个成果与作业。这里抛出以示向同行学习①。

还需要说明的是，这也是我承担人力资源和社会保障部委托的《中国养老保障发展战略研究》课题的阶段性成果之一。该课题的最终成果不日将另行出版。

二、“混合型”统账结合的提出：具体思路与方案设计

1. 混合型统账结合的设计准则及其要求

本着统账结合制度框架不变、不推倒重来的基本原则，根据辽宁试点的困境和中央关于做实账户和提高统筹层次的基本要求，为贯彻落实十七大提出的解放思想和实现社保全覆盖的精神和“全覆盖、保基本、多层次、可持续”的重要理念，建议因势利导，尽快将当前“简单型”统账结合改造为“混合型”统账结合。

2. 混合型统账结合的大账户思路及其激励机制

所谓“混合型”统账结合，就是将当前统筹部分与账户部分的“简单相加”变成“混合叠加”，即“你中有我，我中有你”，即采取“大账户、全激励”的措施，以解决目前社会统筹部分与二元经济社会结构之间的严重冲突，旨在将目前的“待遇确定型”（DB）改造为“缴费确定型”（DC），其核心思想就是将个人缴费和单位缴费统统划入个人账户，完全计入个人名下；建立起积累多少，受益多少，多缴多得的“全激励”制度机制；单位缴费相当于给予个人的一份高额储蓄利息，使制度具有强烈的吸引力，因为只要在银行有存款，未参保人就自然会对较低的银行利息与参保获得的100%的“利息”（如果单位缴费是一比一）加以比较和评价，自然会在银行存款与参保之间进行理性抉择。

3. 对“做实账户”的全新理解及其融资方式

在“大账户”内形成两段：一段是“实账积累”，以完成做实账户既定比例的要求，一段是“记账积累”。在相当长期内，我国的具体国情不具备像智利和香港地区那样由账户持有人对其账户资产进行自我决策“分散投资”模式，而只能选择统一决策的“集中投资”模式；所谓做实账户，不是狭义地指每个人的账户里每天都能看到余额现金和真金白银，如同银行，储蓄账户的存款已被银行放贷出去予以营运，账户里只是一笔纪录清晰的账目而已，只要银行留有一定比例的信贷准备金以防止挤兑风险，就足以说明账户是“做实”的和“有钱”。养老制度比银行存款还要简单，因为它没有任何挤兑风险，银行储户提款概率的分布是随机的，难以预测，但养老制度的支付只在达到法定退休年龄时才发生，制度支付是完全可以预测的，是有计划的。

正是基于对“集中投资”模式特征的分析，社保账户资产每时每刻都量化到每个账户里完全不但没有任何实际意义，而且是多此一举，画蛇添足。鉴于此，所谓做实账户，就是指，当养老制度全部账户资产历年滚存量化到所有参保人账户时，只要在任何一个时点上能够满足和达到其做实账户比例所要求的资金“最低要求”，即可视为账户已经做实，因为这时制度具备了抵御老龄化所需要的真实资产。这就是广义上的、“集中投资”决策型账户制

① 这里需要感谢的是，齐传君博士提供了测算数据，当然了，责任由我来承担，因为都是经过我认可的。

度下做实账户的含意。

对“做实”的这部分，账户资产实行全国统一投资管理和集中投资策略，实行全国范围的大收大支，由中央政府负责全部账户资产的投资管理。对“记账”的那部分，实行现收现付的融资方式，在80%的扩大制度覆盖面空间中，当期收入足以支付当期支付，滚存余额远远大于账户做实所要求的最低比例。

建立养老保险的大账户可使它从根本上克服提高统筹的任何障碍，克服道德风险和逆向选择的风险，统筹层次的提高完全不必需要两步走，而可一步到位，如同银行存款，根本不存什么统筹调剂的水平与层次问题。这为中央政府统一管理账户资金的收入与支出创造的条件，加强了国家运营资金和运用资金的能力，提高了国家养老保险制度的信誉和公信力。同时，也为参保人异地打工转续关系扫清了一切障碍，如同银行存款，存款账户的唯一性可终身跟踪记录缴费，参保人可随时随地拨打电话和上网查阅账户余额，完全透明，简单易懂，不管在哪里工作，无论在哪里退休，均与户口和居住地无关，没有任何身份歧视，国民待遇平等一致，实现养老保险完全的便携性，可以实现全国一卡通并兼具查询和金融功能。除了支付有预期以外，与银行相比，基本保险制度的另一个优势是其最后担保人是国家，因为强制性养老保险的举办人是国家。

4.“混合型”统账结合的三个方案及其可持续性预测

目前养老保险28%的缴费总体水平太高，门槛太高，不利于提高扩大覆盖面和提高企业竞争力。本文设计的“混合型”统账结合改革方案有三个，为保持政策连续性，个人缴费水平维持8%不变，但单位缴费将全面下调；提供三个方案设计的目的在于为决策部门留有较大回旋和参考余地。其中，方案一的单位缴费从现在的20%逐渐降到8%（即8+8方案），总体缴费率为16%，做实账户比例为5%；方案二降到12%（8+12方案），总体费率为20%，做实账户比例是8%；方案三是16%（即8+16方案），总体费率是24%，做实账户比例也是8%。

假定改革启动时间为2009年，改革过渡期为2009—2020年。在过渡期内，三个方案中企业缴费划入账户的余下部分仍进入社会统筹，即统筹部分仍然保留，但逐年下降，到2020年彻底取消。三个方案的单位缴费水平逐年降低，其中，“8+8方案”每年降低一个百分点，到2020年下降到8%，全部划入个人账户；“8+12方案”大约每年降低0.6个百分点，到2020年降到12%；“8+16方案”每年大约下降0.4个百分点，到2020降到16%。在2020年过渡期结束时，三个方案届时统筹部分为零，双方所有缴费全部为账户资金（见表1）。

从2009年开始一步到位做实个人账户既定比例；经测算，到2020年时三个方案的情景分别是：方案一当年收入2.7万亿元，支出2.0万亿元，余额0.7万亿元，届时历年资金滚存结余为8.8万亿元，占当年GDP的13.1%，做实5%账户之后还有结余资金1.1万亿元；方案二当年收入3.2万亿元，支出2万亿元，滚存余额将达11.2万亿元，占当年GDP的16.7%，当年做实账户8%之后略有缺口，大致是1万亿元左右，但随后几年的缴费将可弥补；方案三当年收入是3.8万亿元，支出是2万亿元，当年余额是1.8万亿元，历年滚存余额将高达13.8万亿元，占当年GDP的20.6%，量化到每个账户的8%做实比例之后还有结余1.5万亿元（见表2）。

表 1　2009—2020 年过渡期内三个方案"单位缴费"和统筹部分逐年下调趋势　单位：%

三个方案（账户规模）	年份	2009	2010	2011	2012	2013	2014	2015	2016	2017	2018	2019	2020+
	个人缴费	下述三个方案个人缴费均为 8%											
8+8 方案一（账户 16%，做实 5%）	原有统筹	11	10	9	8	7	6	5	4	3	2	1	0
	企业缴费	19	18	17	16	15	14	13	12	11	10	9	8
8+12 方案二（账户 20%，做实 8%）	原有统筹	7.3	6.6	6.0	5.3	4.6	4.0	3.3	2.7	2.0	1.3	0.6	0
	企业缴费	19.3	18.6	18	17.3	16.6	16	15.3	14.7	14.0	13.3	12.6	12
8+16 方案三（账户 24%，做实 8%）	原有统筹	3.7	3.4	3.0	2.7	2.4	2.0	1.7	1.4	1.0	0.7	0.4	0
	企业缴费	19.7	19.4	19	18.7	18.4	18	17.7	17.4	17	16.7	16.4	16

资料来源：作者制作。

表 2　2009—2020 年三个改革方案财务可持续情况比较　单位：万亿元

三个改革方案	节点年份	当年收支状况			滚存结余		做实后滚存结余
		当年收入	当年支出	当年结余	滚存结余	占 GDP%	
		1 列	2 列	3 列	4 列	5 列	7 列
方案一（8+8 方案）：做实账户目标 5%	2009	0.907 4	0.644 6	0.262 8	0.999 5	3.47	0.860 4
	2013	1.572 3	1.110 1	0.462 2	2.969 2	7.58	1.416 5
	2017	2.207 6	1.740 3	0.467 3	5.778 1	10.84	1.481 1
	2020	2.665 4	2.007 5	0.658 0	8.790 7	13.09	1.114 9
方案二（8+12 方案）：做实账户目标 8%	2009	0.913 9	0.644 6	0.267 2	1.006 0	3.49	0.757 7
	2013	1.646 2	1.114 6	0.512 7	3.152 6	8.04	0.636 1
	2017	2.471 8	1.758 3	0.680 5	6.725 5	12.61	−0.190 1
	2020	3.221 0	2.028 1	1.146 7	11.254	16.75	−1.074 6
方案三（8+16 方案）：做实账户目标 8%	2009	0.923 7	0.644 6	0.279 1	1.015 8	3.53	0.767 5
	2013	1.733 0	1.119 0	0.614 0	3.368 0	8.59	0.851 5
	2017	2.735 9	1.776 3	0.959 6	7.744 1	14.52	0.828 5
	2020	3.776 6	2.048 7	1.727 8	13.849	20.62	1.520 3

资料来源：作者制作。

注：表中各列说明如下：1 列"当年收入"包含"个人缴费 8%+单位缴费 8%+统筹部分+灵活就业和农民个人缴费 8%"（以方案一为例，下同），包括账户资产 5.8%的真实投资收益率；2 和 3 列为当年制度实际支出及其收支差额情况；4 和 5 列为历年滚存结余，包括 5.8%的真实投资收益率；6 列"做实后滚存结余"指历年结余年在完成做实账户目标比例以后的余额状况。

"混合型"统账结合的测算分短期（2009—2013 年即转型的第一个五年）、中期（2009—2020 年即转型期结束，实现全覆盖）和长期（2009—2070 年）。长期可持续性的测算结果显示，三个方案既定账户比例不但均可做实，而且滚存余额呈持续增长态势：在方案一中，到 2030 年滚存结余是 33 万亿元，2040 年 86 万亿元，2050 年 164 万亿元，2060 年 267 万亿元，到 2070 年时高达 413 万亿元。方案二的情况更好一些，2030 年滚存结余是 47

万亿元，2040年是119万亿元，2050年是222万亿元，2060年359万亿元，2070年是549万亿元。由于方案三的缴费高，所以滚存结余更为可观：2030年是60万亿元，2040年是152万亿元，2050年282万亿元，2060年451万亿元，2070年高达687万亿元。

三、“混合型”统账结合的特色：缴费设计与待遇水平

1. 参保群体的界定依据及其实际意义

“混合型”统账结合的一个重要设计特征是，有雇主的职工其雇主要依法缴费，但对没有雇主的灵活就业人员和农民来说，采取制度记账的方式予以配比缴费，所以，甄别和鉴定参保群体是否拥有雇主意义重大，它直接涉及制度财务状况。

根据“混合型”统账结合的设计需要，结合《劳动合同法》对用工制度的相关规定，全部参保人员可分为四大类12个群体；分类的原则有二：一是按有无雇主划分，即第一类职工类和第二类公职人员类共计8个群体，他们均为有雇主参保人员，第三类城镇灵活就业人员与第四类农民等4个群体被视为无雇主参保人员。二是按单位缴费资金来源的性质划分，即有无雇主的第一和二类人员由雇主支付单位缴费，其余无雇主的人员由制度予以“记账”解决（见表3）。

表3　混合型统账结合制度覆盖四类人员和12个群体的特征及其单位缴费来源

<table>
<tr><th>四大类</th><th>12个群体</th><th colspan="2">12个群体名称</th><th>群体特征、个人缴费费率及其单位缴费来源</th></tr>
<tr><td rowspan="5">第一类：职工</td><td>1</td><td colspan="2">国有企业职工</td><td rowspan="5">私人部门的职工类的特征是有雇主，除个人按法定费率缴纳以外，不管雇主的性质如何，单位缴费均由用人单位需依法缴纳。特别指出的是，各类企业使用的农民工按职工类对待，用人单位要依法足额缴纳</td></tr>
<tr><td>2</td><td colspan="2">民营企业职工</td></tr>
<tr><td>3</td><td colspan="2">集体企业职工</td></tr>
<tr><td>4</td><td colspan="2">三资企业职工</td></tr>
<tr><td>5</td><td colspan="2">农民工（含各类企业）</td></tr>
<tr><td rowspan="4">第二类：公职人员</td><td>6</td><td colspan="2">国家公务员</td><td rowspan="4">公职人员的特征是其雇主被视为国家，按双方缴费原则参保，除个人缴费以外，雇主需依法足额缴费，其中，事业单位的资金来源仍按全额拨款、差额拨款和无拨款的原有经费来源渠道和结构执行（或另行规定）</td></tr>
<tr><td>7</td><td colspan="2">各类教师</td></tr>
<tr><td rowspan="2">8</td><td rowspan="2">事业单位人员</td><td>有财政补贴或差额补贴</td></tr>
<tr><td>无财政补贴</td></tr>
<tr><td rowspan="3">第三类：城镇灵活就业人员</td><td>9</td><td colspan="2">各类私营个体工商户及其从业人员</td><td rowspan="3">这类3个群体特征被视为无雇主，“单位缴费”部分采取“记账”方式解决。个人依法缴费，考虑到缴费能力，费基均按上年社平工资的50%计算</td></tr>
<tr><td>10</td><td colspan="2">城镇自由职业者</td></tr>
<tr><td>11</td><td colspan="2">城镇无职业居民</td></tr>
<tr><td>第四类：农民</td><td>12</td><td colspan="2">农民</td><td>农民为典型的无雇主参保人员，“单位缴费”部分采取“记账”方式解决；个人缴费基数为当地上一年农村人均纯收入</td></tr>
</table>

资料来源：作者制作。

2. 缴费设计及其资金来源

第一类“职工”包括国有、民营、集体和三资企业等从业人员和各类型企业使用的农民工等五个群体，他们的个人缴费按“法定费率”缴纳，费基按个人实际工资水平计算；“单位缴费”由雇主和单位按雇员实际缴费费基和法定比例依法配比缴纳。为保证社会公平和防止道德风险（由于利率较高，个别单位缴费配比可能很高甚至翻番），对效益很好的资源垄断性大中型国企或三资企业允许“超额缴费”，但设定一个缴费上限，标准为上年当地社平工资的300%。对“超额缴费”部分，取消单位缴费的配比部分。高于法定费率的缴费方案需经过地方社会保障主管部门批准备案。农民工这个群体比较特殊，一般来说，有雇主的农民工由其雇主依法缴纳单位缴费；由于农民工的身份经常处于亦工亦农之间，难以严格界定，在建立社保关系时，应先由本人申请，当地社保部门审核确定。农民工的单位缴费按照在其有雇主的时候由用人单位支付，在其回家务农时按农民的缴费办法实施。

第二是公职人员类，包括公务员、教师和财政拨款事业单位从业人员等三个群体，由于其雇主被视为是“国家”，其“单位缴费”的配比应由用人单位依法缴纳，其资金来源渠道与经费结构继续按现行拨款办法执行，即全额拨款单位继续由国家财政全额补贴，单位缴费部分以实际缴费工资为基数予以全额，差额拨款单位仍按现行拨款比例对单位缴费部分进行现有比例拨款。公职人员的养老保险制度改革转型比较复杂，对2009年改革以前的退休人员即“老人”采取“老办法”不变；对2009年以前已经参保但未到法定退休年龄的“中人”采取“分段计算的办法”；对新制度参加工作的“新人”采取“新办法”。

第三类人员是无雇主的城镇灵活就业人员，包括私营个体工商从业人员、城镇自由职业者和城镇无职业居民等3个群体。这类参保人员情况十分复杂，是社保体系扩大覆盖面的重点和难点。考虑到城镇灵活就业人员较低的收入水平和缴费能力，费基取值为当地上年社平工资的50%（大体相当于城镇灵活就业人员平均收入），个人缴费一般按法定费率执行，也可按低于和高于法定费率的标准缴费（考虑到收入差距较大），最低的缴费下限为法定费基的50%，最高为300%，参保人根据个人情况自选档次。对超过法定费率的自愿性“超额缴费”部分，将不给予单位配比缴费，仅获利息；“单位缴费”部分按个人实际缴费的比例由制度“记账”予以解决。

第四类人员是无雇主的农民。农民是12个群体中缴费能力最低的群体，也是社会养老制度扩大覆盖面最困难的一个群体，且地区间差距非常大；基于农村地区和农民的现状，“混合型”统账结合对农民的缴费给予2个特别设计：一是费基为上年当地平均纯收入，这与上述城镇灵活就业人员不同；二是不设下限，即自选的范围在法定费基的0～300%之间。对超过法定费率的自愿性“超额缴费”不给予单位配比缴费，仅获利息；农民的“单位缴费”部分按个人实际缴费的比例由制度“记账”予以解决。

这里强调的是，“混合型”统账结合制度中，上述第三和四类无雇主参保人员的“用人单位”均被“虚拟”为制度本身，其“单位缴费”由“制度”予以“记账”解决，采取“虚账实记”的方式给予解决，而无须给予转移支付。退休后，其待遇由养老保险制度予以“支付”。对第三类灵活就业人员和第四类农民的“单位缴费”采取“记账”方式解决，这是“混合型”统账结合制度的特色和关键：对国家来说可以免除财政负担和转型成本，对制度本身来说可以最大限度地缩小制度负债，对参保人来说起到了至少是翻倍的激励作用。经过测算，虽然无需转移支付的支持，但也是具有财务可持续性的。

3. 待遇过渡方案与终生年金制度

第一，过渡期的待遇衔接方案与终生年金的计算公式。目前旧制度下已经退休的“老人”待遇水平和计发方式不变，上述对财务可持续性测算中已考虑到这个因素。2009—2020年加入制度的“新人”按新制度计发待遇。建立新制度之前参保的“中人”在退休时采取“倒推建账”的办法“补齐”缴费记录（具体办法可另行研究），但在2009年新制度启动时不追溯历史纪录。退休待遇的给付完全“模拟”积累制的计算公式：退休待遇总额＝个人实际缴费＋单位配比缴费（或记账缴费）＋公布利率，其发放形式既可采取一次性领取的方式（少部分人），也可按月发放，采取终身年金的方式。待遇计算和发放机构应为新建立的“全国基本养老基金投资管理总局”，计发公式是根据账户资产积累总额换算的终身年金，一直发放到参保人死亡；终身年金每年按工资增长率的60%上调；账户持有人在未达到法定退休年龄死亡的，其个人缴费的部分（包括5.8%的利息收入）可继承；退休后死亡则不再具有继承性。

第二，终身年金的替代率。前述三个改革方案的个人退休收入替代率分别是41%（方案一），52%（方案二）和62%（方案三）。这里要强调的是，他是个人退休收入的替代率，不是社平工资替代率，并且是退休之后根据个人账户资产累计总额换算的“终身年金”的替代率。由于单位缴费大幅降低，建立和发展企业年金客观条件得以改善，加上企业年金23%的替代率（假定缴费期按40年、收益率按5.8%、双方缴费率各按4%测算），三个改革方案的替代率均高于目前养老制度的实际替代率。

第三，终身年金的财务承受力。根据设计，参保人如在法定退休年龄之前死亡，其遗属可对个人缴费部分依法继承。这种“部分继承性”的设定，其目的是为了建立终身年金制度；建立终生年金的目的是为加强养老保险的社会统筹因素。终生年金与现行统账结合制度下的统筹部分给付条件很相似，其本质等于由国家即“全国基本养老基金投资管理总局”替代商业保险公司提供了一个“年金产品”，在利用大数法则这个意义上讲，“全国基本养老基金投资管理总局”功能相当于一个商业保险公司。如果与实行现收现付制的一个经济体相比较，“全国基本养老基金投资管理总局”的运行机制与之相差无几，相同之处在于他们都是利用大数法则实现现收现付的融资方式，最终担保人都是国家，不同之处在于，前者的待遇计算是DB型的，而后者是DC型的。一言以蔽之，本质上说，这个封闭式运行的提供终身年金的公司是对一个实行现收现付的经济体的模拟。

通过测算发现，“部分继承性”对养老基金的滚存余额的影响不是很大，请见表4，“继承额占滚存结余的比率”一栏中数值很小，在三个方案中，均在0.2%上下波动，振幅不是非常大，终生年金的发放在财务上是持续的，制度完全可以承受。

表 4　混合型统账结合制度中个人缴费部分的继承对基金滚存余额的影响

节点年份	死亡人数（万人）	遗属继承额（亿元）	没有继承下的滚存结余（万亿元）	给予继承下的滚存结余（万亿元）	遗属继承额占滚存结余的比率（%）
方案一（8＋8 方案）					
2009	50.992 7	0	1.034 9	1.034 9	0
2013	111.376 3	87.431 4	3.676 4	3.653 2	0.237 8
2020	119.163 4	240.436 5	12.759 7	12.583 5	0.188 4
2030	163.119 0	1 361.453 8	50.275 4	48.914 6	0.270 8
2050	166.223 5	7 035.923 8	280.964 2	264.294 2	0.250 4
2070	147.672 2	17 222.346 5	945.154 1	854.484 1	0.182 2
方案二（8＋12 方案）					
2009	50.992 7	0	1.059 1	1.059 1	0
2013	111.376 3	87.431 4	4.201 8	4.178 7	0.208 1
2020	119.163 4	240.436 5	17.119 6	16.943 5	0.140 4
2030	163.119 0	1361.453 8	71.504 0	70.143 2	0.190 4
2050	166.223 5	7035.923 8	389.934 3	373.264 3	0.180 4
2070	147.672 2	17222.346 5	1301.981 7	1211.311 6	0.132 3
方案三（8＋16 方案）					
2009	50.992 7	0	1.086 5	1.086 5	0
2013	111.376 3	87.431 4	4.759 2	4.736 1	0.183 7
2020	119.163 4	240.436 5	21.610 9	21.434 7	0.111 3
2030	163.119 0	1 361.453 8	92.963 4	91.602 5	0.146 5
2050	166.223 5	7 035.923 8	499.617 1	482.947 1	0.140 8
2070	147.672 2	17 222.346 5	1 661.010 2	1 570.340 1	0.103 7

资料来源：作者制作。

注：“遗属继承额占滚存结余的比率”是“遗属继承额”除以“没有继承下的滚存结余”的结果。

四、“混合型”统账结合的五个必要条件：不可分割的一揽子设计

课题组设计的“混合型”统账结合制度是一揽子设计，下述若干必要条件和设计特征是其不可分割的一个重要组成部分。

1. 建立非缴费型的“社会养老金”制度

第一，2009 年引入“社会养老金”的意义

“社会养老金”资金完全来自财政转移支付，属于非缴费型的养老保险制度，其收益资格条件是普惠型、非家计调查式，是一种定额式补贴。从养老保障的“大福利”概念来看，这是转型过程中一个必须支付的成本，因为它必然涉及已达到或超过法定退休年龄人口

的老有所养问题，应该将“缴费型养老保险”与“非缴费型养老保障”放在一个篮子里通盘考虑，瞻前顾后，相互衔接，一揽子设计，共同构成中国老年人口的养老保护伞和安全网。

社会养老金的实施分两个阶段进行。第一个阶段是2009—2020年，覆盖对象是全国所有制度外没有任何退休收入来源的65岁以上城镇和农民老年居民，包括此间初次参保并退休的65岁以上老年人。2009年制度启动时社会养老金领取人口大约为1.05亿人（城镇约3 078万人，农村7 448万人）；到2020年时大约增加到1.57亿（城镇5 500万，农村1.02亿人）。第二个阶段是2021—2070年，覆盖对象将扩大到所有城镇65岁以上参保的灵活就业人员和未参保人员（无论参保与否）。由此，2021年领取社会养老金人口将陡峭提高到1.68亿人，其中，农村1.04亿人，城镇6 349万人。

社会养老金的待遇标准城镇每人每月200元，农村50元（2009年）；按社平工资增长率的100%指数化挂钩，每年上调，一直发放到受益人死亡。

第二，社会养老金的资金来源与支付原则

社会养老金的财政补贴原则有二。一是总体支出水平不超过目前财政对养老制度的补贴水平，即控制在GDP的1%以下。2007年中央和地方两级财政对养老制度的补贴是1 000元，仅占GDP的0.47%。现行养老制度如不改革，到2020年估计有可能逼近0.7%～0.9%。现行制度下的补贴主要是用于对部分西部贫困地区当期缺口的补贴和对做实账户试点省份的补贴，所以，在“混合型”统账结合转型之后这个补贴应取消，代之以建立社会养老金，这等于建立社会养老金只相当于现行制度财政补贴的一个转换。

二是建立社会养老金制度的财政补贴由央地两级财政负担，各占50%，补贴的办法是中央对地方财政补贴进行一比一的配套拨付。这样，在2009年的1 186亿元中（见表5），中央财政补贴的数额就明显少于2007年，为593亿元，仅占GDP的0.2%左右。对地方财政支出来说虽然略有增加，但分散到每个省市之后也就是几十亿而已，总体来看“转换”之后不但没有增加财政支出的负担，反而有较大幅度的减少。

第三，2009—2070年社会养老金的财务可负担性

在2009—2013年社会养老金制度启动的第一个五年里，财政补贴年均只占GDP的0.49%，央地两级财政分别还不到0.25%；在2009—2020年过渡期平均只有GDP的0.62%，央地各占0.31%。这些测算结果说明，建立社会养老金制度之后，中央财政转移规模可明显下降，资金使用效率明显提高：一是保险制度与保障制度之间界限清晰，养老保障的财政支出得以规范化和制度化，全部用于非缴费型的社会养老金，而缴费型养老保险则完全由缴费形成；二是养老保险制度外老年人几乎全部覆盖，社保体系全覆盖的初级目标得以实现；三是现行体制下，一方面保险制度连年结余高达1 000多亿元，另一方面许多地区存在当期缺口，亟须补贴，资金运用效率低下；四是现行制度下对试点省份做实账户给予财政补贴的两难困境一举解决，全部补贴用于当期发放社会养老金有利于拉动内需；五是覆盖人口逐年上升，从2009年的1.05亿人口扩大到2013年的1.2亿人。

在2040年之后，由于受益人口规模逐渐缩小，社会养老金支出占GDP比例缓慢下降，大约从0.8%逐渐降到2070年的0.6%。

表 5　　2009—2020 年社会养老金支出预测

年份	城镇（元/月/人）					农村（元/月/人）					合计	
	受益人（万人）	给付额	支出（亿元）	占 GDP（%）	替代率（%）	受益人（万人）	给付额	支出（亿元）	占 GDP（%）	替代率（%）	总支出（亿元）	占 GDP（%）
2009	3 078	200	739	0.26	9.1	7 448	50	447	0.16	14.3	1 186	0.41
2010	3 279	224	881	0.28	9.1	7 587	56	510	0.16	14.9	1 391	0.45
2011	3 462	251	1 042	0.31	9.1	7 732	63	582	0.17	15.4	1 624	0.48
2012	3 706	280	1 244	0.34	9.1	7 913	70	664	0.18	15.9	1 908	0.53
2013	3 927	311	1 463	0.37	9.1	8 082	78	753	0.19	16.4	2 216	0.57
2014	4 163	343	1 714	0.40	9.1	8 336	86	858	0.20	16.7	2 572	0.61
2015	4 380	377	1 983	0.43	9.1	8 596	94	973	0.21	17.1	2 957	0.65
2016	4 581	413	2 272	0.46	9.1	8 825	103	1 094	0.22	17.3	3 366	0.68
2017	4 811	450	2 601	0.49	9.1	9 180	113	1 241	0.23	17.5	3 841	0.72
2018	5 029	489	2 949	0.51	9.1	9 495	122	1 392	0.24	17.5	4 341	0.75
2019	5 265	528	3 335	0.54	9.1	9 831	132	1 557	0.25	17.5	4 891	0.79
2020	5 493	567	3 740	0.56	9.1	10 175	142	1 732	0.26	17.5	5 472	0.81
2021	6 349	607	4 626	0.64	9.1	10 421	152	1 898	0.26	17.3	6 524	0.90

资料来源：作者制作。

从财政支出来看，引入社会养老金可增加部分家庭人均收入，因此就相当于减少了用于低保的财政支出，是对低保财政支出的一个置换，不可能为财政带来较为沉重的双重支付压力。

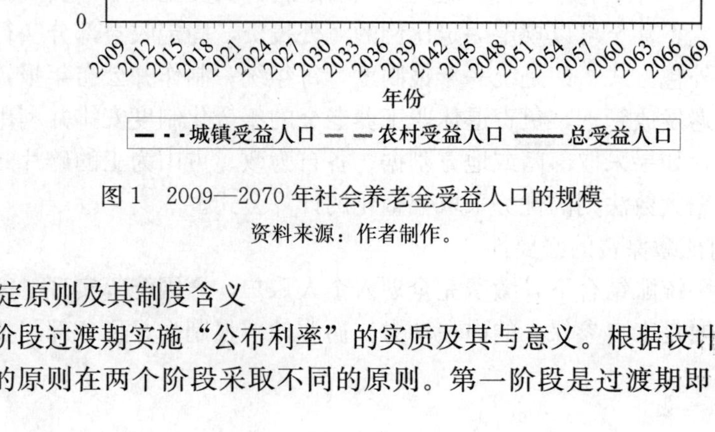

图 1　2009—2070 年社会养老金受益人口的规模

资料来源：作者制作。

2. 利率的确定原则及其制度含义

第一，第一阶段过渡期实施“公布利率”的实质及其与意义。根据设计，“混合型”统账结合确定利率的原则在两个阶段采取不同的原则。第一阶段是过渡期即 2009—2020 年，利率的确定原则采取“公布利率”，取值设定在带有鼓励性质的8%。因为2020年之前参保人数年均增长率大约为8%，平均缴费工资增长率至少也为8%，这就是2020年之前“公布利率”“盯住”8%的原因，旨在尽量平衡基金的收支，使其在2009—2070年的精算平衡中具有较好的财务可持续性。但8%只是中期内对“公布利率”给定的一个参照系，在具体操作中，可根据每年滚存余额真实投资收益率情况进行调整，以丰补歉，长期内只要总体上不超过8%，三个方案的财务精算平衡便可实现。利率每年由国家统一定期公布，全国一个标准，每月按时记入账内，透明公开，即时可查。

第二，账户资产余额真实投资收益率与记账利率的关系。由于每年收入大于支出，滚存余额一直呈静增长态势，投资问题十分重要。滚存余额的真实投资回报率按每年5.8%模拟测算，全部收益累加到滚存余额之中，与制度收入“混合”计算相加并“混合”使用（这也是“混合型”统账结合的含意之一），无须单独量化并计入到个人账户之中，以烫平账户利率波动。滚存余额的真实投资收益率是账户资产的实际收益率，与年度公布的为参保人计入到个人账户的“公布利率”没有关系，因此，从这个意义上说，8%这个“公布利率”实际就是“记账利率”。

第三，第二阶段“稳态期”即2021—2070年采取“真实利率”。稳态期采取的“真实利率”就是资产投资的“真实回报率”，本文中所有的测算均将5.8%作为“真实回报率”的基准参照，这个系数已经非常保守，不影响对制度可持续性的精算结果。

3. 养老基金的行政管理体制

只有采取从基金征缴到待遇发放的“五统一”模式，才能实现由国家按月发放待遇的终身年金制度设计，这也是“混合型”统账结合的一个制度特点。具体思路有二：上策为在人力资源和社会保障部的框架内建立新机构（例如“全国基本养老基金投资管理总局”），下策为利用目前的全国社保基金理事会；为避免目前中投公司的尴尬境地，可将账户资产视为营运机构的“自有资金”对待，作为一个事业单位，比照金融部门的“三会”，按照投资收益情况提取一定比例行政管理费用，以吸引一定的投资管理专门人才。该机构的法律地位应相对独立，下设分支机构（例如目前的社保地方经办机构），其职权职能的设计大致应采取“五统一”的“一条龙”服务模式：一是统一征缴归集，由该机构负责归集资金，建立全国范围的缴费征集体制；二是统一账户管理，建立全国统一账户管理IT平台，纪录实际缴费和配比记账的纪录，计入利率等；三是统一投资运营，负责全国账户资产滚存积累余额的投资运营和资产配置，甚至可以规定一定比例的海外投资，固定收益部分实行自我管理，对权益收益部分实行外包方式；四是统一年报制度，每年统一制作并公布年报，公布全国统一利率；五是统一待遇发放管理，负责退休职工养老金的年金化制度安排并利用各地分支机构发放养老金，否则，如果采取部门或地方割据、各自为政、占山为王的碎片式的待遇支出管理方式，将很难根据大数法则的优势采取年金化的计算公式。

4. 社保部门征缴保费的必要性

在“混合型”统账结合下，缴费完全划入个人账户，全国统筹实现了完全便携性，扩大覆盖面的动力主要是来自参保人的内在动力，而非外部强制力，税务部门负责征缴显然没有优势：

第一，社保部门征缴将有利于终身年金的设计和实施。终身年金是“混合型”统账结合的一个重要制度安排，是作为第一支柱的养老金制度的一个重要功能，是构建和谐社会不可或缺的一个制度保障。征收、营运和待遇支付的职能分开将影响对初始数据采集的及时性，影响制度财务精算的准确性，不利于长期内社保财务制度的运行。

第二，社保部门征缴将有利于维系和加强对参保人的劳动关系的追踪和识别。在2020年实现全覆盖之前，城镇灵活就业人员和农民工等流动人口是扩面的重中之重，目前，城镇许多企业甚至事业单位里，外来人员占比已经很高，他们在同一个单位甚至办公室，身份难以严格界定。税务部门的优势在于对正规部门采取大兵团的征缴，而在劳动和社保合而为一的体制下，社保系统的优势在于对散兵游勇式的流动人口可以采取个性化的身份识别，在劳动关系日益复杂化和就业方式日益多样化的形势下，可提高身份鉴别的准确性，尤其是可提高农民和城镇灵活就业人员“记账缴费”的准确性。

第三，社保部门征缴将有利于养老金发放的准确性。养老保险是服务型政府的一个窗口，对缴费、记录、核算、支付、查询服务等所有服务应像银行那样，全国一个标准规范，一个标识窗口，一个技术平台，否则，对2亿农民工来说，将有可能增加缴费纪录与实际征缴之间的误差几率，为计算终身年金带来隐患。日本2006年出现养老金丑闻是一个深刻教训：500万条养老金缴费记录信息缺失，2000万笔款项无法查明缴纳者，几十万笔缴费记录失踪，这将导致许多国民无法及时足额领取养老金。该事件对安倍晋三首相的引咎辞职起到了推波助澜的作用。

第四，社保部门征缴将有利于信息安全性。在信息化社会，信息安全是社会安全的一个重要方面，征缴与发放分开将有可能增加信息传递过程中的安全风险，甚至带来人为隐患。2008年10月英国税务署向审计署通过快递公司邮寄社保资料光盘丢失就是一个重要教训，光盘记录着2 500多万人的个人机密信息，就连首相布朗也未能幸免。该事件导致全国范围内的公众恐慌，税务署署长为此引咎辞职。

第五，社保部门征缴将有利于降低信息系统的投入成本。信息系统的建设涉及千家万户的终身利益。社保IT系统目前远未形成全国一个平台，如果将征缴与后续工作分开，将额外增加信息系统的投入。

5. 逐渐提高退休年龄

逐渐提高退休年龄是“混合型”统账结合的一个必要条件，在前述可持续性精算中是已被考虑进去的一个重要因子。渐提高退休年龄应采取“三步走”的改革策略：

第一步是“规范阶段”，在2010—2012年逐步规范职工的退休行为，防止道德风险，严格禁止提前退休并领取养老金的现象发生；第二步是“提高阶段”，在2013—2020年逐步提高退休年龄，女职工年均提高一岁，女干部和男职工年均提高半岁，到2020年女职工统一为60岁和男职工为65岁为法定退休年龄，即平均为62.5岁。第三步是“弹性阶段”，从2021年开始，逐渐建立起“弹性退休制度”，其政策含意是法定退休年龄只是一个最低退休年龄，国家采取相应的鼓励措施，具体退休年龄由个人自愿自主做出选择，争取到2030年使参保人员的平均退休年龄达到65岁。

在“混合型”统账结合的设计中，退休待遇水平最终将取决于缴费年限。这样，在参保人那里，选择较早退休意味着选择未来较低的替代率，选择较高的替代率等于必须要选择延迟退出劳动力市场，即在闲暇与收入之间存在着一个替换关系。在过渡期内提高法定退休年龄，在2020年之后建立弹性退休制度，将意味着为那些愿意获得较多退休金而继续留在劳动力市场的人提供了一个合法的选择权，这个权利将有利于提高该制度的退休收入水平。

五、“混合型”统账结合的一个难题：机关事业单位的改革设计

1. 机关事业单位改革与不改革的权衡与难点

公职人员的社保改革历来都是一个难题。机关事业单位是一国的政策制定者和执行者，公职人员进入社会养老保险的改革范围，无异于改革改到了自己的头上，这既是社保改革进程的一个必然阶段，也是社保改革的一个“坎”。

理论上讲，公职人员的“雇主”是国家，在目前世界一百多个建立基本养老保险制度的国家里，几乎所有的政府都为参保公职人员依法配比缴费，这是一个国际惯例，是一国的政府责任；为此，在本文设计和测算中，公职人员的“单位缴费”均按国际惯例来自其“雇主”，实际就等于暗含在财政拨款之中（经费自筹事业单位除外）。这里之所以将公职人员作为一个特殊群体独立出来专门讨论和设计，既是因为公职人员的改革具有特殊性，它涉及社会稳定，应该慎之又慎，还因为，机关事业单位纳入改革之后，财政一方面要负担当前的退休“老人”，一方面还要支付“新人”的单位缴费，对这种“双重支付”在财政上是否能够承受得起，这是非常重要的。对其短、中和长期的收益成本需要分析，对改革和不改革两种结果需要权衡。

2. 机关事业单位在改革和不改革情况下退休费的比较

2006年全国机关事业单位在职人员总计3 800多万人，占总人口的2.9%；离退休人员为1 114万人。

表6　2001—2006年机关事业职工基本情况、离退休费支出和财政拨付情况

年份	年中在岗职工人数（万人）		年中在岗职工人数占总人口比率（%）		离退休人数（万人）		离退休费支出（亿元）		财政拨付总额（亿元）	财政拨付资金的分配情况		
	事业	机关	事业	机关	事业	机关	事业	机关		事业	机关	占比
1列	2列	3列	4列	5列	6列	7列	8列	9列	10列	11列	12列	13列
2001	2 665.6	1 056.5	2.088 6	0.827 8	654.4	263.1	721.2	313.8	624.72	310.92	313.8	43.11%
2002	2 630.6	1 034.5	2.047 9	0.805 4	661.1	273.6	818.4	369.2	788.83	419.63	369.2	51.27%
2003	2 632.4	1 045.2	2.037 0	0.808 8	720.1	290.2	972.1	431.9	894.97	463.07	431.9	47.64%
2004	2 646.4	1 060.5	2.035 9	0.815 8	740.0	298.0	1 088.6	486.2	1 028.11	541.91	486.2	49.78%
2005	2 692.2	1 065.4	2.058 9	0.814 8	801.9	311.9	1 266.3	561.4	1 164.83	603.43	561.4	47.65%
2006	2 726.3	1 079.5	2.074 1	0.821 2	—	—	—	—	1 330.20	—	—	—

资料来源：表中11—13列作者测算得出，其余引自官方统计。

我们据此可大致推算出未来机关事业单位离退休人员数量的变化趋势（见表7）。如果

机关事业单位养老保险参加的改革，2049 年将成为一个转折点，从这个时点开始，旧制度内留下的退休职工数量将逐渐下降，与不改革形成巨大反差，并且幅度越来越大：到 2055 年，改革后旧制度内留下的退休人员数量只是不改革情况下的 1/2，到 2065 年下降到 1/3，到 2070 年降至 1/8。可以预测到，在 2070 年之后的数年里，机关事业单位改革将结束转型期，届时，机关事业单位的全部退休人员均为新制度参保者。

表 7　2009—2020 年机关事业单位改革后财政支出的增量部分及其占 GDP 比例（亿元）

方案	年份	2009	2010	2011	2012	2013	2014	2015	2016	2017	2018	2019	2020
一	支出额	14	33	58	89	126	146	168	193	219	247	277	308
	GDP%	0.005	0.01	0.02	0.02	0.03	0.03	0.04	0.04	0.04	0.04	0.04	0.05
二	支出额	21	50	87	133	190	220	253	289	329.	371	415	462
	GDP%	0.01	0.02	0.03	0.04	0.05	0.05	0.06	0.06	0.06	0.06	0.07	0.07
三	支出额	28	67	116	178	253	293	337	386	439	495	554	616
	GDP%	0.01	0.02	0.03	0.05	0.06	0.07	0.07	0.08	0.08	0.09	0.09	0.09

资料来源：作者制作。

目前机关单位的退休费全部来自财政拨款，而事业单位大约有一半左右需要自筹。假定经费来源结构维持不变，机关事业单位改革后，单位缴费部分的支出十分有限（见表 7），以方案二为例，改革的第一个五年平均每年多支出占 GDP 的 0.05%，在整个过渡期 12 年里仅为 0.048%。

3. 机关事业单位三个改革方案的“成本期”与“收益期”

如果机关事业单位纳入改革范畴，“双重支付”下的财政负担占 GDP 比例发展趋势可分为四个阶段：第一阶段是 2009—2013 年，为支出增幅较为明显的“拉动期”。这是改革的起步阶段，支出增幅较为明显，原因有三：一是这段时间工资增长率较高，导致待遇的水平大幅提高；二是即有的较低退休年龄导致退休职工人数快速增长；三是财政开始向“双重支付”转型具有凸显的拉动作用。第二阶段是 2014—2020 年，为“下降期”。三个改革方案 GDP 占比曲线均呈平滑下降趋势，原因是工资增长率下降和职工退休年龄提高所致。第三阶段是 2021—2048 年，为“上升期”。这个时期在头 6、7 年里支出增长比较缓慢，后期较快，到 2048 年达到峰值。四是 2049—2070 年为“收益期”。如前所述，从 2049 年这个节点开始，改革的收益逐渐显现：方案一从 2052 年、方案二从 2053 年、方案三从 2061 年将首次出现改革后的支出小于不改革支出的拐点，此后收益更为明显，到 2070 年，改革的效果就更为喜人（见图 2）。

在“双重支付”的四个发展阶段中，前三个阶段总体讲是“成本期”，第四个阶段是“收益期”；“收益期”的含意在于，“新人”（2009 年改革后加入制度的人）开始逐渐进入退休年龄，旧制度中由财政负担的退休人口不再增加，改革后的财政支出及其占 GDP 比例曲线快速下移，尤其是从“收益点”开始，分别与不改革的曲线交叉，之后便一直位于不改革曲线的下方，并且改革与不改革两条曲线之间的差距越来越大，改革的收益开始显现并越来越明显。

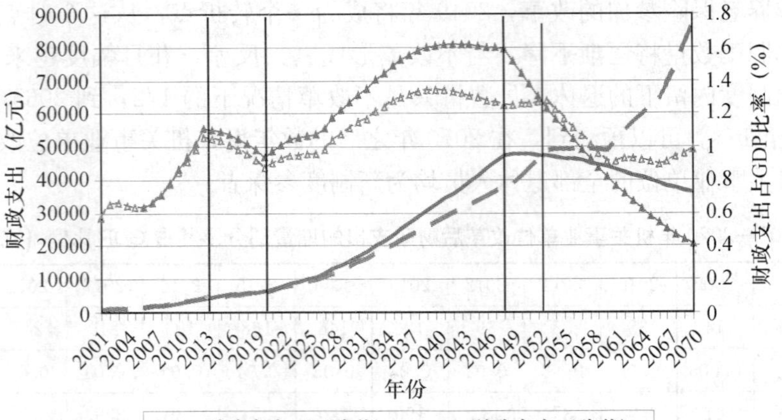

图 2　机关事业单位改革和不改革的财政支出比较（方案二，含退休金）

资料来源：作者制作。

当然了，改革后仅从财政支出的“单重支付”角度看即由于支付单位缴费而发生的补贴来看，其支出总额是呈不断增长态势的，但即使在 2047—2050 年高峰期也没超过 GDP 的 0.33％（方案二为例），此后便略有下降，到 2070 年降到 0.29％（见图 3）。

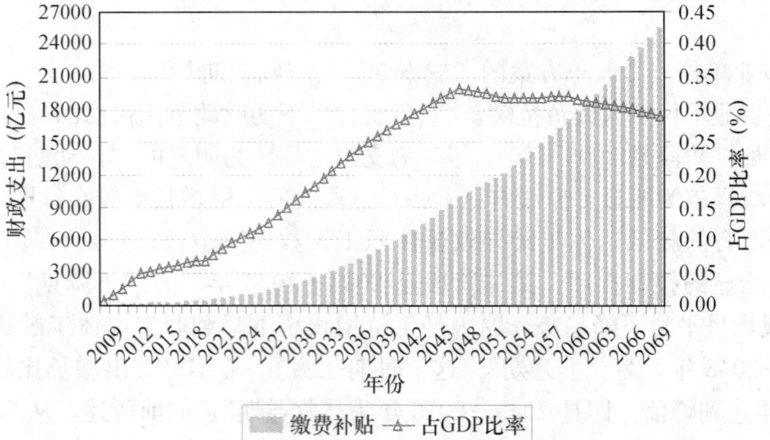

图 3　机关事业单位改革后财政增量部分的发展趋势（方案二，不含退休金）

资料来源：作者制作。

4. 机关事业单位改革和不改革的成本收益分析

从图 4 可看出，在 2052 年这个时点之前，两条曲线始终位于零轴下方，曲线与零轴之间的面积就是改革期间财政的全部额外支付，这就是机关事业单位改革的全部成本；这个成本是有限的，最大值是 2048 年，但也仅为 26.61％。但以 2053 年这个时点为标志，财政支出开始减少，改革开始获益，从此以后，两条曲线开始位于零轴的上方，并呈现快速上升趋势，越往后越陡峭，到 2070 年将比不改革减少 57.86％的财政支出；可以预测，2070 年以后的收益相对值将收敛于70%左右，即当全部“老人”死亡之后，用于机关事业单位的财政支出只有不改革条件下的30%左右。由于两条曲线不再交于零轴，它们与零轴围成的面积是非闭合的，改革的收益将是无限的。

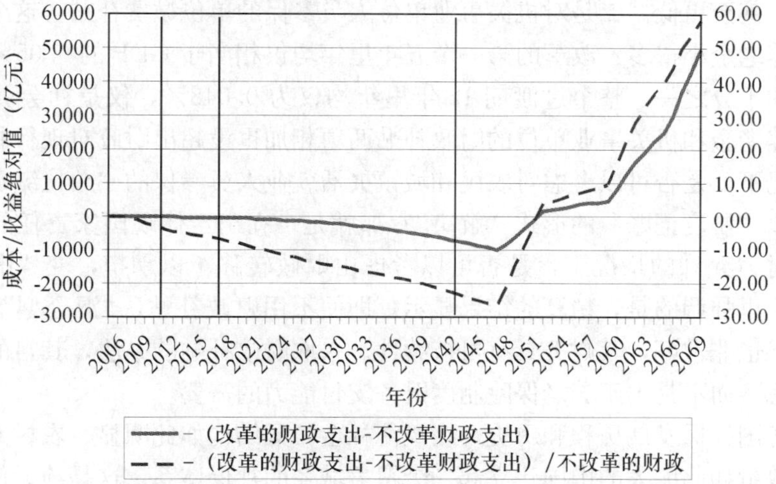

图4　机关事业单位改革的成本收益比较（方案二）

资料来源：作者制作。

上述成本收益分析显示：从国家财政的角度看，既然改革后财政支出的增加是财政必须支付的一个转型成本，改革后财政支出短、中期增加，长期内减少，那么，以2052年这个“收益点”为界，便有了改革与不改革的比较和取舍问题：

从短、中期看，如果财政困难，支付不起零轴以下三角部分的改革成本，2052年之后的改革收益就只能忍痛割爱；从长期来看，改革的收益在2053年之后将明显大于改革的成本，这个收益将成为一劳永逸；从转型成本来看，增量十分有限，财政完全有能力负担得起，完全可以承受；从成本期和收益期的角度看，改革后的总体支出（含增量部分）可近似看成是现行制度下本来每年就必须拨付的离退休费的一个“转换”，如果在考虑到2053年之后的收益“抵扣”，那么这个“转换”实际就等于当前利益与长远利益的一个“置换”，这个“置换”显然是非常划算的。

此外，公职人员的单位缴费配比应由财政解决，这是满足“混合型”统账结合财务可持续性的一个条件，作为政府雇员也是国家不可推卸的一个重要责任，还是维系公职人员忠诚于国家的一个不可或缺的重要手段。

六、“混合型”统账结合的一个选择：农民和城镇灵活就业人员的补贴问题

1. 为农民和城镇灵活就业人员给予补贴的可行性

在“混合型”统账结合的上述设计中只发生了两笔财政补贴，数额很小：一笔是建立

“社会养老金”制度，在2009—2013年社会养老金制度启动的第一个五年里，财政补贴年均只占GDP的0.49%，在2009—2020年过渡期平均只占GDP的0.62%。如果央地两级分担，那就更少了。其实这是对目前每年给予养老保险制度补贴的一个转换而已，并没有额外增加财政补贴，甚至更低。二是对机关事业单位人员参保的单位缴费补贴，这个转移项目在数额上比社会养老金小得多：改革的第一个五年里年均仅相当于GDP的0.05%（方案二），是社会养老金的十分之一，整个过渡期12年里年均仅为0.048%，仅是社会养老金的十二分之一。社会养老金和机关事业单位的财政补贴两项相加也没超出财政对现行制度的补贴。

在这种情况下，是否可以考虑对农民和城镇灵活就业人员参保的“单位缴费”给予财政补贴，而不是以“制度记账”的形式“解决”？那就是，在出于体现国家责任的需要、在政治决策可行和财力允许的情况下，是否可以考虑由财政转移予以承担，变“虚账实记”为“财政补贴”。这里强调的是，精算的结果显示，即使不用财政补贴，“混合型”统账结合制的基金积累情况也非常好，其财务具有可持续性。采取财政补贴的办法，其目的仅仅是出于政府责任的考虑，而不是出于养老保险制度财务支付能力的需要。

纵观世界各国社保发展历程和历史，在经济社会二元结构如此明显、农村人口比例如此之高、农民工数量如此庞大的中国建立起一个覆盖城乡的社保体系，这是绝无仅有的，对其给予“记账”式缴费配比更是举世罕见的。鉴于此，本文对农民和城镇灵活就业人员“单位缴费”是否采取财政补贴的办法予以解决，给予利弊权衡的比较分析，以供政府抉择。

2. 为农民和城镇灵活就业人员给予补贴的具体方式及其案例分析

在假定给予财政补贴的情况下，一个基本原则是央地两级财政分担，各占50%。这里以方案二为例，具体解析两级财政补贴的支出结构。中央对各省补贴的拨付总额计算公式是按全国平均工资收入水平为基数，乘以缴费比例12%的50%和受益群体人头；地方的补贴总额计算公式则采取另一个方式：发达地区的平均工资（农民是当地平均纯收入）水平远远高于落后地区的水平，所以，落后地区的账户规模绝对额就远远小于发达地区，但由于中央补贴的拨付水平是按照全国平均水平确定的，这样，落后地区账户绝对额较小，地方财政的实际补贴支出就较小，反之，在发达地区，较高水平的平均工资水平决定了账户绝对额较高，相对于中央按全国平均水平补贴的既定水平来说，地方财政的补贴就自然较高。实际上，这是一个“中央定额、地方补差”的补贴方式，央地两级财政的补贴额是各占50%，但在实际效果上则大大减轻了落后地区的财政压力，发达地区“间接地”补贴了落后地区。

现以北京和贵州分别作为发达和落后地区为例。2007年全国农村人均纯收入为4 140元，每月缴费基数应为345元，中央和地方为每个农民账户的财政配比缴费各分担一半即21元（345×6%），合计是42元（12%），加上农民个人缴费28元（345×8%），个人账户缴费总额为70元。这个补贴公式只对中央财政转移有意义，具体到不同的地方财政补贴时则相差很大：北京2007年农村人均纯收入高达9 559元，每月缴费基数为797元，参保农民个人缴费64元（797×8%），账户总规模为159元（797×20%）。但由于中央政府财政配比总额是按全国平均水平21元拨付的，北京市财政的配比就要高达74元才行。对不发达的贵州省来说，情形正好相反：2007年贵州省农村人均纯收入仅为2 374元，不到北京的1/4，缴费基数为198元，账户缴费实际总额仅为40元（198×20%）；但在中央政府财政补贴

"定额"21元的"支持"下，"空余缺口"就仅为19元，这时，如果贵州省按规定先行配比缴纳6%，即为每个农民补贴12元（198×6%），参保农民个人缴费额就仅为7元，其实际费率就仅为3.5%，不到法定费率8%的一半。这时，贵州省还有一个选择：如果让农民按法定费率8%先行缴纳15.84元，留给贵州省财政补贴的"空余缺口"就仅为3.16元——仅为1.6%，不到12%的一个零头。对贵州省来说，上述第一个选择可以减轻农民的负担，第二个选择可完全减轻地方财政的负担。其实，贵州省还有第三个选择：可在这两个端点之间寻找一个适当的、既减轻农民负担、又降低财政负担的"分配比例"；于是，贫困地区农民参保的单位缴费实际上得以大幅降低，等于是由发达地区"分担"了相当部分。城镇灵活就业人员的财政配比公式大同小异（见表8）。

表8　农民与城镇灵活就业人员给予财政拨付公式示意（元/月/人）

典型地区	总缴费额		个人基本缴费		中央财政配比		地方财政配比	
	农民	灵活就业	农民	灵活就业	农民	灵活就业	农民	灵活就业
全国	70	208	28	84	21	62	21	62
北京市	159	332	64	133	21	62	74	137
贵州省	40	172	7	69	21	62	12	41

资料来源：作者制作。

3. 为农民和城镇灵活就业人员给予补贴的两个原则及其激励作用

财政补贴的方式非常重要，它既涉及公平问题，又涉及效率问题。从上述财政补贴的案例分析可看出，本文对财政补贴的设计原则主要有两个：一是"中央与地方分担"的原则，各占50%，旨在发挥中央和地方两个积极性；二是"中央补贴按全国平均水平和人头定额的原则拨付，地方补贴按当地实际水平和账户缺口补差的原则拨付"。第一个原则之所以可体现"央地公平"，是指中央与地方责任清晰，以立法的形式确定公共财政的制度框架，严格按50%分担比例执行；第二个原则之所以可很好地体现资金运用效率，是指这个制度设计既可减轻落后地区财政压力，又可达到富裕地区补贴贫困地区的再分配效果。

北京和贵州两个案例分析显示，财政补贴的上述两个原则可归纳为"央地分担、中央定额、地方补差"，在具体实施过程中，这样的补贴方式具有很多优势：一是再分配的优势非常明显，等于是发达地区间接地对欠发达地区给予了补贴，体现了发达地区"支援"贫困地区的实际效果；二是贫困地区参保人既体现了地区间发展水平的差异性，同时也分享到全国发达地区经济高速发展的成果；三是对省级补贴的来源结构来说，也可采取类似的分担机制，在省市（县）两级补贴中各占50%，甚至在市县两级财政中层层模仿，以烫平一省内发展不平衡的问题；四是无论在全国层面还是在一省之内，越是发达的地区，实际财政支出就越多，越是贫困的地区，实际支出就越少，是一种完全的"正向"激励机制，有利于激励和提高贫穷地区政府和个人的参保意愿和积极性；五是央地两级政府财政转移50%的总比例不变，责任边界十分明确，不易扯皮；六是在央地分担的情况下，财政压力不是很大。

4. 为农民和城镇灵活就业人员给予补贴的可负担性及其对财政的影响

短期内即在改革的第一个五年里，当期财政补贴几乎每年翻一番，是增速最快的时期。

中期内即在2020年之前，三个方案的财政补贴占GDP比例均呈激增趋势，为当期财政带来一定压力，尤其在2020年。长期内将始终呈下降趋势，年均下降幅度很小，没有波动，非常平滑。总体看，为农民和城镇灵活就业人员参保给予补贴的财政负担在第一个五年里最具有挑战性，压力很大；中期内也面临较大考验，将达到峰值；长期内逐渐下降的平稳趋势令人信心倍增。因此，这项财政补贴既是压力也是挑战，在央地两级财政分担的情况下，不能说绝对是不可承受的，尤其是，比如，可以采取单独对农民一个群体补贴的情况下，长期内将减少大约一半左右的财政负担（见表9）。

表9　2009—2070年城镇灵活就业人员和农民的财政补贴及其占GDP比例

节点年份	方案一（8+8方案）				方案二（8+12方案）				方案三（8+16方案）			
	补贴额（亿元）			GDP%	补贴额（亿元）			GDP%	补贴额（亿元）			GDP%
	农民	其他	合计		农民	其他	合计		农民	其他	合计	
2009	287	66	354	0.12	431	99	530	0.18	574	133	707	0.25
2014	1 588	784	2 372	0.56	2 382	1 176	3 558	0.84	3 176	1 568	4 744	1.12
2020	2 006	2 426	4 432	0.66	3 008	3 639	6 648	0.99	4 011	4 852	8 864	1.32
2030	2 714	4 502	7 216	0.58	4 072	6 753	10 825	0.87	5 429	9 004	14 433	1.16
2040	4 322	6 946	11 268	0.56	6 483	10 419	16 902	0.83	8 644	13 893	22 536	1.11
2050	6 513	10 619	17 132	0.52	9 769	15 928	25 697	0.78	13 025	21 238	34 263	1.04
2060	11 336	14 915	26 251	0.49	17 004	22 373	39 376	0.73	22 671	29 830	52 502	0.98
2070	20 758	21 353	42 111	0.48	31 137	32 030	63 167	0.72	41 516	42 706	84 223	0.96

资料来源：作者制作。

注："其他"指第三类即灵活就业人员。

5. 为农民和城镇灵活就业人员参保给予补贴对"实账比"的影响

"实账比"（funded ratios）是在研究具有中国特色的"混合型"统账结合的过程中发现并使用的一个专门测量工具，意指用历年滚存基金结余除以做实既定账户比例所需要资产总额的商（再乘100）。图5中横线为做实既定账户比例的所要求的最低账户资产规模，通过比较发现，在没有补贴情况下，2009—2070年的滚存"实账比"均已达到100%。在有补贴的情况下"实账比"只不过平均大约高出50%而已，但却没有什么实际意义，也没什么太大的必要，可以说基本是"多余"的。

6. 为农民和城镇灵活就业人员给予补贴对"基金比"的影响

衡量一养老金制度是否有财务可持续性的另一个有效工具是"基金比"（fund ratios），这是美国联邦信托基金（OASDI）每年在其年度报告中使用的一个测量工具，是测量养老基金充足度的一个尺度，意指年初养老资产占成本的比例。按照美国的衡量标准，如果基金比超过30%或50%，就已经说明这个养老金制度的支付能力具有较好的可持续性，如果超过100%那就更好了。图6显示，即使对农民和灵活就业人员的单位缴费完全采取记账的办法，2020年之前的基金比也都在100%以上和500%以下（B侧图），在2020年之后就更好了，均在1500%左右。所以，给予财政补贴的结果只不过大幅提高了基金比的系数而已，

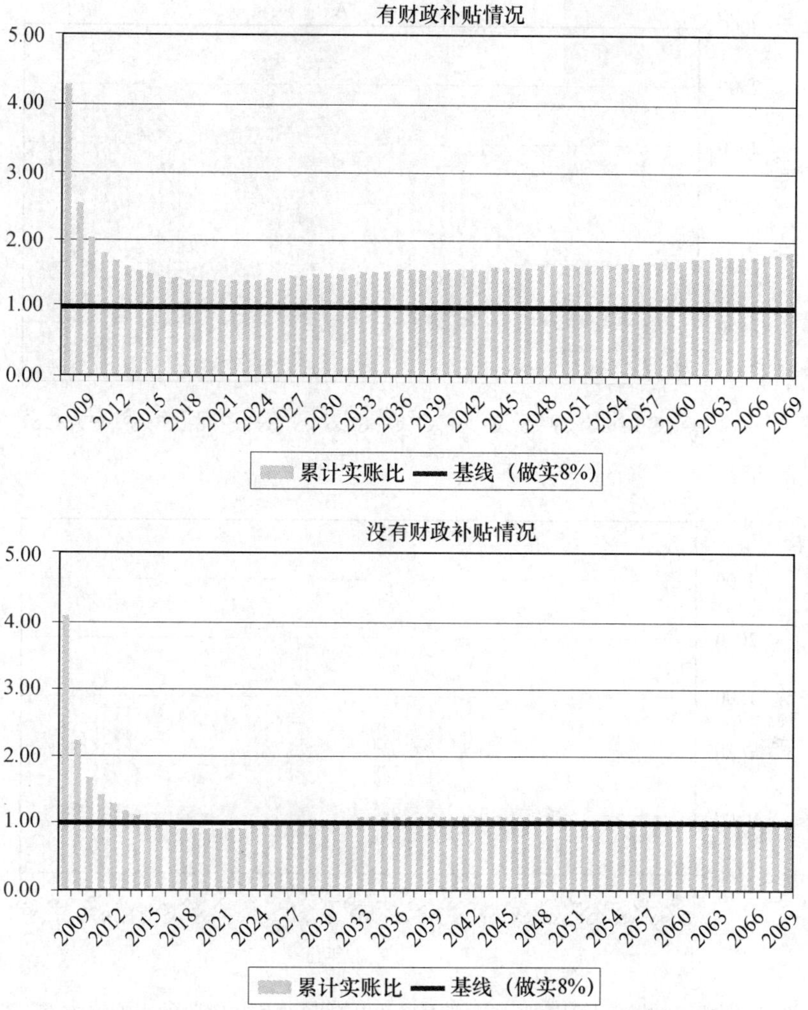

图 5　农民和城镇灵活就业人员"单位缴费"有无财政补贴对"实账比"的影响（方案二）

资料来源：作者制作。

尤其是 2020 年之后，均在 2000％以上（A 侧图）。所以，城镇灵活就业人员和农民的"单位缴费"由财政转移来承担，从制度财务可持续性上讲完全没有这个必要，也是不需要的，它的意义完全在于体现国家的责任。

七、"混合型"统账结合的九个优点：与"简单型"统账结合的对比

1. 实现了制度统一性，为构建和谐社会打下基础

与目前的"简单型"统账结合相比，"混合型"统账结合实现了"三统一"：一是实现了全国统一制度。对不同群体实行的不同制度碎片进行了整合，实现了制度统一，不管身份地位和单位性质如何，不管东、中、西部，全民实行一个制度，全国一个费率，一个利率，一

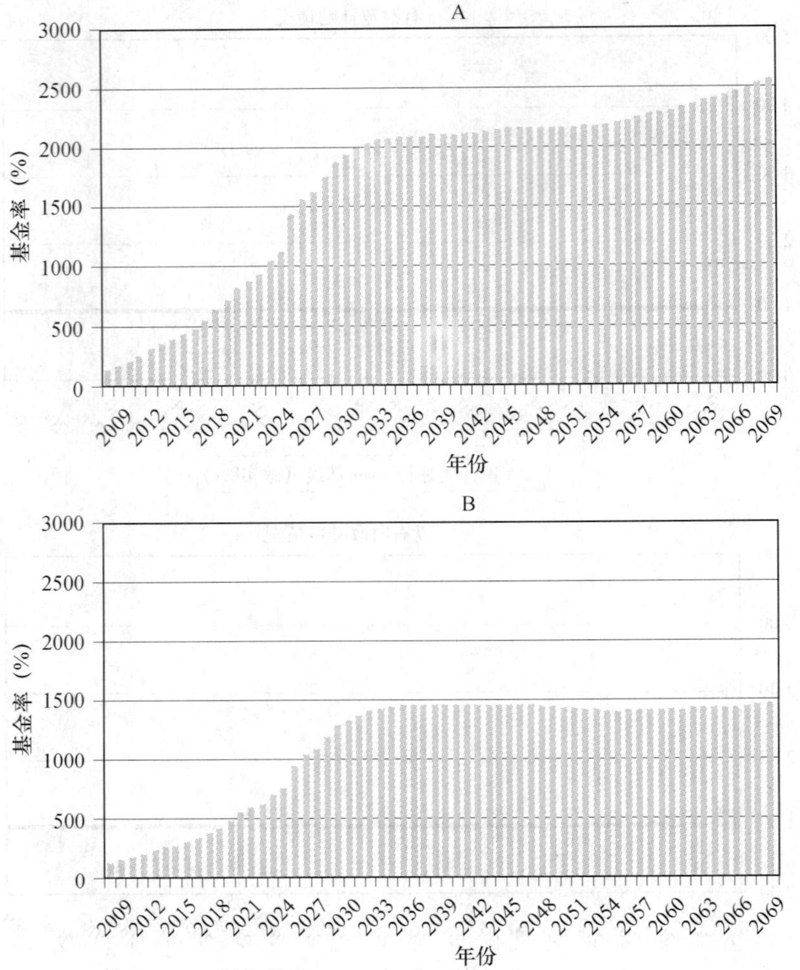

图 6　农民和城镇灵活就业人员有无财政补贴对“基金比”的影响（方案二）

资料来源：作者制作。

个替代率，跨越了户籍限制，实现了社会公正。二是实现了城乡统筹和全民覆盖。自 1991 年国务院颁发 33 号文《关于企业职工养老保险制度改革的决定》首次提出“要积极创造条件，由目前的市、县统筹逐步过渡到省级统筹”目标以来，18 年来统筹水平没有实质性变化。“混合型”统账结合一步到位，实现了十七大提出的全国统筹和全民覆盖。三是实现了全国统一待遇。“混合型”统账结合是一个反碎片化的制度设计，它在解决全民覆盖时防止了制度碎片化，在解决全国统筹时防止了道德风险，在解决统一制度时要防止了待遇差距过大。在“混合型”统账结合中，只存在着与个人缴费多少高度相关的“个人替代率待遇差”，对个人是精算公平的，从制度上根除了群体间、阶层间、行业间和地区间的“制度性待遇差”，规避了相互攀比导致的社会不稳定的潜在隐患，为构建和谐社会打下了基础。

2. 实现了制度积累性，做实账户的制度目标得以实现

自 1993 年党的十四届三中全会提出“实行社会统筹和个人账户相结合”的养老保险制

度以来，做实个人账户始终面临巨大转型成本的困扰，做实账户试点的省份一直面临诸多困难。为此，账户比例不得不从11%下调到8%，做实试点也从8%下调到5%，但在全国推广做实账户的时间表仍迟迟难以决定。“混合型”统账结合在没有额外增加财政负担的情况下，一步到位完成了中央历次强调和提出的做实账户的制度目标，实现了真正的部分积累制，如同十几年前建立的“简单型”统账结合那样，再次以制度创新的姿态为世界各国树立了社保改革的样板，实现了15年前制度设计者的初衷和夙愿。

3. 实现了制度便携性，有利于促进全国统一劳动力市场的形成

“混合型”统账结合是基于大账户思路的一个制度变体，是对目前实施的“简单型”统账结合的“升级版”，个人和单位缴费全部划入个人账户之后可随身携带，如同银行储蓄存款账户，终生纪录跟随，破解了地方分灶吃饭的财政体制下统筹部分在异地转移时的约束性，避免了现行制度下的“便携性损失”，不但可以规避农民工年复一年出现的“退保潮”，而且还可解决机关事业单位与企业之间、农民身份向非农转换之间、贫困地区向富裕地区转移之间所发生的所有权益纪录与折算问题，大大省却和简化了类似欧盟国家之间不同统筹单位（成员国）之间的“分段计算、权益累加”的巨大工作量，极大地降低了制度交易成本，尤其是极大地方便了数以亿计的农民工频繁的异地转续，全国实现全流通和一卡通。

4. 实现了财务可持续性，基金积累不断得到充实和扩大

与现行制度相比，在没有额外增加财政补贴，没有化转国有资产的情况下，“混合型”统账结合依靠完善制度本身，通过扩大覆盖面同时解决了两个问题：完成做实账户与长期可持续性问题。基金滚存积累持续增长，基金比和实账比等指数均良好，积累总额连年翻番，成为全世界规模最大的社保基金，甚至成为世界上最大的投资境外的一只主权养老基金。

5. 提高了基金安全性，有利于基金监管

由于实行全国统筹水平，克服了现行制度下地方分散管理基金的缺陷，大大提高了资金安全性。地方割据形成了众多的管理主体，地方政府既是养老保险的制度运行者，又是基金违规使用的始作俑者，这是现行制度一个难以克服的痼疾，是当今世界各国基本养老保险基金管理中的一个独特现象。在制度未定型的改革过程中，监管体制难以建立起来，不适应地方分散管理的基金运营体制。于是，社保基金违规操作便成为一个社保制度伴随物，难以根除。“混合型”统账结合在全国层面实行大收大支的集中管理营运体制，地方政府只负责待遇发放，从制度上杜绝了基金违规投资使用的可能性，极大地提高了养老保险基金的安全性。

6. 提高了参保激励性，使之成为扩大覆盖面的制度内生动力

作为基本养老保险，吸引力与强制力同等重要，在具体国情下和覆盖面狭小的当前阶段甚至更重要。只要能建立起与个人利益紧密相连的精算关系并从中得到实惠，只要符合中国居民传统的“不是银行胜似银行”的依赖银行的安全感，只要降低企业的负担和顺应地方政府的利益，只要能够调动工会的集体协商和监督企业主的积极性，在参保人眼里，养老保险就最终会成为最后一道生存保障线，参保意愿就会得以提升，成为扩大覆盖面的内生原动力。所有这些，在大账户概念下的“混合型”统账结合里基本都已具备。

7. 具有良好的透明性，可促进参保覆盖面

对参保人来说，目前的“简单型”统账结合难以扩面的一个重要原因就在于它实际上并“不简单”，而是太复杂了。相比之下，十分简单的“混合型”统账结合像是一个银行存款制度，具有良好的透明性，其主要表现有二：一是“进门之后”参保人享有良好的待遇预期。大账户简单易算，即使文化程度较低的群体也十分容易掌握和计算，相对于叠床架屋、异常复杂的现行制度来说，这个透明得像银行一样的养老保险制度给他们以较高的认知度，有利于拉动内需。二是在“进门之前”参保人就有清晰透明的路线图。一个制度越简单透明，就越容易推广普及。对所有未参保的群体来说，尤其对流动人口来讲，全民一个制度就等于全国只有一个“门口”，全民只有一个“门槛”，非常便捷。

8. 具有良好的可获性，可提高退休收入替代率

在大账户概念下，“混合型”统账结合的个人缴费带有明显的“储蓄性质”和强烈的“购买性质”。所谓“储蓄性质”主要是指透明的“公布利率”全国一致，私有性质的“单位缴费”明确无误，完全归己，等等；所谓“购买性质”是指缴费灵活，很像保险公司“零售”的“终身年金产品”，可多买，也可少买，具有良好的“可获性”，门槛很低。为农民来提供的0～300％的法定费率和为城镇灵活就业人员提供的50％～300％法定费率区间，如同一个“超级市场”，可根据个人能力任意“自选”。此外，由于失业和歇业等各种原因，这些群体还可根据收入情况，在经济条件好的时候多缴一些，年景不好的时候少缴一些，根据个人职业生涯的状况进行“自选”。但不管是多缴还是少缴，均体现了精算公平，很像商业保险公司购买一个保险产品，无所谓“吃亏”和“占便宜”，不存在横向之间攀比的问题，因为达到法定退休年龄之后换算成的终身年金具有同样的公平性质。

9. 具有良好的共济性，起到了一定的再分配作用

“混合型”统账结合的共济性主要表现在以下三个方面：一是可以在不同发展水平地区间进行平衡，加强地区间的互济性。由于实现了全国统筹，真正的大收大支得以实现，全国范围统一调配资金成为现实，欠发达地区可以得到支持。二是退休后终身年金制度在参保者个人终身收入上具有较好的烫平作用。指数化的终身年金制度可根据账户资产积累总额换算成一个享有终身的年金产品，一直支付到死亡。三是对弱势或特殊群体有一定的倾斜，例如农村的社会养老金替代率相当于当地平均纯收入水平的17％（50元），远远高于城镇社平工资的9％（200元）；再例如，依据劳动法，对孕期或哺乳期的妇女等暂时离开劳动力市场而不能缴费的特殊群体或特殊时期，在免除其实际支付缴费的同时，为其设计一个“记账”缴费的功能，将其作为工作期同等对待，等等。

八、“混合型”统账结合得以成立的关键：扩大覆盖面与制度可持续

1. “混合型”统账结合三个方案的精算平衡：12种情况均有精算结余

“收入比”是规定时期内年度总收入（不包括利息收入）现值与缴费工资总额现值的比例；“成本比”是规定时期内年度支出现值与缴费工资总额现值的比例，成本比包括了在预测期末满足下一年100％基金率的资产。“收入比”与“成本比”之差就是精算平衡值（actuarial balance），意指“收支比”的差距，是衡量养老保险制度长期内财务收支平衡状态的

一个工具，其好处是分子和分母都以当年价格计算，消除了价格的影响，可以进行不同时期的比较。如果加入期初基金因素，收入比就是期初基金与年度收入之和与年缴费二资总额的比例，成本比就是年度成本与年缴费工资总额的比例。

通过对2009—2070年的精算得知（见表10），在“混合型”统账结合的三个方案中，基本型（仅对机关事业单位的单位缴费给予财政补贴）与附加型（除机关事业单位外，对农民和灵活就业人员的“单位缴费”也采用财政补贴的办法）相比，只是精算结余小一些而已；毫无疑问，有期初基金的精算结余均多余无期初基金的精算结余。换言之，在所有表10列出的12种情况下均有精算结余，其中，在有期初基金情况下的精算结余要大于无期初基金，附加型要大于基本型，缴费水平高的方案要大于缴费水平低的方案。有些情况下的精算结余比较适中，例如方案二的基本型等。

表10 2009—2070年三个方案长期精算平衡估计与比较 单位：%

类别		方案一		方案二		方案三	
		基本型	附加型	基本型	附加型	基本型	附加型
无期初基金	收入比	14.38	16.25	17.37	20.16	20.36	24.08
	成本比	12.85		15.30		17.75	
	精算平衡值	1.53	3.40	2.07	4.86	2.61	6.34
有期初基金	收入比	14.44	16.30	17.42	20.21	20.41	24.14
	成本比	13.27		15.82		18.36	
	精算平衡值	1.17	3.03	1.60	4.40	2.04	5.77

资料来源：作者制作。

注：“基本型”是指财政对机关事业单位的单位缴费给予财政补贴。“附加型”是指除机关事业单位以外，对农民和灵活就业人员的“单位缴费”也给予财政补贴，而不采取“制度记账”的方式。

2. “简单型”转向“混合型”统账结合的关键：扩大覆盖面与制度可持续

在目前实施的“简单型”统账结合制度下，费率水平在高达28%的情况下还是不能实现精算平衡，每年需要财政补贴。但在“混合型”统账结合制度下，三个改革方案的费率全面下调，农民和城镇灵活就业人员的单位缴费用记账方式予以解决，即使这样，滚存结余连年增加，基金规模越来越大，长期精算平衡得以实现。人们不禁要问，“混合型”统账结合为何可以成功，奥秘何在？

答案很简单：“混合型”统账结合赖以成立的一个关键是扩大覆盖面：在“混合型”统账结合制度下，参保激励机制得以建立，覆盖面迅速扩大，制度收入激增，全国统筹一步到位，资金使用效率得以提高，目前养老保险存在的众多问题几乎全部迎刃而解，养老保险制度进入良性循环，走向制度化和法制化。

相比之下，当前“简单型”统账结合制度特征不适合覆盖其他不同群体，制度收入难有突破，碎片化制度致使财政背上包袱，参保人得不到实惠，由此导致制度吸引力更加低下，形成负激励的循环锁定。

第一，激励机制从根本上解决了制度收入问题：引入边际因素的必然结果。

在目前阶段，中国养老制度的可持续的根本在于制度吸引力，而不在于执行力。制度吸引力和制度收入问题是中国养老制度建设的关键之一，在目前阶段其意义要远远重要于许多其他问题。

混合型统账结合是通过三个激励设计的共同作用来解决制度收入问题的。一是，通过把个人和单位的缴费全部划入个人账户、全国统一的较高水平配比缴费等一系列手段解决了居民个人的激励问题；二是通过全面和大幅降低企业缴费比例和企业财务负担解决了雇主参保的激励问题；三是通过居民个人和雇主单位直接激励措施，间接地实现了费基与费率最大化的激励设计，最终实现制度收入最大化。

这三个激励机制的设计从三个方面规避了道德风险的发生，其本质是模拟完全积累制的结果，将社保制度视为一种储蓄制度，将社保缴费看成是某种性质的银行储蓄，将当前缴费与未来收益建立起紧密关系，用诺贝尔奖获得者普雷斯科特的话来说，就是建立起一种“边际税率性质的储蓄，”这种边际税率的体系所建立起一种精算关系。换言之，凡是具有边际税率体系性质的供款制度，均可增加当前的制度收入供给，可将未来权利承诺性质的退休资产变成边际性质的退休资产，即现在的支付行为对未来不是“与己无关”的纳税性质，而是一种“完全为自己”的储蓄性质。换言之，这是一个主观为自己、客观上增加了制度收入的制度本质。

与此同时，“混合型”统账结合制度不但实现了完全积累制的银行边际储蓄性质的缴费效果，而且，在融资上采取混合型办法，既有实账积累部分（做实账户），又有虚账积累部分（现收现付制），既“节省”了做实账户的转型成本，又在现收现付制的退休权利预期中加进了边际因素，使退休资产的积累变成边际性质的资产积累，是一种既真实（有真正做实的部分）又虚拟（没有做实的部分）的“虚实结合”的混合型制度，既具有完全积累制的优势——做实账户部分的“真实资产”可以抵御老龄化，又具有现收现付制的优点——没有做实部分的“虚拟资产”可以节省“做实成本”，“节省”财政转移。

第二，覆盖面狭窄拯救了制度可持续性：覆盖面狭窄是可资利用的一个优势。

在目前阶段，中国养老制度的可持续问题根本在于制度收入问题，而不在于财政投入。制度收入是指养老制度的缴费收入，而不是指财政补贴的收入。为什么？因为只有在覆盖面狭窄的养老制度里才有可能利用这个缺陷实现扩大制度收入这个转变，如果像发达国家那样已经实现应保尽保，就不存在通过扩大覆盖面骤然扩大制度收入的条件，换言之，目前中国养老保险制度覆盖面狭窄是个缺点，但在制度转型中却是一个可资利用的优点：正是它，才拯救了制度可持续性，覆盖面越狭窄，转型后获取的“福利收益”就越大，如同费率，费率水平越高，降低其边际费率后获得的福利收益就越大。正是由于中国养老制度费率很高，覆盖面很小，一旦将“简单型”统账结合改造为“混合型”统账结合，制度缴费收入的曲线就像一个长长的抛物线，可赢得几代人的时间，节省巨大的转型成本，获取意想不到的福利收益。“大账户、全激励”的三个激励机制设计使年轻的净缴费人口几乎同时加入进来，制度赡养比得以大大提高，即使在实现全覆盖之后，长期内制度收入也将大于制度支出，养老资产余额呈净增长状态。

覆盖面狭窄既是养老保险制度改革的重要原因之一，也是“混合型”统账结合得以成功的根本所在。覆盖面狭窄本来是个劣势，但却成为建立和实施“混合型”统账结合制度的前提。这个“前提”是任何一个欧美发达经济体稳态下养老保险制度所不具备的，因为他们的覆盖面已近饱和，扩面余地已经很小。从这个角度看，“混合型”统账结合正是建基于扩大覆盖面的这前提之上的制度，是一个变不利为有利、化劣势为优势、把挑战变成机遇的制度；甚至可以说，没有当前狭窄的覆盖面，就不可能有一个全新的养老制度。

但是，在目前的盲目改革策略下，决策者毫无计划地一个群体建立一个制度，为了完成任务而完成任务，养老保险制度面临着不断“打补丁”的发展趋势，当社会所有群体被不同制度覆盖完毕之际，也正是碎片化制度得以建成之时，那时，建立“混合型”统账结合的条件便不复存在，我们永远失去的不仅是一个具有良好财务可持续性的养老制度，还将痛失一个全国统一的养老制度。法国碎片化制度现状向世人揭示，日后对碎片化的再改革必将积重难返，福利刚性必将导致改革步履维艰，二次革命必将付出沉痛的代价，不仅导致社会风险，也必将导致财政风险，甚至导致政治风险（法国总理由于改革而引发社会骚乱，最终不得不引咎辞职）。历史上，法国已经失去几次与改革失之交臂的机会，我们不能因循守旧，亦步亦趋，重蹈覆辙，掉进那个“社保陷阱”。

第三，扩大覆盖面实现了社会公平：养老保险制度的公平与效率。

在目前阶段，中国养老制度制约构建和谐社会的最大障碍在于覆盖面狭窄，而较少在于福利水平的提高。扩大覆盖面不仅是制度可持续性的客观需要，也是实现社会公平正义的必然要求。覆盖面狭小不仅表示其制度产出低下，效率损失较大，还显示其严重的社会不公正。要说不公平，覆盖面狭窄是眼下最大的社会不公平。

扩大养老保险覆盖面是促进社会公平正义，保障和改善民生和构建和谐社会的重要标志和主要手段。在世界各国，覆盖率与贫困率呈强烈的负相关：凡是覆盖面狭窄的社会保障制度，大多表现为基尼系数偏高，贫富差距拉大，贫困发生率较高，例如，欧美社保制度覆盖面基本都在90％左右，而贫困率大多低于20％，而拉美社保覆盖率基本都低于60％，而贫困率则平均在40％以上。即使在拉美国家，凡是社保覆盖率低于21％的，贫困率则都高于50％，凡是覆盖率低于30％的，贫苦率均在30％～55％之间，凡是覆盖率在48％～60％之间的，贫困率一般都在10％～21％之间。

在现阶段，在完善中国养老保险制度方面，促进社会公平正义还表现在个人缴费与退休待遇水平的关系上。凡是与个人利益紧密相连的制度，才是能够初步实现社会公平正义的制度，因为这个初始阶段它可覆盖到他们；凡是账户积累精确程度越高的制度，初始阶段的社会公平正义才越容易实现，因为这个起步阶段可以吸引大家迅速加入它。否则，养老制度可遇不可求，可望而不可及，绝大部分人群常年徘徊在制度之外，老无所养，谈何社会公平正义？

九、“2020全覆盖”的量化预测：混合型统账结合的前途

1. 2020年建立覆盖城乡社保体系的量化概念

十六届六中全会通过的《决定》首次提出了到2020年基本建立“覆盖城乡居民的社会

保障体系”；十七大报告中再次将“覆盖城乡居民的社会保障体系基本建立，人人享有基本生活保障”作为2020年实现全面建成小康社会的奋斗目标；温家宝总理在第十一届人大一次会议上的政府工作报告上再次提出“建立和完善覆盖城乡的社会保障体系”。

基本建立一个覆盖城乡的社保体系是未来我国社保制度发展战略的一个路线图，有必要对“2020全覆盖”这个概念进行量化测算，旨在为社保制度的改革与完善设定一个具体的“2020目标”。经测算，“混合型”统账结合制度下“2020全覆盖”和“2020目标”的数量概念如下：到2020年，全国城乡人口约为13.94亿，其中城镇人口8.37亿（城镇化率60%），城镇劳动年龄人口约为6.05亿（15—64岁），城镇经济活动人口为4.2亿（按照劳动参与率为70%计算），城镇就业人口为4.06亿（按登记失业率4%计算）。据此可推算出：混合型统账结合覆盖人口总计为7.5亿人，其中退休金领取者1.34亿（城镇0.64亿，农村0.7亿），缴费者6.16亿（城镇3.58亿，农村2.57亿），即制度赡养比是1∶4.6。社会养老金覆盖人口总计为1.57亿（城镇0.55亿，农村1.02亿），实现了65岁以上人口全覆盖的目标（大约女性0.83亿，男性0.74亿）。上述养老保险覆盖的7.5亿再加上社会养老金的覆盖人口合计为8.37亿人（除去0.7亿农村重复人口，他们既领取退休金，也领取社会养老金），占总人口60%——这就是我国“2020全覆盖”概念的量化含意。如果再加上低保和五保户等，总覆盖人口将为8.66亿，占总人口的62%（见图7）。

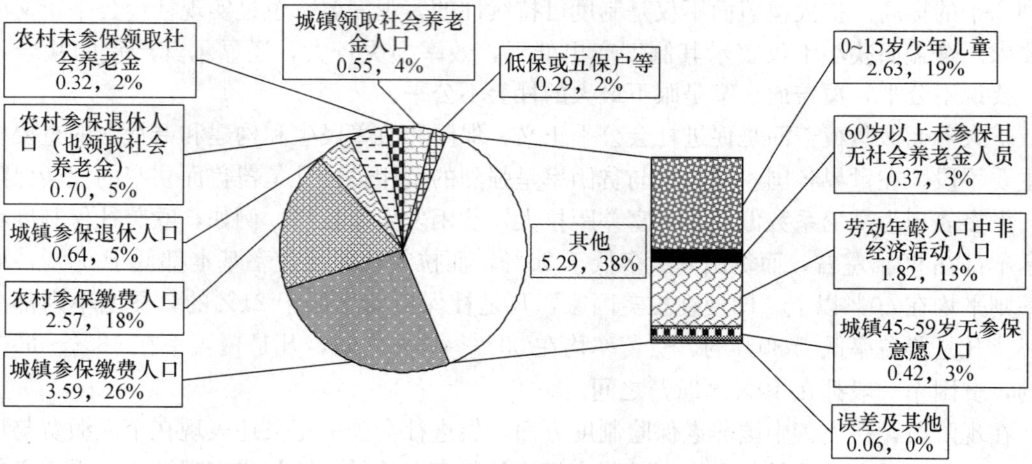

图7　十七大提出的2020年实现全覆盖目标图解

资料来源：作者制作。

上述社会保险覆盖的人口和社会保障大概念下的覆盖人口比例符合国际上通行的测算方法，可被看做是一个具有中国特色的、实现了十七大提出的“老有所养”的社保体系的路线图或制度目标。

仅就“养老保险”来说，截至2007年年底，全国覆盖人口为2.52亿（城镇2.01亿，农村0.51亿）。这个数字仅是2020目标的34%；如果加上“养老保障”，差距就更大了。所以，扩大覆盖面的任务还很艰巨。

2.“混合型”统账结合的前途：是过渡性制度还是终极目标

现收现付制的致命弱点在于不能应对老龄化社会的现状。在世界各国从现收现付制向积累制过渡的进程中，转型成本是一个难以克服的最大困难，于是，名义账户制便应运而生，其优势在于它将有助于削减转型成本所造成的经济风险、政治风险和社会风险的影响。经济风险是指转型成本，它可以使其“分散”和“消化”到年龄跨度很宽的一个时段里；政治风险是指不能兑现未来收益的承诺；社会风险是指无力及时调整适应人口变化的政策。

在目前“简单型”统账结合制度下，一方面，隐性债务显性化，转型成本压力巨大，另一方面，“制度性资金不足”压力日益加大，部分积累制难以实现。“混合型”统账结合的一个重要启示在于，一个既定的稳态养老制度在转型初期应首先增加制度收入，一边逐渐解决成本问题，一边保证每一代人的福利都不会受到影响，然后可以择机实施转型；否则，如果现收现付制一步走向完全积累制或部分积累制，就必然以牺牲一代人的福利水平为代价，或以支付天文数字的转型成本为代价。

对“混合型”统账结合 2009—2070 年的长期测算显示，良好的制度可持续性既可使其在 2070 年之前选择某个时点，根据财力情况逐渐解决转型成本，不断扩大做实账户比例，甚至全部做实，也可以将“混合型”统账结合视为更长的过渡性制度，待 2070 年以后相机抉择。

译后记

受世界银行的委托，本书前10章曾于2006年6月由中国劳动社会保障出版社以《养老金改革——名义账户制的问题和前景》为书名出版。经过多方努力和有关机构的支持，这次出版的是该英文著作的全文版，即在2006年6月的版本上加入了后14章。全书共由24章组成（分为4个部分，原文近700页）。第一部分提出了名义账户制的概念和理论问题，分析了名义账户制的性质，界定了与其他社会保障制度模式之间的关系；第二部分讨论了由此派生的许多概念、政策和跨国研究的理论问题；第三部分各章对已引入名义账户制国家的经验教训进行了客观的探讨；第四部分讨论了那些正在考虑把名义账户制作为改革其目前DB型现收现付制的一个可替代方案的前景，并对其利弊得失做了深入分析。

出于技术上的考虑，在这次中文版的全文版修订中，除了加上后十四章以外，仅做了如下变动：一是由世界银行社会保护局局长罗伯特·霍尔茨曼（Robert Holzmann）、原世界银行养老保险处处长冼懿敏（Yvonne Sin）和我合写的《中文版前言》做了个别词句的技术修订；二是考虑到篇幅太长，删掉了《人名译名对照表》；三是对发现的英文版中的印刷错误或笔误进行了更正，并以“译者注”的形式予以说明；四是补上了书末的“本书作者简介”的省略部分，这次全部译出；五是为了区别于2006年6月的版本，这里取书名为《名义账户制的理论与实践——社会保障改革新思想》；六是《译者后记》不重新撰写，而在2006年6月版本《译者后记》的基础上仅稍作增删，于是就成了现在的这个样子。

这两年，通过本书的翻译，我对名义账户制的认识更加深刻了，对名义账户制在中国适用性的研究更加深入了。作为对这部巨著的一个补充，我在书后以“跋”的形式写了一个关于中国引入名义账户制的文章《中国社保“名义账户”改革新思路：“混合型”统账结合》。为译著写一个较长的序或跋，是我多年来始终遵守的一个做法。这个跋的内容是我承担人力资源和社会保障部委托的《中国养老保障发展战略研究》课题的阶段性成果之一，这是根据名义账户基本原理，针对中国统账结合的基本现实专门设计的名义账户制，当然了，与欧亚七国相比，这个“中国版NDC”进行了较大的改造和变形，甚至是创新，请读者批评指正。

在全国社保基金理事会主办、2007年2月28—29日在苏州南园宾馆召开的“2008养老金国际研讨会：养老金治理与投资的最佳实践”上，笔者见到了世界银行的罗伯特·霍尔茨曼，得知2009年将在瑞典召开第二次关于名义账户制的国际研讨会，2010年将结集出版。罗伯特打算继续采取这本书的出版方式：英文和中文两个版本将同时出版发行。

这本重要专著不仅是研究名义账户制的一本理论著作，也是社会保障制度一般研究领域中占有重要地位的学术著作；不仅对国内的科研，甚至对高等院校相关领域的教学和政策研究层面来说也是一本十分重要的著作。

本书的翻译工作由我和我的研究生共同完成。在翻译过程中，我们对原文中出现的某些术语及个别地方加上了必要的“译者注”，如“庞氏计划”等，并采用星号注的方式以区别于原著的注释。书中的许多术语都是崭新的，且行文艰深。为保证译文的质量，我们进行了三次校对：第一次是在译文初稿完成之后由各章译者相互之间进行校对，这既是为了保证质量，也是为了加深学习和理解；第二次是由黄念和孙守纪对全文进行统校，其中，孙守纪负责第六和第七章，其余各章由黄念完成；第三次是由我对全书进行统校；同时尽可能地在适当的地方加上了“译者注”。作为该著作翻译的组织者，我对他们付出的大量劳动表示感谢。由于时间、水平和理解等诸多方面的原因，虽然翻译者和校对者都已付出了极大的努力，但仍可能存在某些疏漏，敬请读者批评指正，全部译文质量由我个人负责。

在译校过程中，始终得到委托方世界银行方面的支持：资深养老金问题专家冼懿敏（Yvonne Sin）女士是直接联系人，几乎每次来京都抽时督促我，而且非常关注译文的质量，对翻译质量起到了指导作用，在此对冼懿敏女士表示衷心的谢意。此外，世界银行北京办事处的其他几位女士也非常关心译文的质量和翻译的进度，她们起到了不可替代的鼓励作用，例如，于小庆和张岚松等，特别是于小庆女士，她对笔者为原著封底写的英文“评论”做了润色，在此对于小庆等同行表示诚挚的感谢。没有世界银行上述同仁的努力和支持，这本译著是不能如期付梓的。

这里还要特别感谢的是世界银行社会保护部主任、本书主编之一的罗伯特·霍尔茨曼教授，他 2005 年盛夏来京时我们见了面，本人得以有机会当面请教了世界银行方面对“NDC”即“名义账户制”英文术语的演变和更替的原因和意图，这对我们正确理解前后出现两个不同书写的术语是非常关键的，在此表示衷心的感谢。这个全文版能够得以顺利出版，要感谢中国劳动社会保障出版社的王玉君副社长和仲艳平副主任等同志，没有他（她）们的支持和努力是不可能的。

这本书是目前研究名义账户制甚至社会保障研究领域中最前沿和最权威的经济学著作，能够受到世界银行的委托翻译这本重要著作，这对我个人来说也是个学习的好机会，在此我对世界银行同仁们的信任表示衷心的感谢。

本书翻译分工如下：

前言、第二章	郑秉文
第一、三、八、九、十一、十四章	黄念
第四章	刘旌

第五章	房连泉
第六章	张青松、张栋栋
第七章	向运华、李闻汶
第十三章	皮专胜
第十、十二、十九、二十章	孙守纪
第十八、廿一、廿二、廿三、廿四章	齐传钧
第十五、十六、十七章	陈星

书末的“作者简介”“缩略词对照表”等由黄念翻译，由我润色和定稿。

郑秉文

中国社会科学院

2008 年 6 月